EUROPA LEHRMITTEL

EUROPA-FACHBUCHREIHE
für informationstechnische und
kommunikationstechnische Berufe

IT- und Kommunikationstechnik

3. überarbeitete Auflage

Bearbeitet von Lehrern und von Ingenieuren an beruflichen Schulen,
an Fachhochschulen und in Unternehmen (siehe Rückseite)

VERLAG EUROPA-LEHRMITTEL · Nourney, Vollmer GmbH & Co KG.
Düsselberger Straße 23 · 42781 Haan-Gruiten

Europa-Nr.: 3611X

Autoren:

Dehler, Elmar	Studiendirektor	Ulm, Laupheim
Bernhard Grimm	Oberstudienrat	Leonberg, Sindelfingen
Gregor Häberle	Dr.-Ing., Abteilungsleiter	Tettnang
Heike Vogler	Dipl.-Ing., Oberstudienrätin	Sontheim, Leutkirch
Werner Philipp	Dipl.-Ing. (FH), Oberstudienrat	Heilbronn
Bernd Schiemann	Dipl.-Ing.	Stuttgart
Dietmar Schmid	Dr.-Ing., Professor	Essingen
Hubert Troßmann	Studiendirektor	Ulm

Bildbearbeitung:
Wissenschaftliche Publikationstechnik Kernstock, 73230 Kirchheim/Teck

Lektorat:
Dipl.-Ing. Bernd Schiemann, Stuttgart

Das Buch wurde auf der **Grundlage der aktuellen amtlichen Rechtschreibung** erstellt.

3. Auflage 2011
Druck 5 4 3 2 1
Alle Drucke derselben Auflage sind parallel einsetzbar, da sie bis auf die Behebung von Druckfehlern untereinander unverändert sind.

ISBN 978-3-8085-3613-1

Diesem Buch wurden die neuesten Ausgaben der DIN-Blätter und der VDE-Bestimmungen zugrunde gelegt. Verbindlich sind jedoch nur die DIN-Blätter und VDE-Bestimmungen selbst.
Die DIN-Blätter können von der Beuth-Verlag GmbH, Burggrafenstraße 4–7, 10787 Berlin 30, und Kamekestraße 2–8, 50672 Köln, bezogen werden.

Umschlaggestaltung: Idee: Bernd Schiemann, Stuttgart; Umsetzung: Atelier PmbH, 35088 Battenberg, unter Verwendung eines Motives von silke klauser/pixelio.de

http://www.europa-lehrmittel.de

Satz: Meis satz&more, 59469 Ense
Druck: B.o.s.s Druck und Medien GmbH, 47574 Goch

Vorwort zur 3. Auflage

Dieses Buch führt auf verständliche und anschauliche Weise in die Informationstechnik und die Kommunikationstechnik ein. Es ist ein kompaktes Fachbuch für die Ausbildung zum staatlich geprüften

- **informationstechnischen Assistenten,**
- **elektrotechnischen Assistenten,**

und geeignet für die Schularten
- **Berufskolleg für informations- und kommunikationstechnische Assistenten,**
- **Technische Berufskollegs I und II,**
- **Höhere Berufsfachschulen, Bildungsgang für Informatik,**
- **Technische Gymnasien, Fachgymnasien und**
- **Fachschulen für Technik in den Ausprägungen Informationstechnik, Kommunikationstechnik und Datentechnik.**

Inhalte:

Physikalische Grundlagen, elektrotechnische Grundlagen, Digitaltechnik, computerunterstütztes Arbeiten, IT-Systementwicklung, Betriebssysteme, Programmieren mit Visual Basic, Visual C#, objektorientiert Programmieren mit C++, Java, Datenbanken, SQL, PHP, MySQL, Mikrocontroller, Automatisierungstechnik, Kommunikationstechnik, Netze und Netzverwaltung mit Novell und Linux, öffentliche Netze, Internet, Anwendungen aus der Computertechnik, Geschäftsprozesse, Arbeitsmethoden, Präsentationstechnik.

Buchgliederung:

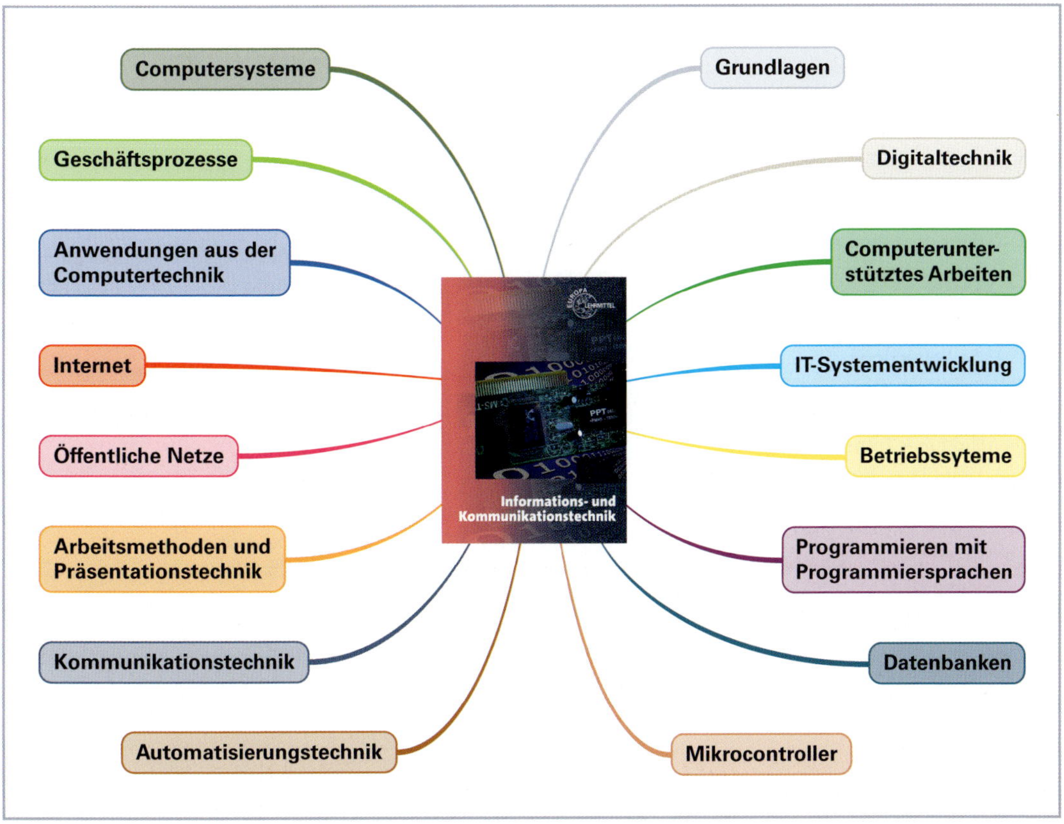

Herbst 2011

Das Autorenteam

Inhaltsverzeichnis

Übersicht Informations- und Kommunikationstechnik IuK

1 Grundlagen

2 Digitaltechnik

7 Datenbanken

8 Mikrocontroller

9 Computersysteme

10 Automatisierungstechnik

11 Kommunikationstechnik

12 Öffentliche Netze

13 Internet

14 Anwendungen aus der Computertechnik

15 Geschäftsprozesse

16 Arbeitsmethoden und Präsentationstechnik

17 Anhang

Informations- und Kommunikationstechnik IuK

Der Austausch von Informationen wird als Kommunikation bezeichnet. In der Technik wird dafür auch die Abkürzung IKT verwendet.

> ⇒ Informationen sind die „Botschaft".
> ⇒ Kommunikation ist die Überbringung der „Botschaft".

Informationstechnik und Technische Informatik

Zur Informationstechnik (IT) gehören die Verarbeitung von Informationen und Daten und die dafür benötigte Hardware und Software. Ebenso gehören die Eingabe- und Ausgabegeräte, also die Mensch-Maschine-Schnittstellen, dazu.
Der Begriff Informationstechnik verbindet die klassische Elektrotechnik mit der Technischen Informatik. Die Technische Informatik (TI) beschäftigt sich mit digitalen Schaltnetzen und Schaltwerken sowie der Realisierung z. B. von integrierten Schaltkreisen (integrated circuits, IC) mit der Mikroelektronik **(Bild 1)**.

Kommunikationstechnik

Kommunikationstechnik ist die Technik, die für die Kommunikation verwendet wird. Ein wichtiger Bereich ist die Telekommunikationstechnik, mit Fernsprechen, Mobilkommunikation und Satellitenkommunikation. Dank der Digitalisierung von Geräten und Netzen kann die Telekommunikation eine Vielzahl von Techniken aus den unterschiedlichsten Bereichen **(Bild 2)** verwenden.
Für die Übertragung mit Satelliten benötigt man sehr leistungsfähige Antennen und Empfänger **(Bild 3)**. Die Vernetzung von Telefon- und Datennetzen ermöglicht schnelle, weltweite Kommunikation z. B. mit erdgebundenen Satellitenfunkstellen **(Bild 4)**.

Anwendungen der IuK:

- Produktionstechnik, mit z. B. CAM (Computer Aided Manufacturing = computergestützte Fertigung), CAD (Computer Aided Design = computerunterstützter Entwurf), CNC (Computerized Numerical Control = numerische Steuerung mit dem Computer),
- Handel, mit z. B. EAN-Code (Europäische Artikelnummerierung) oder mit E-Business,
- Bankwesen, mit z. B. elektronischem Zahlungsverkehr und Homebanking,
- Verlagswesen, mit Digitaldruck und Book On Demand (Buchfertigung auf Anforderung),
- Verkehr, mit Verkehrsleitsystemen und Transportlenkung von Lastkraftwagen mit GPS,
- Freizeit, mit TV-Multimedia, Computerspielen, Keyboards (Elektronische Tasteninstrumente),
- Internet, mit E-Mail, Chatten und WWW.

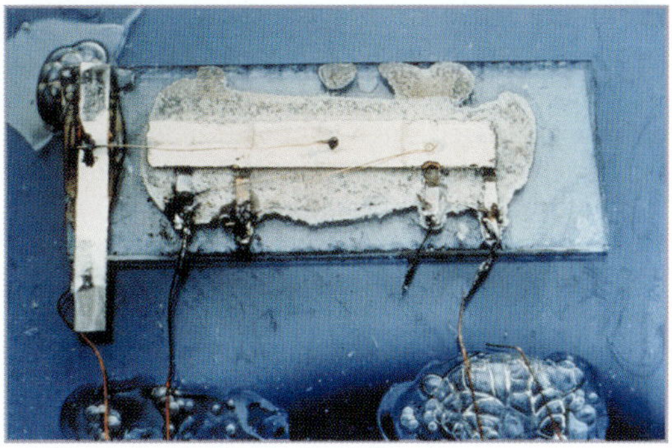

Bild 1: Versuchsaufbau des ersten IC

> **Meilensteine der Mikroelektronik:**
> **1949** Transistor, von Shockley, Bardeen Brattain
> **1958** Integrierter Schaltkreis, von Kilby
> **1981** Personal Computer PC, Vorstellung von IBM

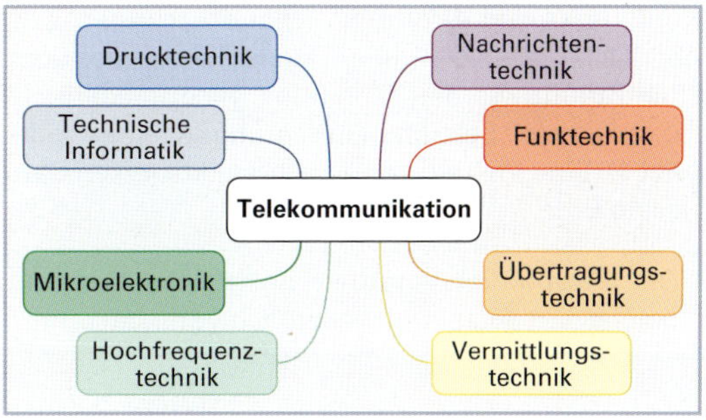

Bild 2: Techniken der Telekommunikation

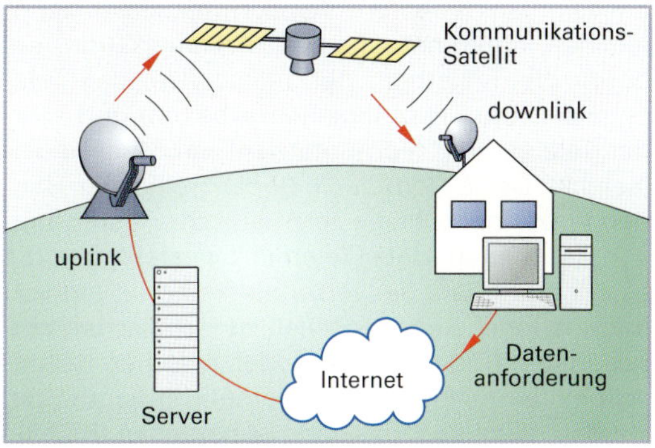

Bild 3: Kommunikationsnetz mit Satellit

Bild 4: Satellitenfunkstelle Raisting

Informationsverarbeitung und Informationstransport

Informationen können elektronisch verarbeitet und elektronisch übertragen werden. Sie werden z. B. mit Sprache, Bildern, Texten und Daten übermittelt. Die elektronische *Informationsverarbeitung* kann analog (mit Analogsignalen), digital (mit digitalen Signalen) oder aus beidem gemischt erfolgen. Meist werden Computer für die Aufbereitung der Informationen verwendet.

Eine Grundlage der digitalen Informationsverarbeitung ist das *Programmieren*. Der Begriff Programmieren wird für das Erstellen und Anpassen von Programmen, wie für Tabellenkalkulation, Bildbearbeitungen aber auch bei Anpassungsprogrammen, z. B. für eine Tk-Anlage (Telefon-Kommunikationsanlage), verwendet. Oft muss man, um Programmieren zu können, eine eigene Sprache erlernen.

Die Informationsübertragung erfolgt leitungsgebunden oder drahtlos. Kleine Informationsmengen werden im Nahbereich leitungsgebunden z. B. über Kupferleitungen, große Informationsmengen z. B. über Lichtwellenleiter übertragen. Für die drahtlose Übertragung werden Mobilfunk, Richtfunkeinrichtungen und Satelliteneinrichtungen verwendet **(Bild 1)**. Eine Vielzahl von Satelliten umkreisen dazu unsere Erde.

> Die Informationsverarbeitung hat die Welt in den letzten 50 Jahren wesentlich verändert.

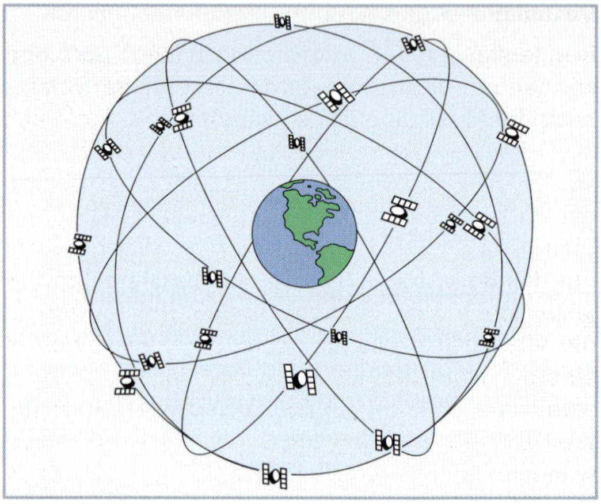

Bild 1: Satellitensystem für die Kommunikation und Navigation

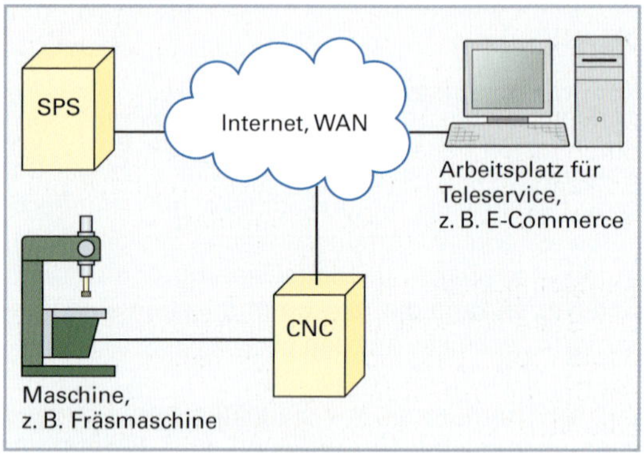

Bild 2: Telematikanwendung

Telematik

Zur *Telematik* (von franz. Télécommunication automatique = automatische Fernkommunikation) gehören die Telearbeit, der Teleservice, das Teleengineering (= Fern-Ingenieurarbeiten) und auch das Telelearning (Fernunterricht mit Multimediatechnik). Der *E-Commerce* (= elektronischer Handel) nutzt ebenfalls die Telematik zur Ausführung von Geschäften. Unter Telematik versteht man die Übertragung und die verkettete Verarbeitung von Informationen von Menschen zu technischen Einrichtungen und umgekehrt oder zwischen technischen Einrichtungen. Telematikeinrichtungen werden meist über das Internet betrieben **(Bild 2)**.

Automatisierungstechnik

Die Automatisierungseinrichtungen dienen zur Umsetzung von Steuerungsaufgaben durch geeignete Automatisierungsmittel. Mit diesen Geräten wird bei der Steuerung die Kommunikation zwischen Mensch und Automat und die automatische Steuerung des Automatisierungsobjektes vorgenommen.

Bild 3: Hochregallager (Daimler)

Ein Zwischenlager mit Direktzugriff in der Automobilfertigung zeigt **Bild 3**. Der Roboter kann wahlfrei auf jeden Speicherplatz zugreifen.

Virtual Environment VE

In einer virtuellen Umgebung (Virtual Environment) können räumlich großflächig dargestellte Objekte betrachtet werden. Von den Objekten werden durch 3D-Scannen, z. B. einer Landschaft oder durch Konstruktion eines Roboters mit einem CAD-Programm, virtuelle Modelle hergestellt.
Eine großflächige 3D-Projektion ermöglicht nicht nur das Betrachten der räumlich dargestellten Objekte, sondern auch ein Eintauchen (Immersion) in die virtuell dargestellte Welt. Stellt man sich in einem bestimmten Abstand vor die Projektionswand, hat man den Eindruck in dieser virtuellen Welt zu stehen. Ergänzt man weitere Projektionswände entsteht eine Cave (= Höhle), z. B. eine Drei-Wand-Cave **(Bild 1)**.

Cave ist auch die Abkürzung von
Cave **A**utomatic **V**irtual **E**nvironment =
Höhle mit automatisierter, virtueller Umwelt.

Zur Steuerung der Szene werden die VE-Objekte nach Standort und Blickrichtung des Nutzers ausgerichtet. Man kann die virtuelle Umgebung auch durch reale Objekte erweitern (Augmented reality). So kann man z. B. einen virtuellen Roboter an einem realen Werkstück programmieren.

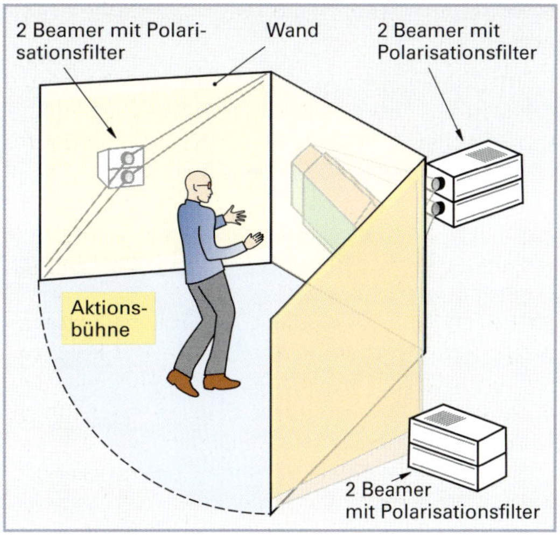

Bild 1: Drei-Wand-Cave

Stereolithografie STL

Die Stereolithografie[1] ist ein Verfahren für das Rapid Prototyping (schnelle Herstellung einer ersten Bauform) mit Kunststoffen.
Eine Stereolithografieanlage **(Bild 2)** besteht aus
- einem Ultraviolett-Laser,
- einem optischen Umlenksystem,
- einem Bad aus fotosensitivem Harz,
- einer höhenverstellbaren Plattform und
- der Software zur Kontrolle der Position der Plattform und des Lasers, der die Belichtung der Harz-Oberfläche steuert.

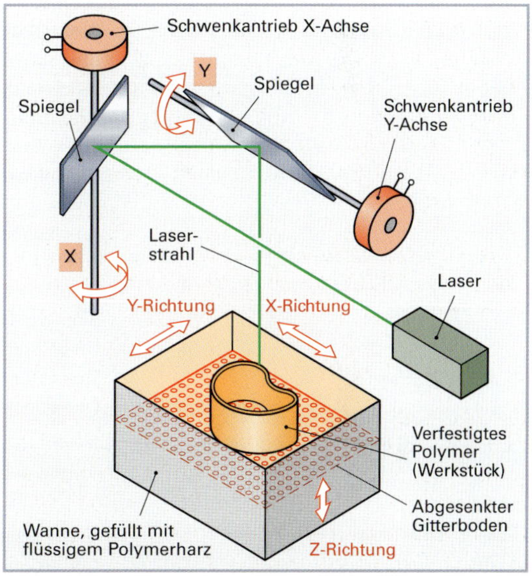

Bild 2: Aufbau einer STL-Anlage

Ein Laserstrahl, der über zwei schwenkbare Spiegel bewegt werden kann, wandelt flüssigen Kunststoff durch Energie in einen festen Kunststoff um. Entlang der zurückgelegten Bahn des Lasers verfestigt sich das Harz lokal. Dadurch entsteht schichtweise ein Kunststoffmodell. So wie das Werkstück in Z-Richtung wächst, wird der Boden abgesenkt und flüssiger Kunststoff nachgefüllt. Für Werkstücke, die keine Berührung mit der Grundplatte haben, erzeugt das CAD-System Stützen **(Bild 3)**. Diese Stützen werden am Ende des Fertigungsprozesses wieder abgetrennt.

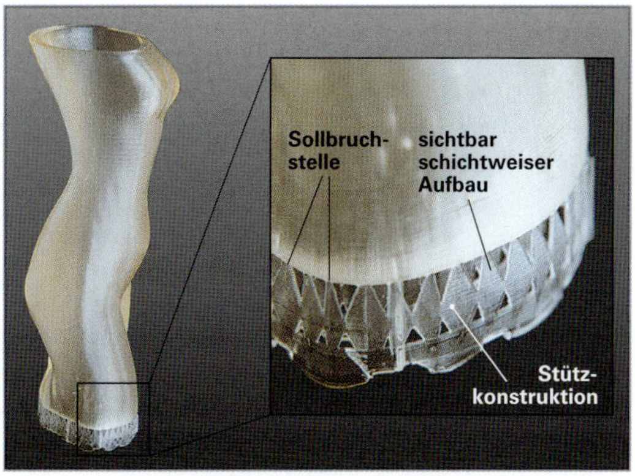

Bild 3: Stützkonstruktion des Werkstücks

[1] griech. stereo = räumlich, fest; griech. lito = Stein; griech. graphein = ritzen, schreiben.

1 Grundlagen

1 Grundlagen

1.1 Physikalische Grundlagen

1.1.1 Kräfte und deren Anwendung

1.1.1.1 Physikalische Größen

Physikalische Größen sind messbare Eigenschaften von Gegenständen, Vorgängen oder Zuständen. So hat z. B. ein erwachsener Mann eine Körperlänge von 1,80 m und eine Masse von 80 kg. Jeder spezielle Wert einer physikalischen Größe wird durch das Produkt aus Zahlenwert und Einheit angegeben. Der spezielle Wert wird Größenwert oder Messwert genannt. Einheitenzeichen, z. B. *m*, verwendet man zur Abkürzung der Einheit hier Meter **(Tabelle 1)**.

Formeln und Einheiten

Formeln sind Anweisungen, wie ein Größenwert zu berechnen ist. Eine Formel liefert für eine physikalische Größe einen Zahlenwert mit der zugehörigen Einheit. Die meisten Formelzeichen, Einheiten und Einheitenzeichen sind genormt. Aus den SI-Basiseinheiten (von Système International d'Unités) können weitere Größen abgeleitet werden, so hat z. B. die Ladungsmenge die Einheit Coulomb C, was in SI-Einheiten As entspricht. Die abgeleiteten SI-Einheiten werden aus den Basiseinheiten abgeleitet. Zum Beispiel ist die Geschwindigkeit *v* gleich Länge des Weges durch Zeit. Die SI-Einheit der Geschwindigkeit ist demnach gleich dem Quotienten aus den SI-Einheiten Länge und Zeit: Meter durch Sekunde **(Bild 1)**. Verschiedene abgeleitete Einheiten haben besondere Einheitennamen erhalten, z. B. Hertz, Newton, Volt, Ohm. In Deutschland sind die SI-Einheiten als gesetzliche Einheiten für den amtlichen und geschäftlichen Verkehr eingeführt (Weblink: www.ptb.de). Einheitenvorsätze geben bei sehr kleinen und sehr großen Zahlenwerten die Zehnerpotenz an, mit welcher der Zahlenwert einer Potenz zu multiplizieren ist **(Tabelle 2)**.

Beispiel 1 Massendichte:

Die Dichte eines Stoffes ist dessen Masse dividiert durch sein Volumen, $\varrho = \frac{m}{V}$.

Welche Dichte hat ein Stoff, der ein Volumen von 31,5 dm³ besitzt und eine Masse von 2,68 kg hat.

Lösung: $\varrho = \frac{m}{V} = \frac{2{,}68\ \text{kg}}{31{,}5 \cdot 10^{-3}\ \text{m}^3} = \mathbf{85\ \frac{kg}{m^3}}$

Vektoren und Skalare

Bei vielen physikalischen Größen spielt nicht nur der Betrag, sondern auch die Richtung eine große Rolle. So ist z. B. bei einer Kraft *F* wichtig, ob sie beschleunigend, d.h. in Fahrtrichtung, oder abbremsend, d.h. entgegen der Fahrtrichtung, wirkt. Größen mit Betrag und Richtung nennt man Vektoren.

Tabelle 1: SI-Basiseinheiten

Bezeichnung	Formelzeichen	Einheit	Einheitenzeichen
Länge	s	Meter	m
Masse	m	Kilogramm	kg
Zeit	t	Sekunde	s
Stromstärke	I	Ampere	A
Temperatur	T	Kelvin	K
Stoffmenge	n	Mol	mol
Lichtstärke	I_v	Candela	cd

$$\textit{Geschwindigkeit} = \frac{\textit{Länge eines Weges}}{\textit{Zeit}} \qquad \text{Formel: } v = \frac{s}{t}$$

$$\text{Einheit der Geschwindigkeit} = \frac{\text{Wegeeinheit}}{\text{Zeiteinheit}} \qquad \text{Einheit: } [v] = \frac{[s]}{[t]} = \frac{\text{m}}{\text{s}}$$

Bild 1: Zusammenhänge Formel und Einheit

Tabelle 2: Einheitenvorsätze

Potenz	Name/ Zeichen	Potenz	Name/ Zeichen
10^{12}	Tera *T*	10^{-1}	Dezi *d*
10^{9}	Giga *G*	10^{-2}	Zenti *z*
10^{6}	Mega *M*	10^{-3}	Milli *m*
10^{3}	Kilo *k*	10^{-6}	Mikro μ
10^{2}	Hekta *h*	10^{-9}	Nano *n*
10^{1}	Deka *da*	10^{-12}	Piko *p*

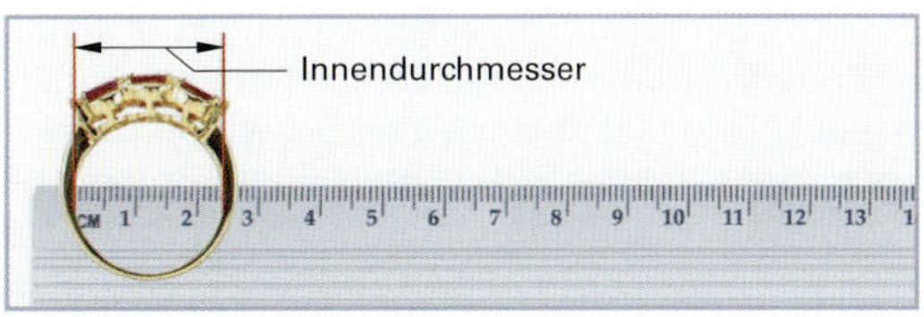

Bild 2: Messen mit Lineal

Vektoren sind physikalische Größen, die einen Betrag, einen Angriffpunkt und eine Richtung haben. Gehört zu einer Größe, z. B. der Masse m, keine Richtung, dann nennt man diese skalare Größe oder Skalar.

Messen

Beim Messen wird die zu messende Größe, z. B. ein Innendurchmesser, mit einer Einheit eines Maßstabes, z. B. Lineal, verglichen **(Bild 2, vorhergehende Seite)**. Ziel einer Messung ist es, ein Messergebnis als verlässliche Größe eines Objekts zu erhalten. Das Messen selbst ist überwiegend praktischer (experimenteller) Art. Theoretische Überlegungen und Berechnungen werden mitberücksichtigt.

Schwerpunkt

Wird ein Körper in seinem Schwerpunkt unterstützt, dann verharrt er in Ruhe. Der Schwerpunkt (Massenmittelpunkt) eines Körpers ist der Punkt, an dem die Masse die gleiche Wirkung auf andere Körper hätte, wenn sie in diesem Punkt vereint wäre. Umgekehrt kann man die Gravitation, die auf alle Massenpunkte des Körpers wirkt, durch eine einzige Kraft darstellen, die im Schwerpunkt angreift. Der englische Begriff für den Schwerpunkt ist COG (center of gravity = Zentrum der Gravitätskraft).

- Jede Massenverteilung hat genau einen Schwerpunkt.
- Der Schwerpunkt einer einzelnen Punktmasse liegt am Ort dieser Punktmasse.
- Der Schwerpunkt einer Strecke ist ihr Mittelpunkt.
- Jede Massenverteilung darf durch eine gleich schwere, im Schwerpunkt liegende Punktmasse ersetzt werden.
- Jede Gerade durch den Schwerpunkt ist eine Schwerlinie, und jede Schwerlinie geht durch den Schwerpunkt.

Der Schwerpunkt eines Körpers kann durch den Schnittpunkt seiner Schwerlinien ermittelt werden **(Bild 1)**. Zur Ermittlung wird ein Körper an verschiedenen Punkten aufgehängt und das Lot durch den Aufhängpunkt (= Schwerlinie) gebildet. Die Schwerlinien schneiden sich im Schwerpunkt.

Ein homogener Körper besteht aus einem Material, das überall die gleiche Dichte hat. Der Massenmittelpunkt und damit auch der Schwerpunkt entspricht dem Volumenschwerpunkt des Körpers. Bei symmetrischen, homogenen Körpern sind die Symmetrieachsen zugleich Schwerlinien, d.h. durch Einzeichnen der Symmetrieachsen kann in deren Schnittpunkt der Schwerpunkt angenommen werden **(Tabelle 1)**.

- Für Dreiecke: Eine Gerade, die durch einen Eckpunkt und den Halbierungspunkt der gegenüberliegenden Seite geht, heißt Schwerlinie. In jedem Dreieck schneiden die Schwerlinien einander im Schwerpunkt.

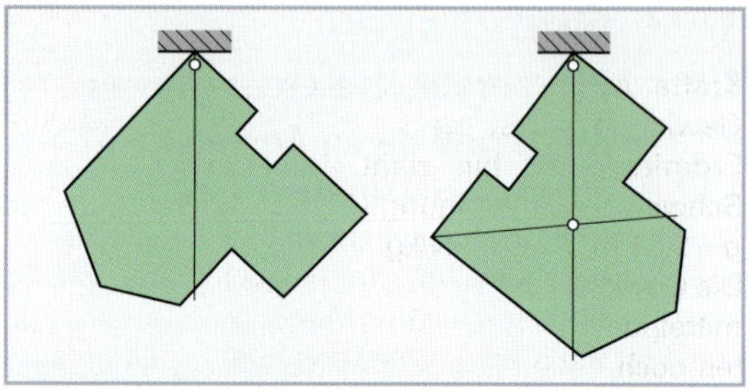

Bild 1: Ermittlung des Schwerpunktes

Tabelle 1: Schwerpunkte

Körper	Schwerpunkte
Rechteck	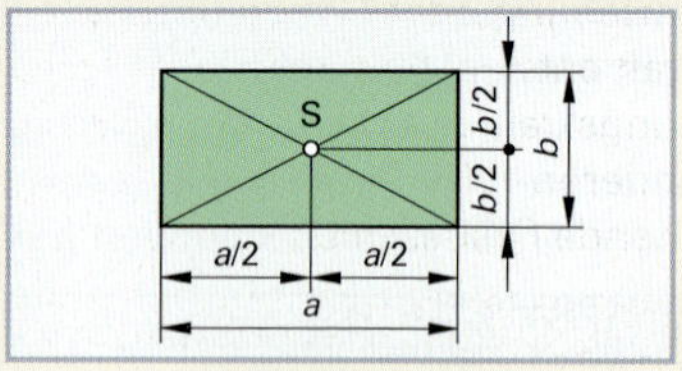
Quadrat	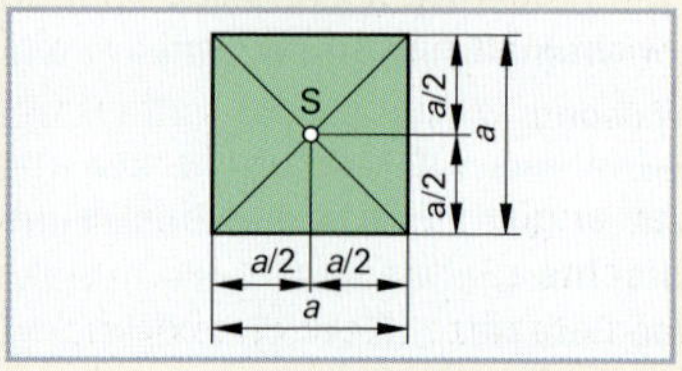
Rechtwinkliges Dreieck	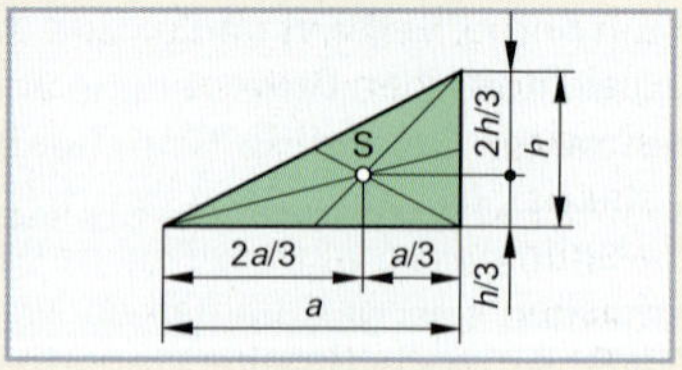
Halbkreis	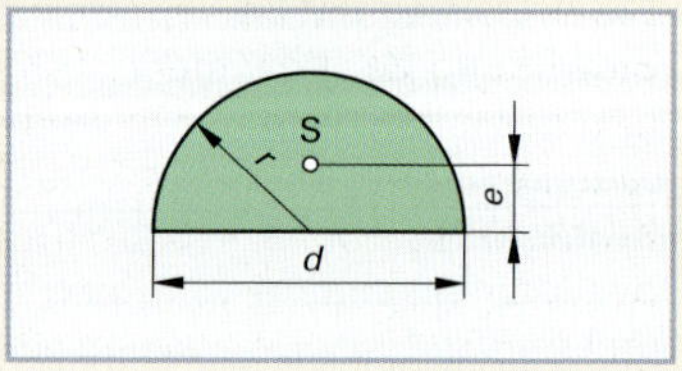

- Für Vierecke: Die Diagonalen schneiden sich im Schwerpunkt.
- Für Würfel und Quader: Die Raumdiagonalen schneiden sich im Schwerpunkt.

Der Schwerpunkt eines Körpers kann auch außerhalb liegen. Die Schwerpunktkoordinaten eines homogenen Körpers lassen sich durch Berechnung der zusammengesetzten Flächen berechnen.
Zur Berechnung des Flächenschwerpunkts wird die Gesamtfläche in Teilflächen aufgeteilt, deren Schwerpunkte bekannt sind.

1.1.1.2 Kräfte

Kräfte erkennt man an ihren Wirkungen. Die Gewichtskraft ist die Kraft, die alle Körper zum Erdmittelpunkt hin zieht. Ihre Ursache ist die Schwerebeschleunigung (Fallbeschleunigung) mit $g = 9{,}81\ \text{m/s}^2 = 9{,}81\ \text{N/kg}$.
Die Gewichtskraft ist stets nach unten, d.h. zum Erdmittelpunkt gerichtet. Wird der Körper weder gehalten noch unterstützt, so fällt der Körper frei, d.h. er führt eine beschleunigte Fallbewegung aus. Die Fallbeschleunigung ist unabhängig von der Masse. Dabei dürfen natürlich andere Kräfte wie z. B. die Luftreibung keine Rolle spielen. Als Ursache für die Gewichtskraft erkannte Newton die Massenanziehung oder Gravitation **(Bild 1)**. Die Gewichtskraft entsteht an der Erdoberfläche durch die Anziehungskraft zwischen dem Körper und der Erde. Auf anderen Himmelkörpern sind deutlich abweichende Fallbeschleunigungen festzustellen.

Beispiel 1 Gewichtskraft:

Ein Körper hat die Masse 1 kg. Wie groß ist die Gewichtskraft auf der Erdoberfläche?

Lösung: $F_G = m \cdot g = 1\ \text{kg} \cdot 9{,}81\ \text{N/kg} = \mathbf{9{,}81\ N}$

Der englische Wissenschaftler Isaac Newton erforschte die Mechanik und stellte drei fundamentale Lehrsätze (Newton Axiome) auf. Die SI-Einheit der Kraft, das Newton, ist nach ihm benannt.

- Ein Körper verharrt im Zustand der Ruhe oder der gleichförmigen Bewegung, sofern er nicht durch einwirkende Kräfte zur Änderung seines Zustands gezwungen wird. Eine Änderung des Bewegungszustandes kann somit nur durch Ausübung einer Kraft von außen erreicht werden, z. B. durch die Gravitationskraft.
- Die Änderung der Bewegung einer Masse ist der Einwirkung der bewegenden Kraft proportional und geschieht nach der Richtung derjenigen geraden Linie, nach welcher jene Kraft wirkt.
- Kräfte treten immer paarweise auf. Übt ein Körper A auf einen anderen Körper B eine Kraft aus (actio), so wirkt eine gleichgroße, aber entgegen gerichtete Kraft von Körper B auf Körper A (reactio).

Ein Newton ist die Kraft, die benötigt wird, um einen ruhenden Körper der Masse 1 kg innerhalb von einer Sekunde gleichförmig auf die Geschwindigkeit $v = 1$ m/s zu beschleunigen.

Eine Kraft hat einen Angriffspunkt, eine Richtung und einen Betrag, sie ist zeichnerisch durch einen Kraftvektor bestimmt **(Bild 2)**. Der Kraftvektor ist eine gerichtete Größe und lässt sich durch eine Pfeilstrecke $\vec{F}$ (sprich: Vektor F) darstellen.

Gewichtskraft	Trägheitskraft
$F_G = m \cdot g$	$F = m \cdot a$
$1\ \text{N} = 1\ \dfrac{\text{kg} \cdot \text{m}}{\text{s}^2}$	

F Kraft in N
g Fallbeschleunigung, Ortsfaktor
a Beschleunigung in m/s²
m Masse in kg
$g = 9{,}81\ \text{m/s}^2$

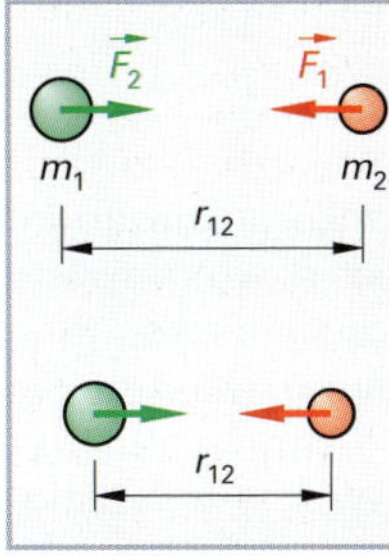

Zwischen zwei Körpern mit den Massen m_1 und m_2 im festen Abstand r_{12} besteht eine stets anziehende Kraft (Gravitationskraft), die umso größer ist, je größer m_1 und m_2 ist.
Die Gravitationskraft ist bei festen Massen umso größer, je kleiner der Abstand r_{12} zwischen den beiden Körpern ist.

Bild 1: Gravitationsgesetz

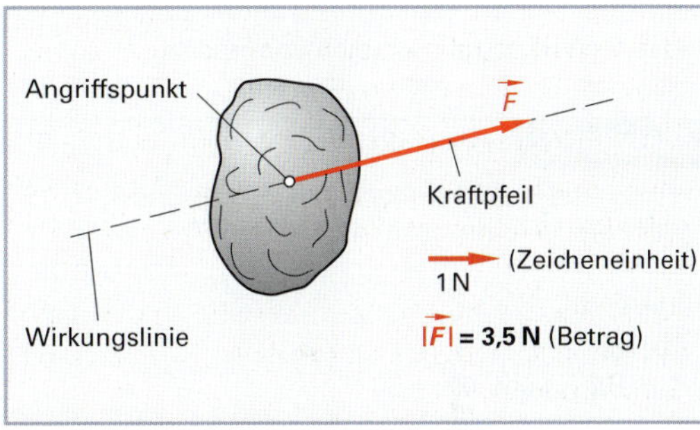

Bild 2: Kraftpfeil als Vektor

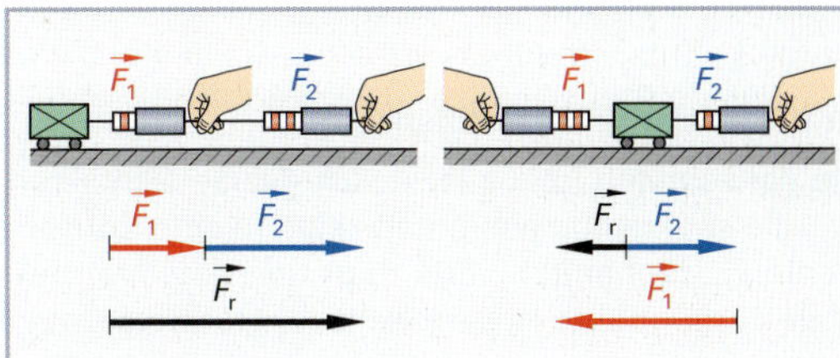

Bild 3: Kräfteaddition

Kräfteaddition

Die Länge der Pfeilstrecke gibt den Betrag $|\vec{F}| = F$ (sprich: Betrag der Kraft F) und die Pfeilspitze die Wirkungsrichtung der Kraft an. Der Anfangspunkt A der Pfeilstrecke ist der Angriffspunkt der Kraft. Eine Kraft lässt sich auf ihrer Wirkungslinie verschieben, ohne dass sich ihre Wirkung ändert.
Die Ersatzkraft von mehreren am selben Punkt angreifenden Teilkräften bildet man durch geometrische Addition (vektorielle Addition).

Nur wenn die Kräfte dieselbe Richtung haben, werden die Beträge addiert. Bei entgegengesetzten Richtungen werden die Beträge subtrahiert.

Beispiel 1 Ersatzkräfte 1:

Zwei Kräfte mit $F_1 = 200\ N$ und $F_2 =$ 100 N greifen mit derselben Wirklinie an einem Punkt an. Ermitteln Sie rechnerisch die Ersatzkraft wenn a) die Kräfte dieselbe Richtung bzw. b) entgegengesetzte Richtung haben.

Lösung:

a) $F_{G1} = 200\ \text{N} + 100\ \text{N} = \mathbf{300\ N}$

b) $F_{G2} = 200\ \text{N} - 100\ \text{N} = \mathbf{100\ N}$

Greifen die Kräfte unter einem Winkel an, bestimmt man zeichnerisch oder rechnerisch die Ersatzkräfte mit Kräfteparallelogrammen oder Kraftecken **(Bild 1)**. Zur rechnerischen Bestimmung müssen die Kräfte in ihre Komponenten in x-Richtung und in y-Richtung mithilfe der trigonometrischen Funktionen zerlegt werden. Eine gegebene Kraft F_2 kann in die beiden Teilkräfte F_{2x}, und F_{2y} zerlegt werden, wenn die beiden Teilkräfte in einer Ebene liegen und ihre Wirkungslinien sich schneiden.

Beispiel 2 Ersatzkräfte 2:

Ersatzkräfte 2: Zwei Kräfte mit $F_1 = 200$ N und $F_2 =$ 100 N greifen unter einem Winkel von 60° gemäß Bild 1 an einem Punkt an. Ermitteln Sie rechnerisch die Ersatzkraft.

Lösung:

$F_{2x} = 100\ \text{N} \cdot \cos(60°) = 50\ \text{N}$

$F_{2y} = 100\ \text{N} \cdot \sin(60°) = 86{,}6\ \text{N}$

$F = \sqrt{(200\ \text{N} + 50\ \text{N})^2 + (86{,}6\ \text{N})^2} = \mathbf{264{,}6\ N}$

Kräfte an der schiefen Ebene

An der schiefen Ebene lässt sich die Gewichtskraft F_G , die senkrecht nach unten zeigt, in eine Komponente F_H die hangabwärts zeigt und eine Normalkraft-Komponente F_N senkrecht zur Unterlage zerlegen.

Beispiel 3 Kräfte an der schiefen Ebene:

Gegeben ist ein Körper mit der Masse 1 kg auf einer schiefen Ebene mit Neigungswinkel 15°. Berechnen Sie die Komponenten der Gewichtskraft F_G parallel zur schiefen Ebene F_H (Hangabtriebskraft) und senkrecht zur schiefen Ebene F_N (Normalkraft) an.

Lösung:

$F_G = m \cdot g = 1\ \text{kg} \cdot 9{,}81\ \text{m/s}^2 = 9{,}81\ \text{N}$

$F_N = 9{,}81\ \text{N} \cdot \cos(15°) = \mathbf{0{,}97\ N}$

$F_H = 9{,}81\ \text{N} \cdot \sin(15°) = \mathbf{2{,}54\ N}$

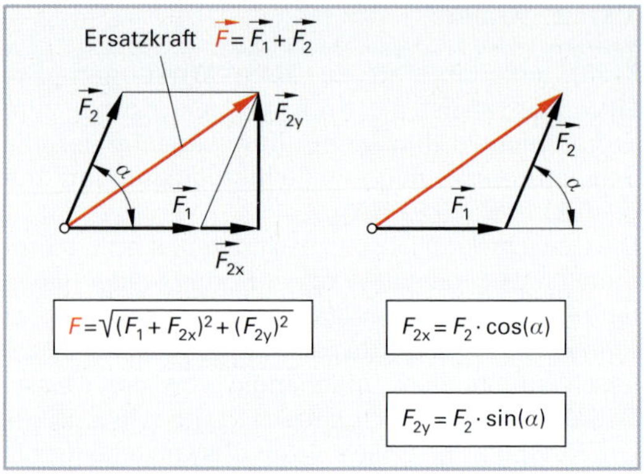

Bild 1: Kräfteaddition

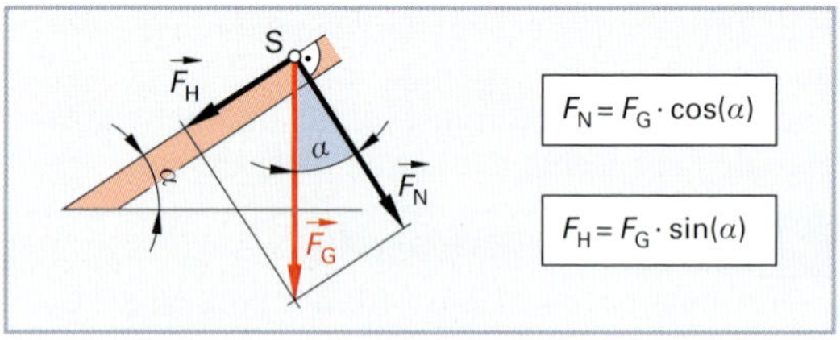

Bild 2: Kräfte an der schiefen Ebene

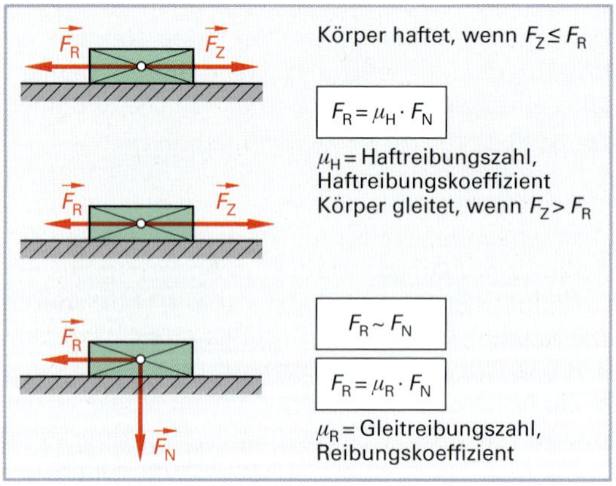

Bild 3: Reibungskräfte

1.1.1.3 Reibungskräfte

Reibung entsteht immer, wenn zwei Körper Kontakt miteinander haben und gegeneinander bewegt werden. Man unterscheidet Haftreibung, Gleitreibung und Rollreibung.

Wenn ein Körper auf einer (rauen) Unterlage gleitet, wirkt eine bremsende Kraft, die Gleitreibungskraft F_R auf ihn. Man bestimmt die Gleitreibungskraft, indem man den Körper mit konstanter Geschwindigkeit über die Unterlage zieht. In diesem Fall ist der Betrag der Zugkraft gleich dem Betrag der Gleitreibungskraft. Der Betrag der Gleitreibungskraft F_R wächst proportional zur Normalkraft F_N.

Es gilt: $F_R \sim F_N$ (sprich: F_R ist proportional zu F_N).

Wird an einem ruhenden Körper gezogen, so kann es sein, dass er sich nicht bewegt, sondern auf der Unterlage haftet. Die Haftkraft ist der Zugkraft entgegengerichtet und passt sich ihr in der Größe an. Erst wenn die Zugkraft die maximale Haftkraft F_H überschreitet, setzt sich der Körper in Bewegung. Auf einer Unterlage werden an einem Ende verschiedene Gegenstände gelegt. Dieses Ende der Unterlage beginnt man langsam anzuheben, ohne das andere Ende zu verschieben **(Bild 1)**. Die Gegenstände beginnen bei unterschiedlichen Neigungswinkeln der Platte zu gleiten. Bei Beginn des Gleitens ist die Reibungskraft F_R gerade so groß wie die Hangabtriebskraft F_H **(Bild 2)**.

Beispiel 1 Haftreibung:

Ein Eiswürfel wird gemäß Bild 1 auf einer Kunststoffunterlage platziert. Bei einem Neigungswinkel von 10° beginnt er zu rutschen. Bestimmen Sie die Haftreibzahl μ_H.

Lösung:

$F_H = \mu_H \cdot F_N$

$F_H = F_G \cdot \sin(\alpha) = m \cdot g \cdot \sin(\alpha)$

$F_N = F_G \cdot \cos(\alpha) = m \cdot g \cdot \cos(\alpha)$

$$\mu_H = \frac{F_H}{F_N} = \frac{m \cdot g \cdot \sin(\alpha)}{m \cdot g \cdot \cos(\alpha)} = \frac{\sin(\alpha)}{\cos(\alpha)} =$$

$\tan(\alpha) = \tan(10°) = \mathbf{0{,}18}$

Reibungskräfte kommen in allen technischen Systemen und im täglichen Leben vor **(Tabelle 1)**.

Die Reibungskraft ist abhängig von
- der Beschaffenheit der Berührungsflächen und
- der Normalkraft F_N (Gewichtskraft auf der Horizontalen).

Die Reibungskraft ist nicht abhängig von
- der Größe der Berührungsflächen oder
- der Geschwindigkeit.

In der Technik verwendet man Schmierung, um eine unerwünschte Reibung herabzusetzen. Je nachdem, ob die gegeneinander bewegten Flächen durch einen vollständigen oder unvollständigen Flüssigkeitsfilm, z. B. Öl, getrennt sind, kann Flüssigkeitsreibung oder Mischreibung vorliegen.

Rollreibung

Rollreibung oder Rollwiderstand entsteht beim Rollen eines Körpers auf einer Unterlage, z. B. Reifen auf Asphalt.

Beispiel 2 Rollreibung:

Ein Pkw mit der Masse m = 1000 kg fährt auf einer Straße aus Asphalt. Berechnen Sie die auftretenden Rollreibungskräfte für eine Rollreibzahl μ_R von 0,011.

Lösung:

$F_G = m \cdot g = 1000\ \text{kg} \cdot 9{,}81\ \text{m/s}^2 = 9810\ \text{N}$

$F_R = \mu_R \cdot F_G = 0{,}011 \cdot 9810\ \text{N} = \mathbf{107{,}9\ N}$

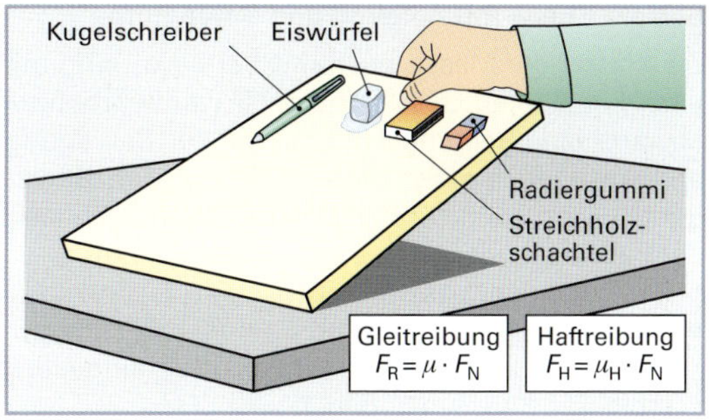

Bild 1: Versuche zur Haftreibung

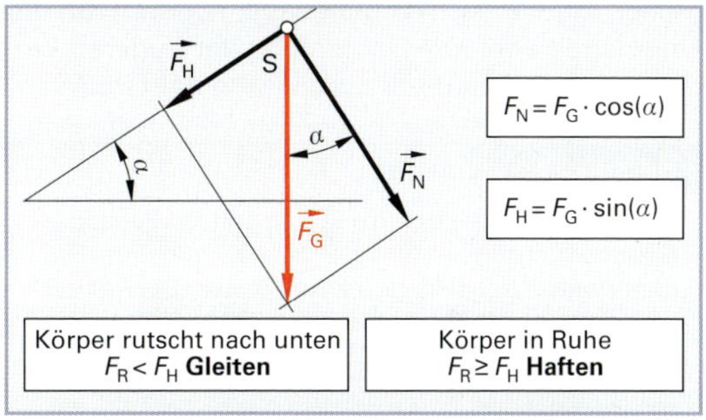

Bild 2: Kräfte an der schiefen Ebene mit Reibung

Tabelle 1: Reibung (Beispiele)

Bezeichnung	Erwünschte Reibung	Unerwünschte Reibung
Kraftfahrzeug	Reifenreibung bei Kurvenfahrt, beim Beschleunigen, bei Bremsreibung	Rollreibung der Reifen beim Fahren Lagerreibung
Langläufer	Haftreibung beim Abstoßen in der Druckphase	Gleitreibung Ski-Schnee in der Gleitphase
Fußballspieler	Haftreibung Stollenschuh-Rasen	Gleitreibung Ball-Rasen

Tabelle 2: Rollreibung (Beispiele)

System	Rollreibzahl μ_R
Autoreifen auf Asphalt, Pkw	0,011 – 0,015
Autoreifen auf Asphalt, Lkw	0,006 – 0,010
Fahrradreifen auf Asphalt	0,007
Eisenbahnrad auf Schiene	0,001 – 0,002
Kugellager, Kugel und Lager aus gehärtetem Stahl	0,0005 – 0,001

Beim idealen Rollen rollt der Körper ohne Schlupf, bei Gleitschlupf kommen Gleitreibungsanteile dazu. Die Rollreibung wird in Kugellagern oder Wälzlagern angewandt. Die Rollreibzahlen sind deutlich kleiner als Haftreibzahlen oder Gleitreibzahlen **(Tabelle 2)**.

Schiefe Ebene mit Reibung und Bewegung

Ein Körper der Masse m erfährt bei Bewegung mit einer konstanten Geschwindigkeit v aufwärts bzw. abwärts eine Reibungskraft F_R, die der Bewegung entgegengerichtet ist **(Bild 1)**. Bei beiden Bewegungen werden die Kräfte gleichgesetzt, die entlang der Fahrbahn wirken. Das ergibt betragsmäßig

- für die Aufwärtsbewegung $F_Z = F_R + F_H$ und
- für die Abwärtsbewegung $F_R = F_Z + F_H$, die bereits bekannten Formeln für F_R und F_H eingesetzt ergibt die Formeln in Bild 1.

Wird an einem ruhenden Körper gezogen, so kann es sein, dass er sich nicht bewegt, sondern auf der Unterlage haftet. Die Haftkraft ist der Zugkraft entgegengerichtet und passt sich ihr in der Größe an.

Beispiel 1 Zugkraft:

Ein Pkw mit der Masse $m = 800$ kg soll mit konstanter Geschwindigkeit v auf einer Straße mit dem Steigungswinkel 5° hochgeschleppt werden. Die Rollreibzahl μ_R sei 0,015. Berechnen Sie die benötigte Zugkraft.

Lösung:
Aufwärtsbewegung mit v = const.

$F_Z = F_G \cdot (\mu \cdot \cos(\alpha) + \sin(\alpha))$

$F_Z = 800\ \text{kg} \cdot 9{,}81\ \text{m/s}^2 \cdot (0{,}015 \cdot \cos(5°) + \sin(5°))$

$= \mathbf{801{,}3\ N}$

Bei einer schiefen Ebene mit einem Neigungswinkel α von 45°, dies entspricht einem Anstieg von 100 %, verlängert sich die Strecke zum Heben eines Gewichts von z. B. 10 Metern in der Senkrechten auf etwa 14,1 Meter entlang der schiefen Ebene. Hierdurch reduziert sich der Kraftaufwand, unter Vernachlässigung der Reibung auf 71 %.

Die schiefe Ebene reduziert den Kraftaufwand im Vergleich zum direkten Heben. Anwendungen dieses Prinzips finden sich z. B. bei Serpentinen im Gebirge, oder bei Fahrradrampen.

Auch der Keil als Werkzeug benutzt die Prinzipien der schiefen Ebene.

Beispiel 2 Beschleunigung:

Auf einem Brett liegt ein Klotz mit einer Masse m = 15 kg. Das Brett werde an einem Ende langsam hoch gehoben. Bei einem Neigungswinkel von 35° setzt sich der Klotz in Bewegung.

Welche Beschleunigung erfährt der Klotz, wenn die Gleitreibungszahl μ für die Grenzschicht Klotz-Unterlage 0.6 beträgt.

Lösung: Die Betrachtung der Kräfte in Richtung der Bahn ergeben.

a) $F = m \cdot a = F_G \cdot (\mu \cdot \cos(\alpha) - \sin(\alpha))$

$a = g \cdot (\mu \cdot \cos(\alpha) - \sin(\alpha))$

$a = 9{,}81\ \text{m/s}^2 \cdot (0{,}6 \cdot \cos(35°) - \sin(35°)) = \mathbf{0{,}8\ m/s^2}$

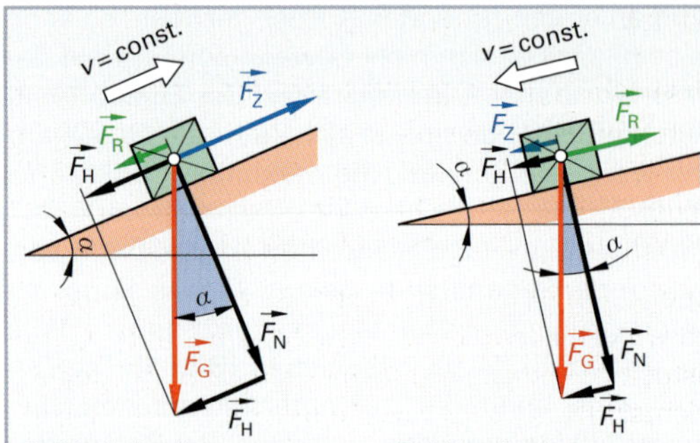

Bei Aufwärtsbewegung mit v = const.:

$\vec{F}_Z + \vec{F}_R + \vec{F}_H = 0$

$F_Z = F_G (\mu \cdot \cos\alpha + \sin\alpha)$

Bei Abwärtsbewegung mit v = const.:

$F_Z = F_G (\mu \cdot \cos\alpha - \sin\alpha)$

F_Z	Zugkraft in Richtung der Bewegung		
F_R	Reibkraft	F_G	Gewichtskraft
F_H	Hangabtriebskraft	μ	Reibzahl
F_N	Normalkraft	α	Neigungswinkel

Bild 1: Kräfte an der schiefen Ebene

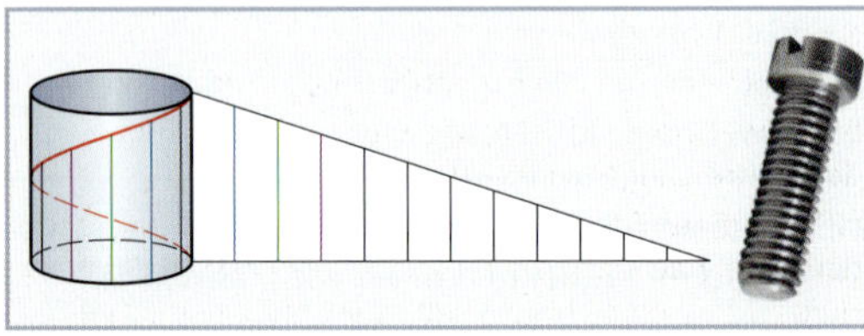

Bild 2: Zusammenhang Schraube und schiefe Ebene

Goldene Regel der Mechanik:
Was an Kraft gewonnen wird, geht an Weg verloren, oder:
Was man an Kraft einspart, muss man an Weg zusetzen.

Die goldene Regel der Mechanik wird bei einfachen Maschinen, z. B. Schiefe Ebene, ausgenutzt.

Weitere einfache Maschinen sind Schrauben oder der Flaschenzug.

Eine Schraube kann man sich als aufgewickelte schiefe Ebene vorstellen **(Bild 2)**. Fräst man die aufgewickelte Schraubenlinie aus, so entsteht eine Schraube. Dreht man diese um eine volle Drehung in ein Gewinde, so schiebt sich die Schraube um die Höhe h in das Gewinde. Man bezeichnet h als Ganghöhe der Schraube.

Bei einer Schraube mit geringer Ganghöhe braucht man eine relativ kleine Kraft F am Umfang, um eine große Kraft in Achsrichtung der Schraube zu bewirken.

1.1.1.4 Kraft und Verformung

Elastische Körper geben nach Verformung durch eine Kraft wieder in ihre ursprüngliche Lage zurück. Bei einer Feder ist dies im Bereich der erlaubten Dehnung der Fall. Das Gesetz von Hooke beschreibt die Wirkung einer Kraft auf elastische Körper.

Eine aufgehängte Feder hat ohne äußere Belastung (es wirkt nur das Eigengewicht) die Länge x_0. Belastet man die Feder mit einer Masse m mit der Gewichtskraft F_G, dann verlängert sich die Feder auf die Länge x **(Bild 1)**.
Der Quotient aus Kraftzunahme und Längenzunahme der Feder ist konstant. Diese Konstante wird als Richtgröße, Federhärte, Federkonstante oder Steifigkeit D bezeichnet.
Mit Federn können einfache Kraftmesser gebaut werden, die Skala ist direkt in Newton geeicht **(Bild 2)**. Durch Verstellen einer Aufsteckhülse kann der Kraftmesser immer auf Null eingestellt werden.

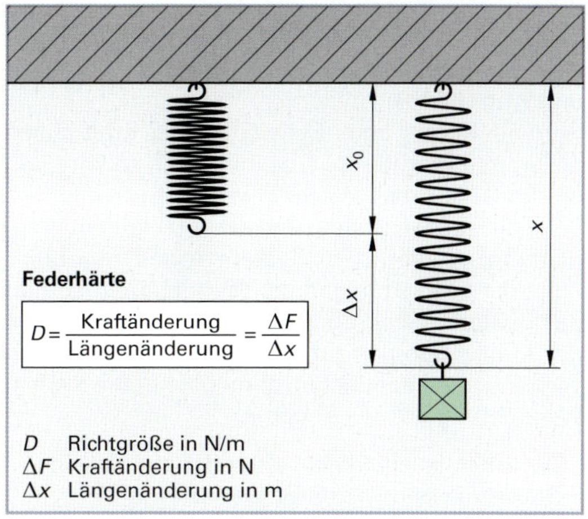

Bild 1: Dehnung einer Feder

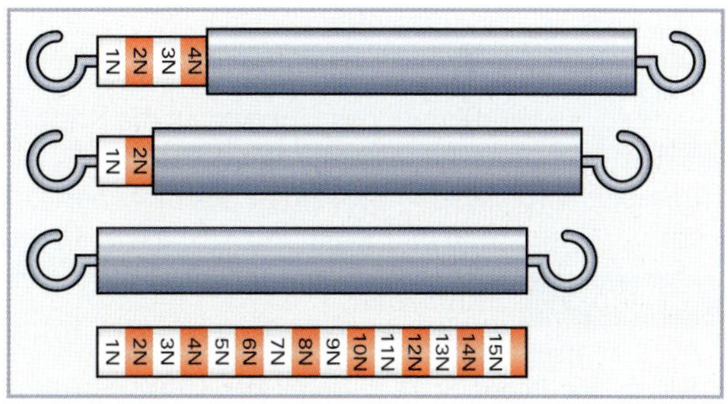

Bild 2: Kraftmesser mit Feder

Beispiel 1 Richtgröße und Kraftmesser:

Eine unbelastete Feder der Länge $x_0 = 20$ cm wird bei einer Belastung mit der Kraft $F_1 = 0{,}60$ N auf die Länge $x = 35$ cm gedehnt.

a) Berechnen Sie die Richtgröße D der Feder.

b) Mit welcher Kraft F_2 muss man an der Feder ziehen, damit ihre Länge sich verdoppelt?

c) Mit obiger Feder soll ein Kraftmesser gebaut werden. Wie weit (Strecke $\Delta x'$) muss die Markierung der Hülse für $F_3 = 0{,}40$ N vom unteren Ende der Hülse entfernt sein?

Lösung:

a) $D = \frac{\Delta F}{\Delta x} = \frac{0{,}6\ \text{N}}{35\ \text{cm} - 20\ \text{cm}} = \frac{0{,}6\ \text{N}}{15\ \text{cm}} = \mathbf{0{,}04\ N/cm}$

b) $D = \frac{\Delta F}{\Delta x} \Leftrightarrow \Delta F = D \cdot \Delta x = 0{,}04\ \text{N/cm} \cdot 40\ \text{cm} = \mathbf{1{,}6\ N}$

c) $\Delta x = \frac{\Delta F}{D} = \frac{0{,}4\ \text{N}}{0{,}04\ \text{N/cm}} = \mathbf{10\ cm}$

Je nach Anwendungsgebiet in der Technik werden unterschiedliche Federtypen mit unterschiedlichen Eigenschaften gefertigt **(Bild 3)**.

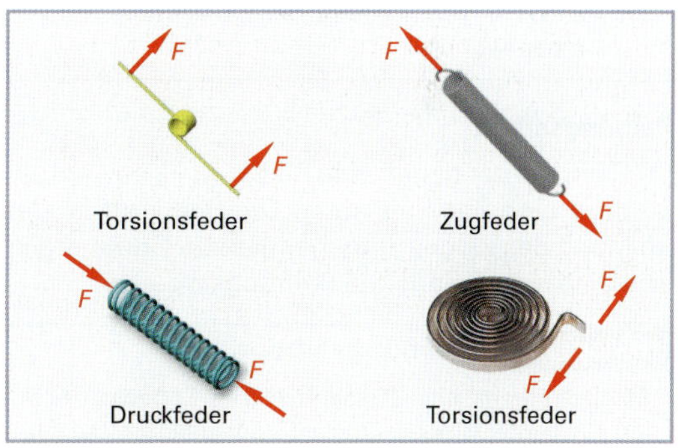

Bild 3: Federtypen

Kombinationen von Federn

Beim Zusammenfügen mehrerer Federn **(Bild 4)** kann man eine Federkonstante der Gesamtschaltung, die Ersatzfederkonstante, angeben. Bei der Parallelschaltung von z. B. 3 Federn mit Federkonstanten D_1, D_2 und D_3 berechnet sich diese als Summe der Einzelkonstanten: $D = D_1 + D_2 + D_3$
Bei der Reihenschaltung, z. B. Aneinanderhängen mehrerer Federn ergibt sich die Ersatzfederkonstante aus

$$\frac{1}{D} = \frac{1}{D_1} + \frac{1}{D_2} + \frac{1}{D_3}$$

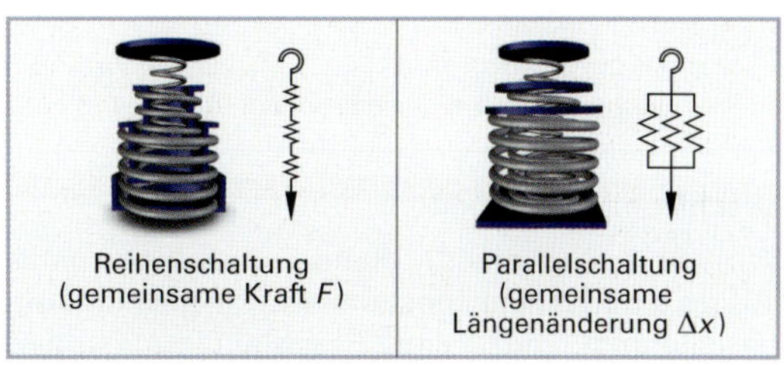

Bild 4 : Schaltungen von Federn

1.1.1.5 Mechanische Arbeit

Die mechanische Arbeit ist das Produkt aus Kraft und Weg **(Bild 1)**.

Wird ein Körper unter Einwirkung der Kraft F eine bestimmte Wegstrecke s weit bewegt, so wird von der Kraft die Arbeit W (work) verrichtet.

Zeigt die auf das System wirkende Teilkraft in Wegrichtung, so wird dem System Arbeit zugeführt. Zeigt die Teilkraft gegen die Wegrichtung, so gibt das System Arbeit ab. Schließen die Richtungen der Kraft F und des zurückgelegten Weges s den Winkel φ miteinander ein, dann gilt nur die Kraft in Wegrichtung: $W = F \cdot s \cdot \cos \varphi$.

> Die Arbeit ist ein Skalar, also eine physikalische Größe, die kein Vektor ist.

Die Einheit der Arbeit ist das Newtonmeter (Nm) mit dem besonderen Einheitennamen Joule (J).

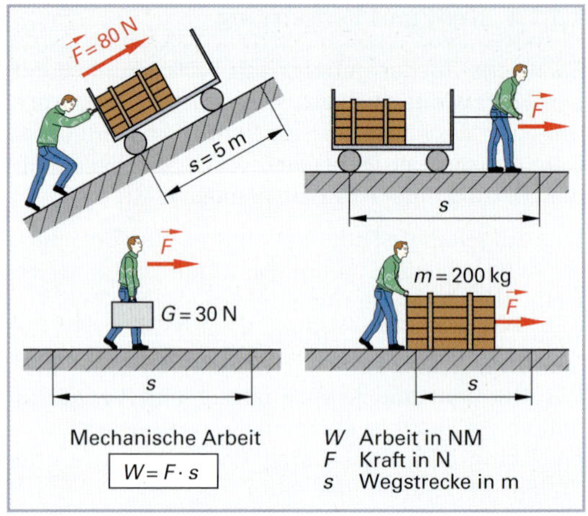

Bild 1: Verrichten von Arbeit

Hubarbeit

Wird ein Körper gleichförmig senkrecht nach oben gehoben, so wirkt längs des Hubweges die Kraft F, die dem Betrag nach gleich der Gewichtskraft F_G ist. Hubarbeit wird in vielen Bereichen des täglichen Lebens verrichtet **(Bild 2)**. Es gilt: $W_H = F \cdot s = m \cdot g \cdot h$.

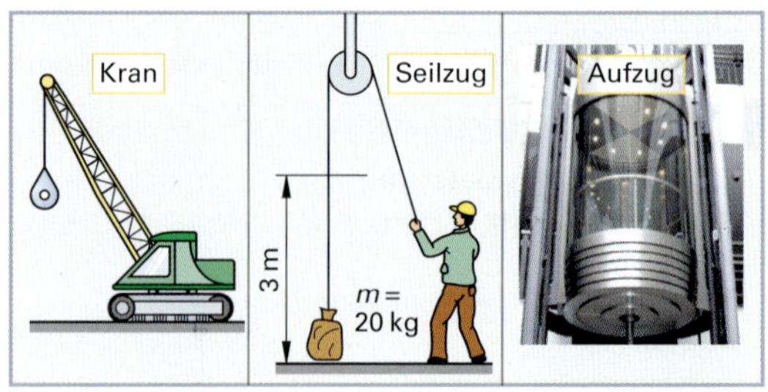

Bild 2: Hubarbeit

Beispiel 1 Hubarbeit:

Ein Kran hebt einen Kübel mit Beton der Masse m = 500 kg von Boden in 10 m Höhe. Berechnen Sie die verrichtete Hubarbeit.

Lösung:

$W_H = F \cdot s = m \cdot g \cdot h = 500\ \text{kg} \cdot 9{,}81\ \text{m/s}^2 \cdot 10\ \text{m}$
$= \mathbf{49050\ Nm}$.

Reibungsarbeit

Wird ein Körper gegen eine Reibkraft F_R bewegt, so ist dazu eine Zugkraft nötig. Die Reibkraft ist der Richtung des Weges entgegengesetzt. Somit ergibt sich eine aufzubringende Reibungsarbeit

Beispiel 2 Reibungsarbeit:

Ein Skiläufer hat eine Masse m = 80 kg. Er bewegt sich mit konstanter Geschwindigkeit v auf einer Strecke der Länge s = 5,0 km. Die Gleitreibungszahl „Ski auf Schnee" sei 0,2. Berechnen Sie die auftretende Reibungsarbeit.

Lösung:

$W_R = F_R \cdot s = \mu \cdot F_N \cdot s = 0{,}2 \cdot 80\ \text{kg} \cdot 9{,}81\ \text{m/s}^2 \cdot 5000\ \text{m}$
$= \mathbf{784800\ Nm}$.

Beschleunigungsarbeit

Wird ein Körper aus der Ruhe heraus längs eines Weges s durch eine konstante Kraft F gleichmäßig beschleunigt, muss eine Beschleunigungsarbeit verrichtet werden. Es gilt: $W_B = F \cdot s = m \cdot a \cdot s$.

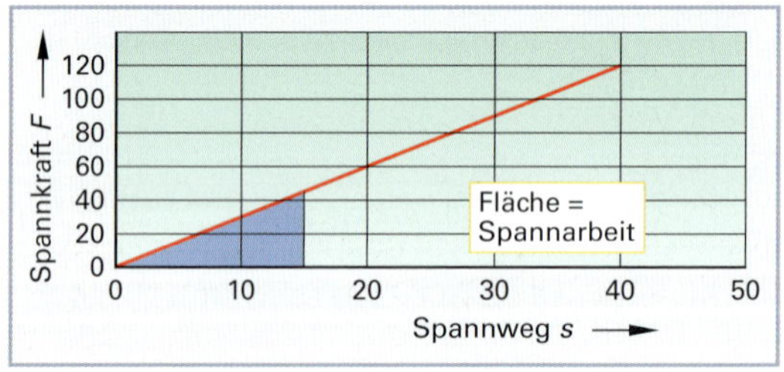

Bild 3: Arbeitsdiagramm zur Spannarbeit

Unter Zuhilfenahme der Formel $a = v^2/2s$ ergibt sich die Beschleunigungsarbeit zu:

$$W_B = F \cdot s = m \cdot a \cdot s = m \cdot \frac{v^2}{2s} \cdot s = \frac{1}{2}\, mv^2.$$

Spannarbeit, Verformungsarbeit

Will man die Feder eines Kraftmessers verlängern, so muss eine zunehmende Kraft F aufgewandt werden. Die Kraft ist nicht konstant, sie hängt vom Weg s ab **(Bild 3)**. Will man die Spannarbeit W_S berechnen, so entspricht diese der Fläche unter dem Arbeitsdiagramm. Aus dieser Dreieckfläche lässt sich die verrichtete Spannarbeit berechnen. Es gilt:

$$W_S = \frac{1}{2}\, F \cdot s = \frac{1}{2}\, D \cdot s^2$$

1.1.1.6 Mechanische Leistung

Bei vielen Tätigkeiten kommt es nicht nur darauf an, welchen Betrag an Arbeit man verrichtet, sondern auch darauf, in welcher Zeit diese Arbeit erledigt wird. Die Leistung *P* (Power) gibt an, in welcher Zeit eine bestimmte Arbeit verrichtet wird. Die Einheit der Leistung ist Nm/s oder J/s oder W (Watt). Da die Leistung von einem Zeitintervall abhängt, wird zwischen mittlerer und momentaner Leistung unterschieden. Bleibt längs der Wegstrecke s eine Kraft *F* konstant, so ist die Arbeit $W = F \cdot s$ und die Leistung, $P = \frac{F \cdot s}{t} = F \cdot \frac{s}{t} = F \cdot v$ wobei *v* die Momentangeschwindigkeit ist.

Beträgt die Leistung eines Motors z. B. 30 kW, so lässt sich noch nichts über seine Kraft aussagen, da die Leistung auch durch die Geschwindigkeit bestimmt ist. Die Einheit kW ist nämlich keine Krafteinheit, sondern eine Leistungseinheit.

Beispiel 1 **Leistung:**

Ein Mann mit der Masse m = 70 kg rennt vom Erdgeschoss in den 15 m darüber liegenden vierten Stock. Die Zeit t beträgt 25 s. Welche Leistung wurde vollbracht?

Lösung: $P = F \cdot v = F_G \cdot \frac{s}{t} = 70\ \text{kg} \cdot 9{,}81\ \text{m/s}^2 \cdot \frac{15\ \text{m}}{25\ \text{s}}$

$= 412{,}02\ \text{W} = \mathbf{412{,}02\ J/s}$

W = Arbeit (Work),
Einheit W = Watt, die Einheit der Leistung.
1 Nm = 1 J = Ws

$$P = \frac{\text{Arbeit}}{\text{benötigte Zeit}} = \frac{W}{t} \qquad P = \frac{W}{t}$$

$$\text{Mittlere Leistung} = \frac{\text{gesamte Arbeit}}{\text{ges. benötigte Zeit}} = \frac{W}{t}$$

$$\text{Momentanleistung} = \frac{\text{Arbeit}}{\text{Zeitintervall}} = \frac{\Delta W}{\Delta t}$$

P Leistung in W = Nm/s = J/s *W* Arbeit in Nm
t Zeit in s

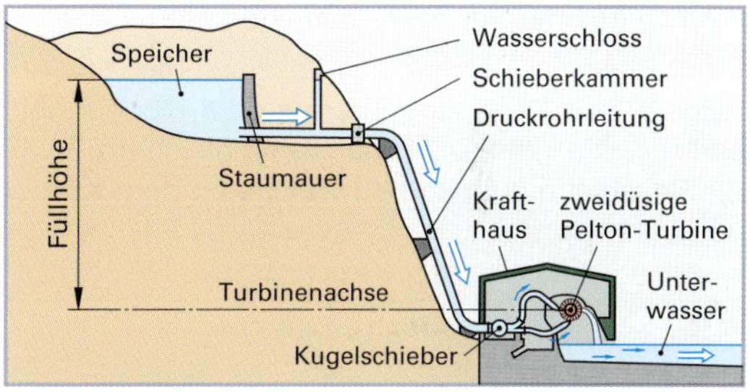

Bild 1: Energiewandlung durch Wasserkraftwerk

1.1.1.7 Energie

Durch Verbrennung von fossilen Energieträgern (Kohle, Öl) kann eine Flüssigkeit verdampft werden, dieser Dampf kann wiederum über eine Turbine eine Welle antreiben. Ebenso kann die Lageenergie des Wassers in einem Stausee benutzt werden, um eine Turbine anzutreiben (mechanische Energie). Die Welle an der Turbine treibt nun einen Generator an, welcher Strom (elektrische Energie) erzeugt **(Bild 1)**.

Man benötigt
- mechanische Energie, um einen Körper anzuheben, ihn zu beschleunigen oder um ihn entgegen einer Kraft zu bewegen,
- chemische Energie, um Stoffe chemisch umzuwandeln,
- Wärmeenergie, um eine Substanz zu erwärmen,
- elektrische Energie, um elektrischen Strom fließen zu lassen oder
- elektromagnetische Energie, um elektromagnetische Wellen abzustrahlen.

Energie kann in verschiedenen Energieformen gespeichert werden. Hierzu gehören z. B. potenzielle Energie, kinetische Energie, chemische Energie oder thermische Energie.

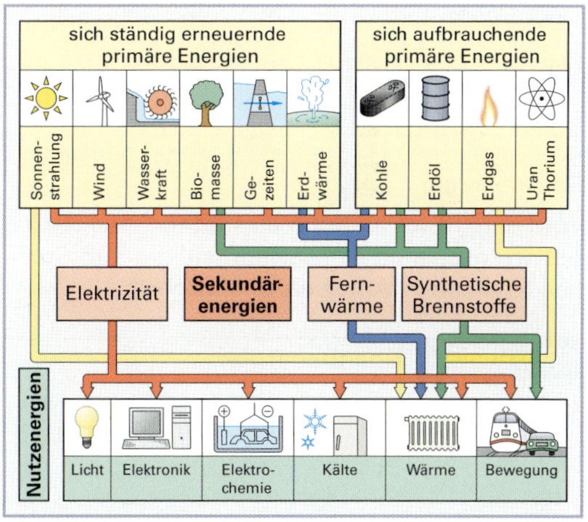

Bild 2: Energieformen und deren Umwandlung

Innerhalb eines Systems kann Energie von einer Form in eine andere umgewandelt werden **(Bild 2)**. Die summierte Gesamtenergie innerhalb eines abgeschlossenen Systems kann weder vermehrt noch vermindert werden.

Energieerhaltungssatz
$\Sigma W = 0$, Summe aller aufgewendeten Energien ist Null

Potenzielle Energie, Lageenergie

Ein Körper mit der Masse *m*, der durch Hubarbeit um eine Höhe *h* gehoben wurde, besitzt potenzielle Energie oder Lageenergie gegenüber seiner ursprünglichen Höhe. Die potenzielle Energie ist gleich groß wie die an einem Körper verrichtete Arbeit.

Beispiel 1 Lageenergie:

Ein Mann mit der Masse $m = 70$ kg steigt vom Erdgeschoss als Ausgangspunkt in den 10 m darüber liegenden zweiten Stock eines Gebäudes. Welche potenzielle Energie besitzt der Mann gegenüber dem Ausgangspunkt?

Lösung:

$W_P = m \cdot g \cdot h = 70\ \text{kg} \cdot 9{,}81\ \text{m/s}^2 \cdot 10\ \text{m} = 6867\ \text{J} \approx \mathbf{6{,}9\ kJ}$

Kinetische Energie, Bewegungsenergie

Ein Körper, der sich mit der Geschwindigkeit v bewegt, besitzt kinetische Energie oder Bewegungsenergie. Die kinetische Energie ist gleich groß wie die Beschleunigungsarbeit welche an dem Körper verrichtet wurde.

Beispiel 2 Kinetische Energie:

Ein Pkw mit der Masse $m = 800$ kg fährt mit einer Geschwindigkeit $v = 50$ km/h. Welche kinetische Energie besitzt das Fahrzeug?

Lösung:

$W_K = \frac{1}{2} mv^2 = \frac{1}{2} \cdot 800\ \text{kg} \cdot (50 \cdot \frac{1000\ \text{m}}{3600\ \text{s}})^2 = 77160\ \text{J} =$

$= \mathbf{77{,}2\ kJ}$

Spannenergie

Wird eine Feder in ihrem elastischen, reversiblen Bereich gespannt, so speichert sie die zum Spannen notwendige Arbeit als Spannenergie.

Beispiel 3 Spannenergie:

Eine Feder mit der Federkonstante $D = 25$ N/m wird um die Strecke $s = 10$ cm verlängert. Welche Spannenergie besitzt die gespannte Feder?

Lösung:

$W_s = \frac{1}{2} Ds^2 = \frac{1}{2} \cdot 25\ \text{N/m} \cdot (0{,}1\ \text{m})^2 = 0{,}125\ \text{J} = \mathbf{125\ mJ}$

Energieerhaltungssatz der Mechanik

In einem abgeschlossenen System ist bei mechanisch verlaufenden Vorgängen ohne Reibungsverluste die Summe aus potenzieller Energie, kinetischer Energie und Spannenergie konstant. Die Gesamtenergie *W* am Anfang eines Vorgangs ist gleich der Gesamtenergie *W* am Ende des Vorgangs.

$$W_P = m \cdot g \cdot \Delta h \qquad W_S = \frac{1}{2}\, m \cdot v^2 \qquad W_S = \frac{1}{2}\, D \cdot (\Delta s)^2$$

W_P potenzielle Energie in Nm *m* Masse in kg
g Gravitationsbeschleunigung = 9,81 m/s²
Δh Höhendifferenz in m W_K kinetische Energie in Nm
v Geschwindigkeit in m/s W_S Spannenergie in Nm
D Richtgröße in N/m Δs Längenänderung in m

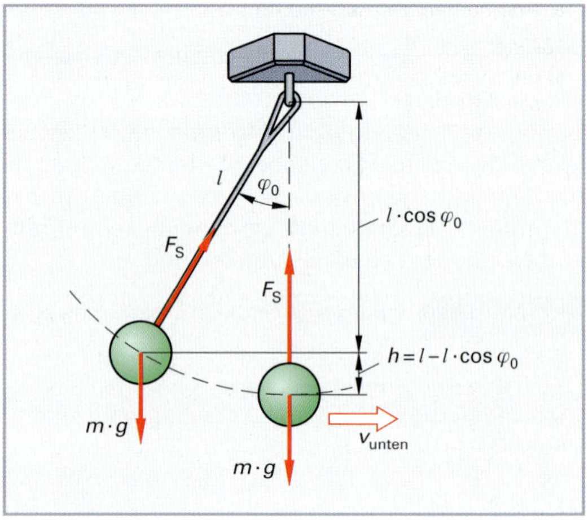

Bild 1: Fadenpendel

Fadenpendel

Ein Pendel besteht aus einem Pendelkörper mit der Masse *m*, der an einem Faden der Länge *l* hängt. Der Pendelkörper wird zur Seite gezogen, so dass der Faden einen Winkel φ mit der Vertikalen bildet, und aus der Ruhe losgelassen **(Bild 1)**.

Anwendung des Energieerhaltungssatzes:

Man setzt die mechanische Energie am Anfang (im höchsten Punkt) gleich der mechanischen Energie am Ende (im tiefsten Punkt).

Beispiel 4 Energieerhaltungssatz:

Eine Masse $m = 100$ g ist gemäß Bild 1 an einem Faden der Länge $l = 50$ cm als Pendel aufgehängt und wird um den Winkel $\varphi = 45°$ ausgelenkt.
Ermitteln sie die Geschwindigkeit *v*, während sich der Pendelkörper durch den tiefsten Punkt der Bahn bewegt. Die Luftreibung ist vernachlässigbar.

Lösung:

$W_P = W_K \Leftrightarrow m \cdot g \cdot h = \frac{1}{2} \cdot m \cdot v^2 \leftrightarrow \sqrt{2 \cdot g \cdot h} = v$

$v = \sqrt{2 \cdot 9{,}81\ \text{m/s}^2 \cdot (0{,}50\ m - 0{,}5\ \text{m} \cdot \cos(45°))} = \mathbf{1{,}7\ m/s}$

Beispiel 1 Katapultstart:

Ein Block mit einer Masse $m = 2$ kg liegt auf einer reibungsfreien, horizontalen Oberfläche **(Bild 1)**. Anfangs wird er gegen eine Feder mit einer Federkonstante $D = 500$ N/m gedrückt, sodass die Feder 20 cm zusammengedrückt ist. Nun wird der Block losgelassen. Die Feder katapultiert ihn die Oberfläche entlang und eine reibungsfreie, um 45° geneigte Rampe hinauf.

a) Wie schnell bewegt sich der Block auf der ebenen Bahn?

b) Wie weit bewegt sich der Block auf der Rampe, bis er (momentan) zur Ruhe kommt?

Lösung:

a) Energiebilanz zwischen Federenergie und kinetischer Energie,

$$W_S = W_K \Leftrightarrow \frac{1}{2} \cdot D \cdot s^2 = \frac{1}{2} \cdot m \cdot v^2 \Leftrightarrow \sqrt{\frac{D \cdot s^2}{m}} = v$$

$$v = \sqrt{\frac{D \cdot s^2}{m}} = \sqrt{\frac{500 \text{ N/m} \cdot (0{,}2 \text{ m})^2}{2 \text{ kg}}} = \mathbf{3{,}16\ m/s}$$

b) Energiebilanz zwischen kinetischer Energie und potenzieller Energie,

$$W_P = W_K \Leftrightarrow \frac{1}{2} \cdot m \cdot v^2 = m \cdot g \cdot h \Leftrightarrow \frac{v^2}{2g} = h$$

$$h = \frac{3{,}06 \text{ m/s}}{2 \cdot 9{,}81 \text{ m/s}^2} = \mathbf{0{,}16\ m}$$

$$s = \frac{\text{h}}{\sin 45^\circ} = \frac{0{,}16 \text{ m}}{0{,}707} = \mathbf{0{,}23\ m}$$

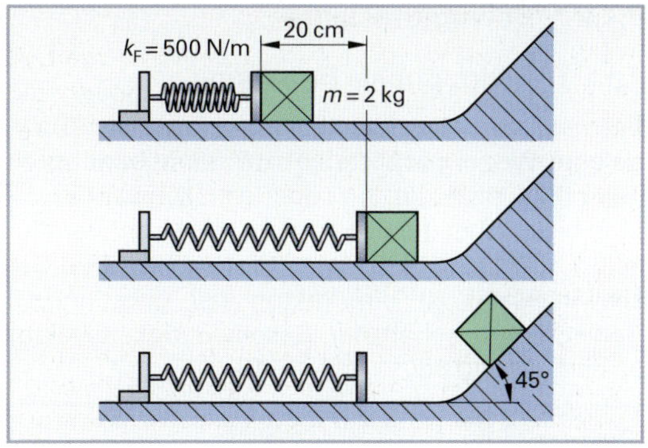

Bild 1: Federkatapult und Rampe

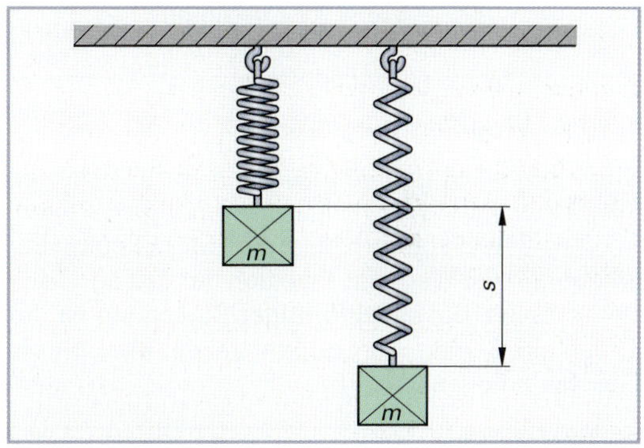

Bild 2: Federpendel

Zahlreiche Probleme lassen sich mithilfe des Energieerhaltungssatzes lösen, z. B.

- Skifahrer, Schlittenfahrer vom Berg abwärts,
- Langläufer, Fußgänger aufwärts oder abwärts,
- Kugelbahnen, Achterbahnen und Rollbahnen.

Beispiel 2 Federpendel:

Eine Feder mit der Federkonstante $D = 50$ N/m ist vertikal aufgehängt **(Bild 2)**.
An der entspannten Feder wird ein Gewicht mit der Masse $m = 1$ kg angebracht und aus der Ruhe losgelassen, so dass es an der Feder nach unten sinkt. Wie weit sinkt das Gewicht höchstens, bevor sich seine Bewegungsrichtung umkehrt?

a) Berechnen Sie, wie weit das Gewicht nach unten sinkt.

b) Welche maximale Geschwindigkeit kann die Masse m haben?

a) Energiebilanz zwischen Federenergie und potenzieller Energie.

Lösung:

a) $W_S = W_P \Leftrightarrow \frac{1}{2} \cdot D \cdot s^2 = m \cdot g \cdot s \Leftrightarrow \frac{1}{2} \cdot D \cdot s^2 - m \cdot g \cdot s = 0$

$$s\left(\frac{1}{2} \cdot D \cdot s - m \cdot g\right) = 0 \Leftrightarrow s = 0 \vee \frac{1}{2} \cdot D \cdot s - m \cdot g = 0$$

$$\frac{1}{2} \cdot D \cdot s - m \cdot g = 0 \Leftrightarrow \frac{1}{2} \cdot D \cdot s = m \cdot g \Leftrightarrow s = \frac{2 \cdot m \cdot g}{D}$$

$$s = \frac{2 \cdot m \cdot g}{D} = \frac{2 \cdot 1 \text{ kg} \cdot 9{,}81 \text{ m/s}^2}{50 \text{ N/m}} = \mathbf{0{,}39}\ \boldsymbol{m}$$

Die Lösung $s = 0$ m gilt für den obigen Punkt, an dem die Masse losgelassen wird.

b) Energiebilanz zwischen kinetischer Energie, Spannenergie und potenzieller Energie, gesucht ist v bei halber Höhe, d.h. $h = s = 0{,}39$ m/2.

$$W_P + W_K = W_S \Leftrightarrow m \cdot g \cdot h + \frac{1}{2} \cdot m \cdot v^2 = \frac{1}{2} \cdot D \cdot s^2$$

$v^2 = \frac{D \cdot s^2}{m} - 2 \cdot g \cdot h$ für $s = h = 0{,}39$ m/2 ergibt sich

$$v = \sqrt{\frac{50 \text{ N/m} \cdot (0{,}39 \text{ m})^2}{1 \text{ kg}} - 2 \cdot 9{,}81 \text{ m/s}^2 \cdot \frac{0{,}39 \text{ m}}{2}}$$

$= \mathbf{1{,}94\ m/s}$

Hinweis: Während das Gewicht nach unten sinkt, steigt zunächst seine Geschwindigkeit, erreicht dann ein Maximum und fällt schließlich auf null, wenn das Gewicht an seinem tiefsten Punkt ist.

1.1.2 Bewegungslehre

1.1.2.1 Gleichförmige Bewegung

Bei einer gleichförmigen Bewegung ist der zurückgelegte Weg s proportional zur dafür benötigten Zeit t **(Bild 1)**. Es gilt: $s \sim t$ oder s/t = konstant.
Man bezeichnet die Konstante s/t als Geschwindigkeit v der gleichförmigen Bewegung. Die Geschwindigkeit ist ein Vektor, bei geradlinigen Bewegungen behält der Geschwindigkeitsvektor seine Richtung bei.

$$1\frac{\text{km}}{\text{h}} = 1\frac{1000\ \text{m}}{3600\ \text{s}} = \frac{1\ \text{m}}{3{,}6\ \text{s}};\quad 1\frac{\text{m}}{\text{s}} = 1\frac{1/1000\ \text{km}}{1/3600\ \text{h}} = 3{,}6\frac{\text{km}}{\text{h}}$$

$$v = \frac{s}{t} = \frac{\Delta s}{\Delta t} = \frac{s_2 - s_2}{t_2 - t_1}$$

v Geschwindigkeit in m/s
Δs Wegdifferenz in m
Δt Zeitdifferenz in s
s Weg in m
t Zeit in s

Beispiel 1 Geschwindigkeit:

Ein Pkw legt in der Zeit t = 10 s einen Weg s = 200 m zurück. Berechnen Sie die Geschwindigkeit v in km/h

Lösung: $v = \frac{s}{t} = \frac{200\ \text{m}}{10\ \text{s}} = \frac{200 \cdot 1/1000\ \text{km}}{10 \cdot 1/3600\ \text{h}} = \mathbf{72\ km/h}$

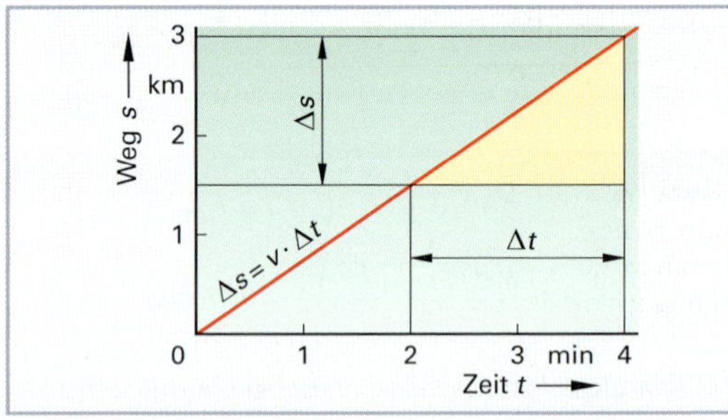

Bild 1: Weg-Zeit-Diagramm für gleichförmige Bewegung

1.1.2.2 Weg-Zeit-Diagramm

Bild 2 oben zeigt tabellarisch den zurückgelegten Weg eines Pkw und die hierfür benötigten Zeiten. Im Weg-Zeit-Diagramm lässt sich für beliebige Bewegungen der Weg s als Funktion der Zeit t grafisch dargestellen. Bei gleichförmiger Bewegung ist der Graph ein Gerade, die Steigung ist ein Maß für die Geschwindigkeit v.

t	0	1	2	3	4	5	6	7	8	9	10	11
s in m	100	120	140	160	180	100	100	100	110	120	130	140

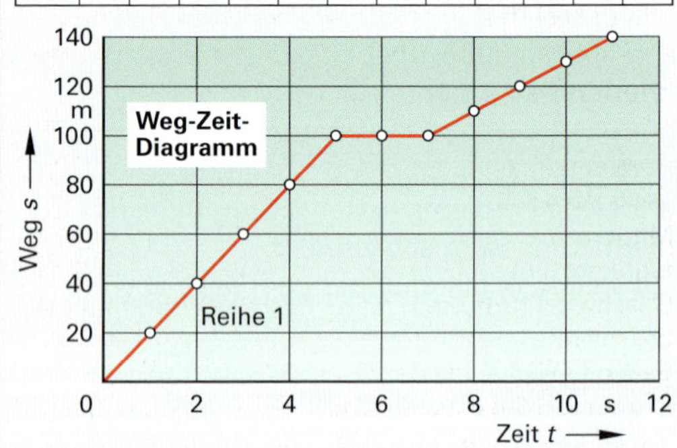

Bild 2: t-s-Tabelle und Weg-Zeit-Diagramm für die Bewegung eines Pkw

Beispiel 2 Mittlere Geschwindigkeit:

Berechnen Sie zu Bild 2 a) die Geschwindigkeit v des Pkw nach 4 Sekunden, nach 6 Sekunden und nach 10 Sekunden, b) Die mittlere Geschwindigkeit für die gesamte Fahrt

Lösung: a) nach t = 4 s

$v = \frac{\Delta s}{\Delta t} = \frac{80\ \text{m}}{4\ \text{s}} = 20\ \text{m/s} = \mathbf{72\ km/h}$

nach t = 6 s $\quad v = \frac{\Delta s}{\Delta t} = \frac{0\ \text{m}}{3\ \text{s}} = 0\ \text{m/s} = \mathbf{0\ km/h}$

nach t = 10 s $\quad v = \frac{\Delta s}{\Delta t} = \frac{20\ \text{m}}{2\ \text{s}} = 10\ \text{m/s} = \mathbf{36\ km/h}$

b) mittlere Geschwindigkeit von 0 bis 11 Sekunden

$v = \frac{\Delta s}{\Delta t} = \frac{140\ \text{m}}{11\ \text{s}} = 12{,}72\ \text{m/s} = \mathbf{45{,}8\ km/h}$

In ein Weg-Zeit-Diagramm kann man auch mehrere Bewegungen eintragen. **Bild 3** zeigt die Bewegungen zweier Fahrzeuge in tabellarischer und grafischer Form. Fahrzeug 1 startet um 10.00 Uhr, das zweite um 10.30 Uhr. Begegnungsort der beiden Fahrzeuge und die Begegnungszeit können dem Grafen entnommen werden.

t	10:00	10:30	11:00	11:30	12:00	12:30	13:00	13:30	14:00	14:30	15:00
s in km	0	20	40	60	80	100	120	140	160	180	200
s in km	0	0	25	50	75	100	125	150	175	200	225

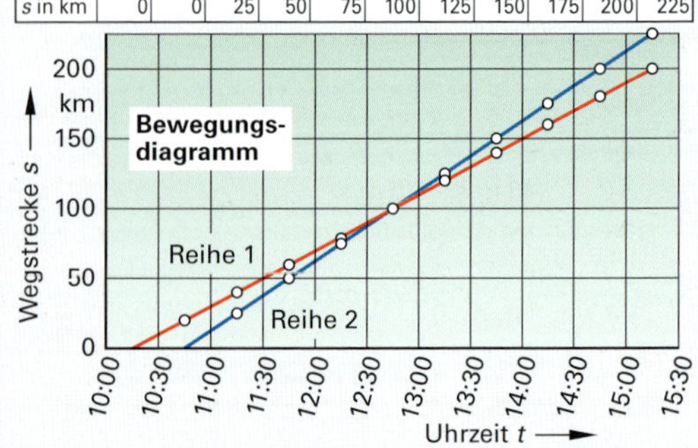

Bild 3: t-s-Tabelle und Weg-Zeit-Diagramm für die Bewegung zweier Fahrzeuge

Beispiel 3 Weg-Zeit-Diagramm:

Lesen Sie aus Bild 3 den Begegnungsort der beiden Fahrzeuge und die Begegnungszeit aus.

Lösung: Aus Diagramm und Tabelle abgelesen: Begegnungsort nach **100 km**, Begegnungszeit **12:30 Uhr**.

1.1.2.3 Beschleunigte Bewegung

Bei einer beschleunigten Bewegung ändert sich die Geschwindigkeit eines Körpers zu jedem Zeitpunkt. Jede Änderung des Geschwindigkeitsvektors, Erhöhung oder Abnahme (= Verzögerung oder Abbremsen) oder auch jede Richtungsänderung des Geschwindigkeitsvektors ist eine Beschleunigung. Konstante Beschleunigungen ergeben im Geschwindigkeits-Zeit-Diagramm Geraden **(Bild 1)**.

Um einen Körper zu beschleunigen ist immer eine Kraft notwendig. Die benötigte Kraft *F* ist proportional zur Masse m.

$$a_1 = \frac{v}{t} = \frac{\Delta v}{\Delta t} = \frac{v_2 - v_1}{t_2 - t_1} \qquad v = a \cdot t \qquad s = \frac{1}{2}\,at^2$$

$$F = m \cdot a \quad F = m \cdot g \quad g = 9{,}81\ \text{m/s}^2$$

a Beschleunigung in m/s² *v* Geschwindigkeit in m/s
t Zeit in s Δv Geschwindigkeitsdifferenz in m/s
Δt Zeitdifferenz in s
F Kraft in N *g* Fallbeschleunigung 9,81 m/s²

Beispiel 1 Beschleunigung:

Ein Motorrad beschleunigt konstant von 0 auf 100 km/h in 3,8 Sekunden. Berechnen Sie die Beschleunigung a in m/s²

Lösung: $a = \frac{v}{t} = \frac{100\ \text{km/h}}{3{,}8\ \text{s}} = \frac{100/3{,}6\ \text{m/s}}{3{,}8\ \text{s}} = \mathbf{7{,}2\ m/s^2}$

Beschleunigungen spielen in allen bewegten Systemen, z. B. Fahrzeugen, Aufzügen, eine wichtige Rolle und sind aufgrund der in diesem Zusammenhang auftretenden Trägheitskräfte für die darin beförderten Menschen meist deutlich spürbar.

t in s	0	1	2	3	4	5	6	7	8	9	10	11
v in m/s	0	2	4	6	8	10	12	14	16	18	20	22

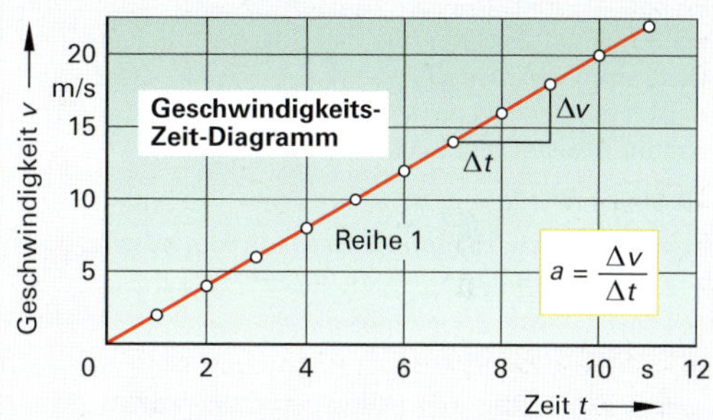

Bild 1: *t*-*v*-Tabelle und Geschwindigkeits-Zeit-Diagramm für beschleunigte Bewegung

Beispiel 2 Mittlere Beschleunigung:

Mittlere Beschleunigung: Ein Rennwagen beschleunigt konstant von 0 auf 80 m/s in 4 Sekunden. Diese Geschwindigkeit hält er für 3 Sekunden konstant und beschleunigt anschließend noch mal. Nach weiteren 4 Sekunden hat er die Geschwindigkeit 140 m/s erreicht. a) Erstellen Sie eine *t*-*v*-Tabelle und skizzieren Sie das Geschwindigkeits-Zeit-Diagramm, b) berechnen Sie die Beschleunigung in den einzelnen Fahrabschnitten und geben Sie die mittlere Beschleunigung an.

Lösung: a) **Bild 2**

b)

$$a_1 = \frac{\Delta v}{\Delta t} = \frac{80\ \text{m/s}}{4\ \text{s}} = \mathbf{20\ m/s^2}$$

$$a_2 = \frac{\Delta v}{\Delta t} = \frac{0\ \text{m/s}}{3\ \text{s}} = \mathbf{0\ m/s^2}$$

$$a_3 = \frac{\Delta v}{\Delta t} = \frac{140\ \text{m/s} - 80\ \text{m/s}}{4\ \text{s}} = \mathbf{15\ m/s^2}$$

$$a = \frac{\Delta v}{\Delta t} = \frac{140\ \text{m/s}}{11\ \text{s}} = \mathbf{12{,}73\ m/s^2}$$

Die Fläche unter dem *v(t)*-Diagramm entspricht dem zurückgelegten Weg *s*. Für konstant beschleunigte Bewegung gilt:
$s = \frac{1}{2}\,v\,t$. Mit $v = a\,t$ gilt $s = \frac{1}{2}\,at^2$.

t in s	0	1	2	3	4	5	6	7	8	9	10	11
s in m	0	20	40	60	80	80	80	80	95	110	125	140

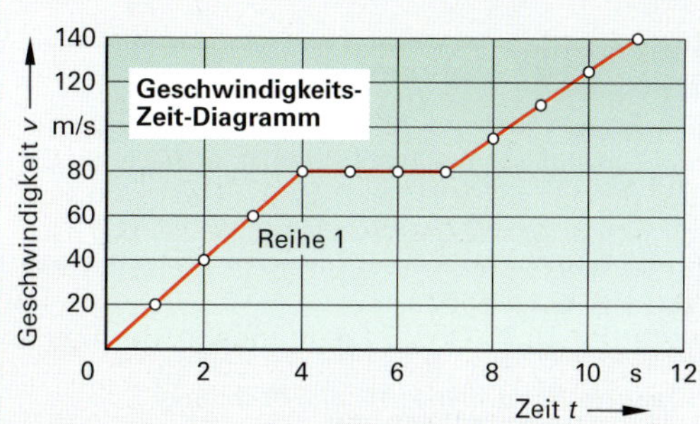

Bild 2: *t*-*v*-Tabelle und Geschwindigkeits-Zeit-Diagramm für die Bewegung eines Rennwagens

Beschleunigte Bewegung mit Anfangsgeschwindigkeit v_0

Wenn eine Bewegung mit der Anfangsgeschwindigkeit v_0 mit der Beschleunigung a gleichmäßig beschleunigt wird, ergibt sich ein *v(t)*-Diagramm wie in **Bild 1**.

Der zurückgelegte Weg *s* in der Zeit *t* ergibt sich mit geometrischen Überlegungen als Trapezfläche = Rechteckfläche für den Weg mit der Geschwindigkeit v_0 und Dreieckfläche für den Weg mit der Beschleunigung *a*.

Beschleunigen:

$$a = \frac{\Delta v}{\Delta t} = \frac{v_2 - v_1}{t_2 - t_1} \qquad v = v_0 + a \cdot t \qquad s = v_0 \cdot t + \frac{1}{2} at^2$$

Abbremsen:

$$a = \frac{\Delta v}{\Delta t} = \frac{v_2 - v_1}{t_2 - t_1} \qquad v = v_0 - a \cdot t$$

$$s = v_0 \cdot t - \frac{1}{2} a \cdot t = \frac{v_{\text{Anfang}} + v_{\text{Ende}}}{2} \cdot t$$

a Beschleunigung in m/s²
t Zeit in s
v Geschwindigkeit in m/s
Δt Zeitdifferenz in s
v_0 Anfangsgeschwindigkeit in m/s
Δv Geschwindigkeitsdifferenz in m/s

Beispiel 1 Beschleunigung:

Ein Pkw hat eine Geschwindigkeit von v_0 = 10 m/s. Er beschleunigt mit der konstanten Beschleunigung *a* = 3 m/s². a) Zeichnen Sie das Geschwindigkeits-Zeit-Diagramm von *t* = 0 s bis *t* = 11 s. b) Welche Geschwindigkeit hat der Pkw nach 11 s erreicht? c) Welchen Weg hat der Pkw nach 10 Sekunden zurückgelegt?

Lösung: a) **Bild 1**

b) $v = v_0 + a \cdot t$ = 10 m/s + (3 m/s² · 11 s) = **43 m/s** = **154,8 km/h**

c) $s = v_0 \cdot t + \frac{1}{2} a \cdot t^2$

= 10 m/s · 10 s + $\frac{1}{2}$ · 3 m/s² · (10 s)² = **250 m**

Anfangsgeschwindigkeit in m/s								10				
Beschleunigung in m/s²								3				
t in s	0	1	2	3	4	5	6	7	8	9	10	11
v in m/s	10	13	16	19	22	25	28	31	34	37	40	43

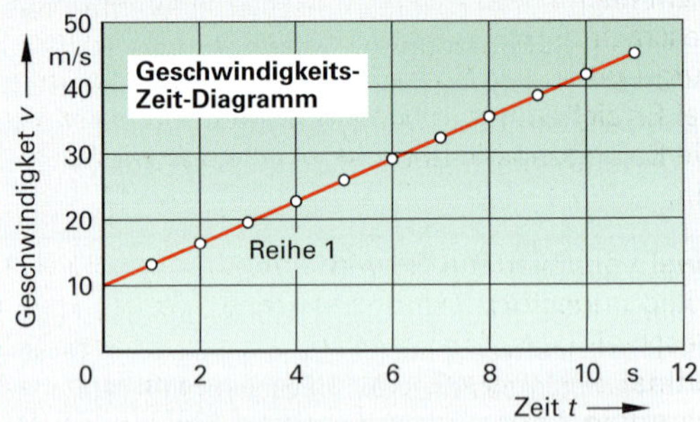

Bild 1: *t*-*v*-Tabelle und Geschwindigkeits-Zeit-Diagramm für beschleunigte Bewegung

1.1.2.4 Verzögerte Bewegung

Bei einer verzögerten (abgebremsten) Bewegung reduziert sich die Geschwindigkeit mit zunehmender Zeit *t* **(Bild 2)**. Eine verzögerte Bewegung entspricht meist einem Abbremsen mit der negativen Beschleunigung *a*. Die Verzögerung ist definiert wie die Beschleunigung, allerdings reduziert sich die Geschwindigkeit mit zunehmender Zeit *t*.

Wird die Bewegung abgebremst bis zum Stillstand, dann ist $v_{\text{ENDE}} = 0$ zu setzen.

Beispiel 2 Abbremsen:

Ein Zug fährt mit *v* = 72 km/h = 20 m/s. Er wird mit *a* = 2 m/s² gleichmäßig abgebremst. a) Zeichnen Sie das Geschwindigkeits-Zeit-Diagramm von *t* = 0 *s* bis *t* = 10 s, b) Welche Geschwindigkeit hat der Zug nach 5 s erreicht? c) Welchen Weg hat der Zug bis zum Stillstand zurückgelegt?

Lösung: a) **Bild 2**

b) **abgelesen aus Bild 2: 10 m/s, Rechnung:**

$v = v_0 - a \cdot t$ = 20 m/s – (2 m/s² · 5 s) = 10 m/s = **36 km/h**

c) $a = \frac{\Delta v}{\Delta t} \Leftrightarrow \Delta t = \frac{\Delta v}{a} = \frac{v_{\text{Anfang}} + v_{\text{Ende}}}{a} = \frac{20 \text{ m/s}}{2 \text{ m/s}^2}$ = **10 s**

$s = v_0 \cdot t - \frac{1}{2} a \cdot t^2 =$

20 m/s · 10 s – $\frac{1}{2}$ · 2 m/s² · (10 s)² = **100 m**

Anfangsgeschwindigkeit in m/s								20				
Beschleunigung in m/s²								2				
t in s	0	1	2	3	4	5	6	7	8	9	10	
v in m/s	20	18	16	14	12	10	8	6	4	2	0	

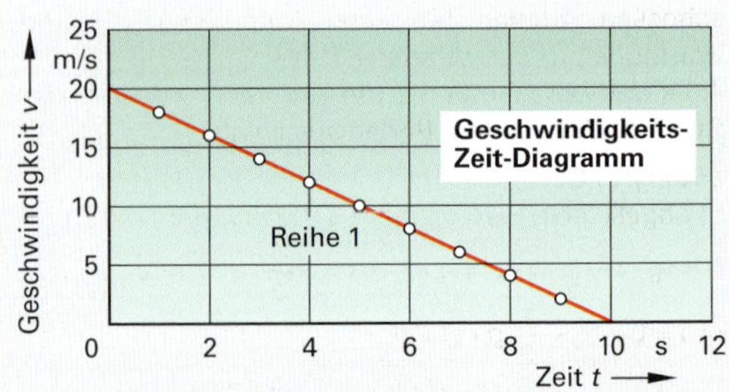

Bild 2: *t*-*v*-Tabelle und Geschwindigkeits-Zeit-Diagramm für abgebremste Bewegung

1.1.2.5 Freier Fall

Der freie Fall eines Körpers ohne Betrachtung der Luftreibung, entspricht einer gleichmäßig beschleunigten Bewegung senkrecht nach unten mit der Fallbeschleunigung g = 9,81 m/s². Der zurückgelegte Weg entspricht beim freien Fall der Fallhöhe h. Da die Luftreibung nicht betrachtet wird, spricht man meist vom freien Fall im Vakuum.

Beispiel 1 **Flugdauer freier Fall:**

Eine Stahlkugel wird aus 10 m Höhe fallen gelassen. Berechnen Sie die Flugdauer bis zum Aufprall am Boden und geben Sie die Aufprallgeschwindigkeit an.

Lösung:

$h = \frac{1}{2} \cdot g \cdot t^2 \Leftrightarrow t = \sqrt{2 \cdot h \cdot g} = \sqrt{2 \cdot 10\text{ m} \cdot 9{,}81\text{ m/s}^2} = \mathbf{14\text{ s}}$

$v = g \cdot t = 9{,}81\text{ m/s}^2 \cdot 14\text{ s} = 137{,}3\text{ m/s} = \mathbf{38{,}1\text{ km/h}}$

Freier Fall:

$a = g = 9{,}81\text{ m/s}^2$ $\quad h = \frac{1}{2} \cdot g \cdot t^2$ $\quad v = g \cdot t$

Senkrechter Wurf nach oben:

$h = v_0 \cdot t - \frac{1}{2} \cdot g \cdot t^2$ $\quad v = v_0 - g \cdot t$

Waagrechter Wurf:

Fallstrecke $y = \frac{1}{2} \cdot g \cdot t^2$ $\quad$ Fallgeschwindigkeit $v = g \cdot t$

Strecke $x = v_0 \cdot t$ $\quad$ Geschwindigkeit $v_0 = \frac{x}{t}$

a Beschleunigung in m/s²
g Fallbeschleunigung, Ortsfaktor
h Fallhöhe in m oder Wurfhöhe in m
v_0 Anfangsgeschwindigkeit in m/s

1.1.2.6 Senkrechter Wurf nach oben

Beim senkrechten Wurf nach oben wird ein Körper vom Stillstand aus beschleunigt und fliegt senkrecht nach oben. Auf den Körper mit der Anfangsgeschwindigkeit v_0 wirkt verzögernd (abbremsend) aufgrund seiner Masse m die Fallbeschleunigung. Bei Erreichen der maximalen Wurfhöhe dreht sich die Bewegungsrichtung um und ein freier Fall tritt ein.

Zwei verschiedene Bewegungen überlagern sich völlig ungestört. Wenn man einen Körper mit der Geschwindigkeit v_0 hochwirft, dann kann man erst einmal ausrechnen, wie hoch er nach einer bestimmten Zeit t wäre, dann die in dieser Zeit gefallene Strecke. Anschließend subtrahiert man beide Werte und erhält die tatsächliche Höhe h. Genau so erhält man die Geschwindigkeit v zur Zeit t, wenn man von v_0 die in dieser Zeit durch Erdbeschleunigung erhaltene Geschwindigkeit abzieht.

Anfangsgeschwindigkeit in m/s								20		
t in s	0	0,5	1	1,5	2	2,5	3	3,5	4	4,5
h in m	0	8,77	15,10	18,96	20,38	19,34	15,86	9,91	1,52	-9,33

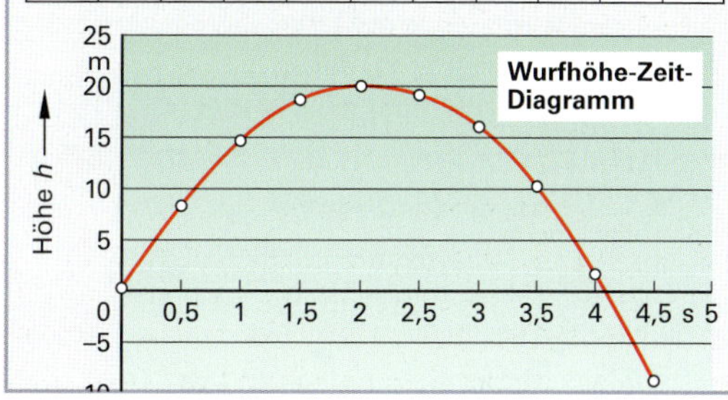

Bild 1: *t*-*h*-Tabelle und Wurfhöhe-Zeit-Diagramm für Wurf nach oben

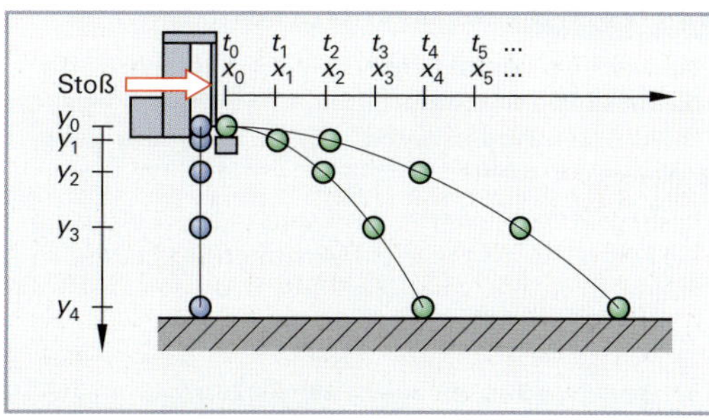

Bild 2: Waagrechter Wurf

Beispiel 2 **Waagrechter Wurf:**

Mit einer Steinschleuder wird ein Stein mit der Geschwindigkeit v = 20 m/s senkrecht nach oben geschossen. Stellen Sie eine Wertetabelle für die Wurfhöhe h(t) auf, skizzieren Sie h(t) für t = 0 s bis t = 4,5 s und berechnen Sie die Zeit t nach welcher der Stein wieder auf dem Boden aufschlägt.

Lösung: a) **Bild 1**

b) abgelesen aus Bild 2: t **= 4 s**, Rechnung:

$h = v_0 \cdot t - \frac{1}{2}\, g \cdot t^2 = 0 \Leftrightarrow t \cdot (v_0 - \frac{1}{2}\; g \cdot t) = 0$

$\Leftrightarrow t = 0 \vee v_0 - \frac{1}{2}\, g \cdot t) = \mathbf{0}$

$v_0 - \frac{1}{2}\, g \cdot t = 0 \Leftrightarrow t = \frac{2 \cdot v_0}{g} = \frac{2 \cdot 20\text{ m/s}}{9{,}81\text{ m/s}^2} = \mathbf{4{,}08\text{ s}}$

1.1.2.7 Waagrechter Wurf

Wirft man einen Körper parallel zur Erdoberfläche, dann nennt man das einen waagerechten Wurf. Auch hier überlagern sich die waagerechte, gleichförmige Bewegung in x-Richtung und der freie Fall in y-Richtung **(Bild 2)**. Die resultierende Kurve ist eine Wurfparabel, je nach Anfangsgeschwindigkeit mit unterschiedlicher Wurfweite.

1.1.2.8 Schräger Wurf

Beim schrägen Wurf wirft man einen Körper im Winkel φ_0 mit der Geschwindigkeit v_0 gegen die Horizontale. Eine waagerechte, gleichförmige Bewegung in *x*-Richtung mit der Geschwindigkeit v_{0x} und eine Bewegungskomponente in *y*-Richtung mit der Geschwindigkeit v_{0y} und der freie Fall überlagern sich **(Bild 1)**. Die Reibungsverluste werden meist vernachlässigt. Die resultierende Kurve ist eine Wurfparabel, je nach Anfangsgeschwindigkeit mit unterschiedlicher Wurfweite.

Beispiel 1 **Schräger Wurf 1:**

Eine Stahlkugel wird im Winkel φ_0 = 30° gegen die Horizontale mit der Geschwindigkeit v_0 = 30 m/s abgeschossen.

a) Erstellen Sie eine Wertetabelle für die Bewegung in *x*-Richtung und in *y*-Richtung und skizzieren Sie die Wurfparabel. b) Berechnen Sie die Flugdauer bis zum Aufprall am Boden und geben Sie die Aufprallgeschwindigkeit, und deren Aufprallwinkel an.

Lösung: a) **Bild 2**

b) $t_W = \frac{2v_0 \cdot \sin\varphi}{g} = \frac{2 \cdot 30\ \text{m/s} \cdot \sin(30°)}{9{,}81\ \text{m/s}^2} = \mathbf{3{,}06\ s}$

Aufprallgeschwindigkeit zur Zeit t_w

$v_x = v_0 \cdot \cos\varphi = 30\text{m/s} \cdot \cos(30°) = \mathbf{26\ m/s}$

$v_y = v_0 \cdot \sin\varphi - gt = 30\text{m/s} \cdot \sin(30°) - 9{,}81\ \text{m/s}^2 \cdot 3{,}06\ \text{s} = \mathbf{-15\ m/s}$

Kontrollrechnung

$v = \sqrt{v_x^2 + v_y^2} = \sqrt{(26\ \text{m/s})^2 + (-15\ \text{m/s})^2} = \mathbf{30\ m/s}$

Aufprallwinkel gegen die Horizontale

$\tan\varphi = \frac{v_y}{v_x} = \frac{15\ \text{m/s}}{26\ \text{m/s}} \Rightarrow \varphi = \text{INV}\tan\frac{15}{26} = \mathbf{30°}$

Beispiel 2 **Schräger Wurf 2:**

Bei welchem Winkel wird bei einem schrägen Wurf a) die maximale Wurfweite erzielt, b) welche Reichweite kann erzielt werden und c) welche maximale Steighöhe wird erreicht?

Lösung: a) Die maximale Wurfweite wird erzielt, wenn die Formel für die Weite ein Maximum ergibt.

$s_x(t) = \frac{v_0^2 \cdot \sin 2\varphi}{g}$ = ist maximal, wenn

$\sin 2\varphi = 1 \Leftrightarrow 2\varphi = 90° \Leftrightarrow \varphi = \mathbf{45°}$

b) Die maximal Wurfweite ergibt sich aus a)

$s_{max} = \frac{v_0^2 \cdot \sin 2\varphi}{g} = \frac{v_0^2 \cdot 1}{g} = \frac{v_0^2}{g}$

c) Maximale Steighöhe nach $t = t_w/2$

$t = \frac{v_{0y}}{g} = \frac{v_0 \cdot \sin(45°)}{g} = \frac{1}{\sqrt{2}} \cdot \frac{v_0}{g}$

$s_{y\,max}(45°) = v_{0y} \cdot t - \frac{1}{2} g t^2 = \frac{1}{2}\frac{v_0^2}{g} - \frac{1}{4}\frac{v_0^2}{g} = \frac{1}{4}\frac{v_0^2}{g}$

Schräger Wurf:

$$s_x = v_{0x} \cdot t \qquad s_y = v_{0y} \cdot t - \frac{1}{2} \cdot g \cdot t^2$$

$$v_{0y} = v_0 \cdot \sin\varphi \qquad v_{0x} = v_0 \cdot \cos\varphi$$

$$v_y = v_{0y} - g \cdot t \qquad v_x = v_{0x}$$

$$t_W = \frac{2\,v_{0y}}{g} = \frac{2\,v_0 \cdot \sin\varphi}{g}$$

$$s_{x\,max} = v_{0x} \cdot t_W = \frac{v_0^2 \cdot \sin 2\varphi}{g}$$

s	Wegstück	v_0	Anfangsgeschwindigkeit
φ_0	Abwurfwinkel	v_{0x}, v_{0y}	Anfangsgeschwindigkeit
v_x, v_y	Geschwindigkeit	t_w	Wurfweite
Indizes *x*	*x*-Richtung	*y*	*y*-Richtung

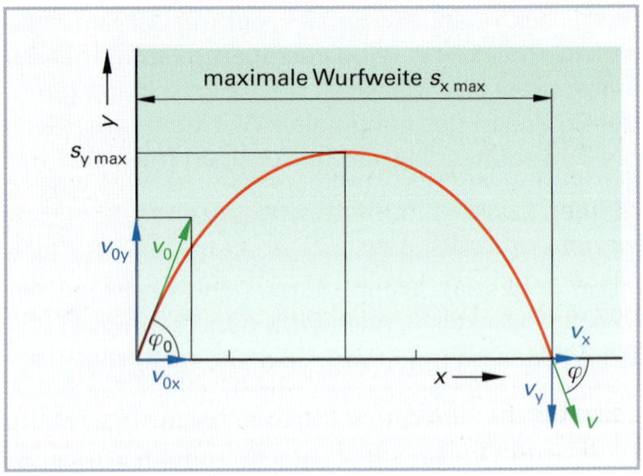

Bild 1: Bahnkurve beim schrägen Wurf

Anfangsgeschwindigkeit in m/s								30,0
Abwurfwinkel in Grad								**30,0**
t in s	0	0,5	1,0	1,5	2,0	2,5	3,0	3,5
s in *y*-Richtung	0	6,3	10,1	11,5	10,4	6,8	0,9	–7,6
s in *x*-Richtung	0	13,0	26,0	39,0	52,0	65,0	77,9	90,9

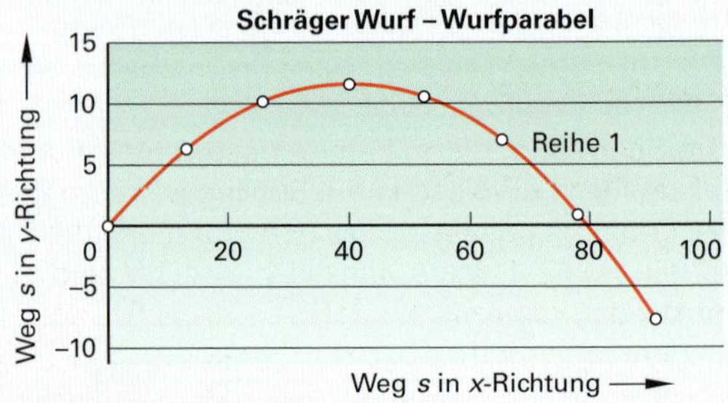

Bild 2: Schräger Wurf

1.2 Elektrotechnische Grundlagen

1.2.1 Ladung

Jeder Körper ist im normalen Zustand elektrisch neutral. Durch Reiben an einem Körper kann dieser Zustand geändert werden.

Stäbe aus Isolierstoffen, wie z. B. Hartgummi, Acrylglas, Polystyrol, die man mit einem Wolltuch reibt, üben aufeinander Abstoßungskräfte **(Bild 1)** oder Anziehungskräfte **(Bild 2)** aus. Dafür sind die *elektrischen Ladungen* an der Oberfläche verantwortlich **(Bild 3)**.

> Gleichartige Ladungen stoßen sich ab, ungleichartige Ladungen ziehen sich an.

Bei Laserdruckern wird das Bild durch Ladungstrennung auf die Fotoleiter-Trommel aufgebracht **(Bild 4)**. Die auf einem Leiter transportierte elektrische Ladung ist von der Stromstärke und von der Zeit abhängig. Sie hat die Einheit Amperesekunde (As) mit dem besonderen Einheitennamen Coulomb[1] (C).

1.2.2 Spannung

Zwischen verschiedenartigen Ladungen wirkt eine Anziehungskraft. Werden verschiedenartige Ladungen voneinander entfernt, so muss gegen die Anziehungskraft eine Arbeit verrichtet werden. Diese Arbeit ist nun als Energie in den Ladungen gespeichert. Dadurch besteht zwischen den Ladungen eine elektrische *Spannung* **(Bild 5)**.

> Elektrische Spannung entsteht durch Trennung von Ladungen.

Je höher die erzeugte Spannung ist, desto größer ist das Bestreben der Ladungen sich auszugleichen (Bild 5). Die elektrische Spannung (Formelzeichen *U*) misst man mit dem *Spannungsmesser.*

Einheit der elektrischen Spannung *U* ist das Volt[2] (V). Im Schaltzeichen des Spannungsmessers steht V oder *U*.

[U] = V ([*U*] sprich: Einheit von *U*).

Potenzial

Eine Spannung, die auf einen bestimmten Punkt, z. B. auf 0 V, bezogen ist, nennt man Potenzial φ. Das Potenzial hat ein Vorzeichen und die Einheit V. Hat ein Punkt 1 das Potenzial $\varphi_1 = +3$ V und ein Punkt 2 das Potenzial $\varphi_2 = -3$ V, so ist die Spannung die Potenzialdifferenz $\Delta\varphi = 3\text{ V} - (-3\text{ V}) = 6\text{ V}$.

[1] Charles Augustin de Coulomb, franz. Physiker, 1736 bis 1806
[2] Alessandro Volta, ital. Physiker, 1745 bis 1827

+ positive Ladung + *Q*
− negative Ladung − *Q*

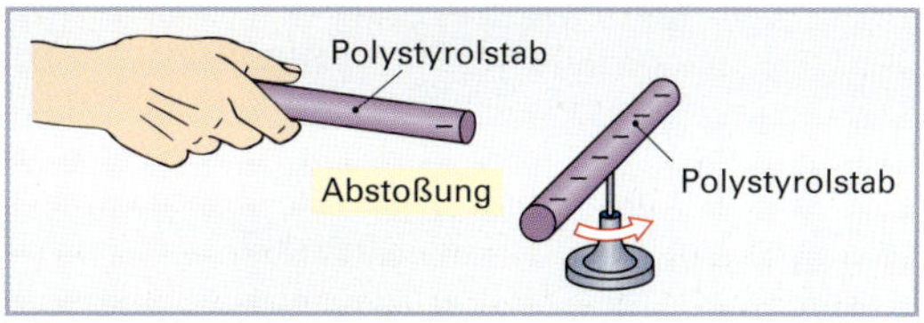

Bild 1: Abstoßung gleichartiger Ladungen

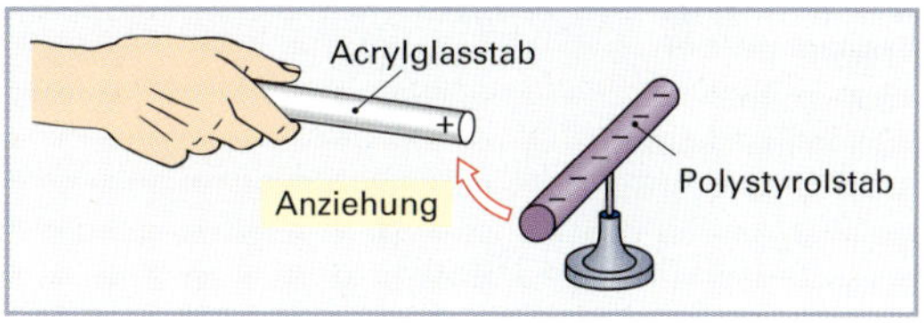

Bild 2: Anziehung ungleichartiger Ladungen

Bild 3: Ladungswirkungen

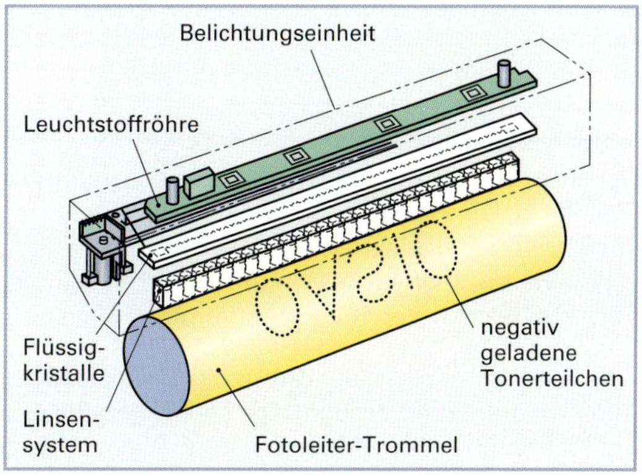

Bild 4: Anwendung der Ladungstrennung

[Q] = As = C
für *I* = const.

$$Q = I \cdot t$$

Q Ladung *I* Stromstärke *t* Zeit

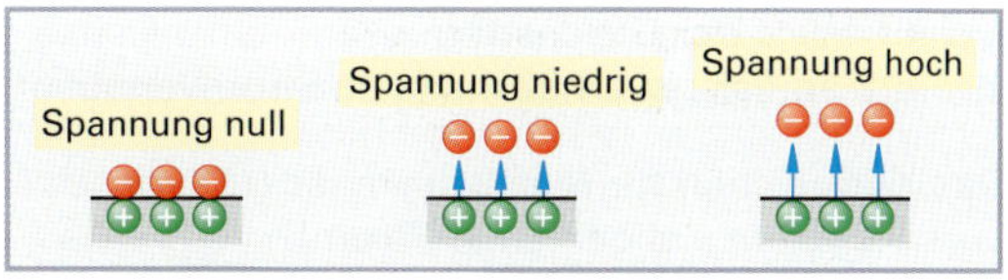

Bild 5: Spannung durch Ladungstrennung

Tabelle 1: Stromwirkungen

Wärmewirkung	Magnetwirkung	Lichtwirkung	Chemische Wirkung	Wirkung auf Lebewesen
immer vorhanden	immer vorhanden	in Gasen, in manchen Halbleitern	in leitenden Flüssigkeiten	bei Menschen und Tieren
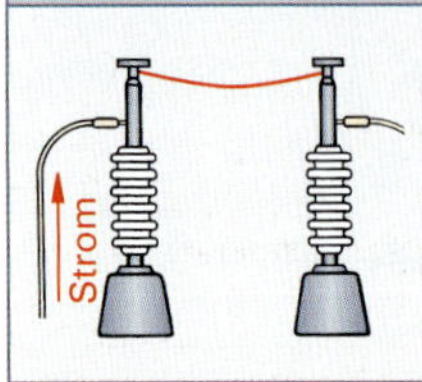	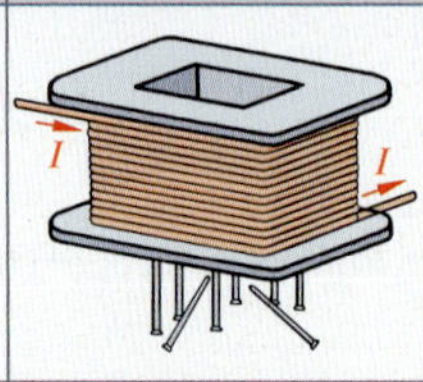	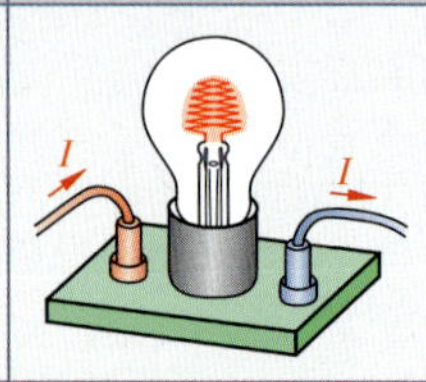	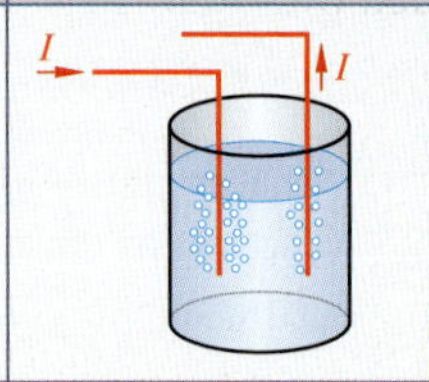	
Heizung, Lötkolben, Schmelzsicherung	Relaisspule, Türöffner	Glimmlampe, LED, Leuchtstofflampe	Ladevorgang bei Akkumulatoren, belastete Elemente	Unfälle, Herzschrittmacher

1.2.3 Elektrischer Strom

Die Spannung ist die Ursache für den *elektrischen Strom.* Elektrischer Strom fließt nur im geschlossenen Stromkreis **(Bild 1).** Ein *Stromkreis* besteht aus dem Erzeuger, dem Verbraucher und der Leitung.

Die *elektrische Stromstärke* (Formelzeichen I) misst man mit dem Strommesser (Bild 1). Die Einheit der elektrischen Stromstärke I ist das Ampere[1] (A). Im Schaltzeichen des Strommessers steht A oder I.

> Zur Messung der Stromstärke wird der Strommesser in den Stromkreis geschaltet.

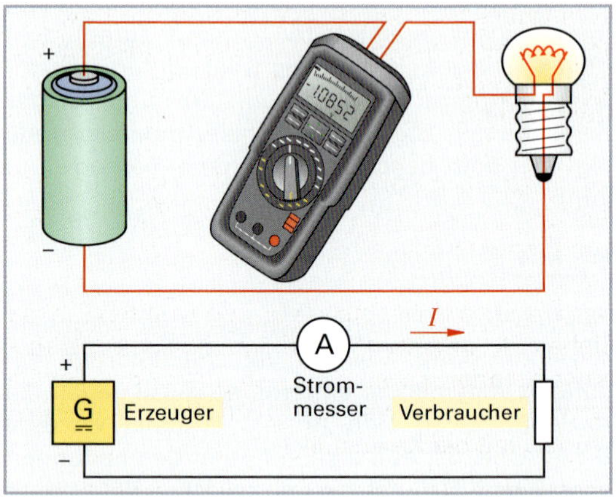

Bild 1: Strommessung

Der elektrische Strom hat verschiedene Wirkungen **(Tabelle 1).** Die Wärmewirkung und die Magnetwirkung treten bei elektrischem Strom immer auf. Lichtwirkung, chemische Wirkung und die Wirkung auf Lebewesen treten nur in bestimmten Fällen auf.

Bei *Gleichstrom* bleibt der Strom bei gleicher Spannung konstant **(Bild 2, oben).** Die Elektronen fließen im Verbraucher vom Minuspol zum Pluspol. Das Kurzzeichen für *Gleichstrom* ist *DC* (von *Direct Current* = Einrichtungsstrom).

Bei *Wechselstrom* ändert die Spannung und damit auch der Strom ständig ihre Richtung **(Bild 2, Mitte).** Das Kurzzeichen für Wechselstrom ist *AC* (von *Alternating Current* = abwechselnder Strom).

Mischstrom entsteht durch die Addition (Überlagerung) von Gleichstrom und Wechselstrom **(Bild 2, unten).** Wird der Gleichstrom ① zu dem Wechselstrom ② addiert, so erhält man den Stromverlauf ③.

Das Kurzzeichen für Mischstrom ist *UC* (von *Universal Current* = allgemeiner Strom).

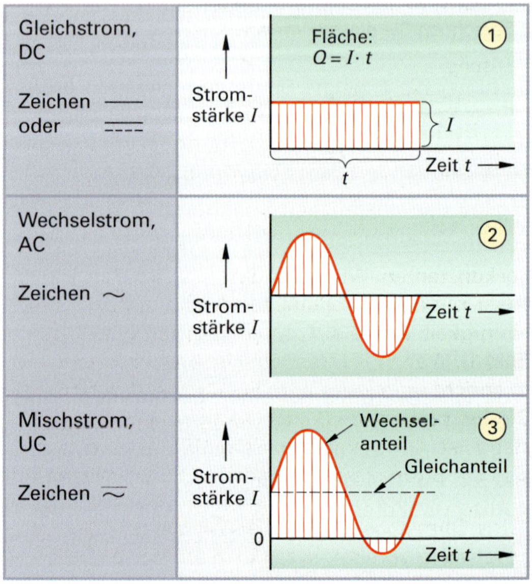

Bild 2: Stromarten

[1] André Marie Ampère, franz. Physiker, 1775 bis 1836

1.2.4 Elektrischer Widerstand

Der Widerstand, auch *Resistanz* genannt (Formelzeichen R), hat die Einheit Ohm[1] (Ω). $[R] = \Omega$. Den Kehrwert des Widerstandes nennt man Leitwert. Der Leitwert (Formelzeichen G) hat die Einheit Siemens[2] (S) oder in den USA auch (Ω^{-1}).

Beispiel 1 Widerstandswert:

Ein Widerstand beträgt 200 Ω. Wie groß ist der Leitwert?

Lösung:

$$R = \frac{1}{G} \Rightarrow G = \frac{1}{R} = \frac{1}{200\,\Omega} = \mathbf{5\ mS}$$

Leiterwiderstand

Der Widerstand eines Leiters hängt von der Länge, vom Querschnitt und vom Leiterwerkstoff ab. Der *spezifische (= arteigene) Widerstand* ϱ gibt den Widerstand eines Leiters von 1 m Länge und 1 mm² Querschnitt an.

Der spezifische Widerstand ϱ wird meist für 20 °C angegeben. Die *Leitfähigkeit* γ ist der Kehrwert des spezifischen Widerstandes ϱ.

Der spezifische Widerstand ϱ von Drähten hat die Einheit $\Omega \cdot mm^2/m$. Bei Isolierstoffen und Halbleiterwerkstoffen wird die Einheit $\Omega \cdot cm^2/cm = \Omega\ cm$ verwendet. Dies entspricht dem Widerstand eines Würfels mit der Kantenlänge 1 cm.

Beispiel 2 Leiterwiderstand:

Der Kupferdraht einer Netzwerkleitung ist 20 m lang (einfache Entfernung) und hat 0,1 mm Durchmesser. Berechnen Sie den Widerstand.

Lösung:

$$R = \frac{l}{\gamma \cdot A} = \frac{2 \cdot 20\ m}{56\ \frac{m}{\Omega \cdot mm^2}} = \mathbf{0{,}91\ \Omega}$$

1.2.5 Ohm'sches Gesetz

Bei konstantem Widerstand nimmt die Stromstärke linear mit der Spannung zu. Zeichnet man I in Abhängigkeit von U auf, so erhält man eine Gerade **(Bild 1)**. Wenn $I \sim U$ (sprich: I ist proportional U) ist, so spricht man von einem linearen Widerstand. Die Gerade verläuft um so steiler, je kleiner der Widerstand ist. Mit zunehmendem Widerstand nimmt also die Stromstärke bei gleicher Spannung ab.

Das Ohm'sche Gesetz beschreibt den Zusammenhang von Stromstärke, Spannung und Widerstand.

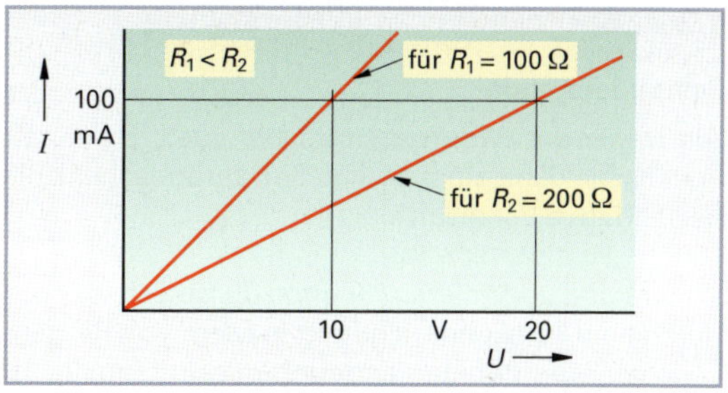

Bild 1: I **als Funktion** U **bei konstantem Widerstand**

$$[R] = \frac{1}{[G]} = \frac{1}{S} = \Omega \qquad R = \frac{1}{G}$$

$$\gamma = \frac{1}{\varrho} \qquad R = \frac{\varrho \cdot l}{A} \qquad R = \frac{l}{\gamma \cdot A}$$

R Widerstand (Resistanz)
G Leitwert
γ Leitfähigkeit (γ griech. Kleinbuchstabe Gamma)
$\gamma_{AL} = 35{,}38 \frac{m}{\Omega\ mm^2}$ $\gamma_{Cu} = 56 \frac{m}{\Omega\ mm^2}$
ϱ spezifischer Widerstand (ϱ griech. Kleinbuchstabe Rho)
l Länge des Leiters
A Querschnitt des Leiters

1.2.6 Stromdichte

In einem Stromkreis fließt die gleiche Stromstärke durch jeden Leiterquerschnitt. Bei verschieden großen Querschnitten, z. B. in der Leitung zu einer Glühlampe und im Glühfaden in der Glühlampe, müssen sich deshalb die Elektronen im kleinen Querschnitt schneller als im großen Querschnitt bewegen. Dadurch ist die Stromdichte J größer.

Beispiel 3 Stromdichte:

Durch eine Glühlampe fließt eine Stromstärke von 0,2 A. Wie groß ist die Stromdichte in der Zuleitung mit 1,5 mm² Querschnitt?

Lösung:

$$J = \frac{I}{A} = \frac{0{,}2\ A}{1{,}5\ mm^2} = \mathbf{0{,}133\ A/mm^2}$$

$$[I] = \frac{[U]}{[R]} = \frac{V}{\Omega} = A \qquad I = \frac{U}{R} \qquad [J] = \frac{A}{mm^2} \qquad J = \frac{I}{A}$$

I Stromstärke
U Spannung
J Stromdichte
R Widerstand

1 Georg Simon Ohm, deutscher Physiker, 1789 bis 1854
2 Werner von Siemens, deutscher Erfinder, 1816 bis 1892

1.2.7 Bauformen der Widerstände

Festwiderstände

Als Träger der Widerstandsschicht aus z. B. kristalliner Kohle dient ein zylindrischer, keramischer Körper, z. B. aus Porzellan.

Widerstand und Toleranz können durch Zahlen oder durch eine Farbkennzeichnung in Form von Ringen, Strichen oder Punkten angegeben sein **(Tabelle 1)**. Die Farbkennzeichnung ist so angebracht, dass der erste Ring näher bei dem einen Ende des Schichtwiderstandes liegt als der letzte Ring bei dem anderen Ende.

Sofern Widerstände mit 5 Farbringen gekennzeichnet werden, bilden die ersten 3 Ringe die Ziffern des Widerstandswertes, der 4. Ring gibt den Multiplikator und der 5. Ring die Widerstandstoleranz an.

Veränderbare Widerstände

Als veränderbare (einstellbare) Widerstände werden hauptsächlich Drehwiderstände (Potenziometer, Trimmer) verwendet (siehe Tabellenbuch Informations- und Systemtechnik).

Tabelle 1: Farbschlüssel für Widerstände

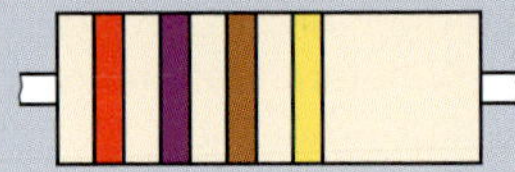

Kennfarbe nach DIN IEC 62 und IEC 757 Abkürzungen	Widerstandswert in Ω			Toleranz des Widerstandswertes
	1. Ziffer	2. Ziffer	Multiplikator	
Keine	—	—	—	±20%
Silber SR	—	—	10^{-2}	±10%
Gold GD	—	—	10^{-1}	±5%
Schwarz BK	—	0	10^{0}	—
Braun BN	1	1	10^{1}	±1%
Rot RD	2	2	10^{2}	±2%
Orange OG	3	3	10^{3}	—
Gelb YE	4	4	10^{4}	—
Grün GN	5	5	10^{5}	±0,5%
Blau BU	6	6	10^{6}	—
Violett VT	7	7	10^{7}	—
Grau GT	8	8	10^{8}	—
Weiß WH	9	9	10^{9}	—

1.2.8 Leistung, Arbeit, Wirkungsgrad

Elektrische Leistung

Mit einem Spannungsmesser und einem Strommesser kann man die Leistung indirekt bestimmen **(Bild 1)**.

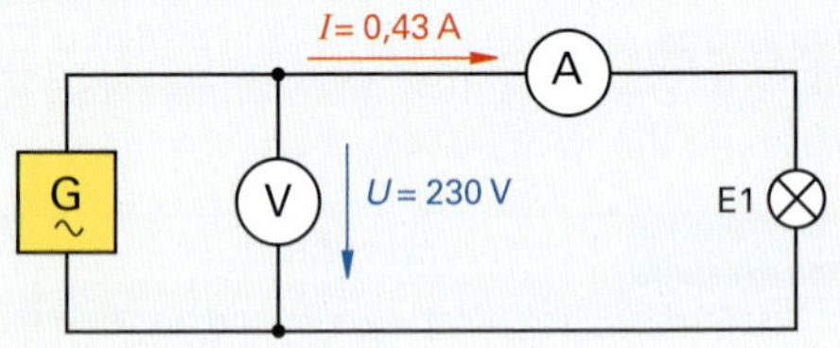

Bild 1: Schaltung zur Leistungsbestimmung

Die elektrische Leistung ist umso größer, je höher die Spannung und je größer die Stromstärke ist. Die Einheit der Leistung ist das Watt[1] (W).

> 1 W ist die Leistung eines Gleichstromes von 1 A bei einer Gleichspannung von 1 V.

> Die Bemessungsleistung (Nennleistung) ist die Leistung, für die ein Bauelement bei den angegebenen Betriebsbedingungen (Anschluss an Nennspannung) ausgelegt ist.

Bei Glühlampen und bei anderen elektrischen Betriebsmitteln, z. B. Lötkolben, Rundfunkgeräten, Motoren, stimmt die tatsächliche Leistung meist nicht mit der angegebenen Leistung (Bemessungsleistung) überein, weil bei der Herstellung Maßschwankungen (Toleranzen) auftreten.

$[P] = \mathrm{V} \cdot \mathrm{A} = \mathrm{VA} = \mathrm{W}$

$$P = U \cdot I$$

$$P = I^2 \cdot R$$

$[P] = \mathrm{A}^2 \cdot \Omega = \mathrm{W}$

$$P = \frac{U^2}{R}$$

$[P] = \mathrm{V}^2/\Omega = \mathrm{W}$

P Leistung
I Stromstärke
R Widerstand
U Spannung

Beispiel 1 **Leistungsaufnahme:**

Wie groß ist die Leistungsaufnahme P der Glühlampe E1 **(Bild 1)**?

Lösung: $P = U \cdot I = 230\ \mathrm{V} \cdot 0{,}43\ \mathrm{A} =$ **98,9 W**

[1] James Watt, engl. Ingenieur, 1736 bis 1819

Elektrische Arbeit

Die elektrische Arbeit ist umso größer, je größer die Leistung und je länger die Zeitdauer dieser Leistung ist. Die Einheit Wattsekunde (Ws) hat den besonderen Einheitennamen Joule (J).

> 1 J = 1 Ws = 1 Nm
> Ein Newtonmeter (Nm) ist gleich einer Wattsekunde (Ws).

Die *Arbeitskosten* sind das Produkt aus Tarifkosten und Arbeit. Die *Verbrauchskosten* sind um die Mehrwertsteuer höher als die Arbeitskosten.

1 Kilowattstunde (kWh) = 1 000 Wattstunden (Wh) = 3600000 Wattsekunden (Ws).

Beispiel 1 Kosten elektrischer Arbeit:

Ein Fernsehgerät nimmt 100 W auf und ist an 300 Tagen im Jahr täglich 4 Stunden eingeschaltet. Nach dem Tarif des VNB (Verteilungs-Netz-Betreiber) kostet 1 kWh 0,16 €. Was kostet die elektrische Arbeit in einem Jahr?

Lösung:

$W = P \cdot t = 100\ \text{W} \cdot 300 \cdot 4\ \text{h} = 120\,000\ \text{Wh} = 120\ \text{kWh}$

$K = k \cdot W = 0{,}16\ \frac{€}{\text{kWh}} \cdot 120\ \text{kWh} = \mathbf{19{,}20\ €}$

Meist wird aber die Arbeit mit einem direkt anzeigenden Messgerät gemessen, dem kWh-Zähler.

Energiekostenmessgeräte (Power Monitore) verarbeiten Spannungs- und Strommesswerte. Die Messgeräte werden zwischen Steckdose und Verbraucher gesteckt. Angezeigt werden neben der aktuellen Wirkleistung in W die Kosten pro Stunde, die verbrauchte Arbeit in kWh sowie die Verbraucher-Einschaltdauer und die Aufzeichnungsdauer **(Bild 1)**.

Wirkungsgrad

Energie lässt sich weder erzeugen noch vernichten, sondern nur in andere Energieformen umwandeln. Die zugeführte Energie wird nur zum Teil in die *gewünschte* Energieform umgewandelt, zum anderen Teil in *unerwünschte* Energieformen, meist in Wärme.

Allgemein bezeichnet man das Verhältnis von abgegebener Leistung (nutzbare Leistung) zu aufgenommener Leistung (aufgewendete Leistung) als *Wirkungsgrad* η **(Tabelle 1)**.

> Je größer der Wirkungsgrad, umso kleiner ist die Verlustleistung.

$$W = P \cdot t \qquad K = k \cdot W$$

$[W] = \text{W} \cdot \text{s} = \text{Ws} = \text{J}$ oder $[W] = \text{kW} \cdot \text{h} = \text{kWh}$

W Arbeit; P Leistung; t Zeit; K Arbeitskosten; k Tarifkosten

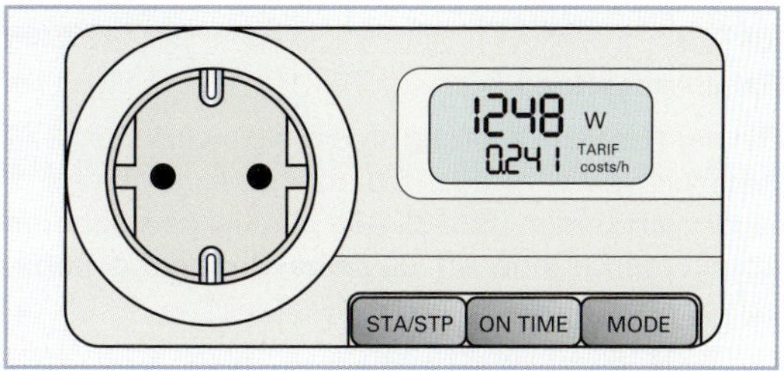

Bild 1: Energiekostenmessgerät (Power Monitor)

$$\eta = \frac{P_{ab}}{P_{auf}} \qquad \eta = \eta_1 \cdot \eta_2 \cdot \eta_n$$

η Wirkungsgrad (η griech. Kleinbuchstabe Eta)
P_{ab} Leistungsabgabe; P_{auf} Leistungsaufnahme

Tabelle 1: Wirkungsgrade

Energiewandler	Wirkungsgrad
Wechselstrommotoren 100 W; 1 W	0,5; 0,1
Transformatoren 1 000 VA; 10 VA	0,9; 0,7
Verstärker mit 30 W Ausgangsleistung	0,3
Glühlampe 40 W	0,016
Energiesparlampe 9 W	0,073

Beispiel 2 Wirkungsgrad:

Ein Rundfunkgerät nimmt 30 W elektrische Leistung aus dem Netz auf und strahlt eine Schallleistung von 1 W ab. Wie groß ist der Wirkungsgrad des Rundfunkgerätes?

Lösung:

$\eta = \frac{P_{ab}}{P_{auf}} = \frac{1\text{W}}{30\text{W}} = 0{,}033 = \mathbf{3{,}3\ \%}$

Der Wirkungsgrad kann als Dezimalzahl oder als Prozentzahl angegeben werden. Weil die Aufnahme immer größer ist als die Abgabe, ist der Wirkungsgrad immer kleiner als 1 bzw. unter 100 %. Arbeiten mehrere Energiewandler hintereinander, z. B. bei einem Netzteil mit Transformator und Gleichrichter, so ist der Gesamtwirkungsgrad η so groß wie das Produkt aus den einzelnen Wirkungsgraden $\eta_1, \eta_2 \ldots$, also ist $\eta = \eta_1 \cdot \eta_2 \cdot \ldots \cdot \eta_n$.

1.2.9 Grundschaltungen mit Widerständen

Reihenschaltung

Bei der Reihenschaltung sind Erzeuger und Widerstände hintereinander geschaltet **(Bild 1)**.

Alle Widerstände durchfließt der gleiche Strom, da keine Verzweigungen vorhanden sind.

> Bei der Reihenschaltung teilt sich die Gesamtspannung auf die einzelnen Widerstände auf.

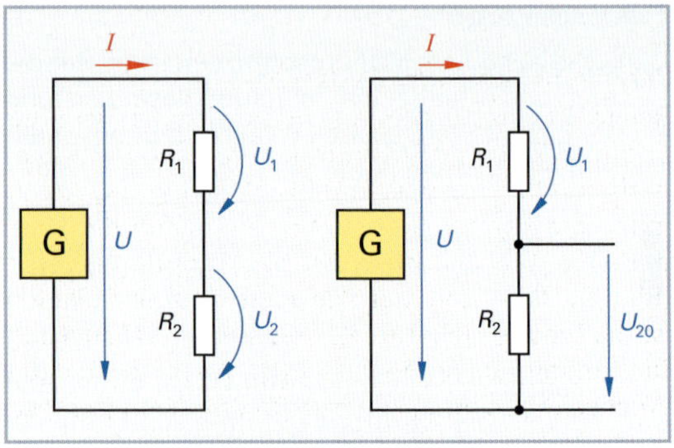

Bild 1: Reihenschaltung zweier Widerstände und Anordnung als Spannungsteiler

$$U = U_1 + U_2 + \dots$$

$$R = R_1 + R_2 + \dots$$

$$\frac{U_{20}}{U} = \frac{R_2}{R_1 + R_2}$$

$$\frac{U_1}{U_2} = \frac{R_1}{R_2}$$

U	Gesamtspannung	U_1, U_2, U_{20}	Teilspannungen
R	Ersatzwiderstand	R_1, R_2	Einzelwiderstände

Parallelschaltung

Bei der Parallelschaltung sind die gleichartigen Anschlüsse von Verbrauchern oder Erzeugern miteinander verbunden **(Bild 2)**. Alle parallel geschalteten Bauelemente sind an dieselbe Spannung angeschlossen.

> Bei der Parallelschaltung ist die Gesamtstromstärke gleich der Summe der Teilstromstärken.

Die Teilstromstärken verhalten sich umgekehrt wie die zugehörigen Widerstandswerte bei der Parallelschaltung.

Die Verzweigung der Ströme wird Knoten genannt (Bild 2). Auf den Knoten fließt der Strom I zu. Vom Knoten weg fließen die Ströme I_1 und I_2. Diese Stromverzweigung wird als 1. Kirchhoff'sches[1] Gesetz bezeichnet.

Einen Umlauf entlang des Leiters eines Stromkreises bezeichnet man als Masche (Bild 2). Bei einem Maschenumlauf ist die Summe aller Spannungen gleich null (2. Kirchhoff'sches Gesetz).

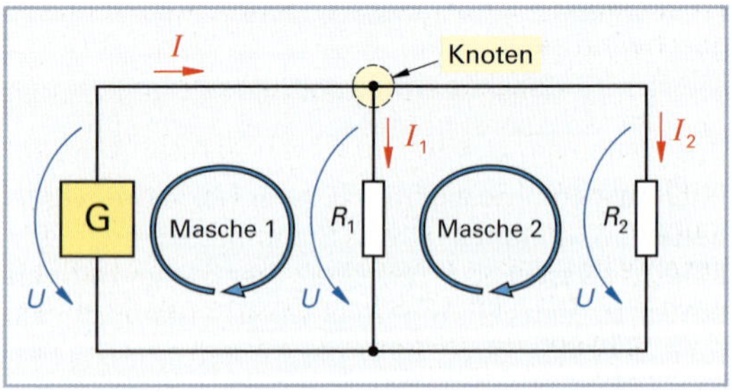

Bild 2: Parallelschaltung

$$I = I_1 + I_2 + \dots$$

$$\frac{I_1}{I_2} = \frac{R_2}{R_1}$$

$$\frac{1}{R} = \frac{1}{R_1} + \frac{1}{R_2} + \dots$$

$$G = G_1 + G_2 + \dots$$

Bei n gleichen Widerständen:

$$R = \frac{R_1}{n}$$

Bei 2 Widerständen:

$$R = \frac{R_1 \cdot R_2}{R_1 + R_2}$$

I	Gesamtstromstärke	I_1, I_2	Teilstromstärken
R	Ersatzwiderstand	R_1, R_2, ...	Einzelwiderstände
G	Ersatzleitwert	G_1, G_2, ...	Einzelleitwerte
n	Anzahl der gleichen Widerstände		

Gemischte Schaltungen

Eine Schaltung, in der die Verbraucher zum Teil in Reihe und zum Teil parallel geschaltet sind, bezeichnet man als gemischte Schaltung (Gruppenschaltung). Im einfachsten Fall besteht die gemischte Schaltung aus drei Widerständen.

Spannungsteiler

Ein *Spannungsteiler* besteht aus zwei in Reihe geschalteten Widerständen R_1 und R_2 (Bild 1, links). Diese sind an die Gesamtspannung U angeschlossen. Am Widerstand R_2 wird im unbelasteten Zustand die Teilspannung U_{20} abgegriffen.

Unbelasteter Spannungsteiler. Ein Spannungsteiler ist *unbelastet*, wenn ihm kein Strom entnommen wird (Bild 1, rechts). Beim unbelasteten Spannungsteiler teilt sich die Gesamtspannung U in die Teilspannungen U_1 und U_{20} auf. Die Spannungen verhalten sich wie die zugehörigen Widerstände.

[1] Robert Kirchhoff, deutscher Physiker, 1824 bis 1887

1.2.10 Wechselgrößen

Periodendauer *T* und Frequenz *f*

Bei der Wechselspannung ändern sich die Richtung und die Höhe der Spannung *periodisch* (sich wiederholend). Eine vollständige Schwingung nennt man eine *Periode* (griech. Periode = Zeit der Wiederkehr). Die Zeit dafür ist die Periodendauer *T* **(Bild 1).** Die Anzahl der Perioden in einer Sekunde ist die Frequenz *f* (von lat. frequentia = Häufigkeit). Die Einheit der *Frequenz* ist das *Hertz*[1] (Hz). Jede Wechselgröße erreicht einen *Maximalwert* (Höchstwert), z. B. $\hat{u}$ (sprich: u Dach) und einem *Minimalwert* (Tiefstwert) $\check{u}$ (Bild 1). Den Abstand des Minimalwertes vom Maximalwert nennt man *Spitze-Tal-Wert* oder Schwingungsbreite $\hat{\check{u}}$, im amerikanischen mit pp (von peak-peak) abgekürzt.

Frequenz *f* und Wellenlänge *λ*

Legt man eine Leitung aus zwei parallelen Leitern mit kleinem Abstand eine Wechselspannung an, breitet sich die elektrische Energie in Form einer elektromagnetischen Welle aus. Die Ausbreitungsgeschwindigkeit *c* ist vom Stoff abhängig, in dem sich die Welle bewegt.

Während der Periodendauer *T* legt eine Welle die Wellenlänge *λ* zurück, dabei ist ihre Ausbreitungsgeschwindigkeit

$$c = \lambda / T \quad \Rightarrow \quad \lambda = c \cdot T = c/f$$

Die Wellenlänge wird mit zunehmender Ausbreitungsgeschwindigkeit größer und mit zunehmender Frequenz kleiner. Die Ausbreitungsgeschwindigkeit in einer zweiadrigen Leitung kann etwa gleich 80 % der Lichtgeschwindigkeit c_0 = 300 000 km/s gesetzt werden, also etwa *c* = 240 000 km/s. Das Verhältnis der Ausbreitungsgeschwindigkeit zur Lichtgeschwindigkeit nennt man *Verkürzungsfaktor*.

Beispiel 1 **Wellenlänge:**

Wie groß ist die Wellenlänge eines Wechselstromes in einer zweiadrigen Leitung bei einer Frequenz von 12 MHz?

Lösung:

$$\lambda = \frac{c}{f} = \frac{240\,000 \text{ km/s}}{12 \text{ MHz}} = \frac{240 \cdot 10^6 \text{ m/s}}{12 \cdot 10^6 \text{ 1/s}} = \mathbf{20\ m}$$

Kurvenformen einer Wechselspannung

Mit einem Oszilloskop kann man den *zeitlichen Verlauf* und damit die Form einer Wechselspannung untersuchen. Regelmäßige Formen haben z. B. die Rechteckspannung und die Sinusspannung (lat. sinus = Bucht, **Bild 2**).

[1] Heinrich Hertz, deutscher Physiker, 1857 bis 1894

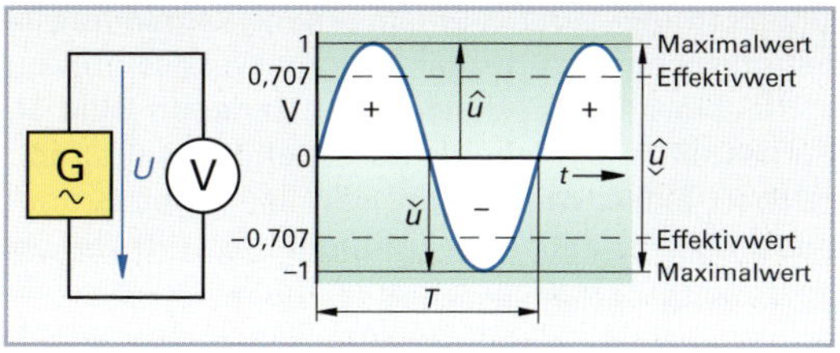

Bild 1: Bezeichnungen bei Wechselgrößen

$$f = \frac{1}{T} \qquad \lambda = \frac{c}{f}$$

$$[f] = \frac{1}{s} = \text{Hz} \qquad [\lambda] = \frac{\text{m/s}}{\text{1/s}} = \text{m}$$

f Frequenz
λ Wellenlänge (griech. Kleinbuchstabe Lambda)
T Periodendauer
c Ausbreitungsgeschwindigkeit

1 Kilohertz	= 1 kHz	= 1 000 Hz
1 Megahertz	= 1 MHz	= 1 000 kHz
1 Gigahertz	= 1 GHz	= 1 000 MHz
		= 1 000 000 kHz

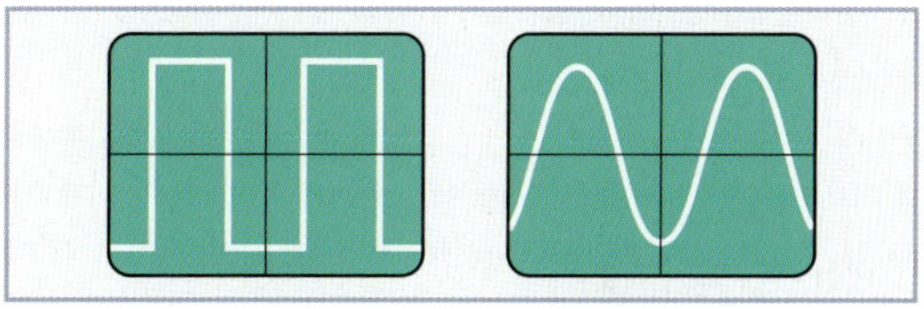

Bild 2: Kurvenformen der Wechselspannung

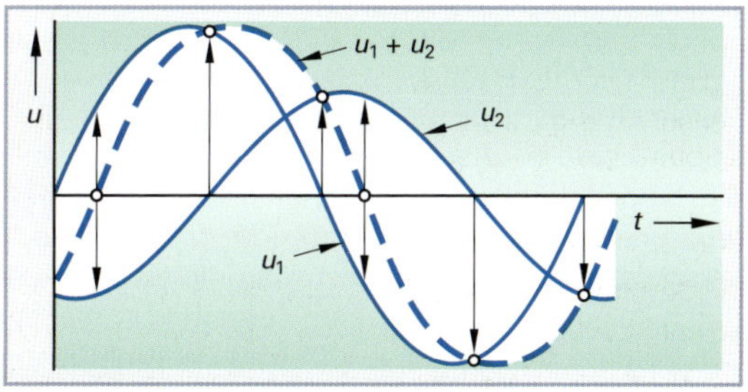

Bild 3: Addition zweier Sinusspannungen

Addiert oder subtrahiert man zwei Sinusgrößen gleicher Frequenz, z. B. zwei Sinusspannungen, so erhält man wieder eine Sinusgröße gleicher Frequenz **(Bild 3)**. Beim Multiplizieren zweier Sinusgrößen gleicher Frequenz erhält man eine Sinusgröße doppelter Frequenz.

Addiert man die Sinuslinien von Spannungen mit verschiedenen Frequenzen, so entsteht ein nicht sinusförmiger Verlauf. Entsprechend kann man alle periodischen, nicht sinusförmigen Wechselgrößen in sinusförmige Wechselgrößen zerlegen **(Bild 1)**. So besteht z. B. eine Rechteckspannung aus zahlreichen Teilschwingungen, nämlich einer *Grundschwingung* mit der Frequenz der Rechteckspannung (1. Teilschwingung) und weiteren *Teilschwingungen* mit ganzzahligen Vielfachen der Frequenz der Grundschwingung und abnehmender Amplitude. Die 3. Teilschwingung hat z. B. die dreifache Frequenz der Grundschwingung.

Effektivwert sinusförmiger Größen

Messgeräte für sinusförmige Wechselgrößen (Bild 1, vorhergehende Seite) zeigen meist *Effektivwerte* an. Der Effektivwert ist die Wurzel aus dem arithmetischen Mittelwert des Quadrats während mindestens einer Periode. Der Zusammenhang zwischen dem Effektivwert *U* und dem Maximalwert ist $U = 0{,}707 \cdot \hat{u}$.

Sinuslinie und Zeiger

Dreht sich ein Zeiger mit gleich bleibender Geschwindigkeit, so ändert sich dauernd der Abstand der Pfeilspitze von der Waagrechten. Trägt man diesen Abstand in Abhängigkeit vom Drehwinkel in ein Schaubild ein, so erhält man eine Sinuslinie **(Bild 2)**.

Kreisfrequenz ω

Die Drehzahl (Umdrehungsfrequenz) eines Zeigers ist so groß wie die Frequenz der von ihm dargestellten Sinusgröße. Bei der Drehung des Zeigers nimmt der von ihm überstrichene Winkel zu. Der Zeiger hat also je nach Umdrehungsfrequenz eine *Winkelgeschwindigkeit*. Die genormte Einheit für den Winkel ist *Radiant* (von lat. radire = strahlen; Einheit). Die Winkelgeschwindigkeit des Zeigers bezeichnet man als *Kreisfrequenz* ω.

Phasenverschiebung φ

Gehen zwei Sinusgrößen gleicher Frequenz an derselben Stelle in gleicher Richtung durch null, sind die beiden Größen *phasengleich* oder *in Phase* (von griech. phasis = Zustand) oder *ohne Phasenverschiebung* **(Bild 3)**. Ersetzt man die Sinuslinien durch Zeiger, so liegt in diesem Zeigerbild zwischen den Zeigern der Winkel $\varphi = 0°$ (griech. Kleinbuchstabe Phi). Der Winkel φ zwischen Zeigern ist ein Maß für die Phasenverschiebung. Man nennt ihn den *Phasenverschiebungswinkel.* Gehen zwei Sinusgrößen gleicher Frequenz nicht an derselben Stelle durch null, sind die beiden Größen *phasenverschoben* oder haben eine *Phasenverschiebung* **(Bild 4)**.

> Bei einer Induktivität beträgt die Phasenverschiebung z. B. 90°.

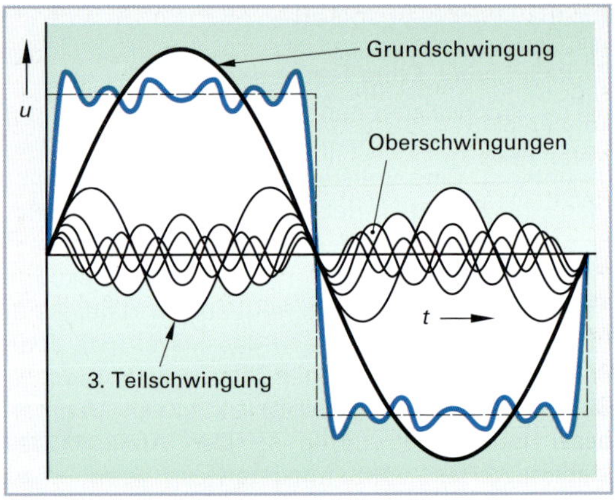

Bild 1: Entstehung einer Rechteckschwingung

$[f] = \frac{1}{s} = \text{Hz}$ $\quad f = \frac{1}{T}$ $\quad [\omega] = \frac{1}{s}$ $\quad \omega = 2 \cdot \pi \cdot f$

f Frequenz *T* Periodendauer
ω Kreisfrequenz (griech. Kleinbuchstabe Omega)

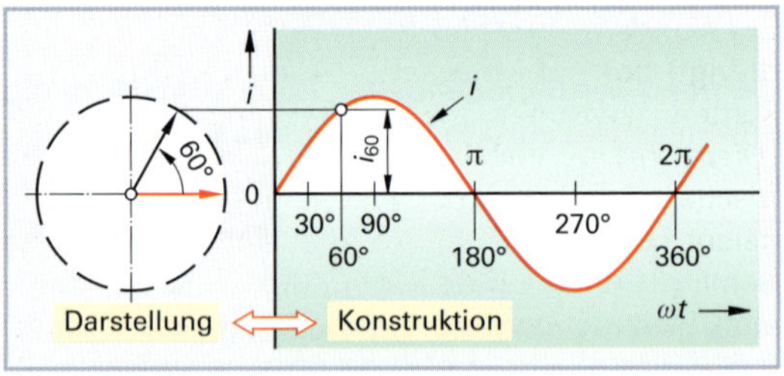

Bild 2: Konstruktion der Sinuslinie aus einem Zeiger und Darstellung einer Sinuslinie durch einen Zeiger

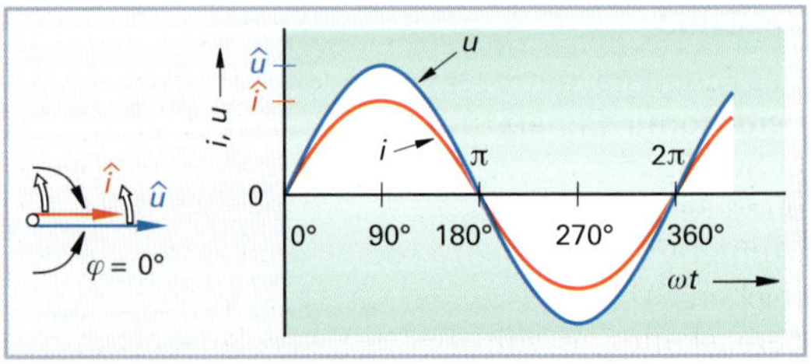

Bild 3: Sinusgrößen ohne Phasenverschiebung

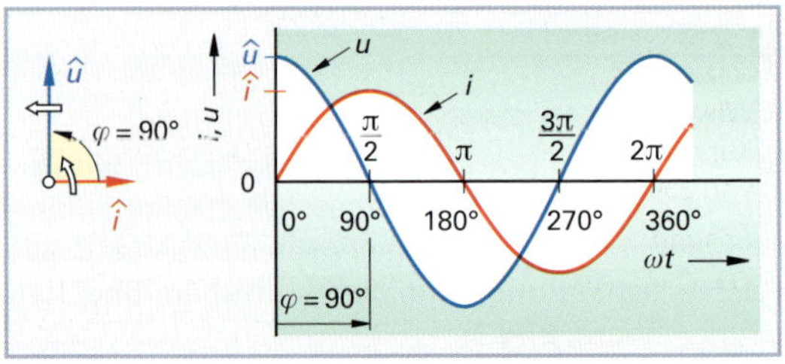

Bild 4: Sinusgrößen mit Phasenverschiebung

Nichtsinusförmige Wechselgrößen und Impulse

Es gibt auch rechteckförmige, dreieckförmige und sägezahnförmige Spannungen und Ströme. Diese können als Wechselspannungen oder Impulse auftreten **(Bild 1)**.

Rechteckförmige Wechselspannungen oder rechteckförmige *Impulsspannungen* werden z. B. für die Übertragung von Informationen auf Leitungen verwendet. Impulsspannungen haben eine *Impulsperiodendauer T*.

Für die *Impulsdauer* t_i wird auch der griechische Buchstabe τ verwendet. Die *Impulspausendauer* t_p bezeichnet man auch mit dem griechischen Buchstaben τ_p. Das Verhältnis von Impulsdauer zu Impulsperiodendauer ist der *Tastgrad g*. Impulsspannungen können unterschiedliche Tastgrade haben (Bild 1).

Dreieckförmige Wechselspannungen werden z. B. in digitalen Spannungsmessern zur AD-Umsetzung verwendet. Sägezahnförmige Spannungen werden in Oszilloskopen als Ablenksignal verwendet.

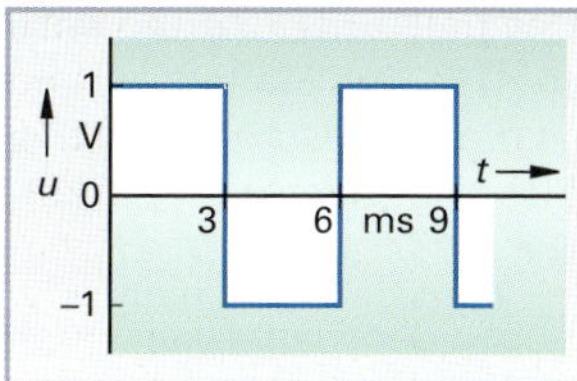	Symmetrische, bipolare rechteckförmige Wechselspannung.
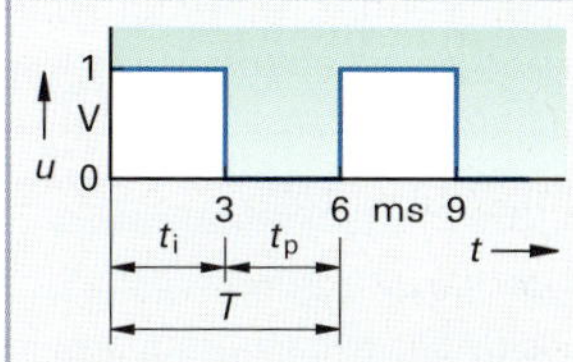	Unsymmetrische, unipolare rechteckförmige Impulsspannung mit Tastgrad $g = \frac{1}{2}$
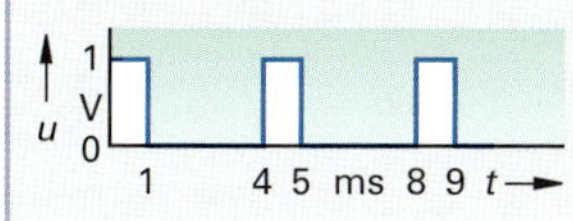	Unsymmetrische, unipolare rechteckförmige Impulsspannung mit Tastgrad $g = \frac{1}{4}$
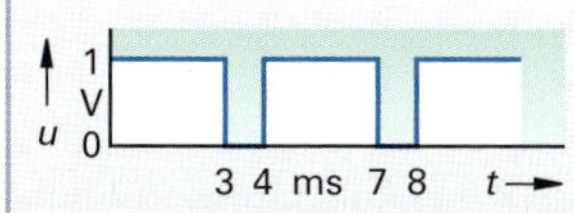	Unsymmetrische, unipolare rechteckförmige Impulsspannung mit Tastgrad $g = \frac{3}{4}$
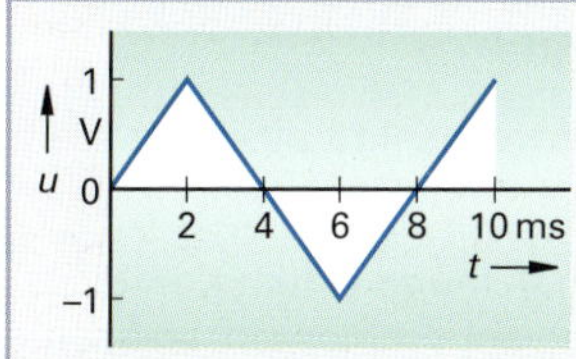	Symmetrische, bipolare dreieckförmige Wechselspannung.
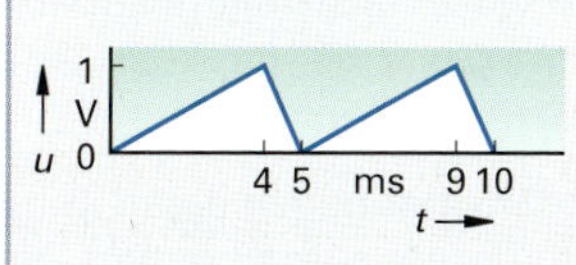	Unsymmetrische sägezahnförmige Spannung. Das Verhältnis von Anstiegszeit zu Abfallzeit ist im Bild 4:1.

Bild 1: Nichtsinusförmige Spannungsformen

1.2.11 Kondensator

Ein *Kondensator* (von lat. condensus = dicht gedrängt) besteht grundsätzlich aus zwei leitenden Platten, zwischen denen sich ein Isolierstoff (*Dielektrikum*, von lat. di = weg, d.h. ohne elektrische Leitfähigkeit) befindet. Wird er an Spannung gelegt, so fließt kurzzeitig ein Ladestrom. Dabei fließen Elektronen auf die eine Platte, während gleich viele Elektronen von der anderen Platte abfließen. Beide Platten sind nun entgegengesetzt elektrisch geladen. **Bild 2** zeigt den Aufbau eines Wickelkondensators.

Kapazität

Das Fassungsvermögen unterschiedlich großer Kondensatoren für elektrische Ladung ist bei gleich hoher Spannung verschieden. Man nennt die Ladung je Volt angelegter Spannung die *Kapazität* (Aufnahmevermögen) des Kondensators (Formelzeichen *C*). Die Einheit der Kapazität ist also die Amperesekunde je Volt (As/V). Diese Einheit hat den besonderen Einheitennamen Farad (Einheitenzeichen F, nach Faraday[1]).

Beispiel 1

Wie groß ist die Ladung eines Kondensators mit einer Kapazität von 16 µF, wenn er an eine Gleichspannung von 300 V gelegt wird?

Lösung:

$Q = C \cdot U = 16 \cdot 10^{-6}\,\text{F} \cdot 300\,\text{V} = 48 \cdot 10^{-4}\,\text{C} = \mathbf{4{,}8\,mC}$

[1] Michael Faraday, engl. Physiker, 1791 bis 1867

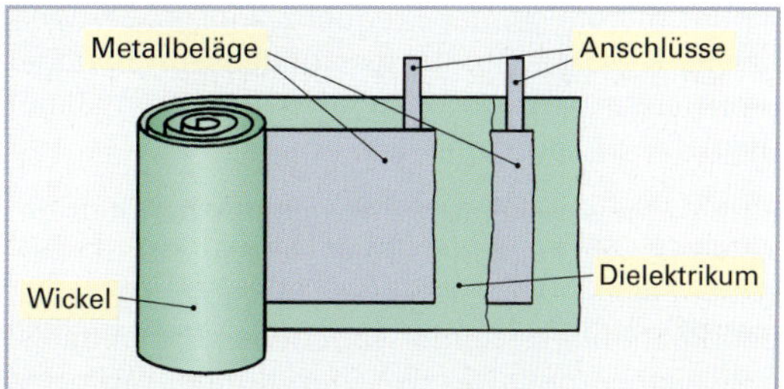

Bild 2: Aufbau eines Wickelkondensators

Kapazität eines Plattenkondensators

Je größer die Plattenfläche ist, umso mehr Ladung kann der Kondensator bei gleicher Spannung aufnehmen und um so größer ist deshalb seine Kapazität. Die Kapazität ist also proportional zur Plattenfläche *A*.

Die auf den Kondensator fließende Ladung wird aber auch größer, wenn man den Plattenabstand verkleinert, weil dadurch die elektrische Feldstärke zunimmt. Die Kapazität ist also umgekehrt proportional zum Plattenabstand l.

Das elektrische Feld zwischen den Platten kann man außerdem durch ein isolierendes Material, das Dielektrikum verstärken und damit ebenfalls die Kapazität des Kondensators vergrößern.

Beispiel 1 **Kapazität des Plattenkondensators:**

Ein Plattenkondensator besteht aus zwei Platten mit je 200 cm^2 Fläche. Der Plattenabstand beträgt 2 mm. Welche Kapazität hat der Kondensator, wenn das Dielektrikum Hartpapier ($\varepsilon_r = 4$) ist?

Lösung: $C = \frac{\varepsilon_0 \cdot \varepsilon_r \cdot A}{l}$

$= \frac{8{,}85\ \text{pAs/(Vm)} \cdot 4 \cdot 200\ \text{cm}^2}{2\ \text{mm}} = \mathbf{354\ pF}$

Kapazitiver Blindwiderstand

Wird ein Kondensator an Wechselspannung angeschlossen, so werden seine Platten abwechselnd positiv und negativ geladen.

In der Leitung fließt abwechselnd ein Ladestrom und ein Entladestrom, also ein Wechselstrom.

Wird eine Glühlampe in Reihe zu einem Kondensator an Wechselspannung angeschlossen, so hat die Glühlampe erst bei einer wesentlich höheren Spannung die gleiche Helligkeit wie bei direktem Anschluss der Glühlampe an die Spannung.

Wechselt man den Kondensator gegen einen Kondensator mit kleinerer Kapazität aus, so nimmt die Helligkeit der Glühlampe ab. Der Kondensator wirkt im Wechselstromkreis als Widerstand. Dieser nimmt mit steigender Frequenz und größer werdender Kapazität ab, da der Kondensator häufiger umgeladen wird und ein größerer Strom fließt **(Bild 1)**.

Zum Aufbau des elektrischen Feldes benötigt der Kondensator Leistung. Beim Abbau des elektrischen Feldes wird die gleiche Leistung wieder an den Spannungserzeuger abgegeben. Im Mittel ist die Leistung null. Die zwischen Kondensator und Erzeuger hin- und herpendelnde Leistung nennt man *Blindleistung.* Der ideale Kondensator nimmt nur Blindleistung auf. Er ist deshalb ein *kapazitiver Blindwiderstand.*

Der kapazitive Blindwiderstand ist umso größer, je niedriger die Frequenz und je kleiner die Kapazität ist.

$[Q] = \text{As} = \text{C}$

$[C] = \frac{\text{As}}{\text{V}} = \text{F}$

ε = Permittivität des Dielelektrikums

$$C = \frac{Q}{U}$$

$$C = \frac{\varepsilon_0 \cdot \varepsilon_r \cdot A}{l}$$

$$\varepsilon = \varepsilon_0 \cdot \varepsilon_r$$

Q Ladung, C Kapazität, U Spannung
ε Permittivität des Dielektrikums
ε_0 elektrische Feldkonstante
$\varepsilon_0 = 8{,}85$ pC/(Vm) = $8{,}85 \cdot 10^{-12}$ As/(vm)
ε_r Permittivitätszahl
A gleichartig geladene Plattenoberfläche
l Plattenabstand

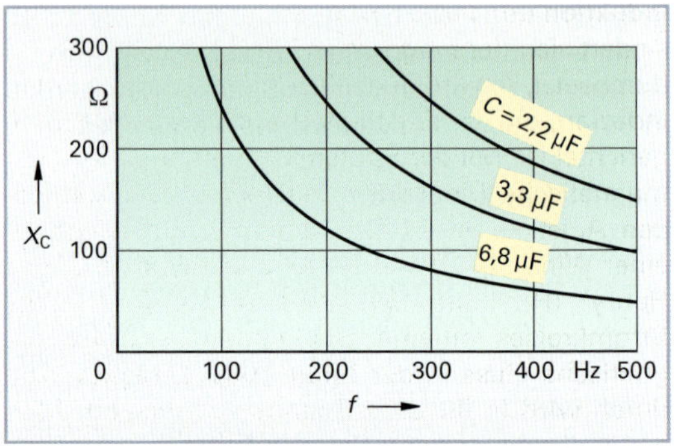

Bild 1: Abhängigkeit des kapazitiven Blindwiderstands von der Frequenz und der Kapazität

$[X_C] = \frac{\text{s}}{\text{F}} = \frac{\text{s} \cdot \text{V}}{\text{As}} = \frac{\text{V}}{\text{A}} = \Omega$

$$X_C = \frac{1}{\omega \cdot C}$$

X_C kapazitiver Widerstand, ω Kreisfrequenz
C Kapazität

Beispiel 2 **Kapazität und Blindwiderstand:**

Welche Kapazität hat ein Kondensator, dessen Blindwiderstand bei 1000 Hz 1591,5 Ω beträgt?

Lösung:

$X_C = \frac{1}{\omega C} \Rightarrow C = \frac{1}{\omega X_C} = \frac{1}{2\pi f X_C}$

$= \frac{1}{2 \cdot \pi \cdot 1000\ 1/\text{s} \cdot 1591{,}5\ \Omega} = \mathbf{0{,}1\ \mu F}$

Phasenverschiebung

Die Ladestromstärke und die Entladestromstärke sind der Änderungsgeschwindigkeit der Spannung proportional. Damit eilt der Strom der Spannung *phasenverschoben* um 90° voraus.

1.2.12 Spule

Eine Spule besteht aus dem Spulenkörper und der Wicklung sowie einem Kern **(Bild 1, links)**.

Magnetische Grundgrößen
Die *Durchflutung* ist das Produkt aus Stromstärke und Windungszahl. Die Durchflutung bewirkt im Innern der Spule die *magnetische Feldstärke* und den *magnetischen Fluss*.
Die Einheit des magnetischen Flusses ist die Voltsekunde (Vs) mit dem Einheitennamen Weber[1] (Wb). Die *magnetische Flussdichte* (magnetische Induktion) gibt den magnetischen Fluss einer Spule an, der durch eine Flächeneinheit fließt. Die Einheit der magnetischen Flussdichte ist die Voltsekunde je Meterquadrat (Vs/m²) mit dem Einheitennamen Tesla[2] (T).

Induktion und Induktivität
Ändert sich der magnetische Fluss, der eine Spule durchsetzt, so wird in der Wicklung eine Spannung induziert, die der angelegten Spannung entgegengerichtet ist. Mit der Spulenkonstanten A_L wird der magnetische Widerstand des Spulenkerns angegeben. A_L ist die Induktivität L, wenn die Spule aus nur einer Windung ($N = 1$) besteht. Die Einheit ist das Henry[3] (H). Beim Schließen und Öffnen eines Stromkreises mit einer Spule ändert sich der magnetische Fluss in der Spule **(Bild 1, rechts)**. Dadurch wird in ihr eine Spannung induziert. Man nennt diesen Vorgang *Selbstinduktion*.

Beispiel 1 Induktivität:

In einer Spule entsteht die Spannung 15 V, wenn während der Zeitdauer 1 ms der Strom gleichmäßig um 9,15 A abnimmt. Berechnen Sie die Induktivität der Spule.

Lösung: $u_i = -L \cdot \dfrac{\Delta i}{\Delta t}$

$$\Rightarrow L = -u_i \cdot \frac{\Delta t}{\Delta i} = -15\,\text{V} \cdot \frac{1\,\text{ms}}{(-0{,}15\,\text{A})} = \mathbf{0{,}1\,H}$$

Induktiver Blindwiderstand
An Wechselspannung stellt die verlustfreie Spule wegen der Selbstinduktion einen reinen Blindwiderstand dar. Bei der verlustfreien Spule ist die Blindspannung gleich der angelegten Spannung.

Beispiel 2 Induktivität und Blindwiderstand:

Eine Spule soll bei der Frequenz 470 kHz den Blindwiderstand 1 kΩ besitzen. Berechnen Sie die Induktivität.

Lösung: $X_L = \omega \cdot L$

$$\Rightarrow L = \frac{X_L}{\omega} = \frac{1\,\text{k}\Omega}{2\pi \cdot 470\,\text{kHz}} = 0{,}338\,\frac{\text{mVs}}{\text{A}} = \mathbf{0{,}338\,mH}$$

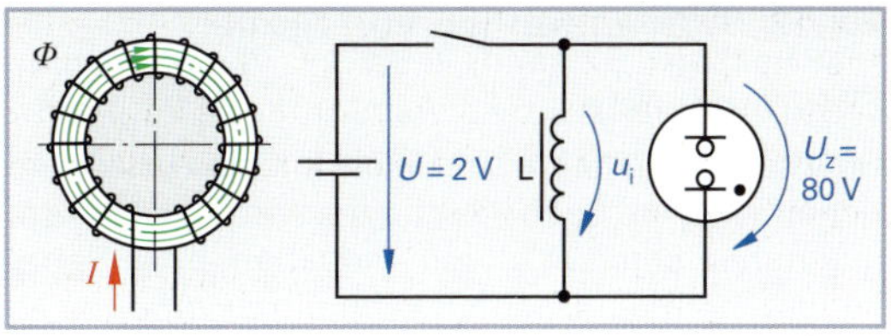

Bild 1: Ringkernspule und Spule im Gleichstromkreis

$[\Theta] = \text{A}$ $\quad \Theta = I \cdot N$

$[H] = \text{A/m}$ $\quad H = \dfrac{\Theta}{l}$

$B = \dfrac{\Phi}{A}$ $\quad B = \mu_0 \cdot \mu_r \cdot H$

$[\Phi] = \text{Vs} = \text{Wb}$ $\quad [B] = \dfrac{\text{Vs}}{\text{m}^2} = \dfrac{\text{Wb}}{\text{m}^2} = \text{T}$

Θ	Durchflutung (Θ, Theta)
I	Stromstärke
N	Windungszahl
H	magnetische Feldstärke
l	mittlere Feldlinienlänge
B	magnetische Flussdichte
Φ	magnetischer Fluss (Φ, Phi)
A	Fläche
μ_0	magnetische Feldkonstante μ_0 = 1,257 µVs/(Am) µ 10⁻⁶ (Mü)
μ_r	Permeabilitätszahl (für Luft ist $\mu_r = 1$)

$[u_i] = \dfrac{\text{Wb}}{\text{s}} = \dfrac{\text{Vs}}{\text{s}} = \text{V}$ $\quad u_i = -L \cdot \dfrac{\Delta i}{\Delta t}$

$[u_i] = \text{H} \cdot \dfrac{\text{A}}{\text{s}} = \dfrac{\text{Vs}}{\text{A}} \cdot \dfrac{\text{A}}{\text{s}} = \text{V}$ $\quad L = N^2 \cdot A_L$

$[L] = \dfrac{\text{Vs}}{\text{A}} = \text{H}$

u_i	induzierte Spannung
N	Windungszahl
$\Delta\Phi$	Flussänderung
Δt	Zeitdauer der Änderung
L	Induktivität
Δ_i	Stromänderung
A_L	Spulenkonstante enthält μ, l, A

$[X_L] = \dfrac{1}{\text{s}} \cdot \text{H} = \dfrac{1}{\text{s}} \cdot \dfrac{\text{Vs}}{\text{A}} = \Omega$ $\quad X_L = \omega \cdot L$

X_L	induktiver Blindwiderstand
ω	Kreisfrequenz
L	Induktivität

[1] Weber, deutscher Physiker, 1804 bis 1891; [2] Tesla, kroatisch-amerikanischer Physiker, 1856 bis 1943
[3] Joseph Henry, amerikanischer Physiker, 1797 bis 1878

1.2.13 Anwendungen von Spulen

Elektromagnete

Gleichstrommagnete sind leicht einzuschalten und ziehen sanft an. Beim Abschalten von Gleichstrommagneten entsteht durch Induktion eine Spannungserhöhung. Dadurch kann ein *Lichtbogen* an den Schalterkontakten auftreten.

Soll ein Gleichstrommagnet abgeschaltet werden, ohne dass Funken auftreten, so ist entweder ein RC-Glied oder ein spannungsabhängiger Widerstand parallel zum Schalter oder eine Diode parallel zum Gleichstrommagneten anzuschließen **(Bild 1)**.

Der spannungsabhängige Widerstand kann auch parallel zum Gleichstrommagneten geschaltet werden.

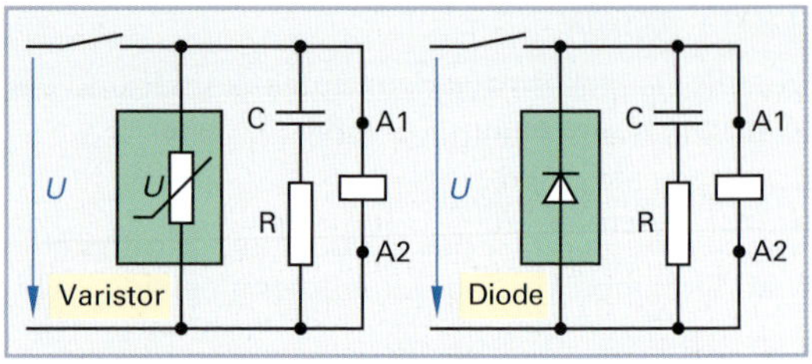

Bild 1: Funkenlöschung an Gleichstrommagneten

Relais

Elektromagnetische Relais (franz. relais = Schalteinrichtung, Zwischenstation) sind elektromagnetisch angetriebene Schalter für kleine Schaltleistung. Sie werden eingesetzt z. B. im Bereich Steuerungstechnik zum Schalten von Stromkreisen oder zur galvanischen Trennung zwischen elektronischen Steuerungen und dem Leistungsteil (Netzseite).

Kontaktarten bei Relais

Beim elektromagnetischen Relais wirkt das Magnetfeld einer vom Erregerstrom durchflossenen Wicklung auf Kontakte ein. Alle elektromagnetischen Relais können so gebaut werden, dass sie durch den Erregerstrom als *Schließer* oder *Öffner* arbeiten. Schließer schließen einen Stromkreis bei Erregung, Öffner unterbrechen ihn. Werden Schließer und Öffner kombiniert, so entsteht ein *Wechsler* **(Tabelle 1)**.

Tabelle 1: Grundarten von Kontakten

Bezeichnung	Schaltzeichen	Kontaktbild
Schließer (make contact)		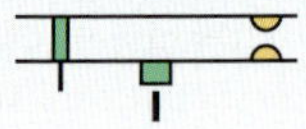
Öffner (break contact)	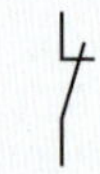	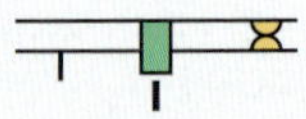
Wechsler (change-over contact)	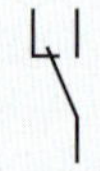	
Folgewechsler (follow-up change-over contact)		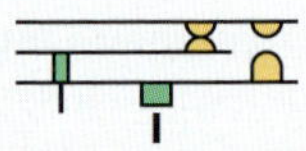

Schließer, Öffner und Wechsler sind die Grundarten der Relaiskontakte.

Bauarten von Relais

Relais mit Zungenkontakten (z. B. Herkon-Relais, *Reed-Relais*) bestehen aus einem Zungenkontakt **(Bild 2)**, der in einer Erregerspule liegt.

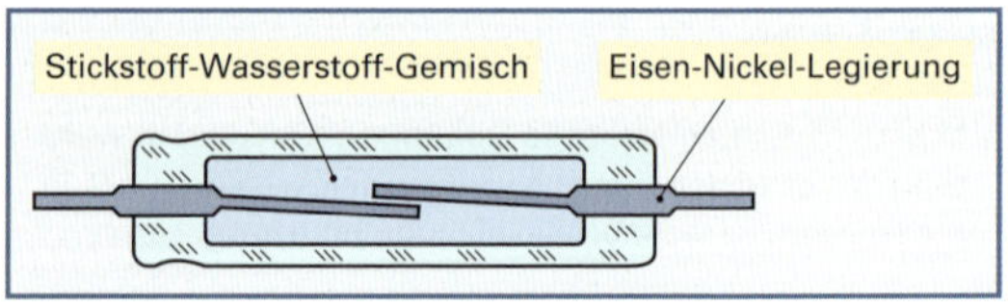

Bild 2: Zungenkontakt für ein Relais

Zungenkontakte können Ströme bis etwa 2 A schalten. Die Schaltspannung kann bis 230 V Wechselspannung betragen.

Relais mit Federsätzen verwenden die Kraft eines Ankers zur Betätigung der Kontakte. Je nach mechanischer Ausführung unterscheidet man Rundrelais, Flachrelais und Kammrelais.

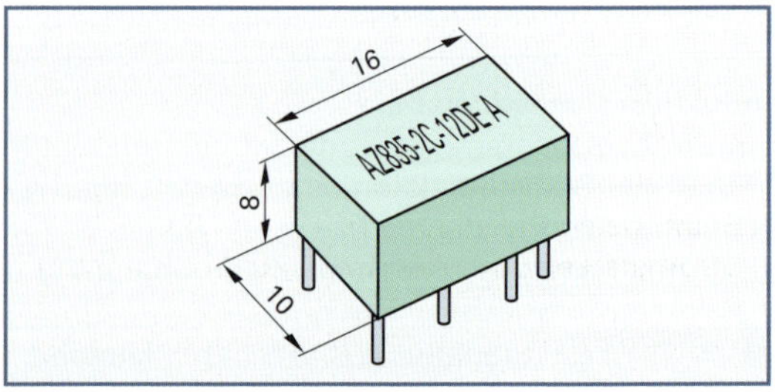

Bild 3: Dual-In-Line-Relais (DIL-Relais)

Das **Dual-In-Line-Relais (Bild 3)** hat zwei Wechsler und je eine Spule zum Ansprechen und Rückstellen. Dadurch ist zum Ansprechen und Rückstellen kein Polwechsel erforderlich. Das Relais eignet sich besonders zur Ansteuerung durch IC und für den Einbau in Leiterplatten.

1.2.14 Transformator

Zwei Spulen auf einem gemeinsamen Kern aus magnetischem Material (Eisenkern) bilden einen Transformator **(Bild 1)**.
Transformatoren zum Übertragen von Signalen nennt man *Übertrager*. Transformatoren für Messzwecke nennt man Messwandler bzw. Stromwandler oder Spannungswandler.

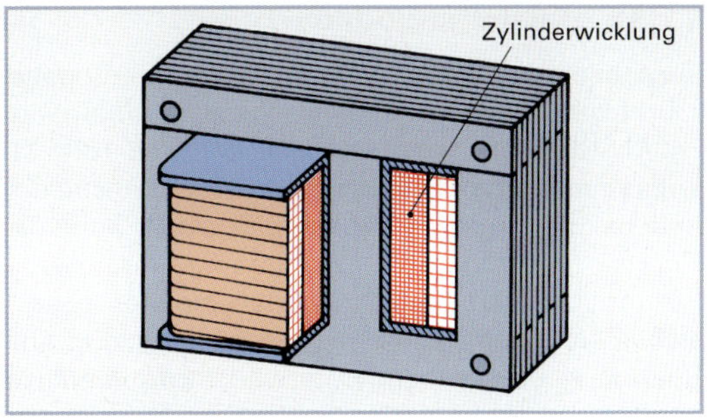

Bild 1: Transformator für kleine Leistungen

Wirkungsweise und Begriffe

Im Transformator wird von der *Eingangswicklung (Primärwicklung)* Wechselstrom und damit elektrische Energie aufgenommen. Diese Energie wird als magnetischer Fluss an den Kern weitergegeben. Der Wechselfluss induziert in der *Ausgangswicklung (Sekundärwicklung)* eine Spannung. Wenn an der Ausgangswicklung ein Lastwiderstand angeschlossen ist, so fließt ein Ausgangsstrom, sodass die Energie an den Lastwiderstand abgegeben wird **(Bild 2)**.

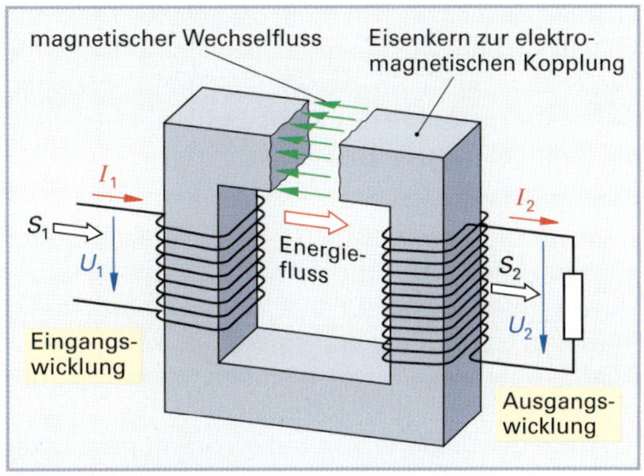

Bild 2: Energiefluss beim Transformator

> Beim Transformator ist die Eingangswicklung mit der Ausgangswicklung elektromagnetisch gekoppelt.

Definition des idealen Transformators

Beim idealen Transformator treten keinerlei Verluste auf, auch keine magnetischen. Dadurch ist der Wirkungsgrad $\eta = 1$ und die Ausgangsleistung ist so groß wie die Eingangsleistung.

> Beim idealen Transformator verhalten sich die Spannungen wie die Windungszahlen.

Beim idealen Transformator ist die Eingangsleistung S_1 so groß wie die Ausgangsleistung S_2.

$$S_1 = S_2 \Rightarrow U_1 \cdot I_1 = U_2 \cdot I_2 \Rightarrow$$

$$\frac{I_1}{I_2} = \frac{U_2}{U_1} \Rightarrow \frac{I_1}{I_2} = \frac{N_2}{N_1}$$

> Beim idealen Transformator verhalten sich die Stromstärken umgekehrt wie die Windungszahlen.

Durch Formelumstellungen erhält man
$I_1 \cdot N_1 = I_2 \cdot N_2$.

Durch Division der Übersetzungsformel für die Spannungen durch die Übersetzungsformel für die Stromstärken erhält man

$$\frac{U_1 \cdot I_2}{U_2 \cdot I_1} = \frac{N_1 \cdot N_1}{N_2 \cdot N_2} \Rightarrow \frac{Z_1}{Z_2} = \frac{N_1^2}{N_2^2}$$

Bei allen Wechselspannungen:

$$\ddot{u} = \frac{U_1}{U_2} \qquad \ddot{u} = \frac{N_1}{N_2} \qquad \frac{U_1}{U_2} = \frac{N_1}{N_2}$$

N Windungszahl
$\ddot{u}$ Übersetzungsverhältnis
U_1 Eingangsspannung
U_2 Ausgangsspannung
N_1 Windungszahl der Eingangswicklung
N_2 Windungszahl der Ausgangswicklung

$$I_1 \cdot N_1 = I_2 \cdot N_2 \qquad \frac{I_1}{I_2} = \frac{N_2}{N_1}$$

$$\frac{Z_1}{Z_2} = \ddot{u}^2 \qquad \frac{N_1}{N_2} = \sqrt{\frac{Z_1}{Z_2}}$$

I_1 I_2 Stromstärken
N_1 N_2 Windungszahlen
Z_1 Z_2 Scheinwiderstände (Impedanzen)
$\ddot{u}$ Übersetzungsverhältnis

1.2.15 Halbleiterdioden

Zwischen zwei Zonen verschiedener Leitungsart z. B. N-Leiter und P-Leiter entsteht ein *PN-Übergang.* Ein PN-Übergang wirkt als Halbleiterdiode **(Bild 1).** Entsprechend den Stromrichtungen unterscheidet man bei der *Diode* die *Vorwärtsrichtung* (*F*) und die *Rückwärtsrichtung* (*R*). Unabhängig von diesen Stromrichtungen bezeichnet man die Betriebszustände als Durchlasszustand und Sperrzustand. Die Spannung, bei welcher der Vorwärtsstrom merklich anzusteigen beginnt, wird *Schleusenspannung* genannt **(Bild 2).** Sie beträgt bei Silicium etwa 0,7 V. Die Diodenanschlüsse werden *Anode* und *Katode* genannt (Bild 2). Die Anode ist die positive Elektrode (P-Schicht) und die Katode ist die negative Elektrode (N-Schicht) einer in Vorwärtsrichtung gepolten Diode. Die Pfeilspitze des Diodenschaltzeichens gibt die Stromrichtung in Vorwärtsrichtung an.

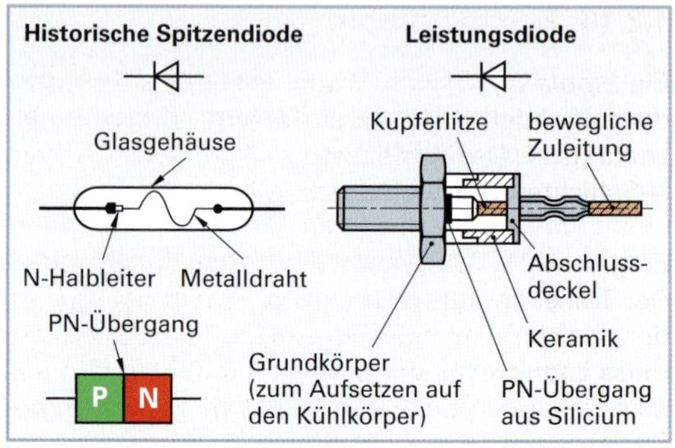

Bild 1: Aufbau von Dioden

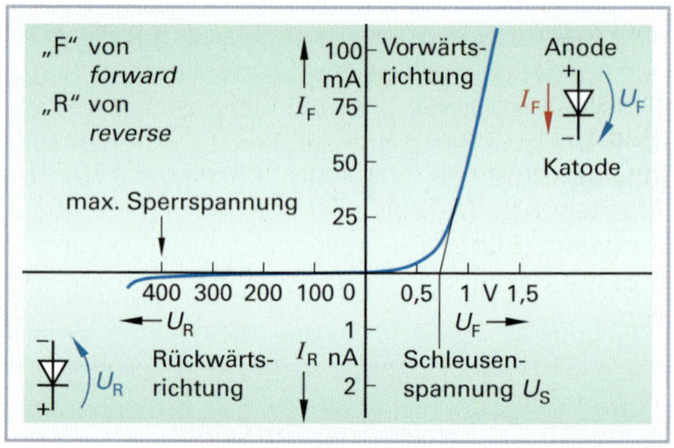

Bild 2: Kennlinie einer Diode

Gleichrichterdioden

Netzanschlussgeräte zur Gleichstromversorgung enthalten meist Gleichrichterschaltungen. Diese bestehen im einfachsten Fall z. B. aus einem Transformator, einer Diode und einem Siebkondensator **(Bild 3, oben).** Die Diode lässt den Vorwärtsstrom nur fließen, wenn die Wechselspannung so gepolt ist, dass die Diode in Vorwärtsrichtung geschaltet und die Spannung größer als die Schleusenspannung ist. Ist die Diode in Rückwärtsrichtung geschaltet, so fließt nur der schwache Rückwärtsstrom.

> Nach der Betriebsmittelkennzeichnung werden Dioden und Z-Dioden auch mit R bezeichnet, wenn sie zur Strombegrenzung dienen (DIN EN 61-342-2).

Leuchtdioden (LED)

Leuchtdioden (*LED*, von Light Emitting Diode) werden in Vorwärtsrichtung betrieben **(Bild 3, Mitte).** Je nach Halbleiterwerkstoff ist die Strahlung im Infrarotbereich oder im sichtbaren Bereich. LED haben Schleusenspannungen von z. B. 1,3 V (Farbe rot), 2,2 V (Farbe grün), 3,5 V (Farbe weiß). Der Vorwiderstand R_V muss so gewählt werden, dass die LED mit ihrem Nennstrom betrieben wird. Die zulässige Rückwärtsspannung beträgt oft nur 5 V.

Z-Diode

Z-Dioden bestehen aus Silicium und sind durch starke Dotierung für den Betrieb in Sperrrichtung (Durchbruchsbereich) ausgelegt. In Vorwärtsrichtung verhalten sie sich wie gewöhnliche Siliciumdioden. Erreicht die Rückwärtsspannung den Wert der Durchbruchsspannung, so bewirkt eine kleine Spannungserhöhung eine große Stromerhöhung. In diesem Bereich bleibt die Spannung an der Diode fast konstant. Dies wird für die Spannungsstabilisierung ausgenützt **(Bild 3, unten).**

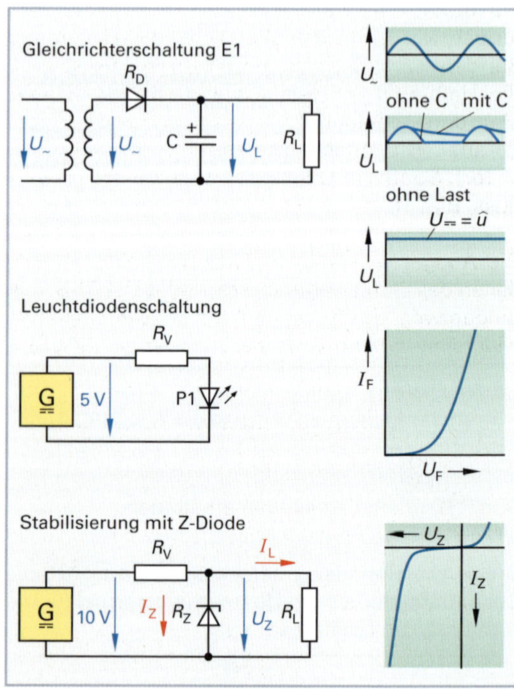

Bild 3: Schaltungen mit Dioden

1.2.16 Bipolarer Transistor

Ein *bipolarer Transistor* besteht aus drei aufeinander folgenden Halbleiterschichten abwechselnder Leitungsart. Der Betriebsstrom fließt sowohl durch N-Schichten wie auch durch P-Schichten.

Es gibt *NPN-Transistoren* und *PNP-Transistoren.* Der Transistor besitzt also zwei PN-Übergänge, an denen sich Sperrschichten bilden. Die erste Schicht muss Ladungsträger aussenden (emittieren), weshalb sie als *Emitter* E bezeichnet wird. Die mittlere Schicht ist die *Basis* B. Sie hat die Aufgabe, die Emission der Ladungsträger zu steuern. Die letzte Schicht nennt man *Kollektor* (von lat. collectus = gesammelt). Der Kollektor C sammelt die Ladungsträger wieder ein.

Transistoren gibt es in verschiedenen Bauformen **(Bild 1).** Für jeden Transistor gibt es Kennlinienfelder. So werden im Ausgangskennlinienfeld z. B. die Arbeitspunkte AUS und EIN für den Schalterbetrieb festgelegt **(Bild 2).** Die Ausgangskennlinien können z. B. mit der Schaltung **Bild 3** aufgenommen werden.

1.2.17 Unipolarer Transistor (FET)

Bei *unipolaren Transistoren* fließt der Laststrom nur durch eine Halbleiterstrecke *desselben* Leitungstyps, also nicht über einen PN-Übergang. Bei den FET (Feldeffekttransistoren) nennt man die Halbleiterstrecke für den Laststrom *Kanal.* Man unterscheidet FET mit N-Kanal und FET mit P-Kanal. Die Anschlüsse des FET heißen Gate (= Tor), *Source* (= Quelle) und *Drain* (= Senke, Abfluss, Bild 1).

Die Ausgangskennlinien eines FET sind ähnlich denen des bipolaren Transistors **(Bild 4).** FET-Schaltungen werden oft wegen ihres großen Eingangswiderstandes zum Verstärken verwendet **(Bild 5).**

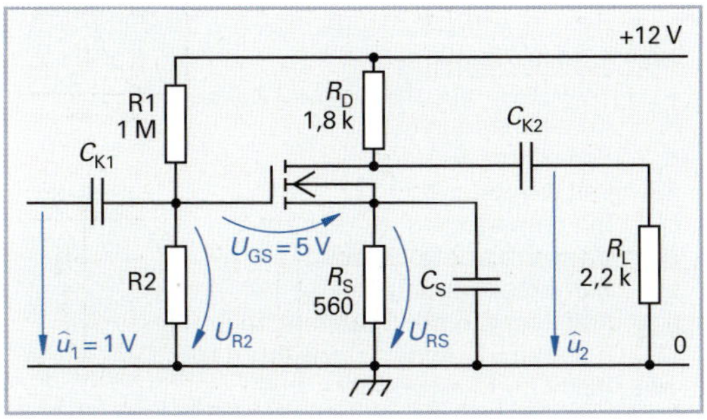

Bild 5: Verstärker mit Anreicherungs-IG-FET

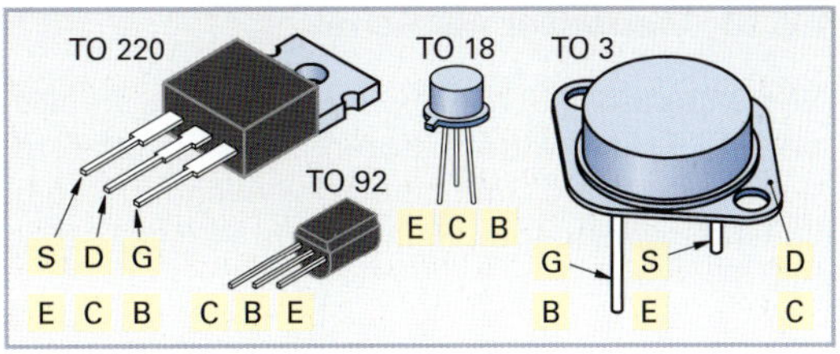

Bild 1: Gehäuse von Transistoren

Transistoren werden zum Schalten und Verstärken von Signalen verwendet.

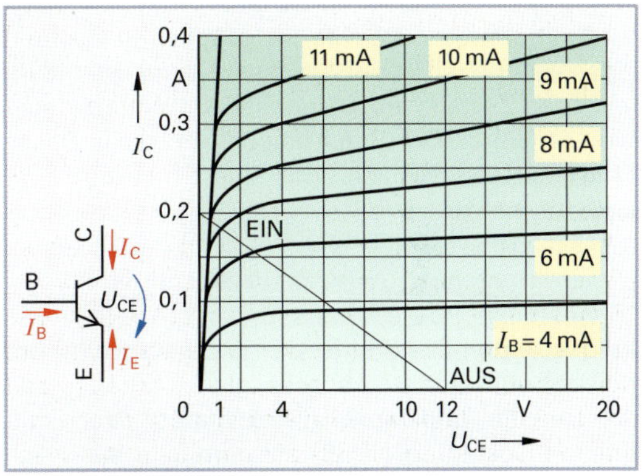

Bild 2: Ausgangskennlinien eines Transistors mit I_B als Parameter

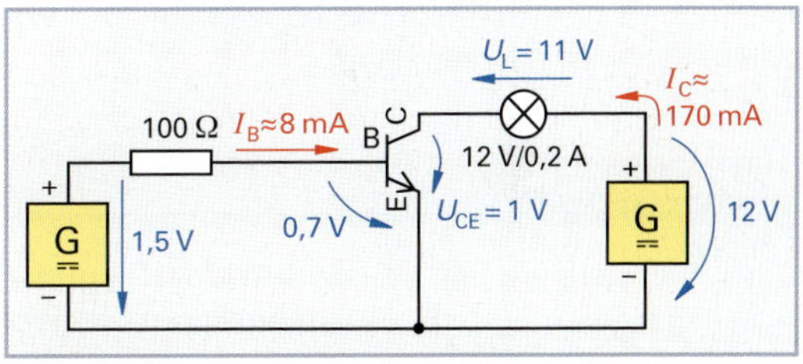

Bild 3: Schaltung mit NPN-Transistor

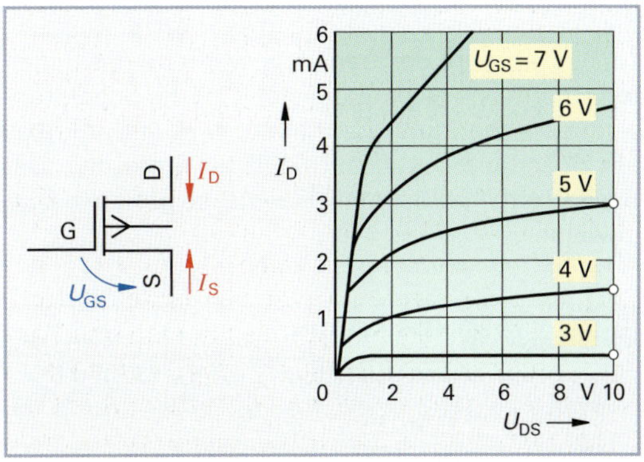

Bild 4: Ausgangskennlinien eines Anreicherungs-IG-FET mit N-Kanal

1.2.18 Transistor als Schalter

Als elektronische Schalter werden bipolare Transistoren, IG-Feldeffekttransistoren und IGB-Transistoren (von Insulated Gate Bipolar) verwendet. Es gibt die Grundschaltungen Reihen- und Parallelbetrieb **(Bild 1)**.

> Elektronische Schalter verwendet man, um schnell und kontaktlos zu schalten.

Beim Schalten des Transistors sind nur die Schaltzustände EIN, Transistor leitet und AUS, Transistor sperrt, wichtig **(Bild 2)**. Als Schalter wirkt die Kollektor-Emitterstrecke CE, die im gesperrten Zustand einen sehr hohen Widerstandswert aufweist und im leitenden Zustand einen sehr kleinen Widerstandswert annimmt. Der Steueranschluss ist die Basis-Emitterstrecke BE, die mit der Spannung U_{BE} angesteuert wird.

Schalten einer Wirklast

Im gesperrten Zustand ist der Widerstand R_{CE} der Kollektor-Emitterstrecke sehr groß (Arbeitspunkt A1). Steigt U_e und damit I_B, sinkt die Kollektor-Emitterspannung U_{CE}. Beim Basisstrom I_{Bmin} stellt sich der Arbeitspunkt A2 ein. Der Transistor befindet sich am Übergang zur Sättigung. Diese Spannung wird U_{CEsat} genannt. Erhöht man U_e und damit I_B, weiter, so wird der Arbeitspunkt A3 erreicht. Der Widerstand R_{CE} ist nun sehr klein.

> Im Arbeitspunkt A3 ist $U_{CEsat} \approx 0{,}2$ V.

Die Schaltzustände EIN (A3) und AUS (A1) auf der Arbeitsgeraden R_c im Ausgangskennlinienfeld (Bild 2) müssen stets unter der Leistungshyperbel P_{tot} des Transistors liegen. Die Arbeitsgerade darf während des Schaltvorgangs die Hyperbel schneiden. Läuft der Schaltvorgang in sehr kurzer Zeit, z. B. $t = 1$ µs, ab, wird der Transistor während des Schaltens thermisch nicht überlastet. Um die Schalttransistoren sicher durchzuschalten, wird in der Praxis ein Übersteuerungsfaktor $ü = 2$ bis 5 gewählt. Der Basisstrom I_B wird 2-mal bis 5-mal so groß wie I_{Bmin} gewählt.

Beispiel 1 Basisstrom:

Berechnen Sie den Basisstrom I_B für $B = 230$ und $I_C = 58$ mA.

Lösung:

$I_B = I_C / I_B = 58 \text{ mA} / 230 = \mathbf{0{,}25\ mA}$

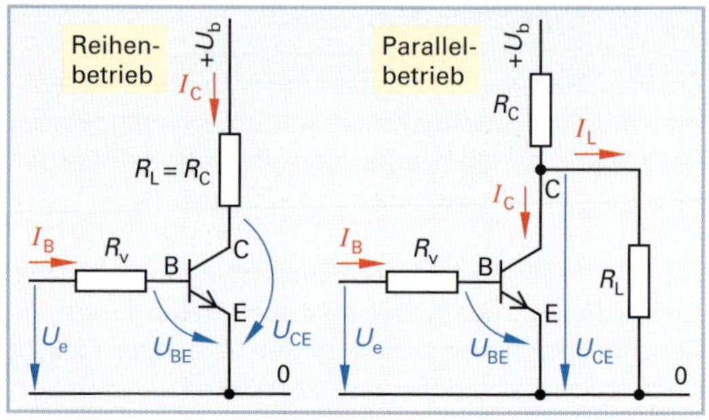

Bild 1: Transistoren als elektronische Schalter

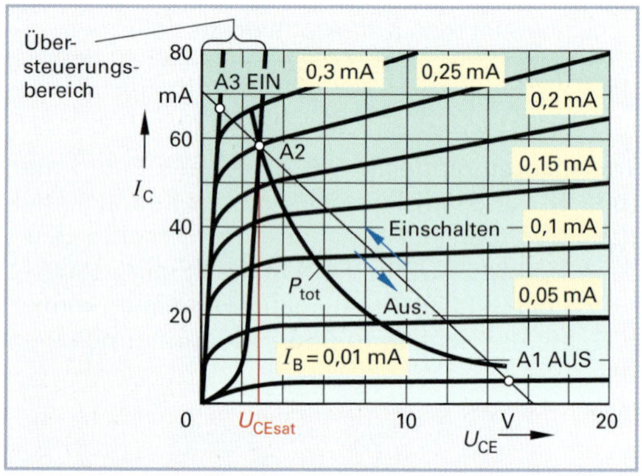

Bild 2: Ausgangskennlinienfeld eines Transistors

Reihenbetrieb:

$$R_C = \frac{U_b - U_{CEsat}}{I_C}$$

Parallelbetrieb:

$$R_C = \frac{U_b - U_{CEsat}}{I_C + I_L}$$

Für beide Schaltungen:

$$R_V = \frac{U_{emin} - U_{BE}}{I_{Bü}} \qquad I_B = \frac{I_C}{B} \qquad I_B = ü \cdot I_{Bmin}$$

Für B den kleinsten Wert, d. h. B_{min} einsetzen.
Von $U_{emin} < U_e < U_{emax}$ den kleinsten Wert wählen.

I_B	Basisstrom
I_C	Kollektorstrom
I_L	Laststrom (bei Reihenbetrieb $I_L = 0$ A)
B	Gleichstromverhältnis
$ü$	Übersteuerungsfaktor, $ü = 2$ bis 5
R_c	Kollektorwiderstand
R_v	Basisvorwiderstand
R_l	Lastwiderstand
U_e	Eingangsspannung Transistor
U_{BE}	Basis-Emitter-Spannung
U_b	Betriebsspannung
U_{CE}	Kollektor-Emitter-Spannung für durchgeschalteten Transistor (= U_{CEsat})
min	Index für Mindestwert
max	Index für Höchstwert

1.2.19 Operationsverstärker

Operationsverstärker sind lineare integrierte Schaltkreise. Mit Operationsverstärkern können sowohl Gleichspannungen als auch Wechselspannungen verstärkt werden **(Bild 1)**. Besondere Eigenschaften sind sehr großer *Spannungsverstärkungsfaktor*, z. B. V_0 = 50 000, großer Leistungsverstärkungsfaktor, sehr großer Eingangsinnenwiderstand und kleiner Ausgangsinnenwiderstand. V_0 sinkt mit steigender Frequenz der Spannung U_1.

Operationsverstärker werden z. B. mit den Betriebsspannungen U_b = +15 V und U_b = −15 V versorgt (Bild 1).

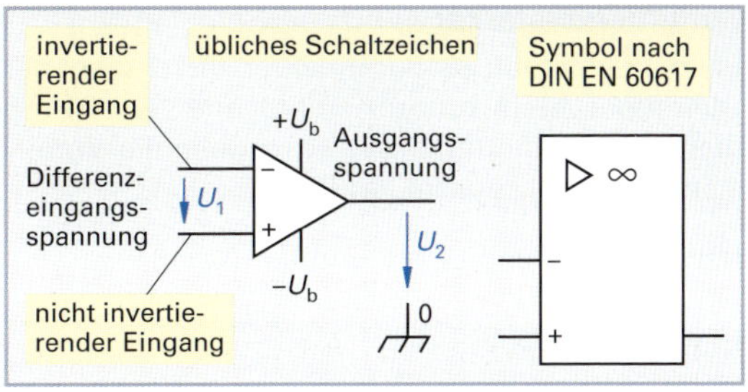

Bild 1: Schaltzeichen und Symbol für Operationsverstärker

Invertierender Verstärker (Umkehrverstärker)

Mit der Schaltung als *Umkehrverstärker* wird eine Spannung U_e im Vorzeichen umgekehrt und im Betrag vergrößert oder verkleinert. Hierzu beschaltet man den Operationsverstärker mit einem Gegenkopplungswiderstand R_K und einem Eingangswiderstand R_e **(Bild 2)**. Der Eingangsstrom I_e fließt über R_K zum Verstärkerausgang. Mit $U_a = -U_K$ wird die Ausgangsspannung $U_a = -I_e \cdot R_K$.

Wegen $U_1 \approx 0$ hängt der Eingangsstrom I_e nur von U_e und R_e ab und beträgt $I_e = U_e/R_e$. Damit erhält man für die Ausgangsspannung $U_a = -(R_K/R_e) \cdot U_e$. Der Verstärkungsfaktor des beschalteten Operationsverstärkers ist somit gleich dem Widerstandsverhältnis R_K/R_e. Dies gilt solange $R_K/R_e \ll V_0$ ist.

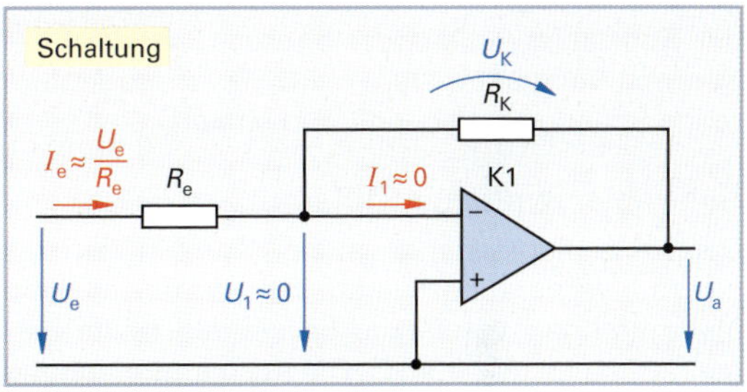

Bild 2: Invertierender Verstärker

Beispiel 1 Spannungsverstärkungsfaktor:

Berechnen Sie den Spannungsverstärkungsfaktor V für einen invertierenden Verstärker mit R_e = 1 kΩ und R_K = 10 kΩ.

Lösung:

$V = R_K/R_e$ = 10 kΩ/1 kΩ = **10**

Nicht invertierender Verstärker

Beim nicht invertierenden Verstärker haben Eingangsspannung und Ausgangsspannung gleiches Vorzeichen. Die Eingangsspannung U_e wird über R_S an den nicht invertierenden Eingang angeschlossen **(Bild 3)**. Der Eingangsstrom I_e ist wegen des hochohmigen Eingangsinnenwiderstandes des Operationsverstärkers sehr klein.

Die Ausgangsspannung U_a wird zum invertierenden Eingang über den Rückkopplungswiderstand R_K zurückgeführt. Der rückgekoppelte Strom I_K fließt wegen $I_1 \approx 0$ über R_Q. Wegen der hohen Spannungsverstärkung des Operationsverstärkers ist $U_1 \approx 0$ V. Damit wird $I_K = U_a/(R_Q + R_K)$ und $I_Q = U_e/R_Q$. Mit $I_K = I_Q$ erhält man die Bestimmungsgleichung für die Ausgangsspannung $U_a = U_e (1 + R_K/R_Q)$.

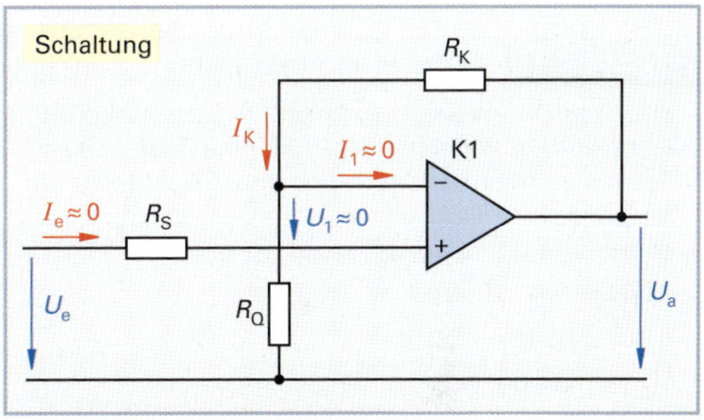

Bild 3: Nicht invertierender Verstärker

Beim invertierenden Verstärker:

$$U_a = -\frac{R_K}{R_e} \cdot U_e \qquad V = \frac{R_K}{R_e}$$

Beim nicht invertierenden Verstärker:

$$U_a = \left(1 + \frac{R_K}{R_Q}\right) \cdot U_e \qquad V = 1 + \frac{R_K}{R_Q}$$

U_a Ausgangsspannung
U_e Eingangsspannung
R_Q Eingangsquerwiderstand
R_S Schutzwiderstand
R_K Rückkopplungswiderstand
R_e Eingangswiderstand
V Spannungsverstärkungsfaktor

Summierverstärker

Bei der Schaltung als Summierverstärker dient der Operationsverstärker zur Addition und Verstärkung mehrerer Spannungen. Er wird über die Widerstände R_{e1}, R_{e2} angesteuert **(Bild 1)**.

Mit den Näherung $U_1 \approx 0$ und $I_1 \approx 0$ gilt:

$$I_{e1} = \frac{U_{e1}}{R_{e1}}; \quad I_{e2} = \frac{U_{e2}}{R_{e2}}; \quad I_K = \frac{U_a}{R_K};$$

$$-I_K = I_{e1} + I_{e2} + \ldots$$

Zur Subtraktion von Spannungen wird meist nicht der Subtrahierverstärker eingesetzt, sondern der Summierverstärker. Dazu wird die zu subtrahierende Spannung umgepolt und addiert.

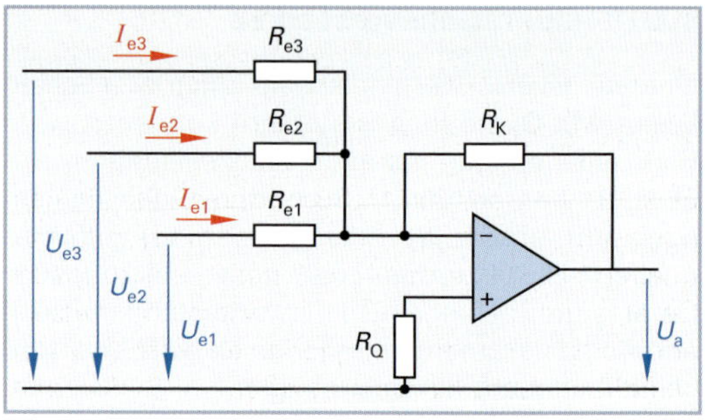

Bild 1: Summierverstärker mit drei Eingängen

Im verzerrungsfreien Aussteuerbereich:

$$-U_a = \frac{R_K}{R_{e1}} \cdot U_{e1} + \frac{R_K}{R_{e2}} \cdot U_{e2} + \frac{R_K}{R_{e3}} \cdot U_{e3} + \ldots$$

U_a	Ausgangsspannung
U_{e1}, U_{e2}, U_{e3}	Eingangsspannungen
R_{e1}, R_{e2}, R_{e3}	Eingangswiderstände
R_K	Rückkopplungswiderstand

Subtrahierverstärker (Differenzverstärker)

Der Subtrahierverstärker ist eine Kombination aus einem invertierenden Verstärker und einem nicht invertierenden Verstärker. Es werden beide Eingänge angesteuert **(Bild 2)**. Die Ausgangsspannung ist verhältnisgleich zur Differenz der beiden Eingangsspannungen.

Beispiel 1 **Subtrahierverstärker:**

Bei einem Subtrahierverstärker in Schaltung nach **Bild 1** sind die Widerstandsverhältnisse $R_K/R_{e1} = 4$ und $R_{e2}/R_Q = \frac{1}{4}$. Nach welcher Gesetzmäßigkeit hängt die Ausgangsspannung von den Eingangsspannungen ab?

Lösung:

$$V_2 = \frac{1 + R_K/R_{e1}}{1 + R_{e2}/R_Q} = \frac{1+4}{1+\frac{1}{4}} = \mathbf{4}$$

$$V_1 = \frac{R_K}{R_{e1}} = 4 \Rightarrow U_a = 4 \cdot (U_{e2} - U_{e1}) = \mathbf{-4 \cdot U_d}$$

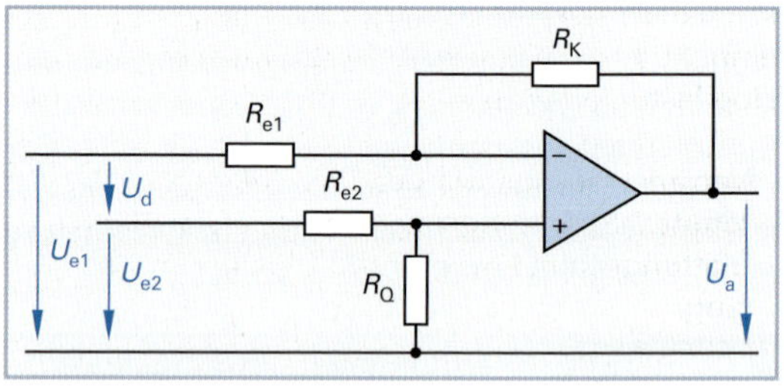

Bild 2: Substrahierverstärker

Der Subtrahierverstärker wird z. B. zur Verstärkung einer Messsignalspannung U_d, die potenzialfrei bleiben soll, eingesetzt. In diesem Fall müssen beide Eingangswiderstände gleich groß sein. Ebenso müssen der Gegenkopplungswiderstand und der Widerstand zwischen dem nicht invertierenden Eingang und Masse gleich sein.

Subtrahierverstärker werden vorwiegend zur potenzialfreien Verstärkung von Messsignalen eingesetzt.

Den Verstärkungsfaktor für U_d kann man aus den Verstärkungsfaktoren der beiden Eingangsspannungen berechnen.

$$U_a = V_2 \cdot U_{e2} - V_1 \cdot U_{e1}$$

$$V_2 = \frac{1 + \frac{R_K}{R_{e1}}}{1 + \frac{R_{e2}}{R_Q}} \qquad V_1 = \frac{R_K}{R_{e1}}$$

Für $R_{e1} = R_{e2}$ und $R_Q = R_K$:

$$U_a = -\frac{R_K}{R_e} \cdot U_d$$

U_a	Ausgangsspannung
V_1, V_2	Spannungsverstärkungsfaktoren
U_{e1}	Eingangsspannung am invertierenden Eingang
U_{e2}	Eingangsspannung am nicht invertierenden Eingang
U_d	Differenzspannung
R_K, R_{e1}, R_{e2}, R_Q	Beschaltungswiderstände

1.3 Elektronische Schaltungen mit Strom versorgen

1.3.1 Netzanschlussgerät

Elektronische Geräte erfordern meist Gleichspannung, werden aber sehr oft an Wechselspannungsquellen angeschlossen. Für jedes elektronische Gerät ist deshalb ein *Netzanschlussgerät* (Netzteil) erforderlich. Netzanschlussgeräte enthalten zur Umwandlung der Wechselspannung in Gleichspannung *Gleichrichter* **(Bild 1)**. In den meisten Fällen ist auch noch eine Anpassung der Spannung erforderlich, z. B. durch einen Transformator. Außerdem sind in Netzanschlussgeräten *Überstrom-Schutzeinrichtungen* enthalten, z. B. Schmelzsicherungen oder Schutzschalter. *Glättungseinrichtungen* bewirken, dass die gleichgerichtete Spannung, die einen Wechselspannungsanteil enthält, einer idealen Gleichspannung angenähert ist. Die *Stabilisierungseinrichtungen* bewirken eine konstant bleibende Gleichspannung (Bild 1) oder einen konstant bleibenden Gleichstrom, auch wenn die Last verschieden groß ist und wenn die Netzspannung schwankt. Außerdem enthält die Stabilisierungseinrichtung meist einen Kurzschlussschutz bzw. Überlastungsschutz.

Netzanschlussgeräte bestehen aus Überstromschutz, Spannungsanpassung, Gleichrichter, Glättungseinrichtung und Stabilisierungsschaltung.

1.3.2 Gleichrichter und Glättung

Als Gleichrichter wird das komplette *Gerät* zur Umwandlung von Wechselspannung in Gleichspannung bezeichnet. Der wesentliche Bestandteil des Gleichrichters ist die *Gleichrichterschaltung*. Diese enthält die Halbleiter-Bauelemente, den meist erforderlichen Transformator und meist Kondensatoren zur Glättung.

Übung 1

Schalten Sie eine Siliciumgleichrichterdiode mit einer 6-V-Glühlampe in Reihe und schließen Sie die Schaltung über einen Transformator an 10 V Sinusspannung an. Oszilloskopieren Sie die Spannung an der Glühlampe.

Lösung: **Bild 2** und **Bild 3, oben**

Die Diode lässt den Vorwärtsstrom (Durchlassstrom) nur fließen, wenn die Wechselspannung so gepolt ist, dass die Diode in Vorwärtsrichtung geschaltet ist und die Spannung größer ist als die Schleusenspannung U_F. Ist die Diode in Rückwärtsrichtung (Sperrrichtung) geschaltet, so fließt nur der schwache Rückwärtsstrom (Sperrstrom). Diesen lässt man bei Gleichrichterschaltungen meist unberücksichtigt. Außerdem berücksichtigt man die Schleusenspannung nicht, wenn die gleichzurichtende Wechselspannung größer ist als etwa 10 V.

Netzteile setzen Netzwechselspannung in Gleichspannung zum Betrieb elektronischer Geräte.

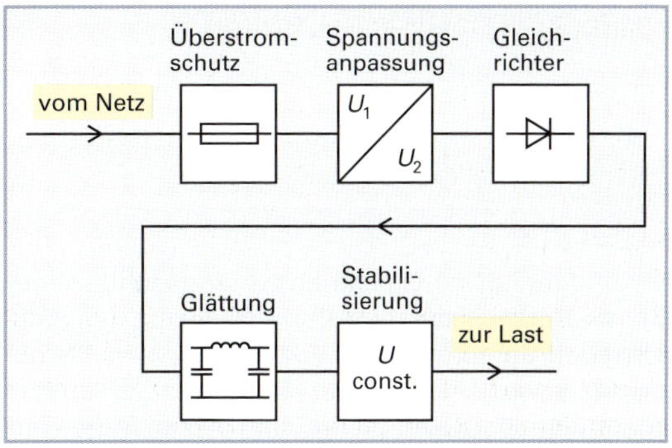

Bild 1: Übersichtsschaltplan eines Netzanschlussgerätes

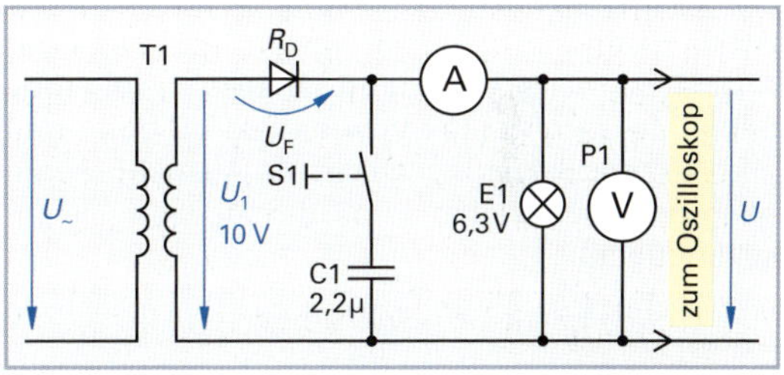

Bild 2: Schaltung zur Einpuls-Einwegschaltung E1 U

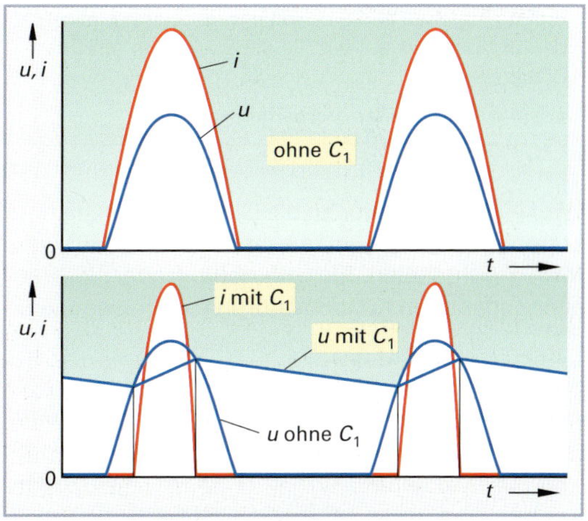

Bild 3: Spannungsverlauf und Stromverlauf bei der Einpuls-Einwegschaltung E1 U

Verwendet man in der Gleichrichterschaltung nur eine einzelne Diode, so fließt der Vorwärtsstrom während jeder Periode der Anschlusswechselspannung einmal als Impuls. Man nennt die Schaltung *Einpuls-Einwegschaltung* (Kurzzeichen E1).

> Die Schaltung E1 besteht aus einer Diode oder bei sehr hohen Spannungen aus mehreren in Reihe geschalteten Dioden.

Ein hinter dem Gleichrichter angeschlossener Spannungsmesser zeigt den Mittelwert der pulsförmigen Spannung an. Bei einem idealen Gleichrichter ohne Verluste und ohne Schleusenspannung der Dioden nennt man diesen Mittelwert ideelle Gleichspannung U_{di}.

Bei jeder Gleichrichterschaltung steht die ideelle Gleichspannung in einem festen Verhältnis zur Anschlusswechselspannung **(Tabelle 1, folgende Seite)**. Je nach Art der verwendeten Dioden und nach Art der Belastung weicht die Ausgangsspannung des Gleichrichters von der ideellen Gleichspannung ab.

Übung 1

Entfernen Sie in der Schaltung Bild 2, vorhergehende Seite, die Glühlampe, schalten Sie einen Kondensator durch Schließen von S1 parallel zum Spannungsmesser und oszilloskopieren Sie die Spannung am Spannungsmesser.

Lösung: **Bild 3 unten, vorhergehende Seite**

Wird ein Kondensator an die Gleichrichterschaltung angeschlossen, so wird dieser periodisch und pulsförmig aufgeladen. Ein angeschlossener Verbraucher entlädt den Kondensator in den Pulspausen.

> An Gleichrichtern angeschlossene Kondensatoren erhöhen die gleichgerichtete Spannung und glätten diese.

In der Schaltung E1 fließt der gleichgerichtete Strom durch die Ausgangswicklung des Transformators. Dadurch wird der Eisenkern stark vormagnetisiert. Infolge der Vormagnetisierung braucht man einen Transformator mit einer größeren Leistung, als die Leistungsangabe des Gleichrichters erwarten lässt. Diese Bauleistung des Gleichrichtertransformators liegt je nach Gleichrichterschaltung verschieden stark über der Gleichstromleistung (Tabelle 1, folgende Seite).

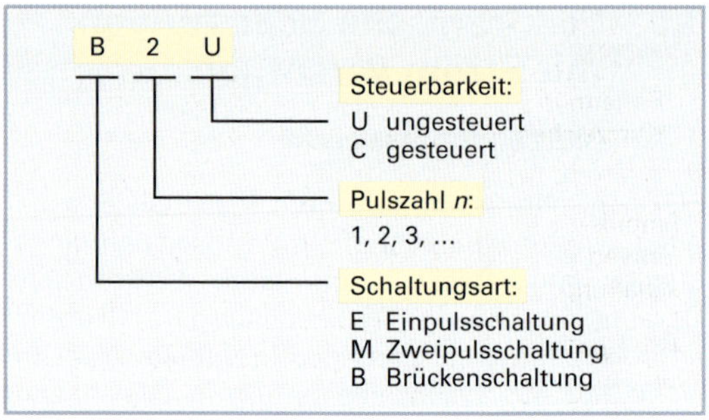

Bild 1: Kennzeichnung von Gleichrichterschaltungen

1.3.3 Gleichrichterschaltungen

Die Benennung der Gleichrichterschaltung enthält als Kennzahl die Anzahl n der Pulse je Periode der Anschlusswechselspannung **(Bild 1)**. Die Pulsfrequenz der Schaltung ist um so größer, je größer die Kennzahl der Schaltung und die Frequenz der Anschlusswechselspannung sind.

f_P Pulsfrequenz
n Kennzahl der Schaltung
f Frequenz der Anschlusswechselspannung

$$f_P = n \cdot f$$

Die **Einpuls-Einwegschaltung** E1 wird zur Gleichrichtung schwacher Ströme verwendet. Speist die Gleichrichterschaltung einen Kondensator oder einen Akkumulator, so liegt Belastung mit Gegenspannung vor. Die in Sperrrichtung gepolte Gleichrichterdiode muss dann die Summe der Anschlusswechselspannung und der Kondensatorspannung bzw. Akkumulatorspannung als Sperrspannung aushalten (Tabelle 1, folgende Seite).

> In der Schaltung E1 wird durch die Belastung mit einem Kondensator die Sperrspannung etwa verdoppelt.

Die **Zweipuls-Mittelpunktschaltung M2** besteht aus zwei Schaltungen E1 an den beiden Außenanschlüssen eines Transformators mit Mittelabgriff.

Die **Zweipuls-Brückenschaltung B2** wird für Leistungen bis etwa 2 kW am häufigsten verwendet. Gegenüber der Schaltung E1 braucht man zwar mehr Gleichrichterdioden, jedoch kann ein kleinerer Transformator als bei Schaltung E1 verwendet werden. Außerdem ist die Glättung leichter möglich. Auch wird das Netz weniger mit höheren Teilschwingungen belastet als bei Schaltung E1.

Tabelle 1: Gleichrichterschaltungen

Benennung, Kurzzeichen	Schaltplan des Gleichrichtersatzes	Spannungsverlauf	U_{di}/U_1 ohne C	U_{di}/U_1 mit C	P_T/P_d	I_Z
Einpuls-Einweg-schaltung **E1 U**	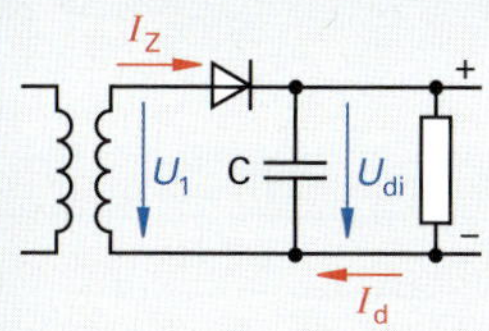	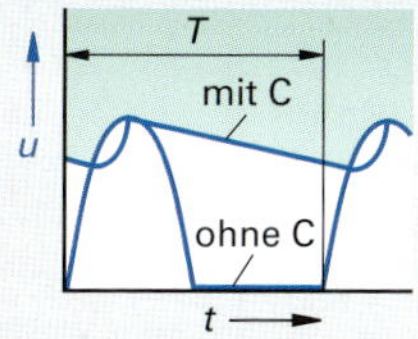	0,45	1,41	3,1	I_d
Zweipuls-Mittelpunkt-schaltung **M2 U**	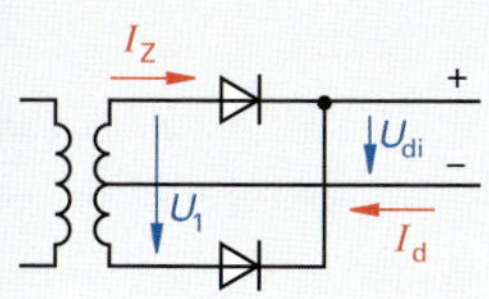	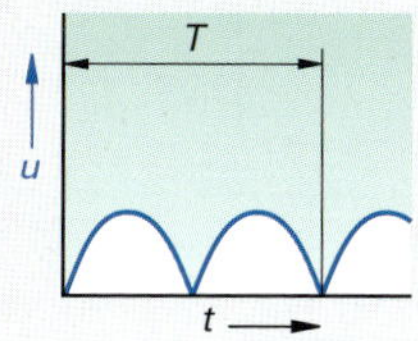	0,45	0,71	1,5	$\frac{I_d}{2}$
Zweipuls-Brücken-schaltung **B2 U**	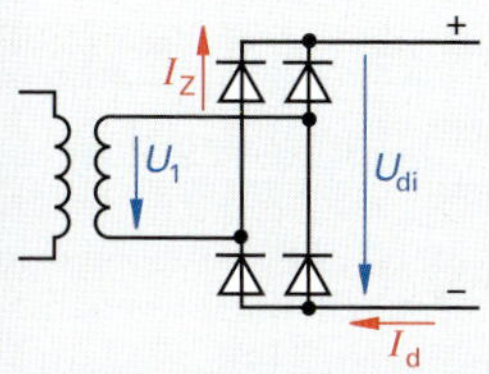	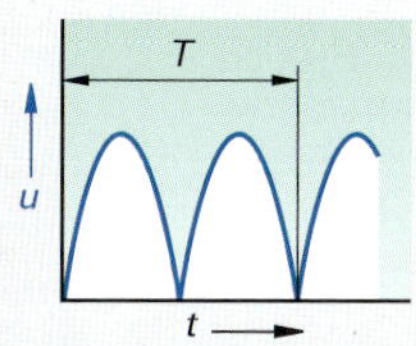	0,9	1,41	1,23	$\frac{I_d}{2}$

C Kapazität, I_d Gleichstrom, I_Z Strom im Zweig, P_d Gleichstromleistung, P_T Transformatorbauleistung, T Periodendauer, U_1 Anschlusswechselspannung, U_{di} ideelle Leerlaufgleichspannung.

Von Nachteil bei den Brückenschaltungen ist, dass der Strom durch zwei Dioden fließt. Dadurch ist der Spannungsfall an den Dioden doppelt so groß wie bei den Mittelpunktschaltungen.

WV

Wiederholung und Vertiefung

1. **Aus welchen Baugruppen besteht ein Netzanschlussgerät?**
2. **Was versteht man unter einem Gleichrichter?**
3. **Worauf beruht die Wirkungsweise einer Diode zur Gleichrichtung?**
4. **Welche Folgen haben Kondensatoren, die hinter Gleichrichterschaltungen angeschlossen werden?**
5. **Nennen Sie drei Gleichrichterschaltungen und geben Sie die Kurzzeichen dafür an.**

1.3.4 Glätten der gleichgerichteten Spannung

Die vom Gleichrichter gleichgerichtete Spannung wird grundsätzlich durch Siebglieder geglättet **(Bild 1)**. Bei schwachen Strömen glättet man bevorzugt mit Kondensatoren, bei starken Strömen mit Induktivitäten. Bei Ladegeräten für Akkumulatoren wird auf eine Glättung verzichtet, da Akkumulatoren wie große Kapazitäten wirken. Die Glättung ist um so leichter zu erzielen, je höher die Pulsfrequenz der gleichgerichteten Spannung ist. Die von der Gleichrichterschaltung gelieferte pulsförmige Spannung ist die Summe aus der Gleichspannung U_d und einer Wechselspannung U_p mit der Pulsfrequenz $f_p = 1/T_p$ **(Bild 1, folgende Seite)**. Diese Wechselspannung nennt man *Brummspannung*. Bei der Netzspannung mit 50 Hz hat die Brummspannung 100 Hz. Durch den *Glättungskondensator* werden U_d vergrößert und U_p verkleinert. Die hinter der Glättungseinrichtung verbleibende Wechselspannung (Brummspannung) mit der Pulsfrequenz hat etwa Dreieckform und ist um so kleiner, je größer die Kapazität und die Pulsfrequenz sind.

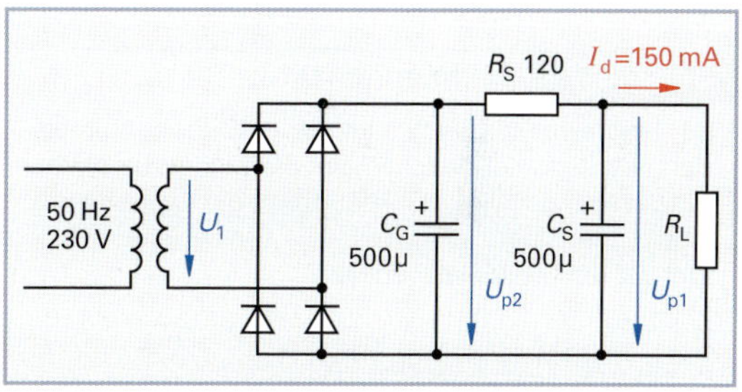

Bild 1: Gleichrichterschaltung mit RC-Siebung

i Bei Einpuls-Einwegschaltungen ist f_p = 50 Hz. Bei Zweipulsschaltungen wird die Pulsfrequenz doppelt so groß, d. h. f_p = 100 Hz.

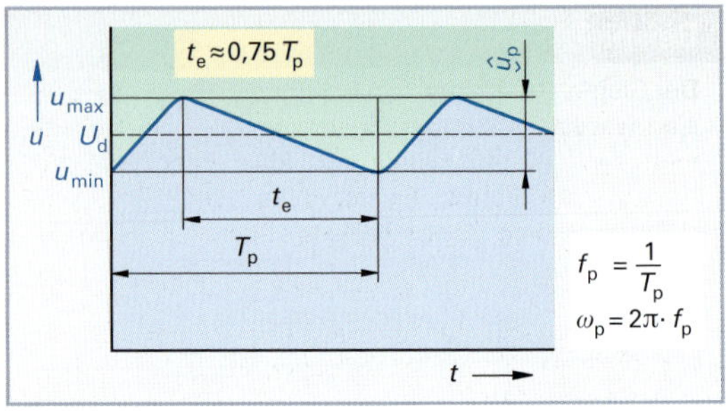

Bild 1: Glättung der gleichgerichteten Spannung

Beispiel 1 Brummspannung:

Eine Gleichrichterschaltung B2 U liefert am Netz mit 50 Hz den Lastgleichstrom I_d = 150 mA. Der Glättungskondensator hat 500 µF. Wie groß ist die Brummspannung $\hat{\check{u}}_p$?

Lösung:

$$\hat{\check{u}}_p \approx \frac{0{,}75 \cdot I_d}{f_p \cdot C_G} = \frac{0{,}75 \cdot 150\ \text{mA}}{2 \cdot 50\ \text{Hz} \cdot 500\ \mu\text{F}} = \mathbf{2{,}25\ V}$$

$$Q \approx \hat{\check{u}}_p \cdot C_G = I_d \cdot t_E \Rightarrow \hat{\check{u}}_p \approx \frac{I_d \cdot t_E}{C_G}$$

$$Q \approx \frac{\hat{\check{u}}_p}{2 \cdot \sqrt{3}}$$

$$\hat{\check{u}}_p \approx \frac{0{,}75\ I_d}{f_p \cdot C_G}$$

$\hat{\check{u}}_p$	Brummspannungen (Pulsspannung, Spitze-Tal-Wert)
I_d	Laststrom
t_E	Entladezeit
f_p	Brummfrequenz (Pulsfrequenz)
C_G	Kapazität des Glättungskondensators
U_p	Brummspannung (Effektivwert)
$\sqrt{3}$	Scheitelfaktor bei Dreieckform
Q	elektrische Ladung

Genügt die Glättung durch den Glättungskondensator allein nicht, so schaltet man zwischen ihm und der Last einen Tiefpass (Bild 1, vorhergehende Seite). Man spricht von *Siebung*.

Der *Siebfaktor s* ist das Verhältnis der Brummspannungen vor und hinter dem Siebglied. Werden mehrere Siebglieder in Reihe geschaltet, dann ist der Siebfaktor das Produkt der einzelnen Siebfaktoren.

Bei der RC-Siebung wird die Brummspannung durch den Siebwiderstand R_s und den Siebkondensator C_s herabgesetzt.

Beispiel 2 Siebkondensator:

Der Siebfaktor 11,25 soll durch eine RC-Siebung realisiert werden, bei welcher ein Siebwiderstand von 22 Ω verwendet wird. Wie groß muss die Kapazität des Siebkondensators sein, wenn die Gleichrichterschaltung B2 am 50-Hz-Netz arbeitet?

Lösung:

$s \approx \omega_p \cdot R_s \cdot C_s \Rightarrow C_s \approx s/(\omega_p \cdot R_s)$

$= 11{,}25/(2 \cdot 2 \cdot \pi \cdot 50\ \text{Hz} \cdot 22\ \Omega) = 814\ \mu\text{F} \approx \mathbf{820\ \mu F}$

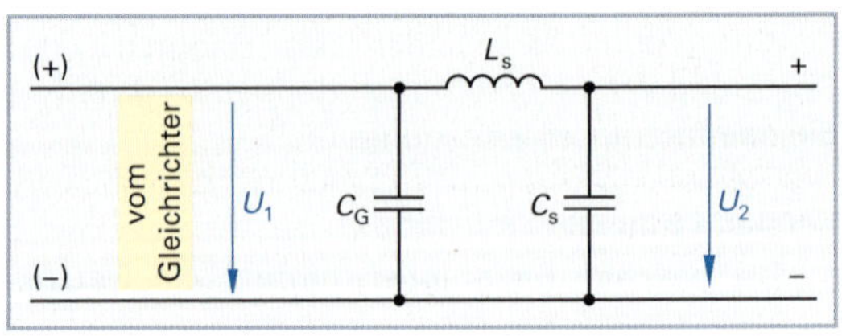

Bild 2: Glättungsschaltung mit LC-Siebung

Bei der LC-Siebung wird die Brummspannung durch die Siebdrosselspule L_s und den Siebkondensator C_s herabgesetzt **(Bild 2)**. Bei der LC-Siebung treten kleinere Verluste auf als bei der RC-Siebung.

$$s \approx \frac{\sqrt{X_{Cs}^2 + R_s^2}}{X_{Cs}} \Rightarrow$$

Für $R_s \gg X_{Cs}$:

$$s \approx \omega_p \cdot R_s \cdot C_s$$

$$s \approx \Rightarrow \frac{X_{Ls} - X_{Cs}}{X_{Cs}} \Rightarrow$$

Für $X_{Ls} \gg X_{Cs}$:

$$s \approx \omega_p^2 \cdot L_s \cdot C_s$$

ω_p	Pulskreisfrequenz
R_s	Siebwiderstand
C_s	Kapazität des Siebkondensators
L_s	Induktivität der Siebdrosselspule
X_{Cs}	Blindwiderstand von C_S
X_{Ls}	Blindwiderstand von L_S

$$s = s_1 \cdot s_2$$

$$s = \frac{U_{p1}}{U_{p2}}$$

s	Siebfaktor
s_1, s_2	einzelne Siebfaktoren
U_{p1}, U_{p2}	Brummspannungen (Pulsspannungen)

Beispiel 1 Siebkondensator:

Der Siebfaktor 11,25 soll durch eine LC-Siebung realisiert werden, wobei die Siebdrosselspule die Induktivität von 100 mH haben soll. Wie groß muss die Kapazität des Siebkondensators sein, wenn die Gleichrichterschaltung B2 am 50-Hz-Netz arbeitet?

Lösung:

$s \approx \omega_p^2 \cdot L_s \cdot C_s \Rightarrow C_s \approx s/(\omega_p^2 \cdot L_s)$

$= 11{,}25/(2^2 \cdot 2^2 \cdot \pi^2 \cdot 50^2\ \text{Hz}^2 \cdot 100\ \text{mH})$

$= 285\ \mu\text{F} \approx \mathbf{270\ \mu F}$

Wiederholung und Vertiefung

1. **Welche Bauelemente verwendet man zum Glätten gleichgerichteter Spannungen?**
2. **Erklären Sie das Auftreten der Brummspannung.**
3. **Welche Arten der Siebung unterscheidet man?**
4. **Geben Sie den Vorteil der LC-Siebung an.**

1.3.5 Stabilisieren

Ausgangsspannung und Ausgangsstrom der Netzanschlussgeräte ändern sich, wenn sich die Eingangsspannung ändert, z. B. bei Netzspannungsschwankungen, oder wenn sich die Last ändert (Lastschwankungen) oder wenn sich die Temperatur ändert. Soll die Last auch in den genannten Fällen eine gleich bleibende Spannung oder einen gleich bleibenden Strom erhalten, so muss *stabilisiert* (lat. stabilis = gleich bleibend) werden.

1.3.5.1 Spannung stabilisieren ohne Energiespeicher

Eine einfache Stabilisierungsschaltung besteht aus der Reihenschaltung einer Z-Diode mit einem Widerstand **(Bild 1)**.

Erhöht man die Eingangsspannung, steigt die Ausgangsspannung bis etwa zur Nennspannung der Z-Diode gleichmäßig an und bleibt dann bei steigender Eingangsspannung fast stabil.

Bemessung des Vorwiderstandes. Der erforderliche Vorwiderstand liegt zwischen zwei Größen R_{min} und R_{max}, die ihrerseits von der höchsten und niedrigsten Eingangsspannung, dem schwächsten und stärksten Zenerstrom (aus dem Datenblatt zu entnehmen) und dem schwächsten und stärksten Laststrom abhängen. R_{max} darf nicht überschritten werden, weil sonst die Diode nicht mehr begrenzt. R_{min} darf nicht unterschritten werden, weil sonst der Zenerstrom zu groß wird. Meist nimmt man einen Widerstand in der Nähe von R_{max}, weil dann die Verlustleistung in der Z-Diode kleiner ist.

Spannung stabilisieren mit Transistor. Schaltungen nach Bild 1 lassen keinen großen Laststrom zu, weil der Laststrom vom Arbeitsbereich der Z-Diode begrenzt wird. Einen großen Laststrom kann man

Stabilisierschaltungen ohne Energiespeicher haben einen kleinen Wirkungsgrad.

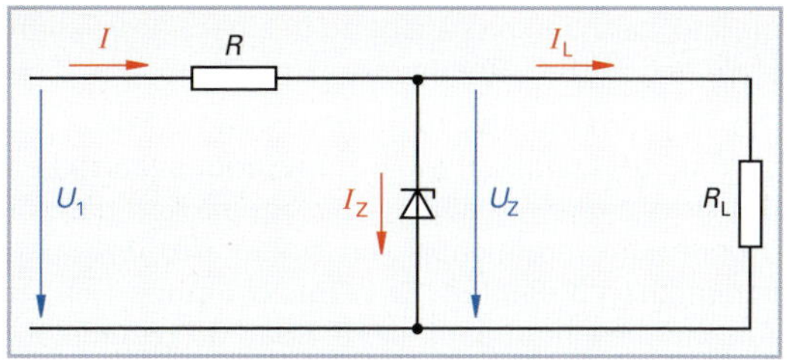

Bild 1: Spannungsstabilisierung mit Z-Diode

$$R_{max} = \frac{U_{1min} - U_Z}{I_{Zmin} + I_{Lmax}} \qquad R_{min} = \frac{U_{1max} - U_Z}{I_{Zmax} + I_{Lmin}}$$

R Vorwiderstand

U_1 Eingangsspannung

U_Z Z-Spannung (Nennspannung)

I_Z Z-Strom

I_L Laststrom

Die Indizes max und min geben den Größtwert und den Kleinstwert an.

Beispiel 2 Spannungsstabilisierung:

Die Stabilisierungsschaltung **Bild 1** enthält eine Z-Diode mit P_{tot} = 750 mW. Die Eingangsspannung ist 42 V ± 10%. Der Laststrom ändert sich zwischen 12 mA und 18 mA bei 15 V. Berechnen Sie a) I_{Zmax}, b) I_{Zmin}, c) R_{max}, d) R_{min}.

Lösung:

a) $I_{Zmax} = \frac{P_{tot}}{U_Z} = \frac{750\ \text{mW}}{15\ \text{V}} = \mathbf{50\ mA}$

b) $I_{Zmin} = \frac{I_{Zmax}}{10} = \frac{50\ \text{mA}}{10} = \mathbf{5\ mA}$

c) $R_{max} = \frac{U_{1min} - U_Z}{I_{Zmin} + I_{Lmax}} = \frac{37{,}8\ \text{V} + 15\ \text{V}}{5\ \text{mA} + 18\ \text{mA}} = \mathbf{991\ \Omega}$

d) $R_{min} = \frac{U_{1max} - U_Z}{I_{Zmax} + I_{Lmin}} = \frac{46{,}2\ \text{V} - 15\ \text{V}}{50\ \text{mA} + 12\ \text{mA}} = \mathbf{503\ \Omega}$

Infrage kommen von der Reihe E12 die Vorwiderstände 560 Ω, 680 Ω und 820 Ω. Mit **820 Ω** ergeben sich die kleinsten Leistungen in Vorwiderstand und Z-Diode.

durch Verwendung eines Reihentransistors erreichen **(Bild 1, folgende Seite)**. Steigt in Schaltung Bild 1, folgende Seite, die Eingangsspannung U_1 an, so wird U_a größer. Dadurch wird $U_{BE} = U_Z - U_a$ etwas kleiner. Der Transistor wird also weniger weit aufgesteuert, er wird hochohmiger, U_a bleibt etwa konstant.

Spannungsstabilisierung durch Spannungsregelung. Sie ermöglicht einen großen Stabilisierungsfaktor, große Lastströme und die Einstellbarkeit der Ausgangsspannung. Bei dieser Stabilisierung wird die Ist-Spannung am Ausgang in einer Vergleicherstufe mit der Soll-Spannung verglichen.

Die Spannungsstabilisierungsschaltung **Bild 2** hat als Reglerverstärker einen Operationsverstärker. Der Operationsverstärker wirkt hier als Komparator (Spannungsvergleicher) mit hoher Proportionalverstärkung (P-Regler). Er vergleicht einen Teil der Ausgangsspannung mit der Z-Spannung und steuert den Längstransistor entsprechend an.

Beispiel 1 Spannungsstabilisierung mit Transistor:

In der Schaltung Bild 2 betragen $U_Z = 6{,}8$ V, $R_1 = 82$ kΩ und $R_2 = 33$ kΩ. Wie groß ist U_a?

Lösung: $U_a = U_Z \cdot (1 + R_1/R_2) =$
$U_a = 6{,}8 \text{ V} \cdot (1 + 82 \text{ k}\Omega/33 \text{ k}\Omega) = \mathbf{23{,}7 \text{ V}}$

Lineare Festspannungsregler verwenden die Baugruppen von Bild 2. Der IC hat mindestens drei Anschlüsse **(Bild 3)**. Festspannungsregler gibt es für positive und negative Ausgangsspannungen.

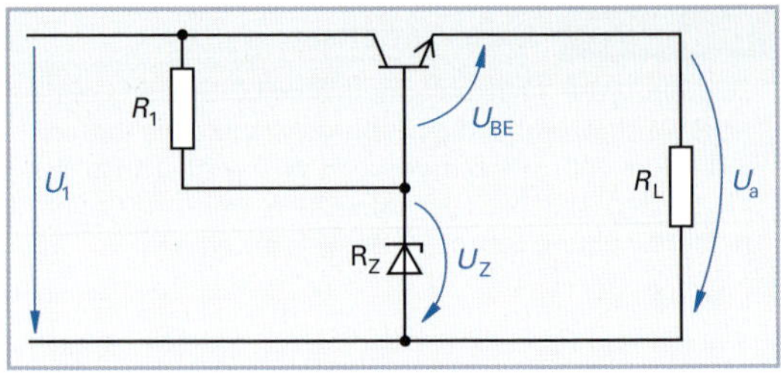

Bild 1: Spannungsstabilisierung mit Reihentransistor

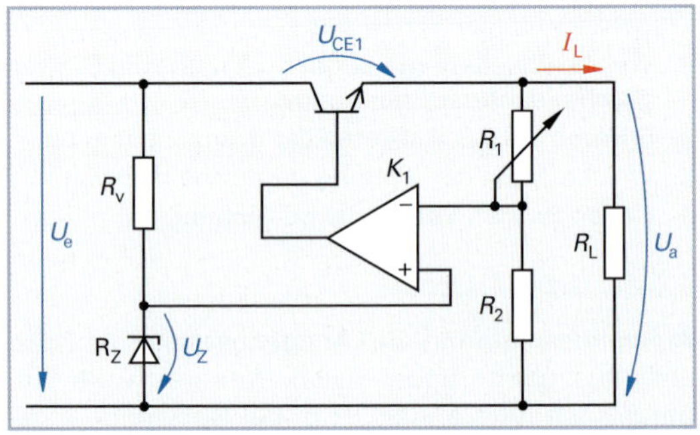

Bild 2: Linearer Spannungsregler mit Operationsverstärker

Spannungsregler mit Operationsverstärker: $U_a = U_Z \cdot \left(1 + \frac{R_1}{R_2}\right)$

U_a	Ausgangsspannung
U_Z	Z-Spannung
R_1, R_2	Widerstände des Spannungsteilers

1.3.5.2 Schaltnetzteile

In Schaltnetzteilen wird die Ausgangsspannung nicht linear, sondern durch Impulsbetrieb bei hoher Frequenz geregelt. Dadurch haben sie einen großen Wirkungsgrad.

Als Energiespeicher verwenden alle Schaltungen Kapazitäten, Induktivitäten oder auch Transformatoren.

Arten von Gleichspannungswandlern

Die Gleichspannungswandler gibt es z. B. als Abwärtswandler oder Aufwärtswandler in verschiedenen Gehäuseformen **(Bild 4)**.

Beim *Abwärtswandler* ist die Ausgangsspannung U_2 kleiner als die Eingangsspannung U_1. Beide Spannungen sind gleich gepolt.

Der *Aufwärtswandler* liefert eine Ausgangsspannung U_2, die größer als U_1 ist. Beide Spannungen sind gleich gepolt (Bild 4).

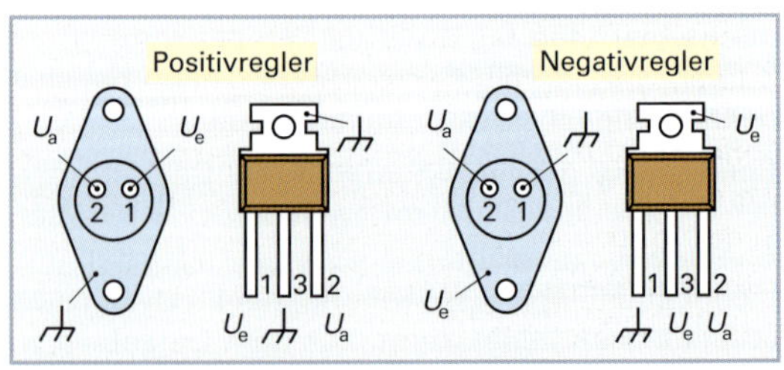

Bild 3: Lineare Festspannungsregler-IC

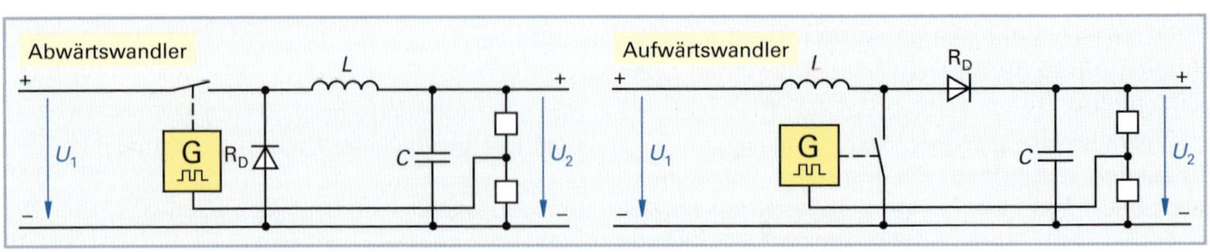

Bild 4: Grundformen von Gleichspannungsdrosselwandlern mit Schaltern

Aufbau von Schaltnetzteilen

Schaltnetzteile für den Betrieb an der Netzspannung von 230 V bestehen aus mehreren Baugruppen **(Bild 1)**.

> Bei Netzteilen mit Leistungen über 75 W muss eine Leistungsfaktorkorrektur (PFC) erfolgen (siehe Seite 55).

Die Netzspannung wird über ein Filter dem Gleichrichter zugeführt. Das Filter soll verhindern, dass Störspannungen des Impulsgenerators in das Netz gelangen. Der Gleichrichter richtet die Netzspannung gleich und glättet diese. Es steht nach dem Gleichrichter eine Gleichspannung mit Spannungswerten bis 311 V zur Verfügung. Aus dieser Gleichspannung erzeugt der elektronische Schalter Impulse verschiedener Länge mit einer Frequenz von z. B. 100 kHz. Diese Impulsspannung wird einem Transformator auf der Eingangsseite zugeführt. Für die Transformatoren werden meist Ferritringkerne verwendet. Durch die hohe Frequenz ist das Verhältnis von Windungszahl je Volt klein. Dadurch sind größere Ströme durch dickere Wickeldrähte möglich. Auf der Ausgangsseite erhält man die gewünschte Spannung von z. B. 5,6 V als Wechselspannung. Nach dem Gleichrichten der Wechselspannung steht als Ausgangsspannung eine Gleichspannung von 5 V zur Verfügung. Die Ausgangsspannung wird einem Regler zugeführt. Der Regler-IC erzeugt die Steuerimpulse für den elektronischen Schalter. Sinkt z. B. die Ausgangsspannung durch Belastung unter 5 V, so werden zeitlich längere Steuerimpulse erzeugt. Dadurch steigt die Ausgangsspannung des Transformators entsprechend an. **Bild 2** zeigt einen kompletten Schaltplan eines Schaltnetzteils.

> Schaltnetzteile regeln die Ausgangsspannung durch Verändern der Impulsbreite.

Schaltnetzteile mit einem elektronischen Schalter werden als Eintaktschaltnetzteile bezeichnet **(Bild 3)**. Schaltnetzteile mit zwei zeitlich versetzt angesteuerten elektronischen Schaltern nennt man Gegentaktschaltnetzteile **(Bild 4)**.

Schaltnetzteile können ausgangsseitig auch mehrere Ausgangsspannungen erzeugen (Bild 2). Der Regler-IC wird aber nur mit einer Ausgangsspannung verbunden. PC's verwenden nur Schaltnetzteile zur Stromversorgung.

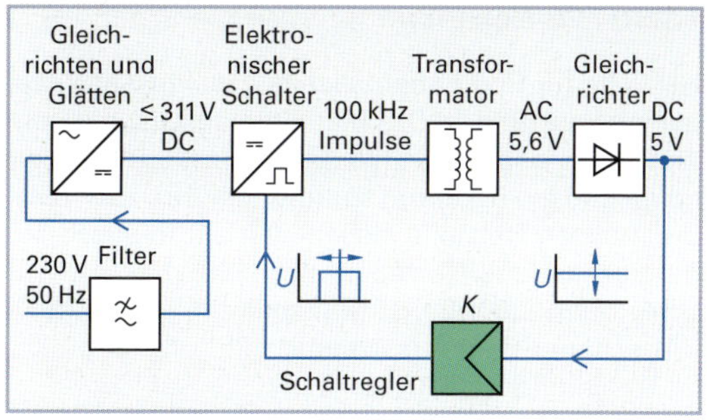

Bild 1: Übersichtsschaltplan eines primär getakteten Schaltnetzteils

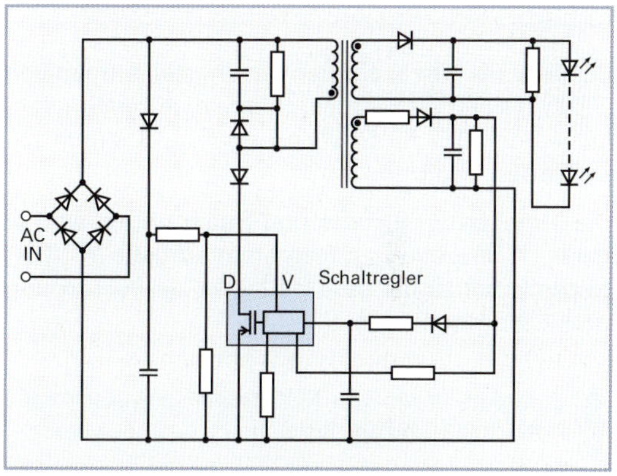

Bild 2: Schaltplan eines Schaltnetzteils

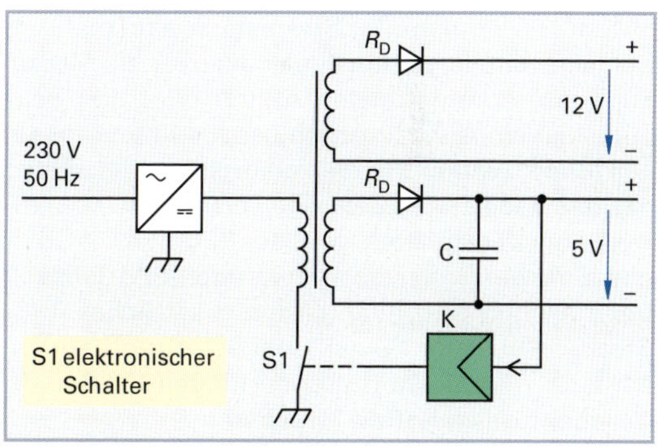

Bild 3: Eintaktschaltnetzteil

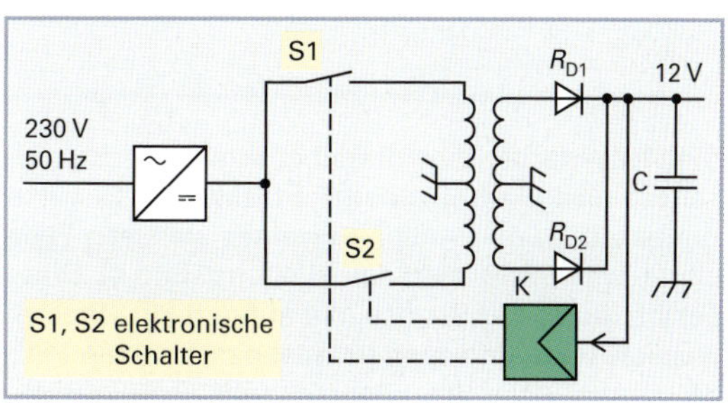

Bild 4: Gegentaktschaltnetzteil

Wiederholung und Vertiefung

1. **Nennen Sie zwei Arten von Gleichspannungswandlern.**
2. **Aus welchen Baugruppen besteht ein Schaltnetzteil?**
3. **Welche Aufgabe hat der Regler-IC?**

1.3.5.3 PC-Netzteile

Netzteile für PCs haben allseits geschlossene Metallgehäuse **(Bild 1)**. Das Metallgehäuse ist mit dem Anschluss des Schutzleiters verbunden und verhindert so ein Berühren spannungsführender Teile. Die meisten Netzteile stellen sich automatisch auf die vorhandene Netzspannung 110 V / 60 Hz (für USA) oder 230 V/50 Hz (Europa) ein. Vorhandene Netzschalter (Ein-/Ausschalter) sind oft nur einpolig ausgeführt (Bild 1).

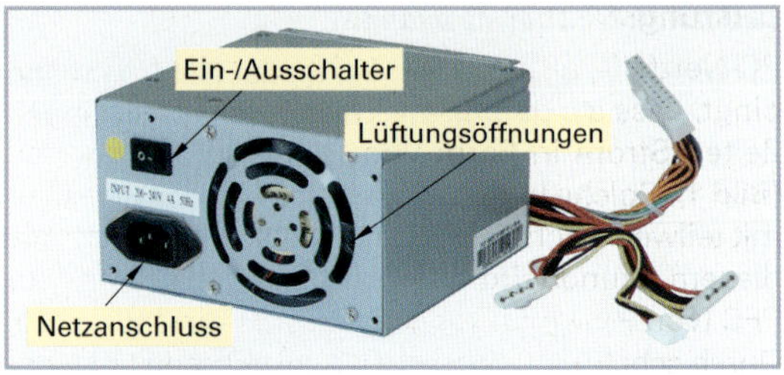

Bild 1: PC-Netzteil

> PC-Netzteile sind erst sicher spannungslos, wenn der Netzstecker gezogen wurde.

PC-Netzteile gibt es für Bemessungsleistungen von 230 W bis 500 W. Netzteile sollten eine Leistungsreserve von 20 % für Erweiterungen, z. B. durch Zusatzkarten, besitzen.

Die abgebbaren Ströme und Spannungen sind in der ATX-Spezifikation festgelegt **(Tabelle 1)**. ATX-Netzteile haben bis zu fünf Stecker zur Versorgung der PC-Komponenten.

Tabelle 1: Spannungen und Ströme nach ATX-Festlegung

Ausgang	U_n / V	U_{min} / V	U_{max} / V	I_{min} /A	I_{max} /A
12	+12	11,4	12,6	0,0	12,0
5	+5	4,75	5,25	1,0	30,0
3,3	+3,3	3,14	3,47	0,3	20,0
–5	–5	–4,5	–5,5	0,0	0,3
–12	–12	–10,8	–13,2	0,0	0,8
+5 SB	+5	4,75	5,25	0,0	1,5

ATX von **A**dvanced **T**echnology e**X**tendet = Fortgeschrittene, erweiterte Technologie.

> Zum Einschalten von ATX-Netzteilen müssen der Netzschalter und der Taster am PC betätigt werden.

Der Hauptstecker (= Main Power Connector) hat 20 Anschlüsse **(Bild 2, links)**. Für die Spannungen 5 V und 3,3 V mit großer Stromstärke sind mehrere Kontakte parallel geschaltet, ebenso für die Masse. Für Prozessoren wie den Athlon oder den Pentium 4 ist ein ATX12V-Anschluss für 12 V vorgesehen **(Bild 2, rechts)**. Für die Versorgung von Geräten mit der Größe 5 ¹/₄ Zoll, wie DVD/CD-ROM-Laufwerke oder Festplatten, wird der PPC-Stecker (Peripheral Power Connector) verwendet **(Bild 3, links)**. Bei manchen Netzteilen ist ein zusätzlicher APC-Stecker (Auxiliary Power Connector) vorhanden, der z. B. zusätzliche Hilfsspannungen für Server-Mainboards liefert **(Bild 3, rechts)**.

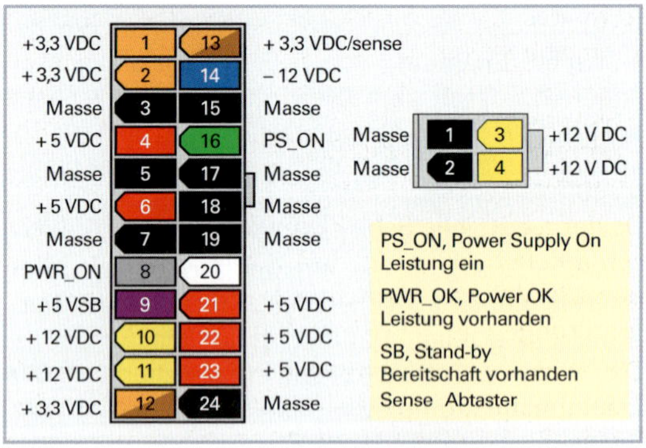

Bild 2: Hauptstecker und ATX12V-Stecker

> ATX-Netzteile haben bis zu fünf verschiedene Stecker für den Anschluss von PC-Komponenten.

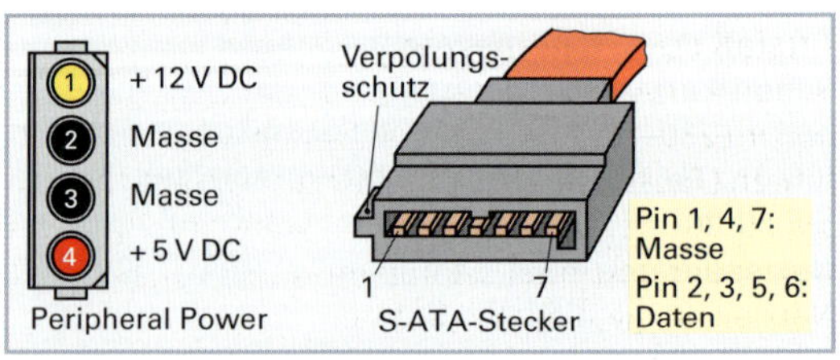

Bild 3: PPC- und S-ATA-Stecker

Die Steckerfarben sind dieselben wie die Farben der Leiter zwischen Netzteil und Stecker. Für Erweiterungen, z. B. den Anschluss einer weiteren Festplatte, verwendet man die Y-Leitung **(Bild 4)**. Diese besteht aus einer Buchse, die auf den PPC-Stecker gesteckt wird, und zwei parallel geschalteten PPC-Steckern, die auf die entsprechende Festplatte gesteckt werden.

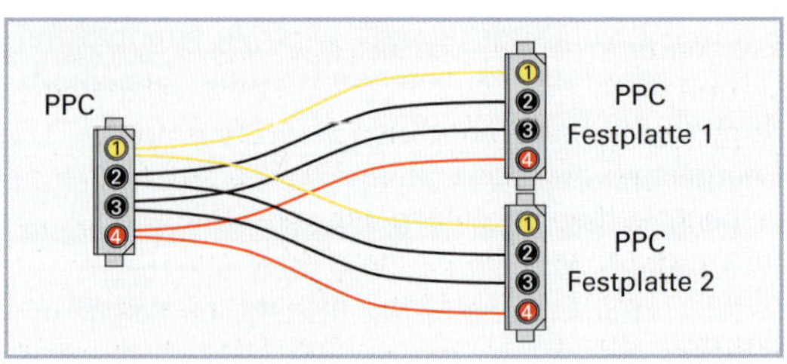

Bild 4: Y-Steckverbindung

Leistungsfaktorkorrektur

PC-Netzteile arbeiten als Schaltnetzteile. Das bedingt, dass sie dem 230-V-Netz nur zu bestimmten Zeiten Strom in Form von Impulsen entnehmen **(Bild 1)**. Solche Impulse führen zu Störspannungen mit teilweise hohen Frequenzen bis zu 100 kHz. Aus diesem Grund wird eine Leistungsfaktorkorrektur PFC (von **P**ower **F**actor **C**orrection) vorgenommen. Durch schaltungstechnische Maßnahmen versucht man, dem Netz den Strom während der ganzen Zeit einer Halbwelle zu entnehmen und ihm einen sinusförmigen Verlauf zu geben (Bild 1).

> Die Leistungsfaktorkorrektur bewirkt eine gleichmäßige Belastung des 230-V-Netzes.

Bei der *passiven Leistungsfaktorkorrektur* wird eine Spule in den Eingangskreis des Netzteiles geschaltet **(Tabelle 1)**. Nachteilig sind die großen Abmessungen der Spule und ihr großes Gewicht.

Bei der *aktiven Leistungsfaktorkorrektur* wird in den Eingangskreis des Netzteiles ein zusätzlicher Schaltregler zur Steuerung der Impulsbreite und Impulsform des Eingangsstromes geschaltet. Dadurch kann eine Korrektur von 100 % erreicht werden.

> Aktive Leistungskorrekturschaltungen erreichen Korrekturfaktoren bis 100 %.

Da der zusätzliche Schaltregler mit hohen Frequenzen arbeitet, muss ein zusätzliches Entstörfilter in den 230-V-Eingang eingefügt werden, um den Anforderungen der EMV gerecht zu werden.

Der Wirkungsgrad η der Netzteile wird durch die Leistungsfaktorkorrektur nicht wesentlich beeinflusst. Er beträgt bis zu 95 % bei bestimmten Leistungen.

Ausfall des Stromnetzes

Schon kurzzeitige Unterbrechungen oder Störungen im 230-V-Netz können zu Datenverlusten im PC führen **(Tabelle 2)**. So sollten Unterbrechungen von bis zu 20 ms, Spannungseinbrüche auf 70 % der Netzspannung oder Störspannungsimpulse vom Netzteil ausgeglichen werden.

Unterbrechungsfreie Stromversorgung USV

Zum Schutz vor Netzausfällen verwendet man Zusatzgeräte, die eine unterbrechungsfreie Stromversorgung USV oder UPS (von Uninterruptable Power Supply) sicherstellen. Solche Geräte enthalten als Energiespeicher meist einen Akkumulator (Batterie). Je nach Aufbau unterscheidet man Offline-USV-Geräte und Online-USV-Geräte **(Bild 2)**. Bei Offline-Geräten wird bei Netzausfall auf den Wechselrichter umgeschaltet, bei Online-Geräten sind Gleichrichter und Wechselrichter dauernd in Betrieb.

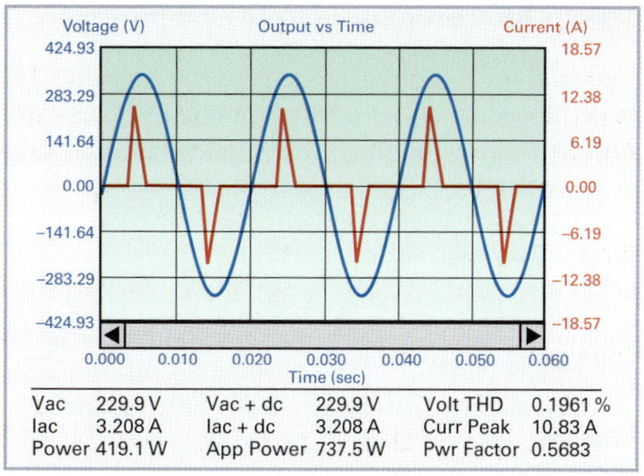

Bild 1: Spannungen und Ströme im PC-Netzteileingang

Tabelle 1: Leistungsfaktorkorrektur (PFC)

	Art der Korrektur		
	ohne	passiv	aktiv
Baugruppe	–	Induktivität zwischen Netz- und Gleichrichterschaltung	Zusätzlicher Schaltregler mit Pulsweitenmodulation
Korrekturfaktor	0,5 ... 0,6	0,7 ... 0,8	0,8 ... 1,00
Wirkungsgrad η ist bei PC-Netzteilen: 0,3 ... 0,95			

Tabelle 2: Netzausfallarten

Art	Erklärung
Blackout (= totale Verdunkelung)	Ausfall der Netzspannung für eine oder mehrere Schwingungen der 50-Hz-Kurve.
Brownout (= milde Verdunkelung)	Einbruch der Versorgungsspannung auf 70 %. Tritt z. B. beim Anlaufen großer Maschinen auf.
Surge (= Woge, Brandung)	Überlagerung der Netzspannung mit Spannungsimpulsen, z. B. bei Blitzschlag oder auch Ausschalten von Niedervolt-Halogen-Beleuchtungen (induktiver Verbraucher).

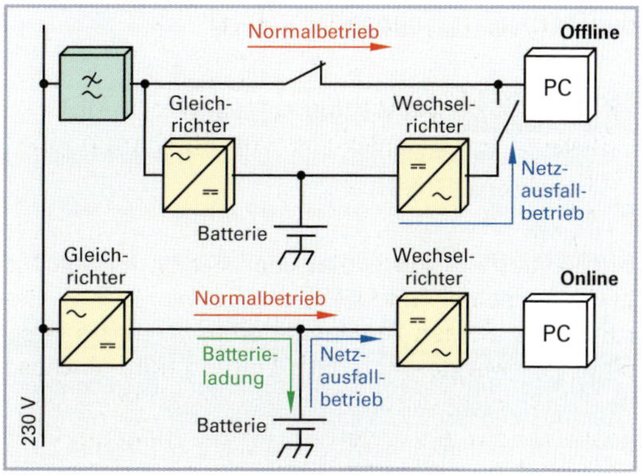

Bild 2: Schaltungsarten von USV-Geräten

1.3.6 Unterbrechungsfreie Stromversorgung USV

Eine unterbrechungsfreie Stromversorgung hat die Aufgabe eine ständige Wechselstromversorgung sicher zu stellen.

Wirkungsweise

Eine USV enthält einen Energiespeicher. Dieser stellt bei Netzausfall die Energie für die Versorgung der angeschlossenen Verbraucher sicher. Die USV wird zwischen Stromnetz und Verbraucher geschaltet.

Klassifizierung und Kennzeichnung von USV

Die Spannungsqualität wird zur Klassifizierung in drei Kategorien eingeteilt **(Tabelle 1)**. In der Kategorie 1 werden die USV-Arten VFD VI und VFI unterschieden.

VFD-USV

Die einfachste USV-Art sind die VFDs **(Bild 1)**. Sie schützen bei einem totalen Netzausfall durch Umschalten auf den Akkumulatorbetrieb.

VI-USV

VI-USVs schützen zusätzlich gegen Netzspannungsschwankungen durch einen Regler **(Bild 2)**.

VFI-USV

Den besten Schutz bieten USVs vom Typ VFI. Sie können Schwankungen der Netzfrequenz und der Netzspannung ausgleichen **(Bild 3)**. Der Verbraucher wird immer über den Akkumulator gespeist. Da beim VFI die Betriebsart nicht gewechselt werden muss, treten keine Umschaltzeiten auf.

Kategorie 2 gibt an, ob die Ausgangsspannung z. B. sinusförmig ist (Tabelle 1).

Kategorie 3 charakterisiert das Verhalten der USV bei unterschiedlichen Belastungen und Änderung der Betriebsart (Tabelle 1).

Beispiel 1 USV-Eigenschaften:

Welche Eigenschaften hat eine USV mit dem Klassifizierungscode VFI-SS-122?

Lösung:
VFI. Die USV ist unabhängig von Frequenz- und Spannungsänderungen des Netzes.
SS. Im Normalbetrieb und im Netzausfallbetrieb liefert die USV sinusförmige Ausgangsspannungen.
122. Kein Betriebsartenwechsel Ziffer 1. Bei linearen und nichtlinearen Laständerungen treten kurzzeitige Spannungsänderungen (< 1 ms) auf, d. h. zweimal Ziffer 2.

VFD **V**oltage and **F**requency **D**ependent = spannungs- und frequenzabhängig
VFI **V**oltage and **F**requency **I**ndependent = spannungs- und frequenzunabhängig
VI **V**oltage **I**ndependent = spannungsunabhängig

Tabelle 1: USV-Klassifizierung nach DIN EN 62040-3

Kategorie	Kategorie-Aufbau	Code	Erklärungen
1	zwei oder drei Buchstaben	VFD VI VFI	Ausgangsspannung ist • netzfrequenzabhängig und netzspannungsabhängig, • netzfrequenzabhängig und netzspannungsunabhängig, • netzfrequenzunabhängig und netzspannungsunabhängig
2	Batteriebetrieb Netzbetrieb	S X Y	sinusförmig nichtsinusförmig, d<8 % nichtsinusförmig, Grenzwerte werden überschritten
3	Betriebsart Lineare Lastsprünge Nichtlineare Lastsprünge	1 2 3 4	unterbrechungsfrei Spannungsabweichungen[1] < 1 ms Spannungsabweichungen[1] < 10 ms Eigenschaften werden vom Hersteller festgelegt

d Verzerrungsfaktor [1] durch Einschwingungsvorgänge

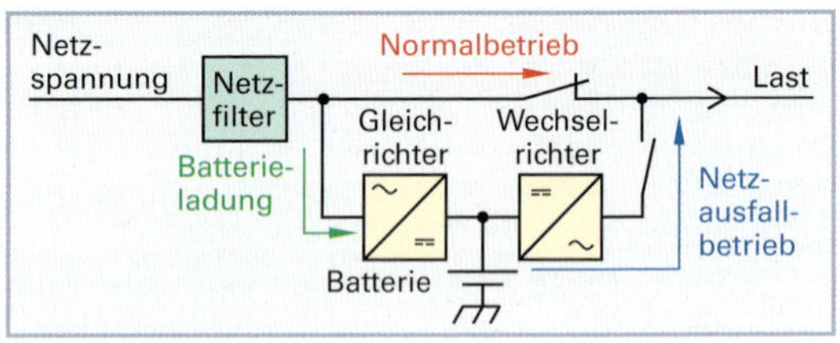

Bild 1: VFD-USV

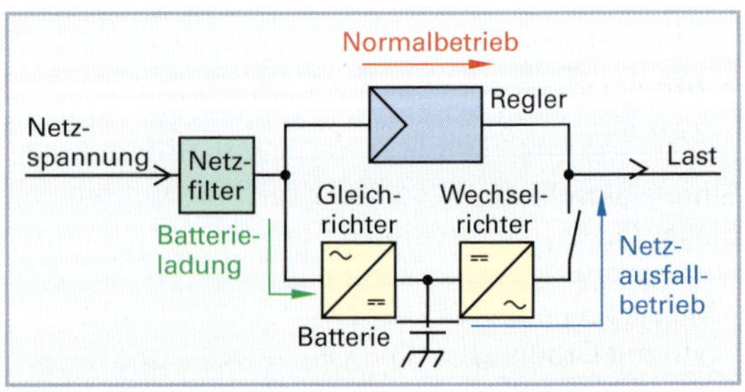

Bild 2: VI-USV

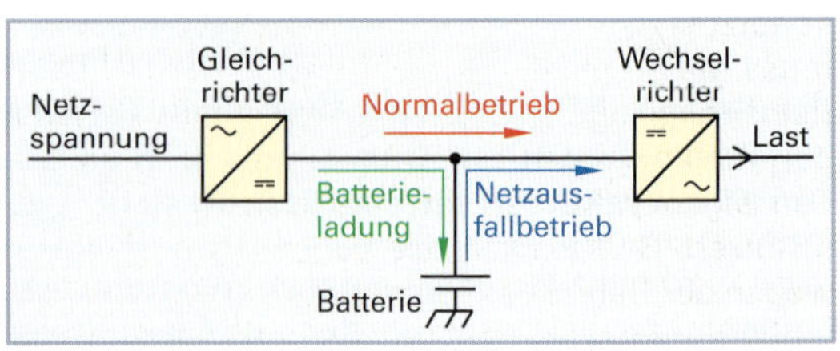

Bild 3: VFI-USV

1.4 Schutzmaßnahmen

1.4.1 Elektrischer Schlag

An einem PC-Arbeitsplatz ist ein Metallregal an der Wand befestigt. Eine Befestigungsschraube geht durch die Isolation der Stromleitung in der Wand und verursacht den Fehlerstrom I_F **(Bild1)**. Der Fehlerstrom ist jedoch so gering, dass kein Abschalten durch den Leitungsschutzschalter (Sicherungsautomaten) erfolgt. Bei gleichzeitigem Berühren des unter Spannung stehenden Regals und des über die Steckdose geerdeten PC-Gehäuses bildet sich der Körperstrom I_K (Bild 1). Geht man von einem Körperwiderstand von z. B. 1 kΩ aus, beträgt wegen der Berührspannung U_B von 230 V der Körperstrom 230 mA. Bei einer Einwirkdauer von 0,5 s kann dieser Strom bereits Herzkammerflimmern auslösen **(Bild 2)**, ab 1 s ist Herzstillstand möglich. Beim Herzkammerflimmern „flimmert" das Herz mit der Frequenz des Stromes.

> Der körperliche Schaden bei elektrischem Schlag hängt von der Stromstärke, der Stromart, der Einwirkdauer und dem Stromweg durch den Körper ab.

Um das Risiko körperlicher Schäden zu minimieren, sind bei der Einrichtung elektrischer Anlagen, z. B. eines PC-Arbeitsraumes, Sicherheitsvorschriften einzuhalten. Zu diesen zählen z. B. die

- Bestimmungen nach DIN VDE (von Deutsches Institut für Normung und Verband der Elektrotechnik, Elektronik Informationstechnik e.V.), vor allem die Schutzmaßnahmen (VDE 0100 Teil 410),
- Unfallverhütungsvorschriften der Berufsgenossenschaften,
- Arbeitsstättenrichtlinien oder die
- TAB (von Technische Anschlussbedingungen).

Eine elektrotechnische Fachkraft ist verpflichtet, diese Vorschriften einzuhalten.

> Missachtung der Sicherheitsvorschriften können mit Ordnungsstrafen geahndet werden.

Verletzt sich eine Person bei einem Elektrounfall, muss die Erste Hilfe schnell und in der richtigen Reihenfolge durchgeführt werden **(Tabelle 1)**. Dabei darf man nicht den Verletzten zuerst berühren, um den eigenen Körper vor elektrischem Schlag zu schützen. Bei Übelkeit des Verletzten wird dieser wegen der Gefahr des Erbrechens in die stabile Seitenlage gebracht. Bei Brandverletzungen dürfen keine Mittel auf die Wunden aufgetragen werden.

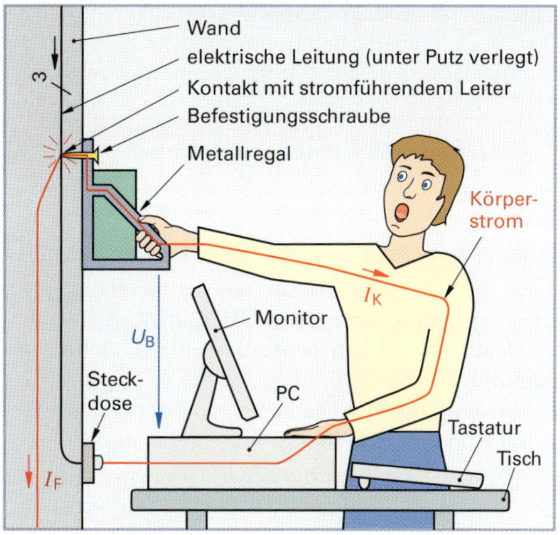

Bild 1: Berühren von spannungsführenden Teilen

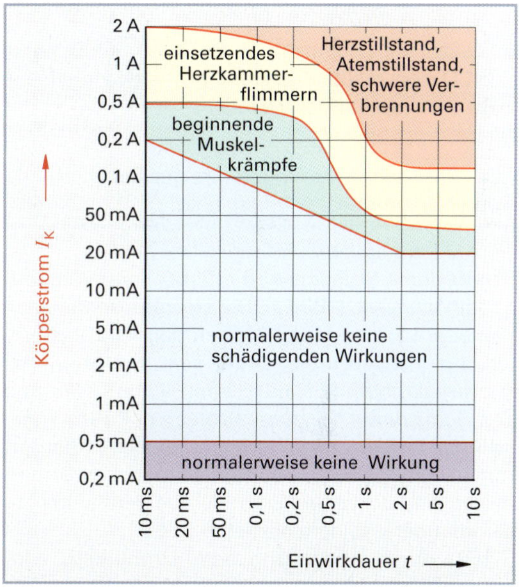

Bild 2: Stromwirkung auf den menschlichen Körper

Tabelle 1: Vorgehensweise bei einem Elektrounfall

Schritt	Maßnahme	Beispiel
1	Stromkreis sofort unterbrechen.	NOT-AUS-Schalter drücken. Sicherung ziehen.
2	Vor Wiedereinschalten sichern.	Sicherung mitnehmen.
3	Arzt benachrichtigen.	Betriebsarzt, Rettungswagen.
4	Art der Verletzung feststellen.	Herz-, Atemstillstand, Verbrennungen, Übelkeit.
5	Verletzungen behandeln.	Künstliche Beatmung, äußere Herzmassage, stabile Seitenlage.

Eine begonnene Atemspende oder Herzmassage darf bis zur Wiederbelebung oder bis zum Eintreffen des Notarztes nicht unterbrochen werden.

> Unterlassene Hilfeleistung ist strafbar.

1.4.2 Basisschutz

Der Basisschutz ist nach der VDE 0100 der Schutz vor elektrischem Schlag unter normalen Bedingungen, d.h. wenn in einer elektrischen Anlage kein Fehler vorliegt. Der Mensch wird davor geschützt, unter Spannung stehende Teile direkt zu berühren. Der Basisschutz wird erreicht durch

- vollständigen Schutz, d.h. Isolierung, Abdeckung, Umhüllung,
- teilweisen Schutz, d.h. Abstand, Hindernisse oder
- zusätzlichen Schutz, z. B. RCD bzw. FI-Schalter (RCD von residual current protective device = Reststromschutzschaltkreis).

> Der Basisschutz verhindert direktes Berühren unter Spannung stehender Teile.

Schutz durch Isolation wird z. B. bei Leitungen und Kabeln eingesetzt **(Bild 1)**. Die stromführenden Außenleiter L1, L2 oder L3 können dabei farblich unterschiedlich gekennzeichnet sein, während der stromrückführende Neutralleiter N stets blau und der Schutzleiter PE (von Protected Earth = geschützte Erde) stets gelbgrün ist. Dieser Leiter darf *nur* im Fehlerfall Strom führen. In manchen Stromnetzen sind die Leiter PE und N zu einem Leiter zusammengefasst, dem Nullleiter PEN.
Schutz durch Abdeckung oder Umhüllung wird z. B. erreicht, wenn eine Verdrahtungsstelle von Leitungen durch eine Abzweigdose geschützt ist. Diese enthält neben dem VDE-Prüfzeichen eine IP-Kennzeichnung, z. B. IP 54 **(Bild 2)**. Ist die erste der beiden Ziffern 2 oder größer, liegt Basisschutz vor, weil ein Zugang mit einem Finger von 12 mm Durchmesser ausgeschlossen wird.

1.4.3 Fehlerschutz

Der Fehlerschutz ist nach VDE 0100 der Schutz vor elektrischem Schlag unter Fehlerbedingungen in einer elektrischen Anlage (Bild 1, vorhergehende Seite und **Bild 3**). Beim Fehlerschutz werden netzunabhängige Maßnahmen unterschieden **(Bild 4)**.

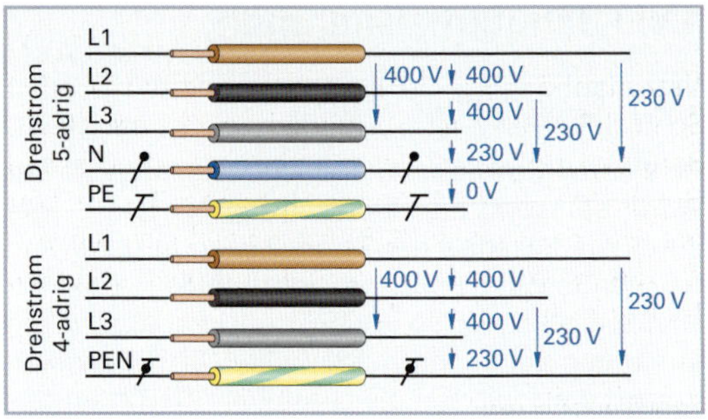

Bild 1: Schutz durch Isolation bei Leitungen und Kabeln

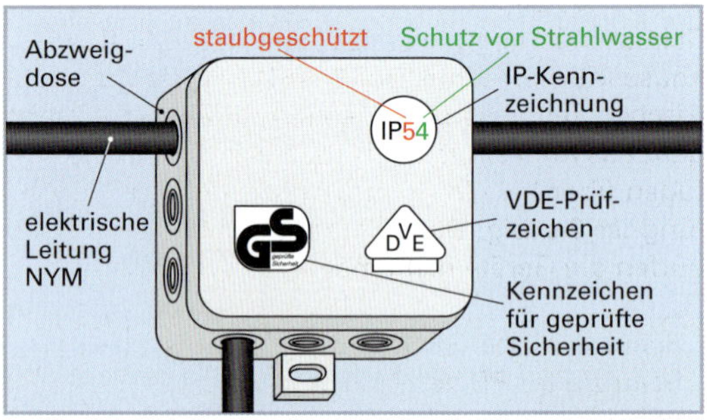

Bild 2: Schutz durch Abdeckung und Umhüllung

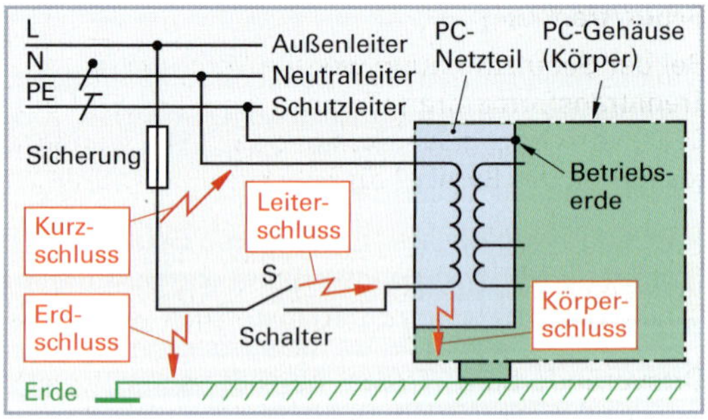

Bild 3: Fehlerarten an einem PC-Netzanschluss

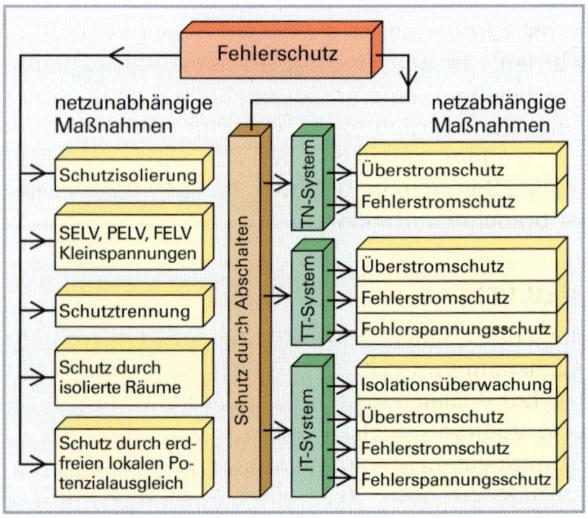

Bild 4: Fehlerschutzarten

1.4.3.1 Netzunabhängiger Fehlerschutz

Netzunabhängiger Fehlerschutz funktioniert ohne Schutzleiter und schützt Personen vor indirektem Berühren, z. B. über das Gehäuse eines elektrischen Gerätes bei einem Körperschluss. Der Begriff Körper wird nicht nur beim Mensch und beim Tier verwendet, sondern auch für berührbare, leitfähige Teile von elektrischen Geräten.

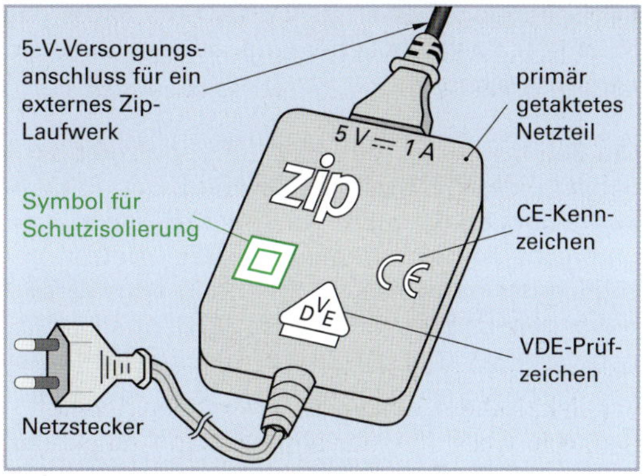

Bild 1: Schutzisoliertes Netzteil

Schutzisolierung

Schutzisolierte Geräte, z. B. das Netzteil eines externen Zip-Laufwerkes, sind mit dem Symbol für Schutzisolierung gekennzeichnet **(Bild 1)**. Das Gehäuse (Körper) schutzisolierter Geräte ist vom elektrischen Teil vollständig isoliert und besteht meist ganz aus Kunststoff. Die Netzstecker der Geräte verfügen über keinen Schutzkontakt und die Netzleitung ist 2-adrig. Bei sichtbaren Gehäuseschäden dürfen die Geräte nicht mehr benutzt werden.

> Schutzisolierte Geräte dürfen nicht mit dem Schutzleiter PE des Netzes verbunden werden.

Schutztrennung

Bei der Schutztrennung werden Verbraucher über Trenntransformatoren (Trenntrafos, VDE 0550 und 0551) vom Netz galvanisch getrennt. Die Trenntrafos führen das Symbol für Schutztrennung **(Bild 2)**.

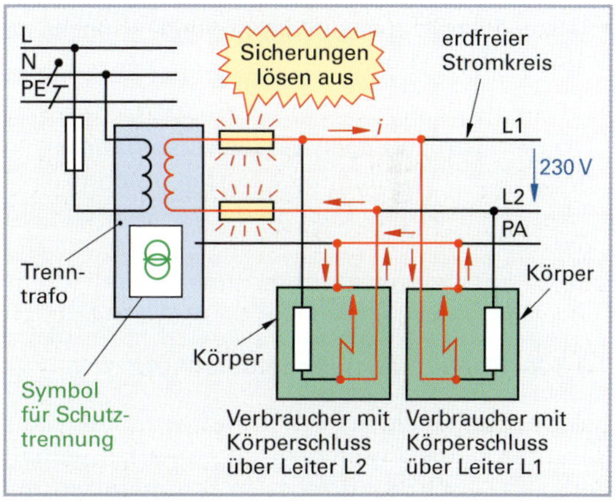

Bild 2: Schutztrennung mit 2 Verbrauchern im Fehlerfall

> Die Ausgangsseite des Trenntrafos enthält die gegen Erde potenzialfreien Leiter L1 und L2.

Ortsveränderbare Trafos müssen schutzisoliert sein. Ist Schutztrennung zwingend vorgeschrieben, z. B. in Laborräumen, darf nur ein Verbraucher an den Trenntransformator angeschlossen werden. Sonst können mehrere Verbraucher angeschlossen werden, wobei ein ungeerdeter Potenzialausgleichsleiter PA die Körper der Verbraucher verbindet. So werden im Fehlerfall (Bild 2) die Sicherungen ausgelöst. Dadurch wird eine unzulässige Berührspannung zwischen den Körpern der Verbraucher verhindert.

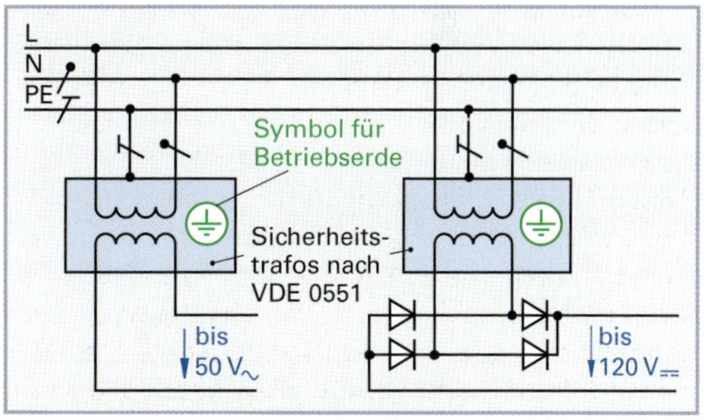

Bild 3: SELV (Sicherungskleinspannung)

SELV, PELV, FELV

Bei diesen Schutzmaßnahmen handelt es sich um Kleinspannungen bis 50 V Wechselspannung oder bis 120 V Gleichspannung. **SELV** (von Safty Extra Low Voltage = Sicherheitskleinspannung), früher Schutzkleinspannung, verwendet Sicherheitstransformatoren nach VDE 0551 oder Akkumulatoren **(Bild 3)**, z. B. bei der Stromversorgung eines Laptops. Die Körper der Trafos sind mit Betriebserde, d.h. dem Schutzleiter PE, verbunden. Ausgangsseitig müssen die Trafos galvanisch vom Netz getrennt sein.

> Das SELV-Netz darf nicht geerdet werden.

Bei Spannungen über 25 V oder 60 V muss das SELV-Netz Basisschutz besitzen, d.h. vor direktem Berühren schützen.

Die Schutzmaßnahmen PELV (P von Protected = Schutz), also Schutzkleinspannung, und FELV (F von Functional), also Funktionskleinspannung unterscheiden sich gegenüber SELV-Netzen bezüglich der galvanischen Trennung vom Versorgungsnetz und der Erdung im Kleinspannungsnetz. Bei PELV darf der Stromkreis und die Körper der Verbraucher geerdet sein, d.h. mit einem Schutzleiter verbunden werden. Deshalb ist bei PELV für alle Spannungen Basisschutz erforderlich. FELV-Netze haben keine galvanische Trennung gegenüber dem Versorgungsnetz **(Bild 1)**. Die Schutzmaßnahmen des Versorgungsnetzes müssen deshalb auch auf das Kleinspannungsnetz angewendet werden.

Die Steckvorrichtungen für das Versorgungsnetz, SELV, PELV und FELV dürfen untereinander nicht kompatibel sein (zusammenpassen).

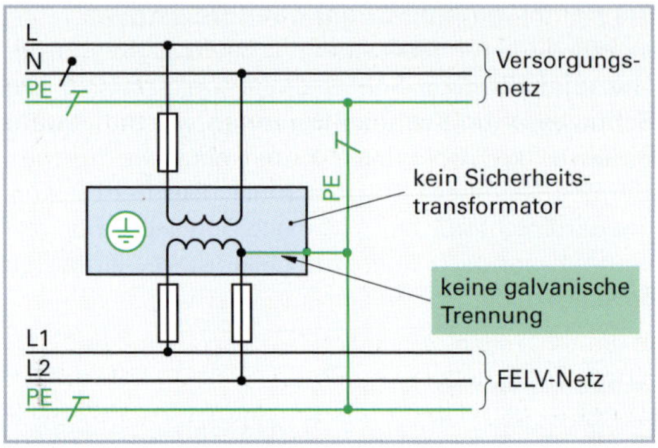

Bild 1: Schutzmaßnahme FELV

Tabelle 1: Verteilungssysteme (Netzformen)

Art	Aufbau	Beschreibung
TN-S	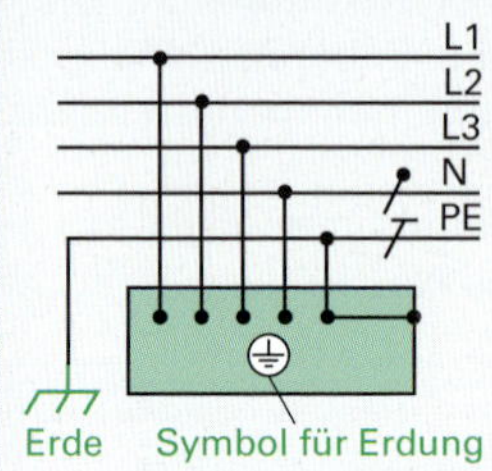	Neutralleiter und Schutzleiter sind netzseitig geerdet, z. B. an der Trafostation des EVU (Elektrizität-Versorgungsunternehmen). Die Körper sind an den Schutzleiter (Betriebserde) angeschlossen.
TN-C	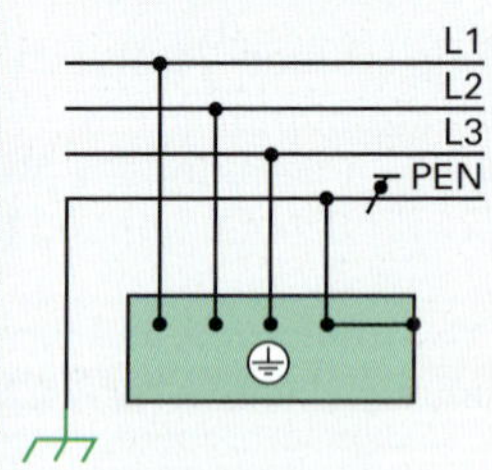	Der Nullleiter PEN übernimmt die Stromrückführung des Neutralleiters N und die Schutzfunktion des Schutzleiters PE. Sonst liegt derselbe Aufbau wie beim TN-S-System vor.
TT	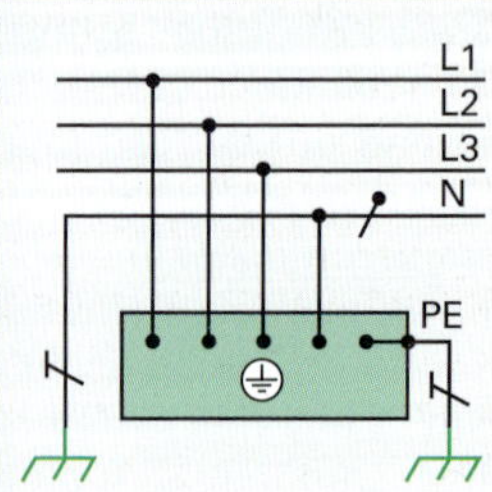	Der Neutralleiter ist netzseitig geerdet wie bei den TN-Systemen. Körper werden mit einem Schutzleiter PE über Erder direkt mit der Erde verbunden. Fehlerströme fließen über den Erder, z. B. bei Körperschluss.
IT	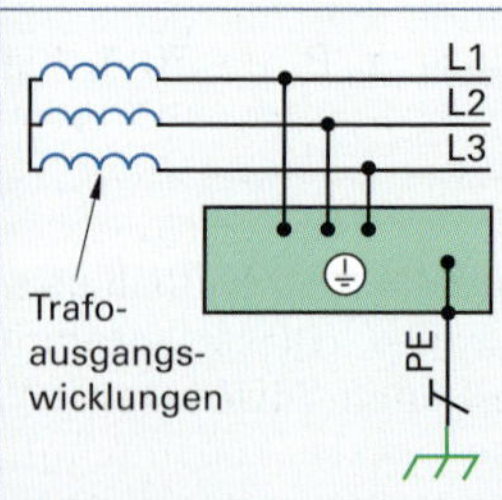	Das System besteht nur aus den Außenleitern L1, L2 und L3. Der Sternpunkt der Ausgangswicklungen des Netztransformators ist gegen Erde isoliert. Körper werden mit einem Schutzleiter direkt geerdet.

1. Buchstabe für Netzseite: T = direkt geerdet, I = isoliert.
2. Buchstabe für Körper: T = direkt geerdet, N = über das Netz geerdet.
3. Buchstabe für PE und N: S = separat, getrennt, C = kombiniert.

1.4.3.2 Netzabhängiger Fehlerschutz

Beim netzabhängigen Fehlerschutz wird indirektes Berühren durch Abschalten im Fehlerfall verhindert. Die Abschaltung muss in Stromkreisen mit Steckdosen bei Spannungen bis 400 V innerhalb von 0,2 s erfolgen. Die Schutzeinrichtungen sind Überstromschutzorgane, z. B. Sicherungsautomaten oder Schmelzsicherungen, und Fehlerstromschutzorgane, z. B. RCD (FI-Schalter). Da RCD defekt werden können und da bei Sicherungsautomaten die Kontakte verschleißen können, bilden diese Organe allein keinen sicheren Schutz. Ihnen muss immer eine Schmelzsicherung vorgeschaltet sein, z. B. in einem Hausanschlusskasten oder Verteilerkasten.

Sicherungsautomaten und RCD (FI-Schalter) müssen über eine Schmelzsicherung abgesichert werden.

Beim Schutz durch Abschalten müssen alle leitfähigen Körper an einen Schutzleiter angeschlossen und geerdet werden. Ob die Erdung über das Netz (Betriebserde) oder direkt mit der Erde erfolgt, hängt von der Verteilungssystem (Netzform) ab **(Tabelle 1)**. In jedem Gebäude muss ein Hauptpotenzialausgleich stattfinden, damit z. B. bei einem Körperschluss alle geerdeten Gegenstände, z. B. auch

Rohrleitungen, Heizkörper oder Badewannen, ungefähr das Potenzial des Schutzleiters annehmen und keine Potenzialdifferenz gegen Erde auftritt. Die Schutzpotenzialausgleichsschiene ist mit einem Fundamenterder verbunden **(Bild 1)**.

Schutz im TN-System

In einem TN-System ist ein PC-Labor mit 8 PCs und einem Datennetz einzurichten. Für den Laborraum ist neben dem Überstromschutzorgan ein RCD (FI-Schalter) vorgeschrieben **(Bild 2)**. Der Fehlerstrom darf 30 mA nicht überschreiten.

Bei einem Körperschluss, z. B. im PC 8, fließt der Strom I_F vom Außenleiter L über das PC-Gehäuse und den Schutzleiter PE direkt ins Netz zurück. Der Strom würde aufgrund des geringen elektrischen Widerstandes auf einen hohen Wert ansteigen. Der RCD (FI-Schalter) mit einem Nennfehlerstrom von 30 mA schaltet innerhalb von 0,2 s ab, sodass am PC-Gehäuse keine gefährliche Berührspannung auftreten kann.

Der RCD ist ein Summenstromwandler **(Bild 3)**. Er vergleicht den zufließenden Strom durch den Leiter L mit dem rückfließenden Strom durch den Leiter N. Tritt eine Stromdifferenz auf, wird in dem die Leiter umschließenden Eisenkern ein Magnetfeld aufgebaut. Ist die Stromdifferenz so groß wie der Nennfehlerstrom des RCD oder größer, wird in der Induktionswicklung eine ausreichende Spannung induziert, um den RCD allpolig abzuschalten.

> Damit der Fehlerstrom erkannt wird, muss der Leiter PE außerhalb des RCD (FI-Schalter) vom Netz zum Verbraucher führen.

Eine Prüftaste erzeugt einen gewollten Fehlerstrom, der den RCD auslöst. Mit dem Prüftaster wird in regelmäßigen Zeitabständen die Funktion des Schutzorgans getestet.

Bei einem Kurzschluss, z. B. im PC 1, fließt der Strom über den Leiter N durch den RCD ins Netz zurück **(Bild 4)**. Da die Stromsumme im RCD null ist, löst dieser nicht aus. Der Strom steigt auf ein Vielfaches des Bemessungsstromes (Nennstromes) des Sicherungsautomaten. Dieser unterbricht dadurch den Stromkreis durch Abschalten.

> RCD (FI-Schalter) ersetzen nicht die Schutzfunktion von Überstromschutzorganen.

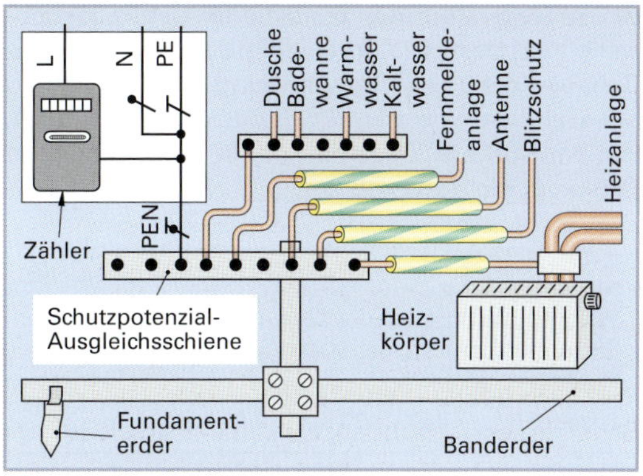

Bild 1: Schutzpotenzialausgleich

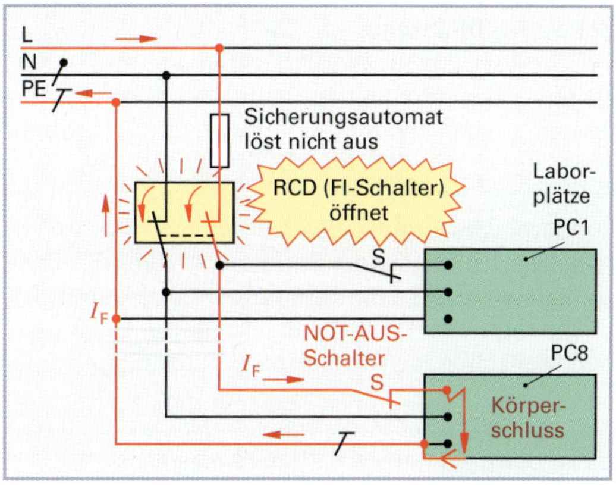

Bild 2: Schutz im TN-S-System bei Körperschluss

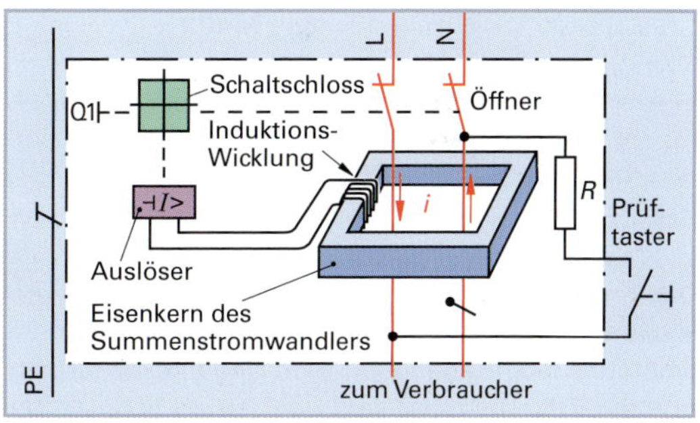

Bild 3: Aufbau des RCD (FI-Schalter)

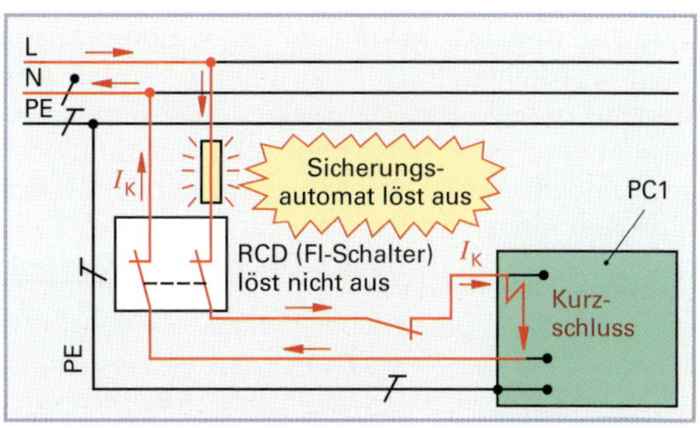

Bild 4: Abschalten bei Kurzschluss im TN-S-Netz

Ist im TN-System der Schutzleiter defekt (Bruchstelle) und liegt ein Körperschluss vor, liegt am PC-Gehäuse die volle Netzspannung **(Bild 1)**. Sobald das Gehäuse von dem PC-Benuzer berührt wird, löst der RCD aus. Dazu darf der Widerstand gegen Erde aber nicht zu groß sein.

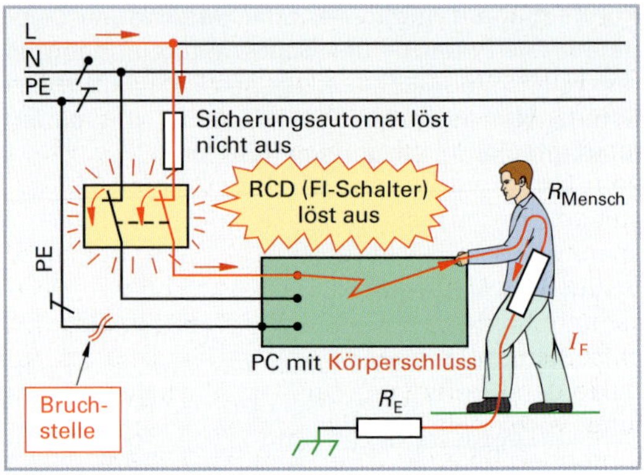

Bild 1: Fehlerschutz bei defektem Schutzleiter

Beispiel 1 Gesamtwiderstand gegen Erde:

Welchen Wert muss der Gesamtwiderstand gegen Erde unterschreiten, damit der RCD (30 mA) noch auslöst?

Lösung: R_{max} = 230 V / 30 mA = **7,67 kΩ**

Schutz im TT-System

Da das TT-System keinen Schutzleiter besitzt, werden alle Verbraucher über einen gemeinsamen Erder direkt geerdet **(Bild 2)**. Der Abschaltstrom I_a bei Körperschluss fließt über das Erdreich zum sekundären Sternpunkt des Netztransformators zurück. Der Erdungswiderstand der Anlage R_A muss so klein sein, dass die Berührspannung den maximalen Grenzwert nicht überschreitet, z. B. 50 V für den Menschen in Wechselspannungsanlagen.

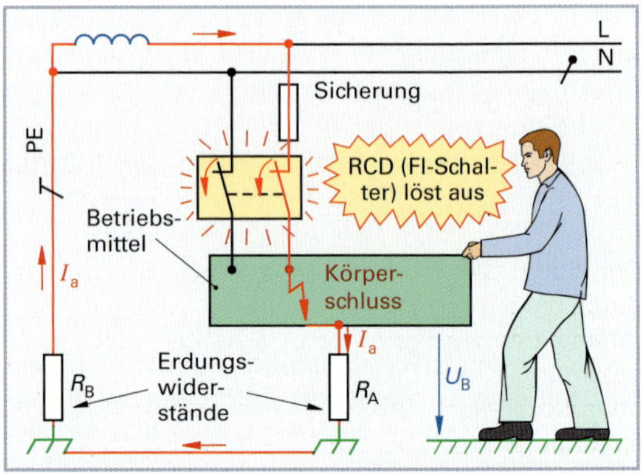

Bild 2: Schutz bei Körperschluss im TT-System

Beispiel 2 Größtwert von R_a:

Welchen Wert darf R_A höchstens haben, damit beim Abschalten durch den RCD (30 mA) die maximale Berührspannung nicht überschritten wird?

Lösung: R_{max} = 50 V / 30 mA = **1,67 kΩ**

Schutz im IT-System

Das System ist ein von der öffentlichen Stromversorgung galvanisch getrenntes Netz, z. B. in einem Operationssaal. Alle Leiter sind gegen Erde isoliert und die Betriebsmittel sind über einen Schutzleiter direkt geerdet. Tritt ein Fehler auf, z. B. ein Körperschluss über den Leiter L1, so wird L1 geerdet **(Bild 3)**. Es ensteht keine gefährliche Berührspannung. Der Fehlerstrom ist zu gering, um ein Abschalten zu bewirken. Damit der Fehler überhaupt erkannt wird, ist eine Isolationsüberwachung vorgeschrieben, welche den Fehler anzeigt. Erst beim Auftreten eines zweiten Fehlers, z. B. eines Erdschlusses des Leiters L3, schaltet der RCD das Netz ab (Bild 3).

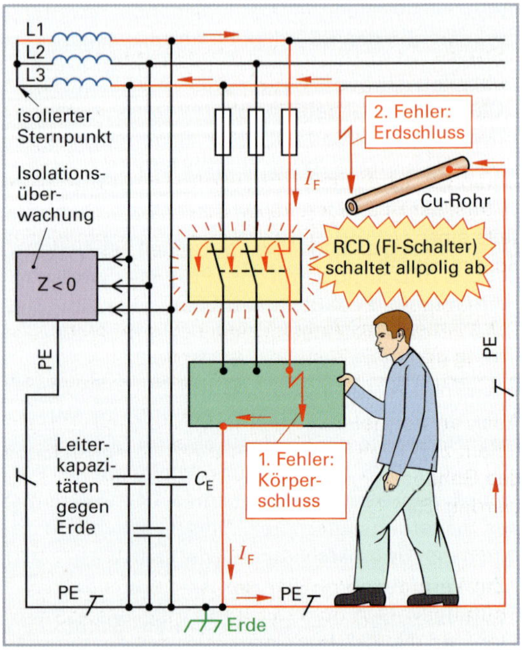

Bild 3: Abschalten im IT-System bei 2 Fehlern

Im IT-System ist eine Isolationsüberwachung vorgeschrieben.

1.4.4 Gefahren des elektrischen Stromes

Die Muskelbewegungen des Menschen werden durch schwache *elektrische Impulse* gesteuert, die meist vom Gehirn ausgehen. Die Herztätigkeit wird vom Schrittmacher an der Herzscheidewand gesteuert. Fremdspannungen stören diese Steuerspannungen. Es kommt je nach Stromstärke zu Schreckempfindungen, Muskelverkrampfung, Herzkammerflimmern **(Tabelle 1)**. Bei stärkeren Strömen entstehen Verbrennungen, deren Zersetzungsprodukte den Körper vergiften. Die Muskelverkrampfung verhindert oft das Loslassen spannungsführender Teile. Das *Herzkammerflimmern* führt zum Tode, weil dadurch die Körperzellen nicht mehr mit Sauerstoff versorgt werden.

Für die Folgen eines elektrischen Unfalls sind die Stromstärke, die Dauer der Stromeinwirkung, der Stromweg und die Stromart entscheidend. Besonders gefährlich sind Netzwechselströme über 50 mA, wenn sie länger als 1/10 Sekunde einwirken und wenn der Stromweg über das Herz führt.

Der durch den Menschen fließende Strom wird durch die anliegende Spannung U_B, seinen Körperinnenwiderstand und die Übergangswiderstände bestimmt. Die gefährliche Spannung beginnt bei etwa 50 V. Nach DIN VDE 0100 gelten Wechselspannungen (AC) bis 50 V und Gleichspannungen (DC) bis 120 V als ungefährlich. Bei motorisch angetriebenem Kinderspielzeug sind nur 25 V zulässig.

Ströme über 50 mA, Wechselspannungen über 50 V oder Gleichspannungen über 120 V sind lebensgefährlich.

Gefährlich ist deshalb das zufällige Berühren eines Leiters, der Spannung gegen Erde führt oder zweier Teile einer elektrischen Anlage, die gegeneinander Spannung führen.

Das Arbeiten an Anlageteilen, die unter Spannung gegen Erde stehen, ist verboten.

Auch an normalerweise spannungslosen Anlageteilen, z. B. Gehäusen, kann durch Körperschluss das Gehäuse des Gerätes unter Spannung gesetzt werden **(Bild 1)**.

Zur Verhütung von Unfällen sind die Unfallverhütungsvorschriften der Berufsgenossenschaften und die VDE-Bestimmungen zu beachten.

Tabelle 1: Stromwirkung auf Menschen

Stromstärke in mA	Folge
0,3	Empfindungsgrenze
1	Schreck
10	Muskelkrampf
30	Betäubung
50	Herzkammerflimmern, Tod

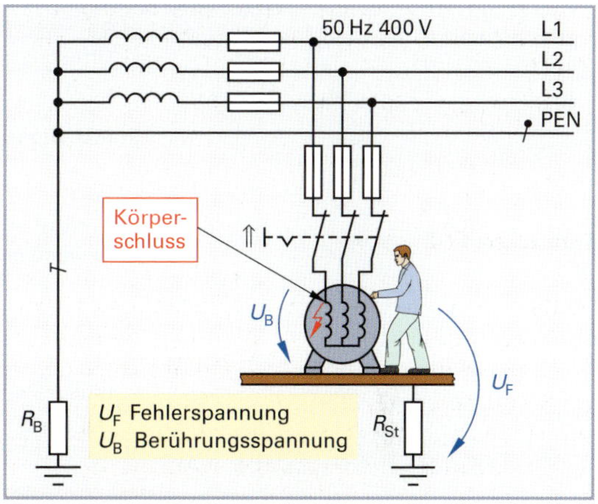

Bild 1: Spannungen beim Körperschluss

Vor Arbeiten in Starkstromanlagen unter 1 000 V sind folgende Maßnahmen erforderlich:

1. Allpolig abschalten, z. B. an der Verteilung.
2. Gegen Wiedereinschalten sichern, z. B. Sicherung mitnehmen, Warnschild aufstellen.
3. Auf Spannungsfreiheit prüfen, z. B. mit Spannungsmesser oder Spannungsprüfer.
4. Bei Arbeiten an Freileitungen und Erdkabeln die Leiter erden und kurzschließen.
5. Benachbarte, unter Spannung stehende Teile spannungslos schalten, notfalls abdecken oder abschranken.

Erste Hilfe ist nur wirksam, wenn sie sofort erfolgt. Es geht dabei um Sekunden. Der Verunglückte ist schnellstens von der gefährlichen Spannung zu befreien, z. B. durch Abschalten, Herausnehmen von Sicherungen oder Verursachen eines Kurzschlusses. Der Verunglückte darf nicht unter Spannung berührt werden. Falls die Atmung aussetzt, sind sofort Wiederbelebungsversuche aufzunehmen, bis der Arzt eintrifft (Mund-zu-Mund-Beatmung). In jedem Falle ist eine ärztliche Untersuchung zu veranlassen. Innere Verbrennungen sind für den Laien nicht erkennbar und können noch nach Tagen zum Tode führen.

Der Verunglückte ist von der Spannung zu trennen und bei Atemstillstand zu beatmen.

2 Digitaltechnik

2 Digitaltechnik

2.1 Einführung in die Digitaltechnik

Bei einem Zeigermessgerät ist der Zeigerausschlag *analog* (entsprechend) zur Messgröße. Beim Ablesen des Messgerätes ordnet der Beobachter dem Zeigerausschlag entsprechend der Skala einen Zahlenwert zu **(Bild 1)**. Die Messgröße wird damit *digital,* d.h. ziffermäßig, bestimmt.

Digitale Werte werden in binärer Form (lat. bini = je zwei) durch die zwei Binärzeichen 0 und 1 dargestellt. Anstelle von Binärzeichen spricht man von Bit[1], Mehrzahl Bits.

> Binärzeichen haben zwei unterscheidbare Werte, z. B. 0 und 1.

Die Darstellung der Binärzeichen mit den Werten 0 und 1 erfolgt elektrisch, z. B. mit der Spannung 0 V für den Wert 0 und 5 V für den Wert 1 oder nichtleitend für den Wert 0 und leitend für den Wert 1 **(Bild 2 und Tabelle 1)**.

Zur optischen Darstellung kann man die Lichtreflexion verwenden, z. B. die starke Reflexion einer weißen Fläche für den Wert 0 und die geringe Reflexion einer schwarzen Fläche für den Wert 1 **(Bild 3)**.

Mechanisch stellt man z. B. einen der binären Werte durch eine Kerbe oder ein Loch dar und den anderen Wert durch das Fehlen dieser Merkmale **(Bild 4)**.

Bei der einzelnen Anwendung müssen diese Zuordnungen mit Wertebereichen definiert werden, z. B. mit einem Spannungsbereich oder entsprechend mit einem Lichtreflexionsbereich oder einem Kerbentiefenbereich.

> Binärzeichen werden durch physikalisch unterscheidbare Eigenschaften, z. B. elektrische, optische, magnetische oder mechanische Eigenschaften repräsentiert.

Tabelle 1: Zuordnung der binären Begriffe

Sprache	Schalter	Signalspannung	Binärzeichen
EIN		5 V	1
AUS		0 V	0

[1] Lochstreifen waren zu Beginn der Computertechnik, bis Mitte 1970, übliche Datenträger

Bild 1: Zeigermessgerät

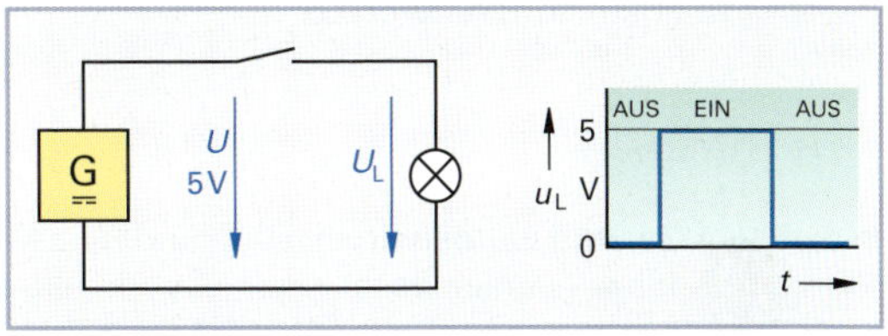

Bild 2: Erzeugen und Darstellen eines binären Signals

101 0 0 0 1 1 0 1 0 1 1 0 0 1 1 0 0 1 0 0 1 1 0 1 1 1 1 0 1

Bild 3: Optische Darstellung binärer Zeichen

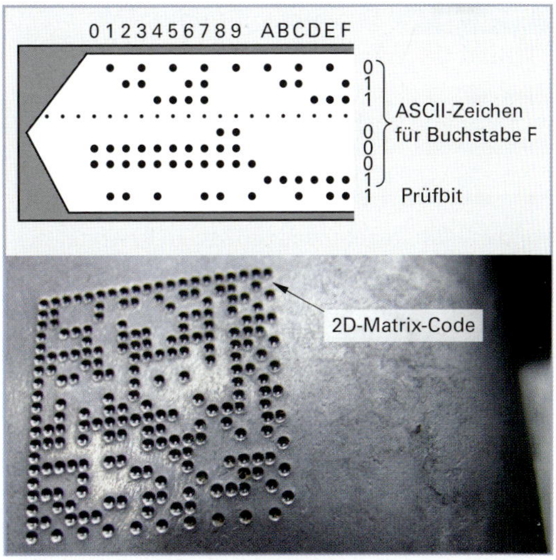

Bild 4: Mechanische Darstellung binärer Zeichen mit gestanzten Löchern in einem Lochstreifen[1] (oben) und Prägevertiefungen in einem Motorblock (unten)

Elektrisch werden Pegel mit der Bezeichnung L für low (nieder) und H für high (hoch) als Bereiche definiert. Diese können dann anwendungsbezogen einem binären Wert 0 oder einem binären Wert 1 zugewiesen werden.

Bei TTL-Bauelementen[1] **(Bild 1)** ist der Eingangspegel L z. B. im Spannungsbereich 0 V bis 0,4 V und der Pegel H im Spannungsbereich 2,4 V bis 5 V gültig **(Bild 2)**. Für Datensignale einer V.24-Schnittstelle ist dem Pegel L der Spannungsbereich 3 V bis 15 V und dem Pegel H der Spannungsbereich –3 V bis –15 V zugeordnet **(Bild 3)**. Man spricht von negativer Logik, wenn dem kleineren Spannungswert (Low-Pegel = L-Pegel) der Binärwert 1 zugeordnet wird und dem größeren Spannungswert (High-Pegel = H-Pegel) der Binärwert 0.

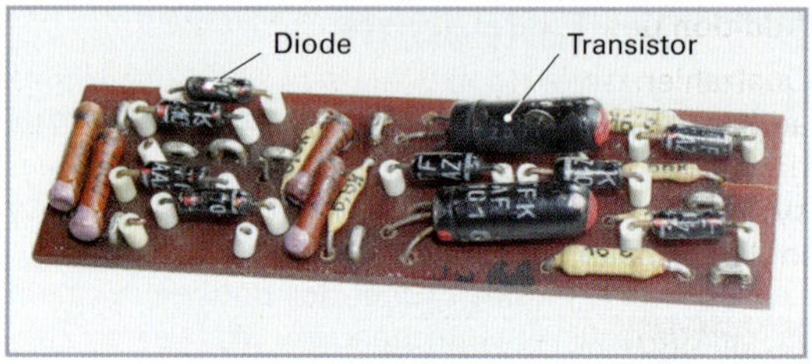

Bild 1: Historisches TTL-Bauelement (um 1960)

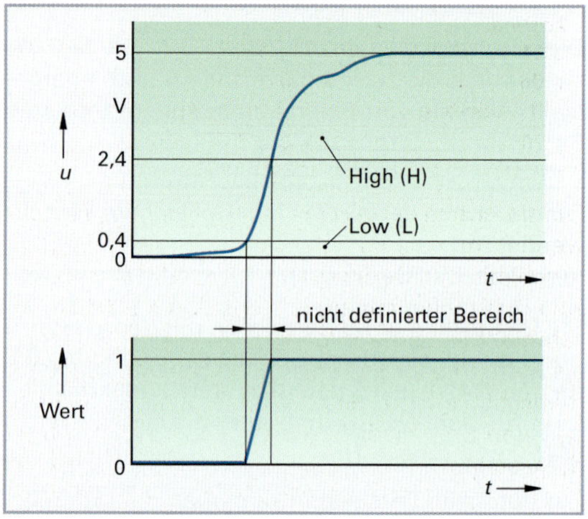

Bild 2: Pegel bei binären Signalen

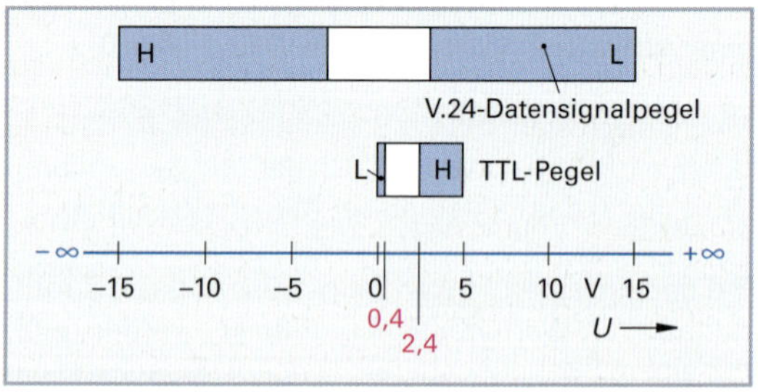

Bild 3: Pegelarten

2.1.1 Dualcode

In digitalen Geräten werden Zahlen und andere Zeichen durch binäre Verschlüsselungen (Codes) dargestellt, z. B. durch den Dualcode. Mit den Binärzeichen kann man durch Aneinanderreihen mehrerer Bits das duale (lat. duo = zwei) Zahlensystem aufbauen. Jedem 1-Bit einer so gebildeten Dualzahl wird je nach seiner Stelle ein Stellenwert (Gewicht) zugeordnet **(Tabelle 1)**.

Der Stellenwert ist für die von rechts erste Dualziffer $2^0 = 1$, für die zweite Dualziffer $2^1 = 2$, für die dritte Dualziffer $2^2 = 4$ usw. Die Stellenbewertung verdoppelt sich also immer mit der folgenden Stelle. Dem Binärzeichen 0 ist stets der Wert Null zugeordnet.

Beispiel 1 **Dualzahl ⇒ Dezimalzahl:**

Welcher Dezimalzahl entspricht die Dualzahl 1001?

Lösung:

	1	0	0	1	≙ 8 + 0 + 0 + 1 = 9
Stellenwert:	2^3	2^2	2^1	2^0	
	8	4	2	1	

Für die Bildung gebrochener Zahlen bewertet man die Dualziffern rechts vom Komma mit Potenzen von 2, deren Hochzahlen negativ sind.

Beispiel 2 **Dualzahl ⇒ Dezimalzahl:**

Welchen Wert hat die Dualzahl 110,101?

Lösung:

1	1	0,	1	0	1	≙ 4+2+0+0,5+0,125 = 6,625
2^2	2^1	2^0	2^{-1}	2^{-2}	2^{-3}	
4	2	1	$\frac{1}{2}$	$\frac{1}{4}$	$\frac{1}{8}$	

Tabelle 1: Dualzahlen

Dezimalzahl	Dualzahl	Dezimalzahl	Dualzahl
00	0 0 0 0	08	1 0 0 0
01	0 0 0 1	09	1 0 0 1
02	0 0 1 0	10	1 0 1 0
03	0 0 1 1	11	1 0 1 1
04	0 1 0 0	12	1 1 0 0
05	0 1 0 1	13	1 1 0 1
06	0 1 1 0	14	1 1 1 0
07	0 1 1 1	15	1 1 1 1
Stellenwert	8 4 2 1		8 4 2 1

$0 + 0 = 0$

$1 + 0 = 1$

$1 + 1 = 10$

[1] TTL von Transistor-Transistor-Logik

Addition und Subtraktion von Dualzahlen

Dualzahlen werden wie Dezimalzahlen stellenweise addiert. Bei 1 + 1 entsteht 0 und ein Übertrag 1 in die nächst höhere Stelle, so wie im Dezimalzahlensystem 9 + 1 die Ziffer 0 ergibt und einen Übertrag in die nächste Stelle liefert.

Beispiel 1 **Dualzahlen:**

Berechnen Sie 14 + 6 mit Dualzahlen.

Lösung:

14	1 1 1 0
+ 06	+ 0 1 1 0
1 Übertrag	1 1 1
20	**1 0 1 0 0 ≙ 20**

Für die Anzahl der Bits einer codierten Angabe verwendet man die Pseudoeinheit (griech. Pseudo = falsch) bit. Den Dezimalzahlen 0 bis 15 entsprechen also Dualzahlen mit einer Länge von 4 bit. Eine zusammenhängende Folge von 8 bit bezeichnet man als Byte (B) oder auch als Oktett **(Bild 1)**. Alphanumerische Zeichen, also die Ziffern 0 bis 9, Buchstaben und Sonderzeichen, werden mit einem Byte dargestellt.

2.1.2 Digitalisierung in der Datentechnik

In der Datentechnik werden oft Binärwörter mit der Länge von 4 bit, 8 bit, 32 bit, 64 bit und 128 bit verwendet (Bild 1).

So wird ein Binärwort der Länge 8 bit als *Byte* (von binary term = Binärwort) bezeichnet. Statt Byte ist auch der Name *Oktett* (von lat. octo = acht) gebräuchlich oder englisch *Octet*.

1 Byte ist die zusammengehörende Binärzeichenfolge von 8 bit.

Die Hälfte eines Bytes wird auch als ein *Nibble* (to nibble = anknabbern) bezeichnet.

Binärwörter der Länge 16 bit nennt man *Worte*, solche mit der Länge 32 bit *Doppelworte*.

Beispiel 2 **Wertbereich:**

Wie viele Werte kann ein Wort unterscheiden?

Lösung: $z = 2^n = 2^{16} =$ **65536**

Oft wird die Anzahl der Bits auch in Bytes, jeweils auch mit Vorsätzen oder mit Zweierpotenzen, angegeben **(Tabelle 1)**.

Beispiel 3 **Bit ⇒ Byte:**

Wie viele Bytes sind 64 Kbit?

Lösung: z = 64 Kbit/ 8 bit = 8 KB = **8192 B**.

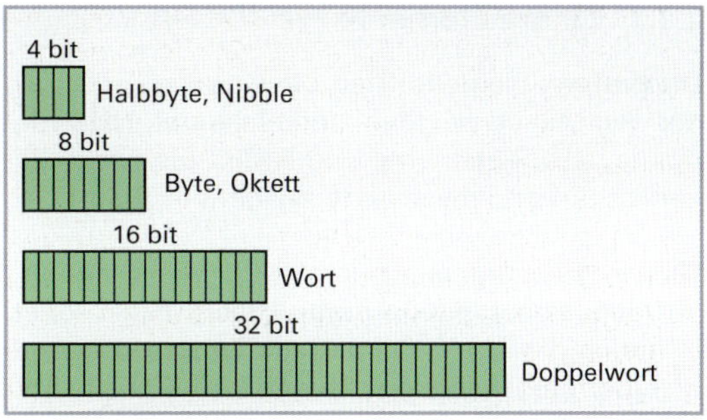

Bild 1: Binärworte

Tabelle 1: Bit und Byte

Ausgangsgröße	in Bytes	in Bits	Zweierpotenz
1 bit 1 Kbit		1 bit 1024 bit	 2^{10} bit
1 kbit		1000 bit	
1 Mbit 1 Gbit		1048576 bit 1073741824 bit	2^{20} bit 2^{30} bit
1 B 1 KB 1 MB 1 GB	1 B 1024 B 1048576 B 1073741824 B	8 bit 8192 bit 8388608 bit 8589934592 bit	2^3 bit 2^{13} bit 2^{23} bit 2^{33} bit

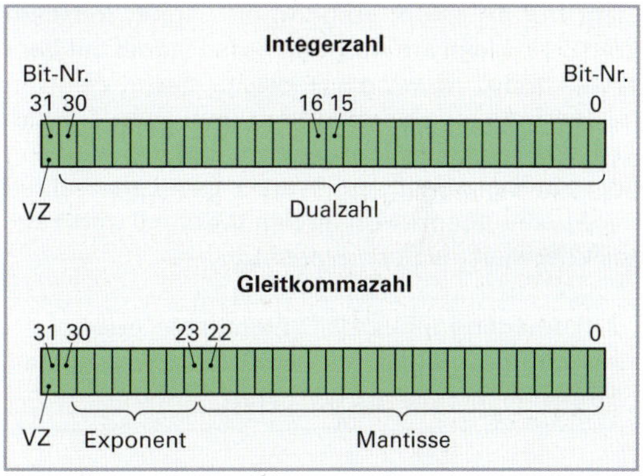

Bild 2: Zahlendarstellung mit Binärworten

Ganze Zahlen (*Integerzahlen, Festpunktzahlen*) werden z. B. mit 32 Stellen dargestellt. Das Vorzeichen in der höchstwertigen Stelle wird mit 0 für positive und 1 für negative Zahlen dargestellt **(Bild 2)**. Der größte positive Wert einer solchen Zahl ist dann 4294967296 und der kleinste Wert –4294967297. *Gleitkommazahlen, Gleitpunktzahlen* werden durch einen Zahlenwert (*Mantisse*) und eine Hochzahl (*Exponent*) dargestellt. Negative Zahlen sind durch eine 1 in der höchstwertigen Stelle gekennzeichnet. Die Genauigkeit einer solchen Gleitkommazahl beträgt z. B. 6 Dezimalstellen.

2.1.3 Binäre Elemente

Die binären Elemente sind die Grundschaltungen der Digitaltechnik. Man unterscheidet UND-Elemente, ODER-Elemente und NICHT-Elemente (Inverter). Sie sind meist als IC ausgeführt **(Bild 1)**.

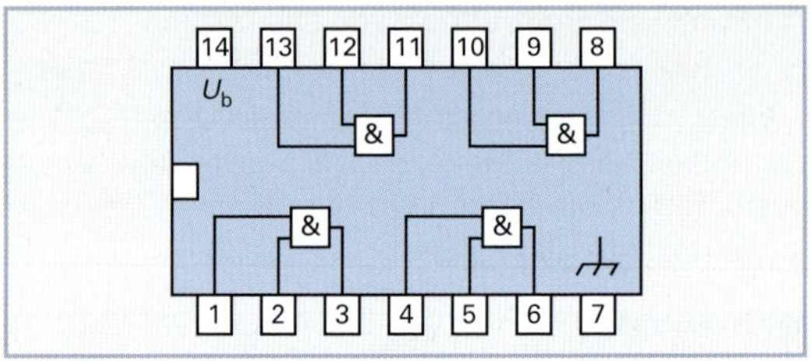

Bild 1: IC mit 4 UND-Elementen

Oft wird dem Signal mit dem Wert 1 die Spannung mit dem Pegel H (von high = hoch) zugeordnet. Damit ist die Spannung dieses Signals positiv gegenüber der Spannung des anderen Signals. Entsprechend wird dem Signal mit dem Wert 0 die Spannung mit dem Pegel L (von low = niedrig) zugeordnet. Die Spannung dieses Signals ist negativ gegenüber der Spannung des anderen Signals. Diese Art der Zuordnung der Pegel zum Wert des Signals nennt man *positive Logik.* Wenn nichts anderes vermerkt wird, verwenden wir im Folgenden die positive Logik.

UND-Element (AND-Element)

Bei der Transistorschaltung **Bild 2** schalten beide Transistoren K1 und K2 nur durch, wenn beide Eingänge E1 und E2 Signale mit dem Wert 1 (z. B. +5 V) haben. Damit liegt dann etwa die Betriebsspannung $+U_b$, d.h. ein Signal mit dem Wert 1, am Ausgang X **(Bild 3)**.

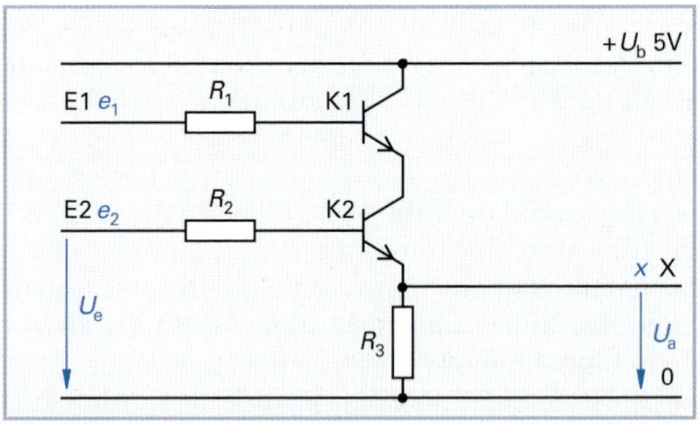

Bild 2: Prinzip eines UND-Elementes

Liegt nur an einem Eingang ein Signal mit dem Wert 1, so bleibt am Ausgang X das Signal mit dem Wert 0 (z. B. 0 V), weil ein Transistor sperrt. Wenn an beiden Eingängen Signale mit dem Wert 0 anliegen, sperren beide Transistoren, und am Ausgang liegt ein Signal mit dem Wert 0. Den Unterschied der Spannungen zwischen den Werten 0 und 1 bezeichnet man als *Spannungshub*.

> Am Ausgang eines UND-Elementes erscheint nur dann ein Signal mit dem Wert 1, wenn alle Eingänge Signale mit dem Wert 1 führen.

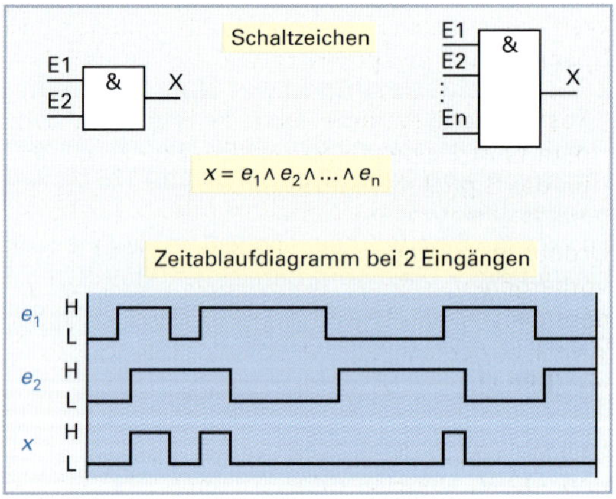

Bild 3: Schaltzeichen und Zeitablaufdiagramm eines UND-Elementes

ODER-Element (OR-Element)

Legt man bei der Transistorschaltung **Bild 4** an den Eingang E1 ein Signal mit dem Wert 1, so liegt am Ausgang X ebenfalls ein Signal mit dem Wert 1 **(Bild 1, folgende Seite)**. Wiederholt man dasselbe mit dem Eingang E2, so liegt am Ausgang X ebenfalls ein Signal mit dem Wert 1. Dieselbe Wirkung haben gleichzeitige Signale mit dem Wert 1 an beiden Eingängen. Es muss also mindestens ein Eingang ein Signal mit dem Wert 1 haben, damit am Ausgang X ein Signal mit dem Wert 1 anliegt.

Das im Schaltzeichen eingetragene Symbol ⩾ 1 kann durch 1 ersetzt werden, wenn dadurch keine Unklarheit entsteht.

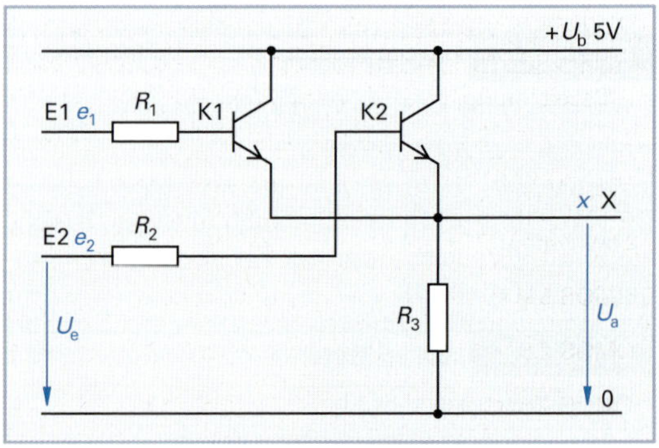

Bild 4: Prinzip eines ODER-Elementes

> Bei einer ODER-Schaltung erscheint am Ausgang ein Signal mit dem Wert 1, wenn mindestens ein Eingang ein Signal mit dem Wert 1 führt.

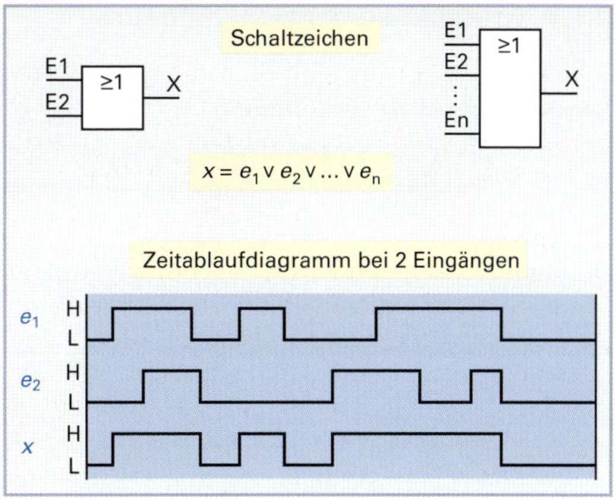

Bild 1: Schaltzeichen und Zeitablaufdiagramm eines ODER-Elementes

NICHT-Element (Inverter)

NICHT-Elemente sind Transistorschalter **(Bild 2)**. Liegt am Eingang ein Signal mit dem Wert 1, so ist die Basis positiv gegenüber dem Emitter, der Transistor leitet. Am Ausgang liegt dann ein Signal mit dem Wert 0, weil der Widerstand der Kollektor-Emitter-Strecke fast null ist. Liegt dagegen am Eingang ein Signal mit dem Wert 0, so ist der Widerstand der Basis-Emitter-Strecke sehr groß und der Transistor sperrt. Am Ausgang erscheint ein Signal mit dem Wert 1.

> Am Ausgang einer NICHT-Schaltung erscheint ein Signal mit dem Wert 1, wenn am Eingang ein Signal mit dem Wert 0 anliegt.

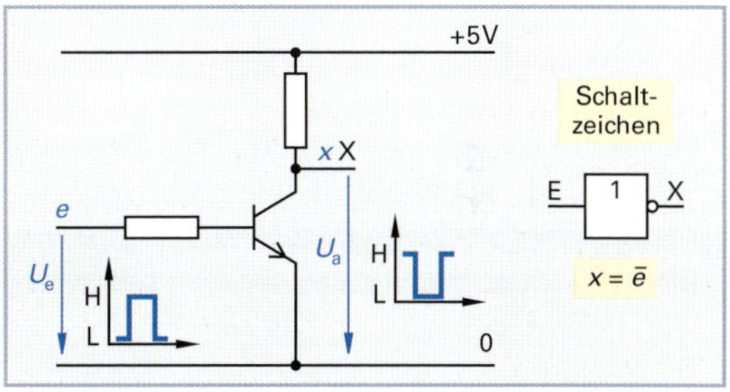

Bild 2: Prinzip und Schaltung eines NICHT-Elementes

Positive Logik und negative Logik

Das UND-Element Bild 2, vorhergehende Seite, arbeitet nur dann als UND-Element, wenn dem Wert 1 die positive Spannung, dem Wert 0 die Spannung 0 V entspricht (H-AND-Schaltung).

> Positive Logiksysteme haben für das Signal mit dem Wert 1 eine stärker positive Spannung als für das Signal mit dem Wert 0.

Ordnet man dagegen beim UND-Element Bild 2, vorhergehende Seite, dem H-Pegel ein Signal mit dem Wert 0 zu und dem L-Pegel ein Signal mit dem Wert 1, so liegt ein ODER-Element (L-OR-Schaltung) vor **(Bild 3)**.

Positive Logik

e_2	e_1	x
0	0	0
0	1	0
1	0	0
1	1	1

Negative Logik

e_2	e_1	x
1	1	1
1	0	1
0	1	1
0	0	0

Bild 3: Vergleich der Logikarten einer UND-Verknüpfung

Übliche Spannungen liegen meist zwischen +12 V und −12 V. Die Höhe der Spannung für ein bestimmtes Signal, z. B. das Signal mit dem Wert 1, gemessen ab der Spannung für das andere Signal, bezeichnet man als *Spannungspegel* **(Tabelle 1)**.

> Logikschaltungen ohne Angabe der Spannungszuordnung sind positive Logiksysteme.

Tabelle 1: Spannungspegel von Schaltungen (Auswahl)

Bezeichnung	Signal Wert 0 Eingang U_{IL}	Signal Wert 1 Eingang U_{IH}	Signal Wert 0 Ausgang U_{OL}	Signal Wert 1 Ausgang U_{OH}
TTL 5 V	0 V bis 0,8 V	2 V bis 5,5 V	0 V bis 0,4 V	2,4 V bis 5,5 V
Low Voltage TTL 3,3 V	0 V bis 0,8 V	2 V bis 3,6 V	0 V bis 0,4 V	2,4 V bis 3,6 V
CMOS 5 V	0 V bis 1,5 V	3,5 V bis 5,5 V	0 V bis 0,5 V	4,44 V bis 5,5 V
CMOS 2,5 V	0 V bis 0,7 V	1,7 V bis 2,7 V	0 V bis 0,2 V	2,3 V bis 2,7 V
CMOS 1,8 V	0 V bis 0,7 V	1,17 V bis 1,9 V	0 V bis 0,45 V	1,2 V bis 1,9 V
RS-232	− 12 V bis − 3 V	+ 3 V bis + 12 V	I = Input, O = Output, L = low, H = high	

2.1.4 Grundlagen der Schaltalgebra

Regeln für die UND-Verknüpfung

Ist ein Relais (elektromagnetischer Schalter) über zwei in Reihe geschaltete Schließer a und b angeschlossen, so zieht das Relais an, wenn die Kontakte a *und* b geschlossen sind **(Tabelle 1)**. In der Schaltalgebra lautet die Schreibweise $x_{K1} = a \wedge b$ ($\wedge$ sprich: und). Das Zeichen $\wedge$ wird innerhalb der Rechnung manchmal weggelassen, wenn Verwechslungen ausgeschlossen sind. Da die Signale *a* und *b* nur die Werte 1 oder 0 annehmen können, ergeben sich für den Schaltzustand des Relais K1 verschiedene Werte (Tabelle 1). Aus der Wertetabelle folgen die Rechenregeln für die Zahlenwerte der UND-Verknüpfung.

Für die Verknüpfung der Eingangssignale mit dem Ausgangssignal gilt beim UND-Element mit zwei Eingängen $x = e_1 \wedge e_2$. Man nennt diese Gleichung die *Schaltfunktion* des UND-Elementes.

Verknüfungszeichen

$\wedge$	UND, AND
$\vee$	ODER, OR
–	NICHT, NOT

Regeln für die ODER-Verknüpfung

Die Parallelschaltung von Schließern stellt eine ODER-Verknüpfung dar (Tabelle 1). Das Relais K1 zieht an, wenn die Kontakte a *oder* b geschlossen sind. Dies ergibt in der Schaltalgebra die Schreibweise $x_{K1} = a \vee b$ ($\vee$ sprich: oder, $\vee$ von lat. vel = oder). Aus der Wertetabelle erhält man die Rechenregeln für die Zahlenwerte der ODER-Verknüpfung (Tabelle 1).

Regeln für die Invertierung

Die Invertierung wird auch als NICHT-Verknüpfung, UMKEHR-Verknüpfung oder Negation bezeichnet. Sie entspricht bei einer Relaisschaltung einem Relais K1, das über einen Öffner $\bar{a}$ gesteuert wird (Tabelle 1). In der Schaltalgebra schreibt man dafür $x_{K1} = \bar{a}$ ($\bar{a}$ sprich: nicht a). Die Invertierung kehrt also 0 an $\bar{a}$ in 1 an K1 um und umgekehrt.

Tabelle 1: Grundverknüpfungen

<table>
<tr><th>Relaisschaltung</th><th>Kontaktlose Schaltung</th><th>Schaltfunktion</th><th>Wertetabelle</th><th>Rechenregeln</th></tr>
<tr>
<td>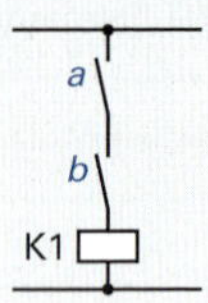
UND-Verknüpfung</td>
<td>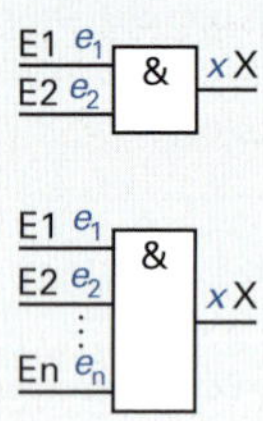</td>
<td>Relaisschaltung:
$x_{K1} = a \wedge b$

Kontaktlose Schaltung:
$x = e_1 \wedge e_2$
$x = e_1 \wedge e_2 \wedge ... \wedge e_n$</td>
<td><table><tr><th>b</th><th>a</th><th>x_{K1}</th></tr><tr><td>e_2</td><td>e_1</td><td>x</td></tr><tr><td>0</td><td>0</td><td>0</td></tr><tr><td>0</td><td>1</td><td>0</td></tr><tr><td>1</td><td>0</td><td>0</td></tr><tr><td>1</td><td>1</td><td>1</td></tr></table></td>
<td>$0 \wedge 0 = 0$
$0 \wedge 1 = 0$
$1 \wedge 0 = 0$
$1 \wedge 1 = 1$</td>
</tr>
<tr>
<td>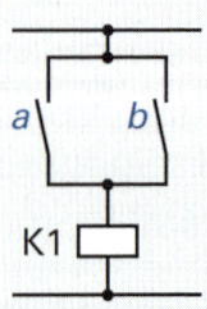
ODER-Verknüpfung</td>
<td>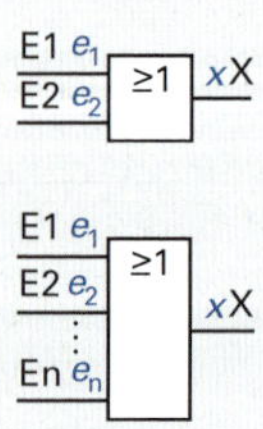</td>
<td>Relaisschaltung:
$x_{K1} = a \vee b$

Kontaktlose Schaltung:
$x = e_1 \vee e_2$
$x = e_1 \vee e_2 \vee ... \vee e_n$</td>
<td><table><tr><th>b</th><th>a</th><th>x_{K1}</th></tr><tr><td>e_2</td><td>e_1</td><td>x</td></tr><tr><td>0</td><td>0</td><td>0</td></tr><tr><td>0</td><td>1</td><td>1</td></tr><tr><td>1</td><td>0</td><td>1</td></tr><tr><td>1</td><td>1</td><td>1</td></tr></table></td>
<td>$0 \vee 0 = 0$
$0 \vee 1 = 1$
$1 \vee 0 = 1$
$1 \vee 1 = 1$</td>
</tr>
<tr>
<td>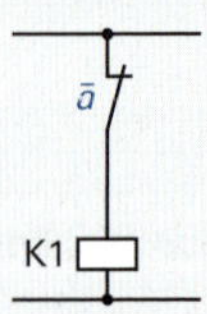
Invertierung</td>
<td>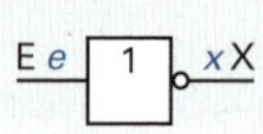</td>
<td>Relaisschaltung:
$x_{K1} = a$

Kontaktlose Schaltung:
$x = \bar{e}$</td>
<td><table><tr><th>a</th><th>x_{K1}</th></tr><tr><td>e</td><td>x</td></tr><tr><td>0</td><td>1</td></tr><tr><td>1</td><td>0</td></tr></table></td>
<td>$\bar{0} = 1$
$\bar{1} = 0$</td>
</tr>
</table>

Schaltfunktionen und Logik-Funktionsschaltpläne

Die Verknüpfungen von Relaisschaltungen stellt man im Stromlaufplan dar. Bei kontaktlosen Schaltungen tritt an die Stelle des Stromlaufplanes der *Logik-Funktionsschaltplan* (lat. functio = Verrichtung, **Bild 1**).

Aus einer bestehenden Schaltfunktion kann man auch den Logik-Funktionsschaltplan entwickeln. Dazu ersetzt man die angegebenen Verknüpfungen durch entsprechende binäre Elemente. Es ist dabei zweckmäßig, die Schaltfunktion schrittweise von innen nach außen aufzulösen.

Beispiel 1 Logik-Funktionsschaltplan:

Entwickeln Sie für die Schaltfunktion $x = [(a \lor b) \land c] \land \overline{d}$ den Logik-Funktionsschaltplan.

Lösung:

$a \lor b$ entspricht einem ODER-Element mit den Eingangsvariablen *a* und *b*. $a \lor b$ ist mit *c* durch ein UND-Element verknüpft. Dieses ist durch ein UND-Element mit $\overline{d}$ verknüpft (Bild 1 unten).

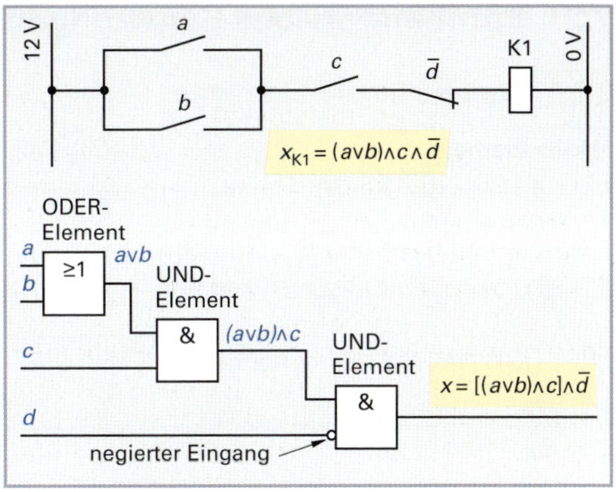

Bild 1: Relaisschaltung und Logik-Funktionsschaltplan mit Schaltfunktion

Rechenregeln für binäre Größen

Die veränderlichen Größen (*Variablen,* von franz. variable = veränderlich) können als Signale an den Eingängen oder Ausgängen nur zwei Werte annehmen, nämlich 0 oder 1. Die Rechenregeln gibt man in Form von Gleichungen an, wobei die Variablen z. B. mit *a, b, c* bezeichnet werden.

Rechenregeln für *eine* Veränderliche enthalten die Verknüpfungen einer Veränderlichen mit einer Konstanten 0 oder 1 **(Tabelle 1)** sowie die Gesetze für die Verknüpfungen der Veränderlichen mit sich selbst bzw. deren Invertierung. Durch Anwendung der Rechenregeln erhält man Lösungen, die Vereinfachungen der entsprechenden Schaltung zulassen. So ist bei $1 \land a = a$ der dauernd geschlossene Kontakt mit dem Wert 1 überflüssig (redundant, von lat. redundantia = Überfluss), da nur die Variable *a* den Schaltzustand beeinflusst. Der Kontakt mit dem Wert 1 kann also weggelassen werden. Bei $1 \lor a = 1$ kann *a* entfallen, da bei einer Parallelschaltung der ständig geschlossene Kontakt mit dem Wert 1 den Einfluss der Veränderlichen *a* überflüssig macht.

Rechengesetze der Schaltalgebra sind das Kommutativgesetz (Vertauschungsgesetz), Assoziativgesetz (Verbindungsgesetz), die Distributivgesetze (Verteilungsgesetze) und die de Morgan'schen Gesetze (Umkehrgesetze, de Morgan, engl. Mathematiker, 1806 bis 1871, **Tabelle 2**). Mithilfe dieser Gesetze ist es möglich, Vereinfachungen und Umformungen von Schaltfunktionen vorzunehmen. Verzichtet man auf Klammern, dann hat UND Priorität vor ODER.

Tabelle 1: Rechenregeln für eine Veränderliche

$0 \land a = 0$ $1 \land a = a$ $a \land a = a$ $a \land a \land \ldots \land a = a$	$0 \lor a = a$ $1 \lor a = 1$ $a \lor a = a$ $a \lor a \lor \ldots \lor a = a$
$a \land \overline{a} = 0$	$a \lor \overline{a} = 1$
$\overline{\overline{a}} = a$	

Tabelle 2: Rechengesetze

Name	Beispiel
Kommutativgesetz	$a \land b = b \land a$
Assoziativgesetz	$a \land b \land c = (a \land b) \land c$ $= a \land (b \land c)$ $= (a \land c) \land b$ $a \lor b \lor c = (a \lor b) \lor c$ $= a \lor (b \lor c)$ $= (a \lor c) \lor b$
1. Distributivgesetz 2. Distributivgesetz	$(a \land b) \lor (a \land c) = a \land (b \lor c)$ $(a \lor b) \land (a \lor c) = a \lor (b \land c)$
de Morgan'sche Gesetze	$\overline{a \land b} = \overline{a} \lor \overline{b}$ $\overline{a \lor b} = \overline{a} \land \overline{b}$

Wiederholung und Vertiefung

WV

1. **Welche Aufgabe hat die Schaltalgebra?**
2. **Welche Werte können die Variablen der Schaltalgebra annehmen?**
3. **Wie lautet die Schaltfunktion für ein ODER-Element mit 4 Eingängen?**
4. **Wodurch ist die Invertierung gekennzeichnet?**
5. **Wie lauten die de Morgan'schen Gesetze?**
6. **Vereinfachen Sie die Schaltfunktion** $y = (a \land \overline{b} \land c) \lor \overline{a}$.

2.2 Kombinatorische Schaltungen

2.2.1 Weitere binäre Elemente

NAND-Element

Schließt man am Ausgang eines UND-Elementes ein NICHT-Element an, so entsteht ein UND-NICHT-ELEMENT, das NAND-Element (NAND = Kunstwort aus NOT AND = NICHT UND, **Bild 1**).

> Das UND-NICHT-Element nennt man NAND-Element.

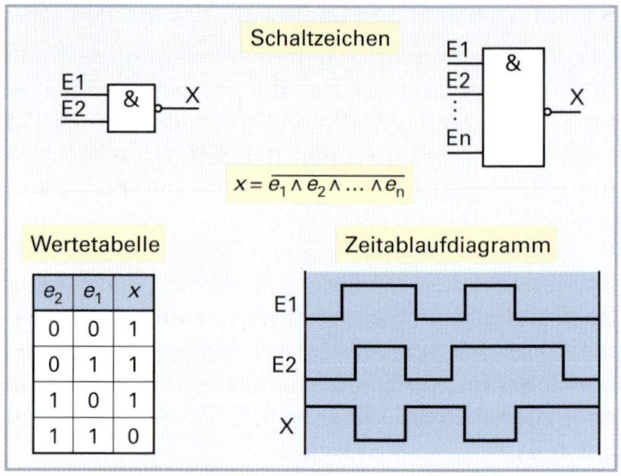

e_2	e_1	x
0	0	1
0	1	1
1	0	1
1	1	0

Bild 1: Schaltzeichen und Funktionsweise des NAND-Elementes

NOR-Element

Schließt man an den Ausgang eines ODER-Elementes ein NICHT-Element an, so entsteht ein ODER-NICHT-Element, das NOR-Element (NOR = Kunstwort aus NOT OR = NICHT ODER, **Bild 2**).

> Das ODER-NICHT-Element nennt man NOR-Element.

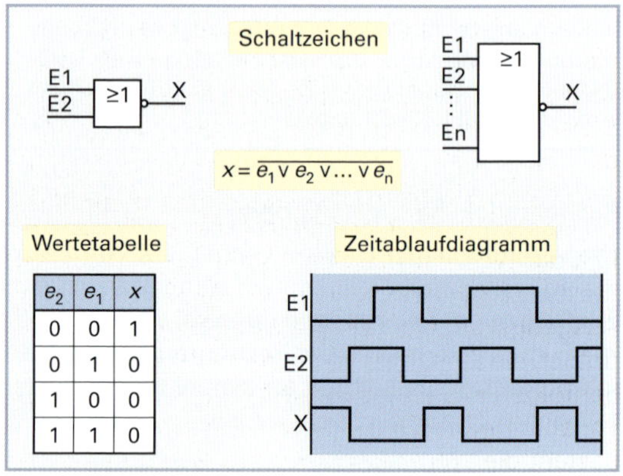

e_2	e_1	x
0	0	1
0	1	0
1	0	0
1	1	0

Bild 2: Schaltzeichen und Funktionsweise des NOR-Elementes

Antivalenz-Schaltung

Schließt man zwei UND-Elemente mit den Eingangssignalen $\overline{e}_1$ und e_2 bzw. e_1 und $\overline{e}_2$ an ein ODER-Element an, so erhält man die Antivalenz-Schaltung (von lat. antivalens = entgegengesetzt wertig, **Bild 3**). Man nennt sie meist *Exklusiv-ODER-Schaltung* oder *XOR-Schaltung.* Das Kennzeichen = 1 im Schaltzeichen drückt aus, dass am Ausgang X nur dann ein Signal mit dem Wert 1 erscheint, wenn genau eine der Eingangsvariablen ein Signal mit dem Wert 1 hat.

> Am Ausgang einer Antivalenz-Schaltung liegt nur dann ein Signal mit dem Wert 1, wenn nur an einem einzigen Eingang ein Signal mit dem Wert 1 anliegt.

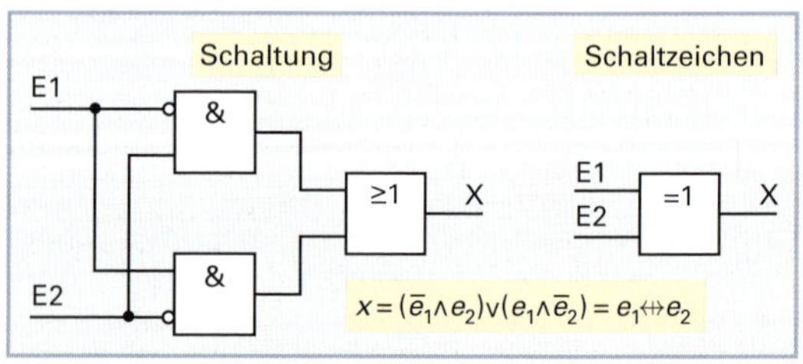

Bild 3: Exklusiv-ODER-Schaltung (XOR)

Äquivalenz-Schaltung

Die Äquivalenz-Schaltung (von lat. aequivalens = gleichwertig) geht aus der Exklusiv-ODER-Schaltung hervor, wenn man diese invertiert. Deshalb wird die Äquivalenz-Schaltung auch als *Exklusiv-NOR-Schaltung* oder *XNOR-Schaltung* bezeichnet. Sie kann z. B. durch eine Schaltung nach **Bild 4** verwirklicht werden. Meist werden aber IC verwendet, die z. B. vier XNOR-Schaltungen enthalten. Das Kennzeichen = im Schaltzeichen deutet an, dass nur bei Gleichheit der Eingangssignale am Ausgang ein Signal mit dem Wert 1 entsteht.

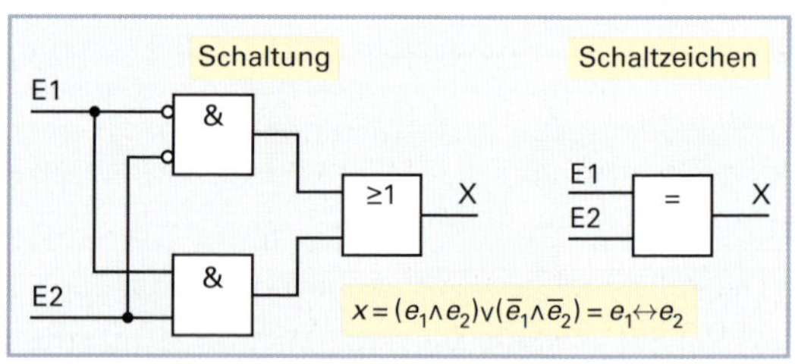

Bild 4: Exklusiv-NOR-Schaltung (XNOR)

2.2.2 Analyse und Synthese von Schaltungen

Bei der *Analyse* untersucht man eine bestehende Schaltung. Dabei ermittelt man die Schaltfunktion mithilfe der Schaltalgebra aus den Schaltungsunterlagen, z. B. dem Stromlaufplan.

Bei der *Synthese* wird eine Schaltung mithilfe der Bedingungen für die Schaltung ermittelt. Manchmal ist es möglich, aus diesen Bedingungen sofort die Schaltfunktion aufzustellen. Meist wird man aber zunächst die *Wertetabelle* für die Schaltung aufstellen.

Eine Wertetabelle liefert eine übersichtliche Darstellung des Ausgangssignals hinsichtlich der Kombinationen der Eingangssignale.

e_2	e_1	x
0	0	0
0	1	1
1	0	1
1	1	0

Bild 1: Wertetabelle Form 1 (Signale)

E2	E1	X
0	0	0
0	1	1
1	0	1
1	1	0

Bild 2: Wertetabelle Form 2 (Leiter)

Aufstellen der Wertetabelle

In der kombinatorischen Schaltungstechnik wird die binäre Verknüpfung zwischen den Eingangsvariablen und der Ausgangsvariablen in Form einer Schaltfunktion dargestellt. Sie hat den Nachteil, dass nicht sofort alle Kombinationen der Eingangsvariablen ersichtlich sind, die den Ausgangswert 1 der Ausgangsvariablen liefern. Diese Bedingung erfüllt die *Wertetabelle.* Sie besteht aus den Spalten für die Eingangsvariablen und der Spalte für die Ausgangsvariable. Letztere wird ganz rechts angeordnet, die Eingangsvariablen in aufsteigender Reihenfolge links daneben. Bei z. B. zwei Eingangsvariablen e_1 und e_2 und der Ausgangsvariablen x besteht die Wertetabelle aus $2^2 = 4$ Zeilen, da vier Kombinationsmöglichkeiten der Werte 0 und 1 vorgegeben sind **(Bild 1).** In der Kopfzeile der Wertetabelle können anstelle der Eingangsvariablen und der Ausgangsvariablen auch die entsprechenden Eingänge E1 und E2 und der Ausgang X eingetragen sein **(Bild 2).**

Eine Wertetabelle für drei Eingangsvariablen besteht aus $2^3 = 8$ Zeilen **(Bild 3).** Die Zeilennummer entspricht der Dezimalzahl, welche der als Dualzahl betrachteten Eingangsvariablen entspricht. Dazu müssen die Zahlenwerte 0 und 1 der Eingangsvariablen in der betreffenden Spalte von oben nach unten wie folgt eingetragen werden:

- Spalteneintrag für E1: 0, 1, 0, 1, 0, 1, ...
- Spalteneintrag für E2: 00, 11, 00, 11, ...
- Spalteneintrag für E3: 0000, 1111, 0000, 1111, ...
- Spalteneintrag für E4: 00000000, 11111111, ...

Die vollständige Wertetabelle einer Schaltfunktion mit n Eingangsvariablen besteht aus 2^n Zeilen.

E3	E2	E1	X	Zeile
0	0	0	1	0
0	0	1	0	1
0	1	0	0	2
0	1	1	1	3
1	0	0	1	4
1	0	1	0	5
1	1	0	1	6
1	1	1	0	7

Bild 3: Wertetabelle für drei Eingangsvariablen

S4	S3	S2	S1	P
0	0	0	0	0
0	0	0	1	0
0	0	1	0	0
0	0	1	1	0
0	1	0	0	0
0	1	0	1	1
0	1	1	0	1
0	1	1	1	0
1	0	0	0	0
1	0	0	1	0
1	0	1	0	0
1	0	1	1	1
1	1	0	0	0
1	1	0	1	0
1	1	1	0	0
1	1	1	1	0

Bild 4: Wertetabelle für Beispiel 1, folgende Seite

Beispiel 1 **Wertetabelle für Signallampe:**

Eine Lampe wird von vier Schaltern geschaltet. Sie soll bei folgenden Schalterzuständen leuchten: Schalter S2 und S4 nicht betätigt und Schalter S1 und S3 betätigt, oder Schalter S2 und S3 betätigt und S1 und S4 nicht betätigt, oder Schalter S3 nicht betätigt und S1, S2 und S4 betätigt. Stellen Sie die vollständige Wertetabelle für die Signallampe P auf.

Lösung: **Bild 4, vorhergehende Seite**

Man kann auch eine *unvollständige* Wertetabelle aufstellen, wenn von der Anwendung her nicht die vollständige Tabelle erforderlich ist oder wenn die Zahl der Eingangsvariablen eine zu große Tabelle liefern würde. Es muss dann aber die vollständige Information enthalten sein, z. B. alle Zeilen, in denen die Ausgangsvariable den Wert 1 hat.

Aus der Wertetabelle kann man dann die Schaltfunktion entnehmen. Dafür gibt es zwei Darstellungsmöglichkeiten, die als *ODER-Normalform* oder als *UND-Normalform* bezeichnet werden. Meist wird die ODER-Normalform angewendet.

ODER-Normalform

Die ODER-Normalform (DNF, disjunktive Normalform, lat. disjunctus = getrennt) kann man aus der Wertetabelle entnehmen, wenn man die Zeilen der Ausgangsvariablen vom Wert 1 heraussucht und jeweils die Eingangsvariablen, bei 1 nicht invertiert und bei 0 invertiert, hinschreibt und über UND ($\wedge$) verknüpft. Alle derartigen Terme werden dann über ODER ($\vee$) verknüpft. Die ODER-Normalform findet vor allem bei der Programmierung von PLDs (programmierbare Logikelemente) Anwendung.

Die ODER-Normalform wird angewendet, wenn in der Wertetabelle die Ausgangsvariable meist den Wert 0 hat.

Beispiel 2 **ODER-Normalform:**

Eine Lampe X wird von drei Schaltern S1, S2 und S3 geschaltet. Sie soll bei folgenden Schalterstellungen leuchten: 1. Schalter S1 nicht betätigt und Schalter S2 und S3 betätigt. 2. Schalter S1 und S3 betätigt, S2 nicht betätigt. 3. Schalter S1, S2 und S3 betätigt.

a) Stellen Sie die vollständige Wertetabelle auf.
b) Wie lautet die ODER-Normalform für x?

Lösung:

a) **Bild 1**
b) $x = (s_1 \wedge \bar{s}_2 \wedge s_3) \vee (\bar{s}_1 \wedge s_2 \wedge s_3) \vee (s_1 \wedge s_2 \wedge s_3)$

Nach dem Aufstellen der Schaltfunktion kann man mit den Regeln der Schaltalgebra sie so weit vereinfachen, dass die Schaltung sich mit dem geringsten Aufwand an Schaltelementen verwirklichen lässt. Dieses Vereinfachen nennt man Reduzieren (lat. reducere = zurückführen, verkleinern) oder Minimieren.

S3	S2	S1	X	Zeile
0	0	0	0	0
0	0	1	0	1
0	1	0	0	2
0	1	1	0	3
1	0	0	0	4
1	0	1	1	5
1	1	0	1	6
1	1	1	1	7

Bild 1: Wertetabelle zu Beispiel 2

Man kann auch ohne Wertetabelle die ODER-Normalform bilden, wenn man die Schaltfunktion so „erweitert", dass in allen Termen alle Eingangsvariablen vorkommen. Zu diesem Zweck verknüpft man über UND die unvollständigen Terme der Eingangsvariablen mit Termen vom Werte 1, z. B. mit ($d \vee \bar{d}$).

UND-Normalform

Man kann aus der Wertetabelle die Schaltfunktion auch entnehmen, wenn man die Zeilen mit der Ausgangsvariablen vom Wert 0 heraussucht. Geht man dann wie bei der ODER-Normalform vor, so erhält man die Schaltfunktion für die invertierte Ausgangsvariable. Invertiert man nun die gesamte Schaltfunktion, so entsteht die Schaltfunktion der nicht invertierten Ausgangsvariablen. Wendet man dabei auf die Eingangsvariablen die de Morgan'schen Gesetze an, so sind jetzt die Eingangsvariablen über ODER ($\vee$) verknüpft und die so entstehenden Terme über UND ($\wedge$). Diese Form der Schaltfunktion bezeichnet man als UND-Normalform (KNF, konjunktive Normalform, lat. konjunctus = verbunden).

Die UND-Normalform wendet man an, wenn in der Wertetabelle die Ausgangsvariable meist den Wert 1 hat.

Wiederholung und Vertiefung

WV

1. **Wie entsteht ein NAND-Element?**
2. **Wann erscheint am Ausgang eines NOR-Elementes ein Signal mit dem Wert 1?**
3. **Wie wird eine Äquivalenz-Schaltung auch bezeichnet?**
4. **Woraus besteht eine ODER-Normalform?**
5. **Erklären Sie das Prinzip der UND-Normalform.**

Aufbau des Karnaugh-Diagramms

Das Karnaugh-Diagramm (Karnaugh-Veitch-Diagramm, nach M. Karnaugh und B. W. Veitch, am. Mathematiker, KV-Diagramm) enthält in gedrängter Form die Informationen der Wertetabelle **(Bild 1)**. Jedes Feld enthält die Informationen der Zeile mit derselben Nummer der Wertetabelle.

> Jeder Zeile der Wertetabelle entspricht einem Feld im KV-Diagramm.

Das KV-Diagramm hat bei n Eingangsvariablen 2^n Felder (Bild 1). In die Felder wird eine 1 eingetragen, wenn die Ausgangsvariable der entsprechenden Zeile der Wertetabelle den Wert 1 hat. Die anderen Felder erhalten den Wert 0.

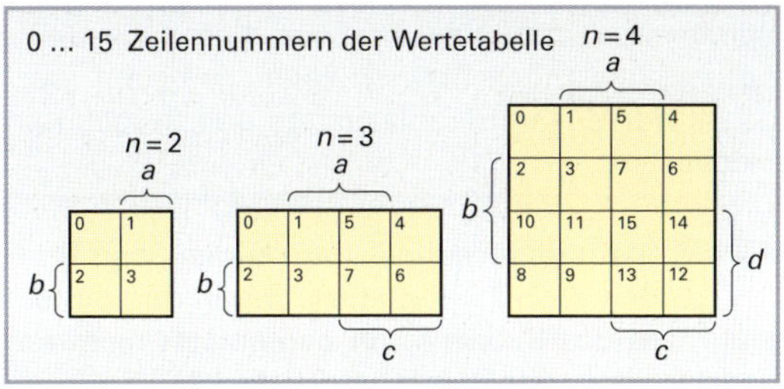

Bild 1: KV-Diagramme mit *n* Variablen

Beispiel 1 **KV-Diagramm für 3 Variablen:**

Übertragen Sie die Wertetabelle **Bild 2** in ein KV-Diagramm.

Lösungsweg 1:
Die Felder 0, 1, 3, 5, 6, 7 erhalten 1, die Felder 2 und 4 erhalten 0 **(Bild 3)**.

Lösungsweg 2:
Für die Zeile 0 der Wertetabelle, die den Term ($\bar{a} \wedge \bar{b} \wedge \bar{c}$) liefert, sucht man im Diagramm das Feld, welches die $\bar{a}$-Markierung (Felder 0, 4, 2, 6) und die $\bar{b}$-Markierung (verbleibende Felder 0, 4) und die $\bar{c}$-Markierung (verbleibendes Feld 0) enthält.

Entsprechend verfährt man mit den restlichen Zeilen der Wertetabelle (Bild 3).

c	*b*	*a*	*x*	Zeile
0	0	0	1	0
0	0	1	1	1
0	1	0	0	2
0	1	1	1	3
1	0	0	0	4
1	0	1	1	5
1	1	0	1	6
1	1	1	1	7

Bild 2: Wertetabelle zu Beispiel 1

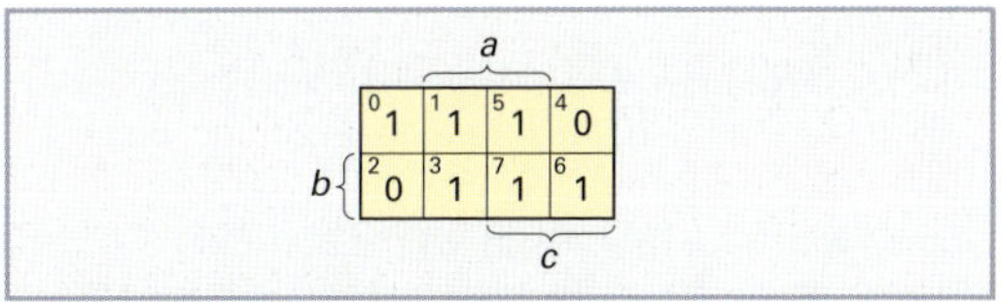

Bild 3: KV-Diagramm für Beispiel 1

Die Streifen für die Variablen *a*, *b*, *c* und *d* können im KV-Diagramm auch anders liegen. Die Anordnungen in Bild 1 und Bild 3 haben aber den Vorteil, dass man sich wegen des symmetrischen Aufbaus der KV-Diagramme die Feldnummerierung merken kann.

Beispiel 2 **KV-Diagramm für 4 Variablen:**

Wandeln Sie die vollständige Wertetabelle **Bild 4** in ein KV-Diagramm um.

Lösung: **Bild 1, folgende Seite.**

d	*c*	*b*	*a*	x_{P1}	Zeile
0	0	0	0	0	0
0	0	0	1	0	1
0	0	1	0	0	2
0	0	1	1	1	3
0	1	0	0	0	4
0	1	0	1	0	5
0	1	1	0	0	6
0	1	1	1	0	7
1	0	0	0	0	8
1	0	0	1	0	9
1	0	1	0	1	10
1	0	1	1	1	11
1	1	0	0	0	12
1	1	0	1	0	13
1	1	1	0	1	14
1	1	1	1	0	15

Bild 4: Wertetabelle zu Beispiel 2

Die Minimierung (Verkleinerung) einer Schaltfunktion kann direkt dem KV-Diagramm entnommen werden. Dazu fasst man benachbarte Felder, die jeweils den Wert 1 haben, zu möglichst großen Blöcken zusammen. Die Zusammenfassung muss immer so erfolgen, dass ein Block 2, 4 oder 8 Felder enthält, die ein Rechteck oder ein Quadrat bilden **(Bild 2, folgende Seite)**. Benachbarte Felder sind auch Felder der letzten und ersten Zeile und der letzten und ersten Spalte. Die einzelnen Felder dürfen auch in mehreren Zusammenfassungen vorkommen (Bild 2, folgende Seite).

> Jede Zusammenfassung im Karnaugh-Diagramm soll möglichst viele Felder enthalten. Die Zahl der Zusammenfassungen soll möglichst klein sein.

Jede Zusammenfassung (Block) bildet einen Term der gesuchten Schaltfunktion. Die Variablen, die innerhalb des Blocks ihren Zahlenwert nicht ändern, werden miteinander durch die UND-Funktion verknüpft. Die sich ergebenden Terme der Blöcke verknüpft man durch die ODER-Funktion. Diese schaltalgebraische Gleichung ist die reduzierte Schaltfunktion. Man nennt sie auch *ODER-Normalform.*

Die Zusammenfassung der Felder mit dem Wert 1 im KV-Diagramm liefert die Terme der reduzierten Schaltfunktion der Ausgangsvariablen. Für Kombinationen von Eingangsvariablen, die nicht auftreten, wird in die entsprechenden Felder des KV-Diagramms ein X geschrieben. Dadurch vereinfacht sich das Zusammenfassen der Felder (Abschnitt 2.2.3.1).

Beispiel 1 **Vereinfachte Schaltfunktion:**

Entnehmen Sie dem KV-Diagramm Bild 1 die vereinfachte Schaltfunktion für x_{P1}.

Lösung:

Im KV-Diagramm bildet man zwei Rechteckblöcke. Block 1 liefert den Term $(a \land b \land \bar{c})$ und Block 2 $(\bar{a} \land b \land d)$.

Damit wird $\boldsymbol{x_{P1} = (a \land b \land \bar{c}) \lor (\bar{a} \land b \land d)}$

Überwiegen im KV-Diagramm die Felder mit dem Wert 1, so ist es zweckmäßig, die *UND-Normalform* zu ermitteln. Dazu bildet man die Blöcke aus den Feldern mit dem Wert 0 und verfährt entsprechend wie bei der ODER-Normalform. Man erhält dann die Schaltfunktion für die invertierte Ausgangsvariable.

Beispiel 2 **Schaltfunktion in NOR-Technik:**

Bestimmen Sie mithilfe der UND-Normalform die vereinfachte Schaltfunktion für x_{P1} des KV-Diagramms **Bild 3** zur Ausführung in NOR-Technik.

Lösung:

Im KV-Diagramm Bild 3 bildet man zwei Rechteckblöcke. Block 1 liefert den Term $(\bar{a} \land \bar{c} \land d)$, Block 2 $(b \land c \land d)$.

Damit wird

$$\bar{x}_{P1} = (\bar{a} \land \bar{c} \land d) \lor (b \land c \land d)$$

$$x_{P1} = \overline{\bar{x}_{P1}} = \overline{(\bar{a} \land \bar{c} \land d) \lor (b \land c \land d)}$$

$$= (a \lor c \lor \bar{d}) \land (\bar{b} \lor \bar{c} \lor \bar{d})$$

Ausführung in NOR-Technik:

$$x_{P1} = \overline{\overline{(a \lor c \lor \bar{d}) \land (\bar{b} \lor \bar{c} \lor \bar{d})}}$$

$$= \overline{\overline{(a \lor c \lor \bar{d})} \lor \overline{(\bar{b} \lor \bar{c} \lor \bar{d})}}$$

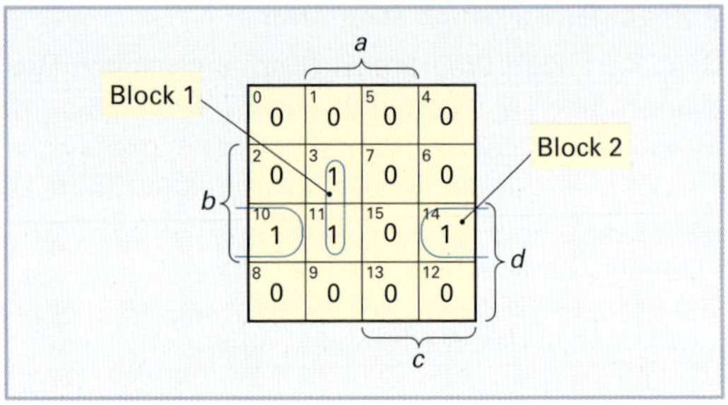

Bild 1: KV-Diagramm zu Beispiel 2, vorhergehende Seite und Beispiel 1

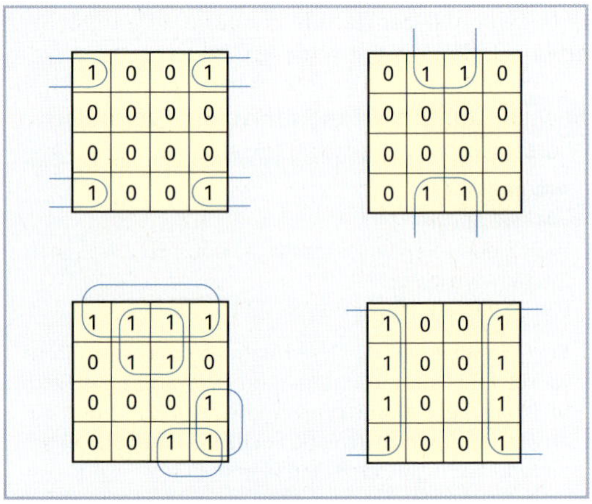

Bild 2: Benachbarte Felder bei KV-Diagrammen für vier Variablen (Beispiele)

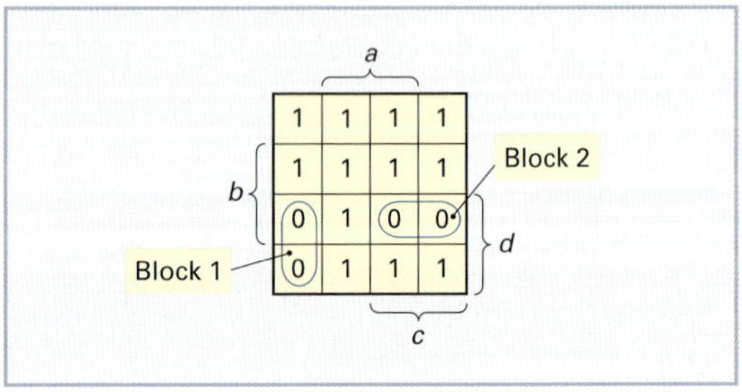

Bild 3: KV-Diagramm zu Beispiel 2

Wiederholung und Vertiefung

1. **Welchen Vorteil hat eine Wertetabelle?**
2. **Woraus besteht eine Wertetabelle?**
3. **Welchen Inhalt hat ein KV-Diagramm?**
4. **Wie viele Felder hat ein KV-Diagramm bei *n* Eingangsvariablen?**
5. **Wie minimiert man eine Schaltfunktion mithilfe des KV-Diagramms?**
6. **In welchem Fall wendet man die UND-Normalform an?**

WV

2.2.3 Anwendungen

In der kombinatorischen Digitaltechnik folgt einer Änderung der Eingangsvariablen unmittelbar die Änderung der Ausgangsvariablen. Bei der Entwicklung der Schaltung werden die Schaltfunktionen erstellt und mithilfe der Schaltalgebra bzw. des KV-Diagramms minimiert. Die Realisierung der Schaltung ist dann mit den gewählten binären Elementen, z. B. NAND-Elementen, möglich.

2.2.3.1 Codeumsetzer, Multiplexer, Demultiplexer

Codeumsetzer

Ein Codeumsetzer hat die Aufgabe, einen vorhandenen Code in einen anderen umzusetzen. Häufig kommen bei den Codes Vierergruppen von Binärzeichen vor. Diese bezeichnet man als *Tetraden* (Vierergruppe, von griech. tetra = vier).

Beispiel 1 Sieben-Segment-Anzeige:

Eine Sieben-Segment-Anzeige soll zur Zifferndarstellung von im 8-4-2-1-Code vorliegenden Dezimalziffern 0 bis 9 verwendet werden **(Bild 1)**.

a) Wie lautet die Schaltfunktion *x* für den Leuchtbalken a?

b) Übertragen Sie die Schaltfunktion in ein KV-Diagramm und tragen Sie in die Felder der nicht verwendeten Tetraden (Pseudotetraden) den Buchstaben X ein.

c) Minimieren Sie die Schaltfunktion *x* für den Leuchtbalken a unter Verwendung der Pseudotetraden. (Hinweis: Für X kann 1 gesetzt werden, damit sich möglichst große Blöcke bilden lassen).

d) Entwerfen Sie eine Schaltung nur mit NAND-Elementen. (Die invertierten Signale stehen zur Verfügung).

Lösung:

a) $x = (\overline{e}_1 \wedge \overline{e}_2 \wedge \overline{e}_3 \wedge \overline{e}_4) \vee (\overline{e}_1 \wedge e_2 \wedge \overline{e}_3 \wedge \overline{e}_4)$
$\vee (e_1 \wedge e_2 \wedge \overline{e}_3 \wedge \overline{e}_4) \vee (e_1 \wedge \overline{e}_2 \wedge e_3 \wedge \overline{e}_4)$
$\vee (\overline{e}_1 \wedge e_2 \wedge e_3 \wedge \overline{e}_4) \vee (e_1 \wedge e_2 \wedge e_3 \wedge \overline{e}_4)$
$\vee (\overline{e}_1 \wedge \overline{e}_2 \wedge \overline{e}_3 \wedge e_4) \vee (e_1 \wedge \overline{e}_2 \wedge \overline{e}_3 \wedge e_4)$

b) **Bild 2**

c) Block 1: $e_1 \wedge e_3$; Block 2: e_2
Block 3: $\overline{e}_1 \wedge \overline{e}_3$; Block 4: e_4
$x = (e_1 \wedge e_3) \vee e_2 \vee (\overline{e}_1 \wedge \overline{e}_3) \vee e_4$

d) **Bild 3**

Ist ein Kästchen in einem KV-Diagramm von der nicht minimierten Schaltfunktion nicht angesprochen, so kann in dieses ein X eingetragen werden. Beim Bilden der minimierten (optimierten) Schaltfunktion können für die X dann beliebig 0 oder 1 (don't-care-Felder) gedacht werden, und zwar so wie es für das Bilden der minimierten Schaltfunktion geschickt ist.

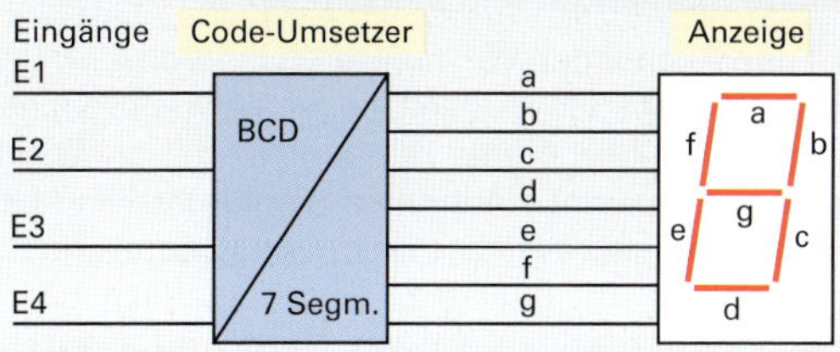

8-4-2-1-Code				7-Segment-Code							Dezimalzahl
E4	E3	E2	E1	a	b	c	d	e	f	g	
0	0	0	0	1	1	1	1	1	1	0	0
0	0	0	1	0	1	1	0	0	0	0	1
0	0	1	0	1	1	0	1	1	0	1	2
0	0	1	1	1	1	1	1	0	0	1	3
0	1	0	0	0	1	1	0	0	1	1	4
0	1	0	1	1	0	1	1	0	1	1	5
0	1	1	0	1	0	1	1	1	1	1	6
0	1	1	1	1	1	1	0	0	0	0	7
1	0	0	0	1	1	1	1	1	1	1	8
1	0	0	1	1	1	1	1	0	1	1	9

Bild 1: Codeumsetzer

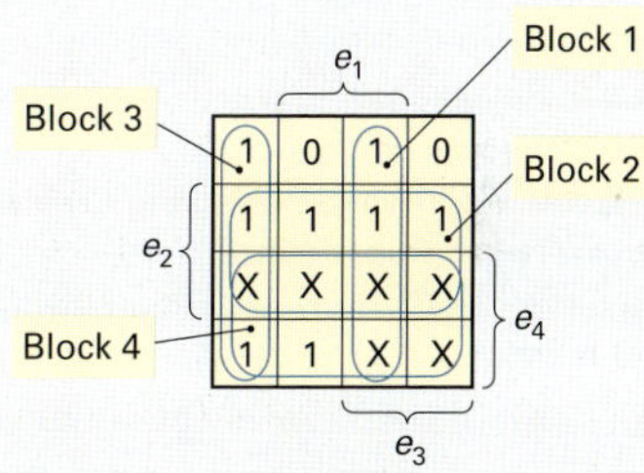

Bild 2: KV-Diagramm für Beispiel

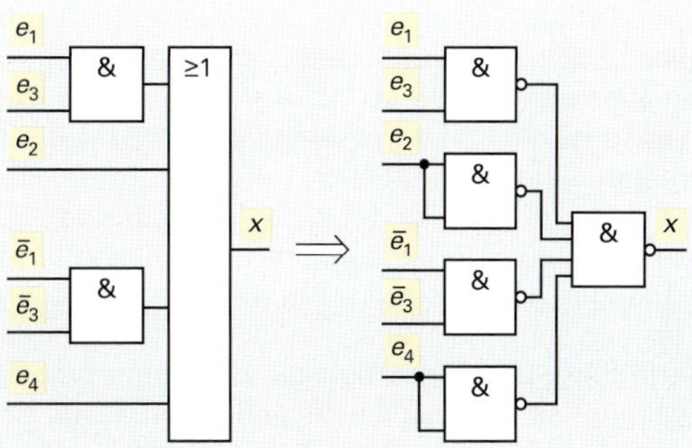

Bild 3: Schaltung für Beispiel 1

Binäre Multiplexer und Demultiplexer

An den Ausgängen von mehreren binären Elementen, z. B. UND-Schaltungen, liegen entweder Signale mit dem Wert 0 oder mit dem Wert 1 an. Diese stellen insgesamt ein binäres Signal dar. Man bezeichnet es als *paralleles Binärsignal.* Derartige Signale sollen oft über eine Leitung zeitlich nacheinander übertragen werden. Dazu wird aus dem parallelen Binärsignal ein *serielles* Binärsignal erzeugt. Dies ist mit einem *Binärmultiplexer* möglich.

Mit einem *Demultiplexer* kann anschließend wieder ein paralleles Binärsignal erzeugt werden **(Bild 1).**

> Ein Multiplexer macht aus einem parallelen Binärsignal ein serielles Binärsignal.

Ein 4-Bit-auf-1-Bit-Multiplexer hat zwei Eingänge A und B, die die Adressierung der vier Datenleiter D0 bis D3 übernehmen **(Bild 2).** Je nach deren Zustand ist der entsprechende Eingangsleiter auf den Ausgang Q durchgeschaltet. Die Zuordnung der Datenleiter D0 bis D3 zu den Signalen der Adresseingänge A und B zeigt die Arbeitstabelle **(Bild 3).** Der Eingang EN dient der Freigabe des Multiplexers. Nur wenn EN ein Signal mit dem Wert 1 hat, also H-Pegel, ist der Multiplexer freigegeben. Der Eingang E muss dann L-Pegel haben.

Beispiel 1 Multiplexer:

Am Eingang des Multiplexers Bild 2 liegt an A ein Signal mit dem Wert 1 (H-Pegel) und an B ein Signal mit dem Wert 0 (L-Pegel) an.

a) Welcher Leiter ist auf den Ausgang Q durchgeschaltet, wenn der Freigabeeingang EN ein Signal mit den Wert 1 (H-Pegel) führt?

b) Wie lautet der UND-Term der Eingangsva-riablen in diesem Fall?

Lösung:

a) $a = 1$, $b = 0$, $en = 1 \Rightarrow \boldsymbol{q = d_1} \Rightarrow$ **der Leiter D1 ist auf den Ausgang Q durchgeschaltet.**

b) $\boldsymbol{en \wedge d_1 \wedge a \wedge \overline{b}}$

Das Schaltzeichen eines 8-Bit-auf-1-Bit-Multiplexers zeigt an den Anschlüssen die Nummern der Pins des IC **(Bild 4).** Im Inneren des Schaltzeichens sind die drei Adresseingänge mit 0 bis 2, der Freigabeeingang mit EN und die acht Datenleiter mit 0 bis 7 bezeichnet. Die Bezeichnung G $\frac{0}{7}$ (G von gate – Tor) bedeutet, dass mit drei Adresseingängen acht Leiter gewählt werden können. Am Ausgang steht meist auch das invertierte Signal zur Verfügung. Da ein Multiplexer aus einem parallel anliegenden Datensignal ein serielles erzeugt, bezeichnet man ihn auch als *Datenselektor* oder Parallel-Serien-Umsetzer.

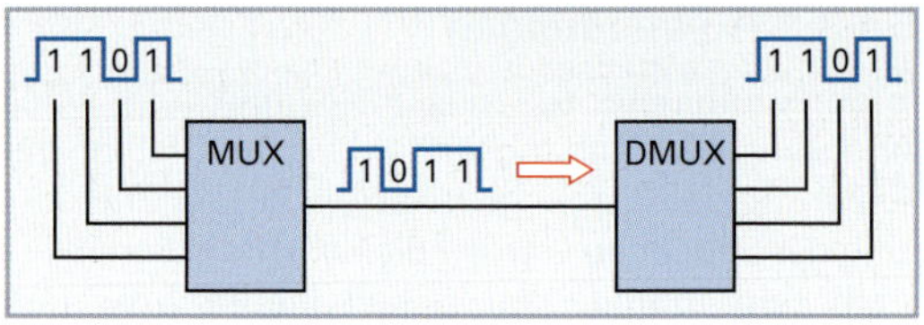

Bild 1: Serielle Übertragung eines parallelen Signals

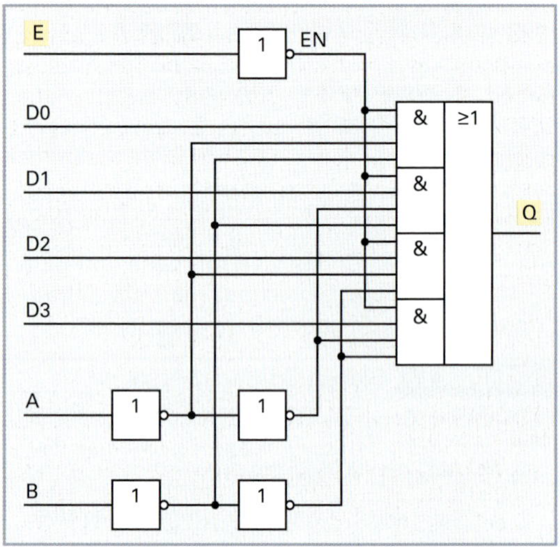

Bild 2: Schaltung eines 4-Bit-auf-1-Bit-Multiplexers

Eingänge			Ausgang
EN	B	A	Q
L	X	X	L
H	L	L	$q = d_0$
H	L	H	$q = d_1$
H	H	L	$q = d_2$
H	H	H	$q = d_3$

H-Pegel ≙ Signal mit Wert 1
L-Pegel ≙ Signal mit Wert 0

Bild 3: Arbeitstabelle eines 4-Bit-auf-1-Bit-Multiplexers

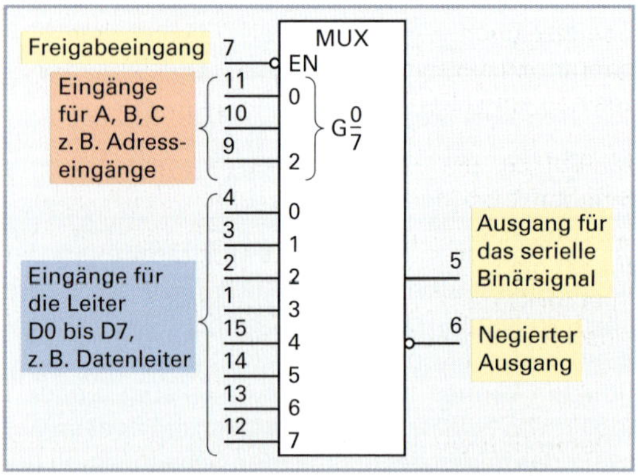

Bild 4: Schaltzeichen eines 8-Bit-auf-1-Bit-Multiplexers

Eine Folge von L-Pegeln und H-Pegeln stellt ein Binärsignal dar. Wenn die Pegel zeitlich nacheinander auftreten, bezeichnet man sie als serielles Binärsignal. Die Umwandlung des seriellen Binärsignals in ein paralleles Binärsignal erfolgt über einen Demultiplexer.

Ein 1-Bit-auf-4-Bit-Demultiplexer hat einen Eingangsleiter S, der das serielle Eingangsignal *s* führt **(Bild 1)**. Dieser Leiter ist an alle vier UND-Elemente des Demultiplexers geschaltet. Jeder Pegel des seriellen Binärsignals liegt also gleichzeitig an allen UND-Elementen an. Die beiden Eingänge A und B sind die Adresseingänge. Diese Signale bestimmen zusammen mit dem Signal des Freigabeeinganges EN, welcher Ausgang des Demultiplexers den Pegel des seriellen Eingangssignales bekommt. Die Zuordnung der Eingangspegel zu den Signalen der angewählten Datenleiter D0 bis D3 zeigt die Arbeitstabelle des Demultiplexers **(Bild 2)**.

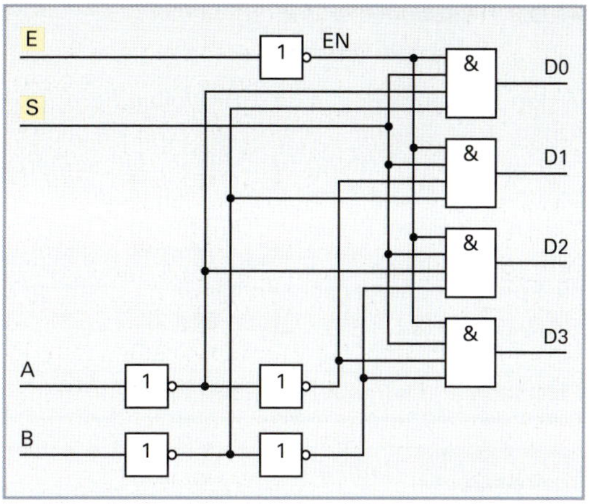

Bild 1: Schaltung eines 1-Bit-auf-4-Bit-Demultiplexers

Eingänge				Ausgänge
EN	S	B	A	D0 ... D3
H	*s*	L	L	$d_0 = s$
H	*s*	L	H	$d_1 = s$
H	*s*	H	L	$d_2 = s$
H	*s*	H	H	$d_3 = s$

Bild 2: Arbeitstabelle eines 1-Bit-auf-4-Bit-Demultiplexers

Beispiel 1 **Demultiplexer:**

a) Welcher Datenleiter D0 bis D3 des Demultiplexers Bild 1 ist auf den Eingang durchgeschaltet, wenn der Freigabeeingang EN und der Eingang A jeweils ein Signal mit dem Wert 1 (H-Pegel) führt und der Eingang B ein Signal mit dem Wert 0 (L-Pegel)?

b) Wie lautet der schaltalgebraische Term für die Eingangsvariablen bei a)?

Lösung:

a) $en = 1,\ a = 1,\ b = 0$
$\Rightarrow$ **Signal von S liegt am Leiter D1.**

b) $\boldsymbol{d_1 = en \wedge a \wedge \overline{b} \wedge s}$

Das Schaltzeichen eines 1-Bit-auf-8-Bit-Demultiplexers enthält im Inneren, wie der Multiplexer Bild 4, vorhergehende Seite, an den Adresseingängen die Bezeichnungen 0 bis 2 **(Bild 3)**. Dies bedeutet, dass acht ansteuerbare Ausgänge 0 bis 7, z. B. D0 bis D7, anwählbar sind (Schreibweise $G\frac{0}{7}$ im Schaltzeichen von Gated 0 bis 7, verundete Eingänge). Anstelle von DX wird auch DMUX als Kennzeichen eines Demultiplexers angegeben.

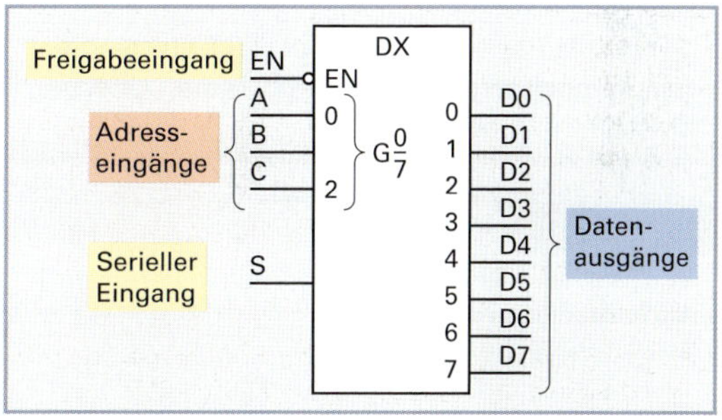

Bild 3: Schaltzeichen eines 1-Bit-auf-8-Bit-Demultiplexers (Prinzip)

Multiplexer und Demultiplexer gibt es als IC. Der 8-Bit-auf-1-Bit-Multiplexer hat 16 Pins **(Bild 4)**. Neben den drei Anschlüssen für A, B und C, den acht Pins für D0 bis D7, dem einen Pin für $\overline{EN}$ und den zwei Pins für Q und $\overline{Q}$ sind ein Masseanschluss und ein Anschluss für die Betriebsspannung vorhanden.

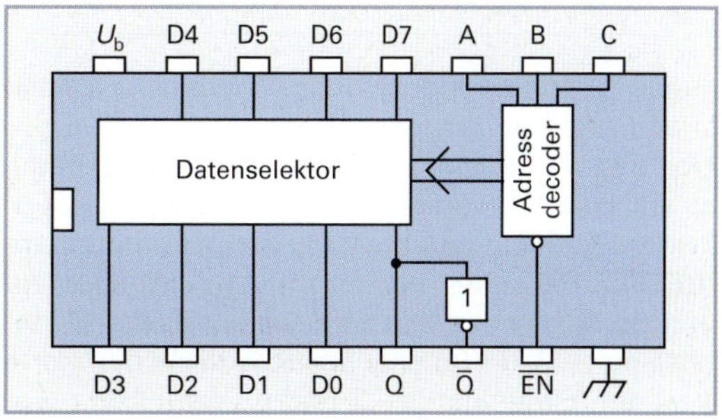

Bild 4: IC eines 8-Bit-auf-1-Bit-Multiplexers

Demultiplexer erzeugen aus einem seriellen Binärsignal ein paralleles Binärsignal.

2.2.3.2 Halbaddierer und 1-Bit-Volladdierer

In den Rechenwerken sind 1-Bit-Volladdierer enthalten. 1-Bit-Volladdierer sind aus zwei Halbaddierern in Serienschaltung herstellbar. Halbaddierer können zwei *Dualziffern* addieren. Halbaddierer bestehen aus einem Exklusiv-ODER-Element und parallel dazu einem UND-Element **(Bild 1)**. Sie bilden die Summe s und gegebenenfalls einen Übertrag $ü$ am Ausgang CO (Carry Output, **Bild 2**).

> Halbaddierer können zwei Dualziffern addieren.

Beispiel 1 Halbaddierer:

Wie groß sind Summe s und Übertrag $ü$ bei der Addition mit Schaltung Bild 1 für die Dualziffern a) $a = 0$ und $b = 1$, b) $a = 1$ und $b = 1$?

Lösung:

a) $s = (a \wedge \bar{b}) \vee (\bar{a} \wedge b) = (0 \wedge 0) \vee (1 \vee 1) = \mathbf{1}$
$ü = a \wedge b = 0 \wedge 1 = \mathbf{0}$

b) $s = (1 \wedge 0) \vee (0 \wedge 1) = \mathbf{0}$
$ü = 1 \wedge 1 = \mathbf{1}$

1-Bit-Volladdierer können zwei Dualziffern *und* den Übertrag aus der vorhergehenden Stufe, z. B. einem Halbaddierer oder einem Volladdierer, addieren. Sie bestehen aus zwei Halbaddierern und einem ODER-Element **(Bild 3)**. Bei der Addition bilden sie die Summe s und einen Übertrag $ü_2$ **(Bild 4)**.

> 1-Bit-Volladdierer können drei Dualziffern addieren, nämlich zwei Dualziffern und einen Übertrag als weitere Dualziffer.

Beispiel 2 Volladdierer:

Wie groß sind Summe s und Übertrag $ü_2$ bei einem 1-Bit-Volladdierer nach Bild 3 für

a) $a = 1$, $b = 0$, $ü_1 = 0$,

b) $a = 1$, $b = 1$, $ü_1 = 1$

Lösung:

Nach Wertetabelle Bild 4:

a) $\mathbf{s_2 = 1}$ und $\mathbf{ü_2 = 0}$

b) $\mathbf{s_2 = 1}$ und $\mathbf{ü_2 = 1}$

In den Symbolen für den 1-Bit-Volladdierer (Bild 4) steht CI für den Übertragseingang (C von carry = Übertrag, I von input) und CO für den Übertragsausgang (O von output). In der Form 1 ist die Fähigkeit zur Addition durch das Summenzeichen Σ angegeben. Die Form 2 enthält ein *Ungerade-Element* und ein *Schwellwertelement,* weil nach der Wertetabelle von Bild 4 für eine ungerade Zahl der Werte 1 an den Eingängen $s = 1$ und für zwei und mehr Werte 1 an den Eingängen $ü_2 = 1$ ist.

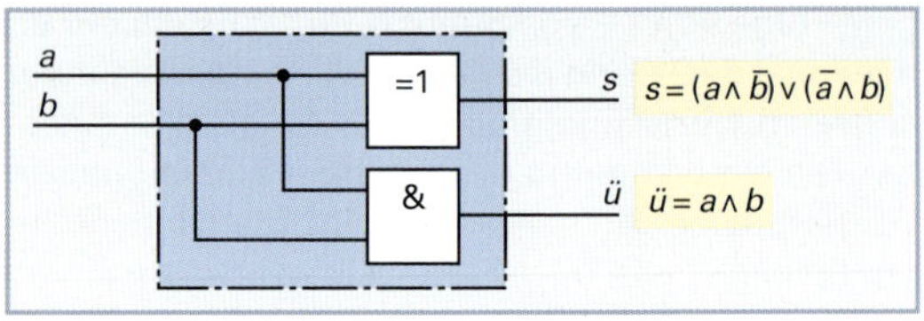

Bild 1: Verwirklichung eines Halbaddierers

Wertetabelle

b	q	s	ü
0	0	0	0
0	1	1	0
1	0	1	0
1	1	0	1

Symbol

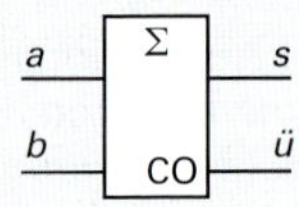

Bild 2: Wertetabelle und Symbole eines Halbaddierers

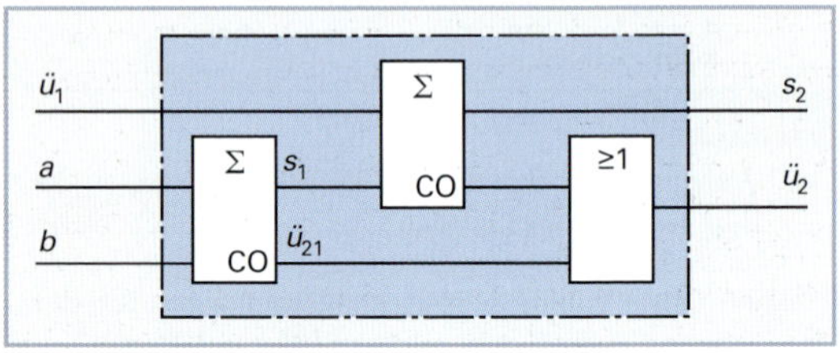

Bild 3: 1-Bit-Volladdierer

Wertetabelle

$ü_1$	b	a	s	$ü_2$
0	0	0	0	0
0	0	1	1	0
0	1	0	1	0
0	1	1	0	1
1	0	0	1	0
1	0	1	0	1
1	1	0	0	1
1	1	1	1	1

Symbole

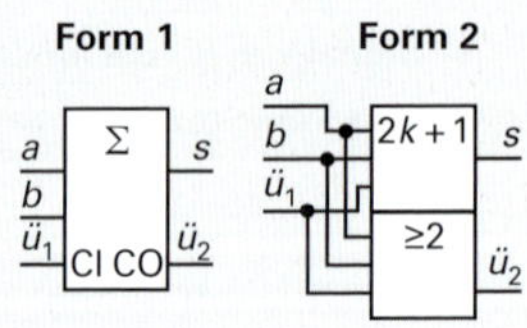

Bild 4: Wertetabelle und Symbole eines 1-Bit-Volladdierers

Die Verwirklichung der Schaltung für den 1-Bit-Volladdierer kann auch durch die Programmierung eines PAL oder eines Mikroprozessors erfolgen.

Wiederholung und Vertiefung

WV

1. **Welche Fähigkeiten hat ein Halbaddierer?**
2. **Aus welchen Bauelementen besteht ein 1-Bit-Volladdierer?**
3. **Welche Aufgaben kann ein 1-Bit-Volladdierer übernehmen?**
4. **Warum kann beim 1-Bit-Volladdierer der Summenausgang von einem Ungerade-Element gespeist werden?**

2.3 Daten von binären Elementen

2.3.1 Binäre Elemente mit besonderen Ausgängen

Das NAND-Element ist ein Grundbaustein in der TTL-Technik (TTL = Transistor-Transistor-Logik). Bei den NAND-Elementen gibt es verschiedene Ausgangsschaltungen, um diese Elemente für unterschiedliche Zwecke einsetzen zu können.

Gegentaktausgangsstufe

Die Gegentaktausgangsstufe von TTL-Schaltkreisen ist die am häufigsten anzutreffende Ausgangsstufe **(Bild 1)**. Sie liefert die notwendigen Ströme und Spannungen zur Ansteuerung nachfolgender Schaltungen. Sie darf nicht mit weiteren TTL-Ausgängen parallel geschaltet werden (Kurzschlussgefahr). Der Ausgangslastfaktor F_Q legt die größtmögliche Anzahl der Eingänge fest, die von der Ausgangsstufe angesteuert werden können, wenn deren Eingangslastfaktor F_I = 1 beträgt.

Ausgang mit offenem Kollektor

Beim Open-Collector-Ausgang (Ausgang mit offenem Kollektor) ist kein Kollektorwiderstand integriert. Die Schaltkreisausgänge müssen mit dem externen Kollektorwiderstand R_C verbunden werden **(Bild 2)**. Dadurch entsteht eine zusätzliche logische Verknüpfung, die man Wired-AND (verdrahtetes UND) nennt. Mit einem Open-Collector-Ausgang können Verbraucher an höheren Spannungen als der H-Pegel betrieben werden, z. B. an 12 V.

Tristate-Ausgang

Die Tristate-Ausgangsschaltung (Tristate, Kunstwort aus griech. Vorsilbe tri = drei, state = Zustand) mit dem besonderen Eingang CS (Chip-Select, chip = Plättchen, to select = auswählen) ermöglicht es, beide Ausgangstransistoren zu sperren **(Bild 3)**. Mit H-Pegel an CS ist das NAND-Element in Betrieb. Mit L-Pegel an CS wird der Ausgang hochohmig (dritter Zustand, deshalb Tristate), führt also weder H-Pegel noch L-Pegel. Beim Parallelschalten muss man darauf achten, dass alle Ausgänge bis auf einen gesperrt sind. Man nutzt das z. B. dort, wo mehrere Elemente auf einem gemeinsamen Leiter arbeiten.

Durch Einsatz von Schottkytransistoren bzw. Schottkydioden nach **Bild 4** werden ein kleinerer Leistungsverbrauch und kürzere Schaltzeiten erreicht. Die Schottkydioden verhindern eine Übersteuerung der Transistoren. Dadurch erreicht man kleine Signallaufzeiten.

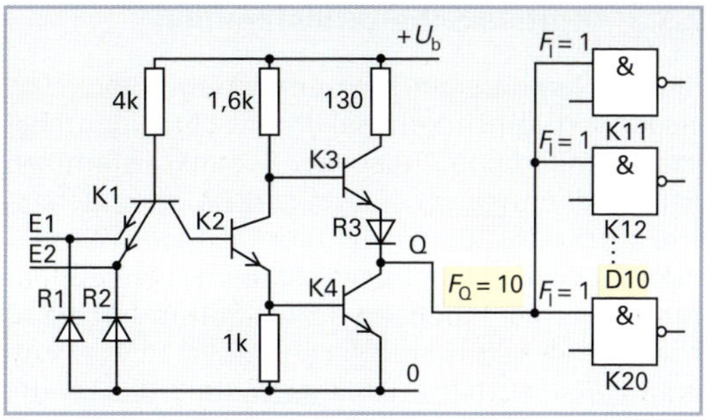

Bild 1: Gegentaktausgangsstufe

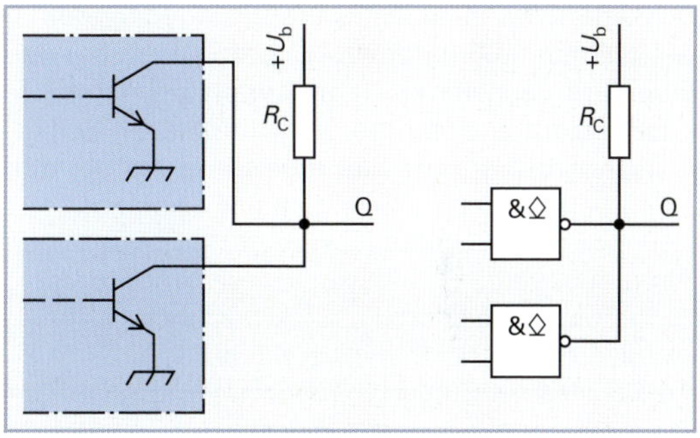

Bild 2: Ausgang mit offenem Kollektor

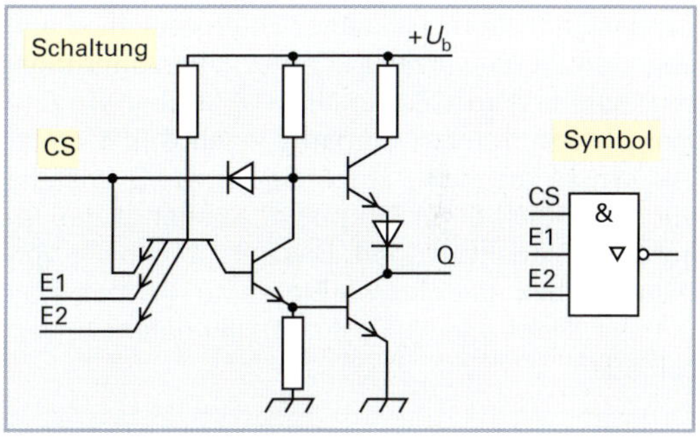

Bild 3: Tristate-Ausgang

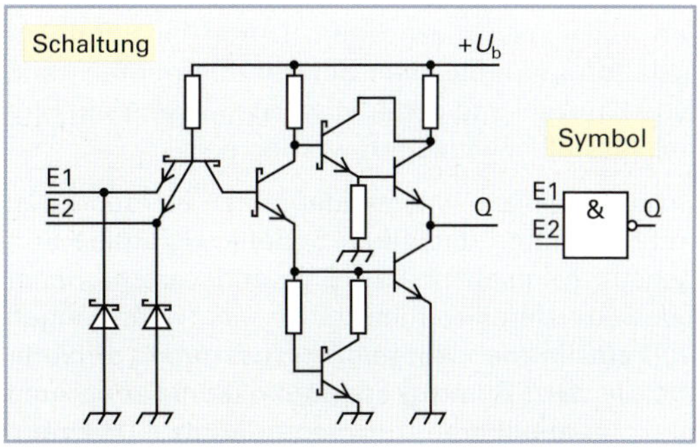

Bild 4: S-TTL-Schaltung (Schottky-TTL-Schaltung)

2.3.2 Digitale Schaltkreisfamilien

Binäre Elemente gehören unabhängig vom Hersteller und von Einzelheiten ihrer Schaltung zu bestimmten Gruppen, die man Schaltkreisfamilien nennt. Man unterscheidet dabei *bipolare* Schaltkreise **(Tabelle 1)** und *unipolare* Schaltkreise **(Tabelle 2)**. Bei den bipolaren Schaltkreisen fließt der Strom wie bei bipolaren Transistoren durch PN-Übergänge, sodass größere Verluste als bei den unipolaren Schaltkreisen auftreten. Bei denen fließt der Strom wie bei den unipolaren Transistoren nur durch einen N-Kanal oder durch einen P-Kanal.

Der kapazitive Anteil des Eingangswiderstandes ist wie bei den unipolaren Transistoren auch bei den unipolaren Schaltkreisen größer als bei den bipolaren. Dadurch treten bei den unipolaren Schaltkreisen größere Verzögerungszeiten als bei den entsprechenden bipolaren Schaltkreisen auf.

In unipolaren Schaltkreisen treten größere Verzögerungszeiten und bis 100 kHz kleinere Verluste als in bipolaren Schaltkreisen auf.

Wegen der Verzögerungszeiten t_{SHL} (Änderung von H nach L) und t_{SLH} (Änderung von L nach H) tritt bei der Ansteuerung eines binären Elementes zwischen dem Eingangssignal und dem Ausgangssignal ein meist kleiner Zeitunterschied auf, den man *Signallaufzeit* t_S (Laufzeit, Verzögerungszeit) nennt. Wird z. B. ein NICHT-Element am Eingang I (von Input = Eingang) nach **Bild 1** angesteuert, so erscheint am Ausgang Q (Q anstelle von eigentlich O für Output = Ausgang) das invertierte Signal verzögert. Das entsprechende Verhalten haben alle binären Elemente. Jedoch sind die Signallaufzeiten je nach Schaltkreisfamilie verschieden.

Bei binären Elementen treten unterschiedliche Signallaufzeiten auf.

Im Zeitablaufdiagramm werden die Signallaufzeiten meist nicht dargestellt. Durch eine Reihenschaltung von gleichen binären Elementen kann eine Laufzeitkette gebildet werden, wenn ein Signal absichtlich verzögert werden soll.

Schaltungen aus binären Elementen werden meist mit Elementen derselben Schaltkreisfamilie aufgebaut. Wenn aber binäre Elemente verschiedener Schaltkreisfamilien hinsichtlich ihrer Spannungen übereinstimmen, können sie zusammen verwendet werden. Derartig spannungskompatibel und pinkompatibel (von franz. compatible = übereinstimmend) sind z. B. TTL und HCTMOS.

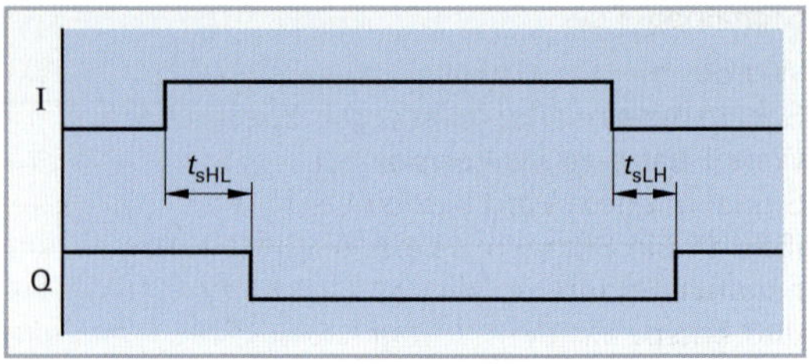

Bild 1: Signallaufzeit t_S eines NICHT-Elementes

Tabelle 1: Bipolare digitale Schaltkreise

Kurzzeichen	Erläuterung
TTL	Standard-TTL (Transistor-Transistor-Logik)
H-TTL	High-Speed-TTL (Hochgeschwindigkeits-TTL)
L-TTL	Low-Power-TTL (Niedrigleistungs-TTL)
AS-TTL	Advanced-Schottky-TTL (fortgeschrittene Schottky-TTL)
LS-TTL	Low-Power-Schottky-TTL
ALS-TTL	Advanced-Low-Power-Schottky-TTL
ECL	Emitter-Coupled-Logic (emittergekoppelte Logik)
I^2L	Integrated-Injection-Logic (integrierte Einspritzlogik)
HLL	High-Level-Logic (Hochpegellogik)

Tabelle 2: Unipolare digitale Schaltkreise

Kurzzeichen	Erläuterung
NMOS	N-Channel-Metal-Oxid-Semiconductor (N-Kanal-Metall-Oxid-Halbleiter)
PMOS	P-Channel-Metal-Oxid-Semiconductor (P-Kanal-Metall-Oxid-Halbleiter)
CMOS	Complementary-Symmetrical-MOS (komplementär-symmetrisches MOS)
HCMOS	High-Speed-CMOS (Hochgeschwindigkeits-CMOS)
HCTMOS	HCMOS-TTL-kompatibel
CCD	Charge-Coupled-Device (ladungsgekoppeltes Element)

Wiederholung und Vertiefung

WV

1. **In welchem Fall verwendet man binäre Elemente mit offenem Kollektor?**
2. **Was versteht man bei binären Elementen unter Wired AND?**
3. **Welche Zustände kann ein Tristate-Ausgang annehmen?**
4. **Welche unterschiedlichen Eigenschaften bestehen zwischen bipolaren und unipolaren binären Elementen?**

Signalpegel bei TTL

Wie die meisten Schaltkreisfamilien arbeiten TTL-Schaltkreise mit positiver Logik. Ein Signal mit dem Wert 1 hat eine stärker positive Spannung als das Signal mit dem Wert 0 und entspricht dem H-Pegel **(Bild 1)**. Ein Signal mit dem Wert 0 hat eine stärker negative Spannung als das Signal mit dem Wert 1 und entspricht dem L-Pegel. Die TTL-Schaltkreisfamilie verwendet eine Betriebsspannung von etwa $+U_b = 5$ V.

Bei TTL-Schaltkreisfamilien ist hinsichtlich der Ausgangsspannung und Eingangsspannung betreffend der Signale mit Wert 0 und 1 zu unterscheiden. Signalen mit dem Wert 0 ist bei Ausgangsspannungen der Spannungsbereich 0 V bis 0,4 V zugeordnet. Signalen mit dem Wert 1 ist der Spannungsbereich 2,4 V bis 5 V zugeordnet. Bei Eingangsspannungen hingegen ist Signalen mit dem Wert 0 der Spannungsbereich 0 V bis 0,8 V und Signalen mit dem Wert 1 der Spannungsbereich 2 V bis 5 V zugeordnet.

Signalpegel hängen von Schaltkreisfamilien ab.

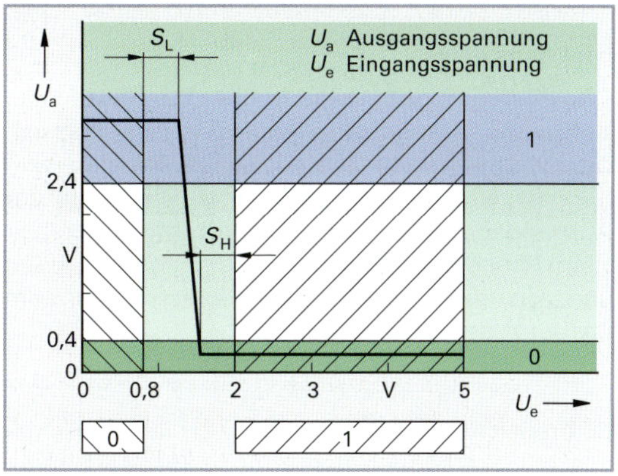

Bild 1: Signalpegel

Signalpegel bei CMOS

CMOS-Schaltungen setzt man dort ein, wo es auf kleine Verlustleistung und große Störsicherheit ankommt. HCTMOS sind TTL-kompatibel. Bei kleinen Schaltfrequenzen nehmen sie sehr wenig Leistung auf. Der Signalpegel ist abhängig von der gewählten Betriebsspannung **(Tabelle 1)**.

CMOS-Schaltungen haben eine geringe Leistungsaufnahme und besitzen eine große Störsicherheit.

Tabelle 1: Signalpegel bei CMOS

Signalpegel bei	$U_b = 5$ V	$U_b = 10$ V	$U_b = 15$ V
U_{eL}	≤ 1,5 V	≤ 3 V	≤ 5,5 V
U_{eH}	≥ 3,5 V	≥ 7 V	≥ 10,5 V
U_{aL}	≤ 0 V	≤ 0 V	≤ 0 V
U_{aH}	≥ 5 V	≥ 10 V	≥ 15 V

U Spannung. Indizes : a Ausgang, b Betrieb, e Eingang, H Pegel High, L Pegel Low

Störabstand

Störspannungen können die Eingänge der Schaltkreise ungewollt ansteuern. Um dies z. B. beim Schalten des Ausganges eines Schaltkreises vom H-Pegel nach L-Pegel zu verhindern, liegt zwischen dem Signalpegelgrenzwert U_{eL} und der Schaltschwelle der Ausgangsspannungsänderung ein Sicherheitsspannungsabstand, den man entsprechend dem zu erreichenden L-Pegel Störabstand S_L nennt. Beim Schalten von L-Pegel nach H-Pegel spricht man vom Störabstand S_H (Bild 1). Der *statische* Störabstand kennzeichnet also die Sicherheit von Schaltkreisen, bei denen unter ungünstigsten Bedingungen (engl. Worst-Case) eine Eingangspegeländerung den Zustand eines Elementes noch nicht ändert. Je größer der Störabstand einer Schaltkreisfamilie ist, desto kleiner ist die Wahrscheinlichkeit einer Fehlfunktion **(Tabelle 2)**.

Tabelle 2: Statische Störabstände

Art	TTL	ECL	I²L	CMOS
S_L	0,4 V bis 1,2 V	0,15 V	0,6 V	45 % der Betriebsspannung
S_H	0,4 V bis 3,4 V	0,12 V	0,04 V	
S	gut	befriedigend		sehr gut

S Störabstand. Indizes: H Pegel High, L Pegel Low

Die *dynamische* Störsicherheit gibt das Verhalten der integrierten Schaltungen gegenüber Störimpulsen an, deren Dauer klein ist gegenüber der Signallaufzeit. Man unterscheidet dabei zwischen Eingangsempfindlichkeit und Empfindlichkeit gegen kapazitive Störeinkopplung (Übersprechstörungen).

AS-TTL-Schaltkreise und ALS-TTL-Schaltkreise haben einen kleineren Leistungsverbrauch und einen größeren Störabstand als ECL-Schaltkreise. Die Technik I²L hat eine sehr kleine Verlustleistung und einen sehr kleinen Flächenbedarf (10 % von TTL-Elementen oder CMOS-Elementen).

2.4 Sequenzielle Digitaltechnik (Schaltwerke)

2.4.1 Binärspeicher (Flipflop)

Funktionsweise

Oft will man Signalzustände über die Dauer ihres Auftretens hinaus festhalten und wirksam lassen. Dazu werden für die binären Signale *Binärspeicher* (Signalspeicher) benötigt **(Bild 1)**. Die Werte der Ausgangsgrößen einer Schaltung mit Binärspeichern hängen von den Werten der Eingangsgrößen und von den Zuständen der Binärspeicher zum Zeitpunkt der Ansteuerung ab.

Binärspeicher sind Flipflops (bistabile Kippschaltungen). Sie können den Informationsgehalt von 1 bit speichern. Ein Flipflop besitzt z. B. einen *Setzeingang* S (von to set = setzen) und einen *Rücksetzeingang* R (von to reset = rücksetzen). Durch ein Signal mit dem Wert 1 am S-Eingang kann das Flipflop gesetzt werden. Am Q-Ausgang wird dadurch ein Signal mit dem Wert 1 erzeugt. Der Ausgang Q* (sprich: Q Stern) liefert dann ein Signal mit dem Wert 0. Anstelle von Q* wird auch $\overline{Q}$ (sprich: Q nicht) verwendet. Solange das Flipflop nicht durch ein Signal mit dem Wert 1 am R-Eingang zurückgesetzt wird, bleibt es gesetzt, auch wenn das Setzsignal nicht mehr vorhanden ist. Durch ein Signal mit dem Wert 1 am R-Eingang wird das Flipflop zurückgesetzt. Der Q-Ausgang liefert ein Signal mit dem Wert 0, der Q*-Ausgang dagegen ein Signal mit dem Wert 1. Auch der Rücksetzzustand bleibt erhalten, wenn das Rücksetzsignal nicht mehr vorhanden ist.

> Ein Flipflop kann den Informationsgehalt von 1 bit speichern.

Die beiden Ausgänge Q und Q* des Flipflops sind *komplementär* (von lat. complementum = Ergänzung). Sie liefern Spannungspegel, welche zueinander gegensätzlich sind. Flipflops unterscheiden sich hauptsächlich durch die Art der Ansteuerung und der Auslösung des Kippvorganges von dem einen stabilen Zustand in den anderen stabilen Zustand.

Erfolgt das Setzen eines Flipflops mit Low-Pegel, wird der Setzeingang mit $\overline{S}$ (sprich: nicht S) gekennzeichnet. Entsprechendes gilt für den Rücksetzeingang.

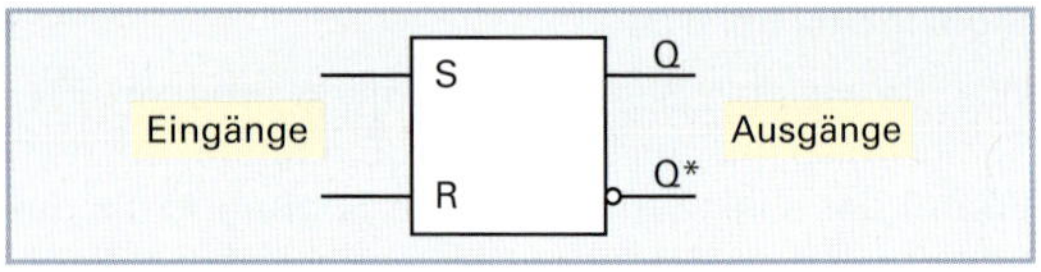

Bild 1: Schaltzeichen eines Binärspeichers

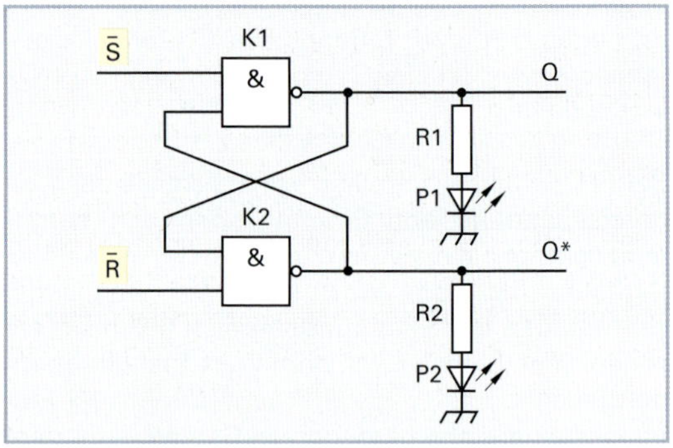

Bild 2: Realisierung der $\overline{RS}$-Kippschaltung mit NAND-Elementen

Verschiedene Eingangspegel an $\overline{S}$ und $\overline{R}$

Übung 1

Bauen Sie die Schaltung nach **Bild 2** auf. Legen Sie an den $\overline{S}$-Eingang H-Pegel und an den $\overline{R}$-Eingang L-Pegel. Beobachten Sie die Pegel der Ausgänge Q und Q* mittels der LED.

Beobachtung:

Das Signal am Ausgang Q besitzt L-Pegel, das Signal am Ausgang Q* dagegen H-Pegel.

Liegt am $\overline{R}$-Eingang des NAND-Elementes K2 L-Pegel, dann besitzt der Ausgang Q* auf jeden Fall H-Pegel, ganz gleich, ob das zweite Eingangssignal von K2, also das Ausgangssignal von K1, L-Pegel oder H-Pegel besitzt. Somit liegen an beiden Eingängen von K1 zwei Signale mit H-Pegel. Deshalb erscheint am Ausgang Q ein Signal mit L-Pegel.

Liegt am $\overline{S}$-Eingang des NAND-Elementes K1 L-Pegel, dann besitzt der Ausgang Q einen H-Pegel. Liegt am $\overline{R}$-Eingang nun H-Pegel, dann liegen an K2 zwei Signale mit H-Pegel. Am Ausgang Q* erscheint folglich ein Signal mit L-Pegel.

Bei der Schaltung Bild 2 handelt es sich um eine RS-Kippschaltung ($\overline{RS}$ sprich: R nicht, S nicht), die mit zwei NAND-Elementen aufgebaut ist. Das Setzen dieser Kippschaltung erfolgt mit einem L-Pegel am $\overline{S}$-Eingang bei einem H-Pegel am $\overline{R}$-Eingang. Am Q-Ausgang entsteht dann ein H-Pegel und am Q*-Ausgang ein L-Pegel. Das Rücksetzen dieser Schaltung erfolgt mit einem L-Pegel am $\overline{R}$-Eingang bei einem H-Pegel am $\overline{S}$-Eingang. Am Q-Ausgang erscheint dann L-Pegel und am Q*-Ausgang H-Pegel.

> Die $\overline{RS}$-Kippschaltung besitzt einen Setzeingang, einen Rücksetzeingang und zwei Ausgänge, deren Spannungspegel zueinander komplementär sind.

Gleiche Eingangspegel an $\overline{S}$ und $\overline{R}$

Werden an die beiden Eingänge $\overline{R}$ und $\overline{S}$ der Schaltung Bild 2, vorhergehende Seite, H-Pegel gelegt, so besitzt das NAND-Element K1 über die Verbindung mit dem Ausgang Q* noch eine weitere Eingangsgröße, z. B. mit L-Pegel. Am Ausgang Q bleibt dann der H-Pegel erhalten. Die zwei H-Pegel am Eingang von K2 liefern an dessen Ausgang erneut den L-Pegel. Bei H-Pegeln an den Eingängen $\overline{R}$ und $\overline{S}$ ändern sich die vorhandenen Spannungspegel der Ausgänge Q und Q* nicht.

Liegen sowohl am $\overline{R}$-Eingang als auch am $\overline{S}$-Eingang der NAND-Elemente L-Pegel, dann erscheint an den Ausgängen Q und Q* je ein Signal mit H-Pegel. Die Ausgänge Q und Q* haben also keine komplementären Pegel. Man spricht deshalb von einem *irregulären Zustand.* Wird nun an die Eingänge $\overline{R}$ und $\overline{S}$ jeweils ein H-Pegel gelegt, so erhält man an den Ausgängen Q und Q* zwar komplementäre Pegel, jedoch kann an Q entweder H-Pegel oder L-Pegel erscheinen. Das hängt von den Signallaufzeiten der beiden NAND-Elemente ab. Diesen Zustand bezeichnet man als *nicht definiert.*

> Beim $\overline{RS}$-Flipflop kann bei gleichartiger Ansteuerung mit L-Pegel ein irregulärer Zustand auftreten.

Die Ergebnisse der oben gemachten Übungen lassen sich in einer *Arbeitstabelle* zusammenfassen **(Bild 1)**. Der Zeitpunkt t_n ist der Zeitpunkt, zu dem die Eingangsspannungspegel an die Eingänge $\overline{R}$ und $\overline{S}$ des Signalspeichers gelegt werden. Der Zeitpunkt t_{n+1} ist der Zeitpunkt nach dieser Ansteuerung. Mit q_n wird der Zustand des Flipflops zum Zeitpunkt t_n beschrieben. Der zum Zeitpunkt t_n zu q_n komplementäre Zustand des Flipflops ist der Zustand $\overline{q_n}$.

Die Aussagen der Arbeitstabelle nach Bild 1 können mittels eines Zeitablaufdiagrammes grafisch dargestellt werden **(Bild 2)**. In einem Zeitablaufdiagramm werden die Signallaufzeiten von binären Elementen nicht berücksichtigt. Verzögerungszeiten von Verzögerungselementen hingegen sind zu berücksichtigen. Der Binärwert 0, also in der meist verwendeten positiven Logik der L-Pegel, ist die Grundlinie des Signalzuges. Der Binärwert 1, also der H-Pegel, wird von der Grundlinie aus nach oben aufgetragen.

Zeitpunkt t_n		Zeitpunkt t_{n+1}		
$\overline{R}$	$\overline{S}$	Q	Q*	
L	H	L	H	
H	L	H	L	
H	H	q_n	$\overline{q_n}$	
L	L	H	H	irregulär
L→H	L→H	H oder L	L oder H	nicht definiert

Bild 1: Arbeitstabelle des $\overline{RS}$-Flipflops

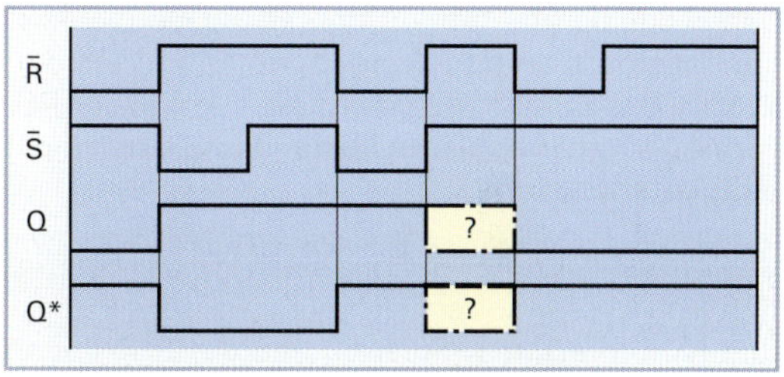

Bild 2: Zeitablaufdiagramm des $\overline{RS}$-Flipflops

> Die Funktionsweise eines Flipflops kann anhand einer Arbeitstabelle oder eines Zeitablaufdiagrammes dargestellt werden.

Anstelle der Arbeitstabelle mit den Pegeln L und H kann auch eine Wertetabelle mit den Werten 0 und 1 aufgestellt werden.

Wiederholung und Vertiefung

WV

1. **Zu welchem Zweck werden Flipflops verwendet?**
2. **Wodurch kann ein Flipflop realisiert werden?**
3. **Welcher Zusammenhang besteht zwischen den Spannungspegeln an den Ausgängen Q und Q* eines Flipflops?**
4. **Erklären Sie den irregulären Zustand eines $\overline{RS}$-Flipflops.**
5. **Wann spricht man bei einem $\overline{RS}$-Flipflop von einem nicht definierten Zustand?**
6. **Wie kann die Funktionsweise eines Flipflops dargestellt werden?**
7. **Erklären Sie den Begriff Binärspeicher.**

2.4.2 Asynchrone Flipflops

Asynchrone Flipflops sind Flipflops, welche *ohne* Taktsignal arbeiten. Ein solches Flipflop kann zu jeder Zeit durch Eingangssignale eingestellt werden.

> Asynchrone Flipflops besitzen keinen Takteingang.

Das $\overline{RS}$-Flipflop ist ein asynchrones Flipflop **(Tabelle 1).** Man bezeichnet es auch als *Grundflipflop,* weil die kreuzweise rückgekoppelten Elemente in fast jeder bistabilen Kippschaltung enthalten sind. Ersetzt man die beiden NAND-Elemente durch NOR-Elemente, dann erhält man das asynchrone RS-Grundflipflop (Tabelle). Besitzen beide Eingangssignale den Wert 1, dann besitzen die Ausgangssignale an den Ausgängen Q und Q* den Wert 0. Das RS-Flipflop besitzt ebenso wie das $\overline{RS}$-Flipflop einen irregulären Zustand und einen nicht definierten Zustand.

Weitere asynchrone Flipflops sind z. B. das SL-Flipflop (von to set = setzen, latch = Klinke), das EL-Flipflop (von to erase = radieren) und das R$\overline{S}$-Flipflop (Tabelle). Bei diesen Flipfloptypen handelt es sich um Abarten des RS-Flipflops bzw. des $\overline{RS}$-Flipflops. Irreguläre Zustände und nicht definierte Zustände gibt es bei diesen Flipflops nicht. Diese Flipflop finden insbesondere Anwendung als programmierbare Funktionen in Programmen von speicherprogrammierbaren Steuerungen (SPS).

Werden beim SL-Flipflop die Eingänge S und L mit Signalen des Wertes 1 angesteuert, dann entsteht am Q-Ausgang ein Signal mit dem Wert 1 und am Q*-Ausgang ein Signal mit dem Wert 0. Bei allen anderen Kombinationen der Eingangsspannungspegel verhält sich das SL-Flipflop wie das RS-Flipflop. Man bezeichnet es auch als RS-Flipflop mit *dominierendem* S-Eingang (von lat. dominari = herrschen).

Bei einer Ansteuerung des EL-Flipflops mit Eingangssignalen des Wertes 1 liefert der Q-Ausgang ein Signal mit dem Wert 0 und der Q*-Ausgang ein Signal mit dem Wert 1. Bei allen anderen Kombinationen der Eingangsspannungspegel verhält sich das EL-Flipflop wie das RS-Flipflop. Es wird auch als RS-Flipflop mit dominierendem R-Eingang bezeichnet.

Beim R$\overline{S}$-Flipflop erfolgt das Setzen durch ein Signal mit dem Wert 0 am $\overline{S}$-Eingang. Das Rücksetzen des Flipflops geschieht mittels eines Signals mit dem Wert 1 am R-Eingang. Auch bei diesem Flipflop dominiert das Rücksetzen.

Tabelle 1: Asynchrone Flipflops

Schaltzeichen, Realisierung	Wertetabelle			
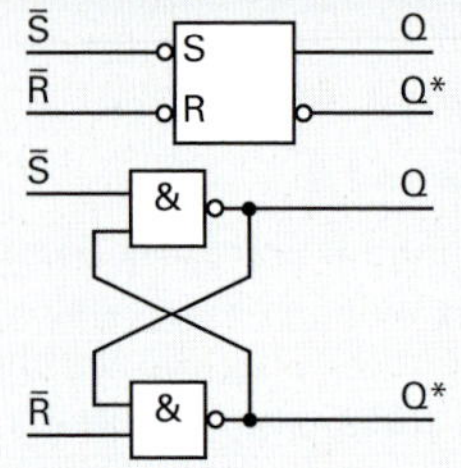	$\overline{S}$	$\overline{R}$	Q	Q*
	0	0	1	1
	0	1	1	0
	1	0	0	1
	1	1	q_n	$\overline{q_n}$
	0→1	0→1	1	0
			oder	
$\overline{RS}$-Flipflop			0	1
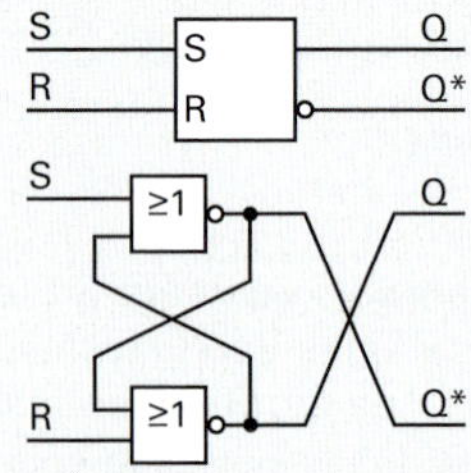	S	R	Q	Q*
	0	0	q_n	$\overline{q_n}$
	0	1	0	1
	1	0	1	0
	1	1	0	0
	1→0	1→0	0	1
			oder	
RS-Flipflop			1	0
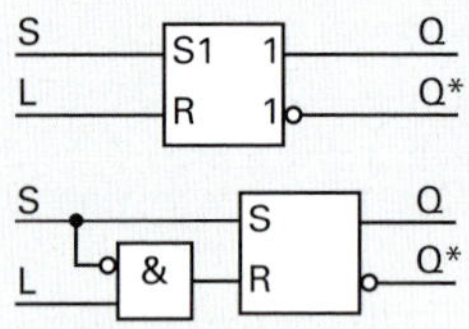	S	L	Q	
	0	0	q_n	
	0	1	0	
	1	0	1	
SL-Flipflop, RS-Flipflop mit dominierendem S-Eingang	1	1	1	
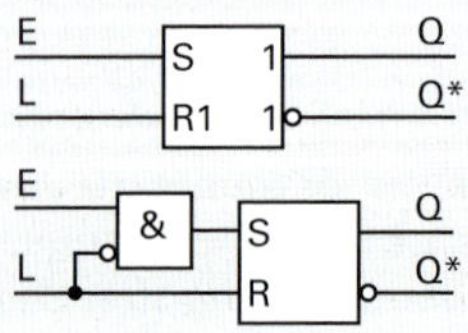	E	L	Q	
	0	0	q_n	
	0	1	0	
	1	0	1	
EL-Flipflop, RS-Flipflop mit dominierendem R-Eingang	1	1	0	
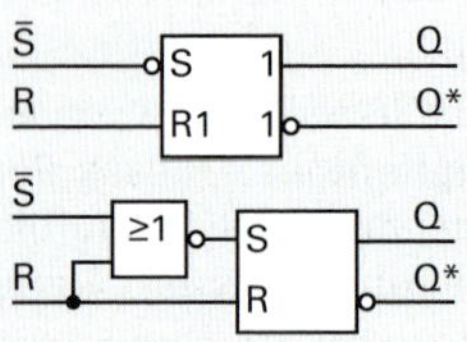	$\overline{S}$	R	Q	
	0	0	1	
	0	1	0	
	1	0	q_n	
R$\overline{S}$-Flipflop mit dominierendem R-Eingang	1	1	0	

Die Zustände eines Flipflops können grafisch mittels eines *Zustandsdiagrammes* (Zustandsgraph) dargestellt werden **(Bild 1)**. Dieses enthält die Angaben der Wertetabelle des Flipflops. Die Kreise, auch Knoten genannt, bedeuten hierbei die Zustände. Die Pfeile kennzeichnen die Übergänge von einem Zustand in den anderen. An die Pfeile sind die Bedingungen für einen Zustandswechsel geschrieben. Das RS-Flipflop wechselt z. B. vom Zustand *Signal mit Wert 0 am Ausgang Q* (Q = 0) in den Zustand *Signal mit Wert 1 am Ausgang Q* (Q = 1) durch ein Signal mit Wert 1 am Eingang S und ein Signal mit Wert 0 am Eingang R (Bild 1).

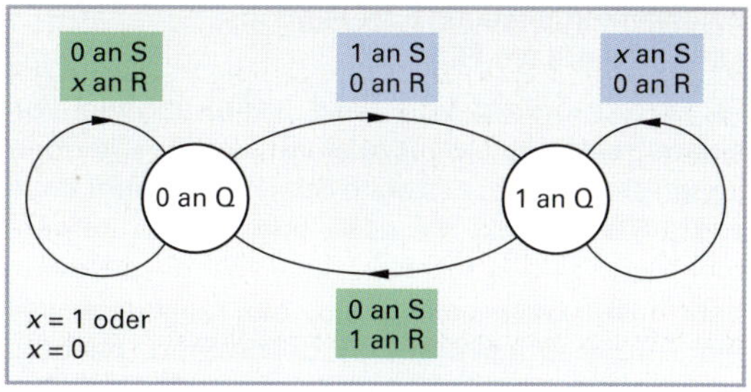

Bild 1: Zustandsdiagramm für RS-Flipflop

> In einem Zustandsdiagramm für ein Flipflop ist dessen Wertetabelle grafisch abgebildet.

Die $\overline{RS}$-Kippschaltung ist häufiger zu finden als die RS-Kippschaltung. Aus technologischen Gründen wird bei der integrierten Schaltungstechnik meistens das NAND-Element als Grundbauelement verwendet. Im TTL-Bauelement 74118 sind sechs $\overline{RS}$-Kippschaltungen enthalten **(Bild 2)**. Hier sind die $\overline{R}$-Eingänge aller sechs Kippschaltungen intern zusammengeschaltet und nur auf einen Anschluss herausgeführt. Alle sechs Flipflops werden deshalb durch ein Rücksetzsignal am $\overline{R}$-Eingang gleichzeitig zurückgesetzt. Dagegen kann jedes der sechs Flipflops einzeln über den jeweiligen Setzeingang S gesetzt werden.

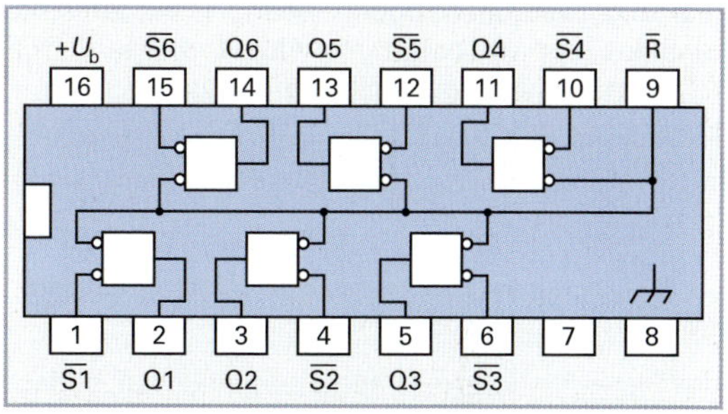

Bild 2: TTL-Bauelemente 74118, bestehend aus sechs asynchronen $\overline{RS}$-Flipflops

> In der integrierten TTL-Schaltungstechnik überwiegt das NAND-Element als Grundbauelement.

2.4.3 Synchrone Flipflops

Flipflops, die mittels eines *Taktes* gesteuert werden, nennt man synchrone Flipflops. Ein taktgesteuertes Flipflop besitzt außer dem Setzeingang und dem Rücksetzeingang noch den *Takteingang*, den man auch *Clockeingang* (von clock = Uhr, Takt) nennt.

Einflankengesteuerte JK-Flipflops

Die Wirkungsweise der Taktsteuerung des einflankengesteuerten JK-Flipflops ist anhand von Zeitablaufdiagrammen dargestellt **(Bild 3)**. Das Setzen bzw. das Rücksetzen des Flipflops erfolgt beim Eintreffen der ansteigenden oder der abfallenden Taktflanke. Von einer *ansteigenden (positiven) Flanke* spricht man, wenn das Taktsignal von L-Pegel auf H-Pegel übergeht. Bei einer *abfallenden (negativen) Flanke* wechselt das Taktsignal von H-Pegel auf L-Pegel. Taktflankengesteuerte Flipflops sind gegen

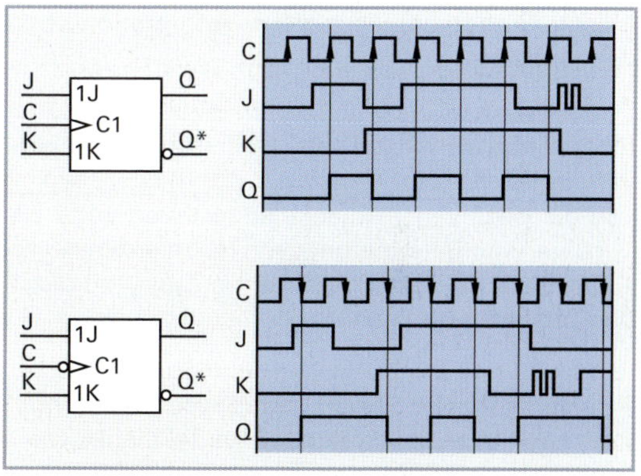

Bild 3: Schaltzeichen und Zeitablaufdiagramm des einflankengesteuerten JK-Flipflops, oben mit positiver Flanke, unten mit negativer Flanke.

Störimpulse der Eingangssignale geschützt, sofern diese nicht gleichzeitig mit der Taktflanke eintreffen.

> Beim einflankengesteuerten JK-Flipflop unterscheidet man Ansteuerungen mit negativer Flanke und Ansteuerungen mit positiver Flanke.

Das JK-Flipflop besitzt keinen irregulären Zustand **(Bild 1, folgende Seite)**. Liegen an den Eingängen J und K H-Pegel, dann kippt das Flipflop am Ausgang Q in seinen komplementären Zustand **(Bild 2, folgende Seite)**.

Zweiflankengesteuerte JK-Flipflops (JK-Master-Slave-Flipflop)

Es kommt häufig vor, dass Informationen von einem Speicherelement zu einem anderen zu übergeben sind, wobei das erste Speicherelement beim eintreffenden Takt die neue Information aufnehmen, beim selben Takt aber die bisher gespeicherte Information weitergeben muss. Um nun hierbei keinen Informationsverlust zu bekommen, benötigt man zweistufige Speicherelemente **(Bild 3)**. Das erste Speicherelement wird als *Master*-Flipflop (master = Meister), das zweite als *Slave*-Flipflop (slave = Sklave) bezeichnet. Beide Flipflops zusammen bezeichnet man als *zweiflankengesteuertes JK-Flipflop* oder als *JK-Master-Slave-Flipflop.*

Das zweiflankengesteuerte JK-Flipflop besteht aus zwei z. B. mit der positiven Taktflanke gesteuerten JK-Flipflops (Bild 3). Mit der positiven Taktflanke wird die an den Eingängen J und K anliegende Information in das Master-Flipflop eingespeichert. Wegen des NICHT-Elementes K2 tritt am Eingang C des Slave-Flipflops eine negative Flanke auf, sodass dieses vorerst weder gesetzt noch zurückgesetzt wird. Mit der folgenden negativen Taktflanke bleibt das Master-Flipflop verriegelt, während das Slave-Flipflop infolge der Signalinvertierung nun die im Master-Flipflop eingespeicherte Information übernehmen kann.

Das Setzen bzw. das Rücksetzen dieses JK-Master-Slave-Flipflops erfolgt beim Eintreffen der negativen Taktflanke **(Bild 4),** obwohl das Master-Flipflop von der positiven Taktflanke angesteuert wird. Die Verzögerung (Retardierung, von lat. retardare = verzögern) um die Dauer des Taktimpulses wird durch das Zeichen ¬ im Schaltzeichen angegeben.

Beim JK-Master-Slave-Flipflop werden sowohl die positive als auch die negative Taktflanke verarbeitet.

Asynchrone Eingänge bei JK-Flipflops

Viele JK-Flipflops besitzen neben den Eingängen J, K und C noch Eingänge zum Setzen bzw. zum Rücksetzen. Wegen der Eingänge $\overline{R}$ und $\overline{S}$ kann ein solches Flipflop auch als asynchrones $\overline{RS}$-Flipflop verwendet werden. Das Setzen oder Rücksetzen über die Eingänge $\overline{S}$ und $\overline{R}$ erfolgt unabhängig von den Spannungspegeln an den Eingängen J, K und C und vorrangig vor diesen. Soll ein solches Flipflop als JK-Flipflop zum Einsatz kommen, dann müssen die Eingänge $\overline{R}$ und $\overline{S}$ an H-Pegel gelegt werden. Bei Flipflops mit mehreren Eingängen J und K sind die nicht verwendeten J-Eingänge und K-Eingänge ebenfalls an H-Pegel zu legen.

JK-Flipflop sind zum Aufbau asynchroner Zählerschaltungen geeignet.

t_n			t_{n+1}	
C	J	K	Q	Q*
L, H	beliebig		q_n	$\overline{q}_n$
↑	L	L	q_n	$\overline{q}_n$
↑	L	H	L	H
↑	H	L	H	L
↑	H	H	$\overline{q}_n$	q_n

Bild 1: Arbeitstabelle des einflankengesteuerten JK-Flipflops

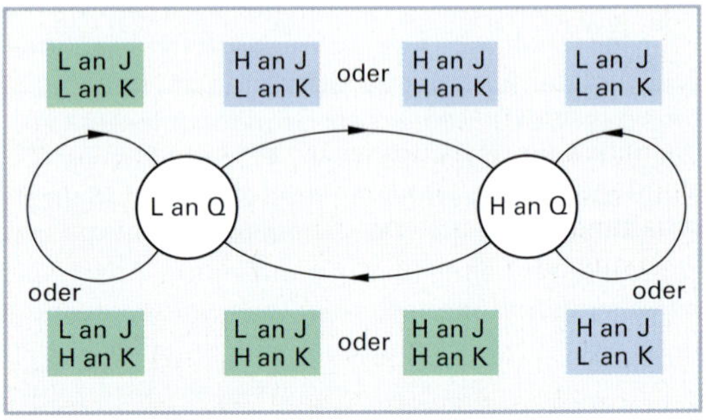

Bild 2: Zustandsdiagramm für JK-Flipflop

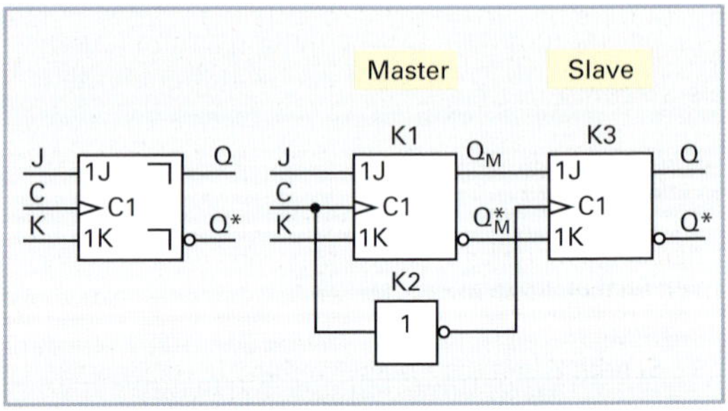

Bild 3: Zweiflankengesteuertes JK-Flipflop

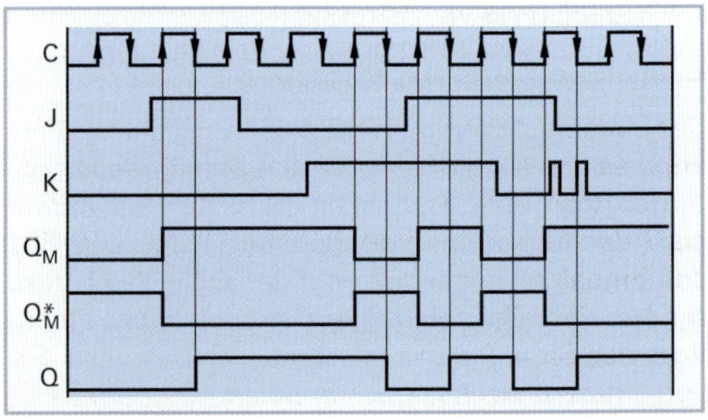

Bild 4: Zeitablaufdiagramm des zweiflankengesteuerten JK-Flipflops

2.4.4 Asynchrone Zähler

Das Zählimpulssignal *c* steuert in asynchronen Zählschaltungen das erste Flipflop. Die übrigen in der Schaltung enthaltenen synchronen Flipflops werden dann über ihre C-Eingänge von den Ausgangssignalen der anderen synchronen Flipflops angesteuert **(Bild 1)**. Ein Schaltschritt eines beliebigen Flipflops der Schaltung kann erst dann stattfinden, wenn der Schaltschritt des steuernden Flipflops abgeschlossen ist. Die Schaltzeit der ganzen Schaltung entspricht der Summe der Schaltzeiten der nacheinander schaltenden Flipflops.

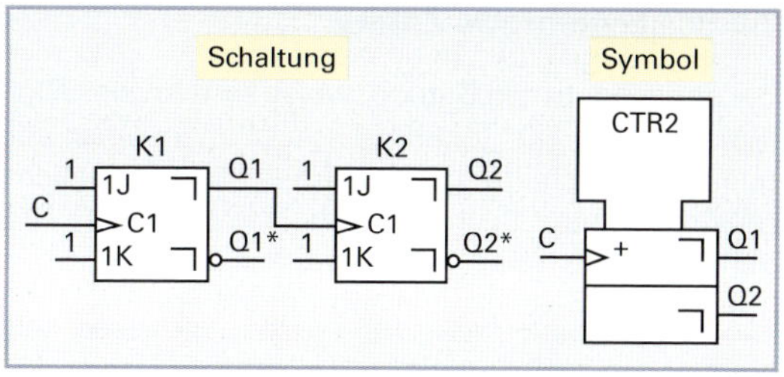

Bild 1: Asynchroner Dualzähler als Schaltung und Symbol

> Bei den asynchronen Zählern wird das erste Flipflop vom Zählimpulssignal am Eingang C angesteuert und die folgenden Flipflops werden an ihren C-Eingängen von den Ausgangssignalen der jeweils vorher angeordneten Flipflops angesteuert.

$$z_Z = 2^n \qquad z_S = 2^{n-1}$$

z_Z	größtmögliche Anzahl Zählerschaltzustände
n	Anzahl der Flipflops
z_S	größtmöglicher Zählerstand

Die Schaltung asynchroner Zähler findet man durch Überlegung oder durch Änderung bekannter Zählschaltungen (Tabellenbuch Informations-, Kommunikations- und Medientechnik).

Die Anzahl der für einen asynchronen Zähler erforderlichen synchronen Flipflops erhält man aus der Anzahl der Schaltzustände. Ein Flipflop besitzt $2^1 = 2$ Zustände, zwei Flipflops besitzen $2^2 = 4$ Zustände, drei Flipflops besitzen $2^3 = 8$ Zustände. Besonders häufig sind Zähler mit 4 Flipflops. Diese *Zähltetrade* hat $2^4 = 16$ Zustände, kann also von 0 bis 15 zählen.

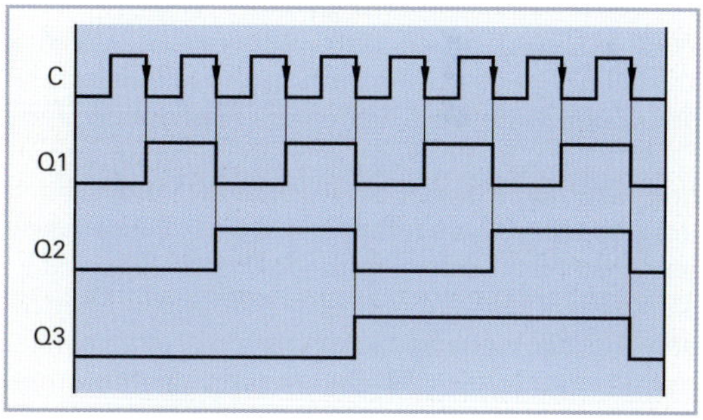

Bild 2: Zeitablaufdiagramm des asynchronen Dualzählers von 0 bis 7

Beispiel 1 Asynchroner Dualzähler:

Es ist ein asynchroner Dualzähler für 0 bis 7 aus zweiflankengesteuerten JK-Flipflops, gesteuert mit negativer Taktflanke, zu entwickeln.

Lösung:

1. Schritt: Benötigte Anzahl Flipflops ist drei, da der Zähler acht Schaltzustände besitzt.
2. Schritt: Aufstellung des Zeitablaufdiagrammes **Bild 2**.
3. Schritt: Umsetzen der Erkenntnisse aus dem Zeitablaufdiagramm in die Schaltung **Bild 3**.

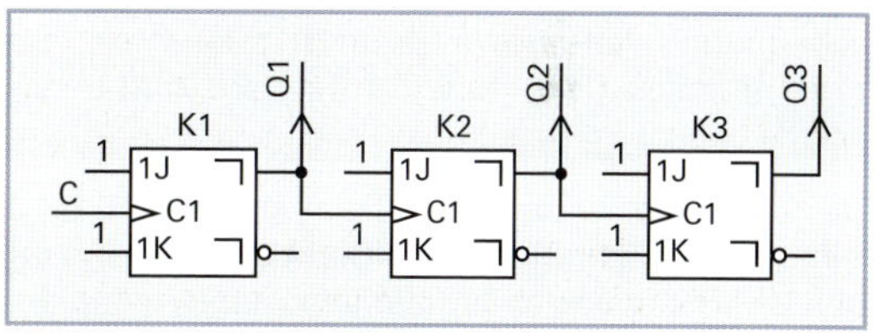

Bild 3: Asynchroner Dualzähler für 0 bis 7

Das Zeitablaufdiagramm zeigt den Verlauf des Zählimpulssignals *c* sowie der Ausgangssignale q_1, q_2, q_3 der drei Flipflops, welche die Schaltzustände 0 bis 7 darstellen. Die niedrigstwertige Stelle besitzt das Signal q_1, die höchstwertige Stelle das Signal q_3. Aus dem Zeitablaufdiagramm ist zu erkennen, dass das Signal q_1 immer dann von 0 nach 1 oder von 1 nach 0 wechselt, wenn das Zählimpulssignal *c* eine negative Flanke (1-0-Übergang) besitzt. Deshalb liegt das Zählimpulssignal am Eingang C des Flipflops K1. Immer wenn q_2 kippen muss, besitzt q_1 eine negative Flanke. Das Signal q_1 kann deshalb als Takteingangssignal für das Flipflop K2 verwendet werden. Entsprechend kann q_2 als Takteingangssignal für das Flipflop K3 verwendet werden.

Zur Bestimmung der Signale für die J-Eingänge und die K-Eingänge der Flipflops gilt die folgende Überlegung: Ein JK-Flipflop kippt genau dann mit jedem Taktimpuls in seine andere Lage, wenn an den Eingängen J und K je ein H-Pegel liegt. Wegen der Beschaltung der Takteingänge der Flipflops K1 bis K3 reicht es bei dieser Schaltung aus, an die Eingänge J und K aller Flipflops einen H-Pegel zu legen, also Signale mit dem Wert 1.

2.4.5 Synchrone Zähler

Bei der synchronen Betriebsweise synchroner Flipflops werden die Takteingänge aller in einer sequenziellen Schaltung enthaltenen Flipflops gleichzeitig von einem Taktsignal angesteuert **(Bild 1)**. Die Schaltzeit des ganzen Netzwerkes entspricht dadurch der Schaltzeit eines einzelnen Flipflops.

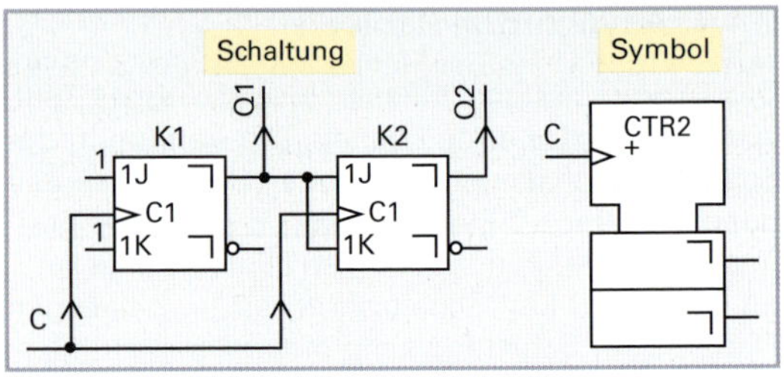

Bild 1: Dualzähler für 0 bis 3 als Schaltung und Symbol

2.4.5.1 Wertetabelle, Zeitablaufdiagramm, Zustandsdiagramm

Die Wertetabelle des Dualzählers für 0 bis 3 hat vier Zeilen, weil die Schaltung vier Zustände (0, 1, 2, 3) besitzt **(Bild 2)**. Die Wertetabelle wird unterteilt in zwei Bereiche. Diese Bereiche beschreiben den Zustand der Schaltung zum Zeitpunkt t_n und zum Zeitpunkt t_{n+1}, also in den Zeitpunkten vor und nach dem Taktimpuls. Jeder nicht invertierte Flipflopausgang erhält in jedem Bereich eine Spalte. q_{1n} ist der Wert am Ausgang Q1 zum Zeitpunkt t_n, q_{1n+1} ist der Wert am Ausgang Q1 zum Zeitpunkt t_{n+1}. Mit q_1 wird der Wert der niederwertigsten Stelle beschrieben. Zum Zeitpunkt t_n haben die Flipflopausgänge Q1 und Q2 z. B. die Werte 0. Nach dem nun folgenden Taktimpuls besitzt der Ausgang Q1 den Wert 1, der Ausgang Q2 weiterhin den Wert 0. Diese Werte entsprechen für den nächsten Takt dem Zeitpunkt t_n, sie werden deshalb in diesen Zeitbereich übertragen. Aus der Wertetabelle können das Zeitablaufdiagramm und die KV-Diagramme entnommen werden **(Bild 3)**.

Zeitpunkt t_n		Zeitpunkt t_{n+1}	
q_{2n}	q_{1n}	q_{2n+1}	q_{1n+1}
0	0	0	1
0	1	1	0
1	0	1	1
1	1	0	0

Bild 2: Wertetabelle für einen Dualzähler für 0 bis 3

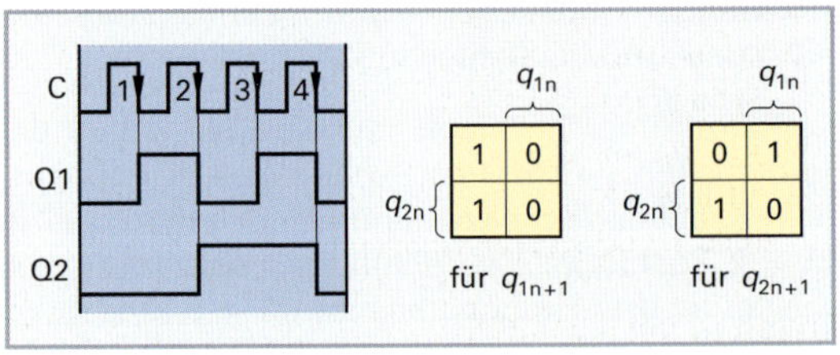

Bild 3: Zeitablaufdiagramm und KV-Diagramme für Bild 2

> Die Wertetabelle einer sequenziellen Schaltung hat so viele Zeilen, wie Schaltzustände vorhanden sind und zweimal so viele Spalten wie Flipflops.

Das Zustandsdiagramm des Dualzählers für 0 bis 3 zeigt die vier Zählerzustände **(Bild 4)**. Bedingung für den Übergang von einem Zählerzustand in den anderen ist, dass eine negative Taktflanke auftritt.

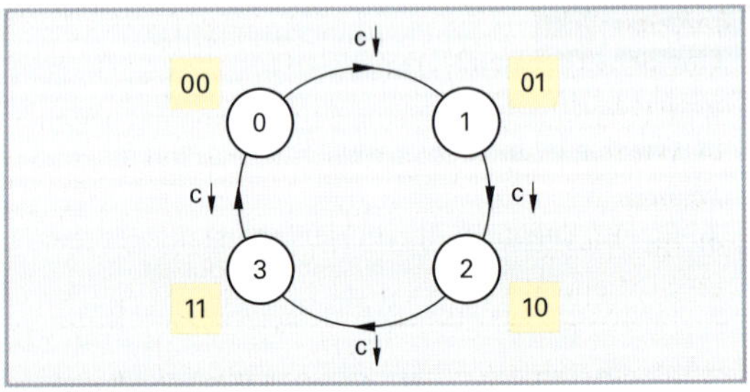

Bild 4: Zustandsdiagramm für einen Dualzähler von 0 bis 3

2.4.5.2 Schaltfunktionen aus der Wertetabelle

Die Schaltfunktionen zum Entwurf eines synchronen Zählers bestehen aus so vielen schaltalgebraischen Gleichungen, wie Flipflops vorhanden sind. Anhand der Wertetabelle stellt man deshalb für jedes Flipflop der Schaltung ein KV-Diagramm auf, und zwar für die Zeitpunkte t_{n+1}. Mit jedem KV-Diagramm kann dann eine schaltalgebraische Gleichung aufgestellt werden. Die Ausgangsvariablen der Gleichungen sind die Signale zu den Zeitpunkten t_{n+1}, sie stehen also links vom Gleichheitszeichen. Die Signale zu den Zeitpunkten t_n sind die Variablen rechts vom Gleichheitszeichen.

Beispiel 1 Schaltfunktion aus Wertetabelle:

Es sind die Schaltfunktionen zur Wertetabelle nach Bild 2 mithilfe von KV-Diagrammen aufzustellen.

Lösung:

Zuerst werden die KV-Diagramme erstellt (Bild 3). Beim KV-Diagramm für q_{2n+1} ist keine Vereinfachung möglich, wohl aber beim KV-Diagramm für q_{1n+1}.

$$q_{1n+1} = \overline{q_{1n}}; \quad q_{2n+1} = (\overline{q_{2n}} \wedge q_{1n}) \vee (q_{2n} \wedge \overline{q_{1n}})$$

Enthält eine Wertetabelle weniger Zeilen als grundsätzlich möglich wären, so können in die Kästchen des KV-Diagrammes, welche diesen Zeilen entsprechen, beliebige Werte 0 oder 1 eingetragen werden. Es ist zweckmäßig, diese Kästchen mit X zu kennzeichnen (don't care-Felder, **Bild 1**).

2.4.5.3 Zähler mit JK-Flipflops

Beim Entwurf eines synchronen Zählers aus JK-Flipflops werden mittels Wertetabelle und KV-Diagrammen die Schaltfunktionen ermittelt. Diese müssen in eine bestimmte Form gebracht werden, die man *Problemfunktion* oder *charakteristische Gleichung* nennt.

Beispiel 1 **Dualzähler 0 bis 3:**

Eine Schaltfunktion hat die Form
$q_{2n+1} = (\overline{q_{1n}} \wedge q_{2n}) \vee (q_{1n} \wedge \overline{q_{2n}})$.

a) Wie lautet die Problemfunktion?

b) Wie lauten die Eingangsfunktionen j_{2n} und k_{2n}?

c) Wie sind die Eingänge 1J und 1K der Kippschaltung K2 anzuschließen?

Lösung:

a) Die Problemfunktion ist gleich der gegebenen Schaltfunktion.

b) $\boldsymbol{j_{2n} = q_{1n}}$ und $\boldsymbol{k_{2n} = q_{1n}}$

c) 1J von K2 ist mit Q1 zu verbinden, 1K mit Q1 (Bild 1, vorhergehende Seite).

Treten in der Schaltfunktion Bestandteile der Problemfunktion nicht auf, so ist die Schaltfunktion mit 0 oder 1 passend zu erweitern.

Beispiel 2 **Problemfunktion, Eingangsfunktion:**

Eine Schaltfunktion lautet $q_{1n+1} = \overline{q_{1n}}$.

a) Wie lautet die Problemfunktion?

b) Wie lauten die Eingangsfunktionen j_1 und k_1?

Lösung:

a) $\boldsymbol{q_{1n+1} = \overline{q_{1n}} = (0 \wedge q_{1n}) \vee (1 \wedge \overline{q_{1n}})}$

b) $\boldsymbol{j_1 = 1}$ und $\boldsymbol{k_1 = \overline{0} = 1}$

Enthält die Schaltfunktion q_{in+1} weder Terme für q_{in} noch für $\overline{q_{in}}$, dann muss eine nicht minimierte Schaltfunktion gesucht werden, die diese Terme besitzt. Dabei ersetzt man in der Wertetabelle bzw. im KV-Diagramm die X in Gedanken durch 0 oder 1, sodass Terme mit q_{in} bzw. $\overline{q_{in}}$ auftreten.

Beispiel 3 **Schaltfunktion, Problemfunktion:**

Bei einem synchronen Zähler tritt das KV-Diagramm Bild 1 auf.

a) Wie lautet eine geeignete Schaltfunktion?

b) Wie lautet die Problemfunktion?

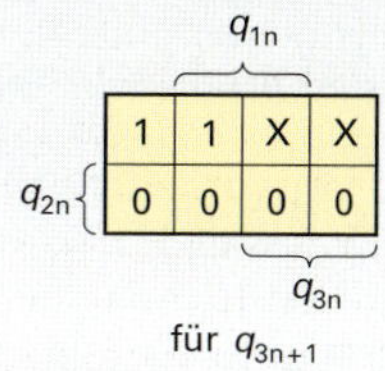

Bild 1: KV-Diagramm eines synchronen Zählers

Problemfunktionen für JK-Flipflops mit $i = 1, 2, 3, ...$:

$$q_{in+1} = (\overline{k_{in}} \wedge q_{in}) \vee (j_{in} \wedge \overline{q_{in}})$$

q_i	Problemfunktion
k_i	Eingangsfunktion für K-Eingang
j_i	Eingangsfunktion für J-Eingang
n	Index für Zeitpunkt *n*
n + 1	Index für Zeitpunkt *n* + 1

Lösung:

a) Die nahe liegende Schaltfunktion $q_{3n+1} = \overline{q_{2n}}$ ist ungeeignet, weil weder eine Verknüpfung mit q_{3n} noch mit $\overline{q_{3n}}$ gegeben ist. Man kann aber anstelle der X die Werte 0 einsetzen und erhält

$\boldsymbol{q_{3n+1} = \overline{q_{3n}} \wedge \overline{q_{2n}}}$

b) $q_{3n+1} = \overline{q_{3n}} \wedge \overline{q_{2n}} = \boldsymbol{(0 \wedge q_{3n}) \vee (\overline{q_{2n}} \wedge \overline{q_{3n}})}$

Beim Entwurf von Zählern mittels Problemfunktion muss deren Struktur vollständig dargestellt werden.

Dualzähler für 0 bis 15

Der Dualzähler besitzt 16 Schaltzustände. Wegen $2^4 = 16$ benötigt man also vier Flipflops (Zähltetrade).

Das Flipflop mit dem Ausgang Q1 stellt die niedrigstwertige Stelle der Dualzahlen 0 bis 15 dar, das Flipflop mit dem Ausgang Q4 die höchstwertige. Man unterteilt die Wertetabelle in die Bereiche t_n und t_{n+1} **(Bild 1, folgende Seite)**. Sie wird beginnend mit der Ausgangszahl 0 entsprechend den einzelnen Taktimpulsen bis zur Endzahl 15 aufgestellt.

Für jedes Flipflop wird ein KV-Diagramm benötigt **(Bild 2, folgende Seite)**. Für die Zeilen, die z. B. in der Spalte q_{1n+1} mit 1 markiert sind, werden die entsprechenden Kästchen im KV-Diagramm q_{1n+1} aufgesucht und mit 1 gekennzeichnet. Entsprechend werden die KV-Diagramme für q_{2n+1}, q_{3n+1} und q_{4n+1} erstellt.

Anhand der vier KV-Diagramme werden vier schaltalgebraische Gleichungen erstellt, die die Formen der vier gesuchten Problemfunktionen besitzen müssen.

$$q_{1n+1} = (0 \wedge q_{1n}) \vee (1 \wedge \overline{q_{1n}})$$

$$q_{2n+1} = (\overline{q_{1n}} \wedge q_{2n}) \vee (q_{1n} \wedge \overline{q_{2n}})$$

$$q_{3n+1} = ((\overline{q_{2n}} \vee \overline{q_{1n}}) \wedge q_{3n}) \vee (q_{1n} \wedge q_{2n} \wedge \overline{q_{3n}})$$

$$q_{4n+1} = ((\overline{q_{1n}} \vee \overline{q_{2n}} \vee \overline{q_{3n}}) \wedge q_{4n}) \vee (q_{1n} \wedge q_{2n} \wedge q_{3n} \wedge \overline{q_{4n}})$$

Die Umsetzung der Schaltung erfolgt mit zwei-flankengesteuerten JK-Flipflops **(Bild 3)**. Die Eingangsfunktionen der vier Flipflops lauten:

$k_{1n} = \overline{0} = 1,$ $\quad j_{1n} = 1$

$k_{2n} = q_{1n},$ $\quad j_{2n} = q_{1n}$

$k_{3n} = q_{2n} \wedge q_{1n},$ $\quad j_{3n} = q_{1n} \wedge q_{2n}$

$k_{4n} = q_{1n} \wedge q_{2n} \wedge q_{3n},$ $\quad j_{4n} = q_{1n} \wedge q_{2n} \wedge q_{3n}$

Schließt man entsprechend dieser Eingangsfunktionen die Eingänge J und K der vier Flipflops an, dann erhält man einen Zähler, der abhängig vom Taktimpuls im Dualcode von 0 bis 15 zählt und bei 15 mit dem nächsten Taktimpuls wieder auf 0 springt.

Dualzähler für 15 bis 0

Die Wertetabelle beginnt mit dem Zählerwert 15 und dann wird abwärts gezählt. Das Erstellen der KV-Diagramme, das Ermitteln der Problemfunktionen und der Eingangsfunktionen der vier benötigten JK-Flipflops erfolgt in bekannter Art. Die Schaltung dieses Dualzählers arbeitet gegenüber der des Dualzählers 0 bis 15 mit den Ausgängen Q* der Flipflops **(Bild 4)**.

Bei Rückwärtszählen werden im Gegensatz zu den Vorwärtszählern die Ausgänge Q* zu den Flipflopeingängen geführt.

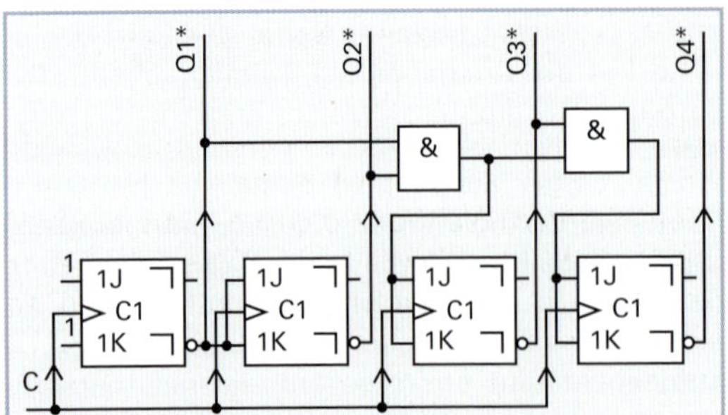

Bild 4: Synchroner Dualzähler für 15 bis 0

q_{4n}	q_{3n}	q_{2n}	q_{1n}	q_{4n+1}	q_{3n+1}	q_{2n+1}	q_{1n+1}
0	0	0	0	0	0	0	1
0	0	0	1	0	0	1	0
0	0	1	0	0	0	1	1
0	0	1	1	0	1	0	0
0	1	0	0	0	1	0	1
0	1	0	1	0	1	1	0
0	1	1	0	0	1	1	1
0	1	1	1	1	0	0	0
1	0	0	0	1	0	0	1
1	0	0	1	1	0	1	0
1	0	1	0	1	0	1	1
1	0	1	1	1	1	0	0
1	1	0	0	1	1	0	1
1	1	0	1	1	1	1	0
1	1	1	0	1	1	1	1
1	1	1	1	0	0	0	0

Bild 1: Wertetabelle des Dualzählers für 0 bis 15

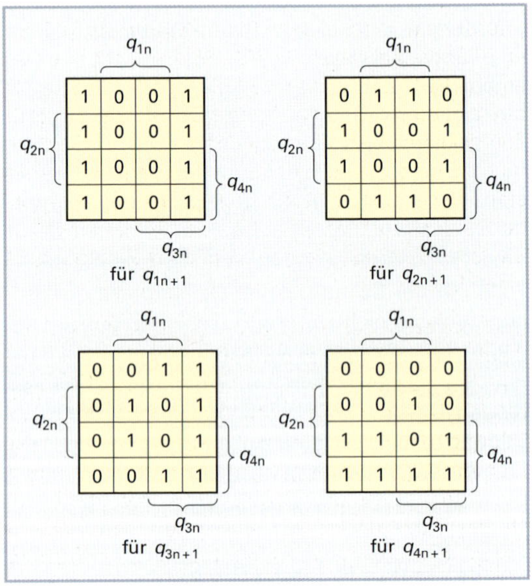

Bild 2: KV-Diagramme des Dualzählers für 0 bis 15

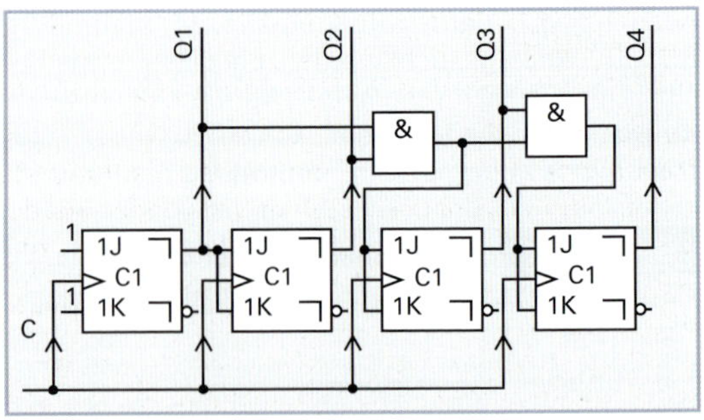

Bild 3: Synchroner Dualzähler für 0 bis 15

2.4.5.4 Zähldekaden

Die meisten als IC erhältlichen Zähler zählen im dualen Zahlensystem z. B. von 0 bis 9 oder 0 bis 15. Das Schaltzeichen **(Bild 1)** eines solchen Zählers enthält einen *Steuerblock* und vier sich daran anschließende Blöcke, von denen jeder ein Flipflop darstellt. Die zu zählenden Impulse werden auf den Eingang C gegeben. Der Eingang R dient mit dem Pegel H zum Rücksetzen des Zählers auf den Wert 0. Zum Zählen muss der Eingang R den L-Pegel haben. An den Ausgängen Q1 bis Q4 kann der Zählerstand entsprechend der dort anliegenden Spannungspegel ermittelt werden. Der Ausgang Q1 gehört der niedrigstwertigen Zählstufe an, der Ausgang Q4 der höchstwertigen.

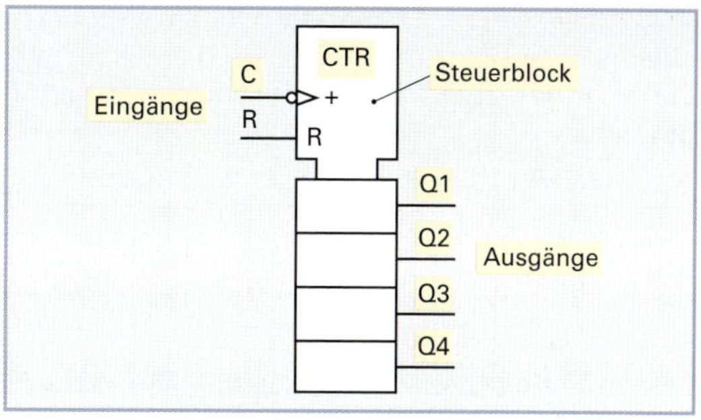

Bild 1: Dezimalzähler in Vorwärtsrichtung von 0 bis 15

Ein Zähler, der von 0 bis 9 zählen kann, wird *Zähldekade* genannt. Er kann mit CTR oder CT (von counter = Zähler) oder mit DIV 10 (von to divide = teilen) gekennzeichnet werden **(Bild 2)**. Für einen Zähler, der vorwärts von 0 bis 99 zählt, sind zwei Zähldekaden erforderlich, nämlich eine für die Einerstelle (K1) und eine für die Zehnerstelle (K3). Man spricht auch von einem BCD-Zähler (von Binary Coded Decimal = binär codierte Dezimalstelle). Der Zählerstand der Zähldekade K1 wird bei jeder negativen Taktflanke an ihrem Eingang C um 1 erhöht. Beträgt der Zählerstand 9, dann springt mit dem nächsten Taktimpuls der Zählerstand von K1 auf 0, und der Eingang C des Zählers K3 erhält wegen des UND-Elementes K2 einen Impuls.

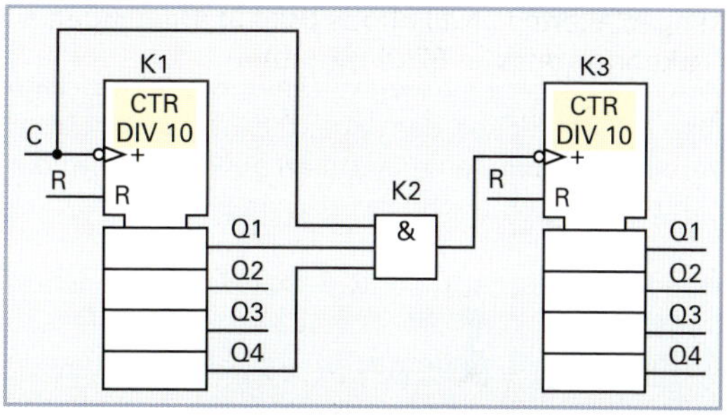

Bild 2: Dezimalzähler in Vorwärtsrichtung von 0 bis 99

Dadurch erhöht sich bei K3 der Zählerstand z. B. von 0 auf 1. Mit den weiteren Zählimpulsen zählt K1 wieder bis 9, nach dem folgenden Impuls besitzt K3 den Zählerstand 2 und K1 den Zählerstand 0. Die Bildung des Übertrages erfolgt durch das UND-Element K2. Seine Eingangssignale sind das Zählimpulssignal sowie die Signale der Ausgänge Q1 und Q4 des Zählers K1. Die Eingangssignale von K2 besitzen genau dann alle H-Pegel, wenn K1 den Zählerstand 9 besitzt und ein neuer Zählimpuls kommt.

> Dezimalzähler werden meist aus integrierten Schaltungen aufgebaut, wobei jeder IC eine Zähldekade darstellt.

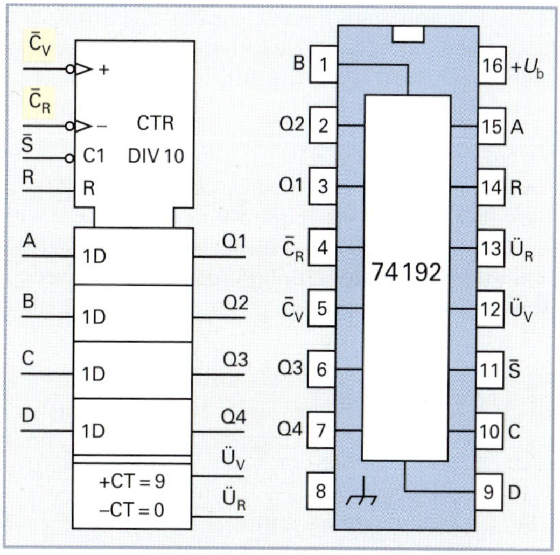

Bild 3: Schaltzeichen und Ansicht einer Zähldekade mit Übertragsbildner und Zählervoreinstellung

Es gibt Zähldekaden als IC, die selber einen *Übertragsbildner* besitzen und wahlweise als Vorwärtszähler oder als Rückwärtszähler verwendet werden können **(Bild 3)**. Solche Zähldekaden besitzen zwei Takteingänge zum Zählen der Impulse, nämlich den Eingang $\overline{C_V}$ zum *Vorwärtszählen* und den Eingang $\overline{C_R}$ zum *Rückwärtszählen.* Beim IC in Bild 3 wird mit der negativen Flanke getaktet. Mit den Eingängen A, B, C und D kann durch eine entsprechende Kombination von L-Pegeln und H-Pegeln ein beliebiger Zählerstand eingestellt (programmiert) werden. Die Werte dieser Eingangssignale werden jedoch erst bei Eintreffen eines L-Pegels am $\overline{S}$-Eingang in den Zähler übernommen und erscheinen dann an den Zählerausgängen Q1, Q2, Q3 und Q4.

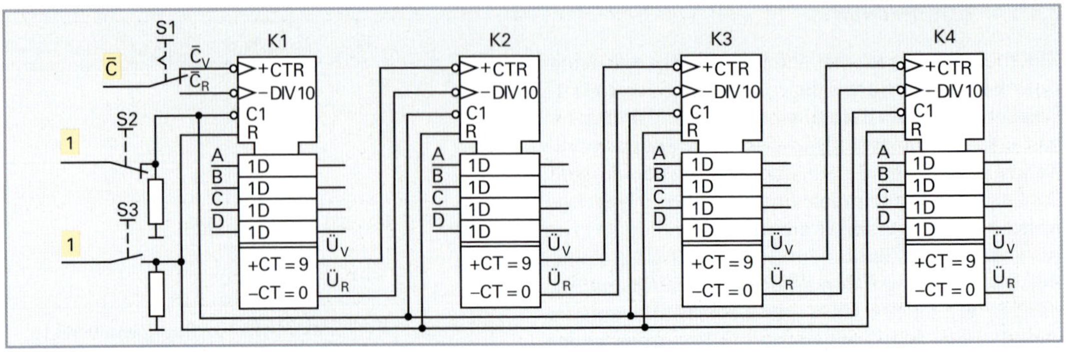

Bild 1: Dezimalzähler im Zahlenbereich von 0 bis 9999

Wird der Zähler als Vorwärtszähler betrieben, dann zählt der Zähler von dem über die Eingänge A bis D voreingestellten Zählerstand an aufwärts. Wird der Zähler dagegen als Rückwärtszähler betrieben, so erfolgt ein Zählen von dem voreingestellten Zählerstand an abwärts bis 0. Die Ausgänge des Übertragsbildners sind im Schaltzeichen an dessen Ausgangsblock angebracht. Die Signale an den Ausgängen $Ü_V$ bzw. $Ü_R$ sind nur dann 1, wenn der Zählerstand 9 bzw. 0 erreicht ist und der diesem Zählerstand folgende Zählimpuls eingetroffen ist. Mit der negativen Flanke dieses Zählimpulses nimmt dann das Signal des Ausganges $Ü_V$ bzw. $Ü_R$ wieder den Wert 0 an. Die Anschlüsse für die Betriebsspannung U_b sowie für die Masse sind im Schaltzeichen nicht eingetragen.

Für einen Dezimalzähler, der im Zahlenbereich von 0 bis 9999 wahlweise vorwärts oder rückwärts zählen kann, sind vier Zähldekaden erforderlich **(Bild 1)**.

Für die Einerstelle ist die Zähldekade K1, für die Tausenderstelle die Zähldekade K4 zuständig. Für Vorwärtszählbetrieb ist der Übertragsausgang $Ü_V$ einer Zähldekade mit dem Eingang $\overline{C}_V(+)$ der Zähldekade für die nächsthöhere Zählstelle zu verbinden, also z. B. der Eingang $\overline{C}_V$ von K2 mit dem Ausgang $Ü_V$ von K1. Der Ausgang $Ü_V$ von K4 bleibt unbeschaltet. Für den Rückwärtszählbetrieb gilt das gleiche für die Eingänge $\overline{C}_R(-)$ und die Ausgänge $Ü_R$. Zur Voreinstellung des Zählers müssen an die Eingänge A bis D der Zähldekaden entsprechende H-Pegel oder L-Pegel gelegt werden.

> Dezimalzähler bestehen meist aus Zähldekaden mit Übertragsbildnern und können je nach Schaltung als Vorwärtszähler, Rückwärtszähler oder Vorwärts-Rückwärtszähler ausgeführt sein.

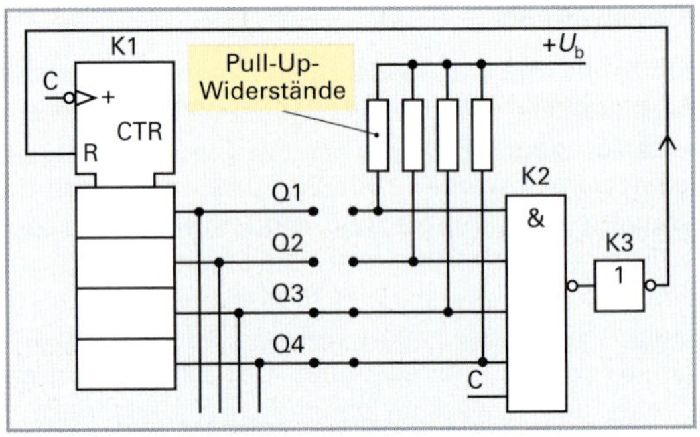

Bild 2: Programmierbarer Zähler von 0 bis 12

Außer IC, die von 0 bis 9 zählen können, gibt es auch solche, die von 0 bis 15 zählen. Mit letzteren ist der Aufbau von Zählschaltungen für das *Hexadezimalsystem* möglich. Ferner gibt es Zählschaltungen, die in einem IC-Zähler mehr als 4 Bits enthalten, z. B. 7-Bit-Zähler, 12-Bit-Zähler und 14-Bit-Zähler.

Ein Binärzähler von 0 bis 15 kann mit einer Zusatzschaltung, bestehend aus einem NAND-Element, einem NICHT-Element und vier Pull-Up-Widerstäden (to pull up = heraufziehen), als programmierbarer Zähler eingesetzt werden **(Bild 2).** Ein Zähler von 0 bis 12 wird durch Einbringen von Brücken bei Q3 und Q4 verwirklicht. Nur beim Zählerstand 12 von K1 liegen an K2 kurzzeitig vier H-Pegel an, sodass K1 zurückgesetzt wird.

Wiederholung und Vertiefung

1. **Beschreiben Sie das Schaltzeichen einer Zähldekade.**
2. **Wie werden Dezimalzähler meist aufgebaut?**
3. **Wozu dienen die Eingänge $\overline{C}_V$ und $\overline{C}_R$ einer Zähldekade?**
4. **Was versteht man unter einem programmierbaren Zähler?**

2.4.6 Weitere Realisierungen von Zählern

Neben Zählern, die mittels IC verwirklicht sind, sind viele Zähler als Softwarefunktion, z. B. mit einer Programmfunktion, realisiert **(Bild 1)**. Die softwarebasierenden Zähler sind für einen Computertyp entwickelt und daher nicht beliebig austauschbar. Ihre Realisierung kann sich wegen der Programmierweise erheblich unterscheiden.

Gemeinsam sind jedoch allen Zählern bzw. Zählerschaltungen, also sowohl den hardwarebasierenden Zählern als auch den softwarebasierenden Zählern, die den Zähler charakterisierenden Merkmale

- Startzählzahl,
- Endzählzahl,
- Vorwärtszählbetrieb, Rückwärtszählbetrieb,
- Zählimpulseingang,
- Rückstelleingang,
- Zählcode und
- Zählerstand.

Bei den softwarebasierenden Zählern stellen diese Merkmale meist die Eingangsparameter und den Ausgangsparameter der Programmfunktion dar (**Bild 2,** siehe auch Abschnitt 6.3). Dies ist ebenso bei über speicherprogrammierbaren Steuerungen (SPS) programmierten Zählern der Fall. Anstelle von einer Programmfunktion spricht man hier von einem *Funktionsbaustein.* Wird bei einer SPS ein Zähler in grafischer Darstellung programmiert (siehe Abschnitt 10.1), so sind in dieser die genannten Merkmale ähnlich wie bei den mit Schaltzeichen abgebildeten hardwarebasierenden Zählern erkennbar **(Bild 3).**

> Softwarebasierende Zähler besitzen mehrere Eingangsparameter und meist einen Ausgangsparameter.

Beim Anwenden von Zählern werden die Zählimpulse erfasst und in Abhängigkeit des Zählerstandes werden dann Aktionen ausgeführt. Deshalb ist hierzu der Einsatz von

- Sensoren, z. B. bei Lichtschranken, und
- Aktoren, z. B. bei Elektromotoren,

erforderlich. Je nach Art von Sensor und Aktor sind ferner Analog-Digital-Umsetzer und Digital-Analog-Umsetzer notwendig.

> Anwendungen von hardwarebasierenden Zählern und softwarebasierenden Zählern erfordern Sensoren und Aktoren.

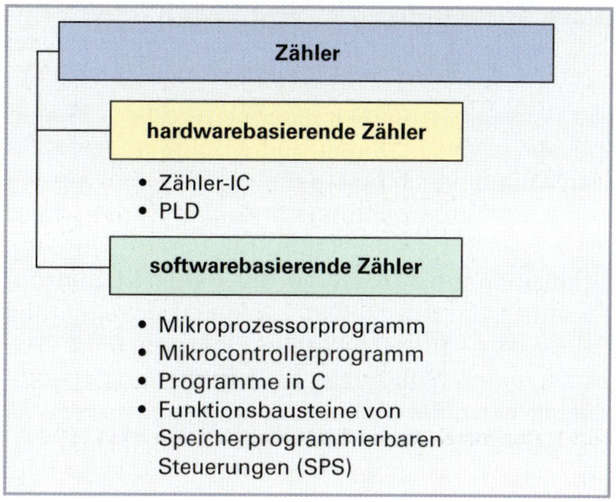

Bild 1: Arten von Zählern

```
int zaehler( int startwert, int endwert,
             int z_impuls, int r_setz, char art)
{
int z,z_wert;
if(r_setz==0)
      {
      z_wert=0;z=0;
      }
switch (art)
      {
      case'v':z=z+z_impuls;break;
      case'r':z=z-z_impuls;break;
      default:goto 10;break;
      }
z_wert=startwert+z;
if(z_wert==endwert)
      printf("Zähler-Endwert",endwert,"ist
      erreicht.");
10:/*Ende*/
return(z_wert);
}
```

Bild 2: Beispiel für einen Zähler mit C-Programmcode

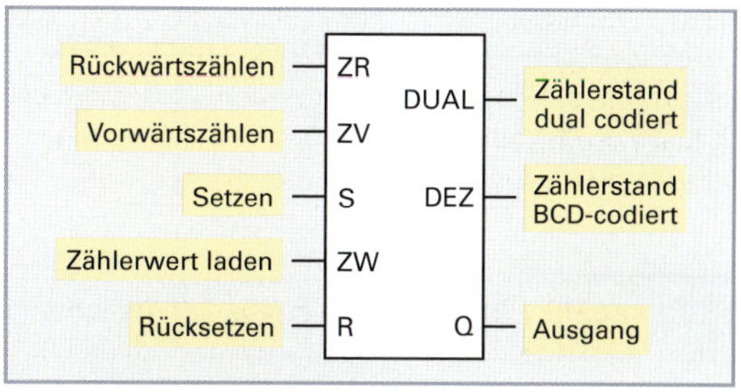

Bild 3: SPS-Symbol für Zähler (Darstellung für Funktionsplan)

2.4.7 Anwendung Ansteuerung von Schrittmotoren

Die Wicklungsstränge eines Schrittmotors **(Bild 1)** müssen in der richtigen Reihenfolge angesteuert werden, damit sich die gewünschte Drehrichtung ergibt. Bei Stromrichtungsumkehr im Strang muss diese genügend schnell und mit Vermeidung von Schaltspannungen infolge der Induktivitäten der Stränge beim Abschalten erfolgen. Deshalb erhält der Schrittmotor seine Spannungen von einer Treiberschaltung **(Bild 2)**. Die Treiberschaltung wird ihrerseits von einer Steuerschaltung angesteuert, die von einem Mikrocontroller oder einem Taktgenerator angesteuert wird.

Die Steuerschaltung setzt die anliegende Schrittimpulsfolge in die für die sequenzielle Ansteuerung der Wicklungsstränge erforderlichen Kombinationen von L-Pegel und H-Pegel um. Durch sie werden die Transistoren der Treiberschaltung angesteuert **(Bild 3)**. Die Freilaufdioden innerhalb oder außerhalb der Treiberschaltung verhindern das Entstehen von Schaltspannungsspitzen und schützen so die Treiberschaltung.

Bei der *Zweistranganansteuerung* werden jeweils zwei Stränge gleichzeitig erregt. Bei der *unipolaren* Zweistranganansteuerung sind vier Stränge L11, L12, L21 und L22 vorhanden. Deren Spannungen müssen einen bestimmten zeitlichen Ablauf besitzen **(Bild 4)**. Aus dem Zeitablaufdiagramm der Steuerschaltung kann ihre Wertetabelle aufgestellt werden.

Beispiel 1 **Steuerschaltung:**

Aus dem Zeitablaufdiagramm Bild 4 ist die Wertetabelle für die Steuerschaltung eines unipolaren Zweistrang-Schrittmotors zu erstellen.

Lösung: **Bild 5**

Art	s	l_{21n}	l_{11n}	l_{21n+1}	l_{11n+1}
Rechtslauf	1	1	1	0	1
	1	0	1	0	0
	1	0	0	1	0
	1	1	0	1	1
Linkslauf	0	1	1	1	0
	0	1	0	0	0
	0	0	0	0	1
	0	0	1	1	1

Bild 5: Wertetabelle für Rechtslauf und Linkslauf des Schrittmotors

Bild 1: Schrittmotor

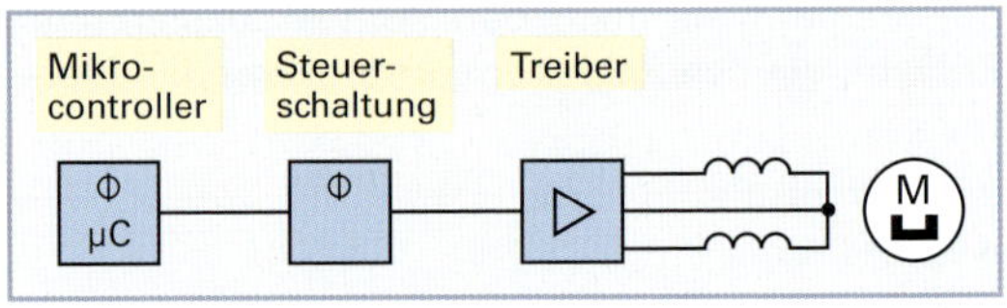

Bild 2: Baugruppen für die Schrittmotor-Ansteuerung

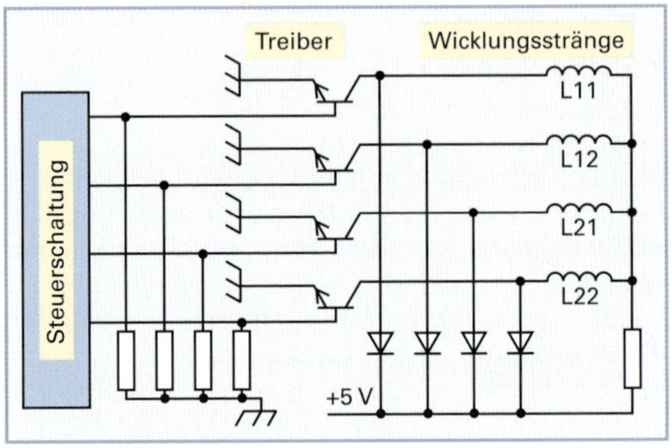

Bild 3: Ansteuerung der Wicklung

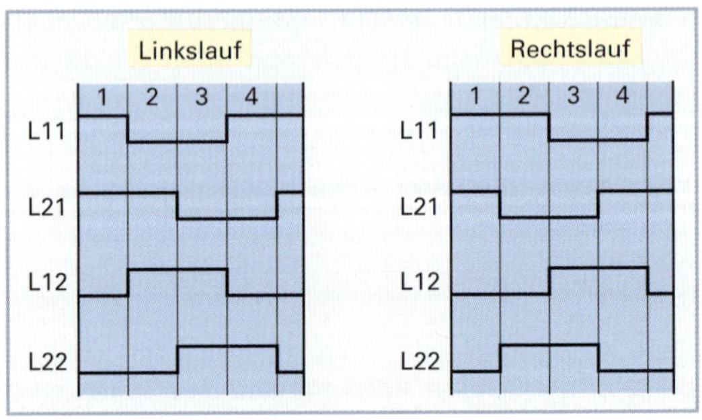

Bild 4: Zeitablaufdiagramm der Strangsignale

Aus dem Zeitablaufdiagramm erkennen wir, dass die Stränge L11 und L12 Spannungen mit entgegengesetzten Pegeln führen, ebenso die Stränge L21 und L22. Die Eingangsvariablen und Ausgangsvariablen von L12 und L22 entfallen also. Für den Rechtslauf ist eine andere Reihenfolge der Spannungen in den Wicklungssträngen erforderlich als für den Linkslauf. Deshalb muss zur Unterscheidung eine zusätzliche Eingangsvariable *s* vorgesehen werden, die z. B. von einem Schalter S erzeugt wird. Die Wertetabelle besitzt also drei Eingangsvariablen und zwei Ausgangsvariablen. Soll die Steuerschaltung zweiflankengesteuerte JK-Flipflops enthalten, so sind wegen der zwei Ausgangsvariablen für die Steuerschaltung auch nur zwei JK-Flipflops erforderlich. Aus der Wertetabelle können dann die Schaltfunktion und die Problemfunktion entnommen werden.

Beispiel 1 **Schrittmotorfunktionen:**

Aus der Wertetabelle Bild 4, vorhergehende Seite, sind die Schaltfunktionen und die Problemfunktionen zu bilden.

Lösung:

$$l_{11n+1} = (s \wedge l_{21n} \wedge l_{11n}) \vee (s \wedge l_{21n} \wedge \overline{l_{11n}}) \vee (\bar{s} \wedge \overline{l_{21n}} \wedge \overline{l_{11n}}) \vee (\bar{s} \wedge \overline{l_{21n}} \wedge l_{11n})$$

$$l_{21n+1} = (s \wedge \overline{l_{21n}} \wedge \overline{l_{11n}}) \vee (s \wedge l_{21n} \wedge \overline{l_{11n}}) \vee (\bar{s} \wedge l_{21n} \wedge l_{11n}) \vee (\bar{s} \wedge \overline{l_{21n}} \wedge l_{11n})$$

Durch Ausklammern von l_{11n} und $\overline{l_{11n}}$ bzw. von l_{21n} und $\overline{l_{21n}}$ erhält man

$$l_{11n+1} = (((s \wedge l_{21n}) \vee (\bar{s} \wedge \overline{l_{21n}})) \wedge l_{11n}) \vee (((\bar{s} \wedge \overline{l_{21n}}) \vee (s \wedge l_{21n})) \wedge \overline{l_{11n}})$$

$$l_{21n+1} = (((s \wedge \overline{l_{11n}}) \vee (\bar{s} \wedge l_{11n})) \wedge l_{21n}) \vee (((s \wedge \overline{l_{11n}}) \vee (\bar{s} \wedge l_{11n})) \wedge \overline{l_{21n}})$$

Die Eingangsfunktionen und damit die Beschaltung der Flipflops erhält man aus den Problemfunktionen.

Beispiel 2 **Eingangsfunktionen:**

Wie lauten die Eingangsfunktionen für die J-Eingänge und K-Eingänge der beiden Flipflops nach Beispiel 1?

Lösung:

$$k_1 = \overline{(s \wedge l_{21n}) \vee (\bar{s} \wedge \overline{l_{21n}})} = \overline{s \leftrightarrow l_{21n}}$$
$$= s \nleftrightarrow l_{21n}$$

$$j_1 = (\bar{s} \wedge \overline{l_{21n}}) \vee (s \wedge l_{21n}) = s \leftrightarrow l_{21n}$$

$$k_2 = \overline{(s \wedge \overline{l_{11n}}) \vee (\bar{s} \wedge l_{11n})} = \overline{s \nleftrightarrow l_{11n}}$$
$$= s \leftrightarrow l_{11n}$$

$$j_2 = (s \wedge \overline{l_{11n}}) \vee (\bar{s} \wedge l_{11n}) = s \nleftrightarrow l_{11n}$$

Aus den Eingangsfunktionen der Flipflops erhält man die Beschaltung der Flipflops **(Bild 1)**. Haben die XNOR-Elemente zu ihrem nicht invertierenden Ausgang noch einen invertierenden Ausgang, dann genügen zur Verknüpfung zwei derartige Flipflops.

Bei der *Einstranganansteuerung* wird immer nur ein Wicklungsstrang zu gleicher Zeit erregt **(Bild 2)**. Zunächst wird nur die Wicklung L11 erregt, mit den folgenden Schrittimpulsen werden die Wicklungsstränge L21, L12 und L22 erregt. Wird in einer Ansteuerschaltung abwechselnd in Einstranganansteuerung und Zweistranganansteuerung gearbeitet, führt der Motor jeweils nur einen halben Schritt aus (*Halbschrittansteuerung,* **Bild 3**). Die Halbschrittansteuerung ist insbesondere dann vorteilhaft, wenn Resonanz auftreten kann.

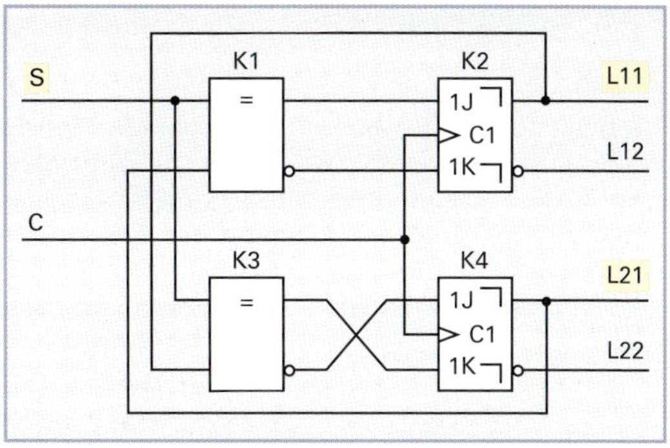

Bild 1: **Steuerschaltung für einen unipolaren Zweistrangschrittmotor**

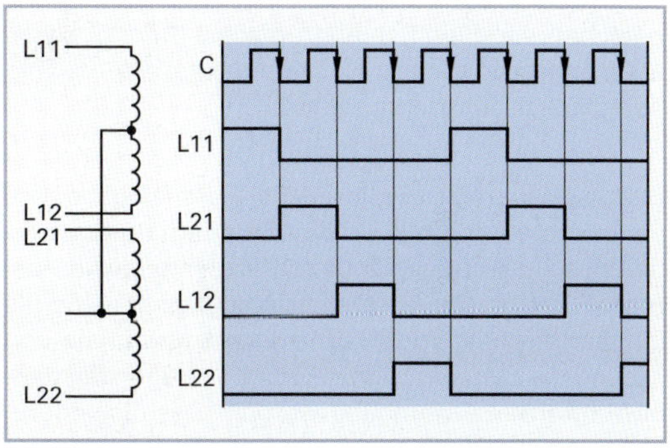

Bild 2: **Einstranganansteuerung, Zeitablaufdiagrammm für Linkslauf**

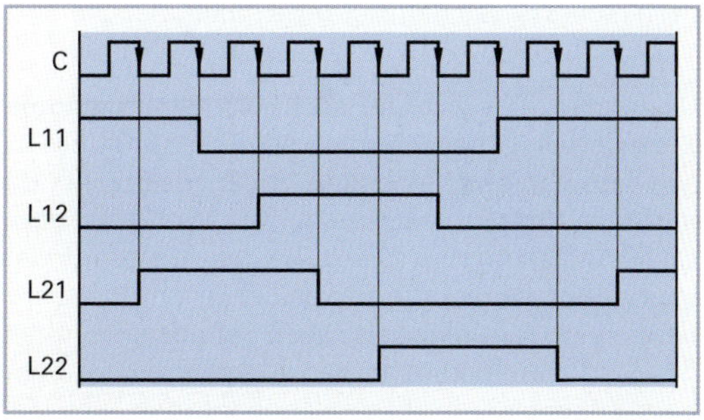

Bild 3: **Zeitablaufdiagramm für Halbschrittansteuerung**

Wiederholung und Vertiefung

WV

1. **Aus welchen Baugruppen besteht die Ansteuerschaltung für einen Schrittmotor?**
2. **Wie viele Flipflops enthält die Ansteuerschaltung eines Schrittmotors, wenn die Umschaltung von Rechtslauf in Linkslauf durch einen zusätzlichen Schalter erfolgt?**
3. **Welche Arten der Ansteuerung unterscheidet man bei den Schrittmotoren?**

2.4.8 Schieberegister

Prinzip

Für Schieberegister werden zweiflankengesteuerte JK-Flipflops verwendet, weil dann mit dem gleichen Takt am Eingang des Masters ein Binärsignal aufgenommen und am Ausgang des Slaves das vorher gespeicherte Binärsignal vom nachfolgenden Flipflop unverändert aufgenommen werden kann.

Das synchrone Schieberegister kann als Spezialfall des synchronen Zählers aufgefasst werden. Beim synchronen Schieberegister werden alle Flipflops vom Taktsignal an C gesteuert. Man unterscheidet zwischen *seriellen* Schieberegistern **(Bild 1)**, *parallelen* Schieberegistern und *rückgekoppelten* Schieberegistern (Ringzähler, **Bild 2**).

Beim Schieberegister mit serieller Dateneingabe wird die Information direkt an den Eingang J und invertiert durch K4 an den Eingang K des Flipflops K1 gebracht (Bild 1). Die Ausgangssignale von K1 sind die Eingangssignale von K2. Die Ausgangssignale von K2 sind die Eingangssignale von K3. Wegen der seriellen Informationseingabe werden beim Schieberegister mit drei Flipflops drei Taktimpulse benötigt, bis die gesamte Information in das Register aufgenommen ist. Die Information wird taktweise von links nach rechts in das Register geschoben.

Das erste Bit des vorher an K1 seriell angelegten Codewortes wird mit dem vierten Taktimpuls bei K3 aus dem Register hinausgeschoben, das zweite Bit mit dem fünften Taktimpuls, das dritte mit dem sechsten Taktimpuls. Diese Art des Auslesens der Information wird als Prinzip des *seriellen Auslesens* bezeichnet. Natürlich kann auch der gesamte Inhalt des Schieberegisters an den Ausgängen der Flipflops K1 und K3 gleichzeitig abgenommen werden. Man spricht dann von einem *parallelen Auslesen.* Das Verhalten des Schieberegisters ist an einem Zeitablaufdiagramm erkennbar **(Bild 3)**.

Beim rückgekoppelten Schieberegister *(Ringzähler)* nach Bild 2 wird die Eingangsinformation des ersten Flipflops K1 nicht von außen zugeführt, sondern die Eingangssignale von K1 sind die Ausgangssignale von K3.

Man verwendet rückgekoppelte Schieberregister, wenn es erforderlich ist, die gespeicherten Informationen fortlaufend zu wiederholen.

Schieberegister dienen zur Zwischenspeicherung, zur Serien-Parallelwandlung und zur Parallel-Serienwandlung binärer Codeworte.

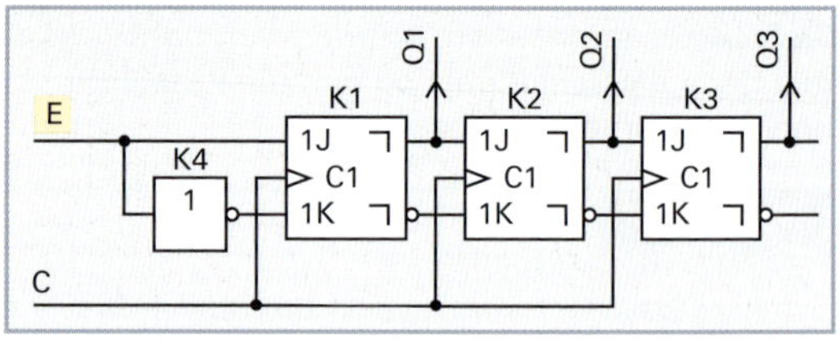

Bild 1: Dreistufiges Schieberegister

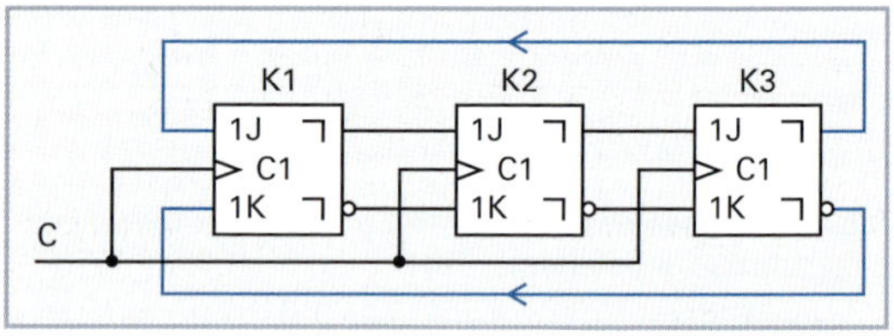

Bild 2: Dreistufiges rückgekoppeltes Schieberegister

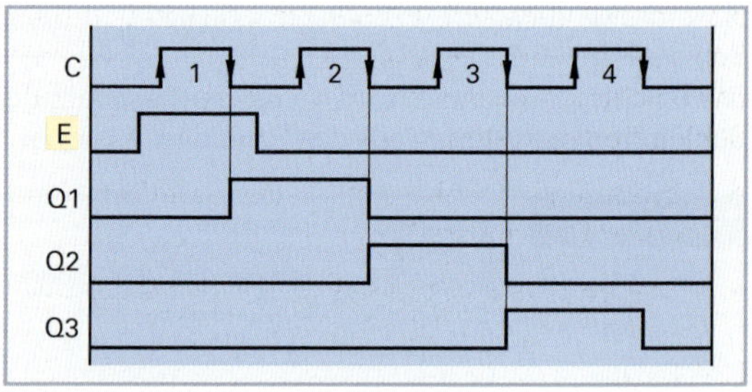

Bild 3: Zeitablaufdiagramm für Codewort 100 beim dreistufigen Schieberegister

Das vereinfachte Schaltzeichen eines vierstufigen Schieberegisters ist ähnlich wie bei einem vierstufigen Zähler aufgebaut **(Bild 1, folgende Seite)**.

Das Einlesen der Information in ein Schieberegister kann auch parallel erfolgen, sodass alle Bits eines Codewortes gleichzeitig abgespeichert werden. Dazu ist es erforderlich, dass die Flipflops des Schieberegisters Setzeingänge und Rücksetzeingänge haben. Außerdem ist eine Beschaltung mit einem kombinatorischen Netzwerk erforderlich (Bild 1, folgende Seite).

Es gibt Schieberegister, die wahlweise mit seriellem oder parallelem Einlesen und seriellem oder parallelem Auslesen arbeiten können. Dadurch ist ein Übergang von seriellem in parallelen Betrieb und umgekehrt möglich.

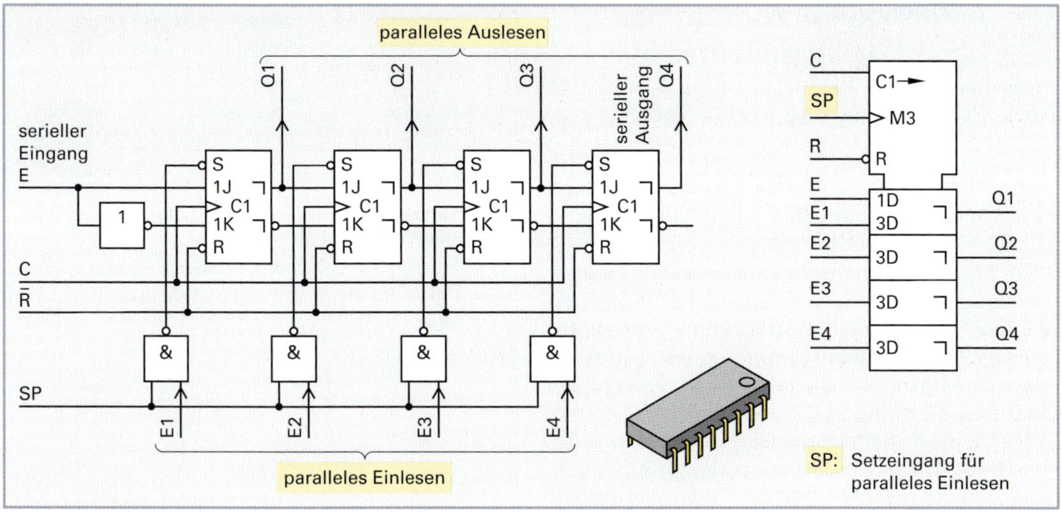

Bild 1: 4-Bit-Schieberegister für wahlweise seriellen oder parallelen Betrieb

Schieberegister als IC

Die meisten Schieberegister sind in TTL-Technik oder in CMOS-Technik hergestellt. Es gibt IC, die ein Schieberegister darstellen, aber auch solche, die zwei Schieberegister enthalten. Es gibt folgende Schieberegisterarten:

- Schieberegister mit serieller Dateneingabe und serieller Datenausgabe;
- Schieberegister mit serieller Dateneingabe und serieller oder paralleler Datenausgabe;
- Schieberegister mit serieller oder paralleler Dateneingabe und serieller Datenausgabe.

Schieberegister, die alle diese Eigenschaften gemeinsam besitzen, nennt man *Universalschieberegister.*

Bei *Universalschieberegistern* besteht oft die Möglichkeit, die Information wahlweise entweder von links nach rechts oder von rechts nach links zu schieben **(Bild 2).** Bei diesem Schieberegister handelt es sich um ein universelles 8-Bit-Schieberegister. Die 8 Bits besagen, dass das Schieberegister aus acht Speichern (Flipflops) aufgebaut ist. Dieses Schieberegister nennt man auch *8-Stage-Register* (stage = Stufe). Dieses Schieberegister besitzt einen Eingang für die Betriebsspannung U_b, für den Masseanschluss dient der IC-Anschluss 12. Die Eingänge E1 bis E8 dienen zur parallelen Dateneingabe, Q1 bis Q8 sind die entsprechenden parallelen Datenausgänge. Mit S_{er} ist der serielle Dateneingang für rechtsseitiges Schieben, mit S_{el} der serielle Dateneingang für linksseitiges Schieben gekennzeichnet. Mit den beiden Eingängen $\overline{S}_r$ und

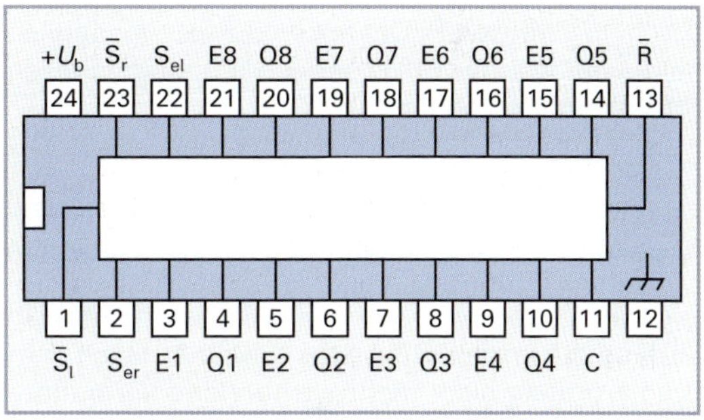

Bild 2: Universalschieberegister für Linksschieben und Rechtsschieben.

Tabelle 1: Wirkung der Eingänge $\overline{S}_r$, $\overline{S}_l$

$\overline{S}_r$	$\overline{S}_l$	Betriebsweise
L	L	Takteingang C wird gesperrt
L	H	Schieben nach rechts
H	L	Schieben nach links
H	H	parallele Dateneingabe

$\overline{S}_l$ kann über entsprechende Pegel die Betriebsweise des Schieberegisters eingestellt werden **(Tabelle 1).** Neben einem Rücksetzeingang $\overline{R}$ gibt es noch den Takteingang C.

Universalschieberegister können Daten wahlweise seriell oder parallel einlesen und/oder ausgeben.

2.5 Anwendung programmierbarer Logikbauelemente

2.5.1 Programmierung und Aufbau

Programmierbare Logikbauelemente PLD (von Programmable Logic Device = programmierbare logische Schaltung) enthalten digitale integrierte Schaltkreise, deren Funktion erst vom Anwender durch Eingriffe in die Hardware verwirklicht wird. Drei verschiedene Arten werden unterschieden. Den **PAL** (von Programmable Array Logic = programmierbare Feldlogik, **Bild 1**) programmiert man durch „Herausbrennen" von leitenden Verbindungen. Das **EPLD** (von Erasable PLD = löschbares PLD, auch EPAL) besitzt Feldeffekttransistoren mit schwebenden Gates. Diese werden beim Programmiervorgang negativ geladen. Der Löschvorgang erfolgt über das Quarzglasfenster des Bauelementes mit UV-Strahlung. Das Bauelement ist wieder verwendbar. Das **EEPLD** (von Electrically Erasable PLD = elektrisch löschbares PLD), auch EEPAL, ist ähnlich aufgebaut wie das EPLD, jedoch mit einem kurzen Stromimpuls löschbar.

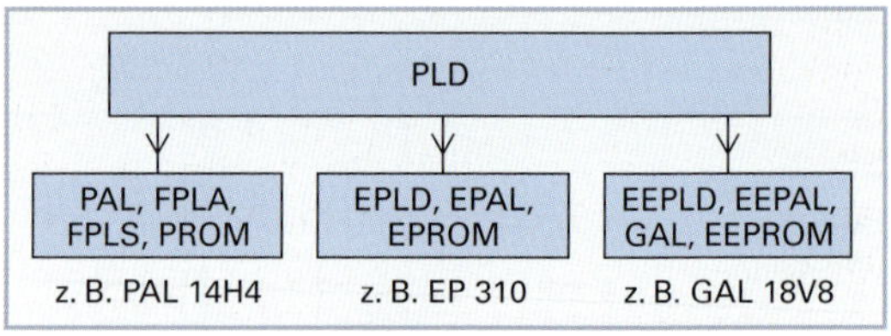

Bild 1: Unterscheidung von PLD nach Art der programmierbaren Verbindungen

> Das Programmieren (Brennen) eines PLD führt zu einer Hardwareänderung des Bauelementes.

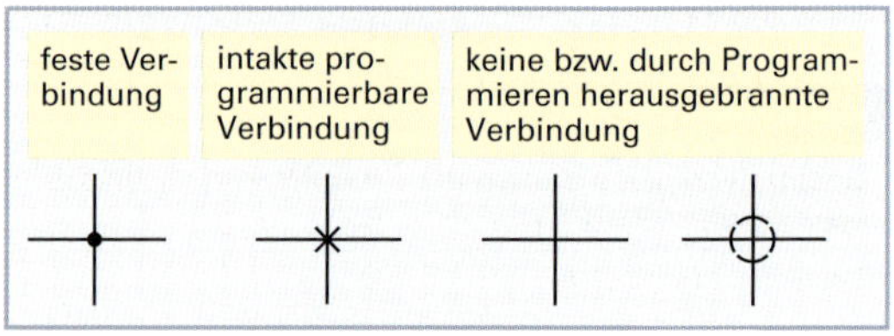

Bild 2: Verbindungsarten in PLD

Die Darstellung einer programmierbaren, intakten Verbindung erfolgt mit einem X **(Bild 2)**. Nach dem Brennvorgang nicht mehr vorhandene Verbindungen werden mit einem gestrichelten Kreis oder gar nicht gekennzeichnet, verbleibende intakte Verbindungen werden mit X gekennzeichnet.

Aufbau von PLD

Der Aufbau eines PAL anhand von zwei Eingängen und einem Ausgang **(Bild 3)** zeigt, dass die Eingangssignale Leistungstreibern zugeführt werden. Jedes Eingangssignal und dessen Invertierung werden über programmierbare Schmelzbrücken UND-Elementen zugeführt. Durch Wegbrennen einer Schmelzbrücke wird der entsprechende UND-Eingang über einen Pull-Up-Widerstand auf den logischen Wert 1 „hochgezogen" (to pull up = hochziehen). Die an den Ausgängen der UND-Elemente entstehenden Verknüpfungen werden Produktterme genannt und meist mit dem Buchstaben P bezeichnet. Die logische Funktion, die ein Produktterm besitzt, wird von den intakten Schmelzbrücken bestimmt. Mehrere der Produktterme werden zur Produktsumme ODER-verknüpft. Diese bildet eines der Ausgangssignale des Bauelementes.

Die Schaltung aus Bild 3, vereinfacht sich unter Benutzung der Verbindungsarten für PLD **(Bild 1, folgende Seite)**. PLD besitzen jedoch mehrere Eingänge. Hat ein PLD z. B. 64 Eingänge und 64 UND-Elemente, so führen insgesamt 8192 Signalleiter zu diesen UND-Elementen. Da diese vielen

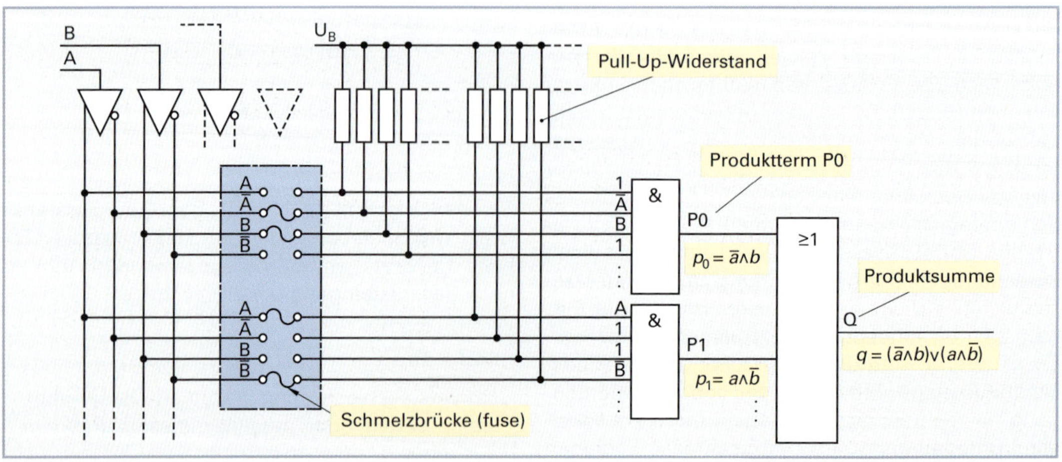

Bild 3: Prinzipieller Schaltungsaufbau eines PAL-Schaltkreises

Leiter nicht mehr darstellbar sind, fasst man alle Eingangsleiter eines UND-Elementes zu einem Leiter zusammen, der Produktlinie genannt wird **(Bild 2)**. Die senkrechten Signalleiter, denen die Eingangssignale zugeführt werden, heißen Eingangslinien.

> Die Eingangslinien und die Produktlinien eines PLD bilden das programmierbare UND-Feld.

Beispiel 1 **Produktterme und Produktsummen:**

Geben Sie die Funktionen der Produktterme p_0 und p_1 sowie der Produktsumme q_0 in Bild 2 an.

Lösung: $p_0 = \mathbf{\bar{a} \wedge b}$ $\quad p_1 = \mathbf{a \wedge \bar{b}}$

$q_0 = p_0 \vee p_1 = \mathbf{(\bar{a} \wedge b) \vee (a \wedge \bar{b})}$

Beispiel 2 **Werte von Produkttermen:**

Welchen Wert besitzt ein Produktterm p_1, wenn
a) alle Verbindungen intakt sind?
b) alle Verbindungen herausgebrannt sind?

Lösung: a) $p_1 = (a \wedge \bar{a}) \wedge (b \wedge \bar{b}) = 0 \wedge 0 = \mathbf{0}$

b) $p_1 = \mathbf{1}$

2.5.2 Bauelemente mit programmierbarem UND-Feld

Bauelemente, die ein programmierbares UND-Feld und ein nachgeschaltetes, fest verbundenes ODER-Feld besitzen **(Bild 3)**, haben z. B. die Herstellerbezeichnungen PAL14H4, EP310 oder GAL16V8. Der EP310 ist ein EPLD und der GAL16V8 ein EEPLD (GAL von Generic Array Logic = erzeugbare Feldlogik). Bild 3 zeigt, dass die Eingangssignale zuerst UND-verknüpft und dann die Produktterme ODER-verknüpft werden, was der DNF (disjunktiven Normalform) einer Wertetabelle entspricht. Deshalb muss die Funktion, die der Schaltkreis erfüllen soll, in der Form der DNF vorliegen.

> Die Struktur von Bauelementen mit einem programmierbaren UND-Feld entspricht der Form der DNF.

Viele Bauelemente besitzen Eingangs-Ausgangs-Zellen (EA-Elemente, Bild 3). Die Zellen können je nach Bedarf entweder als Eingang oder als Ausgang programmiert werden. Die Bezeichnung PAL16H8 sagt aus, dass der PAL maximal 16 Eingänge und maximal 8 Ausgänge besitzen kann. Mindestens zwei der Anschlüsse (Pin) sind immer nur als Ausgang verwendbar **(Bild 4)**.

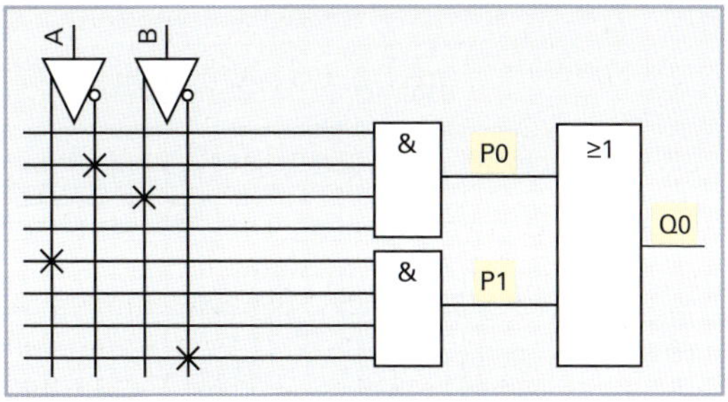

Bild 1: Darstellung einer XOR-Verknüpfung

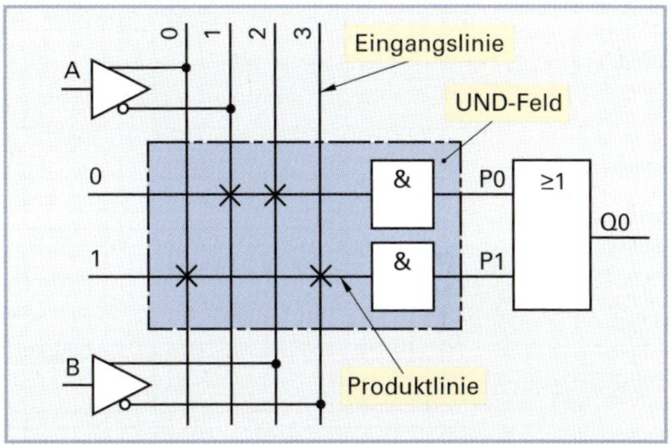

Bild 2: Darstellung der XOR-Verknüpfung mit Produktlinien

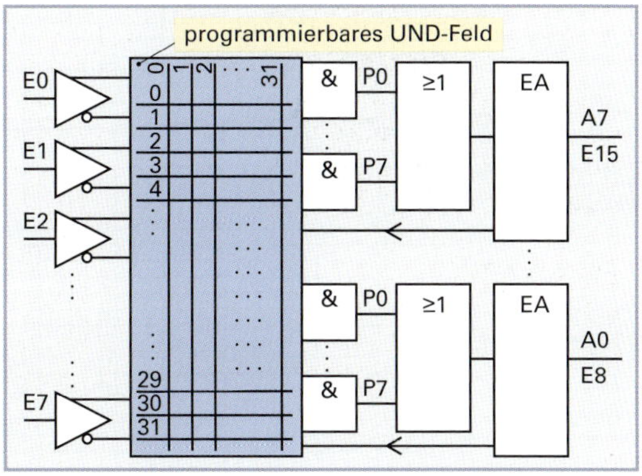

Bild 3: Schaltkreisaufbau bei PAL, GAL und EPLD

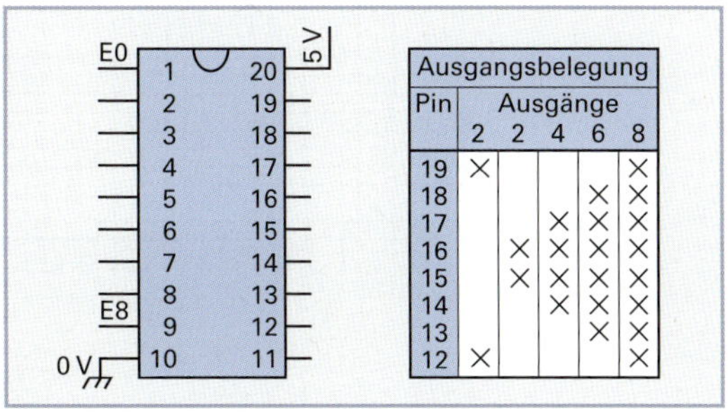

Bild 4: Zuordnung der Ausgänge zu den Pins

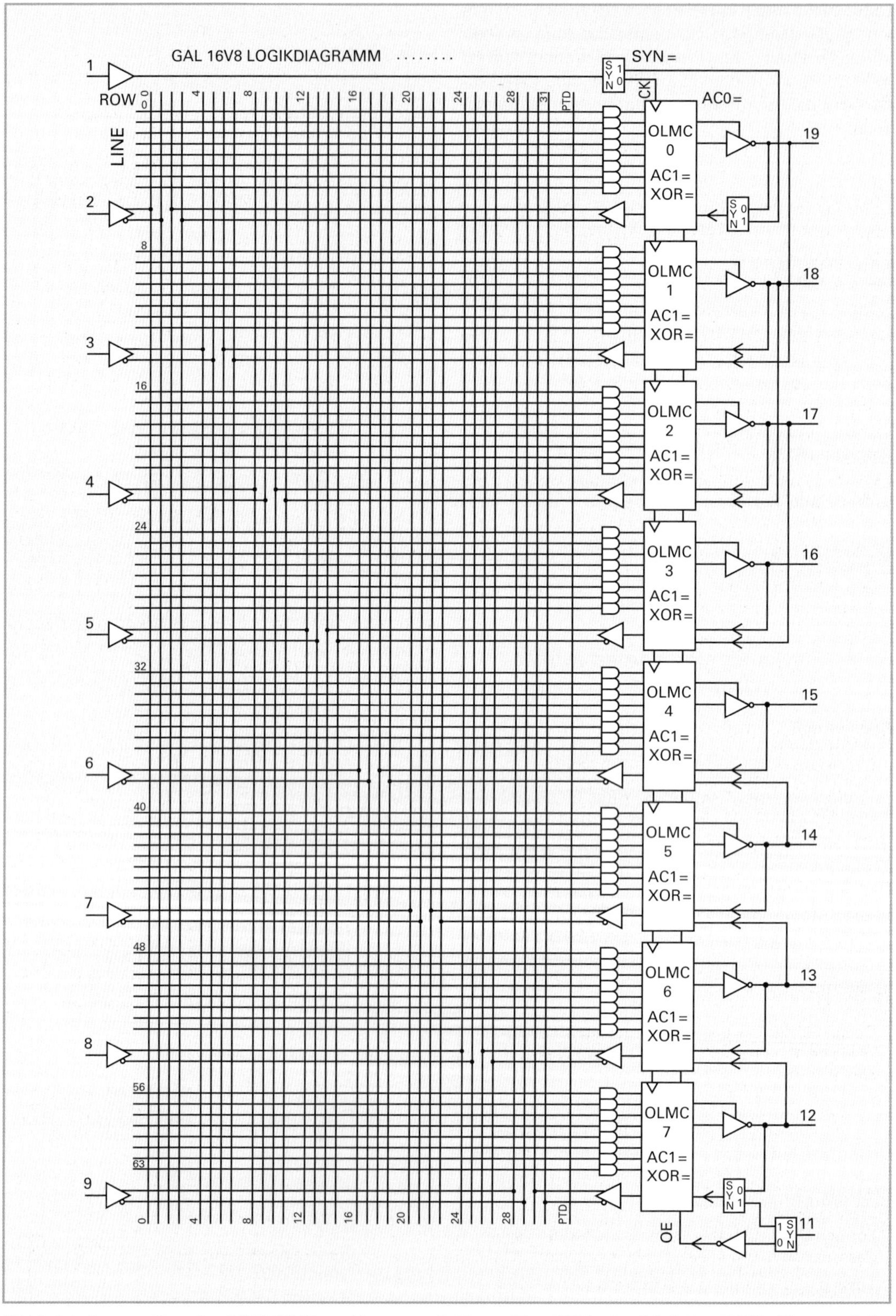

Bild 1: Schaltungsaufbau des GAL16V8 (Datenblattauszug) –D– ≙ –[&]–; LINE ≙ Produktlinie; ROW ≙ Eingangslinie

Den Schaltungsaufbau des GAL16V8 zeigt **Bild 1, vorhergehende Seite.** Die Anschlüsse für Masse (10) und Betriebsspannung (20) sind nicht enthalten. Im unprogrammierten Zustand kann man eine Produktlinie mit intakten Verbindungen statt durch 32 Kreuze nur durch ein Kreuz im UND-Element anstelle des UND-Symbols darstellen **(Bild 1).**

> Enthält ein UND-Element ein Kreuz (X) statt des UND-Symbols, so sind alle Verbindungen der Produktlinie intakt.

Der Buchstabe V der Bezeichnung GAL16V8 gibt die Art der Ausgangslogik des Bauelementes an **(Tabelle 1).** OLMC (von Output Logic Macro Cell = Ausgangslogik-Makrozelle) ist eine über Steuerbits variable Logikschaltung. Die Bauteilbezeichnung enthält auch Angaben über die Geschwindigkeit der Signalverarbeitung und die Leistungsaufnahme **(Tabellen 2 und 3).**

Beispiel 1 Produktsumme q_0:

Geben Sie die Funktionen der Produktterme p_0 und p_1 sowie der Produktsumme q_0 in **Bild 2** an.

Lösung: $p_0 = \mathbf{0}$ $\quad p_1 = \bar{\mathbf{a}} \wedge \bar{\mathbf{b}}$

$q_0 = p_0 \vee p_1 = 0 \vee (\bar{a} \wedge \bar{b}) = \bar{\mathbf{a}} \wedge \bar{\mathbf{b}}$

Beispiel 2 Produktsumme q_2:

Geben Sie die Funktionen der Produktterme p_4 und p_5 sowie der Produktsumme q_2 in Bild 2 an.

Lösung: $p_4 = \mathbf{a}$; $p_5 = \mathbf{b}$; $q_2 = p_4 \vee p_5 = \mathbf{a} \vee \mathbf{b}$

Das Signal an Q2 wird außerhalb des Bauelementes mit dem Eingang C elektrisch verbunden und somit dem programmierbaren UND-Feld zugeführt.

Beispiel 3 Produktsumme q_1:

Geben Sie die Funktionen der Produktterme p_2 und p_3 sowie der Produktsumme q_1 in Bild 2 an. Welche Funktion liegt vor?

Lösung: $p_2 = \bar{c} = \overline{q_2} = \overline{p_4 \vee p_5} = \overline{\mathbf{a} \vee \mathbf{b}}$; $p_3 = \mathbf{0}$

$q_1 = p_2 \wedge p_3 = 0 \wedge \overline{(a \vee b)} = \overline{\mathbf{a} \vee \mathbf{b}}$; **NOR**

Beispiel 4 Umformen mit de Morgan

Formen Sie die Funktion q_1 nach De Morgan so um, dass nur ein Ausgang des PLD benötigt wird.

Lösung: $q_1 = \overline{a \vee b} = \bar{\mathbf{a}} \wedge \bar{\mathbf{b}}$ ist gleich der Funktion q_0 in Bild 2.

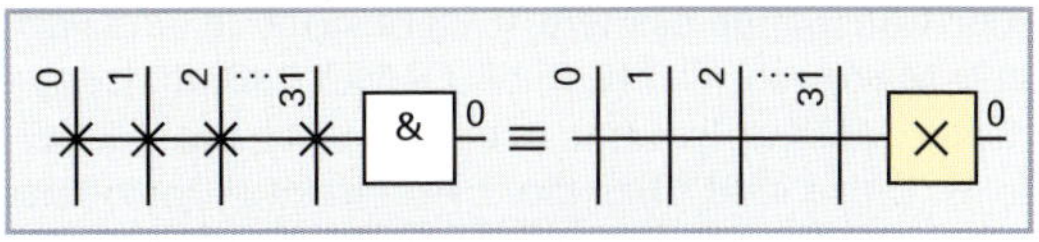

Bild 1: Darstellung einer Produktlinie mit intakten, z. B. nicht ausgebrannten, Verbindungen

Tabelle 1: Bezeichnungen der Ausgangslogik bei PLD

Angabe	Erklärung
L	Low, der aktive Ausgang hat den Wert 0.
H	High, der aktive Ausgang hat den Wert 1.
P	Der logische Wert des Ausgangs ist programmierbar.
R	Die Ausgangslogik enthält ein Register.
V	Die Ausgangslogik enthält eine variable Ausgangszelle.
X	Die Ausgangslogik ist mit einem XOR-Element einstellbar.
C	Ausgang mit komplementären Werten

Tabelle 2: Signaldurchlaufzeitangaben

Angabe	ohne Angabe	A	B	C	D
Wert	35 ns	25 ns	20 ns	15 ns	10 ns

Tabelle 3: Bezeichnungen der Leistungsaufnahme

Angabe	Erklärung, Werte
Ohne Angabe	Maximalleistung 900 mW / 180 mA
H (Half)	Halbe Leistung 450 mW / 90 mA
Q (Quarter)	Viertel Leistung 225 mW / 45 mA

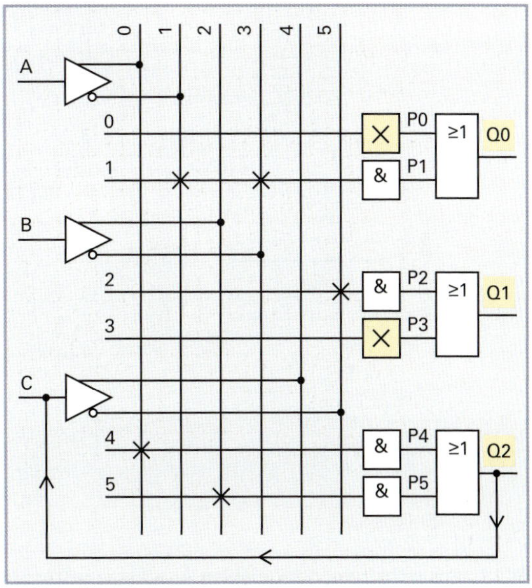

Bild 2: Ausschnitt eines PLD-Schaltkreises

Alle 8 Ausgänge des GAL16V8 besitzen je eine variable Makrozelle OLMC(0) bis OLMC(7) **(Bild 1)**. Jede dieser Makrozellen hat 4 logische Schalter **(Tabelle 1)**. Diese sind über die 9 Architekturkontrollbits AC0 sowie AC1(0) bis AC1(7) und über die 8 XOR-Bits XOR(0) bis XOR(7) einstellbar **(Tabelle 2)**. Das Steuerbit SYN und die 64 Steuerbits PTD(0) bis PTD(63) verändern den Innenaufbau des GAL außerhalb der Makrozellen (Tabelle 2 und Bild 1, Seite 102). Die beiden Bits SYN und AC0 legen fest, ob das Bauelement als kombinatorische Schaltung (D-Flipflop überbrückt) oder als sequenzielle Schaltung (D-Flipflop nicht überbrückt) arbeiten soll (Bild 1). Bei sequenzieller Logik muss *syn* = 0 und ac_0 = 1 sein (Bild 1, Seite 102). Das Taktsignal *c* (von clock = Takt) muss dann an den Pin 1 des Bauelementes angeschlossen werden. Die Taktsignalleitung führt dann in alle Makrozellen auf alle D-Flipflops.

Bei sequenzieller Logik werden alle Ausgänge vom Signal am Pin 1 des GAL16V8 synchron getaktet.

Dabei führt das Freigabesignal OE (Output Enable) vom Pin 11 über einen Eingangsinverter auf alle 8 Tristate-Ausgangsinverter (Bild 1, Seite 102). Zur Freigabe der Ausgänge muss Pin 11 an Masse gelegt werden.

Tabelle 1: Logikschalter der OLMC

Art	Erklärung
O	Output-, Ausgangsschalter. Schaltet entweder auf kombinatorische oder sequenzielle Logik.
TS	Transferschalter. Gibt den Tristate-Inverter am Ausgang frei oder sperrt ihn.
PT	Produkttermschalter. Legt den obersten Produktterm auf das ODER-Element oder auf den Freigabeeingang des Tristate-Inverters.
F	Feedback-, Rückkopplungsschalter. Wählt das Signal aus, welches wieder in das programmierbare UND-Feld zurückgekoppelt wird.

Tabelle 2: Steuerbits des GAL16V8

Art	Erklärung
AC	Architekturkontrollbit. Das Bit AC0 und die 8 Bits AC1(n) stellen die logischen Schalter in den 8 Ausgangsmakrozellen des IC ein.
SYN	Synchronisierungsbit. Das Bit synchronisiert mit dem Wert 0 die D-Flipflops der Makrozellen auf das Taktsignal an Pin 1.
XOR	XOR-Bit. Die 8 Bits XOR(n) der 8 Makrozellen stellen die Ausgangspolaritäten ein.
PTD	Produktterm-Disable-Bit. Die 64 Bits PTD(n) sind für die Freigabe der Signale an den 64 Produktlinien verantwortlich.

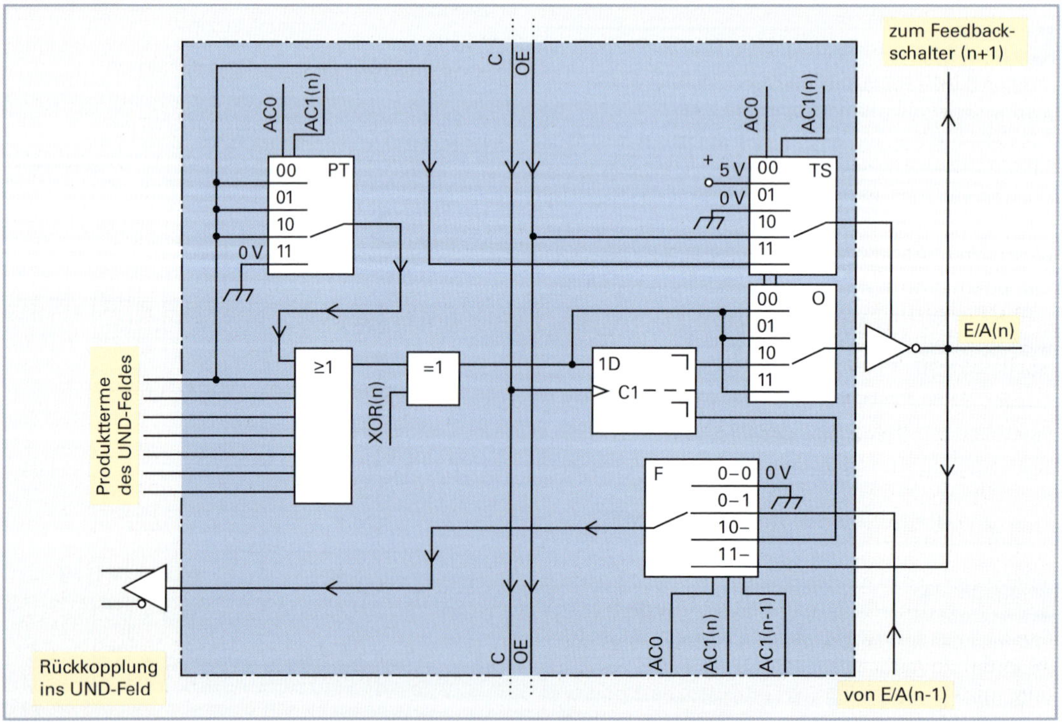

Bild 1: Innenschaltung der variablen Ausgangsmakrozelle OLMC(n) des GAL16V8

Kombinatorische Schaltungen mit GAL16V8

Zum Erhalt einer rein kombinatorischen Schaltung wird $ac_0 = 0$ gesetzt. Dadurch verändert sich der Aufbau der Makrozellen **(Bild 1)**. Dem ODER-Element nachgeschaltet ist ein Exclusiv-ODER-Element und ein Tristate-Inverter. Mit dem Steuerbit XOR(n) kann man die Polarität des Ausgangssignals verändern **(Bild 2)**. Das Steuerbit AC1(n) der Makrozelle gibt mit dem logischen Wert 0 den Tristate-Inverter frei, wobei das Ausgangssignal nicht mehr in das Bauelement zurückgekoppelt wird. Mit dem Wert 1 sperrt AC1 den Tristate-Inverter und betätigt den Rückkopplungsschalter der benachbarten Makrozelle OLMC(n + 1) so, dass über diese der Anschluss E/A(n) jetzt als Eingang arbeitet. Bei den beiden äußeren Makrozellen des GAL ersetzt das Bit SYN den Rückkopplungsschalter (Bild 1, Seite 102).

> Bei kombinatorischer Logik stehen Ausgangssignale im Bauelement zur Weiterverarbeitung im UND-Feld nicht zur Verfügung.

Sequenzielle Schaltungen mit GAL16V8

Zum Erhalt einer sequenziellen Schaltung wird $ac_0 = 1$ gesetzt. Hat das Bit AC1(n) einer Makrozelle den logischen Wert 1, so steht das Ausgangssignal auch dem UND-Feld zur Weiterverarbeitung zur Verfügung **(Bild 3)**. Die Invertierungen durch den Ausgang des D-Flipflops und durch den Tristate-Inverter entsprechen sich dabei.
Hat das Bit AC1(n) den logischen Wert 1, wie AC0, so kann wieder eine kombinatorische Schaltung verwirklicht werden **(Bild 4)**. Dabei wird die Freigabe des Tristate-Inverters durch Programmierung im UND-Feld über den obersten Produktterm gesteuert. Das Ausgangssignal wird über den Rückkopplungsschalter derselben Makrozelle zur Weiterverarbeitung dem UND-Feld zur Verfügung gestellt.

> Im Bauelement können neben einer sequenziellen Schaltung auch gleichzeitig kombinatorische Schaltungsteile mitprogrammiert werden.

Einstellen der Steuerbits des GAL16V8

Das Einstellen der Steuerbits sowie das Einstellen der Verbindungen im UND-Feld eines PLD nennt man auch Editieren. Dies geschieht beim Brennvorgang. Beim GAL16V8 wird dazu an den Pin 2 eine Spannung von 16,5 V angelegt, wodurch sich das Bauelement völlig umwandelt. Über Pin 9 werden 64 Datenworte mit einer Größe von 64 bit seriell in ein bauteilinternes Schieberegister geladen und mittels Adressierung ins Bauteil eingespeichert. Dabei kann auch ein Leseschutzbit und ein Schreibschutzbit eingestellt werden.

> Kenntnisse über die Hardware im PLD sind notwendig, um zu beurteilen, ob das Bauelement zur Lösung eines Steuerungsproblems geeignet ist.

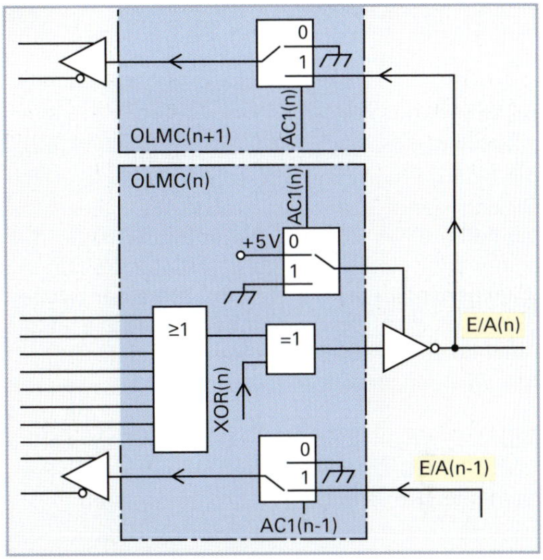

Bild 1: Makrozelle mit AC0 = 0

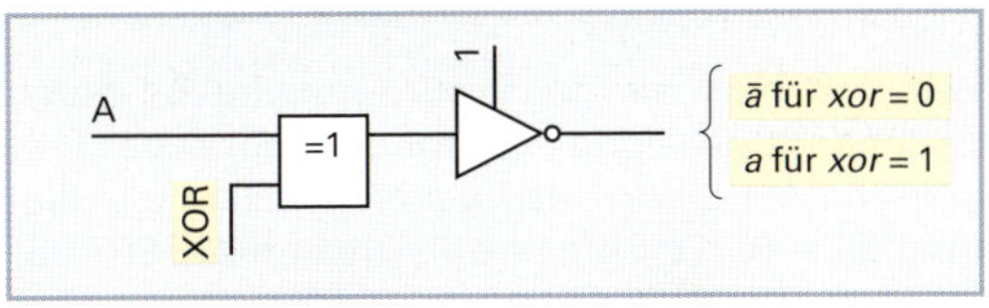

Bild 2: Einstellung der Ausgangspolarität

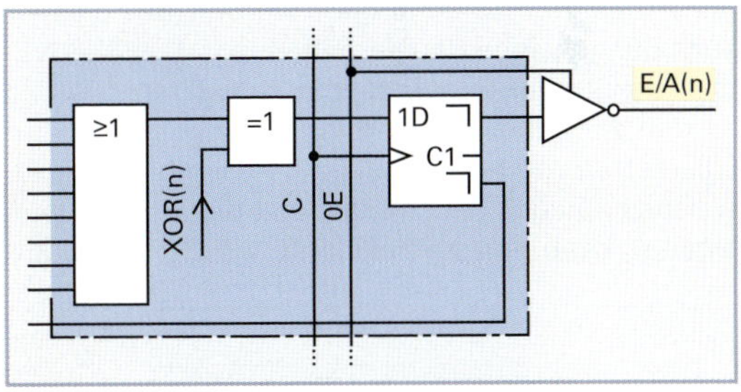

Bild 3: Makrozelle mit AC0 = 1 und AC1 = 0

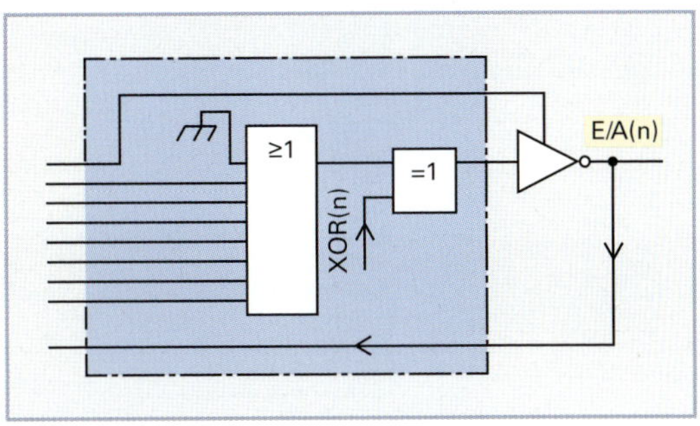

Bild 4: Makrozelle mit AC0 = AC1 = 1

Programmiervorgang bei PLD

Die Hardware-Ausstattung für den Programmiervorgang besteht in der Regel aus einem PC und einem Brenngerät **(Bild 1).** Für Bauelemente der Gruppe ISPL (Im System programmierbare Logik) benötigt man kein Brenngerät. Sie werden auf einer Steuerungsplatine programmiert.

Die PLD-Programmierung erfolgt in drei Schritten. Zunächst muss die zu lösende Aufgabenstellung mit einem Programm entweder in Form logischer Gleichungen, z. B. mit der Sprache ABEL, einer Wertetabelle, eines Zustandsdiagrammes (state machine) oder einer computergefertigten Zeichnung (Funktionsplan) erfasst werden. Mit einer zweiten Software wird die eingegebene Aufgabe in die Brenndatei, das JEDEC-File, umgewandelt. Schließlich wird ein Brennprogramm benötigt, welches den Brennvorgang steuert, um den PLD mit dem JEDEC-File (von Joint Electron Device Engineering Council = US-amerikanischer Ausschuss für Bauelementenormierungen) zu programmieren.

Alle Bauelemente mit programmierbarem UND-Feld werden im JEDEC-Format programmiert.

Während man bei der Programmeingabe durch Zeichnungserstellung ein sehr umfangreiches Programmpaket des Bauelementeherstellers benötigt **(Bild 2),** z. B. die Software Aplus von ALTERA für EPLD, genügt für die Eingabe von Gleichungen bereits ein einfaches Schreibprogramm, z. B. ein Editor. Außer den Gleichungen werden mit diesem auch der gewählte Bauelementetyp, z. B. GAL16V8, und die Zuweisungsliste der logischen Signale zu den Pins des Bauelementes eingegeben. Ein Übersetzerprogramm, z. B. GAL-Assembler (Bild 2), welches aus der Gleichungsdatei die JEDEC-Datei erzeugt, kann nur die Zeichen 0 bis 127 des Standard-ASCII-Zeichensatzes übersetzen. Deshalb sind auch die Logikoperatoren aus diesen Zeichen zu wählen **(Tabelle 1).** Über manche Brennprogramme können Bauelemente auch ausgelesen werden und die gespeicherten logischen Funktionen zurückverfolgt werden, sofern das Leseschutzbit des PLD nicht aktiviert wurde. Das Löschen speziell der GALs und ISPLs erfolgt ebenfalls mit dem Brennprogramm. Sie können im Gegensatz zu PAL oder EPLD sofort wieder programmiert werden.

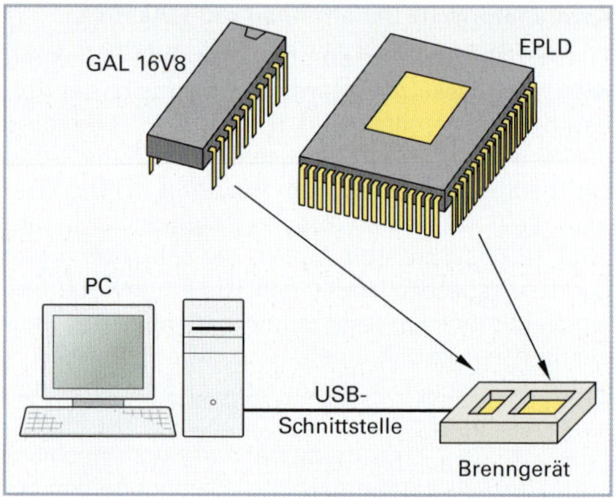

Bild 1: Hardware für den Programmiervorgang

Tabelle 1: Darstellung der Logikoperatoren mit PC

Art	Algebra	Assembler	ABEL
UND – Operator	$a \wedge b$	$a \cdot b$	$a \,\&\, b$
ODER – Operator	$a \vee b$	$a + b$	$a \# b$
NICHT – Operator	$\overline{a}$	$/a$	$!a$
Taktunabhängige Zuweisung: „ist gleich"	$z = \overline{a}$	$z = /a$	$z = !a$
Taktabhängige Zuweisung: „ergibt sich aus"	$z^{n+1} = \overline{z}^{n}$	$z := /z$	$z := !a$

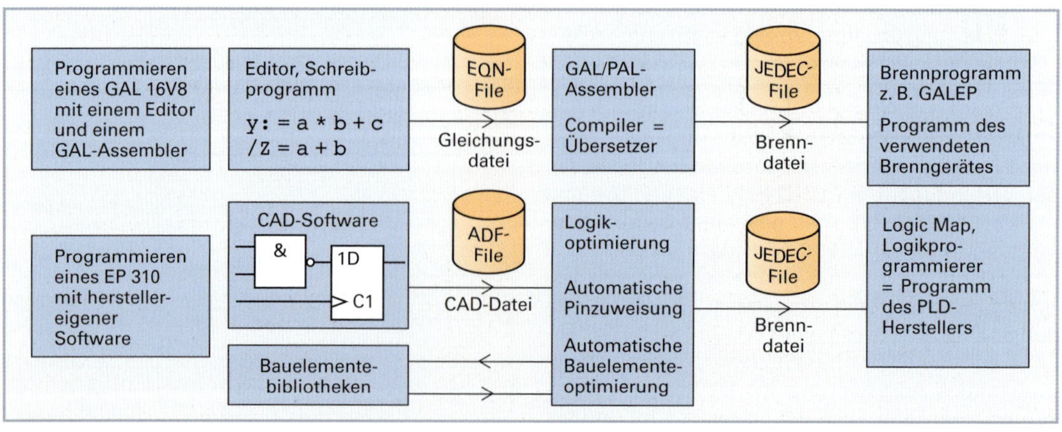

Bild 2: Möglichkeiten zur Programmierung von verschiedenen PLD

2.5.3 Bauelemente mit programmierbarem ODER-Feld

Diese Gruppe der PLD bilden die programmierbaren Festwertspeicher **(Bild 1)**. Der Adressdecoder bildet ein fest verbundenes UND-Feld, während die Speicherzellen die programmierbaren Verbindungen eines ODER-Feldes darstellen. Da der Adressdecoder alle Eingangskombinationen einer Wertetabelle enthält, können den Speicherausgängen ebenfalls logische Funktionen zugeordnet werden, z. B. $x = (\bar{a} \wedge b) \vee (a \wedge \bar{b})$. Am Ausgang X liegt somit eine Exclusiv-ODER-Funktion an. In der Praxis ist es jedoch unüblich Festwertspeicher zur Verwirklichung logischer Funktionen zu verwenden, da die Betrachtungsweise der Speichermatrix nicht spaltenweise sondern zeilenweise erfolgt, d.h. jeder angelegten Adresse *a b*, z. B. 01, wird ein Datenwort *x y z*, z. B. 101, zugeordnet.

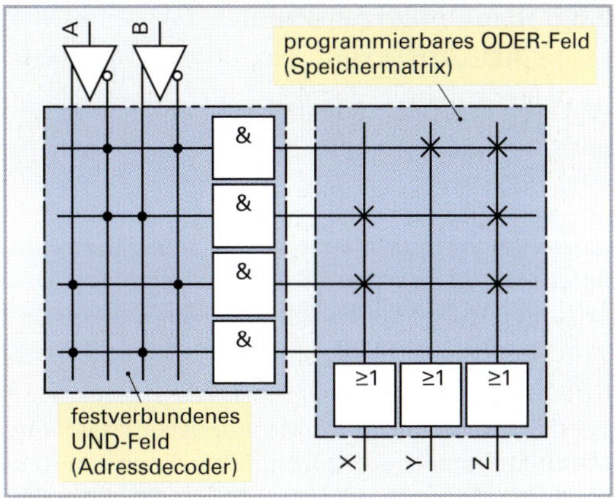

Bild 1: Prinzipieller Aufbau der Festwertspeicher

2.5.4 Bauelemente mit zwei programmierbaren Feldern

Zur Erzeugung logischer Funktionen besitzen PLA, auch PLS, zwei programmierbare Felder **(Bild 2)**.

Beispiel 1 **PLA-Schaltkreis:**

Programmieren Sie mit einem PLA-Schaltkreis die Funktionen: a) $x = a \wedge b$ b) $y = a \vee c$

Lösung: **Bild 2**

Beispiel 2 **Funktion *z*:**

Ermitteln Sie die Funktion *z* in Bild 2.

Lösung: $\mathbf{z = (a \wedge b) \vee (\bar{a} \wedge \bar{b})}$; **XNOR**

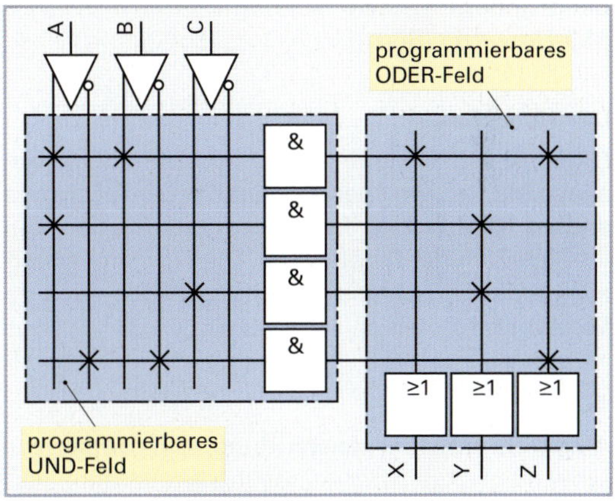

Bild 2: Prinzipieller Aufbau eines PLA

Für die Eingabe von Steuerbits enthalten PLA-Bauelemente weitere programmierbare Felder **(Bild 3)**, z. B. zur Freigabe der Tristate-Treiber oder zur Programmierung der Ausgangspolaritäten mit den Exclusiv-ODER-Elementen.

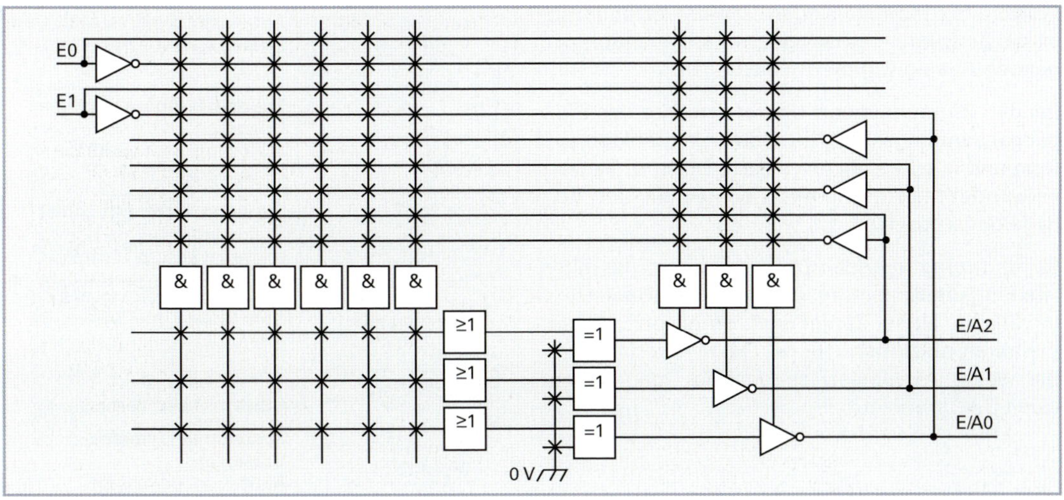

Bild 3: Teilschaltung eines 20FPLA

2.5.5 DA-Umsetzer und AD-Umsetzer

Will man mit einer digitalen Steuerung, z. B. mittels Computer, Maschinen oder Anlagen steuern oder regeln, z.B. zur Drehzahlregelung, müssen entsprechend den im Computer errechneten Zahlenwerten analoge Steuergrößen, meist Spannungen, erzeugt werden. Die Bausteine zur Umsetzung von Zahlen in proportionale Spannungen heißen *Digital-Analog-Umsetzer*[1] *(DA-Umsetzer,* **Bild 1**).

Zur Messdatenanzeige, Messdatenübertragung, Messdatenspeicherung und Messdatenverarbeitung sind dagegen die Messgrößen oft in eine digitale Form umzusetzen. Die hierfür verwendeten Baugruppen heißen *Analog-Digital-Umsetzer*[2] *(AD-Umsetzer*, Bild 1).

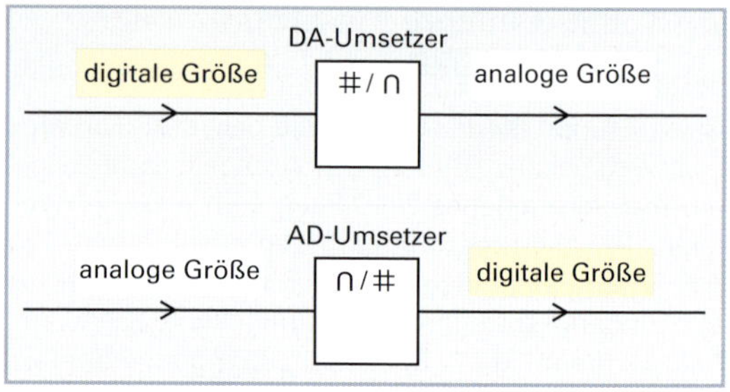

Bild 1: Schaltzeichen für DA-Umsetzer und AD-Umsetzer

DA-Umsetzer

DA-Umsetzer bestehen meist aus einem Operationsverstärker, welcher als Summierer Teilströme addiert **(Bild 2)**. Die Teilströme entsprechen den Wertigkeiten der Binärstellen. Die Eingangswiderstände des Operationsverstärkers stehen dann im Verhältnis 1:2:4:8.

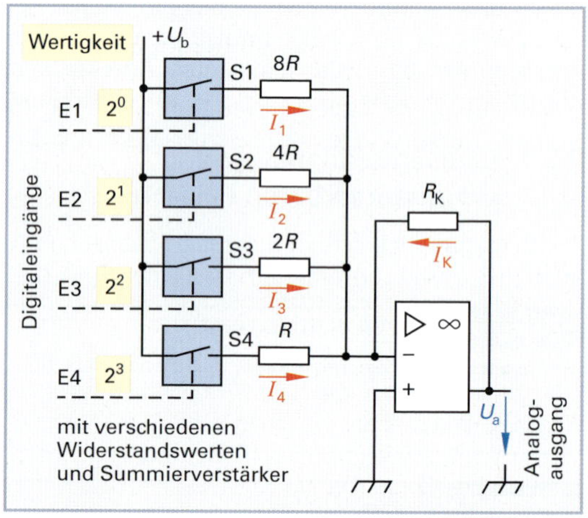

Bild 2: DA-Umsetzer mit Teilströmen (Prinzip)

AD-Umsetzer

Abhängig von der Anwendung, der Umsetzgeschwindigkeit und der Auflösung (Stellenzahl) verwendet man unterschiedliche Umsetzverfahren **(Tabelle 1)**. Wichtige Kenngrößen sind die Auflösung und die Umsetzungszeit (Umsetzzyklus). Die Auflösung gibt die Stufenzahl an, in welche das maximale Analogsignal unterteilt wird, ausgedrückt in der Zahl der Binärstellen (Bits) bzw. der Wortbreite des Digitalsignals. Die Umsetzungszeit ist die Zeitspanne zwischen zwei aufeinander folgenden Analog-Digital-Umsetzungen.

Bei den *Momentanwert-Umsetzern* wird das Eingangsspannungssignal zu festen Zeitpunkten erfasst und in eine Zahl umgesetzt. Diese Umsetzer verwendet man z.B. in der Videotechnik und der Regelungstechnik.

Bei den *integrierenden Umsetzern* wird die mittlere Eingangsspannung während eines Umsetzintervalls in einen Zahlenwert umgesetzt. Diese Verfahren nützt man z.B. bei Digital-Multimetern. Bei vielen AD-Umsetzern benötigt man intern einen DA-Umsetzer.

Tabelle 1: Analog-Digital-Umsetzer

Art	Verfahren, Kenngrößen
Momentanwert-Umsetzer 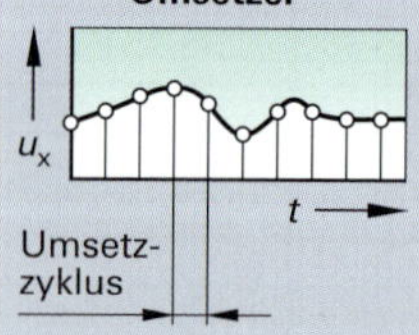 ○ ermittelte Werte	**Parallelumsetzer** Auflösung: 6 bit bis 12 bit Umsetzzyklus: 2 ns bis 200 ns
	Sukzessive-Approximations-Umsetzer Auflösung: 8 bit bis 18 bit Umsetzzyklus: 0,5 µs bis 100 µs
	Stufenumsetzer mit Zähler Auflösung: 6 bit bis 12 bit Umsetzzyklus: je nach Programm ≥ 50 ns
Integrierender Umsetzer 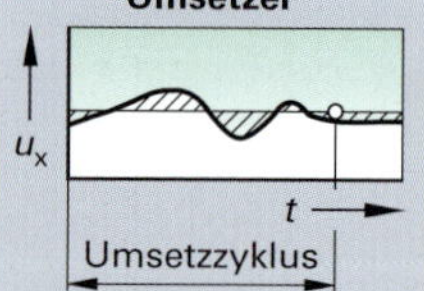 ○ ermittelter Wert	**Dual-Slope-Umsetzer** Auflösung: 12 bit bis 20 bit bzw. dez. $3\frac{1}{2}$ bis $5\frac{1}{2}$ Stellen Umsetzzyklus: 10 ms bis 1 s
	Spannungs-Frequenz-Umsetzer Auflösung: etwa 8 bit Umsetzzyklus: 10 ms bis 1 s

[1] engl. DAC von digital-to-analog-converter
[2] engl. ADC von analog-to-digital-converter

2.5.6 Schaltungsentwicklung (Beispiele)

Beispiel: Speicheradressierung

Ein Mikroprozessor greift auf zwei Speicherbauelemente mit jeweils 2^{16} Byte = 64 KB zu **(Bild 1)**. Der GAL16V8 soll so programmiert werden, dass der Prozessor für den Adressbereich 30000h bis 3FFFFh (0110000000000000000_2 bis 0111111111111111111_2) den Speicher 1 auswählt und für den Adressbereich 40000h bis 4FFFFh (1000000000000000000_2 bis 1001111111111111111_2) den Speicher 2 auswählt. Die vier niederwertigen Stellen des hexadezimal codierten Adressbereiches werden auf den Adressleitern A0 bis A15 übertragen. Die Bauelementeauswahl erfolgt mit der höchstwertigen Stelle des Codes. Dazu benötigt der GAL die Signale der Adressleiter A18, A17 und A16. Er gibt mit einem der Signale an CS (von Chip Select = Bauelement auswählen) einen der Speicher frei entsprechend der Zuweisungen aus der Wertetabelle **(Bild 2)**. Aus dieser erhält man die Gleichungen:

$$\overline{cs_1} = \overline{a_{18}} \wedge a_{17} \wedge a_{16}$$
$$\overline{cs_2} = a_{18} \wedge \overline{a_{17}} \wedge \overline{a_{16}}$$

Die Signale müssen invertiert vorliegen, da die Anwahl der Speicherbauelemente mit dem Wert 0 erfolgt. Das Programm für den GAL enthält die Pinbelegung durch die Signale sowie die Funktionsgleichungen **(Bild 3)**. Das Brennprogramm stellt die Makrozellen des GAL16V8 so ein, dass kombinatorische Funktionen ausgeführt werden (Bild 1, Seite 73), d.h. *syn* = 1 und ac_0 = 0. Die Invertierung der Ausgänge erfolgt mit den Steuerbits XOR(0) und XOR(1), welche den Wert 0 erhalten **(Bild 4)**.

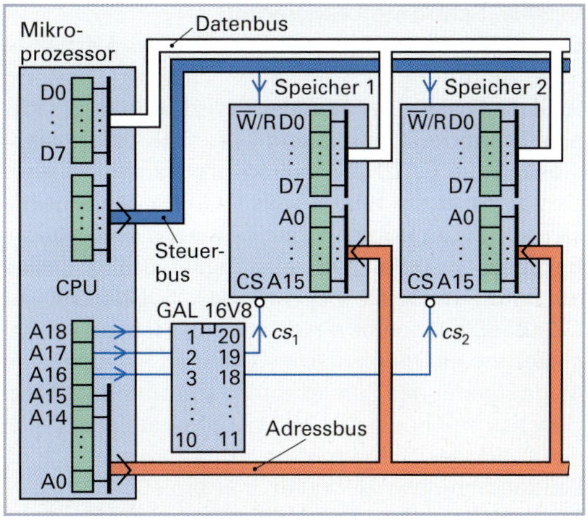

Bild 1: Speicheradressierung

A18	A17	A16	CS1	CS2
0	1	1	0	1
1	0	0	1	0
alle anderen Eingangskombinationen			1	1

Bild 2: Wertetabelle für die Chipselect-Signale

```
title adresse
chip adresse GAL16V8
;Pinbelegung
; 1    2    3    4    5    6    7    8    9    10
 A18  A17  A16  nc   nc   nc   nc   nc   nc   GND
;11   12   13   14   15   16   17   18   19   20
 nc   nc   nc   nc   nc   nc   nc   CS2  CS1  VCC
equations
/CS1 = A16 * A17 * / A18
/CS2 = / A16 * / A17 * A18
```

Bild 3: Programm für die Chipselect-Signale

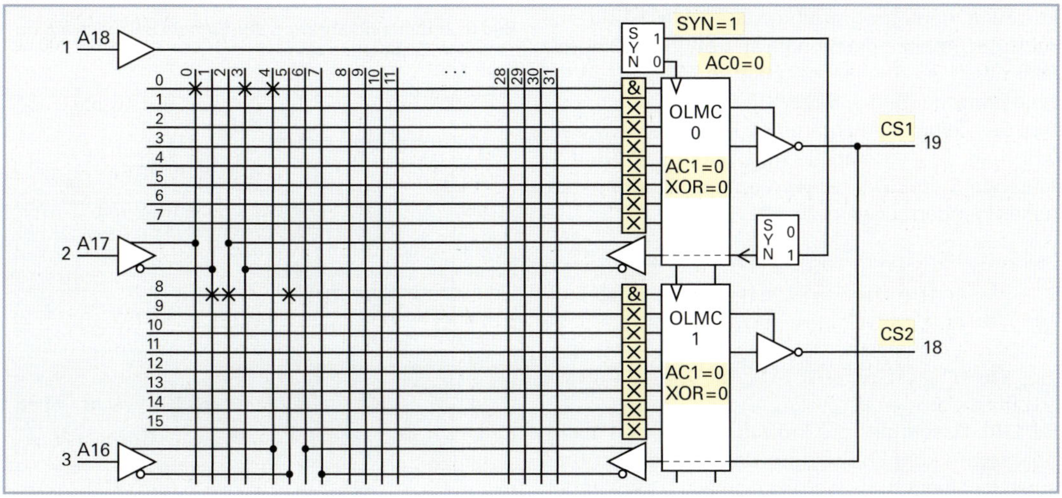

Bild 4: Programmierter Teil des GAL16V8

Beispiel Schrittmotorsteuerung

Die Wicklungsstränge des Schrittmotors erhalten ihre Spannungen von einer Treiberschaltung **(Bild 1)**. Die Treiberschaltung wird ihrerseits über eine Steuerlogik von einem Mikrocontroller angesteuert. Ein GAL16V8 soll so programmiert werden, dass er die Spannungen auf die Wicklungsstränge in der notwendigen Reihenfolge verteilt.

Bei einer unipolaren Zweistrangsteuerung besitzt der Schrittmotor die vier Stränge L11, L12, L21 und L22 **(Bild 2)**. Diese bewirken bei entsprechender Ansteuerung ein magnetisches Drehfeld, welches den Magnetläufer des Schrittmotors antreibt. Mit jedem Gleichstromimpuls des Mikrocontrollers dreht sich die Welle des Schrittmotors um einen gleich bleibenden Schrittwinkel weiter, hier um 90° (Bild 2).

Die Steuerschaltung muss die Spannungen auf die vier Stränge des Motors so verteilen, dass sich die gewünschte Drehrichtung ergibt. Bei Linkslauf **(Bild 3)** ist die Reihenfolge der Spannungsverteilungen anders als bei Rechtslauf **(Bild 4)**. In beiden Fällen werden bei jedem Schritt immer zwei Stränge an Spannung angelegt. Deshalb erhält man einen Vollschrittbetrieb, bei welchem der Schrittwinkel 90° beträgt.

Der GAL erhält zur Verwirklichung dieser Steuerfunktion außer dem Schritttakt *c* noch das Signal *s*, welches die Drehrichtung festlegt. Mit $s = 0$ soll Linkslauf und mit $s = 1$ soll Rechtslauf erfolgen. Neben den Eingängen C und S muss der GAL über die vier Ausgänge L11, L12, L21 und L22 verfügen.

In den Zeitablaufdiagrammen ist zu erkennen, dass die Stränge L11 und L12 stets Spannungen mit entgegengesetzten Pegeln führen. Dasselbe trifft auch für L21 und L22 zu. Deshalb müssen nur für die Signale an L11 und L21 Gleichungen erstellt werden. Da der GAL16V8 im sequenziellen Betrieb die Ausgangssignale über die internen D-Flipflops der Makrozellen dem programmierbaren UND-Feld zurückführt, können die Signale an L21 und L22 durch Invertieren der Ausgangssignale an L12 und L21 erzeugt werden (Bild 3, Seite 105).

Aus den Zeitablaufdiagrammen Bild 3 und Bild 4 erhält man die Wertetabelle für L11 und L21 **(Bild 1, folgende Seite)**. Daraus werden die Schaltfunktionen folgendermaßen gebildet:

$$l_{11n+1} = (\overline{s} \wedge \overline{l_{11n}} \wedge \overline{l_{21n}}) \vee (\overline{s} \wedge l_{11n} \wedge \overline{l_{21n}})$$
$$\vee (s \wedge \overline{l_{11n}} \wedge l_{21n}) \vee (s \wedge l_{11n} \wedge l_{21n})$$
$$l_{21n+1} = (\overline{s} \wedge l_{11n} \wedge \overline{l_{21n}}) \vee (\overline{s} \wedge l_{11n} \wedge l_{21n})$$
$$\vee (s \wedge \overline{l_{11n}} \wedge \overline{l_{21n}}) \vee (s \wedge \overline{l_{11n}} \wedge l_{21n})$$
$$l_{12} = \overline{l_{11}} \qquad \overline{l_{22}} = l_{21}$$

Da GAL-Assembler die Indizes n und n + 1 nicht übersetzen können, wird im Programm zum Beispiel der Operator : = („ergibt sich aus“) verwendet **(Bild 2, folgende Seite)**.

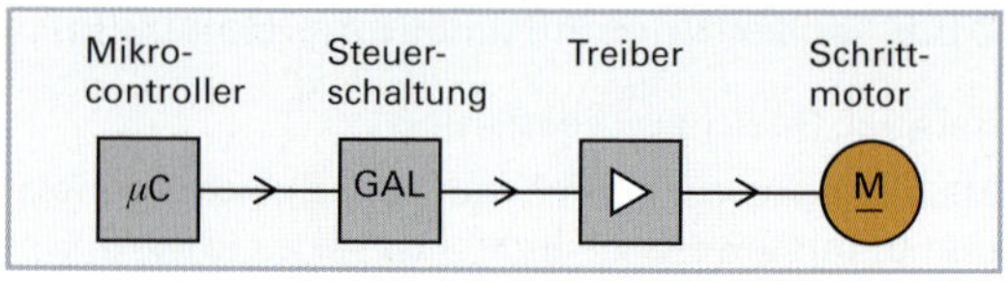

Bild 1: Baugruppen für die Schrittmotorsteuerung

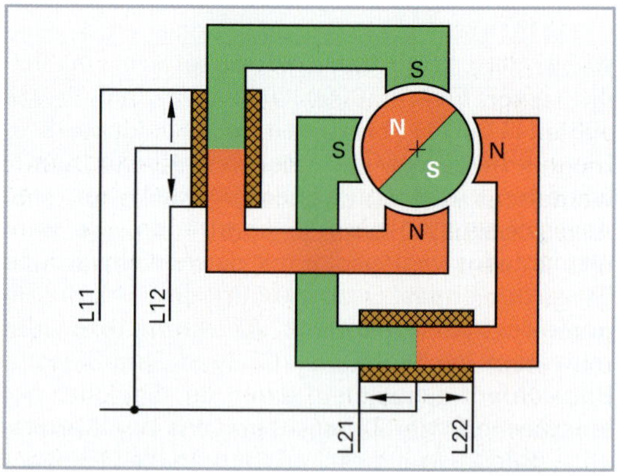

Bild 2: Unipolarer Zweistrang-Schrittmotor (Prinzip)

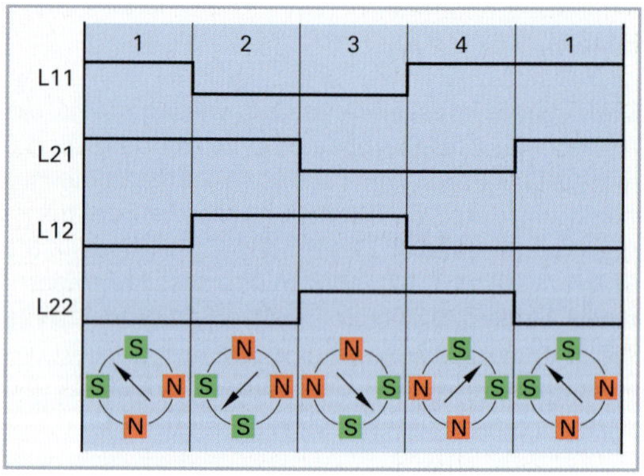

Bild 3: Zeitablaufdiagramm der Signale bei Linkslauf im Vollschrittbetrieb

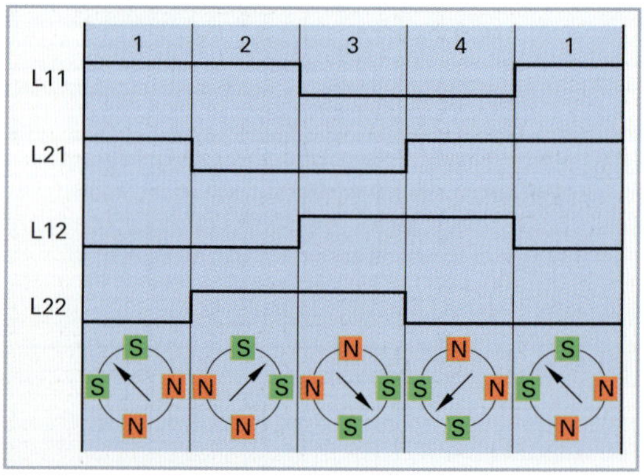

Bild 4: Zeitablaufdiagramm der Signale bei Rechtslauf im Vollschrittbetrieb

Das Programm enthält außer den Gleichungen auch die Pinbelegung des GAL. An Pin 1 muss der Schritttakt *c* angeschlossen werden, welcher alle Makrozellen synchron taktet, die sequenziell programmiert sind. Das Architekturbit *syn* wird dazu vom Programm auf null gesetzt. Die Architekturbits AC1 der Makrozellen OLMC0 und OLMC1 erhalten den logischen Wert 0 (**Bild 3** und Bild 3, Seite 73).

An den Pins 16 und 17 werden die Signale I_{22} und I_{12} erzeugt. Im Programm werden die Signale unabhängig vom Schritttakt durch Invertierung erzeugt (Bild 2). Die Makrozellen OLMC2 und OLMC3 werden mit AC1 = 1 auf Kombinatorik eingestellt (Bild 3 und Bild 4, Seite 73). Da die Produktlinien 16 und 24 des GAL zur Freigabe der Tristate-Ausgangstreiber benutzt werden, stehen sie dem programmierbaren UND-Feld zur Programmierung nicht mehr zur Verfügung. Um für die Treiber die Freigabe zu bewirken, entfernt die Programmiersoftware alle Verbindungen von den Produktlinien 16 und 24 mit allen Eingangslinien. Die Freigabe der Treiber von Pin 18 und 19 erfolgt über Pin 11 (Bild 1, Seite 72). Der Anwender muss Pin 11 an Masse legen (Bild 1, Seite 70 und Bild 3, NOE = Not Output Enable).

Art	s	I_{11n}	I_{21n}	$I1_{1n+1}$	I_{21n+1}
Linkslauf	0	0	0	1	0
	0	0	1	0	0
	0	1	0	1	1
	0	1	1	0	1
Rechtslauf	1	0	0	0	1
	1	0	1	1	1
	1	1	0	0	0
	1	1	1	1	0

Bild 1: Wertetabelle für Linkslauf und Rechtslauf des Schrittmotors

```
title stepper
chip stepper GAL16V8
; 1   2   3   4   5   6   7   8   9   10
  C   S   nc  nc  nc  nc  nc  nc  nc  GND
;11  12  13  14  15  16  17  18  19  20
 NOE  nc  nc  nc  nc  L22 L12 L21 L11 VCC
equations
L11:= /s* /L11* /L21+ /s*L11 * /L21
      +s* /L11*L21+s*L11 *L21
L21:= /s*L11* /L21+ /s*L11 *L21
      +s* /L11* /L21+s*/L11 *L21
L12=/L11
L22=/L21
```

Bild 2: Programm für GAL-Assembler

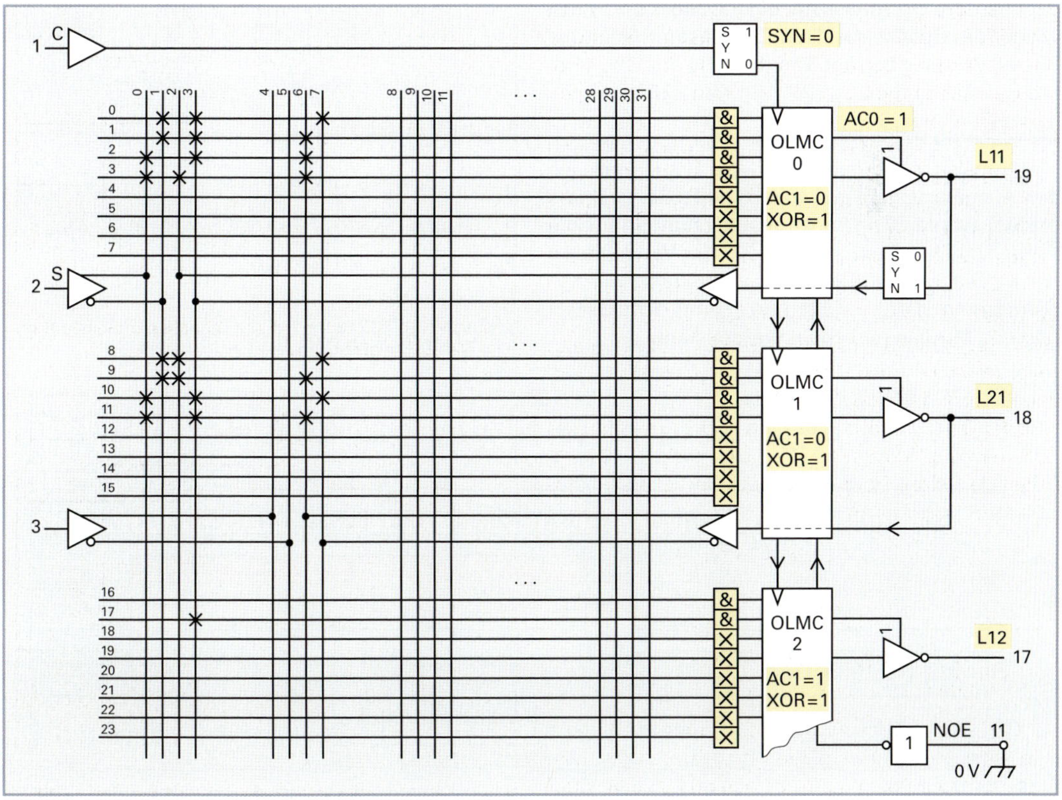

Bild 3: Ausschnitt des programmierten GAL16V8

Beispiel: Signalanlage

Aufgabenstellung

Für die Signalanlage (Ampelanlage) nach **Bild 1** soll eine Schaltung zur Ansteuerung entwickelt werden, wobei durch Verwendung von GALs Bauelemente eingespart werden sollen. Im Ruhezustand haben die Autos (Fahrzeuge) grün $a_{gn} = 1$ und die Fußgänger müssen warten $f_{rt} = 1$. Wird einer der Taster S betätigt, wird ein Binärzähler gestartet, der die Lampen gemäß dem Zeitablaufdiagramm **Bild 2** steuert. Hat der Binärzähler einen Signalzyklus durchlaufen, verbleibt er wieder im Ruhezustand bis einer der Taster S erneut betätigt wird.

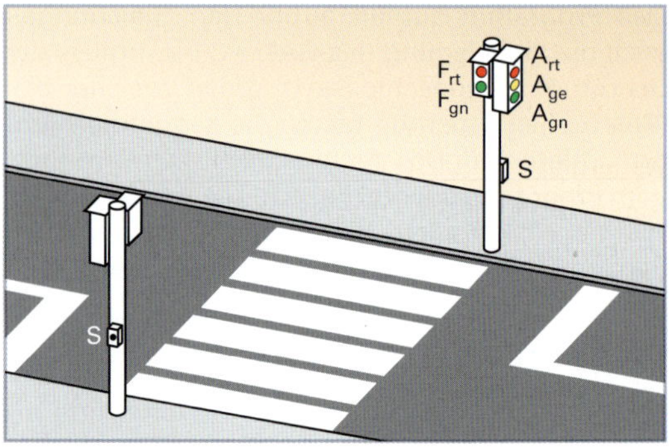

Bild 1: Signalanlage

Ablauf des Signalzyklus

Die Periodendauer des Taktsignals beträgt 2 s (Bild 2). Nach dem Betätigen von S bleibt der Ruhezustand noch 10 s lang erhalten, bevor für 2 s das Signal Gelb für die Autos leuchtet ($a_{ge} = 1$). Nach 12 s beginnt die Rotphase für die Autos. Dabei haben die Fußgänger noch 2 s lang Rot. Danach leuchtet für die Fußgänger die grüne Lampe ($f_{gn} = 1$) für 8 s und anschließend die rote Lampe ($f_{rt} = 1$) für 6 s, d.h. die Fußgänger haben insgesamt 14 s Zeit, den Zebrastreifen zu überqueren. Nach der nächsten Gelbphase mit einer Dauer von 2 s tritt wieder der Ruhezustand ein. Die Gesamtdauer des Signalzyklusses beträgt 30 s (Bild 2).

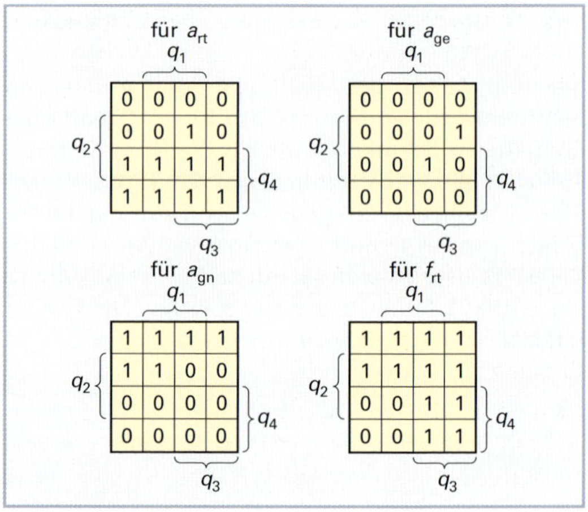

Bild 3: KV-Diagramme

Entwicklung der Schaltung

Die Ampelsignale müssen von einer Steuerlogik aus den Ausgangssignalen q_1 bis q_4 eines Binärzählers erzeugt werden. Die Funktionsgleichungen für die Ampelsignale folgen aus Bild 2 unter Verwendung der KV-Diagramme **Bild 3**. Dabei genügen vier KV-Diagramme, da $f_{gn} = \overline{f_{rt}}$ ist und f_{gn} mit dem Gesetz nach De Morgan berechnet werden kann.

$$a_{rt} = q_4 \vee (q_1 \wedge q_2 \wedge q_3)$$

$$a_{ge} = (q_1 \wedge q_2 \wedge q_3 \wedge q_4) \vee (\overline{q_1} \wedge q_2 \wedge q_3 \wedge \overline{q_4})$$

$$a_{gn} = (\overline{q_2} \wedge \overline{q_4}) \vee (\overline{q_3} \wedge \overline{q_4})$$

$$f_{rt} = q_3 \vee q_4$$

$$f_{gn} = \overline{f_{rt}} = \overline{q_3 \vee \overline{q_4}} = \overline{q_3} \wedge q_4$$

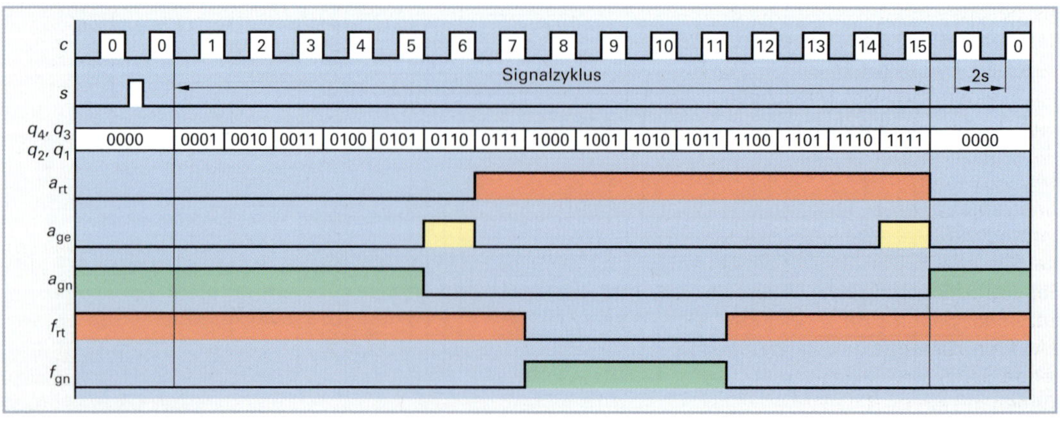

Bild 2: Zeitablaufdiagramm

Die aus den Funktionsgleichungen entwickelte Steuerschaltung verarbeitet die Ausgangssignale des Zählers **(Bild 1)**.

Steuern des Binärzählers

Zum Starten und Stoppen des Binärzählers verwendet man eine Torschaltung (UND-Verknüpfung, **Bild 2**). Hat das Freigabesignal den Wert 1, so wird der Zähler von den Taktimpulsen angesteuert. Hat das Freigabesignal den Wert 0, sperrt die UND-Verknüpfung.

Setzen und Rücksetzen des Freigabesignals

Die mit Flipflops gespeicherten Signalzustände *start* und *stop* steuern den Signalzyklus **(Bild 3)**. Da eine Dauerbetätigung von einem der Taster S vorliegen kann, wird über ein Monoflop nur die positive Flanke des Tastvorganges erfasst. Das Monoflop erzeugt einen Impuls definierter Länge, mit welchem das Signal *start* gesetzt wird und das Signal *stop* gelöscht wird. Das Signal *stop* wird am Zyklusende mit der Rückflanke des Signals q_3 des Binärzählers gesetzt und löscht dabei das Signal *start.*

Verhindern des verbotenen Zustand beim RS-Flipflop

Beim RS-Flipflop ist der Zustand $s = r = 1$ nicht zulässig. Dieser Fall wäre möglich, wenn der Impuls *i* am Ausgang des Monoflops (Bild 3) und das Signal *stop* direkt mit den Eingängen des SR-Flipflops verbunden wären. Deshalb muss bei gleichzeitigem Auftreten der Signale *i* und *stop* entweder dem Setzen oder dem Rücksetzen des Flipflops Priorität (Vorrang) gegeben werden. Die Wertetabelle in **Bild 4** enthält Setzpriorität. Aus ihr erhält man die Gleichungen $s = i$ und $r = \overline{i} \wedge stop$ und daraus die zugehörige Schaltung (Bild 3).

Schaltungsrealisierung mit Bauelementen GAL16V8

Die gesamte Steuerschaltung ist in Bild 3 dargestellt, wobei die Steuerlogik für die Signallampen dem Bild 1 zu entnehmen ist. Der Binärzähler belegt in einem GAL vier Makrozellen und die Steuerlogik für die Ampeln weitere fünf. Da ein GAL16V8 über nur acht Makrozellen verfügt, müssen zwei GAL verwendet werden. In den GAL1 werden der Binärzähler und das RS-Flipflop mit Setzdominanz untergebracht und in den GAL2 die Steuerlogik für die Signalleuchten und die Torschaltung für den Generatortakt **(Bild 1, folgende Seite)**. Da das Rücksetzen des Flipflops mit dem Wert 0 erfolgt, wird im GAL1 ein zusätzlicher Inverter gebildet (Bild 1, folgende Seite). Der Taktgenerator und das Monoflop können mit einem Bauelement verwirklicht werden, z. B. mit NE556.

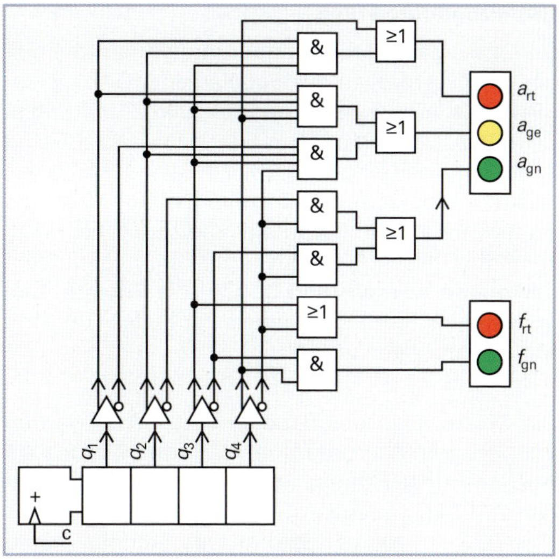

Bild 1: Steuerlogik für die Ampelsignale

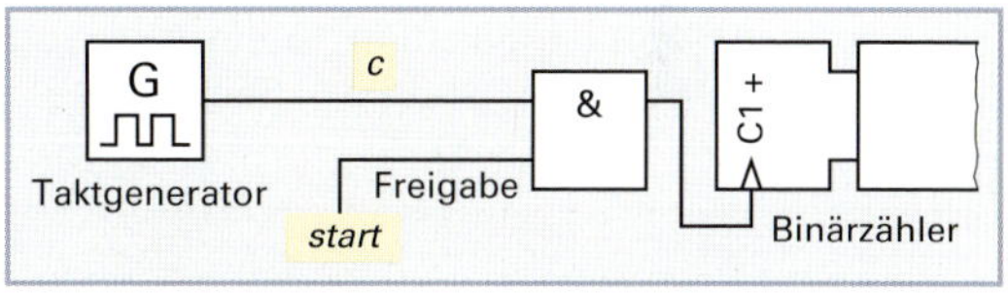

Bild 2: Torschaltung

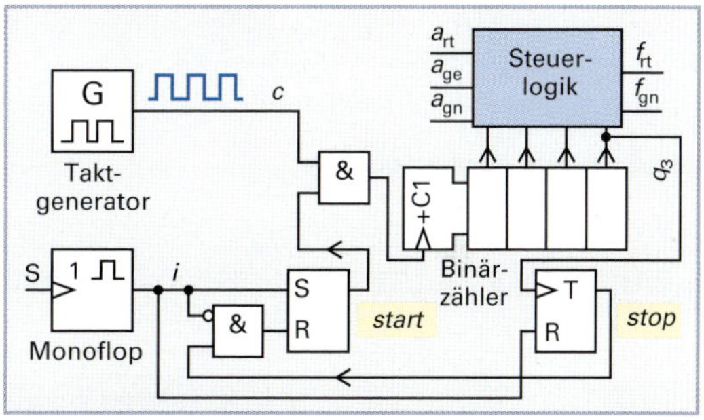

Bild 3: Steuerschaltung der Signalanlage

i	*stop*	*s*	*r*
0	0	0	0
0	1	0	1
1	0	1	0
1	1	1	0

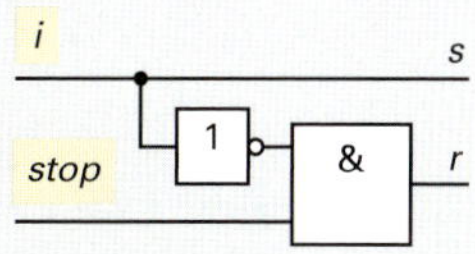

Bild 4: Erzeugen des Setzvorranges

Die Gleichungen für den Binärzähler des GAL lauten:

$$q_{0n+1} = \overline{q_{0n}}$$

$$q_{1n+1} = \overline{q_{0n}} \wedge q_{1n} \vee q_{0n} \wedge \overline{q_{1n}}$$

$$q_{2n+1} = \overline{q_{0n}} \wedge q_{2n} \vee \overline{q_{1n}} \wedge q_{2n} \vee q_{0n} \wedge q_{1n} \wedge \overline{q_{2n}}$$

$$q_{3n+1} = \overline{q_{0n}} \wedge q_{3n} \vee \overline{q_{1n}} \wedge q_{3n} \vee \overline{q_{2n}} \wedge q_{3n} \vee q_{0n} \wedge q_{1n} \wedge q_{2n} \wedge \overline{q_{3n}}$$

GAL-Programmierung

Durch die Zählerprogrammierung werden die ersten vier Makrozellen des Bauelements GAL1 in sequenzielle Arbeitsweise versetzt (**Bild 2** und Bild 3, Seite 105). Die Makrozellen OLMC4 und OLMC5 sind kombinatorisch eingestellt (Bild 4, Seite 105). Da das Ausgangssignal der Makrozelle OLMC4 direkt ins programmierbare UND-Feld zurückgeführt wird, kann die Gleichung für das Signal *start* vereinfacht gewonnen werden **(Bild 3)**. Um die Tristate-Ausgangstreiber freizugeben, muss Pin 11 des GAL1 mit Masse verbunden werden.

Die Makrozellen des Bauelements GAL2 werden vom Programmierprogramm auf kombinatorische Ausgabe eingestellt, da das erstellte Programm für den GAL2 keine sequenziellen Gleichungen enthält (Bild 1, Seite 105 und **Bild 4**). Das Signal f_{gn} kann nicht einfach durch Invertierung aus dem Signal f_{rt} gewonnen werden, da die Makrozelle OLMC4 des GAL2 so eingestellt ist, dass Pin 15 ein Ausgang ohne Signalrückkopplung ist (Bild 1, Seite 105).

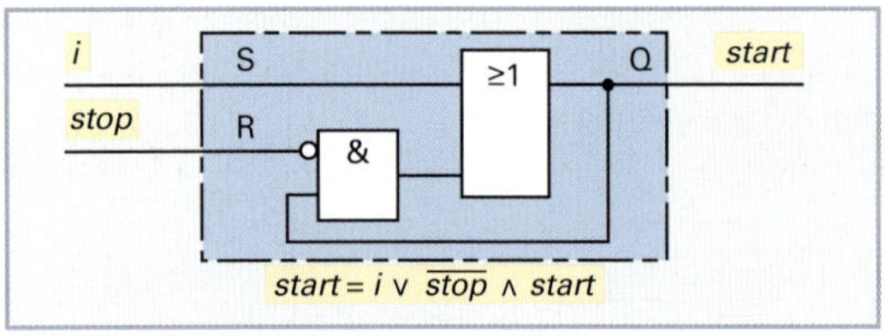

Bild 3: Setzdominanter Speicher

```
title ampel1
chip ampel1 GAL16V8
;Programm für das Bauelement GAL1
;Pinbelegung
;1    2    3    4    5     6    7    8    9    10
 CLK  STOP I    nc   nc    nc   nc   nc   nc   GND
;11   12   13   14   15    16   17   18   19   20
 NOE  R    nc   nc   START Q3   Q2   Q1   Q0   VCC
equations
Q0:= /Q0
Q1:= /Q0*Q1+Q0*/Q1
Q2:= /Q0*Q2+/Q1*Q2+Q0*Q1*/Q2
Q3:= /Q0*Q3+/Q1*Q3+/Q2*Q3+Q0*Q1*Q2*/Q3
Start= I+/STOP*START
R= /I
```

Bild 2: Programm für den ersten GAL

```
title ampel2
chip ampel2 GAL16V8
;Programm für das Bauelement GAL2
;Pinbelegung
;1    2    3    4    5    6    7     8    9    10
 Q0   Q1   Q2   Q3   nc   nc   START C    nc   GND
;11   12   13   14   15   16   17    18   19   20
 nc   nc   nc   CLK  FGN  FRT  AGN   AGE  ART  VCC
equations
ART = Q3+Q0*Q1*Q2
AGE = Q0*Q1*Q2*Q3+/Q0*Q1*Q2*/Q3
AGN = /Q1*/Q3+/Q2*/Q3
FRT = Q2+/Q3
FGN = Q2*Q3
CLK = START*C
```

Bild 4: Programm für den zweiten GAL

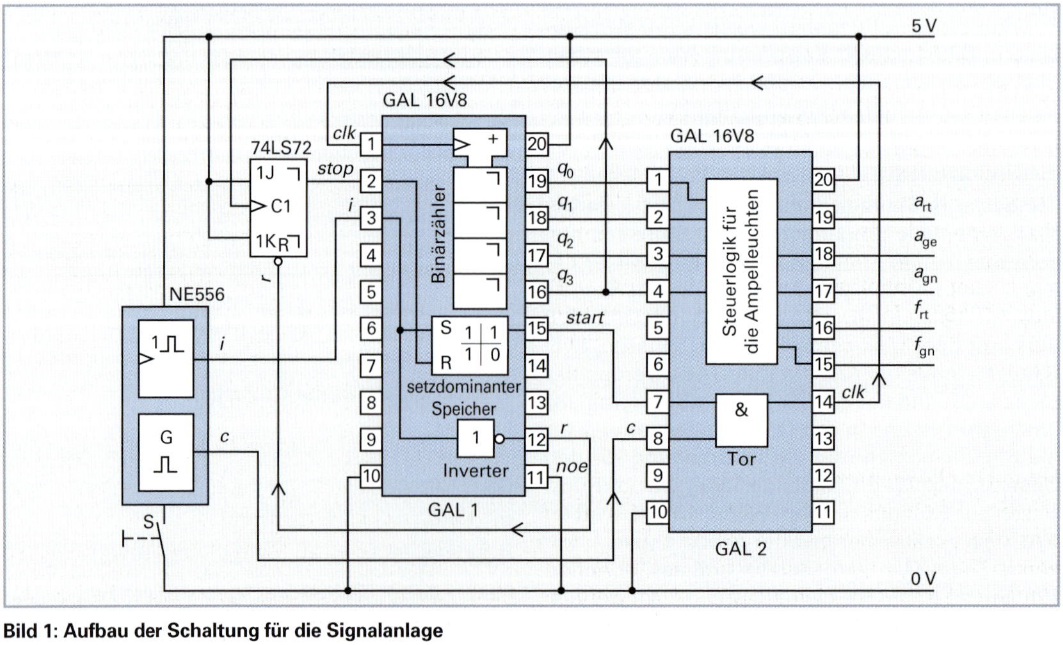

Bild 1: Aufbau der Schaltung für die Signalanlage

2.5.7 ISP-Programmierung

ISP-Bauelemente (ISP von In System Programmable = Im System programmierbar) enthalten Schaltnetze und Schaltwerke, die direkt in der eingesetzten Schaltung konfiguriert werden. Die Funktionen eine Bauelements werden als Quelltext mit dem PC erstellt (Bild 1, folgende Seite) und anschließend in eine "Brenn"-Datei (JEDEC-File) übersetzt. In dieser Datei sind alle notwendigen Verbindungen festgelegt, die im Bauelement programmiert werden müssen. Zur Programmierung muss der PC an die Programmierschnittstelle des ISP-Bauelements angeschlossen sein.

> ISP-Bauelemente können direkt in der Schaltung mit dem PC programmiert werden.

Die Übungsleiterplatte in **Bild 1** enthält eine Schaltung mit einem ISP-Bauelement ①. Hiermit können Logik-Schaltungen in das programmierbare Bauelement geladen und dort getestet werden.

Bild 1: Leiterplatte mit ISP-Bauelement

Programmieren eines ISP-Bauelements

Oft bieten Hersteller zu ihren programmierbaren Bauelementen die entsprechende Programmiersoftware an. Mit der Entwicklungsumgebung *ispLEVER* kann man ISP-Bauelemente der Firma Lattice-Semiconductors programmieren. Im Fenster *Project Navigator* **(Bild 2)** werden die Programmierprojekte verwaltet, Programmierwerkzeuge aufgerufen, Vorgänge zur Programmierung gestartet und Dateien und Berichte erstellt.

Mit der Menüfunktion `File→New Project...` lässt sich ein neues Projekt anlegen. Es öffnet sich das Fenster Project Wizard zur Eingabe der Projektdaten. In der ersten Eingabemaske wählt man die Projektbezeichnung, den Projektpfad und die Programmiersprache aus. Mit der Schaltfläche `Weiter>` gelangt man zur nächsten Eingabemaske, in der die Bauelementbezeichnung aus einer Bibliothek ausgewählt wird, z. B. ispLSI1016EA. In der letzten Eingabemaske können dem Projekt Quelldateien aus anderen Projekten hinzugefügt werden.

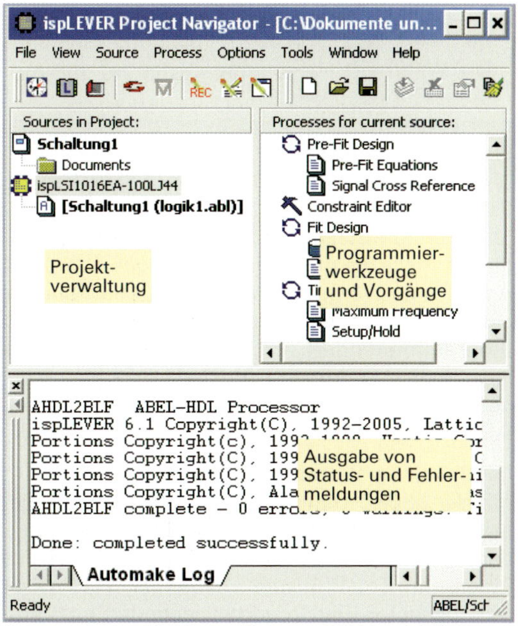

Bild 2: Programmfenster ispLever Projekt Navigator

Quelltext erstellt in ABEL-HDL

Mit der Menüfunktion `Source→New...` kann eine neue Quelldatei erstellt werden. In diese Datei wird das Logikprogramm als HDL-Code (HDL von Hardware-Description-Language = Hardwarebeschreibungssprache), z. B. *ABEL-HDL* (ABEL =

Advanced Boolean Equation Language), geschrieben. Erstellt wird das Programm in einem Editor, der sich nach dem Anlegen der Quelldatei automatisch öffnet.

Beispiel 1 Schaltfunktion in ABEL-HDL:

Erstellen Sie für das Bauelement ispLSI 1016EA den Quelltext in ABEL-HDL für die Schaltfunktion:

$A1 = \overline{E1 \wedge E2} \vee (E1 \wedge \overline{E2})$

Die Ein- und Ausgänge sollen an folgende Anschlüsse gelegt werden: E1 an Pin 1, E2 an Pin 2 und A1 an Pin 3.

Lösung: **Bild 1**

Der in Bild 1 dargestellte Quelltext eines in ABEL-HDL (Advanced Boolean Equation Language) geschriebenen Programms besteht aus den vier Abschnitten Programmkopf, Deklaration, Schaltlogik und Programmende.

Der Programmkopf enthält die Bezeichnung und eine Überschrift des Moduls. Im Deklarationsabschnitt werden alle Signalbezeichnungen festgelegt und den Eingängen und Ausgängen die Bauteilanschlüsse zugeordnet. Mit dem Schlüsselbegriff ISTYPE wird die Art der Ausgänge konfiguriert, COM bedeutet ein Anschluss ohne Flipflop. Im darauf folgenden Abschnitt wird die Schaltlogik und somit die Funktion des Bauelements festgelegt. Die Schaltlogik kann durch Funktionsgleichungen, Wahrheitstabellen **(Bild 2)** und Zustandsdiagramme beschrieben werden. Der letzte Abschnitt Programmende schließt mit END das Modul ab.

> Die Schaltlogik kann durch Funktionsgleichungen, Wahrheitstabellen und Zustandsdiagramme beschrieben werden.

Programm übersetzen

Mit dem Vorgang Fit Design **(Bild 3)** im Fenster `Projekt Navigator` werden der Quelltext überprüft, die Schaltfunktionen berechnet und optimiert sowie die Anschlussbelegungen überprüft. Am Ende des Vorgangs werden ein Bericht und die JEDEC-Datei erzeugt. Diese Datei enthält die zu programmierenden Verbindungen, die auch als Fuse (= Sicherung) bezeichnet werden. Eine 0 bedeutet: Verbindung bleibt intakt, eine 1 bedeutet: Verbindung wird unterbrochen.

ISP-Bauelement programmieren

Mit der JEDEC-Datei kann das Bauelement „gebrannt" werden. Dazu muss die Schaltung am PC angeschlossen sein. Zur Übertragung wird das Programm *ispVM System* verwendet, das im Projekt Navigator (Bild 2, vorhergehende Seite) aufgerufen wird.

```
//Programmkopf
MODULE Schaltung1
TITLE 'Logikprogramm'

// Deklarationen
DECLARATIONS
        //Eingänge
        E1, E2 PIN 2,3;
        //Ausgang, COM = Ausgang ohne Flip-Flop
        A1      PIN 4 ISTYPE 'COM';

//Schaltlogik als Funktionsgleichung
EQUATIONS
        A1 = !(E1 & E2) # (E1 & !E2);

//Programmende
END
```

! ≙ NICHT
& ≙ UND
# ≙ ODER

Bild 1: Logikprogramm in ABEL-HDL

```
//Schaltlogik als Wahrheitstabelle
TRUTH_TABLE     ([E2,E1]->[A1])
                 [0,0]  ->[1];
                 [0,1]  ->[1];
                 [1,0]  ->[1];
                 [1,1]  ->[0];
```

Bild 2: Schaltlogik als Wahrheitstabelle

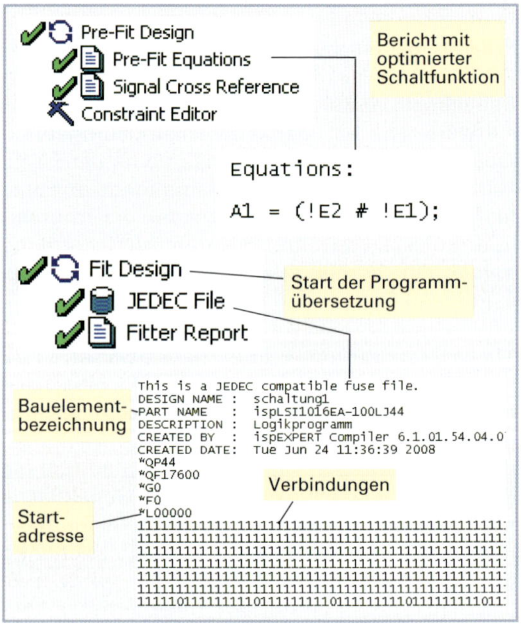

Bild 3: Übersetzungsvorgang

Wiederholung und Vertiefung

1. **Welche Bedeutung hat die Abkürzung ISP?**
2. **Welche Komponenten sind zur Programmierung der ISP-Bauelemente notwendig?**
3. **Nennen Sie die wesentlichen Bereiche eines ABEL-HDL Programms.**
4. **Welche Bedeutung hat das JEDEC-File?**
5. **Wie werden die Verbindungen dargestellt?**

WV

2.6 Leiterplattenentwurf

2.6.1 Vorgehensweise

Leiterplatten werden mit einer CAE-Software (von Computer Aided Engineering = computergestützte Konstruktion) entworfen, z. B. mit EAGLE (einfach anzuwendender grafischer Layout-Editor). Der Entwurf einer Leiterplatte wird im einfachsten Fall in vier Arbeitsschritten vollzogen **(Bild 1).**

Schritt 1

Der Schaltplan der zu realisierenden Schaltung wird mit dem Schaltplaneditor gezeichnet. Dabei werden aus verschiedenen Bibliotheksdateien die notwendigen Bauelemente ausgewählt und in den Schaltplan eingegeben. Jedem Bauelement einer Bibliothek sind drei Informationen zugeordnet: das Schaltzeichen (SYMBOL), die Gehäuseform mit ihren Abmessungen (PACKAGE) und die Bauelementebeschreibungen (DEVICE). Z. B. Die Bauelementebeschreibung 7400 ordnet die Schaltzeichen NAND dem Gehäuse DIL14 zu, indem die Schaltzeichenanschlüsse (PIN) den Gehäuseanschlüssen (PAD) entsprechend dem TTL-Datenblatt zugewiesen werden. Die Anschlüsse (PIN) der platzierten Bauelemente werden im Schaltplan miteinander elektrisch verbunden und als Schaltplandatei abgespeichert, z. B. FRANZI.SCH.

Schritt 2

Die herzustellende Platine wird mit dem Layouteditor entworfen. Das Programm wandelt die Schaltzeichen des Schaltplanes um, indem es diese durch die zugeordneten Gehäusebauformen (PACKAGES) ersetzt (Bild 1). Die Gehäuseanschlüsse (PAD) sind entsprechend dem Schaltplan mit dehnbaren Luftverdrahtungen miteinander elektrisch verbunden. Nachdem die Abmessungen der zu erstellenden Platine eingegeben sind, werden die luftverdrahteten Gehäuse auf der Platinenfläche platziert. Bauelemente mit vielen Anschlüssen (PAD), dürfen nicht zu dicht beieinander liegen, damit ausreichend Fläche für die Leiterbahnen zur Verfügung steht.

Änderungen an der Schaltung in der Platinendatei, die zuvor nicht im Schaltplan gezeichnet wurden, nennt man *Backannotation* (Rückanmerkung, Bild 1). Änderungen im Schaltplan, die nachträglich auch in der Platinendatei automatisch ergänzt werden, heißen Annotation.

Schritt 3

Die Luftverdrahtungen werden entflochten und von einem Entflechtungsprogramm (Autorouter) oder mit dem Layouteditor in Leiterbahnen umgewandelt. Beim Entflechtungsvorgang mit dem Layouteditor wird jede Leiterbahnführung einzeln und individuell mit der Maus erzeugt. Beim Einsatz des

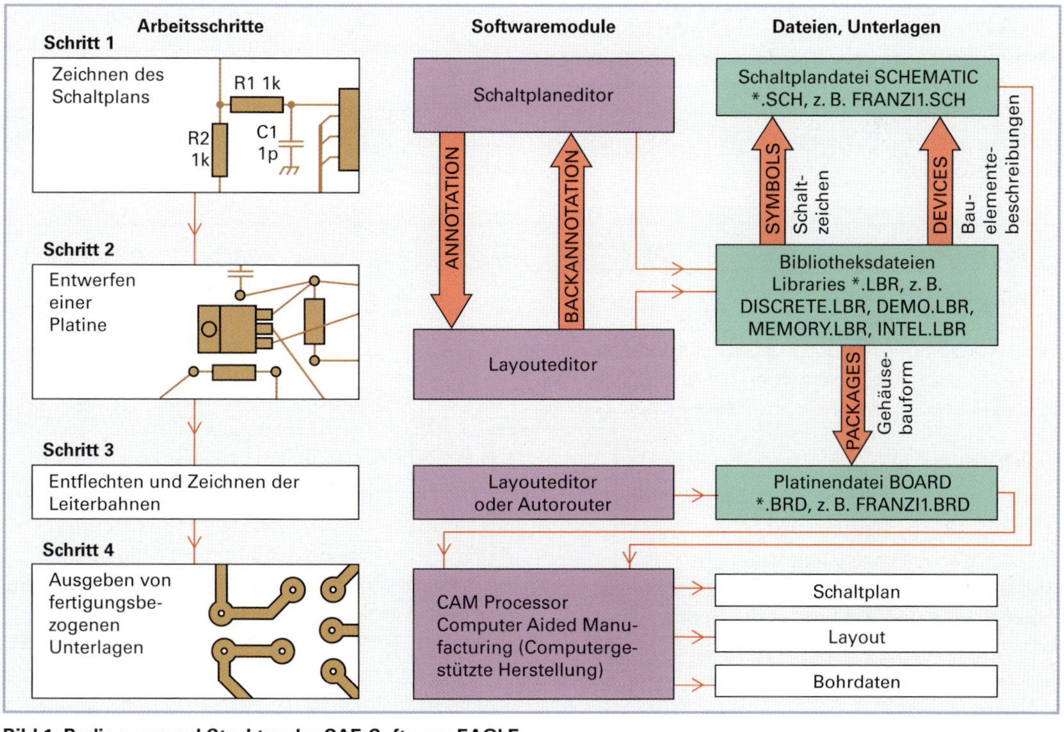

Bild 1: Bedienung und Struktur der CAE-Software EAGLE

Autorouters geschieht dies automatisch, aber nicht immer vollständig. Dann müssen die bleibenden Luftverbindungen von Hand in Leiterbahnen umgewandelt werden, z. B. wenn nur auf der Unterseite der Platine entflochten wurde oder wenn zu viele Bauelemente zu dicht platziert wurden.

> Insbesondere integrierte Schaltungen dürfen nicht zu dicht auf der Platine platziert werden.

Es ist auch darauf zu achten, dass Leiterbahnen, für hohe Ströme, eine ausreichende Bahnbreite erhalten. Die Platinendatei wird bei EAGLE mit dem Zusatz .BRD (Board = Platine) abgespeichert, z. B. FRANZI.BRD.

Schritt 4

Im letzten Arbeitsschritt werden die fertigungsbezogenen Unterlagen für die Platinenfertigung mit dem Softwaremodul CAM-Processor ausgegeben (Bild 1, vorhergehende Seite).

Wird im einfachsten Fall eine Platine einseitig belichtet und im Ätzbad hergestellt, genügt es, das Layout mit der Lötlage, welche Leiterbahnen und Lötaugen enthält, mit einem Laserdrucker auf Spezialpapier auszugeben. Wird die Platine dagegen gefräst, benötigt die Fräsmaschine Dateien über das Layout und die Bohrdurchmesser der Bohrlöcher, z. B. die Lötlage im PostScript-Format und die Bohrdatei im Excellon-Format.

Bei zweiseitigen Platinenlayouts werden im Lötbad in den Durchkontaktierungen die elektrischen Verbindungen automatisch vorgenommen. Aus der Platinendatei, z. B. FRANZI.BRD, erstellen sich die meisten Platinenhersteller die notwendigen Unterlagen selbst, z. B. Gerber-Dateien zur Steuerung eines Fotoplotters.

2.6.2 Erstellen einer Schaltplandatei

Der spannungsgesteuerte Impulsgenerator **(Bild 1)**, soll mit dem Schaltplaneditor des Programms EAGLE gezeichnet werden. EAGLE kann aus dem Internet heruntergeladen werden und als Freeware kostenlos mit Einschränkungen gestartet werden.

Nach dem Programmstart wird mit Datei, Neu und Projekt das Projekt Generator angelegt. Mit Datei, Neu und Schaltplan öffnet sich das leere Fenster Schaltplan (Bild 1).

Durch Klicken auf Optionen, Benutzeroberfläche öffnet sich das Fenster Benutzeroberfläche, in welchem durch Mausklick die Einstellungen Immer Vektorschrift und Textmenü sowie eine Hintergrundfarbe nach Wahl aktiviert werden.

EAGLE ordnet die Schaltplanbefehle links neben der Zeichnungsfläche untereinander in Form von Schaltsymbolen (Ikons) an und die wichtigsten davon rechts neben der Zeichnungsfläche in Textform. Befehle, die dort nicht enthalten sind, sind mit der Tastatur einzugeben. Sie erscheinen in der Befehlseingabezeile oberhalb der Zeichnungsfläche. Alle ausgewählten Befehle werden entweder durch Mausklick STOP in der Aktionsleiste, durch Mausklick auf das Semikolon im Befehlstextmenü oder durch Wahl eines Befehls beendet.

Werden Befehlsnamen in die Befehlseingabezeile eingegeben, genügen jeweils die ersten 3 Buchstaben des Befehlsnamens, da sich darin alle Befehle voneinander unterscheiden.

Die Zuordnung der Befehle des Befehlsmenüs zu denen des Textmenüs ist in **Tabelle 1, folgende Seite** dargestellt.

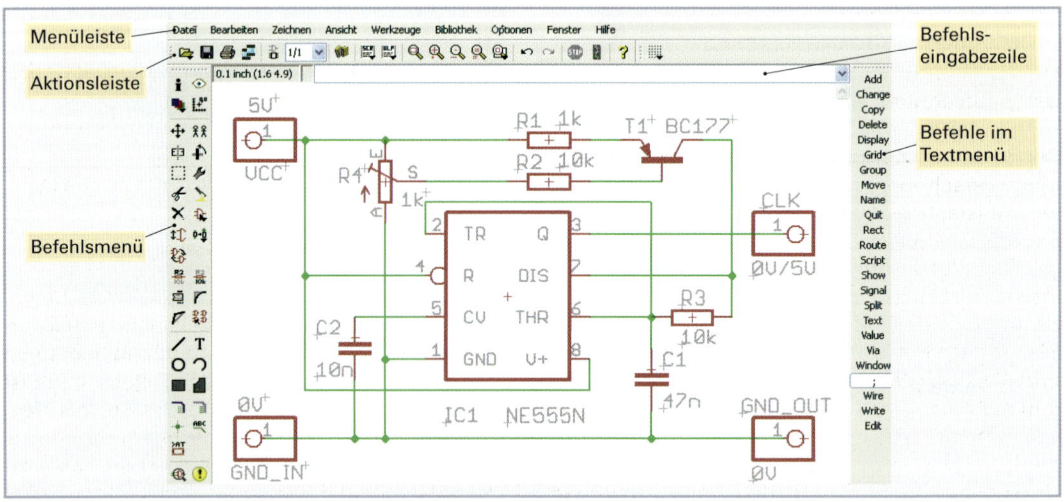

Bild 1: Schaltplan des spannungsgesteuerten Impulsgenerators

Zuerst wird mit dem Befehl mit `Grid` (Gitter) das Fangraster für Bauelemente und Verbindungslinien eingestellt. Durch Anwahl der Einstellungen `Punkte` und `Ein` im Fenster `Grid` erscheint das Raster auf dem Bildschirm.

Das Rastermaß muss in der Einheit inch gewählt werden, da z. B. die Abstände der Pins bei integrierten Schaltungen `0.1` inch betragen.

Übung 1

Stellen Sie das Bildschirmraster auf `0.1` inch ein.

Lösung: **Bild 1**

Mit dem Befehl `Use` (Benutzen) des Aktionsmenüs werden Bauelementebibliotheken aktiviert. Aus diesen können dann mit `Add` (Hinzufügen) Bauelemente entnommen werden, welche am Mauszeiger hängen, wenn man diesen bewegt. Mit der rechten Maustaste werden die Bauelemente gedreht und mit der linken platziert. Widerstände findet man in der Bibliothek `rcl.lbr` unter der Bezeichnung `R-EU` (resistor european). Da die Bauelementeabmessungen von der Bemessungsleistung abhängen, sind mehrere Bauelemente `R-EU` enthalten, welche sich durch Größenangaben unterscheiden, z. B. `R-EU_0207/10` (Bauelementedurchmesser 2 mm, Bauelementelänge 7 mm und Bohrlochabstand 10 mm).
Um das Bild des entstehenden Schaltplans optimal anzuzeigen, kann die Bildgröße mit den Lupen der Aktionsleiste verändert werden.

Übung 2

Platzieren Sie die Bauelemente der Impulsgeneratorschaltung im Schaltplan.

Lösung: **Bild 1, vorhergehende Seite**

Um Bauelemente im Schaltplan verschieben zu können, wird der Befehl `Move` (Bewegen) gewählt. Die Bauelemente werden kurz angeklickt, mit der Maus verschoben, falls erforderlich mit der rechten Maustaste gedreht und mit der linken platziert. Ein versehentlich zuviel platziertes Bauelement wird über `Delete` (Löschen) durch Anklicken gelöscht. Nun werden den Bauelementen die Bezeichnungen und die Wertangaben zugewiesen. Dies erfolgt mit den Befehlen `Name` (Benennen) und `Value` (Wert). Durch Wahl einer der Befehle und Anklicken eines Bauelementes wird das jeweilige Fenster geöffnet, in welchem die Zuweisung erfolgt, `10 k`.
Um die Lage der Beschriftungen drehen zu können, müssen die Beschriftungen vom Bauelement gelöst werden. Dies geschieht mit der Aktivierung des Befehls `Smash` (Zerschlagen) und Anklicken des Bauelements.

Bauelementeverdrahtungen erfolgen mit dem Befehl `Net`, nicht aber mit dem Befehl `Wire`.

Tabelle 1: Schaltplaneditor-Befehle des Befehlsmenüs

Ikon	Befehlsname	Ikon	Befehlsname
	Info		Show
	Display		Mark
	Move		Copy
	Mirror		Rotate
	Group		Change
	Cut		Paste
	Delete		Add
	Pinswap		Pinswap
	Name		Value
	Smash		Smash
	Split		Invoke
	Wire		Text
	Circle		Arc
	Rectangle		Polygon
	Bus		Net
	Junction		Label
	ERC		

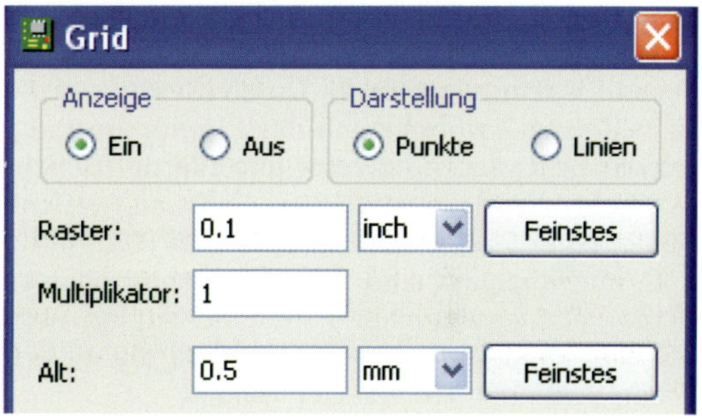

Bild 1: Rastereinstellungen

Übung 3

Stellen Sie Namen und Werte im Schaltplan waagrecht lesbar dar.

Lösung: **Bild 1, vorhergehende Seite**

Um die Bauelemente zu verbinden, wird der Befehl `Net` (Vernetzen) aktiviert. Mit einem einfachen Mausklick wird die Leitungsverbindung begonnen und mit einem Doppelklick abgeschlossen. Es ist zu beachten, dass nicht anstelle des Befehls `Net` aus Versehen der Befehl `Wire` (Verdrahten) verwendet wird. Mit `Wire` werden durchgezogene Linien, gestrichelte Linien oder Strich-Punkt-Linien gezeichnet.

Sind sich kreuzende Leitungen miteinander zu verbinden, ist der Befehl `Junction` (Knotenpunkt) zu wählen und die entsprechenden Knotenpunkte durch Mausklick im Schaltplan zu erzeugen.

Übung 1

Verbinden Sie die Bauelemente elektrisch.

Lösung: **Bild 1, Seite 118**

Ist der Schaltplan fertig gezeichnet, wird er abgespeichert, z. B. unter dem Namen `vctimer`. Das Programm `EAGLE` erzeugt die Datei `vctimer.sch`. Die Dateiendung bedeutet Schematic (Schaltplan). Die Schaltplandatei kann abschließend auf Fehler getestet werden, z. B. auf nicht verbundene Pins (Bauelementeanschlüsse). Dazu wird der Befehl `Erc` (von Electrical rule check = elektrischer Regeltest) ausgeführt. `EAGLE` öffnet ein Fenster, in welchem Fehler und Warnungen angezeigt werden **(Bild 1)**. Fehler müssen für die Weiterbearbeitung behoben werden, Warnungen können dagegen ignoriert werden.

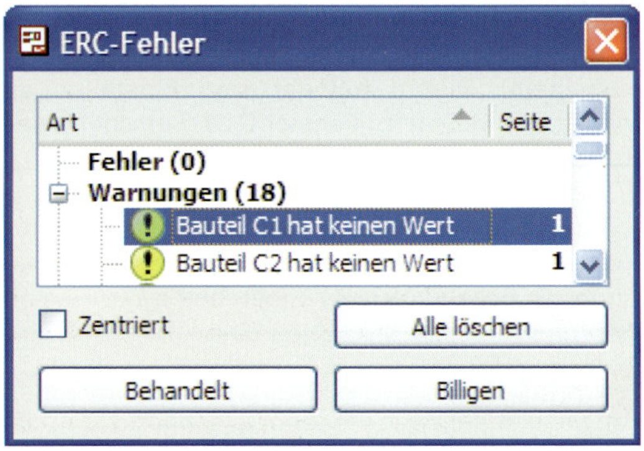

Bild 1: Fehlermeldungen

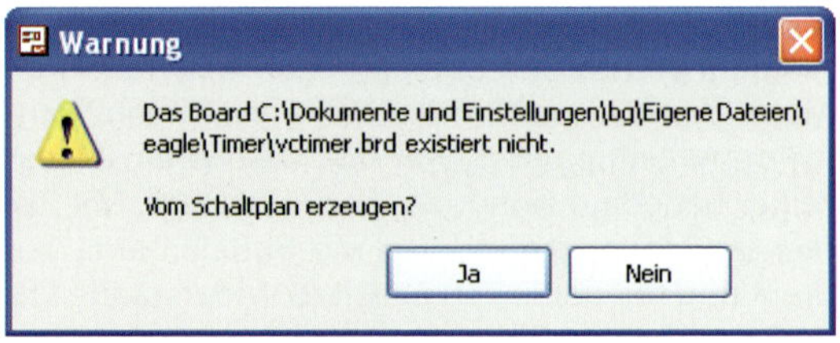

Bild 2: Erzeugen der Platinendatei

2.6.3 Erstellen einer Platinendatei

Durch Ausführen des Befehls `Board` (Platine), z. B. durch Anklicken in der Aktionsleiste, öffnet sich das Fenster `Warnung` **(Bild 2)**. Durch Klicken auf die Schaltfläche `Ja` öffnet sich das Programmmodul `Layouteditor` und zeigt anstelle der Schaltsymbole die dazugehörigen Gehäuse, welche neben einer Platine im Europaformat (160 mm x 100 mm) abgelegt sind. Die Gehäuseanschlüsse (Pads) sind entsprechend dem Schaltplan über „Gummibänder" verbunden, welche die elektrischen Verbindungen ersetzen **(Bild 3)**.

Mit dem Befehl `Grid` wird das Bildschirmraster auf mm (Millimeter) umgestellt. Mit dem Befehl `Move` werden dann die rechte und danach die obere Platinenkante etwa in der Mitte angeklickt und auf das gewünschte Maß verschoben.

Übung 2

Führen Sie den Befehl `Board` aus und stellen Sie die Platinengröße auf etwa 50 x 35 mm ein.

Lösung: **Bild 3**

Ist die Platinengröße eingestellt, muss das Bildschirmraster wieder auf inch zurückgestellt werden. Da die Anschlüsse des Timergehäuses einen Abstand von 0.1 inch besitzen, ist als Rastermaß 0.1 inch oder ein ganzzahliger Teil davon zu wählen.

Mit dem Befehl `Move` werden dann die Gehäuse mit der Maus auf die Platine gesetzt.

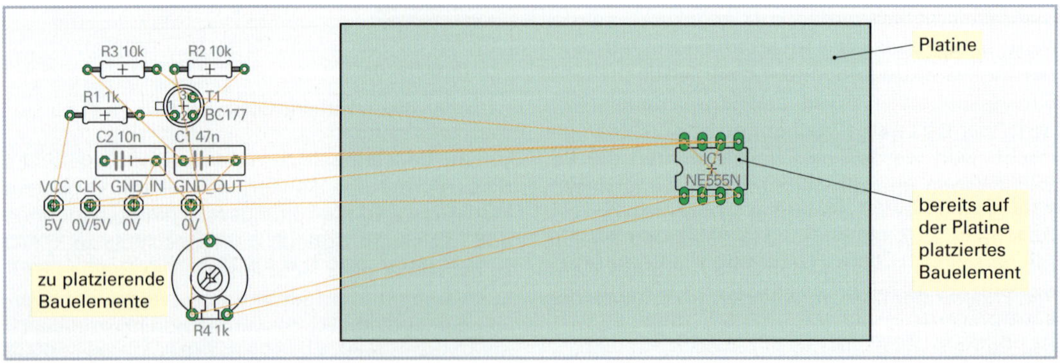

Bild 3: Aus der Schaltplandatei erzeugte Platinendatei

Übung 1

Platzieren Sie die Bauelemente auf die Platinenfläche, sodass die Luftverbindungen (Gummibänder) wenige Überschneidungen aufweisen.

Lösung: **Bild 1**

Beim Platzieren der Bauelemente ist vor allem darauf zu achten, dass um Gehäuse mit sehr vielen Anschlüssen der notwendige Platz zur Leiterbahnführung gelassen wird.

Um die Platinendatei weiter bearbeiten zu können, verfügt das Programmmodul Layouteditor teilweise über andere Befehle als das Programmmodul Schaltplaneditor **(Tabelle 1)**.

Zunächst werden die Luftverbindungen durch den Befehl `Ratsnest` (Rattennest) verkürzt und optimiert. Weist die Schaltung noch immer viele Leitungsüberschneidungen auf, sollten die Gehäuse umplatziert und gegebenenfalls gedreht werden. Dabei ist immer wieder der Befehl `Ratsnest` auszuführen.

Mit dem Befehl `Ratsnet` werden Luftverbindungen entwirrt und verkürzt.

Sollen die Leiterbahnen auf der Platine nur einseitig geroutet werden, muss die Bestückungsseite für den Autorouter gesperrt werden. Dazu wird nach Aufrufen des Autorouters im Fenster `Autorouter Setup` für den Layer (Leiterbahnschicht) TOP (Oberseite) der Eintrag `N/A` vorgenommen werden **(Bild 2)**. Sollen zusätzlich auch Teile des Layers BOTTOM (Unterseite) gesperrt werden, z. B. in Form von Rechteckflächen, geschieht dies mit dem Befehl `Rect` (von rectangle = Rechteck).

Übung 2

Sperren Sie mithilfe des Autorouter Setups den Layer TOP und starten Sie durch Klicken auf die Schaltfläche OK den Autorouter.

Lösung: **Bild 3**

Der Autorouter gibt an, dass er 100 % der Leiterbahnen geroutet hat. Will man einzelne Leiterbahnführungen des Autorouters nachträglich verändern, müssen die Bahnen wieder in Gummibänder zurückgewandelt werden. Dies geschieht mit dem Befehl `Ripup` (aufreißen) und Anklicken der entsprechenden Leiterbahn. Es können aber auch gleichzeitig alle Leiterbahnen durch Eingabe des Befehls `Rip;` in die Befehlseingabezeile zurückgewandelt werden.

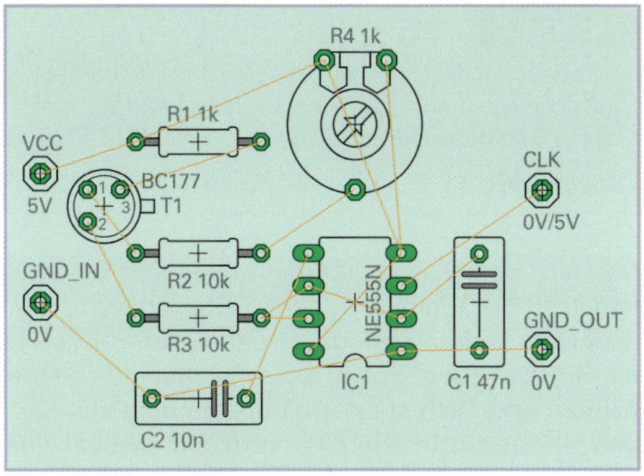

Bild 1: Platine mit platzierten Bauelementen

Tabelle 1: Layouteditor-Befehle (Auswahl)

Ikon	Befehlsname	Ikon	Befehlsname
	Display		Change
	Split		Optimize
	Route		Ripup
	Wire	T	Text
	Via		Polygon
	Hole		Signal
	Ratsnest		Auto
	ERC		DRC

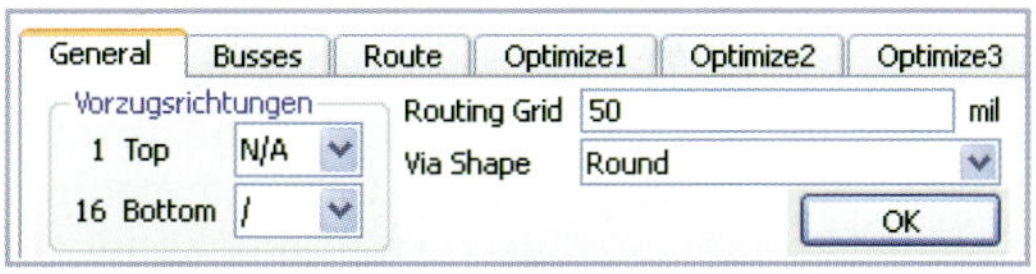

Bild 2: Autoroutereinstellungen

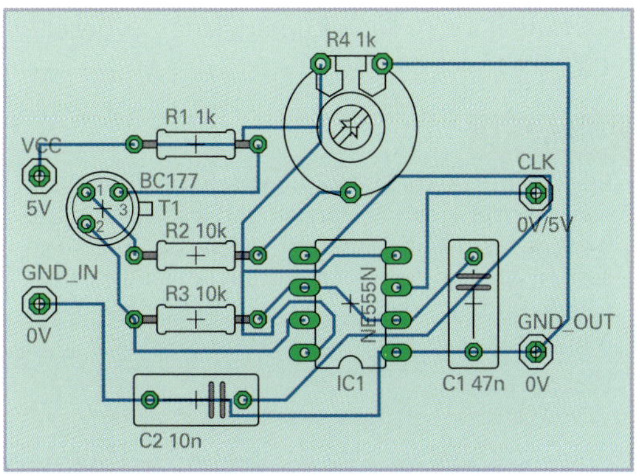

Bild 3: Platine mit entflochtenen Leiterbahnen

Übung 1

Wandeln Sie die Leiterbahnen, die zwischen den Lötanschlüssen (Pads) des Timers hindurchführen, wieder in Gummibänder um.

Lösung: **Bild 1**

Mit dem Befehl `Route` kann aus jedem Gummiband mit der Maus eine neue Leiterbahn mit verändertem Verlauf erzeugt werden. Dazu müssen in der Regel mit dem Befehl `Move` bestehende Leiterbahnen und auch platzierte Bauelemente verschoben werden, um Platz zu erhalten. Muss eine geroutete gerade Leiterbahnführung aus Platzgründen umgeleitet werden, wird mit dem Befehl `Split` (zerspalten) ein Knick an der Stelle erzeugt, der mit der Maus angeklickt wird. Zur Weiterbearbeitung muss wieder der Befehl `Move` aktiviert werden.

Übung 2

Verändern Sie die Leiterbahnführungen mit dem Befehl `Route` so, dass diese nicht mehr zwischen den IC-Anschlüssen verlaufen.

Lösung: **Bild 2**

Um die Platine in einem Gehäuse befestigen zu können, werden Bohrungen bei den Ecken vorgesehen. Wird automatisch gebohrt, werden Bohrdaten erzeugt. Soll von Hand gebohrt werden, kann die Position der Bohrlöcher mit Durchkontaktierungen sichtbar gemacht werden. Um die Maße der Durchkontaktierungen einzustellen, stellt man vorübergehend mit dem Befehl `Grid` das Rastermaß auf mm um. Mit den Befehlen `Change Shape` (Ändere Form), `Change Drill` (Ändere Bohrer), werden Form, Außendurchmesser und Bohrlochdurchmesser eingestellt.

Mit dem Befehl `Change With` (Ändere Dicke) können Leiterbahnen verbreitert werden und mit dem Befehl `Text` kann Kupferfläche zur Beschriftung verwendet werden.

Übung 3

Markieren Sie vier Befestigungslöcher an den Platinenecken für 2-mm-Schrauben und wählen Sie dazu 8-eckige Durchkontaktierungen mit einem Durchmesser von 3,8 mm. Verbreitern Sie außerdem die Leiterbahnen und versehen Sie den Layer Bottom mit Ihrem Namen.

Lösung: **Bild 3**

Der Name erscheint in Spiegelschrift, weil man von oben durch die Platine hindurchsieht.

Eagle erhält man von der Firma Cad Soft.
www.cadsoft.de/download

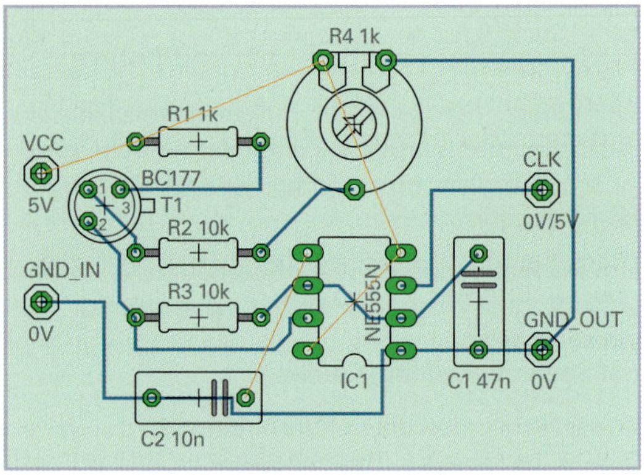

Bild 1: **Platine nach Rückwandlung von Leiterbahnen zwischen den IC-Anschlüssen in Gummibänder**

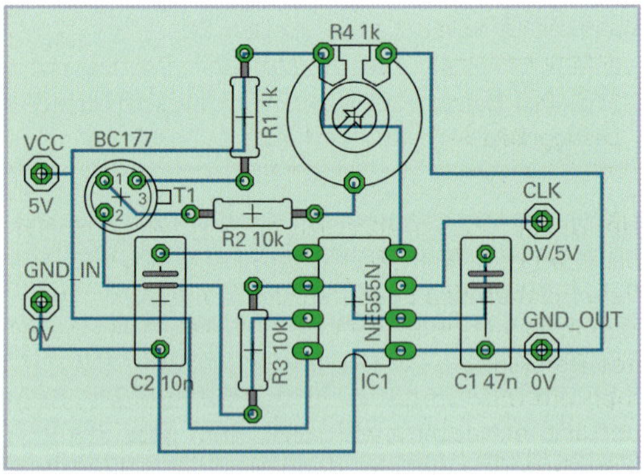

Bild 2: **Platine mit von Hand veränderten Leiterbahnführungen mit dem Befehl Route**

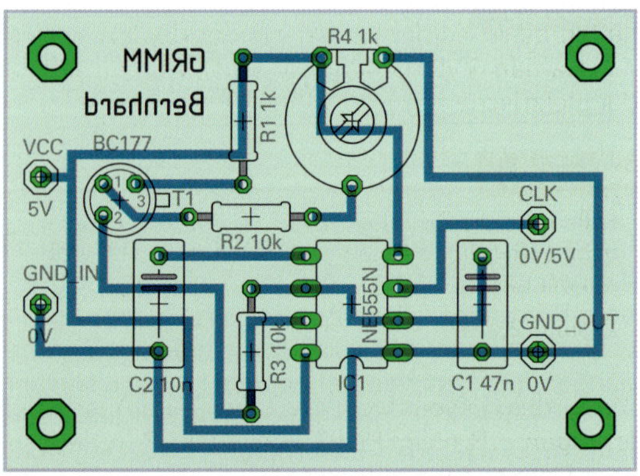

Bild 3: **Platine mit verbreiterten Leiterbahnen, Markierungen für die Befestigungsbohrlöcher und Beschriftung mit Text**

Da von Hand gelötet werden soll, werden die Bauelementeanschlüsse (Pads) zu deren Schutz vergrößert. Dazu wird im Befehlsmenü auf das Symbol DRC (Design Rule Check = Zeichnungsregeleinstellungen) geklickt und im sich öffnendem Fenster die Karteikarte Restring gewählt **(Bild 1)**. Die Restringe der Pads werden als Prozentwerte der entsprechenden Bohrdurchmesser angegeben, sind aber auf Größen zwischen 10 Milli-Inch und 20 Milli-Inch begrenzt.

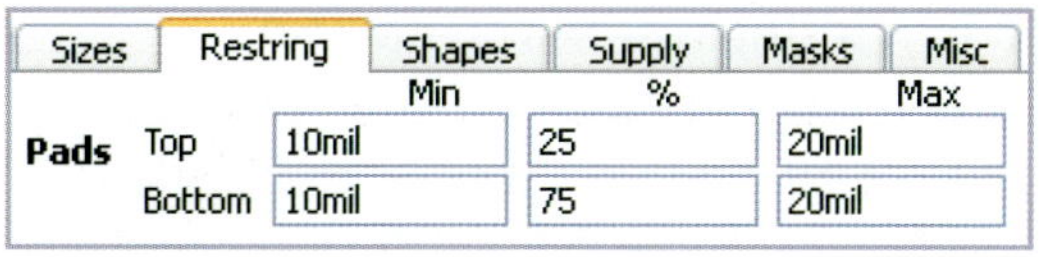

Bild 1: Padeinstellungen

Übung 1

Vergrößern Sie die Restringe der Pads auf 75 % ihrer Bohrdurchmesser.

Lösung: **Bild 2**

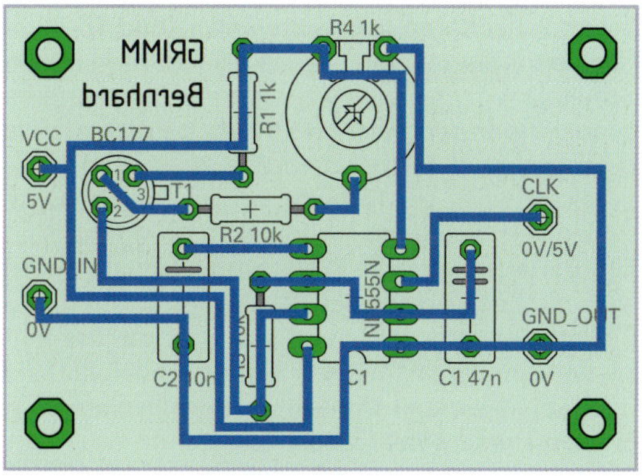

Bild 2: Platine mit größeren Pads

Um eine Folienvorlage zum Belichten der Kupferplatine zu erhalten, werden die Bauelemente auf der Platinendatei ausgeblendet.

Übung 2

Aktivieren Sie im Befehlsmenü den Befehl `Display` und blenden Sie die entsprechenden Layer aus, sodass nur noch das Kupfer-Layout des Layers Botton zu sehen ist.

Lösung: **Bild 3**

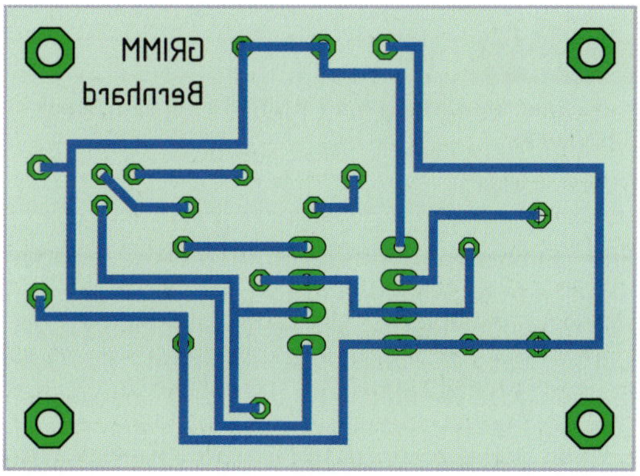

Bild 3: Layout

Um die Ätzflüssigkeit effizient zu verwenden, soll nicht unnötig viel Kupfer weggeätzt werden, indem freie Flächen des Layouts (Bild 3) mit zusätzlichen Kupferflächen aufgefüllt werden. Nach Aktivieren des Befehls `Polygon` wird mit Klicken ein Rahmen um die Platine gezogen, der mit einem Doppelklick abgeschlossen wird. Die geschlossene Umrahmung erscheint dann gepunktet. Innerhalb dieses Rahmens werden mit dem Befehl `Ratsnest` alle Zwischenräume mit Kupferflächen aufgefüllt, wobei der Abstand zu den Leiterbahnen mit dem Befehl `Isolate` eingestellt werden kann. Erhalten diese Kupferflächen mit dem Befehl `Name` den Namen GND (Ground = Masse), werden sie mit der elektrischen Masse verbunden.

Übung 3

Füllen Sie die Zwischenräume zwischen den Leiterbahnen mit Kupferflächen auf und verbinden Sie dieses mit Masse.

Lösung: **Bild 4**

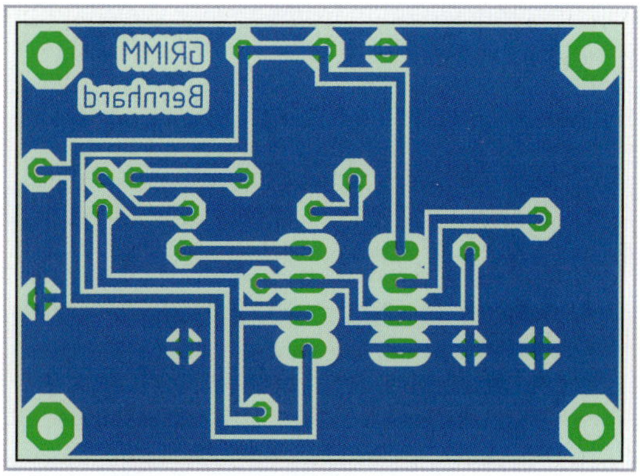

Bild 4: Layout mit Massefläche

Außer dem Layout kann EAGLE weitere Ausgaben erzeugen, z. B. einen Bestückungsplan, Bohrdateien oder Dateien für einen Fräser.

Darüber hinaus können EAGLE-Bibliotheken durch eigene Bauelemente erweitert werden.

2.7 Schaltungssimulation

Programme für die Schaltungssimulation besitzen in der Regel mit Spice immer dasselbe Berechnungsprogramm zur Berechnung und Darstellung elektrischer Größen. Zu ihnen zählen Programme wie PSpice, LTSpice oder Electronic Workbench. PSpice gibt es außerdem mit unterschiedlichen Schaltplaneditoren, z. B. Schematics **(Bild 1)**.

Nach dem Starten von PSpice gelangt man in den Schaltplaneditor. Zum Platzieren der Bauelemente benötigt man den Befehl `Get new part` bzw. das Befehlssymbol `Bauelemente aus Bibliotheken wählen` **(Tabelle 1)**. Die Bauelemente sind in verschiedenen Bibliotheken gruppiert. Sind alle Bauelemente am Bildschirm platziert, muss auch die Bezugsmasse AGND (Analog Ground) der Bibliothek `port.slb` (von port = Anschluss und slb von simulation library = Simulationsbibliothek) hinzugefügt werden. Danach werden die platzierten Elemente verdrahtet (Tabelle 1).

Die Knotenpunkte in der Schaltung werden durchnummeriert, indem man die grünen Leitungen doppelt anklickt und die Nummer in das sich öffnende Fenster einträgt.

Übung 1

Zeichnen Sie die Schaltung aus Bild 1 mit dem Schaltplaneditor.

Lösung: **Bild 1**

Zum Einstellen der Bauelementewerte werden diese mit der Maus angeklickt. Der Wert wird im sich öffnenden Fenster eingegeben. Dabei ist zu beachten, dass wie beim Taschenrechner ein Dezimalpunkt verwendet wird und kein Leerzeichen zwischen Wert und Einheit steht. Fürt den Einheitenzusatz mikro verwendet man u und für mega verwendet man meg.

Danach muss durch Klick auf das Befehlssymbol die Analyseart gewählt werden, z. B. das Darstellen von Spannungen und Strömen einer Gleichstromschaltung (Tabelle 1, **Bild 2** und **Tabelle 2**). Anschließend wird die Datei gespeichert, wobei keine Sonderzeichen und keine Umlaute verwendet werden dürfen. Zur Anzeige der Ströme am Bildschirm muss über das Befehlssymbol (Tabelle 1) die Berechnung der Schaltung gestartet und auf das Befehlssymbol I geklickt werden (Tabelle 1).

Übung 2

Wählen Sie die Analyseart Arbeitspunktanalyse aus und zeigen Sie die Ströme der Schaltung am Bildschirm an.

Lösung: **Bild 1**

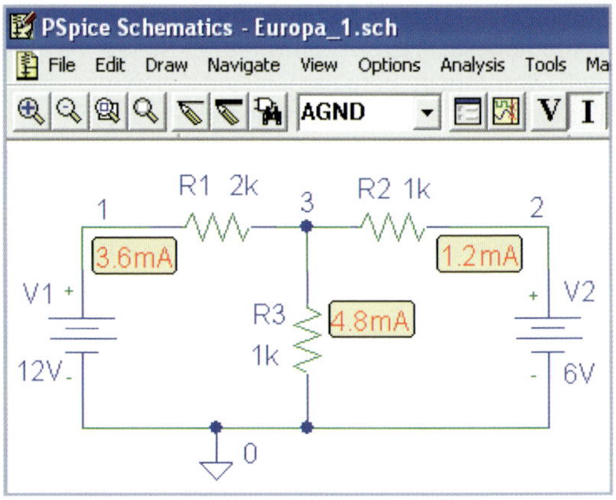

Bild 1: Fenster des Schaltplaneditors

Tabelle 1: Schaltplaneditor-Befehle

Ikon	Befehlsname
	Schaltung optimal darstellen
	Bauelemente verdrahten
	Bauelemente aus Bibliotheken wählen
	Analyseart auswählen
	Berechnung der Schaltung starten
V	Spannungen einblenden und ausblenden
I	Ströme einblenden und ausblenden

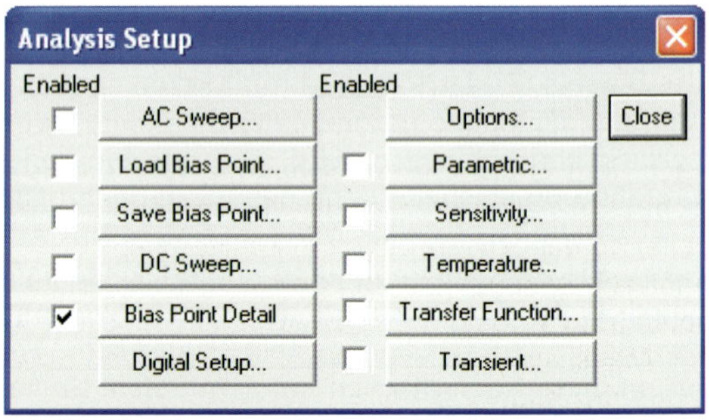

Bild 2: Fenster Analysis Setup

Tabelle 2: Analysearten (Auswahl)

Art	Anwendung
Bias Point Details	Arbeitspunktanalyse zur Ausgabe von Spannungen und Strömen in Gleichstromschaltungen
Transient	Ansicht zeitabhängiger Größen
AC Sweep	Ansicht frequenzabhängiger Größen
DC Sweep	Ansicht von Kennlinien oder von Größen in Abhängigkeit einer beliebigen Variablen
Parametric	Ansicht von Kurvenscharen

Die Simulation von Wechselstromschaltungen, z. B. eines Tiefpasses, erfolgt mit der Wahl einer anderen Spannungsquelle **(Bild 1)**.

Übung 1

Zeichnen Sie den Tiefpass aus Bild 1 mit der Spannungsquelle `VSIN`.

Lösung: **Bild 1**

Durch Doppelklick auf die Quelle öffnet sich ein Fenster, um diese zu konfigurieren.

Übung 2

Stellen Sie folgende Werte ein. Effektivwert: 5 V; Offset: 0 V; Scheitelwert: 7 V; Frequenz: 1 kHz.

Lösung: **Bild 2**

Für die Darstellung eines Liniendiagrammes benötigt man die Transient-Analyse und für den Frequenzgang den AC Sweep (Bild 2, vorhergehende Seite).

Übung 3

Wählen Sie die Analyseart `Transient` und stellen Sie das Liniendiagramm für die ersten 25 ms mit einer Zeichengenauigkeit von 0,1 % dar.

Lösung: **Bild 3, linker Teil**

Übung 4

Wählen Sie die Analyseart AC `Sweep` und stellen Sie den Frequenzverlauf von 100 Hz bis 10 kHz dekadisch mit einer Zeichengenauigkeit von 1001 Punkten pro Dekade dar.

Lösung: **Bild 3, rechter Teil**

Nach dem Speichern der Schaltung wird die Berechnung gestartet (Tabelle 1, vorhergehende Seite). In dem sich öffnendem Fenster werden die Analysen AC und `Transient` zur Ansicht angeboten **(Bild 4)**. Nach Wahl der Analyse AC wird mit der Maus auf das Befehlssymbol `Add Trace` (Spur hinzufügen) geklickt.

Übung 5

Wählen Sie im sich öffnendem Fenster die Spannungspotenziale V(1) und V(2) aus und geben Sie in die Zeile `Trace Expression` auch die Potenzialdifferenz V(1,2) an R1 ein. Klicken Sie auf OK.

Lösung: **Bild 5**

Übung 6

Wählen Sie für die Analyseart `Transient` mit dem Befehlssymbol `Add Trace` die Gesamtspannung V(1) und die Kondensatorspannung V(2) und klicken Sie auf OK.

Lösung: **Bild 6**

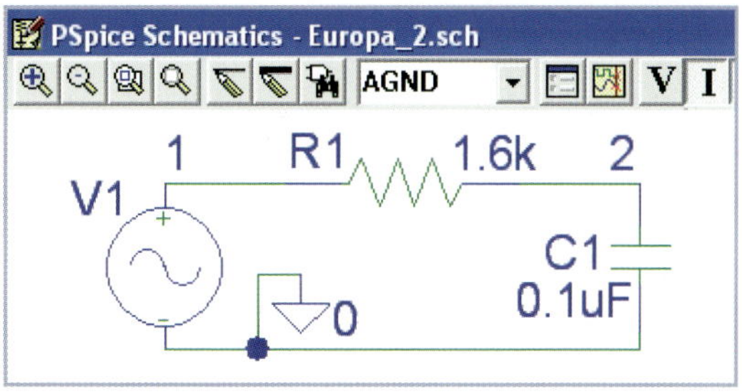

Bild 1: RC-Schaltung

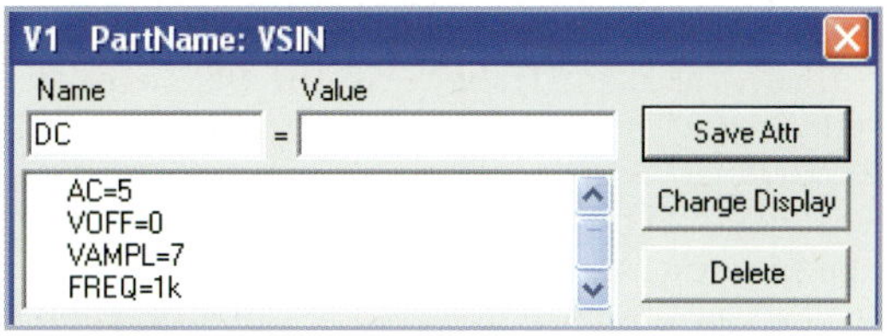

Bild 2: Fenster Spannungsquelle

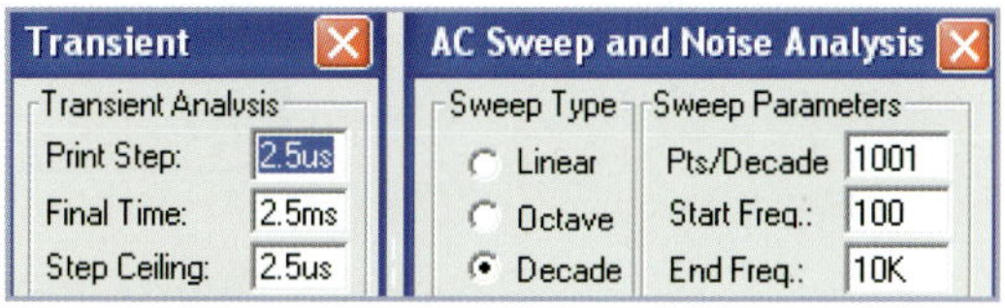

Bild 3: Analyseeinstellungen

Bild 4: Anzeige wählen

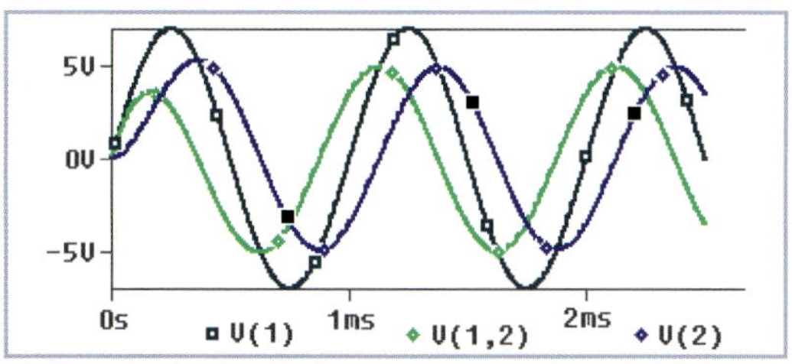

Bild 5: Liniendiagramm aller Spannungen

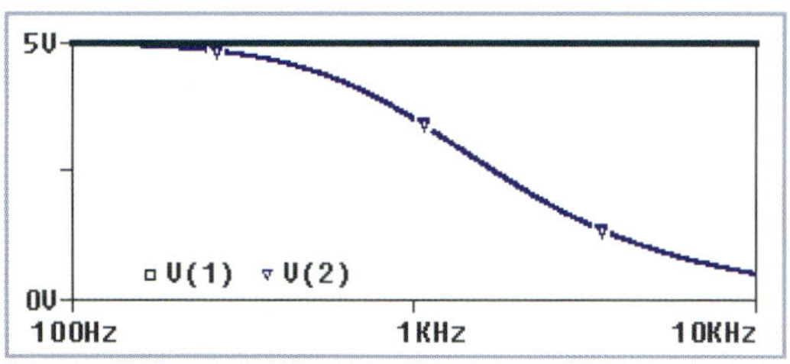

Bild 6: Frequenzverlauf der Eingangsspannung und der Ausgangsspannung

3 Computerunterstütztes Arbeiten

3 Computerunterstütztes Arbeiten

3.1 Arbeitsplatz einrichten

3.1.1 Aufstellen eines PCs

Die Geräte und Baugruppen eines PC-Systems sind sehr empfindlich. Das Auspacken, Aufstellen und die erste Inbetriebnahme eines PC-Systems muss sorgfältig erfolgen, um Beschädigungen zu vermeiden **(Bild 1)**. Oft ist es hilfreich sich in den mitgelieferten Handbüchern über die Vorgehensweise zu informieren.

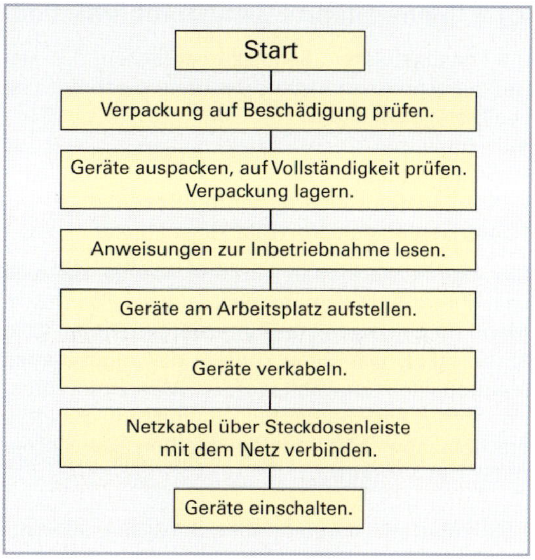

Bild 1: Schritte beim Einrichten eines PC-Arbeitsplatzes

Bild 2: PC-Arbeitsplatz

Zu Beginn prüft man die Verpackungen auf eventuelle Beschädigungen. Dann packt man die Geräte sorgfältig und vollständig aus den Kartons aus. Das Verpackungsmaterial bewahrt man für den Fall späterer Transporte, z. B. für Reparaturen, auf. Manche Geräte, wie z. B. Drucker, enthalten Transportsicherungen, die vor der Inbetriebnahme entfernt werden müssen. Soweit vorhanden, werden alle Netzschalter in Stellung AUS/OFF/0 gebracht. Auf die richtige Angabe oder Einstellung der Netzspannung ist zu achten. Für jedes PC-System sind mehrere Steckdosen des 230-V-Netzes erforderlich. Dabei sind Steckdosenleisten mit eingebautem Überspannungsschutz zweckmäßig. Die gesamte Verkabelung darf nur im spannungsfreien Zustand der Geräte erfolgen, um Beschädigungen von Bauelementen durch Überspannungen zu vermeiden. Als letzte Verbindung wird das Netzkabel angeschlossen. Auch bei nachträglichen Änderungen dürfen die Verbindungen nur bei ausgeschalteten Geräten gelöst oder wiederhergestellt werden. Meist sind vielpolige Verbindungskabel durch Halteklammern oder Schrauben am PC oder den Peripheriegeräten befestigt. Dadurch wird ein unbeabsichtigtes Lösen verhindert.

> Die meisten Verbindungskabel zwischen PC-Komponenten dürfen nur im spannungslosen Zustand gelöst oder gesteckt werden.

Die Aufstellung der Geräte muss so vorgenommen werden, dass technische Probleme durch Staub, Feuchtigkeit, Hitze, Stoßgefahr, elektrostatische Aufladung oder durch Magnetfelder vermieden werden. Für ein tätigkeitsgerechtes und körpergerechtes Arbeiten müssen *ergonomische Anforderungen* (Ergonomie = Erforschung der Leistungsmöglichkeiten und optimalen Arbeitsbedingungen des Menschen) beachtet werden. Die Arbeit am PC wird z. B. dadurch erleichtert, dass alle Gerätekomponenten leicht erreichbar sind **(Bild 2)**. Monitore sollten eine ausreichende Größe, z. B. mit einer Bildschirmdiagonale von mindestens 19 Zoll haben.

Die ergonomischen Maßstäbe für die Bildqualität sind z. B. in der Norm ISO 13406-2 festgelegt. Oft findet man ein Prüfsiegel nach TCO6 (von schwedisch Tjänstemännens Centralorganisation = Zentralorganisation der Angestellten).

> Bei Mängeln der Funktion sowie der Vollzähligkeit der PC-Komponenten gelten die gesetzlichen oder vertraglich vereinbarten Bestimmungen.

Die Kabel sind verdeckt zu verlegen, z. B. in einem Doppelboden, um „Stolperfallen“ zu vermeiden.

3.1.2 Menügeführte Benutzeroberflächen

Die menügeführten Benutzeroberflächen der Anwendungsprogramme sind besonders geprägt von den Dialogelementen

- Menüleisten,
- Schaltflächen,
- Kombinationsfeldern (Combo-Boxen) und
- Markierungsfeldern, **(Bild 1)**.

Die *Menüleiste* enthält einzelne *Menüs*, die sich nach ihrem Anklicken mittels Maus als *Pull-Down-Menü* (to pull down = herunterziehen) öffnen **(Bild 2)**. Im Pull-Down-Menü können die angebotenen Menüpunkte angewählt werden. Manchmal öffnet sich hierbei ein weiteres Pull-Down-Menü. Hellgrau erscheinende Menüpunkte bleiben bei ihrem Anklicken wirkungslos.

Ein Pull-Down-Menü öffnet sich nach Anklicken eines Menüs oder Menüpunktes.

Bei den *Schaltflächen,* auch Buttons genannt (button = Knopf), ist zwischen Schaltflächen zu unterscheiden, die

- unmittelbar eine Aktion ausführen, z. B. eine Datei zu einem Drucker schicken,
- eine Voreinstellung für nachfolgende Aktionen vornehmen, z. B. Einstellung für Fettschrift, und die
- auf eine vorangegangene Aktion wirken, z. B. einen Textteil einfügen.

Schaltflächen führen meist unmittelbar eine Aktion aus.

Kombinationsfelder geben die aktuelle Einstellung an und erlauben nach ihrem Anklicken diese Einstellung zu verändern.

Übung 1

Stellen Sie in einem Textverarbeitungsprogramm anstelle der Schriftart `Times New Roman` die Schriftart `Arial` ein (Bild 1).

Lösung:

Nach dem Anwählen des Kombinationsfeldes mit der Anzeige `Times New Roman` öffnet sich das Auswahlfenster für die Schriftarten **(Bild 3)**. Die Schriftart `Arial` ist anzuklicken und ist somit für künftige Texteingaben eingestellt.

Im Kombinationsfeld in Bild 3 stellen am rechten Rand des Auswahlfensters zwei Pfeile nach oben und unten gerichtet eine *Bildlaufleiste* dar. Über sie können die Zeilen im Auswahlfenster gescrollt (von scroll = Schriftrolle, Liste) werden, d.h. nach oben oder unten geschoben werden.

Die menügeführten Benutzeroberflächen sind bei den meisten Anwendungsprogrammen ähnlich ausgeführt.

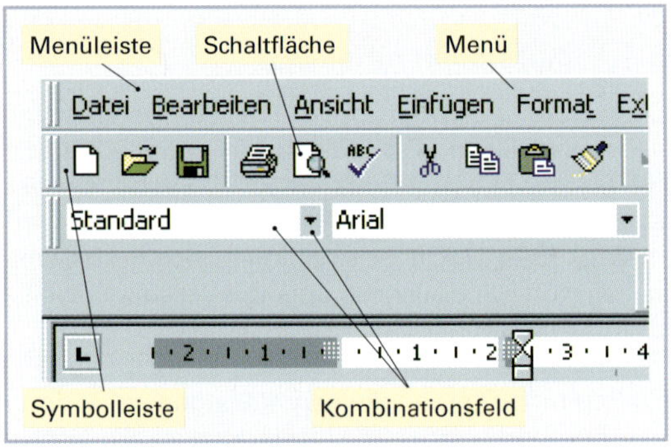

Bild 1: Menügeführte Benutzeroberfläche

Bild 2: Pull-Down-Menü

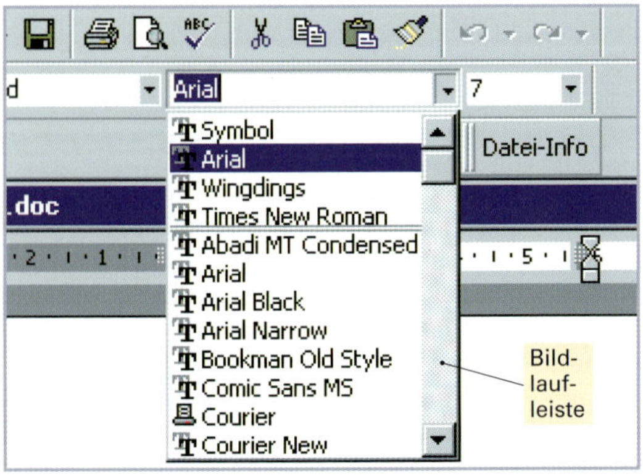

Bild 3: Geöffnetes Kombinationsfeld

Kombinationsfelder enthalten nach ihrem Öffnen ein Auswahlfeld mit Bildlaufleiste.

Register ermöglichen aufgrund ihrer vielfältigen Dialogelemente sehr umfangreiche Einstellungen (Konfigurationen).

Bildlaufleisten kommen auch außerhalb von Kombinationsfeldern in Bildschirmfenstern vor. Man unterscheidet vertikale (senkrechte) und horizontale (waagrechte) Bildlaufleisten zur Verschiebung des Bildschirmfensterinhaltes.

Als Markierungsfelder kommen *Optionsfelder* **(Bild 1)** und *Checkboxen* **(Bild 2)** vor. Beide werden durch Anklicken mit der Maus bedient. Punkt oder Haken entstehen durch das Anklicken. Mit den Optionsfeldern wird eine Alternative von mehreren sich gegenseitig ausschließenden Alternativen ausgewählt, z. B. `Hochformat` oder `Querformat`. Die Checkboxen erlauben das Anwählen von sich nicht gegenseitig ausschließenden Möglichkeiten.

Ein *Bezeichnungsfeld* steht neben einem vom Benutzer mit Angaben zu versorgenden Feld und enthält die Benennung (Bezeichnung, Bedeutung) für dieses Feld (Bild 1). Im Bezeichnungsfeld kann der Benutzer keine Eingabe vornehmen. Der Text des Bezeichnungsfeldes ist Bestandteil des Anwendungsprogrammes. Über einen *Rahmen* mit Überschrift sind Bildschirmfensterbereiche für den Benutzer hervorhebbar. Das Element Rahmen ist ebenfalls Bestandteil des Anwendungsprogrammes.

Ein *Listenfeld* liegt vor, wenn insbesondere Zahlenwerte durch Anklicken der Pfeilspitze nach oben oder unten verändert werden können. In die Listenfelder können auch direkt Werte eingegeben werden (Bild 1).

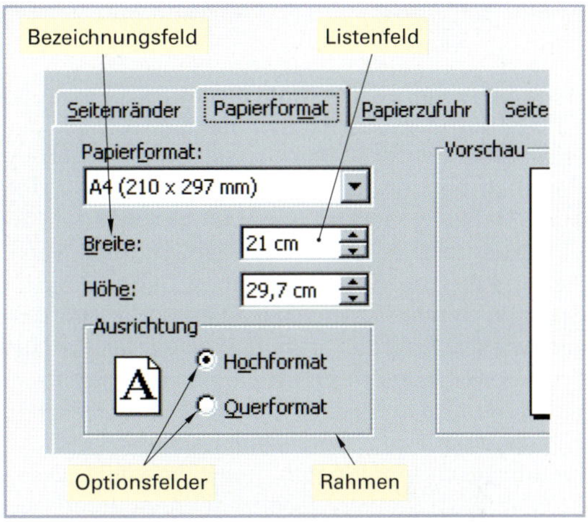

Bild 1: Menügeführter Dialog mit Optionsfeldern

Als *Register* bezeichnet man karteikartenähnliche Bildschirmdarstellungen (Bild 2). Durch Anklicken des Registerreiters erscheint das Register im Vordergrund und die Benutzerelemente des Registers sind somit benutzbar. Sind alle Einstellungen getätigt, so erfolgt deren Aktivierung bzw. Aktualisierung durch Betätigen der Schaltfläche OK.

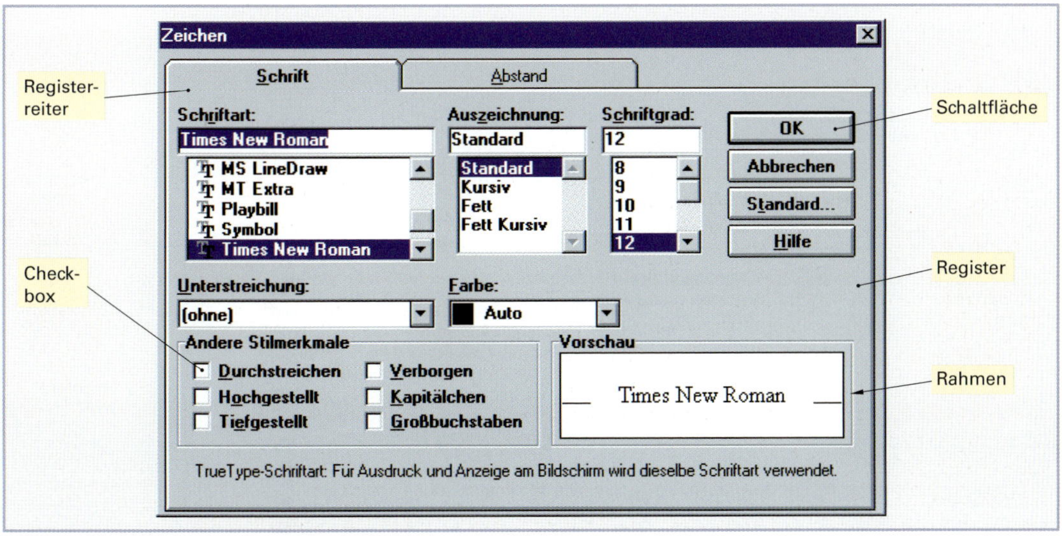

Bild 2: Menügeführter Dialog mit Checkboxen

In *Textfelder* kann der Benutzer Texte eintragen. Textfelder wirken zur Lesbarkeit meist zusammen mit Bezeichnungsfeldern **(Bild 1)**. Ein Auswahlfeld ohne Bildlaufleiste erfordert entsprechend viel Platz im Bildschirmfenster **(Bild 2)**. Über den Auswahlbalken wird die aktuelle Auswahl bzw. Einstellung angezeigt.

Als weitere verbreitete Möglichkeit zur Gestaltung von Benutzungsoberflächen ist die Technik des *Hyperlinks* (hyper = über, hinaus, link = Verbindung) zu nennen **(Bild 3)**. Hierbei sind in Texten oder Grafiken manchen mit einer besonderen Farbe gekennzeichneten Worten oder Symbolen (Icon, Ikone, stilisierte Abbildung eines Gegenstandes) Sprungadressen zu anderen Texten oder Grafiken zugewiesen. Werden nun die gekennzeichneten Worte oder Icons mit dem Cursor überstreift, so verändert sich an dieser Stelle das Cursorzeichen, z. B. zu einer Hand. Durch Anklicken wird die Verbindung zum hinterlegten Text hergestellt. Diese Technik, auch *Browser-Technik* genannt (to browse = anzeigen), findet Anwendung bei Hilfen in Anwendungsprogrammen und in Internet-Anwendungen (Abschnitt 13).

Über Hyperlinks werden Verbindungen zu anderen Objekten hergestellt.

Wiederholung und Vertiefung

1. **Erklären Sie den Begriff Pull-Down-Menü.**
2. **Wodurch unterscheidet sich ein Optionsfeld von einer Checkbox?**
3. **Was versteht man unter einer Combo-Box?**
4. **Wodurch unterscheidet sich ein Textfeld von einem Bezeichnungsfeld?**
5. **Was versteht man unter einem Hyperlink?**

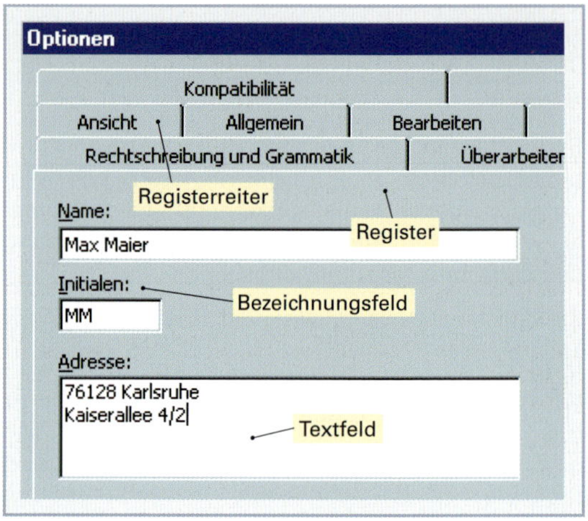

Bild 1: Textfelder mit Bezeichnungsfelder

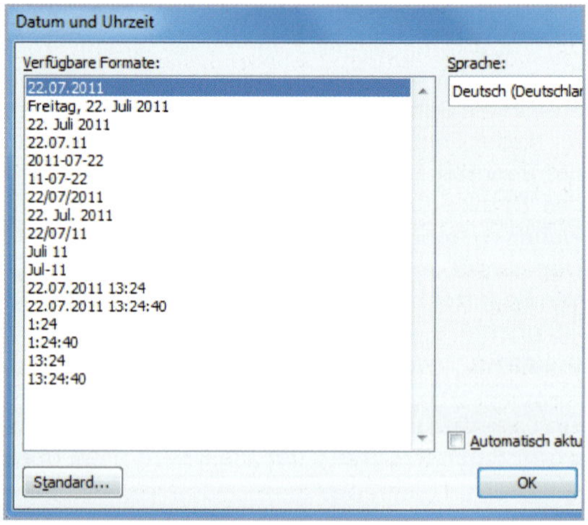

Bild 2: Auswahlfeld ohne Bildlaufleiste

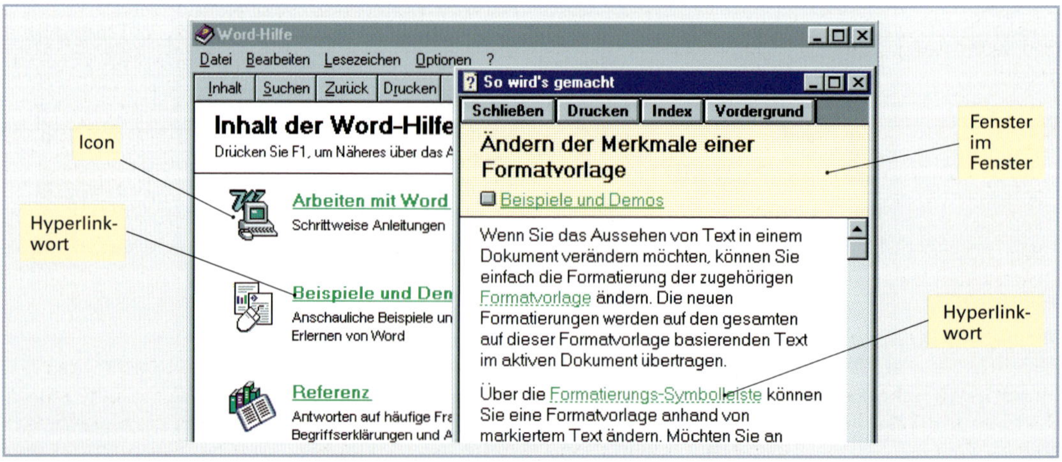

Bild 3: Dialog mit Hyperlinks

3.1.3 BIOS

Da es PCs von vielen Herstellern in verschiedenen Varianten, mit unterschiedlichen Komponenten und unterschiedlicher Leistung gibt, kann das Betriebssystem des Rechners nicht direkt auf die Rechner-Hardware zugreifen. Damit aber die unterschiedlichsten Rechner von einem Betriebssystem verwaltet werden können, besitzt jeder Computer eine grundlegende Software-Ebene, das BIOS (von Basic-Input-Output-System = Basis-Eingabe-Ausgabe-System). Das BIOS wird vom Motherboard-Hersteller angepasst und ist meist in einem EE-PROM auf der Hauptplatine gespeichert und auf den Chipsatz, die seriellen und parallelen Schnittstellen, sowie auf die Laufwerks-Controller abgestimmt **(Bild 1)**.

Bei jedem Anschalten des PC wird das BIOS-Programm gestartet. Zuerst wird ein Selbsttest (POST von **P**ower **O**n **S**elf **T**est) durchgeführt. Der Selbsttest überprüft nacheinander den Hauptspeicher, die CPU, die Festplatte und andere Systemkomponenten.

> Beim Selbsttest werden die Baugruppen des Mikrocomputersystems auf Funktion getestet.

Tritt ein Fehler auf, wird eine POST-Meldung ausgegeben, z. B. Signaltöne aus dem Lautsprecher. Die POST-Meldungen sind je nach BIOS-Hersteller unterschiedlich. Betätigt man während des Startvorgangs z. B. die F2-Taste gelangt man in das BIOS-Menü `System Setup`. Im Menüpunkt `Main` (Haupt) kann der Anwender z. B. die Prozessor-Geschwindigkeit oder die Speicherkapazität nachschauen **(Bild 2)**. Als nächstes sucht das BIOS nach eingebauten Steckkarten und testet diese. Findet das BIOS keinen Fehler, werden im nächsten Schritt die Ressourcen (resource = Mittel) ermittelt und, wenn nötig, den vorhandenen Steckkarten zugeteilt.

Übung 1

Überprüfen Sie, welche Boot-Reihenfolge an ihrem PC eingestellt ist.

Lösung:

Beim PC-Start F2-Taste oder Entf-Taste betätigen. Mit Pfeil → Boot-Menü wählen **(Bild 3)**.

In diesem BIOS ist die Bootreihenfolge: CD/DVD, Floppy Drive, Hard Disk Drive, Ethernet.

Im nächsten Schritt greift das BIOS auf die ersten Sektoren der Festplatte zu. Dort befindet sich ein kleines Programm, der Bootstrap-Loader (bootstrap = Schuhriemen, hier: Urladeprogramm). Dieses Programm lädt dann die Startdateien des Betriebssystems in den Hauptspeicher und startet diese. Die Startdateien laden nun die eigentlichen Betriebssystemdateien von der Festplatte in den Hauptspeicher.

> Das BIOS bildet eine standardisierte Schnittstelle zwischen Betriebssystem und Hardware.

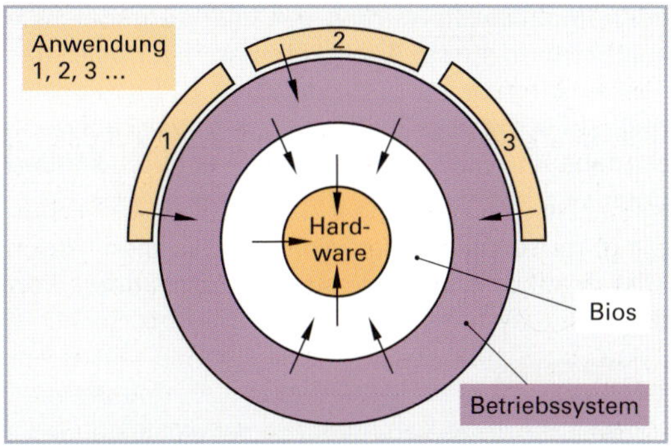

Bild 1: Zusammenwirken von BIOS und Betriebssystem

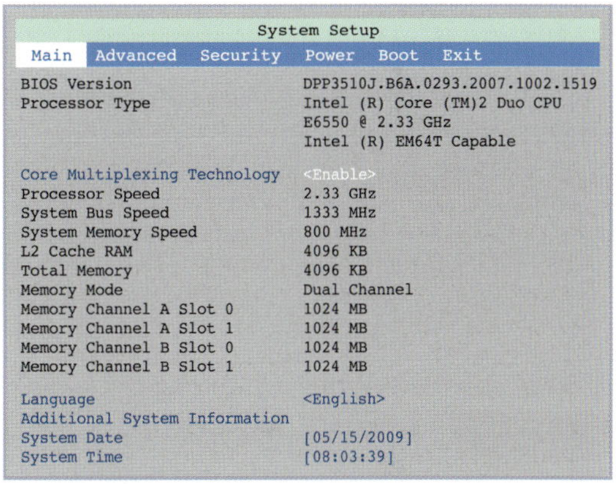

Bild 2: Ausschnitt aus dem Menü System Setup mit gewähltem Main-Menü

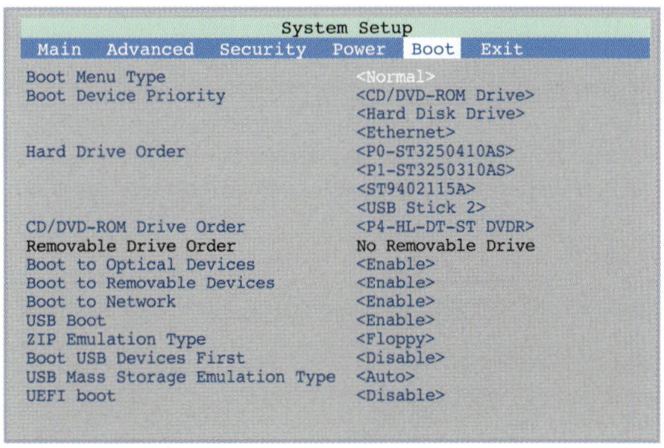

Bild 3: Ausschnitt aus dem Boot-Menü

3.1.4 Befehlszeilenkommandos

Befehlszeilenprogramm cmd.exe
In die Suchzeile des Startmenüs gibt man `cmd` oder Eingabeaufforderung ein. In der Ergebnisliste startet man durch Anklicken von z. B. `cmd` das Fenster Eingabeaufforderung **(Bild 1)**. Das Fenster zeigt ein schwarzes Textfeld mit z. B. der Laufwerksangabe `H:\`, dem Prompt > und dem blinkenden Cursor _.

Die Eigenschaften des Fensters können durch Klicken auf `C:\..` in der Titelleiste geändert werden.

Übung 1

Stellen Sie die Hintergrundfarbe auf gelbbraun und die Schriftfarbe schwarz ein.

Lösung:

Auf `C:\..` klicken, im Fenster Eigenschaften anklicken, dann Reiter Farben anwählen und Fenstertext und Fensterhintergrund einstellen.

Verzeichnisse (Ordner)
Durch Eingabe von H: wechselt man zum Laufwerk H **(Tabelle 1)**. Kommandos werden durch Betätigen der Eingabe-Taste ausgeführt und sind case insensitive. Mit dem Kommando `dir` wird z. B. das Verzeichnis des Laufwerks H aufgelistet. Verzeichnisse sind durch Winkelklammern gekennzeichnet **(Bild 2)**.

Übung 2

Legen Sie auf dem Wechseldatenträger H: die Baumstruktur wie in **Bild 3** an.

Lösung:

Mit dem Kommando `md Baum` wird das Verzeichnis Baum angelegt. Mit `cd Baum` wird der Ordner aufgerufen. In diesen Ordner werden mit `md Ast1` und `md Ast2` die Ordner `Ast1` und `Ast2` angelegt. Mit `cd Ast2` wird der Ordner `Ast2` aufgerufen. In ihm legt man mit `md Blätter` das Verzeichnis Blätter an. Die Dateien `Blatt1.doc` und `Blatt2.doc` wurden mit dem Kommando `copy` von der Festplatte E: hierher kopiert.

Mit dem Kommando `del` kann man Dateien löschen. Das Kommando `format` formatiert einen Datenträger. Mit `cls` löscht man den Fensterinhalt.

Bild 3: Baumstruktur im Laufwerk H

- Befehlszeilenprogramme und Kommandos findet man im Ordner C:\Windows\System32.
- case insensitive = unabhängig von der Groß- und Kleinschreibung.
- cmd von command = Befehl, Kommando.

Bild 1: Fenster Eingabeaufforderung

Tabelle 1: Befehlszeilenkommandos

Kommando	Bedeutung, Auswirkung
H:	Wechselt zum Laufwerk H.
cd <Baum>	Change directory. Wechselt zum Verzeichnis Baum.
cls	Clear screen. Löscht den Bildschirm.
copy	Kopiert Dateien.
del	Delete. Löscht die angegebenen Dateien.
dir	Directory. Listet den Inhalt eines Verzeichnisses auf.
format	Formatiert einen Datenträger.
md	Make directory. Erstellt ein Verzeichnis.
sys	System. Kopiert die Systemdateien auf einen Datenträger.

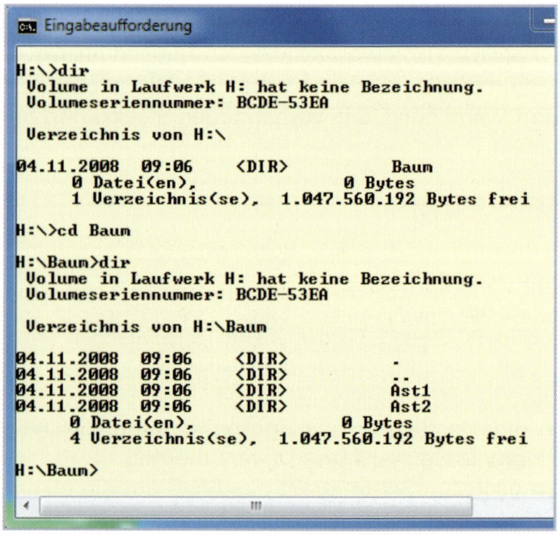

Bild 2: Farbeinstellungen im Fenster Eingabeaufforderung

Stapelprogramme

Ein Stapelprogramm (batch-file) ist eine unformatierte Textdatei, die Befehlszeilenkommandos enthält und ausführbare Dateien (mit der Dateierweiterung .exe) aufrufen kann. Einer Stapeldatei wird beim Speichern die Dateierweiterung `.bat` (von batch = Stapel) angefügt. Der Aufruf einer Stapeldatei erfolgt z.B. durch Anklicken einer Datei im Explorer (**Bild 1**).

> Stapelprogramme ersparen mehrfaches Eingeben oft benötigter Kommandofolgen über die Tastatur.

Stapelprogramme erstellen

Stapelprogramme schreibt man z.B. mit dem MS-Editor. Nach Eingabe von `Editor` in die Suchzeile des Startmenüs klickt man in der Ergebnisliste die Zeile `Editor` an.

Übung 1

Erstellen Sie eine Stapeldatei mit dem Namen Stick2.bat zum Formatieren eines USB-Sticks im Laufwerk L mit dem Dateisystem FAT32 und formatieren sie den Stick.

Lösung:

Bild 2 und **Bild 3**

Nach `Rem` (von Remark = Bemerkung) kann ein Kommentar angefügt werden. Mit dem Kommando `Pause` wird der Ablauf der Stapeldatei unterbrochen. Mit `Format` wird hier im Laufwerk L ein USB2-Stick mit dem Dateisystem FAT32 formatiert.

Übung 2

Erstellen Sie eine Stapeldatei, mit der Word-Dateien von einem USB-Stick in das Verzeichnis Ziel auf einem Computerlaufwerk G kopiert werden und führen sie diese aus.

Lösung:

Bild 4 und **Bild 5**

Mit dem Kommando `copy*.doc*` werden Dateien mit der Extension `.doc` und `.docx` in das Verzeichnis Ziel im Laufwerk G kopiert.

Wiederholung und Vertiefung

1. **In welchem Ordner findet man Befehlszeilenprogramme und Kommandos?**
2. **Wozu werden Stapelprogramme verwendet?**
3. **Welche Aufgaben erfüllt das BIOS?**
4. **Nennen Sie fünf Befehlskommandos.**

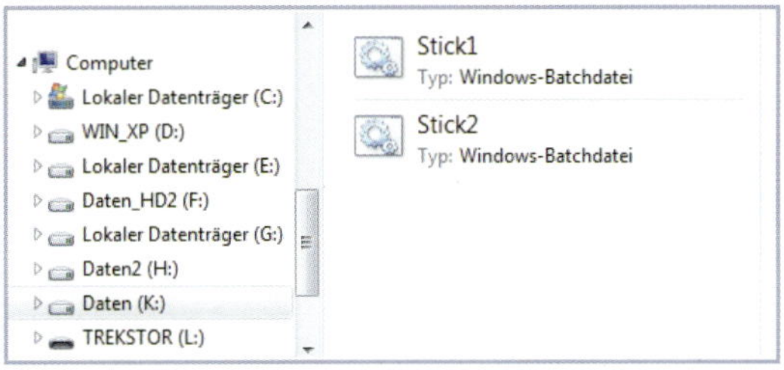

Bild 1: Starten einer Stapeldatei

Bild 2: Text der Stapeldatei Stick2.bat

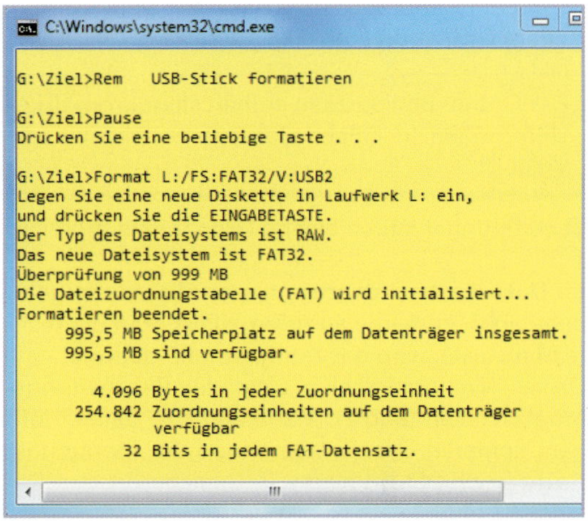

Bild 3: Ausführen der Stapeldatei Stick2.bat

Bild 4: Text der Stapeldatei Stick1

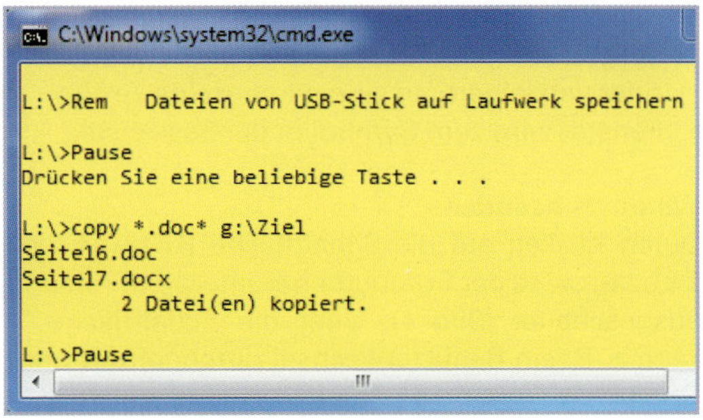

Bild 5: Ausführen der Stapeldatei Stick1

3.2 Windows anwenden

3.2.1 Arbeitsfläche (Desktop)

Startmenü und Taskleiste

Auf der Arbeitsfläche von Windows7 ist am unteren Bildrand die Taskleiste mit der Schaltfläche Start zu sehen **(Bild 1)**.

Ein Klick mit der linken Maustaste auf die Schaltfläche öffnet das Startmenü. Bewegt man den Mauszeiger auf `Alle Programme`, wird eine Liste der vorhandenen Programme angezeigt.

Die Taskleiste füllt man mit Schaltflächen zum Starten häufig verwendeter Programme. Die gewünschten Programme zieht man dazu mit der Maus in die Taskleiste. Ein Klick mit der linken Maustaste auf das Icon startet das Programm.

Dokumente

Über den Menüpunkt `Dokumente` gelangt man zu dem Ordner Bibliotheken.

> Der Ordner Bibliotheken enthält standardmäßig Unterordner für Bilder, Dokumente, Musik und Videos.

Erweiterungen durch eigene Ordner sind möglich.

Im Dokumente-Ordner kann man die zuletzt bearbeiteten Dokumente aufrufen. Klickt man die rechte Maustaste, wird das Kontextmenü geöffnet. Dieses Menü zeigt eine Liste der Bearbeitungsmöglichkeiten **(Bild 2)**. Man kann z.B. Dateien öffnen, kopieren oder umbenennen. Im Menüpunkt `Eigenschaften` sind z.B. Speicherort und Dateigröße angegeben.

> Kontextmenüs erleichtern und beschleunigen die Dateibearbeitung.

Fenstersteuerung

Die Titelleisten der meisten Fenster enthalten drei Schaltflächen **(Bild 3)**:

- X Schließen des Fensters und Anwendung beenden,
- □ Vergrößert ein Fenster auf Bildschirmgröße oder verkleinert auf eine gewünschte Größe
- _ Fenster wird zum Symbol in der Taskleiste.

Windows beenden

Durch Klicken auf die Schaltfläche `Herunterfahren` wird der Computer heruntergefahren und ausgeschaltet **(Bild 4)**. Über die Schaltfläche ▷ kann z. B. ein Benutzerwechsel durchgeführt oder `Energie sparen` (standby) eingeschaltet werden.

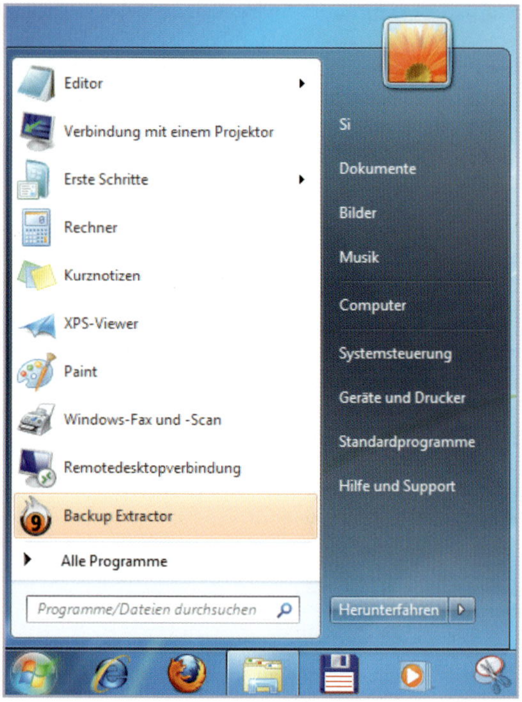

Bild 1: Bildschirmausschnitt des Desktops

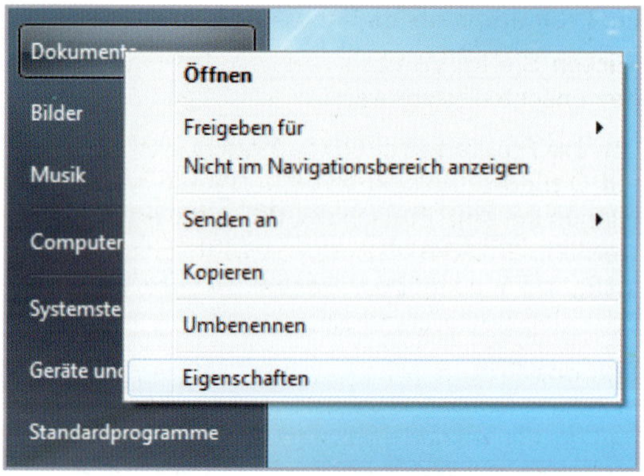

Bild 2: Kontextmenü des Ordners Dokumente

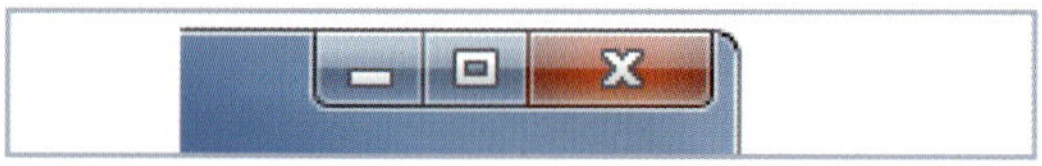

Bild 3: Fensterschaltflächen

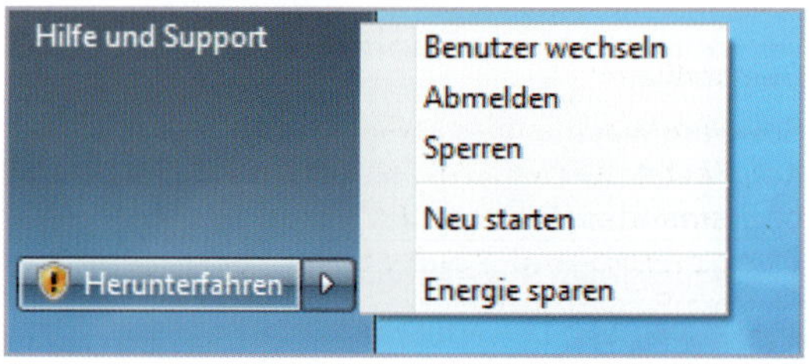

Bild 4: Windows beenden

3.2.2 Installation von Anwendersoftware

Ein Programm von CD oder DVD installieren

Legen Sie den Datenträger in den Computer ein, und folgen Sie den Anweisungen auf dem Bildschirm. Oft wird man aufgefordert, ein Administratorkennwort oder eine Bestätigung einzugeben.

Viele Programme, die von CDs oder DVDs installiert werden, starten automatisch einen Installations-Assistenten für das Programm.

Falls die Installation eines Programms nicht automatisch startet, liest man in der Begleitdokumentation des Programms nach. In dieser Dokumentation sind z. B. Anweisungen zur manuellen Installation des Programms enthalten. Man kann den Installationsdatenträger durchsuchen und die Setupdatei des Programms öffnen, die in der Regel den Dateinamen Setup.exe oder Install.exe trägt **(Bild 1)**.

Übung 1

a) Installieren Sie die Software Office 2010.
b) Wählen Sie die gewünschten Programme aus.

Lösung: a) **Bild 1**, b) **Bild 2**.

Ein Programm aus dem Internet installieren

Klicken Sie im Webbrowser auf den Link zu dem gewünschten Programm.

Um das Programm sofort zu installieren, klickt man auf Öffnen und Ausführen, und folgt den Anweisungen auf dem Bildschirm. Wenn Sie aufgefordert werden, ein Administratorkennwort oder eine Bestätigung einzugeben, geben Sie das Kennwort oder eine Bestätigung ein.

Soll das Programm zu einem späteren Zeitpunkt installiert werden, klicken Sie auf Speichern und laden die Installationsdatei auf den Computer herunter. Wenn Sie das Programm installieren wollen, doppelklicken Sie auf die Datei und folgen Sie den Anweisungen auf dem Bildschirm.

Diese Verfahrensweise ist sicherer, da Sie die Installationsdatei zunächst einer Virenprüfung unterziehen können, bevor Sie die Installation durchführen.

Deinstallieren

Software wird mit Deinstallationsprogrammen von der Festplatte entfernt. Vom Desktop aus sind nacheinander die Icons `Systemsteuerung` ⇒ `Programme und Funktionen` anzuklicken. Im Fenster `Eigenschaften` von `Software` wird das zu entfernende Programm markiert und `Deinstallieren` angeklickt **(Bild 3)**.

! Programme aus dem Internet zuerst speichern, auf Viren prüfen und dann erst installieren.

Bild 1: Fenster Automatische Wiedergabe

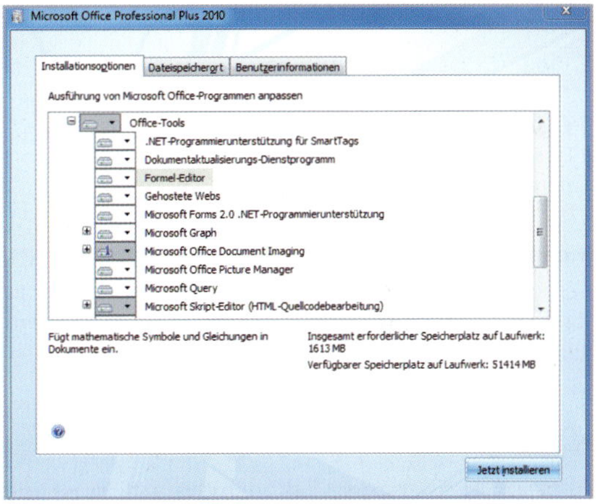

Bild 2: Komponenten für das Office-Paket wählen

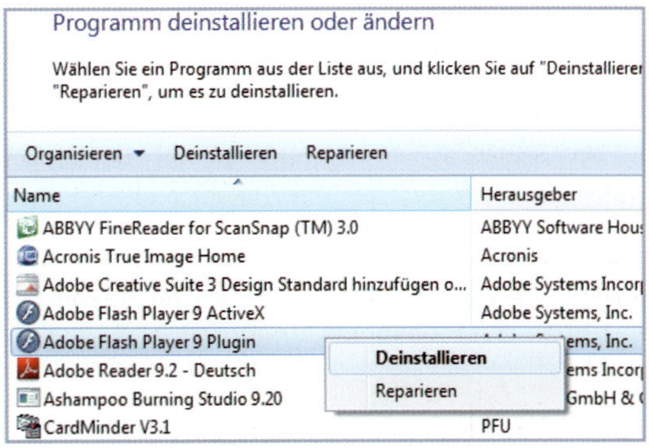

Bild 3: Software deinstallieren

3.2.3 Dateiverwaltung

Windows-Explorer

Dateien (files) werden mit dem Programm Explorer (von to explore = erforschen) verwaltet. Zum Explorer (Nicht mit dem Internet-Explorer verwechseln!) gelangt man durch Anklicken des Buttons `Start` mit der linken Maustaste, wählen der Zeile `Alle Programme` und Anklicken der Zeile `Windows-Explorer` im Menü `Zubehör`. Nach Doppelklick auf die Zeile `Desktop` öffnet sich das Fenster **(Bild 1)**.

In der linken Hälfte sind in einer *Baumstruktur Ordner* zu sehen. Ein Ordner wird auch *Verzeichnis* genannt. Einen Ordner wählt man durch Anklicken des entsprechenden Icons aus. In der rechten Hälfte des Fensters sieht man die *Objekte* des Ordners. Dies sind z. B. die auf dem Desktop abgelegten Programmverknüpfungen.

Nach Klick auf die Zeile Computer (Bild 1, unten links), wird eine Liste aller Laufwerke des Computers angezeigt.

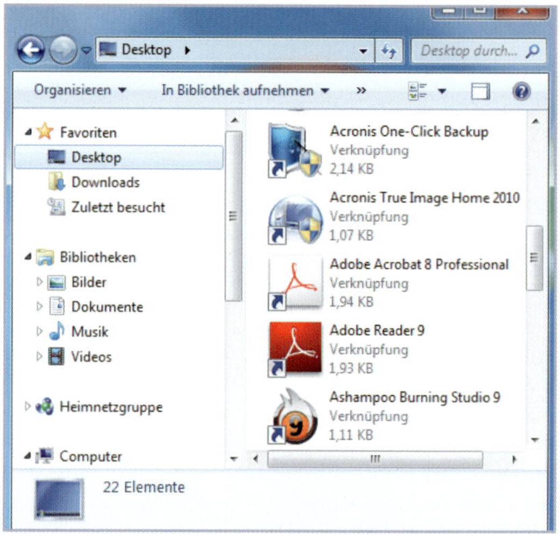

Bild 1: Desktop-Fenster im Explorer

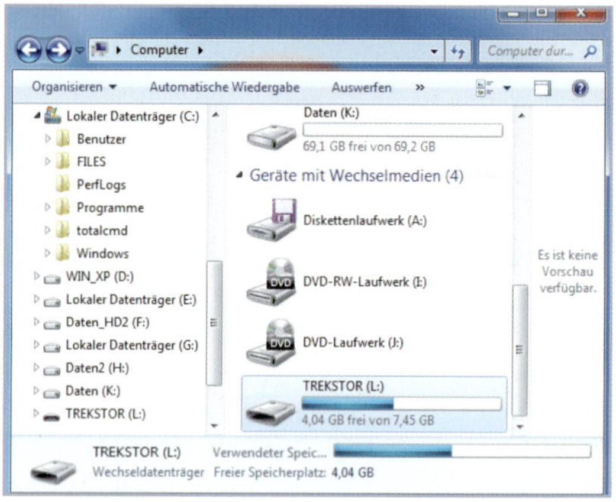

Bild 2: Fenster Computer

> **Übung 1**
>
> Öffnen Sie im Ordner den USB-Stick Laufwerk.
>
> *Lösung:*
> Doppelklick auf den Ordner Trekstor im Ordner Computer, **Bild 2**.

Klickt man mit der rechten Maustaste auf das Laufwerkssymbol L:, kann man z. B. im Kontextmenü die Eigenschaften sehen. Nach Anwahl des Reiters `Tools` kann für das Laufwerk z.B. eine Fehlerüberprüfung vorgenommen werden **(Bild 3)**.

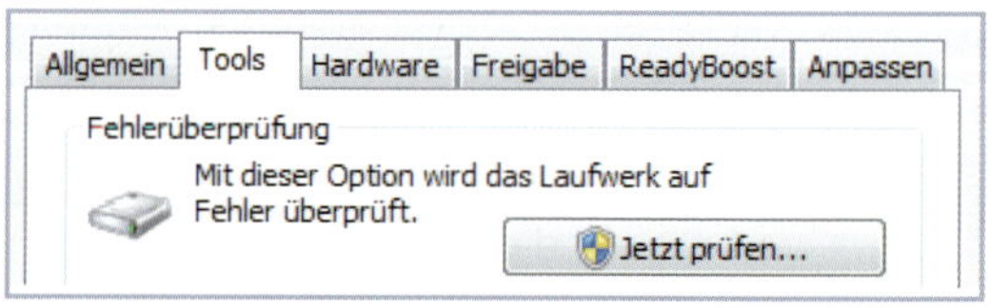

Bild 3: Fehlerüberprüfung für Laufwerk L:

Dateien suchen

Auf den Festplatten von PCs sind meist Tausende von Dateien vorhanden. Oft sucht man eine ganz bestimmte Datei, von der man z. B. nur noch den Namen weiß, aber nicht den Ordner, in dem sie gespeichert ist.

> **Übung 2**
>
> Suchen Sie alle Dateien, die mit 136 beginnen.
>
> *Lösung:* **Bild 4**

Für die Dateisuche schreibt man in das Suchfenster 136. Anschließend werden alle Dateien, die mit 136 beginnen, mit Pfadangabe angezeigt.

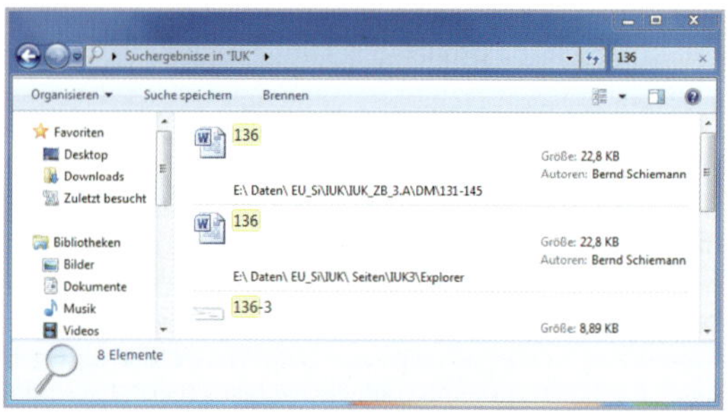

Bild 4: Suchen nach „Seite-136"-Dateien

> Mit dem Windows-Explorer wird die Dateiverwaltung durchgeführt.

3.2.4 Konfigurieren von Windows

Betriebssysteme können an die persönlichen Anforderungen eines Benutzers durch Einstellen von Systemsteuerungselementen angepasst (konfiguriert) werden.

> Einstellungen am Betriebssystem werden Konfigurationen genannt.

Zu finden sind alle Systemsteuerungselemente im Ordner `Alle Systemsteuerungselemente` der Systemsteuerung.

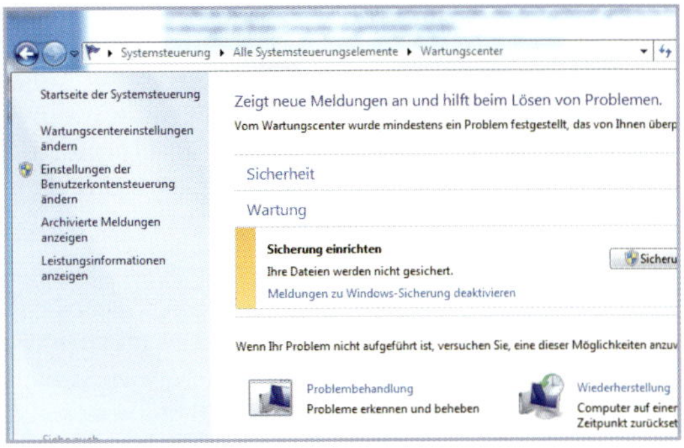

Bild 1: Wartungscenter-Fenster

Wartungscenter

Im Fenster `Wartungscenter` kann man im Menü `Sicherheit` z. B. die Einstellungen von Firewall, Virenschutz prüfen oder die Benutzerkontensteuerung anpassen **(Bild 1)**.

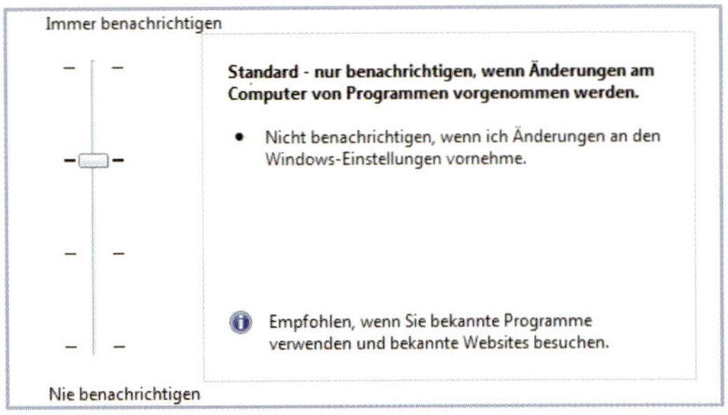

Bild 2: Fenster Benutzerkontensteuerung

Benutzerkontensteuerung anpassen

Die Benutzerkontensteuerung ist das Dialogfeld, das anzeigt, wenn Windows die Erlaubnis einholt, eine Aktion durchzuführen. Klickt man im Fenster `Wartungscenter` auf `Einstellungen der Benutzerkontensteuerung ändern`, öffnet sich das Fenster `Einstellungen für Benutzerkontensteuerung` **(Bild 2)**. Durch Ziehen des Reglers mit der Maus stellt man die gewünschte Benachrichtigungsebene, z. B. Standard ein. Die Einstellung wird durch Klick auf OK bestätigt.

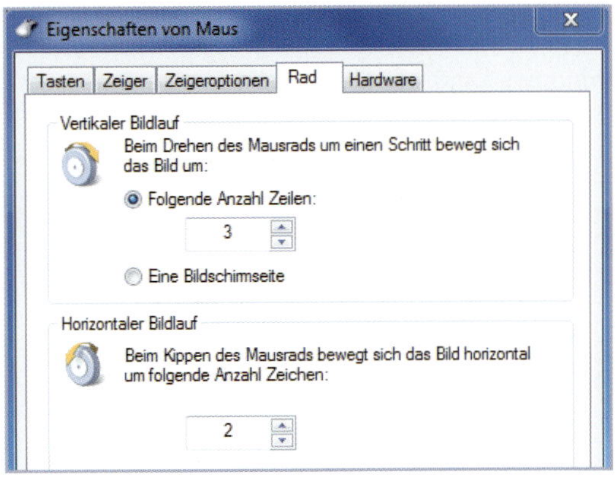

Bild 3: Fenster Eigenschaften von Maus

Die Maus anpassen

Das Systemsteuerungselement Maus erlaubt die Anpassung von Mauseinstellungen, z. B der Doppelklickgeschwindigkeit oder der Radeinstellungen.

> **Übung 1**
>
> Ein Schritt des Mausrades soll das Bild um drei Zeilen weiterbewegen.
>
> *Lösung:* **Bild 3**

Bild 4: Fensterausschnitt Windows Update

Updates steuern

Durch Anklicken des Systemsteuerungselementes `Windows Update` öffnet sich das Update-Fenster **(Bild 4)**. Ist `Updates automatisch installieren` eingestellt, zeigt das Fenster die verfügbaren Updates an. Am besten installiert man wichtige Updates sofort. Bei optionalen Updates schaut man nach, ob das Update notwendig ist. Oft betrifft es Programmteile, die man gar nicht installiert hat.

3.2.5 Partitionieren

Datenträger partitioniert (partition = Aufteilung) man, um verschiedene Betriebssysteme auf einer Festplatte einzurichten und um Programme von Daten zu trennen. Im Ordner `Datenträgerverwaltung` im Fenster `Computerverwaltung` klickt man zum Öffnen `Datenträgerverwaltung` an **(Bild 1)**.

Übung 1

Verkleinern Sie Partition (E:) auf 9,89 GB und erstellen Sie eine weitere Partition (I:) mit 9,88 GB.
Lösung: **Bild 2**

Auszuführende Schritte:

① Auswählen der Partition (rechte **M**aus**t**aste, RMT, Bild 2).

② Ändern des Dateisystems durch Formatieren von FAT32 in NTFS.

③ Volume verkleinern (RMT), ⇒ `Volumen verkleinern...` gewünschten Wert, z. B. 1012 MB eintragen.

④ Nicht zugeordneten Bereich wählen (RMT), ⇒ `Neues einfaches Volumen...` auswählen.

⑤ Im Assistentenfenster nacheinander Volumengröße, Laufwerksbuchstaben und Formatierungsart festlegen.

⑥ Assistenten `Fertigstellen`.

Windows kann nur `Neue einfache Volumen` Anlegen, z. B. ein logisches Laufwerk in der Partition E (Bild 1).

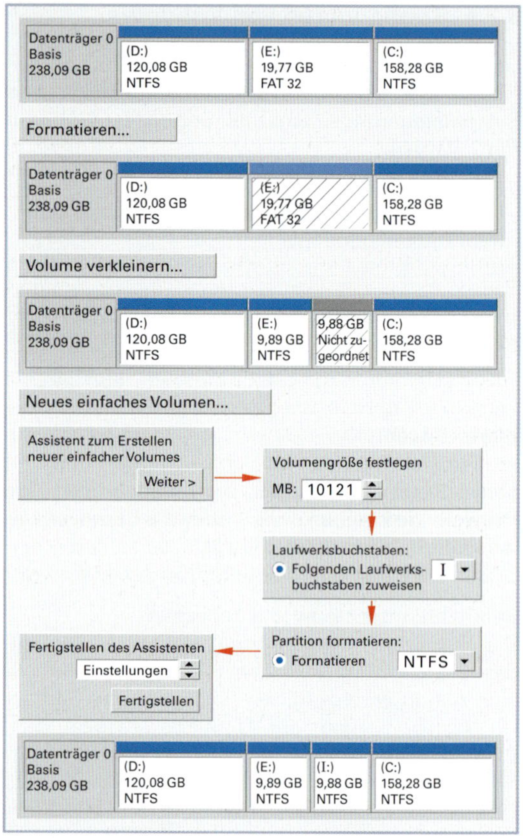

Bild 2: Schritte beim Ändern von Partitionen

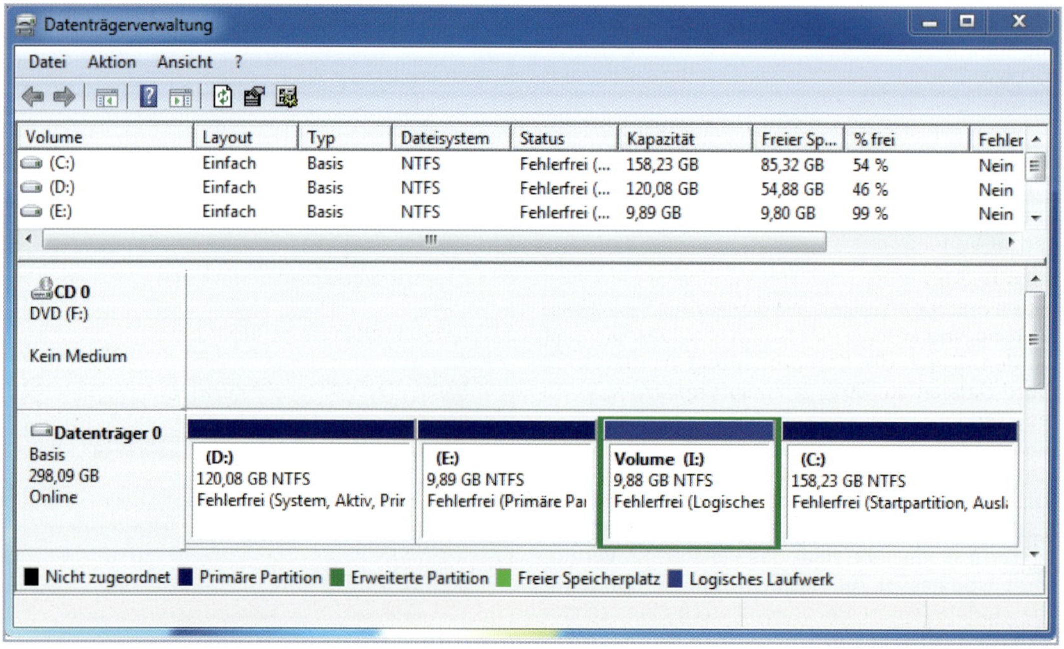

Bild 1: Datenträgerverwaltung von Windows

3.2.6 Datenkomprimierung

Um auf einer Festplatte Speicherplatz zu sparen, verwendet man Komprimierprogramme (von to compress = zusammenpressen, verdichten). Komprimierprogramme reduzieren die Datenmengen z. B. durch Entfernen von sich wiederholenden Zeichen oder durch Umcodieren der Zeichen entsprechend der Häufigkeit ihres Auftretens **(Bild 1)**.

Komprimierprogramme bestehen oft aus einem Packprogramm, das die Datenreduktion durchführt und einem Entpackprogramm, das die Datenreduktion wieder rückgängig macht.

Das Packprogramm erstellt die gepackte Datei in kurzer Zeit und speichert diese wieder auf die Festplatte **(Bild 2)**. Oft werden mehrere Dateien zusammengepackt und mit einem Namen versehen. Eine solche Dateisammlung nennt man auch *Archiv*. Eine gepackte Datei erkennt man z. B. an der *Extension* (Dateinamens-erweiterung) .arj oder .zip. Komprimierte Dateien können vom Rechner nicht mehr durch Aufruf ausgeführt werden.

Gepackte Dateien können erst nach der Entpackung wieder benutzt werden.

Zum Entpacken wird das Entpackprogramm mit dem Namen der zu entpackenden Datei aufgerufen. Nach kurzer Zeit steht die ursprüngliche Datei entpackt im Arbeitsspeicher des Rechners zur Verfügung. Nach dem Speichern kann diese dann z. B. von einem Programm benutzt werden **(Bild 3)**.

Für die Weitergabe von Programmen, z. B. über das Internet, verwendet man selbstentpackende Archive. Dies sind ausführbare Dateien mit der Extension .EXE, die sich nach Aufruf mit ihrem Dateinamen selbst entpacken. Selbstentpackende Archive bestehen aus dem gepackten Programm und dem zugefügten Entpackprogramm. Nach dem Speichern steht das Programm dann dem Anwender zur Verfügung.

Beim Backup-Programm von Windows (vorhergehende Seite) kann zwischen unkomprimierter Speicherung und komprimierter Speicherung gewählt werden. Durch die Komprimierung werden z. B. Word-Dateien auf 30% der ursprünglichen Größe reduziert.

Der einsparbare Speicherplatz ist von der Art der zu komprimierenden Datei abhängig **(Tabelle 1)**. So kann bei Text, Bildern oder Datenbankdaten eine Verkleinerung von Dateien um 70% erreicht werden.

Durch Komprimierung kann im Mittel die Hälfte an Speicherplatz gespart werden.

Mit Datenkomprimierung lässt sich Speicherplatz einsparen oder die Übertragungszeit von Daten verkürzen. Dies gilt vor allem für Audiodateien und Videodateien.

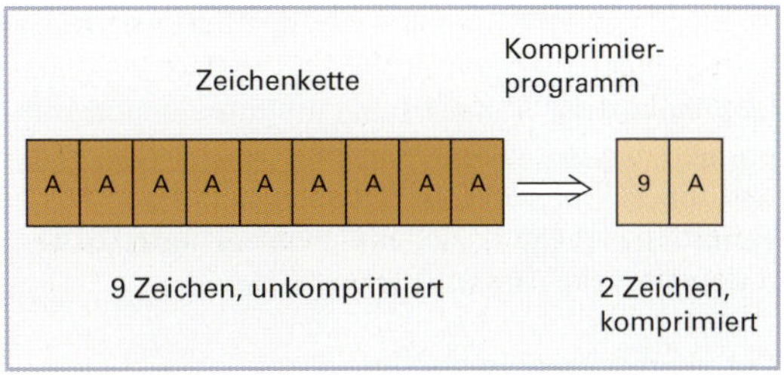

Bild 1: Prinzip der Komprimierung mit Zeichenentfernung

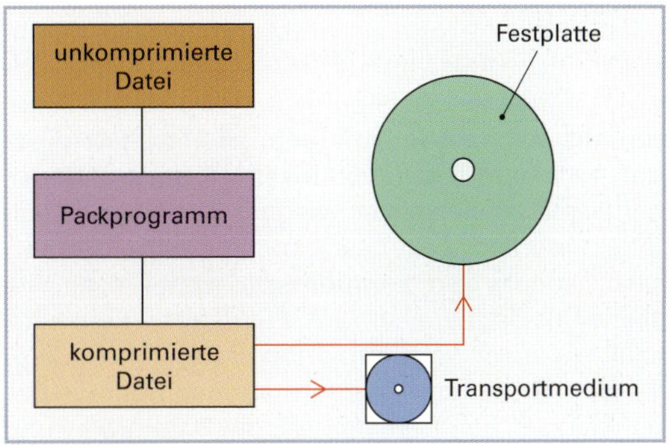

Bild 2: Prinzip der Komprimierung

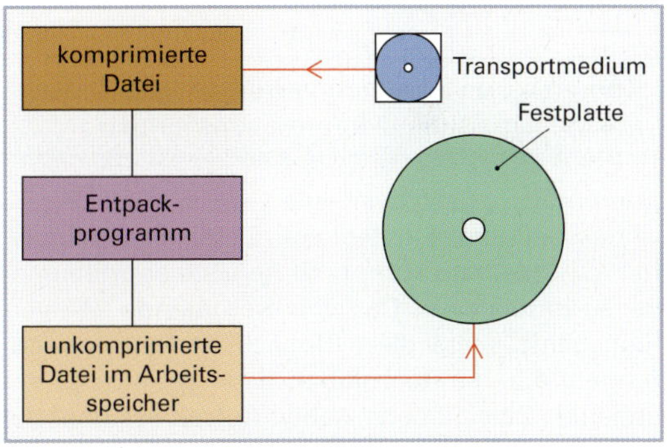

Bild 3: Prinzip der Entkomprimierung

Tabelle 1: Ergebnisse der Datenkompression

Dateiart	Datenreduktion auf
Textdatei	28 % bis 40 %
Grafikdatei	30 % bis 38 %
Datenbankdatei	27 % bis 40 %
Audiodatei	90 %
PDF-Datei	90 % bis 85 %
Gepackte Datei	Keine Reduktion möglich

3.2.7 Übertragungsverfahren mit Datenkompression

Die Datenkompression (von lat. compressio = Verdichtung) verringert das Dateivolumen bei meist gleichem Informationsgehalt. Sie wird in der Datenkommunikation, in Datenbank-Managementsystemen, bei Faxübertragungen und in der DVD-ROM-Erstellung verwendet. Viele Dateien im Internet sind komprimiert, um Speicherplatz auf den Servern zu sparen und um die für den Datentransfer benötigte Zeit zu verkürzen **(Tabelle 1)**. Abhängig vom Dateityp beträgt die Kompressionsrate 10 % bis 50 %.

Dateikomprimierung im Internet

Kompressionsprogramme verwenden Algorithmen (komplexe mathematische Formeln), um Dateien in ihrer Größe zu reduzieren. Zuerst durchsucht der Algorithmus die Datei nach sich wiederholenden Zeichenfolgen. Findet der Algorithmus solche Zeichenfolgen, so ersetzt er diese durch kleinere Token (von token = Zeichen). Bei einer Datei mit vielen sich wiederholenden Zeichenfolgen werden viele Bestandteile durch Token ersetzt, sodass die komprimierte Datei sehr viel kleiner als das Original wird. Ein Header (Kennsatz) kann zu einer komprimierten Datei hinzugefügt werden. Dieser enthält Informationen über die Datei wie z. B. den Dateinamen, die Dateigröße und die verwendete Kompressionsmethode. Durch diese Header-Informationen kann die Datei wieder dekomprimiert werden.

Kompressionsverfahren verringern das Datenvolumen meist ohne Informationsverlust.

Komprimierungssoftware wie z. B. PKZIP für den PC ist darüber hinaus in der Lage, Dateien zu archivieren, d.h. mehrere komprimierte Dateien miteinander zu kombinieren. Das Unix-Kommando TAR verfügt ebenfalls über diese Möglichkeit. Dateierweiterungen, d.h. die Buchstaben nach dem Punkt am Ende des Dateinamens, geben Aufschluss über die verwendete Komprimierungssoftware (Tabelle 1).

Wenn eine komprimierte Datei aus dem Internet verwendet werden soll, muss sie zuerst auf den eigenen PC übertragen werden. Bei Verwendung eines Web-Browsers wird dazu der entsprechende Link angeklickt. Anschließend überträgt das File-Transfer-Protokoll (FTP) automatisch die komprimierte Datei. Um die Datei zu entpacken, ruft man auf dem PC die entsprechende Dekomprimierungs-Software auf. Diese Software überprüft den Datei-Header und die in der Datei verwendeten Token. Mithilfe eines Dekompressions-Algorithmus rekonstruiert das Programm nun die Originaldatei.

Tabelle 1: Kompressionsprogramme im Internet

Betriebssystem	Programmname	Dateikennung
DOS, NT, Windows 7	PKZIP ARJ LHA PAK ZOO	.zip .arj .lzh .pak .zoo
UNIX, LINUX	gzip unicompress	.gz .z
MACINTOSH	BinHex MacB SelfExtract Stuffit	.hqx .bin .sea .sit

Tabelle 2: PKZIP-Dateien

Dateinamen	Funktion
PKZIP.EXE	Komprimiert mehrere Dateien und auch Verzeichnisse unter einem Dateinamen (Archiv).
PKUNZIP	Entpackt ein Archiv.
ZIP2EXE.EXE	Macht ein Archiv selbstentpackend.
PKZIPFIX.EXE	Repariert ein beschädigtes Archiv.

Tabelle 3: Anweisungen von Komprimierungsprogrammen

Komprimierung	komprimierte Datei	Entkomprimierung
PKZIP Datei	Datei.zip	PKUNZIP Datei.zip
ARJ A Datei	Datei.arj	ARJ E Datei.arj
LHA A Datei	Datei.lzh	LHA E Datei.lzh
A von archiv, E von extract = herausziehen		

Komprimierungsprogramme

Eines der meistverbreiteten Kompressionsprogramme ist PKZIP (PK vom Verfassernamen Phil Katz, ZIP von zipper = Reißverschluss). Zum Komprimieren (Packen) und zum Dekomprimieren (Entpacken) einer Datei verwendet diese Software jeweils ein eigenes Programm **(Tabelle 2)**. Das Kompressionsprogramm ARJ (A von Archiv, RJ von Verfassernamen Robert Jung) verwendet zum Packen und Entpacken die Datei ARJ.EXE **(Tabelle 3)**. Beim Kompressionsprogramm LHA des Japaners Haruyasu Yoshizaki enden die gepackten Dateien mit LZH. Zum Packen und Entpacken wird die Datei LHA.EXE verwendet.

3.3 Office-Pakete

Office-Pakete enthalten Software für die unterschiedlichen Aufgaben, die in einem Büro anfallen. Weit verbreitete Office-Pakete sind das Microsoft Office und OpenOffice von Sun. Das Microsoft Office wird von einer DVD auf dem Computer installiert. Bei OpenOffice werden die Installationsdateien aus dem Internet heruntergeladen und installiert.

3.3.1 Komponenten von Office-Paketen

Je nach Office-Paket werden für die Textverarbeitung Word oder Writer, für die Tabellenkalkulation Excel oder Calc, für Datenbanken Access oder Base und für die Präsentation PowerPoint oder Impress verwendet **(Bild 1)**. Terminplanungen, Aufgabenverwaltungen und der Informationsaustausch können z. B. mit Outlook erfolgen.

> Office-Pakete bestehen aus einer Sammlung häufig genutzter Programme.

Bild 1: Office-Programme im Start-Menü

Vom Desktop gelangt man durch Anklicken der Schaltfläche `Start` zum Startmenü. Wählt man die Zeile `Alle Programme` erhält man z. B. die in Bild 1 gezeigte Programmliste zum Anklicken. Das Öffnen von Dateien erfolgt z. B. über Anwahl des Menüpunktes `Dokumente` oder über das Menü `Datei`.

Allen Office-Anwendungen gemeinsam ist die Schaltfläche `Datei` **(Bild 2)**. Hier findet man z. B. Menüpunkte für `Neu`, `Öffnen`, `Speichern`, `Schließen`, `Informationen`, `Zuletzt verwendet` und `Drucken`.

Für häufig benutzte Menüpunkte verwendet man die Schnellstartleiste (Bild 2, oben).

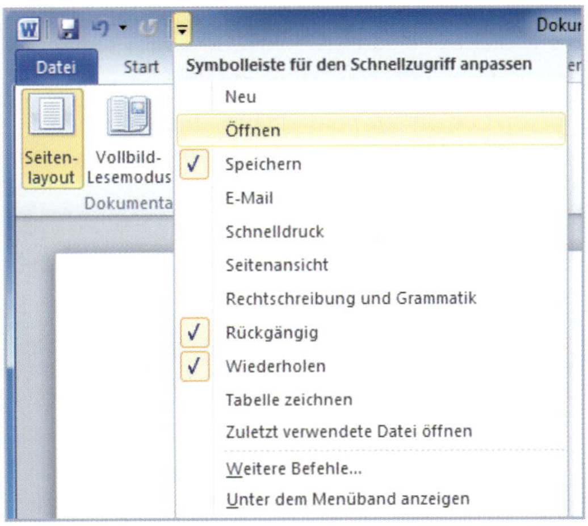

Bild 2: Symbolleiste für Schnellzugriff anpassen

Übung 1

Ergänzen Sie die Schnellstartleiste um die Schaltflächen für `Schnelldruck`, `Datei öffnen` und `Seitenansicht`.

Lösung: **Bild 2** und **Bild 3**

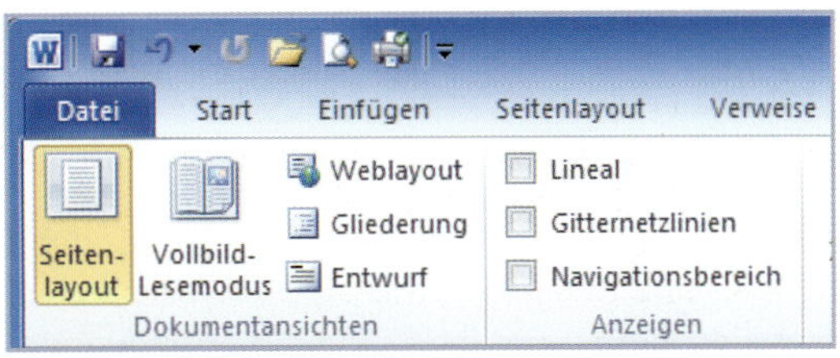

Bild 3: Neue Schnellstartleiste

Das Auswahlmenü wird mit ▼ (Bild 2) geöffnet. Dann klickt man die gewünschten Aufgaben an. In der Schnellstartleiste wird die entsprechende Schaltfläche angezeigt **(Bild 3)**. Im Auswahlmenü werden durch Häkchen am linken Rand die ausgewählten Aufgaben/Befehle markiert.

3.3.2 Textverarbeitung mit Word

Textverarbeitungssysteme werden für das Eingeben, Verarbeiten, Ausgeben und Verwalten von Schriftstücken verwendet. Schriftstücke sind z. B. Dokumente, Niederschriften, Akten, Bescheinigungen, Briefe, Skripte.

Starten von Word

Im Startmenü (Bild 1, vorhergehende Seite) wählt man im Microsoft Office die Zeile `Microsoft Word 2010` an.

Das Arbeiten mit Dateien erfolgt über den Reiter `Datei`. Diese Darstellung wird als die Backstage-Ansicht (= hinter den Kulissen) bezeichnet.

Für das Anlegen eines Dokumentes wählt man die Zeile `Neu` an **(Bild 1)**. Es öffnet sich das Startfenster **(Bild 2)**. Nach Wahl einer entsprechenden Formatvorlage kann der Text im Arbeitsbereich eingegeben werden.

Rechtschreibfehler werden durch eine rote Wellenlinie gekennzeichnet **(Bild 3)**.

Übung 1

Korrigieren Sie den Tippfehler „wrden“.

Lösung: **Bild 4**

Die Rechtschreibkorrektur wird über den Reiter `Überprüfen` im Feld Dokumentenprüfung eingeschaltet oder über das Kontextmenü. Im Fenster Rechtschreibung kann man z. B. Fachbegriffe dem Wörterbuch hinzufügen oder aus der Vorschlagsliste das passende Wort wählen **(Bild 4)**.

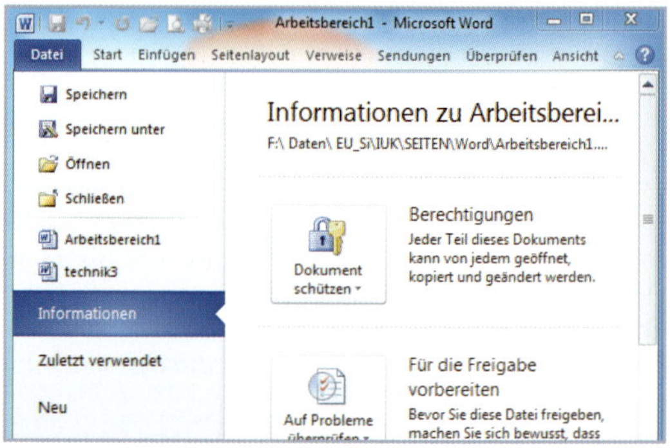

Bild 1: Ausschnitt aus dem Menü Datei

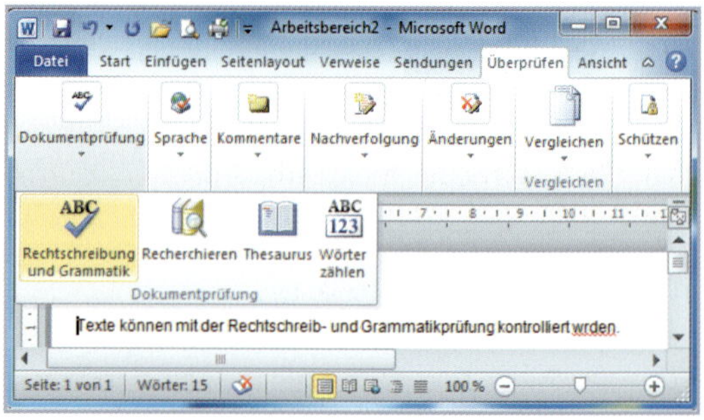

Bild 3: Arbeitsfenster mit Schreibfehler

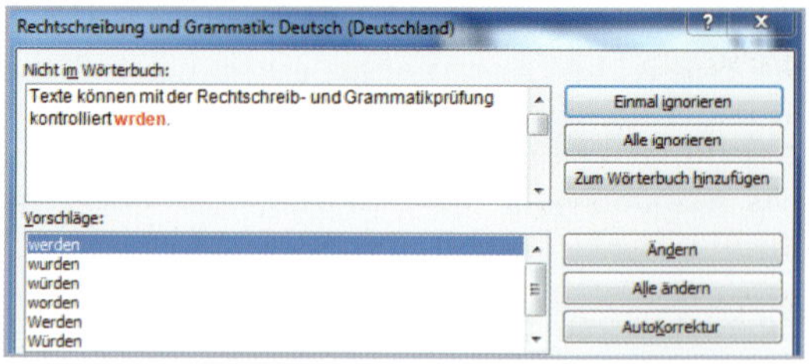

Bild 4: Korrekturfenster

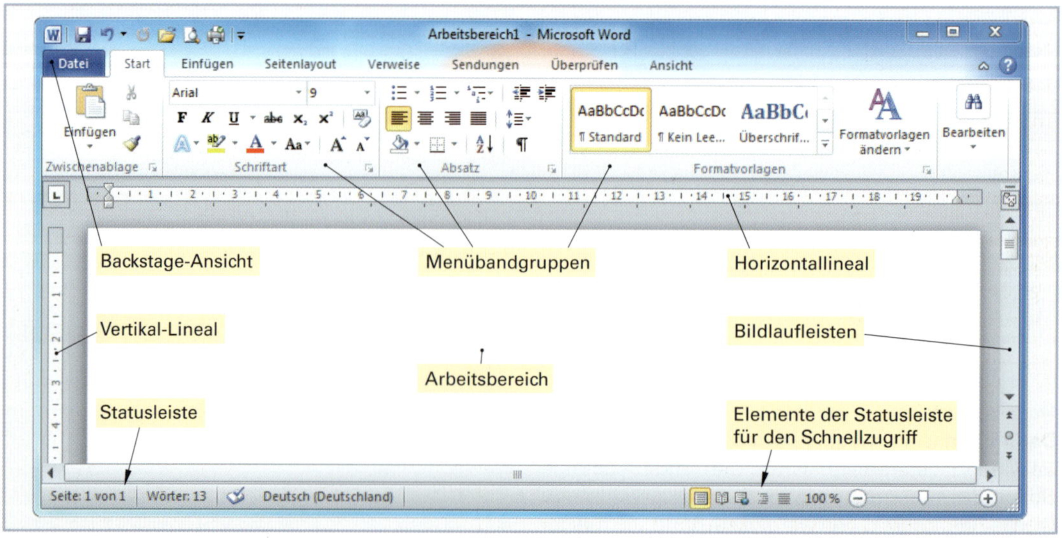

Bild 2: Startfenster mit Arbeitsbereich

Geschäftsbrief erstellen

Es soll ein Antwortbrief auf eine Kundenanfrage nach Telefon-Anlagen geschrieben werden **(Bild 1)**.

1. Schritt : Seitenlayout einrichten

Im Menü `Seitenlayout` in der Gruppe `Seite einrichten` werden über die Schaltfläche `Ausrichtung` das Hochformat und über die Schaltfläche `Größe` die Blattgröße A4 eingestellt. Die Seitenränder stellt man über die Schaltfläche `Seitenränder` ein.

2. Schritt: Briefkopf erstellen

Über das Menü `Einfügen` gelangt man zur Gruppe `Kopf- und Fußzeile`. Im Auswahlmenü Kopfzeile klickt man auf `Kopfzeile bearbeiten`. Word wechselt in das Menü `Entwurf` und zeigt die Bereiche für die Bearbeitung der Kopfzeile und auch der Fußzeile an **(Bild 2)**.

3. Schritt: Kopfzeile bearbeiten

Im Kopfzeilenbereich fügt man z. B. ein Textfeld über das Menü `Einfügen`, Gruppe `Text` ein. Nun gibt man den Firmennamen entsprechend Bild 1 ein, und stellt im Menü `Start` in der Gruppe `Schriftart` die Schriftart, Farbe und Schriftgröße ein.

4. Schritt: Fußzeile bearbeiten

Durch einen Klick auf `Zu Fußzeile wechseln` in der Gruppe `Navigation` gelangt man zur Fußzeile oder durch Klicken in den Fußzeilenbereich.

Nach Eingabe des Textes wechselt man durch Doppelklick in den Textbereich. Kopf-und Fußzeilen werden nun mit weniger Farbsättigung angezeigt.

5. Schritt: Ortsangabe und Datumsfeld

Im Text soll nach dem Eintrag der Ortsangabe im Text, z. B. Ulm, das aktuelle Datum eingefügt werden.

Übung 1

Fügen Sie nach Ulm, das aktuelle Datum im Format von Bild 1 ein.

Lösung: **Bild 3**

Datum und Uhrzeit findet man in der Gruppe `Text` im Menü `Einfügen`. Für das Datum und die Uhrzeit gibt es verschiedene Darstellungsweisen. Durch Anklicken wird das gewünschte Format in den Brieftext übernommen.

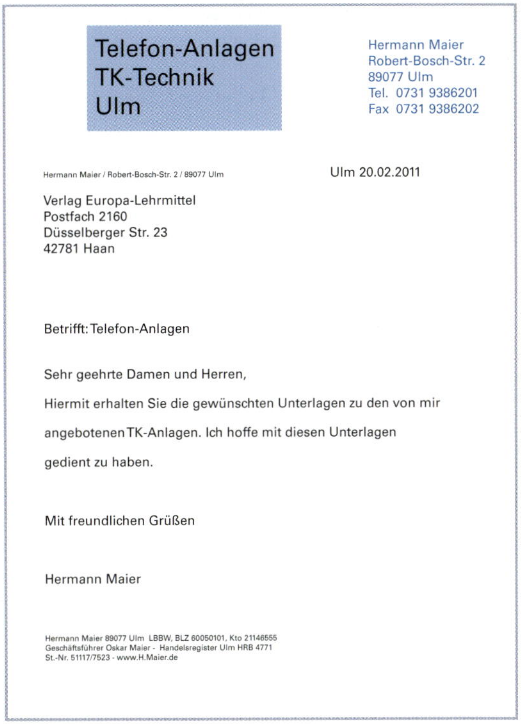
Telefon-Anlagen
TK-Technik
Ulm

Hermann Maier
Robert-Bosch-Str. 2
89077 Ulm
Tel. 0731 9386201
Fax 0731 9386202

Hermann Maier / Robert-Bosch-Str. 2 / 89077 Ulm

Ulm 20.02.2011

Verlag Europa-Lehrmittel
Postfach 2160
Düsseldorfer Str. 23
42781 Haan

Betrifft: Telefon-Anlagen

Sehr geehrte Damen und Herren,

Hiermit erhalten Sie die gewünschten Unterlagen zu den von mir angebotenen TK-Anlagen. Ich hoffe mit diesen Unterlagen gedient zu haben.

Mit freundlichen Grüßen

Hermann Maier

Hermann Maier 89077 Ulm LBBW, BLZ 60050101, Kto 21146555
Geschäftsführer Oskar Maier - Handelsregister Ulm HRB 4771
St.-Nr. 51117/7523 - www.H.Maier.de

Bild 1: Vorlage Geschäftsbrief

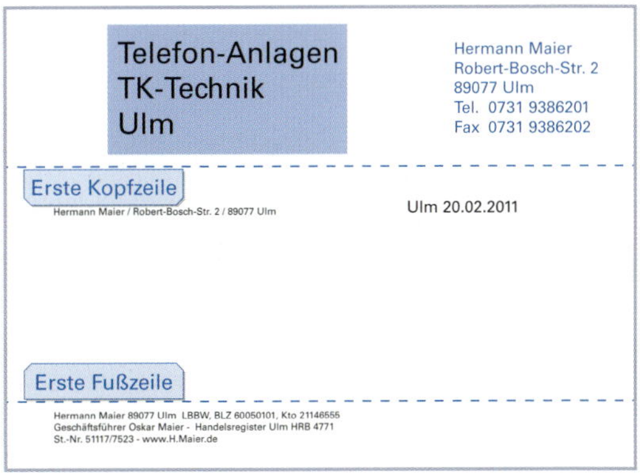

Bild 2: Kopfzeilen und Fußzeilen

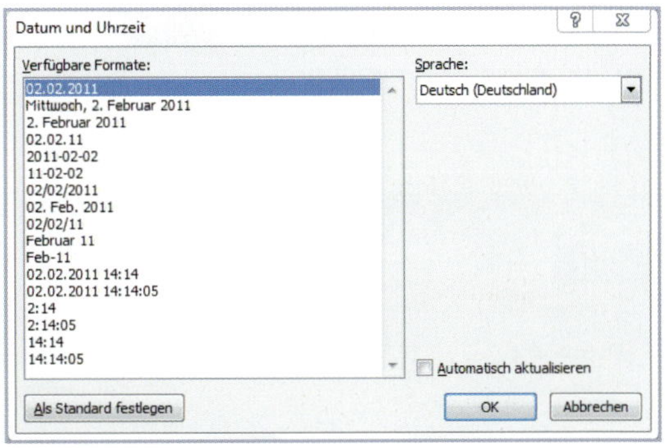

Bild 3: Fenster Datum und Zeit

6. Schritt: Anschriftenfeld bearbeiten

Für das Anschriftenfeld wird ein Textfeld mit einem Rahmen verwendet. Textfelder findet man in der Gruppe `Text` im Menü `Einfügen` **(Bild 1)**.

Übung 1

Erstellen Sie für die Adresse ein Textfeld mit Absenderangabe oben.

Lösung: **Bild 2**

Bild 2: Textfeld für die Anschrift

Das Textfeld wird durch Ändern der Größe und Verschieben so angeordnet, dass die Anschrift in einem Fensterbriefumschlag an der gewünschten Stelle und Größe zu sehen ist (siehe Tabellenbuch Informations- und Systemtechnik).

7. Schritt: Briefunterschrift einfügen

Mit einem Scanner erstellt man z. B. eine Unterschriftsdatei im PNG-Format **(Bild 3)**. Anschließend wird über die Schaltfläche `Grafik` in der Gruppe `Illustrationen` im Menü `Einfügen` die Unterschrift eingefügt.

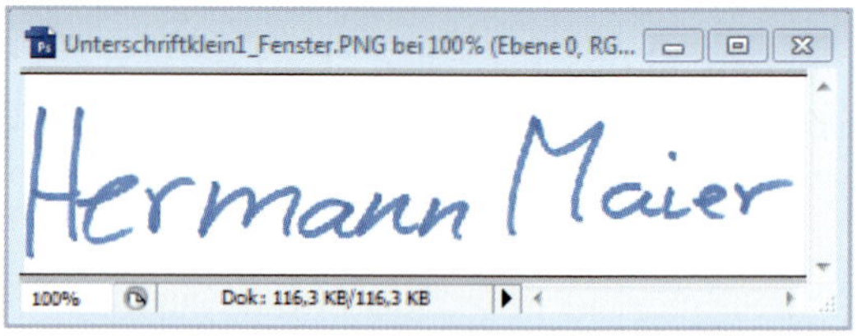

Bild 3: Eingescannte Unterschrift

8. Schritt: Text eingeben

Nun wird der Text entsprechend Vorlage eingegeben.

9. Schritt: Text speichern

Durch Anklicken des Diskettensymbols in der Schnellstartleiste öffnet sich bei erstmaligem Speichern ein Fenster, in dem der Dateiname eingegeben wird. Auch Laufwerk und Verzeichnis können hier gewählt werden. Bei wiederholtem Speichern erscheint dies Fenster nicht mehr. Speichern kann man auch über das Menü `Datei`.

10. Schritt: Seitenvorschau und Drucken

Im Menü `Datei` wird in der Informationsleiste die Zeile `Drucken` gewählt **(Bild 4)**. In der rechten Fensterhälfte wird die Seite angezeigt. Im mittleren Bereich des Fensters können die Druckeinstellungen vorgenommen werden.

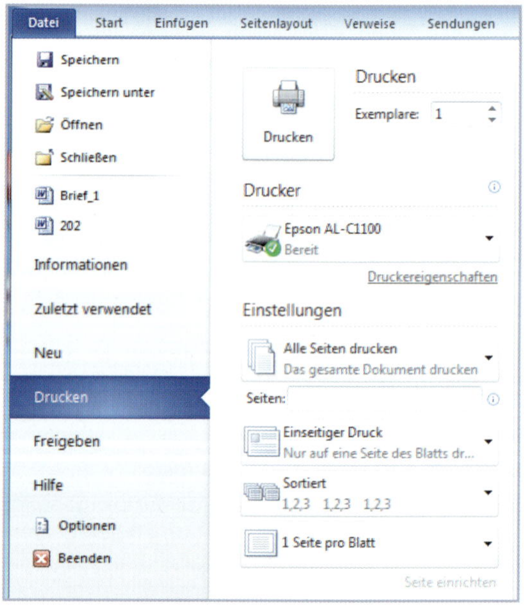

Bild 4: Menü Datei ohne Vorschaubild

Bild 1: Ausschnitt aus dem Menüband Einfügen

Serienbrief erstellen

Das Erstellen von Serienbriefen erfolgt schrittweise **(Bild 1)**. Meist geht man von einem bereits erstellten Dokument aus. Der Geschäftsbrief Bild 1, Seite 143 soll ein für den Seriendruck geeignetes Adressfeld erhalten.

① Nach dem Öffnen des Dokumentes Geschäftsbrief wählt man in Word das Menüband `Sendungen` **(Bild 2)**.

Übung 1

a) Erstellen Sie eine neue Adressliste und b) fügen Sie die Felder im Adressfeld ein.

Lösung: a) **Bild 3** b) **Bild 4**

② Im Fenster `Neue Adressliste` sortiert man zuerst die Datenfelder mit `Spalten anpassen` nach Vorname, Nachname, Adresszeile1, Postleitzahl und Ort. Dann werden die Datensätze eingegeben.

③ Nun fügt man nacheinander die Platzhalter für die Datensätze an den vorgesehenen Stellen im Adressfeld ein (Bild 3).

④ Als nächstes kontrolliert man über die Schaltfläche `Vorschau Ergebnisse`, ob die Datensätze auch richtig angezeigt werden. Dazu klickt man die Pfeile der Laufleiste ◀ ▶ an.

⑤ Im Menü `Fertig stellen und zusammenführen` klickt man `Dokumente drucken` an. Zur Kontrolle klickt man im Fenster `Seriendruck an Drucker` z. B. den Radio-Button ⊙ `Aktueller Datensatz` an und druckt ihn aus. Anschließend klickt man den Radio-Button ⊙ `Alle` an und der Seriendruck startet.

Serienbrief aus vorhandenem Dokument erstellen

① Vorhandenes Dokument Geschäftsbrief öffnen.
② In Menügruppe Seriendruck starten
→ Empfänger auswählen. → Neue Liste eingeben
→ Liste sortieren und speichern.
③ Cursor im Adressfeld an gewünschte Position, dann in der Gruppe Felder schreiben und einfügen
→ Seriendruckfeld einfügen wählen und 1. Feld, Vorname einfügen, Schritt ③ wiederholen, bis alle Adressfelder eingetragen sind.
④ In Gruppe Vorschau Ergebnisse
→ Schaltfläche Vorschau Ergebnisse wählen. Briefe über Laufleiste kontrollieren.
⑤ Im Menü Fertig stellen und zusammenführen
→ Dokumente drucken → Im Fenster Seriendruck an Drucker z. B. aktuellen Datensatz testweise drucken.
⑥ Im Fenster Seriendruck an Drucker
→ Alle wählen OK.

Bild 1: Schritte der Serienbrieferstellung

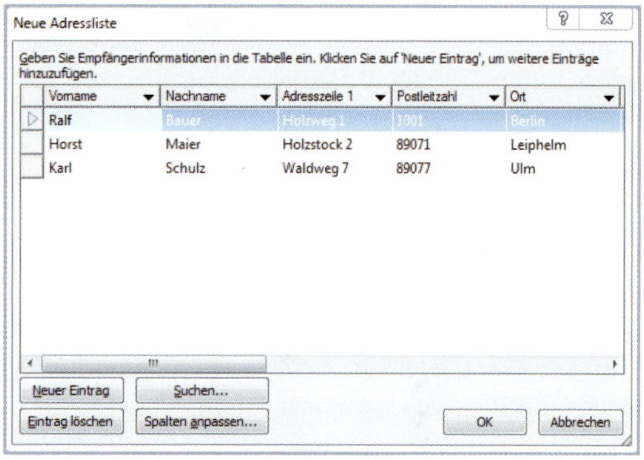

Bild 3: Adressliste erstellen

Ulm, 02.02.2011

Hermann Maier Robert-Bosch-Str. 2 89077 Ulm

Herrn
«Vorname» «Nachname»
«Adresszeile_1»
«Postleitzahl» «Ort»

Betrifft: Telefon-Anlagen

Sehr geehrter Herr «Nachname»,

Bild 4: Adressfeld mit Platzhaltern

Wiederholung und Vertiefung

1. **Für welche Aufgaben werden Textverarbeitungssysteme verwendet?**
2. **Wie wird die Rechtschreibkorrektur angewendet?**
3. **In welchem Menü stellt man die Seitenränder ein?**
4. **Wie gelangt man zum Kopfzeilenbereich?**
5. **Nennen Sie sechs Schritte zum Erstellen von Serienbriefen.**

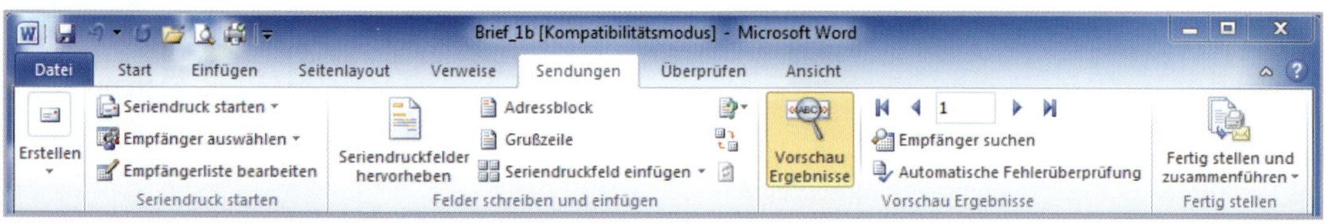

Bild 2: Menüband Sendungen

3.3.3 Tabellenkalkulation

3.3.3.1 Funktionsumfang

Mit Tabellenkalkulationsprogrammen können Tabellen mit Textdaten und Zahlendaten erstellt und nach verschiedenen Kriterien ausgewertet werden **(Bild 1)**. Tabellenkalkulationen werden z. B. für Rechnungen, Umsatzstatistiken oder Verkaufsstatistiken angewendet.

Beim Erstellen einer Tabelle, in der zwischen den einzelnen Elementen der Spalten bzw. Zeilen mathematische Beziehungen bestehen sollen, müssen die mathematischen Beziehungen nur einmal festgelegt werden. Diese gelten dann und werden vom Computer immer berücksichtigt. Deshalb muss eine für Kalkulationen angelegte Tabelle nur teilweise manuell mit Daten ausgefüllt werden (Bild 1). Additionen, Subtraktionen, Multiplikationen oder Divisionen werden z. B. dann berechnet. Werden in einer bestehenden Tabelle Daten manuell überschrieben, so werden alle davon abhängigen Berechnungen wegen der dem Computer (dem Tabellenkalkulationsprogramm) bekannten mathematischen Beziehungen selbstständig neu durchgeführt.

> Tabellenkalkulationsprogramme führen einmal festgelegte Berechnungen selbsttätig für alle Elemente einer Tabelle aus.

Die mathematischen Auswertungen dieser Tabellen sind mittels der gleichen Tabellenkalkulationsprogramme auch grafisch darstellbar **(Bild 2)**. Somit können Tabellenausschnitte auf eine Aufgabe zugeschnitten und anschaulich aufbereitet werden. Übliche Darstellungsformen sind Säulendiagramme, Liniendiagramme, Kreisdiagramme oder Flächendiagramme **(Bild 3)**. Nachträglich vorgenommene Änderungen in einer Tabelle werden in allen Diagrammtypen automatisch berücksichtigt.

> Tabellenkalkulationsprogramme ermöglichen auch das grafische Darstellen von Auswertungen.

Das Sortieren von Daten innerhalb einer Spalte ist wie bei Datenbanken möglich, da die Tabellenkalkulationsprogramme Datenbankfunktionen enthalten. Auch neue, kleinere Tabellen können aus einer vorhandenen Tabelle computerunterstützt erzeugt werden.

> **i** Tabellenkalkulationsprogramme gehören zu den wichtigsten Office-Programmen (Büroprogrammen).

Bestellnr.	Vorrat	Einzelpreis	Gesamtwert
187369	40	53,90 €	2.156,00 €
187370	73	64,90 €	4.737,70 €
187371	24	15,90 €	381,60 €
187372	15	24,90 €	373,50 €
187373	97	58,90 €	5.713,30 €
Menge	249	Summe	13.362,10 €

(gelb:) wird vom Programm berechnet

Bild 1: Tabellenkalkulation zur Berechnung des Gesamtwertes

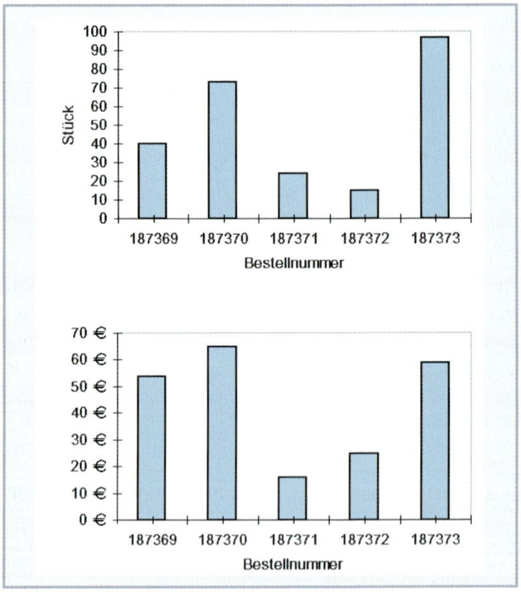

Bild 2: Säulendiagrammdarstellungen für Vorrat und Einzelpreise von Bestellpositionen

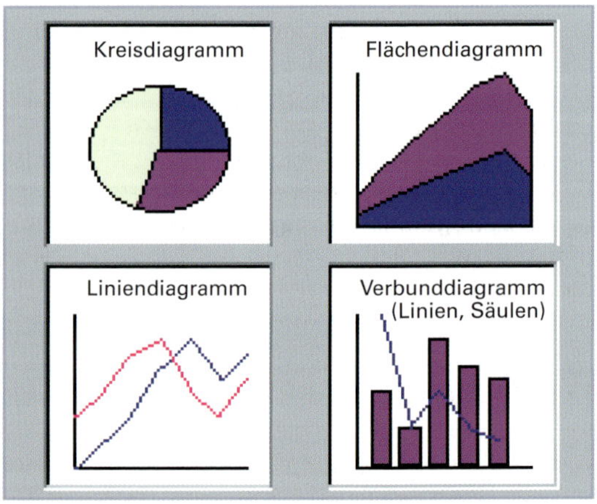

Bild 3: Diagrammtypen bei der Tabellenkalkulation

3.3.3.2 Tabellenkalkulation mit Excel

Excel (von lat. ex = aus, lat. cella = Zelle; aus Zellen aufgebaut) arbeitet im Zusammenwirken mit dem Betriebssystem Windows und besitzt einen mausgeführten Dialog anhand von Menüs **(Bild 1)**. Mittels der einzelnen Untermenüs können Funktionen wie z. B.

- Anwählen, Abwählen und Drucken von Dateien,
- Verschieben, Kopieren von Daten innerhalb einer Datei (Tabellen),
- Verarbeiten mathematischer Formeln,
- Definieren von Zahlenformaten,
- Festlegen von Schriftarten und Schrifttypen,
- Festlegen von Rahmenarten einer Tabelle oder
- Anwählen unterschiedlicher Diagrammtypen

ausgeführt werden **(Bild 2)**.

Mittels Excel sind mehrere Tabellen miteinander verknüpfbar. Dadurch ist es möglich, Kalkulationen über mehrere Tabellen hinweg durchzuführen. Auch Daten verschiedener Diagramme sind in einem neuen Diagramm darstellbar. Wegen der Fenstertechnik kann zwischen tabellarischer Darstellung und einer Diagrammdarstellung rasch hin- und hergeschaltet werden. Überlagerungen von verschiedenen Darstellungen sind ebenfalls möglich.

Von Vorteil ist ferner, dass mittels verschiedener Passworte sowohl ganze Tabellen als auch einzelne Spalten einer Tabelle vor unerwünschten Zugriffen schützbar sind. Auch ein Nichtanzeigen von Spalten ist passwortgesteuert möglich.

In Excel kann mit mehreren Zahlenformaten gearbeitet werden. Dies ist insbesondere beim Umgang mit Tabellen, in denen Geldbeträge verarbeitet werden sollen, von Interesse **(Bild 3)**. Der Anwender muss bei der Eingabe von Geldbeträgen z. B. die Währungsangabe € nicht eingeben. Die Angabe € wird vom Programm ergänzt. Außerdem werden €-Beträge unabhängig von ihrer Eingabe immer mit zwei Stellen nach dem Dezimalkomma dargestellt.

Neben den von Excel standardmäßig angebotenen Zahlenformaten kann der Anwender eigene Formate festlegen. Excel ergänzt dann z. B. Einheiten wie kg, kWh oder fügt bei Telefonnummern und Sozialversicherungsnummern entsprechende Interpunktionszeichen ein.

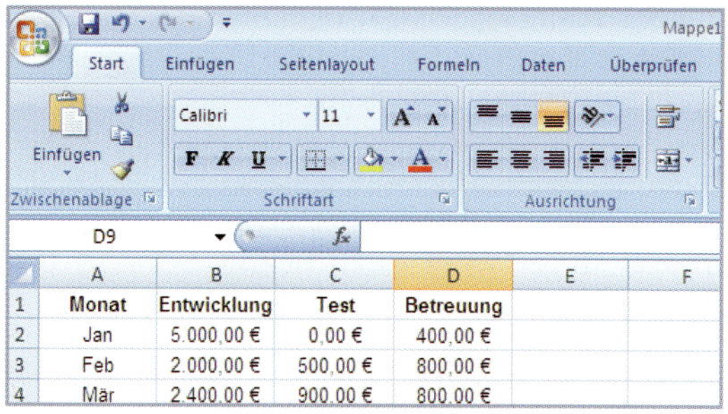

Bild 1: Ausschnitt aus Excel-Benutzungsoberfläche

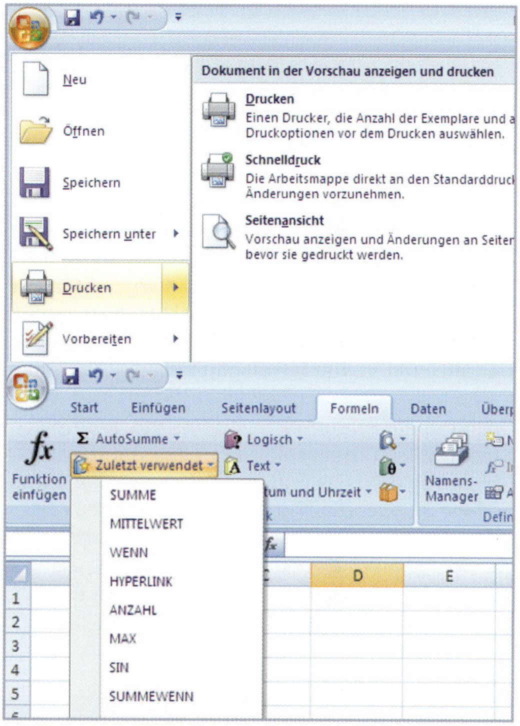

Bild 2: Untermenüs der Menüs Datei und Bearbeiten

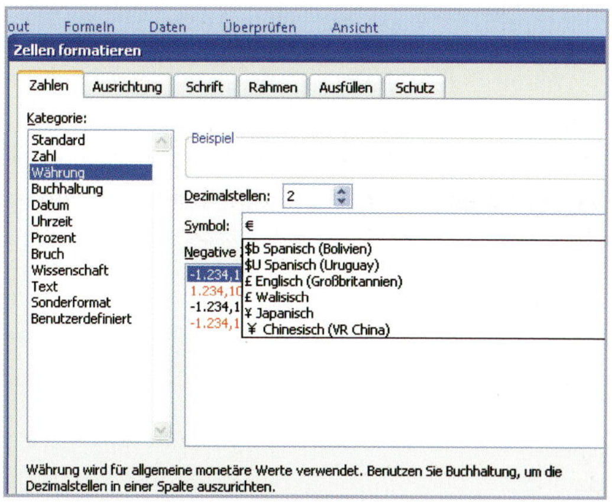

Bild 3: Auswahl von Zahlenformaten

Für das mathematische Verknüpfen der Elemente in den Spalten bzw. Zeilen ist die Schreibweise von Excel einzuhalten **(Tabelle 1)**. Zum Berechnen von Summen in Spalten oder Zeilen kann mit dem Summen-Button (Autosumme, button = Knopf) gearbeitet werden (Bild 2, vorhergehende Seite).

Tabelle 1: Mathematische Verknüpfungen in Excel

Verknüpfung	Formel (Beispiele)
Addition	= summe (a3:a10) = a3+b9
Subtraktion	=a3-c5
Multiplikation	=b5*d6
Division	=a3/b6

Übung 1

In einem Betrieb soll ein CAD-System zur Schaltplanentwicklung eingeführt werden. Mit einer Excel-Tabelle sind die Kosten für drei Arbeitsplätze hinsichtlich PC, Software, Schulung und Arbeitsausfall zum Einarbeiten aufzuzeigen. Die Excel-Tabelle ist dabei so aufzubauen, dass in Abhängigkeit von der Anzahl der zu beschaffenden Arbeitsplätze die Gesamtkosten berechnet werden.

Lösung: **Bild 1**

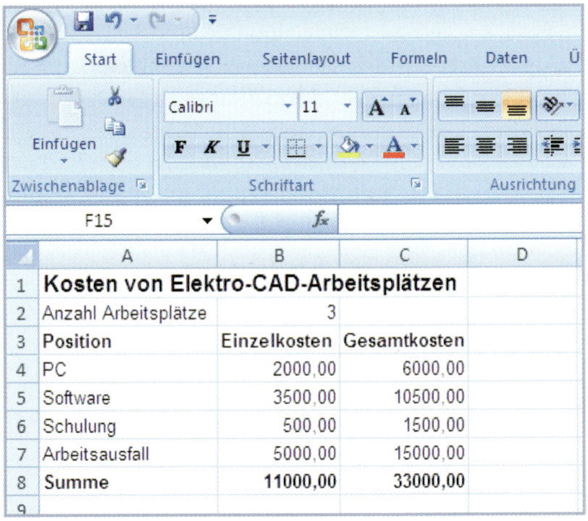

	A	B	C	D
1	**Kosten von Elektro-CAD-Arbeitsplätzen**			
2	Anzahl Arbeitsplätze	3		
3	Position	Einzelkosten	Gesamtkosten	
4	PC	2000,00	6000,00	
5	Software	3500,00	10500,00	
6	Schulung	500,00	1500,00	
7	Arbeitsausfall	5000,00	15000,00	
8	Summe	11000,00	33000,00	
9				

Bild 1: Excel-Tabelle aus Übung 1

In die Zelle A1 wird der Text „Kosten von Elektro-CAD-Arbeitsplätzen" eingetippt. Schriftart, Schriftgröße und Schriftstärke, hier Arial, 10 und fett (F), können in der Excel-Menüleiste ausgewählt werden (Bild 1). In die Zellen A3, B3, C3 werden die Spaltenbezeichnungen eingegeben. Die restlichen Begriffe sind in ihre jeweiligen Zellen einzugeben. Zum Formatieren der Zellen B4 bis B8 und C4 bis C8 für eine Zahlenwertausgabe mit zwei Nachkommastellen müssen diese Zellen mit der linken Maustaste markiert und im Menüband des Menü-Reiters `Start` die Menüpunkte `Format, Zellen formatieren` und `Zahlen` angeklickt werden. Anschließend ist in `Kategorie` das Zahlenformat entsprechend auszuwählen **(Bild 2)**.

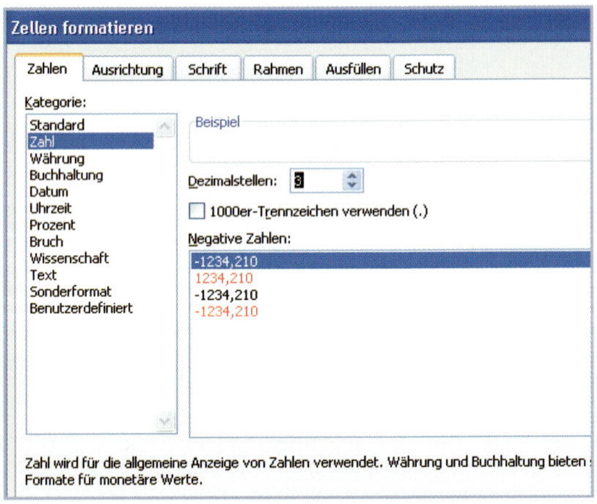

Bild 2: Formatieren von Tabellenelementen in Excel

Mit der Eingabe =`b4*b2` in die Zelle C4 werden die PC-Kosten für die in B2 angegebene Anzahl von Arbeitsplätzen in der Zelle C4 berechnet. Entsprechende Formeln sind in die Zellen C5 bis C7 zu hinterlegen. Die Formeln der Summenbildung in B8 und C8 werden dort hinterlegt, indem diese Zellen angeklickt und anschließend der Summen-Button im Menü-Reiter Start jeweils zweimal angeklickt wird.

Übung 2

Geben Sie in die Zelle B2 die Zahl 5 ein. Beobachten Sie die Spalte Gesamtkosten.

Lösung: **Bild 3**

Kosten von Elektro-CAD-Arbeitsplätzen		
Anzahl Arbeitsplätze	5	
Position	**Einzelkosten**	**Gesamtkosten**
PC	2000,00	10000,00
Software	3500,00	17500,00
Schulung	500,00	2500,00
Arbeitsausfall	5000,00	25000,00
Summe	**11000,00**	**55000,00**

Bild 3: Ergebnisse der Aufgabenstellung von Übung 2

Nach Eingabe der Zahl 5 und anschließender Betätigung der Return-Taste werden die Zahlen in der Spalte Gesamtkosten automatisch berechnet.

3.3.3.3 Erstellen von Makros in Excel

Beim Erstellen von Makroprogrammen (Makros) ist zu unterscheiden zwischen dem

- Automatisieren von Arbeitsabläufen, also „Klickabläufe" in den Exceloberflächen, und dem
- Programmieren von Programmzeilen in der Excel-Programmiersprache VBA (Visual Basic for Application).

Zum Automatisieren von Arbeitsabläufen ist wie folgt vorzugehen. Diejenigen Zellen, auf die das Makro angewendet werden soll, sind zu markieren. Dann sind im Menü-Reiter `Ansicht` die Menüpunkte `Makros` und `Makro Aufzeichnen` anzuwählen, der Makroname ist einzugeben. Nun sind die zu automatisierenden Arbeitsabläufe auszuführen. Anschließend ist die Makroaufzeichnung z. B. über `Ansicht, Makros, Aufzeichnung beenden` zu beenden. Soll das Makro angewendet werden, so ist es über `Ansicht, Makros` und Auswahl des Makros zu starten.

Übung 1

Die Zahlen in der Spalte Gesamtkosten in Bild 3, vorhergehende Seite, sollen durch den Ablauf eines Makros kursiv, mit Schriftgröße 12, der Schriftart Arial und mit einem Punkt an der Tausenderstelle dargestellt werden. Nehmen Sie die Makroaufzeichnung vor. Wie sieht das Ergebnis der Makroaufzeichnung am Bildschirm aus?

Lösung: **Bild 1**

Sobald die Makroaufzeichnung aktiv ist, müssen im Menü-Reiter `Start` die Schaltflächen *K*, die Schriftgröße 12, der Menüpunkt `Zahl` und das 1000er-Trennzeichen #.##0,00 angeklickt werden. Dann ist die Makroaufzeichnung zu beenden. Das aufgezeichnete Makro kann durch Anwahl des Menüs `Ansicht`, darin der Menüpunkt `Makros`, `Makros anzeigen` und Anwahl des Makros mit seinem Namen sowie dem Anklicken von `Bearbeiten` angezeigt werden **(Bild 2)**. Sub steht für subroutine = Unterprogramm.

Arbeitsabläufe sind in Excel automatisierbar.

Zum Erstellen eines Makros in der Programmiersprache VBA muss man die jeweiligen Programmieranweisungen kennen **(Tabelle 1)**.

Kosten von Elektro-CAD-Arbeitsplätzen		
Anzahl Arbeitsplätze	5	
Position	**Einzelkoster**	**Gesamtkosten**
PC	2000,00	*10.000,00*
Software	3500,00	*17.500,00*
Schulung	500,00	*2.500,00*
Arbeitsausfall	5000,00	*25.000,00*
Summe	**11000,00**	***55.000,00***

Bild 1: Ergebnis der Makroaufzeichnung von Übung 1

```
Sub Schrift()
    Auswahl.Schriftart.Kursiv = Wahr
    Mit Auswahl.Schriftart
        .Name = "Arial"
        .Grösse = 12
        .Durchstreichen = Falsch
        .Hochgestellt = Falsch
        .Tiefgestellt = Falsch
        .Kontur = Falsch
        .Schatten = Falsch
        .Unterstreichen = xlKein
        .FarbIndex = xlAutomatisch
    Ende Mit
    Auswahl.Zahlenformat = "#.##0,00"
Ende Sub
```

Bild 2: Ausdruck des generierten Makros von Übung 1

Tabelle 1: Anweisungen in VBA

Anweisung	Bedeutung
EingabeDlg ("Eingabe:")	Dialogfenster mit Texteingabe
MeldungsDlg (Ausgabe)	Fenster für Textausgabe
Wert ("Textzahl")	Wandlung Text in Zahlenwert
Wenn kosten >100 Dann ... Sonst ... Ende Wenn	Wenn-Dann-Anweisung (if-then-Anweisung)
Für i = 1 Bis 10 ... Nächste i	Zählschleife von...bis (for-next-Schleife)
Weitere Anweisungen siehe Visual Basic	

Übung 2

Erstellen Sie ein Makro in VBA, welches nach den Kosten eines CAD-Arbeitsplatzes und nach der Anzahl der CAD-Arbeitsplätze fragt und dann die Kosten berechnet.

Lösung: **Bild 3**

```
Sub Kosten()
    kosten = Wert(EingabeDlg("Kosten eines CAD-Arbeitsplatzes "))
    Anzahl = Wert(EingabeDlg("Anzahl CAD-Arbeitsplätze"))
    MeldungsDlg (Anzahl * kosten)
Ende Sub
```

Bild 3: In VBA erstelltes Makro zu Übung 2

3.3.4 Präsentationsprogramm

Mit Präsentationsprogrammen, wie PowerPoint oder Impress, werden Bildschirmpräsentationen, Overhead-Folien, Dias, Prospekte erstellt. Jede Präsentation kann Text, Diagramme, Bilder und grafische Elemente, z. B. Kreise, Linien und Pfeile, enthalten. Bildschirmpräsentationen können zusätzlich mit Ton oder Videos ausgestattet werden.

Ziel einer Präsentation ist es, Zuhörer z. B. über Ergebnisse zu informieren oder sie von einem Sachverhalt zu überzeugen.

1. PowerPoint starten

Durch Anklicken des Windows-Startmenüs und Auswahl des Menüpunktes `Programme`, gefolgt vom Menüpunkt `Microsoft Office`, kann PowerPoint geöffnet werden.

2. Neue Präsentation erstellen

Nach Starten von PowerPoint wird die Titelfolie einer neuen Präsentation angezeigt **(Bild 1)**. Diese kann mit Inhalt gefüllt werden.

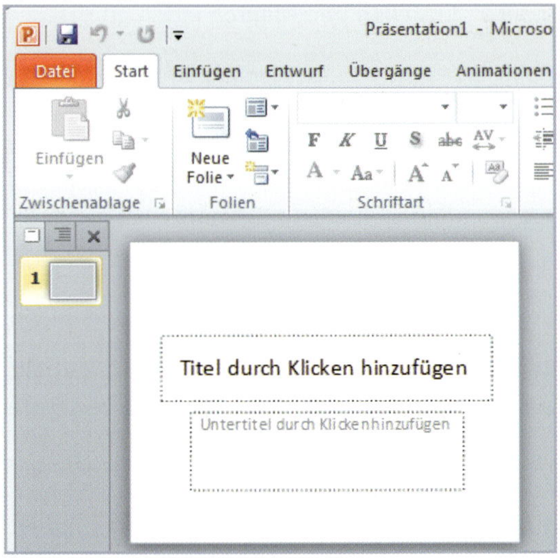

Bild 1: Neue Präsentation erstellen

Übung 1

Erstellen Sie eine Titelfolie. Als Titel tragen Sie „Internet – Präsentation" und als Untertitel „Vorgestellt von Anna-Lena Klug" ein.

Lösung: **Bild 2**

Die Texte werden nach einem Klick auf die dafür vorgesehenen Textfelder eingetragen. Die Position des Textfeldes auf der Folie kann mithilfe der Maus verändert werden. Dazu wird mit dem Mauszeiger an den Rand des Textfeldes gefahren, bis sich sein Aussehen ändert. Durch Betätigen der linken Maustaste und gleichzeitiges Bewegen der Maus ändert sich die Position des Textfeldes.

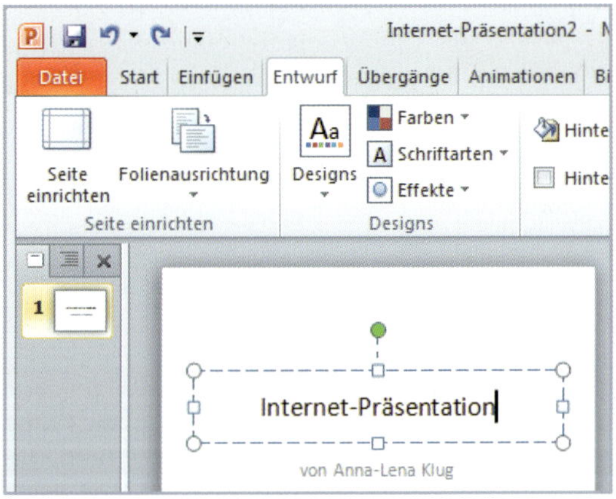

Bild 2: Titel in Titelfolie eintragen

3. Design wählen

Über den Menüpunkt `Entwurf` kann das Design der Präsentation bearbeitet werden. Es sind vorgefertigte Präsentationsvorlagen vorhanden, die über einen Klick auf die Schaltfläche `Designs` aufgerufen werden können **(Bild 3)**.

Übung 2

Wählen Sie das Design Austin.

Lösung: **Bild 3**

Die Präsentationsvorlage wird durch Anklicken den vorhandenen Folien zugewiesen **(Bild 1, folgende Seite**, untere Folie).
Die gewählte Präsentationsvorlage kann sowohl in ihrer Farbgebung, wie in den vorgeschlagenen Schriftarten und im Hintergrundformat geändert werden.

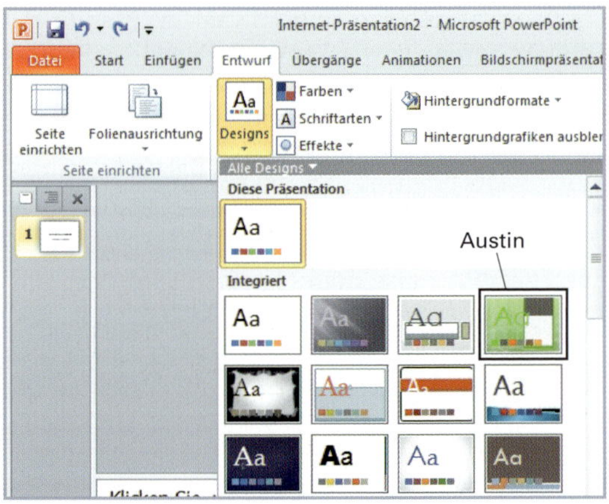

Bild 3: Design der Präsentation wählen

Übung 1

Verändern Sie die Farbgebung der Präsentation. Wählen Sie die Designfarben Pin.

Lösung: **Bild 1,** obere Folie

Durch Drücken der Schaltfläche `Farbe` werden die entsprechenden Designfarben ausgewählt und der Präsentation zugewiesen.

4. Folienanimation hinzufügen

Damit nicht alle Texte, Bilder und Diagramme beim Vorführen der Folie sofort auf dem Bildschirm erscheinen, können die einzelnen Folieninhalte flexibel eingeblendet und mit visuellen Effekten oder Klangeffekten als Animation (Munterkeit) versehen werden. So hat der Redner beim Vortrag Zeit, den gezeigten Inhalt zu erklären.

Um eine Animation der Präsentation hinzuzufügen, muss der Menüpunkt `Animationen` gewählt werden. Wird die Schaltfläche `Animation` angeklickt, erscheinen die möglichen Animationsarten.

Übung 2

Wählen Sie für beide Titel die Animation Hineinschweben.

Lösung: **Bild 2, Bild 3**

Der Titel wird angeklickt und die Animation `Hineinschweben` gesucht (Bild 2). Wird diese ausgewählt, können über die Effektoptionen weitere Einstellungen getätigt werden. So kann z. B. festgelegt werden, ob der Text von oben oder unten hereinschweben soll. Mit dem Untertitel wird ebenso verfahren.

Die Zahlen in Bild 3 geben die Animationsreihenfolge wieder. Über die Schaltfläche `Vorschau` kann die eingestellte Animation der aktuellen Folie betrachtet werden (Bild 3). Während der Vorschau laufen die einzelnen Animationen automatisch ab.

Die Dauer der Animation kann in Sekunden eingegeben werden **(Bild 4)**. So kann z. B. der Text langsamer oder schneller hineinschweben.

Bild 1: Folie mit Designvorlage Austin, darüber Folie mit Farbänderung der Designvorlage

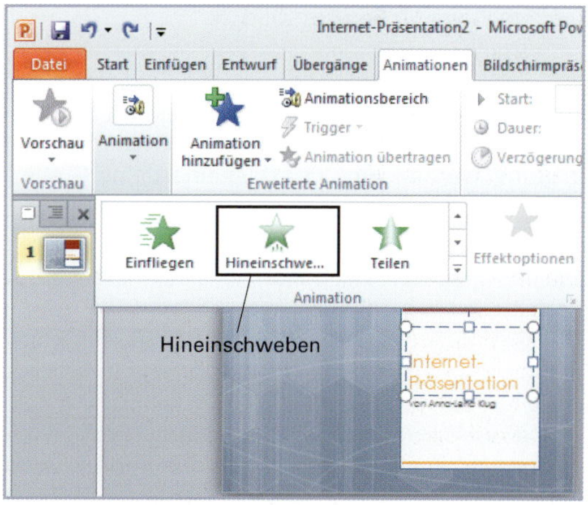

Bild 2: Animation hinzufügen

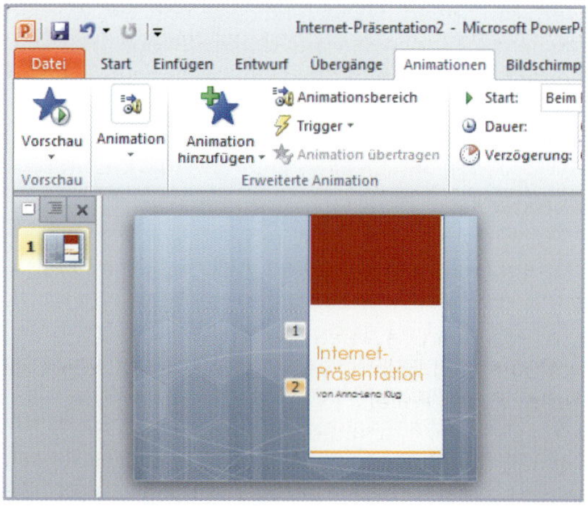

Bild 3: Animationsreihenfolge

Bild 4: Einstellungen an der Animation vornehmen

Soll die Animation nicht gleich nach dem Mausklick starten, kann die Verzögerungszeit bei Verzögerung eingetragen werden.

Die Animationsreihenfolge wird durch Anklicken der Punkte früher oder später geändert (Bild 4, vorhergehende Seite).

5. Präsentation erweitern

Über den Menüpunkt Start werden neue Folien eingefügt. Die neue Folie übernimmt das Design der bereits vorhandenen Folie.

Übung 1

Fügen Sie eine neue Folie mit zwei Inhalten ein.

Lösung: **Bild 1, Bild 2**

Durch Anklicken der Schaltfläche Neue Folie werden Folien mit unterschiedlichem Layout angezeigt (Bild 1). Die passende Folie wird ausgewählt und erscheint im Fenster (Bild 2).

Die einzelnen Bereiche können mit Text, Tabellen, Diagrammen, Grafiken, Bildern, ClipArts oder Videos durch Anklicken der entsprechenden Symbole gefüllt werden. Ein ClipArt ist eine kleine Grafik.

Übung 2

Ersetzen Sie die Platzhalter durch ein beliebiges ClipArt und Text.

Lösung: **Bild 3**

Durch Anklicken des Aufzählungspunktes wird der Text eingetragen. Zum Einfügen des ClipArts wird das ClipArt-Symbol, das sich in der unteren Reihe in der Mitte befindet, angeklickt. Es erscheint das ClipArt-Fenster, in dem Suchbegriffe eingetragen werden können. Nach Anklicken von OK werden passende Ergebnisse aus der im Programm vorhandenen Grafikbibliothek angezeigt. Ein ClipArt wird durch Anklicken ausgewählt. Das ClipArt kann in seiner Größe verändert werden, indem es angeklickt wird und an einer Ecke des ClipArts mit gedrückter linker Maustaste gezogen wird.

Das eingefügte ClipArt kann auch in seiner Farbgebung verändert werden, indem im Menü Format die Schaltfläche Farbe gewählt wird (Bild 3). Das ClipArt erscheint in verschiedenen Farben und eine Variante kann durch Anklicken ausgewählt werden. Über die Schaltfläche Korrekturen wird die Helligkeit und der Kontrast des ClipArt beeinflusst. Einen Schlagschatten fügt man z. B. über die Schnellformatvorlagen ein.

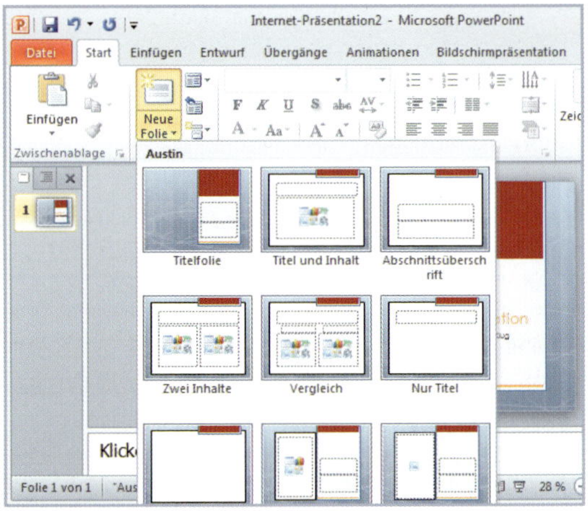

Bild 1: Neue Folie wählen

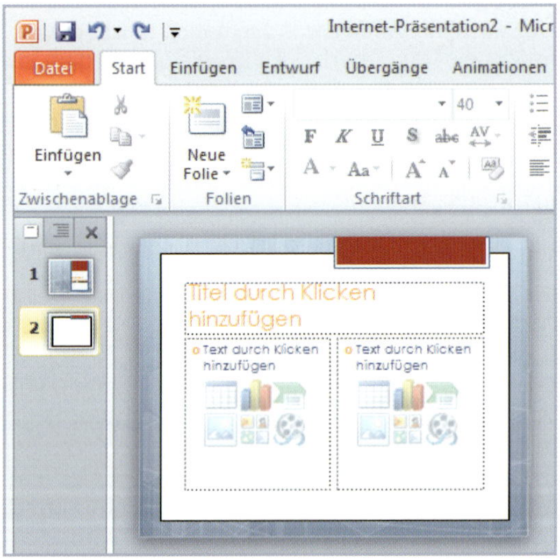

Bild 2: Folie mit zwei Inhalten

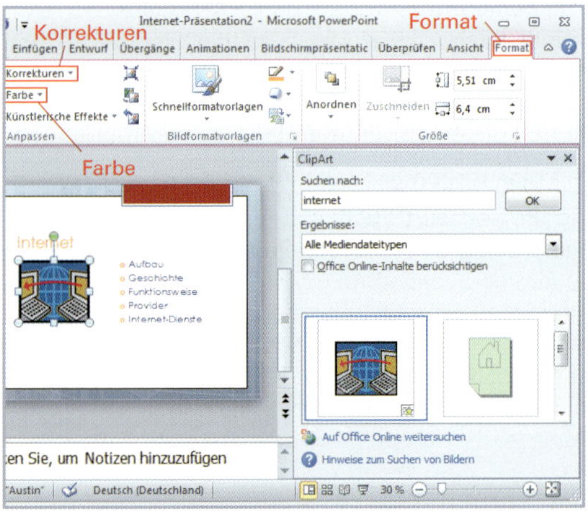

Bild 3: Folie mit Inhalten füllen

Über die Schaltflächen Korrekturen, Farbe und Schnellformatvorlagen können auch Bilder verändert werden.

6. Folienübergänge

Auch die Übergänge zwischen den Folien können animiert werden. Die möglichen Überblendtechniken werden über den Menüpunkt Übergänge ausgewählt. Wird auf Übergangsschema geklickt, werden alle möglichen Folienübergänge angezeigt **(Bild 1)**. Die Schaltfläche Übergangsschema wird nur angezeigt, sofern das PowerPoint-Fenster verkleinert wurde. Ab einer gewissen Fenstergröße wird eine Auswahl an Übergangsschemata angezeigt.

Übung 1

Wählen Sie für die Folie 2 das Übergangsschema Anzeigen.

Lösung: **Bild 1**

Der Folienübergang wird zu Beginn der Folie während der Bildschirmpräsentation sichtbar. Zum Überprüfen des Folienübergangs kann die Schaltfläche Vorschau gedrückt werden (Bild 1).

7. Bildschirmpräsentation starten

Die Bildschirmpräsentation wird über das Menü Bildschirmpräsentation gestartet **(Bild 2)**. Drückt man auf die Schaltfläche Von Beginn an oder drückt die F5-Taste, wird die Präsentation ab der ersten Folie begonnen. Soll die Präsentation ab der aktuell sichtbaren Folie beginnen, wird die kleinere, rot eingekreiste Schaltfläche oder die Umschalt-Taste mit der F5-Taste zusammen gedrückt.

Ab PowerPoint 2010 kann während der Bildschirmpräsentation die Maus als Laserpointer verwendet werden **(Bild 3)**. Dazu wird in der Bildschirmpräsentationsansicht die Strg-Taste gedrückt. Der rote Laserpointer wird sichtbar, sobald an der Maus die linke Maustaste gedrückt wird. Der Laserpointer wird über die Maus bewegt.

8. Präsentation gemeinsam mit Kollegen erstellen

Ab PowerPoint 2010 können mehrere Personen gleichzeitig an der selben Präsentation arbeiten. Alle Personen sehen an ihrer geöffneten Version der Präsentation, wer außerdem noch daran arbeitet und an welcher Stelle. Die Änderungen der anderen Personen werden in der eigenen Präsentation sichtbar. Dazu muss ein Speicherort auf einem Microsoft Sharepoint-Server über das Menü Datei gefolgt von der Schaltfläche Freigeben und in SharePoint speichern freigegeben werden.

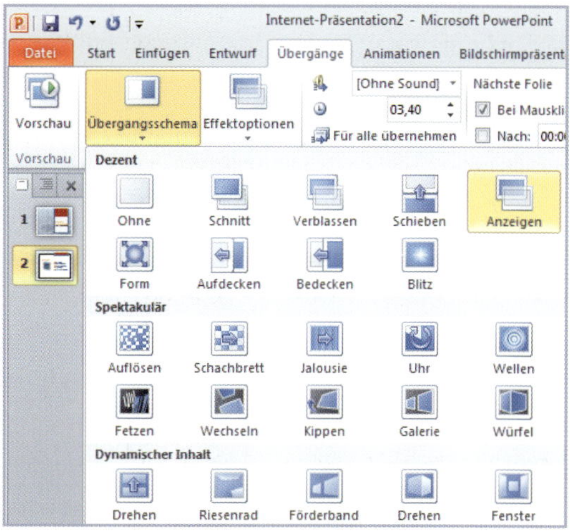

Bild 1: Übergangsschema wählen

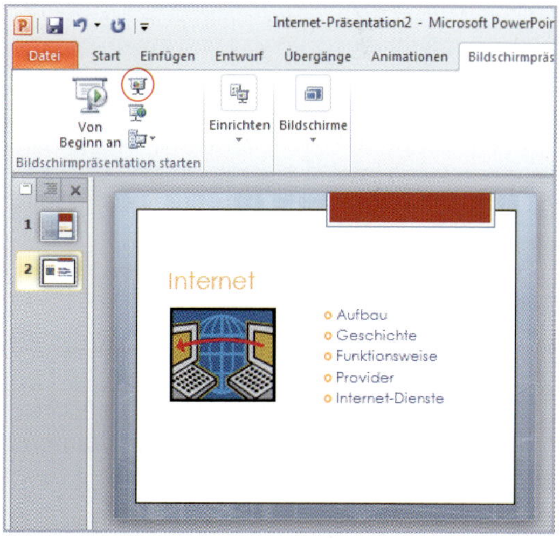

Bild 2: Bildschirmpräsentation starten

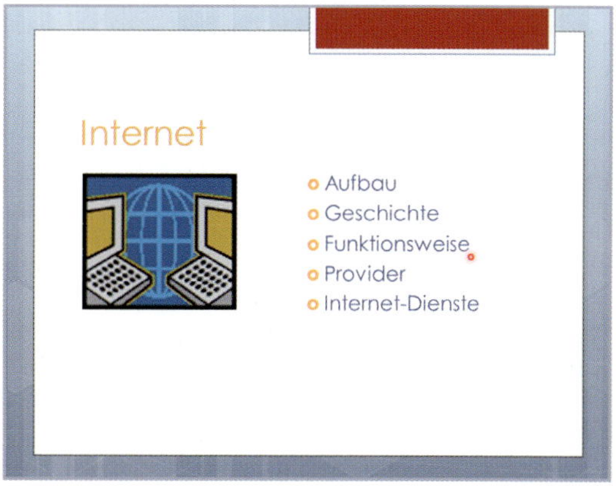

Bild 3: Bildschirmpräsentation mit Laserpointer

4 IT-Systementwicklung

4 IT-Systementwicklung

4.1 Systemanalyse, Aufgabenanalyse

4.1.1 Bearbeitung eines Projektes

Für das Umsetzen von Informationstechnologie-Projekten (IT-Projekte) ist sicherzustellen, dass die

- Aufgabenstellung genau beschrieben und mit dem Auftraggeber abgestimmt ist,
- IT-relevanten Randbedingungen vor der Umsetzung bekannt sind,
- Aufwände und der Terminplan der Realisierung bekannt sind,
- Programmstruktur und Dokumentation übersichtlich ist und dass die
- zu entwickelnde Software der Aufgabenstellung entspricht.

Deshalb ist für IT-Projekte, die Entwicklungsaufwendungen von mehreren Wochen erfordern, zu Projektbeginn ein Projektplan zu erarbeiten **(Bild 1)**. Mit der Projektorganisation werden die am Projekt beteiligten Personen festgelegt **(Bild 2)**. Ferner sind deren Aufgaben und Zuständigkeiten zu definieren. Für einen effizienten Projektverlauf ist festzulegen, zu wie viel Prozent ihrer Arbeitszeit die beteiligten Personen dem Projekt zur Verfügung stehen.

Der Projektleiter muss die Projektarbeit planen, koordinieren und steuern. Die Projektentscheider, meist Mitglieder der Unternehmensleitung, müssen das Projekt im Sinne des Unternehmens verantworten, insbesondere die anfallenden Kosten.

Eine wesentliche Aufgabe zum Realisieren von IT-Projekten ist die Projektstrukturierung in Form von Arbeitspaketen als Projektstrukturplan **(Bild 3)**. Dies muss sehr sorgfältig erfolgen. Anhand der Arbeitspakete ist der Projektumfang erkennbar, d.h. hierfür sind die

- Zeitaufwände für Untersuchungen und Entwicklungen,
- Kosten für Investitionen hinsichtlich Hardware und Software sowie die
- Zeitaufwände für die Einführung und Schulung des zu entwickelnden IT-Systems im Unternehmen

zu erarbeiten. Als Grobstruktur kann hierbei oft zunächst eine Untergliederung nach Systemkonzeption, Beschaffung, Umsetzung, Inbetriebnahme, Schulung, Einführung und Projektmanagement angenommen werden (Bild 3).

> Umfangreiche IT-Projekte erfordern eine gründliche Strukturierung in Arbeitspakete, um frühzeitig Kosten und Aufwände zu erkennen.

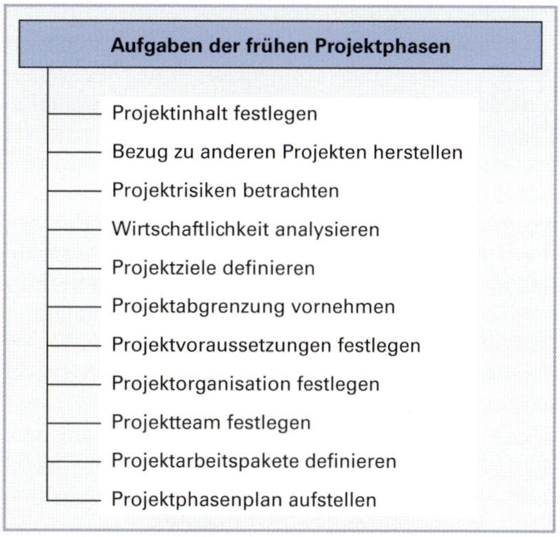

Bild 1: Inhalt der Projektplanung

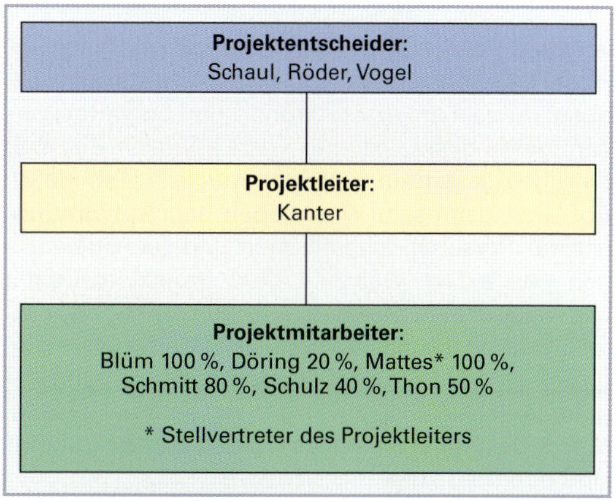

Bild 2: Projektorganisation

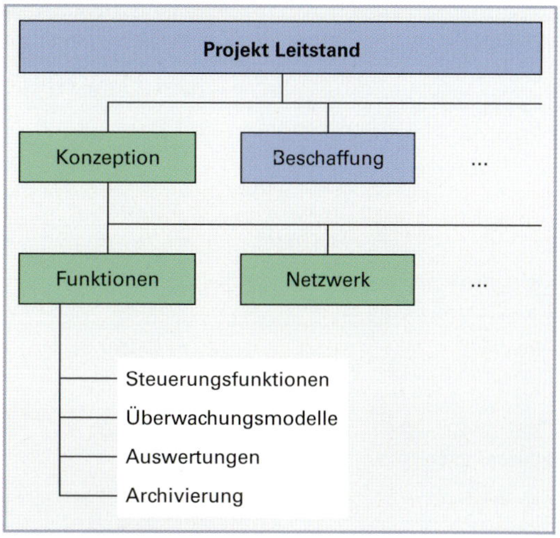

Bild 3: Hierarchiebaum der Arbeitspakete (Projektstrukturplan)

Ein IT-Projekt ist bezüglich seines zeitlichen Ablaufes in etwa fünf Phasen zu gliedern. Entsprechend ist ein Phasenplan mit etwa fünf Phasenabschlussterminen (Meilensteinterminen) zu erstellen **(Tabelle 1).** Zu diesen Meilensteinterminen sind die Projektentscheider vom Projektleiter über den Verlauf des Projektes zu informieren. Die jeweils nächste Projektphase ist dann von den Entscheidern freizugeben. Bereits beim Erstellen des Phasenplanes sind die Meilensteintermine festzulegen. Ferner sind die Aufwände aller am Projekt beteiligten Personen und benötigten Investitionen je Phase darzulegen. Im Phasenplan ist zu vermerken, ab welchem Zeitpunkt es im Projekt kein Zurück mehr geben soll (Point of no Return). Dadurch soll klar gemacht werden, welche Aufwendungen bei einem vorzeitigen Projektabbruch maximal „in den Sand gesetzt würden".

4.1.2 Kosten-Nutzen-Betrachtung

Je feiner die Arbeitspakete in der frühen Phase der Projektarbeit nach dem Top-Down-Verfahren (top = oben, down = unten) strukturiert und bewertet werden, desto besser ist eine Kosten-Nutzen-Betrachtung des gesamten Projektes möglich **(Tabelle 2).** Auf der Kostenseite sind neben den Aufwendungen für Personal, Investitionen und Dienstleistungen von extern während dem Projekt auch die ständig anfallenden Kosten nach Projektende, z. B. für Systemwartung, aufzuzeigen. Bei den Investitionskosten sind die anerkannten Abschreibungsregeln über die Jahre verteilt zu notieren. Heute schon bekannte Neuinvestitionen in der Zukunft sind ebenfalls zu berücksichtigen.

Das Einhalten der Meilensteintermine und Meilensteinziele ist für einen guten Projektablauf zwingend.

Tabelle 2: Kosten-Nutzen-Betrachtung

Merkmal	2010	2011	2012
Kosten			
• einmalig	150.000 €	100.000 €	50.000 €
• laufend	50.000 €	50.000 €	50.000 €
Kosteneinsparung			
• einmalig	20.000 €	300.000 €	—
• laufend	—	200.000 €	200.000 €
Kostenvermeidung			
• einmalig	300.000 €	200.000 €	—
• laufend	40.000 €	40.000 €	40.000 €

Beim Ermitteln des Nutzens sind einmalige Einsparungseffekte und ständig wirksame Einsparungseffekte zu ermitteln und zu bewerten, z. B. Wartungskosten ausgemusterter Altgeräte. Unter dem Begriff Kostenvermeidung sind Kosten zu verstehen, die durch die Umsetzung des Projektes nicht entstehen, z. B. eine dadurch vermeidbare Personalzusatzeinstellung. Entsprechend ist der Begriff Investitionsvermeidung zu verstehen. Durch die Projektumsetzung kann auf eine unabhängig vom Projekt zu tätigende Investition verzichtet werden, z. B. der Kauf eines weiteren Plotters.

Eine Kosten-Nutzen-Betrachtung ist zwingend notwendig, um die Wirtschaftlichkeit einer Projektrealisierung beurteilen zu können.

Tabelle 1: Phasenplan für ein Projekt „Entwicklung eines Leitstandes"

Phase	Konzeption	Pilotbetrieb Bereich A	Produktiver Betrieb Bereich A	Produktiver Betrieb weitere Bereiche	Systemabnahme
Ergebnis	Funktionskonzept, IT-Konzept (System, Netzwerk)	Definierte Pilotfunktionen sind einsatzfähig.	Definierte Funktionen sind produktiv verfügbar.	Definierte Funktionen sind produktiv verfügbar.	Auftraggeber erhält Dokumentation und gibt sein OK.
Arbeitsaufwand	60 PT je 600 €	80 PT je 600 €	30 PT je 600 €	30 PT je 600 €	10 PT je 600 €
Invest	–	40.000 €	–	120.000 €	2.000 €
Kosten	36.000 €	48.000 €	18.000 €	18.000 €	6.000 €
Kosten kumuliert (Gesamtkosten)	36.000 €	124.000 €	142.000 €	280.000 €	288.000 €
Meilensteintermine	4.7.2011	20.12.2011	15.2.2011	23.4.2011	17.7.2011
PT Personentage		↑	Point of no Return		

4.1.3 Systemkonzeption

Die Konzeption eines IT-Systems erfolgt in mehreren Phasen (Phasenmodell, **Bild 1**). Zunächst muss mit dem Auftraggeber ein Lastenheft erstellt werden **(Bild 2)**. Im Lastenheft ist die zu lösende Aufgabe zu beschreiben. Ferner sind wesentliche Randbedingungen wie anzuwendende Computerhardware oder zu berücksichtigende Datenschnittstellen zu bereits eingesetzten Softwareprodukten zu beschreiben. Es ist zu prüfen, ob die Aufgabenstellung durch am IT-Markt erhältliche Softwareprodukte grundsätzlich abgedeckt werden kann. Das Lastenheft muss zur Festlegung der genannten Arbeitspakete vorliegen.

> Das Lastenheft enthält die Beschreibung der Aufgabenstellung.

Nach dem Erstellen des Lastenheftes muss die Aufgabenstellung nach dem Top-Down-Verfahren verfeinert werden. Es ist das Pflichtenheft zu erstellen **(Bild 3)**. Eingabemasken und resultierende Ausgabebilder am Bildschirm oder Drucker sind zu entwerfen und mit dem Auftraggeber abzustimmen. Das Pflichtenheft sollte eine grobe Benutzungsanleitung enthalten. Es muss z. B. festgelegt werden, welche Eingabefelder vom Benutzer in welchen Fällen zwingend auszufüllen sind. Zu berücksichtigende Datenschnittstellen zu anderen Softwareprodukten sowie erforderliche Netzwerkstrukturen sind zu erarbeiten. Ferner sind die den zu realisierenden Softwarefunktionen zuzuordnenden Daten zu nennen.

> Das Pflichtenheft ist die Fortschreibung des Lastenheftes und ist die Ausgangsbasis für die Softwareentwicklung.

IT-Projekte besitzen häufig Verbindungen zu anderen IT-Projekten. Hierbei ist es wichtig, dass Abläufe von Vorgängen (Workflows = Bearbeitungsabläufe) projektübergreifend untersucht werden. Von zentraler Bedeutung sind diejenigen Daten, die projektübergreifend benötigt werden. Die Struktur der Datenflüsse ist aufzuzeigen, die zu fließenden Datenmengen sind zu untersuchen **(Tabelle 1, folgende Seite)**. Das Antwort-Zeitverhalten des zu entwerfenden IT-Systems wird dadurch wesentlich beeinflusst.

Je nach Anforderungen können Daten

- einmal zentral,
- einmalig dezentral oder
- mehrmals dezentral (redundant)

gespeichert werden.

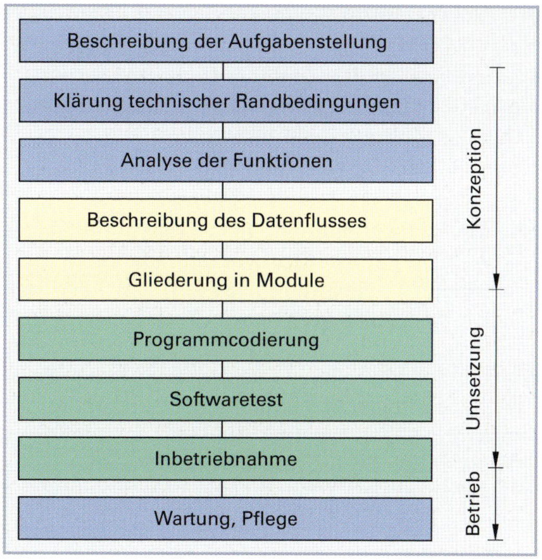

Bild 1: Phasen der Software-Systementwicklung

Lastenheft

- Verwaltungsangaben: Version, Autor, Datum, Kunde
- Kurzbeschreibung der Aufgabe
- Aufgabenbeschreibung: Funktionen, Daten, Kennzahlen
- Technische Randbedingungen:
  - Hardwareumgebung
  - zu berücksichtigende Softwareprodukte
- Terminvorstellung für Produktivstellung

Bild 2: Struktur eines Lastenheftes (Beispiel)

Pflichtenheft

- Verwaltungsangaben: Version, Autor, Datum, Kunde
- Betriebsbedingungen, IT-Infrastruktur
- Eingabe-Ausgabe-Dialoge, Ausgabelisten
- Einzelfunktionen
- Struktur des Datenflusses
- Aufgaben der Datenfelder
- Schnittstellen
- IT-Voraussetzungen: Systeme für Produktionsbetrieb, Entwicklung, Test, Schulung
- Termine

Bild 3: Bestandteile eines Pflichtenheftes (Beispiel)

gespeichert werden. Eine redundante Datenspeicherung bietet sich an bei

- geforderter großer Datenverfügbarkeit oder bei
- großen zu übertragenden Datenmengen über leistungsschwache Datenleitungen.

Bereits bei der Pflichtenhefterstellung ist an spätere Wartungstätigkeiten an der Software sowie an anfallende Aufwendungen bei Software-Release-Wechseln zu denken (Softwareadministration, administration = Verwaltung, **Bild 1**). Im Falle der Release-Wechsel (= Versionswechsel) sind die neuen Softwareversionen (Software-Updates) z. B. von einer zentralen Stelle aus an alle betroffenen Endgeräte zu verteilen und entsprechend zu konfigurieren (einzustellen). Weniger Aufwand entsteht diesbezüglich bei Softwaresystemen, die mit einer Browseroberfläche arbeiten, allerdings z. B. langsamere Antwortzeiten oder eine schlechtere Systemverfügbarkeit besitzen können. Die Vorteile und Nachteile der jeweiligen IT-Lösungen sind in der Pflichtenheftphase genau zu untersuchen und abzuwägen.

Das Pflichtenheft muss des Weiteren die Beschreibung des Software-Entwicklungssystems, des Software-Testsystems sowie des Schulungssystems umfassen **(Bild 2)**. Bei Bedarf müssen hierzu Investitionen getätigt bzw. Abschreibungen im zu erarbeitenden Angebot berücksichtigt werden. Die genannten Systeme müssen unbedingt getrennt sein, damit Tests und Schulungen unabhängig von Entwicklungsarbeiten durchgeführt werden können. Häufig werden nämlich in späten Entwicklungsphasen, in denen bereits Anwender im Testbetrieb arbeiten bzw. geschult werden, noch Computerabstürze erzeugt bzw. Dateien zerstört. Neben der Hardware, z.B. Server, ist auch die Software zu trennen, z. B. durch Einrichten eigener Datenbanken.

Das Pflichtenheft enthält neben der Anwendungsbeschreibung auch Angaben zur Softwareadministration und Softwareentwicklung.

Sobald das Pflichtenheft vorliegt, müssen die in der Projektplanung vorgenommenen Schätzungen hinsichtlich Aufwendungen und Terminen überarbeitet werden. Anhand des Pflichtenheftes sind die Programmentwickler in der Lage, ihre Aufwendungen wesentlich genauer als bisher anzugeben. Es ist dann sinnvoll, eine Meilensteinsitzung des Projektes mit den Projektentscheidern durchzuführen.

- Das Lastenheft enthält die Aufgabenbeschreibung aus Sicht des Auftraggebers.
- Das Pflichtenheft ist die Fortschreibung des Lastenheftes durch den Auftragnehmer.

Tabelle 1: Datenmengenbetrachtung

Datenart	Größe MB	Anzahl Übertragungen/Tag	Summe/ Tag MB
Textdokumente	0,1	500	50
CAD-Modelle	200	20	4000
Bildpunktgrafiken	0,5	40	20
Gesamt			4070

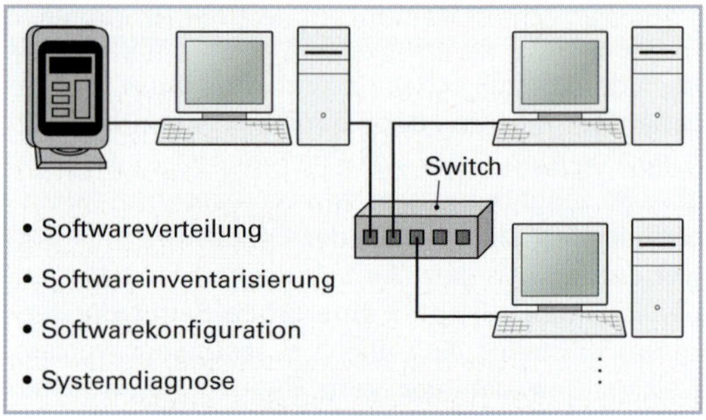

Bild 1: Aufgaben der Softwareadministration

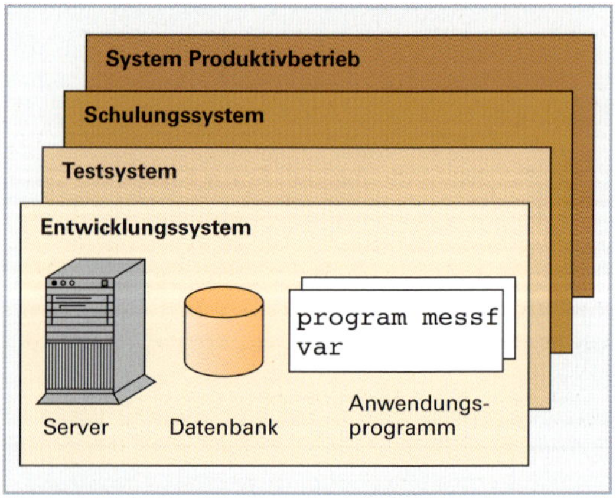

Bild 2: DV-Systeme in den Softwareentstehungsphasen

WV **Wiederholung und Vertiefung**

1. **Welchen Inhalt besitzt ein Projektplan?**
2. **Auf welche Merkmale ist beim Umsetzen von IT-Projekten zu achten?**
3. **Was versteht man unter einer Projektorganisation?**
4. **Nennen Sie den Vorteil einer Strukturierung in Arbeitspakete.**
5. **Wozu dienen Meilensteintermine?**
6. **Nennen Sie Beispiele für Projektkosten.**
7. **Nennen Sie Beispiele für Einsparungen nach Projektende.**
8. **Erklären Sie den Begriff Kostenvermeidung.**
9. **Nennen Sie Bestandteile des Lastenheftes.**
10. **Nennen Sie Bestandteile des Pflichtenheftes.**

4.2 Softwareentwicklung

4.2.1 Entwicklungsprozess

Die Softwareentwicklung ist Bestandteil der IT-Systementwicklung. Bereits das Erstellen des Lastenheftes und insbesondere das Erstellen des Pflichtenheftes gehören zum Softwareentwicklungsprozess. Im Pflichtenheft sind die Strukturen des zu entwickelten IT-Systems grob beschrieben, die Benutzerdialoge sind z. B. spezifiziert.

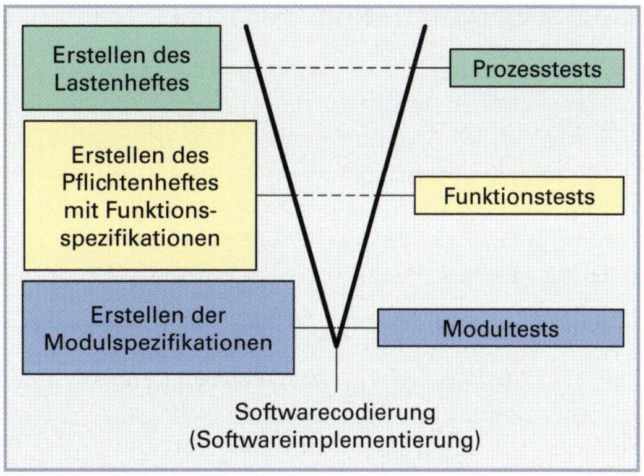

Bild 1: V-Modell der Softwareentwicklung

Entwicklungsprozesse, nicht nur die Softwareentwicklungsprozesse, werden oft mittels V-Modell (Vorgangsmodell) dargestellt **(Bild 1)**. Beschrieben werden Aktivitäten und Ergebnisse, jedoch keine zeitlichen Abfolgen. Entscheidend ist beim V-Modell, dass jedem Element der linken V-Hälfte ein Element der rechten V-Hälfte zugeordnet ist. Die linke Hälfte umfasst die Entwurfstätigkeiten, verbunden mit den in ihrer Tiefe verschiedenen Arten von Spezifikationen (Entwicklungsdokumentationen). Die rechte Hälfte umfasst die diesen Spezifikationen zugeordneten Softwaretests (Programmtests). Zu beachten ist hierbei, dass die verschiedenen Softwaretests in jedem Fall, von denjenigen Personen durchgeführt werden, die auch die Spezifikationen erstellt haben. Denn nur diese Personen können die jeweiligen Testergebnisse genau beurteilen.

Im V-Modell der Softwareentwicklung sind den einzelnen Entwurfstätigkeiten und Entwurfsergebnissen die Tests für die entwickelte Software in unterschiedlicher Ausprägung zugeordnet.

Aufgrund der Softwarequalität wird bzgl. der Softwareentwicklung ein Vorgehen gemäß der Stage-Gate-Methode[1] (stage = Phase, gate = Tor) gefordert. Nach diesem Phasenmodell sind die zu den Meilensteinterminen (Gates) festgelegten Bedingungen insbesondere in Form von Dokumentationen zu erfüllen, um in die nächste Projektphase (Stage) eintreten zu können. Dieses Verfahren sollte für den gesamten Entwicklungsprozess angewendet werden **(Bild 2)**. Bei IT-Projekten, bei denen mehrere IT-Systeme entwickelt oder angepasst und miteinander gekoppelt werden müssen, z.B. im Umfeld Betriebswirtschaft, Produktion und Entwicklung, kann dieses Verfahren auch auf die verschiedenen Tests einschließlich der Produktivstellung des gesamten IT-Systems **(Bild 3)** angewendet werden.

[1] Stage-Gate® ist ein Markenzeichen von Innovation Management U 3

An den Gates werden diejenigen Entscheidungen getroffen, die den Übergang in die nächste Phase (Stage) rechtfertigen.

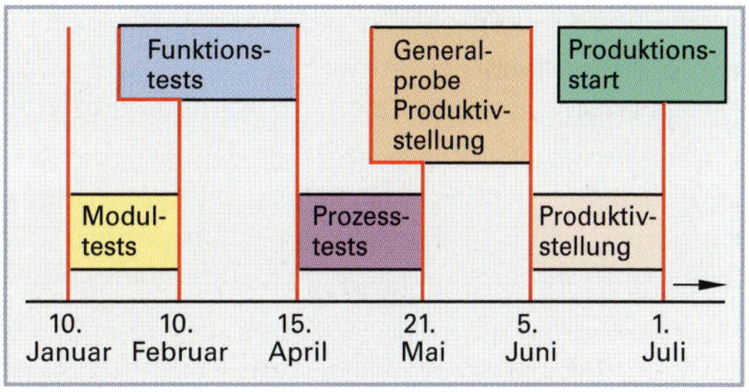

Bild 3: Gates für Tests und Produktivstellung

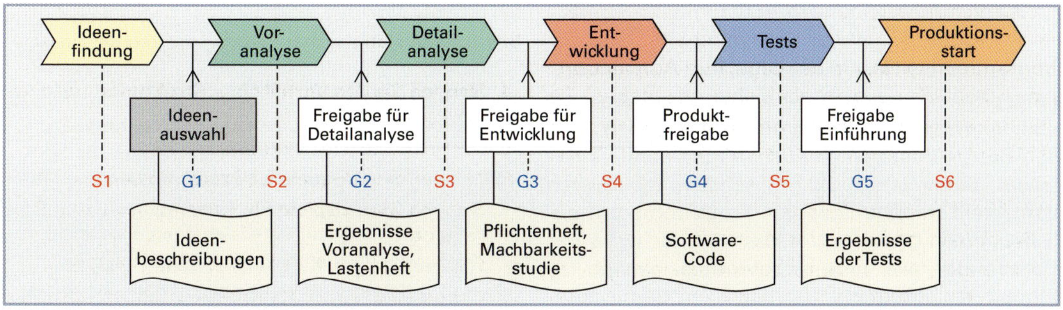

Bild 2: Stage-Gate-Methode im Entwicklungsprozess

4.2.2 Dokumentation

Neben dem Lastenheft und dem Pflichtenheft, die wesentliche Bestandteile der IT-Systemdokumentation sind, sind während der IT-Systementwicklung noch weitere Dokumentationen zu erstellen. Leider wird die Dokumentation einer IT-Systementwicklung häufig erst zum Projektende hin erstellt, was absolut falsch ist.

> Die IT-Systemdokumentation muss parallel zur IT-Systementwicklung erstellt werden.

Die Dokumentation ist in weiten Teilen eine wesentliche Konzeptionsunterlage. In Anlehnung an die Entwicklungsphasen des IT-Systems bzw. der Softwareprogramme (Programme) ist die Dokumentation (Konzeptausarbeitung) zu gliedern in

- Aufgabenstellung (Teil aus Pflichtenheft),
- IT-Systembeschreibung (Teil aus Pflichtenheft),
- allgemeine Programmangaben,
- Programmfunktionen (Teil aus Pflichtenheft),
- Benutzerdialoge (Teil aus Pflichtenheft),
- Programmstrukturen (z.T. aus Pflichtenheft),
- Datenorganisation (z.T. aus Pflichtenheft),
- Programmmeldungen,
- Programmtest und
- Inbetriebnahme **(Tabelle 1)**.

Grundsätzlich ist zwischen

- IT-Systemdokumentation,
- Anwenderdokumentation und
- Programmdokumentation

zu unterscheiden. Die Programmdokumentation umfasst weitgehend nur den Softwareteil, die Anwenderdokumentation im Wesentlichen nur die Aufgabenstellung, die Benutzerdialoge und die Programmmeldungen. Die Programmdokumentation ist zweigeteilt. Im einen Teil muss der Zusammenhang der einzelnen Programmfunktionen (Programmstruktur) und die Struktur der Datenflüsse in tabellarischer und/oder grafischer Form dargestellt sein. Der andere Teil enthält den mit Kommentaren versehenen Programmcode.

Als Dokumentationshilfsmittel werden Textverarbeitungsprogramme, Grafikverarbeitungsprogramme und spezielle Designprogramme verwendet. Mit den Designprogrammen können insbesondere Datenstrukturen erstellt und grafisch bzw. tabellarisch dargestellt werden. Derartige Programme ermöglichen, einen gezielten Vorkommensnachweis der Daten über alle Programmmodule hinweg zu führen. In begrenztem Umfang kann damit automatisch auch Programmcode erzeugt werden.

Tabelle 1: IT-Systemdokumentation

Thema	Inhalt
Aufgabenstellung	Detaillierte Beschreibung der Aufgabe und der Benutzeranforderungen.
IT-Systembeschreibung	Hardwarevoraussetzungen, Kommunikation mit anderen Softwareprodukten.
Programmkenndaten	Programmname, Herkunft des Programmaufrufes, Versionsnummer, Freigabedatum.
Programmkurzbeschreibungen	Aufgabe des Programmes, kurze Beschreibung der verwendeten Methoden und Berechnungsverfahren, berücksichtigte Normen und Gesetze, Speicherplatzbedarf.
Programmbedarf	Angaben zu Betriebssystem, Compiler, Programmbibliotheken.
Programmfunktionen	Funktionsbeschreibung, Beschreibung verwendeter Methoden, Verfahren, realisierte hierarchische Gliederung.
Benutzerdialoge	Beschreibung möglichst mit orginal Bildschirmmasken, Dialogablauffolgen.
Programmstrukturen	Darstellung von Zusammenhängen und Abläufen. Darstellung der Datenflüsse.
Datenorganisation	Beschreibung zu erfassender, zu erzeugender Daten. Beschreibung der Datenbankstrukturen, Tabellenstrukturen. Beschreibung von Zugriffsregelungen und Datensicherungen.
Programmmeldungen	Auflistung der Meldungen und zugehörender Gründe und ggf. einzuleitender Maßnahmen.
Programmtest	Testziele, Testmethoden, Testwerkzeuge, Testsystem, Testfälle, Testergebnisse, erreichter Erfüllungsgrad, Testdauer.
Inbetriebnahme	Installationsvoraussetzungen, Installationsanleitungen, Bedienungsanweisungen, Angaben zur Vorbereitung peripherer Geräte, zur Datensicherung und Datenarchivierung, Inbetriebnahmezeitraum, aufgetretene Schwierigkeiten, getätigte Maßnahmen.

Das Dokumentieren der Programmtests sowie des Inbetriebnahmeablaufes dient zu deren qualifizierter Durchführung und für spätere Wartungsarbeiten zu deren rascher Bewältigung.

Da zu jedem entwickelten IT-System auch eine Schulung der Anwender durchgeführt werden muss, ist eine Schulungsdokumentation einschließlich der benötigten Schulungsunterlagen erforderlich. Die Schulungsunterlagen unterscheiden sich von der Anwenderdokumentation insbesondere durch beschriebene Schulungsbeispiele mit ihren Lösungen. Anhand gewonnener Erfahrungen aus den Schulungen sind die Schulungsunterlagen anzupassen.

IT-Systeme erfordern unterschiedliche Arten von Dokumentationen, ihr Aufbau ist mit Grafiken anschaulich zu gestalten.

4.2.3 Grafische Darstellung von Programmabläufen

Programmablaufplan

Für den Softwareentwurf (Programmentwurf) und die Programmdokumentation ist es wegen der Übersichtlichkeit von Vorteil, wenn der Programmablauf grafisch dargestellt ist. Die Sinnbilder für den Programmablaufplan sind genormt **(Tabelle 1)**.

Für Anfang und Ende des Programmablaufplanes wird das Sinnbild der Grenzstelle verwendet. Für Operationen wie Eingaben, Ausgaben oder Berechnungen wird ein Rechteck gezeichnet, in welches die Operation eingeschrieben wird. Ablaufverzweigungen, an denen in Abhängigkeit einer Bedingung verschiedene Wege eingeschlagen werden können, werden z. B. mittels einer Raute abgebildet. Wiederholungsschleifen für Abläufe werden meist über zwei trapezähnliche Begrenzungselemente für den Anfang und das Ende der Schleife dargestellt. Entsprechend des Ablaufes sind die Sinnbilder untereinander anzuordnen.

Übung 1

Erstellen Sie den Programmablaufplan für ein Programm, das den Gesamtwiderstand von beliebig vielen in Reihe geschalteten Widerständen berechnet.

Lösung: **Bild 1**

Die Anzahl der in Reihe zu schaltenden Widerstände wird erfragt. Somit ist die Anzahl der Schleifendurchläufe bekannt. Der Wert des ersten Widerstandes ist zu Beginn der Wert des Gesamtwiderstandes. Dieser verändert sich mit jedem Schleifendurchlauf um den Wert des nächst folgenden Widerstandes.

Tabelle 1: Sinnbilder für Programmablaufpläne

Sinnbild	Benennung
	Operation allgemein, auch Eingabe, Ausgabe
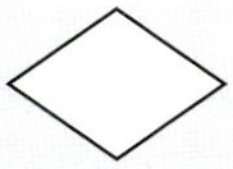	Verzweigung, genormte Form
	Verzweigung, praxisüblich
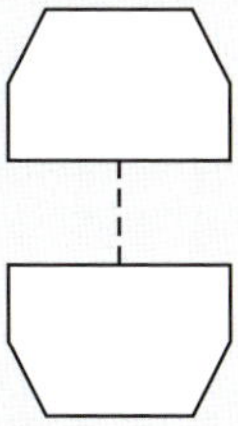	Schleifenbegrenzung für Zählschleife, in den von den schrägen Linien begrenzten Flächen müssen die gleichen Bezeichnungen stehen.
	Ablauflinie, Vorzugsrichtung von • oben nach unten, • links nach rechts.
	Übergangsstelle
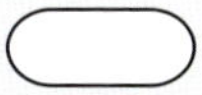	Grenzstelle

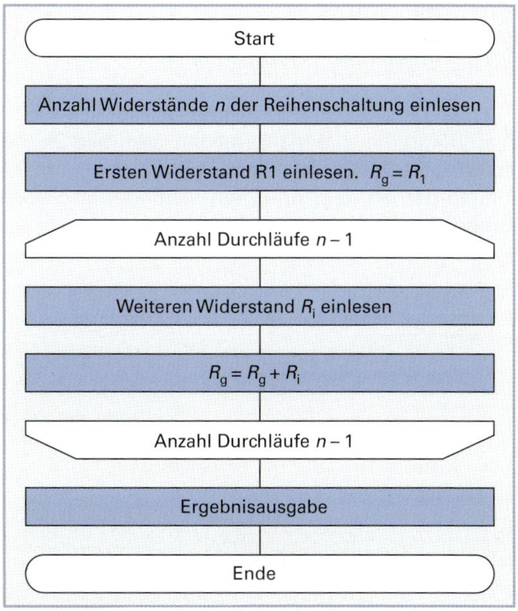

Bild 1: Programmablaufplan zur Ermittlung des Gesamtwiderstandes einer Reihenschaltung

Struktogramm

Programmabläufe können auch mit Struktogrammen (Nassi-Shneiderman-Diagrammen) dargestellt werden **(Tabelle 1)**. Die Struktogrammdarstellung ist gegenüber der Darstellung mit Programmablaufplänen kompakter. Von Nachteil ist, dass insbesondere in der Breite der Platz oft sehr knapp wird.

Das Arbeiten mit Struktogrammen führt jedoch automatisch zu strukturierten Programmen. Darunter versteht man Programme, die aus einzelnen Modulen (selbständige Baugruppen) zusammengesetzt sind und keine „Kreuz- und Quersprünge“ besitzen. Diese Module können bei Eignung für andere Programme wieder verwendet werden. Die Führung zur Strukturierung der Programmabläufe ist bei Programmablaufplänen nicht gegeben. Struktogramme sind daher meist schwieriger zu erstellen.

> Struktogramme zwingen zum strukturierten Programmieren.

Sonstige Abbildungsmöglichkeiten

Abgeleitet vom Programmablauf gibt es weitere Ablaufdarstellungen, z. B. das Prozesskettendiagramm **(Bild 1)**. Hier werden Ereignisse, Funktionen, Objekte und Organisationseinheiten mit verschiedenen Symbolen dargestellt. Mit den Elementen UND, ODER und Exklusiv ODER können Prozessabläufe verknüpft werden. Das Prozesskettendiagramm findet Anwendung bei Ablaufanalysen bzw. zum Darstellen von Abläufen in Verbindung mit zugeordneten Ereignissen und Anforderungen.

Für das Darstellen von Strukturen eignen sich Mindmap-Diagramme (Gedanken-Landkarte, **Bild 2**). Sie liefern eine Übersicht über Funktionen oder Aktivitäten gemäß der Top-Down-Methode, also vom Groben ins Feine.

Tabelle 1: Elemente von Struktogrammen

Sinnbild	Bedeutung
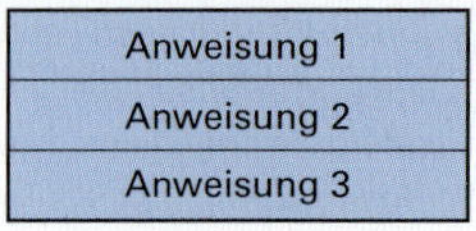 Folgeblock	Mit dem Elementarblock werden Wertzuweisungen und Rechenoperationen sowie Ein- und Ausgabeanweisungen durchgeführt.
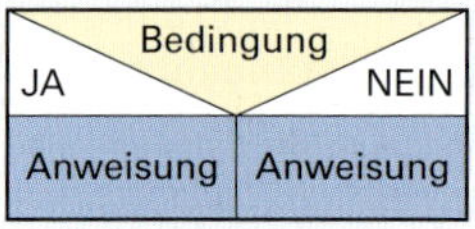 Verzweigungsblock (Auswahlblock)	Der Verzweigungsblock enthält eine Verzweigung mit den Alternativen JA oder NEIN. Je nach der Bedingung wird eine der Anweisungen ausgeführt.
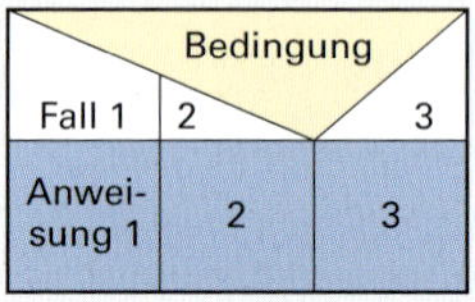 Verzweigungsblock, mehrfach	Das obere Dreieck enthält die Bedingung, unter welcher zu den einzelnen Fällen verzweigt wird.
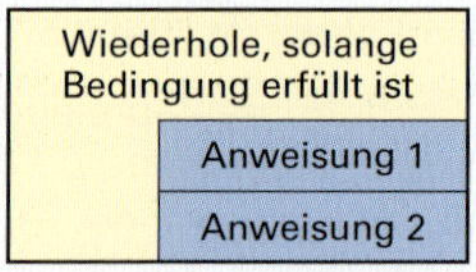 Wiederholungsblock mit Anfangsbedingung	Die Anweisungen werden so lange wiederholt, bis eine Bedingung nicht mehr erfüllt ist.
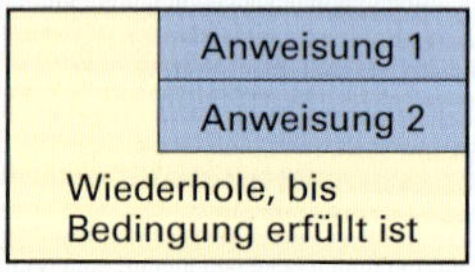 Wiederholungsblock mit Endebedingung	Beim Wiederholungsblock mit Endebedingung steht die Bedingung, ob die Schleife nochmals durchlaufen werden soll, am Ende der Schleife.

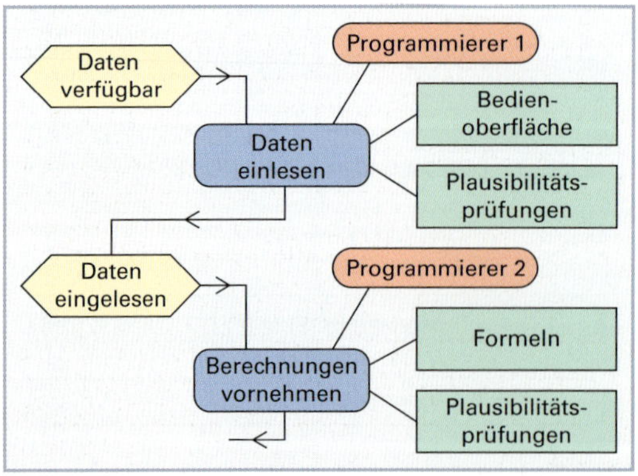

Bild 1: Auszug aus Prozesskettendiagramm (Beispiel)

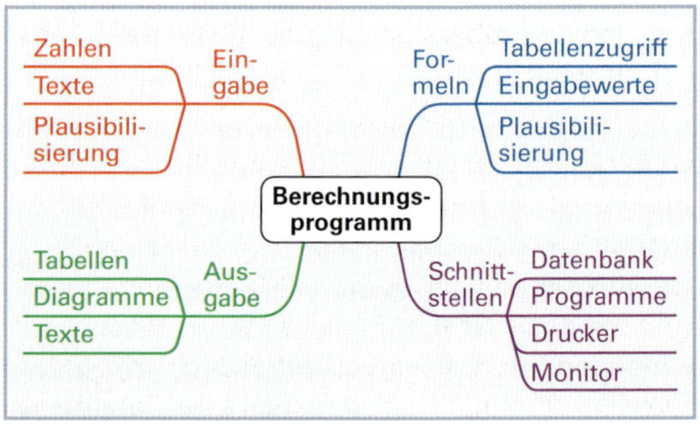

Bild 2: Mindmap-Diagramm

Wiederholung und Vertiefung

1. **Welche Personen sollten gemäß dem V-Modell Funktionstests durchführen?**
2. **Was versteht man unter einem Gate?**
3. **Wodurch unterscheidet sich die Anwenderdokumentation von der Schulungsdokumentation?**
4. **Nennen Sie Möglichkeiten zur grafischen Programmablaufgestaltung?**
5. **Welchen Vorteil besitzen Struktogramme?**

4.2.4 Programmstrukturierung

Ausgehend von den im Pflichtenheft beschriebenen Funktionen wird zunächst in Form von z. B.

- Blockplänen (Funktionsplänen),
- Programmablaufplänen,
- Struktogrammen oder auch
- Zustandsgraphen

die Programmstruktur (Softwarestruktur) über Programmmodule abgebildet **(Bild 1)**. Programmmodule sind Hauptprogramme oder Unterprogramme (Prozeduren, Makros). Die zwischen den Programmmodulen fließenden Daten werden z. B. entweder in das Programmstrukturbild eingetragen oder tabellarisch getrennt aufgelistet **(Bild 2)**. Der datentechnische Zusammenhang der Programmmodule muss erkennbar sein. Es muss eine Unterscheidung nach Eingangsdaten und Ausgangsdaten je Programmmodul erfolgen. Anschließend müssen die Programmmodule verfeinert dargestellt werden **(Bild 3)**. In welchem Umfang eine verfeinerte Darstellung zu erfolgen hat, hängt von der Komplexität des Programmmoduls ab.

Für jedes Programmmodul sind die Eingangsdaten und die Ausgangsdaten festzulegen.

Beim Festlegen der Programmstruktur sind bereits verfügbare Programmmodule aus anderen Projekten bzw. käuflich zu erwerbende Programmmodule zu berücksichtigen, z. B. Schnittstellentreiber (Programme zur Belieferung und Abholung von Daten von Softwareschnittstellen). Ebenso ist bei der Gliederung in Programmmodule zu beachten, dass Basismodule dabei sind, die Grunddienste erfüllen, z. B. Anzeige eines Diagrammes am Bildschirm.

Beim Verfeinern der Programmstruktur müssen die zur Programmerstellung geplanten Softwarehilfsmittel berücksichtigt werden, d.h. Einsatz von

- GUI-Tools (Softwarehilfsmittel zur Gestaltung grafischer Benutzungsoberflächen, GUI von Grafic User Interface), z. B. Visual Basic, oder
- Assistentenfunktionen in Entwicklungsumgebungen von Programmiersystemen oder Datenbanksystemen.

Abbilden von Programmstrukturen mit Blockplänen, Programmablaufplänen, Struktogrammen, Zustandsdiagrammen, Mindmap-Diagrammen und Prozesskettendiagrammen.

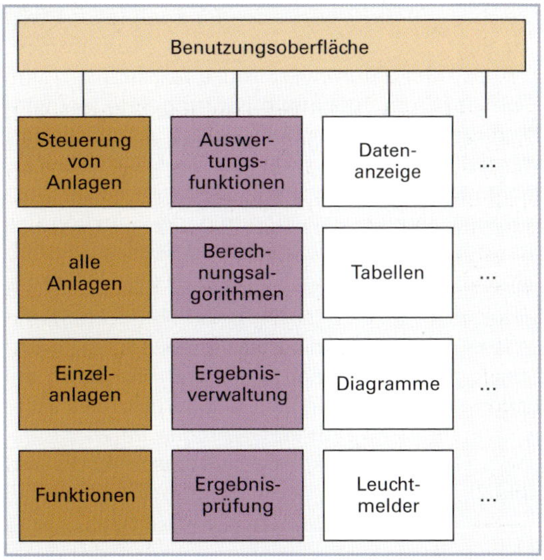

Bild 1: Grobe Programmstruktur

Programmmodul / Daten	Datenerfassung Prozess 1	Auswertungsfunktion 1	Datenanzeige
Seriennummer	–	e	e
Stückzahl	–	a	e
Anlagennummer	a	a	e
Datum	a	a	e
Drehzahl	a	a	e
Kraftmoment	a	a	e
Grenzwert 1	–	a	e
Grenzwert 2	–	a	e
a ausgeben, e einlesen			

Bild 2: Auflistung der Daten

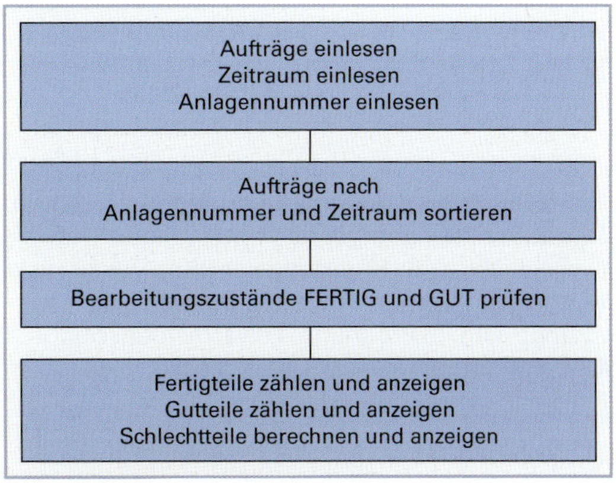

Bild 3: Verfeinerter Ablauf des Programmmoduls Stückzahlauswertung

Entsprechend der Programmstruktur ist das Programm zu codieren. Ein Hauptprogramm besteht idealerweise wegen der Übersichtlichkeit nur aus Programmverzweigungen (Sprungverteiler) und aufzurufenden Prozeduren oder Objekten **(Bild 1)**. Gleiches gilt für Prozeduren mit komplexer Funktionalität. Bei ereignisgesteuerten Programmen, z. B. bei Menüführungen, muss beim Einsatz von GUI-Tools der genannte Sprungverteiler vom Programmierer manchmal nicht programmiert werden. Die Erstellung der auf die Ereignisse reagierenden Prozeduren oder Objekten ist oft ausreichend. Ihre Organisation, d.h. die Funktion des Sprungverteilers, erfolgt im laufenden Betrieb dann durch mitlaufende Funktionen des GUI-Tools.

Jedes Programmmodul muss einen Kopfteil besitzen, in dem neben der realisierten Funktion, die benötigten Eingangsdaten, die berechneten Ausgangsdaten sowie die notwendigen Verwaltungsdaten als Programmkommentar beschrieben sind **(Bild 2)**.

Das Schaffen einer guten Programmlesbarkeit ist bei der Programmgestaltung von wesentlicher Bedeutung. Deshalb sind für Prozeduren, Objekte, Programmvariablen und Programmkonstanten verständliche Namen zu verwenden **(Bild 3)**. Dies gilt auch für Datenbanken, deren Tabellen und Tabellenelemente. Programmvariablen dienen zum Speichern von Daten, meist in der Wortbreite des Prozessors. Über eine Programmvariable wird also einem Datenwort (Datenspeicher) ein Name zugewiesen. Die Programmvariablen und Programmkonstanten sind an zentraler Stelle des Programmmoduls, für das sie benötigt werden, zu definieren, ggf. zu kommentieren und auch zu initialisieren (mit festen Werten zu versehen).

Durch Verwenden geeigneter Namen für Prozeduren, Objekte und Programmvariable wird die Lesbarkeit eines Programmes deutlich erhöht.

Bei der Programmcodierung ist darauf zu achten, dass zusammengehörende Anweisungen (Anweisungsblock), z. B. Programmschleifen, eingerückt geschrieben werden (Bild 3). Kreuz- und Quersprünge sind im Programm zu vermeiden. Dadurch wird die Programmlesbarkeit verbessert.

Zum besseren Verständnis des Programmablaufes sind an geeigneter Stelle im Programm Kommentare anzufügen.

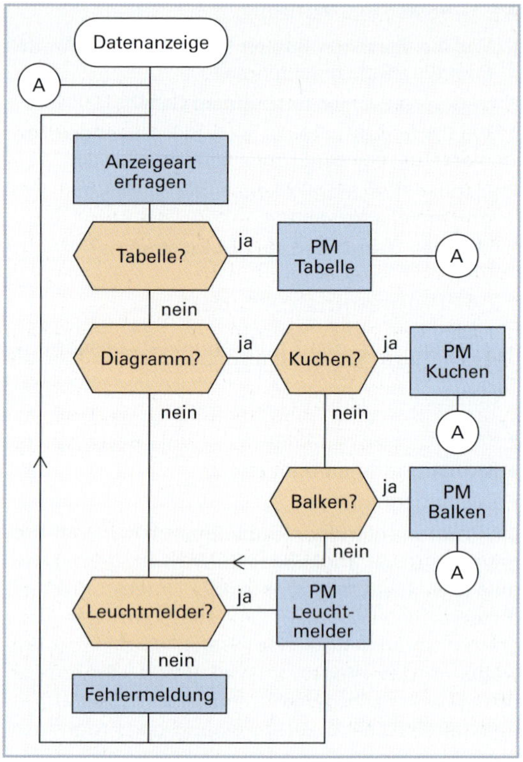

Bild 1: Programmstruktur des Programmmoduls (PM) Datenanzeige

```
{Programmmodul Datenanzeige
 Daten können über Tabellen, Kuchen-
 diagramme, Balkendiagramme oder
 Leuchtmelder am Bildschirm angezeigt
 werden.
 Erstellt von E. Maier, Abt. E3, 13.10.2011
 gespeichert als datanz.cpp auf Server S342P
 Rettfile auf Server S111R
 Eingangsvariablen, Ausgangsvariablen
 siehe Liste datanz_ea.lis}
```

Bild 2: Kopfteil des Programmmoduls Datenanzeige

```
case anzeigeart of
     't':   tabellen;
     'd':   case anzeigeart of
             'k' : kuchendiagramm;
             'b' : balkendiagramm
       end;
     'l':   leuchtmelder;
     else fehler
end;
```

Bild 3: Strukturiertes Schreiben von Programmcode-Anweisungsblöcken

4.2.5 Softwarehilfsmittel zur Programmierung

Nachdem die Programmstruktur z. B. mittels Programmablaufplan oder Struktogramm entworfen ist, wird für die Codierung des Programmes, also das Schreiben des Programmes in einer Programmiersprache, das Softwarehilfsmittel (Softwaretool, tool = Werkzeug) Editor (von to edit = herausgeben) benötigt **(Bild 1).**

Ein *Editor* ist ein Programm, welches ermöglicht, dass beliebige alphanumerische Zeichen über die Tastatur in einen Computer eingegeben werden können. Die eingegebenen Zeichen können mit den Funktionen des Editors überschrieben, kopiert oder auch verschoben werden.

Damit der Computer das eingegebene Programm (*Quellprogramm*) versteht, muss es in den Maschinencode, z. B. des Mikroprozessors der Computeranlage, übersetzt werden (*Objektprogramm*). Übersetzerprogramme für höhere rogrammiersprachen bezeichnet man je nach Arbeitsweise als *Compiler* (to compile = übersetzen) oder *Interpreter* (to interpret = auswerten).

Ist ein Programm in der Programmiersprache des Mikroprozessors oder Mikrocontrollers erstellt (Assemblersprache), dann muss es mit einem *Assemblerprogramm* (Assembler, von to assemble = montieren) in den Maschinencode des Mikroprozessors bzw. Mikrocontrollers übersetzt werden.

Besteht ein Programm aus mehreren Programmdateien (Programmfiles, file = Liste), so müssen diese nach dem Übersetzen mit einem *Linker* (to link = verbinden) zu einer Datei zusammengebunden werden. Mit einem *Locater* (von to locate = platzieren), der meist Bestandteil des Linkers ist, werden den einzelnen Dateien Anfangsadressen zugewiesen (Bild 1). Das erstellte Programm ist jetzt ablauffähig. Die Programmdatei enthält meist die Dateinamenserweiterung exe (von executable = ausführbar).

Soll das Programm in einen EPROM-Baustein gespeichert („eingebrannt") werden, so ist eine Codekonvertierung, meist in das hexadezimale Format von Intel, erforderlich.

> Zum Programmieren werden meistens Editor, Compiler und Linker benötigt.

Bild 1: Softwarehilfsmittel zur Programmerstellung

Bei einer *Compilerübersetzung* wird das in Hochsprache geschriebene Programm vor seiner Ausführung vollständig in den Maschinencode übersetzt **(Bild 1).** Die meisten höheren Programmiersprachen werden von Compilern übersetzt.

Erfolgt die Übersetzung mit einem *Interpreter,* dann wird, sobald eine Programmzeile übersetzt ist, diese unmittelbar nach der Übersetzung ausgeführt **(Bild 2).** Bei Programmschleifen werden Programmteile mehrfach übersetzt. Dadurch sind die Programmausführungszeiten größer als bei Übersetzungen mittels Compiler. Interpreter werden in numerischen Steuerungen, für manche BASIC-Sprachdialekte und für Sprachen zur Systemprogrammierung, z. B. mit Betriebssystem-Sprachworten, verwendet.

Programme, die mit Compilern übersetzt sind, werden schneller ausgeführt als Programme, die von Interpretern übersetzt werden.

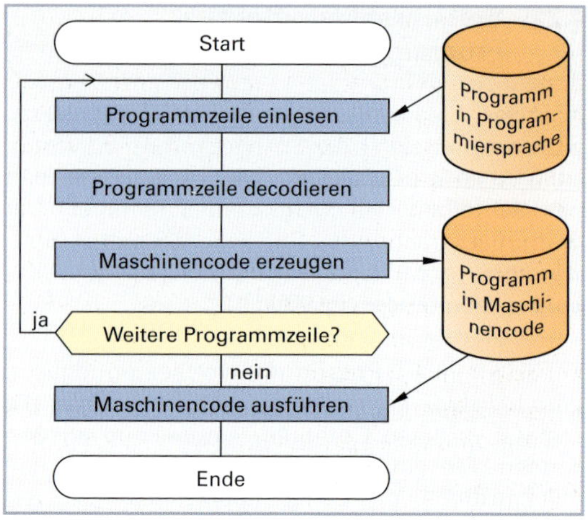

Bild 1: Programmausführung nach dem Compilieren

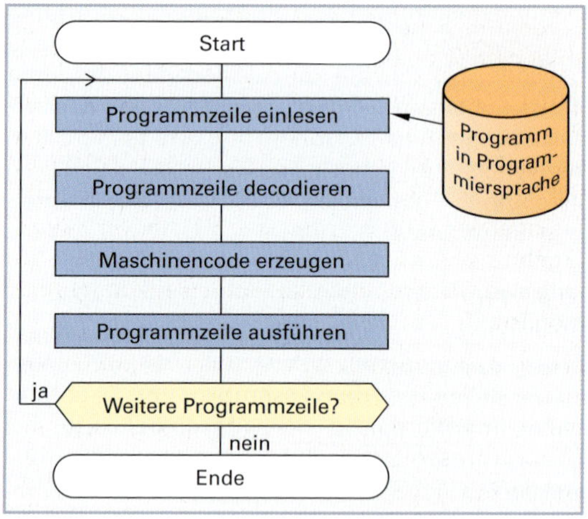

Bild 2: Programmausführung mit Interpretation

Das Testen von ablauffähigen Programmen kann mit einem Debugger (von to debug = entwanzen) und mit einem Emulator (von to emulate = nachbilden) erfolgen. Mittels Debugger können beim Programmlauf Haltepunkte (Breakpoints = Abbruchpunkte) gesetzt werden, an denen das Programm unterbrochen wird. Mit weiteren Debugfunktionen können dann Speicherinhalte angesehen und verändert werden. Auch ein Einzelschrittbetrieb (Single-Step-Mode) ist möglich. Hierbei wird nur eine Programmzeile ausgeführt und dann wird im Programmablauf wieder angehalten. Der Einsatz eines Debuggers ist ausreichend, wenn der Entwicklungscomputer mit dem späteren Zielcomputer identisch ist, z. B. ein PC.

Unterscheidet sich der Zielcomputer vom Entwicklungscomputer, so ist ein Testen mittels Emulator sinnvoll. Ein Emulator ist ein Programm, das einen Mikroprozessor oder Mikrocontroller nachbildet. Der Einsatz eines Emulators erfordert einen Emulatoradapter, der in den Sockel des Mikroprozessors bzw. Mikrocontrollers auf der Platine gesteckt wird **(Bild 3).** In Verbindung mit einem Debugger, der meist in der Emulatorsoftware mitenthalten ist, kann mit den Debugfunktionen gearbeitet werden. Bei diesem Testen wird das entwickelte Programm direkt in Verbindung mit seiner Hardware erprobt.

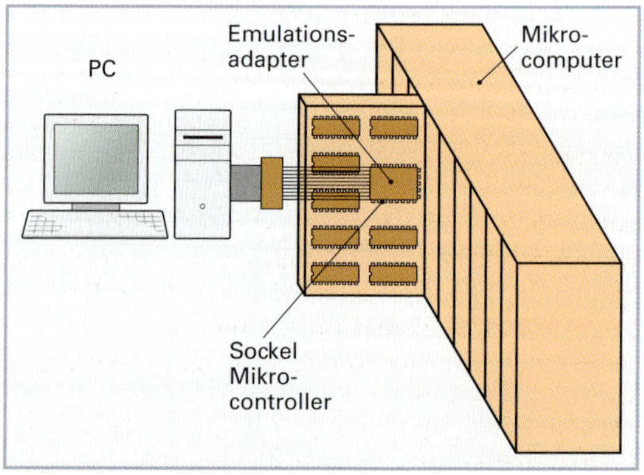

Bild 3: Test eines Mikrocomputers mit Emulator

Ein Emulator ersetzt für Testzwecke den Mikroprozessor oder Mikrocontroller auf einer Schaltungsplatine.

Debugger und Emulatoren sind Softwaretools zum Testen von entwickelten Programmen.

4.2.6 Programmfreigabephasen

Sobald ein Programm erstellt und prinzipiell lauffähig ist, muss es in festgelegten Freigabephasen eingesetzt werden **(Bild 1)**. Hierzu ist ein Inbetriebnahmeplan erforderlich **(Bild 2)**. Damit soll erreicht werden, dass das Programm produktiv erst dann zum Einsatz kommt, wenn es möglichst fehlerfrei ist. Fehlerfrei bedeutet

- keine Programmierfehler, z. B. keine Irrläufe in Programmschleifen,
- keine Funktionsfehler und
- keine Fehler durch Missverständnisse zwischen Programmierer und Auftraggeber (Anwender).

In der *Freigabephase 1* wird das Programm ausschließlich vom Entwickler in dessen Entwicklungssystem angewendet. Fehler werden umgehend behoben. Die vom Programm erzeugten Ergebnisse haben keine Verbindlichkeit und dürfen an andere Personen nicht weitergegeben werden.

In der *Freigabephase 2* erfolgt die Bedienung des Programmes noch ausschließlich vom Entwickler in seiner Entwicklungsumgebung. Allerdings dürfen die Programmergebnisse an spätere Benutzer weitergegeben werden. Über eine Verbindlichkeit der Ergebnisse entscheiden Entwickler und Benutzer fallweise. Programmänderungen sind umgehend möglich.

In der *Freigabephase 3* wird mit dem Programm an einem definierten Testsystem vom Benutzer gearbeitet. Es liegt in seiner Verantwortung, inwieweit er die vom Programm gelieferten Ergebnisse verwertet. Die Anwenderdokumentation (Benutzeranleitung) muss vorliegen. Programmänderungen und Änderungszeitpunkt müssen zwischen Entwickler und Anwender abgesprochen werden.

In der *Freigabephase 4* sind vom Programm erzeugte Ergebnisse dann verbindlich. Es ist für alle Benutzer auf dem ursprünglich geplanten Produktivsystem einsatzfähig. Programmänderungen sollten nur noch in Form von Release-Wechseln (Versionswechsel, neues Update) zum Tragen kommen. Am Ende der Phase 4 ist das Programm vom Auftraggeber abzunehmen, d.h. er bestätigt schriftlich die im Pflichtenheft festgeschriebene Funktionalität. Die vollständige Systemdokumentation liegt vor.

Freigabephasen und Inbetriebnahmepläne fördern die Zufriedenheit der Anwender beim produktiven Arbeiten mit der erstellten Software.

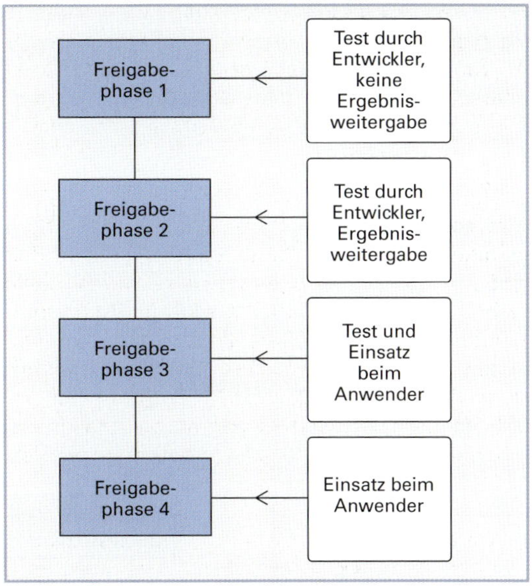

Bild 1: Freigabephasen der Softwareentwicklung

Aktivitäten	Zeitraum M1 M2 M3 M4 M5 M6	Aufwand PT
Beschaffung Hardware Anwender (A)		2
Installation Hardware, Systemsoftware A		5
Schulung Anwender		66
Test Freigabephase 1		20
Test Freigabephase 2		10
Test Freigabephase 3		40
Dokumentation abschließen		20
M Monat, PT Personentag		

Bild 2: Inbetriebnahmeplan

Wiederholung und Vertiefung:

1. **Nennen Sie die Bestandteile einer IT-Systemdokumentation.**
2. **Nennen Sie Dokumentationshilfsmittel.**
3. **Nennen Sie grafische Abbildungsmöglichkeiten für Programmstrukturen.**
4. **Mit welchen Methoden wird die Programmlesbarkeit verbessert?**
5. **Wozu dienen Freigabephasen?**

5 Betriebssysteme

5 Betriebssysteme

5.1 Aufgaben von Betriebssystemen und Überblick

Die meisten PC-Systeme werden mit einem bereits installierten Betriebssystem ausgeliefert, z. B. Windows XP, Windows 7 oder LINUX. Installiert heißt, das Betriebssystem befindet sich bereits auf der Festplatte des PC-Systems und ist an dessen Hardware angepasst.

5.1.1 Betriebssystemarten

Betriebssysteme (*Operating Systems*) sind Programme, die jeder Computer benötigt. Mit ihnen wird z. B. die Tastatureingabe, die Bildschirmausgabe und der Datentransport von und zu den Massenspeichern gesteuert. Das Betriebssystem steuert und überwacht auch die Abwicklung von Programmen. Betriebssysteme werden auf CD-ROM geliefert oder sind auf der Festplatte installiert.

> Betriebssysteme sind das Software-Bindeglied zwischen der Hardware und dem Benutzer.

Einplatzbetriebssysteme

Ein Computersystem wird oft durch ein Schalenmodell dargestellt **(Bild 1)**. Meist kann der Anwender über die Tastatur auf Anwenderprogramme oder auf bestimmte Funktionen des Betriebssystems (BS) einwirken. Die Steuerung der Bildschirmausgabe erfolgt durch das Betriebssystem, wobei bestimmte Ausgaben auch wieder durch Anwenderprogramme steuerbar sind. DOS kann z. B. immer nur ein Programm bearbeiten.

Mit OS/2, Windows XP oder Windows 7 kann der Anwender mehrere Tasks (von task = Aufgabe) vom Computer bearbeiten lassen **(Bild 2)**. Dabei teilt das Betriebssystem nacheinander jedem Task eine bestimmte, kurze Rechenzeit zu (Time-Sharing-Betrieb). Dadurch entsteht der Eindruck, als ob alle Anwendungen gleichzeitig bearbeitet würden. Multitasking gibt es in verschiedenen Ausprägungen (siehe Abschnitt 5.1.3).

> Die gleichzeitige Bearbeitung mehrerer Programme durch den Computer wird Mehrprogrammbetrieb (Multitasking) genannt.

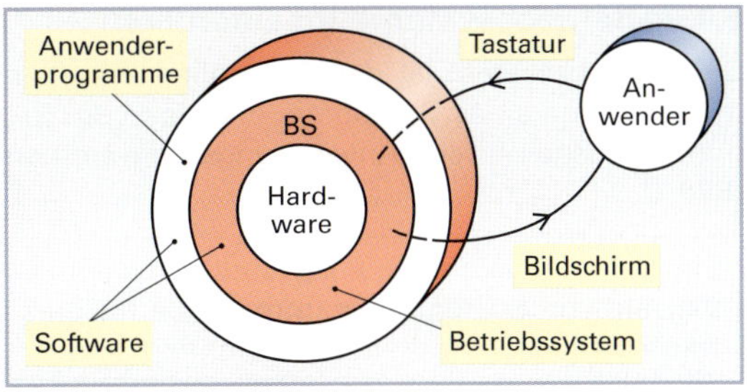

Bild 1: Computersystem

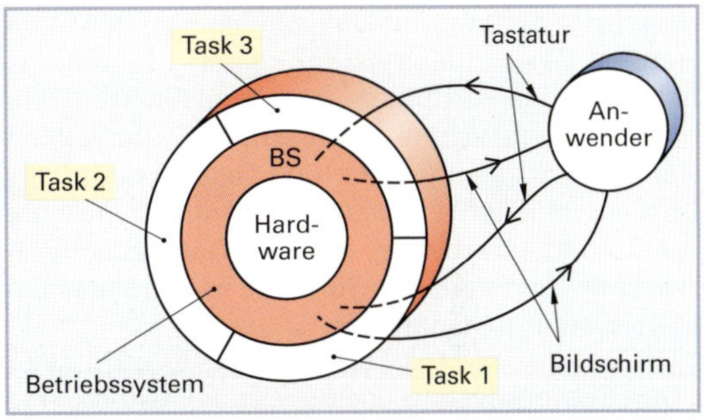

Bild 2: Mehrprogrammbetrieb (Multitasking)

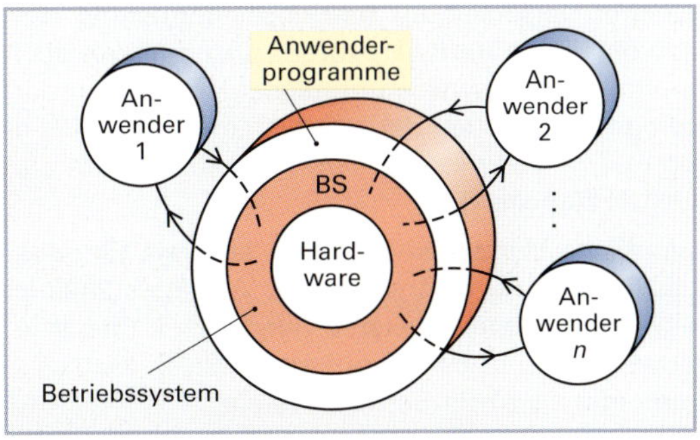

Bild 3: Mehrplatzsystem (Multiuser)

Mehrplatzbetriebssysteme

Bei Mehrplatzbetriebssystemen, wie z. B. UNIX, können mehrere Anwender mit einem Computer arbeiten **(Bild 3)**.

UNIX teilt dazu jedem Anwender nacheinander eine bestimmte, kurze Rechenzeit zu. Dadurch entsteht der Eindruck, als ob jeder Anwender den Computer allein zur Verfügung hätte.

> Mit Mehrplatzsystemen können Anwender unabhängig voneinander verschiedene Aufgaben mit einem Computer bearbeiten.

5.1.2 Betriebssysteme im Überblick

Das Betriebssystem ist das Bindeglied zwischen der Hardware eines Computers und den vom Benutzer ausgeführten Anwendungsprogrammen **(Bild 1)**.

Ein Betriebssystem ist ausgestattet mit einer Vielzahl von Systemprogrammen, die für den Betrieb eines Computers unverzichtbar sind.

Das Betriebssystem wird nach dem Einschalten eines Computers meist automatisch gestartet. Mit seiner Hilfe können alle Verwaltungsaufgaben, wie Datenspeicherung und Datensicherung, bewältigt werden. Das Betriebssystem steuert alle Abläufe innerhalb des Computers und sorgt für die Kommunikation zwischen dem Computer und seinen Geräten zur Dateneingabe und Datenausgabe. Es ist die Schnittstelle aller Anwendungsprogramme zur Computerhardware. Für den Datenaustausch zwischen Hardware und Software ist somit das Betriebssystem zuständig.

Das Betriebssystem ermöglicht die Kommunikation zwischen dem Benutzer und dem Computer.

Es gibt verschiedene Betriebssysteme, die sich sowohl in den Hardwarevoraussetzungen als auch in ihrer Betriebsweise unterscheiden. Zu den derzeit gebräuchlichen Betriebssystemen zählen Windows 7, Windows Vista, Windows 2000, UNIX und LINUX **(Tabelle 1)**.

Sämtliche Windows-Versionen sind als Betriebssysteme für PC weit verbreitet. Windows 2000 ist ein 32-Bit-Betriebssystem. Windows 7 und Windows Vista gibt es sowohl als 32-Bit-Betriebssystem oder als 64-Bit-Betriebssystem.

Windows 7 gibt es in fünf verschiedenen Varianten: Starter Edition, Home Basic, Home Premium, Professional und Ultimate-Edition. Für den Heimgebrauch ist die Home Premium Variante interessant. Die Versionen Professional und Ultimate-Edition verfügen über Verschlüsselungsmöglichkeiten. Die einfache Starter Edition ist für Netbooks entwickelt. Ein Netbook ist ein tragbarer Computer, der kleiner und leistungsschwächer als ein Notebook ist. Die Home Basic Variante von Windows 7 ist für Entwicklungsländer gedacht.

Android ist für Smartphones entwickelt. Ein Smartphone ist ein Mobiltelefon, das auch als Adressbuch und für Terminplanungen verwendet werden kann. Häufig verfügt es aber auch über ein Textverarbeitungsprogramm oder Tabellenkalkulationsprogramm sowie eine Schnittstelle zur Datenübertragung zu einem PC.

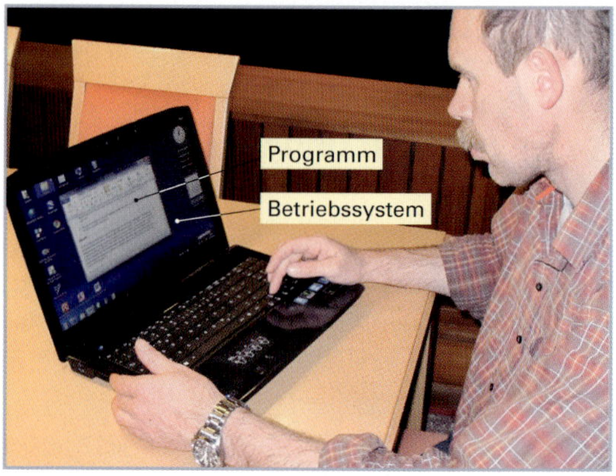

Bild 1: Das Betriebssystem als Vermittler

Tabelle 1: Betriebssysteme

Betriebssystem	Einsatz	Verbreitung
Windows XP	Heimgebrauch, Unternehmen	Einsatz sinkt
Windows 2000 Professional	Heimgebrauch	verbreitet
Windows 2000 (Advanced, Datacenter) Server	Unternehmen	verbreitet
Windows Vista	Heimgebrauch	Einsatz sinkt
Windows 7	Heimgebrauch	Einsatz steigt
UNIX	bei Workstations, ausschließlich in Unternehmen	verbreitet
Linux	PC-Basis, Unternehmen, Schulen, Heimgebrauch	Einsatz steigt
Mac OS X Android	in Smartphones	verbreitet

Bild 2: iPhone mit Betriebssystem

Mac OS X ist ebenfalls ein Betriebssystem für Smartphones und wird z. B. im Apple iPhone eingesetzt **(Bild 2)**.

Das Betriebssystem UNIX ist auf Workstations stark vertreten und hat in vielen Unternehmen, z. B. im CAD-Umfeld, eine große Bedeutung. LINUX ist eine für den PC-Bereich entwickelte UNIX-Variante, die immer größeren Einsatz auch in Firmen findet.

5.1.3 Eigenschaften von Betriebssystemen

Benutzeroberfläche

Betriebssysteme können sich im Aussehen ihrer Benutzeroberflächen unterscheiden. Es gibt rein befehlsorientierte oder grafische Benutzeroberflächen. Bei befehlsorientierten Benutzeroberflächen werden gewünschte Aktionen durch Eingabe einer bestimmten Zeichenfolge über die Tastatur ausgelöst **(Bild 1)**. MS-DOS hat z. B. eine rein befehlsorientierte Oberfläche.

Grafische Benutzeroberflächen sollen das Erlernen und das Arbeiten mit dem Betriebssystem vereinfachen. Hier können Programme über ein Bildsymbol (Icon) ausgelöst werden **(Bild 2)**. Alle Windows-Versionen besitzen grafische Benutzeroberflächen.

Singletasking

Bei der Betriebsart Singletasking (von single = einzeln, task = Aufgabe) wird ein neues Programm nur nach Beendigung des vorherigen Programms ausgeführt. Es kann immer nur mit einem einzigen Programm zur selben Zeit gearbeitet werden **(Bild 3)**. MS-DOS ist ein Singletasking-Betriebssystem.

Multitasking

Bei der Betriebsart Multitasking kann mehr als ein Programm zur selben Zeit ausgeführt werden.

Beim *kooperativen* (zusammenwirkenden) Multitasking bestimmt jedes laufende Programm seine beanspruchten Prozessorzeiten selber und gibt nach gewissen Zeitspannen den Prozessor für andere Programme wieder frei **(Bild 4)**. Es können allerdings Probleme auftreten, wenn ein Programm nicht einwandfrei läuft oder gar abstürzt und damit über die Software nicht mehr abschaltbar ist. Dann können meist die anderen Programme auch nicht mehr auf den Prozessor zugreifen und ein Neustart des Computers ist unumgänglich. Das kooperative Multitasking gilt heute als veraltet.

Beim *preemptiven* Multitasking (von to preempt = im Voraus mit Beschlag belegen) wird die Prozessorzeit vom Betriebssystem und nicht von den laufenden Programmen bestimmt **(Bild 5)**. Die Prozessorleistung wird jedem ausgeführten Anwendungsprogramm für eine gewisse Zeit zur Verfügung gestellt, anschließend wieder entzogen und einem anderen Programm übertragen. Die Unterbrechungen werden vom Benutzer meist nicht bemerkt. Ein Programm ist nach einer bestimmten Anzahl von Takten abgearbeitet. Kommt es beim preemptiven Multitasking zu einem Programmabsturz, so hat das keine Auswirkung auf die anderen gerade ausgeführten Programme.

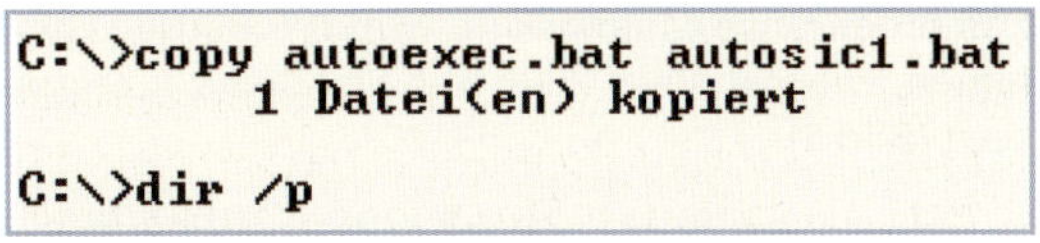

Bild 1: Befehlsorientierte Benutzeroberfläche

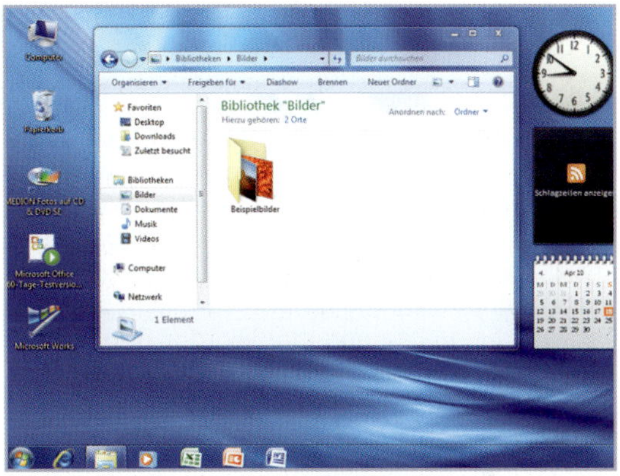

Bild 2: Grafische Benutzeroberfläche

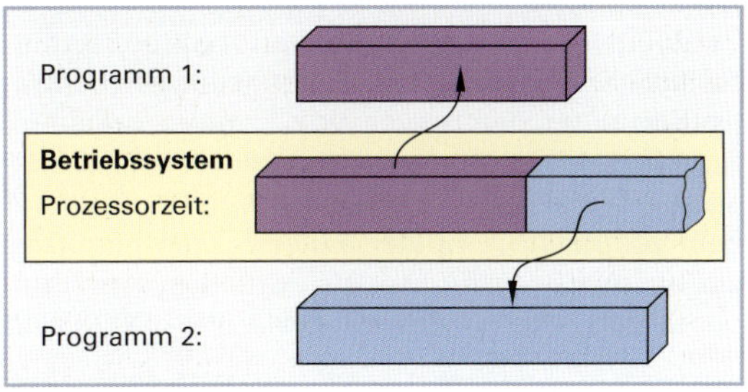

Bild 3: Singletasking

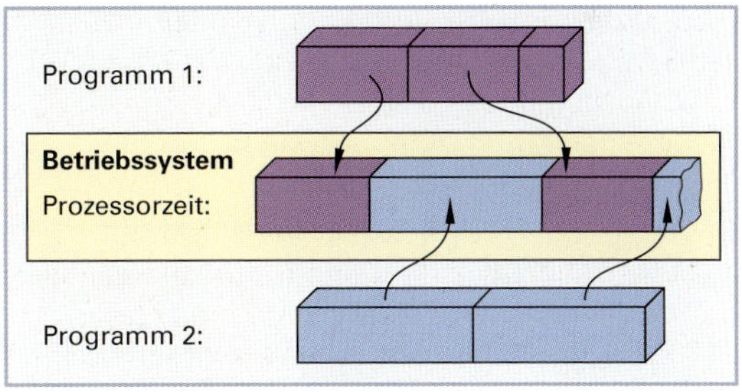

Bild 4: Kooperatives Multitasking

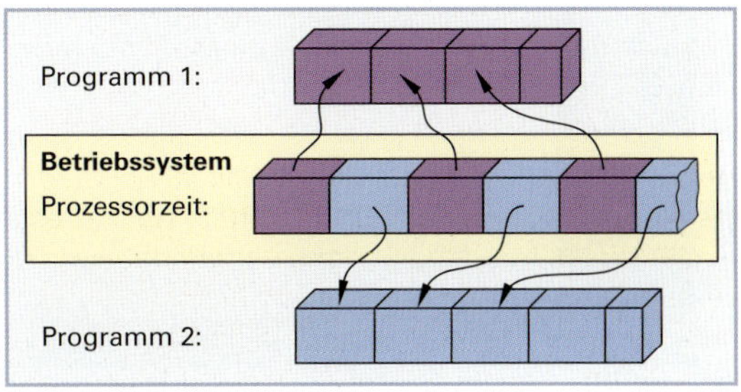

Bild 5: Preemptives Multitasking

Das preemptive Multitasking wird bei Betriebssystemen, wie Windows 2000 und Windows 7, eingesetzt **(Bild 1)**.

> Beim preemptiven Multitasking ist das Betriebssystem für die Vergabe der Prozessorzeit zuständig.

Multithreading

Oft erlauben Betriebssysteme auch einem Programm, mehrere Programmteile, so genannte Threads (thread = Faden), gleichzeitig ablaufen zu lassen. Es wird dann von *Multithreading* gesprochen. Allerdings muss das Anwendungsprogramm auch multithreadingfähig sein. So kann bei dem Textverarbeitungsprogramm Word z. B. gleichzeitig die Silbentrennung und das Drucken des Dokumentes im Hindergrund durchgeführt werden **(Bild 2)**. Multithreadingfähige Betriebssysteme sind z. B. Windows 7 und Windows XP.

Multi-User-Systeme und Single-User-Systeme

Bei Multi-User-Systemen können mehrere Benutzer gleichzeitig auf einen leistungsfähigen zentralen Computer, den Server (von to serve = dienen), zugreifen. Meist arbeiten die Benutzer an Arbeitsstationen und nutzen gemeinsame Ressourcen auf dem zentralen Computer. Für ein Mehrbenutzersystem muss das verwendete Betriebssystem multiuserfähig sein. Windows 7, UNIX und LINUX sind multiuserfähige Betriebssysteme. Dagegen gibt es auch Betriebssysteme, die nur einem einzigen Benutzer zur selben Zeit die Verwendung des Computers erlauben. MS-DOS ist ein solches Single-User-System oder Einzelplatz-Betriebssystem.

Arbeitsspeicherverwaltung

Die maximale Größe des Arbeitsspeichers ist abhängig von der Prozessorarchitektur. Die Adressbusbreite ist ausschlaggebend für die Größe des Arbeitsspeichers. Bei 32-Bit-Prozessoren hat der Adressbus 32 Leiter. Es werden 2^{32} verschiedene Speicherzellen angesprochen, und damit ein Arbeitsspeicher von bis zu 4 GB direkt adressiert. Um bei den neuen Prozessoren den Arbeitsspeicher zu

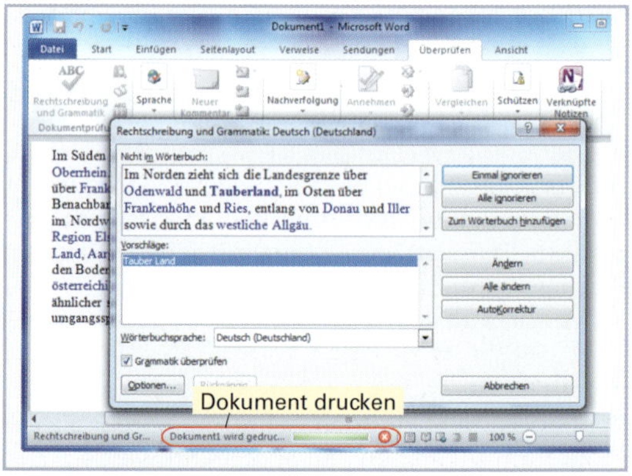

Bild 2: Multithreading bei Word

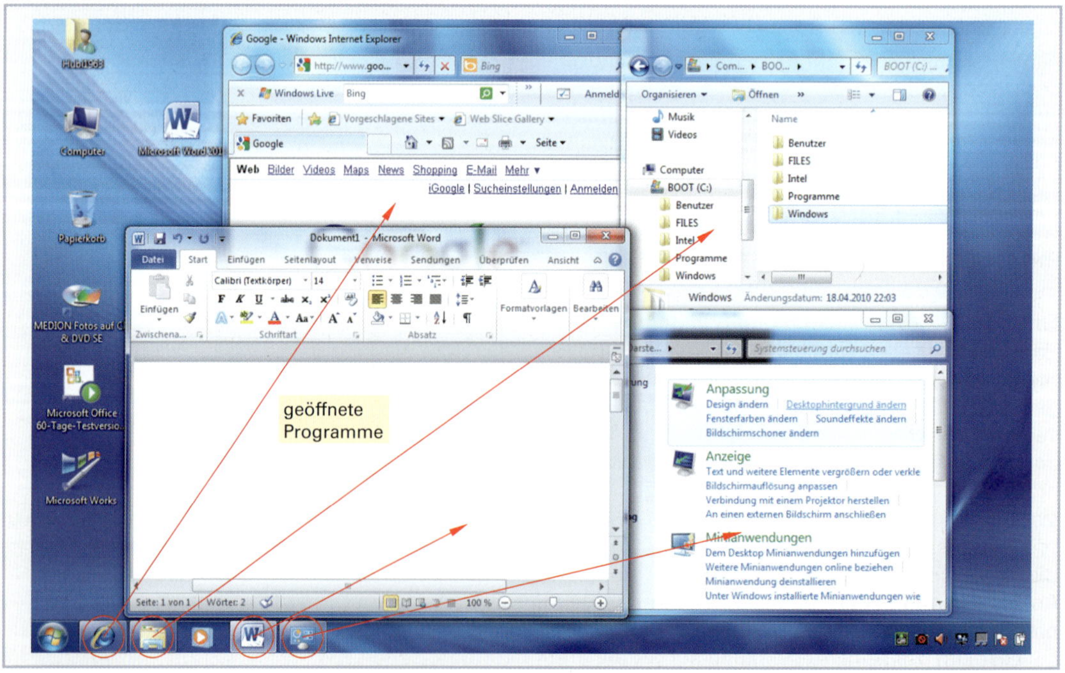

Bild 1: Preemptives Multitasking bei Windows

vergrößern, wurde die Adressbusbreite auf 64 Leiter erhöht. So kann ein Speicherbereich mit bis zu 2^{64} Byte = 16 EB = 16000000000 GB verwaltet werden.

> Die Größe des adressierbaren Arbeitsspeichers ist abhängig von der Adressbusbreite.

Windows 7 ist ein 64-Bit-Betriebssystem und kann deshalb einen Arbeitsspeicher mit einer Größe von 16 EB adressieren.

Dateisystem

Das Dateisystem wird für die Verwaltung der Daten auf den Speichermedien, wie z. B. der Festplatte, benötigt. Durch das verwendete Dateisystem wird das Aussehen der Dateinamen und die Größe der Cluster (= Menge), d.h. der kleinsten Speichereinheiten auf dem Speichermedium, festgelegt. Jedes Dateisystem ist durch seine *Dateizuordnungstabelle* charakterisiert. In der Dateizuordnungstabelle sind die Adressen der gespeicherten Dateien hinterlegt. Von der Dateizuordnungstabelle wird zur Sicherheit mindestens eine Kopie erstellt.

> Das Dateisystem ist zur Verwaltung des Festplattenspeichers unabdingbar.

Viele Betriebssysteme unterscheiden sich in dem Aufbau ihres Dateisystems **(Tabelle 1)**. Die FAT (von File Allocation Table = Dateizuordnungstabelle) wird automatisch eingerichtet und wird bei der Verwaltung von Disketten unter Windows 98 und Windows NT verwendet. Als FAT32 bzw. VFAT32 wird die Dateizuordnungstabelle eines 32-Bit-Betriebssystems bezeichnet. Diese Dateizuordnungstabelle wird immer beim Systemstart über Gerätetreiber eingerichtet. Die Dateisysteme FAT64, FAT32 und NTFS finden Sie in Abschnitt 5.2.4.

Sicherheit

Bei einigen Betriebssystemen, wie Windows 7 und UNIX können vertrauliche Daten gegenüber dem Zugriff von Dritten gesichert werden. Windows 7 bietet Verschlüsselungsmöglichkeiten an.

5.2 Windows

5.2.1 Systemvoraussetzung

Voraussetzungen für die Installation und für den reibungslosen Gebrauch des Betriebssystems als 32-Bit-Version ist ein Computer mit einem 1-GHz-Prozessor, mindestens 1 GB Arbeitsspeicher und einer freien Festplattenkapazität von mindestens 16 GB. Um zusätzlich Speicherplatz für Anwendungsprogramme zu haben, sollten 50 GB nicht unterschritten werden. Zudem ist ein DirectX9-Grafikgerät mit WDDM 1.0 oder höherem Treiber erforderlich. Für die 64-Bit-Version wird ein höherer Arbeitsspeicher und eine höhere Festplattenkapazität benötigt.

Tabelle 1: Dateisysteme

Dateisystem	Erklärung	Einsatzgebiet
FAT	File Allocation Table	DOS, bei Disketten unter Windows 7, Windows NT
VFAT32, FAT32	wie oben	wahlweise bei Windows 2000
exFAT, FAT64	wie oben	wahlweise bei Windows Vista und Windows 7
NTFS	New Technology File System	wahlweise bei Windows 2000, bei Windows 7
EXT2	Second Extended File System	Linux
EXT4	Fourth Extended File System	Linux
HFSplus, HFS+	Hierarchical File System plus	Mac OS x

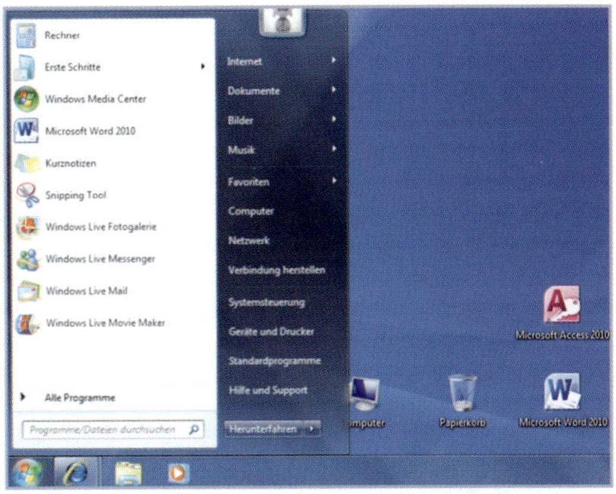

Bild 1: Grafische Benutzeroberfläche

5.2.2 Systembeschreibung

Windows 7 und Windows 2000 sind Betriebssysteme, die Datenworte und Adressworte mit einer Breite von 32 bit verarbeiten können und zudem multitasking- und multithreadingfähig sind. Diese Betriebssysteme sind multiuserfähig und weisen grafische Benutzeroberflächen auf **(Bild 1)**.

Windows 7 und Windows 2000 verweigern Programmen den direkten Zugriff auf Hardwarekomponenten, was beim Arbeiten mit DOS-Programmen zu Problemen führen kann. Dadurch werden aber Systemabstürze reduziert, so dass diese Betriebssysteme damit erheblich an Sicherheit und Stabilität gewonnen haben.

Plug-and-Play

Windows unterstützt *Plug-and-Play* (von to plug = einstöpseln, to play = spielen). Eine Plug-and-Play-fähige Hardware muss bei der Installation nur in den Rechner eingesteckt werden und übergibt dann dem Betriebssystem die eigene Spezifikation. Einstellungen von Interrupts sind nicht mehr erforderlich. Die notwendige Treibersoftware (Ansteuerungssoftware für die Hardware) wird automatisch nach Einlegen der mitgelieferten CD-ROM installiert. Plug-and-Play-Komponenten werden von vielen Hardwareherstellern angeboten **(Bild 1)**.

> Das Betriebssystem Windows weist Plug-and-Play-fähiger Hardware bei Bedarf automatisch Systemressourcen zu.

Windows 7 und Windows 2000 verwenden eine *Treibersignierung*, bei der alle von Microsoft erfolgreich getesteten Treiber digital signiert werden. Wird ein nicht signierter Treiber installiert, gibt das Betriebssystem eine Warnung aus.

Virtueller Arbeitsspeicher

Windows unterstützt einen *virtuellen Arbeitsspeicher* (von lat. virtus = Geist). Mithilfe des virtuellen Arbeitsspeichers wird ein zu kleiner Arbeitsspeicher ausgeglichen, indem ein Bereich auf der Festplatte als zusätzlicher Arbeitsspeicher zur Verfügung gestellt wird. Der bereitgestellte Bereich wird bei Windows 2000 und bei Windows 7 über die Auslagerungsdatei `pagefile.sys` angesprochen.

> In den virtuellen Arbeitsspeicher werden Daten vorübergehend aus dem Arbeitsspeicher ausgelagert.

Die Verlagerung der Daten wird als *Swapping* (von to swap = austauschen) bezeichnet. Das Schreiben der Daten auf eine Festplatte dauert länger als das Ablegen der Daten im Arbeitsspeicher. Deswegen sollte die Auslagerungsdatei am Anfang oder Ende der Partition (von part = Teil) gespeichert sein, um die Verlangsamung des Rechners durch den virtuellen Arbeitsspeicher so klein wie möglich zu halten. Die Auslagerungsdatei sollte deswegen auch unbedingt unfragmentiert (unzerstückelt) auf der Partition sein. Eine Partition ist ein Teil einer Festplatte, der mit einem eigenen Laufwerksbuchstaben angesprochen wird.

Der virtuelle Arbeitsspeicher wird in der Systemsteuerung durch Anklicken der Gruppe `System und Sicherheit` angezeigt **(Bild 2)**. Es erscheinen noch weitere Gruppen. Durch Anklicken des Punktes `Arbeitsspeicher und Prozessorgeschwindigkeit anzeigen` innerhalb der Gruppe `System` erscheinen die Basiseinstellungen über den Computer **(Bild 3)**.

Bild 1: Plug-and-Play-fähige Hardware

Bild 2: Systemsteuerung

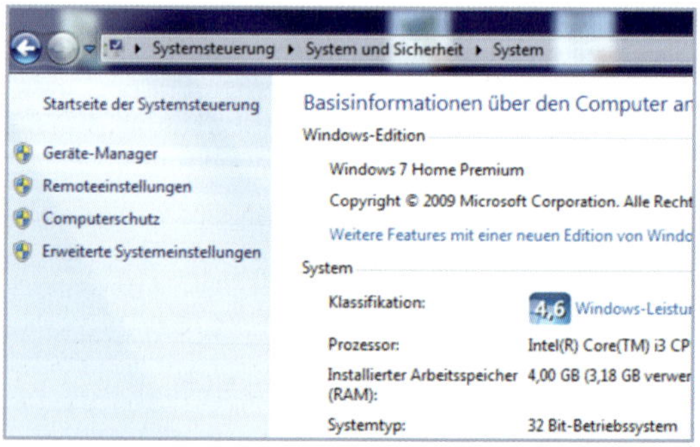

Bild 3: Basisinformationen über den Computer

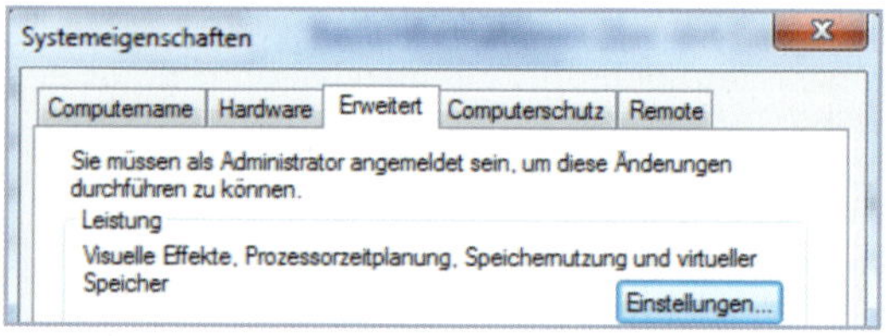

Bild 4: Systemeigenschaften

Wird Erweiterte Systemeinstellungen angeklickt, erscheinen die Systemeigenschaften **(Bild 4, vorhergehende Seite)**. Hier wird die Größe des virtuellen Arbeitsspeichers angezeigt **(Bild 1)**.
Wird die Schaltfläche Ändern betätigt, erscheint das Fenster Virtueller Arbeitsspeicher mit weiteren Einstellungsmöglichkeiten **(Bild 2)**. Es wird die momentane Größe der Auslagerungsdatei bei Zurzeit zugeteilt:, die minimale Größe der Auslagerungsdatei bei Minimal zugelassen: und die empfohlene Gesamtgröße bei Empfohlen: angezeigt. Die Auslagerungsdatei sollte minimal 16 MB nicht unterschreiten. Als maximale Größe sollte die empfohlene Größe gewählt werden. Die Auslagerungsdatei ist auf mehrere Laufwerke aufteilbar.
Um die Größe der Auslagerungsdatei einzustellen, muss das gewünschte Laufwerk ausgewählt werden. Über Anfangsgröße (MB): ist die minimale Größe, über Maximale Größe (MB): die maximale Größe einzustellen.

Übung 1

Wählen Sie als maximale Größe des virtuellen Arbeitsspeichers die empfohlene Größe.

Lösung: **Bild 2** und Betätigen der Schaltfläche Festlegen und Neustart des Computers.

Muss die aktuelle Größe des virtuellen Arbeitsspeichers durch das Betriebssystem geändert werden, wird eine Meldung angezeigt **(Bild 3)**.

Systemdateien

Jedes Betriebssystem beinhaltet eine Reihe von Systemdateien, in denen alle Einstellungen des Computers gespeichert sind.

Systemdateien sind für den Betrieb des Computers mit dem installierten Betriebssystem nötig.

In der *Registry* (= Registrierung) werden sämtliche Systemeinstellungen gespeichert. Sie wird mithilfe des Registrierungseditors regedit.exe dargestellt und auch verändert **(Bild 1, folgende Seite)**. Die Registry hat eine Baumstruktur ähnlich der eines Verzeichnisbaums. Dabei sind die einzelnen Einträge *Schlüsselworte* (KEYs), denen bestimmte

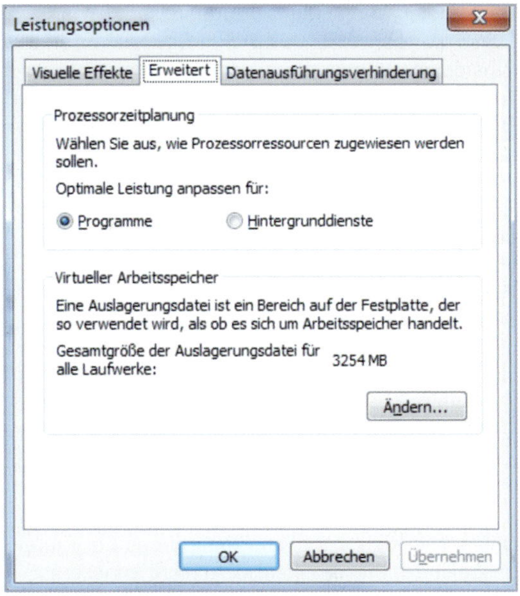

Bild 1: Systemleistungsoptionen

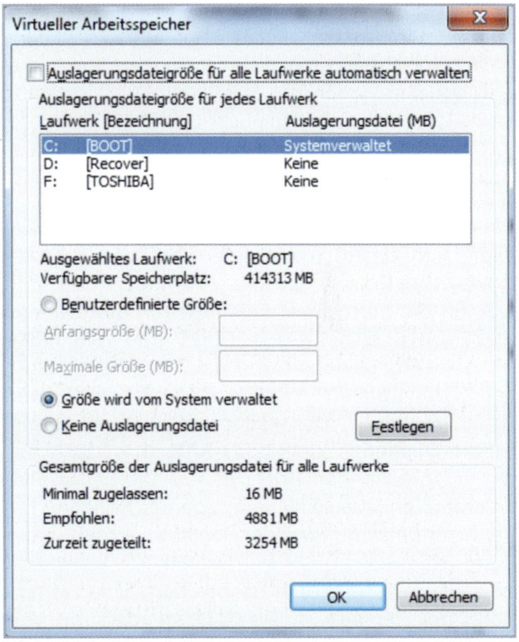

Bild 2: Virtuellen Arbeitsspeicher einstellen

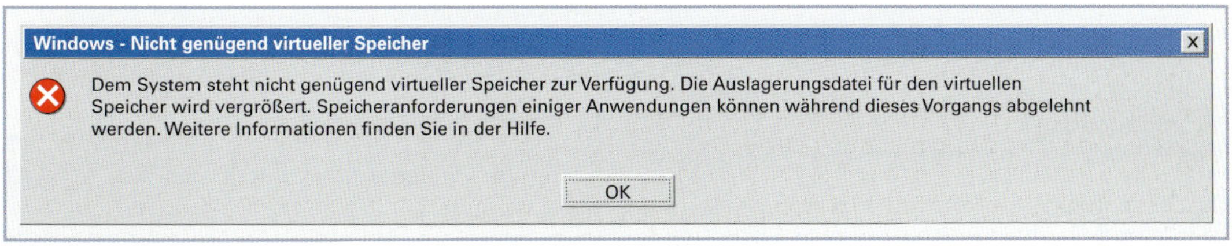

Bild 3: Meldung bei unzureichendem virtuellem Arbeitsspeicher

Daten oder Unterschlüssel zugeordnet werden. Die Daten können z. B. aus ASCII-Zeichen oder aus Binärzeichen bestehen. Unter dem Schlüssel HKEY_LOCAL_MACHINE sind Systemdaten und Daten über vorhandene Software des lokalen Computers aufgeführt, die für alle Benutzer gleich sind. HKEY_CURRENT_CONFIG und HKEY_CLASSES_ROOT verweisen auf Unterschlüssel von HKEY_LOCAL_MACHINE.

HKEY_CURRENT_CONFIG gibt dabei die aktuelle Konfiguration und HKEY_CLASSES_ROOT gemeinsam genutzte Windows-Komponenten an. Unter HKEY_USERS sind die benutzerspezifischen Einstellungen aller Benutzer zu finden. HKEY_CURRENT_USER greift auf die Einstellungen des momentan angemeldeten Benutzers zu und ist deshalb mit einem Zweig aus HKEY_USERS identisch. Unter HKEY_PERFORMANCE_DATA sind die Daten über den aktuellen Zustand des Computers gespeichert. Dieser Zweig wird nicht angezeigt.

Übung 1

Verändern Sie die Größe der Icons auf dem Desktop.

Lösung: **Bild 1, Bild 2**

Es wird HKEY_CURRENT_USER/Control Panel/Desktop/WindowsMetrics aufgerufen, auf `Shell Icon Size` doppelgeklickt, der Wert auf z. B. 25 geändert und der Computer neu gestartet.

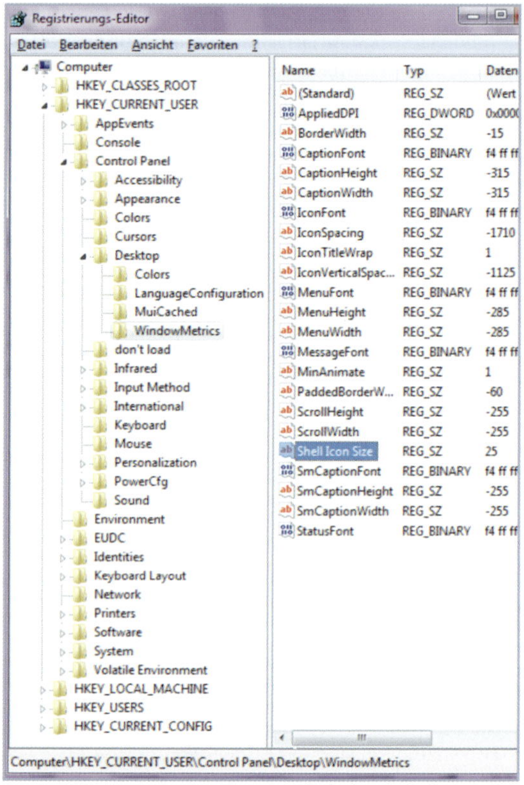

Bild 1: Registrierungseditor mit Registry

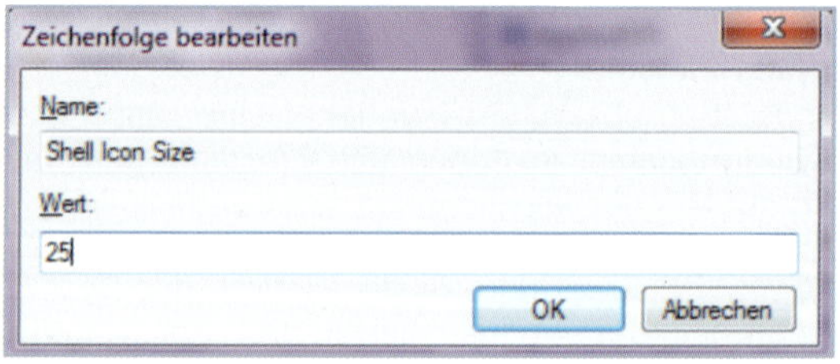

Bild 2: Shell Icon Size ändern

Die Registry besteht bei Windows 7 aus vielen Dateien, von denen die meisten im Ordner `Windows\System32\config` zu finden sind. Z.B. werden die Softwareeinstellungen in den Dateien `SOFTWARE`, `SOFTWARE.LOG1` und `SOFTWARE.LOG2` gespeichert und die Systemeinstellungen in den Dateien `SYSTEM`, `SYSTEM.LOG1` und `SYSTEM.LOG2`. Des weiteren gehören zur Registry die Dateien `SECURITY`, `SAM` und `DEFAULT` mit entsprechenden `LOG`-Dateien. Die `LOG`-Dateien enthalten jeweils Neueinträge der Registry. Die Benutzer-Einstellungen der Registry werden in der Datei `NTUSER.DAT` im Ordner `C:\Benutzer\Benutzername` gespeichert. Eine weitere Datei der Registry ist `UsrClass.dat` im Verzeichnis `C:\Benutzer\Benutzername\AppData\Local\Microsoft\Windows`.

Die Registry enthält alle Einstellungen der Hardware und Software sowie benutzerabhängige Konfigurationen.

Durch die Registry werden die MS-DOS-Systemdateien `config.sys` und `autoexec.bat` sowie die früher vorhandenen Systemdateien `win.ini` und `system.ini` ersetzt. Diese Dateien sind aber weiterhin vorhanden, da manche älteren Programme diese Dateien noch benutzen. `autoexec.bat`, `config.sys` (bzw. bei Windows 2000 `autoexec.nt` und `config.nt`) `win.ini` und `system.ini` werden beim Start des Computers aufgerufen.

Eine weitere Systemdatei ist die Datei `io.sys`. In dieser Datei sind die zum Start des Computers benötigten Daten angegeben. Über das Ausführen der Datei werden die Treiber für die Hardware des Computers geladen. Der Inhalt von `io.sys` ist nicht veränderbar. Sollte die Datei `config.sys` vorhanden sein, dann wird die Abarbeitung dieser Datei bevorzugt.

Start-Menü

Das textorientierte Start-Menü wird unter Windows durch Drücken der Funktionstaste `F8` beim Hochfahren des Rechners aufgerufen. Es bietet für den Start des Betriebssystems verschiedene Varianten an **(Bild 1)**.

Über den Punkt `Computer reparieren` wird eine Reihe von Systemwiederherstellungstools angesprochen, die bei Startproblemen helfen können. Im abgesicherten Modus (mit Netzwerk oder Eingabeaufforderung) werden nur Basistreiber geladen. Dieser Modus ist immer dann notwendig, wenn zuvor falsche Treiber geladen wurden oder schwerwiegende Fehler aufgetreten sind. Der abgesicherte Modus ist durch eine veränderte Windows-Oberfläche erkennbar **(Bild 2)**. Ist die Startprotokollierung aktiviert, wird eine Protokolldatei `ntbtlog.txt` im Windows-Verzeichnis angelegt. In dieser Datei werden die geladenen bzw. nicht geladenen Treiber vermerkt. Der `Anzeige mit niedriger Auflösung aktivieren` sollte bei fehlerhaften Einstellungen der Grafikkarte gewählt werden. Diese Variante wird auch im abgesicherten Modus geladen. Über den Eintrag `Letzte als funktionierend bekannte Konfiguration` werden Schäden an der Registry behoben. Der `Debugmodus` sendet beim Starten von Windows Debuginformationen an einen anderen Computer über ein serielles Kabel.

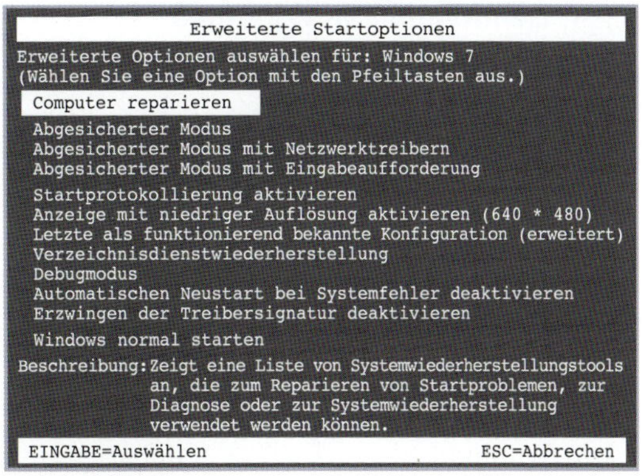

Bild 1: Start-Menü von Windows 7

Bild 2: Abgesicherter Modus

Übung 1

Starten Sie Ihren Computer im abgesicherten Modus.

Lösung: `F8` drücken, im **Bild 1** `Abgesicherter Modus` wählen, **Bild 2**.

Oberfläche

Die Aero-Desktopdarstellung von Windows 7 umfasst ein transparentes glasähnliches Design mit neuen visuellen Effekten. Die visuellen Effekte kommen z. B. beim Minimieren oder Schließen eines Fensters zum Einsatz **(Bild 3)**.

Bild 3: Aero-Desktopdarstellung

Wartungscenter

Das Wartungscenter übernimmt verschiedene Aufgaben. Dazu gehören die Überwachung des Virenscanners, die Sicherung des Systems und die Systemrettung **(Bild 4)**.

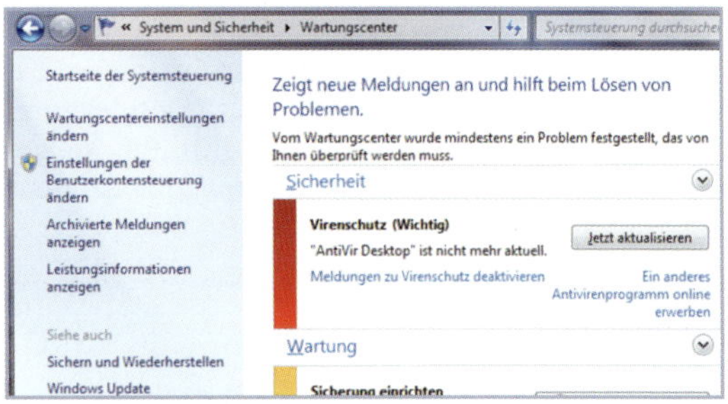

Bild 4: Wartungscenter

XP-Modus

Der XP-Modus sorgt dafür, dass unter Windows 7 mit allen Programmen, die unter Windows XP lauffähig sind, gearbeitet werden kann. Dazu wird ein virtueller PC mit Windows XP eingerichtet. Dieser virtuelle PC muss nur für die Installation der XP-Anwendung gestartet werden. Der XP-Modus wird für die Professional-Variante und die Ultimate-Variante von Windows 7 zur Verfügung gestellt.

5.2.3 Benutzung von Windows

Anmelden

Um mit Windows 7 zu arbeiten, wird aus Sicherheitsgründen eine Anmeldung verlangt, die aus dem Benutzernamen und einem Kennwort besteht.

Arbeitsfläche einrichten

Die Arbeitsfläche (Desktop) kann vom Benutzer individuell nach seinem Geschmack wie sein Schreibtisch eingerichtet werden.

> Die Arbeitsfläche ist die Schnittstelle zwischen dem Benutzer und dem Betriebssystem.

Über die Icons auf dem Desktop werden Programme oder Dokumente aufgerufen. Die Icons stellen meist *Verknüpfungen,* d. h. Verweise zu diesen Programmen oder Dokumenten dar. Verknüpfungen beanspruchen sehr wenig Speicherplatz und werden durch einen Pfeil in der linken unteren Ecke des Bildsymbols gekennzeichnet.

Um ein Icon als Verknüpfung zu einem Programm auf dem Desktop anzulegen, muss für die Arbeitsfläche das Kontextmenü über die rechte Maustaste aufgerufen werden **(Bild 1)**. Durch Auswahl von `Neu` und anschließende Auswahl von `Verknüpfung` erscheint das Fenster `Verknüpfung erstellen` **(Bild 2)**. In das Feld wird das gewünschte Programm inklusive Pfadangabe eingetragen oder über `Durchsuchen...` der Speicherort des Programms ausgewählt. Die Pfadangabe wird mit `Weiter` bestätigt, anschließend der Name der Verknüpfung eingetragen und über `Fertigstellen` die Erstellung der Verknüpfung beendet.

Übung 1

Fügen Sie den Windows-Explorer (`explorer.exe`), der sich im Windows-Verzeichnis befindet, als Icon auf Ihre Arbeitsfläche ein.

Lösung: **Bild 2**

Über das Kontextmenü des Icons (rechte Maustaste) kann ein anderes Bildsymbol für die Verknüpfung ausgewählt werden. Durch Klick auf den Menüpunkt `Eigenschaften` erscheint das Eigenschaften-Fenster. In der Karteikarte `Verknüpfung` wird die Schaltfläche `Anderes Symbol...` gedrückt und die Symbolauswahl erscheint **(Bild 3)**. Ein ausgewähltes Symbol muss durch zweimaliges Drücken von OK bestätigt werden.

Übung 2

Ändern Sie das Bildsymbol des Explorers ab.

Lösung: **Bild 3**, anklicken des neuen Symbols.

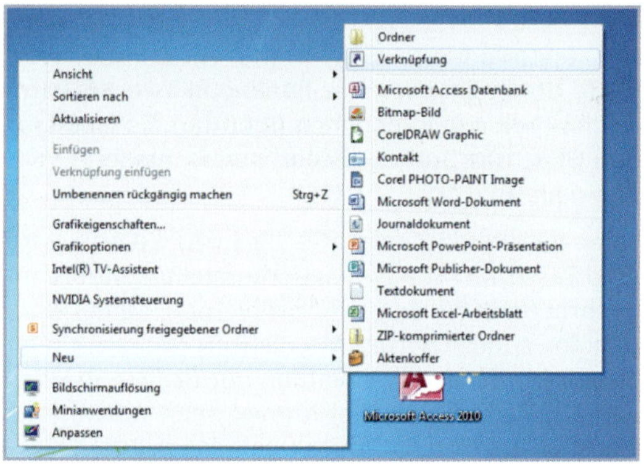

Bild 1: Kontextmenü der Arbeitsfläche

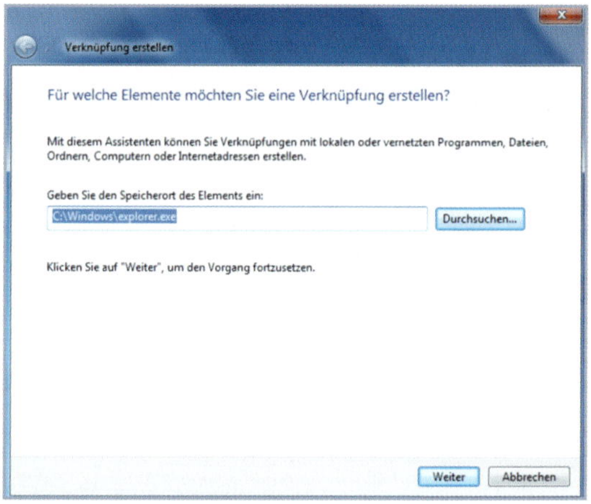

Bild 2: Verknüpfung erstellen

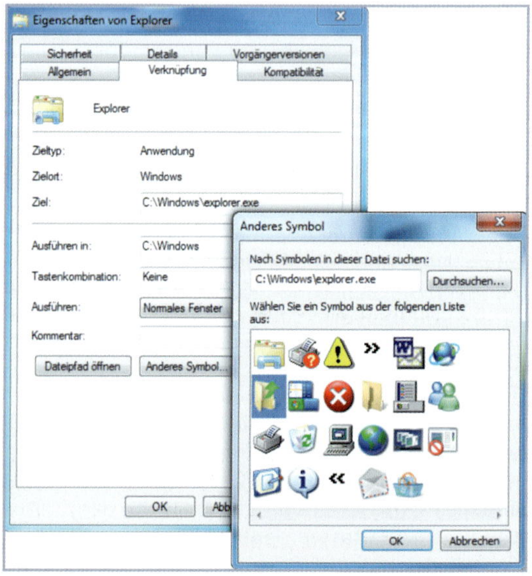

Bild 3: Bildsymbol des Icons verändern

Die Arbeitsfläche kann durch Minianwendungen angereichert werden. Diese Anwendungen dienen dazu, Informationen auf einen Blick bereitzustellen. Zu den Minianwendungen gehören z. B. die Uhr, ein Newsticker, ein Kalender und das aktuelle Wetter **(Bild 1)**.

Übung 1

Fügen Sie das Wetter als Minianwendung dem Desktop zu.

Lösung: **Bild 1**

Die Minianwendung kann über das Kontextmenü des Desktops durch Anwahl von `Minianwendungen` ausgewählt werden (Bild 1, vorhergehende Seite).

Taskleiste und Startmenü

In der *Taskleiste* werden im mittleren Bereich alle geöffneten Programme angezeigt und über das *Startmenü* am linken Rand der Taskleiste die meisten Programme aufgerufen (Bild 1). Der *Infobereich*, der die Uhr und kleine Symbole enthält, wird zur Information über den Status des Computers und bestimmter Programme genutzt. Die *Aero Peek* Schaltfläche befindet sich am rechten Rand der Taskleiste.

> Startmenü, mittlerer Bereich, Infobereich und Aero Peek sind Bestandteile der Taskleiste.

Das Startmenü kann an die Wünsche des Benutzers angepasst werden, indem auf der Schaltfläche `Start` die rechte Maustaste gedrückt und der Menüpunkt `Eigenschaften` gewählt wird. Im erscheinenden Fenster kann z. B. die Standardaktion für das Beenden von Windows gewählt werden **(Bild 2)**.

Übung 2

Der Computer soll beim Beenden des Betriebssystems standardmäßig herunterfahren.

Lösung: **Bild 2**

Fährt man im Infobereich langsam über die einzelnen Symbole, werden kurze Erklärungen und Meldungen sichtbar. Auch der Infobereich kann variabel gestaltet werden. Dazu wird im Fenster `Eigenschaften von Taskleiste und Startmenü` (Bild 2) die Karteikarte `Taskleiste` gewählt und in der Gruppierung Infobereich die Schaltfläche `Anpassen...` gedrückt. Im erscheinenden Fenster können die einzelnen Symbole ausgeblendet und das Benachrichtigungsverhalten der einzelnen Geräte und Programme geändert werden **(Bild 3)**. Die Benachrichtigungen können zugelassen oder unterdrückt werden.

Bild 1: Desktop mit Taskleiste und Startmenü

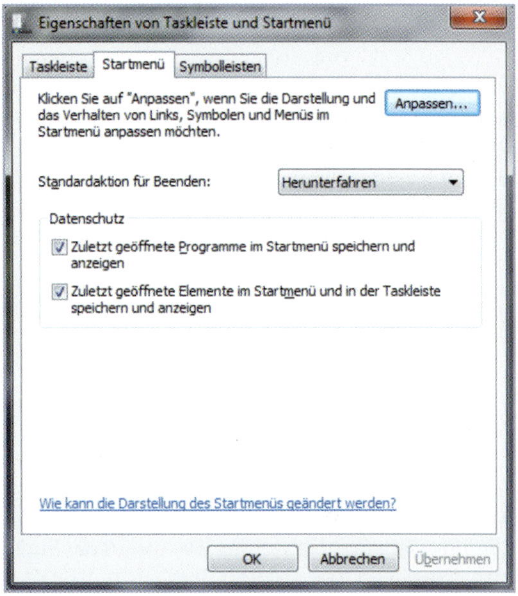

Bild 2: Eigenschaften von Taskleiste und Startmenü

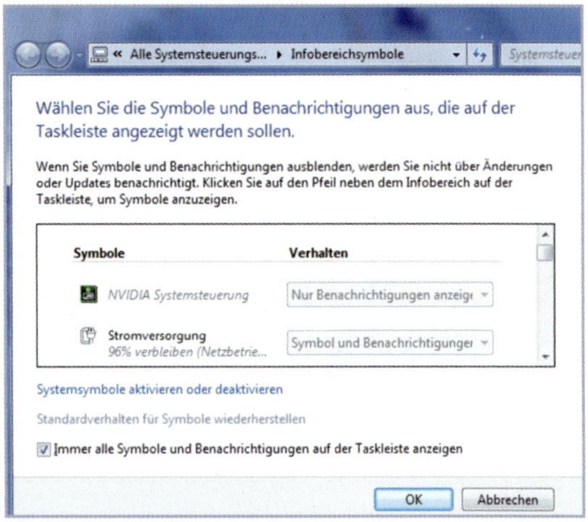

Bild 3: Infobereich anpassen

Die Aero Peek Schaltfläche der Taskleiste wird zur temporären Vorschau des Desktops genutzt, indem mit der Maus auf der Schaltfläche verweilt wird **(Bild 1)**. Die Umrisse der geöffneten Fenster sind nach wie vor sichtbar. Wird auf die Aero Peek Schaltfläche geklickt, werden alle geöffneten Fenster minimiert und der Desktop wird sichtbar.

Im mittleren Bereich der Taskleiste werden alle geöffneten Programme mittels eines Symbols angezeigt. Sind mehrere Fenster des gleichen Programms geöffnet, so werden diese hintereinander liegend dargestellt. Sichtbar werden die einzelnen Fenster, indem man mit der Maus kurze Zeit darauf verweilt **(Bild 2)**. Es erscheinen Miniaturansichten der geöffneten Fenster. Über diese Miniaturansichten kann zu dem gewünschten Fenster gesprungen werden.

Programme können an das Startmenü oder die Taskleiste angeheftet werden, damit man schneller auf sie zugegriffen kann. Dazu wird das Programm im Startmenü gesucht und über das Kontextmenü des Programms der Punkt `An Taskleiste anheften` oder `An Startmenü anheften` gewählt **(Bild 3)**.

Übung 1

Heften Sie den Taschenrechner an die Taskleiste an.

Lösung: **Bild 3**, in der Taskleiste erscheint der Taschenrechner.

Jedes angeheftete Programm kann durch Drücken der rechten Maustaste auf dem entsprechenden Symbol wieder gelöst werden. Dazu wird der Punkt `Von Taskleiste lösen` bzw. `Von Startmenü lösen` ausgewählt.

Systemsteuerung

Die Systemsteuerung wird über das Startmenü aufgerufen **(Bild 4)**. Zu jeder Kategorie wird ein Symbol, der Name der Kategorie und diverse damit zu erledigende Aufgaben angezeigt. Ist nicht bekannt, welche Kategorie für die gewünschte Aufgabe benötigt wird, kann diese über Benutzung der Suchfunktion oben rechts (Bild 4) gesucht werden.

> Mit der Systemsteuerung kann das Betriebssystem an die Belange des Benutzers angepasst werden.

Durch Klick auf das Icon `System und Sicherheit` in der Systemsteuerung werden die Eigenschaften des Systems eingesehen.

Bild 1: Aero Peek Vorschau des Desktops

Bild 2: Miniaturansicht mehrerer Fenster

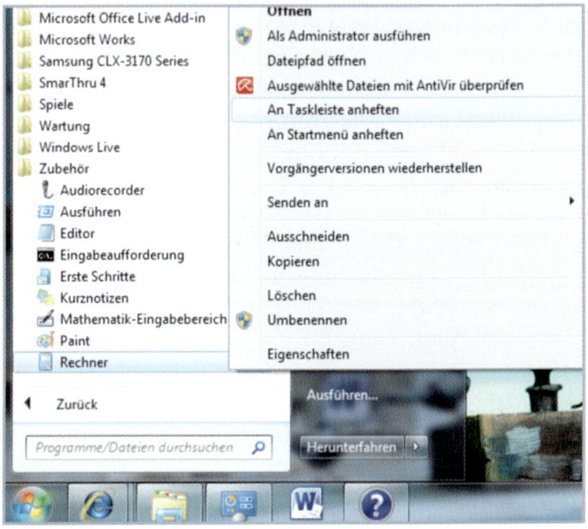

Bild 3: Kontextmenü eines Programms im Startmenü

Bild 4: Systemsteuerung

Wird in der Kategorie `System` auf den Link `Geräte-Manager` geklickt, bekommt man Aufschluss über die sich im Computer befindlichen Hardwarekomponenten **(Bild 1)**. Mit einem Klick auf das Dreieck ▷ werden die angeschlossenen Geräte aufgelistet. Das gelb unterlegte Ausrufezeichen ! bedeutet, dass bei dieser Komponente ein Problem aufgetreten ist. Unter Umständen funktioniert das Gerät aber normal. Sollte ein rotes Kreuz vorhanden sein, ist die Hardwarekomponente defekt oder deaktiviert worden und deshalb nicht verfügbar. Die Merkmale jeder Systemkomponente können über die Schaltfläche `Eigenschaften` in der Symbolleiste oder über einen Doppelklick auf den entsprechenden Eintrag abgerufen werden. So bekommt man auf diese Weise Aufschluss über nicht betriebsbereite Geräte. Nicht mehr benötigte Treiber einer Hardwarekomponente können über das Menü `Treiber` durch Wahl von `Deinstallieren...` entfernt werden.

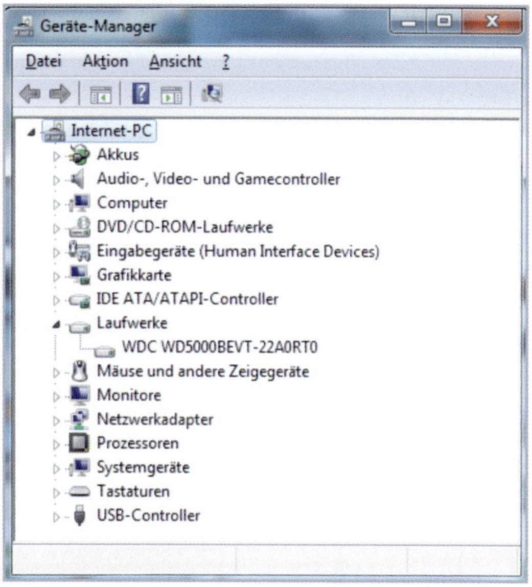

Bild 1: Geräte-Manager

Der Geräte-Manager listet alle Hardware-Komponenten des Computers auf.

In der Kategorie `System und Sicherheit` kann über `Sichern und Wiederherstellen` eine Sicherung des Computers erstellt werden. Wird die Sicherung zum ersten Mal durchgeführt, erscheint das Fenster **Bild 2**. Die Sicherung muss dann über die Schaltfläche `Sicherung einrichten` zuerst eingerichtet werden. Es erscheint das Fenster `Sicherung einrichten`, in dem als Speicherort ein Laufwerk ausgewählt werden muss **(Bild 3)**. Im nächsten Fenster kann angegeben werden, ob Windows oder der Benutzer die zu speichernden Dateien festlegt. Anschließend werden die Einstellungen nochmals geprüft und angegeben, zu welchem Zeitpunkt die Sicherung stattfinden soll. Die Sicherung beginnt und kann einige Zeit in Anspruch nehmen. Der Fortschritt wird über einen Balken angezeigt **(Bild 4)**.

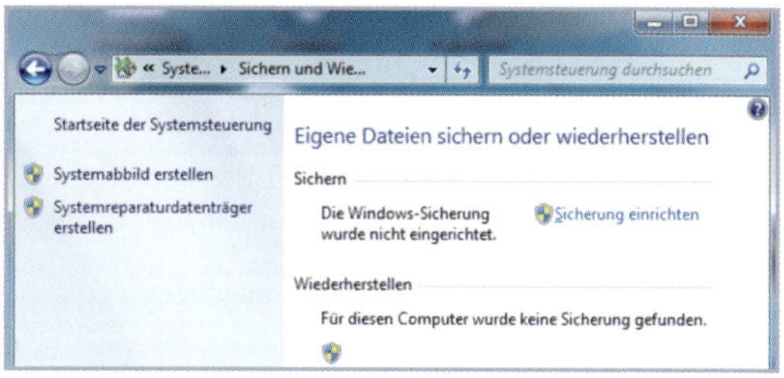

Bild 2: Dateien sichern oder wiederherstellen

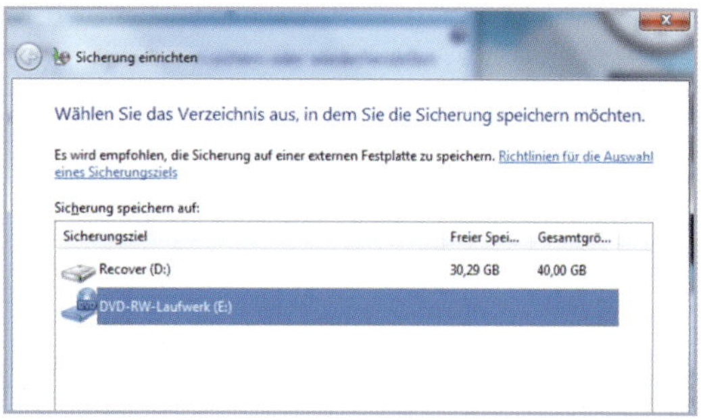

Bild 3: Verzeichnis für Sicherung wählen

Übung 1

Sichern Sie Ihren Computer.

Lösung: **Bild 2, Bild 3, Bild 4.**

Findet die Sicherung auf einer DVD-RW statt, wird der Benutzer zu einem Zeitpunkt aufgefordert, die DVD-RW einzulegen. Die Beschriftung der DVD-RW soll den Namen des PCs, das Datum und die Uhrzeit der Sicherung enthalten. Wird die Sicherung zum wiederholten Mal aufgerufen, erscheint das Fenster `Eigene Dateien sichern oder wiederherstellen` in abgewandelter Form. Um die Sicherung zu starten, muss dann der Link `Jetzt sichern` gewählt werden.

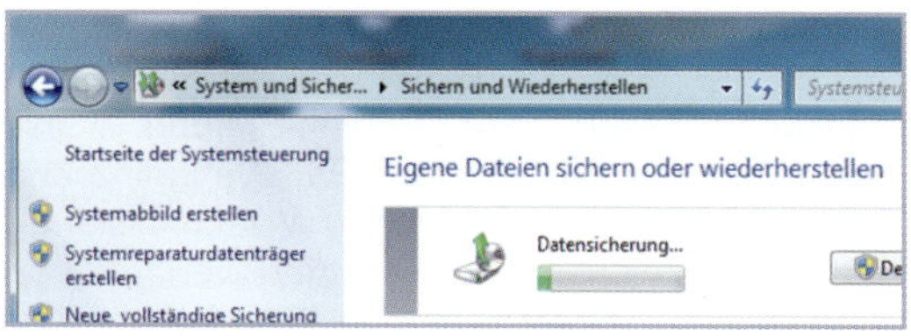

Bild 4: Fortschritt der Datensicherung

Um die auf dem Computer installierte Software einzusehen, klickt man in der Kategorie `Programme` der Systemsteuerung auf den Link `Programme deinstallieren`. Im erscheinenden Fenster können die Programme z. B. alphabetisch, nach Installationsdatum oder nach Größe sortiert werden **(Bild 1)**. Wird ein aufgelistetes Programm ausgewählt, werden weitere Informationen am unteren Rand des Fensters bereitgestellt. Das Programm kann über das Kontextmenü deinstalliert, geändert oder repariert werden.

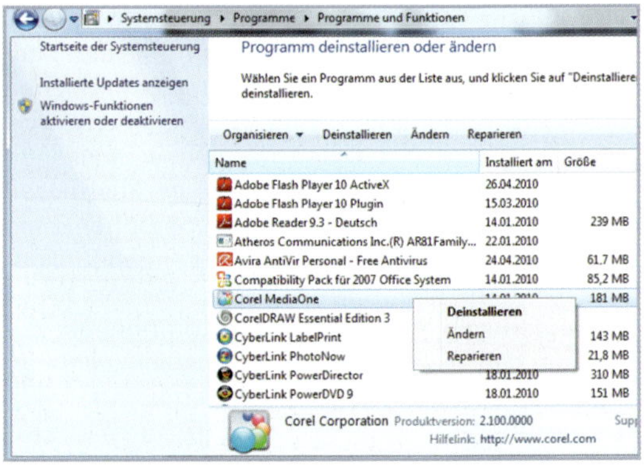

Bild 1: Programme deinstallieren oder ändern

Komprimierung

Dateien und Ordner auf NTFS-Laufwerken (siehe Abschnitt 5.2.4) werden im Explorer durch Setzen eines Attributes komprimiert.

> **Übung 1**
>
> Komprimieren Sie einen Ordner mit Dateien.
>
> *Lösung:* **Bild 2, Bild 3, Bild 4**.

Dazu wird über das Kontextmenü der Datei das Fenster `Eigenschaften` aufgerufen und dort auf der Karteikarte `Allgemein` die Schaltfläche `Erweitert...` gewählt. Im Fenster `Erweiterte Attribute` wird `Inhalt komprimieren, um Speicherplatz zu sparen` angeklickt und mit OK die Komprimierung bestätigt **(Bild 2)**. Im Fenster `Eigenschaften` erfolgt eine weitere Bestätigung mit OK. Sollen Ordner komprimiert werden, erfolgt eine Abfrage, ob die Komprimierung auch für den Inhalt des Ordners und vorhandene Unterordner übernommen werden soll **(Bild 3)**. Wird auch hier mit OK bestätigt, beginnt die Komprimierung der Daten **(Bild 4)**. Im Explorer wird allerdings immer die Originalgröße angezeigt, die Karteikarte `Allgemein` des Fensters `Eigenschaften` gibt Aufschluss über die Größe des belegten Speicherplatzes. Auch komplette NTFS-Laufwerke können direkt auf der Karteikarte `Allgemein` des Fensters `Eigenschaften` komprimiert werden.

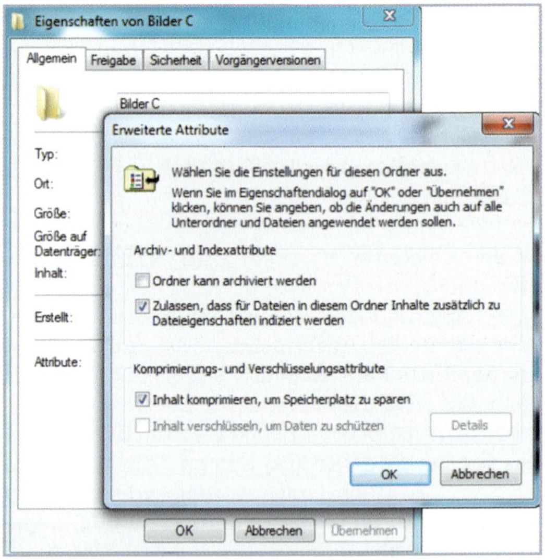

Bild 2: Komprimieren oder Verschlüsseln von Daten

> Laufwerke, Dateien und Ordner können bei Windows komprimiert werden, um Speicherplatz zu sparen.

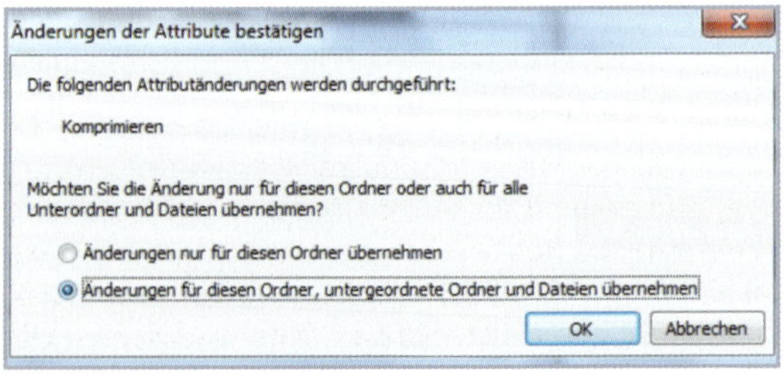

Bild 3: Komprimieren des gesamten Ordnerinhalts

Verschlüsselung

Vertrauliche Ordner oder Dateien können verschlüsselt werden, um die Sicherheit der Daten zu erhöhen. Der Inhalt der Datei kann nur von der Person gelesen werden, die den Verschlüsselungsschlüssel besitzt. Für die Verschlüsselung ist das verschlüsselnde Dateisystem EFS (von Encrypting File System) verantwortlich. Die Verschlüsselung bietet Windows nur für die Ultimate-Variante von Windows 7 an. Unter Windows 2000 können Dateien und Ordner jederzeit verschlüsselt werden.

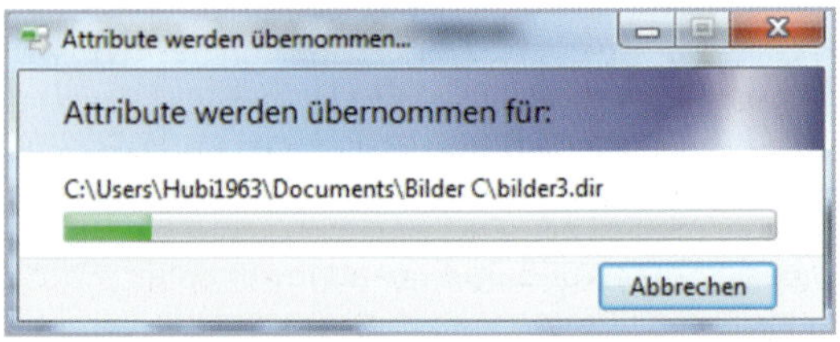

Bild 4: Fortschrittsanzeige bei der Komprimierung

5.2.4 Speicherverwaltung unter Windows

Eine Festplatte ist in Spuren und Sektoren eingeteilt **(Bild 1)**. Ein Sektor umfasst 512 Byte. Wenn jeder Sektor einzeln angesprochen werden müsste, wäre mit einer Adressbusbreite von 16 bit ein Speicherplatz von 2^{16} x 512 B = 32 MB adressierbar. Um auch Speichermedien mit höherer Kapazität zu verwalten, werden einzelne Sektoren zu Cluster (= Haufen) zusammengefasst. Die Anzahl der Sektoren je Cluster ist von der Festplattengröße und der Adressbusbreite abhängig. Je größer die Festplatte ist, desto größer sind die Cluster, und je größer die Adressbusbreite ist, desto kleiner können die Cluster sein **(Tabelle 1)**.

Die gespeicherten Dateien belegen je nach Größe eine unterschiedliche Anzahl an Cluster. Um die gespeicherten Daten auf dem Speichermedium wiederzufinden, ist die Dateizuordnungstabelle notwendig. Wird durch eine Datei nicht der gesamte Cluster ausgenutzt, kann der teilweise „freie" Cluster nicht mehr von anderen Dateien verwendet werden. Der restliche Speicherplatz dieses Clusters ist verschwendet. Je größer die Cluster sind, desto mehr Speicherplatz wird verschwendet.

> Die minimale Größe des von einer Datei belegten Speicherplatzes ist durch die Größe der Cluster bestimmt.

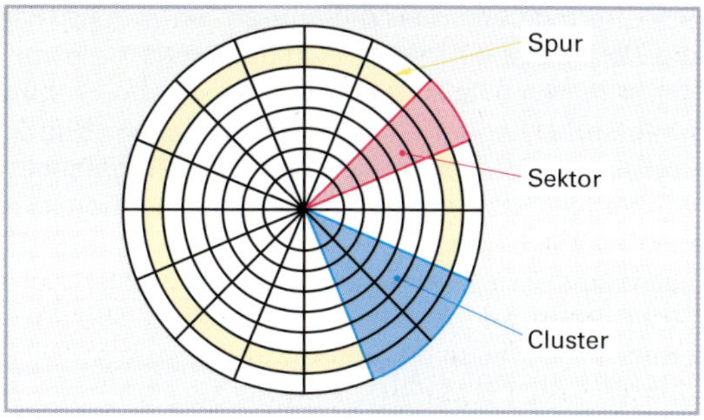

Bild 1: Festplatte mit Spuren und Sektoren

Tabelle 1: Clustergröße

Partitionsgröße in MB	bei 16-Bit-Breite Clustergröße in KB	bei 16-Bit-Breite Sektoren je Cluster	bei 32-Bit-Breite Clustergröße in KB	bei 32-Bit-Breite Sektoren je Cluster
< 128	2	4	4	8
129 bis 256	4	8	4	8
257 bis 512	8	16	4	8
513 bis 1024	16	32	4	8
1025 bis 2048	32	64	4	8
2049 bis 8192	—	—	4	8
8193 bis 16384	—	—	8	16
16385 bis 32786	—	—	8	16
> 32786	—	—	8	16

Das Dateisystem FAT bzw. FAT16

Die Dateizuordnungstabelle FAT bzw. FAT16 wird bei MS-DOS und bei Disketten unter Windows benutzt. In die FAT können 65536 Einträge aufgenommen werden, da von einer Adressbusbreite von 16 bit ausgegangen wird. Es können 65526 Cluster angesprochen werden, denn 10 Einträge werden durch die FAT selber benötigt. In der FAT sind die Speicherorte, d. h. die belegten Cluster, einer Datei vermerkt. Jede Datei erhält so mindestens einen FAT-Eintrag über den ersten und letzten Cluster. Ansonsten wird in der FAT die Position des ersten Clusters einer Datei hinterlegt. Von diesem Cluster wird auf den nächsten benutzten Cluster dieser Datei verwiesen. Die letzte Cluster-Adresse wird gekennzeichnet. Außerdem ist der Zustand der nicht benötigten Cluster als frei oder fehlerhaft angegeben.

Nach dem Formatieren der Festplatte stehen in der FAT kaum Einträge über gespeicherte Dateien. Jede zu speichernde Datei wird an das Ende der FAT geschrieben und benutzt nacheinander liegende Cluster **(Bild 2)**. Werden nun Dateien gelöscht, die sich auf der Festplatte befinden, treten in der FAT Lücken auf, die von neuen Dateien wieder gefüllt werden.

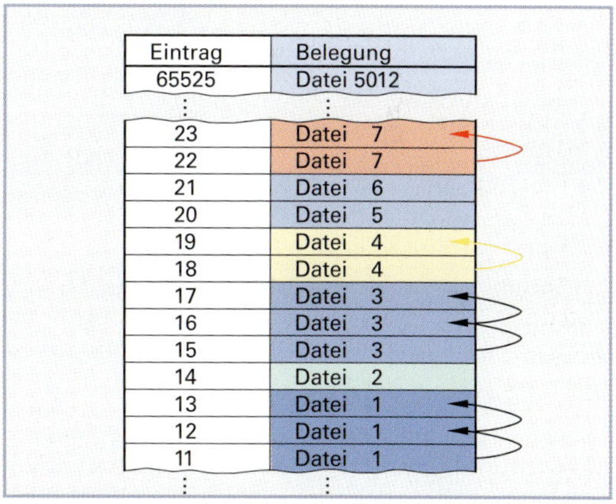

Bild 2: FAT nach erfolgter Defragmentierung

Allerdings muss die Größe der Datei nicht unbedingt der Anzahl der wieder freien Cluster entsprechen. Ist die Datei größer, werden zusätzlich die nächsten freien Cluster genommen **(Bild 1, folgende Seite)**. Dies führt zu einer Zerstückelung der Datei und mit der Zeit zur *Fragmentierung* (von fragment = Bruchstück) der Festplatte. Der Lesezugriff wird verlangsamt, da die verteilten Dateiteile erst wieder zusammengestellt werden müssen. Das

Speichermedium muss defragmentiert werden. Bei der *Defragmentierung* werden die Dateien, die vorher in einzelne Teilstücke aufgeteilt waren, in hintereinander liegende Cluster geschrieben (Bild 2, vorhergehende Seite). Die Dateizuordnungstabelle wird meist zusammen mit einer Kopie auf dem Datenträger gesichert. Die FAT ist im Sektor 0 direkt nach dem Bootsektor und vor dem Hauptverzeichnis abgelegt.

Das Dateisystem VFAT

Die VFAT (von Virtual File Allocation Table = virtuelle Dateizuordnungstabelle) beruht auf einem 32-Bit-Dateisystem und wurde z. B. unter Windows 95 eingesetzt. Die Adressierung der Cluster erfolgt bei dieser Dateizuordnungstabelle immer noch mit einer Breite von 16 bit, sodass sich auch hier eine maximale Partitionsgröße von 2 GB ergibt.

Das Dateisystem FAT32 bzw. VFAT32

Mit Erscheinen von Windows 95 B als OEM-Version (OEM von original equipment manufacturer, im Sinne von Fremdgerätehersteller) wurde auch das Dateisystem überarbeitet. Eine OEM-Version ist nur durch Kauf eines neuen Computers zu erwerben. Bei der FAT32 bzw. VFAT32 wird eine Adressbusbreite von 32 bit zugrunde gelegt. Für die Adressierung stehen nun 28 bit zur Verfügung. Die Clustergröße kann so verringert werden, was zu einer besseren Ausnutzung des Speicherplatzes führt. Mit der FAT32 bzw. VFAT32 können Speichermedien bis zu einer Größe von 2 TB genutzt werden. Ansonsten arbeitet die FAT32 ebenso in der vorher beschriebenen Weise. Das Dateisystem FAT32 erlaubt außerdem Dateinamen bis zu einer Länge von 255 Zeichen. Leerzeichen und diverse Sonderzeichen wie z. B. Komma, Plus, Strichpunkt und eckige Klammern sind möglich.

> Das Dateisystem FAT32 wird z. B. bei USB-Sticks eingesetzt.

Das Dateisystem exFAT

Die exFAT (von extended File Allocation Table) bzw. FAT64 wurde für digitale Speicherchips entwickelt und kann auch bei Windows Vista und Windows 7 eingesetzt werden. Das Dateisystem verfügt über eine maximale Dateigröße von $64 * 2^{70}$ Byte = 75,6 ZB = 75600000000000 GB, eine maximale Clustergröße von $32 * 2^{20}$ Byte und eine Tabelle, in der freie Cluster indiziert werden. Da Microsoft die Funktionsweise dieses Dateisystems nicht offen legt, ist eine Verbreitung ungewiss.

Das Dateisystem NTFS

Mit dem Dateisystem NTFS für Windows können auch logische Laufwerke weit größer als 2 TB eingerichtet werden. Der Grund dafür ist, dass hier mit einer Adressierungsbreite von 64 bit gearbeitet wird. Dadurch ist NTFS weitaus mächtiger als die FAT bzw. FAT32. Zudem werden die während des Betriebs des Computers geänderten Dateien vermerkt. So kann nach einem Systemabsturz das Programm ScanDisk schneller nach einem Fehler suchen. Es muss nicht wie bei FAT32 die gesamte Festplatte bzw. Partition überprüft werden. Die Länge der Dateinamen beträgt ebenso 255 Zeichen. Es wird zwischen Groß- und Kleinschreibung unterschieden. Das Dateisystem NFTS wird beim Hochfahren des Rechners installiert.

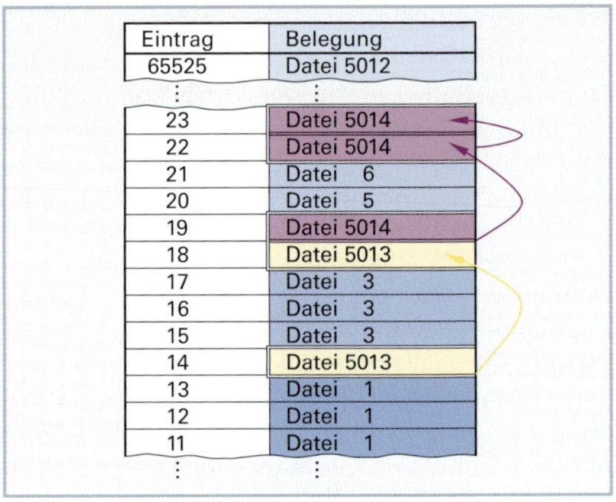

Bild 1: FAT mit fragmentierten Einträgen

Beispiel 1 **Laufwerksgröße berechnen:**

Berechnen Sie die mit dem Dateisystem NTFS theoretisch ansprechbare Laufwerksgröße.

Lösung: 2^{64} Byte = **$1{,}8447 \cdot 10^{19}$ Byte**

Bei Windows 7 wird das Dateisystem NTFS bei der Verwaltung der Festplatte eingesetzt, aber auch die FAT32 und exFAT unterstützt. Auf dem Systemlaufwerk sollte allerdings das Dateisystem NTFS installiert sein, um diverse Funktionen, wie die Verschlüsselung oder die Komprimierung von Dateien, anwenden zu können.

> Windows 7 entfaltet seine gesamte Funktionalität erst bei Verwendung des Dateisystems NTFS.

Sollen Dateien, die in eine Dateizuordnungstabelle eingetragen sind, z. B. wieder entfernt oder umbenannt werden, dann kann dies mit Hilfe des Windows-Explorers geschehen.

5.2.5 Systemprogramme unter Windows

Systemprogramme dienen der Konfiguration des Betriebssystems und vereinfachen das Arbeiten damit. Die Systemprogramme sind über die Schaltfläche `Start` durch Anwahl der Programmgruppen `Programme`, `Zubehör` und `Systemprogramme` aufzurufen.

Defragmentierung

Mit dem Systemprogramm `Defragmentierung` wird eine Optimierung des Datenträgers durchgeführt werden **(Bild 1)**. Durch fragmentierte (zerstückelte) Dateien muss der Schreib-/Lesekopf der Festplatte unzählige Wege zurücklegen und die Lesegeschwindigkeit wird reduziert. Durch die Ausführung des Defragmentierungsprogrammes werden zuvor fragmentierte Dateien in hintereinander liegende Speicherbereiche geschrieben und so der Zugriff auf diese Dateien beschleunigt.

> Das Betriebssystem ist nach der Defragmentierung schneller und sicherer.

Wird die Schaltfläche `Datenträger analysieren` gedrückt, wird das ausgewählte Laufwerk nach fragmentierten Dateien durchsucht. Die Überprüfung kann durch Drücken der Schaltfläche `Vorgang beenden` abgebrochen werden. Ist die Überprüfung beendet, wird ausgegeben, um wie viel Prozent das Laufwerk defragmentiert ist **(Bild 2)**.

Übung 1

Defragmentieren Sie Ihr Laufwerk C:

Lösung: **Bild 1**

Die Defragmentierung des ausgewählten Laufwerks beginnt, sofern die Schaltfläche `Datenträger defragmentieren` gedrückt wird. Der Defragmentierungsvorgang kann bei voller Festplatte einige Stunden dauern. Die Defragmentierung kann automatisch nach einem gewissen Zeitabstand durchgeführt werden. Dazu wird die Schaltfläche `Zeitplan konfigurieren ...` gedrückt (Bild 1). Im erscheinenden Fenster kann der Zeitraum eingestellt werden **(Bild 3)**.

Übung 2

Zu jedem 15. Tag eines Monats soll um 21.00 Uhr eine Defragmentierung des Laufwerks C stattfinden.

Lösung: **Bild 3**

Das Laufwerk wird über `Datenträger auswählen...` angegeben (Bild 3).

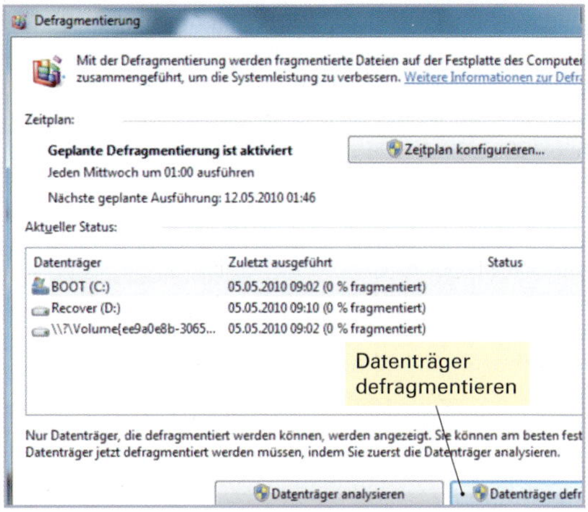

Bild 1: Fenster Defragmentierung

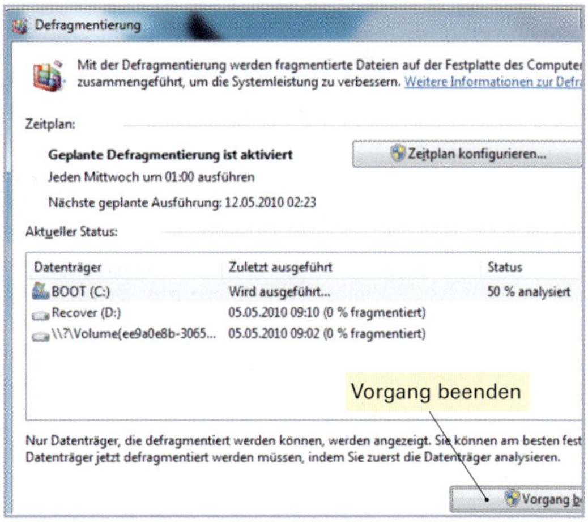

Bild 2: Überprüfung eines Laufwerks

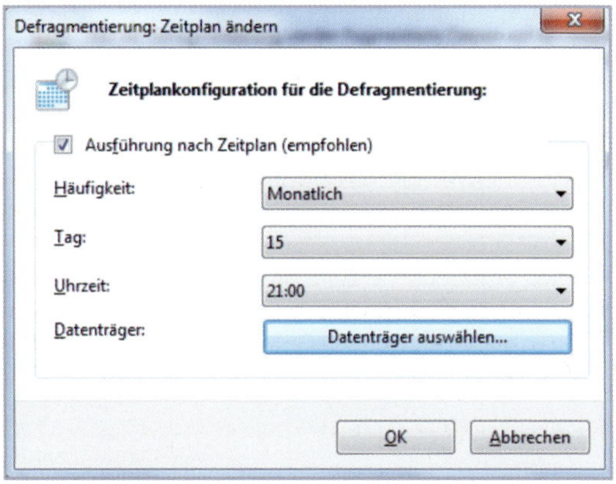

Bild 3: Zeitplan für die Defragmentierung eingeben

Fehlerüberprüfung bzw. Datenträgerüberprüfung

Bei der Fehlerüberprüfung wird der Zustand eines Speichermediums, wie der Festplatte, überprüft, um einen späteren Datenverlust zu vermeiden. Es werden logische und physikalische Fehler auf einem Datenträger diagnostiziert. Zu den logischen Fehlern gehören verlorene Cluster, die keinen Eintrag in der Dateizuordnungstabelle mehr besitzen oder Konflikte in der Dateizuordnungstabelle, die z. B. auftreten, wenn ein Cluster von mehr als einer Datei beansprucht wird. Physikalische Fehler sind z. B. Beschädigungen von Speicherbereichen, die aufgrund nachlassender Magnetisierung des Speichermediums vorkommen. Diese Bereiche werden markiert, sodass sie nicht mehr als Speicherplatz zur Verfügung stehen.

> Weist die Festplatte Fehler auf, ist die Leistungsfähigkeit des Computers reduziert.

Die Fehlerüberprüfung wird im Explorer über das Kontextmenü des gewünschten Laufwerkes durch Aufruf von `Eigenschaften` gestartet. Die Überprüfung beginnt nach Anklicken der Schaltfläche `Jetzt prüfen...` in der Karteikarte `Tools` **(Bild 1)**. Wird im erscheinenden Fenster `Dateisystemfehler automatisch korrigieren` gewählt und auf die Schaltfläche `Starten` geklickt, kann die Überprüfung nur durch einen Neustart erfolgen **(Bild 2)**. Soll die Überprüfung stattfinden, muss die entsprechende Abfrage bejaht werden.

Übung 1

Überprüfen Sie ein Laufwerk auf fehlerhafte Sektoren und stellen Sie diese wieder her.

Lösung: **Bild 2**, **Bild 3**

Der Vorgang kann einige Stunden dauern. Ist die Überprüfung beendet, kann ein Bericht eingesehen werden **(Bild 4)**.

Datenträgerbereinigung

Mit der Datenträgerbereinigung kann Speicherplatz auf einem Laufwerk freigegeben werden. Das

Bild 1: Eigenschaften-Fenster eines Laufwerks

Bild 2: Fenster Datenträger überprüfen

Bild 3: Fehlerüberprüfung

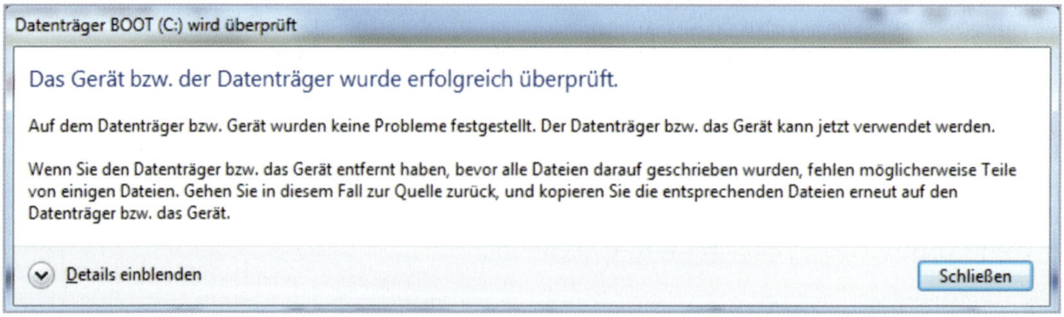

Bild 4: Bericht über die Datenträgerüberprüfung

Programm durchsucht dabei das ausgewählte Laufwerk und zeigt eine Liste mit nicht mehr benötigten Dateien an, wie den Inhalt des Papierkorbs oder temporäre Internet-Dateien.
Das Programm zur Datenträgerbereinigung wird über die Schaltfläche `Start`, gefolgt von `Alle Programme`, `Zubehör`, `Systemprogramme` aufgerufen. Das Laufwerk wird gewählt und mit `OK` bestätigt. Es beginnt eine Analyse des Laufwerks, die jederzeit abgebrochen werden kann **(Bild 1)**. In der erscheinenden Dateiliste mit Größenangaben werden anschließend die gewünschten Komponenten ausgewählt und mit einem Klick auf `OK` die Bereinigung begonnen **(Bild 2)**.

Übung 1

Bereinigen Sie das Laufwerk C.
Lösung: **Bild 1**, **Bild 2**

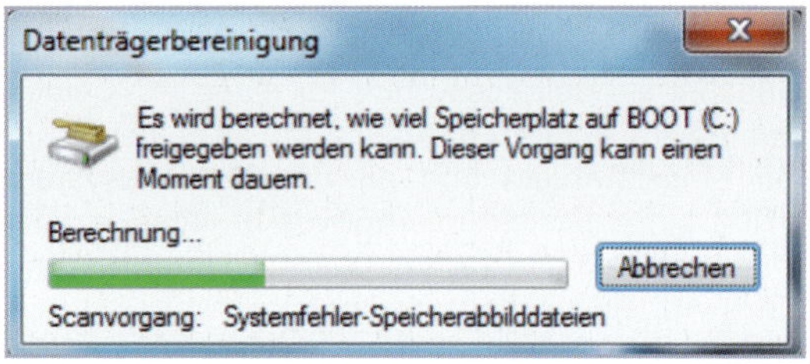

Bild 1: Fenster Datenträger bereinigen

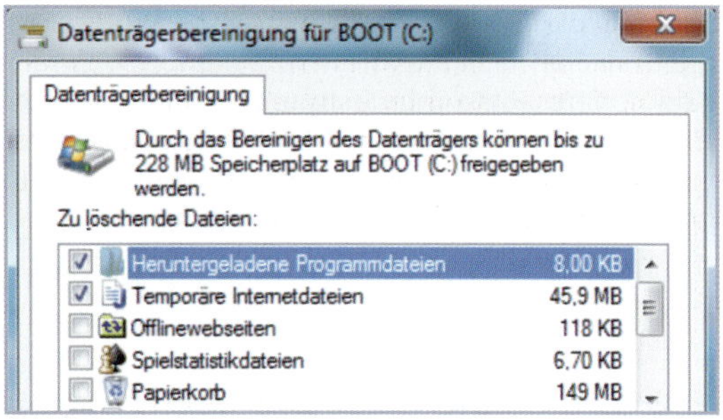

Bild 2: Datenträgerbereinigung

Task-Manager

Der Task-Manager wird über das Kontextmenü der Task-Leiste aufgerufen.

> Der Task-Manager gibt Informationen zur Computerleistung, zu ausgeführten Programmen und Prozessen an.

Auf der Karteikarte `Anwendungen` werden die momentan ausgeführten Programme und ihr Zustand aufgelistet **(Bild 3)**. Über die Schaltfläche `Task beenden` können z. B. Programme beendet werden, die abgestürzt sind. Über die Schaltfläche `Wechseln zu` wird zu dem farbig markierten Programm gewechselt.
Auf der Karteikarte `Leistung` wird z. B. die aktuelle Systemleistung und die Speicherausnutzung visuell dargestellt **(Bild 4)**. Ein Doppelklick auf einem Diagramm zeigt die CPU-Nutzung vergrößert an.
Auf der Karteikarte `Prozesse` werden gestartete Prozesse und deren Kennwerte angezeigt, z. B. `WINWORD.EXE` **(Bild 5)**. Ein Prozess ist z. B. ein Programm, eine ActiveX-Komponente oder ein Systemdienst. Standardmäßig beinhaltet die angezeigte Information die CPU-Auslastung der gestarteten Prozesse und die Speicherauslastung in KB. Andere Informationen werden über das Menü `Ansicht`, gefolgt von `Spalten auswählen...`, hinzugefügt. Über das Kontextmenü eines Prozesses kann z. B. dessen Priorität verändert werden.

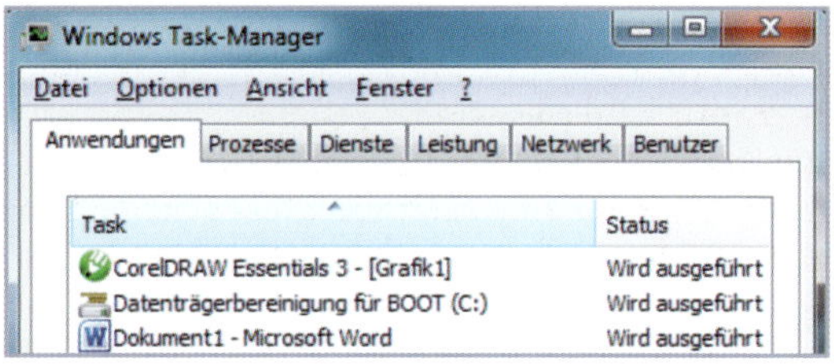

Bild 3: Ausgeführte Anwendungen im Task-Manager

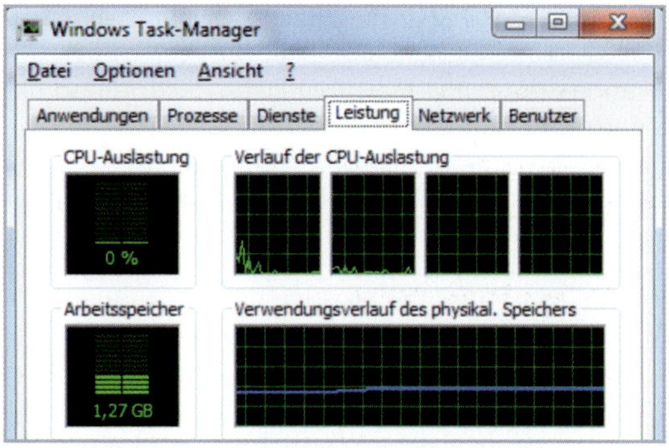

Bild 4: CPU-Nutzung und Speicherausnutzung

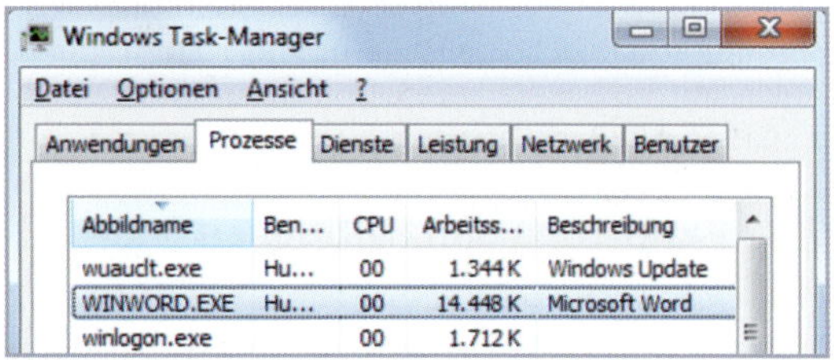

Bild 5: Prozesse im Task-Manager

WV

Wiederholung und Vertiefung

1. **Nennen Sie Eigenschaften von Betriebssystemen.**
2. **Welche Dateisysteme sind bei Windows im Einsatz?**
3. **Nennen Sie Systemprogramme von Windows und deren Verwendungszweck.**

5.3 Linux

Linux ist ein Betriebssystem für einen PC. Seinen Namen erhielt Linux in Anlehnung an seinen Erfinder Linus Torvald und an das Betriebssystem UNIX. Linux besitzt preemptives Multitasking, ist multiuserfähig und verfügt über die Unterstützung eines virtuellen Arbeitsspeichers.

5.3.1 Installation von Linux

Für die Installation von Linux mit einer grafischen Benutzeroberfläche und entsprechender Anwendersoftware sollte mindestens 3 GB Festplattenspeicher frei sein und der Hauptspeicher eine Größe von 512 MB aufweisen.

> Linux ist eine freie Software und kann aus dem Internet herunter geladen werden.

Dafür stehen eine Reihe von Distributionen zur Verfügung, z. B. openSUSE, Debian oder ubuntu. Eine Linux-Distribution beinhaltet neben dem Betriebssystem-Kern, dem *Kernel*, noch verschiedene Software.

Verschiedene Linux-Versionen stehen z. B. über die Internetadresse http://software.opensuse.org zur Verfügung **(Bild 1)**. Nach Auswahl der gewünschten Computer-Architektur, d.h. 32 Bit oder 64 Bit, kann Linux als ISO-Datei herunter geladen werden. Eine ISO-Datei ist ein Abbild einer gesamten Daten-DVD. Beim Brennen der ISO-Datei auf DVD muss angegeben werden, dass es sich um eine solche Datei handelt. Unter Windows 7 wird zum Brennen doppelt auf die ISO-Datei geklickt und der Windows-Brenner erscheint **(Bild 2)**.

Die gebrannte DVD wird in den Computer eingelegt und nach Starten der Menüpunkt Installation gewählt. Nach Auswahl der Sprache startet eine Systemüberprüfung. Als Installationsmodus wird Neuinstallation gewählt. Uhr und Zeitzone werden bestätigt und die grafische Benutzeroberfläche ausgesucht, z. B. KDE-Desktop. Ein Vorschlag für die Partitionierung der Festplatte wird angezeigt und kann übernommen werden. Nach Anlegen eines Benutzers werden sämtliche Installationseinstellungen nochmals zusammengefasst und durch Anklicken von Installieren übernommen. Der Installationsvorgang beginnt.

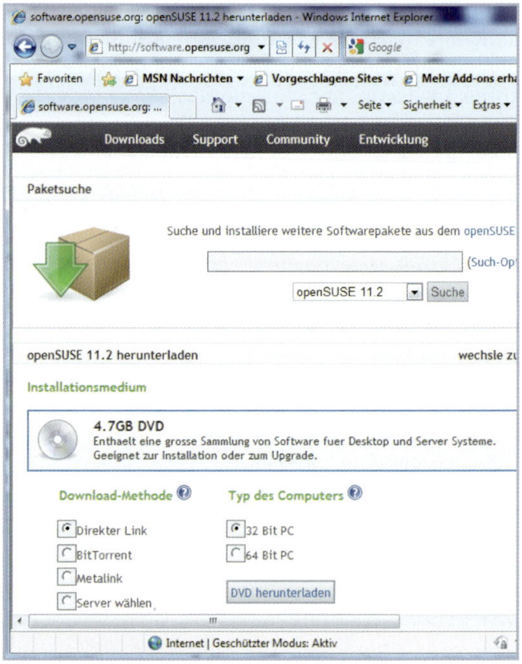

Bild 1: Linux herunterladen

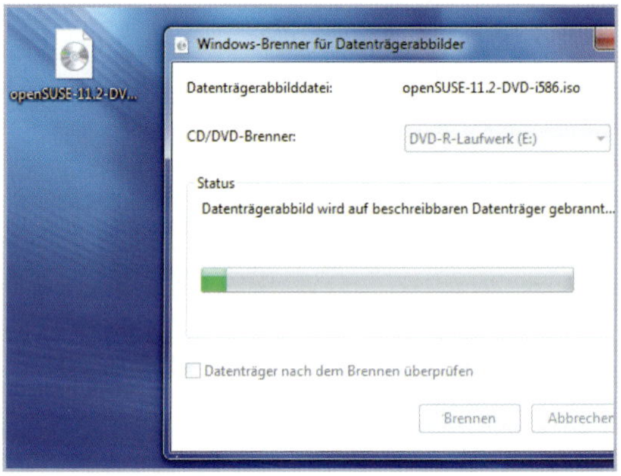

Bild 2: ISO-Datei brennen

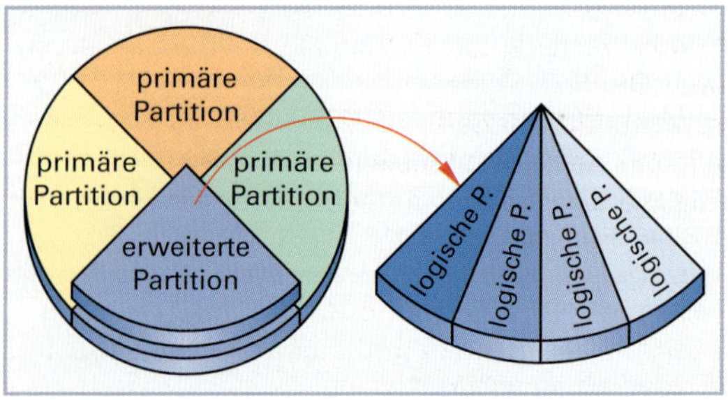

Bild 3: Partitionen einer Festplatte

5.3.2 Festplatten und Partitionen

In der Partitionstabelle einer Festplatte können vier primäre Partitionen eingetragen werden. Ist es nötig mehr als vier Partitionen einzurichten, so wird die vierte Partition als erweiterte Partition angelegt. In dieser Partition werden weitere logische Partitionen erstellt **(Bild 3)**.

Unter Linux hat eine Festplatte z. B. die Kennzeichnung hda1 **(Tabelle 1)**. Die ersten zwei Buchstaben bezeichnen den Festplattentyp. Z. B. bezeichnet hd eine EIDE-Festplatte, sd eine SCSI-Festplatte. Der dritte Buchstabe gibt an, um welche Festplatte es sich handelt, z. B. erste oder zweite Festplatte. Nach dieser Buchstabenkombination folgt eine Ziffer, welche die Partition kennzeichnet. Die Ziffern 1 bis 4 kennzeichnen eine primäre Partition. Die erste logische Partition wird immer mit der Ziffer 5 angegeben, auch wenn es weniger als vier primäre Partitionen gibt.

Beispiel 1 **Festplattenkennzeichnung:**

Erklären Sie die Bezeichnung hdb6.

Lösung: **Es ist die zweite EIDE-Festplatte mit der zweiten logischen Partition.**

Für das Betriebssystem Linux werden in der Regel zwei Partitionen benötigt. Dies sind die Root-Partition (root = Wurzel) und Swap-Partition (to swap = tauschen). Ist neben Linux noch ein weiteres Betriebssystem auf dem Computer installiert, wird zusätzlich eine Boot-Partition nötig.
Die Partitionen werden nicht über Laufwerksbuchstaben angesprochen, sondern über Verzeichnisse im root-Verzeichnis. Die Partitionsbezeichnung entspricht dem Verzeichnisnamen.

5.3.3 Verzeichnisse

Linux besteht aus einer Vielzahl von Dateien, die hierarchisch angeordnet sind.

Das oberste Verzeichnis ist das root-Verzeichnis, auch das Wurzelverzeichnis genannt **(Bild 1)**. Ein Slash / kennzeichnet dieses Verzeichnis. Das Wurzelverzeichnis beinhaltet zahlreiche Verzeichnisse, die für das Betriebssystems notwendig sind **(Tabelle 2)**. So enthält das Verzeichnis home alle Homeverzeichnisse der Benutzer. Die Benutzer können darin ihre Daten ablegen.

In Linux werden alle Geräte, wie CD-ROM, Festplatte oder RAM in die Verzeichnisstruktur eingebunden. Die Schnittstellen zu den Geräten sind entsprechende Dateien im Verzeichnis dev. Das Verzeichnis dev enthält viele leere Dateien, die nur gefüllt werden, sofern die betreffende Hardware mit Treiber installiert wurde.

Linux bindet alle Geräte als Dateien in den Verzeichnisbaum ein gemäß der UNIX-Philosophie „Alles ist eine Datei".

Man nennt dies mounten (to mount = einbinden). Dabei wird als Mountpoint der Ort im Verzeichnisbaum bezeichnet, an dem das Gerät eingehängt wird.

Tabelle 1: Bezeichnungen von Festplatten

Typ	Festplatte	Partition	Beschreibung
hd	a	1	Erste EIDE-Festplatte, erste primäre Partition.
sd	b	3	Zweite SCSI-Festplatte, dritte primäre Partition.
hd	b	5	Zweite EIDE-Festplatte, erste logische Partition.

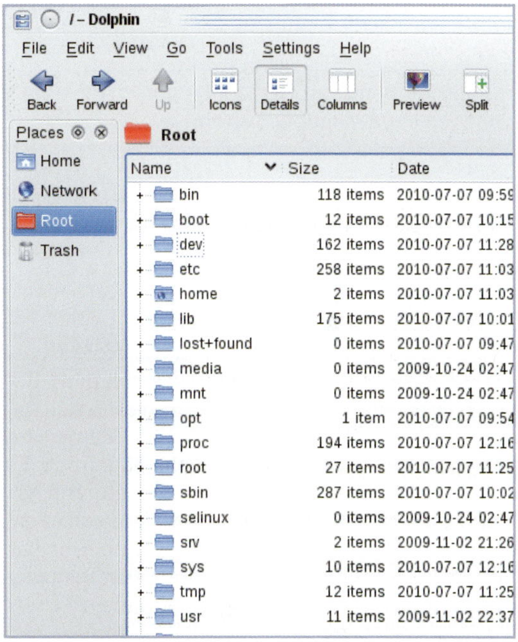

Bild 1: Verzeichnisstruktur

Tabelle 2: Verzeichnisse bei Linux

Name	Erklärung
bin	Enthält die wichtigsten Kommandos für jeden Benutzer.
boot	Enthält statische Dateien des Bootmanagers.
dev	Enthält die Gerätedateien zur Ansteuerung der Hardware.
etc	Enthält die Konfigurationsdateien.
home	Enthält die Homeverzeichnisse der Benutzer.
lib	Enthält die beim Systemstart benötigten Dateien.
mnt	Mountpoint für temporäre Partitionen, z. B. USB-Stick.
opt	Enthält zusätzliche Software.
root	Homeverzeichnis des Administrators.
sbin	Enthält wichtige Systemprogramme.
tmp	Enthält temporäre Dateien.
usr	Enthält weitere Systemverzeichnisse.
var	Enthält variable Daten.

5.3.4 X Window System

Das X Window System stellt unter Unix einen Standard für grafische Benutzeroberflächen dar. X Window wird auch kurz X11 genannt. X Window stellt dabei das Protokoll und den Standardbaukasten zum Aufbau einer grafischen Benutzeroberfläche bereit. Es beinhaltet das Bewegen und den Aufbau eines Fensters sowie die Umsetzung von Benutzeraktionen mit der Maus und Tastatur. X Windows-basierte Benutzeroberflächen können im Aussehen stark abweichen.

Grafische Benutzeroberflächen unter Linux benötigen ein X Window System.

Die grafischen Arbeitsumgebungen KDE und GNOME arbeiten mit dem X Window System.

5.3.5 Arbeiten mit Linux

Anmelden und Abmelden einer Arbeitssitzung

Da mit einem Linux-Computer verschiedene Benutzer arbeiten können, ist eine Trennung der Datenbereiche erforderlich. Der Benutzername und das Passwort werden beim Login abgefragt. Es wird zwischen einem Systemadministrator mit Namen root und anderen Benutzern unterschieden. Der Administrator hat sämtliche Rechte, um das System zu konfigurieren. Ein normaler Benutzer kann nur die Daten in seinem Homeverzeichnis verändern.

Der KDE-Desktop

Der KDE-Desktop ist eine der möglichen grafischen Oberflächen für das Arbeiten mit Linux **(Bild 1)**. Der KDE-Desktop enthält die Kontrollleiste und den Arbeitsflächen-Ordner mit wichtigen Programmen.

Über die *Kontrollleiste*, die auch als Kicker bezeichnet wird, werden Programme gestartet (Bild 1). Die Kontrollleiste enthält die Fensterleiste, in der die vom Benutzer geöffneten Programme abgelegt werden, und das K-Menü. Auf der rechten Seite der Kontrollleiste befindet sich der Systemabschnitt mit beim Start von Linux aktivierten Systemprogrammen. Konfiguriert wird die Kontrollleiste mit Klick auf den rechten äußeren Rand der Leiste **(Bild 2)**. Sie kann auch eingebettete Miniprogramme enthalten.

Übung 1

Fügen Sie das Miniprogramm „Augen" hinzu.

Lösung: **Bild 3**

Bild 1: KDE Arbeitsumgebung

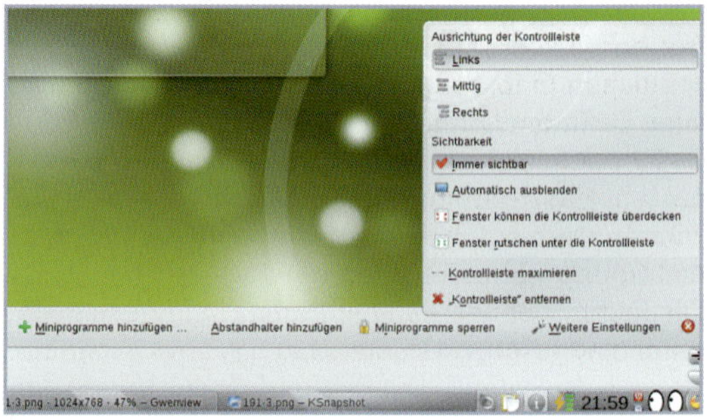

Bild 2: Kontrollleiste einstellen

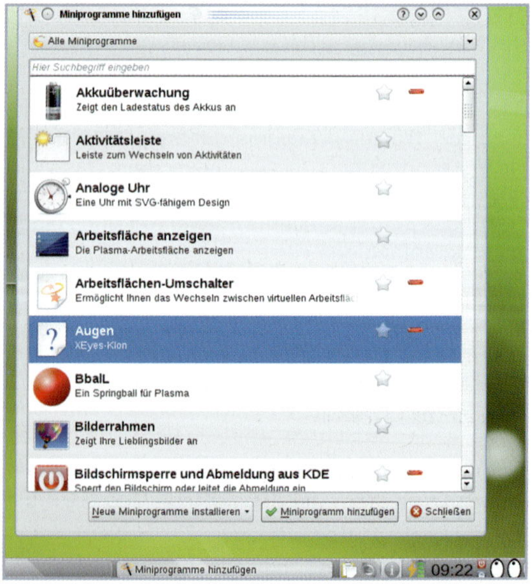

Bild 3: Miniprogramm hinzufügen

Um ein Miniprogramm hinzuzufügen, wird auf die Schaltfläche `Miniprogramme hinzufügen...` geklickt (Bild 2). Das entsprechende Programm wird ausgewählt und durch erneutes Drücken von `Miniprogramme hinzufügen` bestätigt (Bild 3).

Das *K-Menü* wird angezeigt, wenn man mit der linken Maustaste auf das K-Symbol klickt **(Bild 1)**. Im K-Menü werden alle Anwendungen aufgelistet, wenn das Icon Programme gewählt wird. Das gewünschte Programm wird durch Anwahl gestartet.

Der Dateimanager Dolphin

Der Dateimanager Dolphin kann über die Kontrollleiste gestartet werden. In Dolphin werden abhängig vom Benutzer Dateien angezeigt **(Bild 2)**. Der Benutzer kann seine Dateien hier kopieren, verschieben, umbenennen und löschen.

> Ein Dateimanager ist ein Programm zum Anzeigen und Bearbeiten von Dateien und Verzeichnissen.

Auf der linken Seite des Fensters werden die wesentlichen Orte aufgelistet, an denen sich die Dateien befinden können. Z. B. greift der persönliche Ordner auf das home-Verzeichnis zu, der Basisordner auf das root-Verzeichnis. Im root-Verzeichnis können Dateien aber nur mit entsprechender Berechtigung verändert werden. Dolphin bietet auf der rechten Seite des Fensters eine Vorschau der Datei bzw. zeigt den Inhalt eines Verzeichnisses an.

Über die Schaltflächen `Zurück`, `Nach vorne`, `Nach oben` kann im Verzeichnisbaum navigiert werden. Über die Schaltflächen `Symbole`, `Details` und `Spalten` wird die Ansicht der einzelnen Verzeichnisse gesteuert.

OpenOffice

Im Arbeitsflächen-Ordner auf dem Desktop kann durch Auswahl von Büro das OpenOffice gestartet werden **(Bild 3)**. Zu OpenOffice gehören vielfältige Büroanwendungen, wie ein Programm zur Textverarbeitung, zur Tabellenkalkulation, eine Datenbank, ein Zeichenprogramm und ein Präsentationsprogramm.

Übung 1

Starten Sie das Programm zur Textverarbeitung.

Lösung: **Bild 3, Bild 4**

Um das Textverarbeitungsprogramm zu starten wird in OpenOffice die Schaltfläche `Textdokument` gewählt (Bild 3). Das Fenster zur Texteingabe erscheint (Bild 4) und der Text kann eingegeben werden.

Wiederholung und Vertiefung

1. **Welche Aufgaben hat das X Window System?**
2. **Wozu wird ein Mountpoint benötigt?**
3. **Nennen Sie Bestandteile der Kontrollleiste eines KDE-Desktops.**

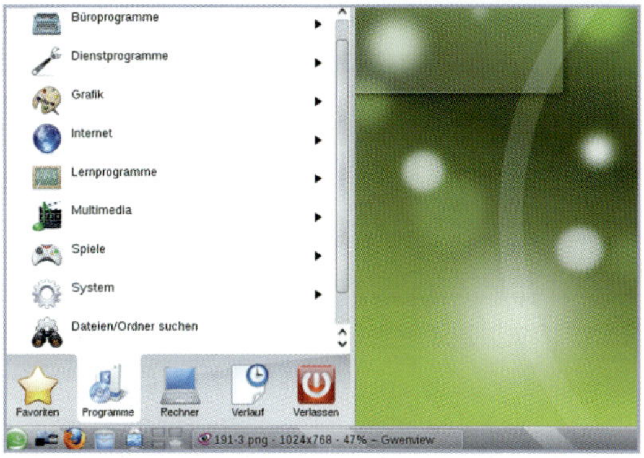

Bild 1: K-Menü

Bild 2: Dateimanager Dolphin

Bild 3: OpenOffice-Programme auswählen

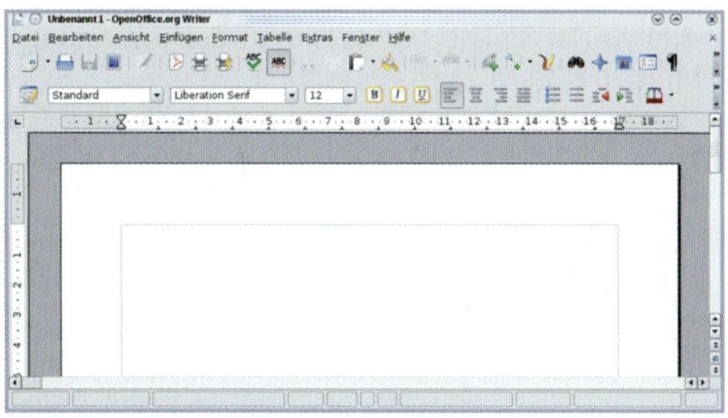

Bild 4: Programm zur Textverarbeitung

6 Programmieren mit Programmiersprachen

6 Programmieren mit Programmiersprachen

6.1 Software-Entwicklungs-umgebungen

Für spezielle Anwendungsentwicklungen gibt es eine Vielzahl von Programmiersprachen. Meist sind die Programmiersprachen zur einfachen Bedienung mit Software-Umgebungen versehen, die auch ein Programmieren im Team erlauben. Andererseits gibt es auch Programmiersprachen, mit denen auf Betriebssystemebene programmiert werden kann. Dies wird als Konsolenprogrammierung bezeichnet.

C++Builder und Visual C++

Der C++Builder und Visual C++ sind Entwicklungssysteme für die prozedurale und objektorientierte Programmentwicklung **(Tabelle 1)**. Mit beiden Programmen ist eine Konsolenprogrammierung möglich.

Delphi und Kylix

Delphi (Ort in Griechenland) und Kylix (griechisches Trinkgefäß) sind Entwicklungssysteme, die von der Programmiersprache Pascal abgeleitet sind. Delphi arbeitet mit dem Betriebssystem Windows. Kylix ist die Variante von Delphi, die mit dem Betriebssystem Linux arbeitet. In Delphi geschriebene Programme laufen nach Anpassung der Klassenbibliotheken ohne große Änderungen in Kylix und umgekehrt auch in Delphi.

JBuilder und Visual J++

JBuilder und Visual J++ sind Entwicklungssysteme, die Java als Programmiersprache verwenden. Der JBuilder arbeitet mit den Betriebssystemen Windows, Linux und Solaris.

Mit beiden Programmen kann man ausführbare Anwendungen (Applications) und Applets (von little application = kleine Anwendung) programmieren, die mit Browsern ausgeführt werden.

C#

C# (# sprich: sharp) wird zur Programmierung von Internetanwendungen verwendet. C# ist für das Arbeiten mit Web-Servern vorgesehen.

HTML und JavaScript

Mit HTML-Programmen werden Seiten erstellt, die z. B. vom Internet heruntergeladen mit einem Browser angezeigt werden können. Für komplexere Anwendungen, wie Darstellung dynamischer Web-Seiten, verwendet man als Ergänzung zu HTML JavaScript (Abschnitt 13.3.5). HTML und JavaScript sind Interpretersprachen.

Tabelle 1: Sprachen und Entwicklungssysteme

Name	Betriebssystem	Verwendete Programmiersprachen, Anwendung
C++Builder	Windows	C, C++. Prozedurale und objektorientierte Programme.
Delphi	Windows	Pascal. Prozedurale und objektorientierte Programme.
HTML	Windows	Seitenbeschreibungssprache.
JavaScript	Windows	Skriptsprache. Erweiterung der Seitenbeschreibungssprache HTML für die Web-Programmierung.
JBuilder	Windows, Linux, Solaris	Java. Web-Programmierung, z. B. mit Applets.
Kylix	Linux	Pascal. Prozedurale und objektorientierte Programme.
PHP	Windows, Linux	Scriptsprache. Erfordert ein Web-Serverprogramm und einen Interpreter.
Python	Windows, Linux	Interpretersprache.
Visual Studio.NET C# Visual C++ Visual Basic	Windows	C#. Web-Programmierung. Visual C++. Prozedurale und objektorientierte Programme. Visual Basic. Benutzeroberflächenprogrammierung.

PHP

PHP ist wie Javascript eine Skriptsprache, die in HTML eingebettet werden kann. PHP wird auf dem Server ausgeführt. Der Client erhält das Ergebnis des PHP-Programmablaufs als HTML-Datei, die keinen PHP-Quellcode enthält.

Python

Python eignet sich für die Verarbeitung von ASCII-Dateien, zur Systemadministration und zur WEB-Programmierung. Python unterstützt sowohl die prozedurale als auch die objektorientierte Programmierung.

Visual Basic

Visual Basic ist ein objektorientiertes Programmiersystem, das insbesondere zur Erstellung von Benutzeroberflächen, für die Programmierung von Client-Server-Anwendungen und auch für die Web-Programmierung verwendet wird.

Wiederholung und Vertiefung

WV

1. **Mit welchen Programmiersprachen kann man prozedural und objektorientiert programmieren?**
2. **Welcher Unterschied besteht zwischen JavaScript und PHP?**
3. **Welche Programme erlauben eine Applet-Programmierung?**

6.2 Begriffe des Programmierens

Elektrotechnische Berechnungen und grafische Darstellungen elektrischer Vorgänge können mit Anwenderprogrammen erfolgen, die mit höheren Programmiersprachen, z. B. Visual Basic, erstellt sind. Ein derartiges Programm besteht aus in Zeilen geschriebenen *Anweisungen*, mit denen die gestellten Aufgaben schrittweise gelöst werden.

Anweisungen übersetzt ein Computer in seine Maschinensprache und führt sie aus.

Die Programmerstellung erfolgt mit verschiedenen Programmierwerkzeugen **(Tabelle 1)**. Der Programmtext wird mit einem *Editor* in den Computer eingegeben. Dieser Text wird als Textdatei gespeichert und als *Quelltext* bezeichnet.

Die Übersetzung eines Anwenderprogrammes kann beim Abarbeiten eines Programmes je nach Sprachversion zeilenweise mit einem *Interpreter* (Interpreterprogramm) oder vor dem Abarbeiten mit einem *Compiler* (Compilerprogramm) durchgeführt werden.

Programmiersprachen, wie z. B. Visual Basic oder C, enthalten Worte oder Abkürzungen, die aus der englischen Sprache stammen. Zum Programmieren ist deshalb ein bescheidener Wortschatz an englischen Ausdrücken unentbehrlich **(Tabelle 2)**.

Die Bedeutung der englischen Worte ist beim Programmieren ähnlich wie deren deutsche Übersetzung (Tabelle 2). Oft wird anstelle eines ausgeschriebenen englischen Wortes nur dessen Anfang verwendet.

Die Grundworte bei Programmiersprachen sind englische Ausdrücke.

Grundfunktionen von höheren Programmiersprachen wie Visual Basic, C++ oder Java sind Anweisungen, mit denen z. B.

- Ausgaben am Bildschirm,
- Eingaben über die Tastatur,
- Wertermittlungen von Programmvariablen,
- Sprünge zu anderen Anweisungen bzw. Programmschleifen und
- mathematische Berechnungen

durchgeführt werden können.

Tabelle 1: Programmierwerkzeuge (Software)

Name	Bedeutung
Editor	Programm zur Eingabe von Text bestehend aus ASCII-Zeichen.
Interpreter	Übersetzt den Programmtext in Maschinensprache während der Programmausführung.
Compiler	Übersetzt einen Quelltext vor der Programmausführung in Maschinensprache.

Tabelle 2: Bedeutung englischer Wörter beim Programmieren (Auswahl)

Wort	Aussprache	Bedeutung
case	keis	Fallunterscheidung
do	du	führe aus
end	end	Ende
for	for	für
if .. then	if .. senn	wenn .. dann
goto	gouto	springen
loop	luhp	Schleife
print	print	schreiben
read	rihd	lesen
repeat	ripiht	wiederholen
return	ritörn	zurückgehen
save	seif	speichern
while	wail	solange
write	rait	schreiben

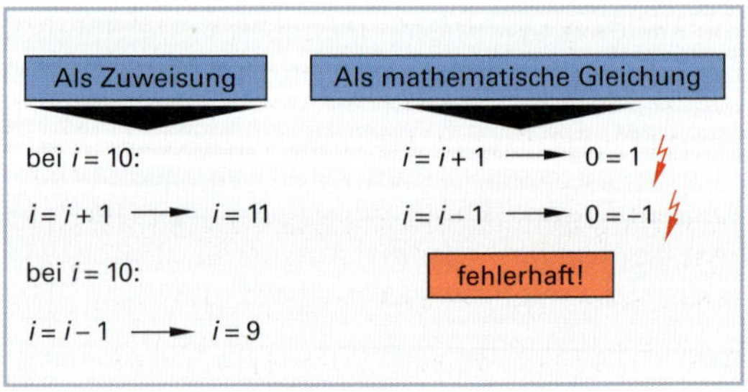

Bild 1: Gegenüberstellung von Zuweisung und mathematischer Gleichung

Von besonderer Bedeutung ist beim Programmieren das Zuweisen von Werten. Im Gegensatz zur mathematischen Gleichung kann in einer Programm-Zuweisung eine Variable links und rechts vom Gleichheitszeichen stehen, ohne dass eine falsche Aussage entsteht **(Bild 1)**. Es handelt sich hierbei nämlich um keine Gleichung, sondern um eine *Zuweisung*.

6.3 Programmieren in Visual Basic

6.3.1 Allgemeines

Visual Basic (VB) ist eine Programmiersprache, mit der man grafische Benutzeroberflächen im Windows-Stil *Drag* and *Drop* (von to drag = ziehen, to drop = fallen lassen) interaktiv am Bildschirm ohne ausschließliches Schreiben von Programmcode programmieren (erstellen) kann **(Bild 1)**. Das „Basic" im Namen rührt von der Sprache BASIC (von Beginners All purpose Symbolic Instruction Code) her. Visual Basic hat sich aus der Programmiersprache BASIC entwickelt und enthält Anweisungen und Funktionen, mit denen die grafischen (visuellen) Windows-Oberflächenelemente, z. B. Buttons oder Optionsfelder, direkt erzeugt und bearbeitet werden können.

Die Programmiersprache Visual Basic wird auch in Microsoft-Produkten (VBA von Visual Basic for Applications, application = Anwendung) angewendet, z. B. zum Programmieren von Funktionen im Tabellenkalkulationsprogramm Excel oder im Datenbankprogramm Access. Das Visual-Basic-Programmiersystem Scripting Edition (VBScript) für das Programmieren von Internet-Seiten enthält eine Untermenge der Programmiersprache Visual Basic.

Ein Visual-Basic-Programm enthält keinen Hauptprogrammteil wie dies z. B. beim Programmieren mit der Programmiersprache C der Fall ist. Programme, die in diesen Programmiersprachen erstellt sind, beginnen mit der ersten Programmzeile und werden dann nach einem vordefinierten Weg ausgeführt. Ein Visual-Basic-Programm besteht dagegen nur aus ereignisbezogenen Prozeduren, die nach Auftreten des Ereignisses, z. B. eines Mausklickes, aktiviert werden **(Bild 2)**.

> Ein Programm in Visual Basic reagiert nur auf Ereignisse.

Beim Eintreten solcher Ereignisse werden Meldungen an das Betriebssystem Windows erzeugt, die von diesem verarbeitet werden und dann Prozeduren aktivieren, die entsprechende Reaktionen auslösen **(Bild 3)**. Visual Basic wickelt genau diesen Meldungsverkehr ab. Der Programmierer muss sich um diese Meldungen und um deren Verarbeiten also nicht kümmern.

> In Visual Basic müssen diejenigen Prozeduren programmiert werden, die z. B. nach Mausklicks ausgeführt werden sollen.

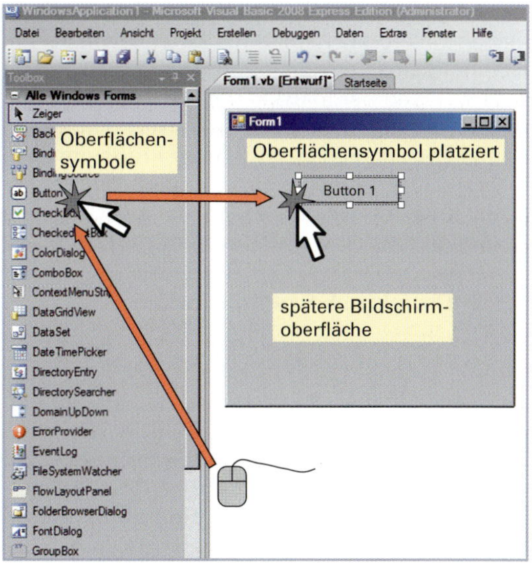

Bild 1: Grafisch interaktive Gestaltung einer Benutzeroberfläche

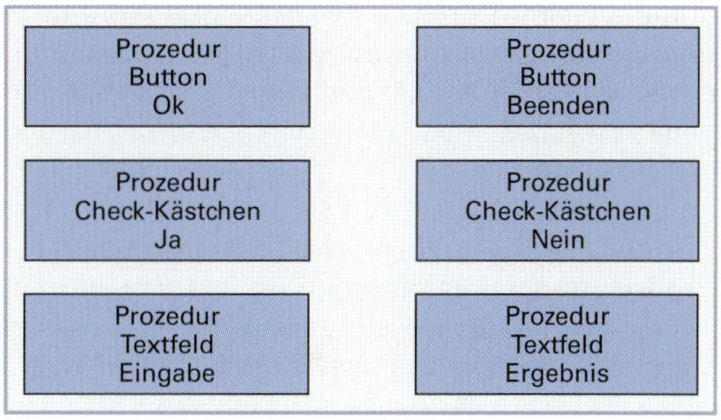

Bild 2: Ein aus Prozeduren bestehendes Programm in Visual Basic

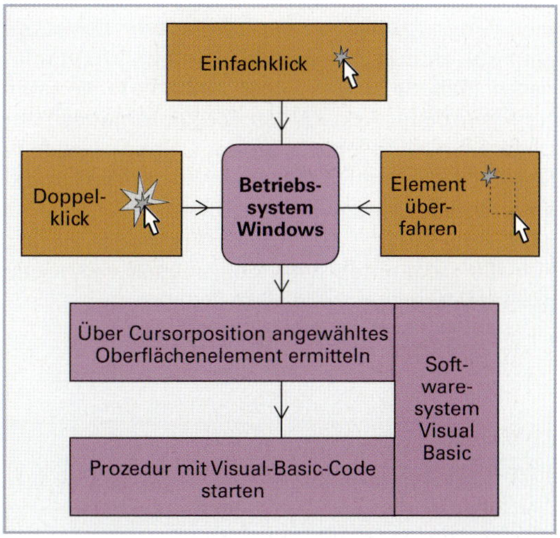

Bild 3: Beispiel des Zusammenwirkens von Windows und Visual Basic bei mausbetätigten Aktionen

Der Programmcode von Visual Basic wird bei der Eingabe interpretiert. Dadurch werden Syntax-Fehler unmittelbar am Bildschirm angezeigt. Ferner wird während der Eingabe der bis dahin eingegebene Programmcode auch kompiliert. Findet der Compiler einen Fehler, wird er im Programmcode markiert. Das Kompilieren kann nach der Fehlerbeseitigung fortgesetzt werden, ohne dass es wieder von vorne durchgeführt werden muss.

6.3.2 Projekte, Formen, Module

Ein vollständiges Programm in Visual Basic wird *Projekt* genannt. Ein Projekt umfasst Formulare (Formen), Module (Standardmodule), Klassenmodule und Ressourcendateien **(Bild 1)**. Die grafischen Elemente der Benutzeroberfläche werden in den *Formularen* abgebildet. Ihre Aktionen werden in dazugehörenden Prozeduren programmiert. Die *Module* enthalten globale (prozedurübergreifende) Vereinbarungen (Deklarationen) für Konstante, Variable und auch für Prozeduren selbst. Prozeduren zum Umsetzen von nicht unmittelbar benutzergeführten Abläufen werden in *Klassenmodulen* programmiert. Ressourcendateien enthalten Bitmaps (Pixelbilder), Zeichenfolgen oder Daten, die meist nicht durch Programmcode verändert werden.

Projekte in Visual Basic enthalten insbesondere Formulare und Module.

6.3.3 Vereinbarungen

Variable und Datenfelder (Variable mit Indizes) sind in Visual Basic hinsichtlich ihres Datentyps über die Vereinbarungsanweisungen `dim` (von dimension = Abmessung), `private` (= privat, eigen) und `public` (= öffentlich, global) zu vereinbaren **(Tabelle 1)**. Für nicht deklarierte Variable zum Bearbeiten von Zahlen wird automatisch der Datentyp VariantType verwendet. Dabei wird eine feste Speicherplatzgröße unabhängig vom zu bearbeitenden Zahlenwert eingeplant.

Für die genannten Vereinbarungsanweisungen gibt es folgende vereinfachte Darstellung:

`dim`	*Variable*[([*Indizes*])] [as *Datentyp*] [,*Variable*[([*Indizes*])] [as *Datentyp*]]
`private`	*Variable*[([*Indizes*])] [as *Datentyp*] [,*Variable*[([*Indizes*])] [as *Datentyp*]]
`public`	*Variable*[([*Indizes*])] [as *Datentyp*] [,*Variable*[([*Indizes*])] [as *Datentyp*]]

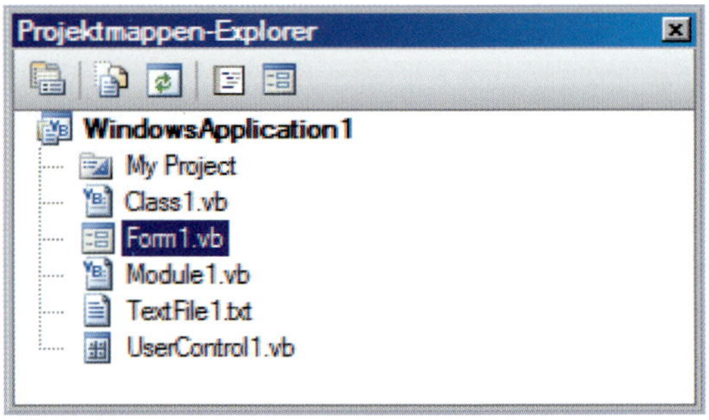

Bild 1: Umfang eines Visual-Basic-Projektes

Tabelle 1: Datentypen

Datentyp	Anzahl Bytes	Bemerkung
Byte	1	Zahlenbereich 0 bis 255.
Boolean	2	Werte wahr (true), nicht wahr (false).
Integer	2	Einfachwort für ganze Zahlen.
Long	4	Langwort für ganze Zahlen.
Single	4	Einfache Genauigkeit für reelle Zahlen.
Double	8	Doppelte Genauigkeit für reelle Zahlen.
Currency	8	Für Zahlen bis 15 Vorkommastellen, 4 Nachkommastellen, currency = Währung.
Decimal	14	Für Dezimalzahlen, bis zu 28 Nachkommastellen.
Date	8	Datum bis zum Jahr 9999.
String	>10	Für Zeichenketten.
VariantType	16 >22	Für ganze oder reelle Zahlen. Für Zeichenketten.

Die Anweisungsteile innerhalb der eckigen Klammern müssen wegen der sprachlichen Korrektheit (Sprachsyntax) nicht programmiert werden. Sie verändern jedoch die Auswirkung der Vereinbarung.

Variablen, die mit `dim` auf Modulebene deklariert wurden, stehen allen Prozeduren innerhalb des Moduls zur Verfügung. Auf Prozedurebene deklarierte Variablen stehen nur innerhalb der umgebenden Prozedur zur Verfügung. Mit `private` deklarierte Variablen stehen nur in dem Modul zur Verfügung, in dem sie deklariert wurden. Auf Variablen, die mit `public` deklariert wurden, kann von allen Prozeduren in allen Modulen und Formen aus allen Anwendungen zugegriffen werden.

6.3.4 Strukturierte Anweisungen

Die strukturierten Anweisungen von Visual Basic sind denen anderer Programmiersprachen sehr ähnlich. Mit diesen Anweisungen werden die ereignisbezogenen Prozeduren programmiert.

If-Then-Anweisung

Mit der If-Then-Anweisung (Wenn-Dann-Anweisung) wird der Programmablauf in Abhängigkeit von einer Bedingung in einen von zwei Programmzweigen eingesteuert **(Bild 1)**. Die If-Then-Anweisung hat die Form:

```
if Bedingung then Anweisungen
   [else Anweisungen]
[end if]
```

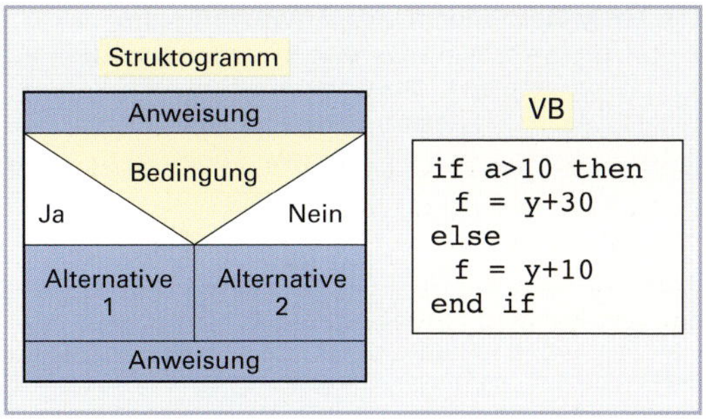

Bild 1: If-Then-Anweisung

`Else` bedeutet andernfalls. Bei Bedingung wird eine Programmvariable hinsichtlich eines Wertes auf =, >, >=, <, <=, oder <> geprüft. Der Anweisungsteil zwischen den eckigen Klammern ist optional, d. h. er muss nicht unbedingt programmiert werden.

For-Next-Anweisung

Mit der For-Next-Anweisung (von for = für, next = nächster) wird eine Programmschleife programmiert, die in Abhängigkeit eines Zählers entsprechend häufig durchlaufen wird **(Bild 2)**. Die For-Next-Anweisung hat die Form:

```
for Zähler = Anfang to Ende [step Schritt]
      Anweisungen
      [exit for]
      [Anweisungen]
next [Zähler]
```

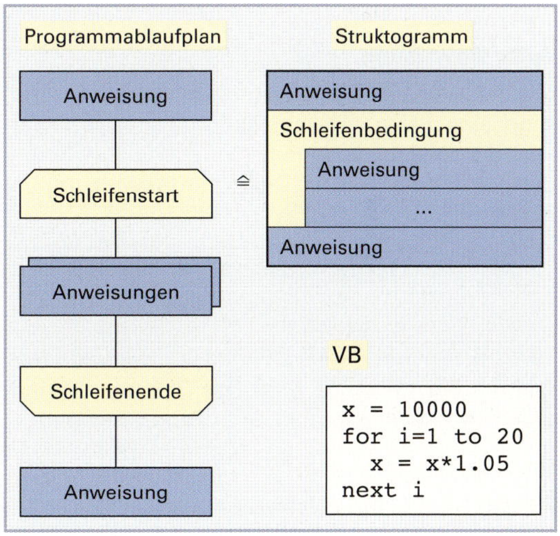

Bild 2: For-Next-Anweisung

Ist `step` (Schritt) nicht programmiert, so ist die Schrittweite eins. Soll rückwärts gezählt werden, dann ist eine negative Schrittweite zu programmieren. Mit `exit for` (von exit = Ausgang) kann der Schleifendurchlauf abgebrochen werden, z. B. im Zusammenwirken mit einer If-Then-Anweisung innerhalb der For-Next-Anweisung. Es wird dann die auf `next` folgende Anweisung außerhalb der Programmschleife ausgeführt. Hinter `next` ist die Zählervariable anzufügen, wenn mehrere For-Next-Anweisungen ineinander geschachtelt sind.

Select-Case-Anweisung

Die Select-Case-Anweisung (von to select = auswählen, case = Fall) ermöglicht in Abhängigkeit eines Variablenwertes, dies kann ein Zahlenwert oder eine Zeichenkette (Stringwert) sein, Fallunterscheidungen hinsichtlich des Programmablaufes zu programmieren **(Bild 3)**.

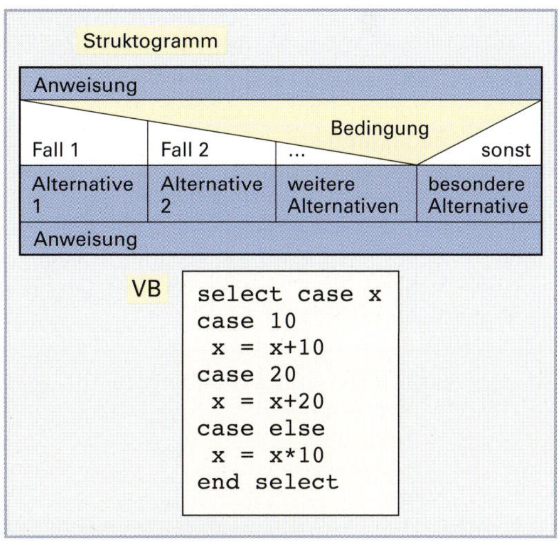

Bild 3: Select-Case-Anweisung

Die Form der Select-Case-Anweisung ist:

```
select case Variable
    case Wert(ebereich)
        Anweisungen
    case Wert(ebereich)
        Anweisungen
    [case else
        Anweisungen]
end select
```

In den Case-Programmzweigen kann auf einen einzelnen Wert oder auch auf einen Wertebereich geprüft werden, z. B. `case 5 to 10`.

While-Anweisung

Mit der While-Anweisung (von while = während) kann eine Programmschleife programmiert werden, die so lange ausgeführt wird, wie eine Bedingung erfüllt ist **(Bild 1)**. Die While-Anweisung hat die Form:

```
while Bedingung
      Anweisungen
wend
```

Wend steht für while end. Das Zeichen : trennt mehrere Anweisungen in einer Programmzeile.

Do-Loop-Anweisung

Mit der Do-Loop-Anweisung können Programmschleifen auf vier verschiedene Arten programmiert werden. Die Überprüfung der Bedingung hinsichtlich eines Durchlaufs der Programmschleife kann entweder am Schleifenanfang **(Bild 2)** oder am Schleifenende **(Bild 3)** stattfinden. In beiden Fällen kann die Programmschleife so programmiert werden, dass sie durchlaufen wird, solange die Bedingung erfüllt ist (while) oder bis die Bedingung erfüllt ist (until). Findet die Bedingungsprüfung am Schleifenende statt, dann wird die Programmschleife in jedem Fall einmal durchlaufen. Mit `exit do` kann die Schleife frühzeitig verlassen werden. Die Do-Loop-Anweisung hat die Formen:

```
   do {while | until} Bedingung
      Anweisungen
      [exit do]
      [Anweisungen]
   loop
oder
   do
      Anweisungen
      [exit do]
      [Anweisungen]
   loop {while | until} Bedingung
```

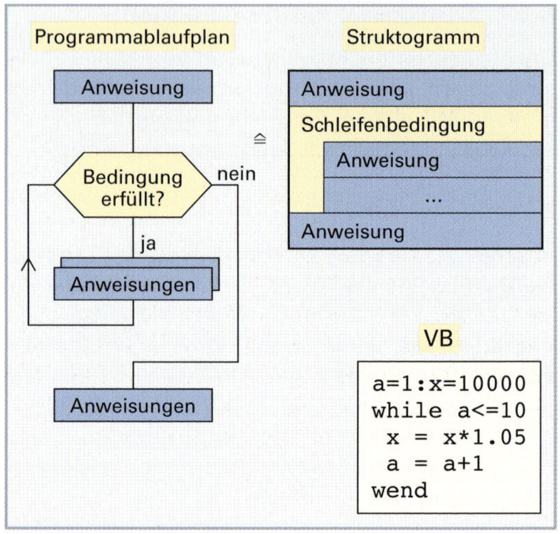

Bild 1: While-Anweisung

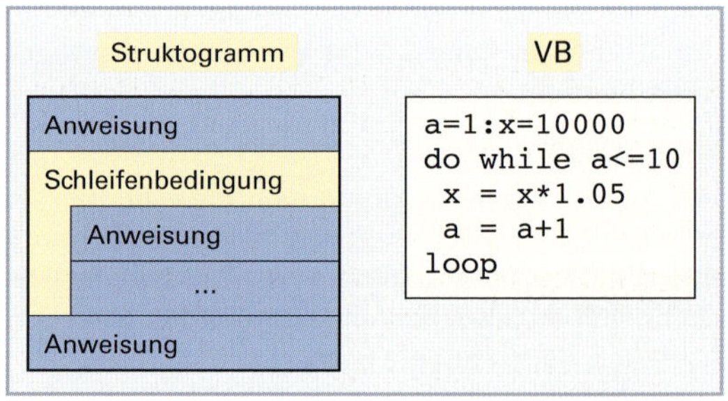

Bild 2: Do-Loop-Anweisung mit Bedingungsprüfung am Schleifenanfang

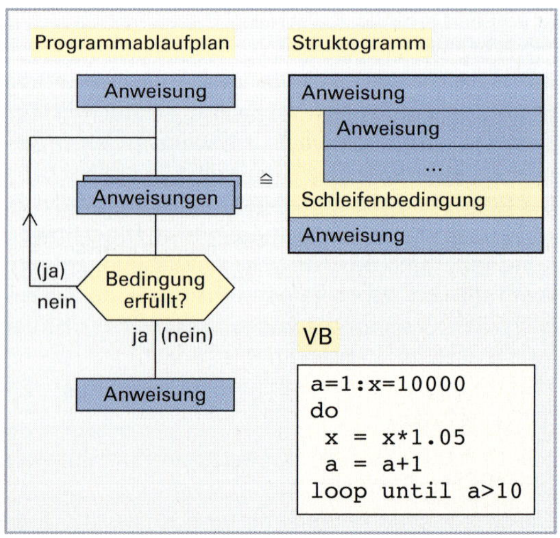

Bild 3: Do-Loop-Anweisung mit Bedingungsprüfung am Schleifenende

6.3.5 Textfenster, Check-Kästchen, Button

Arbeitsfenster

Nach dem Starten von Visual Basic erscheint am Bildschirm das Arbeitsfenster des Visual-Basic-Programmiersystems **(Bild 1)**. Zum Gestalten der Benutzeroberflächen müssen die Oberflächenelemente in der Tool-Box (toolbox = Werkzeugkasten) ausgewählt und in das Form-Fenster übertragen werden. Im Projekt-Fenster werden die Visual-Basic-Objekte der Benutzeroberfläche (Benutzeroberflächen-Elemente) verwaltet. Im Eigenschaften-Fenster können die Eigenschaften der Benutzeroberflächen-Elemente verändert werden.

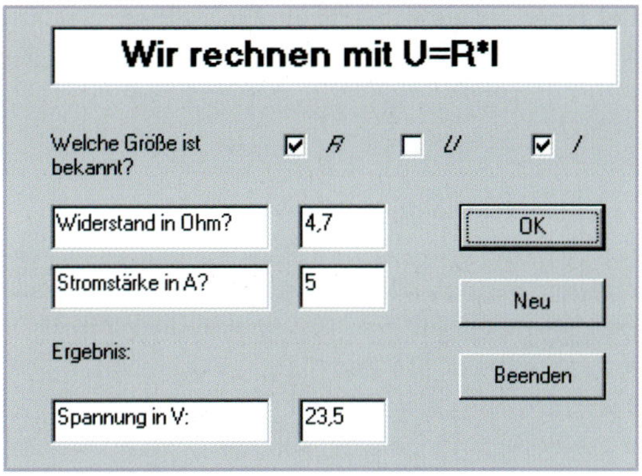

Bild 2: Bildschirmdialog zum Rechnen mit $U = R \cdot I$

Anwendung Ohm'sches Gesetz

Mit einem Programm in Visual Basic soll die Spannung, die Stromstärke oder der Widerstand anhand der Gleichung des Ohm'schen Gesetzes $U = R \cdot I$ berechnet werden. Mehrere Dialogfelder gestalten den Dialog mit dem Benutzer **(Bild 2)**.

Anhand von drei Check-Boxen (Kontrollkästchen) kann der Benutzer die ihm bekannten zwei Größen auswählen.

Entsprechend dieser Auswahl werden dann die Texte

- Widerstand in Ohm?,
- Spannung in V?,
- Stromstärke in A?

am Bildschirm eingeblendet. Der Benutzer muss die ihm bekannten Werte eingeben und die Schaltfläche OK (Button) mittels Mausklick betätigen. Das Berechnungsergebnis wird angezeigt.

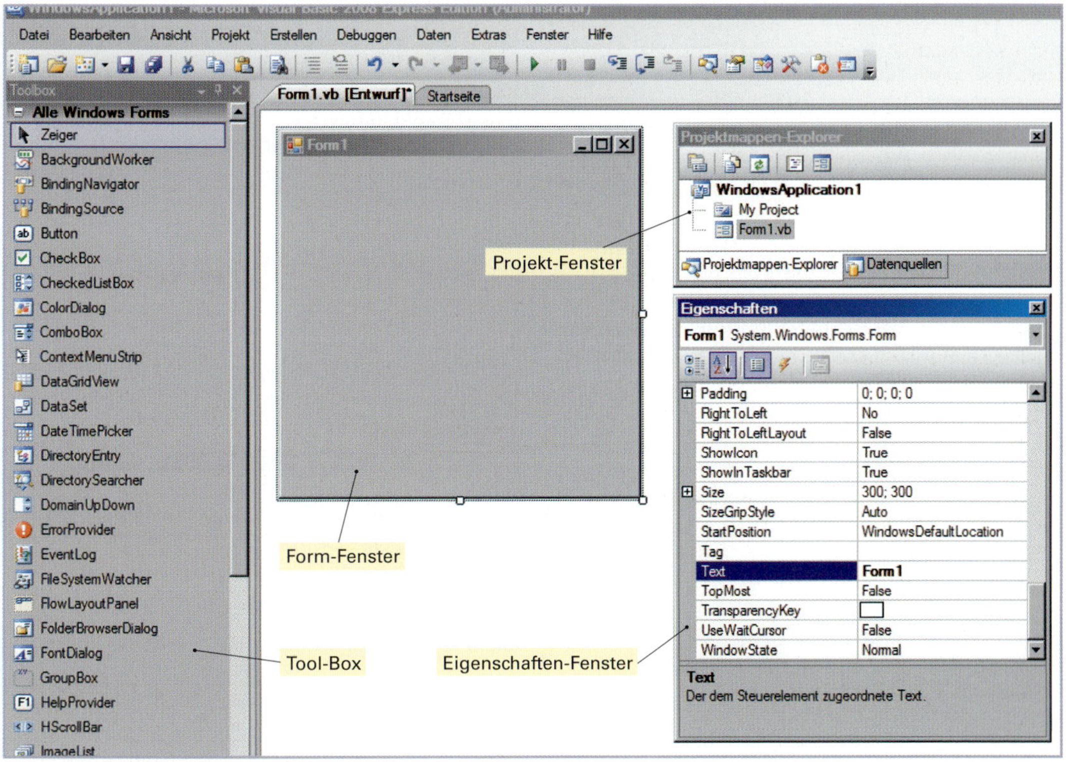

Bild 1: Arbeitsfenster von Visual Basic

Bei einer erneuten Berechnung werden die Dialogfelder nach Betätigen des Buttons Neu wieder in ihren ursprünglichen Ausgangszustand gebracht.

Erstellen der Dialogmaske

Die Dialogmaske wird im Fenster von Form 1 ■ erzeugt (Bild 1, vorhergehende Seite). In unserem Beispiel benötigen wir aus der Tool-Box **(Bild 1)**

- das Textfeld für den Text „Wir rechnen mit U = R * I“,
- die Bezeichnungsfelder mit den Texten „Welche Größe ist bekannt?“, „Ergebnis“,
- sechs weitere Male das Textfeld,
- dreimal die Check-Box und
- dreimal die Befehlsschaltfläche (Button) für die Buttons OK, Neu, Beenden.

Diese Elemente werden in der Tool-Box angeklickt. Mit dem dann erscheinenden Fadenkreuzcursor werden anschließend im Fenster von Form 1 ■ Rechteckflächen zur Platzierung der gewünschten Dialogfelder markiert.

Die Elemente einer Dialogmaske werden in der Tool-Box ausgewählt.

Der Text „Wir rechnen mit U = R * I“ wird im vorgesehenen Textfeld (Text7) in der gewünschten Schriftart dadurch erzeugt, indem er im Fenster Eigenschaften ■ von Text 7 ■ unter Text eingetragen wird **(Bild 2)**. Im Fenster Eigenschaften ■ können unter Font (= Schriftart) nach Anklicken die Schriftart und die Schriftgröße eingegeben werden.

Nach Erzeugen der Rechteckflächen bzw. Quadrate für die Elemente

- Bezeichnungsfeld,
- Check-Box und
- Befehlsschaltfläche

muss jeweils im Fenster Eigenschaften ■ der später am Bildschirm auf dem Dialogelement zu erscheinende Text, z. B. Beenden, im Feld Text eingegeben werden. Im Fenster Eigenschaften ■ werden für jedes Element der Tool-Box die Merkmale (Eigenschaften) wie Benennung, Schriftart, Hintergrundfarbe, Schriftfarbe verwaltet. Zum Einstellen auf kursive Schrift für den auf dem Dialogelement auszugebenden Text muss das Feld Font angeklickt werden. Es öffnet sich ein neues Fenster zur Auswahl der kursiven Schrift **(Bild 3)**.

Bild 1: Tool-Box mit Dialogfeldern

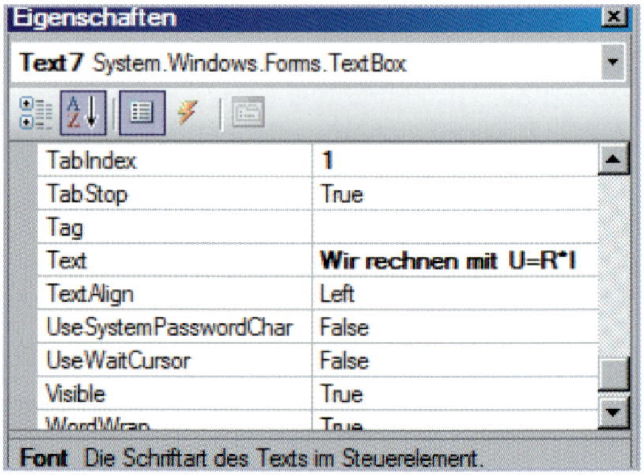

Bild 2: Fenster Eigenschaften ■

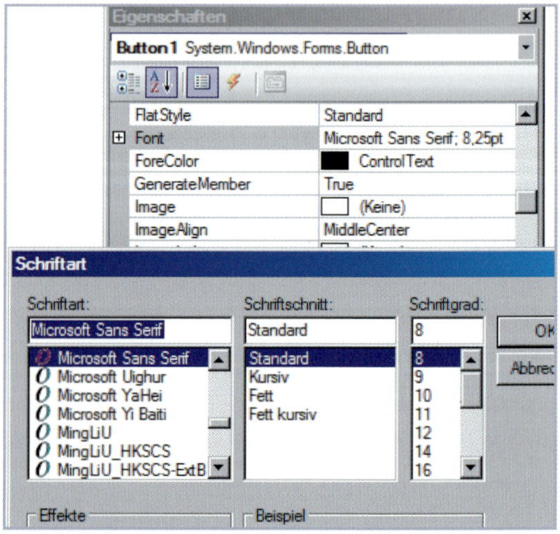

Bild 3: Einstellung der Schriftart

Im Feld *Text* des Fensters *Eigenschaften* muss der auf einem Dialogelement, z. B. einem Button, auszugebende Text eingetragen werden.

Programmerstellung

Das zu erstellende Programm in Visual Basic besteht aus Programmteilen, die Objekte genannt werden. Diese Objekte entsprechen den Unterprogrammen anderer höherer Programmiersprachen. Unsere Anwendung enthält die Objekte

- Form1 zum Initialisieren (Setzen auf Anfangswerte) der durch Texte bzw. Zahlen veränderbaren Dialogfelder,
- Button1 mit den Anweisungen zur Ausführung von OK,
- Button2 für Neu,
- Button3 für Beenden,
- Check1 für Markierung von *R*,
- Check2 für Markierung von *U* und
- Check3 für Markierung von *I*.

Die Ergänzung von `CheckChanged()` an den Objektnamen bedeutet, dass die Objekte durch Anklicken geändert werden **(Bild 1)**. Die Anwahl der Objekte zur Eingabe der Anweisungen erfolgt über das Menü Ansicht und Anklicken von Code. Innerhalb von Visual Basic werden diese Objekte in einem Modul verwaltet, das z. B. formuri.frm heißt.

Beim Programmieren ist zu beachten, dass in allen Objekten die Zustände aller Objekte auswertbar bzw. beeinflussbar sind. Im Objekt Form1 werden die sechs Textfelder Text1 bis Text6 mit Leerzeichen beschrieben **(Bild 2)**. Dadurch erscheint beim Programmstart in diesen Feldern kein Text.

Die Textausgabe an ein Textfeld erfolgt mit

Textfeldname.Text = "Text"

Als *Textfeldname* ist hier der Name des Textfeldes zu verwenden.

In den Objekten Check1 bis Check3 werden je nach Anwahl der Check-Boxen R, U oder I die Texte

- Widerstand in Ohm?,
- Spannung in V?,
- Stromstärke in A?

in den Textfeldern erzeugt. Die Anwahl sowie die Abwahl einer Check-Box, d. h. der Objektwert von z. B. Check1, kann über eine If-Then-Anweisung ermittelt werden (Bild 1, **Bild 3**). Dabei bedeuten:

Objektwert = True Check-Box besitzt ✓,
Objektwert = False Check-Box ist leer.

Funktional abgeschlossene Programmteile werden in Visual Basic Objekte genannt.

```
Private Sub Check1_CheckCanged()Handles
 Check1.CheckedChanged
Rem R
 Text="Widerstand in Ohm?"
 If Check1.Checked=True Then
    If Text1.Text="" Then
       Text1.Text=Text
       Else
       If Text3.Text="" Then
          Text3.Text=Text
          Else: Check1.Checked=False
       End If
    End If
 Else:
  If Text1.Text=Text Then Text1.Text=""
  If Text3.Text=Text Then Text3.Text=""
 End If
End Sub
```

Bild 1: Objekt Check1 für Markierung von *R*

```
Sub Form1_Load()
Rem Initialisieren
    Text1.Text="": Text2.Text=""
    Text3.Text="": Text4.Text=""
    Text5.Text="": Text6.Text=""
End Sub
```

Bild 2: Objekt Form1 zum Initialisieren

```
Private Sub Check2_CheckCanged()Handles
 Check2.CheckedChanged
Rem U
 Text = "Spannung in V?"
 If Check2.Checked=True Then
    If Text1.Text="" Then
       Text1.Text=Text
       Else
       If Text3.Text="" Then
          Text3.Text=Text
          Else: Check2.Checked=False
       End If
    End If
 Else:
  If Text1.Text=Text Then Text1.Text=""
  If Text3.Text=Text Then Text3.Text=""
 End If
End Sub
```

Bild 3: Objekt Check2 für Markierung von *U*

Ob eine Check-Box durch Anklicken aktiviert ist oder nicht aktiviert, kann mittels Anweisung geprüft werden.

Im Objekt Button1, welches nach Anklicken des Buttons OK aktiviert wird, wird das gesuchte Ergebnis anhand der Formeln $U = R \cdot I$, $R = U/I$ und $I = U/R$ berechnet und zur Anzeige gebracht **(Bild 1)**. Auffallend hierbei ist, dass mit den Textfeldnamen mathematische Berechnungen durchgeführt werden können, sofern in diesen Textfeldern Zahlen stehen. Visual Basic besitzt den Datentyp VariantType, bei dem von Visual Basic selbst erkannt wird, ob in einer Variable diesen Typs ein String, Integerwert oder Realwert enthalten ist.

> Variable vom Datentyp VariantType können Strings, Integerwerte oder Realwerte speichern.

Von Nachteil beim Datentyp VariantType ist, dass die Rechenzeit und der Speicherplatzbedarf nicht optimal sind. Soll diesbezüglich ein optimales Programm erstellt werden, so müssen die in Visual Basic sonst vorhandenen Datentypen Integer, Long (long integer, Wortbreite 32 bit), Single (einfache reelle Zahl), Double (doppelt genaue reelle Zahl), Currency (= Kurs, Währung, 8-Byte-Zahl mit Dezimalpunkt) oder String verwendet werden.

Das Objekt Button2 **(Bild 2)** wird durch Betätigen des Buttons Neu aktiviert, das Objekt Button3 **(Bild 3)** durch Betätigen des Buttons Beenden. Der Start zum Testen des Programmes erfolgt im Visual-Basic-Arbeitsfenster durch Anwahl von Ausführen im Hauptmenü und Bestätigen von Start.

```
Private Sub Button1_Click()Handles Button1.Click
Rem OK Berechnen
 If Check1.Checked=True And Check3.Checked=True
    Then Text6.Text=Text2.Text*Text4.Text
    Text5.Text="Spannung in V:"
End If
 If Check.2Checked=True And Check3.Checked=True
    Then Text6.Text=Text4.Text/Text2.Text
    Text5.Text="Widerstand in Ohm:"
 End If
 If Check1.Checked=True And Check2.Checked=True
    Then Text6.Text=Text4.Text/Text2.Text
    Text5.Text="Stromstärke in A:"
End If
End Sub
```

Bild 1: Objekt für Funktion OK

```
Private Sub Button2_Click()Handles
    Button2.Click
Rem Neu
    Text1.Text="": Text2.Text=""
    Text3.Text="": Text4.Text=""
    Text5.Text="": Text6.Text=""
    Check1.Checked=False
    Check2.Checked=False
    Check3.Checked=False
End Sub
```

Bild 2: Objekt für Funktion Neu

```
Private Sub Button3_Click()Handles Button3.Click
Rem Beenden
    End
End Sub
```

Bild 3: Objekt für Funktion Beenden

6.3.6 Combo-Box

Eine Combo-Box (ComboBox) ermöglicht dem Benutzer nach Anklicken des Pfeilfeldes der Combo-Box und des daraufhin sich öffnenden Auswahlfeldes von den angebotenen Auswahlmöglichkeiten eine auszuwählen. Am nachfolgenden Beispiel soll mit Combo-Boxen gearbeitet werden.

Anwendung Massenberechnung

Es sollen über einen Eingabedialog die für eine Massenberechnung nach $m = \varrho \cdot V$ notwendigen Daten erfragt werden **(Bild 4)**. In einer Combo-Box (Auswahlbox, **Bild 5**) soll der Benutzer nach Anklicken des Pfeilfeldes anhand vorgegebener Materialien auswählen können. In gleicher Weise sollen die Einheiten der Volumina auswählbar sein. Durch Betätigen der Taste OK (Button) wird dann die Berechnung ausgeführt. Mit dem Button Neu erfolgt eine Vorbereitung für eine erneute Berechnung. Mittels des Buttons Beenden wird schließlich das Programm beendet.

Bild 4: Bildschirmdialog zur Berechnung von Massen

Bild 5: Beispiel einer Combo-Box

Erstellen der Dialogmasken

Die Dialogmaske wird im Fenster von Form1 ■ erzeugt. In unserem Beispiel benötigen wir aus der Tool-Box

- die Bezeichnungsfelder mit den Texten „Auswählbare Materialien", „Volumenbetrag", „Berechnete Masse",
- dreimal das Textfeld,
- zweimal die Combo-Box und
- dreimal die Befehlsschaltfläche für OK, Neu, Beenden.

Im Fenster Eigenschaften ■ legen wir im Feld Text der Dialogelemente *Befehlsschaltflächen* die später am Bildschirm erscheinenden Texte *OK*, *Neu* und *Beenden* fest. Um den Dialogelementen Combo-Box und Befehlsschaltflächen entsprechend ihrer Funktionen geeignete Benennungen zu geben, die ebenfalls zum Objektnamen werden, muss im Fenster Eigenschaften ■ jeweils das Feld Name angeklickt und mit der gewünschten Benennung beschrieben werden.

Auf diese Weise erhält die Combo-Box zur Auswahl der Materialien anstelle der von Visual Basic automatisch vorgelegten Benennung ComboBox1 ■ die Benennung material ■ und die Combo-Box ComboBox2 ■ zur Auswahl der Volumeneinheit die Benennung einheit ■. Mit den Benennungsänderungen der Befehlsschaltflächen Button1 bis Button3 wird in gleicher Weise verfahren.

Die Benennung eines Dialogelementes bzw. eines Objektes erfolgt über das Feld *Name* im Fenster *Eigenschaften*.

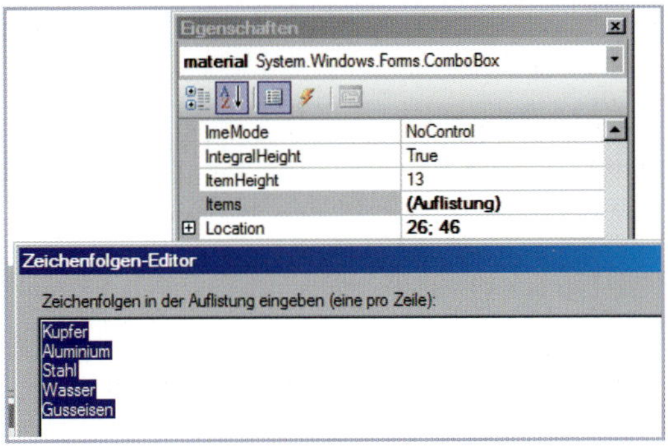

Bild 1: Gestalten einer Combo-Box mit Zeichenfolgen-Editor

Programmerstellung

Das zu erstellende Programm in Visual Basic besteht aus den Objekten:

- Form1, in dem die Initialisierung der Dialogfelder durchgeführt wird,
- material zur Auswahl der Materialien,
- einheit zur Auswahl der Volumeneinheiten,
- ok zum Auslösen der Berechnung,
- neu zum Vorbereiten der Textfelder für eine erneute Berechnung und
- beenden zum Beenden des Programmlaufes.

Nach Platzieren oder Anklicken der Combo-Box im Fenster Form1 öffnet sich deren Fenster Eigenschaften ■. Bei Combo-Box-Name ist hier der Name der Combo-Box einzutragen, also z. B. material. Das Gestalten der Combo-Box mit seinen Auswahlelementen Kupfer, Aluminium, Stahl, Wasser, Gusseisen erfolgt ebenfalls im Fenster Eigenschaften ■. Es ist `Items` auszuwählen, durch Doppelklick auf `(Auflistung)` öffnet sich ein Zeicheneditor **(Bild1)**. Mit diesem sind nun die Texte der Auswahlelemente zu schreiben.

```
Private Sub ok_Click()Handles ok.Click
Rem ok
 Dim dichte, masse As VariantType
 If material.Text="Kupfer"         Then dichte = 8.9
 If material.Text="Stahl"          Then dichte = 7.85
 If material.Text="Gusseisen"      Then dichte = 7.25
 If material.Text="Aluminium"      Then dichte = 2.7
 If material.Text="Wasser"         Then dichte = 1
 masse = Text1ml*dichte
 Text2ml = masse
 If einheit.Text="cm³"  Then Text3ml = " g"
 If einheit.Text="dm³"  Then Text3ml = " kg"
 If einheit.Text="m³"   Then Text3ml = " t"
End Sub
```

Bild 2: Objekt ok

> Die Texte der Auswahlelemente sind dem Feld *Items* im Fenster Eigenschaften zuzuordnen.

Das vom Benutzer während des Programmablaufes ausgewählte Element der Combo-Box wird über das Feld `Text` im Fenster Eigenschaften verwaltet. Soll nun ermittelt werden, welches Element vom Benutzer ausgewählt wurde, so ist die Kenntnis folgender Anweisungen in Verbindung mit einer If-Then-Anweisung notwendig.

> *Combo-Box-Name.* `Text` = "AuswahlText"

Mit dem Objekt ok erfolgt die Berechnung der Masse **(Bild 2, vorhergehende Seite)**. Im Objekt neu werden, wie oben erwähnt, die für eine weitere Berechnung mit neuen Werten zu versorgenden Textfelder mit Leerzeichen vorbesetzt **(Bild 1)**. Das Objekt beenden dient zum Beenden des Programmes **(Bild 2)**.

Wiederholung und Vertiefung

1. **Für welche Anwendungen ist der Einsatz von Visual Basic geeignet?**
2. **Wie werden die Prozeduren eines Visual-Basic-Programmes aktiviert?**
3. **Welche Aufgabe besitzt die Tool-Box?**
4. **Welche Aufgabe hat das Feld Text im Fenster Eigenschaften?**
5. **Auf welche Weise erfolgt eine Textausgabe an ein Textfeld?**
6. **Nennen Sie verfügbare Datentypen in Visual Basic.**

6.3.7 Menüleisten

Anwendung Leistungsberechnung

Mit einem Programm in Visual Basic soll die elektrische Leistung anhand der Leistungsformel $P = U \cdot I$ berechnet werden. Der Dialog mit dem Benutzer soll über eine Menüleiste geführt werden **(Bild 3)**. Je nach Anklicken von Stromstärke bzw. Spannung im Menü Eingabe wird der Benutzer nach

- Stromstärke in A oder
- Spannung in V

gefragt. Das berechnete Ergebnis soll dem Benutzer mit „Leistung in W:" angezeigt werden.

Erstellen der Dialogmaske

Neben der Menüleiste mit dem Aufbau Eingabe, Berechnen, Ende müssen im Fenster von Form1 ■ noch zwei Textfelder zur Erfragung der Stromstärke und Spannung eingebracht werden. In diesen soll dann auch das berechnete Ergebnis angezeigt werden.

```
Private Sub neu_Click()Handles neu.Click
Rem Neu
 Text1.Text=""
 Text2.Text=""
 Text3.Text=""
End Sub
```

Bild 1: Objekt neu

```
Private Sub beenden_Click()
 Handles beenden.Click
Rem Beenden
 End
End Sub
```

Bild 2: Objekt beenden

Bild 3: Bildschirmdialog zur Berechnung von $P = U \cdot I$

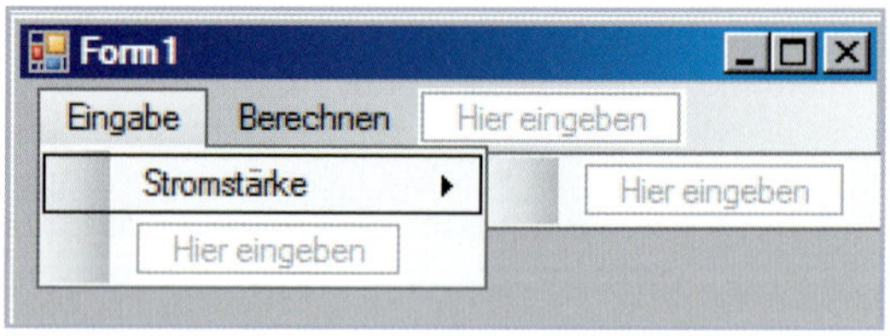

Bild 4: Editierte Auswahltexte im Menüelement MenuStrip

Im Fenster Eigenschaften ■ von Form1 wird unter Text das Wort *Leistungsberechnung* eingetragen, sodass beim Programmlauf dies als Überschrift in unserem Programmfenster erscheint (Bild 3).

> Menüleisten werden in Visual Basic über das Element *MenuStrip* in der Tool-Box erstellt.

Für das Entwerfen der Menüleiste muss in der Tool-Box das Element `MenuStrip` angeklickt und in das Fenster Form1 ■ eingefügt werden **(Bild 1, folgende Seite)**. In das so dargestellte Menü werden nun die Auswahltexte eingetragen **(Bild 4)**. Durch Doppelklick auf dieses Menüelement im Fenster Form1 ■ wird der Editor zur weiteren Programmeingabe bzgl. dieses Objekts geöffnet. Zur Programmbearbeitung der anderen Menüelemente (Menü-Objekte) ist in gleicher Weise zu verfahren.

Die beiden Textfelder entsprechend der Aufgabenstellung werden erzeugt, indem das Dialogelement *Textfeld* in der Tool-Box angeklickt, der sich einstellende Fadenkreuzcursor in das Fenster von Form 1 ■ bewegt und ein Quadrat oder Rechteck gezeichnet wird.

Programmerstellung

Das Arbeiten mit Menüauswahlfeldern erfordert die Kenntnis folgender Anweisungen. Mit

Objektname. `Checked = True`
Objektname. `Checked = False`

wird ein binärer Merker gesetzt, der speichert, ob ein Menüauswahlfeld angewählt wurde oder ob eine derartige Anwahl wieder rückgängig gemacht wurde. Bei *Objektname* ist der Name des Objektes einzutragen, das durch die Anwahl des Menüauswahlfeldes angesprochen ist. Soll das Anwählen eines Menüauswahlfeldes verhindert werden, so muss programmiert werden:

Objektname. `Enabled = False`

Das Element MenuStrip erlaubt das interaktive Gestalten einer Menüleiste in Visual Basic.

```
Private Sub mnustrom_Click()Handles
mnustrom.click
Rem Eingabe Stromstärke
 Text1.Text = "Stromstärke in A?"
 Text2.Text = ""
 mnustrom.Checked = True
 mnustrom.Enabled = False
 mnuspg.Checked = False
End Sub
```

Bild 2: Objekt mnustrom

Mit der Anweisung

Objektname. `Enabled = True`

wird ein Anklicken dieses Auswahlfeldes wieder ermöglicht.

Mit dem Auswählen des Auswahlfeldes Stromstärke nach Anwahl von Eingabe in der Menüleiste wird beim Programmlauf das Objekt mnustrom aktiviert **(Bild 2)**. Dadurch erscheint im Textfeld Text1 die Bildschirmausgabe `Stromstärke in A?`.

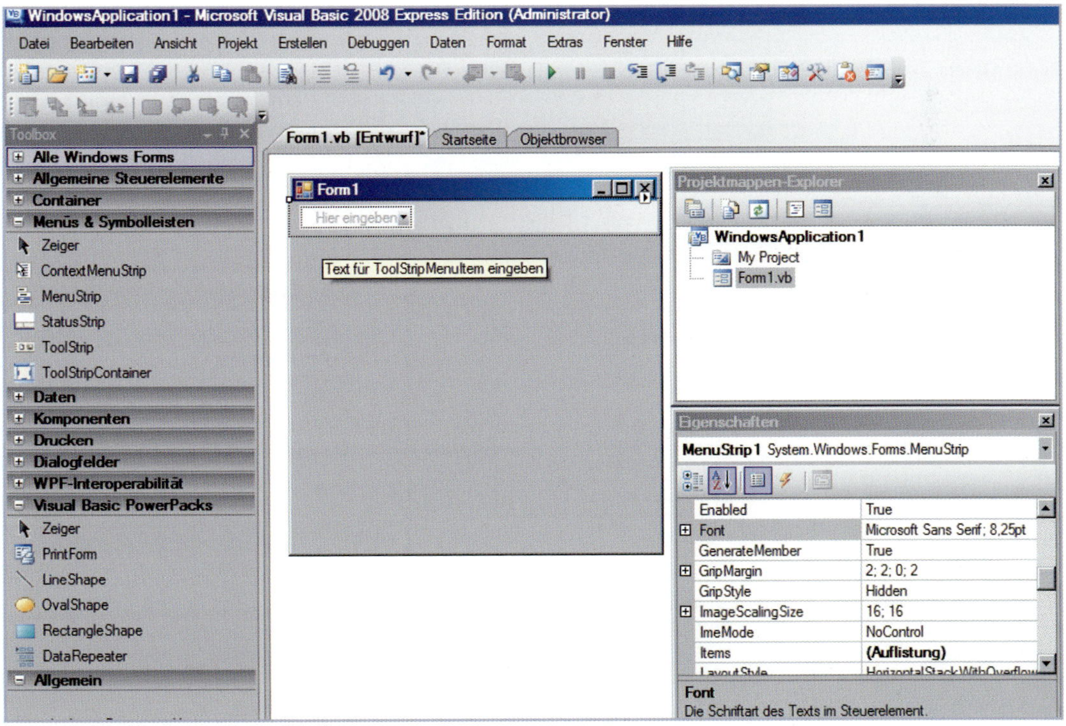

Bild 1: Fenster Menü-Editor

In diesem Objekt wird der Merker für das Betätigen dieses Auswahlfeldes gesetzt. Mit `mnustrom.Enabled = False` wird ein erneutes Anklicken verhindert. Dies erscheint am Bildschirm durch eine verschwommene Darstellung dieses Auswahlfeldes. Ferner wird der Merker für die Auswahl Spannung zurückgesetzt. Das Objekt mnuspg ist ähnlich aufgebaut **(Bild 1)**. Es wird aufgerufen nach Anwahl von Spannung.

Das Speichern des eingegebenen Wertes für die Stromstärke in die Variable `strom` bzw. für die Spannung in die Variable `spg` erfolgt entweder im Objekt mnueingabe **(Bild 2)** oder im Objekt mnuberechnen **(Bild 3)**.

> Mit der Anweisung `If` *Objektname.* `Checked Then` ... kann im Programm das Anwählen eines Menüauswahlfeldes geprüft werden.

Damit auf die Variablen `strom` und `spg` in den Objekten mnueingabe und mnuberechnen zugegriffen werden kann, müssen beide im Modul Modulpui.vb von Visual Basic mit dem Schlüsselwort `public` deklariert (vereinbart) werden **(Bild 4)**.

```
Public spg, strom
```

Bild 4: Objekt allgemein im Modul Modulpui.bas

```
Private Sub mnuspg_Click()Handles
 mnuspg.Click
Rem Eingabe Spannung
 Text1.Text = "Spannung in V?"
 Text2.Text = ""
 mnuspg.Checked = True
 mnuspg.Enabled = False
 mnustrom.Checked = False
End Sub
```

Bild 1: Objekt mnuspg

```
Private Sub mnueingabe_Click()Handles
 mnueingabe_Click
Rem Menü Eingabe
 If mnuspg.Checked Then spg = Text2.Text
 If mnustrom.Checked Then strom = Text2.Text
End Sub
```

Bild 2: Objekt mnueingabe

```
Private Sub mnuberechnen_Click()
 Handles mnuberechnen.Click
Rem Berechnen P=U*I
 If mnuspg.Checked Then spg = Text2.Text
 If mnustrom.Checked Then strom = Text2.Text
 Text1.Text = "Leistung in W:"
 If Text2.Text<>"" Then Text2.Text = spg*strom
 mnuberechnen.Enabled = False
End Sub
```

Bild 3: Objekt mnuberechnen

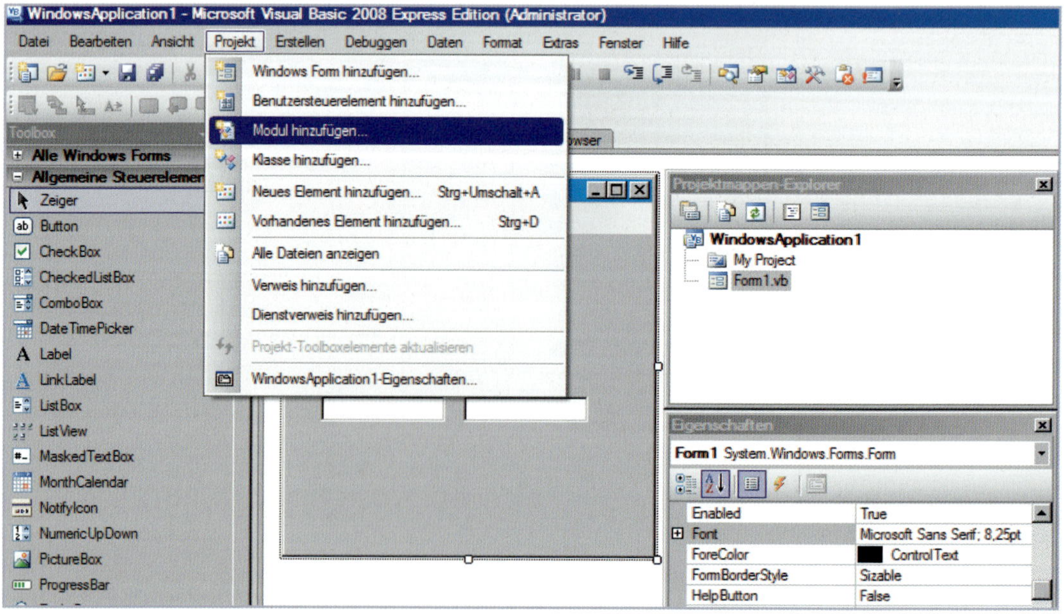

Bild 5: Menü Projekt

Ein vollständiges Programm in Visual Basic wird bekanntlich Projekt genannt. Dieses Projekt, hier Projpui.vb, umfasst das Modul Modpui.vb und die Form Formpui.vb. Ein Modul wird durch Anwahl von Projekt im Hauptmenü von Visual Basic und Anklicken von Modul hinzufügen **(Bild 5, vorhergehende Seite)** und der Auswahl `Modul` geöffnet.

Im Objekt Form1 erfolgt die Vorbesetzung der beiden Textfelder mit Leerzeichen **(Bild 1)**. Das Objekt mnuneu wird beim Programmlauf nach Anwahl von Neu im Menüauswahlfeld von Ende aufgerufen und löscht (beschreibt) die beiden Textfelder mit Leerzeichen **(Bild 2)**. Mit dem Objekt mnubeenden wird das Programm zur Leistungsberechnung beendet **(Bild 3)**.

Damit das Programm ausgeführt werden kann, muss es über `Erstellen` in der Menüleiste *veröffentlicht* werden, d.h. ein Dateipfad ist festzulegen. Die Programmausführung erfolgt dann über einen Web-Browser, z. B. den Internet-Explorer.

Visual-Basic-Programme müssen zu ihrer Ausführung veröffentlicht werden.

```
Sub Form1_Load()
Rem initialisieren
 Text1.Text = "": Text2.Text = ""
 mnuspg.Checked = False
 mnustrom.Checked = False
End Sub
```

Bild 1: Objekt Form1

```
Private Sub mnuneu_Click()Handles
 mnuneu.Click
Rem Neu
 Text1.Text = "": Text2.Text = ""
 mnuspg.Checked = False
 mnuspg.Enabled = True
 mnustrom.Checked = False
 mnustrom.Enabled = True
End Sub
```

Bild 2: Objekt mnuneu

```
Private Sub mnubeenden_Click()
 Handles mnubeenden.Click
 End
End Sub
```

Bild 3: Objekt mnubeenden

6.3.8 Operatoren und mathematische Funktionen

Bei den Operatoren wird in Visual Basic wie auch in anderen Programmiersprachen zwischen

- arithmetischen Operatoren,
- Boole'schen Operatoren und
- Vergleichsoperatoren

unterschieden **(Tabelle 1)**. Treffen Operatoren unterschiedlicher Art zusammen, werden zuerst die arithmetischen Operatoren, dann die Vergleichsoperatoren und anschließend die Boole'schen Operatoren bearbeitet. Die arithmetischen Operatoren werden in der Rangfolge Potenzieren, Negation, Multiplikation, Division, Addition, Subtraktion bearbeitet, die Boole'schen Operatoren in der Rangfolge NICHT, UND, ODER, Exklusiv ODER, Äquivalenz, Implikation.

Die Boole'schen Operatoren wirken auf ihre Operanden bitweise, wenn diese numerische Werte besitzen. Besitzen die Operanden die Boole'schen Werte true oder false, dann ist auch das Ergebnis gemäß der auszuführenden Boole'schen Funktion true oder false. Die bitweise Verarbeitung numerischer Werte mittels Boole'scher Operatoren ist insbesondere bei der Programmierung von Geräteschnittstellen von Bedeutung, da hier häufig gezielt Bits in einem Datenwort zu setzen oder zu löschen sind.

Tabelle 1: Operatoren

Operator	Wirkung	Beispiel	
Arithmetische Operatoren			
`^`	Potenzieren	`a = 2^3`	⇒ *a* = 8
`*`	Multiplizieren	`a = 2*3`	⇒ *a* = 6
`/`	Dividieren	`a = 7/2`	⇒ *a* = 3,5
`\`	Ganzzahldivision	`a = 7\2`	⇒ *a* = 3
`mod`	Restwertdivision, Modulofunktion	`a = 7mod2`	⇒ *a* = 1
`+`	Addieren	`a = 7+2`	⇒ *a* = 9
`-`	Subtrahieren	`a = 7-2`	⇒ *a* = 5
Boole'sche Operatoren			
`and`	UND	`a = 4 and 2`	⇒ *a* = 0
`or`	ODER	`a = 4 or 2`	⇒ *a* = 6
`xor`	Exklusiv ODER	`a = 12 xor 10`	⇒ *a* = 6
`eqv`	Äquivalenz	`a = 4 eqv 2`	⇒ *a* = −7
`imp`	Implikation	`a = 4 imp 2`	⇒ *a* = −5
`not`	NICHT	`a = not 4`	⇒ *a* = −5
Vergleichsoperatoren			
`>`	größer	`if a>b then ...`	
`<`	kleiner	`if a<b then ...`	
`>=`	größer gleich	`if a>=b then ...`	
`<=`	kleiner gleich	`if a<=b then ...`	
`<>`	ungleich	`if a<>b then ...`	

In Visual Basic sind nur ganz bestimmte mathematische Funktionen (Grundfunktionen) verfügbar **(Tabelle 1)**. Die restlichen von der Mathematik her bekannten Funktionen, z. B. die Hyperbelfunktionen, müssen durch die verfügbaren Grundfunktionen abgebildet werden. In der Online-Hilfe von Visual Basic sind die Gleichungen für viele derartige Funktionen, basierend auf diesen Grundfunktionen, nachlesbar.

> Visual Basic besitzt diejenigen mathematischen Grundfunktionen, mit denen alle anderen mathematischen Funktionen berechnet werden können.

Der Wert des Argumentes einer trigonometrischen Funktion ist im Bogenmaß anzugeben, z. B. $\pi = 3{,}141 \mathrel{\hat{=}} 180°$.

Zum Umrechnen einer Dezimalzahl in eine Oktalzahl oder in eine Sedezimalzahl (Hexadezimalzahl) stehen in Visual Basic Umrechnungsfunktionen zur Verfügung. Die Umrechnung von einer Oktalzahl bzw. Sedezimalzahl in eine Dezimalzahl erfolgt durch ein Voranstellen von `&o` bzw. `&h` vor die Zahl.

Die Funktionen `int(x)` und `fix(x)` entfernen beide die Nachkommastellen einer Zahl und geben den daraus resultierenden ganzzahligen Wert zurück.

Der Unterschied zwischen `int(x)` und `fix(x)` besteht darin, dass bei einem negativen Wert von *x* `int` die erste negative ganze Zahl zurückgibt, die kleiner oder gleich *x* ist, während `fix` die erste negative ganze Zahl zurückgibt, die größer oder gleich *x* ist. Bei positiven Zahlen *x* unterscheiden sich beide Funktionen nicht.

Die Funktion `fix(x)` entspricht dem Ausdruck
`sgn(x)* int(abs(x))`.

Wiederholung und Vertiefung:

1. **Erläutern Sie die Vorgehensweise zur Programmierung einer Menüleiste.**
2. **Wie wird die Menüauswahl über Tastenbetätigung statt über Mausklick ermöglicht?**
3. **Was versteht man unter einer Ganzzahldivision?**
4. **Welche Aufgabe besitzt die Signumfunktion?**
5. **Worin unterscheidet sich die Funktion `int(x)` von der Funktion `fix(x)`?**
6. **Aus welchem Zahlensystem stammt das Ergebnis der Anweisung c = `&h13`?**

WV

Tabelle 1: Mathematische Funktionen

Funktion	Bedeutung	Datentyp Ergebnis	Beispiele	
Trigonometrische Funktionen				
`atn(x)`	Arkustangens	Double	pi = 4*atn(1)	⇒ *pi* = 3,141...
`cos(x)`	Kosinus	Double	a = cos(1)	⇒ *g* = 0,5403
`sin(x)`	Sinus	Double	a = sin(1)	⇒ *g* = 0,8415
`tan(x)`	Tangens	Double	a = tan(1)	⇒ *g* = 1,557
Umwandlungsfunktionen				
`oct(x)`	Oktalzahlberechnung	VariantType String	a = oct(8)	⇒ *a* = 10
`&ox`	Dezimalzahl aus Oktalzahl	Integer	a = &o10	⇒ *a* = 8
`hex(x)`	Sedezimalzahlberechnung	String	a = hex(15)	⇒ *a* = F
`&hx`	Dezimalzahl aus Sedezimalzahl	Integer	a = &hf	⇒ *a* = 15
Sonstige Funktionen				
`abs(x)`	Absolutwertbildung	wie Ausgangswert	a = abs(−12)	⇒ *a* = 12
`exp(x)`	Exponentialfunktion	Double	a = exp(4)	⇒ *a* = 54,598
`fix(x)`	Runden	wie Ausgangswert	a = fix(−8.2)	⇒ *a* = −8
`int(x)`	Runden		a = int(−8.2)	⇒ *a* = −9
`log(x)`	Natürlicher Logarithmus	Double	a = log(54)	⇒ *a* = 3,988
`rnd(x)`	Zufallsfunktion, random	Single	a = rnd(5)	⇒ z. B. *a* = 0,1345
`sgn(x)`	Signumfunktion	VariantType Integer	a = sgn(3) a = sgn(−3)	⇒ *a* = 1 ⇒ *a* = −1
`sqr(x)`	Wurzelberechnung, Square Root	Double	a = sqr(16)	⇒ *a* = 4

6.3.9 Stringverarbeitung

In Visual Basic stehen Anweisungen zur Verfügung, mit denen Zeichenketten (Zeichenfolgen, Strings) verarbeitet werden können. Mit den Anweisungen in der Form

*text*1 = `LSet`(*zeichenkette, länge*)
*text*2 = `RSet`(*zeichenkette, länge*)

kann von einem String eine mit *länge* angegebene Anzahl von Zeichen von links her oder von rechts her ausgeschnitten werden. Mit der Anweisung der Form

a = `len`(*zeichenkette*)

wird die Länge einer Zeichenkette ermittelt und in Variable *a* gespeichert.

Das Ausgeben von Zeichen am Bildschirm erfolgt mit der Anweisung `MsgBox` (message box). Sie hat die Form

`MsgBox`("Text")

zur direkten Textausgabe und

`MsgBox`(*variable)*

zur Ausgabe des Variableninhaltes von *variable.*

Übung 1

Erstellen Sie die Visual-Basic-Anweisungen, damit der String Regal linksbündig entsprechend **Bild 1** am Bildschirm ausgegeben wird.

Lösung: **Bild 2**

In Visual Basic ist es möglich, verschiedene Codeumwandlungen vorzunehmen **(Tabelle 1).** Soll eine Zeichenkette in Großbuchstaben gewandelt werden, so erfolgt dies über eine Anweisung der Form

gross = `UCase`(*zeichenkette*)

Soll eine Zeichenkette in Kleinbuchstaben gewandelt werden, so erfolgt dies über eine Anweisung der Form

Bild 1: Bildschirmausgabe zu Übung 1

```
Private Sub OK_Click()Handles OK.click
 w = "Regal"
 For i=1 To 5
  a = LSet(w, i)
  MsgBox(a)
 Next
End Sub
```

Bild 2: Visual-Basic-Programm zu Übung 1

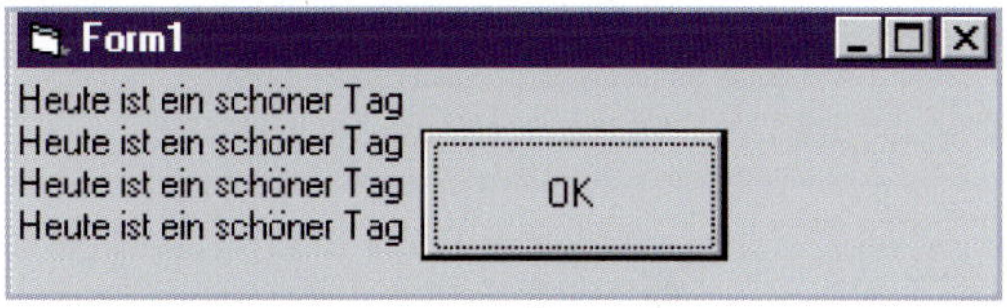

Bild 3: Bildschirmausgabe zu Übung 2

```
Private Sub OK_Click()Handles OK.Click
 w1 = "Heute "
 w2 = "ist "
 w3 = "ein "
 w4 = "schöner "
 w5 = "Tag"
 MsgBox(w1 + w2 + w3 + w4 + w5)
End Sub
```

Bild 4: Visual-Basic-Programm zu Übung 2

klein = `LCase`(*zeichenkette*)

Durch Verwendung des Operators + können Zeichenfolgen addiert, d.h. aneinander gekettet, werden.

Übung 2

Wie heißen die Anweisungen in Visual Basic, um die Bildschirmausgabe **Bild 3** durch viermaliges Betätigen der Taste OK mit fünf Strings je Zeile zu erzeugen?

Lösung: **Bild 4**

Tabelle 1: Umwandlungsfunktionen

Funktion	Bedeutung	Datentyp Ergebnis	Beispiel	
ascw(x)	Ermittlung des ASCII-Codes eines Zeichens.	Integer	a = ascw("A")	⇒ *a* = 65
chrw(x)	Ermittlung eines Zeichens (character) anhand des ASCII-Codes.	String	a = chrw(65)	⇒ *a* = 'A'
str(x)	Darstellung einer Dezimalzahl als String.	Variant String	a = str(45)	⇒ *a* = '45'
val(x)	Darstellung einer ‚Stringzahl' als Dezimalzahl (value = Wert).	geeign. num. Dat.-Typ	a = val(45.3)	⇒ *a* = 45.3

6.3.10 Grafische Elemente

Für das Programmieren von Grafiken gibt es in Visual Basic verschiedene Möglichkeiten. In der Tool-Box können zum Darstellen von Linien, Kreisen oder Rechtecken die Elemente LineShape, OvalShape oder RectangleShape ausgewählt und im Form-Fenster entsprechend der gewünschten Anordnung positioniert werden **(Bild 1)**.

In den Eigenschaftsfenstern der grafischen Elemente können z. B. deren grafische Positionen, Farben und Größen eingestellt werden **(Bild 2)**. Mittels Visual-Basic-Programm können diese Einstellungen ebenfalls verändert werden. Über die Anweisungen

```
RectangleShape1.Width = zahl
RectangleShape1.Height = zahl
```

kann ein Rechteck in seiner Höhe (height) und Breite (width) verändert werden. Somit ist es also möglich, dass in einem Balkendiagramm die mittels Rechteck dargestellten Balken entsprechend gewünschter Werte abgebildet werden können.

> Grafische Elemente können durch Verändern der Merkmale in ihrem Eigenschaftsfenster sowohl interaktiv als auch mittels Programmcode variiert werden.

Übung 1

Der Jahresumsatz der Firma 0815 AG soll über ein Balkendiagramm dargestellt werden **(Bild 3)**. der Soll-Umsatz und der Ist-Umsatz ist mit zwei Farben zu kennzeichnen. Erstellen Sie das entsprechende Visual-Basic-Programm.

Lösung: **Bild 4**

Mittels Bezeichnungsfeldern werden die Texte

- Quartalsumsatz 0815 AG
- 0,50, 100 sowie
- Soll, Ist

im Form-Fenster platziert. Die Programmausführung erfolgt über die Befehlsschaltfläche [Umsatz]. In diesem Objekt wird die Größe des Rechtecks entsprechend dem darzustellenden Ist-Umsatz mit der Anweisung `RectangleShape2.Height` erzeugt.

Im Feld [Eigenschaften ■] der beiden Rechtecke (Bild 2) werden manuell deren Initialwerte eingetragen bzw. angepasst:

- die Farben im Feld [FileColor],
- die Größen im Feld [Size],
- die Position im Feld [Location].

> - **Grafische Elemente** findet man in der Tool-Box.
> - **Farben und Größen** werden in den Eigenschaftsfenstern angegeben (Customizing).

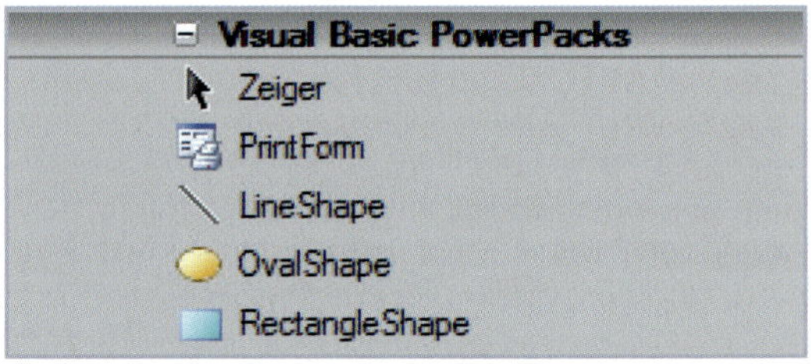

Bild 1: Grafische Elemente der Tool-Box

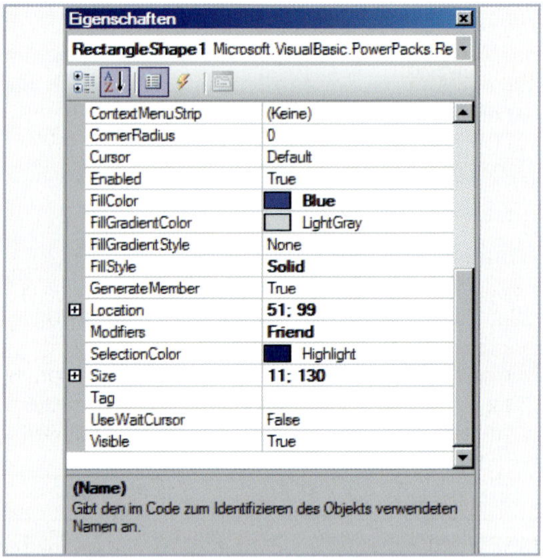

Bild 2: Fenster Eigenschaften für ein Rechteck

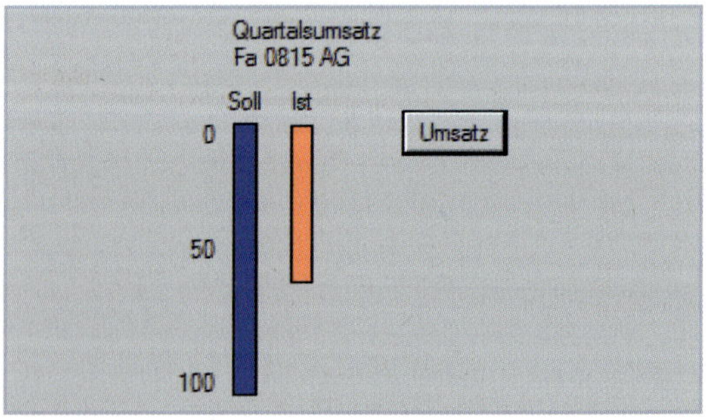

Bild 3: Bildschirmanzeige zur Übung 1

```
Private Sub Umsatz_Click()Handles
 Umsatz.Click
 RectangleShape2.Width = 10
 RectangleShape2.Height = 75
End Sub
```

Bild 4: Objekt Umsatz der Übung 1

6.4 Programmieren in C#

Visual Studio ist eine Entwicklungsumgebung für Hochsprachen, z. B. BASIC, C++ und C#. Die Basis bildet die Plattform .NET Framework. Das Framework enthält den CIL-Compiler, der den IL-Code erzeugt und den CLR-Interpreter, der den Native Code erzeugt **(Bild 1)**. Der Programmierer kann sein Programm in Visual Basic (VB), C++ oder C# schreiben.

6.4.1 C#- Programmerstellung an der Konsole

Für die Erstellung des Quelltextes kann ein beliebiger Editor, z. B. `Notepad` verwendet werden (Groß-Kleinschreibung beachten!).

Übung 1

Schreiben Sie den Quelltext für die Anwendung mit dem Namen `HalloEins.txt`, zur Ausgabe des Textes „Hallo Dot.Net-Welt!".

Lösung: **Bild 2**

Durch Namensräume, z. B. `namespace Kap63`, können gleichnamige Klassen in verschiedenen Dateien des gleichen Programms verwendet werden.

Mit `using System` wird die Klassenbibliothek System mit den Consolen-Klassen zur Verfügung gestellt. Diese enthalten die Schreib- und Lese-Methoden `Writeline()` und `Readline()`.

Mit `public class HalloEins` wird eine öffentlich zugängliche Klasse vereinbart. Zwischen geschweiften Klammern folgt die Methode `Main()`, die mit Strichpunkt abgeschlossene Anweisungen oder Methoden zwischen geschweiften Klammern enthält. `Main()` enthält einen `string[]` vom Typ `args` als Argument. Damit können Werte über die Tastatur eingelesen werden. `Main()` ist der Startpunkt für den Compiler.

Nach dem Speichern unter `HalloEins.txt` kopiert man die Datei und benennt sie in `HalloEins.cs` um.

Zum Compilieren öffnet man das Fenster `Visual Studio Eingabeaufforderung` **(Bild 3)**. Die Datei wird durch Aufruf von `csc HalloEins.cs` compiliert. Es entsteht die Datei `HalloEins.exe`, die automatisch im Verzeichnis gespeichert wird und durch Eingabe von `HalloEins.exe` ausgegeben wird.

Sie ist direkt ausführbar durch Eingabe von `HalloEins.exe` und zeigt den Text Hallo Dot.Net-Welt! **(Bild 4)**.

- .NET sprich Dot-Net
- .NET Framework = Dot-Netz-Rahmengerüst.
- CIL von Common Intermediate Language = gemeinsame Zwischensprache.
- CLR von Common Language Runtime = gemeinsame Laufzeitsprache.
- Native Code = ursprünglicher Code, hier in ausführbarer Maschinensprache.
- C# sprich Zi sharp.

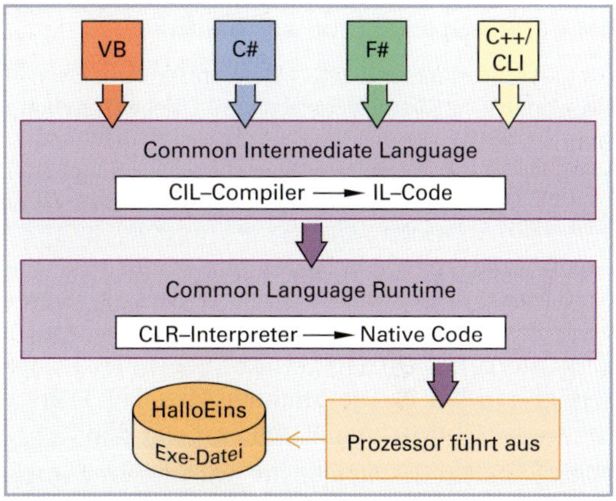

Bild 1: .Net-Programmierung

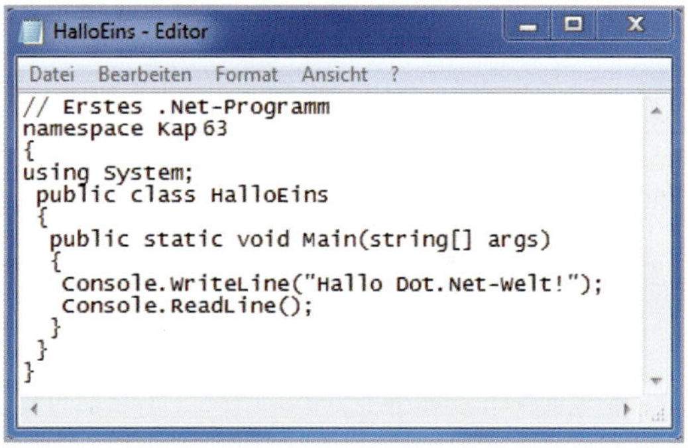

Bild 2: Editor-Fenster mit Quelltext HalloEins.txt

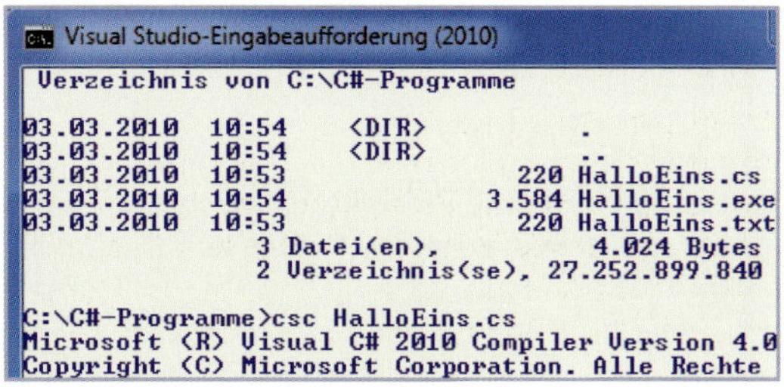

Bild 3: Ausschnitt aus der Eingabeaufforderung

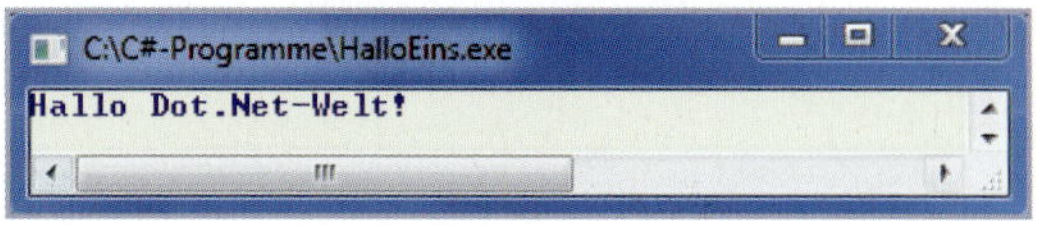

Bild 4: Ausgabefenster HalloEins.exe

6.4.2 Programmieren in Visual C#

Visual C# ist eine Entwicklungsumgebung zur Erstellung von Programmen in C#. Die Schritte der Programmentwicklung für Konsolenanwendungen zeigt **Bild 1**.

> Visual C#-Programme werden mit Visual Studio erstellt.

6.4.2.1 Prinzipieller Programmaufbau

C# fasst die Klassenbibliotheken unter dem Begriff Namensraum System zusammen. Die ausführliche Schreibweise ist:

```
Namensraum.Klasse.Methode
```

Am Anfang von C#-Programmen findet man die Namensraumvereinbarungen, z. B. `using System`. Statt `System.Console.WriteLine()` wird verkürzt `Console.WriteLine()` geschrieben **(Bild 2)**. Die Methode `WriteLine()` der Klasse `Console` gibt den Text von **Bild 3** aus.

Nach Erstellen des Quelltextes wird dieser compiliert. Dadurch werden automatisch viele Dateien im Ordner `HalloEins2` erzeugt **(Bild 4)**. Die Datei `Program.cs` enthält den Quelltext. Im Ordner `bin` befindet sich z. B. `HalloEins2.exe`. Anders als bei der Programmausführung aus der Entwicklungsumgebung, wird das Programm `HalloEins2.exe` durch Doppelklick ausgeführt und sofort wieder beendet.

Programmentwicklung in Visual C#

1. Startseite → Neues Projekt … → Konsolenanwendung wählen, Projektdaten eingeben →
   Name: `HalloEins2`
   Ort: `C:\C#-Programme`
   Projektmappenname: Hallo-Programme → [OK].
2. Quelltext im Editorfenster schreiben.
3. Programm compilieren: Menü Erstellen → Projektmappe erstellen → [↵] oder [F6].
4. Programm ausführen: Menü Debuggen → Starten ohne Debugging [Strg] + [F5] → Konsolenfenster zeigt die Ausgaben des Programms.

Bild 1: Schritte der Programmentwicklung

Bild 3: Ausgabefenster von HalloEins2

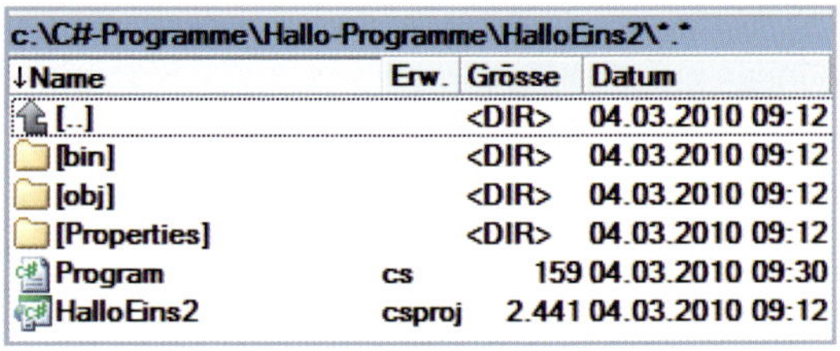

Bild 4: Dateien von HalloEins2

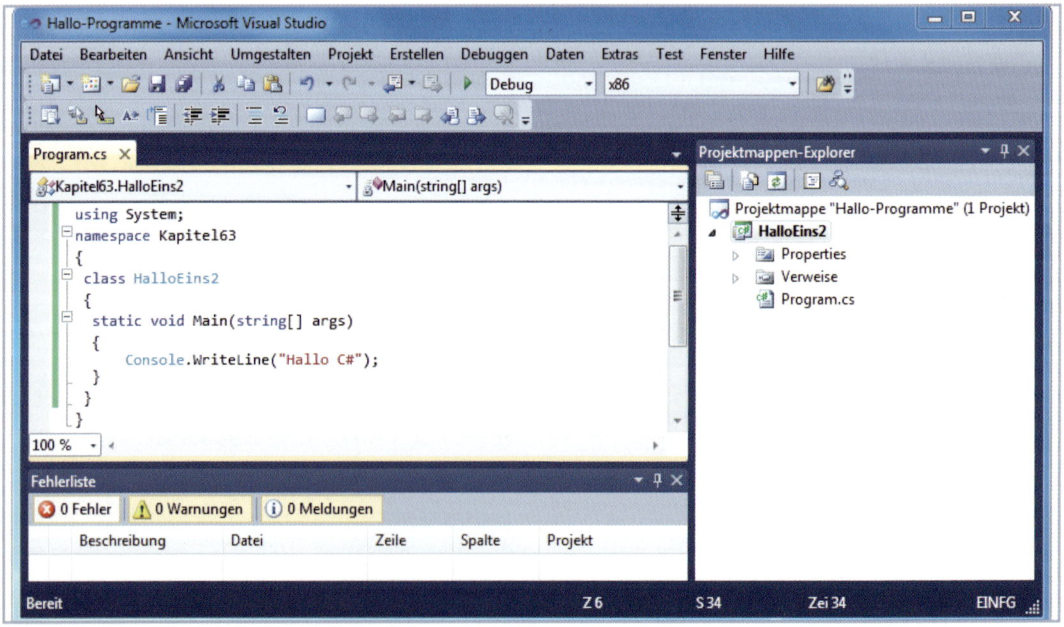

Bild 2: Entwicklungsumgebung von Visual C#

6.4.2.2 Vereinbarungen (Deklarationen)

Verwenden von Literalen

Als Literale (Basisdatentypen) werden die Datentypen `int` (integer) für ganze Zahlen, `float` (=gleiten) für reelle Zahlen und `char` (von character = Zeichen) für Zeichen und Zeichenketten verwendet. Bezeichner für Variablen bestehen aus Buchstaben und Ziffern. Das erste Zeichen muss ein Buchstabe oder Unterstrich sein.

> C# ist case sensitive, d.h. es unterscheidet zwischen Groß- und Kleinschreibung.

Übung 1 Rechnen mit Integer-Zahlen

Ein Programm soll die Summe von zwei ganzen Zahlen berechnen.

Lösung: **Bild 1** und **Bild 2**.

Variablen werden mit Schlüsselworten vereinbart, z. B. mit `int` für ganzzahlige Werte. Die Variablen werden im Beispiel mit den Werten 10, 25 und 0 initialisiert.

> In C# müssen Variablen initialisiert werden.

Die Ausgabe auf dem Bildschirm erfolgt mit der Methode `WriteLine()`.

```
Writeline(<Formatstring>,Var0,
<Format-string>,Var1)…
```

Ein Platzhalter innerhalb des Formatstrings für eine Variable besteht aus einer von geschweiften Klammern umgebenen Nummer **(Bild 1)**. Diese gibt die Position der zugehörigen Variablen in der Parameterliste an. Die Nummerierung beginnt mit 0 für `Var0`. Formatstrings können an passender Stelle eingefügt werden.

Übung 2 Rechnen mit Float-Zahlen

Ein Programm soll die Fläche A für den Radius `r` mit einfacher Genauigkeit berechnen. Vereinbaren Sie π als Konstante.

Lösung: **Bild 3** und **Bild 4**.

Die Variablen werden mit dem Datentyp `float r = 10.0f` und `A = 0.0f` vereinbart. Bei der Initialisierung muss an den Zahlenwert ein `f` für float angefügt werden.

Der Datentyp float eignet sich nur für Berechnungen mit geringer Genauigkeit. Nur insgesamt 7 Stellen sind exakt.

Vereinbarungen

- Bezeichner = Name einer Variablen
  - ⇒ 1. Zeichen: Kleiner Buchstabe oder _
  - ⇒ folgen können beliebige Zeichen
  - ⇒ verboten sind , : ; und Leerzeichen

  Für Bezeichner mit mehreren Wortbestandteilen ist die „Kamelschreibweise" geeignet, z. B. `diesIstEineGanzeZahl`
- Beim Initialisieren wird ein Anfangswert z. B. 0 oder ""zugewiesen.
- Schlüsselworte, z. B. `int` schreibt man klein und verwendet sie nicht für Bezeichner.
- Literale = Zeichenfolgen, zur Darstellung der Werte von Basisdatentypen, z. B. Ganzzahlen, Gleitkommazahlen und Zeichenketten.

```
using System;
namespace Ganzzahl1
{
 class Program
 {
  static void Main(string[] args)
  {
   int iZahl1 = 10, iZahl2 = 25, iSumme = 0;
   Console.WriteLine("1. Zahl        = {0}", iZahl1);
   Console.WriteLine("2. Zahl        = {0}", iZahl2);
   iSumme = iZahl1 + iZahl2;
   Console.WriteLine("Zahl1 + Zahl2  = {0}", iSumme);
  }
 }
}
```

Bild 1: Programm Summenberechnung

```
C:\Windows\system32\cmd.exe
1. Zahl         = 10
2. Zahl         = 25
Zahl1 + Zahl2   = 35
Drücken Sie eine beliebige Taste . . .
```

Bild 2: Ausgabefenster zum Programm Summe

```
using System;
namespace Kommazahl1
{
 class Program
 {
  static void Main(string[] args)
  {
   const float Pi = 3.14159f;
   float r = 10.0f, A = 0.0f;
   A= Pi * (r * r);
   Console.WriteLine("Radius = {0},Fläche = {1}",r,A);
  }
 }
}
```

Bild 3: Programm Kreisflächenberechnung

```
C:\Windows\system32\cmd.exe
Radius = 10,Fläche = 314,159
Drücken Sie eine beliebige Taste . . .
```

Bild 4: Ausgabefenster zum Programm Kreisfläche

In einer Variablen, die mit dem Datentyp `char` vereinbart wurde, kann ein einzelnes Zeichen abgelegt werden **(Tabelle 1)**. Zeichen können Buchstaben oder Sonderzeichen sein. Jedes Zeichen wird durch eine Zahl repräsentiert. Die Zuordnung ist im Unicode festgelegt. Zeichen werden durch Hochkomma gekennzeichnet **(Bild 1)**.

Übung 1 **Unicode-Zuordnung**

Ein Programm soll zur Dezimalzahl 64 das Unicode-Zeichen und zum Zeichen Z die Dezimalzahl ausgeben.

Lösung: **Bild 1** und **Bild 2**.

Die Typumwandlung in das Unicodezeichen wird durch `(char)ichar` und die Umwandlung in die Dezimalzahl wird durch `(int)cChar` erreicht.

Diese Art der Umwandlung wird explizite Typumwandlung (Casting) genannt. Es gilt

```
(<Datentyp>) <Bezeichnung>
```

Erweiterungen von Datentypen

Neben den Basisdatentypen gibt es weitere Datentypen. Der Datentyp `bool` kann einen von zwei Werten annehmen, true oder false. Mit dem Datentyp `long` können Ganzzahlen mit 18 Stellen und Vorzeichen oder 19 Stellen ohne Vorzeichen dargestellt werden.

Für die Gleitkommazahlen können Zahlen von 7 Stellen bis 29 Stellen mit unterschiedlicher Genauigkeit verwendet werden.

Übung 2 **Mathematische Ungenauigkeiten**

Führen Sie die Subtraktion 10,0 – 9,9 mit den Datentypen float, double und decimal aus.

Lösung: **Bild 3** und **Bild 4**.

Die Zahlen müssen z. B. beim Datentyp `float` mit 10.0f und beim Datentyp `decimal` mit 10.0m spezifiziert werden. Beim Datentyp `double` ist keine Spezifizierung nötig.

Tabelle 1: Wichtige Datentypen von C#

Typ	Bytes	Wertebereiche, Genauigkeit
bool	1	true (≙ 1), false (≙ 0)
char	2	-128 bis +127 (0 bis 255)
int, (uint)	4	-2147483648 bis +2147483647 (0 bis 4294967295)
long, (ulong)	8	-9.223.372.036.854.775.808 bis +9.223.372.036.854.775.807 (0 bis18.446.744.073.709.551.615)
float	4	Auf 7 Stellen genau
double	8	Auf 15 bis 16 Stellen genau
decimal	16	Auf 28 bis 29 Stellen genau
u von unsigned = ohne Vorzeichen		

```
using System;
namespace EinZeichen1
{
  class Program
  {
    static void Main(string[] args)
    {
      int  iChar =  64;
      char cChar = 'Z';
      Console.WriteLine(" {0} ({1})",(char)iChar,iChar);
      Console.WriteLine(" {0} ({1})",cChar,(int)cChar);
    }
  }
}
```

Bild 1: Programm Unicode

```
C:\Windows\system32\cmd.exe
 @ (64)
 Z (90)
Drücken Sie eine beliebige Taste . . .
```

Bild 2: Ausgabefenster zum Programm Unicode

```
using System;
namespace Genauigkeit1
{
  class Program
  {
    static void Main(string[] args)
    {
      float    fZahl1=10.0f,fZahl2=9.9f,fErg= 0.0f;
      double   dZahl1=10.0,dZahl2=9.9,   dErg=0.0;
      decimal decZ1=10.0m,decZ2=9.9m, decErg=0.0m;
      fErg= fZahl1-fZahl2;
      Console.WriteLine(" {0} ", fErg);
      dErg= dZahl1-dZahl2;
      Console.WriteLine(" {0} ", dErg);
      decErg= decZ1-decZ2;
      Console.WriteLine(" {0} ", decErg);

    }
  }
}
```

Bild 3: Programm Genauigkeit

```
C:\Windows\system32\cmd.exe
 0,1000004
 0,0999999999999996
 0,1
Drücken Sie eine beliebige Taste . . .
```

Bild 4: Ausgabefenster zum Programm Genauigkeit

6.4.2.3 Methoden für die Eingabe und Ausgabe

Methoden für die Eingabe und die Ausgabe stellt die Klasse `Console` zur Verfügung **(Tabelle 1)**. Mehr zu Methoden siehe Kapitel 6.4.9

Zeichenketten (strings)

Ein String stellt einen Text als eine Reihe von Unicodezeichen dar.

Übung 1 Eingeben und zählen von Zeichen

Schreiben Sie ein Programm, das Zeichen von der Tastatur einliest, sowie die Zeichen und die Anzahl der Zeichen auf dem Bildschirm ausgibt.

Lösung: **Bild 1**

Für das Speichern einer Zeichenkette wird ein `String z1` vereinbart. In den `String z1` wird mit der Methode `Console.ReadLine()` der Text, d.h. eine Folge von Unicodezeichen, eingelesen. Die Ausgabe erfolgt mit der Methode `Console.WriteLine(z1)`. Die Anzahl der Zeichen wird mit dem Objekt `Length` des Strings z1 bestimmt und ausgegeben.

Zahlen verarbeiten

Von der Tastatur werden die Zahlen als Unicodezeichen mit `ReadLine()` eingelesen. Anschließend werden sie hier mit der Konvertierungsmethode `Convert` in den benötigten Zahlentyp umgesetzt **(Tabelle 2)**.

Übung 2 Rechnen mit Dezimalzahlen

Ein Programm soll die Mehrwertsteuer berechnen. Der Netto-Betrag wird mit der Tastatur eingegeben.

Lösung: **Bild 2**

Die Methode `Console.ReadLine()` speichert die Unicodezeichen im String `eingabe` **(Bild 2)**. Die Typ-Umwandlung in Dezimalzahl `netto` wird mit der Methode `Convert.ToDecimal()` vorgenommen.

Da der Mehrwertsteuersatz `prozent` vom Type `double` ist, muss er auch umgewandelt werden.

Wiederholung und Vertiefung:

1. **Nennen Sie die Basisdatentypen von C#.**
2. **Welcher Datentyp repräsentiert die Unicodezeichen?**
3. **Welche Wertebereiche kann der Datentyp `decimal` darstellen?**

Tabelle 1: Methoden für Eingabe und Ausgabe

Methode	Wirkungsweise
Console.ReadLine()	Liest Unicodezeichen einer Zeile ein
Console.Write()	Schreibt Zeichen
Console.WriteLine()	Schreibt eine Zeile

Tabelle 2: Strings in Zahlen umwandeln

Methode	Wirkungsweise
Convert.ToInt32(s)	string s → Integerzahl
Convert.ToDouble(s)	string s → Gleitkommazahl
Convert.ToDecimal(s)	string s → Dezimalzahl

```
using System;

namespace Zeichenkette1
{
  class Program
  {
    static void Main(string[] args)
    {
      string z1;
      Console.WriteLine("Bitte Zeichen eingeben:");
      z1 = Console.ReadLine();
      Console.WriteLine(z1);
      Console.Write("\nEingegebene Zeichen: ");
      Console.WriteLine(z1.Length);
      Console.WriteLine();
    }
  }
}
```

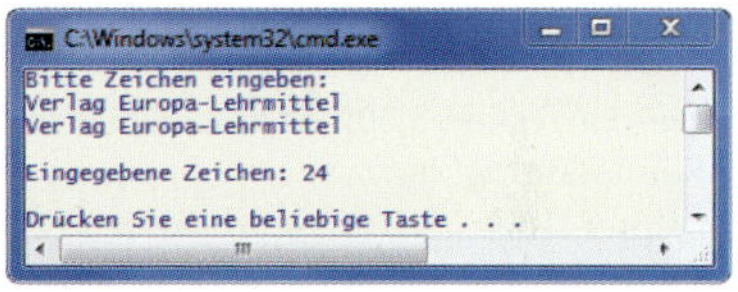

Bild 1: Programm Zeichenkette und Ausgabe

```
using System;
namespace Mehrwertsteuer1
{
  class Program
  {
    static void Main(string[] args)
    {
        decimal netto = 0.0m, dMWSt = 0.0m;
        double prozent = 21.0;
        string eingabe="";
        Console.WriteLine("Nettobetrag: ");
        eingabe = Console.ReadLine();
        netto = Convert.ToDecimal(eingabe);
        dMWSt = netto*Convert.ToDecimal(prozent)/100;
        Console.WriteLine("Mehrwertsteuer: {0}",dMWSt);
    }
  }
}
```

Bild 2: Programm Mehrwertsteuer und Ausgabe

Formatierte Ausgabe

Numerische Ergebnisse können mit den Methoden `Write()` und `WriteLine()` formatiert ausgegeben werden. Das Format wird mittels Formatzeichenfolgen angegeben **(Tabelle 1)**.

Anwenden der Formatzeichenfolgen:

① d5 ⇒ 5 Dezimalstellen, Integer-Zahlen.
② f ⇒ Gleitkommazahl mit 2 Nachkommastellen.
③ c ⇒ Währungsformat mit 2 Nachkommastellen und €- oder $-Zeichen.
④ x, X ⇒ Hex-Zahlen. x ⇒ a...f, X ⇒ A...F.
⑤ 0-Formatierung, Zahlen mit führender Null.
⑥ Kreuz-Formatierung. Beliebige Zeichen an festgelegter Position einfügen. Gleitkommazahlen, mit z. B. 2 Nachkommastellen.
⑦ Durch das %-Zeichen wird der Wert in einen Prozentwert mit folgendem % umgerechnet.
⑧ `DateTime.Now` zeigt Datum und Zeit an.

```
using System;
namespace Formatierung1
{
 class Program
 {
  static void Main(string[] args)
  {
      int iZahl1 = 2000, iZahl2 = 123456789;
      Console.WriteLine("Zahl 1: {0:d5}", iZahl1);
      Console.WriteLine("Zahl 1: {0:e3}", iZahl1);
      Console.WriteLine("Zahl 2: {0:e10}", iZahl2);
  }
 }
}
```

```
C:\Windows\system32\cmd.exe
Zahl 1: 02000
Zahl 1: 2,000e+003
Zahl 2: 1,2345678900e+008
Drücken Sie eine beliebige Taste . . .
```

Bild 1: Formatiertes Ausgeben von Integer-Zahlen

Übung 1 Exponentialschreibweise

Geben Sie mit einem Programm die Zahlen 2000 und 123456789 in Exponentialschreibweise aus.

Lösung: **Bild 1**

Mit dem Formatierungszeichen e wird die Anzahl der Nachkommastellen angegeben, die auch mit Nullen aufgefüllt werden.

Übung 2 Allgemeine Formatierung

Stellen Sie die Zahlen 0,002 und 0,000003 mit allgemeiner Formatierung dar.

Lösung: **Bild 2**

Bei der allgemeinen Formatierung wird das Formatierungszeichen g (engl. general) verwendet. Der Compiler wählt die platzsparendste Darstellung. Die Zahleninformation bleibt unverfälscht.

```
using System;
namespace Formatierung2
{
 class Program
 {
  static void Main(string[] args)
  {
   double dZahl1 = 0.002, dZahl2 = 0.000003;
   Console.WriteLine("Zahl 1: {0:g}", dZahl1);
   Console.WriteLine("Zahl 2: {0:g}", dZahl2);
  }
 }
}
```

```
C:\Windows\system32\cmd.exe
Zahl 1: 0,002
Zahl 2: 3e-06
Drücken Sie eine beliebige Taste . . .
```

Bild 2: Verwenden der allgemeinen Formatierung

Tabelle 1: Standard-Formatzeichenfolgen (Auswahl)

Nr.	Datentyp	Zeichenketteninhalt	Ausgabe
①	int iZahl = 200;	("Zahl : {0:d5}", iZahl)	Zahl : 00200
②	double dZahl=12345.6789;	("Zahl : {0:f}", dZahl)	Zahl : 12345,67
③	double dBetrag =299.99;	("Betrag : {0:c}", dBetrag)	Betrag : 299,99
④	int iZahl = 26;	("Hex-Zahl : {0:x}", iZahl)	Hex-Zahl : 1a
⑤	int i = 12345; double d = 54321.12345;	("Zahl : {0:00000000}", i) ("Zahl : {0:000000.00}",d)	Zahl : 00012345 Zahl : 054321,123
⑥	int i = 12345; double d = 54321.12345;	("Zahl : {0:0##-###}", i) ("Zahl : {0:#00}",d)	Zahl : 012-345 Zahl : 54321,12
⑦	double dMWSt = 0.21	("MwSt : {0:#%}",dMwSt)	MwSt : 21%
⑧	–	(DateTime.Now)	24.03.2010 18:07:03

6.4.2.4 Operatoren und Ausdrücke

In C# werden die üblichen Rechenzeichen für Addition, Subtraktion, Multiplikation und Division benutzt **(Tabelle 1)**. Die Division wird entsprechend den vereinbarten Datentypen ausgeführt. Verwenden wir den Datentyp `float`, ist das Ergebnis eine Gleitkommazahl. Sind Dividend und Divisor vom Datentyp `int`, wird eine Ganzzahldivision ausgeführt. Den Rest einer Ganzzahldivision erhalten wir durch Verwendung des Prozentzeichens `%`.

> Divisionsergebnisse sind in Visual C# von den Datentypen abhängig.

Die Zuweisung z. B. einer arithmetischen Operation erfolgt mit dem Gleichheitszeichen **(Tabelle 2)**. Wir können in einer Zeile auch Mehrfachzuweisungen vornehmen, z. B. um allen Variablen einen definierten Anfangswert zuzuweisen. In Visual C# werden auch zusammengesetzte Zuweisungsoperatoren verwendet. Dabei wird der arithmetische Operator vor das Zuweisungszeichen gesetzt (Tabelle 2).

> In C# werden auch zusammengesetzte Zuweisungsoperatoren verwendet.

Bei der Verwendung arithmetischer Ausdrücke ist zu beachten, dass diese von rechts nach links abgearbeitet werden.

Beispiel 1 **Zuweisungsoperator auflösen:**

Ersetzen Sie den zusammengesetzten Zuweisungsoperator in der Anweisung x * = z + 2.

Lösung: **x = x * (z + 2)**

Für Vergleiche werden die üblichen Operatoren verwendet **(Tabelle 3)**.

Beispiel 2 **Vergleichende Ausdrücke:**

Welchen Wert hat die Variable z in der Anweisungszeile z = (a = = b) && (c != d) für die Werte a = 3, b = 4, c = 2 und d = 5?

Lösung: **z = 0**

Da $3 \neq 4$, ist der erste Term gleich 0, da aber $2 \neq 5$, ist der zweite Ausdruck wahr. Durch die UND-Verknüpfung wird der gesamte Ausdruck rechts vom Zuweisungszeichen 0 und damit auch z = 0.

Tabelle 1: Arithmetische Operatoren

Operator	Wirkung	Beispiel	
+	Addition	a = 4 + 3	a = 7
–	Subtraktion	s = 4 – 3	s = 1
*	Multiplikation	m = 4 * 3	m = 12
/	Division[1]	d = 4.0/3.0	d = 1.33
/	Ganzzahldivision[2]	g = 7 / 3	g = 2
%	Rest[2], „Modulo“	r = 7 % 4	r = 3

[1] mit Datentyp float, double; [2] mit Datentyp int, long

Tabelle 2: Arithmetische Zuweisungsarten

Operator	Beispiel	Bedeutung
=	y = 7	y = 7
	x = y = z = 0	x = 0, y = 0 und z = 0
+=	y + = 7	y = y + 7
–=	y – = 7	y = y – 7
*=	y * = 7	y = y * 7
/=	y / = 7	y = y / 7 (Datentyp int)
/=	y / = 7.0	y = y / 7 (Datentyp float)
%=	y% = 3	y = y%3

Tabelle 3: Vergleiche und logische Operatoren

Operator	Bedeutung	Beispiel	
<	kleiner	a < b	a kleiner b
<=	kleiner gleich	a < = b	a kleiner b oder a gleich b
>	größer	a > b	a größer b
>=	größer gleich	a > = b	a größer b oder a gleich b
= =	gleich	a = = b	a gleich b
!=	ungleich	a ! = b	a ungleich b
&&	logisches UND	a && b	a UND b
||	logisches ODER	a || b	a ODER b

Wiederholung und Vertiefung

WV

1. **Welcher Datentyp muss für Dividend und Divisor für eine Ganzzahldivision vereinbart sein?**
2. **Wie erhält man den Rest einer Ganzzahldivision?**
3. **Wie entsteht ein zusammengesetzter Zuweisungsoperator?**
4. **Welche Vergleichsoperatoren unterscheidet C#?**
5. **Nennen Sie drei logische Operatoren.**

6.4.2.5 Bedingte Anweisungen

if-else-Anweisung

Mit der if-else-Anweisung kann in Abhängigkeit von einer Bedingung zwischen zwei Programmzweigen gewählt werden **(Bild 1)**. Nach dem Schlüsselwort `if` steht in Klammern ein logischer Ausdruck. Ist der Ausdruck wahr, d.h. der Zahlenwert $\neq 0$, wird der Anweisungsteil hinter dem Ausdruck ausgeführt. Für den Zahlenwert = 0, dies entspricht dem logischen Wert falsch, wird der Anweisungsteil hinter dem Schlüsselwort `else` ausgeführt.

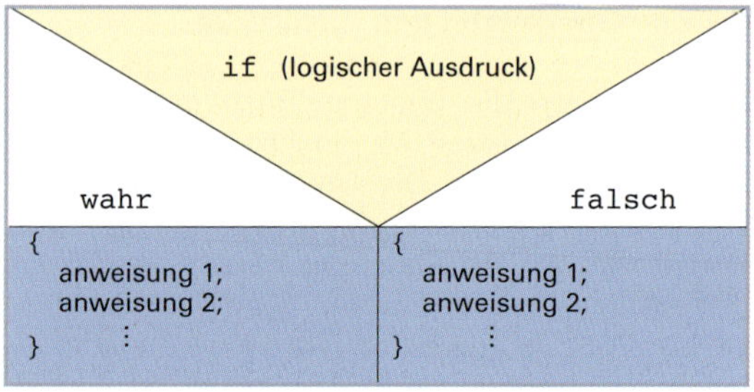

Bild 1: if-else-Anweisung als Struktogramm

> Für Verzweigungsanweisungen werden in C# die Schlüsselworte `if()...` und `else...` verwendet.

Die Variablenwerte nach dem Schlüsselwort `if` werden als Wahrheitswerte (boolesche Werte) aufgefasst. Diese können auf verschiedene Art ausgewertet werden. Die Anweisungsteile `if(zahl)...` und `if (zahl!=0)...` sind gleichwertig und haben deshalb auch die gleiche Wirkung.

Übung 1 Software-Verstärker

Entwickeln Sie ein Programm mit der Funktion eines invertierenden Verstärkers **(Bild 2)**. Die Betriebsspannungen betragen $U_b = \pm 10V$, und der Verstärkungsfaktor ist $V = 10$. Bei Übersteuerung soll eine entsprechende Meldung erfolgen.

Lösung: **Bild 3**

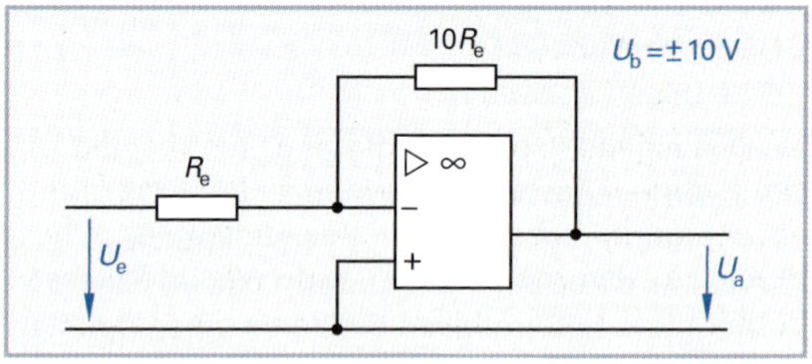

Bild 2: Invertierender Operationsverstärker (analog)

```
using System;
namespace Bedingung1
{
 class Program
 {
  static void Main(string[] args)
  {
   int V = 10, Ub = 12;
   double Ua = 0.0, Ue = 0.0;
   Console.Write("Ue in mV = ");
   Ue = Convert.ToDouble(Console.ReadLine());
   Ua = -V * (Ue / 1000.0);
   if (Math.Abs(Ua) < Ub)
    {
     Console.WriteLine("Ua       = {0} V", Ua);
    }
   else
   {
    Console.Write("OPV übersteuert, da");
    Console.WriteLine(" Ua > Ub ist!!");
   }
  }
 }
}
```

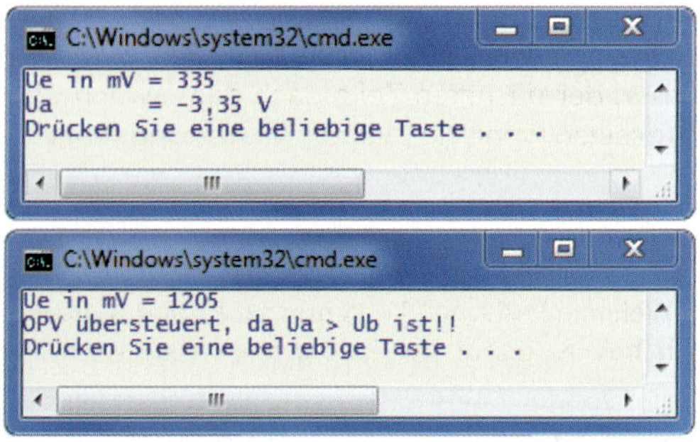

Bild 3: Invertierender Software-Verstärker (digital)

Nach der Eingabe der Eingangsspannung `Ue` in mV wird die Ausgangsspannung `Ua` berechnet. Anschließend wird mit der if-else-Anweisung geprüft, ob der Absolutwert von `Ua` kleiner als die Betriebsspannung `Ub` ist. Für `Ua < Ub` werden `Ue` und `Ua` ausgegeben. Nach `if` wollen wir zwei Anweisungen schreiben. Deshalb müssen diese zwischen geschweifte Klammern gesetzt werden. Für `Ua > Ub` werden entsprechend die beiden Anweisungen nach dem Schlüsselwort `else` ausgeführt.

Auf den Teil mit `else` kann man verzichten, wenn nur eine Bedingung zu prüfen ist. Die nächste Anweisung nach der Abfrage wird dann ausgeführt, wenn die abgefragte Bedingung nicht eintritt.

Die if-else-Anweisung kann durch wiederholte Anwendung auch zur Mehrfachverzweigung verwendet werden.

Die Absolutwertmethode `Abs()` wird von der Klasse `Math` zur Verfügung gestellt.

switch-Anweisung

Mit der switch-Anweisung (switch = Schalter) kann in einem Programm oder einer Funktion eine Auswahl zwischen mehreren Möglichkeiten getroffen werden **(Bild 1)**.

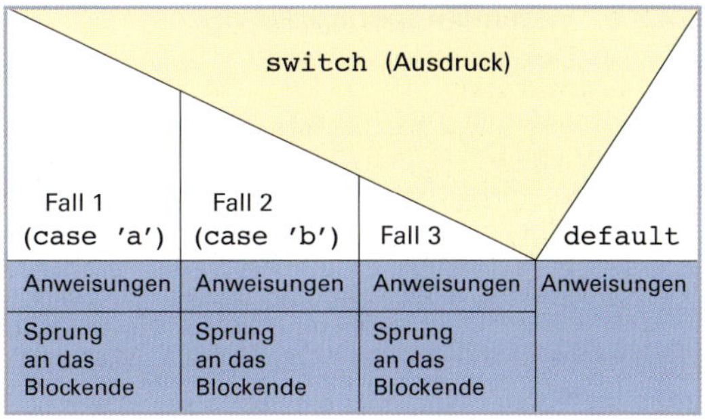

Bild 1: Struktogramm für eine switch-Anweisung

Übung 1 Lernprogramm

Entwickeln Sie ein Lernprogramm, mit der Bildschirmausgabe **Bild 2, unten**. Nach der Eingabe des Zeichens a oder b soll `Falsch!`, nach der Eingabe des Zeichens c soll `Richtig!` und nach der Eingabe eines anderen Zeichens soll `Eingabefehler!` ausgegeben werden.

Lösung: **Bild 2**

Nach Ausgabe des Auswahlmenüs werden die Zeichen von der Tastatur zugewiesen. Die Programmverzweigung wird in der Anweisung `switch` durch `case` vorgenommen. Jede Wahlmöglichkeit beginnt mit dem Schlüsselwort `case` (= Fall). Es folgt eine Konstante vom Typ `int` oder `char`, die mit einem Doppelpunkt abgeschlossen wird.

> Für die Auswahl bei switch-Anweisungen werden meist Konstanten vom Typ char verwendet.

Nach dem Doppelpunkt stehen die auszuführenden Anweisungen. Es können beliebig viele Anweisungen folgen, die nicht zwischen geschweiften Klammern zu stehen brauchen. Es wird nacheinander jeder case-Wert mit dem Wert der switch-Variablen `wahl` verglichen. Stimmt ein case-Wert mit dem Wert von `wahl` überein, so werden alle Anweisungen hinter dieser case-Anweisung bis zum Ende des switch-Blocks ausgeführt. Das gilt auch für die Anweisungen, die nach den folgenden case-Anweisungen stehen. Meist ist dies unerwünscht, deshalb wird mit der Anweisung `break` (= Unterbrechung) zum Ende der switch-Anweisung gesprungen.

Wird für `wahl` weder a noch b noch c eingegeben, wird die default-Anweisung (default = Voreinstellung, eigentlich Fehler) ausgeführt, und das Wort `Eingabefehler!` ausgegeben. Das Programm wird in der nächsten Zeile nach dem switch-Block fortgesetzt, wenn die default-Anweisung fehlt.

```
using System;
namespace Mehrfach1
{
 class Program
 {
  static void Main(string[] args)
  {
   int wahl=0;
   Console.WriteLine("Bedeutet C :");
   Console.WriteLine("<A> ein Betriebssystem? ");
   Console.WriteLine("<B> eine Automarke?");
   Console.Write("<C> eine Programmiersprache? ");
   wahl = Convert.ToChar(Console.ReadLine());
   switch(wahl)
   {
    case 'A' : Console.WriteLine("Falsch!");
               break;
    case 'B' : Console.WriteLine("Falsch!");
               break;
    case 'C' : Console.WriteLine("Richtig!");
               break;
    default: Console.WriteLine("Eingabefehler!");
               break;
   }
  }
 }
}
```

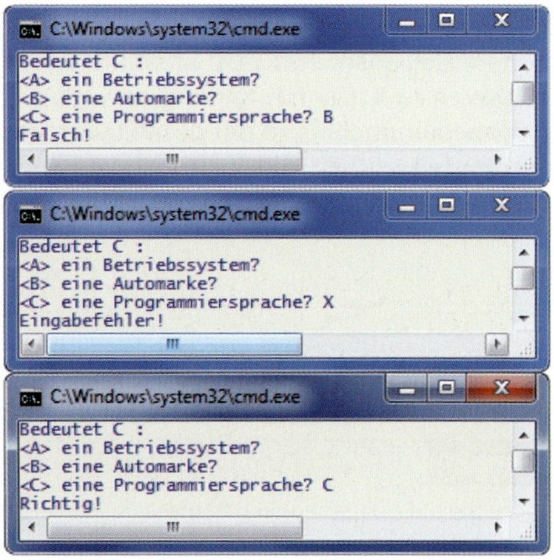

Bild 2: Auswahlprogramm mit switch-Anweisung

WV

Wiederholung und Vertiefung

1. **Welchen logischen Wert muss die Bedingung nach if haben, damit der Zweig nach else ausgeführt wird?**
2. **Wann kann der else-Teil weggelassen werden?**
3. **Wie ist die Mehrfachverzweigung in C# aufgebaut?**

6.4.2.6 Inkrementoperatoren und Dekrementoperatoren

Bei den Inkrementoperatoren (von to increment = erhöhen) und Dekrementoperatoren (von to decrement = erniedrigen) gibt es jeweils zwei Schreibweisen **(Tabelle 1).** Stehen beim Dekrementieren die beiden Pluszeichen ++ vor der Variablen i, wird der Operator als *Präfixoperator* (Präfix = Vorsilbe) bezeichnet. Stehen die Pluszeichen ++ hinter der Variablen i, werden sie als *Postfixoperator* (Postfix = Nachsilbe) bezeichnet. Beim Präfixoperator wird erst i = i + 1 gezählt und dann der logische Ausdruck bewertet. Beim Postfixoperator dagegen wird erst bewertet und dann i = i + 1 gezählt. Für das Dekrementieren werden statt der Pluszeichen Minuszeichen verwendet.

6.4.2.7 Iterationsanweisungen

In Abhängigkeit von einer Bedingung können mit Schleifen-Anweisungen einzelne Anweisungen oder Anweisungsblöcke (Anweisungen zwischen geschweiften Klammern) mehrmals ausgeführt werden.

for-Anweisung

Mit der for-Anweisung wird eine Schleife von einem Anfangswert mit einer bestimmten Schrittweite bis zu einem Endpunkt durchlaufen, d.h. die Anzahl der Schleifendurchgänge liegt fest **(Bild 1).**

Übung 1 Hex-Zahlen mit a bis f

Erstellen Sie mit for-Anweisungen ein Programm, das die Hexadezimalzahlen in aufsteigender Reihenfolge von 0 bis f und in absteigender Reihenfolge von f bis 0 ausgibt.

Lösung: **Bild 2**

Nach dem Schlüsselwort `for` steht als erstes der Anfangswert i = 1. Dann folgt der Endwert, d.h. die Abbruchbedingung, bis zu der gezählt werden soll. Der dritte Teil enthält die Inkrement-Anweisung, i++ für das Aufwährtszählen (Tabelle 1).

Die for-Anweisung und die folgende Anweisung `Console.Write ( )` bilden eine Schleife. Zum Abwärtszählen muss in der zweiten for-Schleife von Bild 2 der Anweisungsteil geändert werden.

Übung 2 Hex-Zahlen mit A bis F

Ändern Sie die Ausgabe von Beispiel 1 so, dass Großbuchstaben als Zeichen verwendet werden.

Lösung: Console.Write(" {0:X}", i);

- Iteration = Wiederholte Anwendung desselben Prozesses auf die gewonnenen Zwischenwerte.
  Duden

Tabelle 1: Inkrementoperatoren und Dekrementoperatoren

Operator	Beispiel	Benennung	Bedeutung
++	++i i++	Präfixoperator Postfixoperator	i = i + 1 i = i + 1
--	--i i--	Präfixoperator Postfixoperator	i = i − 1 i = i − 1

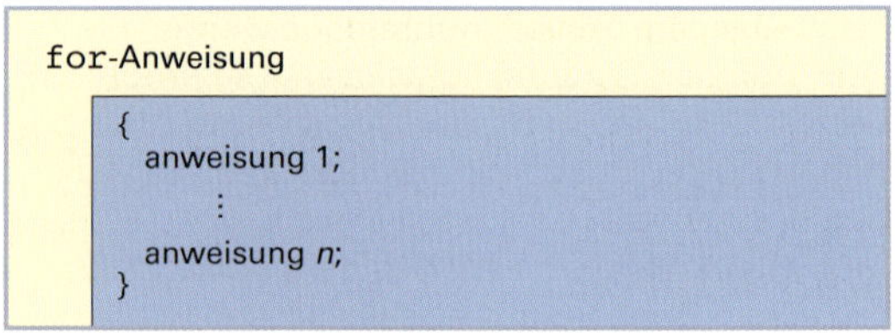

Bild 1: Struktogramm für die for-Anweisung

```
using System;
namespace Schleifen3
{
 class Program
 {
  static void Main(string[] args)
  {
   int i;
   Console.WriteLine("\n Hex-Zahlen Aufwärts:");
   for (i = 1; i< 16; i++)
    Console.Write(" {0:x}", i);
   Console.WriteLine("\n Hex-Zahlen Abwärts:");
   for (i = 15; i > 0; i--)
    Console.Write(" {0:x}", i);
   Console.WriteLine("\n");
  }
 }
}
```

Bild 2: Programm Kondensatorladung mit for-Schleife

Statt des Formatzeichens x wird in der Ausgabezeile im Ausgabestring das Formatzeichen X verwendet.

while-Anweisung

Bei der while-Schleife wird zuerst die Wiederholbedingung geprüft. Ist sie erfüllt, wird der zur Schleifenanweisung gehörende Programmteil ausgeführt **(Bild 1)**.

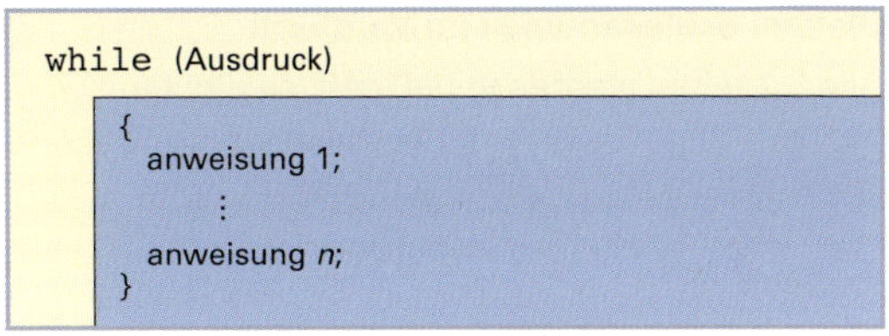

Bild 1: Struktogramm für die while-Anweisung

Übung 1 Kondensator-Ladespannung

Schreiben Sie ein Programm zur Berechnung der Ladespannung U_C eines Kondensators in Abhängigkeit von der Zeitkonstanten τ.

Das Programm soll für $\tau \geq 4$ beendet werden und den Bildschirmausdruck **Bild 2** erzeugen.

Lösung: **Bild 3**

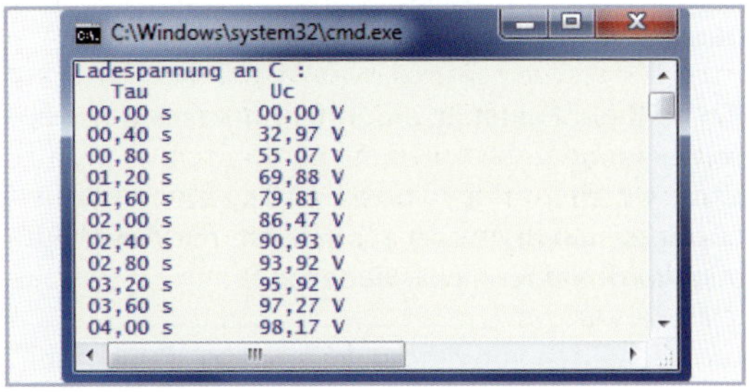

Bild 2: Bildschirmanzeige zum Programm Bild 3

```
using System;
namespace Schleifen1
{
 class Program
 {
  static void Main(string[] args)
  {
   int U = 100;
   double Uc = 0.0, Tau = 0.0;
   Console.WriteLine("Ladespannung an C :");
   Console.WriteLine("   Tau          Uc ");
   while (Tau <4.0)
   {
    Uc = U * (1 -Math.Exp(-Tau));
    Console.Write(" {0:0#.00} s      ", Tau);
    Console.WriteLine(" {0:0#.00} V", Uc);
    Tau = Tau + 0.4;
   }
  }
 }
}
```

Bild 3: Programm Kondensator-Ladespannung

Beim Abarbeiten der Schleife wird der Wert von `Tau` bei jedem Schleifendurchlauf erhöht.

Der Anweisungsblock wird bearbeitet, solange `Tau` < 2 ist. Wird in der Vereinbarungszeile z. B. τ = 10 vereinbart, so ist der Ausdruck nach `while` von Anfang an nicht erfüllt. Die Schleife wird nicht ausgeführt. Fehlt die Zeile $\tau = \tau + 0.4$, wird die Schleife endlos durchlaufen.

do-while-Anweisung

Bei der do-while-Schleife wird der Anweisungsblock zuerst ausgeführt und dann geprüft, ob die Wiederholbedingung noch erfüllt ist **(Bild 4)**.

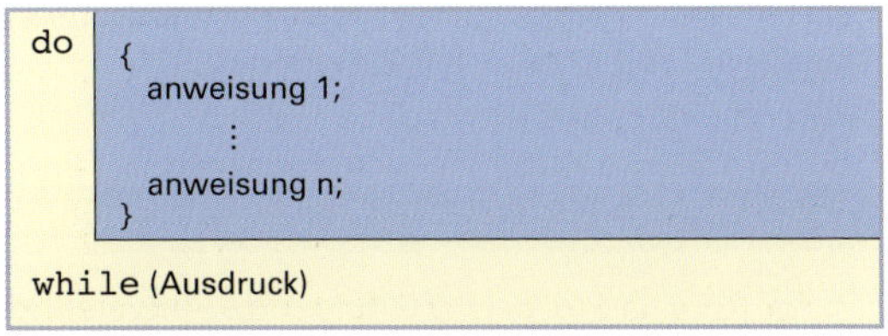

Bild 4: Struktogramm für die do-while-Schleife

Übung 2 Wiederholbare Zinsberechnung

Schreiben Sie ein Programm zur Berechnung der jährlichen Verzinsung für Beträge bis 1000 € entsprechend Bildschirmanzeige **Bild 5** mit der while-Anweisung. Der Zinssatz beträgt 10 %. Eine do-while-Anweisung soll die Programmwiederholung ermöglichen.

Lösung: **Bild 1, folgende Seite**.

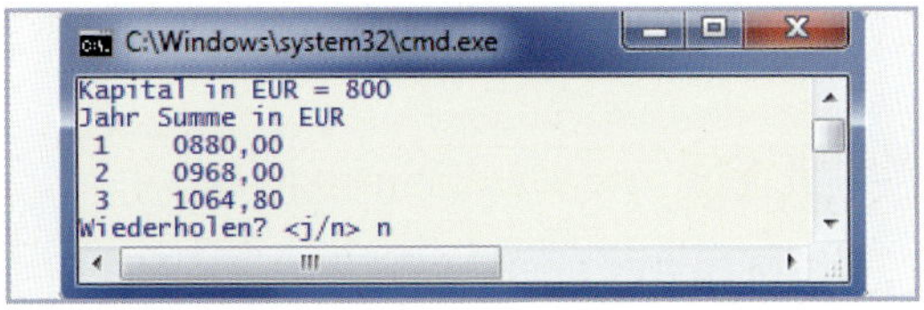

Bild 5: Bildschirmanzeige zum Programm Bild 1, folgende Seite

Es werden zwei ineinander geschachtelte Schleifen benötigt.

Für die Berechnung des Kapitals wird eine while-Anweisung verwendet, da die Anzahl der Schleifendurchläufe am Anfang nicht bekannt ist. Beim Abarbeiten der Schleife wird der Wert von Kapital bei jedem Schleifendurchlauf um den Wert der Zinsen erhöht. Der Anweisungsblock wird bearbeitet, solange `Kapital < 1000` ist. Die Anzahl der Jahre wird mit der Anweisung `Laufzeit = Laufzeit + 1;` ermittelt. Wird für das Kapital ein größerer Wert als 1000 eingegeben, ist der Ausdruck nach `while` von Anfang an nicht erfüllt. Die Schleife wird nicht durchlaufen.

Die do-while-Schleife fragt am Ende, ob die Zinsberechnung wiederholt werden soll. Das Programm wird solange wiederholt, bis wdh `!='n'` zutrifft.

Die drei Schleifentypen im Vergleich

Alle Schleifen werden initialisiert, es gibt eine Testbedingung und eine veränderbare Anweisung, z. B. einen Zählwert zum Beenden **(Tabelle 1)**.

for-Schleife

Sie wird verwendet, wenn die Anzahl der Schleifendurchgänge festliegt. Solange die Testbedingung wahr ist, wird die Schleife ausgeführt.

Ein häufiger Fehler ist ein Strichpunkt nach der for-Anweisung:
`for (zahl = 1; zahl<10;zahl++);`
Die Schleife wird (leer) ausgeführt, die Anweisungen werden aber nicht wiederholt.

> for-Schleifen verwendet man, wenn die Anzahl der Schleifendurchgänge bekannt ist.

while-Schleife

In der Schleife müssen Zählwert und Testbedingung ungleich werden, damit die Schleife beendet wird. Ist die Testbedingung bereits am Anfang nicht erfüllt, z. B. `zahl = 10`, werden die Anweisungen nicht ausgeführt, d. h. übersprungen.

> while-Schleifen verwendet man, wenn die Anzahl der Schleifendurchgänge am Anfang nicht bekannt ist.

do-while-Schleife

Bei der do-while-Schleife wird die Testbedingung am Schleifenende ausgeführt. Die Schleife wird mindestens einmal durchlaufen. Auch hier müssen Zählwert und Testbedingung ungleich werden, damit die Schleife beendet wird.

> do-while-Schleifen werden meist zur Wiederholung von Programmteilen verwendet.

```
using System;
namespace Schleifen2
{
 class Program
 {
  static void Main(string[] args)
  {
   char wdh;
   double Kapital = 0, Zins = 0, Zinssatz = 10;
   do
   {
    int Laufzeit = 0;
    Console.Write("Kapital in EUR = ");
    Kapital = Convert.ToDouble(Console.ReadLine());
    Console.WriteLine("Jahr Summe in EUR");
    while (Kapital < 1000)
    {
     Zins = Kapital * Zinssatz / 100;
     Kapital = Kapital + Zins;
     Laufzeit = Laufzeit + 1;
     Console.Write(" {0}    ", Laufzeit);
     Console.WriteLine("{0:0000.00} ", Kapital);
    }
    Console.Write("Wiederholen? <j/n> ");
    wdh = Convert.ToChar(Console.ReadLine());
   } while (wdh != 'n');
  }
 }
}
```

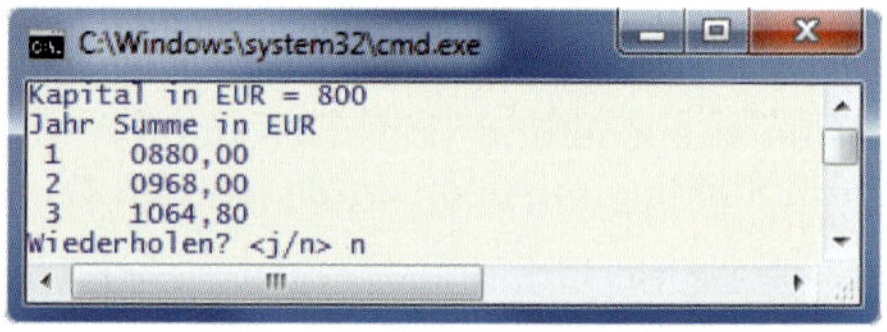

Bild 1: Zinsberechnung

Wiederholung und Vertiefung:

1. **Wodurch unterscheiden sich Präfix- und Postfixoperatoren?**
2. **Nennen Sie drei Schleifenarten in C#.**
3. **Welche Eigenschaften hat die for-Schleife?**
4. **Wann verwendet man for-Schleifen?**
5. **Wie kann die Anzahl der Durchläufe einer while-Schleife ermittelt werden?**
6. **Wie unterscheiden sich while-Schleife und do-while-Schleife?**

Tabelle1: Vergleich der drei Schleifentypen als Zähler

for-Schleife	while-Schleife	do-while-Schleife

int zahl;
for (zahl = 1; zahl<10; zahl++)
{
anweisung 1;
.
.
.
.
anweisung *n*;
}
	int zahl = 1;
	while(zahl<10)
	{
	anweisung 1;
	.
	.
	zahl++;
	
	anweisung *n*;
	}
		int zahl = 1;
		do
		{
		anweisung 1;
		.
		.
		zahl++;
		.
		anweisung *n*;
		} while (zahl<10)

Initialisierung: zahl =1	Testbedingung: zahl < 10	Zählwert neu berechnen: zahl++

6.4.2.8 Felder

Eindimensionale Felder

Bei Feldern (arrays) werden mehrere Feldelemente unter einem Namen als neue Variable zusammengefasst. In der Programmiersprache C# vereinbart man Felder durch Anfügen eckiger Klammern [ ] an den Variablennamen **(Bild 1)**. Die Feldgröße, d.h. die Anzahl der Feldelemente, wird in diese eckigen Klammern geschrieben.

> Die Zahl innerhalb der rechteckigen Klammern gibt die Anzahl der vereinbarten Feldplätze an.

Zur Unterscheidung erhält jedes einzelne Feldelement eine Nummer. Diese Nummer wird auch Feldindex genannt. Das Feld `w...` besteht z. B. aus den sechs Feldelementen `w[0]`, `w[1]`, `w[2]`, `w[3]`, `w[4]` und `w[5]` (Bild 1). Jedem Feldelement kann z. B. ein Zahlenwert oder ein Buchstabe zugewiesen werden. Felder lassen sich für die Datentypen `char`, `int`, `float` und die erweiterten Datentypen `long`, `double` und `decimal` vereinbaren.

> Felder werden zum Speichern von Unicodezeichen und Zahlen verwendet.

Übung 1 Unicode aus einem Feld ausgeben

Erstellen Sie ein Programm mit der neuen Klasse Feld 1, das Zeichen aus einem Feld vom Typ `char` in eine Zeile ausliest.

Lösung: **Bild 2**

Nach der Typ- und Größenvereinbarung des Feldes wird jedem Feldelement ein Buchstabe zugewiesen. Jedes Feldelement wird zeichenweise durch Aufruf der Methode `write()` innerhalb der `for`-Anweisung ausgegeben.

Die Elemente eines Feldes können direkt mit der `foreach()`-Anweisung durchlaufen werden.

Übung 2 Unicode mit foreach() ausgeben

Ersetzen Sie im Programm Beispiel 1, die for-Schleife durch foreach().

Lösung:
```
foreach (char z in w)
Console.Write(z);
```

Felder vom Typ `int` eignen sich zur Auswertung von Zahlenreihen.

Übung 3 Zahlenmaximum suchen

Erstellen Sie ein Programm, das 10 Zufallszahlen in ein Feld schreibt, diese ausgibt und die Feldelementnummer und das Maximum ausgibt.

Lösung: **Bild 3**

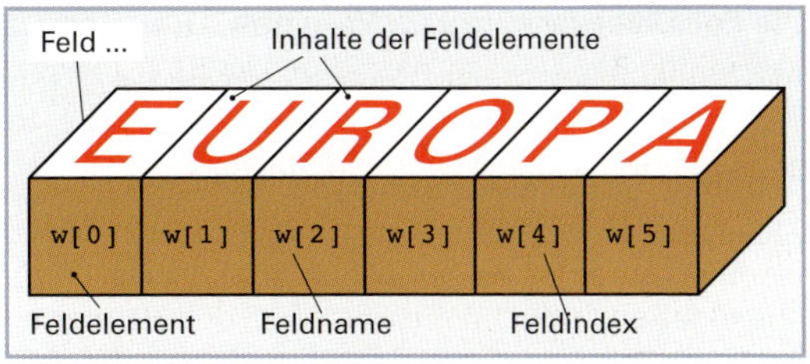

Bild 1: Modell für ein eindimensionales Feld

```
using System;
namespace Felder1
{
 class feld1
 {
  static void Main(string[] args)
  {
   int i=0;
   char[] ...   = new char[] {'E', 'U', 'R','O','P','A'};
   for (i = 0; i <= 5; i++)
     Console.Write("{0}  ",    [i]);
   Console.WriteLine();
  }
 }
}
```

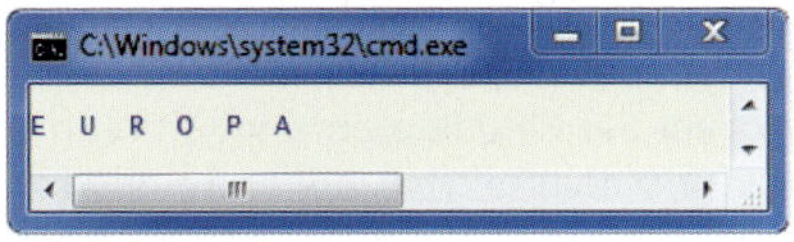

Bild 2: Programm zur Zeichenausgabe

```
using System;
namespace Felder2
{
 class feld2
 {
  static void Main(string[] args)
  {
   int i = 0, imax = 0;
   int[] feld1 = new int[10];
   Random zufall = new Random();
   for(i=0; i<=9; i++)
    feld1[i] = zufall.Next(0,10);
   for(i=0; i<=9; i++)
    Console.Write(" {0} ", feld1[i]);
   for (i = 1; i <= 9; i++)
     if ( feld1[i] > feld1[imax]) imax = i;
   Console.Write("\nNr.:  {0} ",imax+1);
   Console.WriteLine("\nWert= {0}",feld1[imax]);
  }
 }
}
```

Bild 3: Programm Zahlenmaximum suchen

Die Zeile `Random zufall = new Random()` verknüpft die Zufallszahlenfolge mit Zeit und Datum.

Mit einer Schleife werden in die 10 Feldelemente Zufallszahlen zwischen 0 und 9 geschrieben. Diese werden mit einer weiteren Schleife in einer Zeile ausgegeben. Anschließend wird der Feldindex `imax` für das Feldelement mit der größten Zahl gesucht und ausgegeben. Das Programm wertet nur den ersten Maximalwert aus.

Wird das Feld für Gleitkommazahlen vereinbart, z. B. mit `double[ ]` feld1 = `new double[ ]` können auch Kommazahlen ausgewertet werden.

Zweidimensionale Felder

Feldvariablen mit zwei Indizes werden z. B. zum Erstellen von Tabellen und Matrizen verwendet. Vereinbart wird ein zweidimensionales `Feld a [2,2]` für den Datentyp `int` mit z. B. 2 Zeilen und zwei Spalten **(Bild 1)**.

> Die Anzahl der Feldelemente erhält man durch Multiplikation von Zeilenzahl und Spaltenzahl.

Der erste Index gibt die Nummer der Zeile, der zweite die Nummer der Spalte an. Mit `a[1,0]` wird das Feldelement in Zeile 2 und Spalte 1 angewählt.

Übung 1 Determinante für 2x2-Matrix

Die Bildschirmanzeige, **Bild 2**, zeigt den gewünschten Bildschirmausdruck. Verwenden Sie für das Programm ein zweidimensionales Feld. Die vier Werte für die Matrix-Koeffizienten a[..] sollen eingelesen werden.

Lösung: **Bild 3**

In das Feld werden mit geschachtelten Schleifen die Werte der Matrix `a[00]` bis `a[11]` eingelesen. Die for-Anweisung mit der Laufvariablen `i` wählt die Spalte, die for-Anweisung mit der Laufvariablen `j` wählt die Zeilenelemente an. Auch hier ist wieder die Konvertierung der Unicode-Zeichen der Eingabemethode `ReadLine()` in Integerzahlen mit der Methode `Convert.ToInt32()` zu beachten.

Die Ausgabe erfolgt wieder mit geschachtelten Schleifen. Anschließend wird der Wert der Determinante berechnet und ausgegeben.

> Mit for-Anweisungen können alle Feldelemente einzeln angesprochen werden.

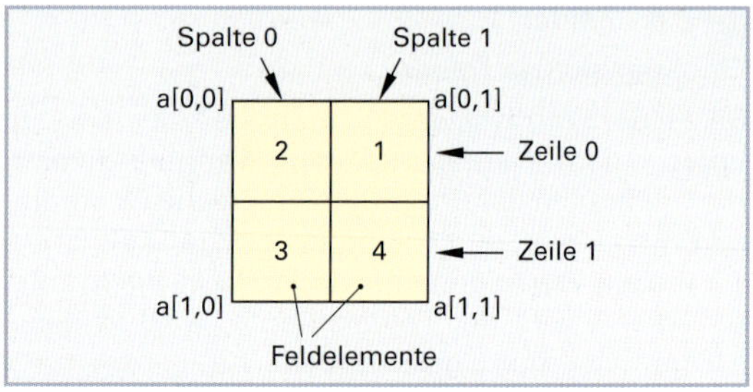

Bild 1: Modell für ein zweidimensionales Feld

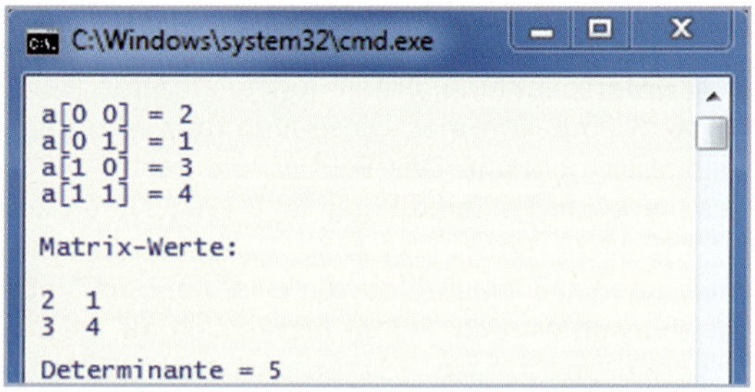

Bild 2: Bildschirmanzeige zum Programm Bild 3

```
using System;
namespace Felder3
{
 class feld3
 {
  static void Main(string[] args)
  {
   int i = 0, j = 0, det = 0;
   int[,] a = new int[2,2];
   for (i = 0; i <= 1; i++)
    for (j = 0; j <= 1; j++)
    {
     Console.Write(" a[{0} {1}] = ",i,j);
     a[i,j] = Convert.ToInt32(Console.ReadLine());
    }
   Console.WriteLine("\n Matrix-Werte:\n");
   for (i = 0; i <= 1; i++)
   {
    for (j = 0; j <= 1; j++)
    Console.Write(" {0} ", a[i,j]);
    Console.WriteLine();
    det = (a[0,0] * a[1,1]) - (a[0,1] * a[1,0]);
   }
   Console.WriteLine("\n Determinante = {0}\n",det);
  }
 }
}
```

Bild 3: Determinante einer 2x2-Matrix berechnen

Wiederholung und Vertiefung

1. **Wie nennt man die Nummern zur Unterscheidung von Feldelementen?**
2. **Für welche Datentypen lassen sich Felder vereinbaren?**
3. **Wie werden zweidimensionale Felder vereinbart?**
4. **Wie viele Zeichen kann man in einem Feld feld[4,5] speichern?** ***Lösung: 20.***

WV

6.4.2.9 Methoden

Für Teilaufgaben einer Klasse in einem Programm schreibt man meist eigene Methoden. Methoden sind eigenständige Programmteile einer Klasse, die einen eigenen Namen erhalten. In einer Klasse werden Methoden nur einmal programmiert. Methoden erkennt man daran, dass dem Namen ein Klammerpaar folgt. Mit ihrem Namen können sie von einer Klasse oder auch von der Main-Methode beliebig oft aufgerufen werden **(Bild 1)**.

Manche Methoden benötigen Eingangsgrößen **(Bild 2)**. Dies sind z. B. Werte, mit denen die Methode etwas berechnet. In einer Methode können interne Datenobjekte vereinbart werden. Diese Größen nennt man lokale Datenobjekte. Eine Methode kann Ausgangsgrößen, z. B. Werte, auf verschiedene Weisen zur Verfügung stellen. Die Eingangsgrößen und Ausgangsgrößen bezeichnet man als Parameter. Parameter können im Methodenkopf in Klammern angefügt werden. Dabei ist die Reihenfolge zu beachten, wenn es mehrere Parameter sind. Beim Aufruf der Methode bezeichnet man den Klammerinhalt als Argument.

> Methoden erhalten durch Parameter Werte und geben mit Parametern Werte weiter.

Methoden, die keinen Wert zurückgeben, werden durch den Zusatz `void` (= leer) vor dem Methodennamen gekennzeichnet.

Fertige Methoden

Viele Klassen des Namensraums `System` stellen fertige Methoden zur Verfügung **(Tabelle 1)**.

Selbsterstellte Methoden

Meist erstellt man beim Programmieren an der Konsole Methoden vom Typ `private`, die nur innerhalb ihrer Klasse (static) verwendet werden.

Wertübergabe mit lokalen Datenobjekten

Übung 1 Lokales Datenobjekt verwenden

Erstellen Sie eine Methode zur Berechnung der Summe zweier Zahlen.

Lösung: **Bild 3**

Die Methode `private static Add(int iParam1,int iParam2)` berechnet die Summe der beim Methodenaufruf von `Add(izahl1, izahl2)` übergebenen Argumente und ersetzt mit `return sum` den Wert in der aufrufenden Methode.

public = öffentlich. Methoden zum Kommunizieren mit der Umgebung, z. B. write().
private = privat. Methoden, die nicht direkt von der Umgebung aufrufbar sind.
static = statisch. Statische Methoden sind nur in der Anwenderklasse, z. B. CAdd1 verwendbar.
Parameter: Werte werden in den Methodenkopf übernommen.
Argument: Bezeichnet den Übergabewert beim Aufruf der Methode im Methodenkopf.

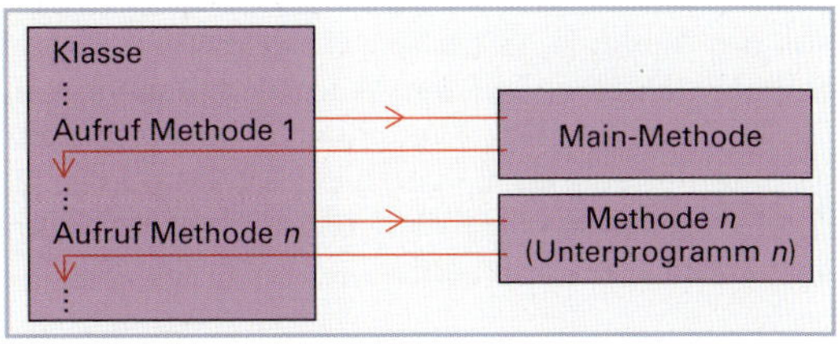

Bild 1: Methodenaufrufe

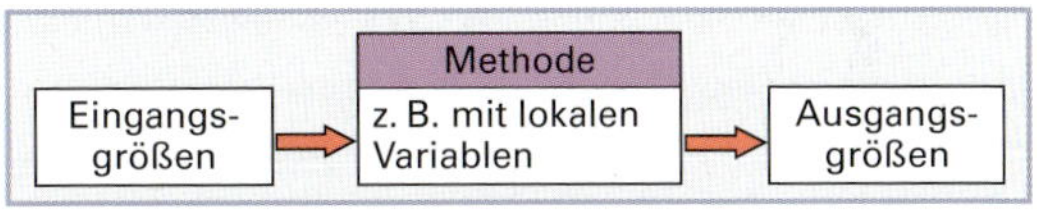

Bild 2: Wirkungsweise einer Methode

Tabelle 1: Klassen von System-Namespace

Klassenname	Methoden für:
Array	Feldbearbeitung
Console	Eingabe und Ausgabe
Convert	Basisdatentypen konvertieren
Math	math. Funktionen, Konstanten
Random	Zufallszahlen erzeugen
String	Text mit Unicodezeichen darstellen

```
using System;
namespace Kap1
{
 class CAdd1
 {
  static void Main(string[] args)
  {
   int izahl1 = 2;
   int izahl2 = 5;
   Console.Write(" {0} + {1} = ",izahl1,izahl2);
   Console.WriteLine(" {0}", Add(izahl1,izahl2));
  }
  private static int Add(int iParam1,int iParam2)
  {
   int sum;
   sum = iParam1+ iParam2;
   return sum;
  }
 }
}
```

```
C:\Windows\system32\cmd.exe
2 + 5 = 7
```

Bild 3: Methode mit Parameterübergabe

Wertübergabe mit globalem Datenobjekt

Globale Datenobjekte werden in einer Klasse außerhalb von Methoden vereinbart. Globale Datenobjekte gelten in allen Methoden der Klasse.

Übung 1 Globales Datenobjekt verwenden

In der Klasse `CAdd2` sind die Methoden `Meth1()` und `Meth2()` vorhanden **(Bild 1)**. Welche Werte kann `izahl` annehmen?

Lösung: **Bild 1, unten.**

Von der Methode `Meth1()` wird der Wert 50 der globalen Variablen mit dem Wert 10 überschrieben. Die Methode `Meth2()` vereinbart lokal eine gleichnamige Variable `int izahl mit` dem Wert 2. Zuletzt wird wieder der Wert 10 der globalen Variablen `izahl` ausgegeben.

> Die Anwendung von globalen Variablen muss gut überlegt werden.

Verwendung von Referenzparametern

Eine Methode kann statt eines Wertparameters auch die Adresse (Referenz) eines Wertes übergeben **(Bild 2)**. Das Ergebnis findet man in der Speicherzelle dieser Adresse. Die Kennzeichnung von Referenzparametern einer Methode erfolgt durch das Schlüsselwort `ref`.

Übung 2 Referenzparameter verwenden

Programmieren Sie eine Klasse `CTausch1`, in der die Methode `Tausch()` mit Referenzparametern den Inhalt zweier Variablen `i` und `j` tauscht.

Lösung: **Bild 3**

Als Parameter der Methode `Tausch()` werden `ref int x` und `ref int y` verwendet. Für den Tausch wird die lokale Variable `temp` als Zwischenspeicher verwendet. Die Methode greift mit dem Aufruf `Tausch(ref i,ref j)` über die Adressen auf die Werte von `i` und `j` zu und tauscht diese (Bild 2).

Wiederholung und Vertiefung

1. **Woran erkennt man eine Methode?**
2. **Wie wird eine Methode gekennzeichnet, die keinen Wert zurückgibt?**
3. **Erklären Sie den Unterschied zwischen Parametern und Argumenten.**
4. **Wodurch unterscheiden sich Wertparameter und Referenzparameter?**
5. **Wo müssen globale Datenobjekte vereinbart werden?**
6. **Wie wird die Verwendung von Referenzparametern gekennzeichnet?**

```
using System;
namespace Kap1
{
 class CAdd2
 {
  static int izahl = 50;
  static void Main(string[] args)
  {
   Console.WriteLine("Global:   {0}",izahl);
   Console.WriteLine("Methode1: {0} ",Meth1());
   Console.WriteLine("Methode2: {0}",Meth2());
   Console.WriteLine("Global:   {0}",izahl);
  }
   private static int Meth1()
    { izahl = 10;  return izahl;   }
   private static int Meth2()
    { int izahl = 2; return izahl;}
 }
}
```

```
C:\Windows\system32\cmd.exe
Global:   50
Methode1: 10
Methode2: 2
Global:   10
```

Bild 1: Methode mit globalem Datenobjekt

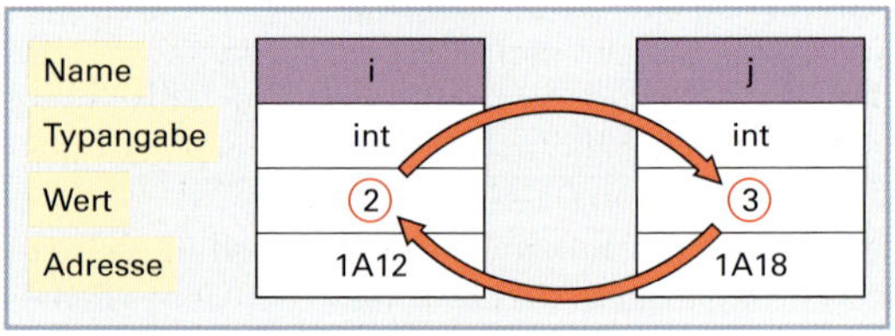

Bild 2: Aufbau von Variablen im Speicher

```
using System;
namespace Kap1
{
class CTausch1
{
 static void Main(string[] args)
 {
  int i =2, j = 3;
  Console.WriteLine(" i = {0}  j = {1}",i,j);
  Tausch(ref i, ref j);
  Console.WriteLine(" i = {0}  j = {1}",i,j);
 }
 static void Tausch(ref int x, ref int y)
 {
  int temp = x;
  x = y;
  y = temp;
  }
 }
}
```

```
C:\Windows\system32\cmd.exe
i = 2  j = 3
i = 3  j = 2
```

Bild 3: Methode mit Referenzparametern

6.5 Objektorientierte Programmierung mit C++

6.5.1 Einführung

Mit der *objektorientierten* Programmierung können komplexe Programmieraufgaben in strukturierter Weise bewältigt werden. Es entstehen übersichtliche Programme, die einfach in Stand zu halten und zu erweitern sind. Die Fehleranfälligkeit eines Programms verringert sich.
Diese Vorteile ergeben sich aus dem objektorientierten Ansatz. Den mit dem Programm zu verarbeitenden Daten wird ein großer Stellenwert zuerkannt. Die Folge ist, dass für die objektorientierte Programmierung eine neue Begriffswelt benötigt wird, aber auch ein neuer Denkansatz. Denn bei der objektorientierten Programmierung beschäftigt man sich zuerst mit der Gesamtorganisation eines Programms und nicht mit den Einzelheiten des Programmablaufs.

Objekte

Die Daten, die mit dem Programm verarbeitet werden sollen, stehen im Mittelpunkt. Die Daten werden in der objektorientierten Programmierung auch als Eigenschaften (Attribute) bezeichnet. Bei der Erstellung des Programms stellt sich die Frage, welche Daten benötigt werden und welche Funktionen mit diesen Daten ausgeführt werden sollen. Die Daten und Funktionen werden in einer Einheit, dem *Objekt,* zusammengefasst. Es wird in diesem Zusammenhang von *Datenkapselung* gesprochen. Die eingekapselten Daten sind außerhalb des Objekts nicht sichtbar und damit vor ungewollter Veränderung geschützt **(Bild 1).** Nur die Funktionen eines Objekts, die in der objektorientierten Programmierung *Methoden* genannt werden, können auf die Daten zugreifen. Die Methoden bilden eindeutig definierte Schnittstellen für das Arbeiten mit den Daten eines Objekts.

Ein Objekt besitzt Eigenschaften und Methoden, wobei oft nur diese Methoden Zugriff auf die im Objekt eingekapselten Daten haben.

Bei der Definition der Objekte sollte die Bedeutungsverwandtschaft zwischen der wirklichen Welt und den Objekten im Programm ausgenutzt werden. So können Objekte Fahrzeuge oder Bauelemente, aber auch grafische Fenster oder Buttons (Schaltflächen) darstellen. Die geeignete Wahl der Objekte ist eine zentrale Aufgabe in der objektorientierten Programmierung.
Die Objekte treten dann untereinander über die jeweiligen Methoden in Verbindung **(Bild 2).** Wird z. B. eine Schaltfläche betätigt, kann der Inhalt eines Textfeldes geändert werden.

Begriffe der objektorientierten Programmierung
Objekt = konkrete Ausprägung
Methode = Funktion des Objektes
Attribut, Eigenschaft = Daten des Objekts
Klasse = Schablone, Bauplan für Objekte

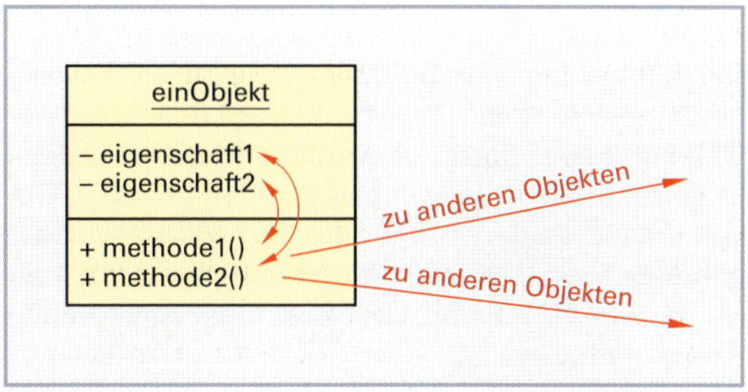

Bild 1: Objekt

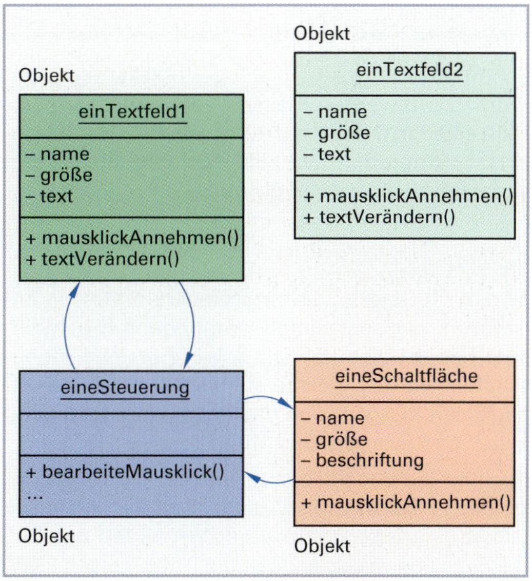

Bild 2: Methoden als Nachrichtenträger

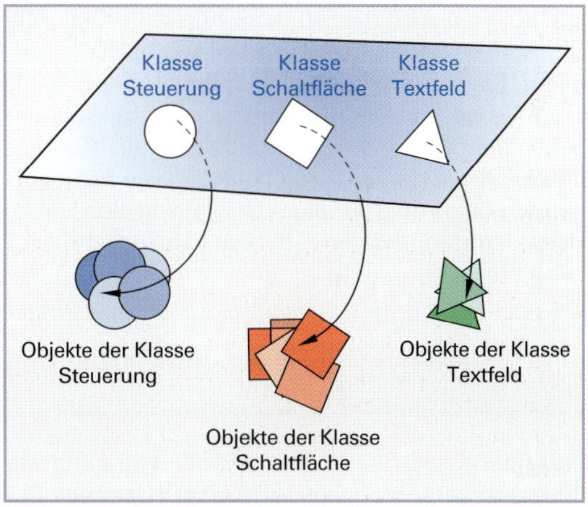

Bild 3: Klassen und Objekte

Über den Aufruf einer Methode können Objekte Nachrichten versenden.

Andere Objekte können darauf reagieren und ihrerseits Nachrichten verschicken.

Klassen

Die *Klasse* dient als Schablone für die Erstellung neuer, gleichartiger Objekte. Sie legt fest, wie neue Objekte dieser Klasse auszusehen haben, welche Eigenschaften und welche Methoden in jedem Objekt dieser Klasse vorhanden sind **(Bild 3, vorhergehende Seite)**. Neue Objekte können nur dann erzeugt werden, wenn sie auf eine bestehende Klasse aufbauen.

Eine Klasse ist wie ein Bauplan für gleichartige Objekte.

Schon beim Entwurf einfachster objektorientierter Programme werden Klassen verwendet und Objekte erzeugt. Diese gehören zu einem objektorientierten Programm wie die Variablentypen und Variablen zu einem herkömmlichen Programm.

Vererbung

Es gibt oft Objekte, die verschiedenen Klassen angehören, die aber einige Komponenten gemeinsam haben. Dies können sowohl gleiche Eigenschaften als auch gleiche Methoden sein. Für diese ähnlichen Klassen kann das Prinzip der *Vererbung* angewandt werden **(Bild 1)**.

Auch im täglichen Leben verwendet man das Prinzip der Vererbung von Klassen. Klassen können in fein strukturierte Unterklassen gegliedert werden. Die Fahrzeug-Klasse kann in die Unterklassen LKW, PKW, Motorrad, Mofa und Fahrrad unterteilt werden. Dabei besitzen diese Unterklassen Komponenten, über die auch die Fahrzeug-Klasse verfügt. Alle Objekte der genannten Unterklassen besitzen z. B. Räder. Sie haben diese Komponente von der Fahrzeug-Klasse „vererbt" bekommen. Demgegenüber haben aber alle Unterklassen auch weitere Komponenten, die in den anderen Unterklassen nicht vorhanden sein müssen. Nur die Objekte der Unterklasse Fahrrad besitzen z. B. eine Fahrradkette.

Durch Vererbung übernehmen Klassen die Komponenten (Eigenschaften und Methoden) einer anderen Klasse.

Die Unterklassen werden bei der objektorientierten Programmierung *abgeleitete Klassen* genannt. Die Ursprungsklasse wird als *Basisklasse* bezeichnet.

Objekte, Klassen, Datenkapselung, Vererbung und Polymorphie sind Schlüsselworte der objektorientierten Programmierung.

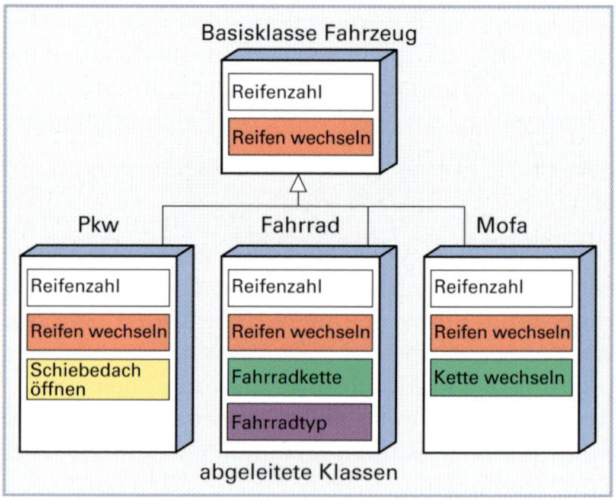

Bild 1: Vererbung

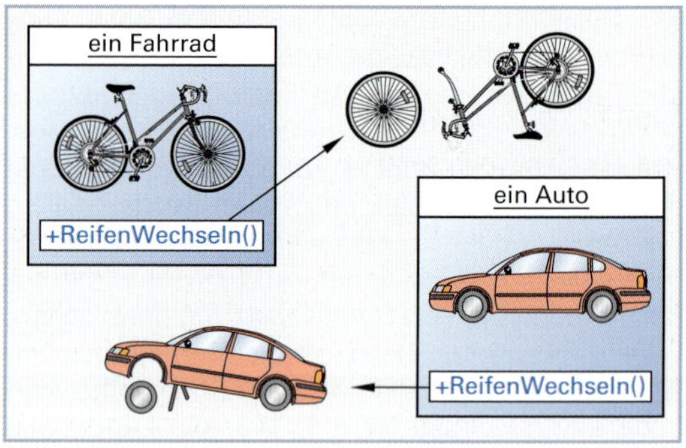

Bild 2: Polymorphie

In der objektorientierten Programmierung ist die Vererbung ein wesentliches Merkmal. Sie wird eingesetzt, um ein Programm zu vereinfachen und zu verkürzen.

Polymorphie

Ein weiteres Merkmal der objektorientierten Programmierung ist die *Polymorphie* (= Vielgestaltigkeit), die häufig in der Vererbung eingesetzt wird. Als Polymorphie bezeichnet man das Arbeiten mit Oberbegriffen. So kann bei den oben genannten abgeleiteten Klassen eine Methode „Reifen wechseln" zu den unterschiedlichsten Handlungen führen **(Bild 2)**.

Führt eine Methode bei Objekten unterschiedlicher Klassen zu den unterschiedlichsten Aktionen, spricht man von Polymorphie.

6.5.2 Vereinbaren einer Klasse

Der erste Schritt bei der Erstellung eines objektorientierten Programms ist die Vereinbarung (Deklaration) einer Klasse. Ohne die Vereinbarung einer Klasse kann später kein Objekt erzeugt werden.

Der Festlegungsteil einer Klasse beginnt mit dem Schlüsselwort `class` und dem Namen der Klasse. Der Klassenkörper folgt in geschweiften Klammern und wird mit einem Semikolon abgeschlossen. Innerhalb der Klasse werden die Eigenschaften als erstes aufgeführt. Sie werden wie in einem herkömmlichen Programm definiert. Sind Methoden vorhanden, werden diese anschließend angegeben.

Beispiel 1 **Klasse mit zwei Eigenschaften:**

Erstellen Sie eine Klasse `TZahl` mit zwei Eigenschaften zur Aufnahme von Ganzzahlwerten. Die Klasse soll eine Methode für das Zuweisen der Eigenschaften und eine für das Ausgeben der Eigenschaften bekommen.

Lösung: **Bild 1**

Die Methoden sind an dieser Stelle noch nicht implementiert (eingebunden).

Zugriffsschlüsselworte

Das Zugriffsschlüsselwort `private` bewirkt, dass die nachfolgenden Komponenten als privat vereinbart werden (Bild 1). Der Zugriff auf private Eigenschaften und Methoden kann nur innerhalb einer Klasse geschehen, von außerhalb der Klasse sind diese Daten und Funktionen nicht zu erreichen, sie sind verborgen. Die Eigenschaften einer Klasse sind meist privat. Das Schlüsselwort `public` gibt an, dass nachfolgend aufgeführte Eigenschaften und Methoden öffentlich sind und somit auch von außerhalb der Klasse zugänglich sind. Methoden gehören in der Regel zum öffentlichen Teil einer Klasse.

`class`, `public` und `private` sind Schlüsselwörter bei der Vereinbarung einer Klasse.

6.5.3 Erzeugen von Objekten

Mit der Deklaration einer Klasse wird das Aussehen ihrer Objekte festgelegt. Die Objekte können anschließend im Hauptprogramm erzeugt werden (**Bild 2**). `zahl` ist ein Objekt der Klasse `TZahl`. Der Zugriff auf dieses Objekt findet über ihre öffentliche Komponenten statt. Die verwendete Methode ist dabei über den *Punktoperator* (.) mit einem bestimmten Objekt verbunden, wie in `zahl.anzeigen()`. So wird die Methode benutzt, um genau dieses Objekt zu bearbeiten und nicht ein anderes Objekt dieser Klasse. Die Methode `setzen()` wird hier für das Objekt `zahl` aufgerufen. Dabei werden den Eigenschaften `zahl1` und `zahl2` des Objekts `zahl` die Werte 500 bzw. 10 zugewiesen. Der Aufruf `zahl.zahl1` ist hier nicht möglich, da auf private Komponenten eines Objekts von außen nicht zugegriffen werden kann.

```
//Klassendeklaration
class TZahl
{
// Daten
private:
  int zahl1;
  int zahl2;
// Methoden
public:
  void setzen(int, int);
  void anzeigen();
};
```

Bild 1: Klassendeklaration

```
main()
{
  TZahl zahl;
  zahl.setzen(500,10);
  zahl.anzeigen();
}
```

Bild 2: Erzeugen von Objekten

```
void TZahl::setzen(int z1, int z2)
{
  // Eingabewerte übergeben
  zahl1 = z1;
  zahl2 = z2;
}

void TZahl::anzeigen()
{
  // Daten ausgeben
  cout << "Zahl 1: " << zahl1;
  cout << endl;
  cout << "Zahl 2: " << zahl2;
  cout << endl;
}
```

Bild 3: Methoden

6.5.4 Methoden

Methoden werden meist innerhalb der Klasse nur deklariert (Bild 1). Die Definition der Methoden folgt dann außerhalb der Klasse (**Bild 3**). Der auflösende Gültigkeitsoperator (::) ordnet dabei der nachfolgenden Methode den Gültigkeitsbereich der vorangestellten Klasse zu. Er besitzt höchste Priorität und wird deshalb als erstes bearbeitet.

Da die Methoden Teil der Klasse sind, müssen ihnen die Eigenschaften der Klasse nicht als Argumente übergeben oder als Rückgabewert ausgegeben werden (Bild 3, vorhergehende Seite). Der Grund dafür ist, dass Methoden nur für Objekte der Klasse eingesetzt werden, für die sie auch erstellt wurden. So sind in den Methoden `setzen()` und `anzeigen()` die Eigenschaften `zahl1` und `zahl2` bekannt. Der Methode `setzen()` werden zwei Argumente übergeben, über die in der Methode den Eigenschaften Werte zugewiesen werden.

Methoden können auch Objekte als Rückgabewert zurückgeben.

Beispiel 1 **Methode Ganzzahldivision:**

Entwerfen Sie eine Methode `teilen()` der Klasse `TZahl`, die eine Ganzzahldivision durchführt und sowohl das Ergebnis als auch den Rest in ein Objekt der Klasse `TZahl` ausgibt.

Lösung: **Bild 1**

Innerhalb der Methode `teilen()` wird zur Aufnahme des Ergebnisses ein Objekt `neu` der Klasse `TZahl` erzeugt. Die Eigenschaften von `neu` sind der Methode `teilen()` bekannt, da das Objekt `neu` zur selben Klasse gehört wie die Methode selbst. Die Eigenschaften von `neu` werden über den Aufruf `neu.zahl1` und `neu.zahl2` aufgerufen. `zahl1` und `zahl2` dagegen gehören zu dem Objekt, für das später die Methode aufgerufen wird. Das Objekt `neu` wird über die `return`-Anweisung zurückgegeben.

Den Aufruf im Hauptprogramm zeigt **Bild 2**. Dem Objekt `zahl` werden Werte zugewiesen und dann über `ergebnis=zahl.teilen()` für dieses Objekt die Methode `teilen()` aufgerufen. Die Methode liefert als Ergebnis das Objekt `ergebnis` zurück **(Bild 3)**.

Die Methode muss in der Klassendeklaration über `TZahl teilen();` im als `public` ausgewiesenen Teil bekannt gemacht werden.

> Methoden können Objekte als Argumente erhalten oder ein Objekt als Rückgabewert zurückgeben.

6.5.5 Konstruktoren

Der Konstruktor ist eine besondere Methode und besitzt stets denselben Namen wie seine Klasse. Er wird benutzt, um die Eigenschaften eines Objekts zu initialisieren und wird immer automatisch ausgeführt, wenn ein Objekt definiert wird.

> Ein Konstruktor kann Objekte seiner Klasse mit sinnvollen Startwerten versehen.

```
TZahl TZahl::teilen()
{
  TZahl neu;
  // Ganzzahldivision durchführen
  neu.zahl1 = zahl1 / zahl2;
  // Rest ermitteln
  neu.zahl2 = zahl1 - zahl2 * neu.zahl1;

  // Ergebnis zurückgeben
  return neu;
}
```

Bild 1: Methode mit Objekt als Rückgabewert

```
main ()
{
  // Objekte erzeugen
  TZahl zahl, ergebnis;
  // Werte zuweisen
  zahl.setzen(100,3);
  // Teilung durchführen
  ergebnis=zahl.teilen();
  // Ergebnis anzeigen
  ergebnis.anzeigen();
}
```

Bild 2: Hauptprogramm

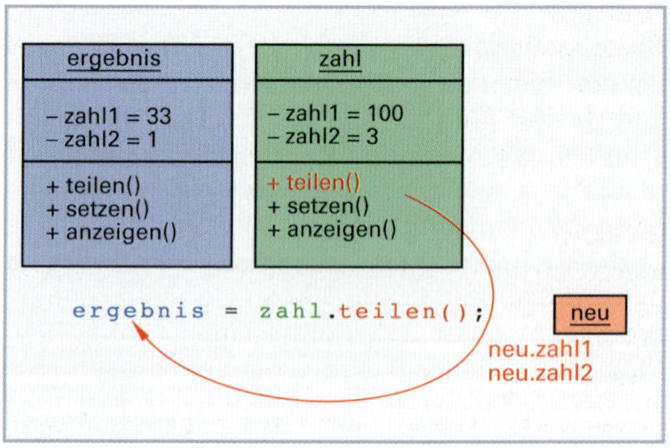

Bild 3: Objekt als Ergebnis einer Methode

Der Konstruktor `TZahl()` initialisiert das Objekt `zahl` über den Aufruf `TZahl zahl;`, indem er der Eigenschaft `zahl1` den Wert 0 und der `zahl2` den Wert 0 zuweist **(Bild 1, folgende Seite)**. Ein Rückgabetyp ist beim Konstruktor nicht vorhanden, da er automatisch aufgerufen wird. Es kann folglich auch kein Objekt geben, an das er einen Wert zurückgeben könnte.

> Ein Konstruktor ist eine Methode, die keinen Rückgabetyp besitzt.

Wird innerhalb einer Klasse kein Konstruktor erstellt, so wird der Default-Konstruktor (von in default of = in Ermangelung von) verwendet. Für die Klasse `TZahl` lautet dieser: `TZahl(){}`.

Da der Default-Konstruktor nur über einen leeren Funktionskörper verfügt, werden den Eigenschaften der Objekte keine sinnvollen Startwerte, sondern beliebige, undefinierte Werte zugewiesen. In Bild 2, vorhergehende Seite, wurde für die Objekte `zahl`, `ergebnis` der Default-Konstruktor aufgerufen. Die Eigenschaften erhielten beliebige Startwerte.

Beispiel 1 **Konstruktor erstellen:**

Erstellen Sie einen Konstruktor, der ein Objekt der Klasse `TZahl` auf einen beliebigen Startwert initialisieren kann.

Lösung: **Bild 2**

Ein Konstruktor kann Argumente besitzen. Die Argumente ermöglichen eine Initialisierung der Objekte auf verschiedene Startwerte. So können z. B. mit dem Konstruktor `TZahl(int z1, int z2)` einem Objekt der Klasse `TZahl` Startwerte für `zahl1` und `zahl2` übergeben werden (Bild 2). Der Konstruktor muss im `public`-Teil der Klasse `TZahl` über die Anweisung `TZahl(int, int);` bekannt gemacht werden (Bild 1).

Beispiel 2 **Konstruktor anwenden:**

Verwenden Sie bei der Erstellung eines Objektes den Konstruktor `TZahl(int,int)`.

Lösung: **Bild 3**

Bei der Erstellung des Objektes werden die Argumente an den Konstruktor übergeben (Bild 3). Über den Aufruf `TZahl zahl(100,3);` erhalten die Eigenschaften des Objekts `zahl` die Werte 100 bzw. 3.

In der Klasse `TZahl` sind mehrere Konstruktoren vorhanden, man sagt, die Konstruktoren sind *überlagert*. Welcher dieser Konstruktoren bei der Definition der Objekte ausgeführt wird, hängt von der Anzahl der Argumente ab, die den Objekten bei der Erstellung übergeben werden. Das Objekt `ergebnis` wird über den Konstruktor K1 und das Objekt `zahl` über den Konstruktor K2 initialisiert (Bild 3).

Werden Konstruktoren mit Argumenten gebildet, so ist es zwingend erforderlich, einen Konstruktor ohne Argumente ebenfalls zu bilden, wenn ein Objekt `ergebnis` ohne Argumente erzeugt werden soll (Bild 3). Denn bei Vorhandensein von selbst erstellten Konstruktoren verliert der Default-Konstruktor seine Gültigkeit.

6.5.6 Zeiger

Ein Zeiger speichert die Adresse, an der der Wert der Variablen zu finden ist und nicht den Wert

Konstruktoren
- Es sind mehrere in einer Klasse möglich.
- Sie unterscheiden sich in der Anzahl und dem Typ der Argumente.

```
//Klassendeklaration
class TZahl
{
  // Daten
  private:
    int zahl1;
    int zahl2;

  // Methoden
  public:
    TZahl();
    TZahl(int, int);
    void setzen(int, int);
    void anzeigen();
    TZahl teilen();
};

//Konstruktor implementieren
TZahl::TZahl()          ← Konstruktor K1
{
  zahl1 = 0;
  zahl2 = 0;
}

// und weitere Methoden wie zuvor

main()
{
  // Objekt erzeugen
  TZahl zahl;           ← erzeugt über Konstruktor K1
  // Werte anzeigen
  zahl.anzeigen();
}
```

Bild 1: Klasse mit Konstruktor

```
TZahl::TZahl(int z1, int z2)     ← Konstruktor K2
{
  zahl1 = z1;
  zahl2 = z2;
}
```

Bild 2: Konstruktor mit Argumenten

```
main ()
{
  // Objekte erzeugen
  TZahl zahl(100,3), ergebnis;
  ergebnis=zahl.teilen();
  ergebnis.anzeigen();
}
```
(zahl(100,3): erzeugt über Konstruktor K2; ergebnis: erzeugt über Konstruktor K1)

Bild 3: Erzeugen eines Objektes durch einen Konstruktor mit Argumenten

selbst. Einem Zeiger wird bei der Definition ein Stern (*), z. B. `*zahl`, vorangestellt **(Bild 1)**. Weist der Zeiger auf ein Objekt, so werden die einzelnen Komponenten des Objektes über den Operator -> angesprochen. `zahl->anzeigen()` ruft also die Methode `anzeigen()` für das über den Zeiger `*zahl` angesprochene Objekt auf.

> Der Operator -> hat für Zeiger auf Objekte die selbe Wirkung wie der Punktoperator (.) für Objekte.

Über `new` wird dem über den Zeiger angesprochenen Objekt Speicherplatz zur Verfügung gestellt. Auch hier können vorhandene Konstruktoren verwendet werden, um Startwerte zu vergeben. `zahl = new TZahl(100,3);` fordert Speicherplatz für ein Objekt der Klasse `TZahl` an und weist der Eigenschaft `zahl1` des Objektes den Wert 100 und der Eigenschaft `zahl2` den Wert 3 zu. Gleichzeitig wird der Zeiger `zahl` auf dieses Objekt gesetzt. Der Speicherplatz kann über `delete`, z. B. `delete zahl`, zurückgegeben werden.

> `new` und `delete` sind Operatoren für die dynamische Speicherverwaltung.

6.5.7 Vererbung

Vererbung ist ein Vorgang für die Erstellung neuer Klassen aus bereits bestehenden Klassen, wobei die neuen Klassen Eigenschaften der bereits vorhandenen Klassen erben und selbst neue Eigenschaften besitzen können.

Beispiel 1 **Klasse ableiten:**

Erstellen Sie eine Klasse `TBruch`, die von der Klasse `TZahl` abgeleitet ist. Die Klasse `TBruch` enthält eine weitere Eigenschaft `ganze` zum Speichern der Ganzen eines Bruches. Ein Konstruktor soll alle Eigenschaften initialisieren.

Lösung: **Bild 2**

Der neuen Klasse `TBruch` wird zu Beginn ihrer Definition über einen einfachen Doppelpunkt ihre Basisklasse `TZahl` mitgeteilt, und von dieser Klasse wird sie öffentlich abgeleitet **(Bild 3)**. Die Klasse `TBruch` verfügt nun über alle Leistungsmerkmale ihrer Basisklasse und hat damit auf gewohnte Weise Zugang zu deren Methoden und auch Eigenschaften.

In der Klasse `TZahl` wurde anstelle des Zugriffsschlüsselwortes `private` das Zugriffsschlüsselwort `protected` verwendet, denn mit `private` angegebene Komponenten einer Klasse sind innerhalb einer davon abgeleiteten Klasse nicht sichtbar. Damit wäre in `TBruch(int,int)` z. B. die Eigenschaft `zahl1` nicht bekannt (Bild 2). Sollen aber Komponenten einer Klasse der abgeleiteten Klasse zugänglich gemacht werden und außerhalb der beiden Klassen verborgen sein, so muss das Zugriffsschlüsselwort `protected` verwendet werden.

```
main()
{
  // Zeiger auf Klasse TZahl erzeugen
  TZahl *zahl;
  // Speicherplatz bereitstellen
  zahl = new TZahl(100,3);
  // Zugriff auf Methode
  zahl -> anzeigen();
}
```

Bild 1: Zeiger auf Objekte

```
//Klassendeklaration
class TZahl
{
 protected: // Daten
   int zahl1, zahl2;

 public:    // Methoden wie zuvor
 };

class TBruch : public TZahl
{
 protected: // Daten
   int ganze;
 public:    // Methoden
   TBruch(int, int);
};

//Konstruktor
TBruch::TBruch(int z1, int z2)
{
 ganze = 0;
 zahl1 = z1;
 zahl2 = z2;
}
```

Bild 2: Vererbung

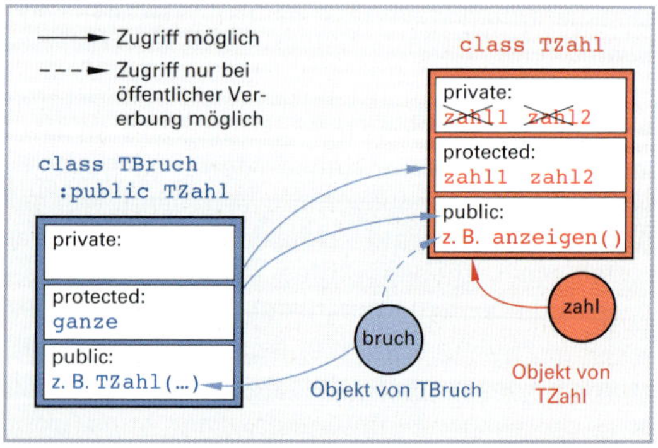

Bild 3: Zugriffsmöglichkeiten

> Das Zugriffsschlüsselwort `protected` erlaubt abgeleiteten Klassen, auf die nachfolgend aufgeführten verborgenen Komponenten zuzugreifen.

Konstruktoren einer abgeleiteten Klasse

Werden in einer abgeleiteten Klasse komplexe Konstruktoren mit Argumenten verwendet, so müssen diese in der abgeleiteten Klasse definiert werden. Bestehende Konstruktoren der Basisklasse können aber mitbenutzt werden. Dem Konstruktor wird dabei über einen Doppelpunkt zu Beginn der Definition mitgeteilt, auf welchen Konstruktor der Basisklasse er zurückgreift (**Bild 1**). In `TBruch (int z1, int z2):TZahl(z1, z2)` wird der Konstruktor mit zwei Argumenten aus der Basisklasse aufgerufen. Ihm werden die beiden Argumente `z1` und `z2` übergeben. Innerhalb des Funktionsrumpfes des neuen Konstruktors bietet sich dann die Möglichkeit, weitere Eigenschaften der neuen Klasse zu initialisieren. Auf diese Weise wurde die Implementierung des Konstruktors im Vergleich zu Bild 2, vorhergehende Seite, verkürzt.

Überschreiben von Methoden

Nicht nur die Konstruktoren sondern auch andere schon bestehende Methoden der Basisklasse können für die Zwecke der abgeleiteten Klasse erweitert werden. In der abgeleiteten Klasse `TBruch` ist ebenfalls eine Methode `anzeigen( )` vorhanden. Sie bedient sich mithilfe von `TZahl::anzeigen();` der Methode `anzeigen( )` aus ihrer Basisklasse und führt diese aus. Der Gültigkeitsoperator (::) legt dabei den Gültigkeitsbereich dieser Methode fest. Zudem wird die Methode `anzeigen( )` in `TBruch` noch nach den neuen Bedürfnissen erweitert und weitere Information ausgegeben.

Im Hauptprogramm wird ein Objekt `zahl` der Klasse `TZahl` und ein Objekt `br` der Klasse `TBruch` erzeugt (**Bild 2**). Anschließend wird über den Aufruf von `zahl.anzeigen( );` die Methode `anzeigen ( )` der Basisklasse ausgeführt, da `zahl` ein Objekt dieser Klasse ist. Ist dagegen die Methode `anzeigen( )` mit dem Objekt `br` der Klasse `TBruch` verknüpft, wird die neue Methode `anzeigen( )` der abgeleiteten Klasse aufgerufen. Man sagt, die Methode der abgeleiteten Klasse *überschreibt* die Methode der Basisklasse.

Öffentliche und private Vererbung

Mit `class TBruch:public TZahl` wird die Vererbung zu Beginn als öffentlich angegeben. Bei einer öffentlichen Vererbung können Objekte der abgeleiteten Klasse tatsächlich auf Methoden der Basisklasse zugreifen. Möglich wäre dann hier

```
TBruch::TBruch(int z1,int z2):TZahl(z1,z2)
{
  ganze = 0;
}

void TBruch::ganzefinden()
{
  if (zahl2 != 0)
  {
        ganze = zahl1 / zahl2;
        zahl1 = zahl1 – zahl2 * ganze;
  }
}

void TBruch::anzeigen()
{
  cout << "Ganze: " << ganze << endl;
  TZahl::anzeigen();
}
```

Bild 1: Konstruktoren in der abgeleiteten Klasse und Überschreiben von Methoden

```
main()
{
  TZahl zahl(5,99);
  TBruch br(7,2);

  zahl.anzeigen();
  br.ganzefinden();
  br.anzeigen();
}
```

br.ganze = 3
br.zahl1 = 1
br.zahl2 = 2

Bild 2: Hauptprogramm mit überschriebenen Methoden

auch ein Aufruf von `br.setzen();`, obwohl diese Methode in der abgeleiteten Klasse gar nicht implementiert ist. Bei der privaten Vererbung, die über `class TBruch:private TZahl` angegeben wird, können sich Objekte der abgeleiteten Klasse nicht mehr der Methoden der Basisklasse bedienen (Bild 3, vorhergehende Seite).

> Mit der öffentlichen oder der privaten Vererbung kann der Zugriff auf die öffentlichen Komponenten der Basisklasse gesteuert werden.

Die private Vererbung wird eingesetzt, wenn Objekte der abgeleiteten Klasse mit Methoden der Basisklasse fehlerhaft arbeiten würden und dieser Fehler durch eine überschriebene Methode in der abgeleiteten Klasse nicht beseitigt werden kann.

Wiederholung und Vertiefung

1. **Erläutern Sie Schlüsselbegriffe der objektorientierten Programmierung.**
2. **Welche Aufgabe haben die Zugriffsschlüsselworte private, public und protected?**
3. **Erklären Sie die Begriffe Klasse, Objekt und Methode.**
4. **Welche Vorteile bietet die Vererbung?**

6.6 Programmieren in Java

6.6.1 Plattformabhängige Programmierung

Übliche Programmiersprachen wie z. B. C++ oder C übersetzen Quelltexte mit Compilern, die für eine bestimmte Hardware (Maschine) entwickelt wurden **(Bild 1)**. Für jede Hardware und jede Programmiersprache ist ein eigener Compiler zur Erzeugung ausführbarer Dateien notwendig. Diese Art der Programmierung nennt man deshalb plattformabhängige Programmierung. So erzeugte Programme sind nicht ohne Eingriff portierbar (von portable = tragbar, hier übertragbar).

> Übliche Programmiersprachen erzeugen ausführbare Dateien, die nicht portierbar sind.

Ein Quelltext, der z. B. auf einem PC mit einem Pentium-Prozessor zu einer ausführbaren Datei `hallo1.exe` compiliert wurde, muss für eine Workstation entsprechend zu einer ausführbaren Datei `hallo3.exe` neu compiliert werden.

Für die weltweite Übertragung von Daten, z. B. im Internet, benötigt man deshalb ein plattformunabhängiges Datenformat.

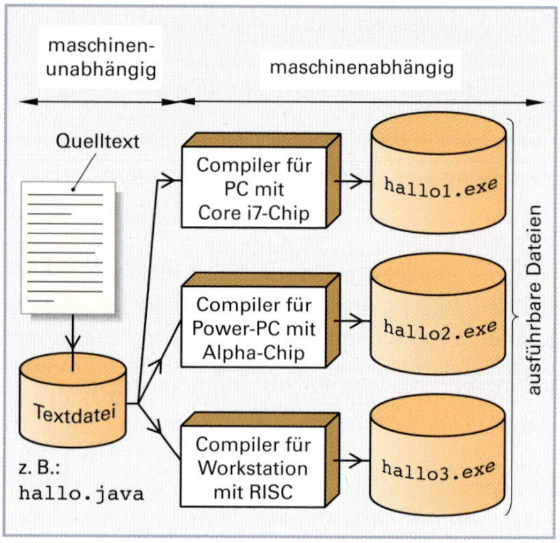

Bild 1: Programmentwicklung mit den Programmiersprachen PASCAL, C, Delphi

6.6.2 Java-Programmierung

Quelltexte für die Programmiersprache Java (am. Java = Kaffee, sprich: tschawa) werden für das verwendete Computersystem im entsprechenden Java-Compiler in portierbaren *Java-Bytecode* übersetzt **(Bild 2)**.

> Java-Compiler erzeugen portierbaren Java-Bytecode.

Dieser Java-Bytecode wird als Transportmittel im Internet verwendet und an den Empfänger gesendet. Auf der Empfangsseite muss der Java-Bytecode an das verwendete Computersystem angepasst werden. Dazu verwendet man Interpreter (Interpreterprogramme), die den Java-Bytecode stückweise ausführen. Diese Interpreter nennt man Browser (von to browse = schmökern). Browser sind z. B. der Internet-Explorer, Firefox oder Chrome.

> Browser führen Programme im Java-Bytecode aus.

Interpreter arbeiten langsamer als Compiler, da sie Programme stückweise ausführen.

Java-Programme können mit einem Editorprogramm und dem JDK (von Java Development Kit = Java-Entwicklungswerkzeug) der Firma Sun erzeugt werden. Der JDK enthält z. B. den Java-Compiler, einen Debugger und einen Browser. Meist verwendet man zur Programmentwicklung eine integrierte Entwicklungsumgebung (IDE) wie Eclipse, den JBuilder oder Visual J#.

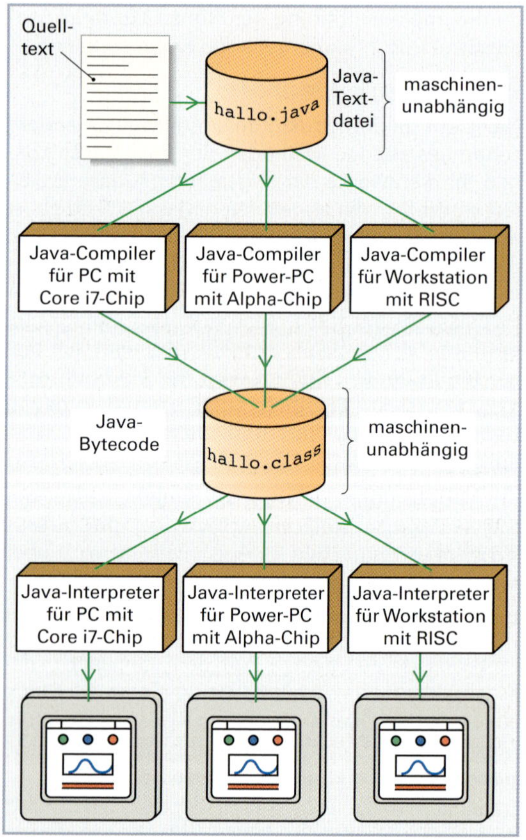

Bild 2: Java-Programmierung

6.6.3 Programmerstellung in Java

6.6.3.1 Programmerstellung mit dem JDK

Java Application

Eine Application (Anwendung) ist ein ausführbares Programm, das in der Eingabeaufforderung (cmd) von Windows durch Eingabe von Kommandos gestartet wird **(Tabelle 1)**. Anwendungen erstellt man in drei Schritten.

Der Quelltext wird als erstes geschrieben, anschließend wird compiliert und dann wird als drittes ausgeführt und getestet.

Übung 1

Schreiben Sie mit dem Editor WordPad den Quelltext für die Anwendung mit dem Namen `Klasse1` zur Ausgabe des Textes "Hallo Java".

Lösung: **Bild 1**

Der Quelltext beginnt mit der Zeile `public class Klasse1` **(Bild 1)**. Der Klassenname und der Dateiname müssen gleich sein und gleich geschrieben werden. Dabei ist die Schreibweise der Zeichen zu beachten.

Bei Java-Programmen werden Groß- und Kleinbuchstaben unterschieden (case sensitive).

Es folgt ein Anweisungsblock, der durch geschweifte Klammern { ... } begrenzt wird. Zeile drei enthält den Aufruf der Methode `main()` (Tabelle 1). Der Anweisungsblock nach der Methode `main()` enthält die Methode `System.out.println()` (von out = aus und print line = drucke Zeile) mit dem auszugebenden Text. Dann speichert man den Quelltext als Datei `Klasse 1.java` ab **(Bild 2)**.

Im nächsten Schritt wird die Datei compiliert. Dazu ruft man vom DOS-Fenster aus den Java-Compiler mit `javac Klasse1.java` auf.

Übung 2

Compilieren Sie die Quellendatei `Klasse1.java`.

Lösung:

Eingabe von `javac Klasse1.java`.

Durch das Compilieren wird die ausführbare Datei `Klasse1.class` erzeugt (Bild 2).

Zum Ausführen des Programms ruft man vom Eingabefenster (cmd) aus den Java-Interpreter auf.

Tabelle 1: Begriffe beim Programmieren in Java

Begriff	Erklärung
`class`	Class = Klasse. Klassen bestehen aus einem Vereinbarungsteil und einem Anweisungsblock mit Variablen und Methoden.
`main()`	main = Haupt. Programmausführung beginnt durch Aufruf der Methode main().
`public`	public = öffentlich. Diese Klasse kann von jedem Objekt aufgerufen werden.
`static`	static = statisch. Bedeutet, main() ist eine Methode innerhalb einer Klasse.
`void`	void = leer. Bedeutet, die Methode main() liefert keinen Rückgabewert.
`args[ ]`	Zeichenkettenfeld. Zur Übergabe von Zeichenketten an die Methode main().

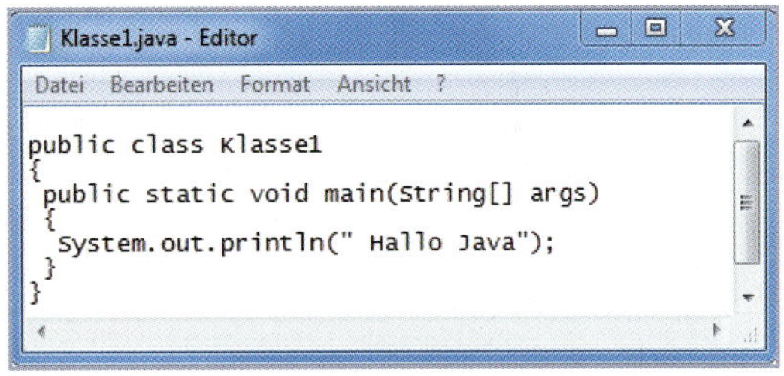

Bild 1: Quelltextdatei HalloJava

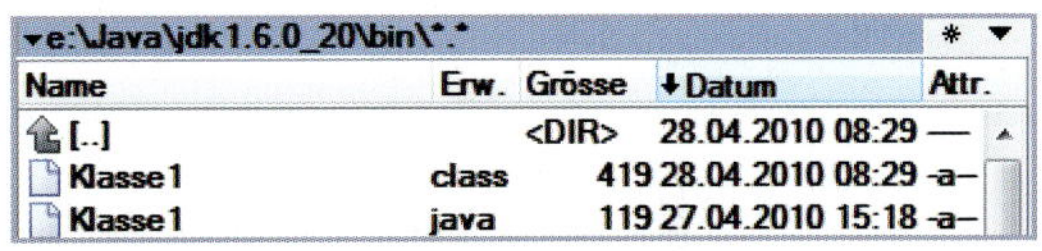

Bild 2: Anzeige der erzeugten Dateien

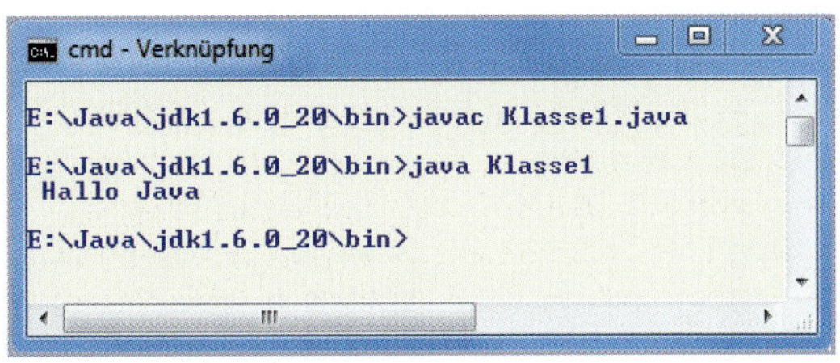

Bild 3: Ergebnisanzeige Klasse1.class

Übung 3

Führen sie das Programm `Klasse1.class` aus.

Lösung: **Eingabe von `java Klasse1`, Bild 3.**

Es wird auf dem Bildschirm der Text `Hallo Java` ausgegeben.

6.6.4 Programmieren mit der Eclipse-Plattform

Eclipse ist ein Programmiersystem für die objektorientierte Programmierung in Java. Programme bezeichnet man als Projekte mit verschiedenen Dateien **(Bild 1)**.

6.6.4.1 Erste Konsolenanwendung mit Eclipse erstellen

Die Erstellung des Projektes erfolgt schrittweise. Nach dem Start des Programms Eclipse erscheint die integrierte Entwicklungsumgebung (Integrated Development Environment) mit ihren Menüs **(Bild 2)**.

Übung 1 Text Hallo Java ausgeben

Erstellen Sie schrittweise das `Projekt1` zur Ausgabe des Textes `Hallo Java` im Konsolenfenster.

Lösung: **Bild 2, Schritt 1 bis 3**

- **Schritt 1:**
  Im Menü `Datei` wählt man Neu und erstellt interaktiv nacheinander das `Projekt1`, das `Paket1` und die `Klasse1` **(Bild 3)**.
- **Schritt 2:**
  Quelltext im Editorfenster schreiben.
- **Schritt 3:**
  Im Menü `Ausführen` in der Zeile `Ausführen als` wird `Java-Anwendung` angeklickt.

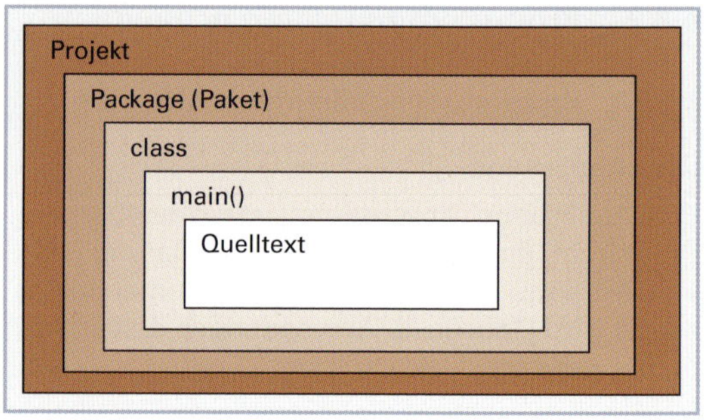

Bild 1: Projektaufbau in Java

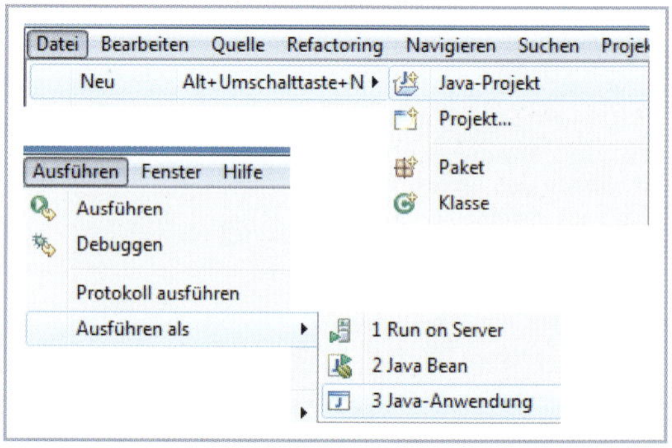

Bild 3: Menü-Ausschnitte

Im Fenster `Konsole` (Bild 2, unten) wird der Text `Hallo Java` ausgegeben.

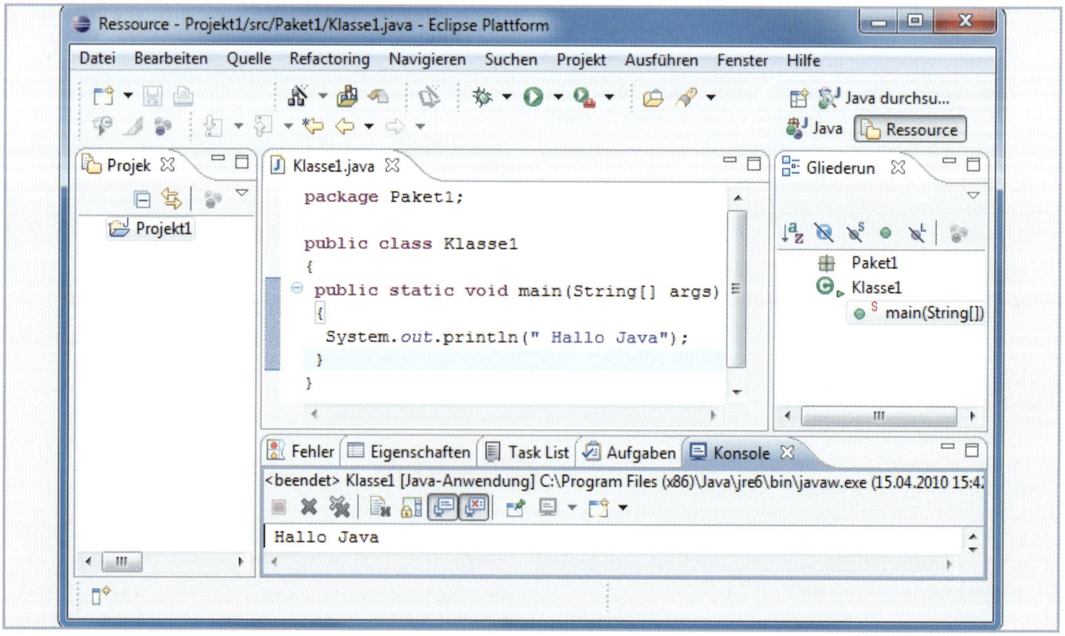

Bild 2: Integrierte Entwicklungsumgebung mit Editorfenster

6.6.5 Fenster programmieren mit dem AWT

Fenster werden in Java Frame genannt. Die Klasse `Frame` ist in der Package `java.awt` enthalten **(Tabelle 1)**.

Übung 1 Textfenster mit Frame-Klasse

Erstellen Sie ein Programm, das den Text `Hallo Java` in einem Textfenster (Bild 1) ausgibt.

Lösung: **Bild 2**

Klasse Rahmen
Mit `extends Frame` werden die Eigenschaften und Methoden der Klasse `Frame` an die Klasse Rahmen vererbt.

Textfenster
Mit `new Label()` wird ein neues Objekt der Klasse Label mit dem Namen `label1` zur Ausgabe des Textes `Hallo Java` gebildet.

Aufbau der Methode Rahmen()
Die Klasse `Rahmen` enthält die Methode `public Rahmen()`. In ihr werden die Fenstereigenschaften durch weitere Methoden, z. B. die Labeleigenschaften, festgelegt. Die Methode `set.Alignment(label1.CENTER)` zentriert den Text, `setFont()` wählt Schriftart, Schriftstärke und Zeichengröße und `add(label1)` übergibt die Einstellungen. Der Text in der Titelleiste wird mit `setTitle("Textfenster")` ausgegeben, `setSize(350,200)` gibt die Größe des gesamten Fensters in Pixeln an und `setVisible(true)` macht das Fenster sichtbar.

Fenstersteuerung
Die Klasse `WindowListener` enthält die Methoden zum Schließen des Fensters. `windowClosing (WindowEvent e)` wird aufgerufen, wenn der Anwender das Fenster über das Windows-Menü mit Mausklick schließen will **(Bild 3)**. Mit `e.getWindow().dispose()` wird das entsprechende Fenster gewählt, die Ressourcen freigegeben und mit `System.exit(0)` geschlossen. Startpunkt für das Fensterprogramm ist der Aufruf von new `Rahmen()` in der `main()`-Methode.

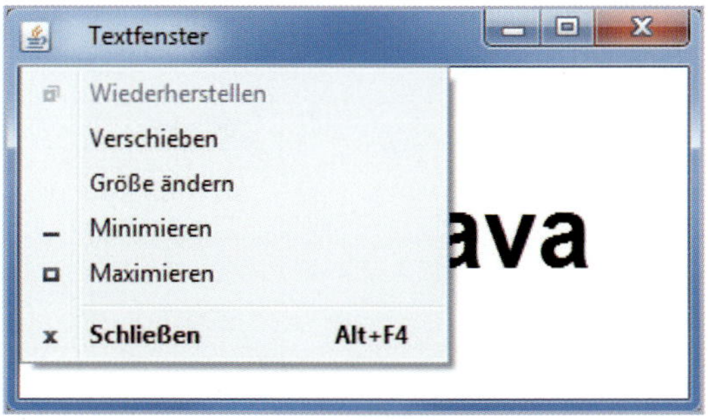

Bild 3: Textfenster mit Systemmenü

Tabelle 1: Begriffe für die Fensterprogrammierung

Begriff	Übersetzung, Erklärungen
import	Fügt Pakete oder Klassen ein.
awt	**A**bstract **W**indow **T**oolkit = abstrakter Fensterbausatz. Sammlung für die Grafikprogrammierung.
event, e	Ereignis. Ereignissteuerungsklasse.
Frame	Rahmen. Rahmenklasse.
Label	Textfeld. Ausgabe von Text.
Window-Listener	Fensterhorcher. Schnittstelle für Klassen, die Ereignisse auswerten.
Window-Adapter	Zur Auswahl einzelner Methoden des WindowListeners.
System	Klasse für Eingaben und Ausgaben.
exit(0)	Beendet das laufende, fehlerfreie Programm.
e.get-Window()	Gibt das ereignisauslösende Fenster zurück.
dispose()	Gibt die Windows-Ressourcen frei.

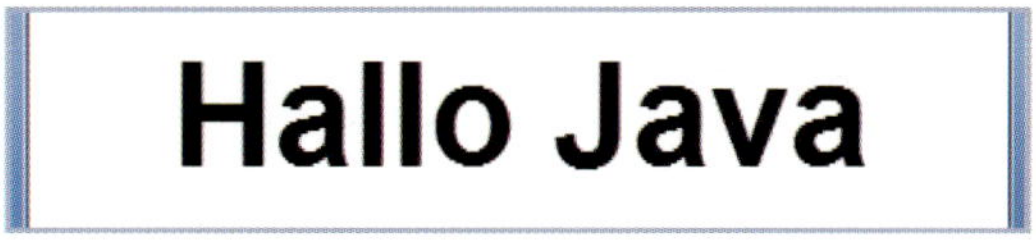

Bild 1: Textfenster (nicht maßstäblich)

```
package Paket1;
import java.awt.*;
import java.awt.event.*;
public class Rahmen extends Frame
{
 Label label1 = new Label("Hallo Java");
 public Rahmen()
 {
  setTitle("    Textfenster");
  addWindowListener(new WindowListener());
  label1.setAlignment(label1.CENTER);
  label1.setFont(new Font("Arial",Font.BOLD,48));
  add(label1);
  setSize(350,200);
  setVisible(true);
 }
class WindowListener extends WindowAdapter
{
 public void windowClosing(WindowEvent e)
 {
  e.getWindow().dispose();
  System.exit(0);
 }
}
public static void main(String[] args)
{
 new Rahmen();
 }
}
```

Bild 2: Programm für Textfenster

6.6.6 Applet programmieren mit dem AWT

Ein Applet ist kein eigenständiges Java-Programm **(Tabelle 1)**. Es enthält deshalb keine Methode `main()`. Mit Applets können Texte und Bildobjekte auf eine grafische Oberfläche gezeichnet werden. Für den Test von Applets verwenden wir den in Eclipse vorhandenen Appletviewer.

Der Text `Hallo Java` soll nun mit einem Applet dargestellt werden.

Übung 1 Text mit Applet darstellen

Erstellen Sie ein Applet zur Ausgabe des Textes `Hallo Java`, **Bild 2, unten**.

Lösung: **Bild 1**

Klasse Applet

Mit `extends Applet` werden die Eigenschaften und Methoden der Klasse `Applet`, z. B. die Erzeugung des Rahmens, an die neue Klasse `Applet1` vererbt.

Klasse Graphics

`Graphics g` stellt seine geometrischen Figuren der Methode `paint()` zur Verfügung. Zuerst werden Schriftart, Schriftstärke und Zeichengröße gewählt. Anschließend wird mit `g.setColor()` die Farbe Blau mit dem Objekt `Color.BLUE` eingestellt. Die nächste Zeile gibt den Text `Hallo Java` an der Stelle x = 20, y = 120 aus **(Bild 3, links)**.

Übung 2 Grafische Objekte und Rahmen

Ergänzen Sie das Applet von Beispiel 1 entsprechend Bild 2.

Lösung: **Bild 1**

Methoden mit `Rect()` verwenden die Koordinatenzuordnung von **Bild 3, rechts:**

```
...Rect(xLinks, yOben, xRechts, yUnten)
```

Mit `fillRect()` und `fillOval()` werden Rechteck und Kreis eingefärbt. Der schwarze Rahmen wird mit `drawRect()` für die angegebenen Koordinaten erzeugt.

Applets werden von HTML-Dateien mit ihrem Appletnamen, z. B. `Applet1.class` aufgerufen. Die HTML-Datei kann, z. B. im Internet-Explorer oder FireFox mit ihrem HTML-Dateinamen aufgerufen werden.

Tabelle 1: Begriffe bei der Erstellung von Applets

Begriff	Bedeutung, Erklärung
Applet	von little application = kleine Anwendung. Programmteil, der in ein HTML-Programm eingebunden wird.
Appletviewer	Appletbetrachter. Applets ohne Browser anschauen.
paint()	to paint = malen. Methode zum Darstellen einer Fläche zum Zeichnen.
Graphics g	Grafikklasse g. Stellt grafische Objekte mit g.__ zur Verfügung.
setColor()	Methode, um Farbe einzustellen.
fillRect()	Methode, um Fläche zu füllen.
drawString()	Methode, um String zu zeichnen.
drawRect()	Methode, um Rechteck zu zeichnen.

```
package Paket2;
import java.awt.*;
import java.applet.Applet;

public class Applet1 extends Applet
{
   public void paint( Graphics g )
   {
     g.setColor(Color.RED);
     g.fillRect(20,10,50,50);
     g.setColor(Color.GREEN);
     g.fillOval(110,10,50,50);
     g.setFont(new Font("Dialog",
                    Font.PLAIN, 34));
     g.setColor(Color.BLUE);
     g.drawString("Hallo Java", 20,120);
     g.setColor(Color.BLACK);
     g.drawRect(15,80,165,50);
   }
}
```

Bild 1: Applet-Programm

Bild 2: Applet-Ansicht

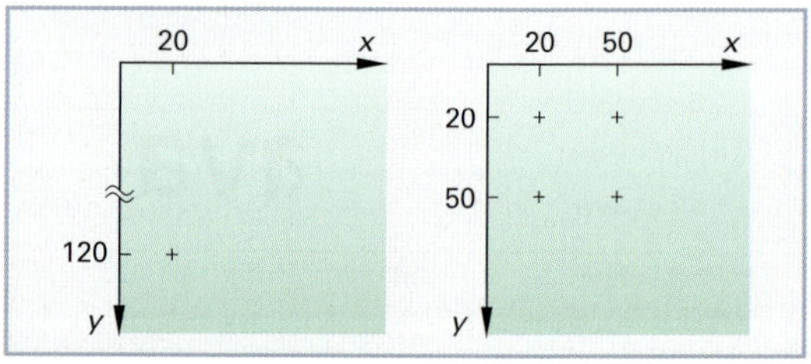

Bild 3: Bildschirmkoordinaten

6.6.7 Visual-Editor

Der Visual-Editor stellt eine Arbeitsfläche zur Verfügung, die auch Formular oder Form genannt wird **(Bild 1)**. Auf dem Formular können Komponenten aus einer Palette per Mausklick eingefügt werden. Der zugehörige Quelltext wird vom Visual-Editor automatisch erzeugt. Diese Automatik hat aber den entscheidenden Nachteil, dass die Fenstergestaltung oft nachgebessert werden muss.

> Automatisch erzeugte Fenster müssen häufig von Hand nachgebessert werden.

Für Java stehen die GUI-Pakete (Graphic User Interface) AWT (Abstract Window Toolkit), Swing und SWT (Standard Widget Toolkit). Für das Verstehen der Wirkungsweise ist der AWT am besten geeignet.

Nach Erstellen des Projektes und des Paketes wählt man im Menü `Datei`, Zeile `New` die Klasse `Visual Class` an. Für die Klasse wählt man im AWT die Zeile `Frame` für den Rahmen an **(Bild 2)**.

Übung 1 Grafische Elemente zufügen

Fügen Sie dem Fenster Visual-Editor Rahmen in Bild 1 die Komponenten Label1, Button1, TextField1 und eine Scrollbar aus der Palette AWT Controls hinzu und führen Sie das Programm aus.

Lösung: **Bild 1** und **Bild 3**

- GUI von Grafic User Interface = Grafische Benutzerschnittstelle
- Swing, ein Paket mit erweiterter grafischer Benutzerschnittstelle
- SWT von Standard Widget Toolkit = Paket mit erweiterter grafischer Benutzerschnittstelle für Eclipse entwickelt.

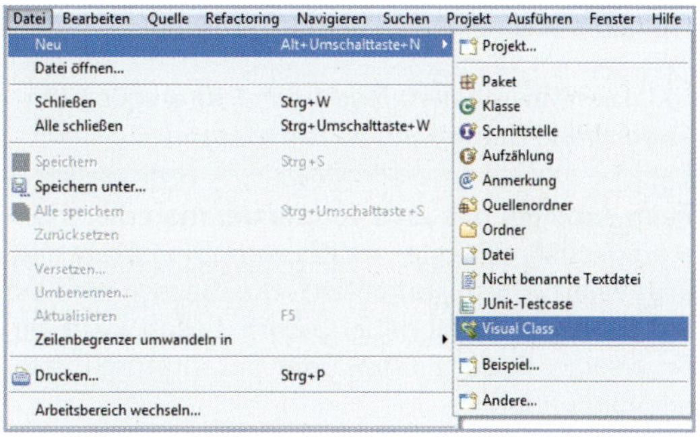

Bild 2: Menü-Ausschnitte

Bild 3: Fenster mit GUI-Elementen

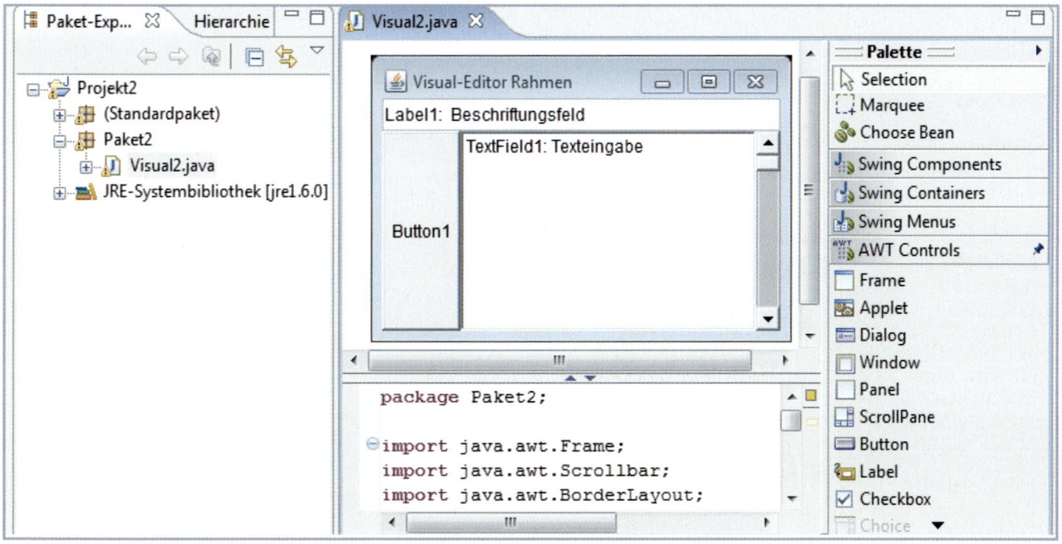

Bild 1: Arbeitsfenster für Visual-Editor

6.6.8 Klassenbibliotheken und Anwendungs-Programmierschnittstelle API

API von Application Programming Interface = Anwendungs-Programmierschnittstelle.
JDK von Java Development Kit = Java-Entwicklungsbaukasten.

Klassenbibliotheken

Der objektorientierte Aufbau von Java bedingt die Auslagerung des Sprachumfangs in Klassenbibliotheken. Die Klassenbibliotheken werden auch packages (Pakete) genannt. Klassenbibliotheken enthalten nach Einsatzgebieten geordnete Klassen.

> Klassenbibliotheken sind nach Einsatzgebieten geordnete Sammlungen von Klassen.

Beim Arbeiten mit Java verwendet man die unterschiedlichsten Pakete von Klassen. Die Pakete sind in Java im JDK dokumentiert. Die Klassen sind auf HTML-Seiten beschrieben. Zum Lesen wird ein Browser, z. B. der Firefox oder der Internet-Explorer, verwendet.

Übung 1 Klassenbibliothek

Öffnen Sie die Klassenbibliothek des JDK im Laufwerk e.

Lösung: **Bild 1, Bild 2.**

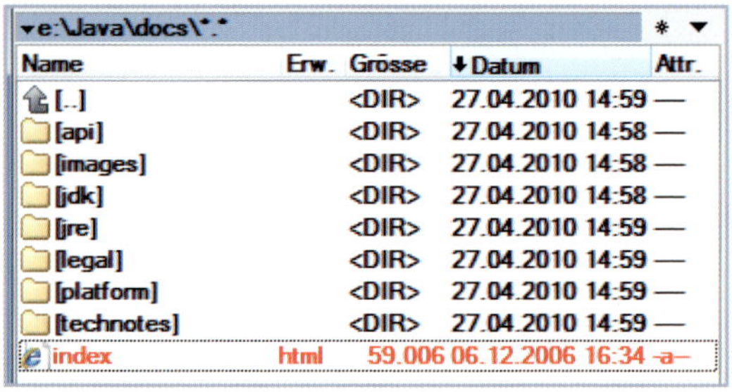

Bild 1: Docs-Verzeichnis

Nach Doppelklick auf `index.html` (Bild 1) klickt man im Fenster JDK 6 Documentation den Link Java Platform API Specification an und wählt z. B. `Class` aus (Bild 2).

Anwendungs-Programmierschnittstelle API

Als API bezeichnet man die Programmierschnittstelle einer Klasse, eines Paketes oder einer ganzen Bibliothek. Hier findet man Auskunft zu allen vorhandenen Paketen, Klassen, Methoden und Variablen. Im linken oberen Fenster (Bild 2) findet man eine Liste aller Pakete des JDK. Ein Klick auf z. B. `java.awt` zeigt eine Liste aller zugehörigen Klassen im Fenster darunter.

Im rechten Fenster sieht man z. B. die Baumstruktur der Klasse `java.awt.Frame`.

Wiederholung und Vertiefung:

1. **Nennen Sie die Schritte zur Entwicklung eines Java-Projektes.**
2. **Welche Bedeutung hat die Abkürzung AWT?**
3. **Welcher Unterschied besteht zwischen einer Applikation und einem Applet?**
4. **Wie werden die Bildschirmkoordinaten vereinbart?**

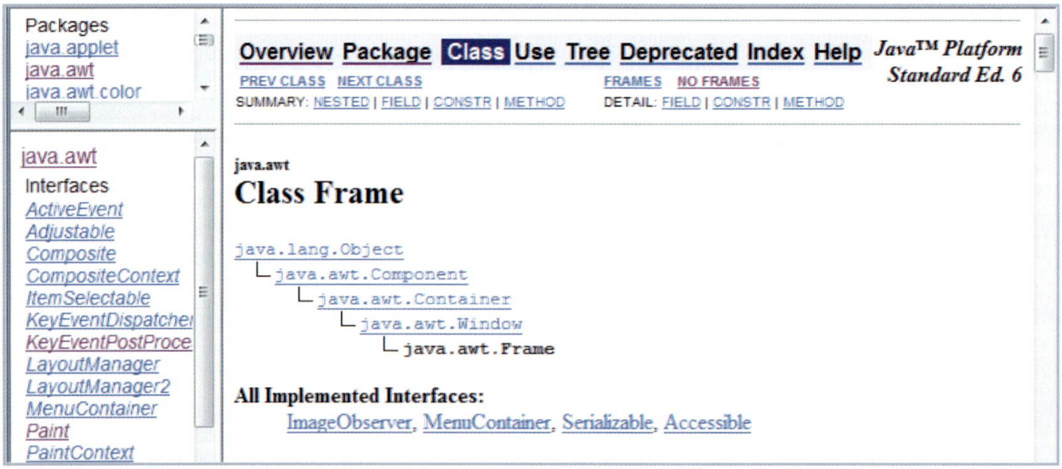

Bild 2: Java-Klassendokumentation

6.6.9 Java-Klassenbibliotheken und Pakete

Alle Pakete und damit auch alle Klassen befinden sich in der `package java` und damit im Verzeichnis `java`. Paketname und Verzeichnisname müssen gleich sein. Paketnamen werden beim Programmieren klein geschrieben. Klassennamen beginnen mit einem Großbuchstaben. Klassen in einem Paket werden entsprechend der Verzeichnisstruktur angesprochen. Statt dem Backslash-Zeichen \ wird aber ein Punkt verwendet.

Beispiel 1 Gitterförmiges Layout:

Wie wird die Klasse `GridLayout` in **Bild 1** angesprochen?

Lösung:

`java.awt.LayoutManager.GridLayout`

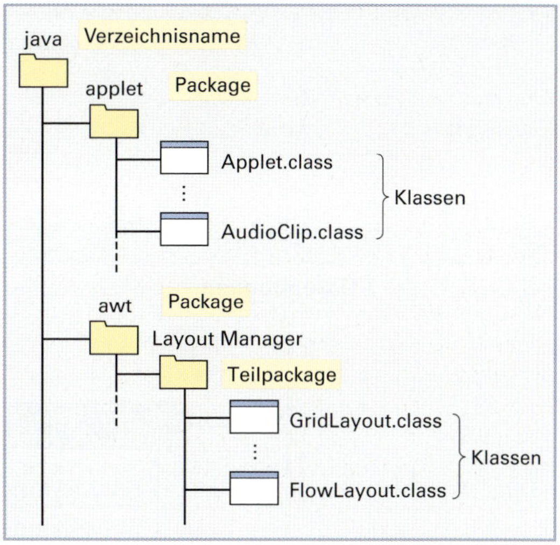

Bild 1: Verzeichnisaufbau der Java-Klassenbibliothek

Die `package java` ist in der Datei `rt.jar` in gepackter Form enthalten. Beim Compilieren werden die benötigten Pakete und Klassen entpackt und in das Programm eingebunden. Deshalb dauert der Compiliervorgang meist länger als erwartet und der PC sollte einen möglichst großen Arbeitsspeicher haben.

Jede Klasse ist in Java Bestandteil eines Paketes. Der vollständige Name einer Klasse besteht aus dem Namen des Paketes, gefolgt von einem Punkt, an den sich der Klassenname anschließt. Der Name des Paketes selbst kann ebenfalls einen oder mehrere Punkte enthalten.

Damit eine Klasse verwendet werden kann, muss man angeben, aus welchem Paket sie „importiert" werden soll. Dazu wird das Schlüsselwort `import` verwendet.

Es gibt hierzu zwei Möglichkeiten:

- Eine Klasse wird mit ihrem vollen Namen angesprochen, oder
- es werden alle Klassen eines Paketes angegeben.

Übung 1 Paket importieren

Importieren Sie im Projekt `pakete` die Klasse `Applet`.

Lösung: **Bild 2**

```
|
//  Einbinden von Packages

package pakete;

import java.applet.Applet;

public class Test
{
}
```

Bild 2: Programmausschnitt zum Importieren einer Java-Klasse

Nachteilig ist hier, dass man den kompletten Namen angeben muss.

Übung 2 Klassen importieren

Importieren Sie alle Klassen des Paketes `applet` in das Projekt `pakete`.

Lösung: **Bild 3**

```
//Einbinden von Packages

package pakete;

import java.applet.*;

public class Test
{
}
```

Bild 3: Programmausschnitt zum Importieren der Klassen des Paketes `applet`

Hier werden durch die Angabe `java.applet.*` alle Klassen auf einmal angesprochen. Der Compiler sucht beim Compilieren dann nur die benötigten Klassen aus und bindet sie in das Programm ein. Dies nennt man auch *import on demand* (auf Verlangen importieren). Eine Sonderrolle hat das Paket `java.lang.*`. Dieses Paket wird bei jedem Compilerlauf automatisch importiert, da es in jedem Programm benutzt wird.

7 Datenbanken

7 Datenbanken

Eine Datenbank ist eine systematische Sammlung von Daten. Damit der Nutzer diese Daten übersichtlich und einfach verwalten kann, benötigt er ein Datenbankverwaltungssystem, DBMS (database management system, **Bild 1**).

> Ein Datenbanksystem besteht aus der Datenbank und einem Datenbankverwaltungssystem.

7.1 Relationale Datenbanksysteme

Die Daten einer Datenbank, z. B. Kunden- oder Produktdaten, werden in Form von verknüpften Tabellen gespeichert. Diese Tabellen enthalten Daten, die aufgrund ihrer Struktur zueinander in Beziehung stehen, z. B. die Bauteile eines Fahrrades. Deshalb werden die Tabellen als Relationen bezeichnet.

> Relationale Datenbanksysteme verwalten Daten in voneinander abhängigen Tabellen (Relationen).

Die Spalten (Attribute) dieser Tabellen enthalten untereinander vergleichbare Daten (Attributswerte) der einzelnen Datensätze, z. B. den Preis **(Bild 2)**. Die Attributswerte einer Spalte sind jeweils in einem festzulegenden Datentyp, dem Format, zu speichern. Datenbanksysteme verfügen über verschiedene Datentypen **(Tabelle 1)**.

Schlüssel und Beziehungen

Die einzelnen Zeilen einer Tabelle entsprechen jeweils einer individuellen Person, einem Gegenstand oder Ereignis. Dies wird Entität (entity = Einheit) genannt. Entitäten dürfen mit einer zweiten Entität nicht verwechselt werden, am Beispiel der Tabelle `Teilestamm` also nicht mit einem anderen Bauteil (Bild 2). Um dies sicherzustellen, wird ein eindeutiges Attribut festgelegt.
Dieses Attribut wird als Primärschlüssel einer Tabelle bezeichnet.

> Primärschlüsselfelder dienen zur eindeutigen Identifizierung eines Objektes in einer Tabelle.

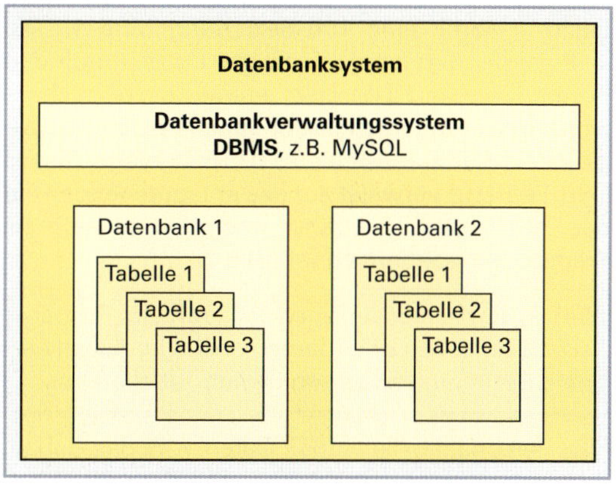

Bild 1: Komponenten eines Datenbanksystems

Tabelle 1: Datentypen (Auswahl)

Datentyp	Inhalt
Boolean	Ja-/Nein-Wert
Char n	Alphanumerische Daten mit n Stellen
Date	Datum/Uhrzeit
Currency	Währung
Integer	Ganzzahl
Single/ Double	Gleitkommazahl mit einfacher/ doppelter Genauigkeit

Auftragsposten: Tabelle

PosNr	AuftrNr	TeilNr	Anzahl	Gesamtpreis
11	10	500002	2	220,00 €
21	2	100002	3	3.750,00 €
22	2	200001	1	700,00 €
31	3	100001	1	1.350,00 €
32	3	500002	2	220,00 €

Bild 3: Tabelle Auftragsposten

Wird ein Auftrag bearbeitet, wird nur noch die eindeutige Teilnummer des Bauteils gespeichert. Jeder Datensatz der Tabelle `Auftragsposten` enthält somit eine Teilnummer, die eindeutig einem Bauteil aus der Tabelle `Teilestamm` zugeordnet ist **(Bild 3)**.

Teilestamm: Tabelle

TeilNr	Bezeichnung	Preis	Mass	Einheit	Typ	Liefer	Zeit	AVOnr
200003	He-Rahmen geschw.	650,00 €	0	ST	Z			1
200004	Da-Rahmen geschw.	650,00 €	0	ST	Z			2
200005	Raeder	105,00 €	25 Zoll	ST	Z			7
500001	Rohr 25CrMo4 9mm	12,50 €	9 mm	CM	F	5	1	
500002	Sattel	110,00 €	0	ST	F	2	4	
500003	Gruppe Deore LX	110,00 €	LX	ST	F	3	6	

Primärschlüsselattribut
Datensatz, Entität
Feld, Datenfeld

Bild 2: Beispiel für eine Tabelle

Umgekehrt kann jedes Bauteil aus der Tabelle `Teilestamm` in mehreren Zeilen der Tabelle `Auftragsposten` angesprochen werden. Die Tabellen `Teilestamm` und `Auftragsposten` besitzen somit eine 1:m-Beziehung **(Bild 1)**. Die Teile, die in der Tabelle `Teilestamm` durch den Primärschlüssel `Teilnr` eindeutig bezeichnet werden, werden auch in der Tabelle `Auftragsposten` durch diese `Teilnr` festgelegt. Dieses Feld `Teilnr` verweist auf das entsprechende Feld der Tabelle `Teilestamm` und wird deshalb als **Fremdschlüssel** bezeichnet **(Bild 2)**.

Ein Fremdschlüssel verweist auf ein Primärschlüsselfeld einer anderen Tabelle und stellt so eine Beziehung zwischen diesen Tabellen her.

Eine Personaltabelle enthält Daten, z. B. das Gehalt, die nicht jedem Nutzer zur Einsicht offen sein sollen. Dazu wird eine neue Tabelle `Personal_diskret` angelegt **(Bild 3)**. Da auch hier die Datensätze über den Primärschlüssel `Persnr` gefunden werden, steht einem Datensatz der ersten Tabelle genau ein Datensatz der zweiten Tabelle gegenüber. Eine solche Beziehung wird 1:1-Beziehung genannt. Die beiden Tabellen dieser Beziehung können ohne Informationsverlust oder Redundanzen (Mehrfachspeicherungen) wieder in einer einzigen Tabelle zusammengeführt werden.

Besteht ein Auftrag aus mehreren Posten mit einzelnen Teilen, so steht einem Auftrag nicht nur genau eine Teilenummer gegenüber. Eine bestimmte Bauteilnummer kann in mehreren Aufträgen angesprochen werden. Eine solche Beziehung zwischen Tabellen heißt m:n-Beziehung. Sie kann in einem relationalen Datenbankmodell nicht eindeutig dargestellt werden. Deshalb ist eine Zwischentabelle notwendig, die diese m:n-Beziehung in zwei 1:n-Beziehungen aufteilt **(Bild 4)**. Im Beispiel geschieht dies durch die Tabelle `Auftragsposten`. Ein Bauteil, das in einem Auftragsposten genannt wird, kann eindeutig in der Tabelle `Teilestamm` identifiziert werden. Umgekehrt kann ein Bauteil in mehreren Auftragsposten angesprochen werden. Somit liegt zwischen den Tabellen `Teilestamm` und `Auftragsposten` eine 1:n-Beziehung vor. Auch die Tabellen `Auftragsposten` und `Aufträge` sind über eine 1:n-Beziehung verbunden, da ein Auftrag zwar aus mehreren Posten bestehen kann, aber jeder Posten genau einem Auftrag zuzuordnen ist.

Eine m:n-Beziehung wird in einer relationalen Datenbankumgebung in je eine 1:m-Beziehung und eine 1:n-Beziehung über eine geeignete Zwischentabelle aufgelöst.

- **Primärschlüssel** = Feld, das ein Objekt in einer Tabelle eindeutig identifiziert.
- **Fremdschlüssel** = Feld, das auf einen Primärschlüssel einer anderen Tabelle verweist.

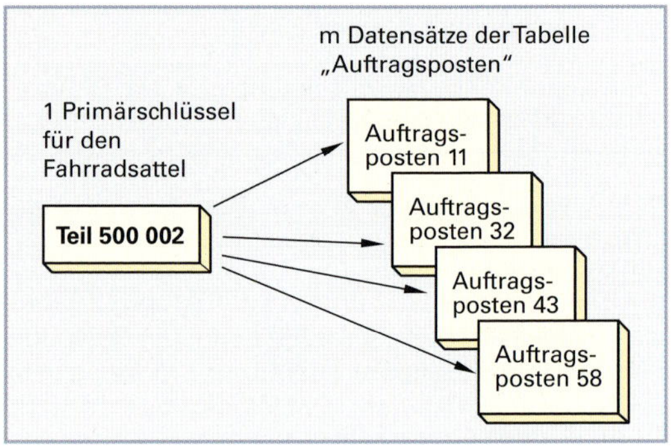

Bild 1: 1:m-Beziehung beim Fahrradsattel 500 002

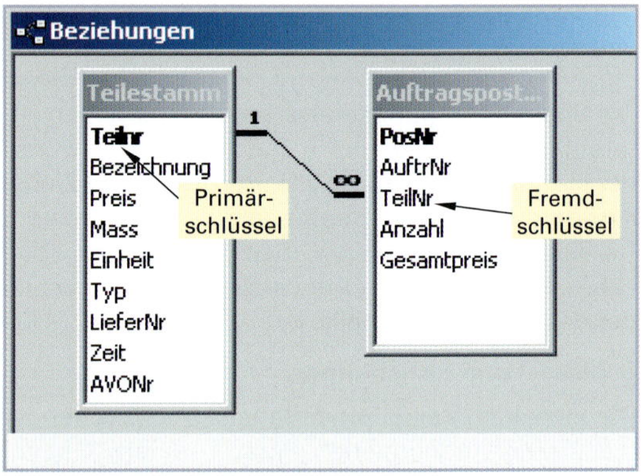

Bild 2: Primär- und Fremdschlüssel

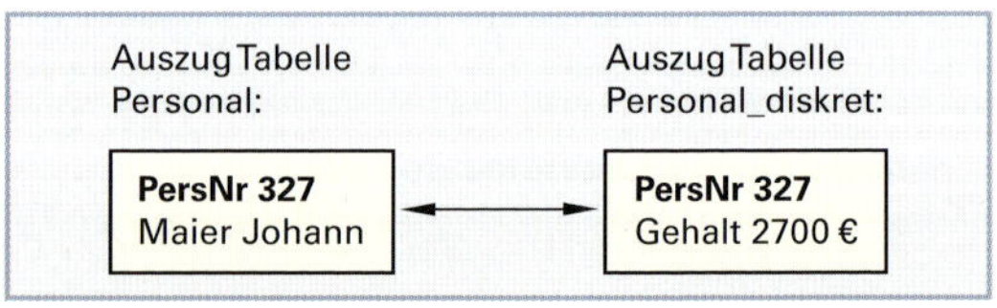

Bild 3: 1:1-Beziehung

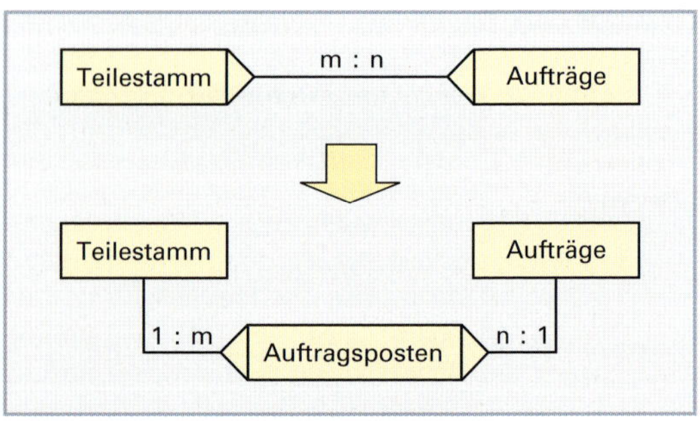

Bild 4: Auflösung einer m:n-Beziehung

7.1.1 Entwicklung eines Datenmodells

Für einen kleinen PC-Shop soll die Auftragsbearbeitung und die Lagerverwaltung durch eine Datenbank realisiert werden. Die Informationsstruktur wird aus den Angaben des Auftraggebers abgeleitet. Um die Baugruppen der PC zu verwalten, sind verschiedene Informationen notwendig, z. B. Hersteller, Bezeichnung des Bauteils, Besonderheiten und der Preis **(Tabelle 1)**.

Bestellt ein Kunde einen PC, so werden außer seinen persönlichen Daten, Name, Adresse auch Daten der Baugruppen sowie Angaben zum Verkäufer benötigt.

Die Angaben des Auftraggebers ergeben die Informationsstruktur der Datenbank.

Normalisierung:

Diese durch die Informationsstruktur festgelegten Datenfelder können noch nicht in eine Tabelle übernommen werden. Es muss gewährleistet sein, dass keine Mehrfachspeicherungen möglich sind (Redundanzen = überflüssige Informationen). Die Daten werden systematisch in verschiedene, in Beziehung stehende Tabellen aufgegliedert.

Durch Normalisierung werden Datenfelder schrittweise und logisch richtig auf verschiedene Tabellen verteilt.

Werden in einem Feld `Anschrift` sowohl die Straße des Lieferanten als auch die Postleitzahl und der Ort gespeichert, so ergeben sich mehrere Unzulänglichkeiten: Zum einen sind größeren Orten wie zum Beispiel Frankfurt mehrere Postleitzahlen zugeordnet, zum anderen ist es dadurch schwierig, nach den Ortsnamen zu sortieren und zu suchen. Ebenso ist es nicht möglich nach den Waren zu sortieren, wenn alle lieferbaren Waren in einem einzigen Feld aufgelistet werden (Tabelle 1). Deshalb müssen zusammengesetzte Informationen in Einzelinformationen zerlegt werden. Dazu werden sie in verschiedenen Feldern gespeichert. Die nicht mehr aufteilbaren Werte werden auch atomar genannt.

Eine Tabelle befindet sich dann in der ersten Normalform, wenn alle Datenfelder nicht mehr aufteilbare Werte enthalten.

Beispiel 1 **1. Normalform erstellen:**

Bringen Sie die zusammengesetzten Daten der Tabelle 1 in die erste Normalform.

Lösung: **Tabelle 2**

Aufträge sind über das Primärschlüsselfeld `AuftragsNr` genau festgelegt. Ebenso kann über das Primärschlüsselfeld `TeileNr` auf das genaue Bauteil geschlossen werden. Sucht man nach einer `TeileNr`, erhält man die entsprechende Bezeichnung, die Abmessungen und den Hersteller des Bauteils. Von der Teilenummer sind die Felder (Attribute) `Abmessung`, `Hersteller` usw. funktional abhängig. Der Primärschlüssel einer Tabelle kann auch aus mehreren Feldern zusammengesetzt sein **(Bild 1)**.

Tabelle 1: Informationsstruktur einer Datenbank

Datenfeld	Inhalt
Lieferanten-Nummer	34 194 635
Firmenbezeichnung	TK-Informatik GmbH
Anschrift	Auweg 12-14 89073 Lehr
Lieferbare Waren	Handy LM346, Netzwerkkarte NW5689xdsl, Monitor GZLCD25
Ansprechpartner	Frau Hölzel, Herr Fricke
Telefonnummern	0171-34512345 0171-34512346

Tabelle 2: Erste Normalform (1. NF)

Datenfeld	Inhalt
Lieferanten-Nummer	34 194 635
Firmenbezeichnung	TK-Informatik GmbH
Straße	Auweg 12-14
Postleitzahl	89073
Ort	Lehr
Lieferbare Waren 1	Handy LM346
Lieferbare Waren 2	Netzwerkkarte NW5689xdsl
Lieferbare Waren 3	Monitor GZLCD25
Ansprechpartner 1	Frau Hölzel
Ansprechpartner 2	Herr Fricke
Telefonnummer 1	0171-34512345
Telefonnummer 2	0171-34512346

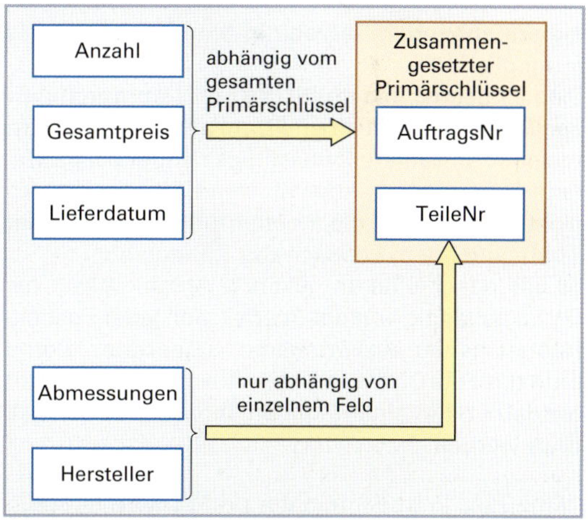

Bild 1: Abhängigkeit von Feldern

Die Tabelle `Bestellposition` enthält sowohl die Nummer des Auftrages als auch die Teilenummer. Die Kombination dieser beiden Nummern kann als zusammengesetzter Primärschlüssel vereinbart werden.
Weitere Angaben zum Bauteil selbst sind nun nicht mehr nötig. Würden die Abmessungen und der Hersteller mit Adresse in die Tabelle `Bestellposition` aufgenommen, so müssten bei einem Umzug des Herstellers die Adresse sowohl in Tabelle `Hersteller` als auch in der Tabelle `Bestellposition` geändert werden.
Diese Aufteilung in mehrere Tabellen, die speziell bei Tabellen mit zusammengesetzten Primärschlüsseln wichtig ist, wird als **zweite Normalform** bezeichnet.

> Eine Tabelle befindet sich in der **zweiten Normalform**, wenn sie in der ersten Normalform ist und wenn jedes Feld voll funktional abhängt vom gesamten Primärschlüssel dieser Tabelle, nicht nur von einem Teil des Primärschlüssels.

Übung 1

Bringen Sie die Tabelle `Bestellposition` **(Bild 1, links)** in die zweite Normalform, indem Sie entsprechende Felder in weitere Tabellen auslagern.

Lösung: **Bild 1, rechts**

Auch Datenfelder, die von anderen Nichtschlüsselfeldern abhängen, werden in eine eigene Tabelle ausgegliedert.
Dies ist bei der Tabelle `Hersteller` durchführbar. Dort scheint die Postleitzahl abhängig vom Ort zu sein. Für kleinere Orte ist dies richtig, bei größeren Orten wie Ulm oder Stuttgart gilt dies jedoch nicht. Dort hängt die Postleitzahl auch von der Straße oder dem Postfach des Kunden ab.
Es gilt jedoch eine umgekehrte Abhängigkeit: der Ort ist abhängig von der Postleitzahl, jeder Postleitzahl ist genau ein Ortsname zugeordnet. Somit kann das Feld `Ort` aus dieser Tabelle ausgegliedert werden und in einer eigenen Tabelle `Ort` gespeichert werden.

> Eine Tabelle ist dann in der dritten Normalform, wenn zwischen den Feldern, die nicht den Primärschlüssel bilden, keine Abhängigkeiten bestehen.

Die Normalisierung vermeidet Redundanzen sicher.

Beispiel 1 **3. Normalform erstellen:**

Bringen Sie die Tabelle `Hersteller` **(Bild 2)** in die dritte Normalform.

Lösung: **Bild 3**

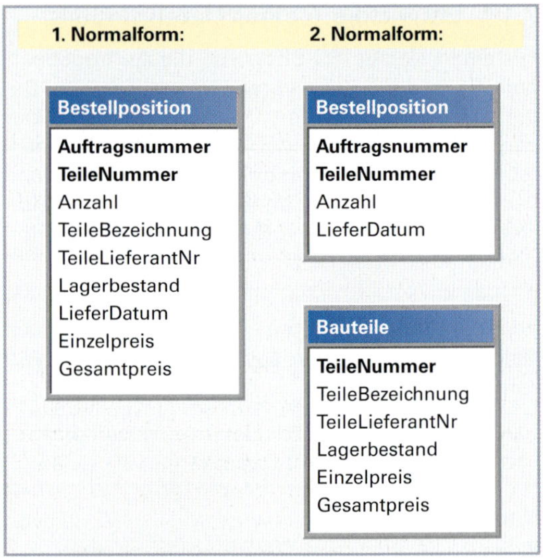

Bild 1: Erzeugen der zweiten Normalform durch Tabellenaufteilung

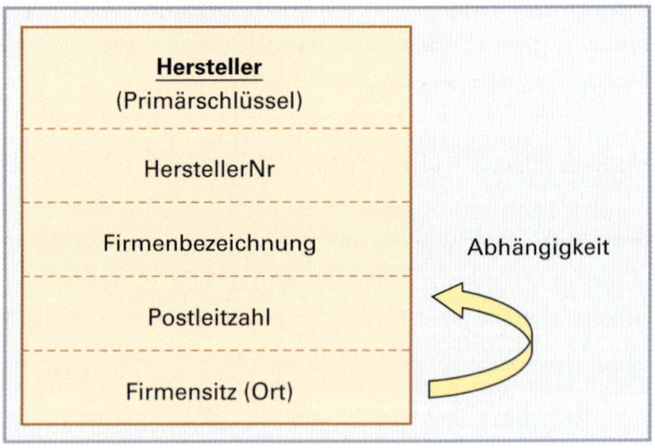

Bild 2: Nicht erfüllte dritte Normalform

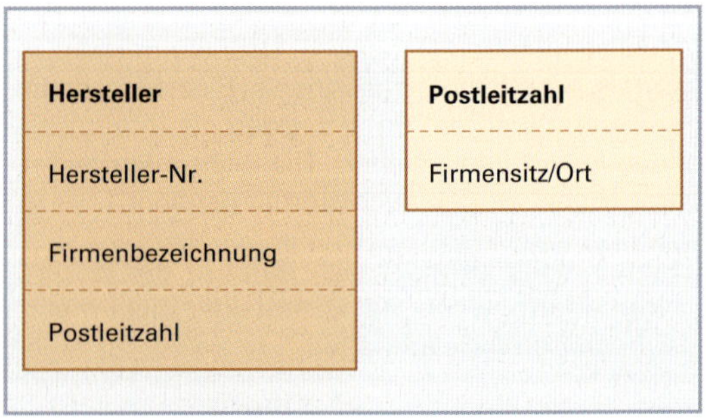

Bild 3: Dritte Normalform

Denormalisierung

Um die Leistungsfähigkeit (= Performance) eines Datenbanksystems zu erhöhen, werden bestimmte Ausgliederungen wieder zurückgenommen.

7.1.2 Entwicklung einer Datenbank mit Access

7.1.2.1 Datenbankstruktur

Mit dem Datenbanksystem Access wird schrittweise eine Datenbank für die Verwaltung des Fahrradverleihs Faradiso aufgebaut. Dabei werden Verleihvorgänge und Reservierungen aufgenommen. Auch Anmeldungen für geplante Fahrradreisen sind zu verwalten.

7.1.2.2 Tabellen erstellen

Beim Start von Access öffnet sich ein Fenster, in dem gefragt wird, ob eine bestehende Datenbank geöffnet werden soll. Zum Neuanlegen wird die Option `Neue leere Datenbank` gewählt **(Bild 1)**. Nach Eingabe des gewünschten Speicherortes und des Namens `Faradiso` wird durch Anklicken von `Erstellen` die neue Datenbank angelegt.

Übung 1

Erzeugen Sie eine neue Tabelle Fahrräder. Legen Sie Felder und Felddatentypen für diese Tabelle fest und beschreiben Sie die Feldeigenschaften.

Lösung: **Bild 2** und **Bild 3**.

Nach Auswahl der Registerkarte `Erstellen` und Anklicken des Buttons `Tabellenentwurf` **(Bild 2)** erscheint die Entwurfsansicht einer neuen Tabelle. Um die Felder der Tabelle festzulegen, gibt man der Reihe nach die Feldnamen in der Spalte `Feldname` ein und legt in der Spalte `Felddatentyp` die Formate der Felder und deren Datentyp fest **(Bild 3)**. In der rechten Spalte wird eine Beschreibung des Feldes angegeben.

Beschreibungen der Feldeigenschaften erleichtern die spätere Administration.

Für das Feld `Fahrrad_ID` kann in Access der Datentyp `Autowert` gewählt werden. Dadurch wird die Datensatznummer bei der Eingabe von Datensätzen automatisch um eins erhöht. Für die Felder `Hersteller`, `Bezeichnung` und `Typ` wird der Datentyp `Text` gewählt und eine Feldgröße von z. B. 20 Zeichen festgelegt. Für den Inhalt des Feldes `Rahmengröße` wird der Datentyp `Zahl` und als Feldgröße `Byte` (ganze Zahl zwischen 0 und 255) gewählt. Im Feld `Anschaffungspreis` wird als Datentyp `Währung` und als Währungseinheit € eingestellt. Den Feldern `Anschaffungsdatum` und `LetzteWartung` wird der Datentyp `Datum/Uhrzeit` zugewiesen. Für das Datenfeld `Sonderzubehör` wird der Datentyp `Memo` eingestellt, um auch längere Beschreibungen aufnehmen zu können.

Bild 1: Anlegen einer neuen Datenbank

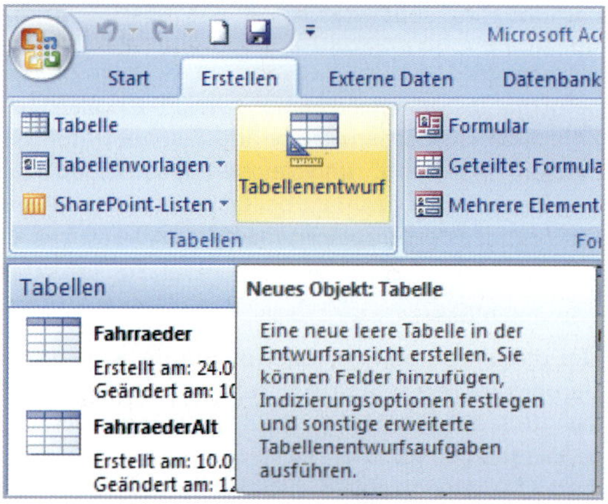

Bild 2: Anlegen einer neuen Tabelle

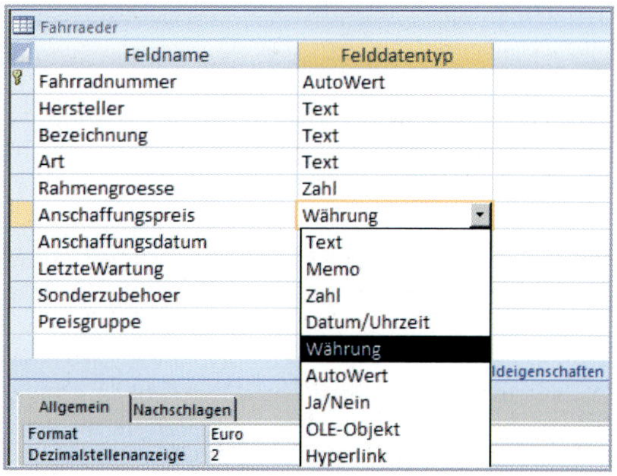

Bild 3: Entwurfsansicht der Felder einer Tabelle

Bild 4: Hinweis auf den Gültigkeitsbereich

Um bei einem Zahlenfeld Fehleingaben zu vermeiden, können Gültigkeitsregeln festgelegt werden. Entspricht der eingegebene Wert nicht der festgelegten Regel, erscheint ein Fenster mit dem Text der Gültigkeitsmeldung am Bildschirm **(Bild 4, vorhergehende Seite)**.

Übung 1

Legen Sie für das Feld Rahmengröße den Gültigkeitsbereich 12 bis 28 Zoll fest. Eine Gültigkeitsmeldung soll auf den zulässigen Wertebereich hinweisen.

Lösung: Eingabeformat in Zoll: " ″ ", **Bild 1**.

Um im Feld Rahmengröße den Zahlenwert durch das Symbol ' ' für Zoll zu ergänzen, wird ein Eingabeformat festgelegt. Nach den zwei Platzhaltern für Ziffern 00 werden anzuzeigende Zeichen (hier die Zeichen ' ') in Anführungszeichen gesetzt (Bild 1). Der Standardwert schlägt bei Eingabe eines neuen Datensatzes den eingetragenen Wert vor.

Primärschlüssel

Um die einzelnen Fahrräder eindeutig zu identifizieren, wird das Feld `Fahrrad_ID`, dessen Inhalt sich für jedes Feld unterscheidet, als Primärschlüsselfeld festgelegt. Nach Klicken in die Zeile `Fahrrad_ID` wird in der Symbolleiste die Taste Primärschlüssel betätigt **(Bild 2)**. Vor dem Feldnamen erscheint ein Schlüsselsymbol.

Ein Primärschlüssel dient zur eindeutigen Identifizierung eines Objektes in einem Datensatz und ist Voraussetzung, um gültige Beziehungen zwischen Tabellen anzulegen.

Zum Speichern der Tabelle wird das Diskettensymbol auf der Symbolleiste betätigt. Als Name wird z. B. `Fahrraeder` eingegeben und mit Speichern bestätigt.

Zum Eingeben von Daten wird die Tabelle entweder durch Doppelklick auf den Tabellennamen oder über die Schaltflächen Ansicht - Datenblattansicht geöffnet **(Bild 3)**. Solange in einem Datensatz Daten eingegeben werden, erscheint in der entsprechenden Zeile vorn ein symbolischer Schreibstift **(Bild 4)**. Beim Verlassen des Datensatzes verschwindet dieser Stift und der Datensatz wird automatisch gespeichert.

Übung 2

Geben Sie sechs Datensätze in die Tabelle `Fahrraeder` ein.

Lösung: **Bild 4**

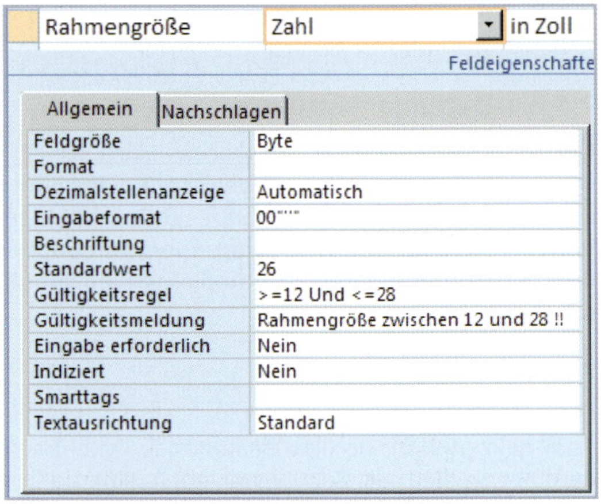

Bild 1: Festlegen von Gültigkeitsregeln und Eingabeformat

Bild 2: Festlegen eines Primärschlüsselfeldes

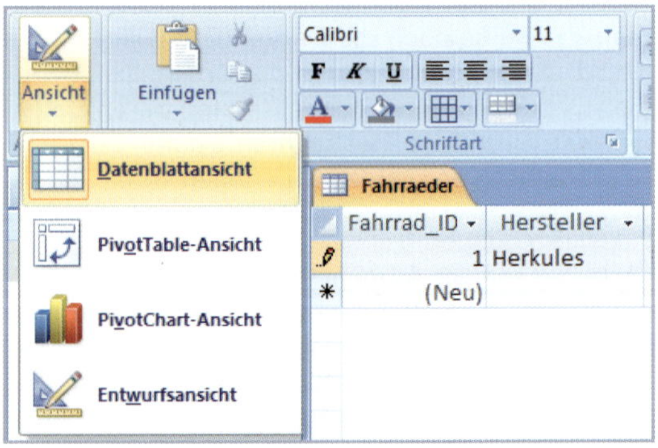

Bild 3: Umschalten in die Datenblattansicht

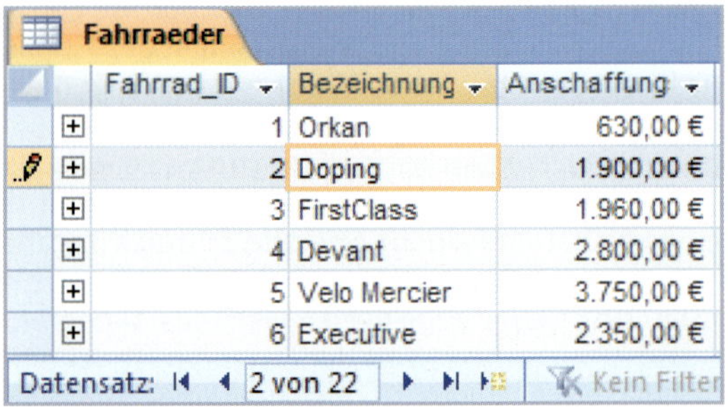

Bild 4: Dateneingabe in eine Tabelle

Benützt wird noch eine Tabelle für die Kundendaten **(Bild 1)**. Für die Reservierung der Ausleihen wird eine Tabelle `Reservierungen` benötigt.

Übung 1

Entwerfen Sie eine Tabelle `Reservierungen` mit den Feldern `ResNr`, `FRadNr`, `KdNr`, `AusleihDatum` und `LeihDauer`. Legen Sie das Feld `ResNr` als Primärschlüssel fest und geben Sie Beispieldaten ein.

Lösung: **Bild 2**

Wiederholung und Vertiefung

1. **Woraus besteht ein Datenbanksystem?**
2. **Wie verwalten relationale Datenbanken die Daten?**
3. **In welchen Schritten werden m:n-Beziehungen aufgelöst?**

7.1.2.3 Festlegen von Beziehungen und referenzieller Integrität

Um festzulegen, dass die Kundennummern in der Tabelle `Reservierungen` sich auf die Kundennummern der Tabelle `Kunden` beziehen, werden in Access Beziehungen auf grafische Weise definiert. Dazu wählt man in der Menüleiste den Reiter `Datenbanktools` und die Schaltfläche `Beziehungen` **(Bild 3)**. Es öffnet sich ein Fenster zur Auswahl der Tabellen **(Bild 4)**. Hier werden alle angezeigten Tabellen ausgewählt und die Taste `Hinzufügen` betätigt. Anschließend wird das Fenster `Tabelle anzeigen` wieder geschlossen.

Um die Beziehung festzulegen, wird in der Tabelle `Kunden` der Eintrag `KdNr` angeklickt und mit gedrückter Maustaste auf den Eintrag `KdNr` in der Tabelle `Reservierungen` gezogen **(Bild 5)**. Es öffnet sich ein Fenster zur Bearbeitung der Beziehungseigenschaften **(Bild 1, folgende Seite)**.

Die Checkbox `Mit referenzieller Integrität` (referenziell = sich beziehend auf) veranlasst das Datenbanksystem, die logischen Zusammenhänge zwischen den Datensätzen zu überprüfen. Ein Kunde, der noch nicht in die Tabelle `Kunden` aufgenommen ist, kann nicht in die Tabelle `Reservierungen` eingetragen werden. Umgekehrt kann ein Kundendatensatz, auf den sich Dateneinträge einer anderen Tabelle beziehen, nicht gelöscht werden, ohne dass auch die zugehörigen Datensätze, z. B. in der Tabelle `Reservierungen`, gelöscht werden.

Referenzielle Integrität stellt sicher, dass die Beziehungen zwischen den Tabellen logisch richtig sind und es keine verwaisten Datenbestände gibt.

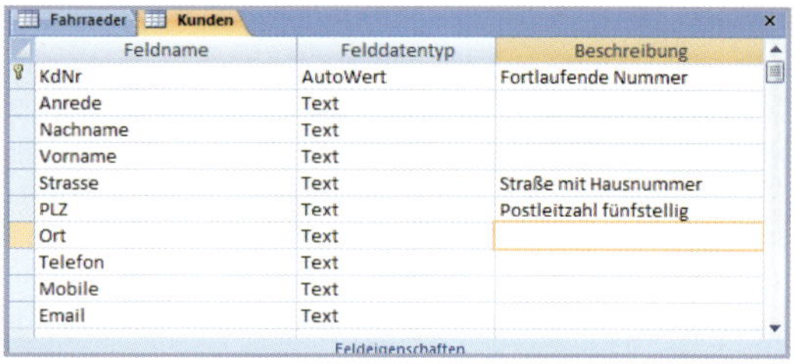

Feldname	Felddatentyp	Beschreibung
KdNr	AutoWert	Fortlaufende Nummer
Anrede	Text	
Nachname	Text	
Vorname	Text	
Strasse	Text	Straße mit Hausnummer
PLZ	Text	Postleitzahl fünfstellig
Ort	Text	
Telefon	Text	
Mobile	Text	
Email	Text	

Bild 1: Ausschnitt aus der Tabelle `Kunden` - Entwurfsansicht

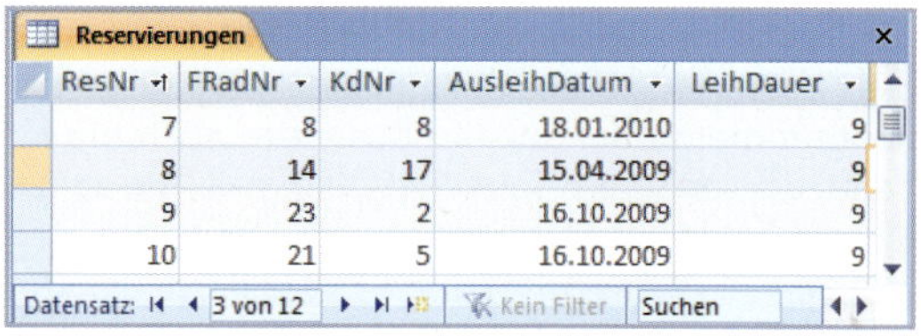

ResNr	FRadNr	KdNr	AusleihDatum	LeihDauer
7	8	8	18.01.2010	9
8	14	17	15.04.2009	9
9	23	2	16.10.2009	9
10	21	5	16.10.2009	9

Bild 2: Ausschnitt aus der Tabelle `Reservierungen` - Datenblattansicht

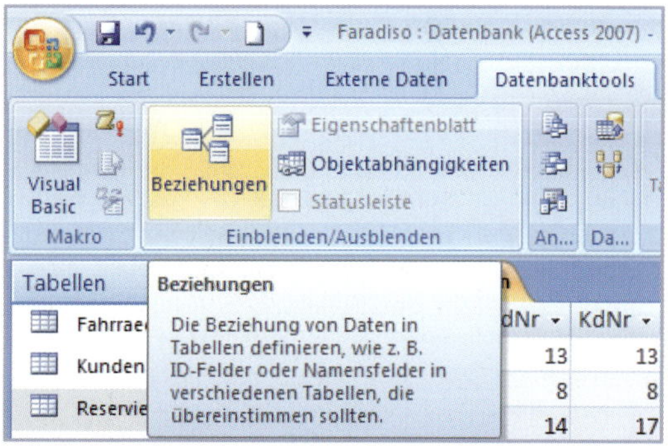

Bild 3: Befehlsschaltfläche `Beziehungen`

Bild 4: Auswahl von Tabellen

Bild 5: Festlegen der Beziehungsfelder

Um die Daten z. B. der ausgeschiedenen Kunden aus der Datenbank löschen zu können, wird die Checkbox `Löschweitergabe an verwandte Datensätze` aktiviert (Bild 1). Wird nun ein Datensatz aus einer Tabelle gelöscht, dessen Primärschlüsselfeld, z. B. die Kundennummer, auf einen anderen Datensatz verweist, so werden auch alle Datensätze in anderen Tabellen gelöscht, die z. B. die gleiche Kundennummer enthalten.

Das Aktivieren von `Aktualisierungsweitergabe` an verwandte Felder (Bild 1) bewirkt, dass beim Ändern des Bezugsfeldes, z. B. der Kundennummer in der Tabelle `Kunden`, auch die Inhalte der anderen Tabellenfelder mit Bezug zu diesem Feld geändert werden.

Wird nun der Button `Erstellen` betätigt, so wird im Fenster `Beziehungen` die 1:n-Beziehung zwischen den beiden Tabellen mit einer Linie und den Symbolen 1 und ∞ dargestellt **(Bild 2)**.

Bild 1: Festlegen der Beziehungseigenschaften

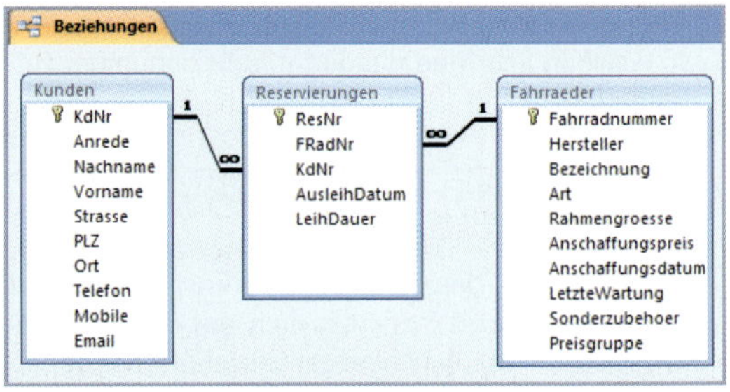

Bild 2: Beziehungen zwischen den Tabellen

Übung 1

Erzeugen Sie eine Beziehung zwischen der Fahrradnummer in der Tabelle `Fahrraeder` und der Fahrradnummer in der Tabelle `Reservierungen`. Legen Sie sowohl die Prüfung auf referenzielle Integrität als auch die Möglichkeit der Löschweitergabe und der Aktualisierungsweitergabe fest.

Lösung: **Bild 2**

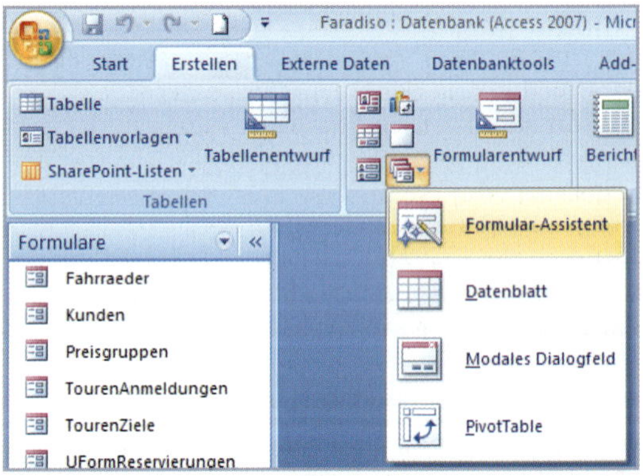

Bild 3: Anlegen eines neuen Formulars

7.1.2.4 Formulare

Zur Eingabe von Daten sind Formulare geeignet.

> Formulare dienen sowohl zur Dateneingabe, Datenansicht und Bearbeitung als auch zur Navigation innerhalb der Datenbank.

Zum Anlegen eines neuen Formulars wird die Registerkarte `Erstellen` und im Bereich Formulare die Schaltfläche `Formular-Assistent` gewählt **(Bild 3)**. Im folgenden Dialog wird das Aussehen des Formulars festgelegt.

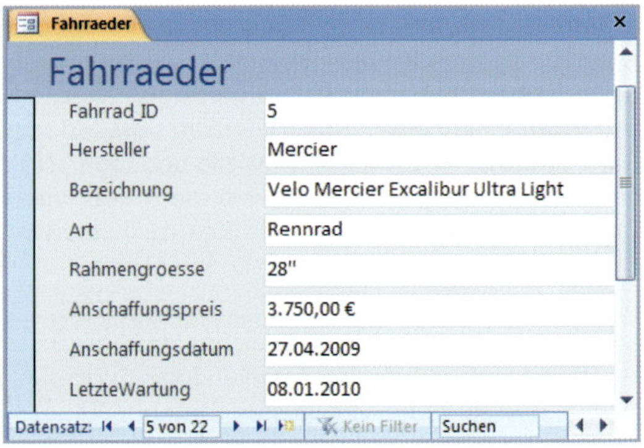

Bild 4: Formular `Fahrraeder`

Übung 2

Erzeugen Sie ein Eingabeformular für die Tabelle `Fahrraeder`.

Lösung: **Bild 4**

Unterformulare

Unterformulare sind Hilfsmittel, um 1:n-Beziehungen von Tabellen in Formularen abzubilden. Während das Hauptformular den Datensatz anzeigt, der das Primärschlüsselfeld der Beziehung enthält, werden im Unterformular die in Bezug stehenden Detaildatensätze angezeigt.

Übung 1

Erstellen Sie ein Formular Kunden mit Unterformular, das zum jeweils angezeigten Kunden auch die zugehörigen Reservierungen zeigt.

Lösung: **Bild 1**

Zunächst wird ein Formular angelegt, das Reservierungsdatensätze anzeigen kann **(Bild 2)**. Dazu wird auf der Registerkarte Erstellen die Befehlsschaltfläche Formular-Assistent betätigt. Als Datenquelle wird die Tabelle `Reservierungen` eingestellt und mit der Schaltfläche >> alle Felder hinzugefügt **(Bild 3)**. Das Formular wird z. B. unter dem Namen `UFormReservierungen` gespeichert.

Nun wird ein einspaltiges Formular `Kunden` mit dem Formularassistenten erstellt **(Bild 4)**. Um für das Unterformular genügend Platz zu finden, muss der Detailbereich des Formulars entsprechend vergrößert werden. Dies geschieht, indem in der Entwurfsansicht der rechte Rand des Detailbereiches angeklickt wird und mit der Maus nach rechts gezogen wird. Auf der Registerkarte `Formularentwurfstools – Entwurf` wird die Schaltfläche `Unterformular` gewählt **(Bild 1, folgende Seite)**. Auf dem freien Raum des Formulars wird ein geeignet großes Rechteck gezogen.

ResNr	FRadNr	AusleihDatum	LeihDauer
5	13	16.06.2009	3
7	8	18.01.2010	9
8	14	15.04.2009	9
9	23	16.10.2009	9
10	21	16.10.2009	9
12	19	15.12.2009	6
14	14	26.03.2010	5

Bild 2: Unterformular `Reservierungen`

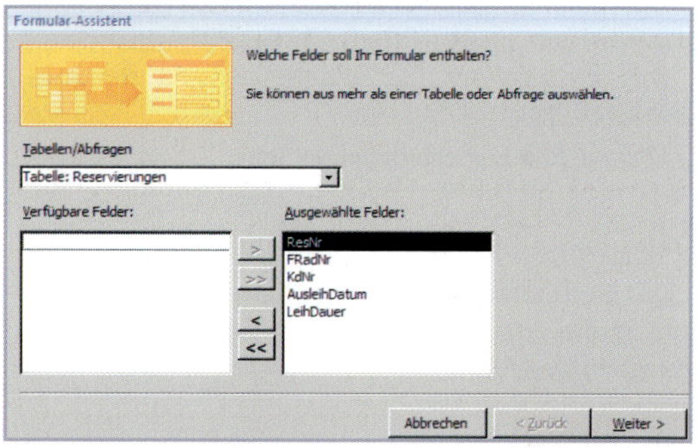

Bild 3: Felder für das Unterformular `Reservierungen`

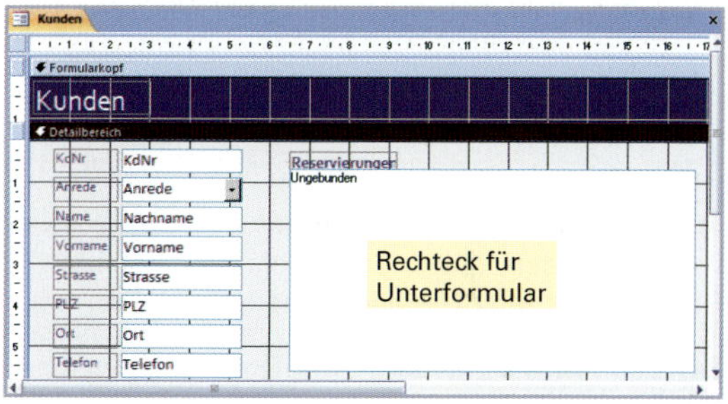

Bild 4: Entwurfsansicht des Formulars `Kunden`

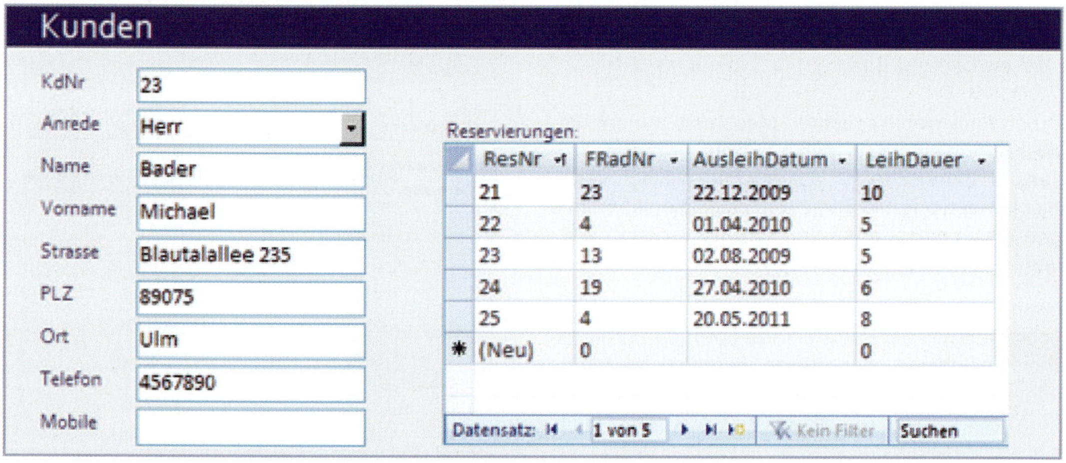

ResNr	FRadNr	AusleihDatum	LeihDauer
21	23	22.12.2009	10
22	4	01.04.2010	5
23	13	02.08.2009	5
24	19	27.04.2010	6
25	4	20.05.2011	8
(Neu)	0		0

Bild 1: Formular Kunden mit Unterformular Reservierungen

Es startet ein Assistent, der die Wahl des gewünschten Unterformulars ermöglicht **(Bild 2)**. Nach dem Speichern des fertigen Formulars wird jeweils ein Kunde mit den dazu gehörenden Reservierungen angezeigt (Bild 1, vorhergehende Seite). Die Eigenschaften des Unterformulars können bearbeitet und verändert werden. Dazu wird in der Entwurfsansicht des Unterformulars auf die Schaltfläche `Eigenschaften` doppelt geklickt. Hier ist eine individuelle Einstellung des Objektes möglich.

Übung 1

Das Unterformular `Reservierungen` soll als Endlosformular und mit transparenten Gitternetzlinien dargestellt werden. Die Linienbreite des Gitternetzes soll 1 pt sein.

Lösung: **Bild 1, vorhergehende Seite.**

Datenbanksteuerung mit Schaltflächen

Über Schaltflächen auf Formularen kann der Nutzer in die Arbeitsbereiche der Datenbankanwendung verzweigen.

Übung 2

Erstellen Sie ein Formular `Zentrale` mit einem Beschriftungsfeld `Fahrradverleih Faradiso` und den drei Befehlsschaltflächen `Fahrräder`, `Kunden` und `Reservierungen`.

Lösung: **Bild 3**

Im Folgenden soll das Formular `Zentrale` entworfen werden, das über Befehlsschaltflächen die Bearbeitung verschiedener Tabellen steuert.

Zunächst wird ein neues Formular erzeugt, welches nicht mit einer bestimmten Tabelle verbunden ist. Für das Erstellen der Überschrift wird in der Ansicht `Entwurf – Steuerelemente` das Bezeichnungsfeldsymbol Aa angeklickt, dann mit der Maus der Rahmen im Detailbereich des Formulars gezogen und die Beschriftung eingegeben **(Bild 4)**.

Durch Klick mit der rechten Maustaste auf das Bezeichnungsfeld öffnet sich ein Menü, aus dem das Fenster Eigenschaften ausgewählt werden kann. Hier können z. B. die Breite und die Höhe des Feldes und die Eigenschaften der Schrift bestimmt werden.

Befehlsschaltflächen werden ins Formular eingebaut, indem in der Registerkarte *Formularentwurfstools – Entwurf* der Button *Befehlsschaltfläche* angeklickt wird und die Größe der Schaltfläche im Formular mit der Maus gezogen wird. Auch hier können verschiedene Eigenschaften bearbeitet werden.

Bild 1: Registerkarte Entwurf mit der Schaltfläche Unterformular

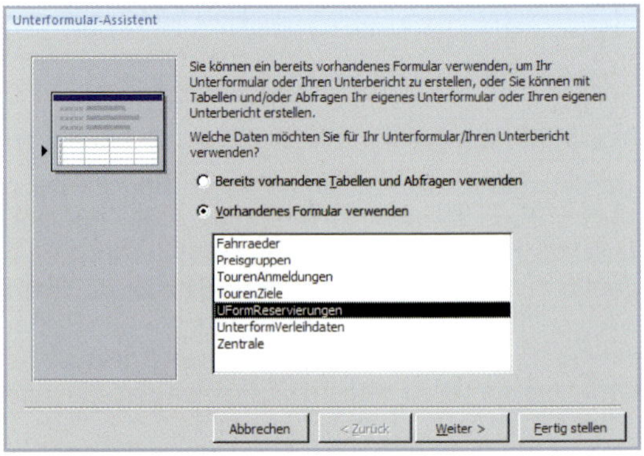

Bild 2: Assistent zur Auswahl des Unterformulars

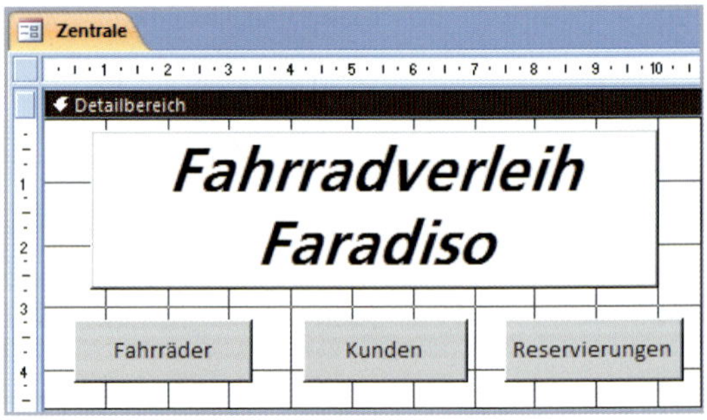

Bild 3: Formular `Zentrale`

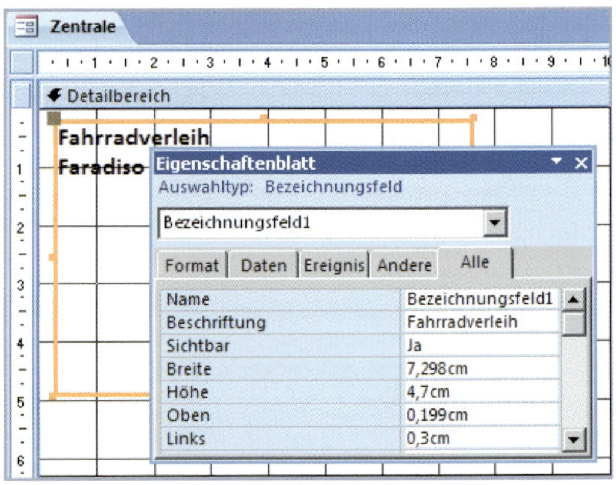

Bild 4: Entwurf des Formulars `Zentrale`

7.1.2.5 Makros

Makros dienen zur Steuerung der Anwendung über Befehlsschaltflächen.

Durch Anklicken der Registerkarte `Erstellen` im Datenbankfenster und Betätigen des Buttons `Makro` öffnet sich das Fenster zum Erzeugen von Makros.

Übung 1

Wählen Sie im Feld Aktion die Aktion ÖffnenFormular aus. Geben Sie als Formularname Fahrraeder ein und als Ansicht Formular ein.

Lösung: **Bild 1**

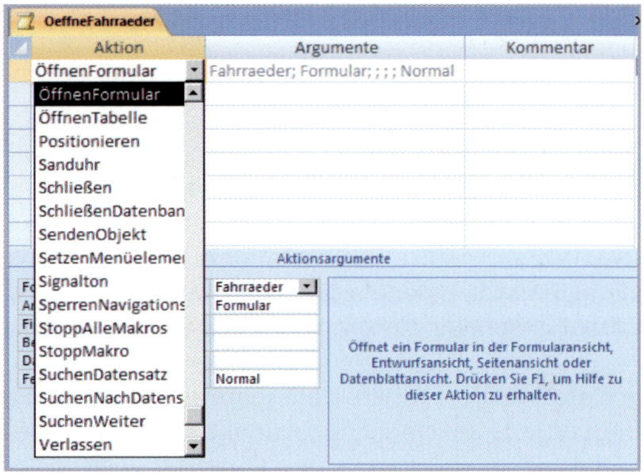

Bild 1: Entwurf eines Makros

Zuerst öffnet man durch Klick auf die Schaltfläche ▽ eine Liste der möglichen Aktionen und wählt z. B. `ÖffnenFormular` (Bild 1). Dann gibt man die notwendigen Aktionsargumente ein, z. B. den Formularnamen `Fahrraeder` und die Ansicht `Formular`. Das Formular `Zentrale` wird geschlossen, indem als weitere Aktion des Makros z. B. `Schließen` gewählt wird und als Argument für Objekttyp `Formular` und für Objektname `Zentrale` eingestellt wird. Anschließend schließt man das Makrofenster und speichert es unter einem aussagekräftigen Namen, z. B. OeffnenFahrraeder.

Nun muss das Makro `OeffnenFahrraeder` mit dem entsprechenden Button im Formular `Zentrale` verknüpft werden. Dazu öffnet man das Formular `Zentrale` in der Entwurfsansicht und öffnet durch Klick auf die Befehlsschaltfläche `Fahrraeder` das Eigenschaftenblatt. Unter der Registerkarte `Ereignis` wird für das Ereignis `Beim Klicken` das Makro `OeffnenFahrraeder` eingestellt. Klickt man nun im Formular `Zentrale` auf diese Befehlsschaltfläche, so wird das Makro und damit die in ihm festgelegten Aktionen ausgeführt.

Übung 2

Ergänzen Sie das Formular `Fahrraeder` mit einer Befehlsschaltfläche und einem hinterlegten Makro, welches zu dem Formular `Zentrale` zurückführt.

Lösung: **Bild 2**

Dazu erstellt man zunächst das Makro `ÖffnenZentrale`. Als erste auszuführende Aktion wird `Schließen` ohne zusätzliches Argument gewählt, um damit das aktuelle Objekt zu schließen. Als zweite Aktion wird `ÖffnenFormular` eingestellt mit den Aktionsargumenten `Zentrale` und `Formular`.
Die Befehlsschaltfläche wird in der Entwurfsansicht des Formulars `Fahrraeder` positioniert und nach Doppelklick mit den geeigneten Eigenschaften versehen. In der Eigenschaft `Beim Klicken` wird das Makro `ÖffnenZentrale` festgelegt (Bild 2).

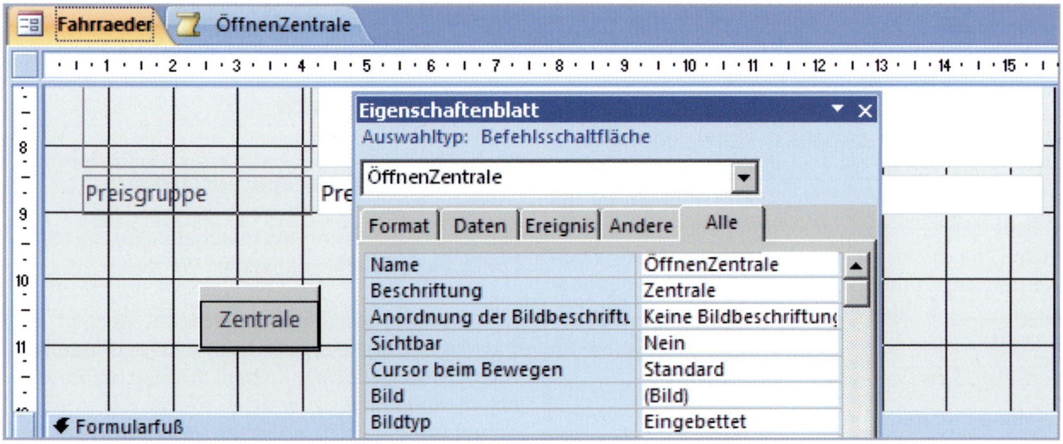

Bild 2: Anlegen einer Befehlsschaltfläche mit hinterlegtem Makro

7.2 Datenbanksprache SQL

7.2.1 SQL-Standards

SQL war zunächst eine Sprache für den Endbenutzer von relationalen Datenbanksystemen. Sie wurde hier durch die weit verbreiteten grafischen Oberflächen ersetzt. Da SQL aber mächtiger ist als viele grafische Systeme für Datenzugriffe ist sie für Datenbankentwickler ein wichtiges Softwarewerkzeug. Auch als Schnittstellensprache und als Zugriffssprache auf andere Datenbanken hat sie große Bedeutung, da sie nahezu unabhängig von Betriebssystem, Betriebsart und Oberfläche ist.

> SQL ist die bedeutendste Sprache für relationale Datenbanksysteme.

Man unterscheidet verschiedene Normen **(Tabelle 1)**. Gegenwärtig ist in den Datenbanksystemen vor allem der SQL-2 Standard verwirklicht, während die neueren Standards nur in ausgewählten Systemen umgesetzt wird.

Die Sprache SQL besteht aus verhältnismäßig wenig Befehlen, die jedoch vielfältig eingesetzt werden können. Sie dient unter anderem sowohl zur Tabellen- und Felddefinition als auch zur Abfrage und Veränderung von Daten **(Tabelle 2)**.

7.2.2 Auswahlabfragen mit SELECT

Für Auswahlabfragen steht der Befehl `SELECT` zur Verfügung. Dieser Befehl besitzt eine sehr umfangreiche Syntax und ist dadurch sehr vielseitig.

Übung 1

Entwerfen Sie eine SQL-Abfrage, die alle Fahrräder mit einer Preisgruppe kleiner als 5 sucht.

Lösung: **Bild 1**

Nach dem Schlüsselwort `SELECT` werden die anzuzeigenden Spalten, durch Kommas getrennt, festgelegt, z. B. Fahrradnummer, Hersteller, Bezeichnung, Preisgruppe. Die Ausgabe erfolgt dabei in der Reihenfolge hinter `SELECT`. Zu beachten ist die gleiche Schreibweise der Feldnamen wie in den Tabellen, da sie sonst nicht erkannt werden. Auch werden bestimmte Sonderzeichen wie der Bindestrich „-" z. B. als Rechenanweisung minus interpretiert.

> Sonderzeichen und Leerzeichen verursachen in Tabellennamen und Feldnamen Ausführungsfehler.

Tabelle 1: SQL-Standards

Jahr	Norm	Standard
1986	ISO 9075	SQL-1-Standard
1989	ISO 9075	SQL-1 mit Integritätserweiterungen
1992	ISO 9075 • Entry-Level • Intermediate-Level • Full-Level	SQL-2-Standard in drei Stufen
1999	ISO/IEC 9075:1999	SQL-3-Standard
2003	ISO/IEC 9075:2003	Verknüpfung mit XML (eXtensible Markup Language)
2007	ISO/IEC 9075:2007	Erweiterung des XML-Datentyps

SQL von Structured Query Language = strukturierte Abfragesprache

Tabelle 2: Bereiche von SQL

Bereich	Aufgaben
DQL (Data Query Language)	Formulierung von Suchabfragen
DDL (Data Description Language)	Festlegen von Tabellen, Feldern und Schlüsseln sowie deren Eigenschaften
DML (Data Manipulation Language)	Speichern, Lesen, Ändern und Löschen von Daten
DCL (Data Control Language)	Steuerung der Datensicherheit und Festlegen der Zugriffsberechtigungen

BilligeFahrraeder

```
SELECT Fahrrad_ID, Hersteller,
        Bezeichnung, Preisgruppe
FROM Fahrraeder
WHERE Preisgruppe < 5;
```

Bild 1: SQL-Syntax einer einfachen Abfrage

Das Zeichen `*` kann als Platzhalter für sämtliche Felder einer Tabelle eingesetzt werden.

Die Tabellen, mit denen gearbeitet werden soll, z. B. `Fahrraeder`, wird nach dem Schlüsselwort `FROM` (= von, aus) angegeben. Werden mehrere Tabellen verwendet, so werden sie mit Kommas getrennt. Nach dem reservierten Wort `WHERE` (= wo) steht eine Bedingung, mit der die Auswahl der angezeigten Datensätze eingegrenzt wird. Sie besteht in der Regel aus einem Spaltennamen, gefolgt von einem Vergleichsoperator und einem Vergleichswert **(Tabelle 1)**.

> WHERE-Bedingungen müssen immer aus einem logischen Vergleich bestehen, der mit „wahr" oder „falsch" beantwortet werden kann.

In der Übung 1, vorhergehende Seite wird die Bedingung `Preisgruppe` < 5 eingesetzt. Das Datenbanksystem prüft bei jedem Datensatz der Tabelle `Fahrraeder`, ob für ihn diese Bedingung „true" oder „false" ist. Als Ergebnis der Abfrage werden die Datensätze, für die `Preisgruppe` < 5 wahr ist, am Bildschirm ausgegeben. Das Schlüsselwort `DISTINCT` (= verschieden) unterdrückt in der Abfrage doppelte Datensätze. Sollen z. B. nur die Namen der Hersteller ausgegeben werden, von denen Fahrräder bezogen wurden, so wird mit `SELECT DISTINCT Hersteller FROM Fahrraeder` jeder betroffene Hersteller nur einmal angezeigt.

Darstellung von Feldinhalten in WHERE-Bedingungen
Inhalte von Zahlenfeldern, auch Währungsfelder, werden ohne weitere Kennzeichnung verwendet, z. B. Preis = 150.
Inhalte von Textfeldern werden innerhalb der `WHERE`-Bedingung in Hochkommas eingeschlossen, zum Beispiel `Wohnort = 'Stuttgart'`.
Textfelder können auf Textmustern durchsucht werden. Als Platzhalter können in Access das Fragezeichen ? für genau ein beliebiges Zeichen oder der Stern * für ein oder mehrere Zeichen verwendet werden **(Tabelle 2)**.

Übung 1

Erstellen Sie eine `SELECT`-Anweisung, mit der alle Kunden, deren Wohnort mit dem Buchstaben U beginnt, ausgegeben werden.

Lösung:

```
SELECT Nachname, Vorname, Straße,
PLZ, Ort, Telefon
FROM Kunden
WHERE Ort LIKE 'U*';
```

Beim Vergleich eines Textfeldes mit einem Textmuster stellt der Operator `LIKE` klar, dass mit einem Textmuster verglichen werden soll und somit im Beispiel alle Orte mit dem Anfangsbuchstaben U ausgegeben werden sollen.

> Bei Vergleichen von Textfeldern ist der Operator `LIKE` statt = zu verwenden.

Datumsfeldern werden in Datenbanksystemen unterschiedlich gehandhabt.

Tabelle 1: Vergleichs- und logische Operatoren

Operator	Beispiel	Bedeutung, Wirkung
=	KNr = 24	gleich
<	Preisgruppe < 5	kleiner als
>		größer als
<>		ungleich
<=		kleiner gleich
>=		größer gleich
LIKE	Ort LIKE „U*"	Vergleicht das Feld Ort mit dem Textmuster; es werden alle Orte berücksichtigt, die mit U beginnen.
AND	PLZ = 89077 AND Ort = „Ulm"	Datensatz wird nur berücksichtigt, wenn Bedingung 1 UND Bedingung 2 erfüllt ist.
OR	Nr > 200 OR Nr < 100	Datensatz wird berücksichtigt, wenn Bedingung 1 ODER Bedingung 2 erfüllt ist.
NOT	NOT (PLZ = 89077)	Datensatz wird berücksichtigt, wenn die Bedingung nicht erfüllt ist.

Tabelle 2: Beispiele für Platzhalter in Textmustern

Beispiel	Ergebnis
'M??er'	'Meier', 'Maier', 'Mayer', 'Meyer'; es werden genau zwei Zeichen ersetzt.
'M*er'	Maier, Mittersberger, Müller ... ; alle Felder, deren Inhalt mit 'M' beginnt und mit 'er' endet.

Datumsfelderschreibweise

Datenbanksystem	Datumsfeld
Oracle, Informix, DB2	'2011/10/03'
Access	#2011/10/03#
MySQL	'2011-10-03'

Obwohl es meist Möglichkeiten gibt, zwischen deutscher und amerikanischer Schreibweise umzuwandeln, wird die amerikanische Schreibweise (Jahr/Monat/Tag), d.h. #2011/10/04# bevorzugt.

Der Operator BETWEEN

Der Operator `BETWEEN` (= zwischen) wird zur Formulierung von Bereichsabfragen eingesetzt. Er kann bei Textfeldern, Datumsfeldern und bei numerischen Feldern eingesetzt werden. `BETWEEN` wählt die Daten zwischen einem unteren und einem oberen Grenzwert aus. Die Grenzwerte sind in der Auswahl mit enthalten.

Übung 1

Listen Sie durch eine SQL-Anweisung alle Fahrräder am Bildschirm auf, welche im Jahr 2008 angeschafft wurden **(Bild 1 oben)**.

Lösung: **Bild 1, unten.**

Der Operator IN

Der Operator IN dient zum Vergleich eines Feldinhaltes mit einer Liste von möglichen Inhalten. Um alle Kunden aus dem Großraum Stuttgart zu erfassen, kann z. B. die folgende Bedingung verwendet werden:

`... WHERE Wohnort IN ('Stuttgart', 'Esslingen', 'Sindelfingen', 'Waiblingen').`

Übung 2

Suchen Sie mithilfe einer Abfrage alle Kunden aus den Hauptstädten der baden-württembergischen Regierungsbezirke.

Lösung: **Bild 2**

IN kann auf Text-, Datums- und numerische Felder angewendet werden.

Umgang mit NULL-Werten

Spalten, in denen keine Werte eingegeben worden sind, haben den Wert NULL (sprich : nall). Dem Wert NULL entspricht weder die Zahl 0 noch eine Zeichenfolge mit Leerzeichen. NULL bedeutet vielmehr, dass kein Eintrag vorliegt. Rechenoperationen mit einem Feld, das einen NULL-Wert enthält, ergeben als Ergebnis den Wert NULL. Es wird also weiterhin kein Eintrag erfolgen.

Übung 3

Wählen Sie mit einer Abfrage alle Kunden mit E-Mail-Adresse aus.

Lösung: **Bild 3**

Wenn ein Feld einer Tabelle keinen NULL-Wert enthalten darf, also nicht leer sein darf, so ist dies bereits beim Entwurf der Tabelle vorzusehen. Primärschlüsselfelder dürfen z. B. nicht leer sein. Auch für andere Felder, z. B. Nachname oder Postleitzahl, kann es zweckmäßig sein, NULL-Werte nicht zuzulassen.

> Felder, die nicht leer sein dürfen, werden beim Entwurf der Tabelle mit der Eigenschaft NOT NULL versehen.

BETWEEN

Fahrr	Hersteller	Bezeichnung	Anschaffu	Anschaffur
3	Panasonic	FirstClass	17.03.2008	1.960,00 €
4	Miyata	Devant	17.03.2008	2.800,00 €
19	Hirsch	Klettergemse	16.06.2008	2.400,00 €
24	Peugeot	Stralis	18.08.2008	1.270,00 €
6	Scott	Executive	18.03.2008	2.350,00 €

BETWEEN

```
SELECT Fahrradnummer, Hersteller,
    Bezeichnung, Anschaffungsdatum,
    Anschaffungspreis
FROM Fahrraeder
WHERE Anschaffungsdatum BETWEEN
    #2008/01/01# AND #2008/12/31#;
```

Bild 1: Verwendung von BETWEEN

IN

```
SELECT Nachname, Vorname,
        Strasse, PLZ, Kunden.Ort
FROM Kunden
WHERE Ort In ('Stuttgart', 'Karlsruhe',
        'Tübingen', 'Freiburg');
```

Bild 2: Abfrage mit dem Operator IN

NULL

```
SELECT Nachname, Vorname, Strasse,
        PLZ, Ort, Email
FROM Kunden
WHERE Email IS NOT NULL;
```

Bild 3: Suche nach nicht leeren Feldern

Tabelle 1: Aggregatfunktionen in Access

Funktion:	Ergebnis:
MIN(Spaltenname)	Minimalwert der Feldinhalte einer Spalte
MAX(Spaltenname)	Maximalwert
COUNT(Spaltenname)	Anzahl der vorhandenen Einträge in einer Spalte
COUNT(*)	Anzahl aller Datensätze
SUM(Spaltenname)	Summe der Feldinhalte einer Spalte
AVG(Spaltenname)	Arithmetischer Mittelwert der Feldinhalte, AVG von average

SUM

```
SELECT SUM(Anschaffungspreis)
    AS Summe
FROM Fahrraeder
```

SUM

Summe
40.337,00 €

Bild 4: Anwendung der Summenfunktion

7.2.3 Funktionen in SELECT-Abfragen

Aggregatfunktionen

Aggregatfunktionen (auch: Gruppenfunktionen) dienen dazu, die Werte einer oder mehrerer Spalten einer Tabelle nach bestimmten Kriterien auszuwerten und das Ergebnis, z. B. die Summe einer Spalte, in einem Feld auszugeben **(Tabelle 1, vorhergehende Seite)**.

Übung 1

Erstellen Sie eine SQL-Anweisung, die die Summe der Anschaffungspreise aller Fahrräder ausgibt.

Lösung: **Bild 4, vorhergehende Seite**.

Um eine Spalte bei der Ausgabe mit einer gewünschten Überschrift zu versehen, wird die Anweisung AS (= wie), gefolgt von der neuen Überschrift, verwendet.

> Eine Abfrage mit einer Aggregatfunktion liefert als Ergebnis in der Regel ein einziges Feld.

Deshalb führt der Versuch, mit dem gleichen Befehl die Inhalte einer weiteren Spalte, z. B. die Fahrradnummern, ausgeben zu wollen, zu einer Fehlermeldung.

In einer einfachen `SELECT`-Anweisung mit Aggregatfunktion können in der Regel keine weiteren Spaltenwerte angezeigt werden.

Die Funktion `COUNT`(Spaltenname) zählt die Anzahl der Felder in der Spalte, die nicht leer sind. Die Anweisung `SELECT COUNT(email) FROM Kunden` ermittelt die Anzahl der Kunden, für die eine Email-Adresse bekannt ist. Durch die Anweisung `SELECT COUNT(*) FROM Kunden` werden alle Datensätze der Tabelle Kunden gezählt.

Die Funktionen `SUM()` und `AVG()` können nur bei numerischen Spalteninhalten angewendet werden. Die Funktionen `MIN()` und `MAX()` können allerdings auch bei Text- und Datumsfeldern verwendet werden, wobei Textfelder nach dem ASCII-Code behandelt werden: A ist „kleiner" als Z und Kleinbuchstaben sind „größer" als Großbuchstaben, allerdings „kleiner" als Sonderzeichen. Ein späteres Datum ist „größer" als ein früheres.

Beispiel 1 Anschaffungsdatum ermitteln:

Ermitteln Sie durch eine SQL-Anweisung das Anschaffungsdatum des neuesten Fahrrades.

Lösung:

```
SELECT MAX(AnschaffungsDatum)
FROM Fahrraeder;
```

Tabelle 1: Datumsfunktionen

Funktion	Ergebnis
DATE ()	Aktuelles Datum
DAY (datum)	Tag vom Feldinhalt 'datum' als Zahl zwischen 1 und 31
MONTH (datum)	Monat als Zahl zwischen 1 und 12
YEAR (datum)	Jahr als vierstellige Zahl
ISDATE (datum)	Prüft, ob Datumsangabe korrekt ist
FORMAT (ausdruck, 'format')	Formatiert das Datum in Ausdruck nach Vorgabe: D, DD: Tageszahl, DDD, DDDD: Wochentag, M, MM: Monatszahl, MMM, MMMM: Monatsname YY, YYYY: Jahreszahl

Rechenoperationen

Mit den Werten aus numerischen Spalten können Rechenoperationen wie z. B. Addition, Subtraktion, Multiplikation und Division durchgeführt werden. Dies gilt auch für Datumswerte, da diese als Integerzahlen abgelegt sind.

Datumsfunktionen

Beispiel 2 Wartungszeitraum ermitteln:

Es sollen alle Fahrräder aufgelistet werden, deren Wartungsdatum länger als 100 Tage zurückliegt.

Lösung:

```
SELECT FahrradNr, Bezeichnung, WartungsDatum
FROM Fahrraeder
WHERE WartungsDatum < DATE()-100;
```

Die Funktion `DATE()` liefert das heutige Datum. Von diesem Wert wir die Zahl 100 subtrahiert und das Ergebnis jeweils mit dem Inhalt des Feldes `WartungsDatum` verglichen. Alle Datensätze mit einem kleineren Wert werden ausgegeben.

In Access gibt es neben der Funktion `DATE()`, die das aktuelle Datum liefert, weitere Datumsfunktionen **(Tabelle 1)**. Mit der Anweisung `FORMAT(ausdruck,'format')` z. B. können Datumswerte formatiert ausgegeben werden.

Übung 2

Erstellen Sie eine SQL-Anweisung, die das Rechnungsdatum der Felder der Tabelle Verleihdaten in der Form „Samstag, 27. April 2011" ausgibt.

Lösung:

Bild 1, folgende Seite.

Zeichenketten- und Umwandlungsfunktionen

Die verschiedenen Datenbanksysteme stellen unterschiedliche Funktionen für die Bearbeitung und Umwandlung von Zeichenketten zur Verfügung **(Tabelle 1)**. Die Auswirkungen der entsprechenden Funktionen sind jedoch sehr ähnlich. So liefert im Datenbanksystem Oracle die Funktion `ASCII(n)` die Codenummer eines ASCII-Zeichens, während in Access die Funktion `ASC(n)` lautet und das Gleiche bewirkt.

So wandelt die Funktion `CDATE('datum')` eine aus Zahlen bestehende Zeichenkette oder eine Ganzzahl in ein Datum um, soweit es vom ursprünglichen Typ her möglich ist.

Beispiel 1 Preise erhöhen:

Schreiben Sie eine SQL-Anweisung, die den Verleihpreis der einzelnen Fahrräder in der Tabelle Preisgruppen um 5% erhöht anzeigt und auf volle €-Beträge rundet.

Lösung: `SELECT CINT(Preis*1.05) FROM Preisgruppen;`

`CINT()` rundet auf den nächsthöheren Ganzzahlwert auf und gibt dies als Ergebnis zurück.

7.2.4 Gruppieren von Dateien

Gruppieren bedeutet, die Daten nach Feldern mit gleichen Feldinhalten zusammenzufassen. Dies geschieht mit dem SQL-Ausdruck `GROUP BY` (= zusammenfassen aufgrund...) gefolgt von einem Feldnamen.

Übung 1

Stellen Sie das Einzugsgebiet des Unternehmens „Faradiso" fest, indem der Wohnort und die Anzahl der Kunden aus den einzelnen Orten ausgegeben werden.

Lösung: **Bild 2**

Da durch die Gruppierung die unterschiedlichen Inhalte des Gruppierungsfeldes nur jeweils einmal ausgegeben werden, darf nach dem Schlüsselwort `SELECT` außer dem Gruppierungsfeld kein weiteres Feld angegeben werden, sonst kommt es zu einer Fehlermeldung.

Aggregatfunktionen wie `COUNT()` bewirken, dass das angegebene Feld gruppenweise ausgewertet wird. `COUNT(Nachname)` bewirkt somit, dass die innerhalb einer Gruppe vorhandenen Datensätze anhand des Feldes `Nachname` gezählt werden. Die Anzeige der einzelnen Gruppen kann durch die Anweisung `HAVING [Bedingung]` zusätzlich von Bedingungen abhängig gemacht werden. Die Anweisung `HAVING COUNT(Nachname) > 3` bewirkt, dass nur die Gruppen, die aus mehr als drei Datensätzen zusammengefasst wurden, ausgegeben werden.

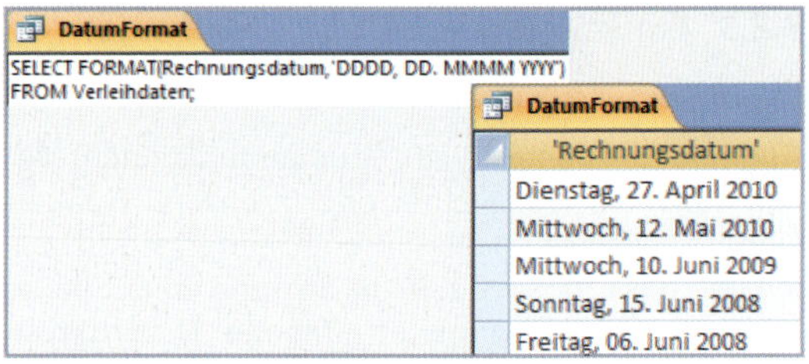

Bild 1: Formatieren von Datumswerten

Tabelle 1: Zeichenkettenfunktionen in Access

Funktion	Wirkung, Beispiele
ASC (n)	Liefert ASCII-Codenummer von n, ASC ('M') 77.
CHR (nummer)	Wandelt Codenummer in ASCII-Zeichen um, z. B. CHR (77) → 'M'.
LEFT(string, länge)	Gibt linksbündige Teilzeichenkette aus, LEFT('Müller', 2) 'Mü'.
LEN (string)	Gibt die Zeichenanzahl aus, LEN ('Müller') → 6.
LTRIM (string)	Schneidet vorlaufende Leerzeichen ab, LTRIM('Müller') → 'Müller'.
STRING(anzahl, zeichen)	Gibt eine bestimmte Anzahl des Zeichens aus.
UCASE(string)	Wandelt in Großbuchstaben um.
&	Operator zur Verkettung 'Hans' & ' ' & 'Müller' → 'Hans Müller'
CDATE('datumsstring')	Zeichenkette, Zahl in Datumstyp DATE CDATE('12.03.09') → 12.03.09
CINT(zahl)	Wandelt um in INTEGER, rundet auf CINT(45,8) → 46 CINT(-67,4) → -67

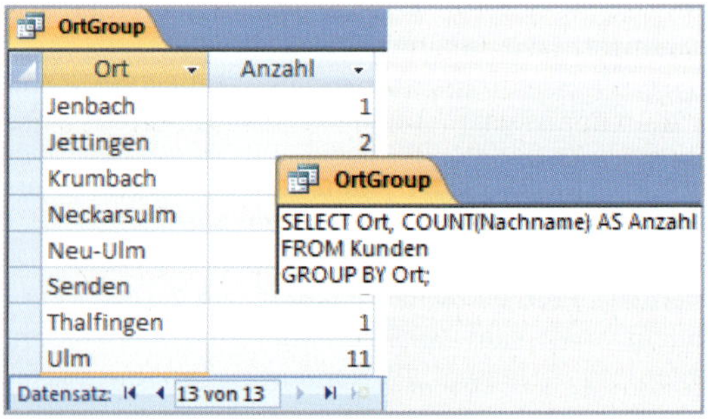

Bild 2: Gruppierung von Datensätzen

7.2.5 Abfragen in mehreren Tabellen

Für Abfragen, die mehrere Tabellen betreffen, werden Verknüpfungen auf Gleichheit, Equi-Joins (equi = gleich, to join = verknüpfen) verwendet. Um z. B. alle Verleihdaten mit den dazugehörigen Kundennamen auszugeben, müssen Felder beider Tabellen angezeigt werden. Im Beispiel dürfen nur die Kunden berücksichtigt werden, deren Kundennummer auch in der Tabelle `VerleihDaten` aufgeführt ist. Dazu muss eine eindeutige Verknüpfungsvorschrift im SQL-Befehl definiert werden. Dies geschieht durch die Bedingung `WHERE Kunden.KdNr = VerleihDaten.KdNr` **(Bild 1)**

Um gleichnamige Felder in den verschiedenen Tabellen zu unterscheiden, muss der Tabellenname, gefolgt von einem Punkt, dem Spaltennamen vorangestellt werden.

> Die Verknüpfung (Joins) mehrerer Tabellen werden in einer SQL-Abfrage in Form einer `WHERE`-Bedingung beschrieben.

Übung 1

a) Geben Sie alle Reservierungen mit den Kundendaten (Kundennummer, Nachname, Vorname, Wohnort) und den Fahrraddaten (Fahrradnummer, den Hersteller, Bezeichnung) aus.
b) Berechnen Sie in einem zusätzlichen Feld den Gesamtleihpreis mit LeihDauer * Preis.

Lösung: a) und b) **Bild 2**

Da die Tabelle `Reservierungen` über einen Equi-Join mit der Tabelle `Kunden` verbunden ist, muss dies ebenso als `WHERE`-Bedingung angegeben werden wie die Beziehungen der Tabellen `Reservierungen – Fahrraeder – Preisgruppen`. Deshalb muss beim Entwurf einer komplexen SQL-Abfrage über mehrere Tabellen hinweg die Art der Beziehungen und der betroffenen Felder bekannt sein.

> Wird eine Abfrage über mehrere Tabellen gebildet, so bilden die Joins dieser Abfrage die im Datenbankentwurf festgelegten Beziehungen nach.

Ähnlich der Möglichkeit, innerhalb einer Abfrage anzuzeigende Felder mit dem Schlüsselwort `AS` umzubenennen, ist dies auch bei Tabellennamen möglich. Dies eignet sich zur Vereinfachung der SQL-Syntax, indem innerhalb der nach `FROM` folgenden Aufzählung dem Tabellennamen ein neuer (temporärer) Name zugewiesen wird, am einfachsten ein kennzeichnender Buchstabe, z. B. K, P, F, R

MehrereTab

```
SELECT Verleihdaten.KdNr, Nachname,
         Vorname, AusleihDatum
FROM Kunden , Verleihdaten
WHERE Kunden.KdNr = Verleihdaten.KdNr;
```

Bild 1: Abfrage von zwei Tabellen

PreisProAusleihe

```
SELECT K.KdNr, Nachname, Vorname, Ort,
   AusleihDatum, LeihDauer AS LDauer, F.Fahrradnummer AS FNr,
   Hersteller, P.Preis*LDauer AS GesPreis
FROM Kunden K, Preisgruppen P, Fahrraeder F, Reservierungen R
WHERE K.KdNr = R.KdNr
   AND F.Fahrradnummer = R. FRadNr
   AND P.Preisgruppe = F.Preisgruppe;
```

KdNı	Name	Vornar	LDaue	FNr	Herstell	GesPreis
13	Metz	Tatjana	3	13	Systemo	81,00 €
8	Zwiebel	Karl	9	8	Panasonic	99,00 €
17	Klapper	Stefan	9	14	Hitachi	171,00 €
2	Müller	Herta	9	23	Hercules	108,00 €
5	Winter	Susanne	9	21	Hercules	135,00 €
16	Adler	Astrid	6	19	Hirsch	102,00 €

Bild 2: Abfrage von mehreren Tabellen

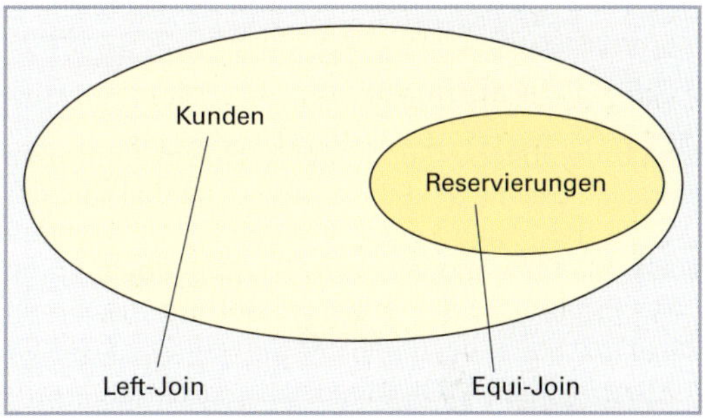

Bild 3: Mengenbereiche von Left-Join und Equi-Join

(Bild 2, oben). Die Tabelle ist dann in der Abfrage allein durch diesen Buchstaben bestimmt.

Sollen in die Abfrage der Reservierungen auch die Kunden mit aufgenommen werden, die bisher noch kein Fahrrad reserviert haben, so muss die Verknüpfungsbedingung geändert werden. Während der Equi-Join der Schnittmenge der beiden Bereiche Kunden und Reservierungen entspricht, muss nun der linke Bereich der beiden Mengen mit eingeschlossen werden **(Bild 3)**. Ein solcher Left Join kann in Access mit der Syntax `tab1 LEFT JOIN tab2 ON tab1.feld = tab2.feld` definiert werden.

Equi-Joins	=	Abfragen über mehrere Tabellen, bei denen nur die Schnittmenge der Daten angezeigt wird.
Left-Joins	=	Außer der Schnittmenge wird auch der linke Bereich der Mengen eingeschlossen.

Übung 1

Geben Sie die Reservierungsdaten und die entsprechenden Kundendaten aus. Listen Sie zusätzlich auch die Kunden auf, die noch kein Fahrrad reserviert haben.

Lösung: **Bild 1**

Während der Equi Join festgelegt werden kann, indem in der `WHERE`-Bedingung Felder gleichgesetzt werden, wird die Ausgabe aller Kunden, auch derjenigen, die keine Fahrräder geliehen haben, erreicht, indem bereits in der `FROM`-Klausel die Beziehung definiert wird. Dazu wird die Tabelle `Kunden` über den Schlüsselbegriff `Left Join` mit der Tabelle `Reservierungen` verbunden. Als Kriterium für die Beziehung dieser beiden Tabellen werden nach dem Schlüsselwort ON die Inhalte der Kundennummern gleichgesetzt. Dadurch erkennt das Datenbanksystem die Art der Beziehung.

Entsprechend dem Left Join kann ebenso ein Right Join definiert werden.

LeftJoin

```
SELECT K.KdNr, Nachname, Vorname, Ort,
   AusleihDatum AS AusDat, LeihDauer AS LDauer
FROM Kunden K LEFT JOIN Reservierungen R
   ON K.KdNr = R.KdNr;
```

KdNr	Name	Vorname	Ort	AusDat	LDauer
1	Palmert	Carlo	Jettingen		
2	Müller	Herta	Krumbach	16.10.2009	9
2	Müller	Herta	Krumbach	22.01.2011	0
3	Müller	Hans	Ulm	27.02.2011	18
4	Schulze	Anna	Ulm		
5	Winter	Susanne	Ulm	16.10.2009	9
5	Winter	Susanne	Ulm	01.05.2010	12

Bild 1: Auswahlabfrage mit Left Join

7.2.6 Unterabfragen

Eine Unterabfrage (Subquery) ist eine in Klammern eingeschlossene SELECT-Anweisung innerhalb der WHERE-Bedingung einer anderen SELECT-Anweisung. Man benötigt sie, wenn die Suchbedingung vom Ergebnis einer anderen Abfrage abhängig ist.

Übung 2

Erstellen Sie eine Abfrage, die den Namen des Kunden, die Fahrradnummer und Bezeichnung des Fahrrades anzeigt, dessen Reservierung als nächstes fällig ist.

Lösung: **Bild 2**

Zweckmäßig ist es, zunächst eine Abfrage zu bilden, die das nächste Reservierungsdatum liefert. Die Funktion `min(Ausleihdatum)` gibt das früheste Datum zurück, die WHERE-Bedingung `AusleihDatum >= DATE()` schränkt dann auf das kleinste Datum ab heute ein.

Nun muss der Datensatz in der Tabelle `Reservierungen` gesucht werden durch die Bedingung `WHERE AusleihDatum = [Subquery]` (Bild 2). Über die notwendigen Equi-Joins mit den beiden Tabellen `Kunden` und `Fahrraeder` verbunden, können die richtigen Daten angezeigt werden.

Das Ergebnis der Subquery muss vom Datentyp her mit dem Vergleichsfeld übereinstimmen. Auch

NaechsteAusleihe

```
SELECT F.Fahrradnummer AS FNr, F.Bezeichnung,
    Nachname, AusleihDatum
FROM Fahrraeder F, Reservierungen R, Kunden K
WHERE K.KdNr = R.KdNr
   AND F.Fahrradnummer = R.FRadNr
   AND AusleihDatum = (
         SELECT min(AusleihDatum)
         FROM Reservierungen
         WHERE AusleihDatum >= Date());
```

Subquery

Abfrage1

FNr	Bezeichnung	Name	AusleihDatum
14	DownHillRacer	Klapper	15.04.2011

Bild 2: Abfrage mit Unterabfrage

darf eine Subquery nur dann mehrere Ergebnisse liefern, wenn sie z. B. Bestandteil einer Bedingung mit dem `IN`-Operator ist und somit einer Feldliste entspricht.

Beispiel 1 **Herstellerorte:**

Listen Sie mit einer SELECT-Anweisung alle Kunden auf, die in einem Ort von Fahrradherstellern wohnen.

Lösung:

```
SELECT * FROM Kunden
WHERE Kunden.Ort IN
  (
  SELECT Hersteller.Ort
  FROM Hersteller
  )
```

Subqueries liefern nur solche Daten, die innerhalb des WHERE-Abschnittes zu einer logisch bewertbaren Bedingung führen, sonst erfolgt eine Fehlermeldung.

7.2.7 Daten bearbeiten mit SQL

Einfügen und Löschen von Datensätzen

Um die Datenbestände entsprechend den laufenden Geschäftsprozesssen zu aktualisieren, müssen neue Daten hinzugefügt und überflüssige Daten gelöscht werden. Dies geschieht in SQL mit den Schlüsselanweisungen `INSERT` und `DELETE`.

Die allgemeine Syntax der INSERT-Anweisung lautet:

```
INSERT INTO Tabelle
(Feld1, Feld2, ...)
VALUES (Inhalt1, Inhalt2, ... );
```

Sie kann auch mit einer SELECT-Anweisung kombiniert werden **(Bild 1)**.

Übung 1

Fahrräder, die vor 2004 angeschafft wurden, sollen ausgemustert werden. Schreiben Sie eine Anweisung, die zur Sicherung die Fahrraddaten in eine Tabelle `FahrraederAlt` einfügt.

Lösung: Bild 1

Es wird eine Tabelle `FahrraederAlt` benötigt mit der gleichen Tabellenstruktur. Die bestehende Tabelle `Fahrraeder` kopiert man, indem man im Kontextmenü erst `Kopieren` und dann `Einfügen` wählt. Dort wird die Option `Nur Struktur` markiert **(Bild 2)**.

In der Übung 1 werden über die SELECT-Anweisung alle Datensätze der Fahrräder gesucht, die vor 2004 angeschafft wurden, und anschließend in die neue Tabelle gespeichert. Datentypen und Namen der Felder müssen übereinstimmen.

Löschen von Datensätzen

Das Löschen der ausgelagerten Datensätze geschieht mit dem SQL-Befehl `DELETE` **(Bild 3)**. Die allgemeine Syntax lautet:

```
DELETE FROM Tabelle
WHERE Bedingung;
```

Das Löschen von Datensätzen und Tabellen kann in Datenbanken nicht mehr rückgängig gemacht werden.

Dadurch wird verhindert, dass ein anderer Benutzer diese Daten zwischenzeitlich in seinem Sinne ändert und neu speichert. Dieser Schreibvorgang würde mit einem in der Textverarbeitung üblichen Rückgängig-Befehl zunichte gemacht werden, die Daten wären nicht mehr konsistent (beständig).

Konsistenz der Datenbank bedeutet, dass der Datenbestand frei von logischen Widersprüchen ist.

AuslagernDaten

```
INSERT INTO FahrraederAlt
SELECT *
FROM Fahrraeder
WHERE AnschaffungsDatum < #2004/01/01#;
```

Bild 1: Einfügen von Datensätzen in Tabellen

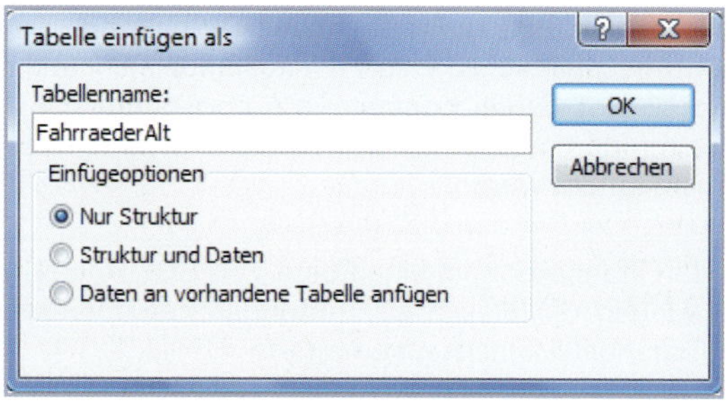

Bild 2: Kopieren einer Tabellenstruktur

LoescheDaten

```
DELETE *
FROM Fahrraeder
WHERE AnschaffungsDatum < #2004/01/01#;
```

Bild 3: Löschen von Datensätzen aus einer Tabelle

Update

```
UPDATE Fahrraeder
  SET Preisgruppe = Preisgruppe - 1
  WHERE YEAR(AnschaffungsDatum) < 2006;
```

Bild 4: Ändern von Daten

Übung 2

Schreiben Sie eine SQL-Anweisung, die die Fahrräder die vor 2004 angeschafft wurden, aus der Tabelle `Fahrraeder` löscht.

Lösung: **Bild 3**

Aktualisieren von Daten

Zum Verändern von Feldinhalten dient der Aktualisierungsbefehl `UPDATE`, z. B. wenn viele Datensätze gleichsinnig geändert werden sollen.

Übung 3

Preisgruppen dienen im Beispiel der Datenbank Faradiso zur Zusammenfassung von Fahrrädern mit gleichem Verleihpreis.
Der Verleihpreis der Fahrräder, die vor 2006 angeschafft wurden, soll um eine Preisgruppe vermindert werden. Speichern Sie die Änderungen in den betroffenen Datensätzen.

Lösung: **Bild 4**

7.2.8 Transaktionen

Datenbanken müssen zu jedem Zeitpunkt, auch nach einem Hardware- oder Softwarefehler, konsistent, also logisch richtig und gültig sein. Bei einer Überweisung zwischen Konten zweier Banken darf die Überweisung nur dann gültig sein, wenn das Konto A um den Betrag vermindert worden ist und dem Konto B dieser Betrag zugute geschrieben worden ist **(Bild 1)**. Erfolgt nach der Buchung 1 ein Stromausfall, so wären die Kontostände nicht mehr konsistent, da der Kontostand A bereits um 250 € vermindert wurde, der Kontostand B aber noch nicht erhöht wurde.

Ein Transaktion ist eine Folge von SQL-Anweisungen, die logisch zusammengehören und die Datenbank konsistent erhalten.

Um sicherzugehen, dass die Überweisung vollständig durchgeführt wird, werden die beiden Buchungen in Form einer Transaktion ausgeführt.

Um Datenbestände immer gültig zu erhalten, wird in einzelnen Schritten vorgegangen **(Tabelle 1)**.

Zunächst werden die Daten gelesen, also der Kontostand A mit 1300 € **(Bild 2)**. Die noch nicht geänderten Daten werden nun als so genanntes Before-Image (= Abbild vor der Änderung) zur Sicherung in die Logdatei geschrieben. Dies ist eine nicht flüchtige Datei innerhalb des Datenbanksystems. Jetzt werden die Änderungen der Daten im Arbeitsspeicher mit den notwendigen Befehlen (UPDATE, DELETE, INSERT) durchgeführt. Dabei entstehen Metadaten (= vorläufige geänderte Daten), die für andere Benutzer gesperrt sind. Der Kontostand A wird also mit Update um 250 € auf 1050 € vermindert.

Dieser geänderte Kontostand wird innerhalb der Logdatei als After-Image (= Abbild nach der Änderung) gesichert. Die entsprechenden Vorgänge müssen nun mit dem Kontostand B durchgeführt werden. Die neuen Daten stehen somit als After-Images in der Logdatei zur Verfügung. Ist bisher kein Fehler aufgetreten, so wird mit dem Befehl `COMMIT` das Ende der Transaktion in der Logdatei vermerkt. Sperren werden freigegeben. Anschließend werden die Metadaten in die Datenbank geschrieben.

Beim Ausführen einer Transaktion wird sichergestellt, dass die Transaktion entweder komplett ausgeführt wird oder im Fehlerfall völlig rückgängig gemacht wird.

Buchung 1: Konto A	
alter Kontostand:	1 300,00 €
Soll:	250,00 €
neuer Kontostand:	1 050,00 €

Buchung 2: Konto B	
alter Kontostand:	4 320,00 €
Haben:	250,00 €
neuer Kontostand:	4 570,00 €

Bild 1: Buchungen einer Überweisung

Tabelle 1: Ausführen einer Transaktion

Schritt	Aufgabe
Lesen der Daten	Die Daten werden von Platte eingelesen.
Merken der bisherigen Daten	Die zu ändernden Daten werden in die Logdatei geschrieben (Before-Image).
Ändern der Daten	Ändern der Daten im Arbeitsspeicher, Sperren dieser Einträge für andere Benutzer.
Merken der geänderten Daten	Die geänderten Daten werden in die Logdatei geschrieben (After-Image).
Transaktionsende mit COMMIT (= Bestätigung)	Schreiben aller Images und Metadaten in die Logdatei. Transaktionsende in der Logdatei vermerken. Sperren freigeben.
Transaktionsende mit ROLLBACK (= zurückdrehen)	Rücksetzen der Metadaten der Transaktion. Geänderte Daten, die bereits in die Datenbank geschrieben wurden, werden für ungültig erklärt. Sperren freigeben.
Änderungen speichern	Die geänderten Daten werden in die Datenbank geschrieben.

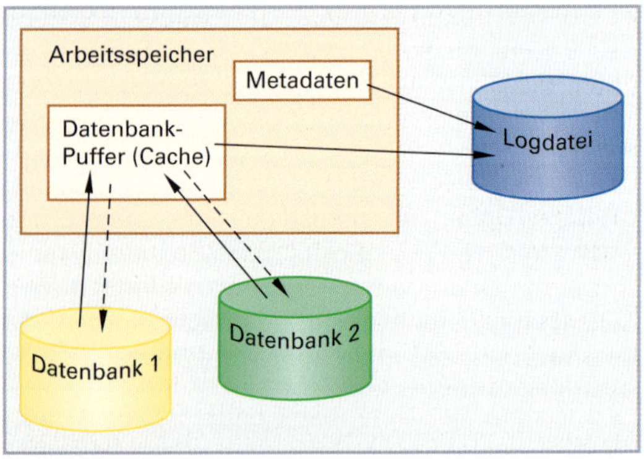

Bild 2: Funktionen der Logdatei und des Datenbankpuffers

Ist vor dem COMMIT-Befehl ein Fehler aufgetreten, so wird mit der Anweisung ROLLBACK die gesamte Transaktion mit allen Metadaten zurückgesetzt. Die bisherigen Daten sind noch in den Before-Images innerhalb der Logdatei gesichert. Da bei einem Ende einer Transaktion ein Vermerk in die Logdatei geschrieben wird, kann bei einem Systemabsturz jederzeit erkannt werden, welche Änderungen zu einer bereits beendeten Transaktion gehören.

Wird die Logdatei nicht auf demselben Medium angelegt, auf dem sich auch die Datenbank befindet, so ist es sehr unwahrscheinlich, dass beide Datenbestände, Logdatei und Datenbank, gleichzeitig zerstört werden. Deshalb kann mithilfe der letzten Sicherung und der inzwischen weitergeführten Logdatei der Datenbestand jederzeit wieder hergestellt werden, um wieder einen konsistenten Datenbestand zu erhalten.

Durch transaktionsorientierte Verarbeitung von Daten kann ein Datenverlust weitgehend ausgeschlossen werden.

7.2.9 Datenbank sichern

Haben mehrere Personen Zugang zu den Daten einer Datenbank, so müssen die Daten vor unberechtigtem Zugriff gesichert werden. Datenbanksysteme bieten eine Aufteilung in verschiedene Gruppen. Jeder Gruppe werden bestimmte Rechte innerhalb der Datenbank zugewiesen (**Bild 1**). So kann beispielsweise festgelegt werden, dass die Gruppe `Benutzer 5` den Entwurf der Tabelle `Kunden` nicht ändern oder Daten daraus löschen darf. Alle Rechte stehen üblicherweise nur der Gruppe der `Administratoren` zu.

Jeder Benutzer der Datenbank wird einer Gruppe zugeordnet und erhält damit die der Gruppe zustehenden Rechte. Er muss sich durch einen Namen und ein Passwort bei der Anmeldung identifizieren. Ist z. B. der Benutzer Maier der Gruppe `Benutzer5` zugeordnet, so kann er nur die Rechte ausüben, die dieser Gruppe auch zustehen. Er kann z. B. die Tabellen nicht verändern oder Datensätze löschen.

Rechte können für eine gesamte Gruppe vergeben werden, aber auch für einzelne Benutzer.

Zum Festlegen der Rechte stehen im SQL-Standard die Befehle GRANT (= gewähren) und REVOKE (= zurücknehmen) zur Verfügung.

Mit GRANT werden einzelnen Benutzern oder Gruppen Zugriffsrechte für einzelne Tabellen, Abfragen oder Bereiche erteilt (**Tabelle 1**). Der Zusatz ALL

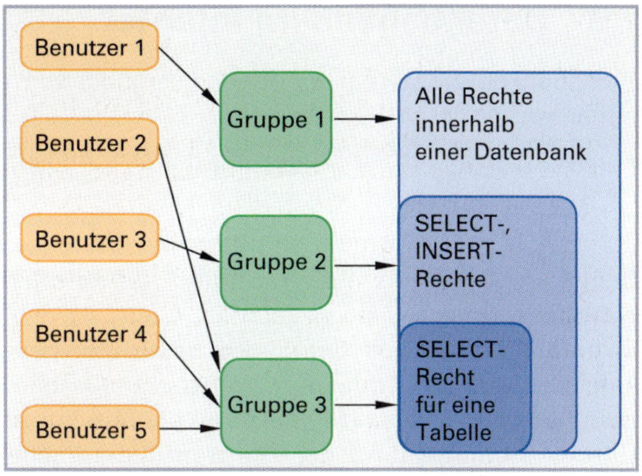

Bild 1: Zuordnung von Gruppen und Rechten

Tabelle 1: Zugriffsrechte in SQL

Recht	Beschreibung
SELECT	Lesender Zugriff auf die angegebene Relation
UPDATE	Ändern von Inhalten der angegebenen Relation
UPDATE (x)	Ändern des Attributswertes x der angegebenen Relation
DELETE	Löschen von Datensätzen
INSERT	Einfügen neuer Datensätze

PRIVILEGES (= alle Rechte) vergibt an den Benutzer alle Rechte an einer Tabelle oder einem Bereich. Die Option WITH GRANT OPTION ermöglicht dem Anwender, seine Rechte auch an Dritte weiterzugeben.

Beispiel 1 Zugriffsrechte:

Erstellen Sie eine Anweisung, die den Benutzern Daniel und Mirjam das Lesen und Einfügen neuer Datensätze in die Tabelle `Kunden` ermöglicht. Außerdem soll es ihnen erlaubt sein, ihre Rechte auch an Dritte weiterzugeben.

Lösung:

```
GRANT SELECT, INSERT
  ON Kunden
  TO Daniel, Mirjam
  WITH GRANT OPTION.
```

Wiederholung und Vertiefung

1. **Beschreiben Sie die Bedeutung eines Primärschlüssels einer Tabelle.**
2. **Erläutern Sie die wesentlichen Beziehungen innerhalb einer Datenbank anhand von Beispielen.**
3. **Welche Bedeutung hat die Forderung nach referentieller Integrität innerhalb einer Datenbank?**
4. **Warum ist transaktionsorientierte Datenverarbeitung wichtig?**
5. **Durch welche Befehle können die Rechte von Benutzern festgelegt werden?**

WV

7.3 Datenbanken im Internet

Datenbanken im Internet benötigen geeignete Komponenten:

- einen Webserver zur Steuerung der Datenflüsse im Internet,
- ein internetfähiges Datenbanksystem und
- eine Programmiersprache, die im Internet anwendbar ist, z. B. PHP.

Im folgenden Beispiel wird eine lokale Entwicklungsumgebungen mit dem Webserver Apache, dem Datenbanksystem MySQL (von My Structured Query Language) und der Programmiersprache PHP (von Personal homepage = persönliche Homepage) verwendet **(Bild 1)**.

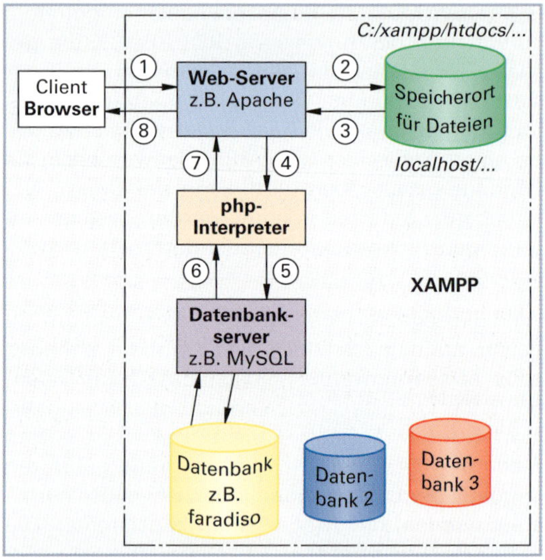

Bild 1: Die Entwicklungsumgebung XAMPP

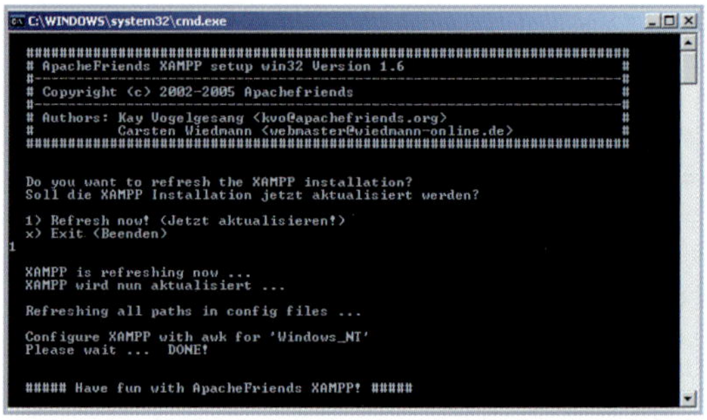

Bild 2: Setup-Datei von XAMPP

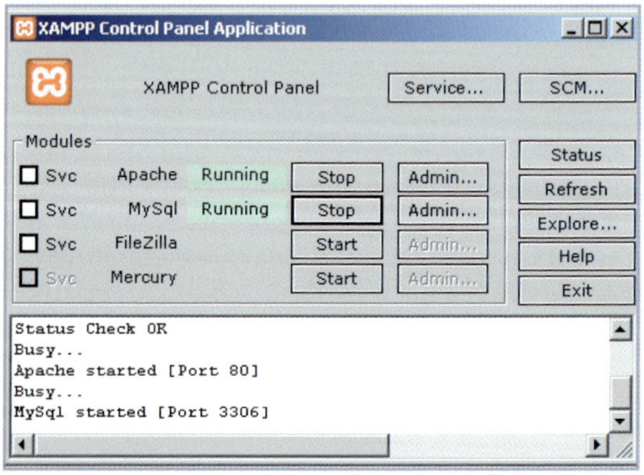

Bild 3: Das XAMPP-Bedienfeld

7.3.1 Funktionsweise der Komponenten

Der Webserver

Der Webserver, z. B. Apache organisiert das Zusammenwirken der einzelnen Internet-Komponenten.

Die vom Client (= Kunde) angeforderte URL wird ausgewertet und als Adresse identifiziert. An der Dateiendung wird erkannt, ob es sich um eine reine HTML-Seite handelt oder ob andere Dateitypen, z. B. php-Dateien, angefordert werden.

Wird eine Datei mit der Endung `.php` angefordert, so leitet der Webserver diese Seite zunächst an das PHP-Programm zur Interpretation weiter (Bild 1). Dort werden alle PHP-Code-Anteile erkannt und interpretiert. Sind z. B. Anfragen an eine Datenbank enthalten, so werden diese vom PHP-Interpreter an das Datenbanksystem weitergegeben. Die vom Datenbankserver zurückgelieferten Ergebnisse z. B. einer SQL-Abfrage werden in HTML-Code umgewandelt und an den Webserver zurückgeleitet. Von dort erhält der Client ein reines HTML-Dokument, das mit einem üblichen Browser, z. B. Firefox, am Bildschirm dargestellt wird.

Webserver, Interpreter-Programme und Datenbankserver müssen nicht zwingend auf dem gleichen Computer verfügbar sein, sondern können bei entsprechender Initialisierung auf verschiedenen Servern im Internet weltweit verteilt sein.

Installation der Entwicklungsumgebung XAMPP

Nach Herunterladen der frei verfügbaren Entwicklungsumgebung XAMPP wird diese in einem Verzeichnis, z. B. `C:\xampp` entpackt. Um die Verzeichnispfade der Anwendung auf dieses Verzeichnis einzustellen, sollte die Datei `setup_xampp.bat` durch Doppelklick ausgeführt werden **(Bild 2)**.

Übung 1

Öffnen Sie die XAMPP-Entwicklungsumgebung durch Doppelklick auf die ausführbare Datei `xampp_controll.exe`. Starten Sie hier durch Klick auf die Schaltflächen `Start` den Webserver `Apache` sowie den Datenbankserver `MySql`.
Lösung: **Bild 3**

7.3.2 Die Internetsprache PHP

7.3.2.1 Einführung

PHP ist eine Skriptsprache (von scriptum = Schriftstück, im deutschen Skript), die in HTML-Code eingebettet werden kann. Eine Skriptsprache wird nicht compiliert, sondern das Skript wird interpretiert und ausgeführt. Im Unterschied zu JavaScript wird dieser Code jedoch nicht zum Client übertragen, sondern auf der Serverseite ausgeführt. Der Client erhält das Ergebnis des Programmlaufes als HTML-Datei, die keinen PHP-Quellcode mehr enthält. Während zum Verarbeiten von Seiten mit Java-Code der HTML-Browser des Clients dafür geeignet und eingestellt sein muss, stellt PHP keine Anforderungen an den Browser.

In der Entwicklungsumgebung XAMPP ist der PHP-Interpreter enthalten.
Um PHP-Quellcode in der Testumgebung XAMPP auszuführen,

- müssen die Skripte im Unterverzeichnis `c:\xampp\htdocs` mit der Extension `.php` gespeichert sein,
- muss der Webserver gestartet sein und
- muss der Aufruf eines Skripts über die IP 127.0.0.1/... oder die URL localhost/... erfolgen.

Würde die Datei test.php direkt vom Browser an der Speicheradresse z. B. C:\xampp\htdocs... gelesen werden, würde der php-Interpreter umgangen werden und der PHP-Quelltext direkt im Browser angezeigt werden.

> Damit PHP-Skripte interpretiert werden, muss der Aufruf immer über den Webserver erfolgen.

7.3.2.2 Sprachelemente von PHP

Die Sprachelemente von PHP sind weitgehend von den Programmiersprachen C, Java und Perl abgeleitet.

Übung 1

Schreiben Sie eine Datei, die am Bildschirm den Inhalt einer Textvariablen, z. B. „Hallo, Datenbank-Experte!“, ausgibt.

Lösung: **Bild 1**

Mit einem Texteditor wird zunächst das Grundgerüst einer HTML-Datei erstellt. Das PHP-Skript wird zwischen die Tags (= Markierungen) `<?php` und `?>` in den Body-Bereich eingefügt. Jede Anweisungszeile muss mit einem Strichpunkt beendet werden. Kommentare werden mit // begonnen.

> PHP verhindert den Diebstahl von Know-how, indem der Quellcode (das Skript) nicht zum Client übertragen wird, sondern auf dem Server interpretiert wird.

```
<html>
      <head>
         <title>Übung 1</title>
      </head>
   <body>

      <?php
       $daten="Hallo, Datenbank-Experte!";
         //Deklaration der Variablen
       echo $daten; //Ausgabe der Variablen
      ?>

   </body>
</html>
```

PHP-Skript

Bild 1: Skript zur Ausgabe einer Textvariablen

Bild 2: Ausgabe einer Textvariablen mit PHP

Variablen in PHP

Variablen werden in PHP durch ein vorangestelltes $-Zeichen benannt, z. B. `$daten`. Sie müssen nicht ausdrücklich deklariert werden, sondern werden durch die Wertzuweisung in das geeignete Datenformat gebracht. Die Ausgabe der Variablen `$daten` am Bildschirm erfolgt durch die Anweisung `print ($daten)` oder `echo ($daten)`.

Die Datei mit dem PHP-Skript muss nun mit der Erweiterung `.php`, z. B. `skript1.php`, im Veröffentlichungsverzeichnis des Webservers gespeichert werden. Der Aufruf erfolgt im Browser nicht offline über das Öffnen der Datei im Pfad `c:\xampp\htdocs...`, sondern im Online-Modus, z. B. über die Adresse `http://localhost/skript1.php` (**Bild 2**).

> Damit PHP-Skripte in HTML-Seiten interpretiert werden, müssen die Dateien z. B. mit der Dateierweiterung `.php` gespeichert werden und im Online-Modus ausgeführt werden.

Arrays

Ein Array (= Feld) besteht aus einer bestimmten Anzahl von Feldelementen, die jedoch nicht vom gleichen Datentyp sein müssen. PHP-Arrays sind für die Bearbeitung von Datensätzen in Datenbanken besonders geeignet.

> Arrays können aus Feldelementen mit unterschiedlichen Datentypen bestehen.

Ein Array besitzt, wie andere Variablen auch, einen Namen, z. B. `$kunden`. Die einzelnen Feldelemente werden bei numerischen Arrays durch einen fortlaufenden Index unterschieden , z. B. `$kunden[1] = "Huber"`. Der Index beginnt bei PHP standardmäßig bei [0].

Übung 1

Legen Sie in einem Skript ein numerisches Array für den Kunden Huber an mit den folgenden Daten:

Nr: 1; Name: Huber; Vorname: Wilhelm;
Strasse: Hauptstr. 345; Land: D;
PLZ: 76567; Ort: Oberberg;
Tel: 07654-3210; Fax: 07654-3211;
EMail: Wilhelm.Huber@mail.com;

Lösung: **Bild 1**

Assoziative Arrays

Assoziative (mit Vorstellungen verbindende) Arrays verwenden als Index ihrer Elemente nicht Zahlen, sondern Zeichenfolgen oder Worte, so genannte Keys. Anstatt $kunden[0] und $kunden[1] erhalten die Arrayelemente die Bezeichnung $kunden[Nr] und $kunden[Name]. Durch Indizierung mit diesem Key, z. B. [Nr] oder [Name], wird die Bedeutung des einzelnen Elementes einfacher vermittelt.

Übung 2

Entwerfen Sie ein PHP-Skript, mit dem die Daten des Kunden Huber in einem assoziativen Array gespeichert ausgegeben werden.

Lösung: **Bild 2**

Die Ausgabe der Feldinhalte erfolgt z. B. durch eine foreach-Schleife. Die allgemeine Syntax dieser Schleife (bei assoziativem Array) lautet:

```
foreach($arrayname as $keyname =>
  $elementname)
  Anweisung;
```

Bei numerischen Arrays entfällt die Angabe des Schlüssels. Die Syntax der Schleife lautet:

```
foreach($arrayname as $elementname)
  {Anweisung 1;
   Anweisung 2
  }
```

```
<?php
$kunden[0]=1;
$kunden[1]="Huber";
$kunden[2]="Wilhelm";
$kunden[3]="Hauptstr. 345";
$kunden[4]="D";
$kunden[5]="76567";
$kunden[6]="Oberberg";
$kunden[7]="07654-3210";
$kunden[8]="07654-3211";
$kunden[9]="Wilhelm.Huber@mail.com;
?>
```

Bild 1: Numerisches Array

```
<?
$kunden[Nr]=1;
$kunden[Name]="Huber";
$kunden[Vorname]="Wilhelm";
$kunden[Strasse]="Hauptstr. 345";
$kunden[Land]="D";
$kunden[PLZ]="76567";
$kunden[Ort]="Oberberg";
$kunden[Tel]="07654-3210";
$kunden[Fax]="07654-3211";
$kunden[EMail]="Wilhelm.Huber@mail.com;

foreach($kunden as $key => $element)
   echo $key,':   ',$element,'<br>';
?>
```

Bild 2: Verarbeitung eines assoziativen Arrays

Anstelle einer einzelnen Anweisung können mehrere mit geschweiften Klammern umschlossene Anweisungen zu einem so genannten Anweisungsblock zusammengefasst werden.

Zur Vereinbarung assoziativer Arrays wird der Arrayname vorangestellt und das Schlüsselwort `array` verwendet. Die Keys der einzelnen Elemente werden in Anführungszeichen genannt, z. B. „Name", und nach dem Zuweisungsoperator => mit Werten gefüllt:

```
$kunden=array(
  "Nr"=>1,
  "Name"=>"Huber",
  "Vorname"=>"Wilhelm",
  ...
  "Email"=>"Wilhelm.Huber@mail.
  com");
```

Diese Art der Vereinbarung benötigt man, um mehrdimensionale Arrays zu bearbeiten.

Mehrdimensionale Arrays

Um bei mehreren Kunden die Übersicht zu bewahren, empfiehlt es sich, für jeden Kunden ein neues Array anzulegen. Die Arrays der einzelnen Kunden (entsprechend der Datensätze einer Datenbank) werden dann zu einem übergeordneten Array zusammengefasst **(Bild 1)**.

> Mehrdimensionale Arrays fassen einzelne gleich strukturierte Arrays zu einem übergeordneten Array zusammen.

Solche mehrdimensionalen Arrays eignen sich, den Inhalt einer Tabelle einer relationaler Datenbank aufzunehmen.

Übung 1

Schreiben Sie ein PHP-Skript, das zwei Datensätze mit Adressen speichert und am Bildschirm ausgibt.

Lösung: **Bild 2**

Nach der Festlegung der beiden Arrays `$kunde[1]` und `$kunde[2]` werden die Daten über eine doppelt verschachtelte `foreach`-Schleife ausgegeben. Dabei wird in der äußeren Schleife zunächst der interne Zähler `$zaehler` auf das erste Element gesetzt. Dieses erste Sub-Array `$kunde[1]` wird nun der Variablen `$datensatz` übergeben. Nach der Ausgabe von „`Datensatz 1:`" wird die innere Schleife begonnen. Hier wird der Zähler `$index` gestartet und das erste Element des aktiven Arrays `$datensatz` der Variablen `$feldinhalt` übergeben. Mit `echo ...` werden der Index und der Feldinhalt am Bildschirm angezeigt.

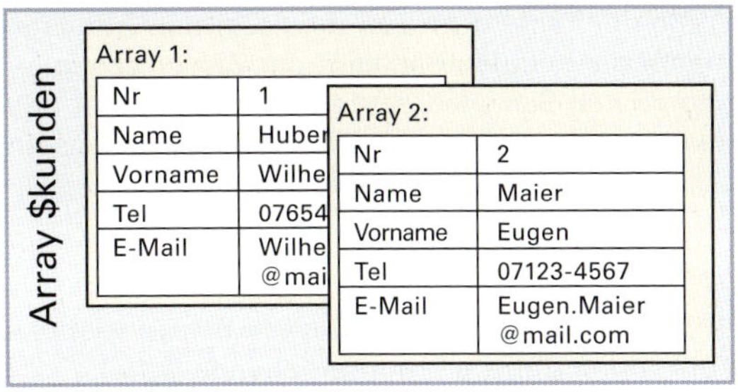

Bild 1: Prinzip eines mehrdimensionalen Arrays

```
<html><head>
  <title>Mehrdimensionales Array</title>
</head>
<body text=#000000  bgcolor=#00FFFF
<?php
$kunden[1]=array(
  "Nr"=>1,
  "Name"=>"Huber",
  "Vorname"=>"Wilhelm",
  "Tel"=>"07654-3210",
  "EMail"=>"Wilhelm.Huber@mail.com"
  );
$kunden[2]=array(
  "Nr"=>2,
  "Name"=>"Maier",
  "Vorname"=>"Eugen",
  "Tel"=>"07123-4567",
  "EMail"=>"Eugen.Maier@mail.com"
  );
foreach($kunden as $zaehler => $datensatz){
  echo'Datensatz',$zaehler,':','<br>';
     foreach($datensatz as $index=>$feldinhalt){
       echo $index,':    ',$feldinhalt,'<br>';
       }
     echo '<br>';}
?>
</body>
</html>
```

Bild 2: Skript zur Verarbeitung eines mehrdimensionalen Arrays

Tabelle 1: Array-Funktionen von PHP

Funktion	Beispiel	Wirkung
Funktionen für Zugriff und Navigation		
array_walk	$ergebnis = array_walk($zahlen, 'quadrat');	Verändert die Elemente des Arrays, indem eine benutzerdefinierte Funktion (z. B. ‚quadrat') auf die einzelnen Elemente angewendet wird.
count	$anzahl = count($array);	Ermittelt die Anzahl der Elemente des Arrays.
each	$kunde1 = each($kunde);	Gibt das nächste Schlüssel-/Wertepaar eines assoziativen Arrays zurück.
end	$EMail = end($kunde);	Setzt den internen Zeiger auf das letzte Element.
key	$schluessel = key($array);	Gibt den Schlüssel der aktuellen Position des Arrayzeigers zurück.
Sortierfunktionen		
asort	$sortiert = asort($array);	Sortiert ein assoziatives Array unter Beibehaltung der Schlüsselzuordung.
arsort	$sortiert = arsort($array);	Sortiert ein assoziatives Array absteigend.
ksort	$sortiert = ksort($array);	Sortiert ein assoziatives Array aufsteigend nach Schlüsseln.
krsort	$sortiert = krsort($array);	Sortiert ein assoziatives Array absteigend nach Schlüsseln.
Sonstige Funktionen		
array_pop	$element=array_pop($kunden);	Entfernt das letzte Element eines Arrays.
array_push	$arr1=array_push($kunden, $elem);	Fügt $elem als weiteres Element an ein Array an.

Wenn der Zähler `$index` die gesamten Arrayelemente durchlaufen hat, wird der Zähler der übergeordneten Schleife `$zaehler` um 1 erhöht und der Vorgang wiederholt sich mit dem nächsten Sub-Array `$kunde[2]` **(Bild 1)**.

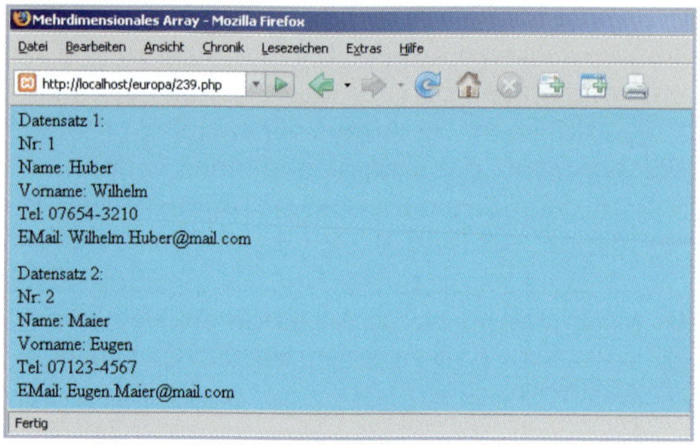

Bild 1: Ausgabe der beiden Datensätze

Verarbeitung von Arrays

PHP bietet für die Verarbeitung von Arrays spezielle Funktionen **(Tabelle 1, vorhergehende Seite)**.

Übung 1

Schreiben Sie ein Skript, welches die Zahlen 10 bis 20 in einem Array speichert. Quadrieren Sie die Elemente dieses Arrays mithilfe einer selbstdefinierten Funktion und geben Sie die Ergebnisse am Bildschirm aus.

Lösung: **Bild 2**

```
<?php
function quadrat(&$x){
    $x=$x*$x;}
$zahlen=array(10,11,12,13,14,15,16,17,18,19,20);
$ergebnis=array_walk($zahlen,'quadrat');
foreach($zahlen as $element){
    echo $element,'';
}
?>
```

Bild 2: Anwendungsbeispiel einer Array-Funktion

Dateioperationen mit PHP

Für Dateioperationen stehen verschiedene Funktionen zur Verfügung **(Tabelle 1)**.

Übung 2

Programmieren Sie einen Zähler, der die Besucher einer Homepage zählt und den Zählerstand in einer eigenen Textdatei `counter.txt` speichert.

Lösung: **Bild 3**

```
<html><head>
    <title>PHP-Zähler</title>
    </head>
<body bgcolor="#87ceff">
<?
$zaehldatei="counter.txt";
    if(!file_exists($zaehldatei)){
        $fp=fopen($zaehldatei,"w+");
        fwrite($fp,"0");
        fclose($fp);
        }
$fp=fopen($zaehldatei,"r+");
$zaehler=(int)fgets($fp,12);
$zaehler++;
rewind($fp);
fwrite($fp,$zaehler);
fclose($fp);
?>
<div align="Center">
    <font size="+2">Sie sind der
        <? require($zaehldatei);?>
        .Besucher!!</font></div>
</body></html>
```

Bild 3: PHP-Skript eines Zählers

In der Datei `counter.txt` wird nur der Zählerstand als Ganzzahl abgelegt. Der Name dieser Datei wird in einer Variablen festgelegt.

Wenn diese Datei nicht existiert, wird die `if`-Anweisung durchlaufen. Es wird diese Datei erzeugt und im Modus w+ geöffnet. Diese Betriebsart der Datei legt fest, dass sie zum Lesen und Schreiben geöffnet wird und – falls sie nicht existiert – zunächst erstellt wird. Mit der Funktion `fwrite()` wird die Zahl 0 in die Datei geschrieben. `fclose()` schließt die Datei wieder.

Tabelle 1: Funktionen für Dateioperationen

Funktion	Bedeutung	Beispiel
fopen()	Öffnet eine Datei in einer bestimmten Zugriffsart.	$fp =$fopen('filename', $mode);
fclose()	Schließt eine geöffnete Datei.	fclose($fp);
fgets()	Liest eine Zeile mit maximaler Länge 12 aus einer Datei.	fgets($fp,12);
fgetc()	Liest ein einzelnes Zeichen einer Datei.	fgetc($fp);
fwrite()	Schreibt eine Zeichenkette $str in eine Datei.	fwrite($fp,$zaehler);
file_exists()	Prüft, ob eine Datei existiert.	if(!file_exists($zaehldatei) ...;
rewind	Setzt den Dateizeiger auf den Anfang einer Datei.	rewind($fp);
unlink()	Löscht eine Datei.	unlink('filename');
require	Fügt eine Datei in das PHP-Skript ein.	require($zaehldatei);

Die Funktion fopen() öffnet die nun sicher existierende Datei im Modus r+ zum Lesen und Schreiben. Mit fgets() wird die maximal 12 Zeichen lange Zahl als String ausgelesen und mit int() in eine Ganzzahl umgewandelt. Sie wird in der Variablen $zaehler zwischengespeichert und mit $zaehler++ um Eins erhöht. Die Funktion rewind() setzt den internen Zeiger auf den Anfang der Datei. Dorthin wird nun die um Eins erhöhte Zahl mit fwrite() geschrieben und die Datei wieder geschlossen.

Die Ausgabe erfolgt im HTML-Format, wobei der Zählerstand durch Einbinden der Datei mittels der Funktion require($zaehlerstand) angezeigt wird **(Bild 1)**.

Bild 1: PHP-Zähler

Arbeiten mit Formularen

Mit PHP können Daten aus HTML-Formularen mittels Skripten verarbeitet werden.

Übung 1

Entwerfen Sie ein HTML-Formular nach **Bild 2** zur Eingabe einer Adresse (Name, Vorname, Straße, PLZ, Ort). Über eine Befehlsschaltfläche sollen die Daten an ein PHP-Script gesendet werden und dort angezeigt werden.

Lösung: **Bild 3** und **Bild 4**.

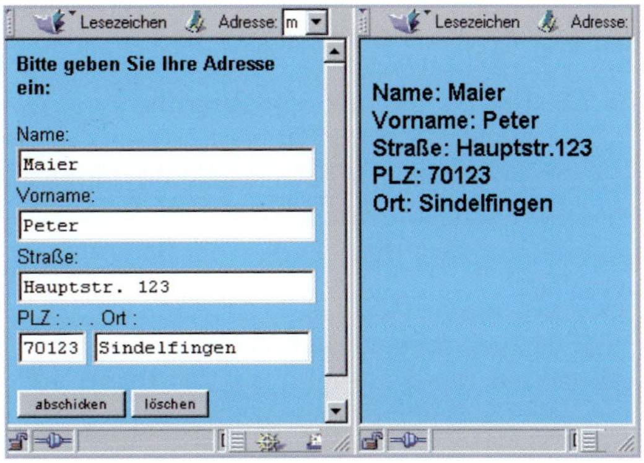

Bild 2: HTML-Formular und PHP-Ausgabe

Zunächst wird ein Formular im HTML-Code erstellt (Bild 3). Dort wird festgelegt, dass z. B. durch die Methode post die Formulardaten an ein PHP-Script, z. B. formular1.php gesendet werden. Dies geschieht durch die HTML-Anweisung <form action="formular1.php" method="post">.

Durch Betätigen der Schaltfläche abschicken werden die Daten gesendet.

Übertragen werden die Daten in der Standardvariablen $_POST[ ] im Datenformat eines Arrays. Die Elemente werden z. B. mit $vorname=$_POST[Vorname] ausgelesen und einer lokalen Variablen zugewiesen. Mithilfe des Befehls echo... können sie angezeigt werden (Bild 4).

```
<html><head>
   <title>Adress-Formular</title></head>
<body text="#000000" bgcolor="#00E0FF">
<h4>Bitte geben Sie Ihre Adresse ein:</h4>
<form action="formular1.php" method="post">
Name:<br><input type="Text"name="Name"size="35">
<br>
Vorname:<br><input type="Text"name="Vorname"
   size="35"><br>
Straße:<br><input type="Text"name="Strasse"
   size="35"><br>
PLZ:Ort:<br><input type="Text"name="PLZ"size="5">
   <input type="Text"name="Ort"size="28"><br><br>
<input type="Submit"name="submit"value=
   "abschicken">
<input type="reset"name=loeschen value=löschen>
</form>
</body></html>
```

Bild 3: Quelltext eines HTML-Formulars zur Adresseingabe

```
<html><head>
   <title>Formular-Auswertung</title></head>
<body text="#000000" bgcolor="#00E0FF">
<?php
$name     =$_POST[Name];
$vorname =$_POST[Vorname];
$strasse =$_POST[Strasse];
$PLZ      =$_POST[PLZ];
$Ort      =$_POST[Ort];
echo "<br>Name:    ",$name;
echo "<br>Vorname:    ",$vorname;
echo "<br>Strasse:    ",$strasse;
echo "<br>PLZ:    ",$plz;
echo "<br>Ort:    ",$ort;
?>
</body></html>
```

Bild 4: PHP-Skript zum Anzeigen der Formulardaten

WV

Wiederholung und Vertiefung

1. **Erläutern Sie die Aufgaben eines Webservers.**
2. **Welchen Vorteil bietet die Verwendung von PHP gegenüber Java und JavaScript?**
3. **Worin unterscheiden sich numerische und assoziative Arrays?**
4. **Nennen Sie ein Beispiel für die Verwendung mehrdimensionaler Arrays.**
5. **Beschreiben Sie die Datenübergabe von einem Formular zu einem PHP-Skript.**

7.3.3 Das Datenbanksystem MySQL

7.3.3.1 Aufrufen des Datenbankservers

Mithilfe des Client phpMyAdmin wird der Datenbankserver MySQL angesprochen. Der Aufruf des Clients erfolgt mit xampp über die Adresse `http://localhost/phpmyadmin` **(Bild 1)**.

Hier werden die verfügbaren MySQL-Datenbanken angezeigt. Durch Klicken auf den Namen einer Datenbank, z. B. `mysql`, wird der Benutzer mit dieser verbunden und es öffnet sich ein neues Fenster mit den Tabellen dieser Datenbank.

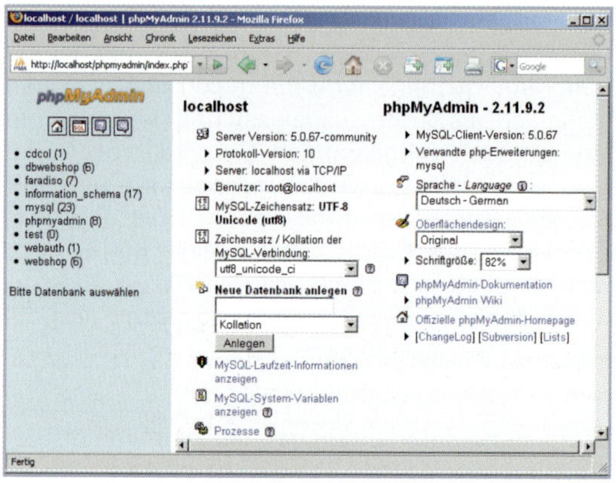

Bild 1: Der Client phpMyAdmin

7.3.3.2 Das Sicherheits- und Zugriffssystem von MySQL

MySQL unterscheidet nicht nur zwischen einzelnen Benutzern, sondern zwischen der Kombination aus Benutzer und dem Host, an dem der Benutzer sich anmeldet.

> MySQL unterscheidet zwischen den Kombinationen aus den Benutzern und den Hosts, auf denen sie sich anmelden.

Bedeutung der Tabelle `user`

Die Zugriffsberechtigungen sind in der Systemdatenbank `mysql` festgelegt. Die Tabelle `user` enthält alle Host/User-Kombinationen, die auf den Datenbankserver zugreifen dürfen **(Bild 2)**. Alle Rechte, die ein Benutzer in dieser Tabelle erhält, gelten für alle vorhandenen Datenbanken.

Datenbank mysql - Tabelle user

Zeige Records 0 - 30 (4 insgesamt)
SQL-Befehl:
SELECT * FROM user LIMIT 0, 30

Host	User	Password	Select_priv	Insert_priv	Update_priv
localhost	root		Y	Y	Y
	birgitgleich	hub9dar	N	N	N
	Simon	Albert9	Y	Y	Y
localhost	Anna-Lena	Gro4u	Y	Y	Y

Neue Zeile einfügen

Bild 2: Ausschnitt aus der Tabelle `user` der Datenbank `mysql`

Übung 1

Legen Sie fest, dass der Benutzer „Simon" mit dem Passwort „Albert9" vom Host mit der IP-Adresse `189.36.136.11` aus nur das SELECT-Recht erhält.

Lösung: **Bild 3**

Datenbank mysql - Tabelle user

Feld	Typ	Funktion	Wert
Host	char(60)		189.36.136.11
User	char(16)		Simon
Password	char(16)		Albert9
Select_priv	enum		Y
Insert_priv	enum		N
Update_priv	enum		N
Delete_priv	enum		N
Create_priv	enum		N
Drop_priv	enum		N
Reload_priv	enum		N

Bild 3: Eintragen eines neuen Benutzers

Im Startfenster des `phpMyAdmin` (Bild 1) wird die Datenbank `mysql` gewählt. Über den Browser-Link `Einfügen` **(Bild 4)** in der Zeile `user` gelangt man zum Eingabefenster für einen neuen Datensatz (Bild 3). In Zeile `Select_priv` wird `Y` als Wert eingestellt. Nach dem Speichern der Berechtigungsdaten müssen die Rechte durch Klick auf den Link „Rechte neu laden" aktiviert werden.

> Änderungen im Rechtesystem werden erst nach einem Neustart des Datenbankservers wirksam.

Datenbank mysql

Einfügen eines neuen Users

Tabelle	Aktion						Einträge
columns_priv	Anzeigen	Teilw. anzeigen	Einfügen	Eigenschaften	Löschen	Leeren	0
db	Anzeigen	Teilw. anzeigen	Einfügen	Eigenschaften	Löschen	Leeren	2
host	Anzeigen	Teilw. anzeigen	Einfügen	Eigenschaften	Löschen	Leeren	0
tables_priv	Anzeigen	Teilw. anzeigen	Einfügen	Eigenschaften	Löschen	Leeren	0
user	Anzeigen	Teilw. anzeigen	Einfügen	Eigenschaften	Löschen	Leeren	4

- SQL-Befehl(e) ausführen in Datenbank mysql [Dokumentation]:

OK

Bild 4: Vorbereitung zum Einfügen eines neuen Benutzers

Bedeutung der Tabellen `db` und `host`

In der Tabelle `db` können für die Benutzer datenbankspezifische Berechtigungen erteilt werden. Soll z. B. ein Benutzer in der Datenbank faradiso nur Rechte zur Ausführung von Auswahlabfragen mit `SELECT` besitzen, so wird dies in der Tabelle `db` festgelegt.

Übung 1

Erstellen Sie einenen SQL-Befehl, der dem Benutzer „Simon" vom Rechner `189.36.136.11` aus für die Datenbank `faradiso` die Rechte `SELECT`, `INSERT`, `UPDATE` und `DELETE` erteilt.

Lösung: **Bild 1**

```
INSERT INTO db(host, db, user, select_priv,
   insert_priv, update_priv, delete_priv)
VALUES
('189.36.136.11','faradiso','Simon','Y',
   'Y','Y','Y');
```

Bild 1: SQL-Befehl zur Vergabe von Berechtigungen

Im Datenbankfenster des Browsers wird die Datenbank `mysql` angewählt. Im sich nun öffnenden Fenster wird der SQL-Befehl eingegeben und mit der Schaltfläche OK ausgeführt **(Bild 2)**. Nach einem Reload (von to reload = wieder laden) des Datenbankservers sind die Rechte für den Benutzer aktiviert.

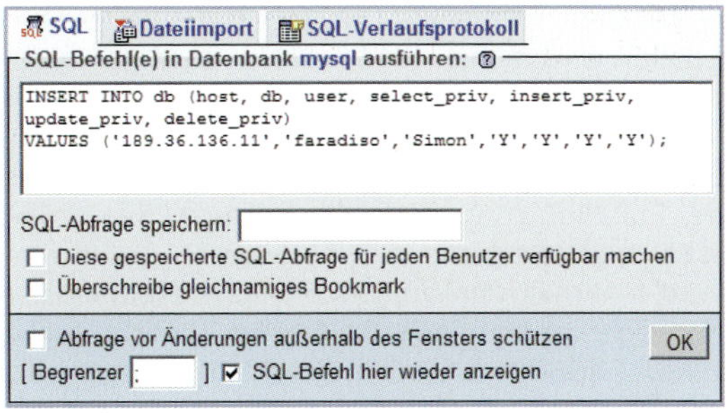

Bild 2: Ausführen eines SQL-Befehls zur Rechtezuweisung

Bei einer Anmeldung am Datenbankserver wird zunächst die Tabelle `user` ausgewertet und mit den Einträgen in der Tabelle `db` verglichen. Ist im Feld `host` der Tabelle `db` kein Eintrag vorhanden, so werden die Rechte der Tabelle `user` mit den Rechten der Tabelle `db` logisch UND-verknüpft. Das bedeutet, dass für die einzelne Datenbank nur diejenigen Rechte zugeteilt werden, für die in beiden Tabellen „Y" eingetragen ist. Für den Benutzer 'Simon' z. B. sind dies in der Datenbank `faradiso` die Rechte `SELECT`, `INSERT`, `UPDATE` und `DELETE`.

Über die Tabellen `tables_priv` **(Bild 3)** und `columns_priv` können den Benutzern auf gleiche Weise individuelle Rechte für einzelne Tabellen einer Datenbank oder einzelne Spalten innerhalb von Tabellen erteilt oder entzogen werden.

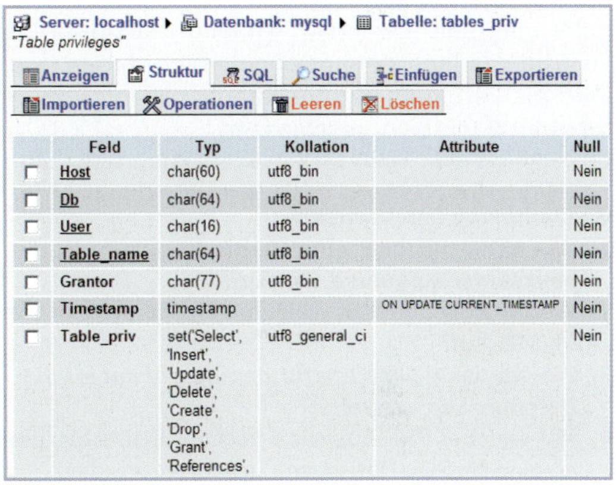

	Feld	Typ	Kollation	Attribute	Null
	Host	char(60)	utf8_bin		Nein
	Db	char(64)	utf8_bin		Nein
	User	char(16)	utf8_bin		Nein
	Table_name	char(64)	utf8_bin		Nein
	Grantor	char(77)	utf8_bin		Nein
	Timestamp	timestamp		ON UPDATE CURRENT_TIMESTAMP	Nein
	Table_priv	set('Select', 'Insert', 'Update', 'Delete', 'Create', 'Drop', 'Grant', 'References',	utf8_general_ci		Nein

Bild 3: Aubau der Tabelle tables_priv

7.3.3.3 Bearbeiten einer MySQL-Datenbank mit PHP

PHP stellt verschiedene Funktionen zur Arbeit mit MySQL zur Verfügung **(Tabelle 1, folgende Seite)**.

Übung 2

Schreiben Sie ein PHP-Skript, das folgende Aufgaben erfüllt:
Eine Verbindung zum Datenbankserver soll unter dem Benutzernamen `root` (ohne Passwort) hergestellt und eine Abfrage abgeschickt werden, die alle Datensätzen der Tabelle `Kunden` aus der Datenbank `faradiso` auswählt. Anschließend soll die Anzahl der gefundenen Datensätze ausgegeben werden.

Lösung: **Bild 4**

```
<?php
$db=mysql_connect('localhost','root','');
   $ergebnis_sql=
   mysql_db_query('faradiso',SELECT*
   FROM Kunden);

$anz=mysql_num_rows($ergebnis_sql);
echo $anz;
mysql_close();
?>
```

Bild 4: Feststellung der Datensatzanzahl

Um mit einer Datenbank arbeiten zu können, muss zunächst der Benutzer am Datenbankserver mit der Funktion `mysql_connect($host, $user, $passwd)` angemeldet werden. Eine SQL-Abfrage wird anschließend über die Funktion `mysql_db_query ($db,$sql)` abgeschickt, wobei die SQL- Abfrage als Textvariable an Stelle des Variablennamens `$sql` angegeben werden kann **(Bild 1, folgende Seite)**.

Die Anzahl der gefundenen Datensätze wird mit der Funktion `mysql_num_rows($ergebnis_sql)` festgestellt und in der Variablen `$anz` gespeichert. Die Verbindung zum Datenbankserver wird mit der Funktion `mysql_close()` getrennt.

Übung 1

Entwerfen Sie ein PHP-Skript, welches die Tabelle `Kunden` der Datenbank `faradiso` am Bildschirm als HTML-Tabelle ausgibt.

Lösung: **Bild 1**

Nach dem Aufbau der Verbindung und dem Abschicken der SQL-Anweisung wird die Tabelle im HTML-Code festgelegt. Die Anzahl der benötigten Spalten wird mit der PHP-Funktion `mysql_num_fields($ergebnis_sql)` ermittelt und der Variablen `$anzahl` übergeben. Mit der for-Schleife wird der Tabellenkopf erzeugt, der mittels der Funktion `mysql_field_name($ergebnis_sql,$i)` mit den Feldnamen beschriftet wird. Innerhalb der While-Schleife wird mithilfe der Funktion `mysql_fetch_array ($erg_sql, MYSQL_ASSOC)` bei jedem Durchlauf ein Datensatz des Abfrageergebnisses in ein assoziatives Array `$zeile` eingelesen. Die Foreach-Schleife ermöglicht für jeden einzelnen Datensatz den Zugriff auf die einzelnen Felder des Datensatzes und die Ausgabe innerhalb der HTML-Tabelle. Nachdem die Tags für das Tabellenende angegeben worden sind, wird die Verbindung zum Datenbankserver durch `mysql_close()` geschlossen.

```
<?php
$datenbank='faradiso';
$sql_abfrage='SELECT*FROM Kunden';
$verbindung=mysql_connect('localhost',
  'root',");
  //Herstellen der Verbindung zum
   Datenbankserver
$erg_sql=mysql_db_query($datenbank,
$sql_abfrage);
  //Abschicken der Abfrage an den
   Datenbankserver
   echo'<table width=80%border=1>';
   echo'<tr bgcolor='#CFCFCF'>';
mysql_close();
  //Beenden der Datenbankverbindung
  //Auswertung des Ergebnisses:
$anzahl=mysql_num_fields($erg_sql);
for($i=0;$i<$anzahl;$i++){
  echo'<th>';//Ausgabe der Tabellenkopfzeile
  echo mysql_field_name($erg_sql,$i);
  echo'</th>';    }
echo'</tr>';//Ende der Kopfzeile
echo'<tr>';//Beginn der Datenzeile
  while ($zeile=mysql_fetch_array($erg_sql,
   MYSQL_ASSOC))
     {
      foreach($zeile as $elem)
       {
        echo"<td gbcolor='#EFEFEF'>
         <font size='1'>$elem</font></td>";
       }
         echo'</tr>';
      } echo'</table>';
?>
```

Bild 1: PHP-Skript zur Ausgabe einer Tabelle

Wiederholung und Vertiefung

1. **Wie kann mit PHP eine Verbindung zum Datenbankserver aufgebaut werden?**
2. **Welche Besonderheit weist das Rechtesystem von MySQL auf?**
3. **Wo werden die Rechte für den Zugriff auf MySQL-Datenbanken verwaltet?**
4. **Mit welcher PHP-Funktion können SQL-Abfragen an eine MySQL-Datenbank geschickt werden?**
5. **Wie werden Daten einer Datenbank für die Anzeige am Bildschirm aufbereitet?**

Tabelle 1: PHP-Funktionen zur Bearbeitung von Datenbanken

PHP-Funktion	Beispiel	Beschreibung
mysql_connect()	$db_verbindung = mysql_connect ($host, $user, $password);	Stellt eine Verbindung zum Datenbankserver her.
mysql_select_db()	mysql_select_db('faradiso', $db_verbindung)	Wählt eine Datenbank des Datenbankservers aus.
mysql_query()	$erg=mysql_ query ("Select * from kunden", $db_verbindung);	Schickt eine SQL-Abfrage an den Datenbankserver.
mysql_result()	$feld = mysql_result($erg, $row, $spalte)	Gibt den Inhalt eines bestimmten Feldes einer Ergebniszeile zurück
mysql_num_rows()	$anzahl= mysql_ num_rows($erg);	Liefert die Anzahl der Datensätze einer Abfrage zurück.
mysql_num_fields()	$anzahl= mysql_num_ fields($erg);	Liefert die Anzahl der Felder eines Datensatzes der Abfrage.
mysql_close()	mysql_close();	Schließt eine Verbindung zum Datenbankserver.
mysql_fetch_array()	$liste=mysql_fetch_array ($ergebnis, $typ)	Liefert einen Datensatz als Array. $typ legt den Typ des Array fest: MYSQL_ASSOC: assoziativ, MYSQL_NUM: numerisch

7.3.3.4 Erstellen einer Datenbank mit MySQL-Workbench

Mit dem Programm MySQL-Workbench werden Datenbanken modelliert und erzeugt.

Übung 1

Erstellen Sie mithilfe von MySQL-Workbench das ER-Diagramm einer Datenbank zur Auftragsverwaltung.

Lösung: **Bild 1**

Nach dem Start des Programms **(Bild 2)** wird über den Button `New Server Instance` eine Verbindung zu dem laufenden MySQL-Server hergestellt. Durch wählen von `Create New EER Model` öffnet sich ein Fenster zur Erstellung der Datenbank-Tabellen (Bild 1). Nach Klicken auf die Schaltfläche `Place a New Table` wird im Diagrammfenster die Tabelle `tblKunden` gezeichnet und die Felder definiert.

In der Tabelle `tblBestellungen` wird zusätzlich zu den Feldern ein Fremdschlüssel festgelegt. Dazu klickt man auf den Reiter `Foreign Keys` und legt die Eigenschaften des Fremdschlüssels fest **(Bild 3)**.

Um das ER-Diagramm als MySQL-Datenbank umzusetzen, wird das Menü `Database – Forward Engineering...` gewählt. Nach Auswahl des MySQL-Servers und der zu exportierenden Tabellen **(Bild 4)** wird die Datenbank erzeugt.

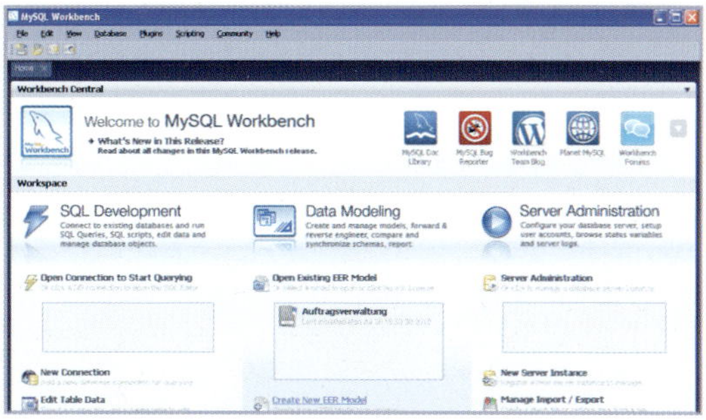

Bild 2: Start des Programms MySQL-Workbench

Bild 3: Festlegen des Fremdschlüssels

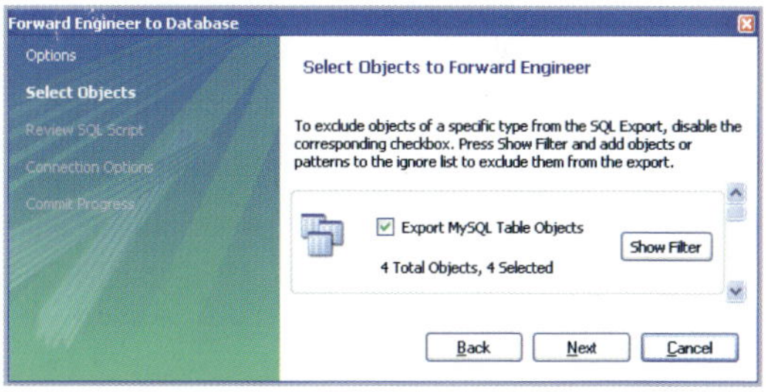

Bild 4: Erzeugen der MySQL-Datenbank

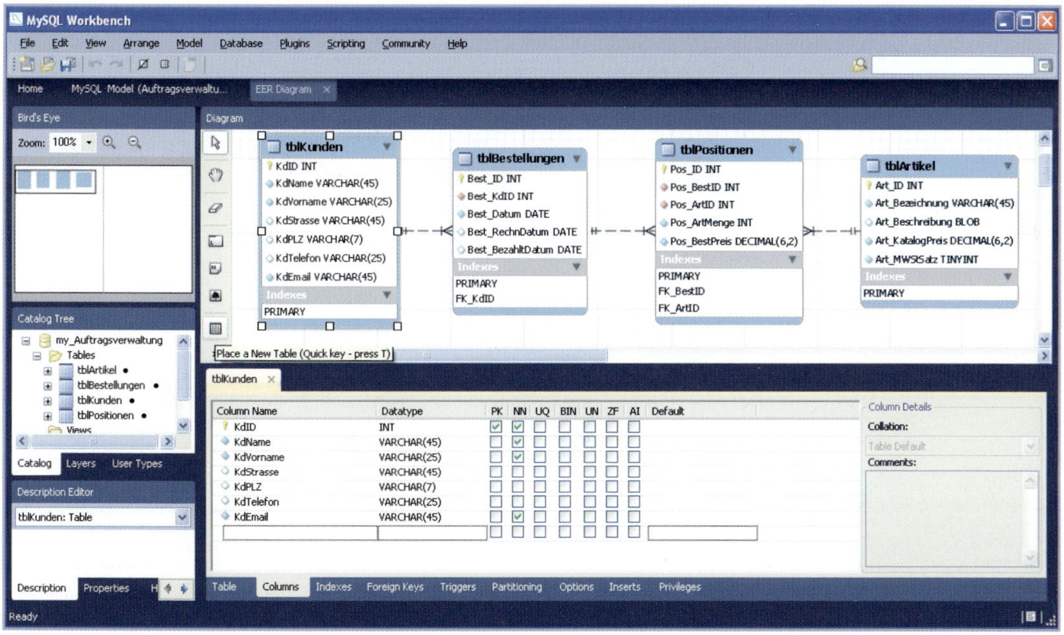

Bild 1: ER-Diagramm der Datenbank zur Auftragsverwaltung

8 Mikrocontroller

8 Mikrocontroller

Mikrocontroller (controller = Steuergerät) werden zur Steuerung von Geräten verwendet. Sie arbeiten meist mit einem Bedienfeld sowie mit digitalen und analogen Sensoren und Aktoren zusammen **(Bild 1).** Mikrocontroller bestehen wenigstens aus einer CPU, einem Programmspeicher, einem Datenspeicher und EA-Kanälen, die Ports (von port = Hafen, hier Anschlusspunkt) genannt werden **(Bild 2).**

Die CPU enthält die Takterzeugung mit zwei Anschlüssen für einen Quarz (XTAL von crystal), die Systemsteuerung, die ALU und einen kleinen RAM mit z. B. 128 Bytes. Meist wird ein Quarz mit einer Frequenz von 12 MHz verwendet. Aus dieser Frequenz wird durch Teilung ein Systemtakt von 1µs erzeugt. Je nach Typ werden Mikrocontroller mit einem internen Programmspeicher oder mit Anschlüssen für einen externen Programmspeicher gefertigt. Der interne Programmspeicher kann ein bereits bei der Herstellung programmiertes ROM, ein OTP-ROM (von One Time Programmable ROM = einmal programmierbares ROM) oder ein EPROM sein. An einen Mikrocontroller können neben zusätzlichen externen Programmspeichern auch externe Datenspeicher angeschlossen werden. Für die verschiedenen Anwendungen gibt es Mikrocontroller mit einer Breite der Datenbusse von 4 bit, 8 bit, 16 bit und 32 bit **(Tabelle 1).** Die Anzahl der Anschlüsse kann zwischen 20 Pins und 128 Pins liegen.

8.1 Mikrocontroller-Familie 805XX

Mikrocontroller 8051

Nach dem Mikrocontroller 8051 ist die ganze Mikrocontrollerfamilie benannt. Der Mikrocontroller 8051 besteht aus den Baugruppen

- Taktaufbereitung,
- CPU,
- Timer (Zeitgeber) 0 und Timer 1,
- serielle EA-Steuerung,
- Datenspeicher (RAM) mit 128 B,
- Programmspeicher (ROM) mit 4 KB sowie
- EA-Einheiten für Port 0, Port 1, Port 2 und Port 3.

Diese Baugruppen werden auch als 8051-Kern bezeichnet, da sie bei allen Mitgliedern der Familie vorhanden sind. Für die Programmentwicklung werden entweder Mikrocontroller mit externem Programmspeicher, z. B. der 8031, oder mit internem löschbarem EPROM, z. B. 8751, oder mit internem elektrisch löschbarem Speicher, z. B. AT89C51, verwendet.

Mikrocontroller sind Einchip-Mikrocomputer, bei denen CPU, Speicher und Ports auf einem Chip integriert sind.

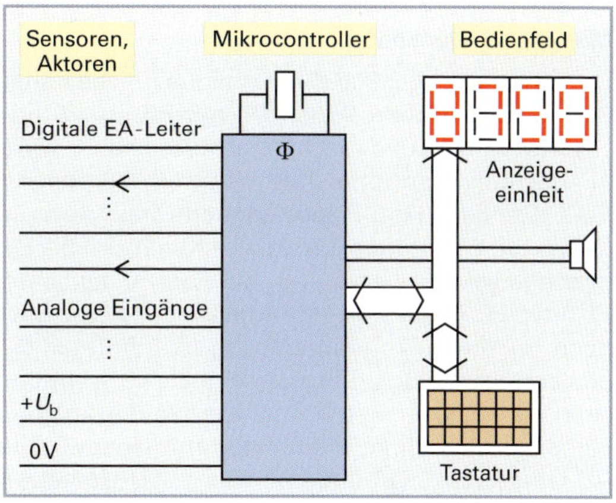

Bild 1: Mikrocontroller-Anwendung

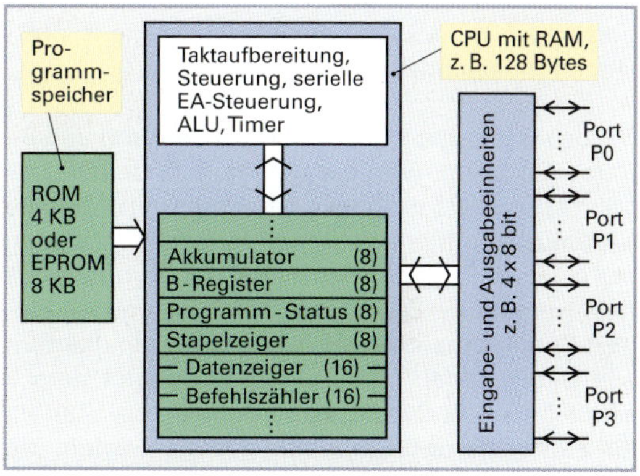

Bild 2: Baugruppen eines Mikrocontrollers

Tabelle 1: Mikrocontroller-Typen

Typ	Datenbus-breite	Pin-zahl	Anwendung
TSS400	4 bit	28, 44	Bedienfelder
8051 AT89C51 C515 68HC011	8 bit	44 20, 28 68 40, 120	Telefon, Autoradio, Fernsehgerät, Kfz-Motorsteuerungen, Alarmanlagen, Elektroherde
80251 C 165	16/8 bit 16 bit	44 44, 68	Ersatz für 8051 ISDN, Motorsteuerungen
8096	32 bit	100	Druckersteuerungen, Steuerungen in der Medizintechnik

Der Mikrocontroller 8051 wird z. B. mit einem 44-poligen Gehäuse gefertigt. Durch Ergänzen von weiteren Baugruppen und Erweitern der Speichergröße entstanden aus dem Mikrocontrollerkern 8051 neue Mikrocontroller **(Tabelle 1)**.

Mikrocontroller 80535

Der Mikrocontroller 80535 hat drei zusätzliche Ports. Es sind also sieben Ports, die mit P0 bis P6 bezeichnet werden und je acht Anschlüsse haben **(Bild 1)**. Der Mikrocontroller hat meist ein 68-poliges PLCC-Gehäuse (von Plastic Leaded Chip Carrier = Kunststoff-Chipträger, **Bild 2**). Die Kanäle P0 bis P5 haben je acht EA-Leiter, z. B. hat Port P0 die Leiter P0.0 bis P0.7. Der Port P6 hat acht Leiter zur Eingabe, die durch Programmierung zum Einlesen digitaler oder analoger Eingangssignale verwendbar sind. Bei analoger Betriebsart werden die Analogeingänge über einen Multiplexer mit einem 8-Bit-AD-Umsetzer verbunden. Der AD-Umsetzer wandelt das analoge Eingangssignal in ein digitales Ausgangssignal um. Ein zusätzlicher Timer 2 erlaubt z. B. den Vergleich des Timerzählerstandes mit bestimmten Registerinhalten. So können z. B. Impulslängen gemessen oder verschiedene Impulslängen miteinander verglichen werden.

Mit den Baugruppen Serielle EA-Steuerung und Bitraten-Generator wird die serielle Schnittstelle des Mikrocontrollers gesteuert. Die Baugruppe Serielle EA-Steuerung führt die Seriell-Parallel-Umsetzung des seriellen Eingangssignals RxD (RxD von receive data = empfange Daten) in 8-Bit-Worte und die Parallel-Seriell-Umsetzung der 8-Bit-Worte in das serielle Sendesignal TxD (TxD von transmit data = sende Daten) durch. Zusätzlich können ein Startbit, ein Paritätsbit und Stoppbits erzeugt werden. Mit dem Bitraten-Generator kann die Bitrate auf z. B. 9,6 kB/s eingestellt werden.

Bei korrektem Arbeiten des Programms wird in bestimmten, einstellbaren Abständen, z. B. alle 70 ms, ein Signal an die Baugruppe Watchdog (= Wachhund) gesendet. Bleibt dieses Signal aus, so wird durch die Baugruppe Watchdog ein Reset des Mikrocontrollers durchgeführt und das Programm neu gestartet.

Eine Programmüberwachung kann mit der Baugruppe Watchdog erfolgen.

Der Mikrocontroller 80535 kann alle Befehle des Mikrocontrollers 8051 verarbeiten. Er ist also *abwärtskompatibel.*

Tabelle 1: Mikrocontroller-Familie 8051

Typ	Programmspeicher	Portzahl	AD-Umsetzer
8031	–	4	–
8051	4 KB ROM	4	–
AT89C51	4 KB EEROM	4	–
8751	8 KB EPROM	4	–
80515 (C515)	8 KB EPROM	7	8 bit
80535 (C515)	–	7	8 bit

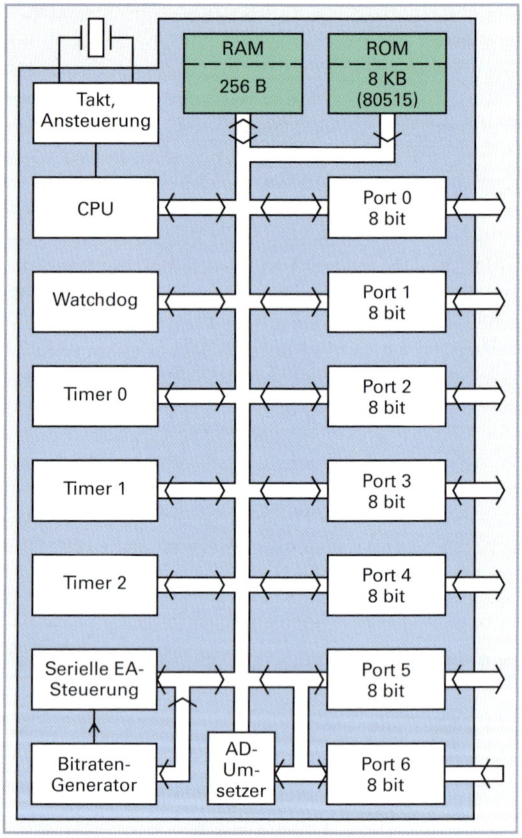

Bild 1: Übersichtsschaltplan 80535

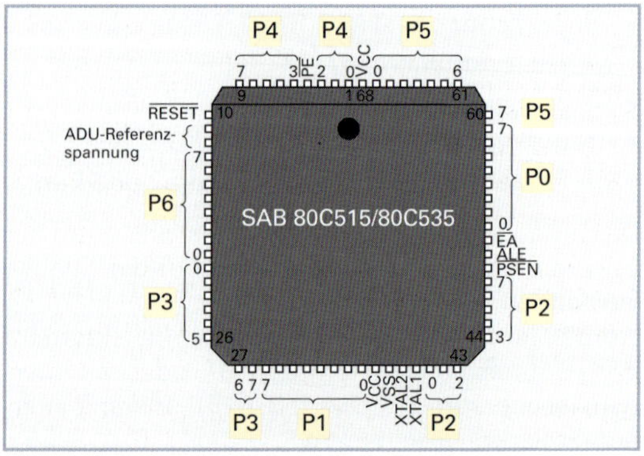

Bild 2: Pin-Belegung eines Mikrocontrollers

Ports der Familie 805XX

Außer bei den Ports P4 und P5 sind die Portanschlüsse mit zusätzlichen Funktionen mehrfach belegt **(Tabelle 1)**.

> Port P4 und Port P5 arbeiten nur als EA-Ports.

Der Port P0 wird zusätzlich als Datenbus oder als untere Hälfte des Adressbusses verwendet. Die Übertragung von Daten und Adressen erfolgt im Zeitmultiplexverfahren. Die Übergabe der Adressbits in ein externes 8-Bit-Register wird mit einem Signal mit dem Wert 1 am Anschluss ALE (ALE von Address Latch Enable = Adressregister-Freigabe) gesteuert (Bild 2, vorhergehende Seite). Port P2 wird meist nur zur Ausgabe der oberen Hälfte des Adressbusses verwendet. Port P3 steuert zusätzlich die serielle Datenübertragung über die Pins P3.0 und P3.1, die Interrupts $\overline{\text{INT0}}$ und $\overline{\text{INT1}}$, die beiden Timer T0 und T1 sowie das Lesen ($\overline{\text{RD}}$) und Schreiben ($\overline{\text{WR}}$) externer Speicher.

> Mit Port P3 werden die serielle Datenübertragung, Interrupts, Zeitgeber und die Schreib-Lesesteuerung des Speichers durchgeführt.

An Port P1 kann der aus dem Oszillatorsignal gewonnene Systemtakt an P1.6 abgenommen werden. Zusätzlich werden der Timer 2 und die Interrupts INT2 bis INT6 über P1 gesteuert. Die Anschlüsse P1.0 bis P1.3 haben zusätzlich eine weitere Funktion. Mit ihnen können vier interne Register CC0 bis CC3 (CC von to capture = einfangen und to compare = vergleichen) gesteuert werden, die mit dem Timer 2 z. B. zur Pulsweitenmodulation verwendbar sind.

Portaufbau

Die Ports P2, P4 und P5 enthalten für jeden ihrer acht Anschlusspins eine Steuerschaltung, ein D-Flipflop zum Zwischenspeichern von Ausgabedaten und einen FET V1 **(Bild 1)**. Die Anschlusspins sind jeweils mit den Drainanschlüssen der FET und den Drainwiderständen mit $R_D \approx 50\ k\Omega$ verbunden. Damit ist der maximale Ausgangsstrom am Pin recht klein.

> Der größte Ausgangsstrom an einem Pin wird durch den internen Drainwiderstand bestimmt.

Eingangssignale am Pin werden ohne Zwischenspeichern auf den Datenbus geschaltet. Ein im Flipflop gespeichertes Signal kann über den Ausgang Q wieder eingelesen werden.

Die Ports P1 und P3 enthalten zusätzlich NAND-Elemente und Verstärkerelemente zum Steuern von Zweitfunktionen **(Bild 2)**.

Tabelle1: Mehrfachbelegungen von Portanschlüssen

Port-Pin	Mehrfachbelegungen	Erklärung
0.0 ... 0.7	A0...A7 oder D0...D7	Adressbus, untere Hälfte oder Datenbus mit 8 bit
1.0 1.1 1.2 1.3	$\overline{\text{INT3}}$/CC0 INT4/CC1 INT5/CC2 INT6/CC3	Interrupts 3 bis 6 oder Anwendungen für Timer 2 compare, Vergleich capture, Übernahme
1.4 1.5 1.6 1.7	$\overline{\text{INT2}}$ T2EX, Timer 2 Extern CLKOUT, clock out T2, Timer 2	Interrupt 2 Externes Triggern für T2 Systemtaktausgang Zeitgeber 2, Zähler 2
2.0 ... 2.7	A8...A15	Adressbus, obere Hälfte
3.0 3.1 3.2 3.3 3.4 3.5 3.6 3.7	RxD, receive data TxD, transmit data $\overline{\text{INT0}}$ $\overline{\text{INT1}}$ T0, Timer 0 T1, Timer 1 $\overline{\text{WR}}$, write $\overline{\text{RD}}$, read	Serielle Daten empfangen Serielle Daten senden Interrupt 0 Interrupt 1 Zeitgeber 0, Zähler 0 Zeitgeber 1, Zähler 1 Schreiben in Speicher Lesen aus Speicher

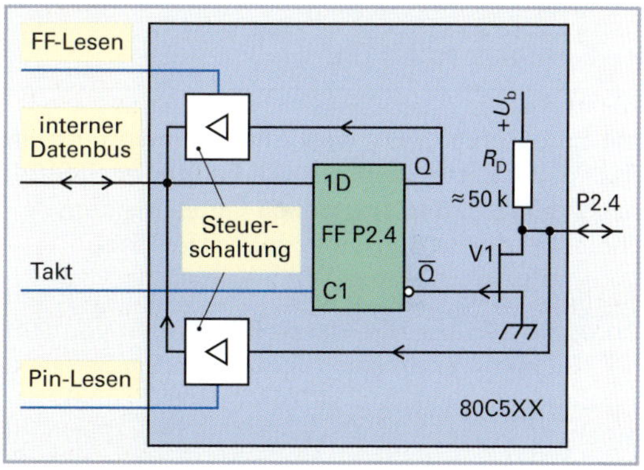

Bild 1: Aufbau eines Anschlusses von Port P2

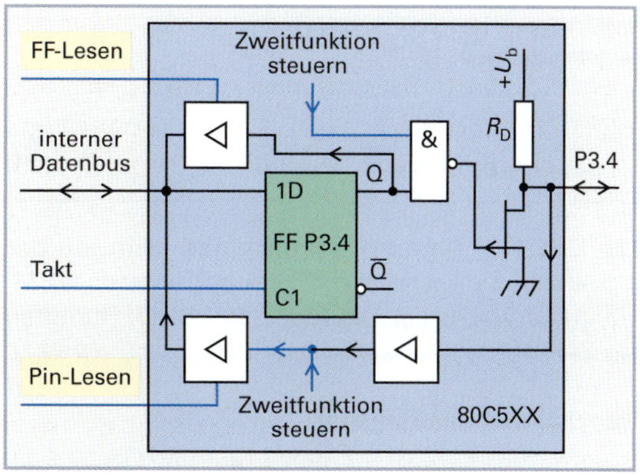

Bild 2: Aufbau eines Anschlusses von Port P3

Interner RAM

Für das Zwischenspeichern von Daten dient ein kleiner RAM mit 128 Bytes beim Mikrocontroller 8051 oder mit 256 Bytes beim Mikrocontroller 80535 **(Bild 1).** Der RAM ist beim Mikrocontroller 80535 in zwei Hälften mit je 128 Bytes geteilt, die verschieden adressiert werden müssen **(Tabelle 1).** Die obere Hälfte des RAM mit den Adressen 80H bis FFH kann nur mit Befehlen zur indirekten Adressierung bearbeitet werden. Bei der indirekten Adressierung muss sich die gewählte Adresse in einem der beiden Register R0 oder R1 befinden. Die untere Hälfte des RAM hat den Adressbereich 00H bis 7FH **(Bild 2).** In ihm kann jedes Byte mit Befehlen zur direkten Adressierung oder mit Befehlen zur indirekten Adressierung gewählt werden. Der RAM-Bereich wird nach seiner Verwendung unterteilt. Es gibt vier Registerbänke (Gruppe von Registern) mit vier mal 8 Bytes. Diese Register werden jeweils als Register R0 bis R7 bezeichnet. Die Auswahl einer Registerbank erfolgt durch Setzen des dritten und vierten Bits des Programmstatus-Wortes (PSW).

Beispiel 1 **Registerbank einschalten:**

Geben Sie den Befehl an, mit dem die Registerbank 3 eingeschaltet wird (Tabelle 1).

Lösung: **MOV PSW, #18H**

Mit dem Befehl MOV wird das Datenwort 18H in das PSW-Register (mit der Adresse D0H im SFR-Bereich) geladen **(Bild 1, folgende Seite).** Mit dem Zeichen # wird eine Konstante gekennzeichnet.

Auf den Registerbereich folgen die 16 Bytes mit den Adressen 20H bis 2FH, deren Bits einzeln von 00H bis 7FH nummeriert sind (Bild 2). Mit den Befehlen zur Bitbearbeitung kann jedes einzelne Bit direkt bearbeitet werden. Mit dem Befehl SETB *n* (Setze Bit mit der Nummer *n*) kann ein Bit gesetzt oder mit CLR *n* (Lösche Bit mit der Nummer *n*) gelöscht werden.

Beispiel 2 **Einzel-Bit setzen:**

Setzen Sie das Bit mit der Nummer 7EH mit dem Setzbefehl auf den Wert 1.

Lösung: **SETB 7EH**

Die Zahl 7EH hinter SETB darf man nicht mit der vorletzten Byte-Adresse 7EH in der unteren RAM-Hälfte verwechseln. Die Bytes 30H bis 7FH dienen als Zwischenspeicher für Daten.

Spezialfunktions-Register

Der Speicherbereich für die Spezialfunktions-Register (SFR) hat den gleichen Adressbereich von

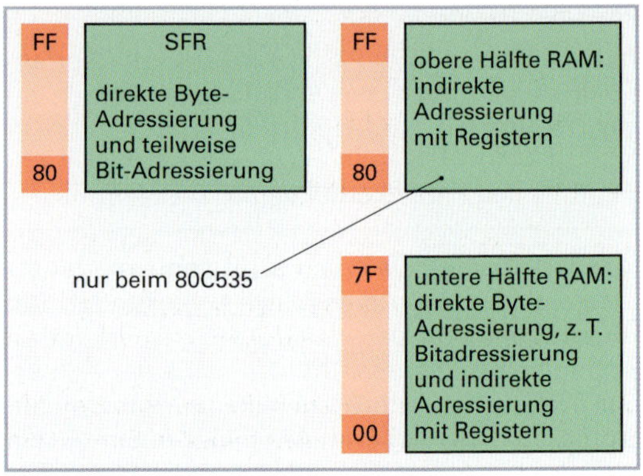

Bild 1: Interner Datenspeicher (RAM) und Spezialfunktions-Register (SFR)

Tabelle 1: Adressierungsarten

Adressierungsart	Beispiel	Erklärung
Register-Adressierung	`MOV A, R0`	Lade Inhalt von R0 in den Akkumulator.
Direkte Adressierung	`MOV A, P1`	Lade Inhalt von P1 in den Akkumulator.
Register indirekt	`MOV A, @R0`	Lade durch R0 adressierten Byte-Inhalt in den Akkumulator.
Unmittelbare Adressierung	`MOV PSW, #18H`	Schaltet auf die Registerbank 3 um.
Indizierte Adressierung	`MOV @R1, #02H`	Lade die Zahl 2 in die durch R1 adressierte Speicherstelle.

02h oder 02H = Hexadezimalzahl 2

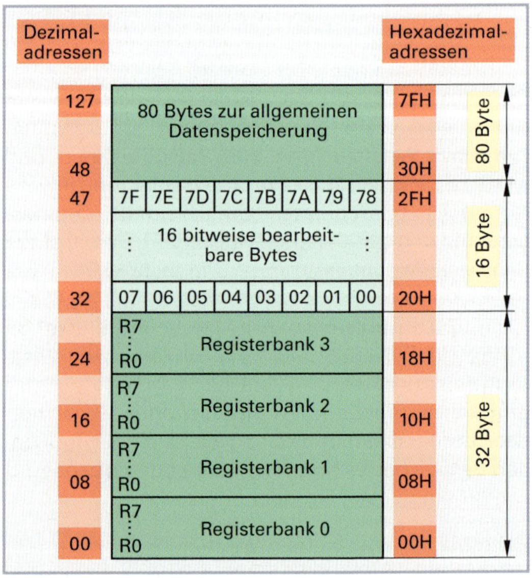

Bild 2: Untere Hälfte des RAM-Bereichs

80H bis FFH wie die obere RAM-Hälfte (Bild 1). Im Unterschied zum RAM-Bereich erfolgt die Anwahl eines SFR durch direkte oder unmittelbare Adressierung (Tabelle 1, vorhergehende Seite). Zusätzlich können alle Register, deren Adressen durch 8 teilbar sind, auch bitweise bearbeitet werden.

Alle SFR, deren Adressen durch 8 teilbar sind, können auch bitweise bearbeitet werden.

Der SFR-Bereich enthält auch die von anderen Mikroprozessoren her bekannten Register. So sind die Register für Akkumulator A (Adresse E0H), Programmstatus-Wort PSW (Adresse D0H), Stapelzeiger SP (Adresse 81H) und die zwei Register DPL (Adresse 82H) und DPH (Adresse 83H) für den 16-Bit-Datenzeiger vorhanden. Beim Programmieren kann ein Registername oder eine Registeradresse angegeben werden. Im SFR-Bereich sind noch weitere adressierbare Register vorhanden. So haben die Ports P0 bis P5 die Adressen 80H, 90H, A0H, B0H, E8H und F8H. Der DA-Umsetzer liest am Port P6 (Adresse DBH) ein und arbeitet mit den Registern ADCON (AD-Converter), DAPR (DA-Programm) und ADDAT (AD-Daten). Die Interrupt-Steuerung wird mit den Registern IEN0 (Interrupt Enable) und IEN1, den Registern IP0 (Interrupt Priority) und IP1 sowie dem Register IRCON (Interrupt Request Control) vorgenommen. Die Ports P1 und P3 werden in ihrer Zweitfunktion als Interrupteingänge benutzt.

Die drei 16-Bit-Timer haben jeweils ein mit L gekennzeichnetes Register für das Low-Byte und ein mit H gekennzeichnetes Register für das High-Byte. Der Timer T0 arbeitet z. B. mit den Registern TL0 und TH0 (Adressen 8AH und 8CH, **Bild 2**). Die Betriebsart wird mit dem Register TMOD (Timer Mode) mit der Adresse 89H eingestellt. Die Steuerung erfolgt mit dem Register TCON (Timer Control) mit der Adresse 88H. Die Timer können für verschiedene Betriebsarten programmiert werden. Durch Laden der Register TL0 und TH0 mit Zahlen können einstellbare Verzögerungszeiten (Timer-Betrieb) programmiert werden. Weiter zählt z. B. der Timer T0 Impulse am Pin 16, solange das Bit TCON.4 den Wert 1 hat. Durch entsprechende Programmierung kann z. B. auch die Zeitdauer eines am Pin 14 anliegenden Impulses gemessen werden. Die Messgenauigkeit ist durch den zum Messen verwendeten Systemtakt von 1µs gegeben.

Die Mikrocontrollerbetriebsarten werden durch Programmierung des SFR-Bereiches eingestellt.

Hexadezimale Adressen	0	1	2	3	4	5	6	7
F8H	P5							
F0H	B							
E8H	P4							
E0H	A							
D8H	ADCON	ADDAT	DAPR	P6				
D0H	PSW							
C8H	T2CON		CRCL	CRCH	TL2	TH2		
C0H	IRCON	CCEN	CCL1	CCH1	CCL2	CCH2	CCL3	CCH3
B8H	IEN1	IP1						
B0H	P3							
A8H	IEN0	IP0						
A0H	P2							
98H	SCON	SBUF						
90H	P1							
88H	TCON	TMOD	TL0	TL1	TH0	TH1		
80H	P0	SP	DPL	DPH				PCON

bitweise bearbeitbar; FFH ≙ 255; 8FH

Bild 1: SFR-Tabelle für den SAB 8051

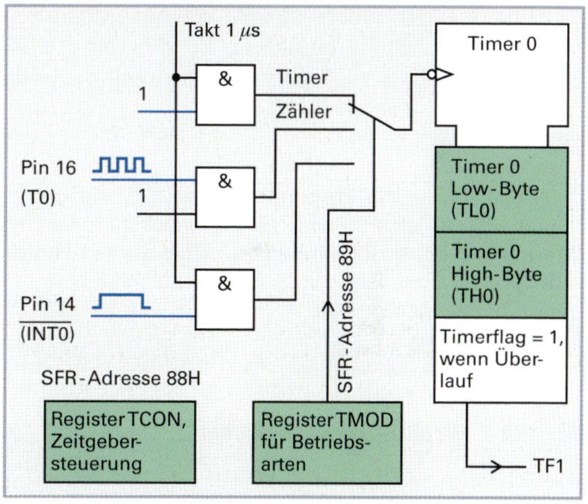

Bild 2: Anwendung des Zeitgebers T0

Wiederholung und Vertiefung

WV

1. **Aus welchen Baugruppen besteht ein Mikrocontroller?**
2. **Welche Baugruppen enthält die CPU eines Mikrocontrollers?**
3. **Welche Aufgaben haben die Ports?**
4. **Wie viele Registerbänke unterscheidet man beim 80535?**
5. **In welchen RAM-Bereichen können Bytes bitweise bearbeitet werden?**
6. **Welche Bedeutung haben die Spezialfunktions-Register?**
7. **Stellen Sie durch Rechnung fest, ob das SFR-Register P6 bitadressierbar ist.**

8.2 Programmierung von Mikrocontrollern mit Assemblersprache

Programme für Mikrocontroller werden mit Entwicklungssystemen entwickelt die z. B. auf einem PC installiert sind. Die Erstellung von Programmen für Mikrocontroller kann in der Programmiersprache C oder in einer Assemblersprache (von to assemble = zusammenbauen) erfolgen. In beiden Fällen wird der Programmtext *(Quellprogramm)* mittels eines *Editorprogramms* (von to edit = herausgeben) in den PC eingegeben. Dazu ruft man im Menü durch Betätigen der Tasten ALT+D den Menüpunkt `EDit file.asm` auf **(Tabelle 1)**. Ein in C geschriebener Text wird dann über den Menüpunkt `Compile file` (von to compile = zusammenstellen), ein in Assemblersprache geschriebener Text über den Menüpunkt `Assemble file` in die Maschinensprache übersetzt.

Zur Fehlersuche kann ein Quellprogramm durch Aufruf von `Simulate` (= vortäuschen) getestet werden.

Der Mikrocontroller wird dabei vom PC simuliert. Bei Aufruf von `EMulate` läuft dieses Programm im Mikrocontroller ab, wobei der PC als Anzeigeeinheit (Monitor) und Steuereinheit, z. B. über eine V.24-Schnittstelle für den Mikrocontroller verwendet wird.

Übung 1

Entwickeln Sie ein Programm EIN_AUS1, mit dem eine LED mit einem Schließer S1 eingeschaltet und mit einem Schließer S2 ausgeschaltet werden kann **(Bild 1)**. Ein Betätigen von Schließer S3 soll das Programm beenden.

Lösung: **Schritt 1 bis 5.**

Schritt 1: Struktogramm erstellen

Zuerst wird zu der Schaltung Bild 1 ein Struktogramm erstellt **(Bild 2)**. Im Struktogramm sind die drei Abfragen der Taster S1, S2, S3 und die Schleife dargestellt. Das Programm wird so lange wiederholt, bis der Taster S3 öffnet.

Schritt 2: Quellprogramm erstellen

Im nächsten Schritt wird der Editor (Tabelle 1) aufgerufen und das Quellprogramm erstellt **(Bild 3)**. Der Quelltext beginnt mit zwei Kommentarzeilen, die mit einem Strichpunkt beginnen. Anschließend wird mit der Anweisung `org 9000H` **(Tabelle 1, folgende Seite)** die Adresse festgelegt, an der das Programm beginnt.

Hauptprogramm. Im Hauptprogramm werden der Reihe nach die Taster S1, S2 und S3 jeweils mit dem Befehl jnb (Tabelle 1, folgende Seite) abgefragt.

Tabelle 1: Menüs eines Entwicklungssystems

Menü	Tasten	Bedeutung
Compile file	(ALT+F9)	Übersetzt Textdatei in Maschinensprache.
EDit file.asm	(ALT+D)	Erstellt und bearbeitet eine Textdatei im ASCII-Format.
Assemble file	(ALT+A)	Übersetzt eine Datei in Maschinensprache (Assembler).
Link	(ALT+L)	Bindet Bibliotheksmodule ein (Linker).
Simulate	(ALT+S)	Simuliert Programmablauf im PC.
EMulate	(ALT+M)	PC-gesteuerter Programmablauf im Mikrocontroller (Monitorbetrieb).
Exit	(ALT+X)	Beendet das Arbeiten mit dem Entwicklungssystem.

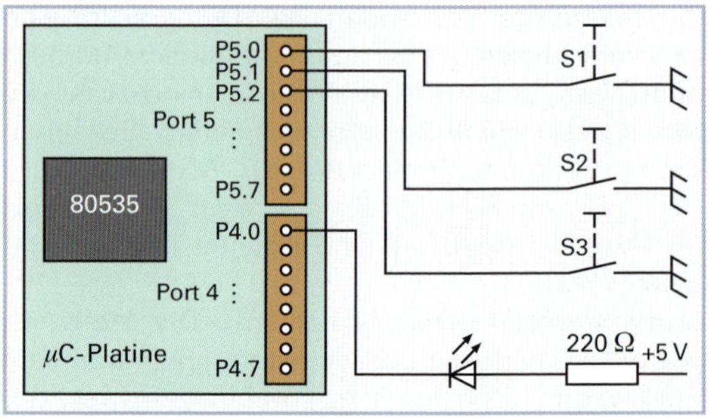

Bild 1: Anschluss von Tastern und LED an eine Mikrocontrollerplatine

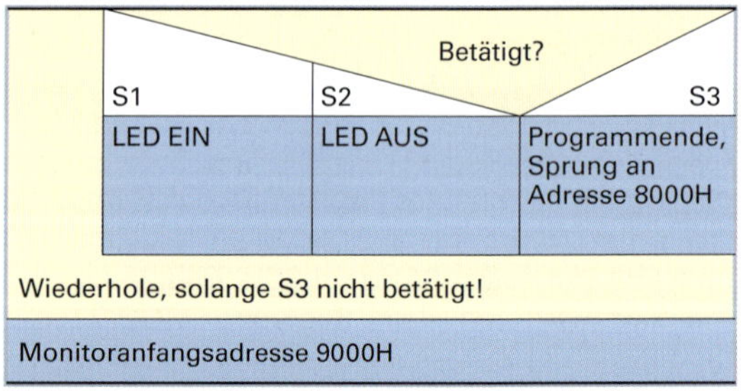

Bild 2: Struktogramm zum Programm EIN_AUS1

```
; Schalten einer LED mit drei
; Tastern: S1 EIN, S2 AUS, S3 ENDE
org         9000H
START:      jnb P5.0, EIN
            jnb P5.1, AUS
ENDE:       jnb P5.2, ENDE
            ljmp START
EIN:        clr P4.0
            ljmp START
AUS:        setb P4.0
            ljmp START
end
```

Bild 3: Ausdruck des Quellprogramms EIN_AUS1

Mit dem Befehl `jnb P5.0, EIN` wird geprüft, ob der Taster S1 betätigt wurde. In diesem Fall wird zum Unterprogramm EIN gesprungen und dieses ausgeführt. Wurde S1 nicht betätigt, wird der nächste Befehl, `jnb P5.1, AUS` ausgeführt. Ist der Taster S2 betätigt, wird zum Unterprogramm AUS gesprungen und dieses ausgeführt.

Unterprogramme

Die Unterprogramme `EIN` und `AUS` beginnen mit einer Sprungmarke und werden durch einen Rücksprung zur Marke `START` des Hauptprogramms beendet. Im Unterprogramm `EIN` wird mit dem Befehl `clr P4.0` der Anschluss P4.0 mit L-Pegel verbunden, sodass die LED leuchtet. Das Unterprogramm `AUS` setzt mit dem Befehl `setb P4.0` den Anschluss P4.0 auf H-Pegel. Damit sind beide LED-Anschlüsse auf H-Pegel und die LED leuchtet nicht. Das Unterprogramm `ENDE` bewirkt einen Sprung zur Monitorstartadresse 8000H und beendet somit den Programmablauf.

Schritt 3: Quelldatei in Maschinensprache übersetzen

Im nächsten Schritt wird die Quelldatei mit einem Assembler in Maschinensprache übersetzt (assembliert). Dazu wird der Menüpunkt `Assemble file` (Tabelle 1, vorhergehende Seite) aufgerufen und die Datei EIN_AUS1.ASM angewählt **(Bild 1)**. Der Assembliervorgang wird z. B. durch Betätigen der Tasten ALT+A gestartet. Ein Quellprogramm wird von diesem Assembler in den zwei Schritten Pass1 (pass = Durchlauf) und Pass 2 übersetzt. Im ersten Durchgang werden die Befehlszeilen übersetzt, im zweiten die Adressen der Sprungmarken berechnet.

Ein besonderes Fenster, die Message-Box, zeigt Meldungen zum Assembliervorgang. Ein fehlerfrei assembliertes Programm erzeugt die Meldungen `AssemblyComplete` (Assemblierung komplett) und `0 Error(s)` (0 Fehler). Durch den Assemblerlauf sind die Objektdatei EIN_AUS1.HEX und die Listingdatei EIN_AUS1.LST neu entstanden **(Bild 2, Bild 3)**. Die Datei EIN_AUS1.OBJ enthält das in Maschinensprache übersetzte Programm für den Mikrocontroller 80535. Die Datei EIN_AUS1.LST zeigt einen Überblick über das assemblierte Programm. So enthält Zeile 6 z. B. die Adresse 9000H des ersten verwendeten Speicherplatzes. Es folgt in Maschinensprache der Befehl `30 F8 09`.

Es bedeuten: 30 = jnb, F8 = P5.0 und 09 die relative Sprungweite zur Marke. Zur Übersicht steht daneben die entsprechende Zeile des Quellprogramms.

Tabelle 1: Befehle für den 80535

Befehl	Herkunft, Bedeutung
Ausführungsbefehle	
`clr`	clear. Setze Bit zurück, Wert des Bits = 0.
`jnb`	jump not bit. Springe, wenn Bit = 0.
`ljmp`	long jump. Sprung im 64-KB-Block.
`setb`	set bit. Setze Bit, Wert des Bits = 1.
Vereinbarungsbefehle	
`org`	origin. Anfangsadresse des Programms.
`end`	end. Ende des Programms.

```
A:\EIN_AUS1>dir
Datenträger in Laufwerk A ist EIN_AUS1
Datenträgernummer: EF76-E121
Verzeichnis von A:\EIN_AUS1
.        <dir>
..       <dir>
EIN_AUS1    A51        56
EIN_AUS1    HEX        79
EIN_AUS1    OBJ        69
EIN_AUS1    ASM        329
EIN_AUS1    LST        1,367
EIN_AUS1    MAP        399
            8 Datei(en)          2,289 Byte
                       1,453,056 Byte frei
```

Bild 1: Dateien bei der Programmentwicklung

```
:1990000030F80930F90B30FA0D029000
:C2E8029000D2E80290000280001F
:00000001FF
```

Bild 2: Datei EIN_AUS1.HEX

```
Page 1, list file for file C:\DT_KSC\SOURCE\EIN_AUS1.ASM
ASM for SYSTEM51, Version 4.20 KSC Software

0
1                        ;Schalten einer LED mit drei
2                        ;Tastern: S1 EIN, S2 Aus, S3 Ende
3
4   9000  90 00          org     9000H
5   9000
6   9000  30 F8 09       START:  jnb P5.0, EIN
7   9003  30 F9 0B               jnb P5.1, AUS
8   9006  30 FA 0D               jnb P5.2, ENDE
9   9009  02 90 00               l jmp START
10  9009
11  900C  C2 E8          EIN:    clr P4.0
12  900E  02 90 00               l jmp START
13  900E
14  9011  D2 E8          AUS:    setb P4.0
15  9013  02 90 00               l jmp START
16  9013
17  9016  02 80 00       ENDE:   l jmp 8000H
18  9016
19  9016                 end
```

Bild 3: Ausdruck der Datei EIN_AUS1.LST

Schritt 4: Erzeugte Objektdatei linken

Ein Anwenderprogramm kann aus mehreren Files bestehen, die der Linker zusammenbindet. Im Menüpunkt `Linker` wird die Datei EIN_AUS1 gewählt, mit dem Parameter -H für HEX, zu EIN_AUS1-H - ergänzt und der Linker gestartet. Die erfolgreiche Ausführung des Programms wird durch eine Meldung in der Message-Box angezeigt, `Linked 1 File, 0 error(s)` (0 Fehler). Durch den Linklauf sind die Dateien EIN_AUS1.HEX, EIN_AUS1.A51 und EIN_AUS1.MAP entstanden (Bild 1, vorhergehende Seite).

Mit dem Linker könnten auch Unterprogramme oder Programmmodule z. B. aus einer Programmbibliothek in ein Programm eingebunden werden. Die Datei EIN_AUS1.MAP (von map = Karte) enthält eine Liste verwendeter Symbole. Die Datei EIN_AUS1.A51 wird für die Simulation des Programms im PC benötigt.

Die Übertragung des Programms EIN_AUS1.HEX vom PC zum Mikrocontroller wird meist im Intel-HEX-Format durchgeführt (Bild 2, vorhergehende Seite).

Schritt 5: Monitorbetrieb

Im Menüpunkt `Emulate` wird der Monitor dScope-51 gestartet. Dieses Monitorprogramm (kurz Monitor genannt) stellt eine Softwareverbindung zwischen PC und Mikrocontrollerplatine her und zeigt die Betriebsbereitschaft durch das Promptzeichen # an. Für das Arbeiten mit dem Monitorprogramm gibt es eigene Kommandos **(Tabelle 1)**. Mit dem Kommando `LOADHEX/EIN_AUS1.HEX` wird das Maschinenprogramm in den RAM des Mikrocontrollers geladen **(Bild 1)**. Mit dem Kommando `G 9000` wird das Programm gestartet. Beendet wird das Programm EIN_AUS1 durch Betätigen des Tasters S3. Mit dem Kommando `U 9000H` kann ein Speicherbereich ab Adresse 9000H disassembliert werden **(Bild 2)**.

Die Maschinenbefehle werden in Assemblerbefehle zurück gewandelt. Nach Eingabe von `X PC` kann z. B. der Inhalt des Befehlszählerregisters geändert werden. Gibt man `X RA` ein, ist der Akkumulatorinhalt änderbar. Für die Fehlersuche kann das Programm schrittweise ausgeführt werden. Mit dem Kommando `T 2` werden z. B. zwei Schritte ausgeführt und die Inhalte aller Register anschließend angezeigt **(Bild 3)**. Mit dem Kommando `A 9000` kann ein Programm zeilenweise eingegeben und zeilenweise assembliert werden. Durch Betätigen der Funktionstaste F1 und Eingabe von `n` wird das Programm beendet.

Tabelle1: Kommandos des Monitorprogramms dScope-51

Kommando	Beispiel	Erklärung
A (Assemble)	`A 9000 P4, 01H 9002.`	Assembliert Zeile 9000, Ende mit Punkt.
G (Go)	`G 9000`	Startet ab Adresse 9000H.
HELP	`HELP`	Gibt Menü aus (Hilfe).
LOAD	`LOAD EIN_AUS1.HEX`	Überträgt Programm EA1 im Intel-HEX-Format in den Mikrocontroller.
LS (Load Symbols)	`LS REG535.INC`	Lädt die Symboldatei für Mikrocontroller 80535.
SAVE	`SAVE EA1.HEX`	Speichert das Programm EA1 im PC im Intel-HEX-Format.
U (Unassemble)	`(9000, 9016)`	Disassembliert Speicherbereich von Adresse 9000H bis 9016H.
X (eXamine)	`X PC`	Zeigt den Inhalt des Befehlszählers an.

```
EXIT MONPC (y or [n])?
*** MONITOR MODE ***
#LOAD HEX\EIN_AUS1.HEX
#G 9000
PROCESSING TERMINATED AT 0000
```

Bild 1: Bildschirmanzeige beim Start des Monitorprogramms und Programmstart

```
#U 9000
9000H  JNB     0F8H,900CH
9003H  JNB     0F9H,9011H
9006H  JNB     0FAH,9016H
9009H  LJMP    9000H
900CH  CLR     0E8H
900EH  LJMP    9000H
9011H  SETB    0E8H
9013H  LJMP    9000H
9016H  LJMP    8000H
9019H  ACALL   90CAH
#
```

Bild 2: Disassemblierter Speicherbereich

```
EXIT MONPC (y or [n])?
*** MONITOR MODE ***
#XPC
PC = 0000 90000
#T 2
RA RB R0 R1 R2 R3 R4 R5 R6 R7   PSW    DPTR SP PC
00 00 61 00 0C F3 75 90 00 05 ---R0--- 0000 07 9003
9003 JNB 0F9H,9011H
RA RB R0 R1 R2 R3 R4 R5 R6 R7   PSW    DPTR SP PC
00 00 61 00 0C F3 75 90 00 05 ---R0--- 0000 07 9006
9006 JNB 0FAH,9016H
```

Bild 3: Anzeigen beim Ausführen der Monitorkommandos XPC und T2

8.3 Programmierung von Mikrocontrollern mit C

Statt in Assembler kann die Programmierung von Mikrocontrollern auch in der Programmiersprache C erfolgen. Für die Programmentwicklung werden Software-Werkzeuge, z. B. das Development-Tool (Entwicklungswerkzeug) für Windows der Firma Keil PK51-Eval verwendet. Die Software besteht aus dem Programm µVision zur Programmentwicklung und dem Programm dScope zum Testen der entwickelten Programme.

> Mikrocontroller können mit Assembler ode mit der Programmiersprache C programmiert werden.

Übung 1

Entwickeln Sie ein Programm EA.C ähnlich dem Programm EIN_AUS (vorhergehender Abschnitt), mit dem eine LED am Portanschluss P4.0 geschaltet wird. Der Schließer S1 schaltet über den Portanschluss P5.0 die LED ein, und der Schließer S2 schaltet über den Portanschluss P5.1 die LED aus. Beendet wird das Programm durch Betätigen der RESET-Taste am PC.

Lösung: **Schritte 1 bis 5.**

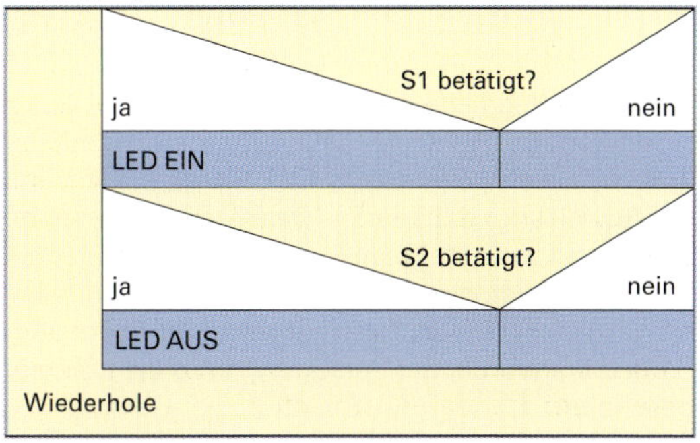

Bild 1: Struktogramm des Programms EA.C

Programmerstellung

Schritt 1: Struktogramm erstellen

Im Struktogramm sind die beiden Abfragen der Schließer S1 und S2 sowie die Schleife dargestellt **(Bild 1)**.

Schritt 2: Projekt anlegen

Zuerst wird das Programm `µVision` durch Doppelklick gestartet. Im Hauptmenü des Programms wird der Menüpunkt `Project` gewählt und dann `New Project...` angeklickt. Im folgenden Fenster wird eine Projektdatei mit dem Namen `EA.PRJ` angelegt. Diese Datei speichert z. B. alle Einstellungen, die während der Programmentwicklung vorgenommen werden.

Schritt 3: Quellprogramm erstellen

Im Hauptmenü wählt man den Menüpunkt `File` und klickt dann `New` an. Es öffnet sich das Editorfenster. Nun kann der Quelltext geschrieben werden **(Bild 2)**.

EA.C

```
/* Datei:EA.C                                          *
*  Aufgabe: S1 an P5.0 schaltet LED P4.0 EIN,          *
*           S2 an P5.1 schaltet LED P4.0 AUS.          *
*  Datum: 4.10.2001    Version 1.0 Autor: Si           *
*  Eingangsparameter:        KEINE!  (void)            *
*  Ausgangsparameter:        KEINE!  (void)            *
*  Rueckgabewert:            KEINER! (void)            *
*  Steueranweisungen fuer den Compiler                */
#pragma OBJECTEXTEND /* typengerecht Debuggen */
#pragma CODE DEBUG   /* Symbolisches Debuggen */
#pragma SYMBOLS      /* Symbole auflisten     */
#include <reg515.h>  /* SFR-Zuordnung C515    */

//     Konstanten vereinbaren
sbit S1 =P5^0;
sbit S2 =P5^1;
sbit LED=P4^0;
AUS=1;
EIN=0;
//     Hauptprogramm
void main(void)
{
 while(1)             //endlos
 {
  if (!S1) LED=AUS;
  if (!S2) LED=EIN;
 }
}
```

Bild 2: Quelltext EA.C

Der Quelltext enthält vier Abschnitte. Im ersten Abschnitt stehen Kommentarzeilen. Er wird Programmkopf genannt und enthält z. B. den Namen des Programms, die Aufgabe des Programms, den Namen des Programmautors, das Erstellungsdatum, eine Versionsnummer und Angaben über Parameter und Rückgabewerte verwendeter C-Funktionen.

Der zweite Abschnitt enthält Steueranweisungen für den Compiler. Steueranweisungen beginnen mit dem Zeichen # (Numeruszeichen) und dem folgenden Wort pragma (griech. Pragma = Sachbezogenheit). Mit der Anweisung `#pragma OBJECTEXTEND` werden zusätzliche Angaben über Datentypen erzeugt. Die Anweisung `#pragma CODE DEBUG` erzeugt Informationen zur Steuerung des Programms dScope. Die Aufzeichnung aller verwendeten Namen (engl. Symbols) erfolgt mit der Anweisung `#pragma SYMBOLS`. In der folgenden Zeile wird dem Programm die Liste der Spezialfunktions-Register des verwendeten Mikrocontrollers C515 mit ihren Adressen mitgeteilt.

Der dritte Abschnitt enthält die Vereinbarung der verwendeten Konstanten. Mit `sbit S1 = P5^0;` erhält der Portanschluss P5.0 den Namen S1, mit `sbit S2 = P5^1;` erhält der Portanschluss P5.1 den Namen S2 und mit `sbit LED = P4^0;` erhält der Portanschluss P4.0 den Namen LED. Den Namen AUS und EIN werden die Werte 1 und 0 zugeordnet.

Anschließend beginnt das Hauptprogramm mit der Zeile `void main(void)`. Es folgt die Schleife mit der Anweisung `while(1)`. Der Klammerwert 1 besagt, dass die Schleife im Programm nicht beendet wird, also endlos ausgeführt wird. Die Anweisung `if (!S1) LED = AUS;` fragt ab, ob der Schließer S1 betätigt wurde. Bei Betätigung wird die LED eingeschaltet.

Entsprechend wird mit der Anweisung `if (!S2) LED = AUS;` der Schließer S2 abgefragt. Bei Betätigung wird die LED ausgeschaltet.

Schritt 4: Quelltext compilieren und linken

Nach dem Speichern des Quelltextes stellt man im Menü `Options` noch die Optionen `.LST file`, `Run BL51 Linker` und `Run OH51 Object Hex-Converter` auf `ein`. Dadurch werden beim Compilerlauf ein Programmlisting erstellt, ein Linkerlauf ausgeführt und ein Hex-File des Programms erstellt.

Nun startet man im Menü `Project` im Menüpunkt `Make: Build Project` durch Anklicken den Compilerlauf. Der Compiler erzeugt nacheinander alle nötigen Dateien und legt diese z. B. in einem Verzeichnis im Laufwerk ab **(Bild 1)**. Während des Compilerlaufs werden in einem Fenster der jeweilige Arbeitsgang sowie das Ende eines fehlerfreien Compilerlaufs und Linkerlaufs mit einem OK angezeigt.

Schritt 5: Mit dem Monitorprogramm dScope simulieren

Durch Anklicken des Menüpunktes `dScope Debugger...` im Menü Run wird das Testprogramm dScope gestartet. Im Menü `View` wählt man die Fenster aus, die auf dem Bildschirm gezeigt werden sollen. Klickt man die Zeile `Debug window` an, wird das Fenster `Module: Unbenannt1` geöffnet. Im Menü `File` wird die Zeile `Load Object File...` angeklickt, es öffnet sich ein Auswahlfenster. Hier klickt man die Objektdatei `EA.OBJ` an. Die Titelzeile des Fensters lautet nun `Module: EA` **(Bild 2)**. Durch Anklicken des Befehls `Go!` wird die Simulation des Programms EA gestartet. Mit `Stop!` wird die Simulation gestoppt.

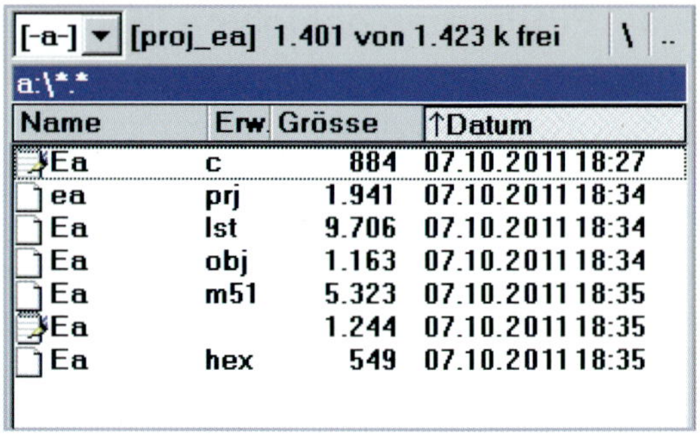

Bild 1: Vom Compiler erzeugte Dateien des Projektes EA

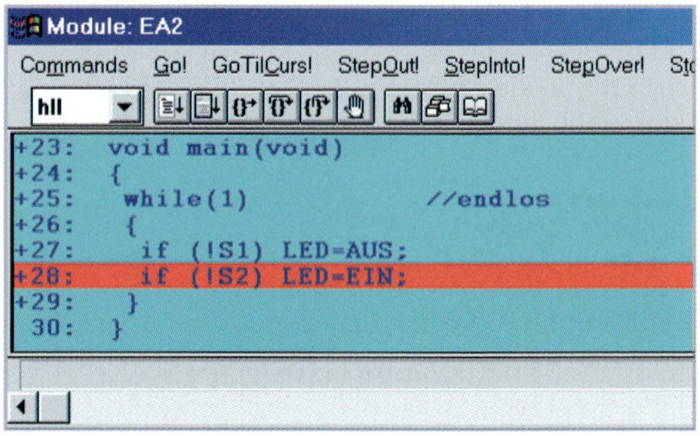

Bild 2: Monitorfenster des Programms dScope

Ein schrittweises Abarbeiten des Programms wird mit dem Befehl `StepInto1!` durchgeführt. Mit dem Befehl `StepOver!` überspringt man vorhandene Unterprogramme.

Die gerade ausgeführte Programmzeile wird durch einen roten Balken gekennzeichnet **(Bild 2)**.

Wiederholung und Vertiefung

1. **Nennen Sie zwei wichtige Programme für die Entwicklung von Mikrocontrollerprogrammen.**
2. **Welche Schritte sind für die Entwicklung eines C-Programms für Mikrocontroller nötig?**
3. **Aus welchen vier Abschnitten besteht der Quelltext eines C-Programms?**
4. **Durch welches Zeichen werden Steueranweisungen gekennzeichnet?**
5. **Welche Wirkung hat die Anweisung while(1);?**
6. **Welche Dateien entstehen beim Compilieren des Programms EA.C?**
7. **Nennen Sie drei wichtige Fenster bei der Programmsimulation.**

8.4 AVR-Mikrocontroller

Die 8-Bit-AVR-Controllerfamilie **(Bild 1)** besteht aus den drei Serien AT90, ATtiny und ATmega (Bild 1). Die Basis bildet ein Hardware-Kern in RISC-Technologie (RISC von Reduced Instruction Set Computing = Verarbeitung eines reduzierten Befehlssatzes). Der Befehlssatz besteht aus wenigen, zeitoptimierten Befehlen, die meist in einem Taktzyklus verarbeitet werden können.

Die wesentlichen Unterschiede zwischen den AVR-Controllern sind die Größe, die Speicherkapazitäten, die Taktfrequenz und zusätzliche interne Komponenten, z. B. ein AD-Umsetzer.

Die 32-Bit-AVR-Serie verfügt z. B. über Komponenten und Befehlserweiterungen für die digitale Signalverarbeitung sowie ein Bussystem und Schnittstellen für externe Speicherkarten.

Hardwarestruktur

In einem internen Flash-EEPROM **(Bild 2)** wird das Programm des Mikrocontrollers gespeichert. Die Programmierung erfolgt direkt in der eingesetzten Schaltung über die SPI-Schnittstelle (SPI von Serial Peripheral Interface = serielle Schnittstelle für Peripheriekomponenten).

Daten, die während der Laufzeit entstehen, z. B. die logischen Zustände der Ports, werden in einem SRAM (SRAM = Static RAM, Kapitel 9.3.2) gespeichert. Einige AVR-Controller enthalten außerdem ein EEPROM als nichtflüchtigen Datenspeicher, um Daten über die Laufzeit hinaus zu sichern.

Die Mikrocontroller besitzen 32 Arbeitsregister mit einer Datenbreite von 8 Bit. Diese Register sind den ersten 32 Speicheradressen des SRAM zugeordnet. Die ALU kann direkt auf diese Register zugreifen und so arithmetische und logische Operationen schnell und ohne zusätzlichen Akkumulator durchführen.

Wie andere Controller auch, enthalten die AVR-Serien zusätzliche Komponenten, z. B. Interrupteinheit, serielle Schnittstellen, EA-Einheiten (Ports) und verschiedene Zeitgeber und Zähler. Alle zusätzlichen Komponenten sind mit dem Datenbus verbunden.

Programmiersysteme für die AVR-Familie

Die Programme für AVR-Controller werden z. B. mit der Entwicklungsumgebung AVR-Studio in Assembler oder in C entworfen und simuliert. Das STK 200, das STK 500 und das MyAVR-Board **(Bild 3)** sind Beispiele für Testplatinen, um Programme im Mikrocontroller zu erproben. Die Controller lassen sich direkt, z. B. über USB-Schnittstelle programmieren. Taster und LEDs ermöglichen eine einfache Überprüfung der Ports.

Bild 1: AVR-Mikrocontroller

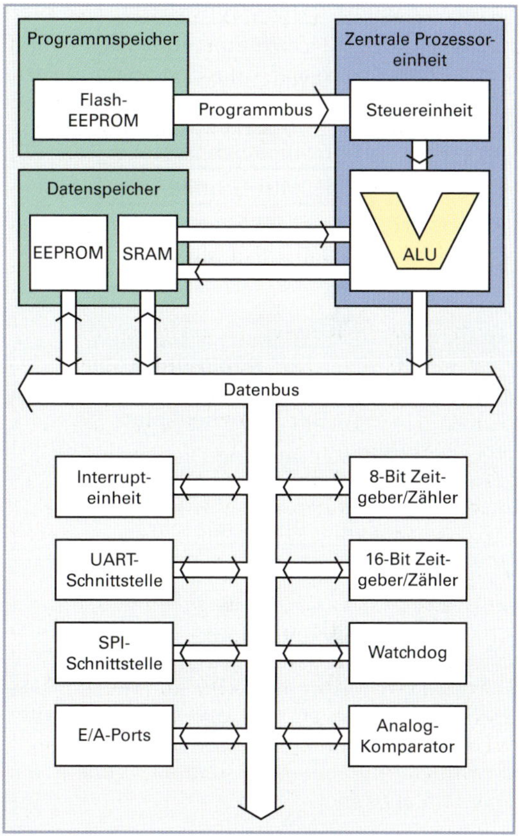

Bild 2: Hardwarestruktur der AVR-Serien

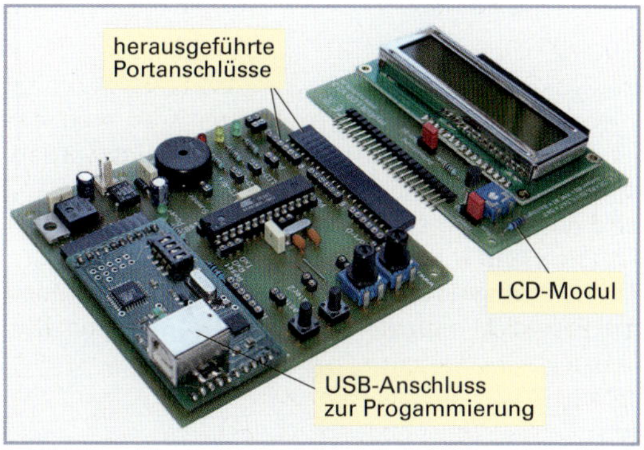

Bild 3: MyAVR-Testplatine mit USB-Anschluss

9 Computersysteme

9 Computersysteme

Häufig verbreitete Computer sind PCs (Personal Computer). PCs werden von einzelnen Personen benutzt **(Bild 1)**.

Peripherie von griech. = Umkreis, Umgebung
CPU von Central Processor Unit
= zentrale Verarbeitungs-Einheit
BIOS von Basic Input Output System
= Basis-Eingabe- und Ausgabe-System
RAM von Random Access Memory
= Speicher mit wahlfreiem Zugriff
Flash Memory
= Programmierbarer Nurlesespeicher
Chipsatz , Bezeichnung für das Steuer-IC, z. B. H55.

9.1 Aufbau und Arbeitsweise von Hardware-Komponenten

9.1.1 PC-System

Einfache PC-Systeme bestehen aus einem Grundgerät, einem TFT-Bildschirm, der Tastatur und einer Maus. Im Grundgerät befindet sich die Hauptplatine. Alle Geräte, die an die Hauptplatine angeschlossen werden, nennt man Peripheriegeräte oder kurz Peripherie. Neben dem Bildschirm, der Tastatur und dem Drucker gehören auch die eingebauten Festplatten und die DVD-Laufwerke zur Peripherie. Peripheriegeräte dienen zur Dateneingabe, Datenausgabe oder zur Speicherung von Daten.

Bild 1: PC-System

PC-Systeme bestehen aus dem Grundgerät mit der Hauptplatine und den Peripheriegeräten.

Die Hauptplatine und die Peripheriegeräte bezeichnet man als Hardware. Die verschiedenen Arbeitsabläufe zwischen Hauptplatine und Peripherie steuern Programme, die man als Software bezeichnet.

Auf der Hauptplatine, auch Motherboard genannt befinden sich z. B. ein Taktgenerator, der Mikroprozessor (CPU) und ein Steuer-IC **(Bild 2)**. Die Anschlüsse an die Hauptplatine werden als Schnittstellen (Interfaces) bezeichnet. Die Art und Anzahl der Schnittstellen hängt vom Typ der Hauptplatine ab.

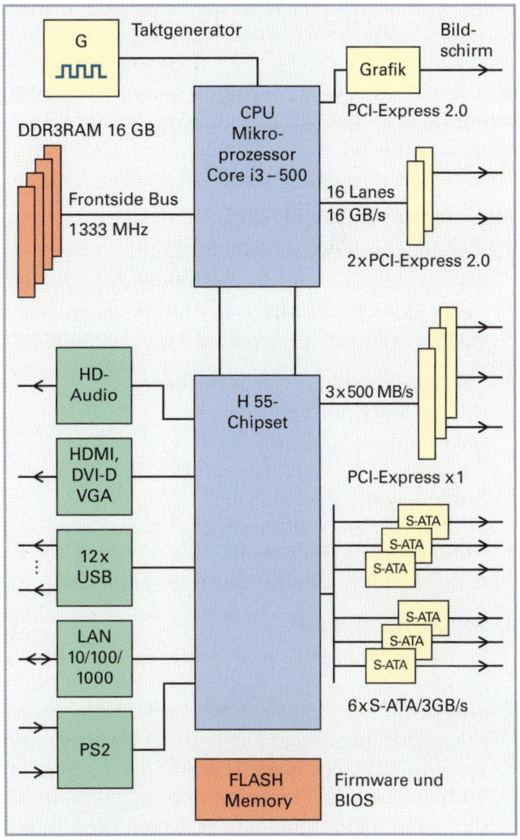

Bild 2: Baugruppen einer Hauptplatine

Die Hauptplatine ist das Herz eines PCs.

Der Taktgenerator erzeugt ein Steuersignal. Dieses wird in der CPU zum internen Taktsignal vervielfacht.

Der Mikroprozessor verwaltet und arbeitet mit den zugeführten Daten, die sich z. B. in den DDR3RAMs befinden. Über die interne Grafik-Einheit kann der Bildschirm direkt angesteuert werden. Über den Bus PCI-Express 2.0 werden Daten in serieller Form ausgegeben.

Das Steuer-IC H55 stellt die Schnittstellen für z. B. drei PCI-Steckkarten und sechs SATA-Anschlüsse zur Verfügung. Zusätzlich gibt es Anschlüsse für Audio, Video, USB und LAN. Im Flash-Memory sind das zum Start nötige BIOS und die firmenspezifische Steuersoftware enthalten.

9.1.2 Schnittstellen am PC

Schnittstellen sind Baugruppen, die zwischen zwei Computern oder zwischen einem Computer und den Peripheriegeräten den Austausch und die gemeinsame Nutzung von Daten ermöglichen. Es gibt sehr viele unterschiedliche Schnittstellen **(Bild 1)**.

Schnittstelle (Interface) =
Verbindungsstelle zweier Baugruppen oder Anlagenteile. Schnittstellen bestehen aus einem Hardwareteil (Baugruppe) und einem Softwareteil (Treiberprogramm).

Serielle Schnittstellen

Bei seriellen Schnittstellen werden die Daten Bit für Bit nacheinander übertragen. PC haben die meisten Schnittstellenanschlüsse auf der Geräterückseite, Notebooks meist seitwärts und Einbau-Industrie-PCs auf der Frontseite. Serielle Schnittstellen sind z. B. USB (Universal Serial Bus) und IEEE-1394 auch FireWire-Schnittstelle (Firewire= Feuerdraht, Firmenname) genannt.

Die Schnittstelle USB wird zum Anschluss von z. B. Scannern, Druckern, Kameras, Spielekonsolen oder Speichersticks verwendet. Sie kann Daten mit bis zu 650 Mbit/s übertragen.

Camcorder oder Videogeräte werden meist über die FireWire-Schnittstelle an den PC angeschlossen. Daten werden in digitaler Form bis 400 Mbit/s übertragen.

Manche Geräte haben weitere Schnittstellenanschlüsse, z. B. für Headsets, Camcorder und Speichersticks **(Bild 2)**.

Anschlussstellen am PC sind:

1. **Anschlüsse für Maus und Tastatur:**
   Mausanschluss und Tastaturanschluss erfolgt meist über USB. Ältere PC haben auch noch PS/2-Schnittstellen (Personal System/2, **Bild 3**).
2. **NF-Anschlüsse mit Cinch-Buchsen**
   (Cinch=Sattelgurthalter):
   Mikrofonanschluss (Mic):
   Eingang für ein Mikrofon, Mono (Bild 2).
   Audioeingang (Line in):
   Eingang für ein weiteres Signal, z. B. Stereo.
   Audioausgang (Line out):
   Ausgang für Kopfhörer oder Lautsprecher.
3. **S/PDIF-Anschlüsse:**
   Von Sony/Philips Digital Interface Format). Es handelt sich um digitale Eingänge und Ausgänge für NF. Verwendet werden Cinch-Anschlüsse oder das LichtwellenleiterVerbindungssystem TOSLINK (von TOShiba-LINK, Bild 3). Vorteilhaft ist die Potenzialtrennung zur Vermeidung von Masseschleifen. Anwendung z. B. bei Dolby-Digital-5.1 Raumklang.

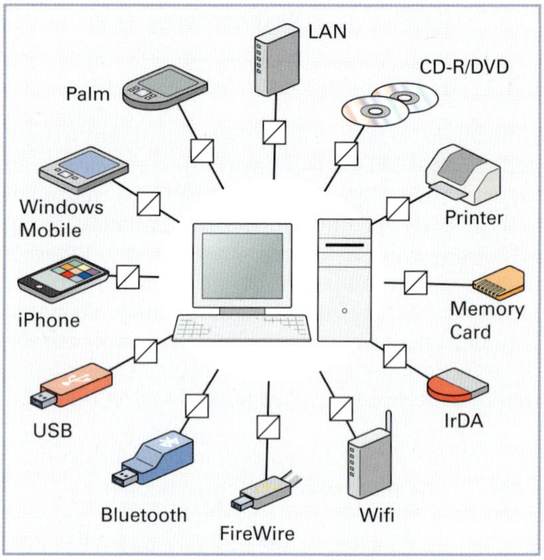

Bild 1: PC-Schnittstellen und Anschlüsse

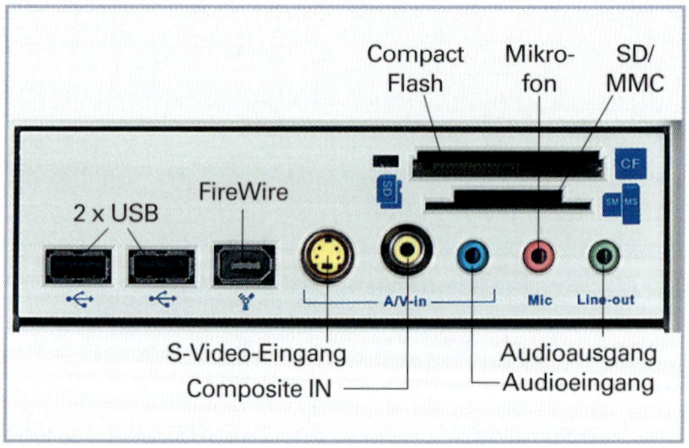

Bild 2: Schnittstellen auf einer PC-Vorderseite

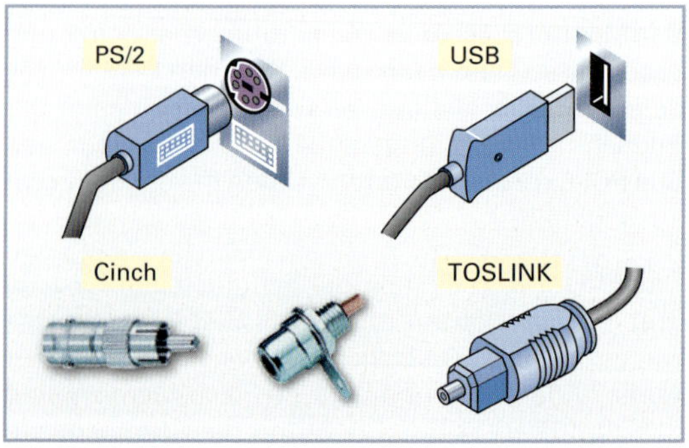

Bild 3: Schnittstellen USB, PS/2, Cinch und TOSLINK

4. **Netzwerk- und Modemanschlüsse:**
   RJ11-Steckverbindung für Telekommunikationsgeräte.
   RJ45-Steckverbindung für den Anschluss eines lokalen Netzwerkes (LAN), oder eines DSL-Modems **(Bild 1)**.

5. **Anschluss von Monitoren:**
   Der Monitor wird an eine serielle Schnittstelle angeschlossen **(Bild 2)**. Verwendet werden die Schnittstellen DVI (von Digital Visual Interface = digitale Bildschnittstelle) und HDMI (von High Definition Multimedia Interface = hochauflösende Multimedia-Schnittstelle). HDMI dient der digitalen Übertragung von Audio- und Video-Daten. HDMI1.4 ist für die 3D-Bildübertragung ausgelegt.
   DVI-D (DVI-Digital) überträgt nur digitale Videosignale **(Bild 2, rechts)**.
   DVI-I (DVI-Integrated) überträgt sowohl digitale als auch analoge Videosignale. Entsprechend der zu übertragenden Bildauflösung gibt es die Verbindungen Single Link mit 18 Pins bis 1600 x 1200 Pixels und Dual Link mit 24 Pins bis 2048 x 1536 Pixels.
   HDMI überträgt die digitalisierten Audio- und Video-Daten über eine Leitung.
   HDMI-Steckverbindungen haben im Single-Linkverfahren 19 Anschlüsse und können in drei parallelen Kanälen bis zu 3,4 Gbit/s je Kanal übertragen. Bei der Dual-Link-Verbindung werden 6 Kanäle in einem verbreiterten Stecker übertragen.

6. **Video-Anschlüsse:**
   Composite IN (composite = Zusammensetzung) mit einer Cinch-Steckverbindung, ermöglicht die Eingabe eines Farbbild-Austast-Synchronisierimpulses (FBAS-Signals) zur Synchronisation von Video-Bildern.
   S-Video (S von Separated = getrennt) dient in Verbindung mit dem Composite-In-Signal zum Digitalisieren von Videos.

9.1.3 Peripherie eines Computersystems

Die zur Eingabe, Ausgabe und Speicherung notwendigen peripheren Geräte **(Tabelle 1)** werden über die Schnittstellen angeschlossen. Nach dem Einschalten werden plug-and-play-fähige Geräte vom Computer erkannt und die zur Ansteuerung notwendige Treibersoftware des Betriebssystems aktiviert. Bei manchen Geräten muss die Treibersoftware von einer mitgelieferten DVD oder CD-ROM installiert werden.

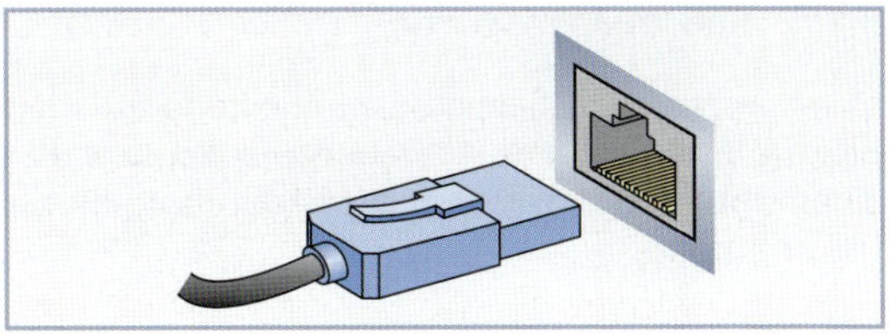

Bild 1: Netzwerkanschluss RJ45

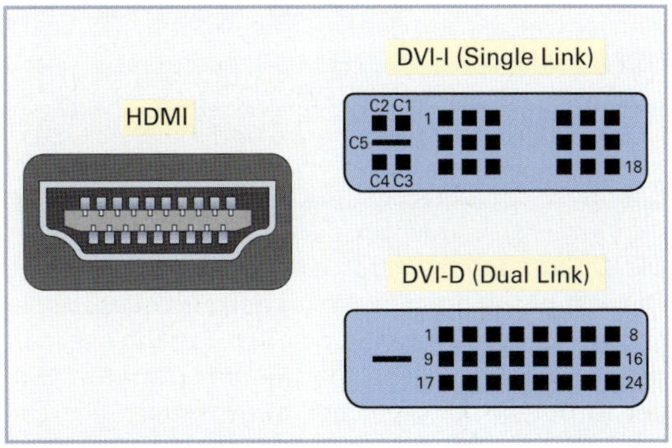

Bild 2: Monitoranschlüsse

Tabelle 1: Periphere Geräte (Auswahl)

Eingabegeräte	Tastatur, Maus, Grafiktablett 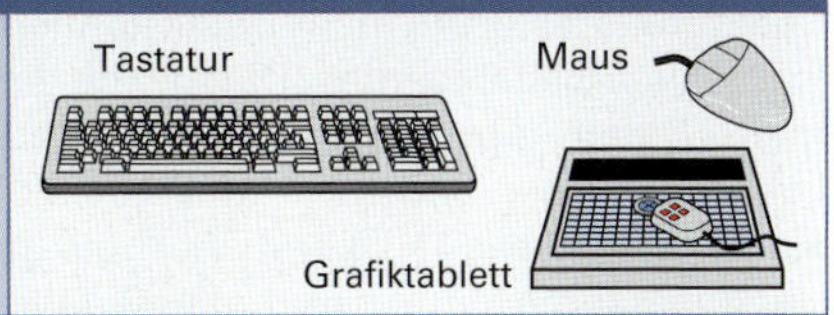
Ausgabegeräte	Monitor, Drucker 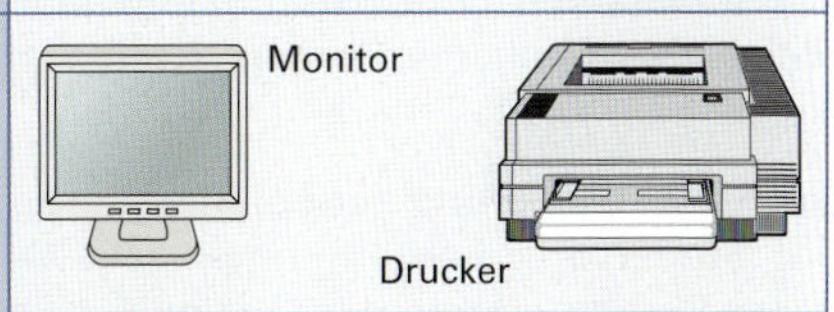
Externe Speichergeräte	DVD-Laufwerk, USB-Stick, Festplattenlaufwerk 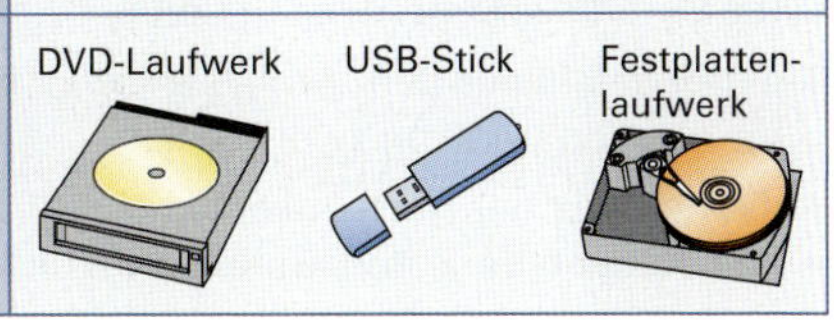

Zur Ansteuerung angeschlossener Peripheriegeräte muss die zugehörige Treibersoftware installiert sein.

Wiederholung und Vertiefung:

1. **Was versteht man unter einer Schnittstelle?**
2. **Für welche Geräte wird die USB-Schnittstelle verwendet?**
3. **Welche Bitrate kann mit der FireWire-Schnittstelle übertragen werden?**
4. **Warum wird Treibersoftware benötigt?**

WV

9.1.4 Mikroprozessoren

Mikroprozessoren bestehen mindestens aus den Baugruppen Rechenwerk, Steuerwerk, Register und einem internen Bussystem zur Verbindung dieser Baugruppen.

Das Rechenwerk besteht aus der *ALU* und *Registern* **(Bild 1)**. Die ALU kann *arithmetische Operationen* wie Addition, Subtraktion, Multiplikation und Division sowie die *logischen Operationen* wie UND, ODER und Exklusiv-ODER (XOR) ausführen.

Eine ALU kann arithmetische und logische Operationen ausführen.

Die *Operanden* (zu verarbeitende Daten) für diese Operationen werden meist aus dem *Arbeitsspeicher* geholt und in die Register geladen. Ergebnisse werden in Registern gespeichert und oft von dort wieder in den Arbeitsspeicher transportiert. Die Datenbusbreite ist meist gleich der Datenbreite des Rechenwerkes. Abhängig von der Datenbreite des Rechenwerkes spricht man auch von 8-Bit-, 16-Bit-, 32-Bit- und 64-Bit-Mikroprozessoren. Je größer die Datenbreite ist, desto mehr Daten können in der Sekunde verarbeitet werden. Die Menge der verarbeiteten Daten gibt man mit MIPS (von Million Instructions per Second = Million Befehle je Sekunde) an **(Tabelle 1)**. Operationen, die das Rechenwerk ausführen kann, nennt man Befehle. Je mehr Befehle ein Rechenwerk kennt, desto einfacher und kürzer können die Programme werden.

Die Ablaufsteuerung der Befehlsverarbeitung wird im Steuerwerk vorgenommen. Die Ausführung eines Befehls erfolgt meist in den Schritten

- einen Befehl aus dem Arbeitsspeicher holen, z. B. für die Addition von zwei Zahlen,
- die Register des Rechenwerkes mit Zahlen füllen,
- das Rechenwerk den Befehl ausführen lassen und das Ergebnis im Ergebnisregister speichern.

Jede Abarbeitung eines Befehls (Befehlszyklus) besteht aus Maschinenzyklen (Buszyklen), jeder Maschinenzyklus aus mehreren Takten. Die Taktfrequenz ist diejenige Frequenz, mit der der Mikroprozessor intern arbeitet, z. B. 1,5 GHz (Tabelle 1). Typische Maschinenzyklen sind z. B. Daten in den Arbeitsspeicher schreiben oder aus ihm zu lesen (Bild 1). Die Befehlsbearbeitung erfolgt durch das Zusammenwirken verschiedener Signale, die im Steuerwerk des Mikroprozessors erzeugt werden.

Mikroprozessoren gibt es in verschiedenen Bauformen mit zum Teil sehr vielen Anschlüssen **(Bild 2)**. Je nach Typ und Taktfrequenz werden Betriebsspannungen von 1,2 V bis 5 V verwendet. Auf der Oberseite des Gehäuses ist meist ein kleiner Lüfter zur Wärmeabfuhr montiert.

Mikrocomputer = Eigenständiges Computersystem, das einen Mikroprozessor enthält.

Mikroprozessor = Zentrale Verarbeitungseinheit auf einem einzelnen Chip, auch Hauptprozessor genannt.

Mehrkernprozessor (multicore processor) = Baugruppe mit zwei bis 6 Hauptprozessoren.

ALU von Arithmetic Logic Unit = Arithmetische-logische Einheit.

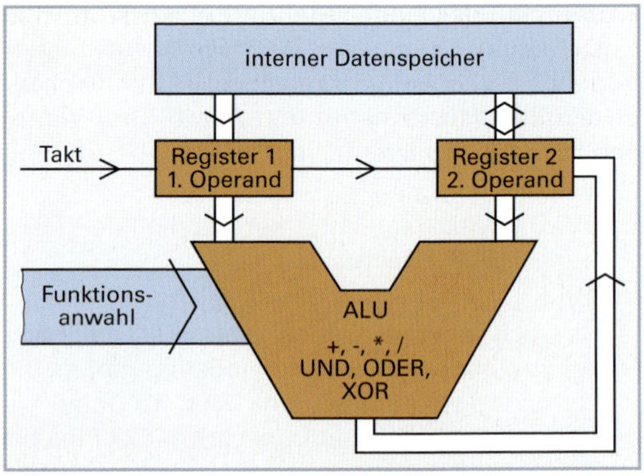

Bild 1: Funktionsweise des Rechenwerks

Tabelle 1: Mikroprozessortypen

Typ	Taktfrequenz	Datenbusbreite	MIPS	Adressbusbreite	Pins
8085	12 MHz	8 bit	< 0,1	16 bit	40
8086	10 MHz	16 bit	≤ 0,5	20 bit	40
80286	33 MHz	16 bit	≤ 2	24 bit	68
80386	40 MHz	32 bit	≤ 8	32 bit	132
80486	100 MHz	32 bit	≤ 25	32 bit	168
Pentium	1,5 GHz	64 bit	≤ 120	32 bit	213
Core i7	3,33 GHz	64 bit	≤ 150	36 bit	1366

Bild 2: Ansicht eines Mehrkernprozessors

9.1.5 Hauptplatine eines PCs (Beispiel)

Die Hauptplatine ist eine Kunststoffplatte mit mehrlagigen Strombahnen und vielen Lötpunkten für Bauelemente und Steckanschlüsse **(Bild 1)**.

Interne Steckanschlüsse

Auf der Hauptplatine befinden sich die internen Steckanschlüsse **(Tabelle 1)**. Dies sind z. B. Steckplätze für die Speichermodule, den Grafikkartenanschluss, PCI-Anschlüsse, die PCI Express-Anschlüsse, die seriellen SATA-Anschlüsse, die Mikroprozessorfassung und die Anschlüsse für die Leistungsversorgung vom PC-Netzteil.

Von den 6 SATA-Anschlüssen sind hier zwei als eSATA-Anschlüsse für externe Datenübertragungen bis 3 Gbit/s verwendbar.

Tabelle 1: Interne Steckanschlüsse (Beispiel)

Nr.	Anzahl und Art	Anwendungen
①	4 Steckplätze für DDR3-Speicher	Arbeitsspeichermodule mit je 4 GB.
②	1 PCI-Express 2.0 * 16	Grafikkartenanschluss
③	2 PCI-Express * 1	Portvervielfacher, z. B. für USB und RAID, SSD
④	3 PCI-Anschlüsse	Netzkarten, Grafikkarten, Modems, Soundkarten
⑤	6 SATA-Anschlüsse	Festplatten, DVD-Laufwerke, Bandlaufwerke.
⑥	2 Netzteilsteckanschlüsse	Spannungen von 3,3 V bis 12 V.
⑦	Prozessorfassung	Enthält Mikroprozessor

Externe Steckanschlüsse

⑧ Es können bis 12 USB-Geräte angeschlossen werden.

⑨ Netzwerkanschlüsse bis 1 Gbit/s für LAN und

⑩ Monitoranschlüsse für 2 Monitore. Es können die Schnittstellen VGA, DVI-D und HDMI verwendet werden.

⑪ Combi-Anschluss für PS/2 (veraltet).

⑫ Audio-Anschlüsse für maximal 8 NF-Kanäle.

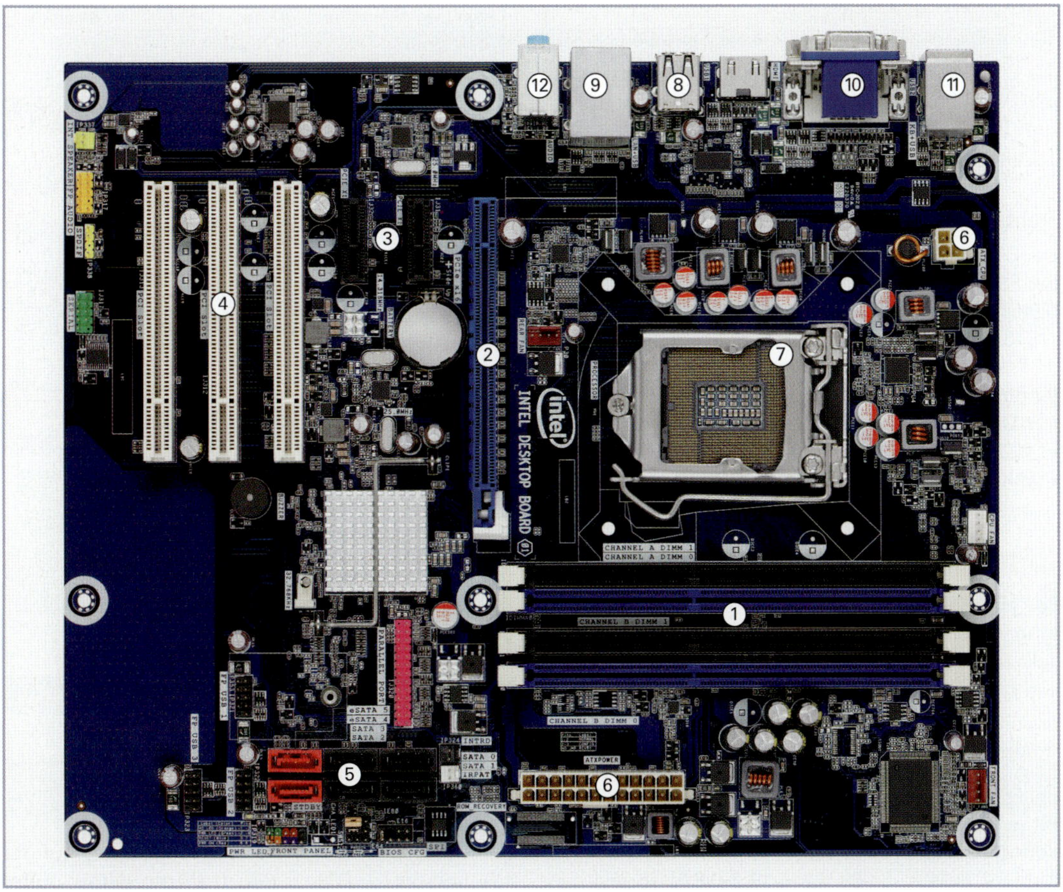

Bild 1: Hauptplatine eines Mikrocomputers

9.1.6 PC-Bussysteme und Interconnect-Verbindungen

Damit der Mikroprozessor mit anderen Baugruppen z. B. den Arbeitsspeicher-IC, der Festplatte oder der Grafikkarte Daten austauschen kann, sind alle Baueinheiten miteinander verbunden. Für eine schnelle Übertragung von Daten, Adressen und Steuersignalen werden viele parallele Leitungen verwendet, die ein Leitungssystem bilden. Dies wird als Systembus bezeichnet **(Bild 1)**.

Man unterscheidet verschiedene Systembusse **(Tabelle 1)**. Je nach Verwendungszweck sind mehrere Steckplätze für die Erweiterungskarten vorhanden, die zum Teil an verschiedenen Bussystemen angeschlossen sind. Die Bussysteme unterscheiden sich in der Anzahl der Adressleitungen, Datenleitungen und Steuerleitungen, in der zeitlichen Abfolge der Signalübertragung und bei den Steckerleisten in den geometrischen Abmessungen und Anordnung der Pinbelegung.

Ein Systembus besteht aus dem Datenbus, dem Adressbus und dem Steuerbus.

Die Entwicklung ging vom ISA-Bus (Industry Standard Architecture), über den EISA (Extended ISA) zum PCI-Bus (Peripheral Component Interconnect, **Tabelle 1**).

Frontsidebus FSB

Bei Computern mit Intel Pentium Prozessoren ist der FSB die Verbindung zwischen CPU und dem Arbeitsspeicher **(Bild 2, oben)**. Die Daten werden auf z. B. 64 Leitern parallel als Datenpakete übertragen. Je Taktsignal werden je nach Speichertyp ein Datenpaket (SDR von Single Data Rate), zwei (DDR von Double Data Rate) oder vier Datenpakete (QDR von Quadruple Data Rate) übertragen **(Tabelle 2)**. FSB kann bei 400 MHz

r_{max} = 4 · 0,4 GB/s · 8 B = **12,8 GB/s** übertragen.

Serielle Linkverbindungsarten HT und QPI

Bei HT **(Bild 2, unten)** kann jeder Link (Einrichtungsverbindung) bis zu 32 Bit breit sein. Mit einer Taktfrequenz von 1,4 Gbit/s kann mit DDR-RAM ein Linkpaar

r_{max} = 1,4 GB/s · 4B · 22 = **22,4 GB/s** übertragen werden.

Bei QPI hat jeder Link 20 Leitungen. Ein Link kann 20 Bit je Transfer übertragen. Mit einer Taktfrequenz von 2,4 Gbit/s kann mit DDR-RAM ein Linkpaar

r_{max} = 2,4 GB/s · 20B · 22 = **19,2 GB/s** übertragen werden.

Serielle Verbindungsarten zwischen CPU und RAM
- **HT** von HyperTransport = Übertransport, von AMD. Taktfrequenzen bis 3,2 GHz.
- **QPI** von QuickPath Interconnect = Schnellweg-Verbindung, von Intel. Taktfrequenzen bis 3,2 GHz.

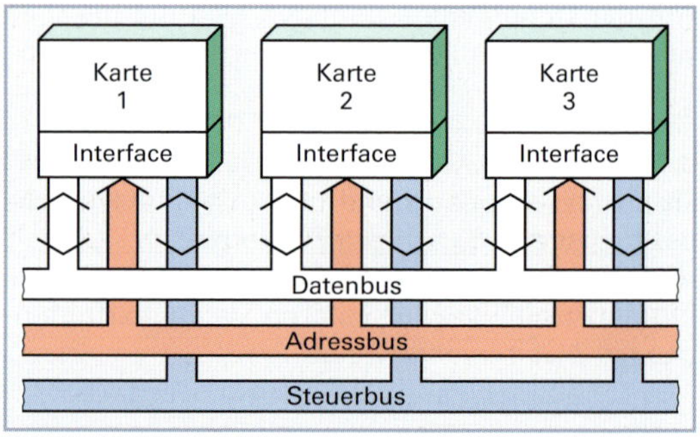

Bild 1: Parallelbussystem

Tabelle 1: Kenndaten von Bussystemen

Bussystem	ISA	EISA	PCI 1.0	PCI 2.0 - PCI 3.0
Adressbus-breite	24 bit	32 bit	32 bit	64 bit
Datenbus-breite	16 bit	32 bit	32 bit	64 bit
max. Bustakt-frequenz f	8 MHz	8,33 MHz	33 MHz	66 MHz
max. Bitrate- r_{max}	8 MB/s	33 MB/s	132 MB/s	264 MB/s

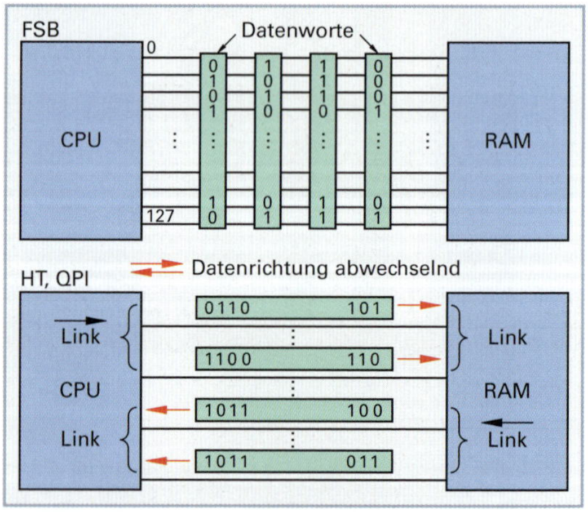

Bild 2: Vergleich FSB mit HT und QPI

Tabelle 2: Vergleich von FSBs

Taktfrequenz in MHz	133	200	266	333	400
1 Datenwort pro Takt (SDR)	FSB 133	FSB 200	–	–	–
2 Datenworte pro Takt (DDR)	FSB 266	FSB 400	–	–	–
4 Datenworte pro Takt (QDR)	FSB 533	FSB 800	FSB 1065	FSB 1333	FSB 1600

PCI-Bus

Der PCI-Bus ist ein paralleles Bussystem zur taktsynchronen Übertragung großer Datenmengen zwischen CPU und den Peripheriegeräten, z. B. LAN-Karten. Der PCI-Bus ist über eine Hostbridge mit dem Prozessorbus verbunden **(Bild 1)**. Die Hostbridge passt die Prozessortaktfrequenzen an die maximale Taktfrequenz von 66,6 MHz des PCI-Bus an.

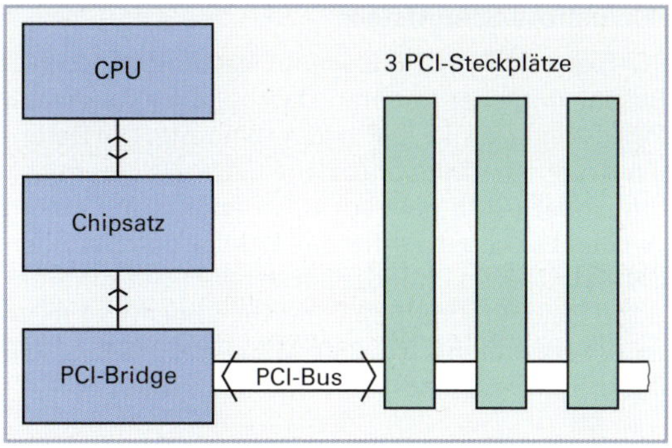

Bild 1: PCI-Architektur

Durch Bus-Mastering (Master = Herrscher) können die Controller gesteckter Karten zeitweise die Kontrolle über das Bussystem übernehmen. Dadurch wird die CPU entlastet und kann solange andere Aufgaben ausführen.

> Der PCI-Bus ist ein parallel arbeitendes taktsynchrones Bussystem zur Verbindung von Peripheriekomponenten untereinander und mit der CPU.

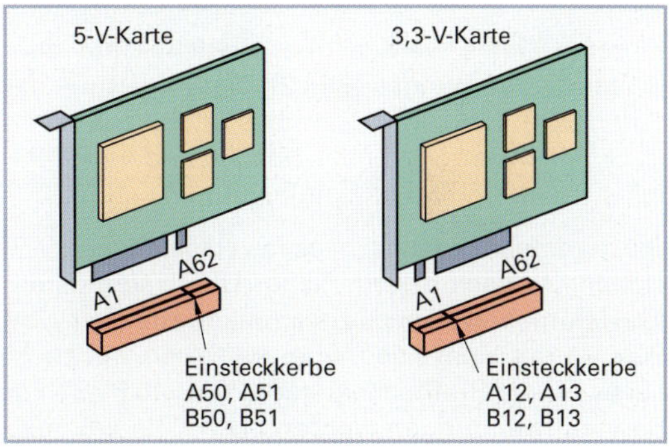

Bild 3: PCI-Bus-Kartentypen

Nach Einbau einer PCI-Steckkarte kann das BIOS eine automatische Konfiguration der Karte durchführen.

Der PCI-Bus hat eine Adressbusbreite und eine Datenbusbreite von 32 bit oder 64 bit und ermöglicht damit eine maximale Übertragungsrate von 528 MB/s.

Beispiel 1 Übertragungsrate:

Berechnen Sie die Übertragungsrate für die Taktfrequenz von 66,6 MHz und einem Datenbus mit 64 bit.

Lösung:

$$r_{max} = \frac{64\ \text{bit} \cdot 66{,}6\ \text{MHz}}{\frac{8\ \text{bit}}{\text{Byte}}} = \mathbf{0{,}528\ GBytes/s}$$

Die Adressen und Daten werden auf dem Bus im Zeitmultiplex übertragen. Um eine kurze Baulänge der PCI-Bus-Steckerleiste zu erreichen, werden die gleichen 32/64 Kontakte, die für den Adressbus bestimmt sind, durch Umschalten (Multiplexen) auch für den Datenbus verwendet **(Bild 2)**.

Es gibt Karten für die Betriebsspannungen 3,3 V und 5,5 V. Die Kennung erfolgt durch eine entsprechende Einsteckkerbe **(Bild 3)**. Karten für beide Betriebsspannungen enthalten beide Kerben.

Der PCI-Bus kann jede angeschlossene Steckkarte mit bis zu 25 Watt versorgen.

Jede PCI-Karte besitzt eine eindeutige Hardware-Kennung (Identification, ID).

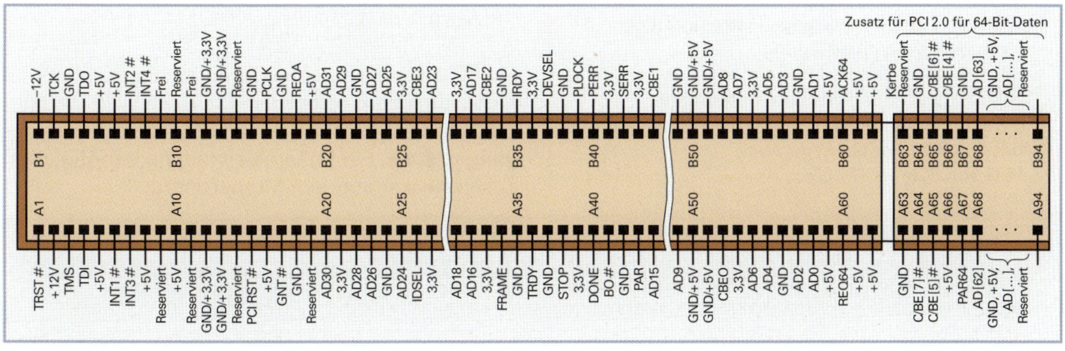

Bild 2: Pinbelegung beim PCI2.0-Bus

PCI-Express-Schnittstelle

PCI-Express (PCIe, PCIE) ist der Nachfolger des PCI-Busses mit einer höheren Datenübertragungsrate. PCIe ist eine Punkt-zu-Punktverbindung. Die Datenübertragung erfolgt über Lanes, die aus einem Leitungspaar (CML pair) für das Senden und einem zweiten Leitungspaar für das Empfangen bestehen **(Bild 1)**. Jedes Leitungspaar arbeitet mit differenzieller Datenübertra-gung und kann bei PCIe 1.0 Datenpakete mit bis zu 250 MB/s übertragen. Die Daten werden im 8B/10B-Code übertragen.

> Ein Lane kann beim PCIe 1.0 Standard Datenpakete in jeder Richtung mit bis zu 250 MB/s übertragen.

Einzelne Lanes werden über Switches mit dem Systembus verbunden **(Bild 2)**. Die Umsetzung der Daten vom und zum Systembus erfolgt mit Parallel-Seriellumsetzern für das Senden und Seriell-Parallelumsetzern für das Empfangen.

Die PCIe-Schnittstelle gibt es in verschiedenen Versionen. Je nach erforderlicher Übertragungsrate werden mehrere Lanes zusammengeschaltet: von PCIe x1 mit einer Lane, über x2, x4 bis hin zu 16 Lanes für die Grafikschnittstelle PCIe x16 PEG). Für Serveranwendungen werden auch PCIe x 8, x 32 verwendet.

> Die Anzahl der Lanes in PCIe-Verbindungen erhöht sich von 1 jeweils um den Faktor zwei bis auf 32.

Der Steckplatz ist mechanisch durch eine Nase in zwei Bereiche unterteilt **(Bild 3)**. Im linken Bereich befinden sich 22 Steckkontakte für die Stromversorgung, die Taktung und für Testzwecke. Rechts von der Nase befinden sich je nach Anzahl der Lanes 14 bis 142 Steckkontakte, die der Datenübertragung dienen.

PCI-Express, kurz PCIe oder PCIE
Lane = Gasse, Weg, Kanal.
CML von Current mode Logic = stromgesteuerte differenzielle Datenübertragung.
8B/10B-Code. Mit Gleichspannungsausgleich und Taktrückgewinnung aus dem Datensignal.
Switch = Schalter, verbindet z. B. den Systembus mit den PCIe-Peripheriegeräten.
PEG von PCIe for Graphics

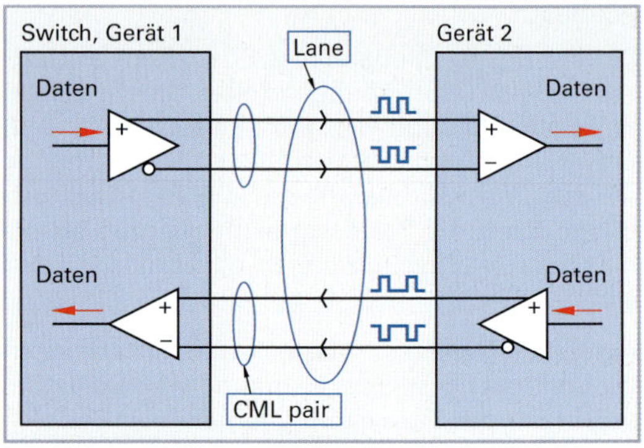

Bild 1: Datenübertragung mit Lane

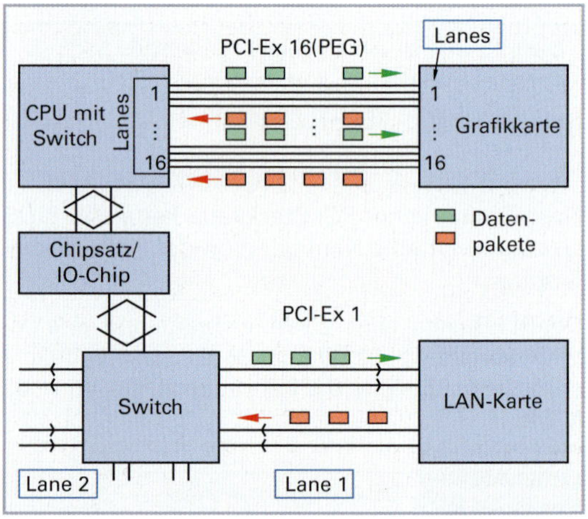

Bild 2: PCIe-Anwendungen im PC

Tabelle 1: Maximale Datenraten bei PCIe-Standards je Richtung

	PCIe 1.0	PCIe 2.1	PCIe 3.0
x1	250 MB/s	500 MB/s	1 GB/s
x2	500 MB/s	1 GB/s	2 GB/s
x4	1 GB/s	2 GB/s	4 GB/s
x8	2 GB/s	4 GB/s	8 GB/s
x16	4 GB/s	8 GB/s	16 GB/s
x32	8 GB/s	16 GB/s	32 GB/s

PCIe 3.0 in der Einführungsphase

Ein PCIe-Steckplatz kann die daran angeschlossene Karte mit Strom versorgen. Bis zu 25 Watt sind üblich. Für PEG-Grafikkarten werden 75 W zur Verfügung gestellt. Für höhere Leistungen benötigt man Zusatzstecker auf dem Motherboard.

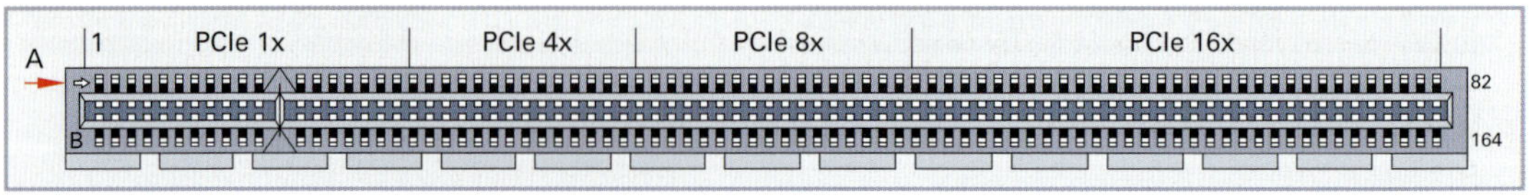

Bild 3: Aufbau der modularen PCIe-Steckverbindung

9.1.7 Interrupt-Technik

Peripheriegeräte oder Erweiterungskarten müssen dem Prozessor mitteilen, wenn sie seine Rechenleistung in Anspruch nehmen wollen. Computer haben dafür ein Interrupt-System. Das ermöglicht es, ein laufendes Programm zu unterbrechen, ein anderes Programm abzuarbeiten und das unterbrochene Programm danach weiter auszuführen.

Interrupt = Unterbrechung.
IRQ von Interrupt Request = Interrupt-Anforderung.
PIC von Programmable Interrupt Controller, Hardware-Interrupts für Einkernprozessoren.
I/O APIC von Input/Output Advanced Programmable Interrupt Controller, Interrupt-Bearbeitung ist busgesteuert, z. B. für Mehrkernprozessoren.
ISA von Industrial Standard Architecture

Interrupt mit PIC

Mit einem Signal an einem der Eingänge IR0 bis IR15 des Interrupt-Controllers PIC kann ein Gerät, z. B. die Tastatur, seine Interrupt-Anforderung IRQ1 über die Leitung INTR anmelden **(Bild 1)**. Der Mikroprozessor zeigt das Ende der Interrupt-Bearbeitung am Ausgang INTA an. Beim Interrupt-System mit PIC sind die Interrupts Geräten nach dem ISA-Standard fest zugeordnet.

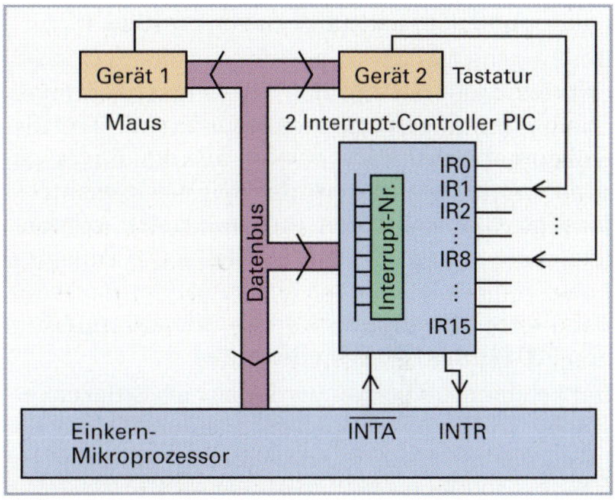

Bild 1: IRQ-Hardware-Verarbeitung mit PIC

Interrupt-Verteilung mit APIC

Der I/O APIC hat 24 Eingänge, an die interruptfähige Geräte angeschlossen werden können **(Bild 2)**. Jeder Eingang kann separat konfiguriert werden, wobei jedoch der ISA-Standard weiter unterstützt wird. Die Interrupt-Anforderungen nimmt der I/O APIC entgegen und verteilt sie als Interrupt Messages (= Botschaften) über einen eigenen Bus auf die Local APICs der vorhandenen Prozessoren. Die Local APICs leiten den Interrupt mit der jeweils höchsten Priorität an den zuständigen CPU-Kern weiter. Ist dieser Interrupt abgearbeitet, wird der nächste Interrupt an die zuständige CPU weitergeleitet.

Mit dem APIC lassen sich Interrupts ohne Bestätigung durch den Prozessor abarbeiten.

Auch die CPUs können gegenseitig über die Local APICs Interrupts auslösen.

Beim Systemstart teilt das BIOS die IRQs, z. B. zum Booten von der Festplatte oder DVD zu. Anschließend übernimmt das Betriebssystem, z. B. Windows 7, die Verwaltung und die Neuverteilung der IRQs.

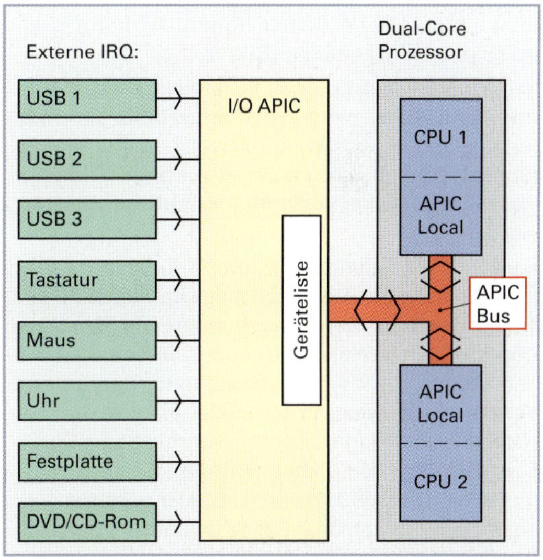

Bild 2: IRQ-Verarbeitung mit I/O APIC und Local APIC

Wiederholung und Vertiefung:

1. **Welche Aufgabe hat der Frontsidebus?**
2. **Erklären Sie die Wirkungsweise serieller Linkverbindungen.**
3. **Welche maximalen Bitraten können FSB, HT und QPI übertragen?**
4. **Welche Eigenschaften hat der PCI-Bus?**
5. **Erklären Sie die Wirkungsweise der PCIe-Schnittstelle.**
6. **Wie wird eine PCIe-Schnittstelle für 16 Lanes bezeichnet?**
7. **Was bedeutet die Bezeichnung PEG?**
8. **Welcher Code wird bei PCIe verwendet?**

9.1.8 PC-NF-Verstärker (D-Betrieb)

Beim D-Betrieb wird die sinusförmige Eingangsspannung in ein rechteckförmiges, getaktetes Ausgangssignal mit hoher Leistung umgewandelt. Verstärker für den D-Betrieb werden auch als Klasse-D-Verstärker bezeichnet.

Ein Klasse-D-Verstärker besteht aus den Baugruppen Eingangsverstärker, Pulsweitenmodulator, Oszillator zur Takterzeugung für den Pulsweitenmodulator und dem Leistungsverstärker **(Bild 1)**.

Der Eingangsverstärker besteht aus einem Operationsverstärker, der mit den Eingangsspannungen U_{e+} und U_{e-} differenziell angesteuert wird. Der Pulsweitenmodulator PWM erzeugt aus den Eingangsspannungen zwei zueinander invertierte rechteckförmige Signale, deren Pulsweite sich entsprechend der Amplitude ändert **(Bild 2)**. Die Schaltfrequenz f_T für PWM wird mit einem Oszillator erzeugt. Bei interner Erzeugung werden Schaltfrequenzen von 200 kHz bis 600 kHz verwendet.

Der Leistungsverstärker wird meist als Brückenverstärker (H-Bridge) ausgeführt. Dadurch kann der Lautsprecher ohne Kondensatoren im Brückenzweig angeschlossen werden. Diese Auskopplung wird auch als BTL (**B**ridge **T**ied **L**oad = brückenverbundene Last) bezeichnet.

Durch den Schaltbetrieb des Leistungsverstärkers haben Klasse-D-Verstärker höhere Wirkungsgrade als Klasse-AB-Verstärker **(Bild 3)**.

In tragbaren Geräten, z. B. in Handys, MP3-Playern und Notebooks, werden sie verwendet, um möglichst lange Betriebszeiten zu erreichen. Bei NF-Leistungsverstärkern kann durch den hohen Wirkungsgrad auf Kühlbleche zur Wärmeabfuhr verzichtet werden.

Bei Klasse-D-Verstärkersystemen für den Heimbereich müssen die Ausgänge jedes Kanals mit einem Tiefpass gefiltert werden, damit die EMV-Störungen über die Lautsprecherleitungen klein gehalten werden **(Bild 4)**. Die Tiefpässe bestehen z. B. aus Ferritperlen und Kondensatoren. Eine weitere Verringerung erreicht man durch Verwendung der Spreiz-Spektrum-Technik. Dabei wird die Frequenz f_T z. B. im Bereich von 600 kHz bis 1200 kHz verändert, sodass das Störspektrum eine kleinere Leistungsdichte aufweist.

Für Klasse-D-Verstärker werden meist Schaltnetzteile verwendet, da sie die Pulsbelastungen durch die Endstufen weit über den hörbaren Bereich hinaus ausregeln können. Die Störfestigkeit sollte besser 50 dB PSRR (von **P**ower **S**upply **R**ejection **R**atio = Netzteil-Spannungsfestigkeitsverhältnis) sein.

Manche PWM-Modulatoren schalten die Signale der Kanäle zeitlich verzögert, sodass die Impulsbelastung der Netzteile verringert wird.

Anwendung von Klasse-D-Verstärkern:
- Mobiltelefone, MP3-Player
- PC-NF-Verstärker, NF-Leistungsverstärker

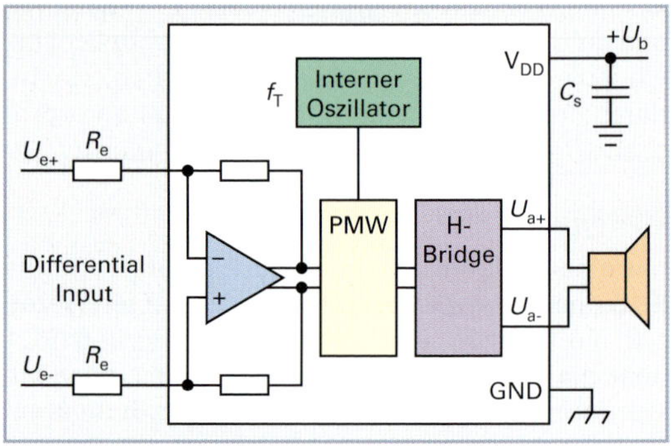

Bild 1: D-Verstärkerbaugruppen

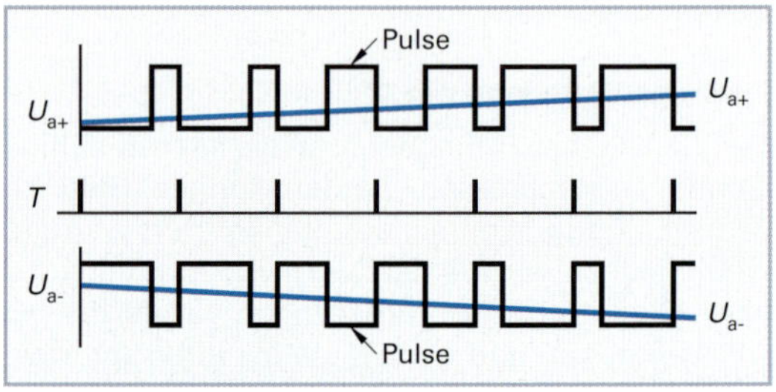

Bild 2: Ausgangsspannungen U_{a+}, U_{a-}

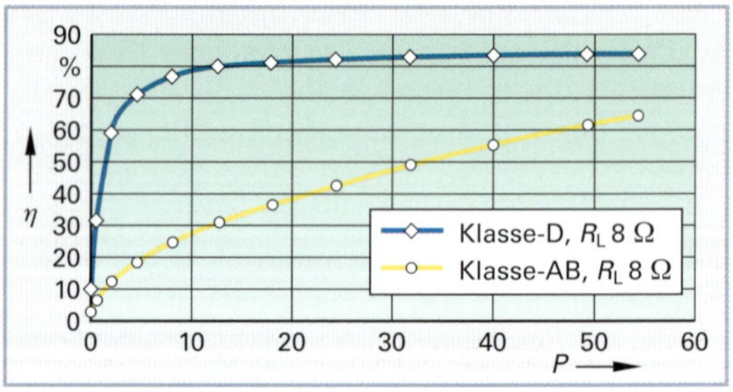

Bild 3: Wirkungsgrade von AB-Verstärkern und D-Verstärkern

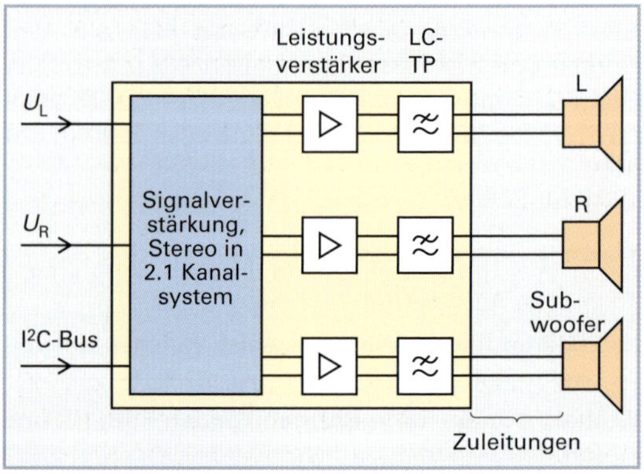

Bild 4: 2.1-Kanal-System

9.2 PC-Karten und Baugruppen

9.2.1 EA-Elemente

Periphere Geräte werden oft über Steckkarten mit dem Mikrocomputersystem verbunden. Die IC dieser Steckkarten verbinden die externen Geräte mit dem Bussystem des Mikrocomputers und sind für die Eingabe oder Ausgabe (EA) zuständig **(Bild 1)**.

> Periphere Geräte werden über Steckkarten mit dem Mikrocomputersystem verbunden.

Jede Steckkarte wird über eine Adresse oder einen Adressbereich angesprochen. Über Steuerleiter steuert der Mikroprozessor den Datenverkehr.

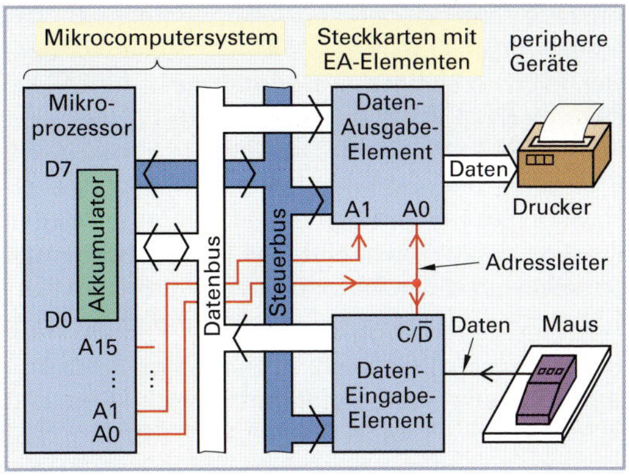

Bild 1: Mikrocomputer mit EA-Elementen

9.2.1.1 Parallele EA-Elemente

EA-Steckkarten verwenden meist programmierbare IC, die den Mikrocomputer-Datenbus mit den EA-Kanälen verbinden. Die Datenflussrichtung ist meist einstellbar. Jede Baugruppe erhält eine Adresse, z. B. 1110 0000 ≙ E0H. Das Bitmuster der Adresse wird, ganz oder teilweise, dazu verwendet, ein Signal *cs* = 0 (von chip select = Bauelementauswahl) zu erzeugen **(Bild 2)**. Für die Erzeugung des Signals *cs* von Bild 2 gilt

$cs = \overline{\bar{a}_2 \wedge \bar{a}_3 \wedge \bar{a}_4 \wedge a_5 \wedge a_6 \wedge a_7}$. Damit ist das EA-Element aktiviert.

> EA-Elemente müssen vor der Eingabe oder Ausgabe von Daten vom Mikroprozessor angewählt werden.

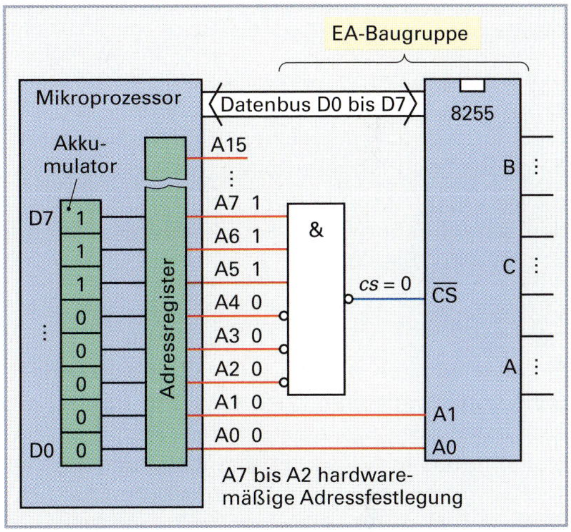

Bild 2: Adressierung eines EA-Elementes

Das EA-Element 8255 hat drei Kanäle A, B und C mit einer Breite von je 8 Bit, die in verschiedenen Betriebsarten arbeiten können. Die Einstellung einer gewünschten Betriebsart, z. B. Datenausgabe oder Dateneingabe, wird durch Programmierung vorgenommen. Das EA-Element enthält ein Register, in das ein Steuerwort geschrieben wird (Steuerwortregister, **Bild 3**). Mit dem Steuerwort wird dann im EA-Element die gewünschte Betriebsart für die Kanäle eingestellt.

> Das Steuerwortregister enthält die Daten für die Betriebsarteinstellung der Kanäle.

Mit Signalen vom Wert 1 an A0 und A1 wird das Steuerwortregister angewählt (Bild 3, vorhergehende Seite). Nun wird das Schreibsignal *wr* = 0 (von to write = schreiben) gesetzt.

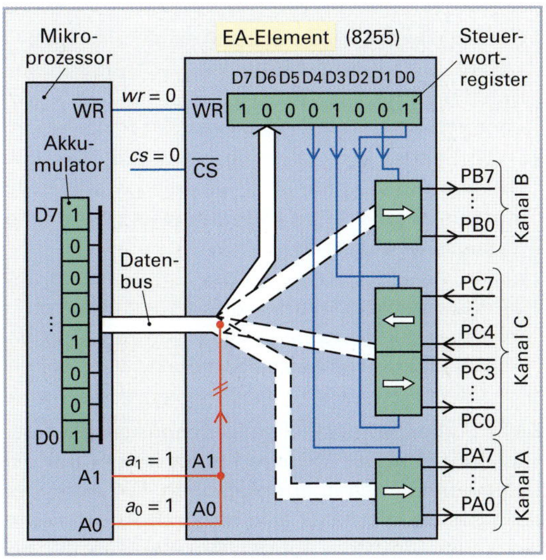

Bild 3: Einstellung einer Betriebsart

Anschließend sendet der Akkumulator z. B. das Steuerwort 1000 1001 bzw. 89H zum Steuerwortregister. Mit dem Signal $d_4 = 0$ werden die Leiter PA0 bis PA7 von Kanal A als Ausgang, mit $d_3 = 1$ die Leiter PC4 bis PC7 von Kanal C als Eingänge, mit $d_1 = 0$ und $d_0 = 1$ die restlichen Leiter als Ausgänge geschaltet. Die übrigen Bits des Steuerwortes stellen die Betriebsart 0, d.h. einfache Dateneingabe und Datenausgabe, des EA-Elements 8255 ein.

Nach erfolgter Programmierung können nun Daten transportiert werden. Für das Einlesen von Daten in den Akkumulator wird mit den Signalen $a_0 = 0$ und $a_1 = 1$ Kanal C adressiert. Mit dem Signal $wr = 1$ zeigt der Mikroprozessor seine Bereitschaft an, Daten einzulesen. Gleichzeitig erhält am EA-Element das Signal an $\overline{RD}$ den Wert 0, und es werden Daten vom adressierten Kanal C in den Akkumulator eingelesen.

Bei der Ausgabe werden die vom Akkumulator kommenden Datenworte in einem Ausgaberegister zwischengespeichert **(Bild 1)**. Der Dateninhalt bleibt so lange erhalten, bis ein neues Datenwort vom Akkumulator über den Datenbus in den Datenbuspuffer des EA-Elementes 8255 gesendet wird **(Bild 2)**.

9.2.1.2 Serielle EA-Elemente

Eingabeeinheiten werden meist über eine serielle Schnittstelle mit dem Datenbus des Computers verbunden. Die serielle Schnittstelle enthält ein EA-Element, das in seinem Empfangsteil die am Anschluss E1 seriell ankommenden Datenbits taktweise in Datenworte mit einer Breite von 8 bit umsetzt. Die Datenumsetzung wird mit einem Seriell-Parallel-Umsetzer (SPU) vorgenommen **(Bild 3)**.

> Die Seriell-Parallel-Umsetzung erfolgt durch bitweises Einlesen und bitweises Schreiben der Daten im SPU.

Für das Senden von Daten wird ein Parallel-Seriell-Umsetzer (PSU) verwendet, der die parallel vom Datenbus angelieferten Daten bitweise seriell am Anschluss A1 aussendet.

> Die Parallel-Seriell-Umsetzung erfolgt durch paralleles Laden eines Datenbytes und das serielle Auslesen durch bitweises Schieben.

Da SPU und PSU parallel am Datenbus angeschlossen sind, kann der Mikrocomputer immer nur ein Datenwort senden oder empfangen. Die Adressierung des Bauelements erfolgt durch Auscodieren eines Signalmusters auf den Adressleitern A7 bis A1.

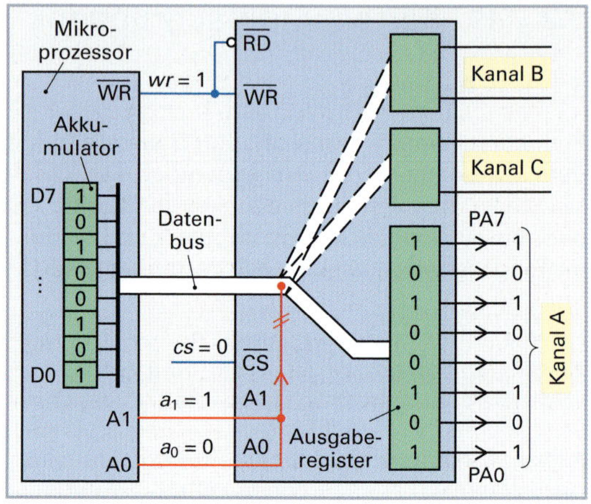

Bild 1: Datentransport mit dem EA-Element 8255

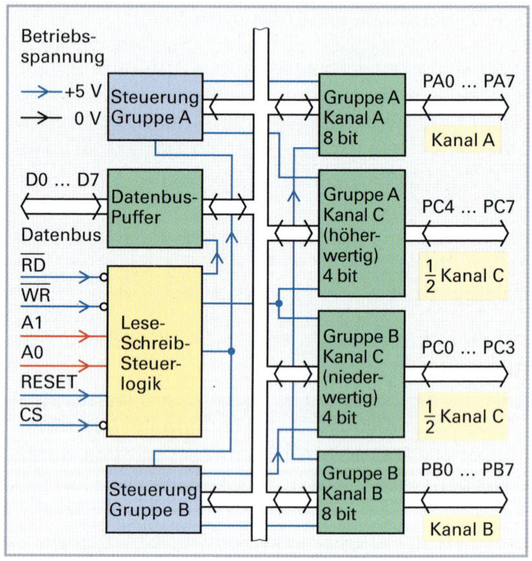

Bild 2: Wirkungsplan des EA-Elementes 8255

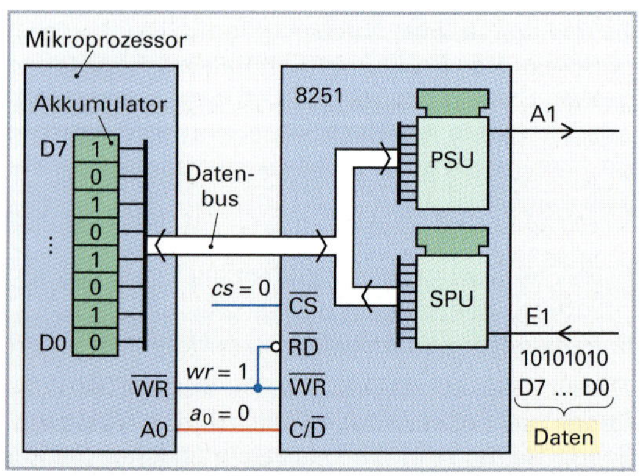

Bild 3: Datentransport mit dem EA-Element 8251

Dies wird wie beim EA-Element 8255 auch, zur Steuerung des Signales an $\overline{CS}$ verwendet. Die Schreib-Lese-Steuerung wird wieder mit dem Signal an $\overline{WR}$ durchgeführt (Bild 3, vorhergehende Seite). Mit einem Signal 0 auf dem Adressleiter A0 wird das EA-Element am Anschluss C/$\overline{D}$ (von Control/Data = Steuerung/Daten) für den Datentransport eingestellt. Nun können die im SPU umgewandelten Eingangsdaten über den Datenbus in den Akkumulator eingelesen werden.

Für die Programmierung des EA-Elements 8251 werden die Signale $wr = 0$ und $c/\overline{d} = 1$ gesetzt. Anschließend werden mindestens zwei Datenworte vom Akkumulator zur Einstellung des Bauelements gesendet **(Bild 1).** Das erste Datenwort muss die Betriebsart enthalten und wird im Betriebsartregister abgelegt. Hier wird die Übertragungsgeschwindigkeit, die Länge der Zeichen mit 7 bit oder 8 bit und die Anzahl der Stoppbits mit 1 bit bis 2 bit festgelegt. Zusätzlich kann auch ein Paritätsbit so vereinbart werden, dass die Zahl der Einsen der Datenbits eines Zeichens gerade oder ungerade wird **(Bild 2).**

Das zweite Datenwort wird im Kommandoregister abgelegt. Es steuert die Freigabe von Sender und Empfänger. Zusätzlich kann z. B. veranlasst werden, dass das nächste Wort wieder in das Betriebsartregister eingeschrieben wird. Auf diese Weise kann z. B. die Betriebsart geändert werden.

Bei einer PC-Karte zur Modem-Steuerung werden für die Datenfernübertragung (DFÜ) die Anschlüsse $\overline{DSR}$, $\overline{DTR}$, $\overline{CTS}$ und $\overline{RTS}$ verwendet **(Bild 3).** Die Steuerung des Datenverkehrs auf der peripheren Seite kann zusätzlich mit den Signalen TxRDY (Transmitter Ready = Sender bereit), RxRDY (Receiver Ready = Empfänger bereit), TxC (Transmitter Clock = Sendetakt), RxC (Receiver Clock = Empfängertakt), TxE (Transmitter Empty = Sendepuffer leer) und SYNDET (Synchronization Detect = Synchronisation entdecken) erfolgen.

Wiederholung und Vertiefung

1. **Welche EA-Elemente verbinden Mikrocomputer und periphere Geräte miteinander?**
2. **Wie wird die Adresse eines EA-Elementes festgelegt?**
3. **Welche Arten von EA-Elementen gibt es?**
4. **Mit welchem Signal wird ein EA-Element aktiviert?**
5. **Wozu werden Steuerworte benötigt?**
6. **Wie viele Datenbits kann ein Zeichen enthalten?**
7. **Wie viele Steuerworte werden zum Einstellen des Bauelements 8251 mindestens benötigt?**
8. **Welche Aufgabe haben die Baugruppen SPU und PSU?**

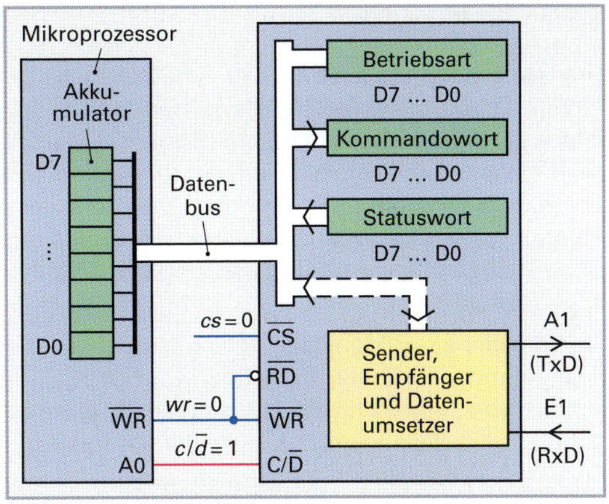

Bild 1: Einstellung des EA-Elements 8251

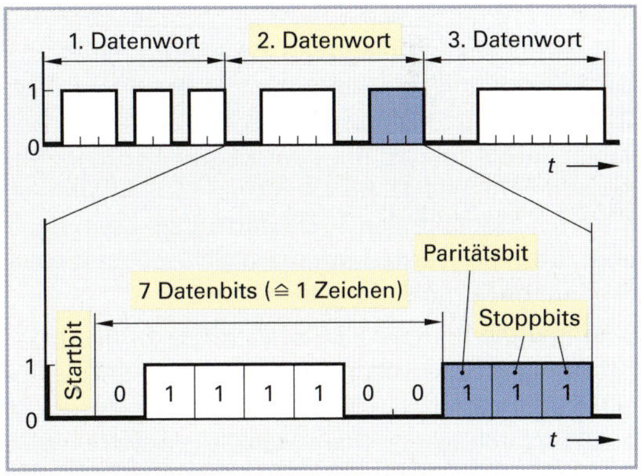

Bild 2: Datenübertragung und Wortformat

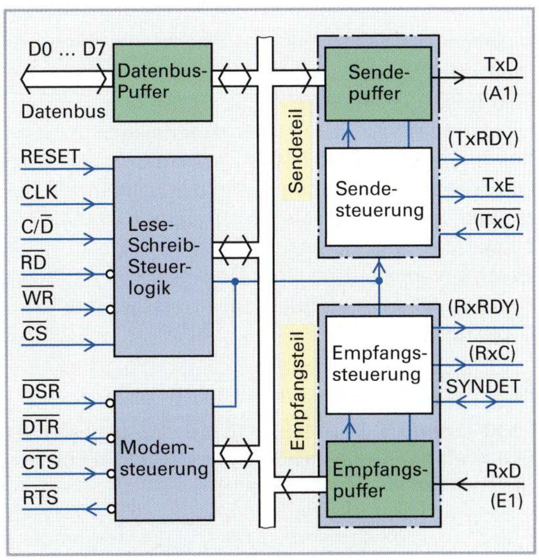

Bild 3: Wirkungsplan des EA-Elements 8251

9.2.2 Grafikkarte

Grafikkarten erzeugen die Signale zur Steuerung von Monitoren. Dies sind die Signale für den Aufbau des Bildes auf dem Bildschirm und die Steuersignale für die horizontale und vertikale Bildsynchronisation. Die Grafikkarte wird über ein Anschlusskabel mit dem Monitor verbunden **(Bild 1)**. Grafikkarten werden mit einer Treibersoftware an den verwendeten Monitor angepasst.

Ein Bild wird aus Bildpunkten (Pixeln) aufgebaut, die nacheinander in Zeilen (horizontal) auf dem Bildschirm von links nach rechts dargestellt werden **(Bild 2)**. Eine Zeile kann z. B. aus 1280 Bildpunkten bestehen. Nach Beendigung einer Zeile wird die nächste Zeile geschrieben. Sind die Zeilen von oben nach unten (vertikal) auf dem Bildschirm geschrieben, wird das nächste Bild aufgebaut. Ein Bild besteht z. B. aus 1024 Zeilen. Die Anzahl der Bilder beträgt z. B. 76 je Sekunde. Bildröhren verwenden z. B. nebeneinanderliegende Phosphorstreifen, die bei Bestrahlung mit Elektronen in den Farbe Rot, Grün und Blau leuchten können. Die Zahl der möglichen Farbtöne wird mit dem Begriff *Farbtiefe* angegeben **(Tabelle 1)**. So kann man 65536 Farbtöne mit einer Farbtiefe von 16 bit darstellen. Bildpunkte und Farbtiefe werden in einem Schreib-Lesespeicher auf der Grafikkarte gespeichert.

Die Horizontalfrequenz eines Monitors wird aus der Zahl der Bilder je Sekunde und der Zahl der Zeilen je Bild berechnet. Da die Horizontalfrequenz nicht beliebig hoch werden kann, sinkt die Zahl der wiederholten Bilder (Bildwiederholfrequenz) bei zunehmender Zeilenzahl (Auflösung) und umgekehrt.

Bei höherer Auflösung sinkt die Bildwiederholfrequenz.

Die Vertikalfrequenz entspricht der Zahl der Bilder je Sekunde. Die Speicherkapazität *M* des Schreib-Lesespeichers ist das Produkt von Zeilenzahl, Spaltenzahl und Farbtiefe in bit. Die Pixelfrequenz wird aus der Horizontalfrequenz und der Spaltenzahl berechnet. Die berechnete Pixelfrequenz ist die Frequenz, die auftritt, wenn alle Bildpunkte in allen Zeilen unterschiedlich sind. Da dies meist nicht der Fall ist, gibt man stattdessen oft die geringere Videobandbreite an.

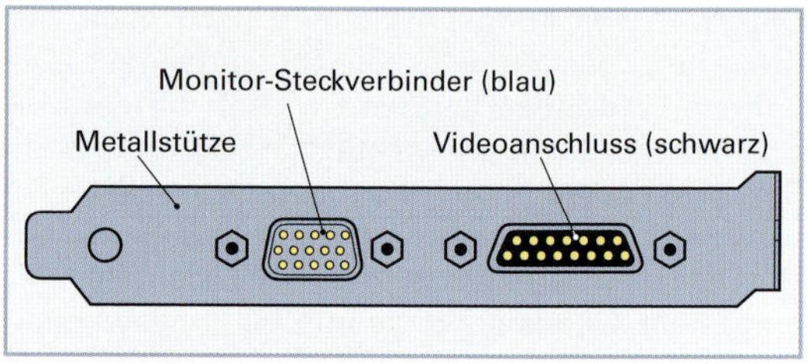

Bild 1: Anschlüsse einer einfachen Grafikkarte

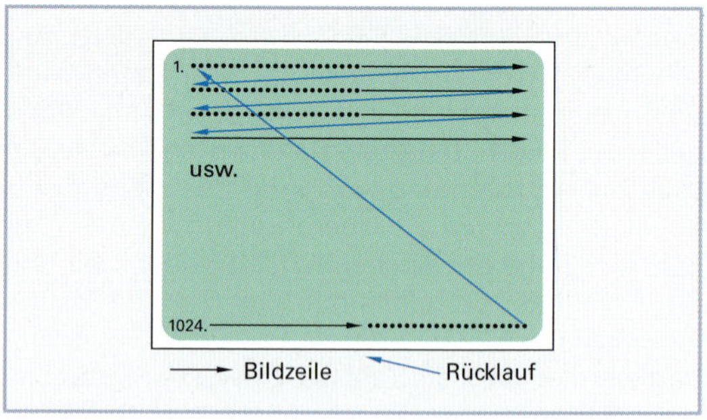

Bild 2: Zeilenverlauf eines Elektronenstrahls

Tabelle 1: Bildpunktezahlen und Speicherkapazität

Bildpunkte (Auflösung)	Farbtiefe	Farbenzahl	Speicherkapazität notwendig	Speicherkapazität eingebaut
800 x 600	16 bit	65536	960,000 KB	1 MB
800 x 600	24 bit	16777216	1,440000 MB	2 MB
1024 x 768	16 bit	65536	1,572864 MB	2 MB
1280 x 1024	24 bit	16777216	3,932160 MB	4 MB
1600 x 1200	32 bit	$4{,}29 \cdot 10^9$	7,68 MB	8 MB

$$f_H = n_B \cdot n_Z \qquad f_P = n_B \cdot n_Z \cdot n_S$$

$$f_V = f_H / n_Z \qquad f_P = f_H \cdot n_S$$

$$M = n_Z \cdot n_S \cdot k_F \qquad B_V = 0{,}707 \cdot f_P$$

B_V Videobandbreite
f_H Horizontalfrequenz
f_V Vertikalfrequenz
k_F Farbtiefe in bit
M Speicherkapazität
f_P Pixelfrequenz
n_B Bildzahl in Hz
n_Z Zeilenzahl
n_S Spaltenzahl

Beispiel 1 **Frequenzberechnungen:**

Eine Grafikkarte kann 1280 x 1024 Bildpunkte bei einer Farbtiefe von 24 bit darstellen. Es werden 76 Bilder je Sekunde an den Monitor geliefert.
Berechnen Sie a) die Horizontalfrequenz, b) die Vertikalfrequenz, c) die Speicherkapazität, d) die Pixelfrequenz und e) die Videobandbreite.

Lösung:

a) $f_H = n_B \cdot n_Z = 76\ 1/\text{s} \cdot 1024 =$ **77,824 kHz**
b) $f_V = f_H/n_Z = 77{,}824\ \text{kHz} / 1024 =$ **76 1/s**
c) $M = n_Z \cdot n_S \cdot k_F = 1024 \cdot 1280 \cdot 24\ \text{bit} = 31457280\ \text{bit} =$ **3,932160 MB**. Verwendete Speichergröße: ***M* = 4 MB**.
d) $f_P = f_H \cdot n_S = 77{,}824\ \text{kHz} \cdot 1280 =$ **99,61 MHz**
e) $B_V = 0{,}707 \cdot f_P =$ **70,4 MHz**

9.2.3 Netzwerkkarte

Netzwerke verwendet man z. B. zum Austausch von Daten zwischen verschiedenen PC und zur gemeinsamen Nutzung eines Druckers. Dazu besitzt jeder PC eine Netzwerkkarte. Die Netzwerkkarten werden durch steckbare Leitungen miteinander verbunden. Für die verschiedenen Leitungen gibt es verschiedene Verbindungssysteme. Netzwerkkarten für z. B. Thin-Ethernet werden mit Koaxialkabel über BNC-Stecker verbunden **(Bild 1)**. Auf jede Netzwerkkarte wird ein BNC-T-Stück gesteckt **(Bild 2)**. Nun verbindet man die PC durch Koaxialkabel miteinander. Die freien Enden des BNC-T-Stücks am ersten und am letzten PC werden mit einem BNC-Stecker mit einem Widerstand von 50 Ω abgeschlossen. Bei Verwendung von Twisted-Pair-Leitungen, z. B. in sternförmigen Netzwerken werden RJ-45 Steckverbindungen verwendet **(Bild 3)**. Oft ist auch eine 15-polige Buchse vorhanden, die z. B. zum Testen verwendet werden kann (Bild 3).

Übung 1

Bauen Sie in einen PC mit dem Betriebssystem Windows eine Ethernet-Netzwerkkarte ein und richten Sie das Netzwerk ein.

Lösung: **Schritte 1 bis 4**

Schritt 1: Einbau der Netzkarte

Nach Trennen des PC vom 230-V-Netz wird das PC-Gehäuse geöffnet. Nun sucht man einen freien Steckplatz und entfernt das Verschlussblech auf der Rückseite des PC-Gehäuses. Vorsichtig steckt man die Karte in die entsprechende Steckfassung. Dann schraubt man die Karte an der vorgesehenen Stelle fest. Nach dem Schließen des PC-Gehäuses ist der mechanische Einbau der Karte beendet.

Schritt 2: Verkabeln der PC

Nun werden alle vorhandenen Netzwerkkarten über Twisted-Pair-Leitungen sternförmig über einen Hub mit dem Server verbunden.

Schritt 3: Einbinden der Netzwerkkarten in das Betriebssystem jedes PC

Nach dem Neustart des PC meldet Windows: `Neue Hardwarekomponente gefunden` und fordert dazu auf, die Windows-CD einzulegen. Anschließend werden die Treiber von der Windows-CD auf die Festplatte kopiert. Dann trägt man noch im Fenster `Netzwerkinstallation` einen Namen für den PC ein.

Schritt 4: Überprüfen der Netzwerkeinstellungen

Nach einem Neustart muss in einer Dialogbox ein Name, ein Passwort, der Kontext und der Servername angegeben werden. Nach Anklicken des Icons `Netzwerkumgebung` auf dem Desktop kann das Fenster `Netzwerk` geöffnet werden **(Bild 4)**. Hier muss die Zeile `Client für Microsoft Netzwerke` und z. B. das Netzwerkprotokoll `TCP/IP` vorhanden sein.

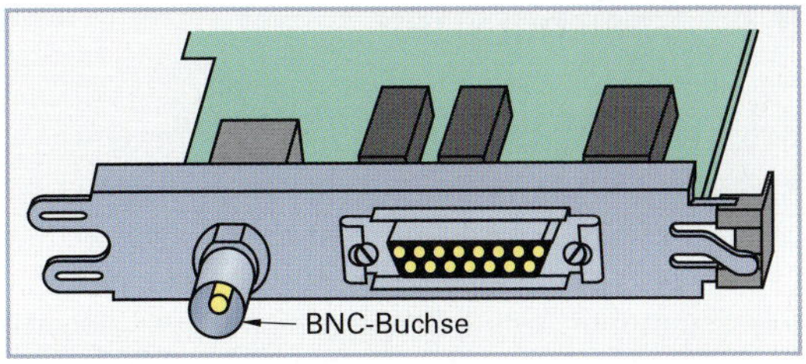

Bild 1: Teil einer Netzwerkkarte mit BNC-Anschluss

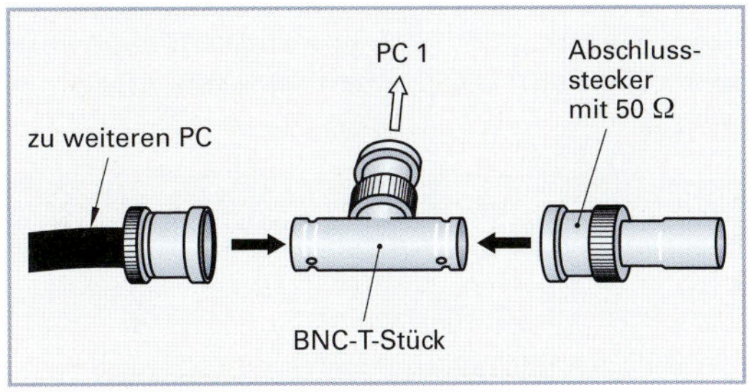

Bild 2: Verkabelung mit BNC und Koaxialkabel

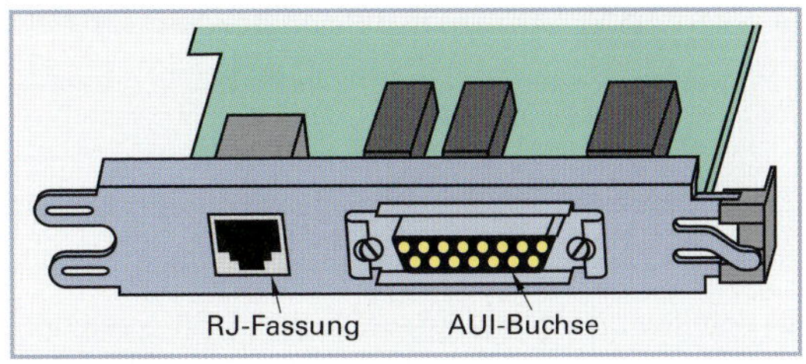

Bild 3: Teil einer Netzwerkkarte mit RJ-45-Anschluss und AUI-Buchse

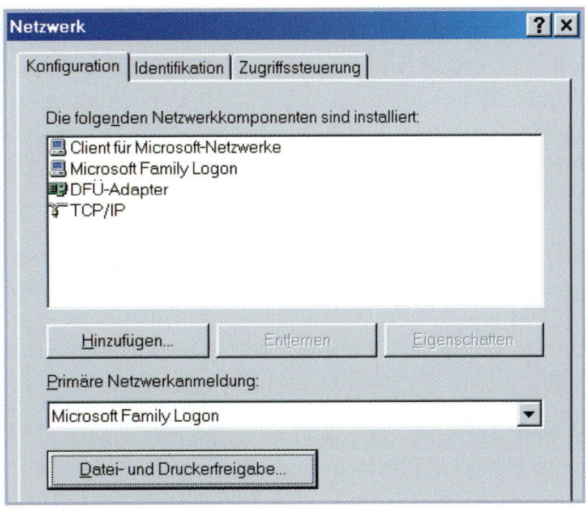

Bild 4: Fenster Netzwerk

9.3 Speicherarten

9.3.1 Aufbau und Wirkungsweise

Speicher werden zum Aufbewahren von Daten verwendet. *Festwertspeicher* halten ihre Daten auf Dauer, also auch nach dem Abschalten der Betriebsspannung. *Schreib-Lesespeicher* „vergessen" ihre Daten meist nach dem Abschalten. Speicher bestehen aus vier Baugruppen **(Bild 1)**. Die Adressdecodiereinrichtung wählt nach Anlegen einer binären Adresse, z. B. 1101, die entsprechende Zeile 13 im Speicherfeld (Speichermatrix) an.

$$z_S = 2^n \qquad n = \mathrm{lb}\, z_S = \lg z_S / \lg 2$$

z_S Zahl der Speicherelemente
n Zahl der Adressleiter

Beispiel 1 Anzahl der Speicherelemente:

Wie viele Speicherelemente z_S können mit 14 Adressleitern n angewählt werden?

Lösung: $z_S = 2^n = 2^{14} = \mathbf{16384}$

Das *Speicherfeld* besteht aus vielen 1-Bit-Speicherelementen, die z. B. byteweise (zeilenweise als Worte mit 8 bit) angeordnet sind. Die Größe von Speichern wird bei bitweiser Speicherung mit Kbit = 2^{10} bit = 1024 bit (sprich Ka-Bit) oder Mbit = 2^{20} bit = 1048576 bit oder bei wortweiser Speicherung mit KB = 1024 x 8 bit (sprich Ka-Byte) oder MB = 1048576 x 8 bit angegeben. Oft wird auch eine halbbyteweise Anordnung der Speicherzellen verwendet **(Bild 2, rechte Seite)**.

Ein Verstärker, der *Datenpuffer* genannt wird, verstärkt beim Lesen die Signalspannungen der Speichermatrix und schaltet die Daten DQ0 bis DQ7 byteweise an den Datenbus (Bild 1). Beim Schreiben werden die Daten mit dem Datenpuffer vom Datenbus in die angewählte Zeile geschrieben.

Durch Anlegen des Steuersignales 0 an $\overline{CS}$ (von Chip Select = Baustein auswählen) wird der Speicher angewählt **(Bild 3)**. Die Bauelementsteuerung verbindet dazu z. B. den Datenpuffer mit dem Datenbus. Mit dem Steuersignal an $\overline{WE}$ (von Write Enable = Schreiben einschalten) wird zwischen Schreiben und Lesen umgeschaltet. Der Schreib-Lesespeicher hat vier Adressleiter. Dadurch sind 2^4 = 16 Zeilen anwählbar. Die Daten werden byteweise gespeichert.

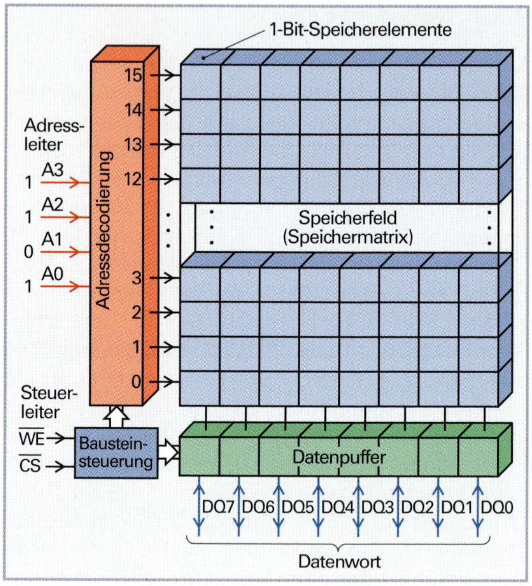

Bild 1: Prinzipieller Aufbau eines Speichers

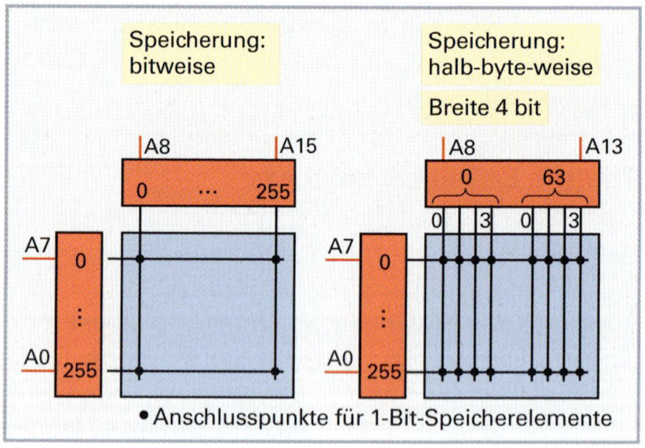

Bild 2: Arten der Speicher

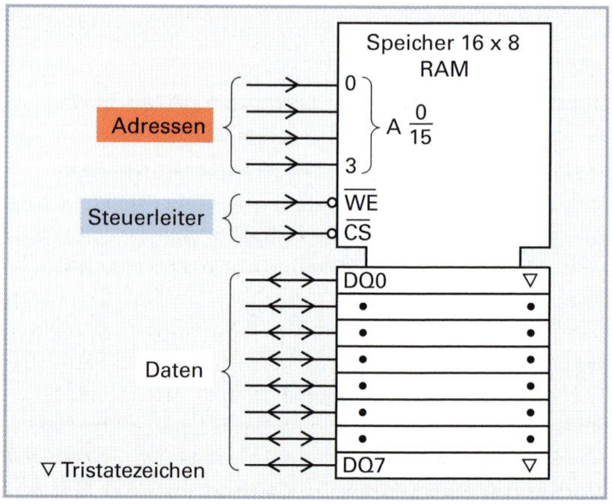

Bild 3: Schaltzeichen für den Speicher Bild 1

9.3.2 Schreib-Lesespeicher (RAM)

Schreib-Lesespeicher (RAM von Random Access Memory = Speicher mit wahlfreiem Zugriff) werden zum wiederholten Speichern von Daten verwendet. Der Zugriff auf jeden Speicherplatz dauert gleich lang.

Statische RAM (SRAM) verwenden zum Speichern der Informationsmenge 1 bit jeweils ein Flipflop. Je nach Aufbau des Speicherbausteins können mit einer Adresse die Datenmengen 1 bit, 4 bit, 8 bit, 16 bit oder auch 32 bit gleichzeitig bearbeitet werden.

Nach dem Anlegen der Adresssignale an die Adressleiter A0 bis A13 wird mit dem Steuersignal 0 an $\overline{CS}$ das Speicherbauelement angewählt **(Bild 1)**. Mit dem $\overline{CS}$-Signal wird gleichzeitig die Speichermatrix über die Tristate-Ausgangstreiber mit den Anschlüssen DQ0 bis DQ3 verbunden. Es werden also Daten ausgelesen.

Liegt z. B. an $\overline{WE}$ von Bild 1 ein Signal mit dem Wert 0, so werden die Tristate-Ausgangstreiber hochohmig geschaltet. Die Tristate-Eingangstreiber verbinden die Anschlüsse DQ0 bis DQ3 mit dem Eingangspuffer zum Schreiben von Daten in die Speichermatrix. Für ein fehlerfreies Arbeiten eines Speichers müssen die Steuersignale in der Reihenfolge wie in **Bild 2** angegeben, geschaltet werden.

Liegt an $\overline{CS}$ ein Signal mit dem Wert 1, so wird die Betriebsspannung der Adresscodierer und der Ausgangsverstärker abgesenkt. Dadurch sinkt die Verlustleistung eines Speicherbauelements z. B. um 70%.

Dynamische RAM (DRAM) speichern die Informationen in Form von Ladungen in Kondensatoren. Da die Kapazitäten sehr klein sind, z. B. kleiner als 1fF, verringert sich die vorhandene Ladung durch Leckströme in wenigen Millisekunden stark. Deshalb wird der Speicherinhalt in kleinen Zeitabständen durch Nachladen aufgefrischt. Durch Anlegen der Auswahlsignale an RAS (von Row Address Select = Zeilenauswahl) und an CAS (von Column Address Select = Spaltenauswahl) wird die jeweils angewählte Zeile beim Lesen automatisch aufgefrischt **(Bild 3)**. Der Speicher speichert bitweise und hat z. B. eine Speicherkapazität von 2^{20} bit = 1 048 576 bit. Für die Adressierung sind also 20 Adressbit nötig. Diese werden in zwei Hälften nacheinander an die Adressleiter A0 bis A9 gelegt und in den Adressdecodierern gespeichert. Umgeschaltet wird mit den Signalen am RAS-Leiter und CAS-Leiter. Durch die Aufteilung der Speichermatrix in vier parallel anwählbare Felder wird die Zugriffszeit verringert.

1 fF = 1 Femtofarad = 10^{-15} F
1 aF = 1 Attofarad = 10^{-18} F

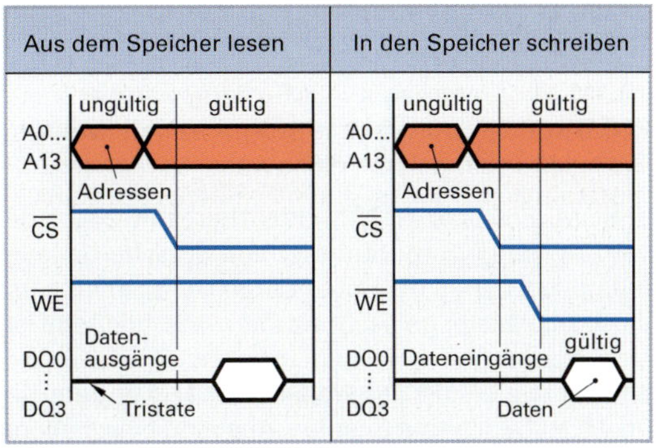

Bild 1: Lesen und Schreiben beim SRAM (Bussignale)

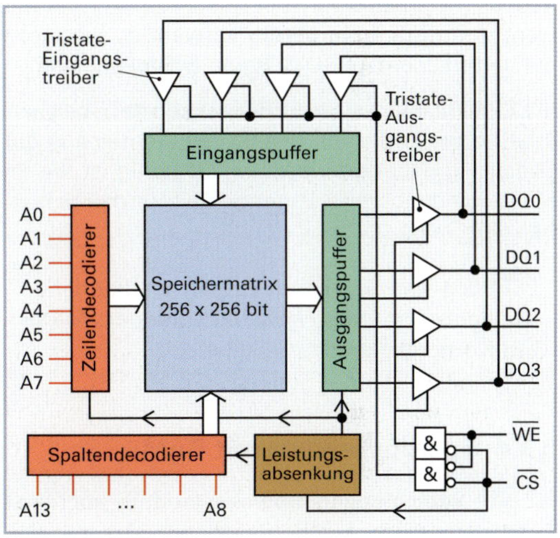

Bild 2: SRAM-Speicherbauelement mit 65 536 bit

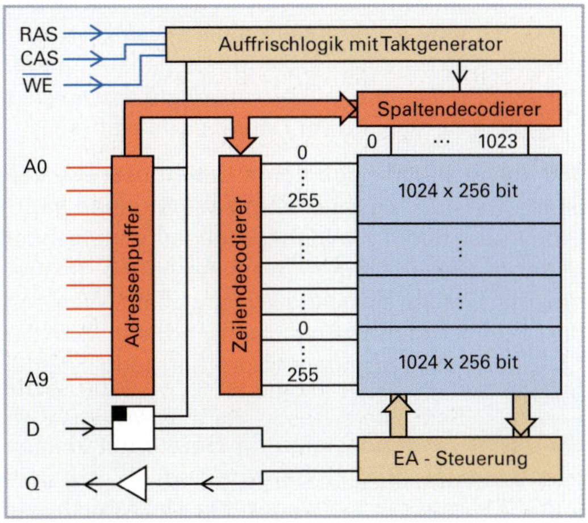

Bild 3: DRAM-Speicherbauelement für 1 Mbit

9.3.3 Lesespeicher (ROM)

ROM (von Read Only Memory = Nur-Lesespeicher) werden für einen sich nicht ändernden Dateninhalt gefertigt. Die Programmierung erfolgt vom Hersteller und kann nicht geändert werden.

PROM (Programmable ROM = programmierbares ROM) können nur einmal programmiert werden. Die Inhalte sind danach nicht weiter veränderbar.

EPROM (Erasable PROM = löschbares PROM) sind vom Anwender programmierbare Speicherbauelemente, bei denen die Daten durch UV-Strahlung an das Löschfenster gelöscht werden. Anschließend ist eine Neuprogrammierung möglich. EPROM sind ähnlich wie SRAM aufgebaut **(Bild 1).** Mit dem Signal 0 an $\overline{OE}$ (Output Enable = Ausgang einschalten) wird die Speichermatrix über Datenpuffer mit den Ausgängen DQ0 bis DQ7 verbunden. Die Ausgänge haben Tristatestruktur. Für die Programmierung werden Programmiergeräte verwendet, die meist auf verschiedene EPROM-Typen einstellbar sind.

In EEPROM (Electrically EPROM) kann der Speicherinhalt ohne Entfernen des Bauelementes aus der Schaltung geändert werden. Nachteilig ist die im Millisekundenbereich liegende Zeit für das Schreiben von Daten.

> EEPROM sind Schreib-Lesespeicher, bei denen der Schreibvorgang wesentlich länger als der Lesevorgang dauert.

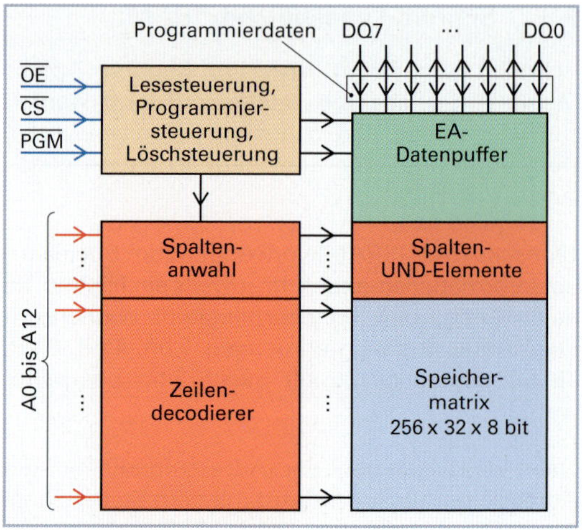

Bild 1: EPROM mit 8 KB-Speicher

Tabelle 1: Speichermodule (mit DRAM)		
Bauform	Pins	Erklärung
SIMM, PS/2-Module	72	SIMM. Single-In-Line-Memory-Module = Einfach in (einer) Reihe Speichermodul. Datenbusbreite von 32 bit. PS/2 von Personal System 2 = Persönliches System 2.
DIMM	168	DIMM. Dual-In-Line-Memory-Module = Zwei in Reihe Speichermodule. Datenbusbreite 64 bit.
SO-DIMM	2 x 71	SO-DIMM. Small Outline = Kleine Abmessungen DIMM. Datenbusbreite 32 bit. Für Laptops oder Notebook-PC.

9.3.4 Speichermodule mit RAM

Es gibt verschiedene Speichermodule auch mit Kapazitäten von 4 MB, 8 MB, 32 MB, 64 MB, 128 MB und 256 MB **(Tabelle 1).**

72-polige SIMM haben eine Steckleiste mit 72 Pin, die durch eine Kerbe geteilt sind. Diese Speichermodule werden auch PS/2-Module genannt. In PC mit der CPU Pentium müssen die Module paarweise eingebaut werden, da der Datenbus 64 bit breit ist.

168-polige DIMM haben eine Datenbusbreite von 64 bit. Die Anschlüsse sind in zwei Gruppen angeordnet und durch zwei Einkerbungen voneinander getrennt. Bei Rechnern mit sehr hohen Taktfrequenzen werden sie paarweise eingebaut. Während die CPU mit einem Speichermodul arbeitet, wird der Speicherinhalt des anderen Speichermoduls aufgefrischt.

SO-DIMM verwendet man für Geräte mit kleinen Abmessungen **(Bild 2).** Bei Notebook-PC mit Pentium-CPU müssen sie wegen der Datenbusbreite von 32 bit paarweise eingesetzt werden.

Bild 2: Ansicht eines SO-DIMM-Moduls

Wiederholung und Vertiefung

1. **Aus welchen Baugruppen besteht ein Speicher?**
2. **Was bedeutet die Angabe 1 MB?**
3. **Wodurch unterscheiden sich SRAM und DRAM?**
4. **Wodurch sind Festwertspeicher gekennzeichnet?**
5. **Welche Arten von Speichermodulen gibt es?**

WV

9.4 Massenspeicher

Massenspeicher sind Speicher, die zur Speicherung großer Datenmengen verwendet werden.

9.4.1 Festplattenspeicher

Ein Festplattenspeicher besteht aus einem staubdichten Gehäuse, indem sich das Festplattenlaufwerk befindet **(Bild 1)**. Es enthält bis zu 8 polierte Platten aus Aluminium oder Glaskeramik, die mit einer magnetisierbaren Schicht versehen sind. Die Platten werden von einem Motor angetrieben **(Bild 2)**. Sie rotieren mit bis zu 15000/min. Der Aktuator bewegt die Schreib-/Leseköpfe über die Platten. Die Schreib-/Leseköpfe erzeugen kreisförmige Magnetisierungen (Spuren) beim Schreiben und tasten die Spuren beim Lesen ab (Bild 2). Die Abstände der Schreib-/Leseköpfe von der Magnetschicht betragen nur 0,25 µm bis 0,65 µm. Die Speicherkapazität eines Festplattenspeichers beträgt mehrere Gigabyte bis z. B. 2 TB.

Festplattenspeicher sind schnelle Peripheriespeicher mit hohen Speicherkapazitäten.

Die Schreib-/Leseköpfe in Bild 2 tasten gleichzeitig 6 Spuren auf den Plattenseiten ab. Denkt man sich die Platten weg, bilden die Spuren einen Zylinder im Raum **(Bild 3)**. Ein Zylinder besteht also aus mehreren Spuren. Die Plattenflächen werden in Sektoren (Kreissegmente) eingeteilt. Da bei Festplatten mit großen Speicherkapazitäten ein einzelner Sektor nicht mehr adressierbar ist, werden mehrere Sektoren zu einem Cluster (Haufen) zusammengefasst.

Ein Cluster ist die kleinste adressierbare Einheit der Festplatte.

Eine noch so kleine Datei, z. B. 164 B, belegt immer einen ganzen Cluster, z. B. 8 KB. Um die Clustergröße zu verkleinern und den Festplattenspeicher effektiver zu nutzen, wird der Festplattenspeicher mit dem Betriebssystem des Computers partitioniert (unterteilt).

Das Festplattenlaufwerk hat einen Anschluss für das Computernetzteil und einen Anschluss an eine Schnittstelle für die Datenübertragung (Bild 1). Man unterscheidet Festplattenlaufwerke mit S-ATA-Anschluss, EIDE-Anschluss und SCSI-Anschluss. Der EIDE-Anschluss ermöglicht den Betrieb von zwei Festplatten je Steckplatz **(Bild 4)**.

EIDE von Enhanced Integrated Disc Electronic = verbesserte integrierte Laufwerkselektronik.
S-ATA von Serial Advanced Technology Attachment = serielle weiterentwickelte Anbindung.
SCSI von Small Computer System Interface = Schnittstelle für Kleinrechnersysteme.

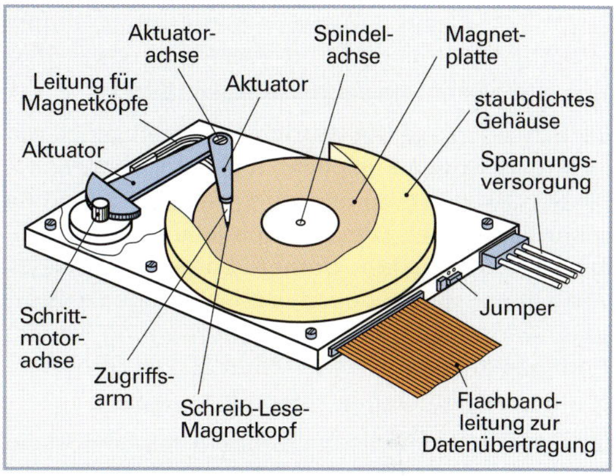

Bild 1: Festplattenlaufwerk

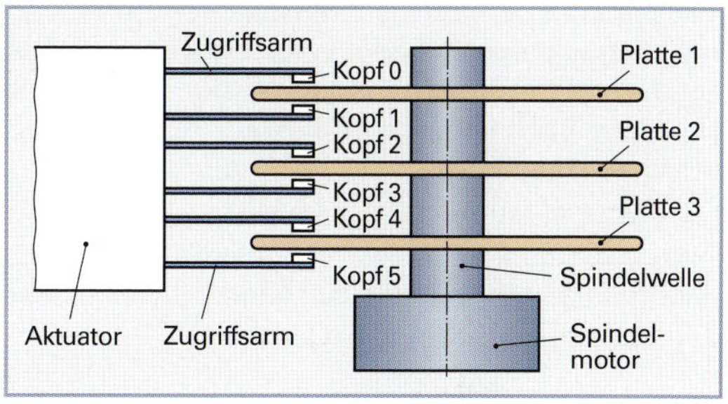

Bild 2: Zugriff auf Platten im Laufwerk

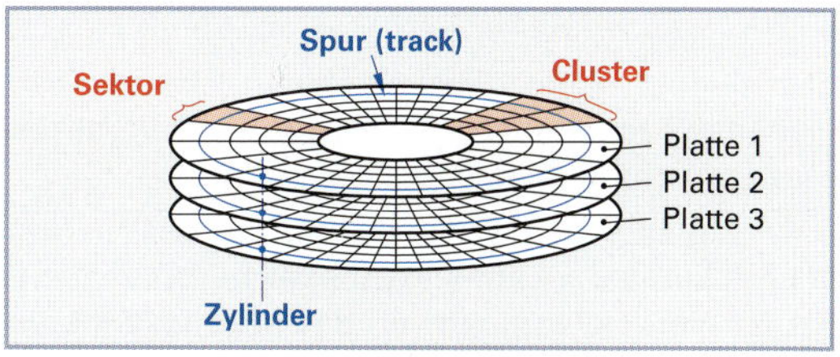

Bild 3: Einteilung des Festplattenspeichers

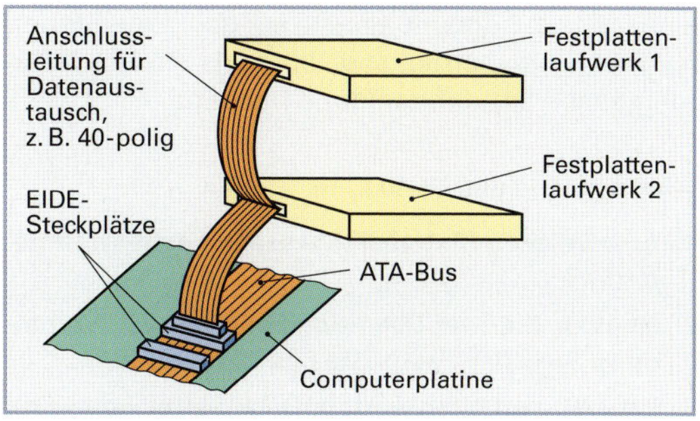

Bild 4: Anschluss von EIDE-Festplatten

Eines der Laufwerke arbeitet dann als Master (Meister), das andere als Slave (Sklave). Die Einstellung wird mit Steckbrücken (Jumpern) auf der Laufwerksrückseite vorgenommen (Bild 1, vorhergehende Seite). Die Daten werden parallel mit wechselnder Richtung bei Senden und Empfang übertragen.

S-ATA-Festplatten benutzen eine bitserielle Punkt-zu-Punkt-Verbindung. Jede Festplatte würd über eine eigene Leitung angeschlossen **(Bild 1)**.

Bei S-ATA-Festplatten werden die Daten seriell mit niedrigem Spannungspegel, z. B. 3,3 V übertragen. Für Senden und Empfang wird je ein Paar verdrillte Leiter verwendet. Die Signalpegel auf den einzelnen Leitern haben immer entgegengesetztes Vorzeichen, damit heben sich überlagerte Störspannungen auf. Zur Datenübertragung ist ein 7-adriges Kabel vorhanden **(Bild 2)**. Die Stromversorgung erfolgt über ein 15-poliges Kabel.

Die Zugriffszeit auf die Daten einer Festplatte ist definiert als die Zeitspanne vom Lesebefehl bis zur Datenankunft im Computer. Sie beträgt nur wenige Millisekunden, z. B. 4 ms. Die Höhe der Bitrate von Festplattenspeichern hängt vom Laufwerkstyp, von der Anzahl der Verbindungsleiter zum Computer und vom Festplattencontroller auf dem Motherboard ab **(Tabelle 1)**.

Die S-ATA-Schnittstelle kann zudem schneller getaktet werden als parallele Schnittstellen, da Laufzeitunterschiede auf den einzelnen Leitern oder Übersprechen nicht möglich sind.

Aufzeichnungsverfahren

Die Aufzeichnung der binären 0 und 1 in die Bitzellen (örtliche Stellen für ein Bit) erfolgt durch Magnetisierung in horizontaler Richtung oder bei Festplatten mit sehr hoher Speicherdichte mit vertikaler Magnetisierung **(Bild 3)**.

Bei Festplatten wird meist das RLL-Verfahren (Run Length Limited = Lauflängenbegrenzung) verwendet. Es werden Gruppen von Bits in einen anderen Code variabler Länge umcodiert. Dadurch erreicht man weniger magnetische Flusswechsel und etwa eine dreifach höhere Bitdichte auf der Platte. Der effektive Nutzen beträgt etwa 50 %, da die Umcodierung auch Platz auf der Platte benötigt.

WV

Wiederholung und Vertiefung:

1. **Aus welchen Materialien werden Festplatten gefertigt?**
2. **Nennen Sie drei Schnittstellenarten zur Verbindung zwischen Festplatte und Motherboard.**
3. **Welches Verfahren wird zur Datenaufzeichnung auf der Magnetschicht verwendet?**

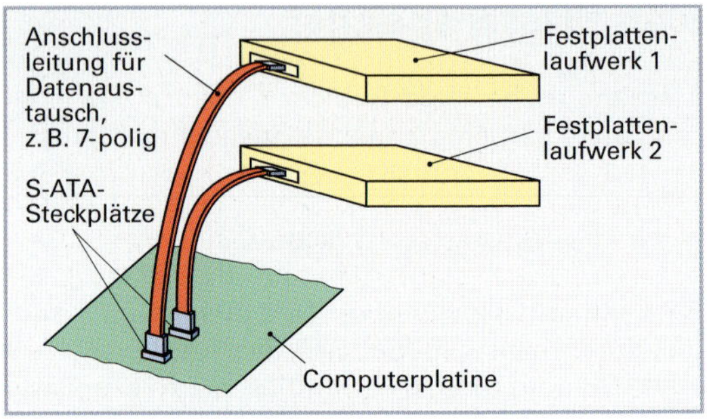

Bild 1: Anschluss von S-ATA-Festplatten

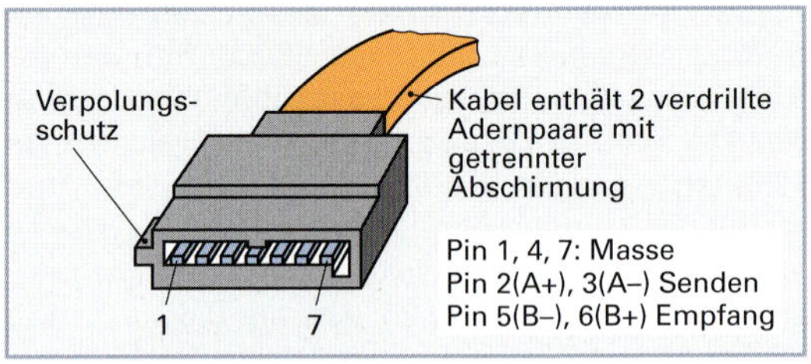

Bild 2: S-ATA-Datenstecker mit Kabel

Tabelle 1: Festplattenspeicher

Plattenart	Bezeichnungen der Laufwerke	Pinanzahl	Bitrate in MB/s
EIDE	ATA-100	40	100
	ATA-133	40	133
SCSI	LVD-SCSI	50/68	160/320
	SCA-SCSI	80	160/320
S-ATA	Serial ATA 1	7	150
	Serial ATA 2	7	300

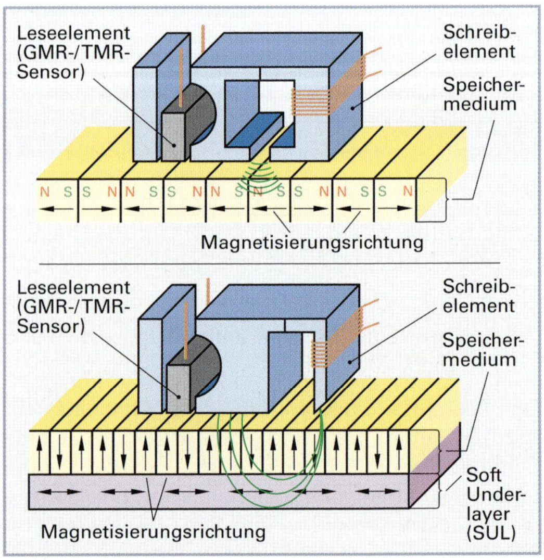

Bild 3: Aufzeichnungsarten

9.4.2 Optische Speicher

Optische Speicher verwenden als Datenträger eine dünne Scheibe aus durchsichtigem Kunststoff. Sie ist 1,2 mm dick **(Tabelle 1)**. Ihr Außendurchmesser beträgt 12 cm, in der Mitte ist ein Loch mit 15 mm Durchmesser Unter einer lichtdurchlässigen Oberfläche liegt eine lichtreflektierende Schicht, z. B. aus Aluminium. Diese enthält die gespeicherte Information in Form von Vertiefungen, den Pits (von pit = Grube) und Erhebungen, den Lands (von land = Land), in spiralenförmiger Anordnung. Die Pits und Lands auf der Spirale werden beim Lesen von einem Laserstrahl von innen nach außen abgetastet. Der Übergang von Pit nach Land oder umgekehrt enthält den Signalwert 1 **(Bild 1)**. Die Größe der Pits und Lands hängen von der Wellenlänge des verwendeten Lasers ab **(Bild 2)**.

Je dichter die gespeicherte Information gepackt ist, desto größer ist die Speicherkapazität.

Eine Audio-CD mit 74 min Laufzeit hat eine Kapazität von 650 MB. Sie wird mit einfacher Geschwindigkeit abgespielt.

Die Bitrate beträgt
$650 \cdot 2^{20}$ Byte/74 min $\approx 9 \cdot 106$ MB/min = 150 kB/s.

Ein Laufwerk mit 52-facher Geschwindigkeit liest z. B. mit einer Bitrate von 5 · 150 kB/s = 7,8 MB/s.

Dies Bitrate wird nur auf den äußeren Spuren der CD erreicht. Vom Hersteller wird dieser maximale Wert als Bitrate angegeben.

Ein Laufwerk mit 52-facher Geschwindigkeit dreht mit mehr als 10000/min. Dies verursacht ein lautes Geräusch.

Für höhere Geschwindigkeiten, z. B. 80-fache, wird die Multibeam-Technik (Mehrstrahltechnik) angewendet **(Bild 3)**.

Multibeam-Technik ist geräuschärmer und ermöglicht höhere Bitraten.

Der Laserstrahl wird an einem Beugungsgitter in mehrere einzelne Strahlen aufgefächert, z. B. in 5 oder 7. Diese Strahlen lesen gleichzeitig mehrere Spuren der CD. Die von der CD reflektierten Strahlen werden von einem Spiegel umgelenkt und gelangen über eine Linse zum Empfänger.

Optische Speicher haben eine begrenzte Speicherfähigkeit, z. B. 10 Jahre.

Tabelle 1: Arten von optischen Speichern

Name	Erklärung
CD-ROM	Compact Disc-Read Only Memory = kompakte Scheibe-Nurlesespeicher.
CD-R	R von Recordable = bespielbar, d. h. einmal vom Anwender beschreibbar.
CD-RW	RW von Read = Lesen und Write = Schreiben; CD kann mehrfach beschrieben werden.
DVD	Digitale Versatile Disc = digitale vielseitig verwendbare Scheibe; Nurlesespeicher.
DVD-R	Einmal beschreibbare DVD.
DVD-RAM	RAM von Random Access Memory; mehrfach beschreibbare DVD.
BD	BD von Blue ray Disc; Blu von Blue = blau und ray = Strahl (Blauer Laserstrahl)
BD-R	Einmal beschreibbare BD.
BD-RE	RE von Rewritable = wiederbeschreibbar; mehrfach beschreibbare BD.

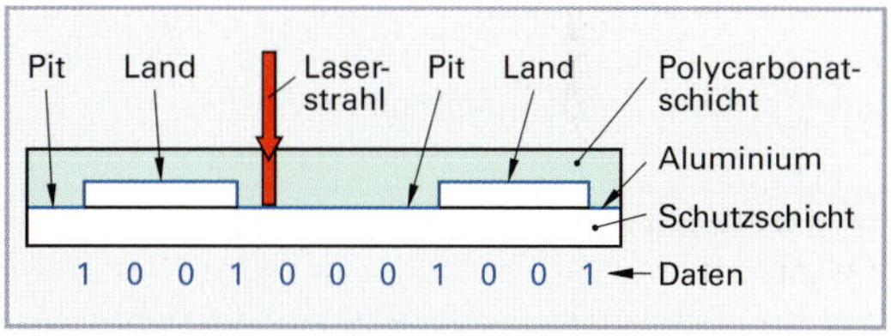

Bild 1: Aufbau einer CD-ROM

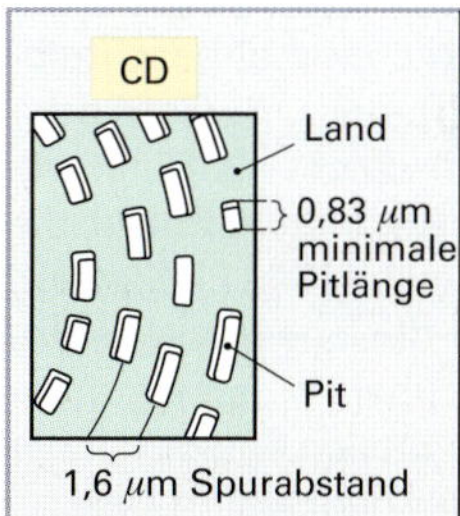

Abmessungen bei DVD und BD		
Disk-Art	DVD	BD
Spur Abstand	0,74 µm	0,32 µm
minimale Pitlänge	0,4 µm	0,15 µm

Bild 2: Datenspuren bei DVD und CD

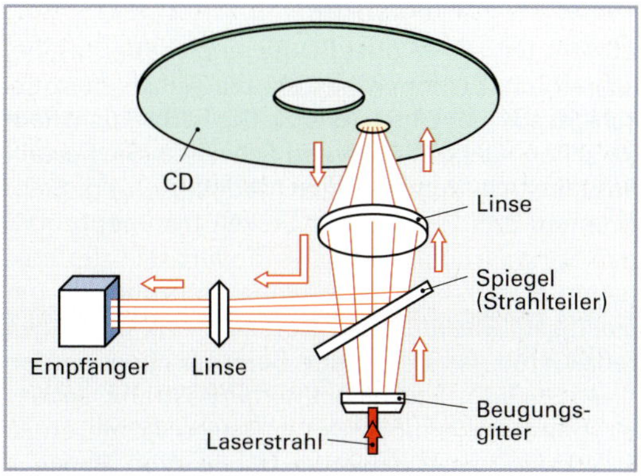

Bild 3: Abtastung bei Mehrstrahltechnik

Speicherkapazitäten

Bei CDs wird die Information nur auf einer Seite mit einem Infrarotlaser gelesen. Die DVD arbeitet bei einem oder zwei Lasern mit rotem Licht und die BD mit blauem Licht.

Laserwellenlängen
- ○ λ = 780 nm infrarote Strahlung (ired)
- ● λ = 650 nm rotes Licht
- ● λ = 405 nm blaues Licht (blue ray)

> Mit abnehmender Wellenlänge des Lasers erhöht sich die Speicherkapazität, da die Pits und Lands kleiner werden.

Die Speicherkapazität der DVD hängt zum Einen davon ab, ob die Daten einseitig oder zweiseitig lesbar sind und zum Anderen, ob von einer oder zwei Schichten gelesen werden kann **(Bild 1)**.

Eine BD wird nur einseitig gelesen, kann aber mehrere Informationsschichten enthalten. Zum Abtasten der unteren Schicht liest der Laser durch die obere Schicht hindurch. Er fokussiert auf die untere Ebene, d.h. die Daten der oberen Schicht bleiben unscharf und werden nicht ausgewertet.

> Eine BD mit zwei Datenschichten kann 50 GB speichern.

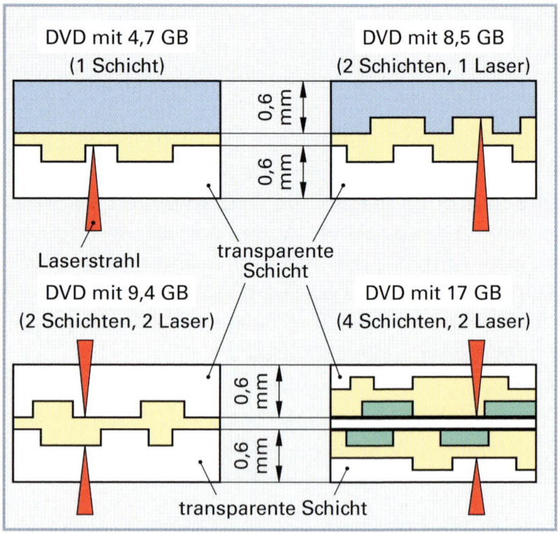

Bild 1: DVD-Arten

Einmal beschreibbare Disks (Rohlinge)

CD-R, DVD-R und BD-R sind nur einmal beschreibbar. Auf der Reflexionsschicht aus z. B. Gold oder Silber befindet sich eine Farbschicht als Datenträger, z. B. aus Cyanin. Beim Brennen schmilzt die Farbschicht an bestimmten Stellen **(Bild 2)**. Sie wird undurchlässig für Licht und der Laserstrahl wird dort nicht reflektiert. Der Wechsel von reflektierenden und nicht reflektierenden Stellen entspricht der Folge von Pits und Lands einer gepressten Disk.

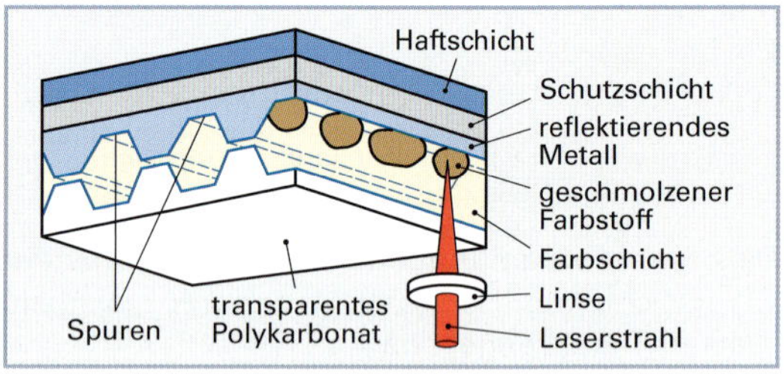

Bild 2: Beschreiben von DVD-R, CD-R und BD-R

Wiederbeschreibbare Disks

CD-RW, DVD-RAM oder BD-RE sind wiederholt beschreibbar. Bei ihnen besteht die Aufzeichnungsschicht aus vier Lagen **(Bild 3)**. Die Farbschicht liegt zwischen zwei dielektrischen Schichten. Sie besteht aus einer lichtdurchlässigen Metalllegierung. Beim Brennen erhitzt der Laser Stellen bis knapp über den Schmelzpunkt. Dabei verändert sich der kristalline Materialaufbau in einen amorphen (= gestaltlosen) Zustand **(Bild 4)**. Die amorphen Stellen reflektieren das Licht nicht. Beim Löschen werden diese Stellen mit weniger Energie bestrahlt, sodass eine Rekristallisation erfolgt. Dieses Verfahren ist auch als Phase-Change-Verfahren (von Phase = Phase, Change = Wechsel) bekannt.

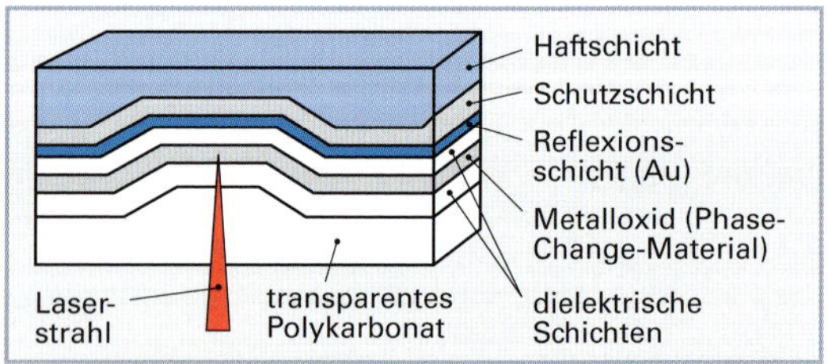

Bild 3: Aufbau einer wiederbeschreibbaren Disk

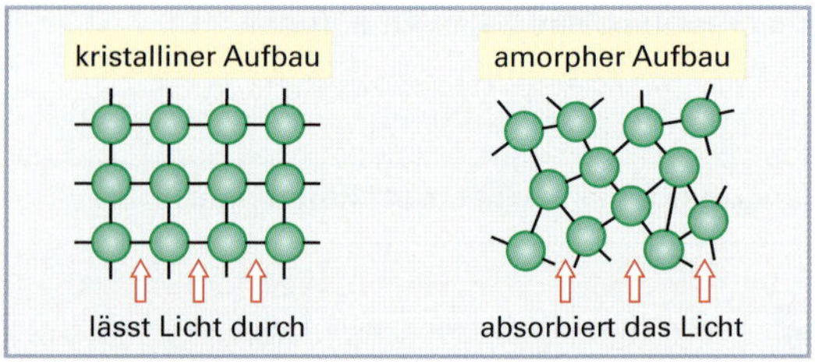

Bild 4: Kristallgitter wiederbeschreibbarer Disks

9.4.3 Speicher für Backup

Backup-Speicher (to backup = sichern) dienen einerseits zum Archivieren von Daten in bestimmten Abständen, z. B. täglich, und andererseits zur Datensicherung bei Ausfall eines Computers im laufenden Betrieb.

Es gibt Datenträger mit direktem Zugriff auf die Daten, z. B. magnetooptische Speicher (MO-Speicher) und Festplatten.

MO-Speicher sind wiederbeschreibbare CD-Speicher. Beim Schreiben und Löschen wird die Magnetschicht der MO-CD durch ein äußeres Magnetfeld nur an Stellen magnetisiert, an denen sie zuvor von einem Laserstrahl auf 200 °C erhitzt wurde **(Bild 1)**. MO-CDs besitzen eine vergleichsweise geringe Speicherkapazität **(Tabelle 1)**.

> MO-Speicher sind sehr robust und gewährleisten eine große Datensicherheit.

Externe Festplatten gibt es in den Größen 3,5 Zoll und 2,5 Zoll. Bei 2,5-Zoll-Festplatten erfolgt die Spannungsversorgung meist über die Anschlussschnittstelle. 3,5-Zoll-Festplatten benötigen ein zusätzliches Netzteil.

Streamer (von to stream = strömen) sind Bandlaufwerke zum Beschreiben und Lesen von Magnetbändern (tapes). Diese bestehen aus einem mit magnetischem Material beschichtetem Polyesterband und sind z. B. 4 mm oder 8 mm breit. Bänder mit großen Längen, z. B. 230 m, haben eine größere Speicherkapazität. Meist werden die Daten in schrägen Spuren oder serpentinenförmig aufgezeichnet **(Bild 2)**.

> Streamer sind große Datenspeicher, können aber nicht wahlfrei auf die Daten zugreifen.

Die gespeicherten Daten der Magnetbänder werden von Streamern immer komplett nacheinander (sequenziell) gelesen. Es gibt verschiedene Technologien, z. B. DAT (Digital Audio Tape), SLR (Scalable Linear Recording), DLT (Digital Linear Tape), LTO (Linear Tape Open).

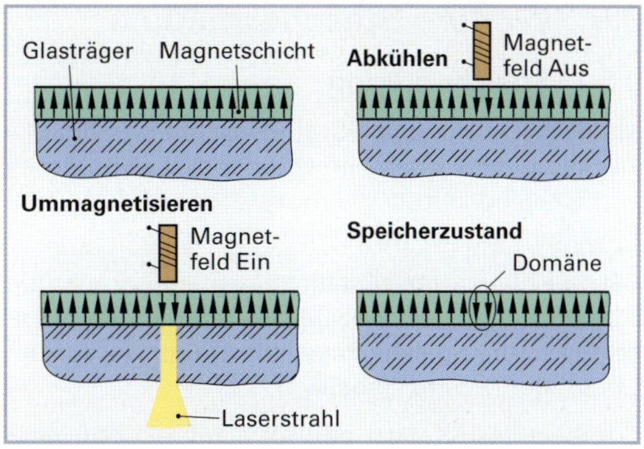

Bild 1: Schreibvorgang MO-CD

Tabelle 1: Speicher für Backup

Art	Kapazität in GB	Bitrate in MB/s	Schnittstellen, Erklärungen
optische und magneto-optische Speicher			
MO-CD	0,64 bis 9,1	bis zu 8,2	EIDE, SCSI, USB
DVD	4,7 bis 9,4	bis zu 20,8	EIDE, SCSI, USB
BD	25 bis 50	bis zu 4,5	HDMI, SATA, EIDE
externe Festplatten			
2,5-Zoll	20 bis 500	bis zu 60	USB, Firewire
3,5-Zoll	40 bis 1 500	bis zu 60	USB, Firewire
Bandspeicher (Streamer)			
DLT und SDLT	35 bis 320	5 bis 36	Das Band ist ½" breit. SDLT = Super DLT
SLR	4 bis 140	1 bis 30	Bei SLR-Streamern ist der Bandverschleiß extrem gering.
DAT	bis 72 000	0,5 bis 4,8	SCSI
LTO	bis zu 400	15 bis 80	SCSI, Fibre Channel

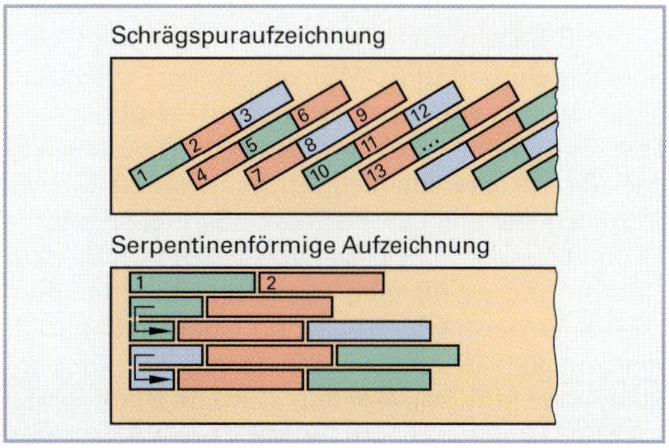

Bild 2: Aufzeichnungsarten

Wiederholung und Vertiefung:

1. **Was versteht man unter Pits und Lands?**
2. **Welche Bitrate hat eine Audio-CD?**
3. **Erklären Sie den Begriff Multibeam-Technik.**
4. **Welche Laserwellenlängen werden bei CDs verwendet?**
5. **Beschreiben Sie die vier DVD-Arten.**
6. **Erklären Sie den Schreibvorgang bei der MO-CD.**
7. **Welche Backup-Speicher werden unterschieden?**
8. **Welche Aufzeichnungsarten verwenden Streamer?**

9.5 Weitere Speichermedien

9.5.1 Speicherkarten

MP3-Spieler, Handys, PCMCIA-Karten und digitale Kameras verwenden verschiedene Ausführungen von Speicherkarten (Memorycards, **Bild 1**). Zum Speichern werden EEROMs verwendet.

Die Speicherkarten unterscheiden sich durch ihre Abmessungen, die Anzahl der verwendeten Anschlüsse, die Speicherkapazität *M* und die Art der Datenübertragung **(Tabelle 1)**.

CompactFlash-Karten gibt es als Typ I mit einer Dicke von 3,3 mm mit einer Speicherkapazität bis zu 192 MB und als Typ II mit einer Dicke von 5 mm mit einer Speicherkapazität bis zu 128 GB. Typ I und Typ II sind nicht kompatibel. Für CompactFlash-Karten gibt es Adapter für PCMCIA-Laufwerke **(Bild 2)**.

SmartMedia-Karten haben eine sehr kleine Bauform und werden oft für MP3-Player verwendet.

Memorysticks (Speicherstifte) haben neben einer kleinen Bauform teilweise auch einen Schreibschutzschalter. Bedingt durch die serielle Datenübertragung sind sie bei der Datenübertragung langsam.

MultimediaCards werden z. B. in Handys und Palmtops zur Adressenspeicherung verwendet.

Zu den Speicherkarten werden auch Miniaturfestplatten (Microdrives) gezählt. Sie haben die Abmessungen wie die CompactFlash-Karten Typ II, sind allerdings 0,5 mm dicker. Deshalb werden sie auch als Typ II + bezeichnet. Microdrives gibt es mit Speicherkapazitäten von 340 MB bis 4 GB und Bitraten von 750 kbit/s.

9.5.2 USB-Speicher-Stick

USB-Speicher-Sticks ersetzen die Floppy-Disk-Laufwerke im Notebook und im PC **(Bild 3)**.

Ein USB-Stick besteht aus einer Platine mit Flash-Speicherchips (EEPROMS) und einem USB-Controller sowie dem Gehäuse. Eine LED zeigt Schreib-Lese-Zugriffe an. Während der Datenübertragung darf der Speicher nicht abgezogen werden. Ein Miniaturschalter dient als Hardware-Schreibschutz. Es ist dann nur noch das Lesen von Daten möglich. Zusätzlich gibt es oft eine Passwortschutzfunktion. USB-Speicher-Sticks gibt es für Speicherkapazitäten von 32 MB bis 256 GB. Durch die Verwendung von EEPROMs ergeben sich z. B. Bitraten von 6,8 MB/s beim Lesen und 2,4 MB/s beim Schreiben. USB-Sticks können Daten theoretisch bis zu 10 Jahre speichern. Von einem USB-Stick kann ein PC gebootet werden, wenn das BIOS die Option „Booten von USB-Floppy" enthält.

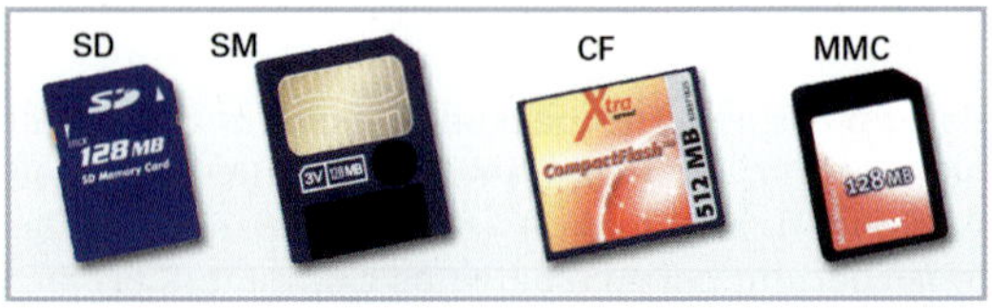

Bild 1: Speicherkartentypen

Tabelle 1: Wichtige Speicherkartentypen

Kartentyp	Daten, Erklärungen
CompactFlash CF Typ I und II	*M* = 192 MB bis 128 GB; 50-polige Steckverbindung; parallele Datenübertragung
SmartMedia SM	*M* = 2 MB bis 128 MB; 50-polige Steckverbindung; parallele Datenübertragung
Memorystick	*M* = 32 MB und 64 GB; serielle Datenübertragung
MultimediaCard MMC	*M* = 16 MB bis 512 MB; 7-polige Steckverbindung; serielle Datenübertragung

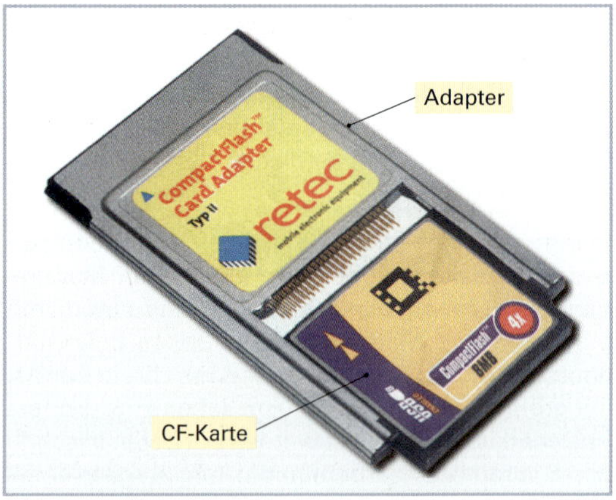

Bild 2: PCMCIA-Adapter für CompactFlash-Speicher

Bild 3: USB-Speicher-Stick

Wiederholung und Vertiefung:

1. **Nennen Sie vier Speicherkartentypen.**
2. **Welche Speicherkapazitäten weisen Microdrives auf?**
3. **Aus welchen Baugruppen besteht ein USB-Speicher-Stick?**
4. **Welche Aufgabe hat die LED bei einem USB-Speicher-Stick?**

WV

9.5.2.1 Solid State Disk (SSD)

Halbleiterlaufwerke speichern Daten elektrisch in EEPROMs (Flash-Speicherchip) mit kurzen Zugriffszeiten. Da sie keine beweglichen Teile haben, sind sie robust, lautlos und benötigen wenig Leistung, z. B. 1,5 W im Schreib-/Lesebetrieb und 0,15 W im Standby-Betrieb. Nachteilig ist, dass bei EEPROMs vor dem Schreiben neuer Daten erst die alten Daten gelöscht werden müssen. Dies verringert die Lebensdauer. Lesezugriffe sind aber beliebig oft möglich.

Aufgebaut sind SSD aus Flash-Speicherchips mit z. B. 16 MB Speicherzellen **(Bild 1)**.

SLC-Flash-Speicher werden verwendet, wenn es auf hohe Geschwindigkeiten und große Zuverlässigkeit ankommt. Sie speichern die binäre Information in Form von Ladungen in FETs mit Floating Gate **(Bild 2)**. Zum Lesen der Information wird der Widerstand R_{DS} des FETs ausgewertet, z. B.

$R_{DS} = 10\ \text{k}\Omega \mathrel{\widehat{=}} 0$ und $R_{DS} = 3\ \text{M}\Omega \mathrel{\widehat{=}} 1$.

SLC-Zellen können bis zu 100 000 Schreib-/Löschzyklen ausführen.

MLC-Flash-Speicher können, z. B. je nach Ladungsmenge auf dem Floating Gate, vier Bit je Zelle speichern. Diese Technik wird als Multi-Level-Speicherung bezeichnet **(Tabelle 1)**. Für die Zuordnung der Binärwerte wird die Größe des RDS-Widerstandes herangezogen. MLC-Zellen können bis zu 10 000 Schreibzyklen je Zelle ausführen.

Die maximale Zahl der Schreib-/Löschzyklen eines MLC-Speichers liegt wesentlich höher als bei den einzelnen Speicherzellen. Der SSD-Controller verteilt die Schreibzugriffe mit Wear-Leveling-Verfahren so auf alle Speicherzellen, dass jede einzelne Speicherzelle möglichst wenig beansprucht wird.

Wear-Leveling-Verfahren verringern nicht die Zahl der Schreibzugriffe, sondern die Menge an geschriebenen Daten.

Die Kapazität eines MLC-Speichers soll deshalb nur zu 80 % genutzt werden, damit viele freie Zellen für Schreiboperationen zur Verfügung stehen.

SSD sind meist mit einer S-ATA-2-Schnittstelle ausgerüstet. Der Anschluss erfolgt über einen S-ATA-Combo-Stecker, der 7 Anschlüsse für die Daten und 15 Anschlüsse für die Stromversorgung verwendet **(Bild 3)**.

SSD, Solide State Disk = Halbleiterlaufwerk
MLC von Multi Level Cell =
Zelle kann mehrere Zustände, z. B. vier, speichern.
SLC von Single Level Cell =
Zelle kann zwei Zustände speichern.
Wear Leveling = Verschleißgrad verringern.

Bild 1: Aufbau einer Solid State Disk

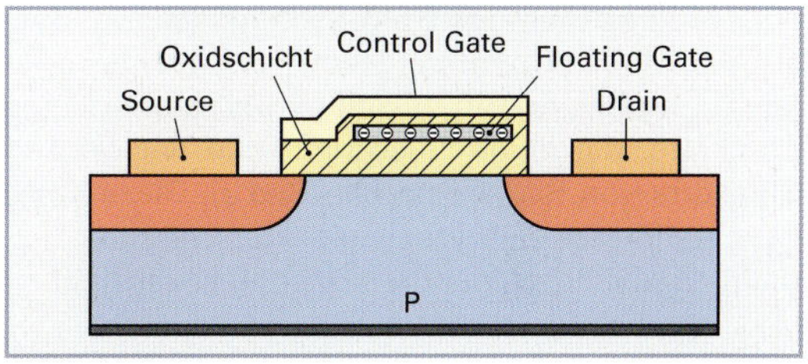

Bild 2: Flash-Speicherzelle

Tabelle 1: Multi-Level-Speicherung mit Flash-Zelle

Ladungsmenge im Floating Gate	R_{DS}-Bereiche	Binärwert
klein	10 kΩ bis 33 kΩ	00
mittel	33 kΩ bis 333 kΩ	01
groß	333 kΩ bis 3,3 MΩ	10
sehr groß	< 3,3 MΩ	11

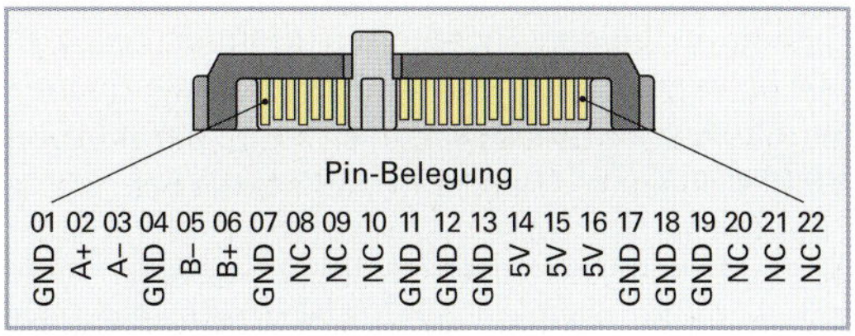

Bild 3: S-ATA-Combo-Stecker

9.5.2.2 Chipkarten

Arten der Chipkarten

Chipkarten sind Karten aus laminiertem (geschichtetem) Kunststoff, die einen IC enthalten und über eine Schnittstelle Datenverbindung mit einem Gerät aufnehmen können, das einen Mikrocomputer enthält **(Bild 1)**. Chipkarten werden auch z. B. als IC-Karte, Smart Card, Electronic Card oder Computer Card bezeichnet.

Kontaktbehaftete Chipkarten bestehen aus dem Kartenkörper, dem Chipmodul und den äußeren Kontakten. Die Abmessungen sind genormt. Das Chipmodul besteht aus dem *Chip*, den Anschlussdrähten (Bonddrähten, von bond = Verbindungsband), den Kontaktflächen, Distanzscheiben (Abstandsscheiben) und der Vergussmasse **(Bild 2)**.

Die Kontaktflächen 1 bis 8 haben festgelegte Funktionen **(Tabelle 1)**.

Weil in den Normen für die Kontakte 4 und 8 keine Funktion festgelegt ist, haben viele Chipkarten nur sechs Kontaktflächen. Über die vergoldeten Kontaktflächen erfolgt die Verbindung zu den Lesegeräten.

Für Mobiltelefone des GSM-Systems (Global System für Mobile Communication = weltweites System für mobile Kommunikation) gibt es eine kleine Chipkarte, die einen Ausschnitt aus der großen Chipkarte von Bild 1 darstellt **(Bild 3)**. Diese Karte wird als Plug-In-SIM (von Subscriber Identity Module = Teilnehmer-Identitäts-Modul) bezeichnet.

Chipkarten sind weitgehend genormt, sodass sie international angewendet werden können.

Kontaktlose Chipkarten haben die Abmessungen der kontaktbehafteten Chipkarten. Im Inneren der Karte befindet sich ein *Transponder* (Sender-Empfänger). Dieser besteht aus einem Chip und einer Spule **(Bild 1, folgende Seite)**. Die kontaktlose Chipkarte kommuniziert mit dem Lesegerät über Entfernungen bis z. B. 0,1 m mittels elektromagnetischer Wellen von z. B. 13,56 MHz. Dabei werden sowohl Signale in beiden Richtungen drahtlos mit z. B. 100 kbit/s übertragen als auch elektrische Energie zur Stromversorgung des Chips vom Lesegerät zur Chipkarte.

Kontaktlose Chipkarten sind besonders dann zweckmäßig, wenn das Einführen in ein Lesegerät umständlich ist, z. B. bei Parkplatzschranken.

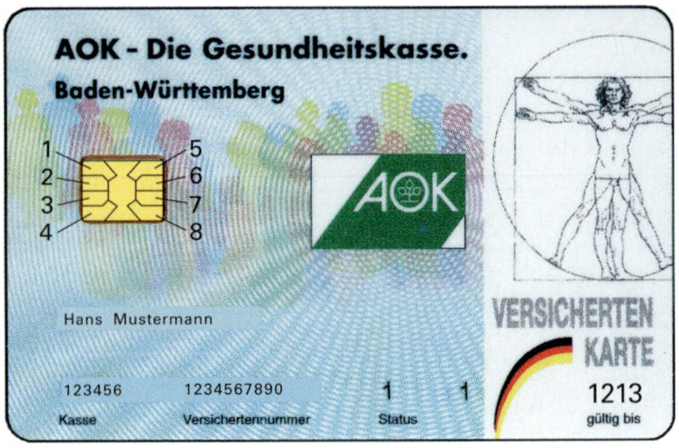

Bild 1: Beispiel einer Chipkarte

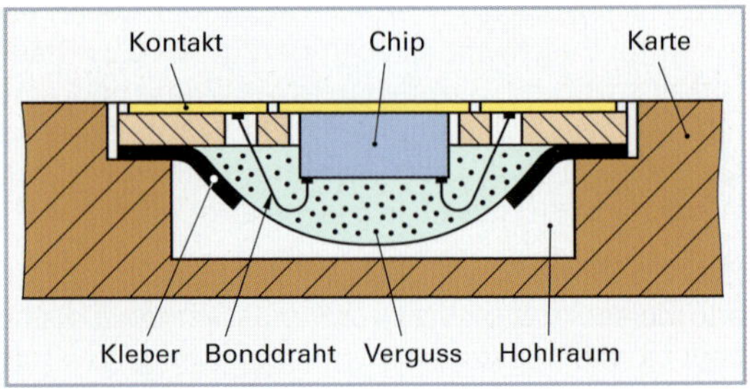

Bild 2: Bestandteile einer Chipkarte

Tabelle 1: Kontakte von Chipkarten

Kontakt	Name	Funktion
1	VCC	Betriebsspannung
2	RST	Reset (Rücksetzen)
3	CLK	Clock (Takt)
4	–	nicht definiert
5	GND	Ground (Masse)
6	VPP	Programmierspannung
7	I/O	Input/Output (Eingang/Ausgang)
8	–	nicht definiert

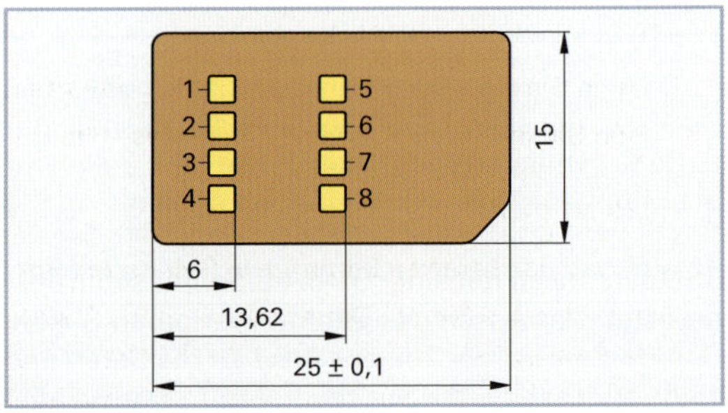

Bild 3: Abmessungen der Plug-In-SIM

Karten mit kombinierten Schnittstellen sind eine Kombination von kontaktbehafteten und kontaktlosen Chipkarten **(Bild 2)**. Bei der *Hybridkarte* sind je ein Chip für beide Kartenarten vorhanden, bei der *Dual-Interface-Karte* ist nur ein Chip vorhanden.

Bei den Chipkarten sind oft zusätzliche Datenspeicher vorhanden, z. B. Magnetstreifen (Magnetpisten). Eine geringe Verbreitung haben dagegen Chipkarten mit Display, Tastatur und Sensoren **(Bild 3)**. Bei diesen muss eine vom Lesegerät unabhängige Stromversorgung vorhanden sein. Deshalb wird eine extrem flache Batterie oder ein Fotoelement (Solarzelle) in die Karte eingebracht.

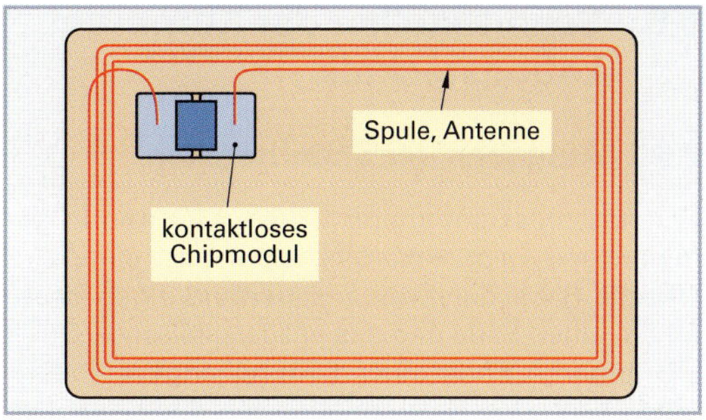

Bild 1: Kontaktlose Chipkarte

Chips der Chipkarten

Als Chips werden je nach Kartenart *Speicherchips* oder *Mikroprozessorchips* verwendet. Bei den Speicherchips kommen alle Arten von Speichern vor, z. B. ROM, EEPROM und RAM. Außerdem sind eine Adresslogik und eine Sicherheitslogik vorhanden **(Bild 4)**. Sind höhere Vielseitigkeit und Sicherheit erforderlich, z. B. als elektronische Geldbörse, dann benutzt man Mikroprozessorchips. Diese enthalten zusätzlich einen Mikroprozessor (CPU). Im ROM ist dann das Betriebssystem abgelegt und der RAM dient als Arbeitsspeicher (Bild 4). Das EEPROM mit z. B. 1024 B dient zum längerfristigen Abspeichern von Daten.

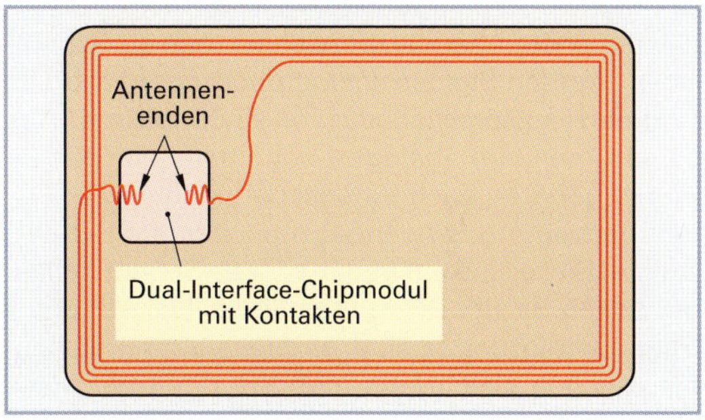

Bild 2: Dual-Interface-Karte

Anwendung der Chipkarten

Chipkarten mit Speicherchip sind z. B. die Telefonwertkarten, elektronische Eintrittskarten bzw. Schlüssel ohne Buchung und die deutschen Krankenversichertenkarten. *Chipkarten mit Mikroprozessorchip* sind z. B. die Telefonbuchungskarte, die SIM-Karte für das mobile Telefon, elektronische Eintrittskarten bzw. Schlüssel mit Buchung, Tankkarten, Karten für Verpflegungsautomaten und die elektronische Geldbörse.

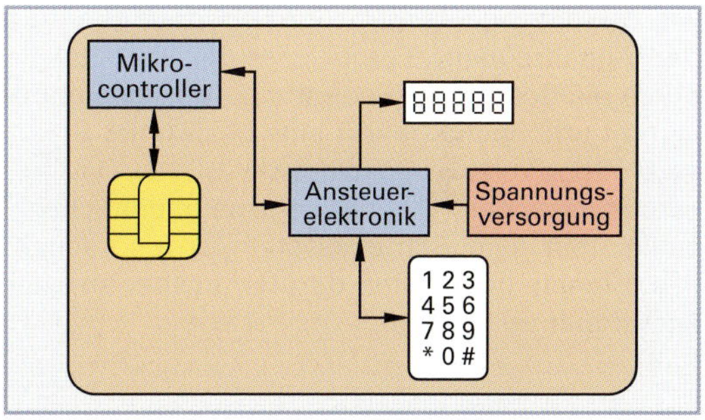

Bild 3: Chipkarte mit Display und Tastatur

W V

Wiederholung und Vertiefung

1. **Nennen Sie die beiden Hauptarten der Chipkarten.**
2. **Geben Sie mögliche Anwendungen dieser Hauptarten aus Ihrer Umgebung an.**
3. **Welchen Vorteil bietet eine Dual-Interface-Karte?**
4. **Welche Speicherarten kommen in Chipkarten vor?**
5. **Wie beurteilen Sie die Dauerhaftigkeit der Datenspeicherung einer Chipkarte im Vergleich zu einer Karte nur mit Magnetspeicherung?**
6. **In welchen Chipkarten sind RAMs enthalten?**

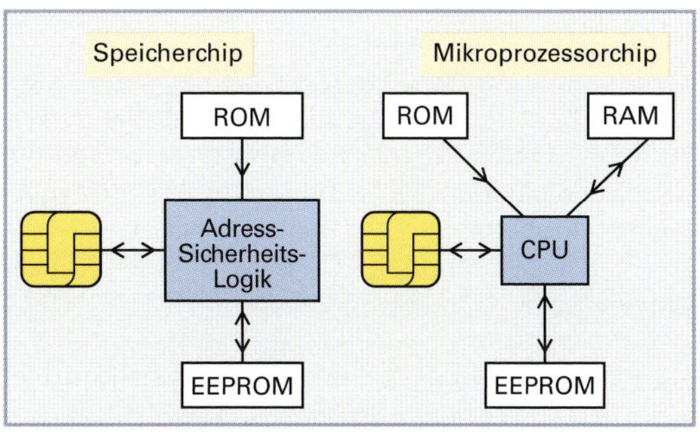

Bild 4: Blockschaltpläne von Chipkarten

9.6 Schnittstellen der Kommunikationstechnik

9.6.1 Aufgaben der Schnittstellen

Der Anschluss peripherer Geräte an einen PC erfolgt über *Zweipunktverbindungen* oder einen *Bus* **(Tabelle 1)**. Bei den Zweipunktverbindungen ist der PC am einen Ende und das anzuschließende Gerät am anderen Ende einer Leitung angeschlossen **(Bild 1)**. Bei den Busverbindungen dient eine Leitung zum Betrieb von mehreren Geräten. Anstelle von Leitungen gibt es auch Funkverbindung.

Die Signalübergangsstelle zwischen dem PC und den peripheren Geräten bezeichnet man als Schnittstelle. Werden Signale analog übertragen, wie z. B. zu einem Lautsprecher oder von einem Mikrofon, so spricht man von analogen Schnittstellen **(Bild 2)**. Hierzu gehören auch Videoschnittstellen. Zur Datenübertragung verwendet man *digitale* Schnittstellen. Diese sind entweder *serielle* Schnittstellen, bei denen Bit um Bit nacheinander (seriell) übertragen wird oder es sind *parallele* Schnittstellen, bei welchen gleichzeitig mehrere Bits bzw. Bytes übertragen werden.

Eine Schnittstelle ist gekennzeichnet durch die elektrischen Eigenschaften der Schnittstellensignale, wie z. B. der Signalpegel (Signalspannungen) und der Signalfrequenz. Ferner wird die Schnittstelle durch die Codierung (Bedeutung der Signale) bestimmt und häufig gehört eine bestimmte Steckverbindung zu einer Schnittstelle (Bild 2). Darüber hinaus muss der PC in der Lage sein, die Schnittstelle über sein Betriebssystem anzusprechen, d. h. Signale oder Daten darüber ausgeben oder aufnehmen zu können.

Die wichtigsten seriellen Schnittstellen sind die USB-Schnittstelle, Firewire, die V.24-Schnittstelle und die RS-485-Schnittstelle. Die wichtigsten parallelen Schnittstellen sind die Centronics-Schnittstelle und die PCMCIA-Schnittstelle (bei Laptops).

Zu den Bus-Schnittstellen gehören als bitserielle Schnittstellen die USB-Schnittstelle und die Ethernet-Schnittstelle.

Die seriellen Schnittstellen werden über COM1 und COM2 (von Communication = Kommunikation) angesprochen und die parallelen Schnittstellen über LPT1 bis LPT4 (von Line Printer = Zeilendrucker).

Tabelle 1: Wichtige Schnittstellen

Benennung	Bitrate	typ. Geräteverbindung für
V.24 (RS 232 C)	110 bit/s bis 19,2 kbit/s	Drucker, Werkzeugmaschinen, Roboter
FireWire IEEE 1394	400 Mbit/s	Multimedia
USB 1 USB 2	bis 12 Mbit/s 480 Mbit/s	Tastatur, Maus, Modem, Kamera, Drucker
Ethernet	bis 10 Gbit/s	Datennetz

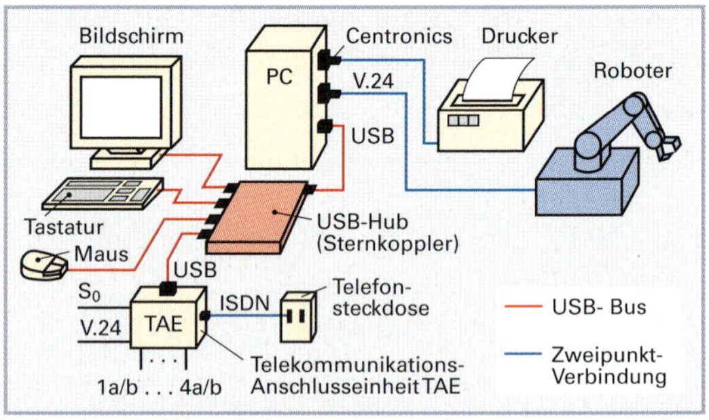

Bild 1: Zweipunktverbindungen und Bus

Bild 2: Schnittstellen beim PC

9.6.2 V.24/V.28-Schnittstelle

Eine oft verwendete Schnittstelle ist die **V.24-Schnittstelle** (DIN 66 020), international genormt durch die ITU-T-Empfehlung V.24 und V.28. In den USA hat diese Schnittstelle die Bezeichnung **RS 232C.** In der Norm wird im Wesentlichen die physikalische Schicht beschrieben. Der Aufbau einer Datenverbindung, die Blockung und die Quittierung werden oft sehr unterschiedlich gehandhabt.

Als Steckverbindung dient ein 25-poliger oder 9-poliger Stecker. Belegt und genutzt sind meist nur wenige Stifte **(Bild 1).**

Geräte, die durch die V.24-Schnittstelle verbunden werden, heißen in der Norm Datenendeinrichtungen (DE-E). Die Leitung mit den Steckern heißt Datenübertragungseinrichtung (DÜ-E). Da die Steckerbelegung bezüglich der Signale an beiden Geräten gleich ist, kreuzen sich die Leiter. Über den Ausgang 2 senden z. B. beide Geräte. Der Signalname ist jeweils D1. Bei der Übertragung wechseln nun die Leitungen, und die Daten kommen jeweils als Empfangsdaten über die Signalleitung D2 bei den Geräten am Eingang 3 an (Bild 1).

Sendedaten werden über D1 (TD, Transmitted Data, = Sendedaten) übertragen, wenn auf S1.2, S1, M1 und M2 der EIN-Zustand herrscht. Empfangsdaten (RC, Received Data, = Empfangsdaten) werden über D2 aufgenommen. Für Datensignale gilt der Pegel +3 V bis +15 V für 0-Signal und der Pegel –3 V bis –15 V für 1-Signal. Bei den Melde- und Steuersignalen bedeutet der Pegel +3 V bis +15 V EIN und der Pegel –3 V bis –15 V AUS.

Bei der Datenübertragung zu NC-Maschinen erfolgt die Signaldarstellung auch in Form von 20-mA-Stromimpulsen. Man spricht von der **20-mA-Linienstromschnittstelle** oder TTY-Schnittstelle (TTY von Teletype = Fernschreiber).

Datendarstellung. Die Datenübertragung erfolgt bei zeichenweiser Übertragung mit dem **7-Bit-Code (Tabelle 1).** Ein Zeichen besteht dabei aus einem Startbit, 7 oder 9 Datenbits, einem Paritybit für eine geradzahlige Quersumme und wahlweise aus ein oder zwei Stoppbits **(Bild 2).**

Die **Übertragungsgeschwindigkeit** ist meist auf die Bitraten 110, 150, 300, 600, 1200, 2400, 4800, 9600 und 19200 bit/s einstellbar. Die Übertragungsgeschwindigkeit wird auch häufig in der Einheit *Baud* (Bd) angegeben (1 Bd ≙ 1 bit/s, 1 kBd ≙ 1 kbit/s) und heißt dann Baudrate.

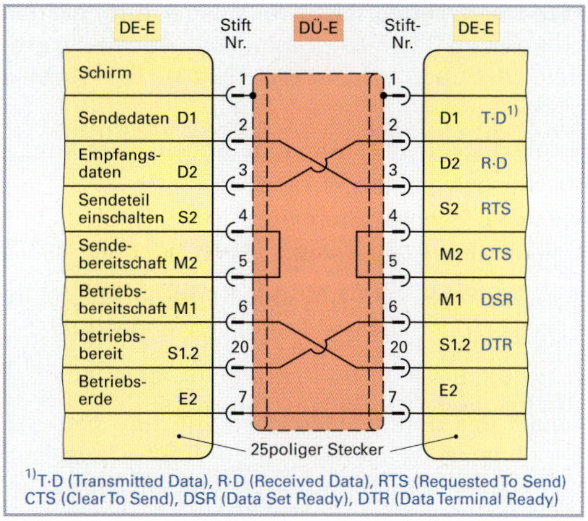

Bild 1: Schnittstellenleitungen

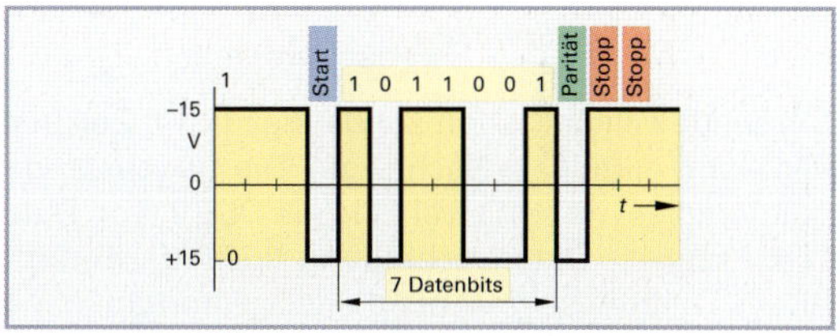

Bild 2: Übertragungssignal für das Zeichen M

Tabelle 1: 7-Bit-Code (ASCII-Code)

Bit-Nr.			7	0	0	0	0	1	1	1	1
			6	0	0	1	1	0	0	1	1
			5	0	1	0	1	0	1	0	1
4	3	2	1	Steuerzeichen		Ziffern, Buchstaben, Sonderzeichen					
0	0	0	0	NUL	DEL	SP	0	@	P	`	p
0	0	0	1	SOH	DC1	!	1	A	Q	a	q
0	0	1	0	STX	DC2	"	2	B	R	b	r
0	0	1	1	ETX	DC3	#	3	C	S	c	s
0	1	0	0	EOT	DC4	$	4	D	T	d	t
0	1	0	1	ENQ	NAK	%	5	E	U	e	u
0	1	1	0	ACK	SYN	&	6	F	V	f	v
0	1	1	1	BEL	ETB	'	7	G	W	g	w
1	0	0	0	BS	CAN	(	8	H	X	h	x
1	0	0	1	HT	EM	)	9	I	Y	i	y
1	0	1	0	LF	SUB	*	:	J	Z	j	z
1	0	1	1	VT	ESC	+	;	K	[	k	{
1	1	0	0	FF	FS	,	<	L	↗	l	|
1	1	0	1	CR	GS	-	=	M	]	m	}
1	1	1	0	SO	RS	.	>	N	^	n	—
1	1	1	1	SI	US	/	?	O	_	o	DEL

LWL-Übertragung. Lichtwellenleiter ermöglichen eine sichere Datenübertragung bei gleichzeitig großen Übertragungsstrecken **(Bild 1)**. Die Vorteile sind:

- robust gegen elektromagnetische Einstreuung,
- keine galvanische Verbindung,
- dünne, flexible Leitungen,
- hohe Bitrate (auch > 19,2 kbit/s).

Als LWL-Faser wird z. B. eine Kunststoff-Stufenindexfaser, Durchmesser 1 mm, verwendet **(Bild 2)**.

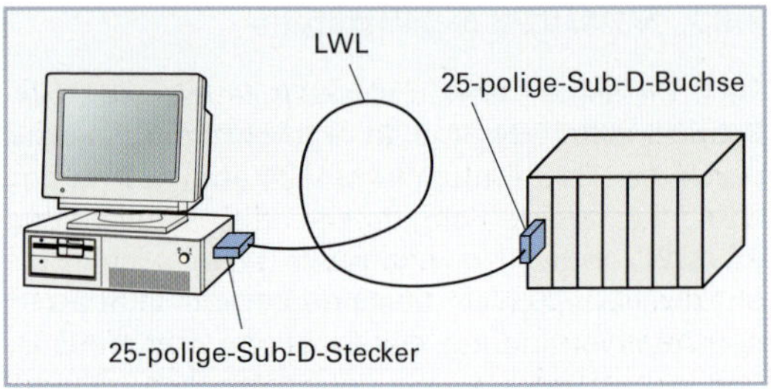

Bild 1: V.24-Verbindung mit LWL

Ablauf des Datenaustausches. Ein sehr häufiges Verfahren ist die LSV-2-Prozedur (LSV = langsame störsichere Verbindung). Der Datenaustausch erfolgt durch ein Software-Handshake in drei Phasen **(Bild 3)**. Er beginnt mit der *Aufforderungsphase*, es folgt die *Datenübermittlungsphase* und er endet mit der *Abschlussphase*.

Die sendewillige Station sendet das ASCII-Zeichen ENQ (von enquiry = Nachfrage). Die Gegenstation quittiert dies mit den zwei Zeichen DLE 0 (von Data Link Escape = Datenverbindung flüchtig). Kommt dieses Quittungssignal nicht oder gestört an, dann wird nach Ablauf einer Wartezeit erneut das Zeichen ENQ gesendet. Ist die Empfangsstation nicht in der Lage, Daten zu empfangen, sendet sie das Zeichen NAK (von negative acknowledge = negative Annahme). Die sendewillige Station beendet den Übertragungsversuch mit dem Zeichen EOT (von End of Transmission = Ende der Übertragung) und bringt dadurch die nicht empfangsbereite Station in den Grundzustand. War die Empfangsstation bereit, Daten zu empfangen, so leitet die Sendestation mit dem Zeichen STX (von Start of text = Beginn des Textes) die Übertragungsphase ein.

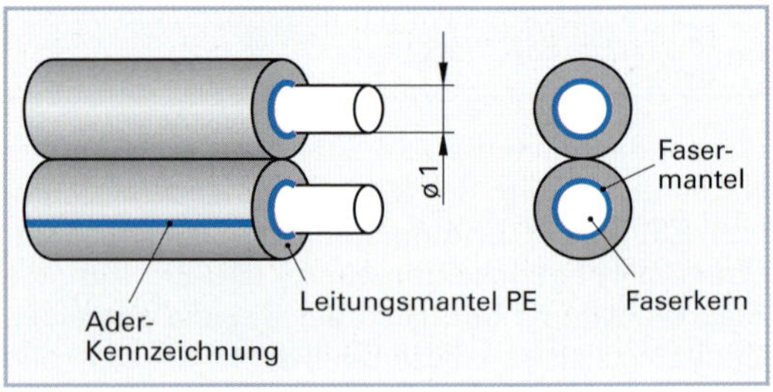

Bild 2: Kunststoff-LWL-Duplexader

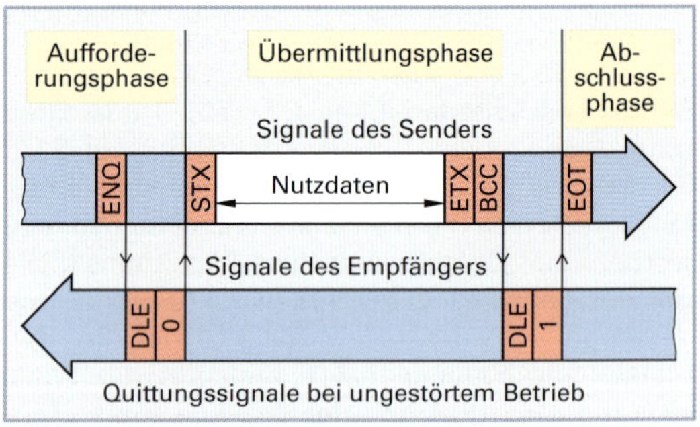

Bild 3: Ablauf des Datenaustausches bei ungestörtem Betrieb

Das Ende des Textes wird mit dem Zeichen ETX der Empfangsstation übermittelt. Danach erfolgt die Übertragung eines Blockprüfzeichens (BCC, von Block Check Character = Blockprüfzeichen). Dies wird beim Sender und Empfänger auf gleiche Weise errechnet, z. B. durch Längsparität über alle Bits einer Stelle **(Bild 4)**.

Stimmt das von der Sendestation übertragene Blockprüfzeichen mit dem vom Empfänger errechneten Zeichen überein, dann quittiert der Empfänger mit den zwei Zeichen DLE 1. Danach zeigt die Sendestation die Abschlussphase mit dem Zeichen EOT an. Im Falle einer fehlerhaften Übertragung sendet der Empfänger das Zeichen NAK.

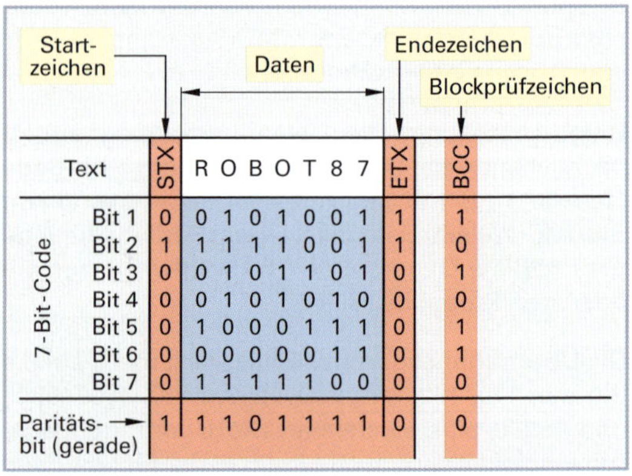

Bild 4: Übertragung des Textes „Robot 87" mit Paritätsbit und Blockprüfung

9.6.3 Schnittstelle RS 485

Die RS-485-Schnittstelle ist aufgebaut wie die RS-232-Schnittstelle nur mit dem Unterschied, dass die Signalübertragung für jedes Signal *symmetrisch über 2 Adern erfolgt*. Symmetrisch bedeutet, dass jedes Signal auch in negierter Form erzeugt wird und dass so zu jeder positiven Impulsflanke auch eine negative Impulsflanke erzeugt wird **(Bild 1)**. Beim Empfänger wird die Spannungsdifferenz zwischen den beiden Signalen ($U_A - U_B$) ausgewertet.

> Die RS-485-Schnittstelle arbeitet mit symmetrischen Signalen.

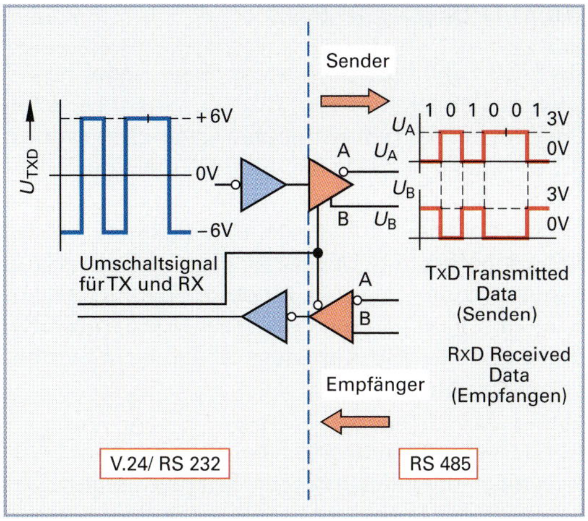

Bild 1: Schnittstellenumsetzung von und zu RS 485

Mit der RS-485-Schnittstelle erreicht man wesentlich *höhere* Bitraten und wesentlich *längere* Übertragungsstrecken als mit der RS-232-Schnittstelle **(Bild 2)**. Die Verbindung wird als 2-Draht-Verbindung oder 3-Draht-Verbindung oder als 4-Draht-Verbindung mit verdrillten und geschirmten Adern ausgeführt (STP, Shielded Twisted Pair = geschirmt verdrilltes Aderpaar, **Bild 3**). Um bei langen Verbindungen unterschiedliche Massepotentiale nicht über die elektronischen Schaltungen ausgleichen zu müssen, werden oft Optokoppler zur Potenzialtrennung verwendet.

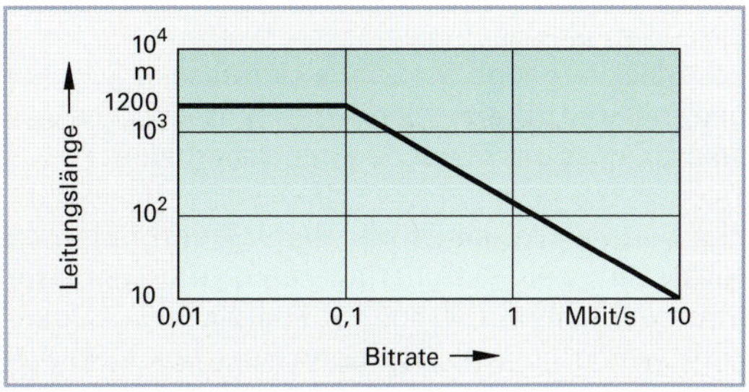

Bild 2: Leitungslänge und Bitrate

Für die Umsetzung einer V.24-Schnittstelle in eine RS-485-Schnittstelle gibt es kompakte Steckermodule, die nur auf die V.24-Schnittstelle der Endgeräte aufgesteckt werden müssen.

Mit der RS-485-Schnittstelle können Netzwerke mit mehreren Teilnehmern aufgebaut werden **(Bild 4)**. Diese Technik wird angewandt im Bereich der Steuerungstechnik unter der Bezeichnung MPI (Mehr-Punkt-Interface).

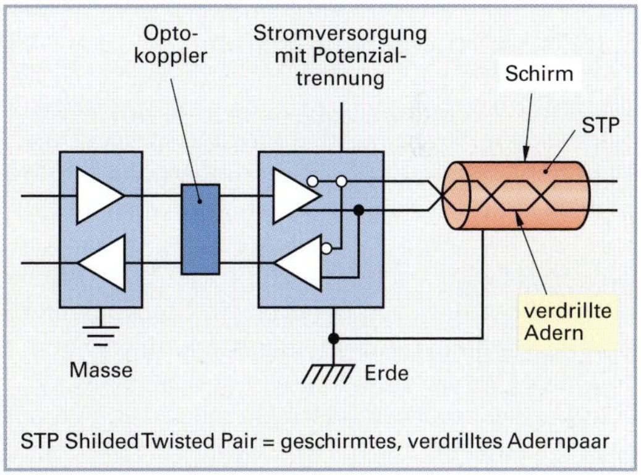

Bild 3: Schnittstellenumsetzer

> Die RS-485-Schnittstelle ermöglicht höhere Bitraten und überbrückt größere Entfernungen als die V.24-Schnittstelle.

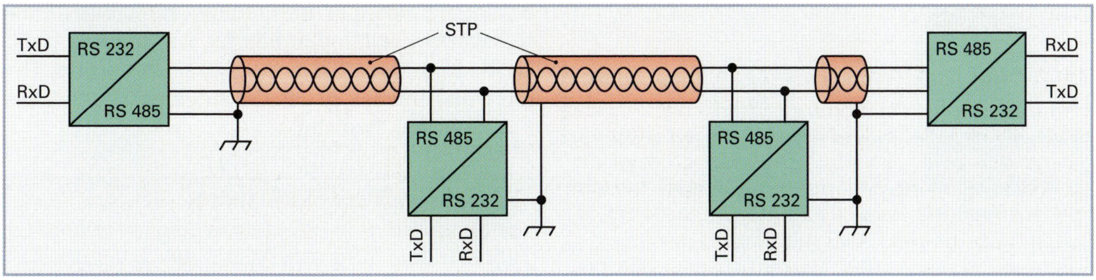

Bild 4: Mehrpunkt-Interface (MPI)

9.6.4 USB-Schnittstelle

Die USB-Schnittstelle (von Universal Serial Bus = universeller serieller Bus) führt zu einem seriellen Bus für eine bidirektionale Datenübertragung (Übertragung in beide Richtungen) mit einer maximalen Übertragungsrate von 480 Mbit/s. An eine USB-Schnittstelle können gleichzeitig bis zu 127 Peripheriegeräte mit USB-Anschluss, z. B. Tastatur, Maus, Monitor, Scanner, Modem, digitale Kamera oder Hub-Verteiler angeschlossen werden **(Bild1)**. Der vierpolige USB-Anschluss ist durch ein Symbol gekennzeichnet.

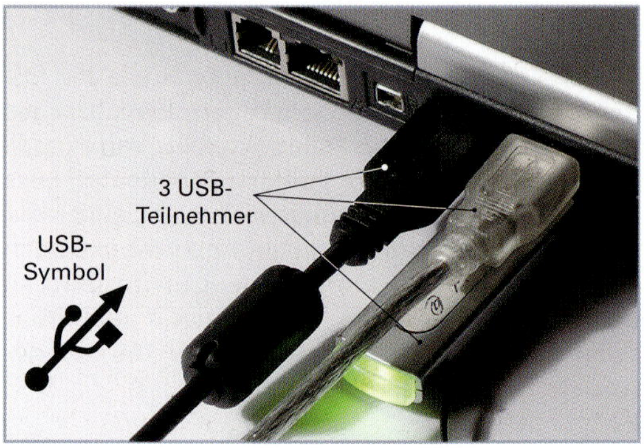

Bild 1: Drei USB-Steckplätze an einem Notebook

Auf der Hauptplatine sind alle Leitungen zum USB-Anschluss über elektronische Schalter geführt. Dadurch ist der Anschluss Hot-Plug-fähig (von hot = heiß und to plug = stöpseln). Das bedeutet, USB-Geräte können meist auch bei laufendem Computerbetrieb ein- oder ausgesteckt werden. Während des Steckvorgangs wird der elektronische Schalter geöffnet und danach wieder geschlossen. Dies veranlasst, dass das Gerät neu initialisiert wird.

Ein weiterer Vorteil ist der Wegfall von externen Netzteilen bei Peripheriegeräten mit geringer Stromaufnahme, z. B. bei 2,5"-Festplatte. Die Spannungsversorgung erfolgt dann über den USB-Anschluss.

9.6.5 Centronics-Schnittstelle

Die Centronics-Schnittstelle ist eine Schnittstelle zur byteweisen, bitparallelen Übertragung von Daten an Peripheriegeräte, z. B. Steuerungen und (früher) auch an Drucker. Die Schnittstelle wird auch als LPT-Port (von Line Printer = Zeilendrucker) bezeichnet. Verwendet wird am PC ein 25-poliger Sub-D-Stekker (IBM-Format), am Drucker ein Stecker mit 36 Anschlussstiften. Die Signalübertragung erfolgt mit TTL-Pegel für die Datensignale und Steuersignale über je zwei verdrillte Adern. Je eine davon ist auf der Druckerseite auf Masse (GND, von ground = Erde) gelegt. Die Länge des Kabels darf 5 m nicht überschreiten, da sonst Datenübertragungsfehler auftreten können.

> Die Centronics-Leitung verwendet verdrillte Aderpaare und TTL-Pegel.

Im Betriebsmodus EPP (von Enhanced Parallel Port = erweiterte Parallelschnittstelle) arbeitet die Schnittstelle bidirektional mit einer Datenübertragungsrate bis zu 2 MB/s. Dies ermöglicht den Einsatz von Scannern, externen Speicherlaufwerken oder modernen Hochleistungsdruckern. Um die Centronics-Schnittstelle im EPP-Modus zu betreiben, muss im BIOS die Funktion Parallel Port Mode von Normal auf EPP umgestellt werden.

9.6.6 Firewire

Firewire (wörtlich übersetzt: Feuerdraht) ist ein PC-Bussystem mit Übertragungsraten von 100 Mbit/s (S100), 200 Mbit/s (S200), 400 Mbit/s (S400), 800 Mbit/s (S800) und zwar bidirektionl (IEEE 1394). Über einen Busstrang sind bis zu 64 Geräte in einer Reihung (daisy chain = Gänseblümchenkette) anschließbar. Mehrere Busstränge können über Brükken (bridges) zu einem Netzwerk verknüft werden. Die Geräte können bei laufendem Betrieb angeschlossen werden (hot plug) und werden automatisch erkannt. Die Verbindungsleitungen bestehen aus geschirmten Aderpaaren (STP) für Übertragungslängen von 4,5 m oder es sind Glasfaserleitungen für Distanzen bis zu 72 m. Für die Übertragung mit S100, S200 und S400 wird ein 6-poliger Stecker verwendet, für S800 und die zukünftigen Systeme S1600 und S3200 ein Stecker mit 9 Pins. Firewire benötigt zum Netzbetrieb keinen Hostcomputer. Jedes der angeschlossenen Geräte ist durch ein Firewire-Interface so ausgestattet, dass es die Bussteuerung wahrnehmen kann. Kommt ein neues Gerät hinzu, wird die Bussteuerung automatisch neu geregelt. Die Adressierung erfolgt mit einem 64-Bit-Steuerwort (10 Bits für die Netzwerkverwaltung, 6 Bits für die Steuerung der Netzknoten und 48 Bits zur Adressierung der Geräte) mit Angaben zu den Geräteeigenschaften, wie z. B. Speicher, Register.

> Firewire wird vor allem zum Betrieb von Peripheriegeräten in PC-Netzwerken verwendet, ähnlich dem USB-Anschluss, aber auch für die IP-Kommunikation, also als Ersatz für Ethernet.

9.6.7 PCMCIA-Schnittstelle

PCMCIA-Karten **(Tabelle 1)** werden meist zusammen mit Notebooks verwendet. Ein PCMCIA-System besteht aus der PCMCIA-Karte und einem PCMCIA-Laufwerk **(Bild 1)**. Das PCMCIA-Laufwerk ist eine eingebaute Schnittstellenkarte, welche die PCMCIA-Karte mit dem PC-Bus verbindet und auch PCMCIA-Slot (slot = Schlitz) genannt wird. Laufwerk und Karte sind durch eine 68-polige Steckverbindung miteinander verbunden **(Bild 2)**. Verwendet wird meist der Cardbus, mit einer Breite von 32 bit und einer maximalen Bitrate von 132 MB/s. Derzeit gibt es drei Typen von PCMCIA-Karten (Tabelle 1). Diese unterscheiden sich durch ihre Bauhöhe und die Art der Verwendung. PCMCIA-Karten sind hotpluggingfähig (hot = heiß, to plug = stecken), d.h. sie können während des Betriebs gesteckt oder entfernt werden. Die Betriebsspannung beträgt 3,3 V, bei älteren Karten auch 5 V. Die Betriebsspannung und weitere Merkmale sind mit Icons auf der Karte angegeben **(Bild 3)**. Manche Karten erlauben den direkten Zugang zum Speicher (DMA = Direct Memory Access) oder schalten z. B. Multimedia-Daten direkt von der Karte auf die Grafikverarbeitung des Notebooks (Zoomed-Video-Port = herangeholter Video-Eingang).

Es gibt Speicherkarten für wahlfreien Zugriff mit RAM-Bausteinen und Batterien oder Speicherkarten, die mit Flash-Speicherchips (EEPROM) bestückt sind. Speicherkapazitäten von 16 MB bis zu 2 GB sind möglich.

Für die Kommunikation mit dem Festnetz gibt es Modem-Karten für den analogen Anschluss mit z. B. einer Bitrate von 33 kbit/s sowie ISDN-Adapter, mit denen das Notebook direkt mit dem ISDN-Netz bei einer Bitrate von 64 kbit/s oder 128 kbit/s verbunden werden kann **(Tabelle 2)**. Über eine Netzwerkkarte (LAN-Card) kann man sich z. B. über eine Tk-Anlage in das DSL-Netz einwählen.

Für drahtlose Verbindungen (Wireless LAN) werden Funk-Karten verwendet, die je nach Frequenzbereich unterschiedliche Bitraten haben. Bei Funkkarten ist die Netto-Bitrate um 1/10 bis 1/20 kleiner als die Brutto-Bitrate.

Wiederholung und Vertiefung:

1. **Aus welchen Baugruppen besteht ein PCMCIA-System?**
2. **Welche drei Kartentypen werden unterschieden?**
3. **Nennen Sie fünf Anwendungen für PCMCIA-Karten.**

Tabelle 1: PCMCIA-Kartentypen

Typ	Bauhöhe	Verwendung
I	< 3,3 mm	Speicherkarten
II	< 5 mm	Speicherkarten, eingebaute Karten
III	< 10 mm	Speicherkarten, IO-Karten, Minifestplatten

PCMCIA von PC Memory Card International Association = Internationale Vereinigung der PC-Speicherkarten-Hersteller.

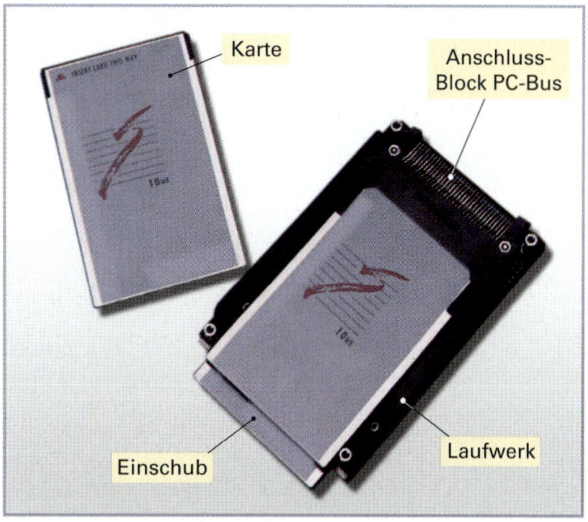

Bild 1: PCMCIA-Baugruppen

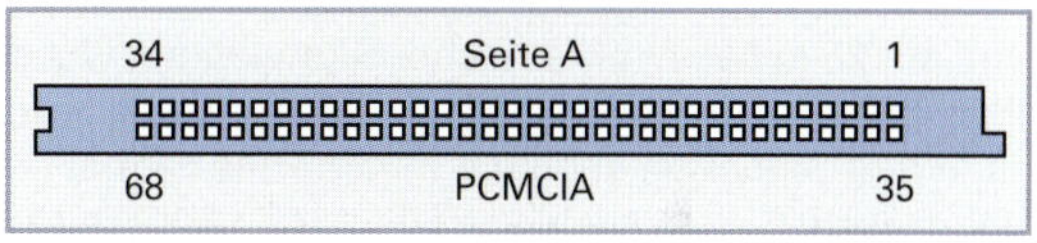

Bild 2: PCMCIA-Kartenstecker

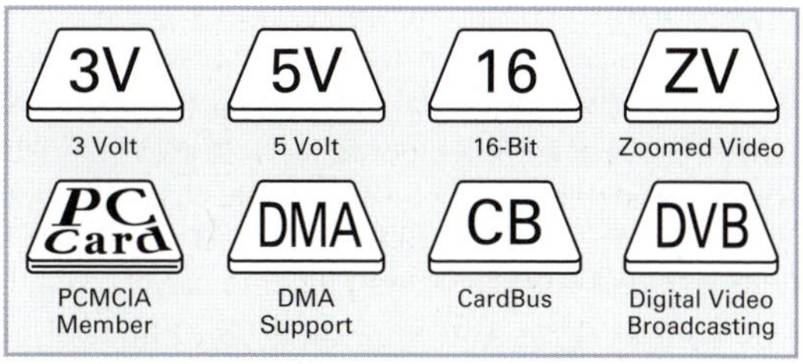

Bild 3: Kennzeichnungs-Icons

Tabelle 2: PCMCIA-Karten

Adapterart	Verwendung
Modem-Karte	Analoger Anschluss an das Telefonnetz, z. B. zum Faxen
TV-Karte	Zum Fernsehempfang von DVB-T.
Mikrofestplatte	Speicherkapazität: bis 32 GB
Funk-Karte (WLAN)	Bitraten (brutto): 1 Mbit/s bis 11 Mbit/s bei 2,4 GHz; bis 108 Mbit/s bei 5 GHz

9.6.8 SCSI-Schnittstelle

Die SCSI-Schnittstellen (von Small Computer System Interface = Schnittstelle für Kleinrechnersysteme, sprich: skahsi-Schnittstelle) ist ein Datenbus zur schnellen Übertragung großer Datenmengen zwischen Computern und den Steuereinheiten (controller) peripherer Geräte **(Tabelle 1)**. Die Übertragungsrate beträgt bis zu 80 MB/s bei der parallelen SCSI und bis zu 100 MB/s bei der seriellen SCSI.

Parallele SCSI

Die Buszuteilung erfolgt nach dem Daisy-Chain-Verfahren (von daisy chain = Gänseblümchenkette). Die Zuteilungsberechtigung läuft mit aufsteigender Geräteadresse von einem SCSI-Gerät zum nächsten. Fordern mehrere SCSI-Geräte die Kontrolle über den Bus an, so entscheidet die höchste Gerätenummer. Hierfür belegt jedes Gerät jeweils einen der acht Datenleiter DB0 bis DB7 **(Bild 1)**. Für die Parallelübertragung von Worten mit der Breite 8 bit verwendet man eine Leitung mit 50-poligem Stecker (A-Leitung). Durch Hinzufügen einer weiteren Leitung (B-Leitung) mit 68-poligem Stecker wird die SCSI-Schnittstelle auf eine 32-Bit-Parallelübertragung (4-Byte-Parallelübertragung) zur *Wide SCSI-Schnittstelle* erweitert.

Die Leitungslänge ist begrenzt auf 6 m, wenn eine unsymmetrische Signaleinspeisung gewählt wird, und auf 25 m bei symmetrischer Signaleinspeisung **(Bild 2)**. Bei symmetrischer Signaleinspeisung wird zu jedem Signal (+) auch ein invertiertes Signal (–) übertragen.

Serielle SCSI

Die serielle SCSI wird meist mit Lichtwellenleiter (LWL) ausgeführt **(Bild 3)**. Damit erreicht man Übertragungslängen bis zu 680 m. Der Stecker ist ein Duplex-SC-Stecker. Mit einer Twisted-Pair-Leitung und 9-poligem High-Density-Stecker erreicht man Übertragungslängen von 20 m.

Das serielle SCSI ist immer eine Verbindung mit Vorwärtskanal und mit Rückwärtskanal. Die Signale können über die Geräteports ohne Zwischensystem von einem Gerät (node = Knoten) zum anderen übertragen werden, wobei die in der Nachricht nicht adressierten Geräte die Daten ohne Beachtung weiterreichen. Bei Verwendung eines Zwischensystems, dem FABRIC-System, werden ähnlich einer Telefonvermittlungsstation die Daten entsprechend der im Datenkopf angegebenen Adresse an den jeweiligen Empfänger durchgeschaltet. Die Adressierung der Nachrichten ist dreiteilig: 8 Bits für eine Domainadresse (Bereich), 8 Bits für eine Gebietsadresse und 8 Bits für eine Portadresse.

Tabelle 1: SCSI-Schnittstellen

Benennung	Art/Bemerkung	Übertragungsrate
SCSI-1	8 bit, parallel (wird nicht mehr hergestellt)	bis 1 MB/s
SCSI-2	8 bit, parallel (Fast SCSI)	bis 10 MB/s
	16 bit, parallel (Wide SCSI)	bis 20 MB/s
Ultra SCSI	8 bit, parallel 16 bit, parallel	bis 20 MB/s bis 40 MB/s
LVD-S	50/80polig	160/320 MB/s
SCA-SCSI	80polig	160/320 MB/s
SCSI-3 (Fibre Channel)	seriell (mit LWL und auch Twisted Pair)	12,5 MB/s bis etwa 100 MB/s

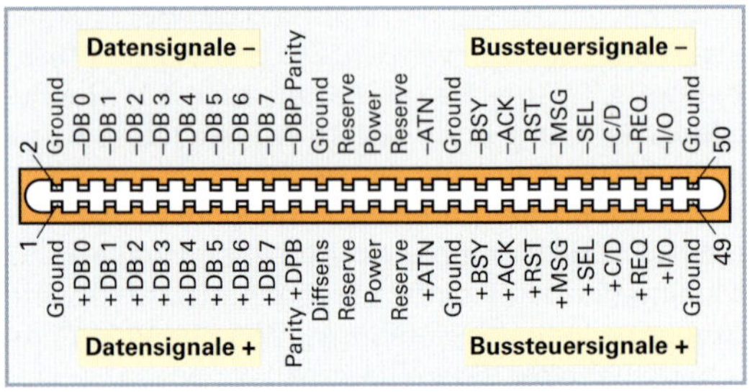

Bild 1: Steckerbelegung für die A-Leitung bei symmetrischer Signaleinspeisung

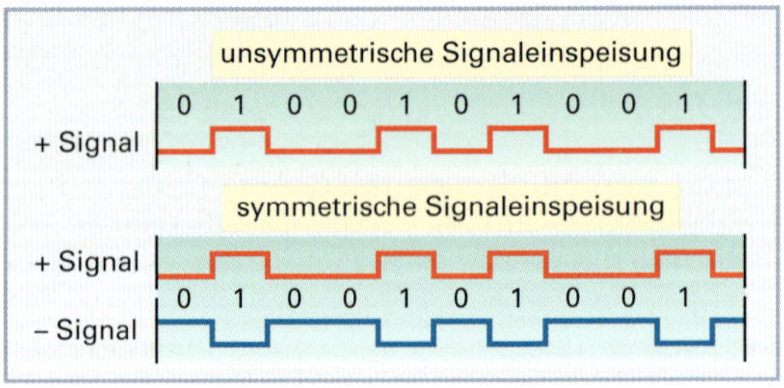

Bild 2: Unsymmetrische und symmetrische Signaleinspeisung

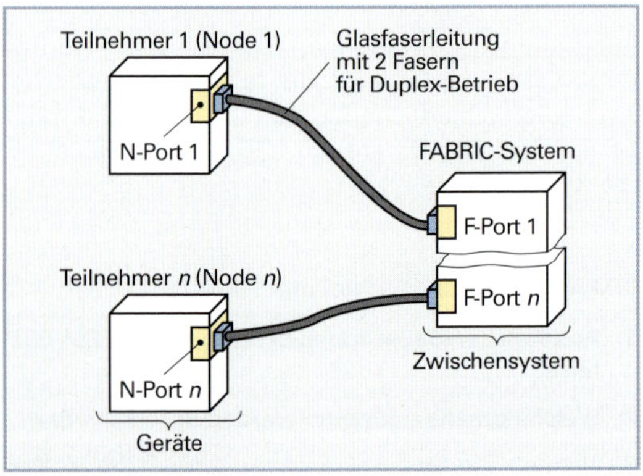

Bild 3: SCSI mit LWL

9.6.9 Bluetooth

Bluetooth ist ein WLAN (von Wireless Local Area Network = kabelloses lokales Netzwerk), benannt nach dem Rufnamen des Dänenkönigs Harald Blatland.

Anwendungen sind die Verbindung von PC-Peripherie wie Drucker, MP3-Player, Kopfhörer, Handys, Scanner und Beamer mit dem PC **(Bild 1)**.

Der Vorteil von Bluetooth liegt im Ersatz von Kabelverbindungen.

Die Basis eines Bluetooth-Systems ist ein Mikrochip, das Bluetooth-Modul. Es benötigt wenig Energie, bietet integrierte Sicherheitsmechanismen und ist günstig herzustellen. Somit kann es in einer breiten Palette von elektronischen Geräten eingesetzt werden. Prinzipiell besteht ein Bluetooth-Modul aus einem HF-Teil und einem Basisband-Controller, der das Interface zum Hostsystem, z. B. dem PC, Laptop oder Handy darstellt **(Bild 2)**. In der Norm sind drei Sendeleistungsklassen mit 1 mW (0 dBm), 2,4 mW (4 dBm) und 10 mW (20 dBm) definiert, die Reichweiten von 10 m bis 100 m zulassen. Die Stromaufnahme ist gering und liegt im Standby-Betrieb bei 0,3 mA und erreicht maximal 300 mA. Die Empfangsteile besitzen eine Empfindlichkeit von bis zu –70 dBm und arbeiten mit einer Zwischenfrequenz von 1 MHz.

9.6.9.1 Systemarchitektur

Der Bluetooth-Frequenzbereich liegt im weltweit lizenzfreien ISM-Band (von Industrial-, Scientific-, Medical-Band = Industrie-, Wissenschafts- und Medizinband) zwischen 2,402 GHz und 2,480 GHz **(Bild 3)**.

Mehrere Bluetooth-Geräte bilden ein *Piconet*. Es kann bis zu 260 Teilnehmer umfassen, hiervon können 7 Geräte gleichzeitig aktiv sein **(Bild 4)**. Bis zu zehn Piconetze bilden ein Scatternet (von to scatter = ausstreuen), wobei die Teilnehmer untereinander in Kontakt treten können.

Bluetooth-Sender arbeiten mit einem TDD-Verfahren (von Time Division Duplex = Zeitmultiplexverfahren). Das bedeutet, dass Sender und Empfänger abwechselnd eine Sendeberechtigung haben. Zur Datenübertragung dient die Modulationsart FSK (von Frequency Shift Keying = Frequenzumtastung). Hierbei werden binär Informationen auf eine Frequenzlage aufmoduliert.

Durch ein Frequenzsprungverfahren (Frequency Hopping) werden Störungen minimiert, die durch andere im gleichen Frequenzband betriebene Geräte, z. B. Mikrowellengeräte, entstehen. Beim Frequency-Hopping wird 1600 mal je Sekunde zwischen 79 Frequenzstufen im 1 MHz-Abstand hin- und hergesprungen **(Bild 1, folgende Seite)**. Alle Geräte eines Piconet sind mit derselben Hopping-Sequenz synchronisiert und gleichberechtigt.

Bluetooth ist ein Funknetz über Kurzstrecken für den Austausch von Sprache und Daten. Mit seiner standardisierten und lizenzfreien Funktechnik wird es besonders bei mobilen Kommunikationsgeräten eingesetzt.

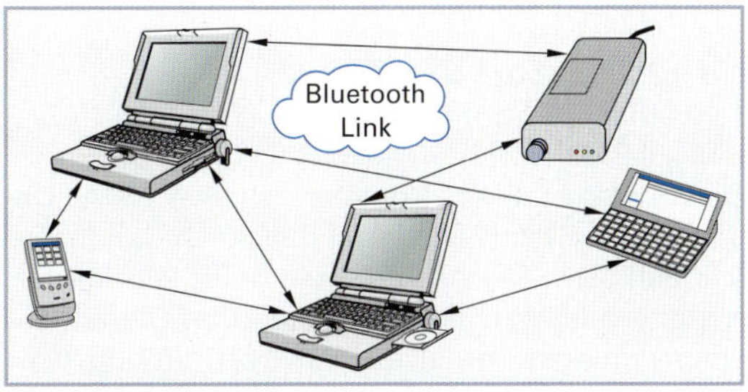

Bild 1: Bluetooth-Netzwerk

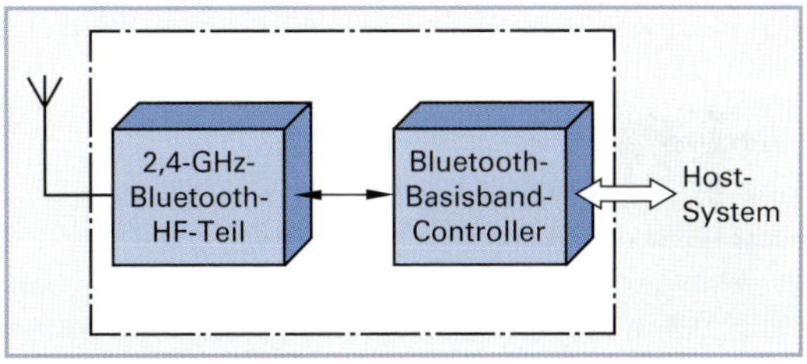

Bild 2: Bluetooth-Modul

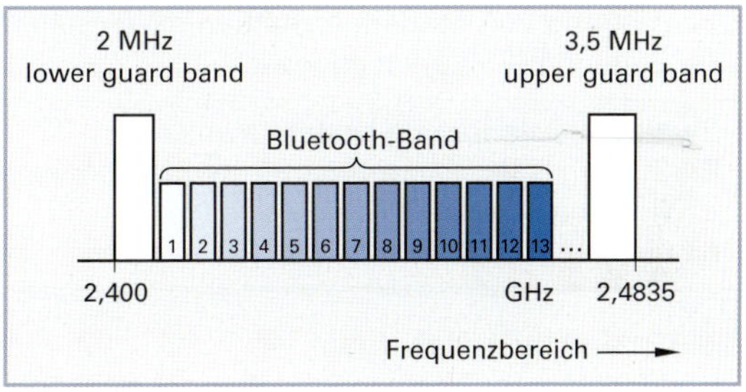

Bild 3: Bluetooth-Frequenzbereich

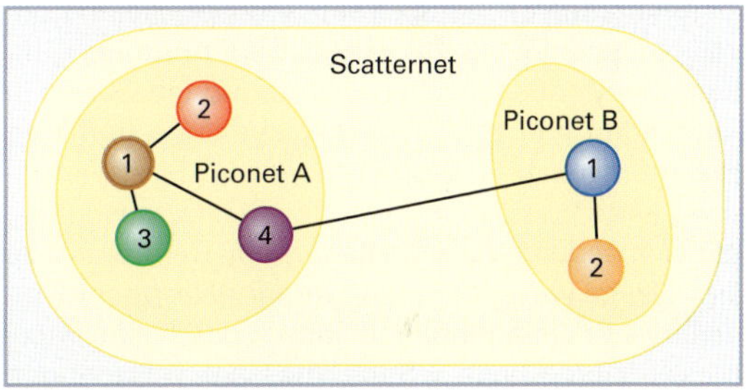

Bild 4: Piconet und Scatternet

Das Gerät, das als erstes aktiv wird, arbeitet als Master und synchronisiert alle anderen Teilnehmer (Slaves) im selben Piconet. Bluetooth-Geräte können mehreren Piconets angehören, wobei dann ein Scatternet gebildet wird. Hierbei wird jedes Piconet durch eine unterschiedliche Frequency-Hopping-Folge identifiziert **(Bild 2)**.

9.6.9.2 Bluetooth-Basisband

Es werden zwei unterschiedliche physikalische Datenkanäle zur Verfügung gestellt. Einmal bis zu drei Datenkanäle z. B. für Sprache mit einer festen Datenrate von 64 kbit/s, also mit definierter Bandbreite wie bei ISDN. Dieses Verfahren heißt leitungsvermittelte oder synchrone Verbindung. Die andere Übertragungsform ist die Paketvermittlung oder asynchrone Verbindung, die ein speicherndes Verhalten der Übertragungsgeräte voraussetzt, wie bei der Internet-Technik. Das Bluetooth-Protokoll unterstützt einen asymmetrischen Datenkanal mit Datenraten von maximal 732,2 kbit/s in eine Richtung und 57,6 kbit/s in die Gegenrichtung, oder eine symmetrische Datenverbindung mit 433,9 kbit/s in zwei Richtungen.

Werden gerade keine synchronen Datenpakete versandt, kann Bluetooth die asynchrone Übertragung anbieten. Hierüber werden alle Dienste, sowohl das Versenden von Nutzdatenpaketen, als auch die Übermittlung von Steuerinformationen, zwischen zwei Bluetooth-Stationen abgewickelt.

> Bluetooth-Datenpakete bestehen aus einem 72-Bit-Zugriffscode, einem 54-Bit-Header sowie einem variablen Nutzdatenfeld von 0 bit bis 2745 bit Länge.

9.6.9.3 Verbindungsaufbau

Sobald Bluetooth-Geräte in Betrieb gesetzt werden, identifizieren sich die einzelnen Bluetooth-Controller innerhalb von 2 s über eine individuelle und unverwechselbare 48 bit lange Seriennummer. Im Standby-Modus lauschen unverbundene Geräte in Abständen von 1,28 s nach Nachrichten und kontrollieren dabei 32 Hop-Frequenzen. Eine Verbindung kann von einem beliebigen Gerät ausgehen, das sich dadurch zum Master erhebt. Der Kontakt zu den Slaves wird durch eine *Inquiry-Nachricht* (von inquiry = Erkundigung) und danach durch eine *Page-Message* (von page = Seite, message = Nachricht) hergestellt, falls die Hardware-Adresse der Geräte unbekannt ist. Bei bekannter Adresse fällt der erste Schritt weg **(Bild 3)**. Im Page-Zustand sendet der Master 16 identische Page-Telegramme auf 16 unterschiedlichen Hopping-Frequenzen, die für die Slaves bestimmt sind. Danach befinden sich die Stationen im Status *Verbunden*. Durchschnittlich wird eine Verbindungsaufnahme innerhalb von 0,6 s erreicht.

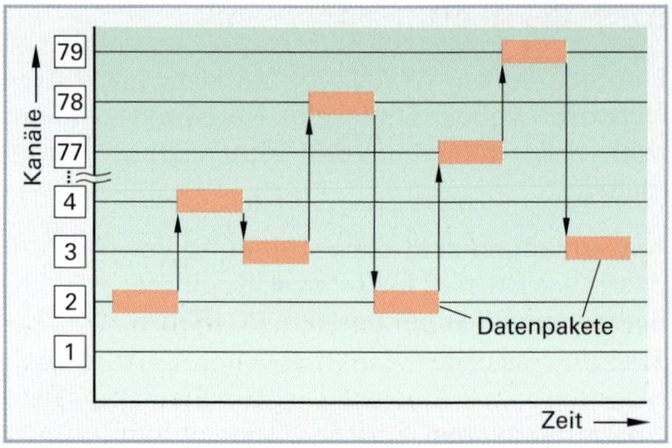

Bild 1: Frequenzsprungverfahren

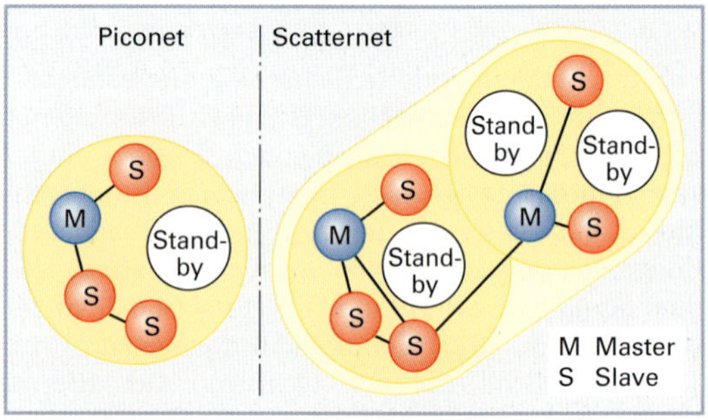

Bild 2: Master und Slave bei Bluetooth

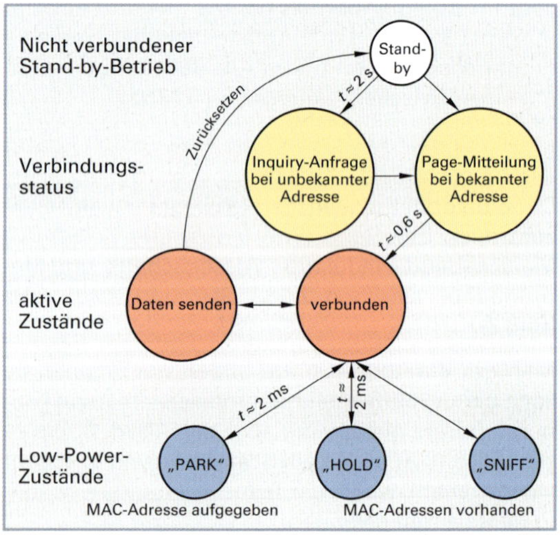

Bild 3: Betriebszustände

Wenn keine Daten zu übertragen sind, kann der Master in einem Piconet seine Slave-Einheiten in einen Hold-Modus zur Stromersparnis versetzen. Weitere Low-Power-Zustände, die vor allem für Portable-Anwendungen wie Mobiltelefone geeignet sind, sind der SNIFF- und PARK-Modus. Im SNIFF-Modus (von to sniff = schnüffeln) arbeitet ein Slave in einem reduzierten Zyklus, während im PARK-Modus ein Gerät weiterhin synchronisiert bleibt, aber nicht am Verkehr teilnimmt.

9.7 Mensch-Maschinen-Kommunikation

9.7.1 Der PC-Arbeitsplatz

Die Kommunikation zwischen dem Benutzer eines Computers und dem Computer selbst wird auch als *Mensch-Maschinen-Kommunikation* bezeichnet.

Der PC-Arbeitsplatz ist der wichtigste Teil der *Mensch-Maschinen-Kommunikation*. Er muss nach ergonomischen Gesichtspunkten gestaltet sein, d.h., er muss dem Benutzer gerecht werden und zwar so, dass einerseits der Computer effizient benutzt werden kann und andererseits die Arbeitsbelastungen den Benutzer nicht überfordern. Man unterscheidet zwischen der *Software-Ergonomie*, zu welcher die Benutzeroberfläche gehört, und der *Hardware-Ergonomie*.

Zur **Hardware-Ergonomie** gehört die körperliche Gestaltung der Arbeitsmittel, z. B. die Tastatur und der Bildschirm, aber auch die Anordnung dieser Arbeitsmittel am Arbeitsplatz und der Arbeitsplatz selbst im Arbeitsraum **(Bild1)**.

Die Bildschirme sollen quer zum Fenster ausgerichtet sein, damit sich die Augen des Benutzers auf die Bildschirmhelligkeit einstellen können und nicht von dem hellen Fensterhintergrund gestört werden. Die Fenster müssen mit Lamellenvorhängen oder Jalousien versehen sein, damit der Lichteinfall der Tageshelligkeit entsprechend gesteuert werden kann und damit direkte Sonneneinstrahlung ausgeschlossen wird. So sind bei Raumplanungen Computerarbeitsplätze vorzugsweise auf Nordseiten vorzusehen.

Die Deckenbeleuchtung muss mit Blendlamellen versehen und so angeordnet sein, dass Spiegelungen im Bildschirm ausgeschlossen sind. Die Bildschirmarbeitsplatz-Leuchten, auch BAP-Leuchten genannt, ermöglichen durch spiegelnde und parabolisch geformte Lamellen sowie parabolisch geformte Reflektoren die richtige Arbeitsraumbeleuchtung **(Bild 2)**.

> Unter Ergonomie (griech. ergon = Arbeit) versteht man die Bestanpassung der Arbeitsumgebung und der Arbeitsmittel an den Menschen.

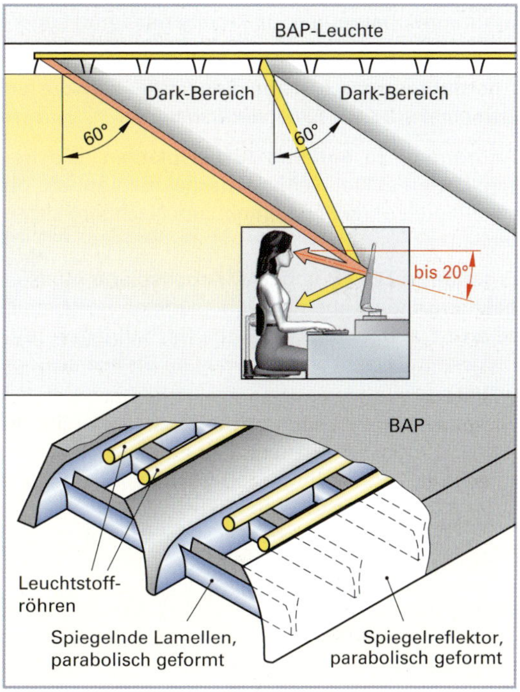

Bild 2: Beleuchtung mit BAP-Leuchten

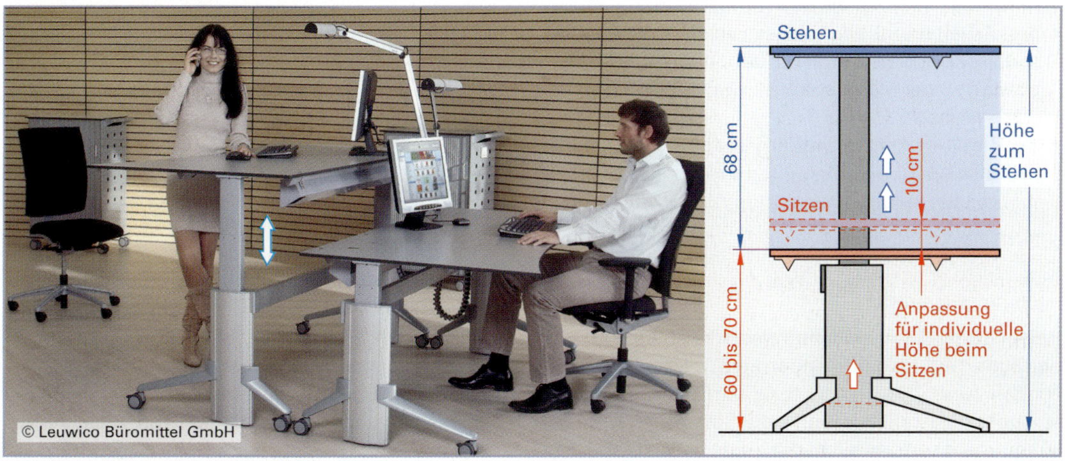

Bild 1: Beispiel für PC-Arbeitsplätze

Merkmale für PC-Arbeitsplätze

Arbeitsflächen. Mindestbreite etwa 1600 mm, Mindesttiefe 800 mm, besser 900 mm/1000 mm. Sehentfernung zum Bildschirm 450 bis 800 mm.

Bewegungsraum. Freie Bewegungsfläche mind. 1,5 m², mindestens 1 m Freiraum hinter dem Arbeitstisch.

Verkehrsraum. Freier Zugang z. B. zu Fenstern, Heizkörperthermostat, Außenjalousie-Schalter. Die Verkehrswegebreite ist mindestens 800 mm, bei mehr als 5 Nutzern mindestens 1000 mm.

Stauraum. Stauräume für Arbeitsmittel und Lagermöglichkeiten müssen verfügbar sein.

Anordnung zum Fenster. Fensterflächen dürfen sich nicht auf dem Bildschirm spiegeln.

Anordnung zu anderen Arbeitsplätzen. Die Beschäftigten sollten selbst entscheiden können, ob sie mit oder ohne Blickkontakt zum Nachbarn sitzen wollen.

Ergonomie. Die PC-und CAD-Arbeitsplätze müssen nach ergonomischen Gesichtspunkten hergestellt sein und z. B. unterschiedliche Sitzhaltungen (dynamisches Sitzen) und Arbeiten im Stehen ermöglichen.

Durch die Verstellung der Arbeitstische und Stühle sollte es möglich sein, dass

- die Füße mit der ganzen Fußfläche auf dem Boden aufgesetzt werden;
- die Ober-und Unterschenkel einen Winkel von 90° bilden können;
- die Ober- und Unterarme einen Winkel von 90° bilden können;
- die oberste Bildschirmzeile nicht über der Augenhöhe liegt;
- **die Beinraumhöhe** mindestens 650 mm, die Beinraumbreite mindestens 580 mm ist und die Beinraumtiefe mindestens 600 mm beträgt;
- **der Arbeitsstuhl** ein Büroarbeitsstuhl ist (5 Abstützpunkte bzw. 5 Rollen, höhenverstellbar, gepolstert, mit Armauflage und gekrümmter Rückenlehne);
- **der Tisch** möglichst höhenverstellbar ist, sonst 720 mm hoch.

Tastatur. Die Tastatur muss getrennt vom Bildschirm sein.

Bildschirm. Er muss neigbar (5° nach vorne, 20° nach hinten) sein.

Beleuchtung. Die Beleuchtungsstärke sollte 500 Lux betragen und bei Leitständen und Warten ggf. absenkbar sein. Die Beleuchtung darf nicht blenden, spiegeln oder reflektierend sein. Eine Allgemeinbeleuchtung ist erforderlich, d. h., eine ausschließliche Einzelplatzbeleuchtung darf nicht sein.

Tageslicht. Der Tageslichteinfall muss regulierbar sein, z. B. durch Lamellenstores, Außenjalousien.

Blendung. Leuchten und helle Flächen dürfen durch Wände, Decken, Fußböden oder Möbel nicht direkt oder durch Reflexion blenden.

Bildschirmarbeit. Sie ist so zu organisieren, dass sie nicht eine ausschließliche Tätigkeit ist, sondern mit anderen Arbeiten sich abwechselt.

Akustik. Für Bildschirmarbeiten sollte der Geräuschpegel unter 40dB(A) liegen, höchstens jedoch bei 55 dB(A).

Geräuschemission und Geräuschminderung. Es sollen nur leise Geräte beschafft werden. Kopierer, Drucker und nicht ständig benötigte Bürogeräte (z. B. Aktenvernichter) sollten in Nebenräumen aufgestellt werden.

Klima. Mindestluftraum je Beschäftigte: 15 m³, Temperatur 21 °C bis 22 °C (höchstens 26 °C), Luftfeuchtigkeit 40 % bis 65 %, Luftgeschwindigkeit kleiner 0,15 m/s am Arbeitsplatz.

Bildschirmdialog, Softwareergonomie. Der Bildschirmdialog muss sein:

- **aufgabenangemessen,** d. h. er darf den Nutzer nicht unnötig mit nicht wichtigen Fragen belasten,
- **selbstbeschreibungsfähig,** d. h. er muss dem Nutzer Klarheit bei jedem Dialogschritt geben,
- **steuerbar,** d.h., der Nutzer muss auf den Ablauf Einfluss nehmen können und damit unnötige Schritte umgehen können,
- **erwartungskonform,** d.h., folgerichtig und übliche Dialogerfahrungen unterstützen,
- **fehlerrobust,** d. h. auch bei fehlerhaften Eingaben mit wenig Aufwand korrigierbar sein,
- **individualisierbar,** d.h. anpassbar an den Nutzer, z. B. mit Abkürzungen für den Experten und mit Zusätzen für den Anfänger,
- **lernförderlich,** d. h. den Nutzer im Hinzulernen unterstützen.

Wiederholung und Vertiefung

WV

1. **Wie sollen Bildschirme in Bezug zu Fenstern angeordnet sein?**
2. **Weshalb sind Bilschirmarbeitsplätze auf Gebäudesüdseiten problematisch?**
3. **Was muss bei der Deckenbeleuchtung in Bezug auf Bildschirmarbeitsplätze beachtet werden?**
4. **Weshalb haben Bildschirmarbeitsplatzleuchten spiegelnde und parabolisch geformte Reflektoren?**
5. **Welchen Anforderungen muss ein Bildsschirmdialog genügen?**

9.7.2 Bildschirme und Displays

TFT-Flüssigkristall-Display

Flachbildschirme mit TFT-LCDs (Thin Film Transistor Liquid Crystal Displays = Dünn-Film Transistor-Flüssigkristall-Anzeigen) haben die frühere Kathodenstrahlröhre verdrängt.

Die TFT-LCDs bestehen aus sehr dünnen Schichten mit flüssigen, langgestreckten Kristallmolekülen **(Bild 1)**. Bei nicht angelegter Spannung sind die Kristallmoleküle wendeltreppenförmig zwischen der Frontglasscheibe und der rückwärtigen Glasscheibe angeordnet. Dadurch wird das einfallende polarisierte Licht im Flüssigkristall um 90° gedreht. Bei angelegter Spannung werden die Kristallmoleküle ausgerichtet und bewirken keine Drehung des *polarisierten Lichtes*. Das nicht gedrehte polarisierte Licht kann die hintere Polarisationsscheibe nicht durchdringen. Damit ist es möglich, den Lichtdurchgang elektrisch zu schalten. Hinter den Flüssigkristallen wird eine Lichtquelle betrieben und über Farbfilter werden rote, grüne und blaue Lichtpunkte erzeugt. Diese sind gleichmäßig über die Displayfläche verteilt.

Die Farbauflösung beträgt z. B. 2^{18} unterschiedliche Farben. Die Schaltmöglichkeit wird beim TFT-Display so ausgenützt, dass für jeden Bildpunkt eine Flüssigkristallzelle (TN-Zelle von Twisted Nematik = gedrehte Stäbchen) durch einen Transistor steuerbar in einem Rasterfeld angeordnet ist. Die Bildpunktgröße beträgt z. B. 0,248 mm x 0,248 mm. Dies ergibt bei einem 22"-Monitor mit 1920 x 1080 Pixel = 2 073 600 Pixel **(Bild 2)**. Die Leistungsaufnahme ist gering und beträgt etwa 40 Watt, im Standby-Betrieb z. B. 1 W.

Der Benutzer sollte möglichst senkrecht auf die Bildschirmoberfläche sehen. Die Beobachtungsgrenze liegt bei einem Winkel von etwa 170°.

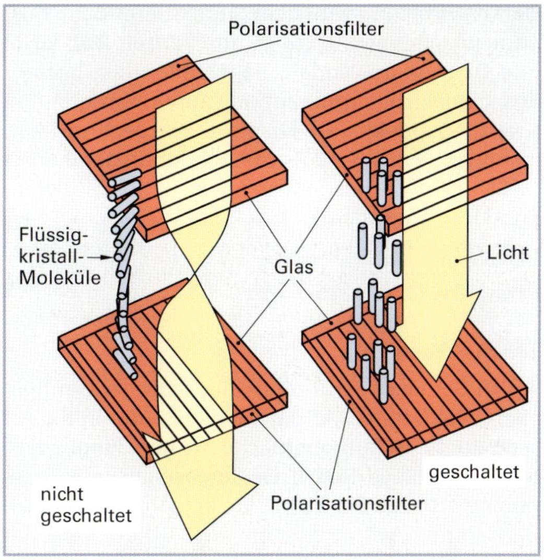

Bild 1: Lichtdurchgang bei nichtgeschaltetem und geschaltetem Bildpunkt

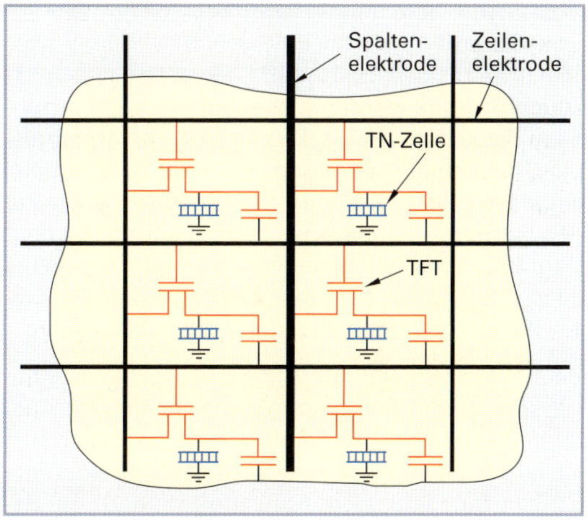

Bild 2: TFT-LCD (Ausschnitt)

PDP-Displays

Bei den PDP-Displays (Plasma Display Panels = Plasmaanzeigetafeln) ist jeder Bildpunkt ein selbstleuchtendes Element. Dabei wird Phosphor zum Leuchten angeregt und zwar jeweils in den Farben Rot, Grün, Blau. Das Plasmadisplay besteht aus zwei parallelen Glasscheiben mit geringem Abstand zueinander **(Bild 3)**. Die Glasscheiben haben auf der Innenseite ein sich überkreuzendes metallisches Streifengitter mit Elektroden in den Kreuzungspunkten.

Zur Bildpunkterzeugung wird Spannung an ein Streifenpaar angelegt. Am Kreuzungspunkt findet dann eine Entladung statt und erzeugt so lange UV-Strahlung, bis über einen Löschimpuls die Entladung gelöscht wird.

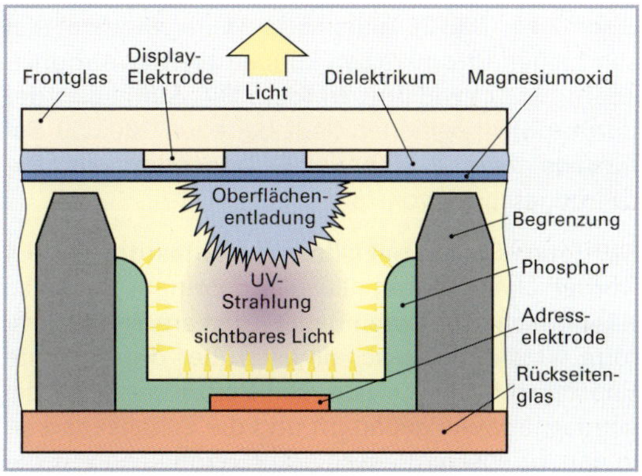

Bild 3: Querschnitt durch ein PDP-Display

Die UV-Strahlung wird über fluoreszierenden Phosphor in sichtbares Licht in den Farben Rot, Grün und Blau umgewandelt. Jeder Bildpunkt besteht aus einem rot-, grün- und blaufluoreszierenden Kreuzungspunkt. PDP-Displays werden mit Auflösungen von z. B. 1280 x 1024 Bildpunkten hergestellt und sind besonders auch für CAD-Anwendungen vorgesehen.

Flachbildschirme sind flimmerfrei und verzerrungsfrei.

Touch-Screen

Touch Screens (Berührungs-Bildschirme) ermöglichen eine Daten- und Signaleingabe durch Berührung der Bildschirmoberfläche mit dem Finger, z. B. bei TFT-Displays **(Bild 1)**. Der angeschlossene Computer wertet die Berührpunkte entsprechend deren Bildschirm-*x*/*y*-Koordinaten aus. Durch die Bildschirmberührung werden virtuelle (scheinbare) Tasten betätigt (Bild 1).

Der Touch-Screen ermöglicht eine Signaleingabe mit dem Finger und ersetzt die Maus mit Cursor.

Touch-Screens werden insbesondere auch in mobilen Bediengeräten, z. B. mit 10,4 Zoll Touchdisplay, bei einer Auflösung von 800 x 600 Pixel eingesetzt **(Bild 2)**. Neben der Befehlseingabe mit den Fingern, vorzugsweise durch Tastung mit dem Daumen, ist mithilfe eines zugehörigen Touchstifts auch die Eingabe einzelner Zeichen möglich, z. B. zur Parametereingabe bei der Systeminstallation.

Beim **Touch-Screen mit Widerstandsschicht** befindet sich auf der Bildschirmoberfläche eine transparente Widerstandsbeschichtung und darüber, durch Isolierpunkte getrennt, eine wiederum transparente Schicht mit leitfähigem Kunststoff (Bild 1). Bei Berührung gibt die leitfähige Kunststoffschicht Kontakt zur Widerstandsschicht auf der Bildschirmoberfläche und schließt damit einen *x*-Stromkreis und einen *y*-Stromkreis **(Bild 3)**. Anhand der Widerstände in diesen beiden Stromkreisen können die Berührpunktkoordinaten bestimmt werden. Die Auflösung der Berührpunktpositionen liegt bei etwa 100.000 Berührpunkten je $inch^2$ bei einer Transparenz der Berührungsschicht von 75 %.

Der **Touch-Screen mit Ultraschallabtastung** sendet Körperschall-Ultraschallwellen in einem Deckglas des Bildschirms. Durch Reflektoren am Bildschirmrand wird die Ultraschallwelle über die gesamte Bildschirmfläche geführt. Bei Berührung wird die Ultraschallwelle gedämpft und die Schallsensoren in den 4 Bildschirmecken empfangen je nach *x*-, *y*-Koordinate des Berührpunktes die Schallwellen mit reduzierter Schallleistung mit unterschiedlichen Schalllaufzeiten. Die Auflösung beträgt etwa 150 Berührpunkte je $inch^2$ bei einer Bildschirmtransparenz von mehr als 90 %.

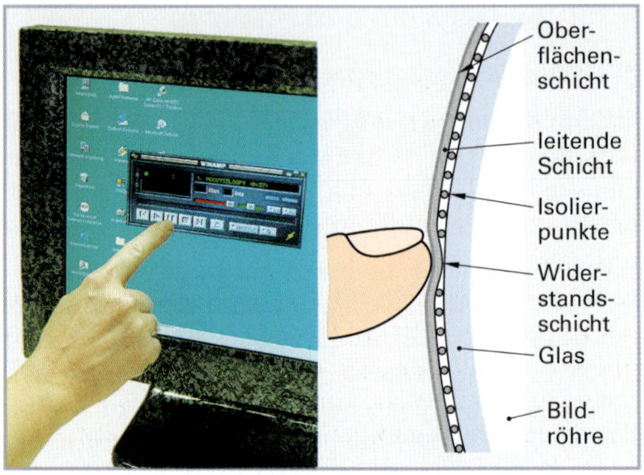

Bild 1: Touch-Screen mit Widerstandsschicht

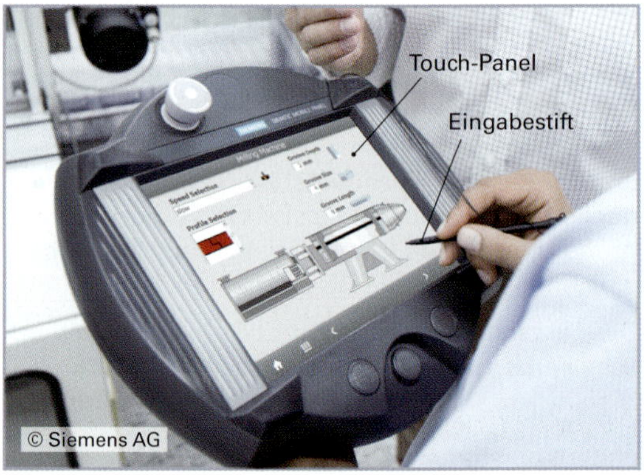

Bild 2: Mobiles Bediengerät mit Touch-Screen

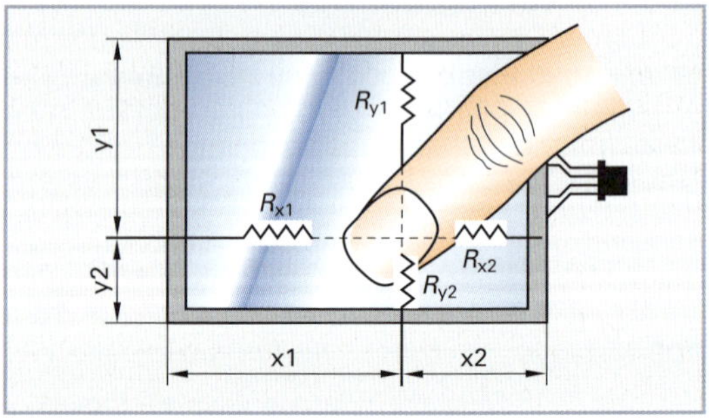

Bild 3: Die Widerstandsaufteilung bei Berührung

Wiederholung und Vertiefung:

1. **Auf welchen Funktionsprinzipien beruhen Flachbildschirme?**
2. **Erklären Sie die Wirkungsweise der Touch-Screens.**
3. **Durch welches Hilfsmittel können bei Touch-Screens nicht nur Befehle sondern auch einzelne Zeichen eingegeben werden?**

9.7.3 Tastatur

Die Dateneingabe in Form von Buchstaben, Ziffern und Sonderzeichen erfolgt meist über eine Tastatur (Keyboard).

In der obersten Tastenreihe befinden sich Funktionstasten (Softkeys), deren Funktionen auch wechseln können **(Bild 1)**. Die aktuelle Funktion wird häufig am unteren Bildschirmrand angezeigt. In deutlichem Abstand darunter befinden sich die Alphatasten zur Eingabe von Buchstaben, Ziffern und Sonderzeichen entsprechend einer Schreibmaschinentastatur. Dabei sind die Tasten mehrfach belegt. Über die "Shift-Taste" wird auf die 2. Ebene u.a. auf die Großbuchstaben umgeschaltet und über die „ALTernativ-Taste" auf die 3. Ebene, z. B. für die eckige Klammer **(Bild 2)**. Die 4. Ebene erreicht man z. B. mit der Taste Strg (Steuerung). Rechts neben den alphanumerischen Tasten sind die Cursortasten zum Bewegen des Cursors (Markierer) sowie Tasten für das Einfügen von Buchstaben und weiterer Bildschirmoperationen. Ganz rechts gibt es sodann einen numerischen Tastenblock für die Eingabe von Zahlen und zum Rechnen mit den Grundrechenarten.

Die Tastenbelegungen sind in den einzelnen Ländern unterschiedlich. Man unterscheidet z. B. deutsches Tastenfeld (DIN 2137, DIN 2139) und amerikanische Tastatur.

Die Tasten selbst sind entweder Tasten mit einem Tastenkopf und deutlichem Tastenhub oder es sind flache Folientasten mit nur geringem oder keinem Tastenhub. Letztere bieten guten Schutz vor Verschmutzung und Wasser und werden daher im Bereich von Werkstätten und Fabrikhallen verwendet – obgleich diese Tasten weniger gut zu betätigen sind.

Die Funktionsweise der Tasten beruht meist auf einer mechanischen Kontaktgabe mit einer Lebensdauer von etwa 10^7 Betätigungen oder auf einer kapazitiven Kontaktgabe, wobei die Kapazität eines Kondensators bei Betätigung geändert wird. Die Lebensdauer beträgt ca. 5×10^7 Betätigungen **(Bild 3)**. Bei den Folientastaturen befinden sich unter der Tastfläche meist *Leitgummi*, der auf Druck leitend wird und die darunterliegenden Kontaktelektroden kurzschließt.

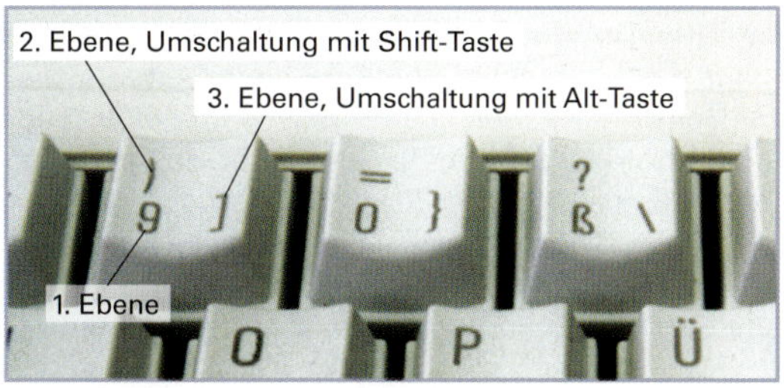

Bild 2: Dreifach belegte Tasten (Auswahl)

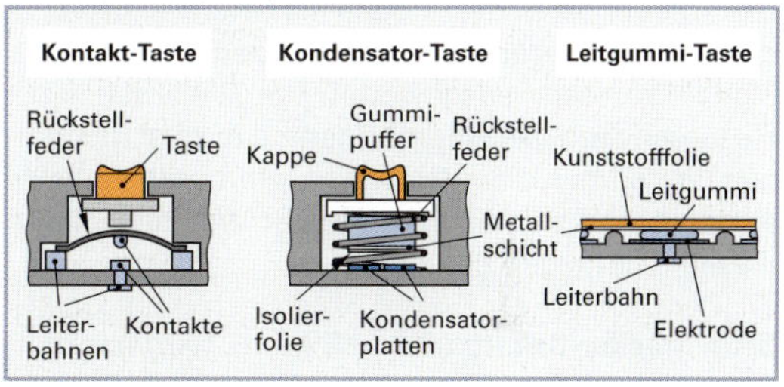

Bild 3: Tastenarten

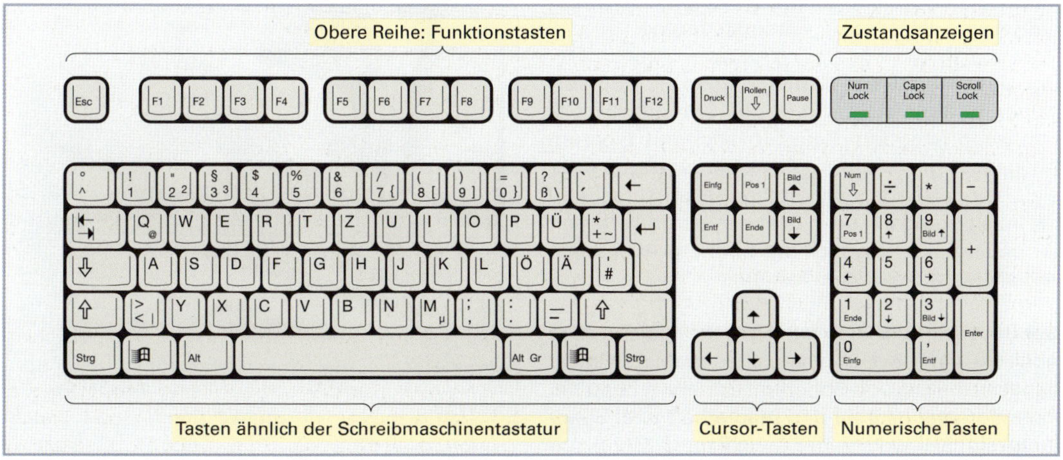

Bild 1: Tastatur

9.7.4 Zeige- und Steuergeräte

Die **Maus** (mouse) ist ein inkrementeller zweiachsiger Wertgeber, der bei Bewegung einen Bildschirmmarkierer (cursor) zweiachsig, d.h. in *x*-Richtung und *y*-Richtung bewegen kann. Dabei werden die von der Maus ausgelösten Bewegungsinkremente am Bildschirm in sinnfälliger Weise ausgeführt, d.h. bei einer Bewegung der Maus nach rechts erfolgt auch eine Cursorbewegung nach rechts.

Die übliche Maus ist eine optische Maus. Die frühere mechanische Maus erzeugte die Bewegungsinkremente über eine Rollkugel und ein Schlitzrad.

Die optische Maus **(Bild 1)** ermittelt ihre Relativbewegung zur (fast beliebigen) Unterlage mithilfe eines Kamerasensors durch Bildverarbeitung. Dieser Sensor nimmt ständig Bilder auf mit einer Bildwiederholrate von mehr als 1500 Bilder/s. Die Bildgröße beträgt etwa 30 x 30 Pixel. Als Unterlagen sind solche mit optisch strukturierter Oberfläche möglich, z. B. bedruckte Mauspads. Nicht möglich sind z. B. Spiegel und ganz einfarbige Oberflächen.

Die Beleuchtung der Mausunterlage erfolgt mit einer Leuchtdiode (LED) oder bei der Lasermaus mit einer Laserdiode. Die Bilder werden als Grauwertbilder, in dem zum Kamerasensor gehörenden DSP (Digital-Signal-Prozessor) ausgewertet. Zuerst werden dabei die Geschwindigkeitskomponenten in zwei Richtungen (vorwärts-rückwärts und seitwärts rechts-links) ermittelt und so dann jeweils der Wegzuwachs in diesen Richtungen berechnet.

Beim **Tracker-Ball** (to track = folgen), wird mit dem Daumen und Zeigefinger oder Mittelfinger die etwa 3 cm große Kugel in ihrer Lagerung gedreht **(Bild 2)**. Bei Drehung der Kugel liefern zwei Inkrementalgeber, welche senkrecht zueinander angeordnet sind, Impulse zur Cursorsteuerung.

Der **Joystick** ist ein Steuerknüppel zur Cursorsteuerung und ist häufig in das Computerbedienungsfeld integriert. Beim Joystick mit binärem Ausgangssignal werden über den kugeligen oder elastisch gelagerten Steuerknüppel entsprechend der Auslenkung ein oder zwei der vier Mikroschalter betätigt. Der Joystick mit binärem Ausgangssignal ersetzt die Cursor-Tastatur.

Der Joystick **(Bild 3)** ermöglicht die gleichzeitige Auslenkung in zwei Achsen, z. B. auch zur Bewegungssteuerung von Robotern. Dabei werden zwei Potentiometer gedreht und man erhält zwei Spannungssignale, welche der jeweiligen Auslenkung proportional sind.

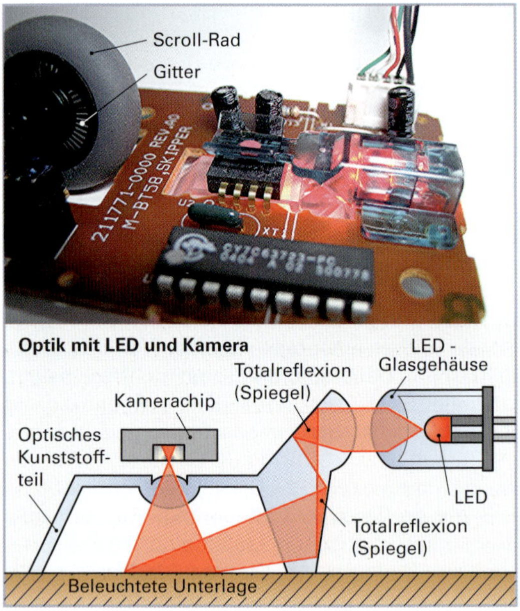

Bild 1: Optische Maus

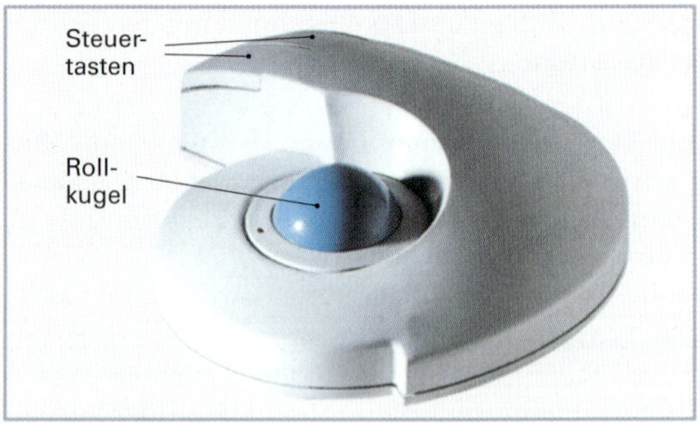

Bild 2: Tracker-Ball

Bild 3: Joystick zur Roboterbewegungssteuerung mit drei Freiheitsgraden

Es gibt Joysticks mit zusätzlichem Drehgeber im Steuerknüppel. Damit kann z. B. ein Cursor-Achsenkreuz auf dem Bildschirm gedreht werden. Die Joysticks für Computer-Spiele haben im Griff einen Tastschalter zur Ereignissteuerung.

Der **6D-Steuerkopf** (Space-Mouse = Raum-Maus) **(Bild 1)** reagiert auf drei Kräfte und drei Momente und zwar auf Kräfte in den Hauptrichtungen *x, y, z,* eines kartesischen Achsenkreuzes und auf die Momente um diese Achsen. Es ist damit möglich, mit einer Hand zugleich ein bis sechs Signale mit Vorzeichen auszulösen. Verwendet wird dieser Steuerknopf zur Bildschirmsteuerung bei der 3D-Darstellung (dreidimensionale Darstellung) in CAD-Anwendungen und zur Bewegungssteuerung von Robotern. Gegenstände können durch Drücken des Steuerknopfes in *x*-Richtung und *z*-Richtung auf dem Bildschirm nach rechts und links bzw. unten und oben verschoben werden. Beim Drücken oder Ziehen in *y*-Richtung bewegt sich der Gegenstand vom Beobachter weg oder auf den Beobachter zu, d.h. er wird kleiner oder größer. Ein Kraftmoment auf den Steuerknopf bewirkt eine Drehung des Gegenstandes. Dabei sind Drehbewegungen gleichzeitig um drei Achsen möglich (Nickbewegung, Gierbewegung und Rollbewegung).

Der 6D-Steuerkopf wird auch als integrierter Baustein in Roboter-Handbediengeräten verwendet **(Bild 2)**. Hiermit ist es möglich mit einer Hand den Robotergreifer sowohl hinsichtlich der Position mit den Koordinaten X, Y, Z zu bewegen als auch in der Orientierung mit den Raumwinkeln A, B, C zu steuern.

Der Steuerknopf ist über Stege elastisch befestigt. Die Kräfte und Momente auf die Stege werden z. B. mit Dehnungsmessstreifen erfasst und mithilfe eines Mikroprozessors in Signale für die Kraftkomponenten F_x, F_y, F_z und Kraftmomentkomponenten M_x, M_y, M_z zerlegt.

> Mit der Space-Mouse können Objekte in bis zu sechs Bewegungskomponenten gleichzeitig gesteuert werden.

Wertgeber sind Handrädchen mit Strichscheiben (Inkrementalgeber). Man verwendet sie zur Bewegungssteuerung, z. B. bei NC-Maschinen und bei Robotern **(Bild 3)**.

Drehbare Wertgeber mit der Möglichkeit einer kontinuierlichen Wertveränderung, rechtsdrehend verstärkend wirkend und linksdrehend abschwächend wirkend, verwendet man vor allem zur gefühlvollen Optimierung von Prozessen. So erfolgt bei allen NC-Steuerungen die manuelle Geschwindigkeitseinstellung über ein Handrädchen. Dieses ist sehr viel geschickter zu nutzen als eine Plus/Minus-Tastatur.

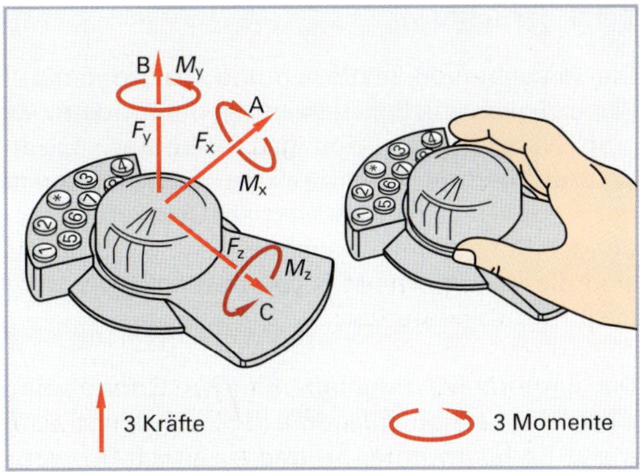

Bild 1: 6D-Steuerkopf (Space-Mouse)

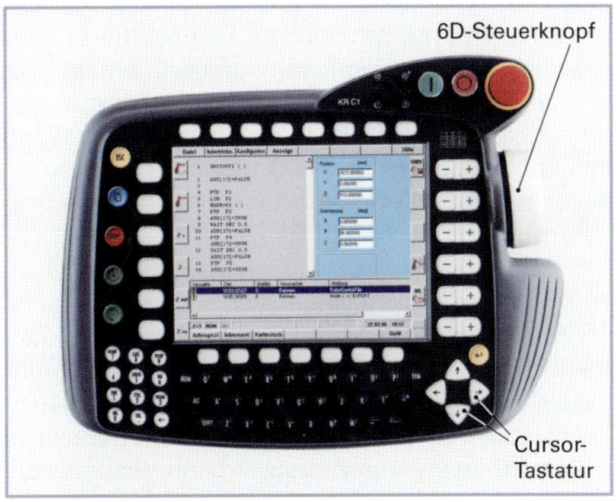

Bild 2: Roboter-Handbediengerät mit 6D-Steuerkopf zur 6-achsigen Bewegungssteuerung

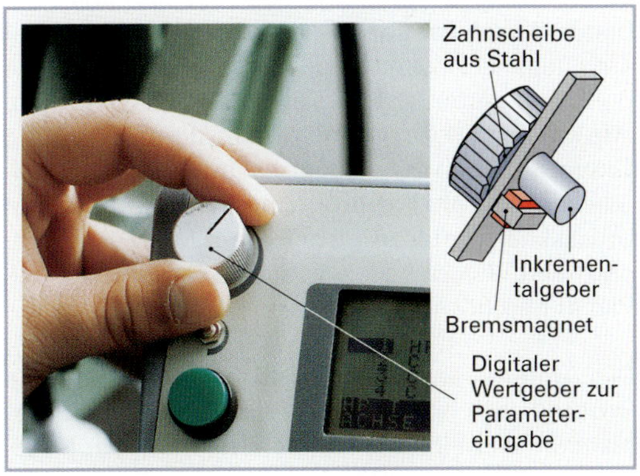

Bild 3: Wertgeber zur Bewegungssteuerung

Das Handrädchen kann in Verbindung mit einer elektromagnetischen Bremse, als so genanntes reaktives (reaktiv = rückwirkend) Handrad, dem Benutzer Grenzwerte rückmelden. Bei Vorliegen eines Grenzwertes wird richtungsabhängig die Drehbewegung erschwert.

9.7.5 Drucker

Die Ausgabe von Textdaten und Grafikdaten auf Papier, Folien und Etiketten erfolgt mit Druckern. Es gibt Nadeldrucker, Tintenstrahldrucker, Laserdrucker, Thermotransferdrucker, Thermosublimationsdrucker und Phasen-Wechsel-Drucker (Phase-Change-Printer). Mit Ausnahme des Laserdruckers sind die Drucker meist Farbdrucker. Es gibt aber auch Farb-Laserdrucker.

Die Farbdrucker arbeiten mit den Grundfarben *Cyan* (Grün + Blau), *Magenta* (Rot + Blau) und *Gelb* sowie für hochwertige Drucke zusätzlich Schwarz. Dementsprechend unterscheidet man zwischen Dreifarbendruck und Vierfarbendruck. Zur Darstellung von Farbnuancen müssen die Grundfarben mit Punkten unterschiedlicher Farbsättigung oder unterschiedlicher Häufigkeit innerhalb einer Farbzelle, z. B. bei einer 6x6 Matrix mit 36 Punkten, gedruckt werden. Die Zahl der Punkte je Zeilenlänge bestimmt die Qualität des Druckes **(Bild 1)**. Angegeben wird dies in der Einheit dpi (von dots per inch = Punkte je Inch[1]).

> Die Druckqualität wird durch die Zahl der Punkte je Inch festgelegt und in dpi angegeben.

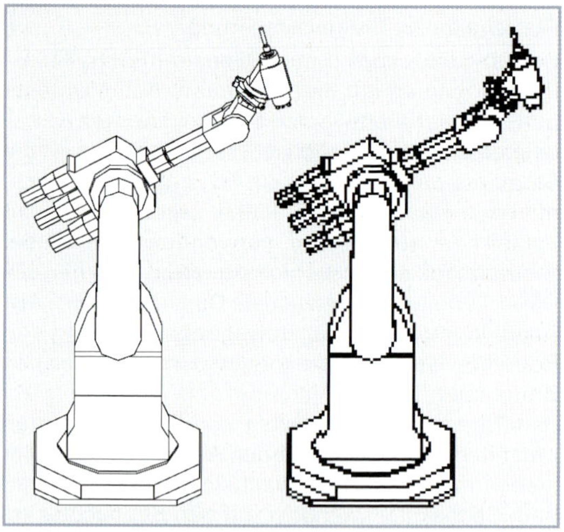

Bild 1: Zeichnung mit Matrix-Drucker erzeugt, links 300 dpi, rechts 75 dpi

Tintenstrahldrucker

Beim Tintenstrahldrucker sind haarfeine Tintenkanäle in einer Reihe oder in zwei Reihen angeordnet, ähnlich den Nadeln beim Nadeldrucker. Die Tinte wird über einen austauschbaren Behälter bereitgestellt und den Tintenkanälen über einen zentralen Kanal zugeführt. Das Ausstoßen des Tintentröpfchens erfolgt entweder thermisch **(Bild 2)** durch lokale Verdampfung der Tinte und anschließende Kondensation (Bubble-Jet-Technik[2]) oder mithilfe piezokeramischer Röhrchen **(Bild 3)**. Diese Röhrchen verändern bei Anlegen einer Spannung ihre Querschnitte. Dies wird hier genutzt, um ein Tintentröpfchen zu erzeugen. Durch einen Spannungsimpuls am Piezoröhrchen wird der Druck im Druckkanal impulsartig stark erhöht und ein Tröpfchen wird aus der Düse ausgestoßen und auf das Papier geschossen.

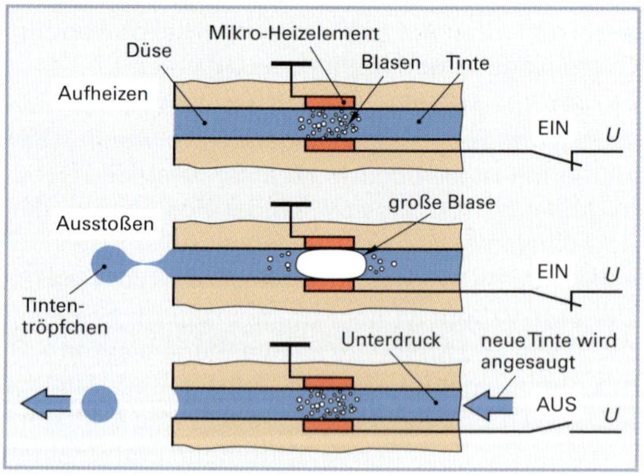

Bild 2: Bubble-Jet-Technik

Die Tintenstrahldrucker sind preisgünstig. Die Druckqualität ist abhängig vom verwendeten Papier. Mit speziell beschichtetem (teurem) Papier erhält man eine hohe Druckqualität.

> Tintenstrahldrucker sind preisgünstig und lärmarm.

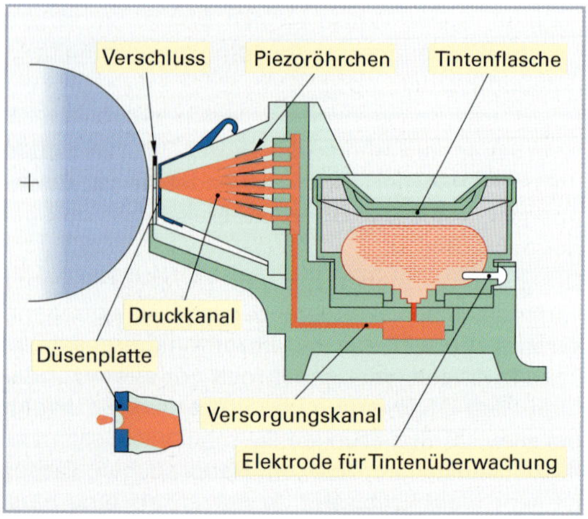

Bild 3: Aufbau des Tintendruckkopfes mit Piezokeramik

[1] inch ist ein englisch-amerikanisches Längenmaß, 1 inch = 1 Zoll = 25,4 mm

[2] bubble = Blase, jet = Strahl

Laserdrucker

Laserdrucker arbeiten bezüglich des Druckvorganges wie Kopiermaschinen (Xerografie von griech. xero = trocken, graphein = zeichnen). Die Belichtung der Druckwalze erfolgt aber im Unterschied zum Kopierer mit einem Infrarotlaserstrahl **(Bild 1)**. Der Laserstrahl wird mit einem schnell rotierenden Polygonspiegel (Spiegel aus vielen gegeneinander geneigten Flächen) abgelenkt und erzeugt damit eine belichtete Linie auf der Fotoleitertrommel. Mit einem piezokeramischen Steuerelement, dem akustooptischen Ablenksystem, kann man den Laserstrahl in mehrere schaltbare Teilstrahlen auffächern.

Damit ist es möglich, innerhalb eines Ablenkzyklus in mehreren Linien die Fotoleitertrommel punktweise, mit z. B. 10 Punkten je Millimeter, zu belichten. Dies führt zu einer Darstellung mit einem Raster von 10 x 10 = 100 Punkten je Quadratmillimeter. Für den xerografischen Druckvorgang wird die sich drehende Fotoleitertrommel durch eine mittels Hochspannung erzeugte Entladung positiv elektrostatisch aufgeladen. Die Fotoleitertrommel ist mit dem Halbleiter Selen beschichtet und im Dunkeln nicht leitend, in den durch den Laserstrahl belichteten Bereichen jedoch leitend. Dort verliert sie die Ladung. Es entsteht entsprechend der Belichtung ein „Ladungsbild" als Negativ. Positiv geladenes, feinstes Farbpulver (Toner) wird aufgestreut, bleibt in den belichteten (nicht geladenen) Bereichen haften und wird auf das Papier durch Umdruck aufgebracht.
Bei Farblaserdruckern wird dieser Vorgang für jede der vier Grundfarben (Schwarz, Gelb, Magenta, Cyan) durchgeführt. Die Laserdrucker liefern höchste Druckqualität. Der Druckvorgang ist relativ leise. Die Druckgeschwindigkeiten reichen von vier bis 40 Seiten pro Minute. Nach einigen tausend Drucken muss durch Austausch der Tonerkassette neuer Toner eingebracht werden. Es gibt Geräte, bei denen mit dem Tausch der Tonerkassette auch die Fotoleitertrommel gewechselt wird. Diese Kassetten sind teuer, gewährleisten aber stets ein gutes Druckbild.

> Laserdrucker liefern höchste Druckqualität.

Nadeldrucker

Beim Nadeldrucker **(Bild 2)** werden z. B. 9 Nadeln in einer Reihe oder bis zu 48 Nadeln in mehreren Reihen während der Vorwärtsbewegung und der Rückwärtsbewegung des Nadelschreibkopfes in Zeilenrichtung gegen ein Farbband und das zu beschreibende Papier angeschlagen. Es können wie bei der Schreibmaschine auch Durchschläge hergestellt werden. Von Nachteil sind die geringe Druckqualität, die geringe Druckgeschwindigkeit und die starken Druckgeräusche.
In abgewandelter Form werden Nadeldruckwerke zum Prägen von Zeichen, z. B. in Aluminiumfolien und bei Blechen verwendet.

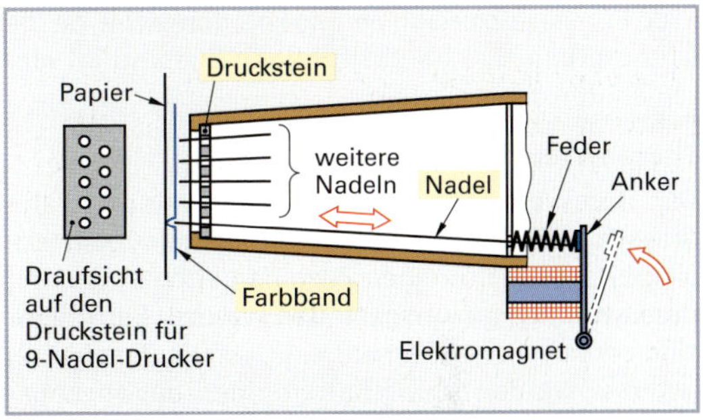

Bild 2: Prinzip des Nadeldruckers

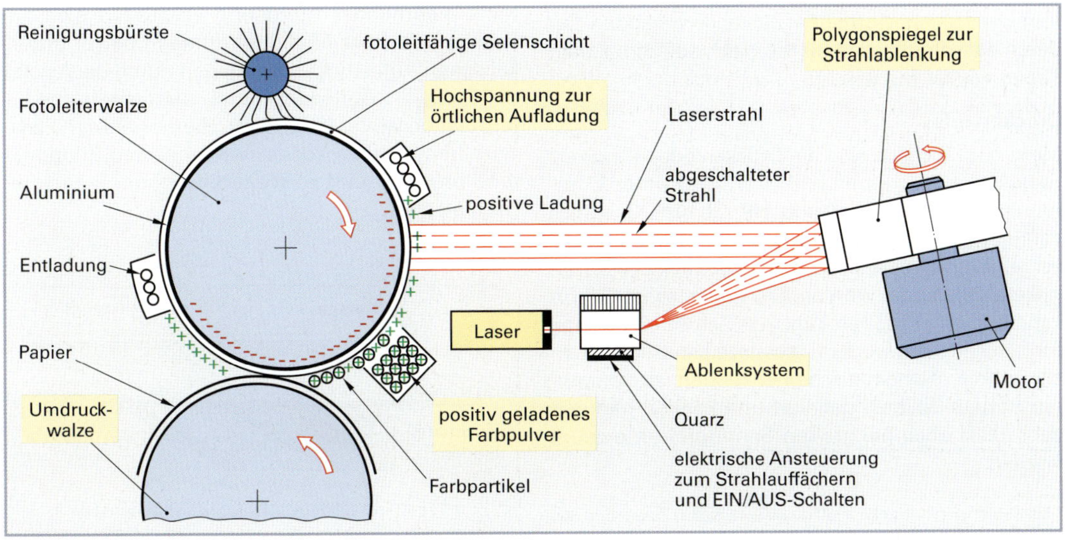

Bild 1: Aufbau eines Laserdruckers

Thermotransferdrucker

Mit diesem Drucker werden mit in einer Linie angeordneten Mikroheizelementen Punkte von einer Folie, die mit Farbschichten aus Wachs beschichtet ist, abgeschmolzen und zwar so, dass auf der Folie ein positives Farbbild erhalten bleibt. Die Folie hat nacheinander Farbwachsschichten in Cyan, Magenta, Gelb und bei Vierfarbdruckern auch Schwarz. Zum Druck wird nun die Folie mit den drei bzw. vier Einzelfarbbildern über das Druckmedium unter Hitze abgerollt und dabei das jeweilige Einfarbenbild übertragen.
Die Druckqualität ist ähnlich wie bei Farbfotos und die Drucke sind lichtfest und wasserfest.

Thermosublimationsdrucker

Mit diesen Druckern können Drucke in höchster fotorealistischer Qualität erzeugt werden. Sie arbeiten wie die Thermotransferdrucker, nur dass zur Übertragung der Farbe in ein Spezialpapier die Heizelemente das farbige Wachs nicht verflüssigen sondern verdampfen (sublimieren[1]). Die Heizelemente können in 256 Farbstufen unterschiedlich intensiv die Farben übertragen. Die erzeugten Farbpunkte, z. B. 1200 x 1200 Punkte je Zoll sind bereits Farbgemische, da die Grundfarben sich im gasförmigen Zustand im einzelnen Punkt vermischen.

Phasen-Wechsel-Drucker

Der Druck erfolgt ähnlich wie beim Tintenstrahldrucker, bei welchem die Tintentröpfchen über Heizelemente in gasförmigen Zustand gebracht und auf das Druckmedium ausgestoßen werden. Farbträger sind zunächst feste Farbstifte. Ebenfalls über Heizelemente werden kleine Farbmengen davon abgeschmolzen und als flüssige Farbtinte gespeichert. Die Farbe ist bei diesem Verfahren somit in festem, flüssigem und gasförmigem Zustand vorhanden. Sie durchläuft drei Phasen bis sie dann auf dem kalten Papier wieder fest wird.

Druckercodes

Meist gebräuchlich sind die Druckercodes (Druckerprotokolle) Post Script, HP PLC (HP Printer Communication Language) und HP GL (HP Graphics Language). Post Script ist eine universelle Seitenbeschreibungssprache und kann für fast alle Druckerfabrikate verwendet werden. Die gewünschte Schrift kann aus einer großen Zahl von Schriftarten (engl. font) ausgewählt werden. Die einzelnen Buchstaben sind durch mathematische Funktionen, so genannten Beziers-Splines[2] definiert und können dadurch sehr exakt auch bei großen Schriftgrößen erzeugt werden.

[1] lat. sublimare = erhöhen, hier: direkt vom festen Zustand in den gasförmigen Zustand übergehen.
[2] Spline = Kurvenlineal; P. Bézier, franz. Wissenschaftler

9.7.6 Scanner

9.7.6.1 Text- und Grafikscanner

Text- und Grafikscanner (Abtaster, von to scan = abtasten) tasten Textvorlagen und Bildvorlagen optisch ab. Ein *CCD-Zeilensensor* (CCD von Charge Coupled Device = ladungsgekoppelter Schaltkreis) fährt die beleuchtete Vorlage wie bei einem Kopiergerät ab **(Bild 1)**. Der CCD-Zeilensensor erfasst die Vorlage, aufgespalten nach den Farben Rot, Grün und Blau (RGB) mit z. B. jeweils 8-Bit-Farbtiefe. D.h. jede Farbe wird in 2^8 = 256 Farbnuancen aufgespalten. Hierfür wird der CCD-Zeilensensor entweder nacheinander mit rotem, grünem oder blauem Licht beleuchtet und die Vorlage dreimal abgetastet oder die Vorlage wird mit weißem Licht beleuchtet und die Farben werden durch ein Dreifarbenfilter in die RGB-Farbanteile aufgespalten. Diese werden, ähnlich zur Farbvideokamera, mit einem Dreifarben-CCD-Zeilensensor in RGB-Signale umgewandelt. Bei einem weiteren Verfahren erfolgt die Farbtrennung über ein Stab-Prisma, das die drei Farbanteile auf drei CCD-Zeilen ablenkt.

Die optische Auflösung des Scanners beträgt z. B. 600 x 1200 dpi. Beim Abscannen von Bildvorlagen führt dies zu sehr großen Datenmengen, z. B. bei einer Fläche von 2,54 cm^2 = 1 $inch^2$ zu 600 x 1200 = 720000 Bildpunkten (Pixel) mit jeweils 24 bit bzw. 3 Byte, also 2,16 MB.

Beim Einscannen von Bildern sollte nur der interessierende Bildbereich gescannt werden, damit die Datenmengen nicht zu groß werden.

Mit zunehmender Auflösung verbessert sich die Bildqualität. Sehr häufig wird neben dieser physikalischen Auflösung, vorgegeben durch die Anzahl der Pixel, die Auflösung durch mathematische Interpolation weiter verbessert. Hierbei werden Farbzwischenwerte zwischen zwei erfassten Bildpunkten berechnet und so weitere Bildpunkte rechnerisch erzeugt.

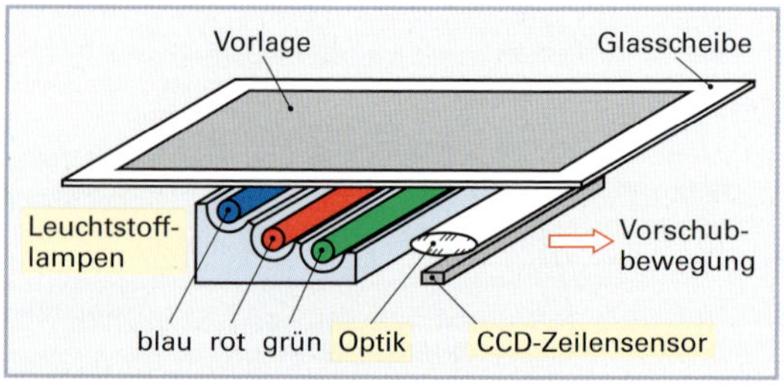

Bild 1: Prinzip des Flachbett-Farbscanners

9.7.6.2 3D-Scanner

3D-Scanner verwendet man zur Formerfassung von Objekten z. B. von archäologischen Funden oder von Personen, z. B. in der Bekleidungsindustrie zur Ermittlung von standardisierten Kleidergrößen.

Lichtschnittverfahren

Neben dem optischen Abtasten von Einzelpunkten, kann man z. B. mit *Lichtschnitten* und einer Videokamera eine Profillinie erfassen **(Bild 1)**. Hierzu wird eine Lichtlinie auf das Werkstück projiziert und unter einem Winkel von ca. 15° bis 35° mit einer CCD-Kamera beobachtet. Bei nicht ebenem Werkstück ist der Lichtschnitt unlinear verformt. Aus dem *Abstand* und dem *Beobachtungswinkel* wird wie bei der *Punkttriangulation*[1] die Profilgeometrie berechnet. Zur Vermessung eines ganzen Werkstücks wird dieses relativ zum Lichtschnitt bewegt **(Bild 2)** oder aber es werden Mehrfachlichtschnitte projiziert **(Bild 3)**.

Codierte Lichtschnitte

Bei feinen Lichtschnittlinien, wie bei Bild 3, gibt es Probleme, sobald der Linienabstand in die Größenordnung der Profilhöhe kommt, da dann die Linien nicht mehr eindeutig verfolgt werden können. Zur Herstellung eindeutiger Zusammenhänge wird das Objekt zunächst mit nur einer Lichtschnittlinie beleuchtet und dann mit jeweils einer Verdoppelung der Lichtschnitte. Damit erhält man ein Codemuster, das dem Dualcode oder dem Gray-Code entspricht **(Bild 4)**. Die Codemuster werden über ein lichtdurchlässiges *LCD-Element* (Liquid Crystal Device = Flüssigkristallschaltkreis) und eine Projektorlampe erzeugt.

Die Berechnung der Höhenmesswerte erfolgt wie bei der *Triangulation*, nur dass jetzt eben ein ganzes Objekt mit einer ganzen Bildfolge erfasst wird. Die Auflösung liegt bei ca. 11 bit, d. h. bei einem Beobachtungswürfel von z. B. 204,8 mm Kantenlänge bei etwa 1/10 mm.

> Mit Lichtschnittfolgen können Werkstückgeometrien optisch erfasst werden.

Probleme gibt es, wie bei allen optischen Formerfassungsverfahren, wenn die Objektoberfläche spiegelt oder schwarz ist.

Die besten Messergebnisse erzielt man mit mattweißer Objektoberfläche. Metallische Werkstücke sprüht man daher oft mit einem Kreidespray ein.

> Die Aufnahmeobjekte dürfen nicht spiegeln.

[1] Triangulation, von lat. triangulare = zu einem Dreieck machen

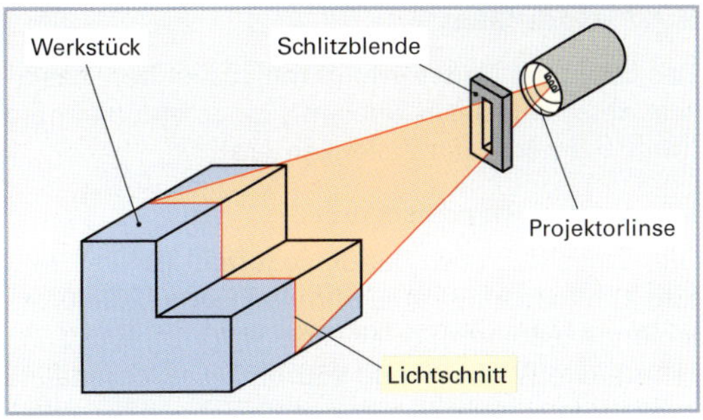

Bild 1: Lichtschnittprojektion

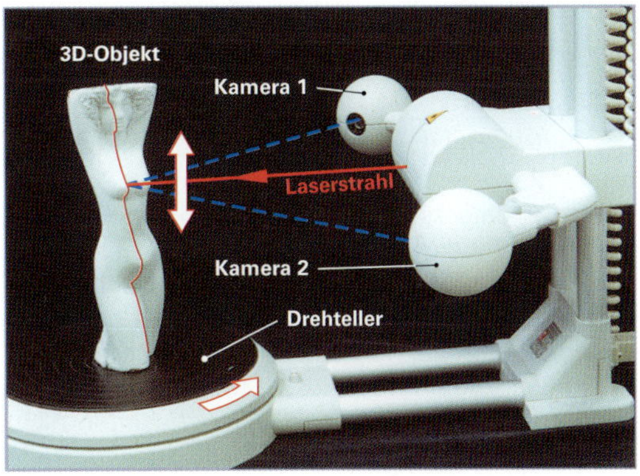

Bild 2: 3D-Laserscanner

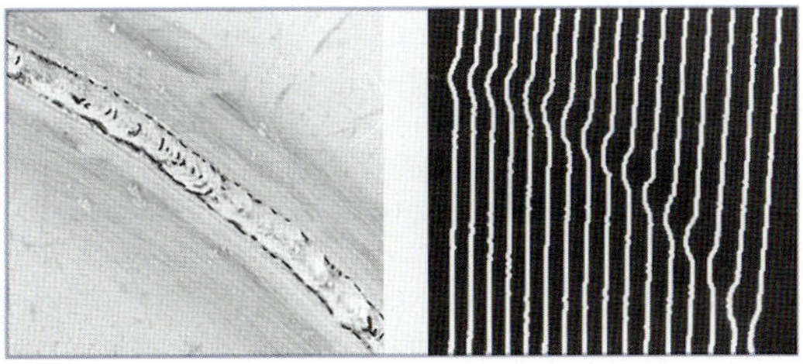

Bild 3: Mehrfachlichtschnitte

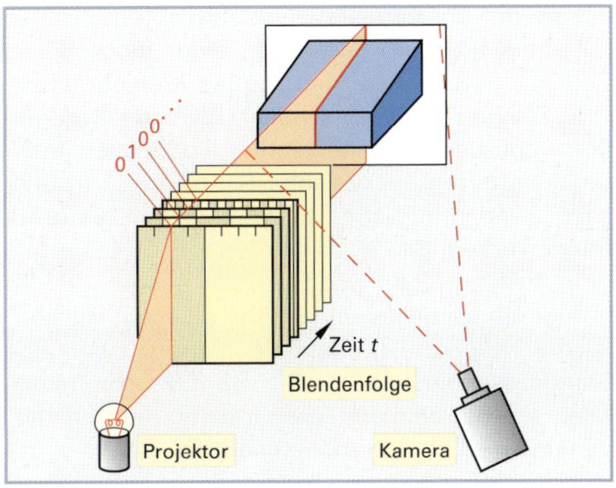

Bild 4: Codierte Lichtschnitte

9.7.7 Codeleser

Das Lesen der Codes erfolgt mit Lesestiften, Laserscanner, Schlitzleser oder mit einer Videokamera (Matrixkamera oder Zeilenkamera).

Lesestift und Handlesegerät

Die Lesestifte und Handlesegeräte **(Bild 1 und Bild 2)** haben eine *rotleuchtende* Lichtquelle (Wellenlänge 660 nm) oder eine *infrarotstrahlende* Lichtquelle (Wellenlänge 900 nm). Die Lesefläche wird beim Überstreichen des Codemusters *diffus* beleuchtet. Das reflektierte Licht gelangt über eine Linse auf den Fototransistor und es entsteht ein Impulszug, der dem Strich-Lücken-Muster der Codierung entspricht.

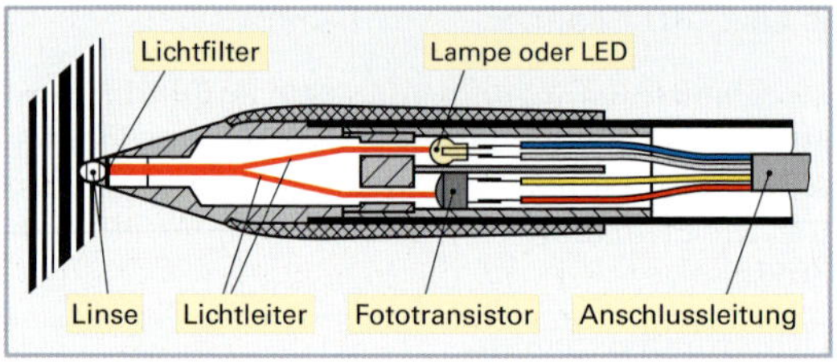

Bild 1: Lesestift

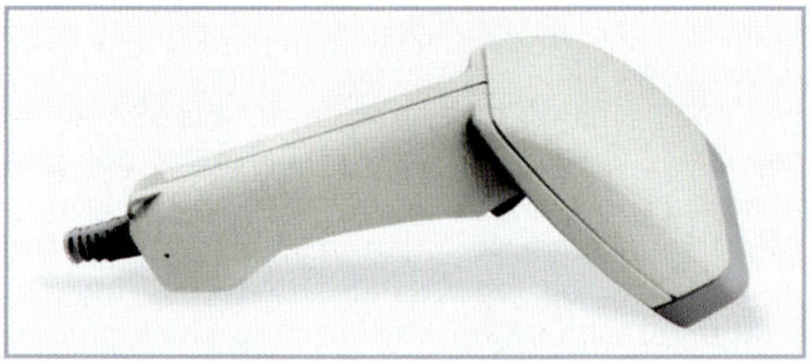

Bild 2: Handlesegerät

Code-Scanner

Der feine Lichtstrahl eines He-Ne-Lasers (Helium-Neon-Laser) wird über einen rotierenden Polygonspiegel (Vieleckspiegel) abgelenkt und auf das Strichcodemuster projiziert **(Bild 3)**. Dabei läuft der Laserstrahl über das Strichcodemuster hinweg. Das reflektierte Licht wird ebenfalls über den Polygonspiegel[1] reflektiert und einer Fotodiode mit Verstärker zugeführt (Bild 2). Beim *Mehrstrahlscanner* sitzen die einzelnen Spiegelfacetten nicht achsparallel, sondern verschränkt auf dem Polygonspiegelrad, und so erzeugt jeder Spiegel eine andere Linie auf dem Leseobjekt.

Der *Gitterscanner* besteht aus zwei, um 90° zueinanderversetzten, Mehrstrahlscannern. Hiermit ist es möglich, Strichcodierungen in beliebiger Drehlage zu erfassen. Der typische Leseabstand für Laserscanner liegt zwischen 100 mm und 3 m. Die Objekte dürfen sich bewegen mit Geschwindigkeiten bis 2,5 m/s. Die Lesegeschwindigkeiten reichen bis 1600 scan/s. Durch entsprechende Decodiersoftware können alle Strichcodes gelesen werden.

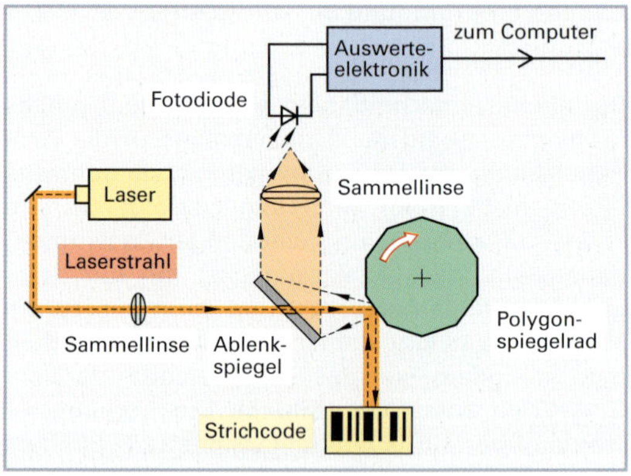

Bild 3: Prinzip des Laserscanners

Kameralesegerät

Kameralesegeräte sind meist Kompaktgeräte mit integrierter Auswerteelektronik zum automatischen Erkennen und zum Lesen von einer Vielzahl von Codes, z. B. Barcodes, Matrixcodes, Klarschrift bzw. OCR-Zeichen (OCR von Optical Character Recognition = optische Zeichenerkennung) oder auch anderer Schriftarten bei variabler Schriftgröße in üblicher Leserichtung aber auch gespiegelt, verdreht oder invertiert **(Bild 3)**. Es werden z. B. 80 Lesungen und Auswertungen pro Sekunde ausgeführt. So erfolgt ein schnelles und sicheres Lesen. Hilfreich ist die integrierte Diodenbeleuchtung. Über eine Standardschnittstelle, z. B. RS-232-Schnittstelle oder Ethernet kann das Lesegerät parametriert werden und die Leseinformation senden.

Bild 4: Kameralesegerät

[1] griech. polygon = Vieleck

9.7.8 Chipkarten, Chipmünzen, RFIDs

Die Chipkarte (Smart Card, Electronic Card) enthält einen Chipmodul meist mit Speicher- und Prozessorfunktion. Man unterscheidet die kontaktbehaftete und kontaktlose Chipkarte bzw. Chipmünze. Die Chipkarte enthält den Chip in einer kunststofflaminierten Karte **(Bild 1)**. Bei der Chipmünze (Coin) ist der Chip in Form einer Münze mit Kunststoff vergossen. Die Chipkarten / Chipmünzen dienen der Zugangskontrolle, des bargeldlosen Zahlungsverkehrs und der Betriebsdatenspeicherung.

Die Abmessungen der Chipkarte und der Kontaktflächen sind genormt **(Tabelle 1)**. Neben der großen Chipkarte im Scheckkartenformat gibt es auch eine kleinere Ausführung **(Bild 2)**, z. B. zur Verwendung in Mobiltelefonen (SIM-Karte, von Subscriber Identity Module[1]).

Bei den kontaktlosen Chipkarten und den elektronischen Preisschildern (RFID, Radiofrequenzidentifikation, **Bild 3)** erfolgt die Kommunikation über Tranponder (Sender / Empfänger). Der Transponder überträgt mittels elektromagnetischer Wellen die Signale zu einem Lesegerät mit Entfernungen von wenigen Millimetern (man muss die Karte über den Lesekopf halten) bis hin zu einigen Metern (z.B. bei Fahrzeugen für das „keyless go"). Die Stromversorgung erfolgt bei diesen Karten ebenfalls elektromagnetisch. Hierzu befindet sich auf der Karte eine Spule und Antenne. Als Speicher kommen alle Arten elektronischer Speicher vor: ROM, RAM, EEPROM. Über das EEPROM können z. B. wechselnde Betriebsdaten gespeichert und abgefragt werden.

Chipkarten dienen häufig der Zugangskontrolle und haben die Funktionalität eines Schlüssels.

Die meist verwendete Funkfrequenz ist 13,56 MHz. Der Sende-/Empfangsabstand ist unterschiedlich spezifiziert **(Tabelle 2)** und liegt zwischen wenigen Zentimetern und mehreren Metern. Die sehr dünnen RFIDs können in verschiedenen Formen appliziert werden. Sie können z. B. auch als Klebeetiketten auf Waren aufgeklebt werden.

Tabelle 2: Kenngrößen für RFIDs (Beispiele)

Speichergröße	2048 Byte	128 Byte
ISO Standard	ISO 14443 A	ISO 15693
Reichweite	bis 10 cm	70 cm
Cryptografische Authentifikation	64 Bit	96 Bit
Max. mögl. Applikationen	z.B. 123	z.B. 8
Speicher-Segmentierung	dynamisch	dynamisch

Bild 1: Chipkarte als Kreditkarte

Tabelle 1: Kontakte von Chipkarten

Kontakt	Name	Funktion	Ansicht
1	VCC	Betriebsspannung	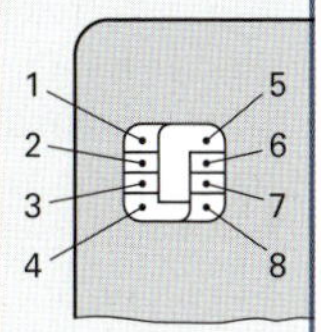
2	RST	Reset (Rücksetzen)	
3	CLK	Takt	
4	–	nicht definiert	
5	GND	Ground (Masse)	
6	VPP	Programmierspannung	
7	I/O	Input/Output Eingang/Ausgang	
8		nicht definiert	

Bild 2: SIM-Karte

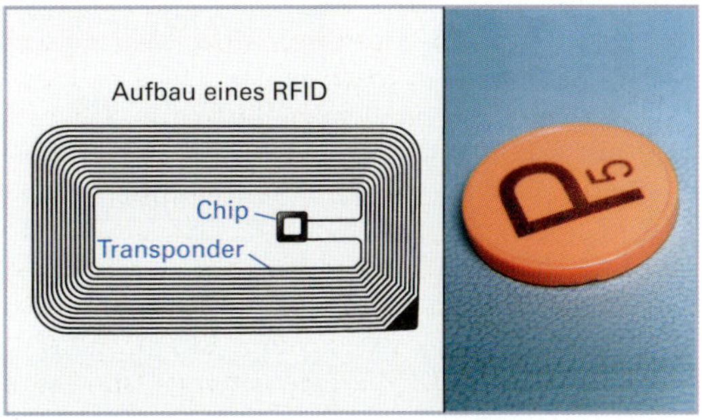

Bild 3: RFID – Aufbau und Parkmünze

[1] engl. Subscriber Identity Module = Teilnehmer-Identitätsmodul

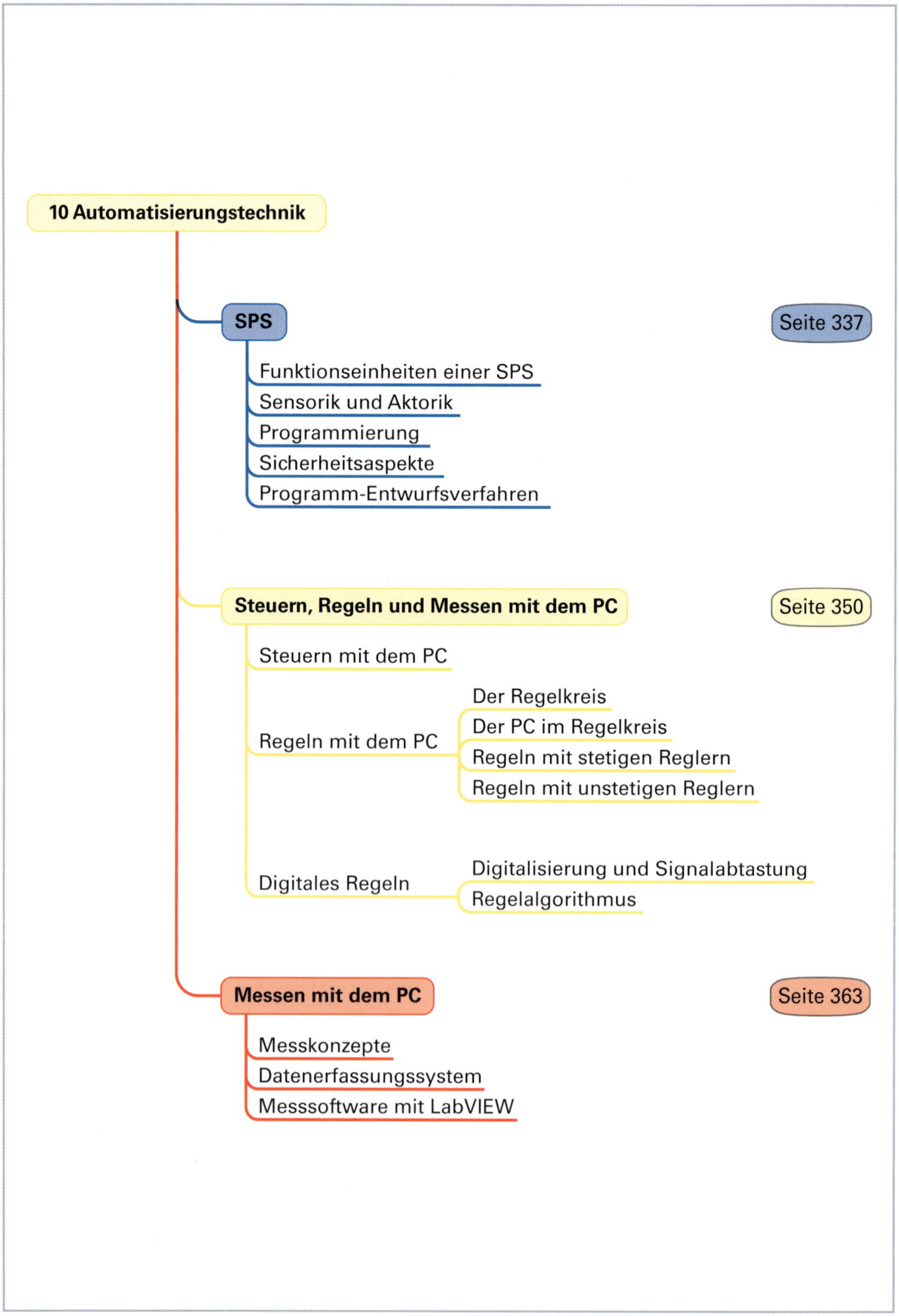
10 Automatisierungstechnik
SPS
Seite 337
Funktionseinheiten einer SPS
Sensorik und Aktorik
Programmierung
Sicherheitsaspekte
Programm-Entwurfsverfahren
Steuern, Regeln und Messen mit dem PC
Seite 350
Steuern mit dem PC
Regeln mit dem PC
Der Regelkreis
Der PC im Regelkreis
Regeln mit stetigen Reglern
Regeln mit unstetigen Reglern
Digitales Regeln
Digitalisierung und Signalabtastung
Regelalgorithmus
Messen mit dem PC
Seite 363
Messkonzepte
Datenerfassungssystem
Messsoftware mit LabVIEW

Bild 1:

10 Automatisierungstechnik

10.1 SPS

VPS Verbindungsprogrammierbare Steuerung
SPS Speicherprogrammierbare Steuerung
PLC Programmable Logic Control, dt., SPS

Automatisierungsarten

Ein Automatisierungssystem besteht aus einer Steuerung, einer Regelung oder beidem **(Bild 1)**. Dabei werden die Daten eines Prozesses (Vorgang, Verfahren) von Sensoren (Aufnehmern) erfasst, verarbeitet und Signale an die Aktoren (Signalgeber) ausgegeben. Bei einer Steuerung findet keine fortlaufende Kontrolle der Aktortätigkeit statt, z. B. der Motorbewegung beim Schließen eines Tores bis zum Erreichen des Endschalters. Im Gegensatz dazu werden bei einer Regelung die ausgegebenen Größen der Aktoren wieder in den Automatisierungsprozess rückgekoppelt, sodass ein Signalkreislauf entsteht. Die Signalverarbeitung einer Regelung muss somit immer den eingelesenen Istwert mit einer Sollwertvorgabe vergleichen und Abweichungen ausregeln, z. B. bei einer Temperatur.

Steuerungsarten

Steuerungsaufgaben können sowohl durch Hardware VPS (verbindungsprogrammierte Steuerungen), als auch durch Software (Programme) gelöst werden **(Tabelle 1)**. Dabei können Hardware-Schaltungen festverdrahtet (festprogrammiert) oder über Programme veränderbar (umprogrammierbar) sein, z. B. die Schaltung eines EPLD (von Erasable and Programmable Logic Device = löschbarer und programmierbarer logischer Schaltkreis). Bei Software-Steuerungen befindet sich das steuernde Programm in einem Speicher.

Schaltungen mit PLD arbeiten genauso schnell wie festverdrahtete Steuerschaltungen, benötigen jedoch viel weniger Platz und können ohne Eingriffe in die Verdrahtung veränderten Prozessbedingungen angepasst werden.

Eine Software-Steuerung arbeitet grundsätzlich immer anders als eine Hardware-Steuerung, was bei der Programmerstellung berücksichtigt werden muss. Ein PLD kann beispielsweise die Signale $j = k = 1$ bei einem Flipflop gleichzeitig verarbeiten **(Bild 2)**. Eine Software-Steuerung, z. B. eine SPS (speicherprogrammierbare Steuerung), bearbeitet ihre Befehle schrittweise, d.h. zuerst $j = 1$ und danach $k = 1$ oder umgekehrt. Der zuletzt ausgeführte Befehl bestimmt dadurch den Zustand des Flipflops, also entweder Setzen oder Rücksetzen, aber niemals Toggeln (Kippen).

Ein weiterer wichtiger Unterschied ist, dass Hardware-Steuerungen sofort reagieren, wenn sich ein Eingangssignal verändert, während bei Software-Steuerungen mit SPS immer erst der laufende Pro-

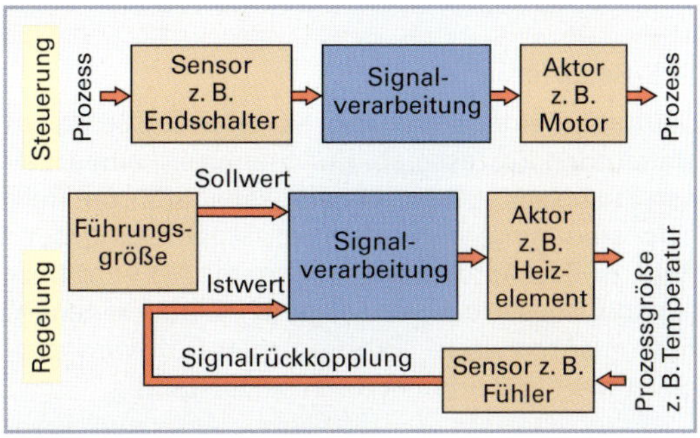

Bild 1: Automatisierungsarten

Tabelle 1: Steuerungsarten

Art	Bezeichnung	Beispiel
festverdrahtete Hardware-Schaltung	festprogrammierte Verbindungs-steuerung	Digitalschaltung, Schützschaltung
durch Software umprogrammier-bare Hardware-Schaltung	umprogrammier-bare Verbindungs-steuerung	Schaltung aus programmier-baren Logik-bauelementen EPLD; EEPLD
Software-Steuerung	Speicher-programmierbare Steuerungen (SPS)	SPS, Mikrocontroller-platine, PC mit I/O-Karte.

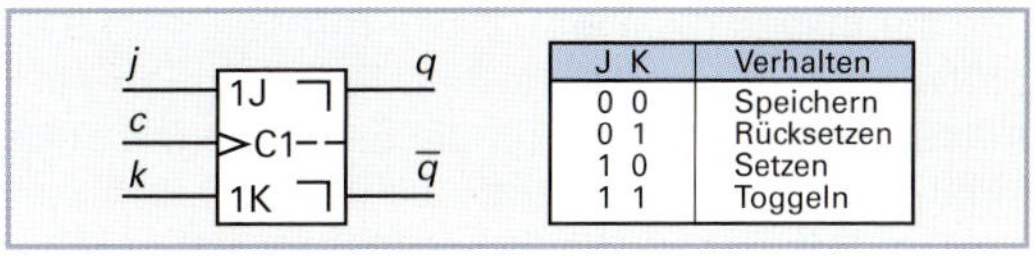

Bild 2: Verhalten eines JK-Flipflops

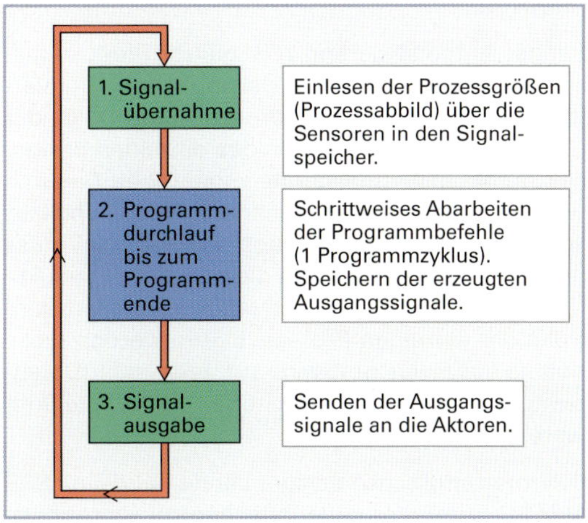

Bild 3: Arbeitsweise einer SPS

grammzyklus beendet werden muss, bevor die Sensoren wieder abgefragt werden **(Bild 3, vorhergehende Seite)**. Um einer Echtzeitverarbeitung sehr nahe zu kommen, muss deshalb das Programm sehr schnell abgearbeitet werden.

SPS-Bauarten

Die Bauart einer SPS hängt von der Größe der zu steuernden Prozesse ab. Zur Steuerung eines kleinen Prozesses, z. B. einer helligkeitsgeführten Rollladensteuerung, wird eine Kompakt-SPS eingesetzt **(Bild 1)**. Das Automatisierungsgerät AG wird über ein spezielles Programmiergerät PG oder einen PC mit entsprechender Programmier-Software programmiert und arbeitet dann selbstständig.

Zur Programmierung eines Automatisierungsgerätes AG benötigt man ein Programmiergerät PG oder einen PC.

Für größere oder mehrere Prozesse, z.B. in einer Fertigungslinie eines Betriebes, werden SPS in Modulbauweise eingesetzt **(Bild 2)**. Diese haben den Vorteil, dass sie erweitert werden können, wenn z. B. sich die Anzahl der zu verarbeitenden Prozesssignale vergrößert.

Werden über SPS mehrere Prozesse gesteuert oder geregelt, wird mit einer Feldbusverdrahtung eine aufwendige Verdrahtung der Sensoren und Aktoren vermieden **(Bild 3)**. Man spart dadurch viele Leitungen ein. Das Automatisierungsgerät dient als Busmaster (Meister), die dezentralen Peripheriegeräte als Slaves (Sklaven). Diese müssen mit einer Software konfiguriert werden, indem ihnen eine Adresse zugeteilt wird und die Eingänge (oft auch input I) und Ausgänge (oft auch quit Q) definiert werden. Das zentrale Bediengerät dient z. B. zur Einstellung von Sollwerten bei Regelungen, z. B. im Prozess 3.

Bei der Automatisierung z. B. ganzer Produktionsstätten werden Automatisierungsgeräte in verschiedenen Leitebenen vernetzt **(Bild 4)**. In der untersten Leitebene werden den einzelnen Prozessen Automatisierungsgeräte zugeordnet. Dadurch werden nicht nur der Leitrechner entlastet und kürzere Programmzyklen erzeugt, sondern man muss bei Reparaturarbeiten nicht die komplette Produktionsstätte außer Betrieb setzen. Zur Funktionskontrolle der einzelnen Prozessabläufe werden diese mittels spezieller Software auf Terminals (Datensichtgeräte) visualisiert. Im Störfall erkennt die Software die Fehlerstelle.

In Firmen englischsprachiger Länder wird eine SPS als PLC (programmable logic control = programmierbare logische Steuerung) bezeichnet.

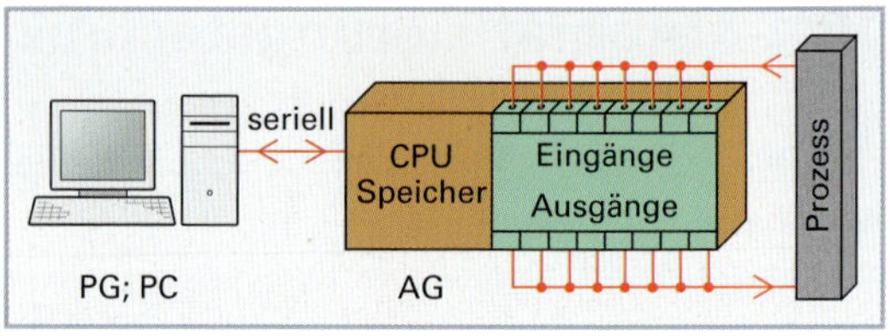

Bild 1: Kompakt-SPS

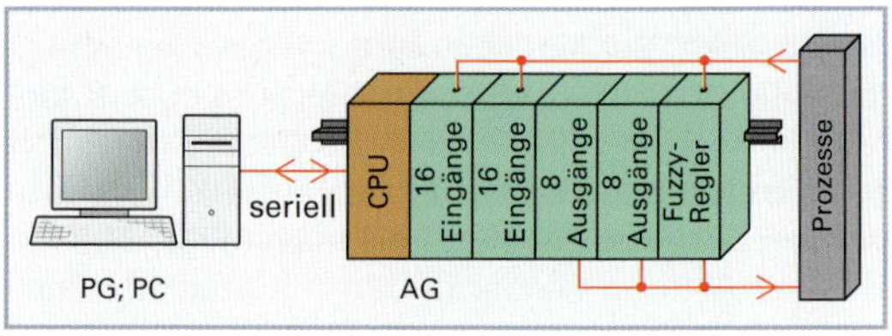

Bild 2: Modulare SPS

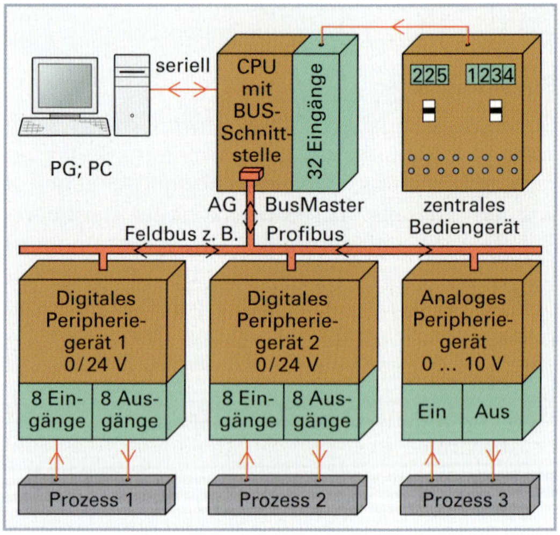

Bild 3: SPS mit dezentraler Peripherie

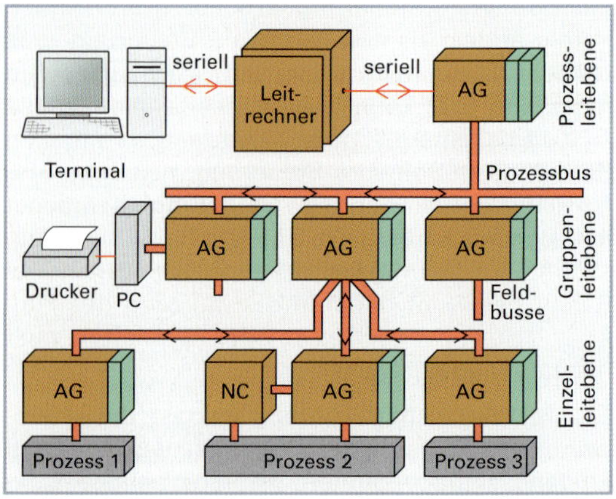

Bild 4: Vernetzte SPS

10.1.1 Funktionseinheiten

Eine SPS besteht aus einem Mikrocontrollergerät, welches sowohl über firmenspezifische Hardwareelemente, z. B. die Eingabeeinheiten und Ausgabeeinheiten, als auch über firmenspezifische Software verfügt. Dadurch wird das Anschließen der Sensoren und Aktoren sowie das Programmieren einer Prozesssteuerung gegenüber einer Mikrocontrollerplatine vereinfacht.

Bevor das mit einem PG oder PC erstellte Steuerungsprogramm in einen Maschinencode umgewandelt wird und im Programmspeicher einer SPS abgelegt wird **(Bild 1)**, wird es auf Syntaxfehler (Verstöße gegen die Regeln der Programmiersprache) untersucht.

Bei der Programmierung wird auf systemeigene Merker, Zähler und verschiedene Zeitgeber zurückgegriffen. Merker sind 1-Bit-Signalspeicher, z. B. zur Speicherung von Steuerungsschritten oder zum Speichern binärer Ergebnisse aus logischen Verknüpfungen, wenn diese an anderer Stelle des Programmes wieder benötigt werden.

> Merker sind 1-Bit-Signalspeicher für binäre Zustände und Zwischenergebnisse.

Zähler und Zeitgeber werden über das Steuerungsprogramm eingestellt. Zähler benutzt man z. B. zum Zählen von Werkstücken, die in einen Behälter gefüllt werden. Zeitglieder verwendet man z. B. zum Erzeugen von Wartezeiten.

Bevor die CPU das Programm abarbeitet, wird das Prozessabbild über die Eingabeeinheit des Automatisierungsgerätes in den Signalspeicher eingelesen **(Bild 2)**. Beim Einlesen werden die binären Signale (0/24 V) mittels Optokopplern galvanisch von der Sensorik getrennt und der Signalpegel dem Mikrocontroller angepasst (0/5 V). Die Signale werden über einen Multiplexer nacheinander in den Signalspeicher eingeschrieben (Bild 1).

> Prozessabbild = Alle Signalzustände einer Steuerung

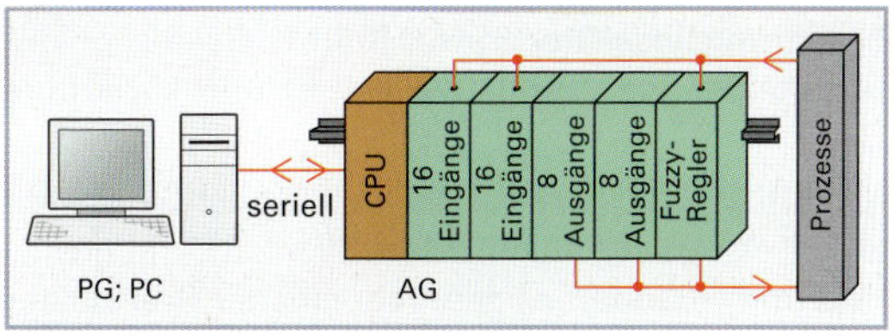

Bild 2: Eingabe binärer Signale

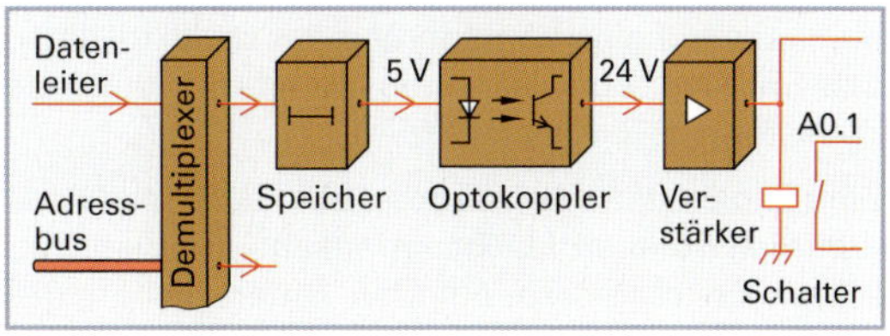

Bild 3: Ausgabe binärer Signale

Während die Anweisungen des Steuerungsprogrammes von der CPU abgearbeitet werden, werden die Ausgangssignale erzeugt und im Signalspeicher abgespeichert (Bild 1). Nach dem Erreichen des Programmendes PE erfolgt die Ausgabe der Signale in umgekehrter Reihenfolge zur Eingabe **(Bild 3)**.

> Bei der Eingabe und Ausgabe werden die Signale potenzialfrei übertragen und die Signalpegel angepasst.

Viele Automatisierungsgeräte besitzen einen Programmkopierplatz (Bild 1). Dort können Steuerungsprogramme kopiert werden oder ein Steuerungsprogramm von einem EEPROM in den Programmspeicher geladen werden.

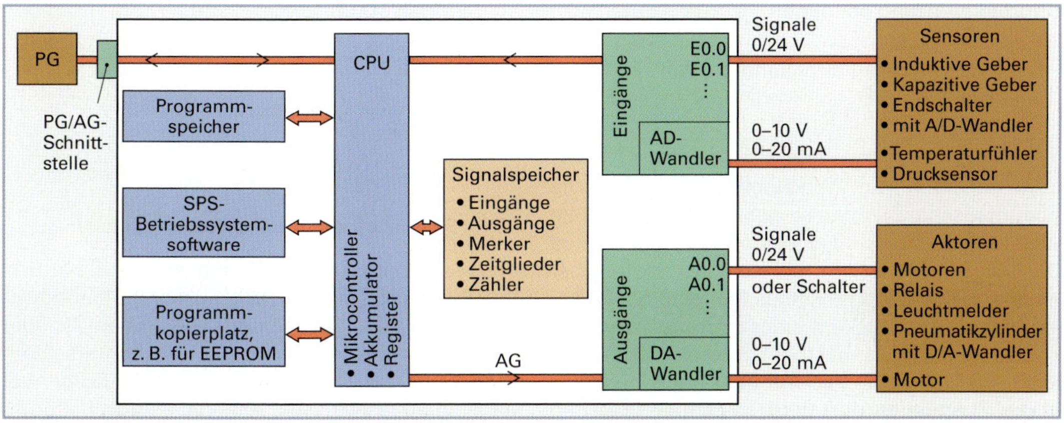

Bild 1: Aufbau einer SPS zur Verarbeitung von digitalen, binären und analogen Größen

10.1.2 Sensorik und Aktorik

Sensorik

Zum Positionieren von Werkstücken dienen oft berührungslose Grenztaster **(Bild 1)**. Bei diesen unterscheidet man induktive Geber und kapazitive Geber.

Ein induktiver Geber sendet ein magnetisches Feld aus. Gelangt ein metallisches Werkstück in dieses Feld und verändert es dadurch, gibt der Grenztaster eine Signalspannung aus.

Kapazitive Geber erzeugen ein elektrisches Feld. Sie reagieren auf eine Veränderung der Dielektrizität in diesem Feld und erkennen somit nichtleitende Werkstoffe, z. B. Kunststoffe.

Zum Zählen von Werkstücken, aber auch zum Positionieren dienen Lichtschranken. Einweglichtschranken reagieren auf das Unterbrechen des Infrarotstrahles **(Bild 2)**. Bei Reflektorlichtschranken dagegen liegen Empfänger und Sender beieinander **(Bild 3)**. Je nach Beschaffenheit der Oberfläche eines Werkstückes wird der Lichtstrahl reflektiert oder absorbiert. Werkstücke mit reflektierender Oberfläche werden von Reflektorlichtschranken erkannt.

Aktorik

Zum Schalten von Leuchten, akustischen Meldern, Durchflussventilen oder Motorwicklungen benötigt man oft unterschiedliche Spannungen. Deshalb werden viele Aktoren über 24-V-Gleichstromrelais geschaltet **(Bild 4)**. Im Steuerstromkreis des Relais befindet sich eine Spule, die bei Stromdurchfluss ein Magnetfeld erzeugt, welches durch seine Anziehungskraft die Relaiskontakte in den Lastkreisen betätigt. Der Schließer K1.1 betätigt den Summer und der Öffner K1.2 schaltet die Lampe ab. An Gleichstrom wird kein induktiver Blindwiderstand X_L wirksam, den aber Wechselstromrelais zur Strombegrenzung benötigen.

> An der SPS-Signalgleichspannung von 24 V dürfen keine 24-V-Wechselstromrelais angeschlossen werden.

Zum Bewegen von Werkstücken werden häufig pneumatische Zylinder eingesetzt. Deren Kolben wird über die Druckluft eines Kompressors betätigt **(Bild 5)**. Die Steuerung des Kolbens erfolgt über Ventile, z. B. 5/2-Wege-Ventile. In einem 5/2-Wege-Ventil wird die Druckluft eines Kompressors über zwei mögliche Wege bei fünf Ventilanschlüssen geleitet. Während die Druckluft über den einen Weg in den Zylinder geführt wird, strömt sie über den zweiten Weg aus dem Zylinder zu einer Luftauslassdüse am Ventil. Deren Öffnung ist verstellbar und bestimmt die Geschwindigkeit der Kolbenbewegung. Die Bewegungsrichtung des Kolbens ist über die Magnetschalter S1 oder S2 durch unterschiedliche Ventilstellungen steuerbar. Ist die Kolbenbewegung abgeschlossen, zeigen die Endschalter S3 oder S4 die Kolbenposition an.

> Sensor = Messaufnehmer, Messfühler, der ein elektrisches Signal ausgibt.
> Aktor = Wandelt ein Steuersignal in eine physikalische Größe um.

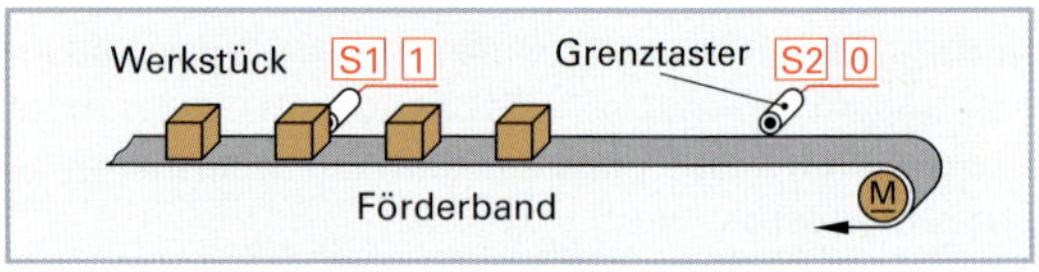

Bild 1: Signale bei Grenztastern

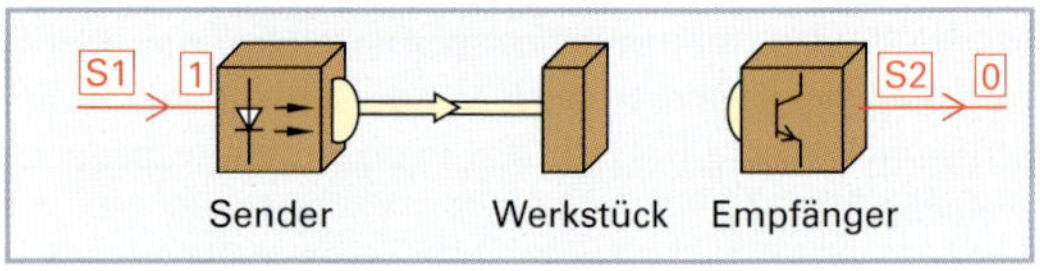

Bild 2: Signal einer Einweglichtschranke

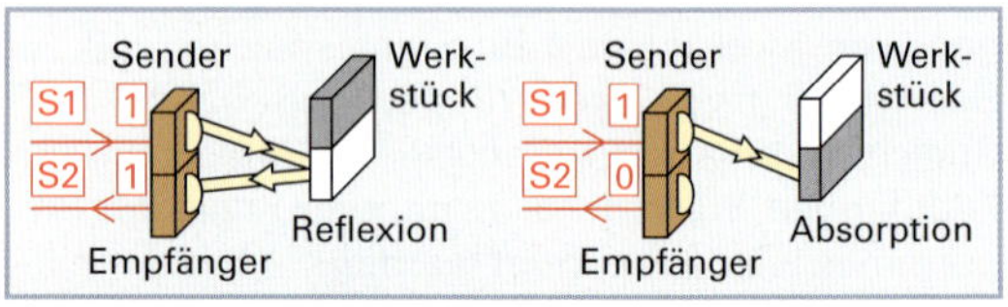

Bild 3: Signale bei einer Reflektorlichtschranke

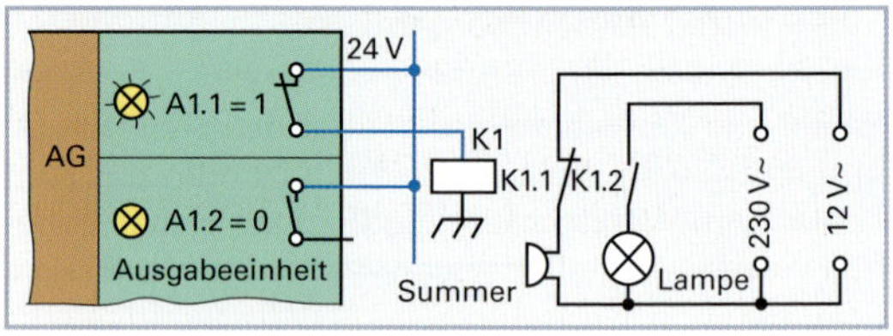

Bild 4: Kontakte eines Relais

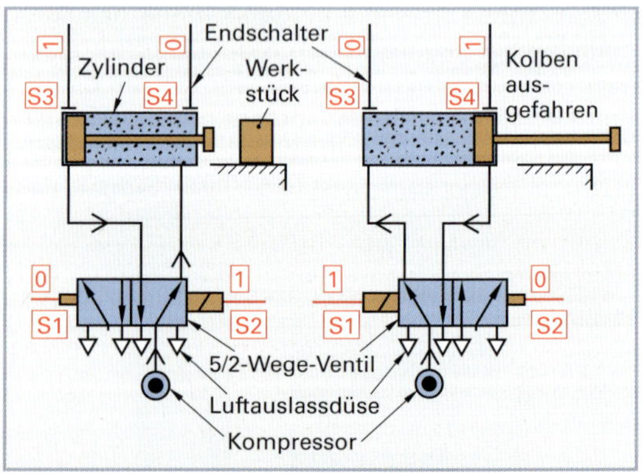

Bild 5: Signale bei einem pneumatischen Zylinder

10.1.3 Programmierung

Zur Programmierung einer SPS stehen die Beschreibungssprachen Funktionsplan **FUP,** Kontaktplan **KOP** und Anweisungsliste **AWL** zur Verfügung **(Tabelle 1).** Bei den verschiedenen SPS-Herstellern sind Abweichungen von der Darstellung nach DIN festzustellen. Aus dem FUP wurde eine Ablaufsprache entwickelt, später kam die Programmierung mit Hochsprachen hinzu.

Der FUP arbeitet mit grafischen Funktionssymbolen, der KOP orientiert sich am Stromlaufplan.

Übung 1

Programmieren Sie die Wechselschaltung **Bild 1**
a) als Funktionsplan, b) als Kontaktplan.

Lösung: **Bild 2, Bild 3**

Die AWL besteht aus Anweisungen, die sequenziell abgearbeitet werden. Eine Anweisung setzt sich zusammen aus einer Operation, z. B. U, einem Operanden, z. B. E1.2. Mit U E1.2 wird das Signal am Eingang E1.2 mit dem letzten Operationsergebnis verundet. Der Parameter 1.2 kennzeichnet die Byteadresse 1 und die Bitadresse 2. Das neu entstehende Operationsergebnis wird dann sofort mit der nächsten Operation verknüpft. Will man ein Operationsergebnis später weiterverwenden, muss es mit einem Merker gespeichert werden, z. B. mit = M1.1.

Übung 2

Programmieren Sie die Wechselschaltung Bild 1 als Anweisungsliste.

Lösung: **Bild 4**

Programmstrukturierung

Durch die Programmierung in Bausteinen wird das Programm strukturiert. Durch eine bedingte oder unbedingte Sprunganweisung, z.B. BA:PB1 (Bausteinaufruf: Programmbaustein1), wird vom Orga-

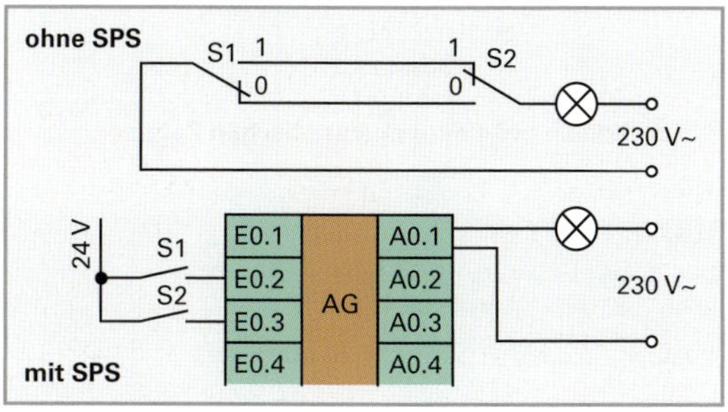

Bild 1: Wechselschaltung

Tabelle 1: SPS-Operationen

Art	FUP	KOP	AWL
UND	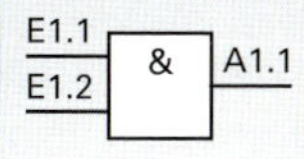	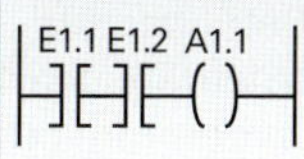	UE1.1 UE1.2 = A1.1
ODER	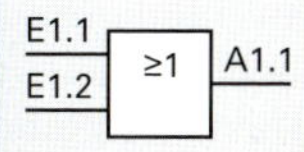	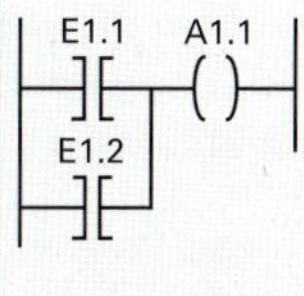	OE1.1 OE1.2 = A1.1 auch UE1.1 OE1.2 =A1.1
NICHT	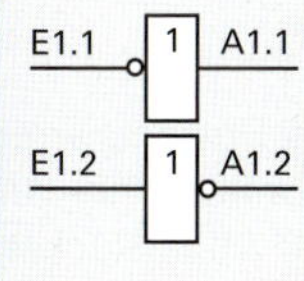	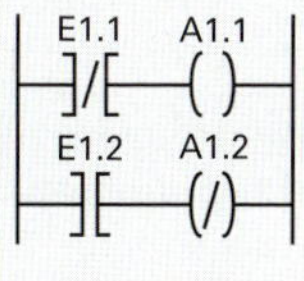	UNE1.1 = A1.1 UE1.2 = NA1.2
Setzen Rücksetzen	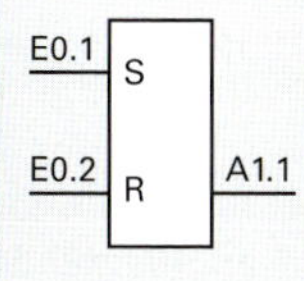	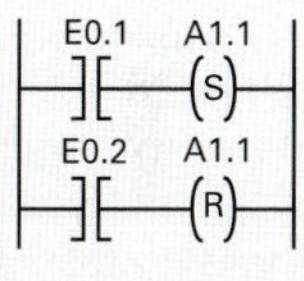	UE0.1 SA1.1 UE0.2 RA1.1

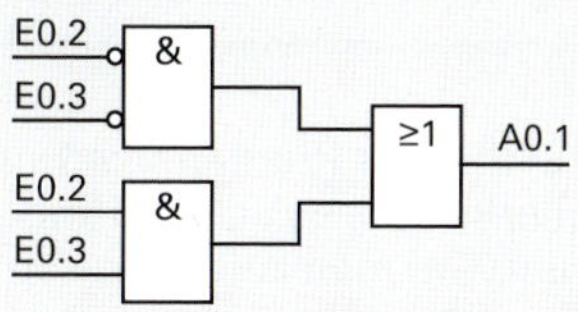

Wertetabelle

E0.2	E0.3	A0.1
0	0	1
0	1	0
1	0	0
1	1	1

Bild 2: Wechselschaltung als FUP

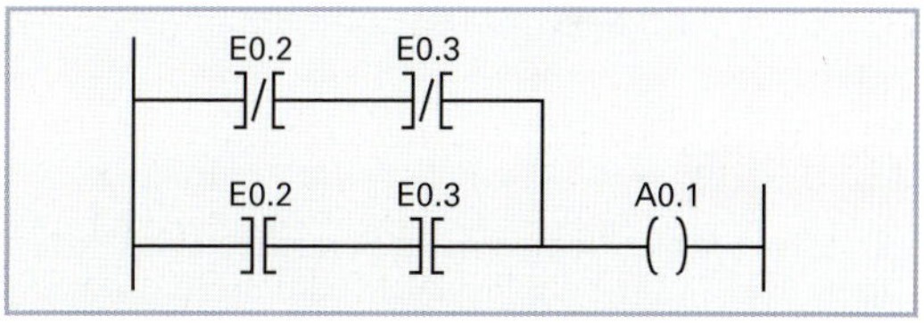

Bild 3: Wechselschaltung als KOP

UN	E0.2	Laden und Invertieren des Signals von E0.2 aus dem Signalspeicher.
UN	E0.3	Verunden mit dem invertierten Signal von E0.3 aus dem Signalspeicher.
=	M1.1	Zwischenspeichern der UND-Verknüpfung im Merker M1.1.
U	E0.2	Laden des Signals von E0.2 aus dem Signalspeicher.
U	E0.3	Verunden mit dem Signal von E0.3 aus dem Signalspeicher.
O	M1.1	Verodern mit dem Zwischenergebnis vom Merker M1.1.
=	A0.1	Ergebnis dem Signalspeicher unter A0.1 zuweisen.

Bild 4: Wechselschaltung als AWL

nisationsbaustein OB1 in ein Unterprogramm gesprungen **(Bild 1).** Mit BE (Bausteinende) erfolgt der Rücksprung. Im PB1 kann z. B. ein Betriebsartenteil mit Betriebsarten wie Automatikbetrieb, Einzelschrittbetrieb und im PB2 das eigentliche Steuerungsprogramm programmiert sein. In Funktionsbausteinen FB sind komplexe Funktionen programmiert, die im Programm häufiger verwendet werden, z. B. Schieberegister, Regler, Codierer. Neben den abgebildeten Bausteinen gibt es noch Datenbausteine DB. Sie enthalten Prozessdaten z. B. in Form von Tabellen oder Meldetexten.

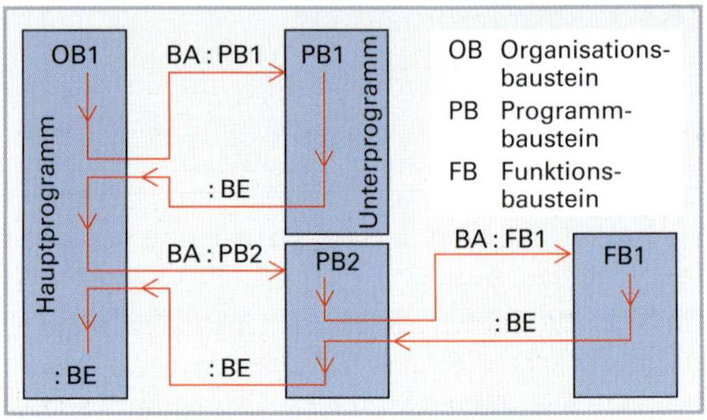

Bild 1: Programmstrukturierung mit Bausteinen

Speicher

Eine SPS unterscheidet zwei Speicherarten **(Bild 2).** Da bei der Programmabarbeitung die zuletzt ausgeführte Anweisung, z. B. R A0.0 (Rücksetze A0.0) den Zustand eines Speichers bestimmt, unterscheidet man rücksetzdominante von setzdominanten Speichern.

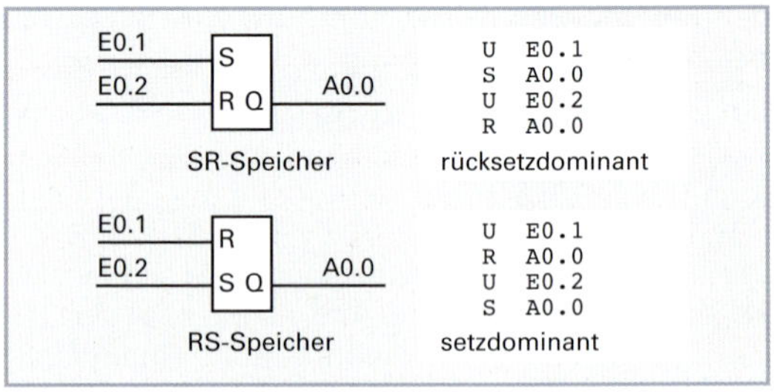

Bild 2: Speicherarten einer SPS

> Liegt an S und R zugleich 1 an, hat der SR-Speicher am Ausgang den Wert 0, der RS-Speicher den Wert 1.

Welcher dieser Speicher bei der Programmierung gewählt wird, hat sicherheitstechnische Gründe. Bei Motoransteuerungen wird man einen rücksetzdominanten Speicher wählen, bei Warnanzeigen dagegen eher einen setzdominanten.

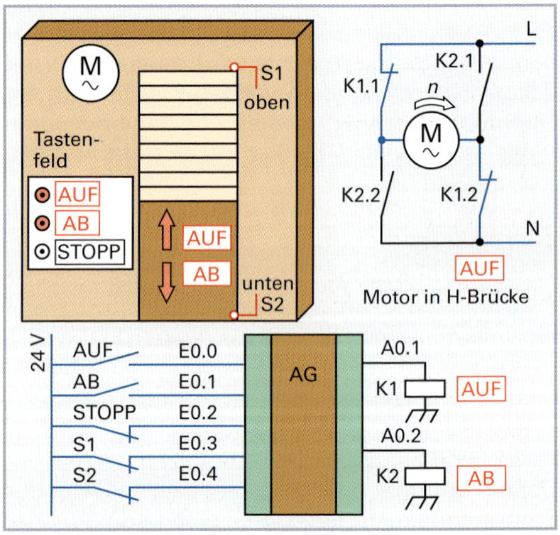

Bild 3: Steuerung eines Rolltores

Übung 1

Erstellen Sie das Programm zur Steuerung eines Rolltores **(Bild 3).** Über ein Tastenfeld wird durch das Antippen der Taster AUF oder AB das Rolltor in Gang gesetzt. Es soll sich dann speichernd so lange bewegen, bis einer der Endschalter S1 (oben) oder S2 (unten) erreicht wird. Durch Tippen auf STOPP wird die Bewegung des Rolltores unterbrochen. Die Taster AUF und AB sind Schließer, die Taster S1, S2 und STOPP dagegen Öffner (Bild 3).

Die Drehrichtung des Rolltormotors wird über Schütze an den Ausgängen A0.1 und A0.2 bestimmt. Der Motor wird dabei in einer H-Brücke über die Schließer der Schütze gesteuert (Bild 3).

Um zu verhindern, dass AUF und AB gleichzeitig in Gang gebracht werden kann, was einen Kurzschluss in der H-Brücke zur Folge hätte, müssen die Bewegungsrichtungen gegeneinander verriegelt werden.

Lösung: **Bild 4**

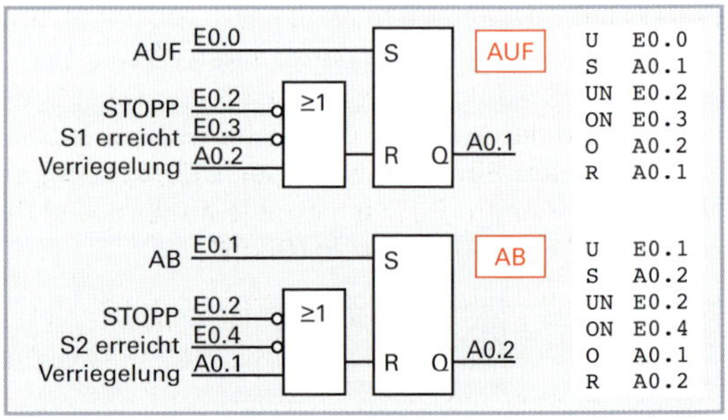

Bild 4: Programm der Rolltorsteuerung

Zähler

Zählfunktionen werden bei einer SPS meist über einstellbare Funktionsbausteine (Softwaremakros) realisiert. Diese unterscheiden sich herstellerbedingt. Zähler können so ausgeführt sein, dass sowohl Vorwärtszählen (ZV) als auch Rückwärtszählen (ZR) möglich ist. Beim Rückwärtszählen wird der Zähler zuvor auf einen Wert voreingestellt, z. B. 200 **(Bild 1)**. Dabei wird der Eingang ZW (Zahlenwert) mit der Konstanten 200 (KZ200) geladen. Danach wird mit jedem Zählimpuls an ZR der Zählerstand um eins vermindert. Ist der Zählerstand vollständig bis null abgearbeitet, erhält der binäre Ausgang Q den Signalwert 1. Dieser Wert bleibt erhalten, bis der Zähler über den Eingang R zurückgesetzt wird.

Bei laufendem Zähler setzt ein Impuls an R den aktuellen Zählerstand auf null. An den Ausgängen DU (dual) und DE (dezimal) kann der aktuelle Zählerstand des laufenden Zählers entnommen werden.

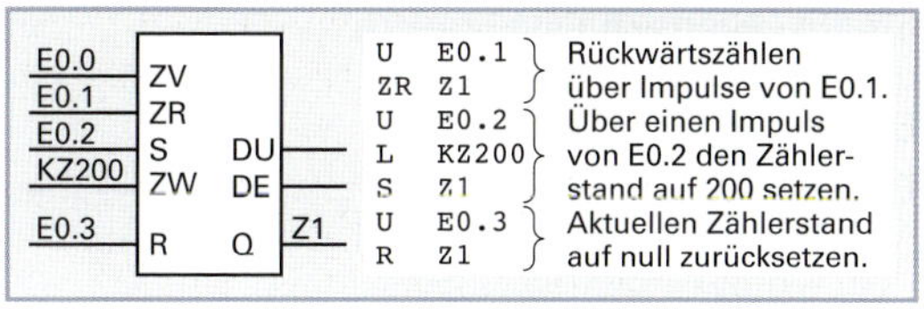

Bild 1: Beispiel einer Zählerprogrammierung

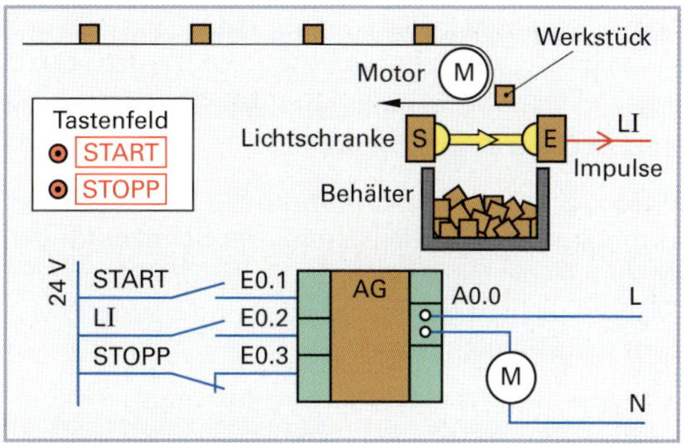

Bild 2: Behälterabfüllung

Übung 1

Ein Behälter soll über ein Förderband mit 200 Werkstücken gefüllt werden **(Bild 2)**. Danach soll der Motor automatisch abgeschaltet werden, damit der Behälter gewechselt werden kann. Mit dem Taster STOPP soll bei Gefahren der Motor angehalten und der Zählerstand zurückgesetzt werden. Programmieren Sie die Steuerung mit einem Rückwärtszähler und den Schaltervorgaben nach Bild 2.

Lösung: **Bild 3**

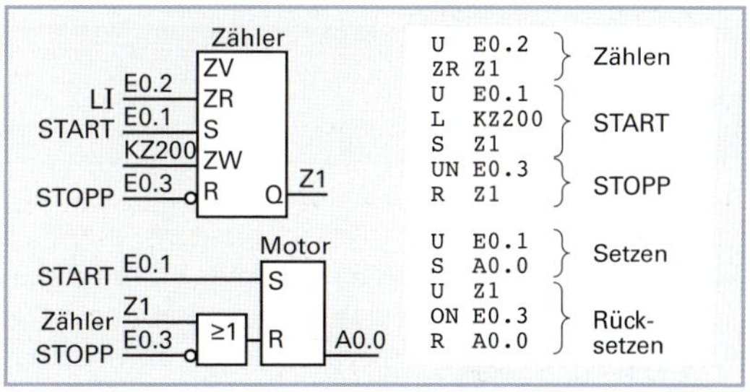

Bild 3: Programm der Behälterabfüllung

Zeiten, Timer

Zur Programmierung von Wartezeiten in einem Prozess stehen abhängig vom SPS-Hersteller unterschiedliche Zeitglieder zur Verfügung **(Tabelle 1)**.

Am häufigsten wird bei der Zeitprogrammierung die Einschaltverzögerung benötigt.

Tabelle 1: Zeitglieder

Art	FUP	AWL
Impulsbildung	1 ⊓	SI
Impulsverlängerung	1 ⊓ V	SV
Einschaltverzögerung	T ⊢⊣ 0	SE
Ausschaltverzögerung	0 ⊢⊣ T	SA

Bei der Einschaltverzögerung SE wird das Zeitglied mit einem Zeitwert geladen, der als Konstante, z. B. KT600.1 (Konstante Timer 600.1), angegeben wird **(Bild 4)**. Die Konstante enthält die Zeitbasis 1 und den Multiplikator 600. Die Zeitbasis 1 entspricht 100 ms **(Tabelle 2)**. Man erhält damit einen Zeitwert von 600 mal 100 ms = 60 Sekunden. Ist die Zeit abgelaufen, wird der Ausgang Q speichernd gesetzt, bis das Signal am Eingang, z.B. über E1.0, zurückgesetzt wird oder ein Rücksetzimpuls am Eingang R, z. B. über E1.1, wirksam wird (Bild 4).

Tabelle 2: Zeitbasen

Zeitbasis	0	1	2	3
Basiswert	10 ms	100 ms	1 s	10 s

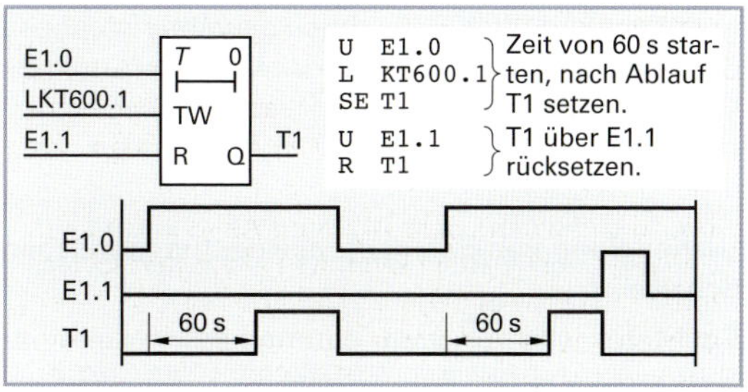

Bild 4: Einschaltverzögerung

10.1.4 Sicherheitsaspekte

Drahtbruchsicherheit

Einschaltkontakte einer SPS können sowohl Schließer als auch Öffner sein **(Bild 1)**. Da ein Drahtbruch zwischen dem betätigten Schließer S2 und dem Automatisierungsgerät Auswirkungen auf das Steuerungsprogramm hat, nicht aber zwischen dem betätigten Öffner S4 und dem Automatisierungerät, müssen aus sicherheitstechnischen Gründen manche Vorgänge in einem Prozess durch das Betätigen eines Schließers, andere durch Betätigen eines Öffners in Gang gesetzt werden.

Wird z. B. bei der Verschrottung ein Pkw mit einem Hubmagneten befördert, muss der Schalter für den Magneten ein Öffner sein, damit bei Drahtbruch der Magnet nicht abgeschaltet wird und niemand verletzt wird **(Bild 2)**.

> Bei der Programmierung eines Speichers liegt Drahtbruchsicherheit vor, wenn die externen EIN-Signale durch Schließer und die externen AUS-Signale durch Öffner erzeugt werden.

NOT-AUS

Auch bei der Betätigung des NOT-AUS-Schalters ist darauf zu achten, welche Aktoren in einem Prozess weiterhin Strom führen müssen, um niemanden zu gefährden. Ist der NOT-AUS-Schalter einmal betätigt worden, darf durch das Rückstellen des NOT-AUS-Schalters der Prozess nicht unmittelbar weiterlaufen. Der Prozess ist zuvor in seine Ausgangsposition, die Grundstellung, zu bringen. Dies geschieht über den Handbetrieb des Betriebsartenteils einer Steuerung.

> Die NOT-AUS-Einrichtung darf kein Programmteil sein, sondern muss ein Schalter sein.

Erdschlusssicherheit

Bei Erdschluss einer Steuerleitung darf der Aktor im Prozess nicht von selbst tätig werden. Dies könnte eintreten, wenn das EIN-Signal von einem Öffner gegeben wird (Bild 2). Es muss gewährleistet sein, dass bei einem Erdschluss der Steuerstromkreis von einer Überstrom-Schutzeinrichtung abgeschaltet wird.

Verriegelung von Schützen (elektromagnetischen Schaltern)

Ein Motor wird zur Drehrichtungsumkehr in einer H-Brücke betrieben (Bild 3, Seite 342). Die SPS-Ausgänge sind gegeneinander verriegelt. Hat der Ausgang A0.1 abgeschaltet, aber der Schützkontakt K1.2 ist verklebt und öffnet nicht mehr **(Bild 3)**, so kann der Schützkontakt K1.1 dadurch auch nicht öffnen, weil alle Schützkontakte über dieselbe Schaltschiene geschaltet werden **(Bild 4)**. Da der Ausgang A0.1 nicht mehr aktiv ist, wird bei Drehrichtungsumkehr A0.2 gesetzt. Die Spule K2 erhält Strom und die Schützkontakte K2.1 und K2.2 schließen. Dadurch entsteht ein Kurzschluss in der H-Brücke (Bild 3).

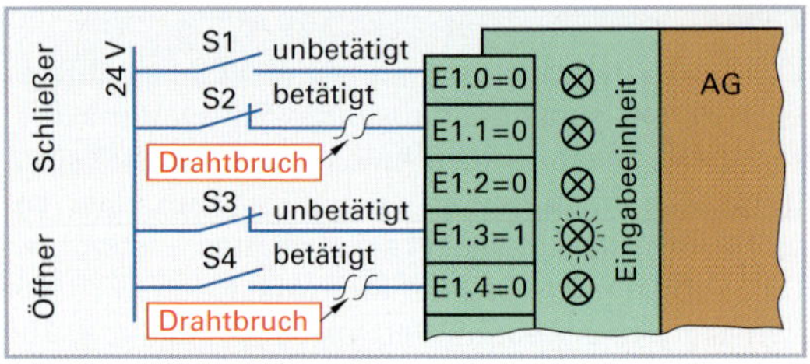

Bild 1: Einschaltkontakte

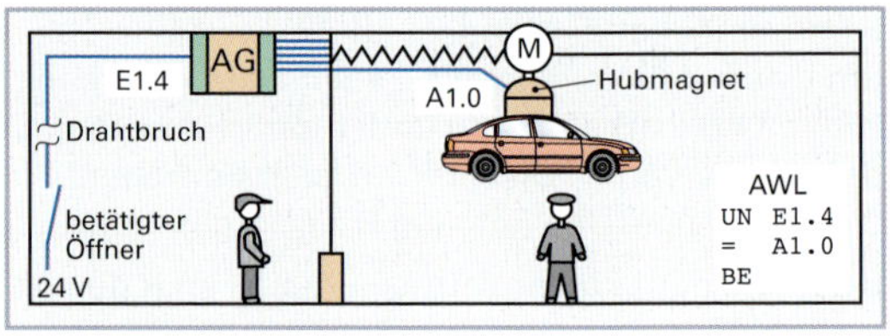

Bild 2: Drahtbruchsicherheit

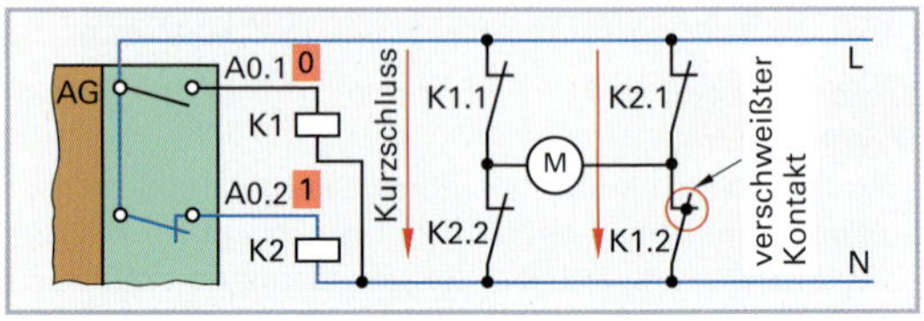

Bild 3: Kurzschluss in H-Brücke

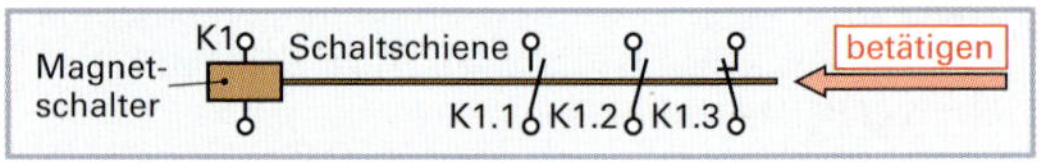

Bild 4: Kontakte eines Schützes

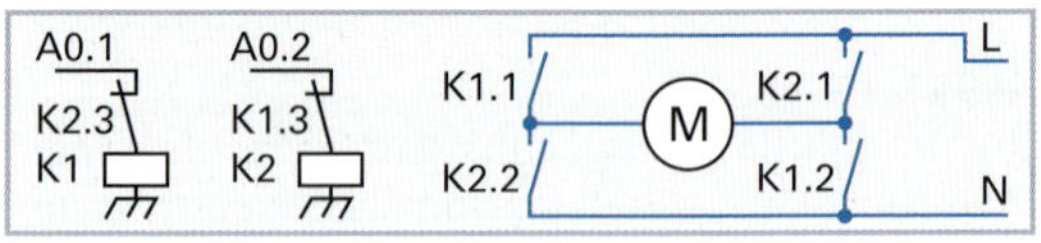

Bild 5: H-Brücke mit Schützverriegelung

> Um Kurzschlüsse zu vermeiden, müssen Schütze hardwaremäßig verriegelt werden.

Durch gegenseitige Öffner in den Steuerleitungen der Schützspulen wird die Verriegelung vorgenommen **(Bild 5)**. Erhält die Spule K1 Strom, wird der Öffner K1.3 betätigt. K2 kann jetzt erst dann betätigt werden, wenn K1 abfällt (unbetätigt ist).

10.1.5 Programm-Entwurfsverfahren

Ablaufsteuerung

Ablaufsteuerungen werden mit einer Schrittkette programmiert **(Bild 1)**. Die Schritte der Schrittkette werden zyklisch durchlaufen.

> Immer nur ein Schritt der Schrittkette ist aktiv.

Ist ein Schritt aktiv und sind die Weiterschaltbedingungen erfüllt, z. B. Endschalter erreicht, wird der nächste Schritt gesetzt **(Bild 2)**. Dieser setzt den vorausgehenden Schritt zurück. Ein gesetzter Schritt löst über seinen Schrittmerker Aktionen im Steuerungsprozess aus, z.B. Lampe an (Bild 1 und Bild 2). Diese Aktionen können nur bei diesem Schritt aktiv sein, also nicht speichernd (N), oder bei mehreren Schritten, speichernd (S). Gespeicherte Aktionen müssen an entsprechender Stelle im Programm zurückgesetzt werden.

> Jeder Schritt wird mit einem SR-Speicher programmiert.

Der Grundschritt, Schritt 0, stellt die Grundstellung eines Programmes dar. Beim Einschalten der Steuerungsanlage muss das Programm in diesen Schritt gelangen **(Bild 3)**.

> Durch den Richtimpuls RI gelangt das Programm beim Einschalten der Steuerung in den Grundschritt.

Diesen Richtimpuls erhält man je nach SPS-Hersteller entweder durch einen speziellen Systemmerker, aus dem Betriebsartenteil oder er wird selbst programmiert.

Um vom Grundschritt in den Schritt 1 zu gelangen, muss die Steuerung freigegeben werden (Programmstart) und der Prozess muss in Grundstellung sein, z. B. alle Lampen aus, alle Motoren aus, Magnetventil geschlossen (Bild 1).

> Die Startbedingungen sind erfüllt, wenn die Anlage in Grundstellung ist und die Steuerung mit START freigegeben wird.

Die Ampelanlage **(Bild 4)** stellt eine Ablaufsteuerung dar. In der Grundstellung des Programmes (Schritt 0 der Schrittkette) sind alle Lampen aus. Beim Einschalten der Steuerung setzt ein Richtimpuls, z. B. über den entsprechend programmierten Merker M20.1, das Programm in diesen Grundschritt.

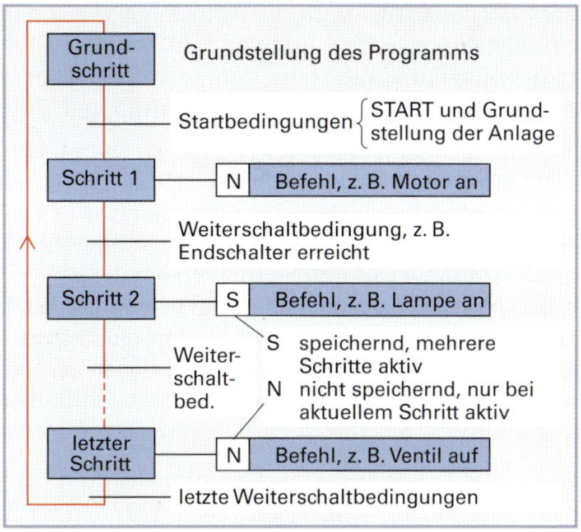

Bild 1: Schrittkette nach IEC 1131

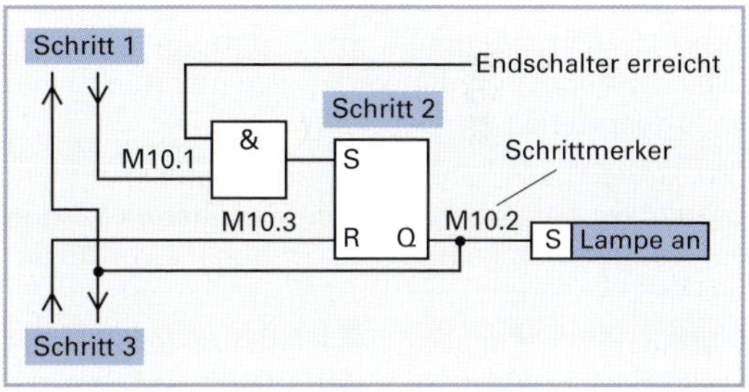

Bild 2: FUP für den Schritt 2

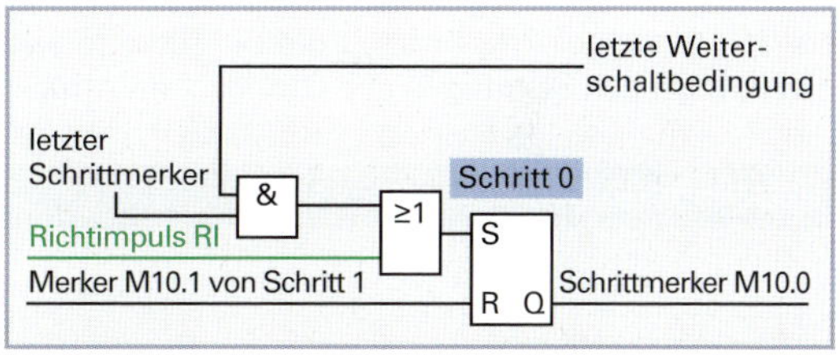

Bild 3: Grundschritt im FUP

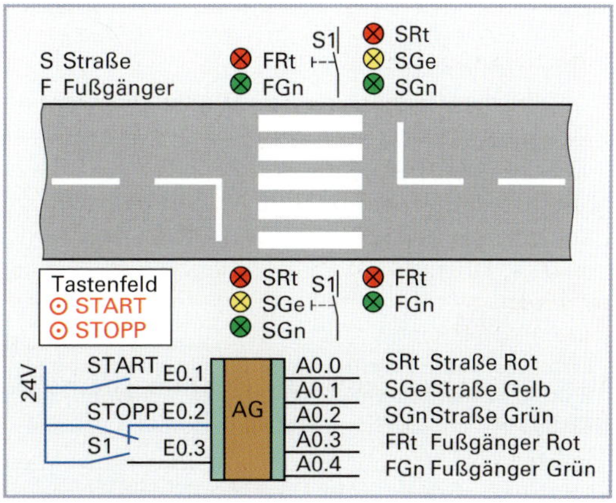

Bild 4: Fußgängerampel

Der Schalter START setzt die Ampelanlage aus der Grundstellung in ihre Ruhelage, in der die Fahrzeuge fahren und die Fußgänger warten. Die Lampen SGn (Straße Grün) und FRt (Fußgänger Rot) leuchten (Schritt 1, **Tabelle 1**).

Will ein Fußgänger die Straße überqueren, muss er den Taster S1 betätigen. Der Tastvorgang wird von einem Tastenspeicher erfasst und als Merker M1.1 gespeichert. Dieser setzt den zeitgesteuerten Teil der Schrittkette in Gang. Die Merker von Schritt 1 bis Schritt 7 der Schrittkette schalten die Lampen so, dass die entsprechenden Ampelphasen entstehen (Tabelle 1). Mit dem Setzen der 1. Rotphase (Schritt 3) wird der Tastenspeicher gelöscht. Danach steht er erneut für die Erfassung eines weiteren Tastsignals von S1 zur Verfügung.

Sind alle Ampelphasen durchlaufen, gelangt die Steuerung über die Grundstellung wieder in die Ruhephase (Schritt 1, Tabelle 1). Der Merker vom Schritt 0 ist immer genau eine Programmzykluszeit aktiv, was aber von den Verkehrsteilnehmern nicht wahrgenommen werden kann.

Die Ampelphase Fahren (Schritt 7, Tabelle 1) dient dazu, dass bei Dauerbetätigen des Tasters S1 den Fahrzeugen wenigstens eine Grünphase von 10 Sekunden ermöglicht wird. Bei Dauerbetätigen von S1 beträgt nämlich die Ruhephase der Ampel wie der Grundschritt nur eine Programmzykluszeit.

Der Taster STOPP des Bedienfeldes (Bild 4, vorhergehende Seite) ist wegen der Drahtbruchsicherheit als Öffner ausgeführt. Er setzt die Schrittkette aus jeder möglichen Stellung in den Grundschritt zurück.

Tabelle 1: Ampelphasen

Schritt	Ampelphase	Lampensignale SRt	SGe	SGn	FRt	FGn	Zeitdauer
0	Grundstellung	0	0	0	0	0	Zykluszeit
1	Ruhephase	0	0	1	1	0	bis S1 betätigt
2	1. Gelbphase	0	1	0	1	0	2 s
3	1. Rotphase	1	0	0	1	0	2 s
4	Gehen	1	0	0	0	1	5 s
5	2. Rotphase	1	0	0	1	0	5 s
6	2. Gelbphase	1	1	0	1	0	1 s
7	Fahren	0	0	1	1	0	10 s

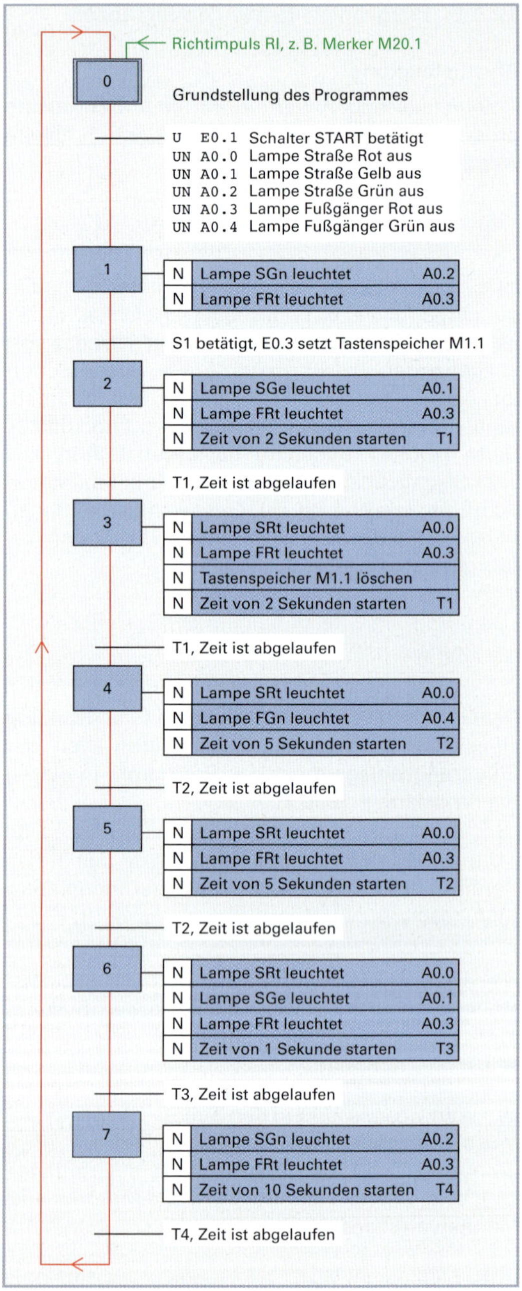

Bild 1: Schrittkette Fußgängerampel

Übung 1

Erstellen Sie die Schrittkette für die Fußgängerampel (Bild 4, vorhergehende Seite). Durch Betätigen des Tasters S1 soll die Schrittkette zeitgesteuert werden (Tabelle 1).

Lösung: **Bild 1**

Übung 2

Wandeln Sie die Schrittkette in einen FUP und eine AWL um. Dabei soll der Taster STOPP (Öffner E0.2) das Programm in die Grundstellung setzen (Schritt 0).

Lösung: **Bild 1, folgende Seite**

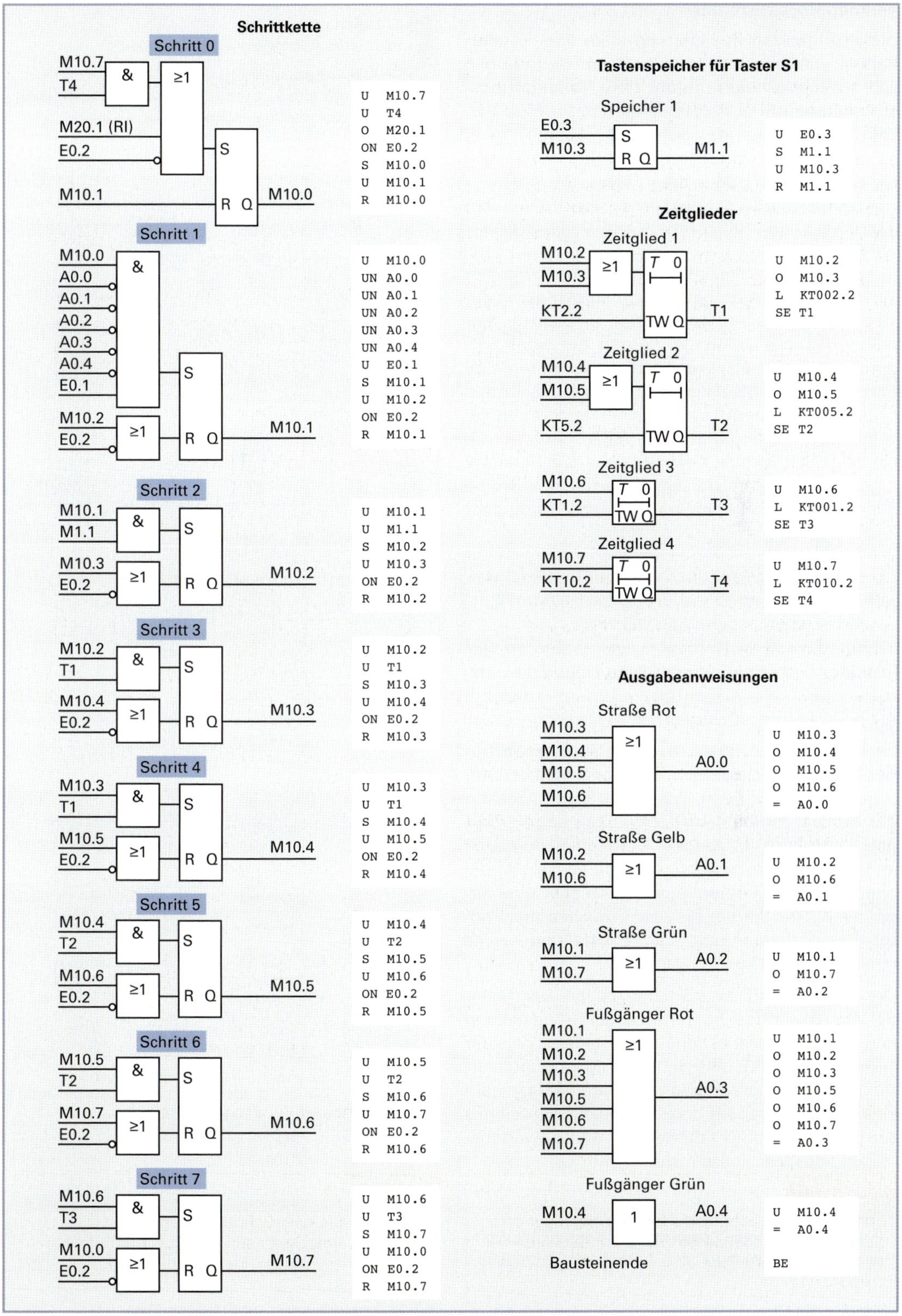

Bild 1: Funktionsplan (FUP) und Anweisungsliste (AWL) der Ampelsteuerung

Verknüpfungssteuerung

Steuerungen mit Speicherverhalten oder Zeitverhalten, die aber nicht wie Ablaufsteuerungen schrittweise arbeiten, nennt man Verknüpfungssteuerungen. Eine Aufzugsteuerung ist eine Verknüpfungssteuerung, weil der Aufzug nicht zeitgeführt oder vom Prozess geführt immer wieder den gleichen Zyklus durchläuft.

Eine Verknüpfungssteuerung läuft nicht zyklisch in Schritten ab.

Verknüpfungssteuerungen zeichnen sich durch Zustände aus, die sie zu bestimmten Zeitpunkten einnehmen. Diese Zustände werden bei einer SPS durch SR-Speicher verwirklicht, welchen wie den Schritten einer Ablaufsteuerung Merker zugeordnet sind. Um von einem Zustand in den anderen zu gelangen, sind Bedingungen zu erfüllen, genauso wie bei einer Schrittkette. Deshalb kann eine Verknüpfungssteuerung mit derselben Symbolik wie eine Schrittkette beschrieben werden. Diese heißt aber Zustandsgraph.

Der Zustandsgraph beschreibt, unter welchen Bedingungen eine Steuerung von einem Zustand in einen anderen gesetzt wird.

In jedem Zustand können mithilfe eines Zustandsmerkers Befehle ausgegeben werden und damit Aktionen ausgelöst werden.

Eine einfache Aufzugsteuerung ist die eines Aufzuges für zwei Stockwerke, z. B. eines Baustellenaufzuges **(Bild 1)**. Mit den Tastern AUF und AB kann der Aufzug von beiden Stockwerken angefordert oder weggeschickt werden. Der Aufzug soll auch angefordert werden können, wenn er noch in die andere Richtung unterwegs ist, soll aber eine begonnene Fahrt immer bis zum Erreichen des Endschalters fortsetzen und in der Endstellung jeweils mindestens 3 Sekunden verweilen.

Der Taster START aktiviert die Anlage, der Taster STOPP versetzt das Programm in die Grundstellung und unterbricht alle Aktionen. Die Steuersignale der Taster AUF und AB müssen mit Tastenspeichern erzeugt werden. Diese müssen softwaremäßig gegeneinander verriegelt werden, damit ein gleichzeitiges Auslösen der Aufwärtsbewegung und Abwärtsbewegung ausgeschlossen wird.

Übung 1

Entwerfen Sie für die Steuerung des Baustellenaufzuges einen Zustandsgraphen mithilfe der Symbolik nach IEC1131.

Lösung: **Bild 2**

Ablaufsteuerung =
zyklisches Abarbeiten einer Schrittkette

Verknüpfungssteuerung =
Verändern eines Zustandes durch Signaleingaben und Weiterschaltbedingungen.

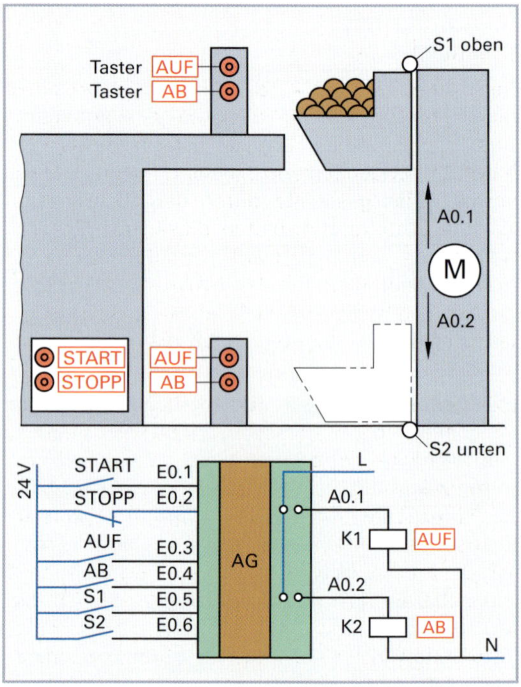

Bild 1: Steuerung eines Baustellenaufzuges

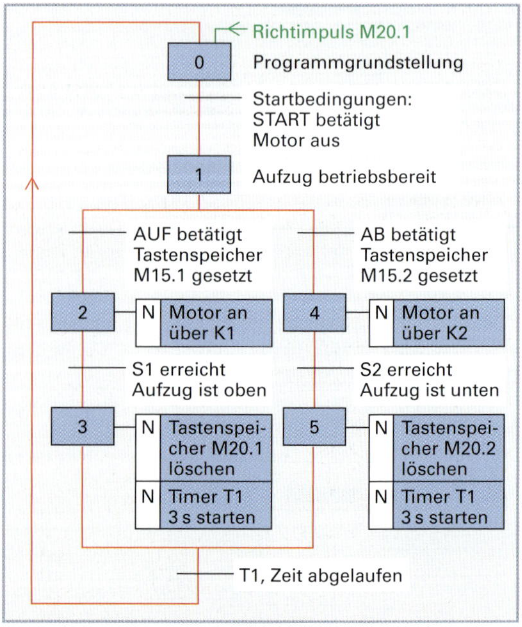

Bild 2: Zustandsgraph zur Steuerung des Baustellenaufzuges

Übung 1

Wandeln Sie den Zustandsgraphen der Steuerung des Baustellenaufzuges in den FUP und in die AWL um.

Lösung: **Bild 1**

Richtimpuls

Beim Anlegen einer Ablaufsteuerung oder einer Verknüpfungssteuerung an die Betriebsspannung muss die Grundstellung des Programmes, der Schritt 0 oder der Zustand 0, bedingungslos gesetzt werden. Dies geschieht durch den Richtimpuls. Manche Steuerungen bieten diesen als Spezialmerker an, z. B. M128.0. Dieser wird dann im ersten Programmdurchlauf mit der Anweisung RLM128.0 auf den Wert 0 zurückgesetzt **(Tabelle 1).** Diesen Signalwert behält der Merker bei, bis die Anlage abgeschaltet wird.

Erzeugt eine SPS keinen eigenen Richtimpuls beim Einschalten, so muss dieser programmiert werden, z. B. Merker M20.1 (Tabelle 1). Im ersten Programmzyklus erhalten die Merker M20.0 und M20.1 den Signalwert 1. Im zweiten Programmzyklus erhält der Merker M20.1 den Wert null. Damit können sich die Merker nicht mehr gegenseitig verändern und behalten ihre Wertzuweisungen bei, bis die Versorgungsspannung abgeschaltet wird. Voraussetzung dabei ist, dass der Merker M20.0 ein nichtremanenter Merker ist. Meist verfügt eine SPS auch über remanente Merker, die bei Netzausfall ihren Signalwert behalten.

Die Programmierung eines Richtimpulses ist nur mit nichtremanenten Merkern möglich.

Tabelle 1: Richtimpulse

Systemmerker	programmierter Merker
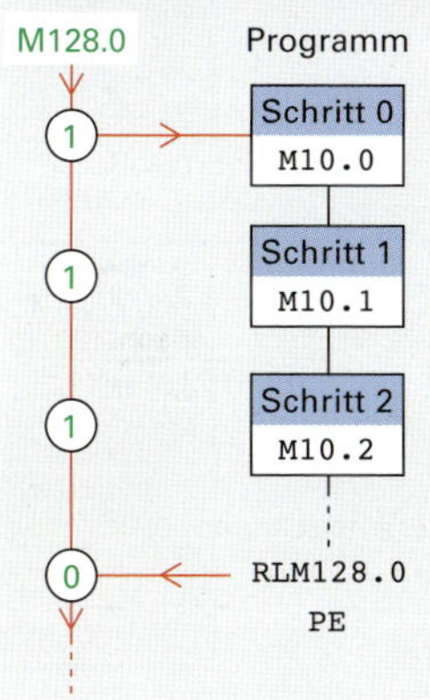	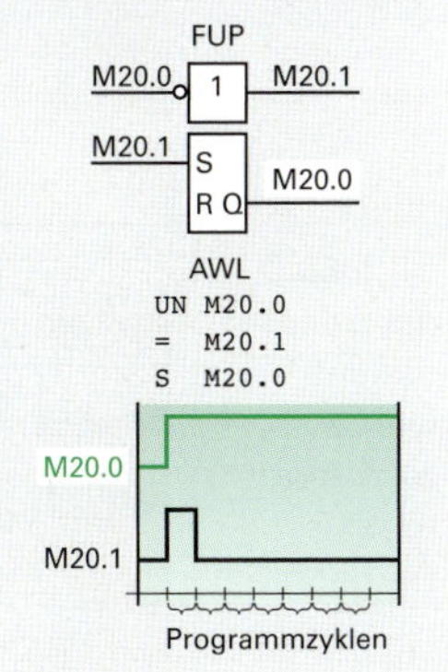

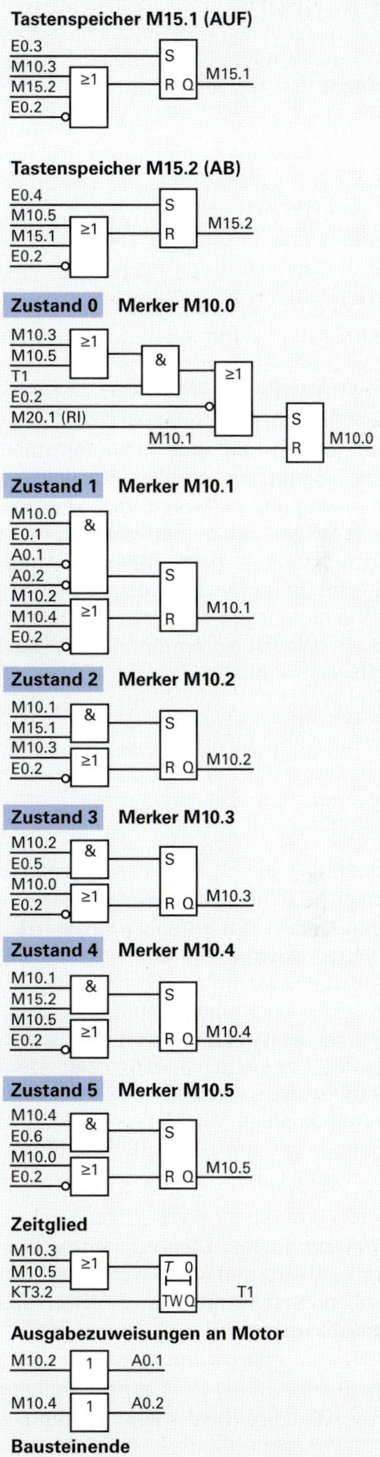


```
U  E0.3
S  M15.1
U  M10.3
O  M15.2
ON E0.2
R  M15.1

U  E0.4
S  M15.2
U  M10.5
O  M15.1
ON E0.2
R  M15.2

U  M10.3
O  M10.5
U  T1
ON E0.2
O  M20.1
S  M10.0
U  M10.1
R  M10.0

U  M10.0
U  E0.1
UN A0.1
UN A0.2
S  M10.1
U  M10.2
O  M10.4
ON E0.2
R  M10.1

U  M10.1
U  M15.1
S  M10.2
U  M10.3
ON E0.2
R  M10.2

U  M10.2
U  E0.5
S  M10.3
U  M10.0
ON E0.2
R  M10.3

U  M10.1
U  M15.2
S  M10.4
U  M10.5
ON E0.2
R  M10.4

U  M10.4
U  E0.6
S  M10.5
U  M10.0
ON E0.2
R  M10.5

U  M10.3
O  M10.5
L  KT003.2
SE T1

U  M10.2
=  A0.1
U  M10.4
=  A0.2

BE
```

Bild 1: FUP und AWL des Zustandsgraphen

10.2 Steuern, Regeln und Messen mit dem PC

10.2.1 Steuern mit dem PC

Steuern mit dem PC kann über unterschiedliche Baugruppen wie Automatisierungsgeräte, PCI (von personal computer interfaces = Geräte, die an der Schnittstelle eines PC betrieben werden) oder PC-Karten erfolgen. Diese Baugruppen verfügen oft über eigene Prozessoren und werden je nach Art an eine der verschiedenen Schnittstellen des PC angeschlossen.

Steuern über die serielle Schnittstelle

An der seriellen Schnittstelle wird z. B. ein Automatisierungsgerät **(Bild 1)** oder eine Mikrocontrollerplatine **(Bild 2)** angeschlossen. Der PC dient zur Programmerstellung und zur Übertragung des Programmes in den Speicher des angeschlossenen Automatisierungsgerätes oder Mikrocontrollersystems. Bei der Datenübertragung werden die Datenbits nacheinander auf einem Leiter übertragen **(Tabelle 1)**. Die Übertragung erfolgt nach einem bestimmten Protokoll, z. B. dem XON/XOFF-Protokoll.

Das Übertragungskabel besitzt nur wenige Leiter, z. B. 3 oder 4. Die mögliche Länge der Übertragungsstrecke hängt von der gewählten Übertragungsgeschwindigkeit ab, z.B. 30 m bei 19,2 kbit/s.

Die serielle Schnittstelle von Automatisierungsgeräten ist meist eine 20-mA-Linienstromschnittstelle bzw. TTY-Schnittstelle. Ihre Signale werden nicht über einen Spannungspegel sondern über eine eingeprägte Stromstärke festgelegt. Deshalb müssen die Signale bei der Datenübertragung umgesetzt werden (Bild 1). Die 20-mA-Linienstromschnittstelle ist unanfälliger für Störungen bei elektromagnetisch eingekoppelten Störspannungen und verhindert somit Übertragungsfehler. Mit ihr lassen sich größere Entfernungen als mit der USB-Schnittstelle oder V.24-Schnittstelle überbrücken, z. B. 100 m bei 19,2 kbit/s.

Die Programmierung eines Steuerungsprozesses am PC erfolgt bei Automatisierungsgeräten mithilfe von speziellen Softwarepaketen der Hersteller von Automatisierungsgeräten (vgl. Abschnitt 10.1). Bei einer Mikrocontrollerplatine erfolgt die Programmierung in einer höheren Programmiersprache, meist in C. Ein C-Compiler wandelt dabei das C-Programm in die Assembler-Sprache des eingesetzten Mikrocontrollers, z. B. 80535, um. Die Steuerung des Prozesses erfolgt dann weitest gehend unabhängig vom PC.

Steuern =
Einstellen von Ausgangsgrößen einer Steuerung ohne dass diese zu den Eingängen rückgekoppelt wird.

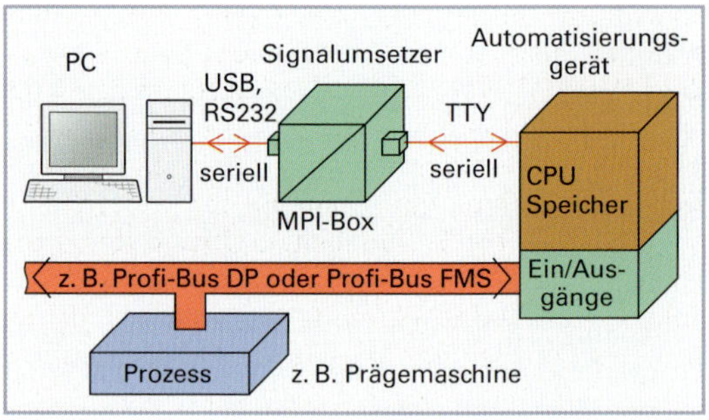

Bild 1: Steuern über ein Automatisierungsgerät

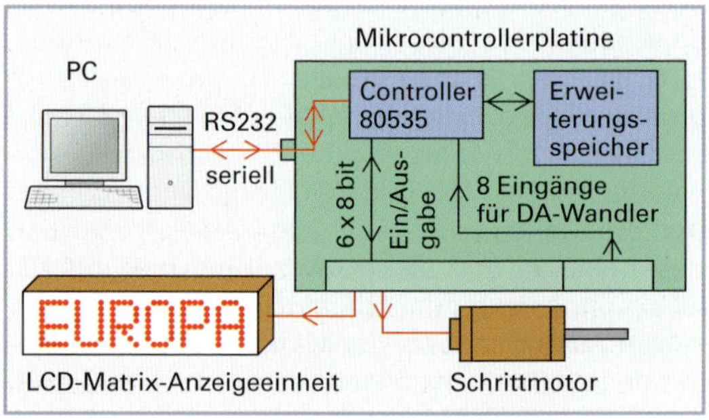

Bild 2: Steuern über eine Mikrocontrollerplatine

Tabelle 1: Serielle Übertragungen (Beispiele)

Art	Signalfluss, Steckerbelegung
PC sendet Daten nach dem XON/XOFF-Protokoll	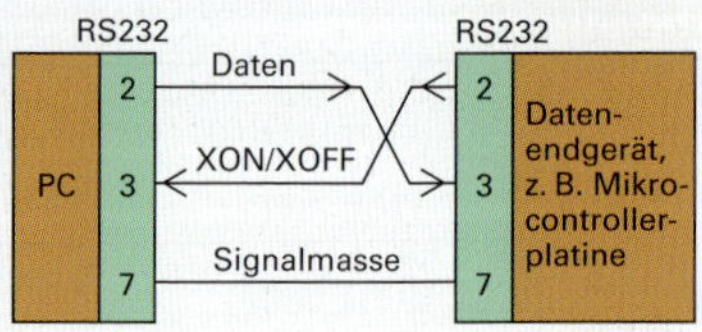
Signalumsetzer sendet Daten zum Automatisierungsgerät	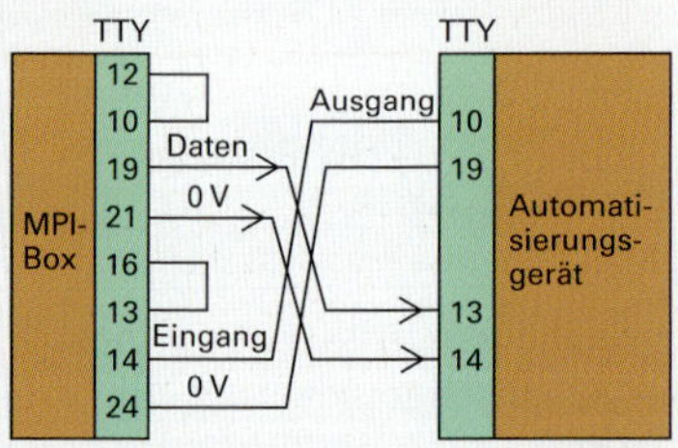

Steuern über die parallele Centronics-Schnittstelle

Die parallele Schnittstelle des PC, auch Centronics-Schnittstelle oder Druckerschnittstelle genannt, ist in der ursprünglichen Betriebsart NORMAL ein reiner Ausgabeport, d.h. auf den 8 Datenleitern können gleichzeitig 8 Signale nur in eine Richtung übertragen werden. Die Übertragung erfolgt über eine Ein/Ausgabeplatine mit einem Druckerkabel **(Bild 1)**. Im PC sind dem Druckeranschluss drei 8 bit breite Ports zugeordnet **(Bild 2)**. Die Ausgabe der 8 bit erfolgt über den Daten-Port. Beim Steuer-Port werden allerdings nur 4 Signalleiter benutzt und beim Status-Port 5 Signalleiter. Über 4 der 5 Signalleiter des Status-Ports kann mit einem Demultiplexer, z. B. 74LS244, ein 8-Bit-Datenwort durch serielles Einlesen von jeweils 4 bit gleichzeitig in den PC übertragen werden. Die Steuerung des Demultiplexers erfolgt über ein Steuersignal (Bild 1). Die Ein/Ausgabeplatine dient darüber hinaus dazu, die Leistung der Ausgangssignale mit Leistungstreibern, z. B. Transistoren, zu verstärken und die PC-Eingänge vor Zerstörung zu schützen. Der Übertragungsweg über die Centronics-Schnittstelle beträgt nur wenige Meter.

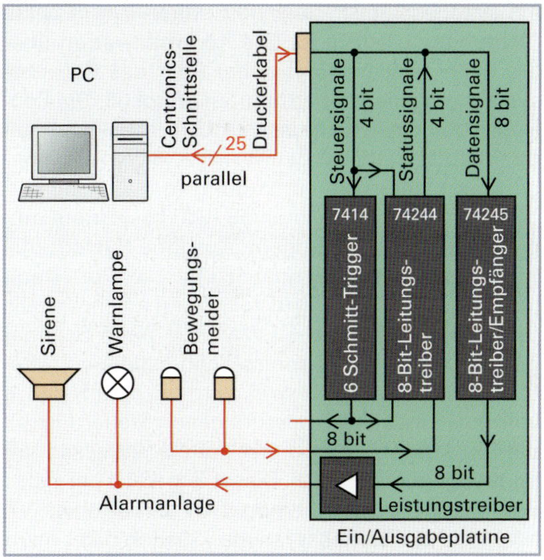

Bild 1: Steuern einer Alarmanlage über die Centronics-Schnittstelle in der Betriebsart NORMAL

Die Programmierung der Ports erfolgt meist in einer höheren Programmiersprache, z. B. in PASCAL oder C, wobei direkt auf die Adressen der drei Ports zugegriffen wird. Die Ausgabe auf einen Port mit DELPHI, VISUAL BASIC oder PASCAL erfolgt mit der Anweisung PORT. So gibt die Anweisung

```
PORT[data]:=$23
```

das Datenbyte 0010 0011 auf den Daten-Port aus. Für `data` muss die Portadresse angegeben werden, z.B. #378.

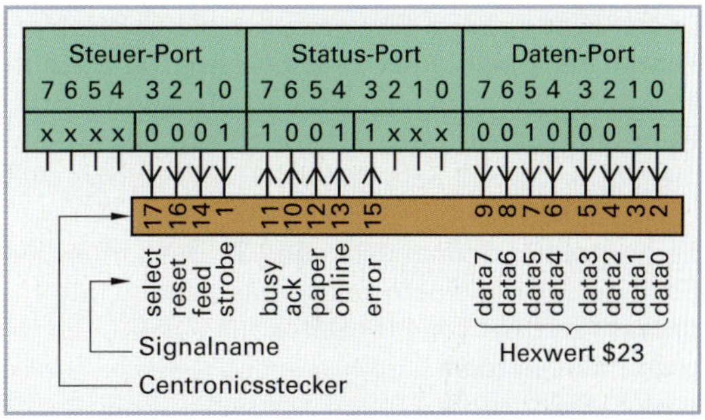

Bild 2: Signalzuweisung an der Centronics-Schnittstelle in der Betriebsart NORMAL

Übung 1

Verodern Sie das obige Datenbyte $23 so, dass am Daten-Port das Byte 1110 0111 ausgegeben wird.

Lösung:

`PORT[data] := PORT[data] OR $C4`, **Tabelle 1**.

Übung 2

Ändern Sie das Datenbyte $E7 von Übung 1 mit der Exklusiv-Oder-Operation so um, dass Bit 3 und Bit 7 ihren Signalwert vertauschen.

Lösung:

`PORT[data] := PORT[data] XOR $88`, **Tabelle 1**.

Tabelle 1: Ausgaben an den Daten-Port

bitweise OR		bitweise XOR	
binär	hex	binär	hex
0010 0011	$ 23	1110 0111	$ E7
1100 0100	$ C4	1000 1000	$ 88
1110 0111	$ E7	0110 1111	$ 6F

An der Centronics-Schnittstelle werden Geräte verwendet, die einen bidirektionalen Datenaustausch mit dem PC führen. Dazu gehören, z. B. Brenn- und Lesegeräte für programmierbare elektrische Schaltkreise, Scanner oder Drucker **(Bild 1)**. Die Schnittstelle muss so gesteuert werden, dass ein Datenaustausch über den Daten-Port in beide Richtungen möglich ist. Die Kommunikation über die Schnittstelle erfolgt dabei über das Betriebssystem mit einem Übertragungsprotokoll. Die Centronics-Schnittstelle muss vom Betriebssystem anders konfiguriert werden. Wird z. B. ein Scanner gesteuert, der in die Verbindung zum Drucker eingeschleift wird, muss im BIOS (von basic input output system = Basis-Eingabe-Ausgabe-System) die Betriebsart EPP (von Enhanced Parallel Port = aufgewertete parallele Anlaufstelle) für die Schnittstelle gewählt werden (Bild 1). Während beim Scanner oder Drucker die Centronics-Schnittstelle vom Betriebssystem gesteuert wird, wird bei der im Bild 1, vorhergehende Seite, beschriebenen Steuerung mit der Ein/Ausgabekarte direkt auf die Adressen der Ports zugegriffen **(Bild 2)**. Dieser Zugriff ist bei vielen Betriebssystemen nicht möglich, z. B. Windows NT, oder aber die Betriebssysteme arbeiten nicht mehr stabil.

Bei vielen Betriebssystemen ist der direkte Zugriff auf die Portadressen nicht möglich.

Deshalb ist es beim Steuern über die Centronics-Schnittstelle, wie auch bei den anderen Schnittstellen des PC, sinnvoll, den Zugriff über die Software-Schnittstelle des Betriebssystems vorzunehmen, z. B. die API-Schnittstelle von Windows (API von application programming interface = Anwenderprogramm-Schnittstelle, **Bild 3**). Dazu muss die Schnittstelle mit einem selbsterstellten Treiberprogramm, z. B. mit C++BUILDER oder VISUAL C, programmiert werden.

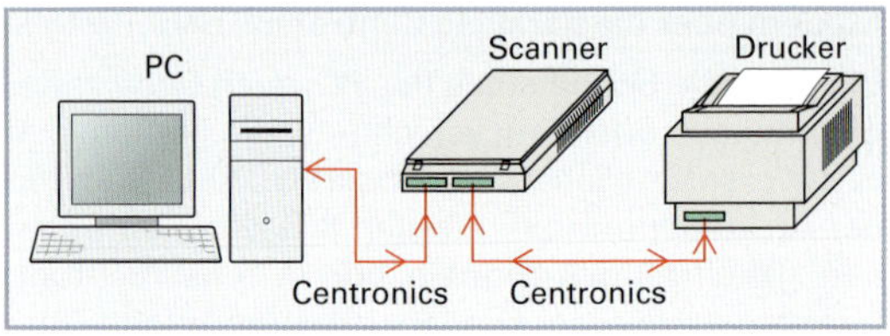

Bild 1: Steuern über die Centronics-Schnittstelle in der Betriebsart EPP

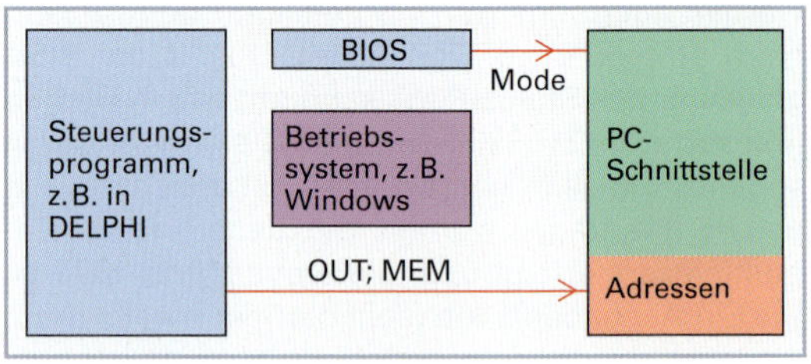

Bild 2: Direkter Zugriff auf Portadressen

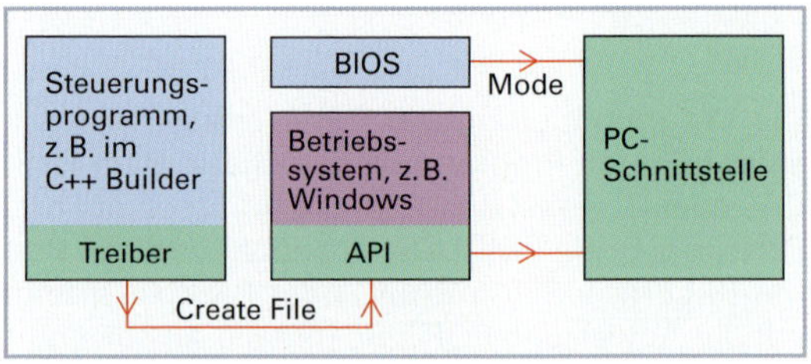

Bild 3: Zugriff auf PC-Schnittstelle über das Betriebssystem

Steuern über einen PC-Slot

Die PC-Slots (PC-Steckplätze) befinden sich auf der Hauptplatine des PCs. Zur Steuerung über diese Schnittstellen muss das PC-Gehäuse geöffnet werden und die Einsteckkarte eingebaut und konfiguriert werden, z. B. eine Multifunktions-Ein/Ausgabekarte **(Bild 4)**. Es gibt Karten für den ISA-Steckplatz (von industry standard architecture = Industrie Standard Architektur) und den PCI-Steckplatz (von personal computer interface). Der ISA-Bus verarbeitet nur 16 bit parallel, der PCI-Bus dagegen 32 bit. Außerdem wird der PCI-Bus schneller getaktet.

Mit einer Multifunktions-Ein-/Ausgabekarte, z.B. für den ISA-Steckplatz, kann nicht nur gesteuert, sondern auch geregelt und gemessen werden, da eine solche Karte über viele digitale und analoge Eingänge und Ausgänge verfügt **(Bild 1)**. Diese werden

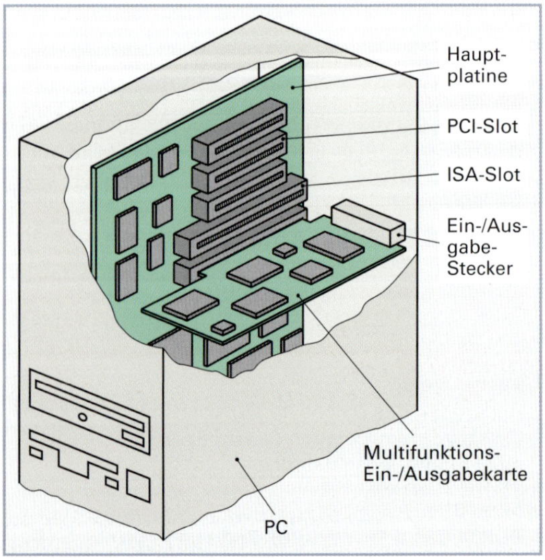

Bild 4: Steuern über einen PC-Slot

über ein Bus-Kabel aus dem PC geführt und mit dem Steuerungsprozess verbunden. Die Pinzahl des Bus-Steckers, z. B. 50-poliger SUB-D-Stecker, und die Signalbelegung hängen von der Leistungsfähigkeit der Karte und von den Normen des Herstellers ab. Beim Stecken des Anschlusskabels unter Spannung können statische Entladungen auftreten und die Hardware der Platine schädigen.

Der Sub-D-Stecker darf nur im spannungslosen Zustand in die Buchse der Karte gesteckt werden.

Die analogen Eingänge, z. B. 16 Kanäle, sind an die ISA-Schnittstelle des PC optisch gekoppelt, d.h. galvanisch getrennt (Bild 1). Der Multiplexer liest von den Eingangskanälen nacheinander Spannungswerte ein, welche anschließend von einem Analog-Digital-Umsetzer in Datenworte umgesetzt werden. Die Einstellung des Umsetzers erfolgt über einen vom Kartenhersteller konfigurierten ASIC (von Application Specified Integrates Circuit = anwenderspezifischer integrierter Schaltkreis), z. B. einem FPGA (von Field Programmable Gate Array = feldprogrammierbare Gatteranordnung). So kann im Single-ended-Betrieb (Ein-Ende-Betrieb) an jeden Kanal ein Messobjekt angeschlossen werden **(Bild 2)**. Freie Kanäle müssen an Masse gelegt werden. Im differenziellen Betrieb stehen jedem Messobjekt ein Pluseingang und ein Minuseingang zur Verfügung **(Bild 3)**.

Die analogen Ausgänge, z. B. 4 Kanäle, weisen je nach Kartenarchitektur stärkere oder weniger starke hochfrequente Störungen durch den Digitalteil der Karte auf. Diese Störungen können durch RC-Tiefpässe vor den Verbrauchern minimiert werden **(Bild 4)**.

Die Programmierung einer Steuerung am PC über die Karte erfolgt mit der Software des Herstellers. Im Softwarepaket sind auch Treiber zur Anpassung der Karte an den Rechner, an das Betriebssystem und Softwareschnittstellen für spezielle Programmiersprachen enthalten, z. B. für HP-VEE oder LabView.

WV

Wiederholung und Vertiefung

1. **Was versteht man unter der Betriebsart EPP bei der Centronics-Schnittstelle?**
2. **Wie ist eine Multifunktions-Ein/Ausgabekarte prinzipiell aufgebaut?**
3. **Worin unterscheidet sich die Messung im Single-ended-Betrieb von der im differenziellen Betrieb?**

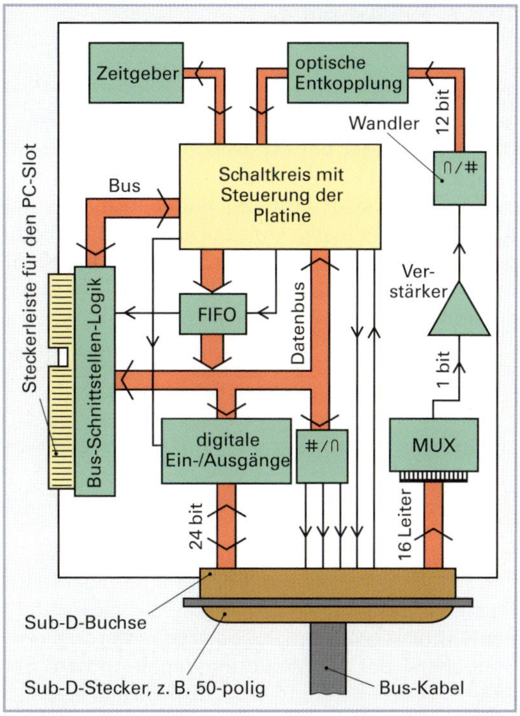

Bild 1: Struktur einer Multifunktions-Ein-/Ausgabekarte

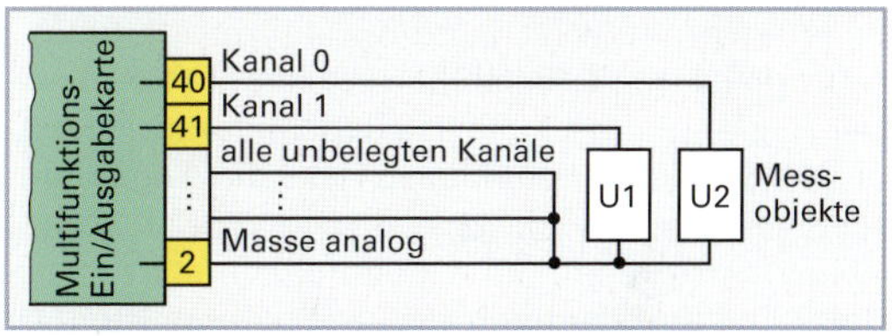

Bild 2: Messungen im Single-ended-Betrieb

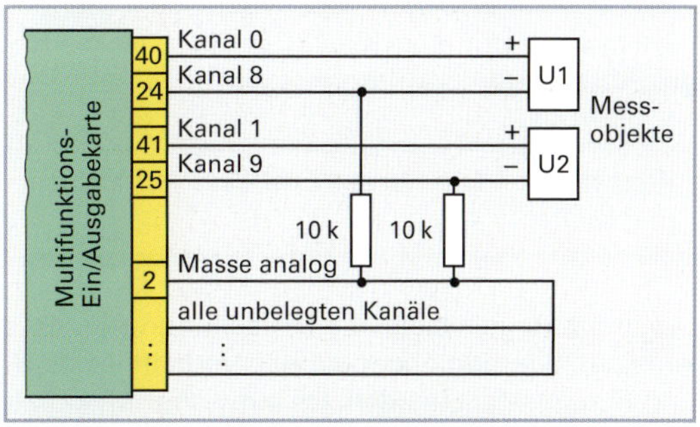

Bild 3: Messung im differenziellen Betrieb

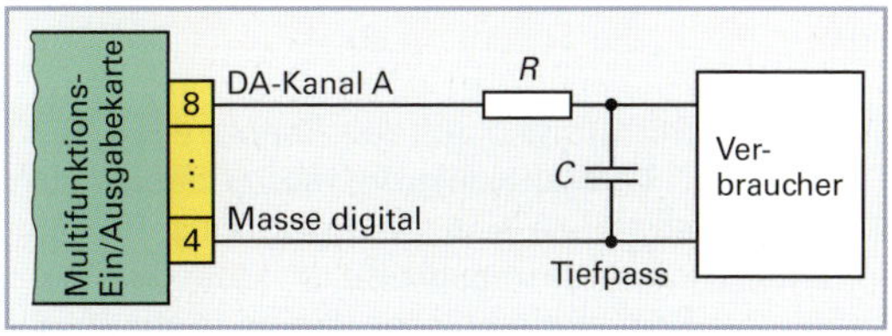

Bild 4: Entstörung eines analogen Ausgangs

10.2.2 Regeln mit dem PC

10.2.2.1 Der Regelkreis

Das Regeln einer physikalischen Größe bedeutet, dass diese fortlaufend einer Führungsgröße angepasst wird. Dieser Vorgang findet in einem geschlossenem Wirkungskreislauf statt **(Bild 1).** Die zu regelnde Größe, die Regelgröße *x*, ist bei einer Spannungsregelung z. B. die Lastspannung U_L an einem Verbraucher R_L **(Bild 2).**

> Der Regelkreis ist ein geschlossener Wirkungskreis.

Der Verbraucher R_L stellt die Regelstrecke dar. Der Spannungsteiler aus R1 und R2 ist der Messumformer. An ihm wird die Rückführgröße *r*, die Spannung U_{R2}, abgegriffen und dem Regler zugeführt. Dieser vergleicht die Rückführgröße *r* (Istwert) mit der Führungsgröße *w* (Sollwert) des Führungsgrößengebers. Bei der Spannungsregelung wird mit einer Z-Diode R_Z die Führungsgröße U_Z erzeugt. Der Regler bei der Spannungsregelung ist z. B. der Operationsverstärker K1 in Bild 2. Sind Führungsgröße $w = U_Z$ und Rückführgröße $r = U_{R2}$ nicht gleich groß, entsteht eine Regeldifferenz *e*. Der *Regler* reagiert auf diese Regeldifferenz, indem er den Steller so beeinflusst, dass die Regeldifferenz verringert wird. Ist z. B. U_{R2} größer als U_Z (Bild 2), verringert der Operationsverstärker die Basis-Emitter-Spannung U_{BE} am Stelltransistor Q1. Der Durchgangswiderstand R_{CE} des Stelltransistors wird dadurch größer und die Stellgröße *y*, hier der Laststrom I_L, nimmt ab **(Bild 3).** Dadurch sinken Regelgröße *x* und Rückführgröße *r*.

> Regeln besteht immer aus Erfassen, Vergleichen und Stellen.

Durch das Regeln bleibt die Lastspannung U_L stets konstant. Sie kann über das Teilerverhältnis aus R_1 und R_2 eingestellt werden. Ihr möglicher Maximalwert hängt von der Höhe der Versorgungsspannung des Operationsverstärkers und der Betriebsspannung U_B der Schaltung ab.

Wirkt eine Störgröße *z* auf den Regelkreis, z. B. in Form einer Lastschwankung, so entsteht eine Regeldifferenz *e*, da sich die Rückführgröße U_{R2} verändert, die Führungsgröße U_Z aber konstant bleibt. Der Regler wirkt dieser Veränderung entgegen.

> Regeln =
> Einstellen von Ausgangsgrößen einer Regelung, wobei diese zu den Eingängen rückgekoppelt und mit den Sollwerten verglichen werden.

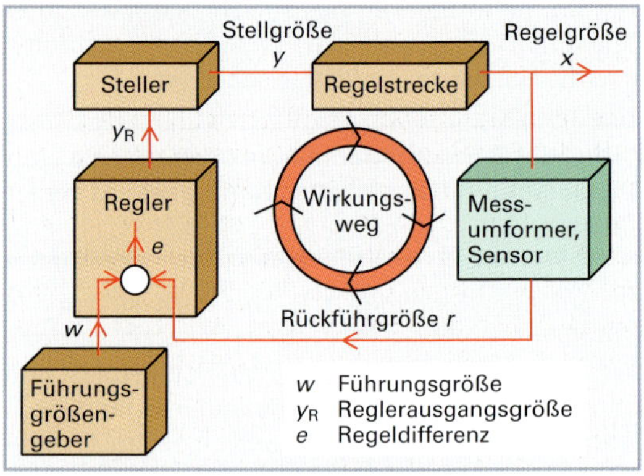

Bild 1: Wirkungsweg beim Regelkreis

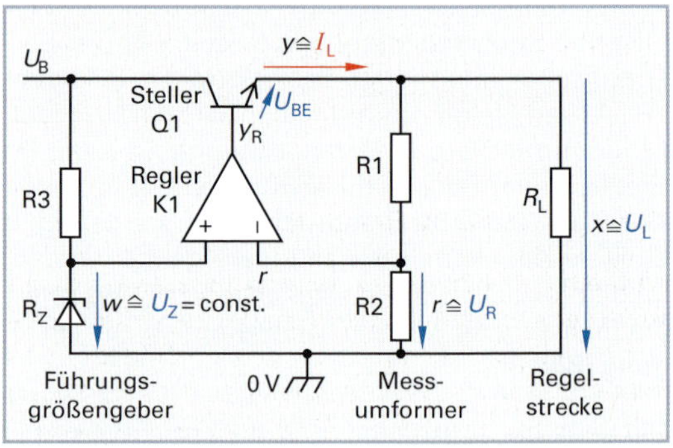

Bild 2: Spannungsregelung

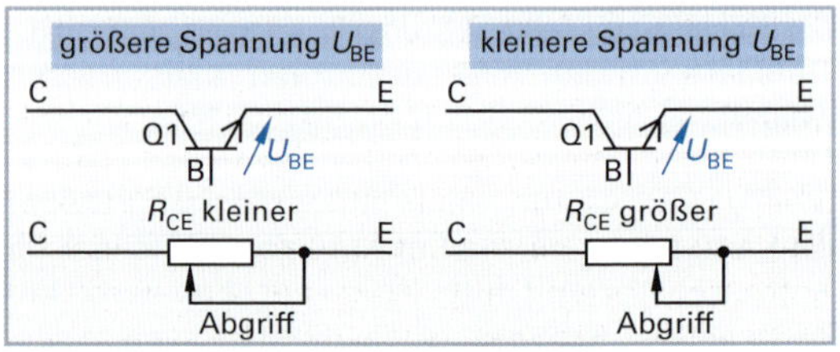

Bild 3: Wirkungsweise des Stelltransistors

> Störgrößen werden im Regelkreis ausgeregelt.

Die Auswahl eines Reglers für einen Regelkreis hängt von der zu regelnden physikalischen Größe ab. Bei schnellen Regelungen, wie der Spannungsregelung, müssen Regler verwendet werden, die ohne zeitliche Unterbrechung regeln. Man nennt solche Regler stetige Regler.

> Stetige Regler arbeiten zeitkontinuierlich.

Wird eine sich langsam verändernde physikalische Größe, z. B. die Temperatur, geregelt, genügen Regler, die nur zu bestimmten Zeitpunkten (zeitdiskret) regeln. Man nennt solche Regler unstetige Regler.

> *w* Führungsgröße
> *r* Rückführgröße
> *x* Regelgröße
> *y* Stellgröße

> Unstetige Regler arbeiten zeitdiskret.

Eine Temperaturregelung mit unstetigem Regler ist z. B. die Regelung der Kühlmitteltemperatur bei einem Kraftfahrzeug **(Bild 1)**. Die Regelstrecke ist dabei der Kühlmittelkreislauf. Der Bimetallschalter zum Einschalten des Kühlventilators ist gleichzeitig der Messumformer und der Regler. Da der Schalter zwischen den zwei Stellungen EIN und AUS unterscheidet, nennt man ihn Zweipunktregler. Da das Aufheizen und das Erfassen der Kühlwassertemperatur an unterschiedlichen Orten geschieht, kann der Bimetallschalter (Regler) erst verzögert einschalten. Die Zeitverzögerung nennt man Totzeit.

> Die Totzeit ist eine Signallaufzeit.

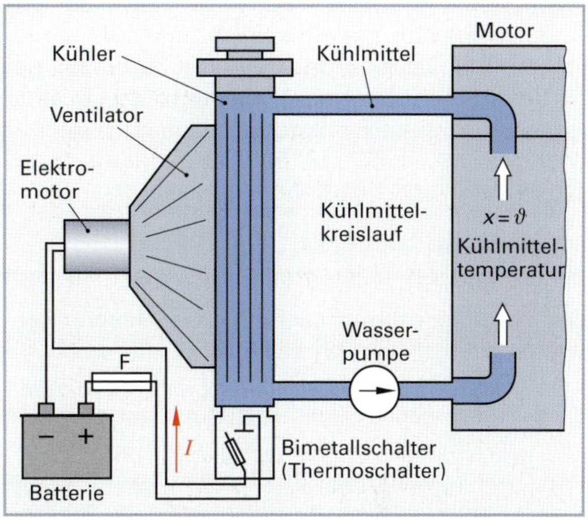

Bild 1: Temperaturregelung der Kühlmittelflüssigkeit bei einem Kraftfahrzeug

10.2.2.2 Der PC im Regelkreis

Wird ein PC beim Regeln eingesetzt, werden oft an seine serielle Schnittstelle Kompaktregler, auch Industrieregler genannt, angeschlossen **(Bild 2)**. Diese Regler bestehen aus einer analogen elektronischen Schaltung oder einem Mikrocontrollersystem und regeln eigenständig und dezentral die Strecken eines Prozesses. Der PC gibt die Führungsgrößen *w* an die Kompaktregler aus und übernimmt die Rückführgrößen *r* von diesen. Dadurch kann der PC die Regelstrecken eines Prozesses überwachen und mit einer speziellen Software den Prozess am Bildschirm visualisieren. Meist lässt sich die Charakteristik eines Reglers, die Reaktion auf eine Regeldifferenz, sowohl am Kompaktregler als auch über den PC einstellen. Man unterscheidet dabei die Proportionalverstärkung (P-Anteil), eine integrierende Verstärkung (I-Anteil) und eine differenzierende Verstärkung (D-Anteil). Die einstellbaren Verstärkungsfaktoren nennt man die Parameter eines Kompaktreglers.

> Die Parameter eines Kompaktreglers heißen K_P, K_I und K_D.

Anstelle von Kompaktreglern werden beim Regeln mit dem PC auch PC-Karten, z. B. für den Anschluss an den PCI-Bus **(Bild 3)**, verwendet. Die PC-Karte

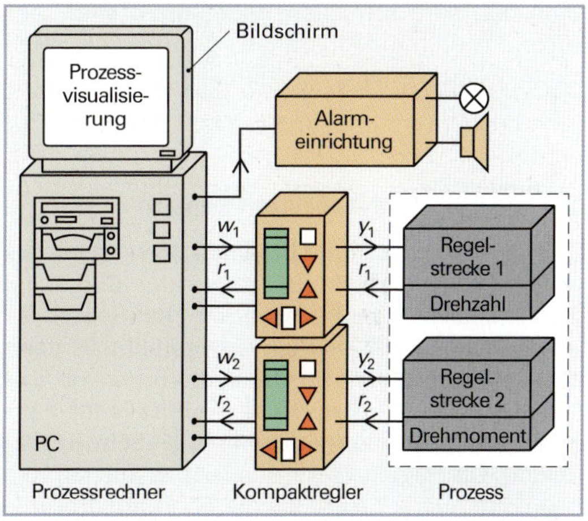

Bild 2: Regelung eines Elektromotors mit Kompaktreglern

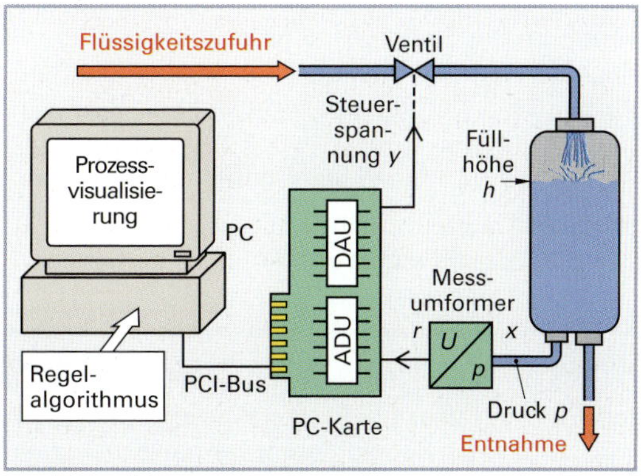

Bild 3: Füllstandsregelung mit dem PC

wandelt die analogen Signale des Prozesses in digitale Signale um, z.B. die Spannung des Messumformers, welcher die Füllhöhe *H* des Flüssigkeitsbehälters über den Flüssigkeitsdruck *P* misst. Die PC-Karte wandelt auch die digitalen Spannungswerte in analoge Werte um, z. B. um das Zuflussventil für den Flüssigkeitsbehälter einzustellen. Die Funktion des Reglers übernimmt der PC. Im PC muss der Regler als Programm in einer höheren Programmiersprache realisiert sein.

Ein Programm, welches einen Regler nachbildet, heißt Regelalgorithmus.

Der Regelalgorithmus kann für verschiedene Reglercharakteristiken programmiert werden, z. B. für einen P-Regler, I-Regler, PI-Regler oder PID-Regler. Da der PC nicht alle Signale gleichzeitig verarbeiten kann, muss er zuerst die Füllhöhe abfragen, dann den Regelalgorithmus durchlaufen und zuletzt das Zuflussventil einstellen. Diese Schritte müssen zyklisch wiederholt werden und zwar so schnell, dass die Regelgröße konstant gehalten werden kann. Bei sehr schnellen Regelungen sind sehr kurze Programmzykluszeiten *erforderlich.* Man nennt solche Systeme echtzeitfähig.

10.2.2.3 Regeln mit stetigen Reglern

Zur Regelung der Füllhöhe eines Wasserbeckens wird zunächst ein P-Regler verwendet **(Bild 1)**. Ist das Abflussventil geschlossen, wird das Becken bis zur Führungsgröße *w* (Sollwert) gefüllt und dann der Zufluss gesperrt. Das System verharrt in diesem Zustand. Wird nun das Abflussventil ganz oder teilweise geöffnet, sinkt der Schwimmer **(Bild 2)**. Die Regelgröße *x* (Istwert) ist jetzt um die Regeldifferenz *e* kleiner als die Führungsgröße *w* (Sollwert) : $e = w - x$. Das Hebelsystem, welches den P-Regler nachbildet, öffnet nun das Zuflussventil um die Stellgröße *y* (Bild 2). Je größer die Regeldifferenz ist, desto größer ist auch die Stellgröße. Das Übertragungsverhalten des P-Reglers ist proportional. Ändert sich *e* sprunghaft, muss sich auch *y* sprunghaft ändern **(Bild 3)**.

Die Sprungantwort ist ein wichtiges Verhaltensmerkmal eines stetigen Reglers.

Ohne eine Regeldifferenz hört der P-Regler auf zu regeln. Wenn also dem Becken Wasser entnommen wird, wird er die Regeldifferenz nie ganz ausregeln, um aktiv zu bleiben.

Echtzeit, legt fest, dass eine Regelung innerhalb einer festgelegten Zeit auf ein Ereignis reagiert.

Sprungantwort, ist der Verlauf der Reglerausgangsgröße auf einen Eingangssprung.

Regeldifferenz = Unterschied zwischen Sollwert und Istwert.

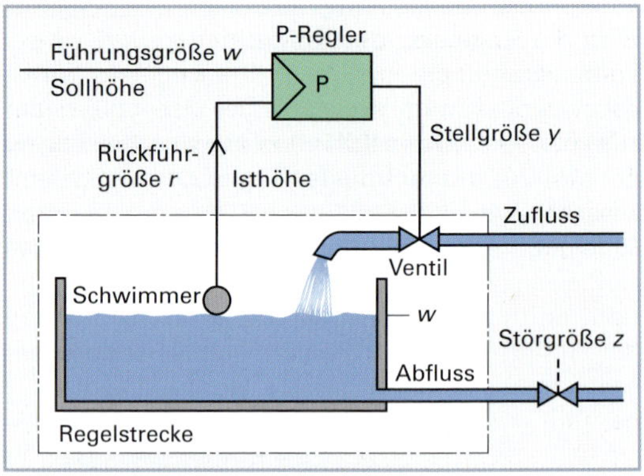

Bild 1: Füllstandsregelung mit P-Regler

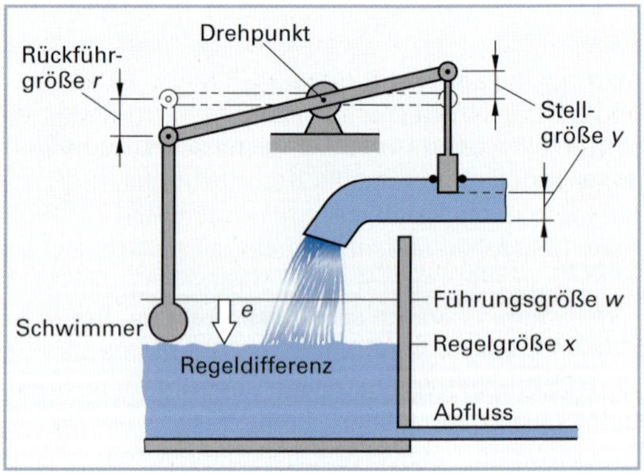

Bild 2: Wirkungsweise des P-Reglers

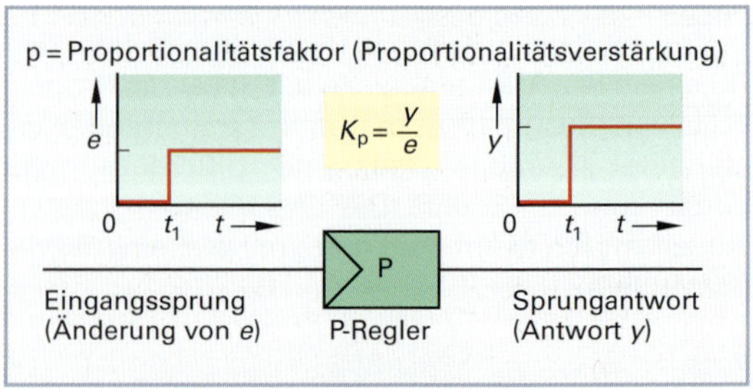

Bild 3: Sprungantwort beim P-Regler

Beim Regeln mit einem P-Regler stellt sich bei den meisten Regelstrecken eine bleibende Regeldifferenz ein.

Durch Erhöhen des Proportionalitätsfaktors K_P kann diese verringert werden. Wird K_P jedoch zu groß gewählt, beginnt die Regelgröße x (Istwert) sinusförmig zu schwingen.

> Ist die Proportionalverstärkung zu groß, schwingt der Regelkreis.

Wird die Füllhöhe des Wasserbeckens mit einem Kompaktregler geregelt, kann zusätzlich zum P-Anteil noch ein I-Anteil eingestellt werden, sodass ein PI-Regler entsteht **(Bild 1)**. Man beobachtet dann, dass die bleibende Regelabweichung ausgeregelt wird, $w = x$ (Bild 1).

> Der I-Anteil eines PI-Reglers regelt die bleibende Regelabweichung aus.

Der I-Anteil des Kompaktreglers reagiert bei einem plötzlichen Absinken des Wasserstandes durch ein langsames gleichmäßiges Öffnen des Ventils in einem bestimmten Zeitabschnitt, was an der Sprungantwort eines I-Reglers zu erkennen ist **(Bild 2)**. Dieses Verhalten nennt man integrierend. Würde man auf den P-Anteil eines PI-Reglers verzichten und nur einen I-Regler zur Füllstandsregelung einsetzen, würde das Zuflussventil bei stark wechselnden Wasserentnahmen zu langsam reagieren.

> Reine I-Regler eignen sich nur für langsame Regelungen.

Die Größe des Kennwertes des I-Anteiles K_I gibt an, wie schnell sich die Stellgröße y (Ventil öffnen) auf eine bestimmte Regeldifferenz e (Wasser absinken) ändert. Der PI-Regler vereint das schnelle Verhalten des P-Reglers und das Ausregeln der bleibenden Regelabweichung des I-Reglers, indem er das Übertragungsverhalten beider Anteile summiert **(Bild 3)**. Die Integrierzeit T_i gibt an, um wie viel ein I-Regler früher reagieren müsste, um dasselbe Verhalten wie der PI-Regler zu erzielen.

> PI-Regler eignen sich für die Regelung fast aller Regelstrecken gut.

> Die Integrierzeit T_i wird oft auch als Nachstellzeit T_n bezeichnet.

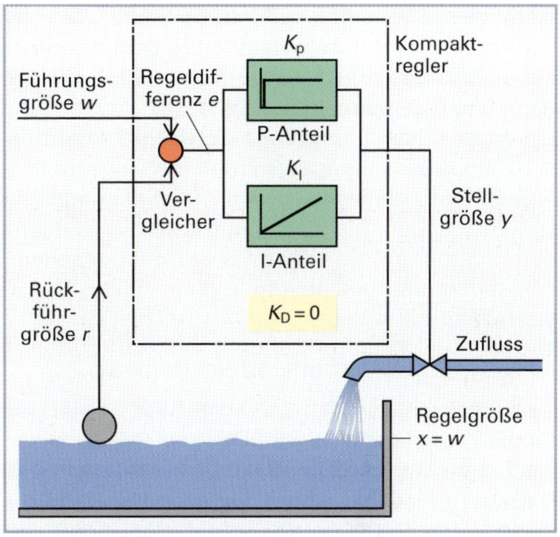

Bild 1: Füllstandsregelung mit PI-Regler

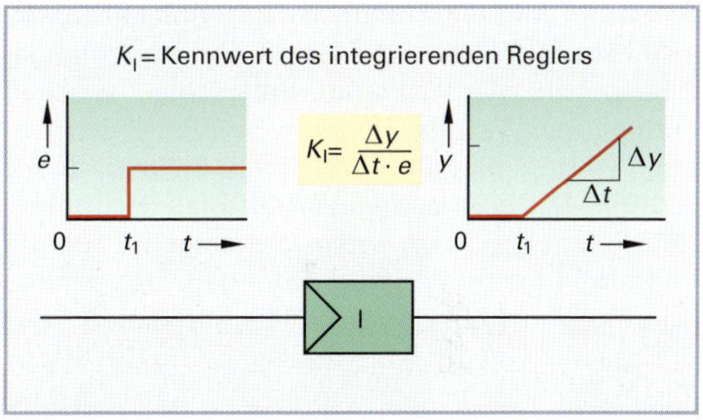

Bild 2: Sprungantwort eines I-Reglers

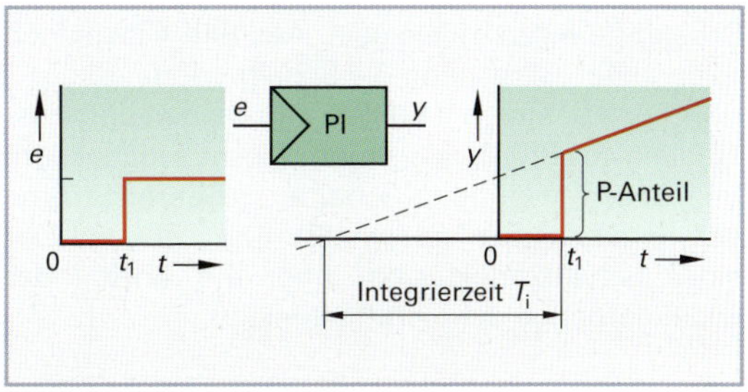

Bild 3: Sprungantwort eines PI-Reglers

Stellt man bei der Füllstandsregelung (Bild 1) zusätzlich noch einen D-Anteil ein, wird man am Verhalten der Regelung kaum eine Veränderung feststellen. Der D-Anteil (differenzierende Anteil) ist ein kurzer Impuls bei einer sprungartig auftretenden Regeldifferenz. Wird der Impuls dem P-Anteil und dem I-Anteil durch Parallelschalten aufsummiert, erhält man die Sprungantwort eines PID-Reglers **(Bild 1, folgende Seite)**. Der D-Anteil hat den Vorteil, dass er schneller als die anderen Anteile wirkt, aber nur Sinn macht, wenn der Steller in der Lage ist, auf diesen Impuls zu reagieren.

Durch die Wahl der Regelparameter K_P, K_I und K_D wird das Regelverhalten eines Regelkreises festgelegt. Wird vor allem K_P eher klein gewählt, nähert sich die Regelgröße beim Ausregeln einer Regeldifferenz nur langsam der Führungsgröße. Man nennt dieses Verhalten aperiodisch **(Bild 2)**. Wird K_P eher groß gewählt, schwingt die Regelgröße über die Führungsgröße hinaus. Man erhält ein gedämpftes Regelverhalten (Bild 2).

Ein großer Wert T_i macht die Regelung sehr träge, d. h. Regelabweichungen werden nur langsam ausgeregelt. Ist T_i dagegen zu klein, neigt die Regelung zum Schwingen. Die Einstellung einer Regelung ist somit immer ein Kompromiss zwischen stabilem, langsamen und unstabilem, dynamischem Regelverhalten.

10.2.2.4 Regeln mit unstetigen Reglern

Wie im Bügeleisen sind die meisten unstetigen Regler Zweipunktregler **(Bild 3)**. Ist das Bügeleisen kalt, ist der interne Schaltkontakt geschlossen. Ein Heizstrom fließt so lange, bis die Heizwendel die Temperatur des Bügeleisens auf einen über das Verstellrad eingestellten Wert aufgeheizt hat. Eine Bimetallfeder öffnet den Schaltkontakt und der Heizstrom wird unterbrochen. Nun kühlt das Bügeleisen etwas ab, bevor der Heizstrom wieder eingeschaltet wird. Der Temperaturunterschied zwischen dem oberen Wert der Regelgröße x_o und dem unteren Wert der Regelgröße x_u heißt Schaltdifferenz Δx **(Bild 4)**. Der Anstieg und der Abfall der Temperatur (Regelgröße x) entspricht einer e-Funktion und strebt einem Endwert entgegen. Der genaue Kurvenverlauf hängt vom Widerstand des Heizdrahtes und von der Wärmespeicherung des Eisens ab. Die Schaltschwellen werden so eingestellt, dass die Schaltvorgänge im näherungsweise linearen Bereich der e-Funktion stattfinden. Um große Temperaturschwankungen zu vermeiden, sollte die Schaltdifferenz Δx klein sein. Aus Bild 4 ist jedoch zu erkennen, dass dann die Schaltperiodendauer T sinkt, was zu einem häufigen Einschalten und Ausschalten des Bügeleisens führt. Dieses schadet dem Bügeleisen, weil beim Schalten größerer Ströme der Schaltkontakt verschleißt. Die Lebensdauer eines Schaltkontaktes ist über die Anzahl der Schaltvorgänge definiert (festgelegt).

> Beim Zweipunktregler muss das richtige Maß zwischen kleiner Schaltdifferenz und großer Schaltperiodendauer eingestellt werden.

Wird die Stellgröße y (Heizstrom I) in Abhängigkeit der Regelgröße x (Temperatur) gezeichnet, erhält man die Kennlinie des Zweipunktreglers **(Bild 5)**. Sie wird häufig als Kennlinie mit Hysterese bezeichnet.

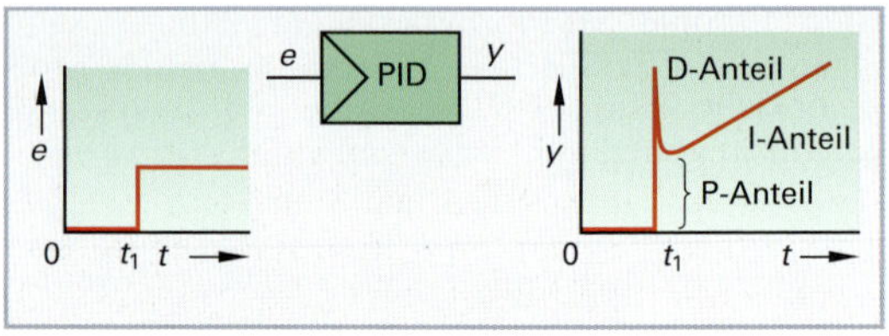

Bild 1: Sprungantwort eines PID-Reglers

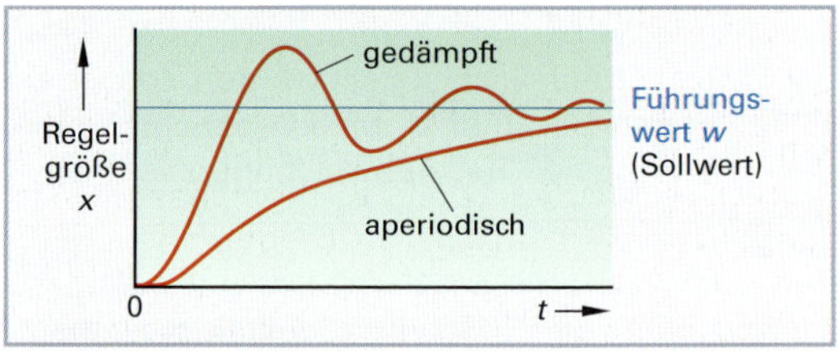

Bild 2: Regelverhalten

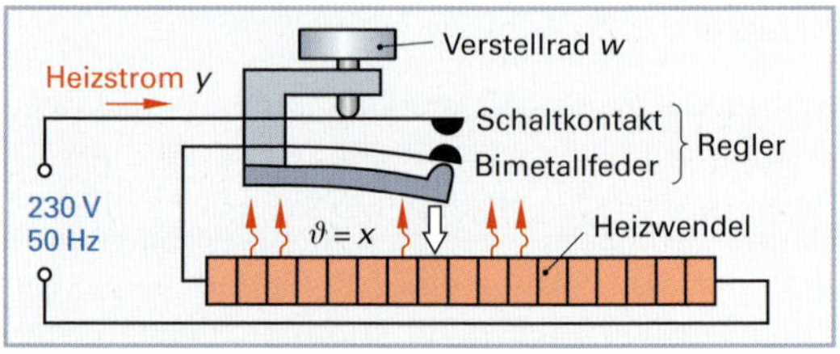

Bild 3: Zweipunktregelung beim Bügeleisen

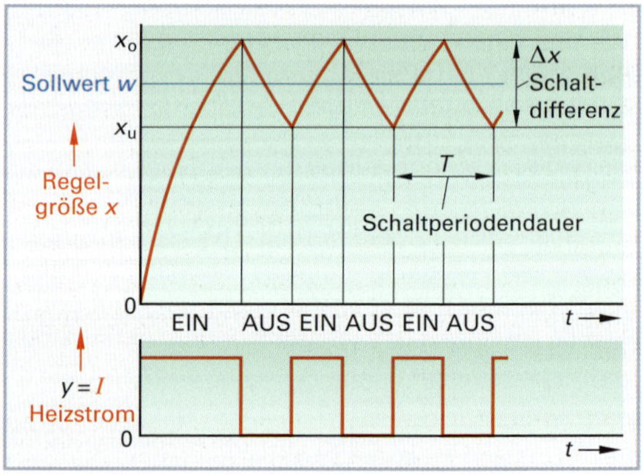

Bild 4: Schaltverhalten beim Bügeleisen

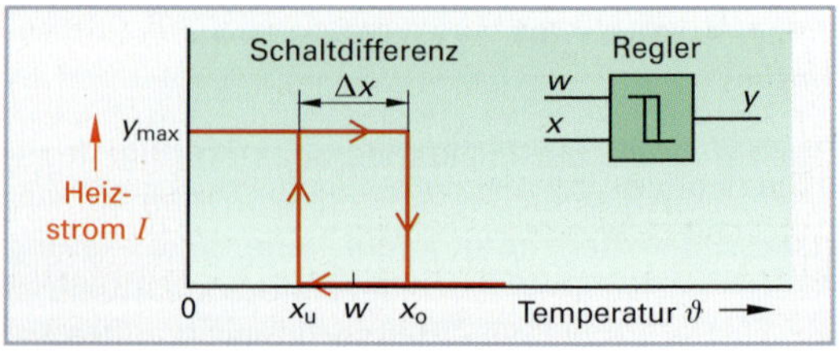

Bild 5: Kennlinie des Zweipunktreglers

10.2.3 Digitales Regeln

Technische Anlagen sind meist mit Computern, Mikrocontrollern oder Mikroprozessoren ausgerüstet. Aufgabe der Computer ist die Steuerung oder Regelung dieser Systeme. Im Einzelnen handelt es sich hier um das Erfassen von Prozessgrößen, z. B. von Temperaturen, Verfahrwegen und Drücken sowie dem Vergleichen dieser Prozessgrößen mit Grenzwerten, dem Errechnen von Führungsgrößen und dem Errechnen von Stellsignalen.

Die Stellsignale, z. B. die Motorspannungen, wirken auf den Prozess und verändern wieder die Prozessgrößen. Somit gibt es geschlossene Wirkungswege. Der *Regler* ist als *Programm* im Computer verwirklicht. Der Computer hat dabei die Aufgaben, die Regeldifferenzen zu bilden und entsprechend den programmierten Reglereigenschaften die Stellgrößen zu berechnen. Ferner werden meist die Regeldifferenzen überwacht, um Gefahrenzustände zu erkennen.

Bei *selbstoptimierenden Systemen* werden die Reglereigenschaften dem Prozess durch das Rechenprogramm selbsttätig angepasst.

10.2.3.1 Digitalisierung und Signalabtastung

Analoge Prozessgrößen müssen zur Verarbeitung im Computer in diskrete Stufen aufgeteilt werden (*Wertdiskretisierung,* lat. discretus = abgesondert) **(Bild 1)**. Aus der Zahl der Positionierschritte lässt sich die erforderliche Wortbreite des Rechners bestimmen. Dabei setzt man für den Computer eine Wegschrittlänge (rechnerische Positioniergenauigkeit) an, die erheblich kleiner ist als die wirkliche Positioniergenauigkeit der Maschine. Das erfolgt, weil sonst bei kleinen Geschwindigkeiten eine große Abtastperiodendauer mit den dann auftretenden Fehlern erforderlich wäre.

Ein Computer kann nicht in kontinuierlicher Weise die Prozesssignale verarbeiten. Wegen des Programmablaufs erfolgt der Zugriff auf Prozesssignale und die Ausgabe von Steuerungssignalen unstetig und häufig nur zu bestimmten Zeitpunkten, z. B. alle 10 ms. Man spricht von *Zeitdiskretisierung.*

> Die digitale Regelung arbeitet mit wertdiskreten und mit zeitdiskreten Größen.

[1] diskret, von lat. discretus = abgesondert

> Eine **analoge Größe** ist eine variable Größe, die jeden Wert innerhalb eines gegebenen kontinuierlichen Bereichs annehmen kann.
> Eine **digitale Größe** ist eine variable Größe, die jeden Wert aus Menge diskreter[1] Werte annehmen kann.
> Ein **Abtastsignal** bildet eine variable Größe in einzelnen (diskreten) Abtastzeitpunkten ab.

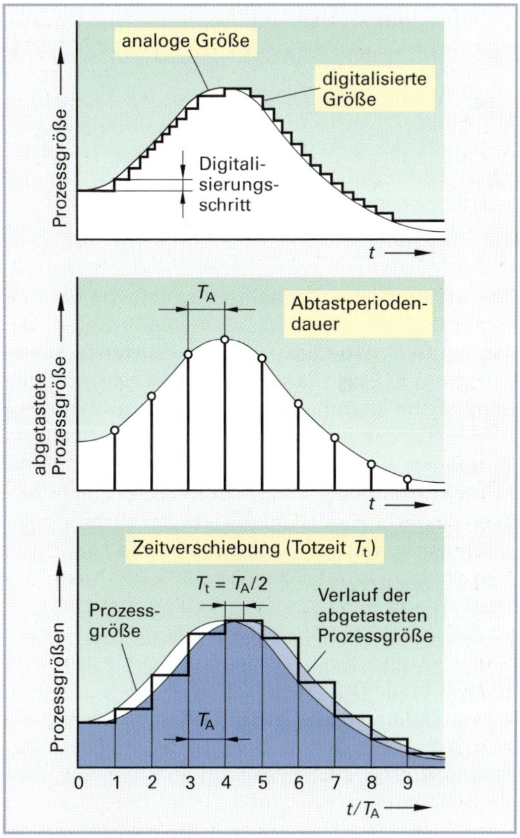

Bild 1: Digitalisierung und Abtastung eines analogen Prozesssignals

Beispiel 1 **Digitalisierung von Weglängen:**

Der Arbeitsraum eines Roboters hat einen Durchmesser von 2 m. a) Mit wie vielen Winkelschritten muss die Drehwinkelerfassung in der Grundachse erfolgen, wenn eine Wegschrittlänge von 0,1 mm auch noch am Rand des Arbeitsraumes erreicht werden soll? b) Wie viele Bits muss der AD-Umsetzer haben und mit welcher Wortbreite müssen die Führungsgrößen für die Achsbewegungen im Rechner berechnet werden?

Lösung:

Umfang des Arbeitsraumes:

$U = \pi \cdot D = \pi \cdot 2\text{ m} = 6\,283{,}2\text{ mm}$

a) Anzahl der Winkelschritte z zu 0,1 mm:
$z = 6\,283{,}2\text{ mm}/0{,}1\text{ mm} = \mathbf{62\,832}$

b) Wortbreite b:
$z = 2^b \Rightarrow b = \text{lb } 62\,832 \leqq 16 \Rightarrow$ **16 bit**

Das zeitkontinuierliche und wertkontinuierliche Prozesssignal wird über AD-Umsetzer, Abtaster und Halteglied digitalisiert. Die Abtastung (Übernahme in den Computer) dieser digitalisierten Werte erfolgt durch einen Taskaufruf in bestimmten Zeitabständen T_A (Zeitdiskretisierung) **(Bild 1).**

Das zeitdiskretisierte und wertdiskretisierte Signal entspricht umso genauer dem zeit- und wertkontinuierlichen Signal, je höher die Abtastfrequenz ist und je größer die Stellenzahl des AD-Umsetzers ist.

Die Abtastfrequenz f_A wird durch die Rechengeschwindigkeit des Computers, die Regelalgorithmen und die sonstigen Rechenaufgaben sowie durch die Anzahl der vom Computer bedienten Regelkreise bestimmt.

Die Abtastung bewirkt zusammen mit der Zwischenspeicherung eine *Zeitverschiebung (Totzeit)* des ursprünglichen Signals, entsprechend der halben Abtastzeit (Bild 1, vorhergehende Seite). Die Zeitverschiebung wirkt wie eine Phasenverschiebung und beeinflusst einen Regelkreis bezüglich seines Schwingungsverhaltens ähnlich ungünstig wie Verzögerungsglieder. Die Phasenverschiebung infolge der Zwischenspeicherung nimmt mit zunehmender Frequenz des Prozesssignals stark zu.

Eine Totzeit von gleicher Größe wie die Periodendauer des Prozesssignals verursacht eine Phasenverschiebung von *einer* Periodendauer, also von –360°. Damit in Regelkreisen die Phasenverschiebung, welche durch die Zeitdiskretisierung entsteht, gering bleibt, sollte die Abtastperiodendauer T_A höchstens ein Zehntel der größten vorkommenden Zeitkonstante im Regelkreis betragen.

Die Abtastfrequenz muss möglichst groß gewählt werden.

10.2.3.2 Regelalgorithmus

Entsprechend dem PID-Regler in der analogen Regelungstechnik verwendet man in der digitalen Regelungstechnik meist auch den *PID-Algorithmus* zur Berechnung der Stellgröße. Ein Algorithmus ist eine vollständig festgelegte Folge von Anweisungen, nach der Eingabedaten verarbeitet und Ausgabedaten erzeugt werden.

Bei den PID-Regelalgorithmen unterscheidet man zwischen dem *Stellungsalgorithmus* und dem *Geschwindigkeitsalgorithmus.*

Beim **Stellungsalgorithmus** wird die Stellgröße für jede Abtastperiode ermittelt.

Beim **Geschwindigkeitsalgorithmus** wird die Veränderung der Stellgröße für jede Abtastperiode ermittelt.

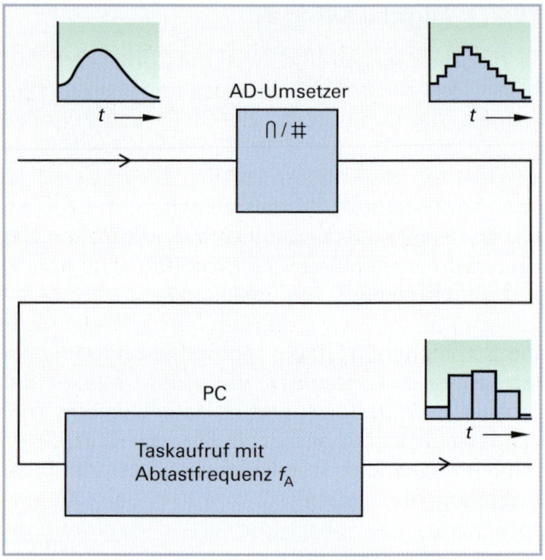

Bild 1: Wirkungsplan für Prozesssignale, welche über Computer verarbeitet werden

$$T_A = \frac{1}{f_A} \qquad T_p = \frac{1}{f}$$

$$T_t = \frac{T_A}{2} \qquad \frac{\varphi}{360°} = -\frac{T_t}{T_p}$$

T_A Abtastzeit (Periodendauer der Abtastung)
f_A Abtastfrequenz
T_p Periodendauer des Prozesssignals
f Frequenz des Prozesssignals
T_t Totzeit
φ Phasenverschiebungswinkel

Beispiel 1 Prozesssignal abtasten:

Ein Prozesssignal, das mit $f = 20$ Hz schwingt, wird mit $f_A = 100$ Hz abgetastet. a) Wie groß ist die Totzeit T_t? b) Welchen Phasenverschiebungswinkel φ hat die abgetastete Prozessgröße gegenüber dem ursprünglichen Prozesssignal?

Lösung:

a) Totzeit:

$$T_t = \frac{T_A}{2} = \frac{1}{2} \cdot \frac{1}{f_A} = \frac{1}{2 \cdot 100\ \text{Hz}} = \mathbf{0{,}005\ s}$$

b) Phasenverschiebungswinkel der Prozessgröße:

$$T_p = \frac{1}{f} \text{ und } \frac{\varphi}{360°} = -\frac{T_t}{T_p}$$

$$\Rightarrow \varphi = -360° \cdot \frac{T_t}{T_p} = -360° \cdot T_t \cdot f$$

$$= -360° \cdot 0{,}005\ \text{s} \cdot 20\ \text{Hz} = \mathbf{-36°}$$

PID-Stellungsalgorithmus

Beim PID-Regler setzt sich die Stellgröße y aus einem Anteil, der proportional zur Regeldifferenz e ist, aus einem Anteil der vom Zeitintegral der Regeldifferenz abhängt, und aus einem Anteil, der dem zeitlichen Differenzialquotienten der Regeldifferenz entspricht, zusammen.

Bei der digitalen Regelung liegt nun die Regeldifferenz nicht kontinuierlich vor, sondern nur zu den Abtastzeitpunkten T_A, $2T_A$, $3T_A$, ..., nT_A, als eine Folge von Zahlenwerten e_0, e_1, e_2, ..., e_n. Anstelle einer Integration der Regeldiffernz werden bei der digitalen Regelung die Regeldifferenzen aufsummiert und anstelle der Differenziation wird die Differenz zwischen zwei aufeinander folgenden Regeldifferenzen gebildet. Zum Zeitpunkt nT_A erhält man die Stellgröße y_n.

> Bei der digitalen Regelung wird die Integration durch eine Summation ersetzt.

Der PID-Stellungsalgorithmus setzt sich aus einem P-Anteil, einem I-Anteil und einem D-Anteil zusammen.

Stellgröße zum Zeitpunkt nT:

P-Anteil: $$y_{Pn} = K_p \cdot e_n$$

I-Anteil: $$y_{In} = K_p \cdot \frac{T_A}{T_n} \sum_{i=0}^{n} e_i$$

D-Anteil: $$y_{Dn} = K_p \cdot \frac{T_v}{T_A} \cdot (e_n - e_{n-1})$$

Man ermittelt zunächst die Werte für den P-Anteil, den I-Anteil sowie den D-Anteil und addiert alle drei Werte **(Bild 1)**.

Beispiel 1 Digitaler PID-Regler:

Stellen Sie die Sprungantwort für einen digitalen PID-Regler mit $K_p = 0{,}2$, $T_v = 3T_A$ und $T_n = 4T_A$ als Diagramm für die ersten 11 Abtastintervalle dar.

Lösung: **Bild 1**

Gleichung des PID-Reglers:

$$y = K_p \left[e + \frac{1}{T_n} \int e\,dt + T_v \cdot \frac{de}{dt} \right]$$

Gleichung des PID-Stellungsalgorithmus:

$$y_n = K_p \left[e_n + \frac{T_A}{T_n} (e_1 + e_2 + ... + e_n) + \frac{T_v}{T_A} (e_n - e_{n-1}) \right]$$

$$y_n = K_p \left[e_n + \frac{T_A}{T_n} \sum_{i=0}^{n} e_i + \frac{T_v}{T_A} (e_n - e_{n-1}) \right]$$

y	Stellgröße	T_n	Nachstellzeit[1]
e	Regeldifferenz	T_v	Vorhaltzeit[2]
K_p	Proportionalbeiwert	T_A	Abtastzeit
y_n	Stellgröße zum Zeitpunkt nT		
e_n	Regeldifferenz zum Zeitpunkt nT_A		
i	Zählvariable		
$\int e\,dt$	Integration		
$\frac{de}{dt}$	Differenziation		

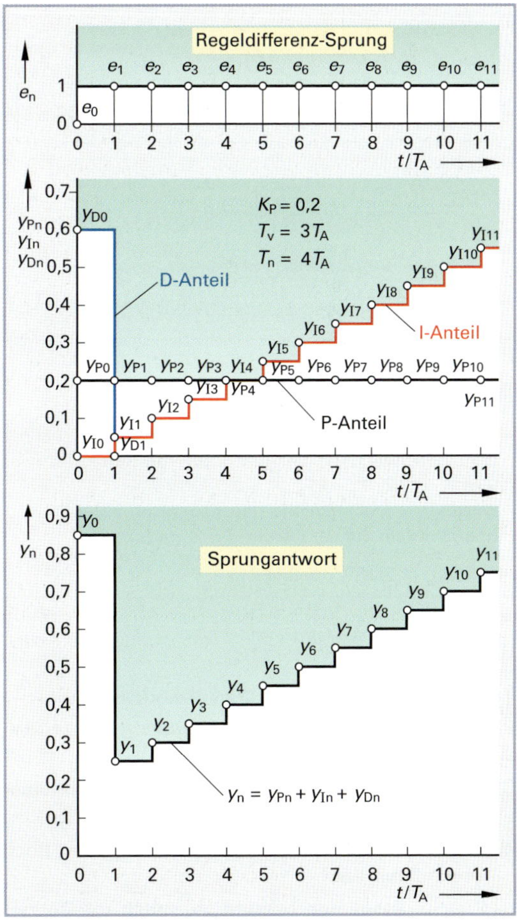

Bild 1: Sprungantwort des digitalen Reglers

[1] Das Formelzeichen für die Nachstellzeit ist nach der neuen Norm DIN IEC 60050-351:2009 statt T_n nun T_i.

[2] Das Formelzeichen für die Vorhaltzeit ist nach der neuen Norm DIN IEC 60050-351:2009 statt T_v nun T_d.
Da die Industrie für digitale Regler noch nicht umgestellt hat wird die Änderung im Buch erst in einer späteren Auflage vorgenommen.

PID-Geschwindigkeitsalgorithmus

Anstelle der ständigen Berechnung der Stellgröße wird bei der digitalen Regelung oft nur der Zuwachs Δy_n ermittelt und dieser dem Wert der in einem Speicher abgelegten Stellgröße hinzuaddiert. Man bezeichnet dies als Geschwindigkeitsalgorithmus.

Gleichung des PID-Geschwindigkeitsalgorithmus:

$$y_n = K_p \left[e_n + \frac{T_A}{T_n} \sum_{i=0}^{n} e_i + \frac{T_v}{T_A} (e_n - e_{n-1}) \right]$$

$$- K_p \left[e_{n-1} + \frac{T_A}{T_n} \sum_{i=0}^{n-1} e_i + \frac{T_v}{T_A} (e_{n-1} - e_{n-2}) \right]$$

> Beim PID-Geschwindigkeitsalgorithmus werden die Zuwachswerte der Stellgröße digital berechnet.

$$\Delta y_n = y_n - y_{n-1}$$

$$\Delta y_n = K_p \left[e_n - e_{n-1} + \frac{T_A}{T_n} \cdot e_n + \frac{T_v}{T_A} (e_n - 2e_{n-1} + e_{n-2}) \right]$$

Δy_n Zuwachswert der Stellgröße zum Zeitpunkt $n \cdot T_A$
e_n Regelgröße zum Zeitpunkt $n \cdot T_A$
T_A Abtastzeit
K_p Proportionalbeiwert
T_n Nachstellzeit
T_v Vorhaltezeit

Beispiel 1 **Reglerprogramm in C:**

Es soll ein Programm in C für einen PID-Regler nach dem Geschwindigkeitsalgorithmus mit den Parametern $K_p = 0{,}2$, $T_n = 4T_A$, $T_v = 3T_A$ und $T_A = 1$ s erstellt werden. a) Zeichnen Sie den Programmablaufplan. b) Entwickeln Sie daraus das C-Programm.

Lösung: a) **Bild 1,** b) **Bild 2**

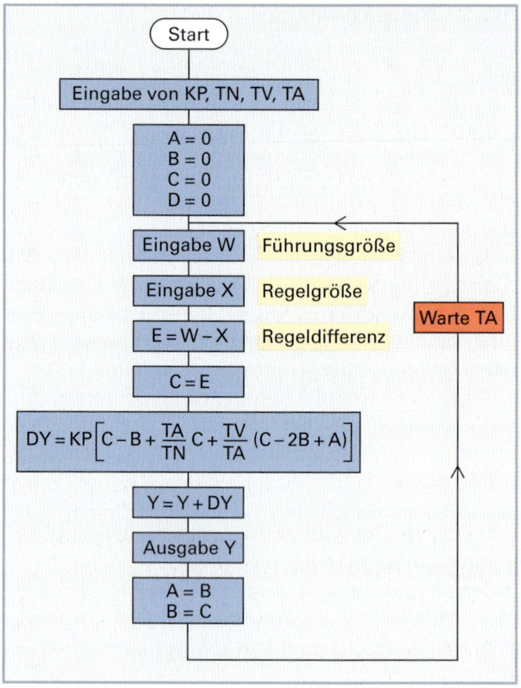

Bild 1: Programmablaufplan

```
// Programm: PID_Regler1.cpp
// Aufgabe: PID-Regler mit dem
// Geschwindigkeitsalgorithmus
#include <iostream>
using namespace std;

int main()
 {float KP,TN,TV,TA;
  float A,B,C,D,DY,E,W,X,Y;
  A=B=C=D=DY=E=W=X=Y=0;

  cout <<"\nKP = ";cin >> KP;
  cout <<"TN = ";  cin >> TN;
  cout <<"TV = ";  cin >> TV;
  cout <<"TA = ";  cin >> TA;
  for(;;)
   {cout <<"\nW = "; cin >> W;
    cout <<"X = ";   cin >> X;
    E = W - X;
    C = E;
    DY = KP*(C-B+(TA/TN)*C+TV/TA*(C-2*B+A));
    Y = Y + DY;
    cout<<"\nW ="<<W<<"  X = "<<X<<"  Y = "<<Y;
    A = B; // vorvorhergehende Regeldifferenz
    B = C; // vorhergehende Regeldifferenz
   }
 }
```

Bild 2: C-Programm zu Bild 1

Wiederholung und Vertiefung

1. **Erklären Sie den Begriff Wertdiskretisierung.**
2. **Warum arbeitet die digitale Regelung mit zeitdiskreten Größen?**
3. **Welche Folge in Bezug auf eine Phasenverschiebung bewirkt ein Abtasthalteglied?**
4. **Weshalb muss die Abtastfrequenz möglichst hoch gewählt werden?**
5. **Welche Beziehung besteht zwischen der Totzeit und der Abtastzeit bei einem Abtasthalteglied?**
6. **Worin unterscheidet sich bei einer digitalen Regelung der PID-Geschwindigkeitsalgorithmus vom PID-Stellungsalgorithmus?**
7. **Auf welche Weise wird bei der digitalen Regelung eine Integration vorgenommen?**

10.3 Messen mit dem PC

Um teure konventionelle Messgeräte einzusparen, wird immer mehr der PC in Messanordnungen eingesetzt. Er bietet auch den Vorteil, dass laufende Messungen auf dem Monitor visualisiert werden können und dass Messergebnisse für statistische Langzeitauswertungen in Datenbanken abgelegt werden können.
In Betrieben verwendet man dazu den IPC (Industrie-PC). Er ist so gebaut, dass ihm in der industriellen Umgebung Feuchtigkeit und starke Temperaturschwankungen nicht schaden. Gegen elektromagnetische Störungen ist er besonders abgeschirmt.

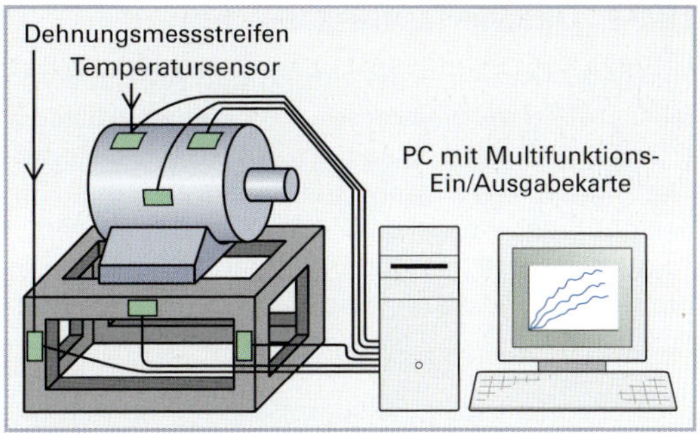

Bild 1: Messungen an einem Motorenprüfstand

10.3.1 Messkonzepte

Kann die Messung physikalischer Größen, z. B. verschiedener Temperaturen und Kräfte **(Bild 1)** direkt am Messobjekt erfolgen, bietet sich an, eine PC-Karte für die Messung zu verwenden. Die mithilfe der Sensoren erzeugten Spannungen werden auf der PC-Karte von einem Multiplexer zyklisch abgetastet **(Bild 2)**. Die Abtastfrequenz wird mit einem Quarz auf der PC-Karte erzeugt. Das Umschalten auf den jeweils folgenden Eingangskanal erfolgt über Adresssignale. Der Sample-and-Hold-Verstärker (von sample = Probe, Muster, und to hold = innehalten) stellt den abgetasteten Spannungswert genau für eine Taktperiodendauer einem Analog-Digital-Umsetzer zur Verfügung, welcher einen binären Wert erzeugt. Um etwaige Fehler des Analog-Digital-Umsetzers zu korrigieren, wird bei sehr genauen Messungen der binäre Ausgangswert des Umsetzers als Adresse für ein Speicherbauelement verwendet, aus welchem ein korrigierter Wert ausgelesen wird.
Kann die Messauswertung nicht direkt am PC erfolgen, z. B. weil sich das Messobjekt bei einem Kunden oder im Freien befindet, müssen die Messungen mit einem portablen Messgerät mit eingebautem Datenspeicher, z. B. einem Stand- Alone-Gerät, durchgeführt werden **(Bild 3)**. Zum Auslesen der Daten in einen PC verfügt das Messgerät über eine serielle Schnittstelle. Das Lesen kann direkt am PC oder über Modems erfolgen. Bei laufender Messung können so Messgrößen auch fernüberwacht werden oder Messungen ferngesteuert durchgeführt werden.
Um Leitungen beim Messen mehrerer Messgrößen einzusparen, kann mit intelligenten Sensormodulen gemessen werden **(Bild 4)**. Diese besitzen Mikrocontroller und messen programmgesteuert. Ohne PC sind intelligente Sensormodule nicht in der Lage, Messungen durchzuführen. Die Sensormodule werden über einen Schnittstellenumsetzer mit dem PC verbunden.

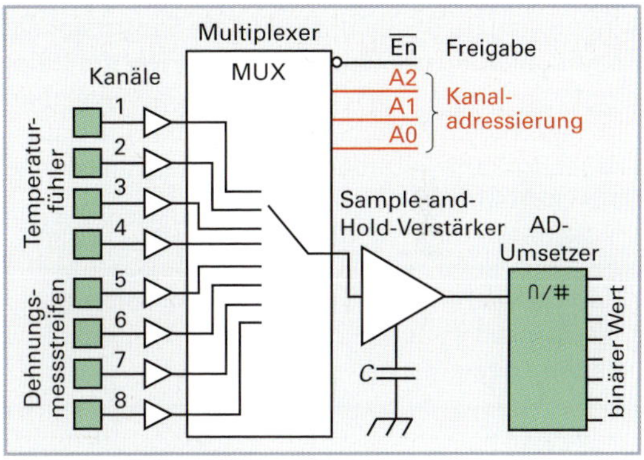

Bild 2: Messprinzip

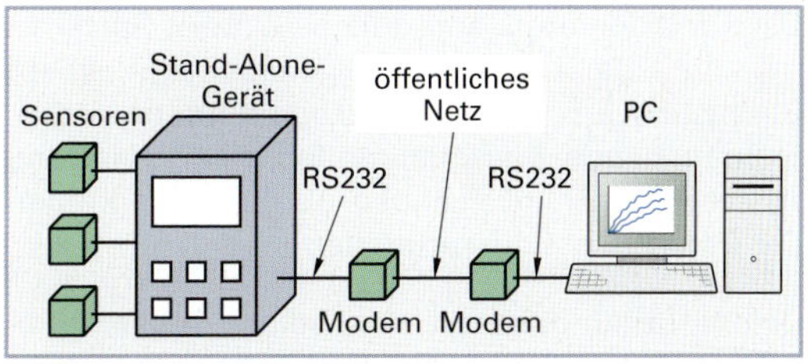

Bild 3: Messung mit Datentransfer über die Telefonleitung

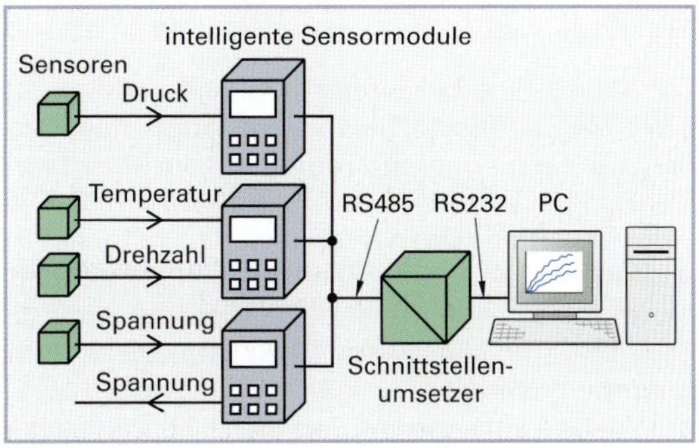

Bild 4: Messen mit intelligenten Sensormodulen

10.3.2 Datenerfassungssystem

Für die Aufnahme, Auswertung und Ausgabe von Messgrößen verwendet man Systeme zur Datenerfassung (Data Acquisition, DAQ). Ein Datenerfassungssystem besteht aus Sensoren, einer Signalkonditionierungsbaugruppe (konditionieren = an die erforderlichen Bedingungen anpassen), der Datenerfassungskarte, einer Software, den Verbindungsleitungen und einem PC **(Bild 1)**.

Die Sensoren setzen Messgrößen wie Temperatur, Druck und Bewegungen in elektrische Signale um. Die Ausgangsspannungen oder Ausgangsströme von Sensoren können z. B. zwischen wenigen Millivolt oder Milliampere und einigen Kilovolt oder Ampere liegen. Deshalb werden die Sensorsignale Konditionierungsmodulen zugeführt. Die Konditionierungsmodule setzen die unterschiedlichen Signalgrößen in Pegelbereiche um, die eine Datenerfassungskarte verarbeiten kann oder stellen eine Potenzialtrennung her **(Tabelle 1)**.

> Konditionierung ist die Anpassung vorhandener Signale an eine Form, die zur Weiterbearbeitung geeignet ist.

Für die Verarbeitung mit ADC werden Analogsignale oft in den Bereich 0 V bis 12 V oder Schaltsignale in TTL-Pegel, d. h. 0 V oder 5 V, umgesetzt.

Die Konditionierungsmodule sind meist Steckkarten, die über ein Einschubgehäuse mit einem Bussystem, z. B. dem IEC-Bus, verbunden werden. Entsprechende Buskabel stellen die Verbindung zwischen Einschubgehäuse und den Eingängen der Datenerfassungskarten her.

Datenerfassungskarten verarbeiten die konditionierten Eingangssignale und sind über den PCI-Bus mit dem PC verbunden. Erfassungskarten enthalten oft AD-Umsetzer, Multiplexer, Zeitgeber und Steuerungsschaltkreise, z. B. mit Mikrocontroller **(Bild 2)**.

Die Auswertung der erfassten Signale erfolgt mit einer Messsoftware. Diese besteht aus den Treibern (Anpassungsprogrammen) für die Messhardware und einem Anwenderprogramm im PC. Die Treiber werden vom Kartenhersteller mitgeliefert und müssen im PC installiert werden. Anwenderprogramme mit grafischen Oberflächen sind z. B. LabVIEW, HP VEE oder DASYLab. Diese Programme gestatten es, Schaltskizzen oder Blockschaltpläne zu erstellen und diese über virtuelle Bedienerelemente vom PC aus zu steuern.

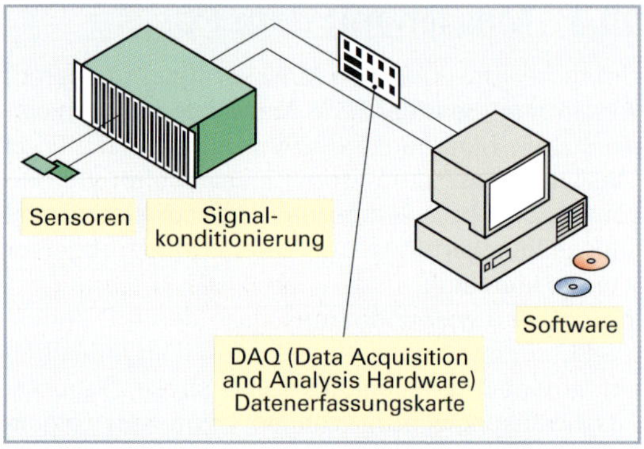

Bild 1: Baugruppen eines Datenerfassungssystems

Tabelle 1: Konditionierungsmodule

Art	Daten, Erklärung
Thermoelementverstärker	Eingangsspannung im mV-Bereich, Ausgangsstrom 0 mA bis 20 mA.
Trennverstärker	Isolationsspannung bis zu 480 V.
Multiplexer	Mit bis zu 64 Eingangskanälen.
Relais	Schaltet bis 250 V AC, DC.
Tiefpassfilter	Einstellbar von 10 Hz bis 25 kHz.
Frequenzspannungs-Umsetzer	Frequenzbereich 15 Hz bis 128 kHz, Eingangsspannungen 50 mV bis 1 kV.
Digitaleingänge	Von 24 V DC bis 240 V AC.
Digitalausgänge	Für CMOS-Pegel und TTL-Pegel.

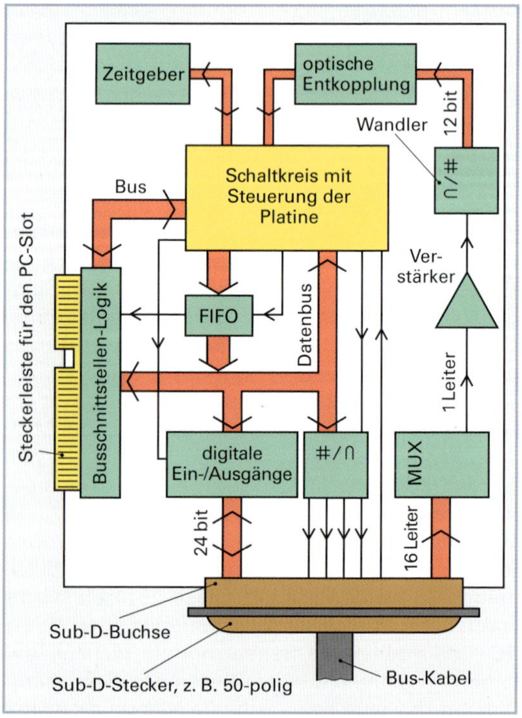

Bild 2: Struktur einer Multifunktions-Ein/Ausgabekarte

10.3.3 Messsoftware mit LabVIEW

LabVIEW ist eine Programmierumgebung, für die Erstellung von Mess- und Prüfsoftware (LabVIEW von Laboratory Virtual Instrument Engineering Workbench = Entwicklungsumgebung für virtuelle Instrumente). Die erstellten Programme werden als *virtuelle Instrumente VI* bezeichnet. Das Erscheinungsbild ähnelt oft dem eines Messinstruments, z. B. dem eines Oszilloskops.

In LabVIEW wird die Messsoftware grafisch in Blockdiagrammen erstellt, die eine Ähnlichkeit mit den Blockschaltbildern aus der Messtechnik haben.

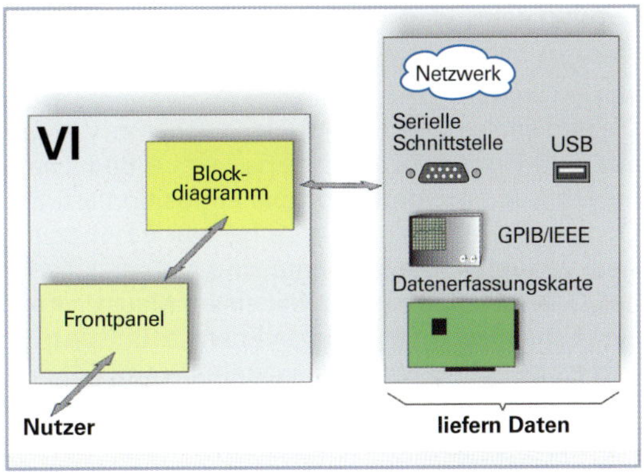

Bild 1: Prinzipieller Aufbau eines VI mit Schnittstellen

Aufbau eines VI

Ein VI besteht aus einer grafischen Benutzeroberfläche, dem *Frontpanel* und dem *Blockdiagramm*, das die Funktion des VI festlegt **(Bild 1)**.

Frontpanel enthalten wie ein Messgerät z.B. Taster, LED, Drehknöpfe und Displays. Es wird zwischen Bedienelementen und Anzeigeelementen unterschieden **(Bild 2)**.

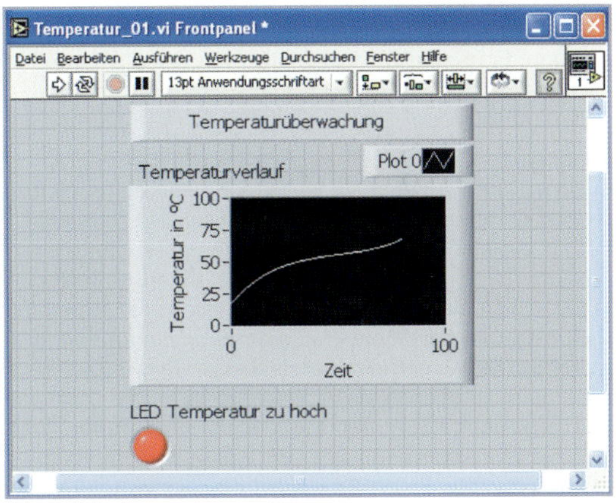

Bild 2: Frontpanelfenster eines VI

Das Blockdiagrammfenster enthält alle Anschlüsse der Frontpanelelemente. Die Anschlüsse werden durch Verbindungslinien mit weiteren Symbolen verbunden. Diese Symbole werden als Knoten bezeichnet **(Bild 3)**.

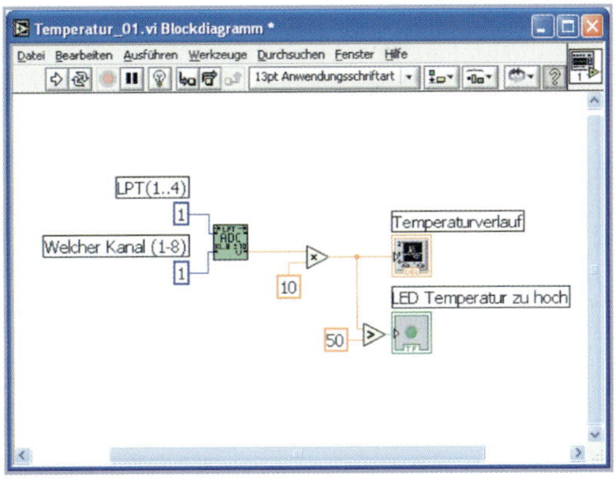

Bild 3: Blockdiagrammfenster eines VI

Knoten sind Symbole für

- mathematische Operationen, z. B. * und +,
- Programmstrukturen, z. B. While-Schleifen und Verzweigungen und
- Unterprogramme, die als Sub-VI bezeichnet werden.

Mithilfe dieser Knoten werden die Daten verarbeitet und die Ergebnisse im Frontpanel angezeigt.

Virtuelle Instrumente bestehen aus dem Fenster Frontpanel und dem Fenster Blockdiagramm.

Programmierumgebung

Um Programme zu entwerfen, benötigt man die *Paletten*, die entweder automatisch geöffnet werden oder über die Menüleistenfunktion Fenster geöffnet werden können. Paletten sind kleine Zusatzfenster, um z. B. eine LED für ein VI auszuwählen und zu bearbeiten. Die Symbolleiste **(Bild 4)** enthält Schaltflächen zur Programmausführung, Positionierhilfen und Debug-Funktionen zur Fehlersuche im Programm.

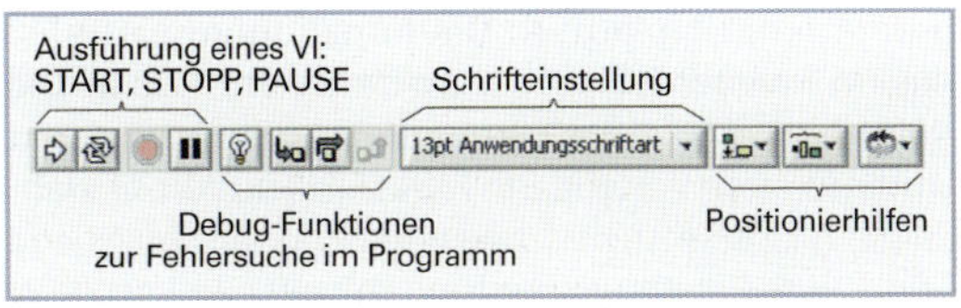

Bild 4: Symbolleiste des Blockdiagrammfensters

Entwurf eines VI

Für eine Temperaturüberwachung soll ein VI entworfen werden **(Bild 1)**.

Die Bedienelemente und Anzeigenelemente werden aus dem Fenster `Elementepalette` **Bild 2** ausgewählt und auf dem Frontpanel positioniert. Die Elementepaletten sind nur im Fenster `Frontpanel` verfügbar. Die Elemente sind auf verschiedenen Unterpaletten verteilt. Mit einem Mausklick auf eine Schaltfläche der obersten Ebene, z.B. `Graph-Anzeige`, öffnet sich eine weitere Palette mit drei Elementen. Ein Mausklick auf die Schaltfläche `Alle Elemente` öffnet eine Palettensammlung mit allen in LabVIEW verfügbaren Elementen.

Übung 1

Zeichnen Sie das Frontpanel zur Temperaturüberwachung. Ein Signalverlaufs-Diagramm soll die Temperatur anzeigen und eine LED soll Temperaturen über 50 °C anzeigen.

Lösung:

Öffnen Sie ein neues VI. Ist die Elementpalette nicht sichtbar, öffnen Sie die Palette im Fenster Frontpanel über die Menüfunktion Fenster, Elementepalette anzeigen. Wählen Sie eine LED durch einen Mausklick aus. Positionieren Sie die LED auf dem Frontpanel. Wählen und positionieren Sie ein Signalverlaufs-Diagramm, Bild 2, vorhergehende Seite.

Die Eigenschaften der Elemente, z.B. Farbe und Größe, können mit einem Werkzeug aus dem Fenster `Werkzeugpalette` geändert werden. Je nach ausgewähltem Werkzeug ändert sich das Symbol und die Funktion des Mauszeigers **(Tabelle 1)**. Die Werkzeugpalette ist im Fenster `Frontpanel` und im Fenster `Blockdiagramm` vefügbar.

Übung 2

Ändern Sie die Farben der LED. LED AUS = dunkelrot, LED EIN = rot.

Lösung:

Ist die Werkzeugpalette nicht sichtbar, öffnen Sie die Palette im Fenster Frontpanel, über die Menüfunktion Fenster, Werkzeugpalette. Mit dem Button Bedienwerkzeug lässt sich der Betriebszustand der LED umschalten. Mit dem Farbwerkzeug legt man die Farbe für den Betriebszustand AUS und EIN fest.

Aus dem Fenster `Funktionspalette` **(Bild 3)** werden die benötigten Knoten, z.B. `Kleiner oder gleich?` ausgewählt und im Blockdiagrammfenster platziert. Die Funktionenpalette ist nur im Fenster `Blockdiagramm` verfügbar. Die Knoten sind wie die Elemente des Fronpanels in Unterpaletten verteilt. Ein Mausklick auf die Schaltfläche `Alle Funktionen` in der obersten Ebene öffnet eine Palettensammlung mit allen in LabVIEW verfügbaren Knoten.

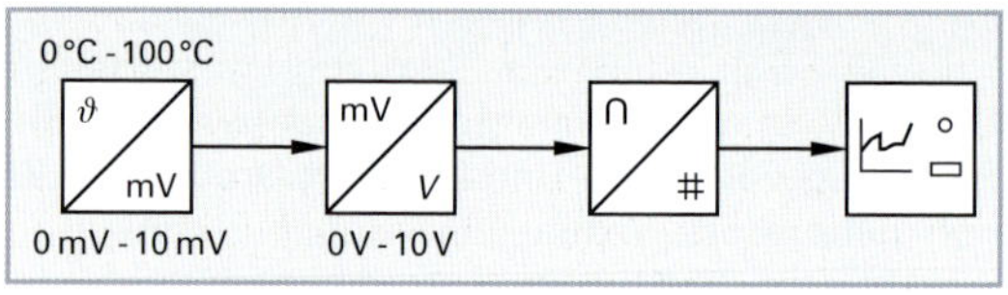

Bild 1: Technologieschema einer Temperaturüberwachung

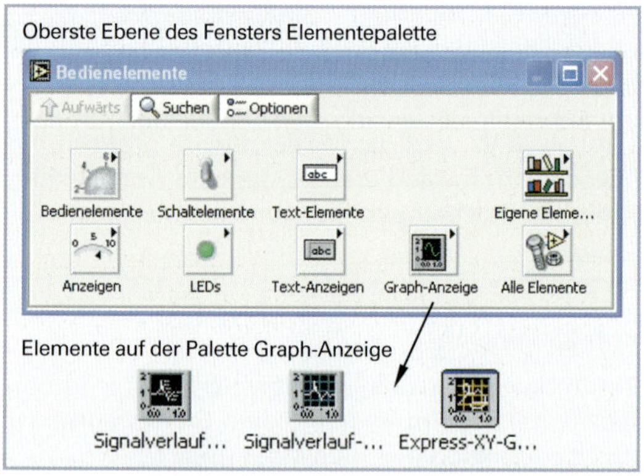

Bild 2: Fenster Elementepalette, Elemente der Palette Graph-Anzeige

Tabelle 1: Wichtige Werkzeuge der Werkzeugpalette	
	Positionierwerkzeug. Auswählen, positionieren und ändern der Größe von Elementen und Funktionen.
	Bedienwerkzeug. Ändert den Wert eines Bedienelements im Frontpanel und einer Konstante im Blockdiagramm.
	Beschriftungswerkzeug. Erstellen und bearbeiten aller Beschriftungen und sonstigen Texte im Frontpanel und Blockdiagramm.
	Verbindungswerkzeug. Verbinden der Anschlüsse und Knoten im Blockdiagramm.
	Farbewerkzeug. Stellt die Vordergrundfarbe und Hintergrundfarbe eines Elements ein.
	Automatische Werkzeugwahl. LabVIEW nimmt eine automatische Werkzeugauswahl vor.

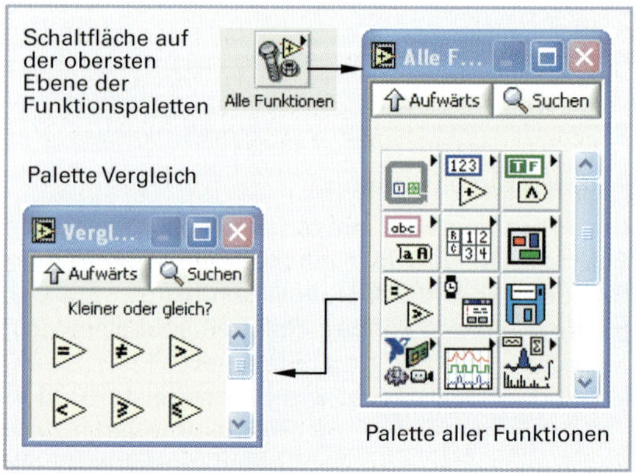

Bild 3: Funktionenpaletten

Der Datenaustausch zwischen einem VI und der Hardware zur Datenerfassung wird mit speziellen Sub-VIs gesteuert. Viele Hersteller bieten zu ihrer Messhardware Sub-VIs an **(Bild 1)**. Diese erscheinen im Windows-Explorer als Datei und können mit der Maus in das Blockdiagramm gezogen werden.

Das im **Bild 2** dargestellte Sub-VI liest einen Spannungswert vom Kanal 1 einer Messkarte ein. Die Messkarte ist an die parallele Schnittstelle LPT1 angeschlossen. Die Kanalnummer und die Nummer der Schnittstelle werden durch die beiden Konstanten an den Eingängen des Sub-VI festgelegt.

Übung 1

Positionieren Sie im Blockdiagramm ein Sub-VI zur Erfassung der Spannung des Temperatursensors. Fügen Sie in das Blockdiagramm die notwendigen Konstanten für das Sub-VI ein.

Lösung: **Bild 2**

Um den eingelesenen Spannungswert an die Anzeige anzupassen, ist eine Multiplikation notwendig **(Bild 3)**.

Übung 2

Das Verlaufs-Diagramm im Frontpanel soll die Temperatur in °Celsius anzeigen. Berechnen Sie den Faktor, mit dem der eingelesene Spannungswert multipliziert werden muss.

Lösung:

Bei 100 °C liefert der Sensor eine Spannung von 10 V. Das Sub-VI zur Erfassung der Messdaten liefert bei 10 V den Zahlenwert 10. → Eingelesener Wert · **10** = Temperaturwert.

Der Vergleichsknoten `Größer?` **(Bild 3)** liefert wahr (true), wenn der obere Eingangswert den Wert der angeschlossenen Konstanten übersteigt, sonst unwahr (false). Der Ausgang des Größer?-Knotens eignet sich z.B., um eine LED auf dem Frontpanel anzusteuern.

Übung 3

Fügen Sie aus der Funktionenpalette die Knoten Multiplikation und Größer? und die notwendigen Konstanten in das Blockdiagramm ein.

Lösung: **Bild 3**

Durch Ziehen von Linien mit der Maus lassen sich die Anschlüsse und Knoten verbinden. Unzulässige Verbindungen werden als gestrichelte schwarze Linien mit einem roten Kreuz dargestellt **(Bild 4)**.

Ein Ausgang darf nicht mit einem anderen Ausgang verbunden werden.

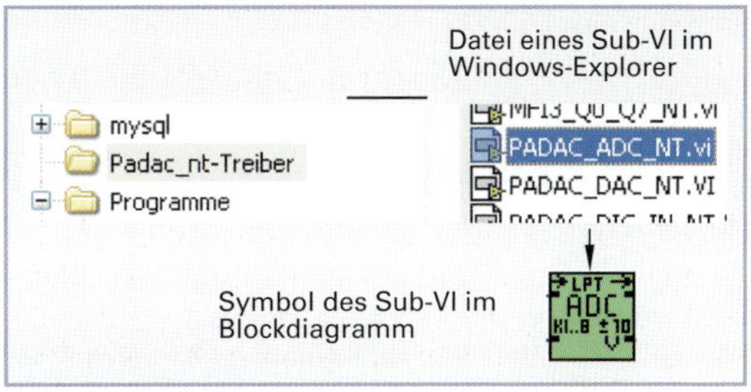

Bild 1: Auswählen und Einfügen eines Sub-VI

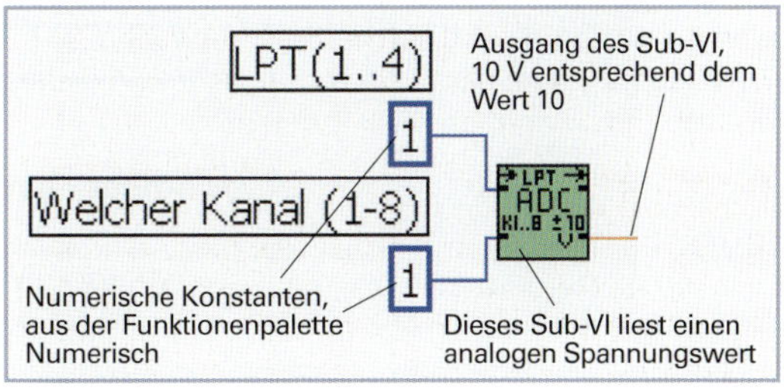

Bild 2: Sub-VI zur Datenerfassung

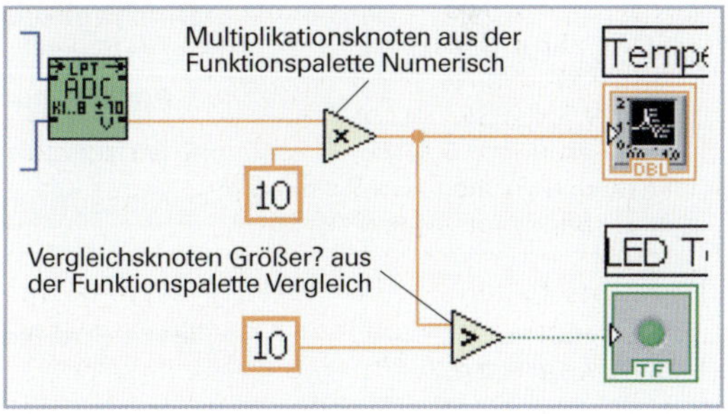

Bild 3: Multiplikationsknoten, Vergleichsknoten Größer?

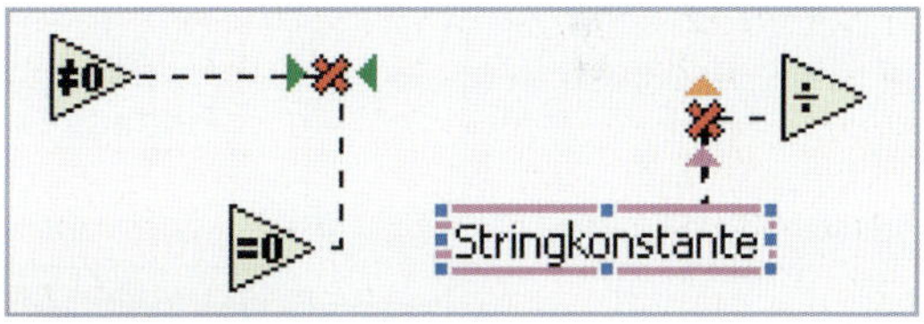

Bild 4: Unzulässige Verbindungen

Übung 4

Verbinden Sie im Blockdiagramm alle Anschlüsse und Knoten. Führen Sie das VI aus.

Lösung:

Bild 2, **Bild 3**. Die Symbolleiste des Fensters Frontpanel enthält Schaltflächen, um das VI auszuführen.

Wiederholung und Vertiefung

WV

1. **Welche Baugruppen gehören zu einem Messwerterfassungssystem?**
2. **Weshalb werden Eingangssignale konditioniert?**
3. **Aus welchen Programmteilen besteht ein VI?**
4. **Was versteht man unter Knoten im Blockdiagramm?**

11 Kommunikationstechnik

11 Kommunikationstechnik

Die Nachrichtenübertragung stellt die Verbindung zwischen räumlich entfernten Stellen zum Zweck des Informationsaustausches dar. Dieser findet zwischen Menschen, technischen Einrichtungen oder Menschen und technischen Einrichtungen statt. Der Informationsaustausch kann in allen Fällen entweder einseitig gerichtet sein oder in beide Richtungen erfolgen. Damit ist die Basis einer Kommunikation gegeben. Deshalb wird die Nachrichtenübertragungstechnik auch als Kommunikationstechnik bezeichnet.

Kommunikationstechnik ist der einseitige oder wechselseitige Austausch von Informationen.

11.1 Übertragungsverfahren

Nachrichten können in analoger Form oder in digitaler Form übertragen werden. Bei der Nachrichtenübertragung kommt es vor allem darauf an, die Nachrichtensignale ohne Verfälschung zu übertragen. Der Wirkungsgrad bezüglich der Übertragung spielt nur eine kleine Rolle, da Energieverluste durch entsprechende Verstärkung unter Energiezufuhr aus einer Energiequelle wieder ausgeglichen werden können. Der Entstehungsort der durch Signale repräsentierten Nachricht heißt Nachrichtenquelle, z. B. Mikrofon, der Empfangsort heißt Nachrichtensenke, z.B. Lautsprecher. Zwischen Quelle und Senke liegt das eigentliche Nachrichtenübertragungssystem. Es besteht aus den Komponenten Sender, Übertragungskanal (auch als Übertragungsstrecke bezeichnet) und Empfänger **(Bild 1)**. Der Sender setzt das von der Nachrichtenquelle stammende Signal in eine für den Transport durch den Übertragungskanal geeignete Form um. Der Empfänger wandelt das übertragene Signal wieder in eine für die Nachrichtensenke geeignete Form zurück.

Die bei jeder Übertragung möglichen Störsignale auf das Nachrichtenübertragungssystem führen beim Empfänger zu einem aus Nutzsignal und Störsignal bestehenden, resultierenden Signal **(Bild 2)**.

Der Übertragungskanal bestimmt wesentlich das eingesetzte Übertragungssystem. Bei der geführten Übertragung (Leitungsübertragung) werden bei elektrischen Leitungen Spannungssignale übertragen, bei Lichtwellenleitern (LWL) werden optische Signale vom Sender zum Empfänger geschickt **(Bild 3)**. Bei der ungeführten Übertragung (Funkübertragung) finden elektromagnetische Wellen Verwendung **(Bild 4)**. Werden die Signale auf einem Informationsträger (DLT, Memory Stick, DVD) gespeichert und dieser selbst transportiert, liegt eine materielle Übertragung vor **(Bild 5)**.

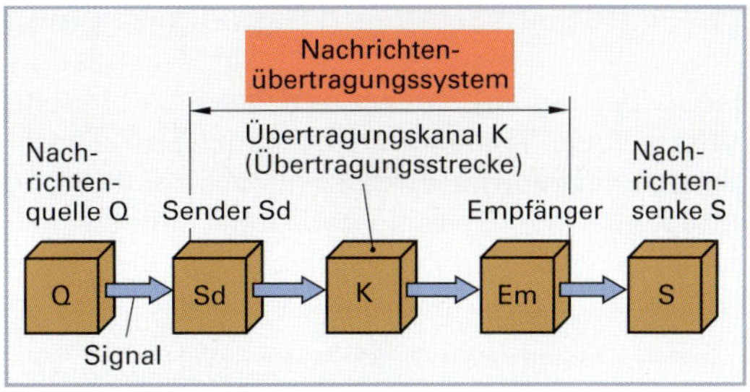

Bild 1: Prinzip der Nachrichtenübertragung

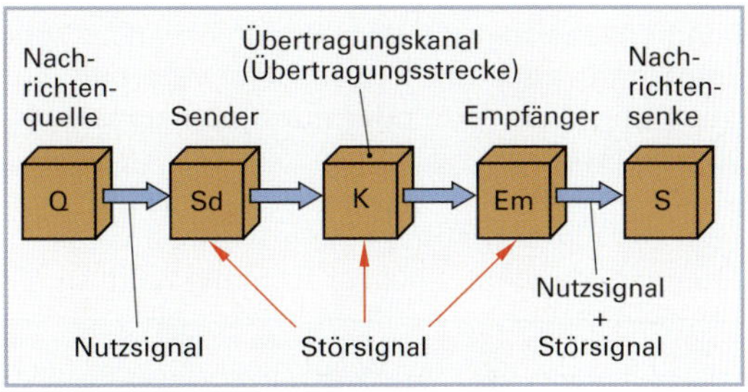

Bild 2: Nutzsignal und Störsignal

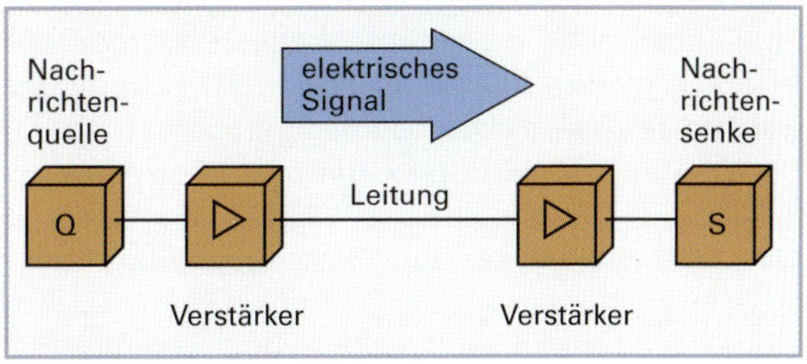

Bild 3: Geführte Übertragung

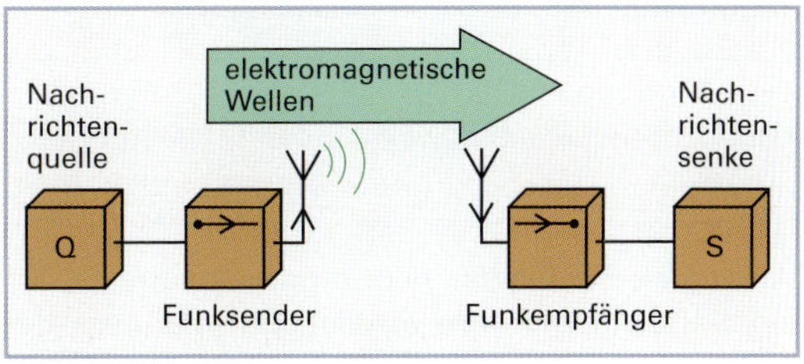

Bild 4: Ungeführte Übertragung

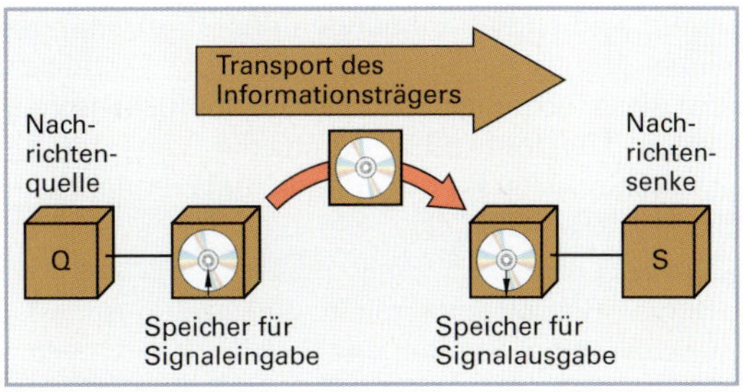

Bild 5: Materielle Übertragung

11.1.1 Betriebsarten und Signaldarstellung

Jede Übertragung ist eine gerichtete Verbindung zwischen zwei Teilnehmern in einem Netz. Je nachdem, ob der Informationsfluss nur in einer Richtung erfolgt oder wechselseitig gerichtet ist, unterscheidet man verschiedene Betriebsarten (operation modes).

Bei Simplex-Betrieb oder Richtungsbetrieb verläuft der Signalweg von der Quelle über Sender, Übertragungskanal und Empfänger zur Senke **(Bild 1)**. Beispiele für Simplexbetrieb sind die Rundfunkübertragung vom Rundfunksender zum Empfänger oder die Prozessdatenverarbeitung, wenn nur Messwerte oder nur Steuersignale abgegeben werden.

Bei Simplexbetrieb ist eine Informationsübertragung immer nur in einer Richtung möglich.

Bei Duplex-Betrieb oder Wechselbetrieb wird nach Halbduplex-Betrieb und Vollduplex-Betrieb unterschieden. Mit geringem Aufwand lässt sich auf einem Übertragungskanal eine wechselweise Signalübertragung durchführen. Hierzu werden auf jeder Seite des Kanals Sender und Empfänger wahlweise zugeschaltet. Diese Betriebsart trägt die Bezeichnung Halbduplex-Betrieb, Semiduplex-Betrieb oder Wechselbetrieb **(Bild 2)**. Angewendet wird Wechselbetrieb bei Bluetooth oder Funksprechverbindungen, z. B. CB-Funk (CB von Citizen Band = Stadt-Band, Jedermann-Funk), wo stets nur von einer Seite gesendet und von der anderen Seite empfangen werden kann. Der Wechsel der Übertragungsrichtung erfolgt nach Absprache.

Bei Halbduplex-Betrieb ist eine Informationsübertragung wechselweise in beide Richtungen möglich.

Vollduplex-Betrieb ist richtungsunabhängig. Auf Vierdrahtleitungen wird vorwiegend Vollduplex-Betrieb eingesetzt **(Bild 3)**. In den meisten Nachrichtennetzen sind jedoch nur Zweidrahtleitungen verlegt. Will man dennoch Vollduplex-Betrieb realisieren, sind an den Eingängen des Übertragungskanals Richtungstrenner erforderlich. Technisch wird diese Richtungstrennung durch Brückenschaltungen (Telefon) oder durch die Verwendung unterschiedlicher Frequenzlagen und Frequenzweichen realisiert **(Bild 4)**.

Duplex-Betrieb ermöglicht gleichzeitiges und unabhängiges Senden und Empfangen in beide Richtungen.

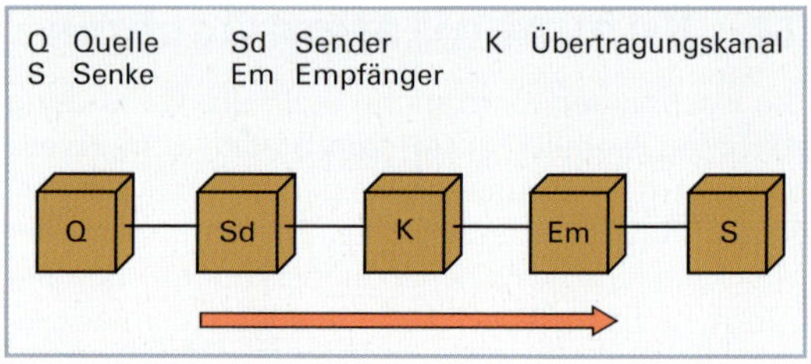

Bild 1: Simplex-Betrieb

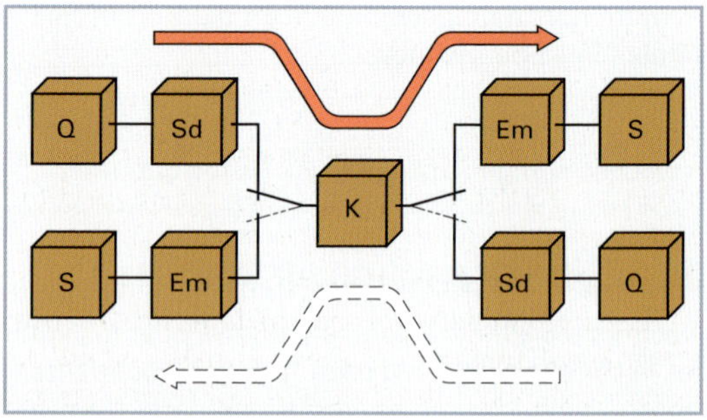

Bild 2: Semiduplex-Betrieb

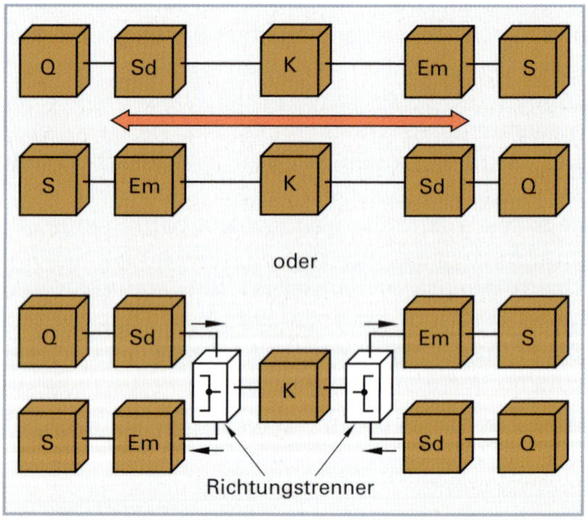

Bild 3: Vollduplex-Betrieb

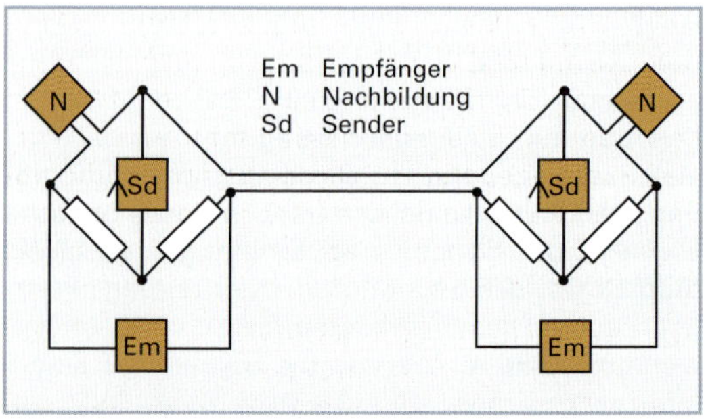

Bild 4: Übertragungsstrecke für Duplexbetrieb mit Gabelschaltung

Jeder Übertragungskanal und jedes Kommunikationsmedium (freier Raum, verdrillte Leitung, Koaxialleitung, Lichtwellenleiter) ist gekennzeichnet durch die *Bandbreite* und die *Kanalkapazität.*

Die Bandbreite in Hz gibt an, welcher Frequenzbereich für die Signalübertragung auf dem Übertragungskanal zur Verfügung steht. Die Kanalkapazität N_K in bit/s gibt an, wie viele Informationseinheiten pro Sekunde im Übertragungskanal übertragen werden können. Zwischen Bandbreite und Kanalkapazität besteht in weiten Grenzen ein linearer Zusammenhang.

Die Art und Weise der Bandbreitennutzung eines Übertragungskanals führt zur Verwendung verschiedener Übertragungsverfahren ohne Mehrfachnutzung der verfügbaren Bandbreite und mit Mehrfachnutzung der verfügbaren Bandbreite.

Bei der *Basisbandübertragung* werden die Signale in der ursprünglichen Frequenzlage im Übertragungskanal übermittelt. Den Signalen steht die gesamte Bandbreite des Übertragungskanals zur Verfügung. Eine Umsetzung auf ein Trägersignal findet nicht statt.

Die Basisbandübertragung ist ein Übertragungsverfahren ohne Mehrfachnutzung des Übertragungskanals.

Wenn Datensignale im Basisbandverfahren übertragen werden sollen, können die Binärsignale als Gleichspannungsimpulse ausgeführt werden. Sie können dabei eine unterschiedliche Lage zum Taktimpuls haben **(Bild 1)**. Beim NRZ-Format (von Non Return to Zero = Nichtrückkehr nach Null) ist der Impuls so lang wie die Pulsperiode des Taktes. Beim RZ-Format (von Return to Zero = Rückkehr zu Null) ist der Impuls halb so lang. Damit lässt sich auch bei einer Folge von mehreren Bits mit dem Wert 1 der Takt zum Synchronisieren des Empfängers zurückgewinnen. Zur Synchronisation ist auch der Manchester-Code geeignet.

Durch den Einfluss von Induktivitäten und Kapazitäten der Leitung treten mit zunehmender Leitungslänge und zunehmender Frequenz Impulsverformungen auf **(Bild 2)**. Bei der Basisbandübertragung müssen die Signale deshalb eine Form erhalten, die den Übertragungsverhältnissen im Kommunikationskanal angepasst ist. Diese Formgebung heißt Basisbandmodulation und wird in den Signalumsetzern der Datenübertragungseinrichtung (DÜE) durchgeführt **(Bild 3)**.

Aus technischen und finanziellen Gründen muss die Zahl der Übertragungsleitungen oft begrenzt werden. Es wurden deshalb Verfahren entwickelt, die eine Mehrfachnutzung ermöglichen. Diese Verfahren heißen *Multiplexverfahren.*

$$N_K = 2 \cdot \Delta f_K \cdot t_K \cdot \mathrm{lb}\, m_K$$

N_K	Übertragbare Nachrichtenmenge der Strecke (Kanalkapazität)
Δf_K	Bandbreite der Strecke (Hz)
t_K	Laufzeit eines Signals für die Strecke
m_K	Zahl der Amplitudenstufen des Signals
lb m_K	Informationsgehalt

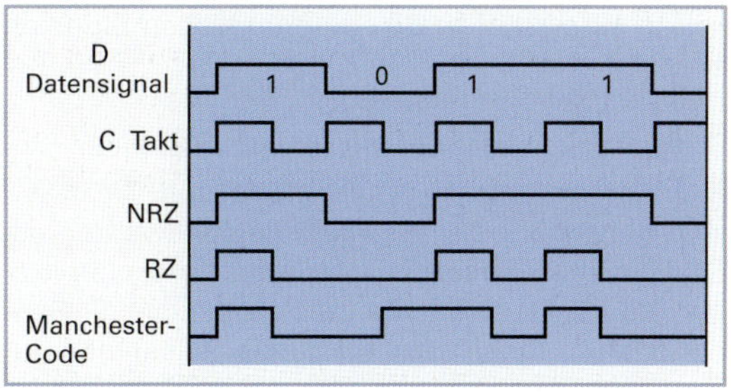

Bild 1: Übertragung von Gleichspannungsimpulsen

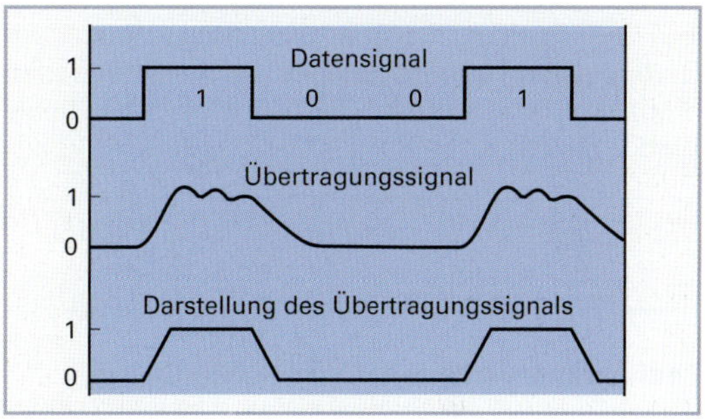

Bild 2: Übertragung im Basisband

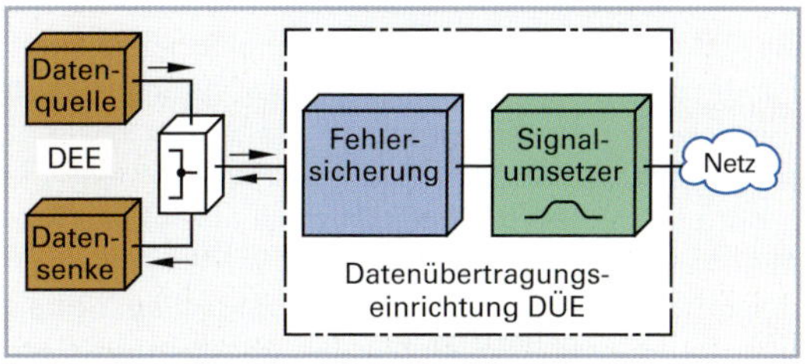

Bild 3: Signalformung im Signalumsetzer

Wiederholung und Vertiefung

1. **Worin besteht die grundsätzliche Aufgabe der Nachrichten-Übertragungstechnik?**
2. **Warum wird bei jedem Übertragungssystem ein Sender benötigt?**
3. **Welche Wirkung haben Störsignale auf das Empfangssignal der Nachrichtensenke?**
4. **Nennen Sie ein typisches Beispiel für Simplex-Betrieb aus dem Alltag.**
5. **Warum arbeitet das Telefon im Vollduplex-Betrieb?**

WV

11.1.2 Multiplexverfahren

Durch Multiplexverfahren (von lat. multiplex = vielfach) können mehrere voneinander unabhängige Signale über dieselbe Übertragungsstrecke übertragen werden. Multiplexschaltungen erfassen sendeseitig die verschiedenen Eingangssignale. Anschließend werden die Eingangssignale ineinander verschachtelt und übertragen **(Bild 1)**. Auf der Empfangsseite trennen Demultiplexschaltungen die vom Übertragungskanal kommenden Signale und setzen sie wieder zu den ursprünglichen Signalen zusammen.

Zeitmultiplexverfahren mit binären Signalen

Beim Zeitmultiplexverfahren (TDM, von Time Division Multiplex = Zeitteilung-Multiplex) werden die Signale der einzelnen Sender nacheinander übertragen **(Bild 2)**. Ein elektronischer Schalter gibt die Sendesignale in immer gleichbleibender Reihenfolge auf die Übertragungsstrecke. Dazu werden die Dateneingänge D0 bis D3 über die Adresseingänge A0 und A1 im Multiplexer zeitlich nacheinander angewählt und dem Ausgang S zugeschaltet **(Bild 3, links)**. Der Demultiplexer sortiert wieder die verschiedenen Signale zeitsynchron auf die Ausgangsdatenkanäle **(Bild 3, rechts)**.

Beim Zeitmultiplexverfahren müssen Multiplexer und Demultiplexer synchron arbeiten.

Zeitmultiplexverfahren mit analogen Signalen

Das *Abtasttheorem* nach Shannon zeigt, dass für die Signalübertragung die regelmäßige Abtastung des Signals ausreicht. Bei der Abtastung wird zu bestimmten Zeitpunkten die Signalamplitude ermittelt. Für die Beschreibung einer Sinusschwingung reichen theoretisch zwei Abtastungen. Die Abtastfrequenz muss deshalb mindestens doppelt so groß wie die größte im zu übertragenden Signal enthaltene Frequenz sein. Da in den Zeiten zwischen den Abtastimpulsen keine Information des ursprünglichen Signals übertragen wird, können hier die Abtastimpulse anderer Signale übertragen werden **(Bild 4)**.

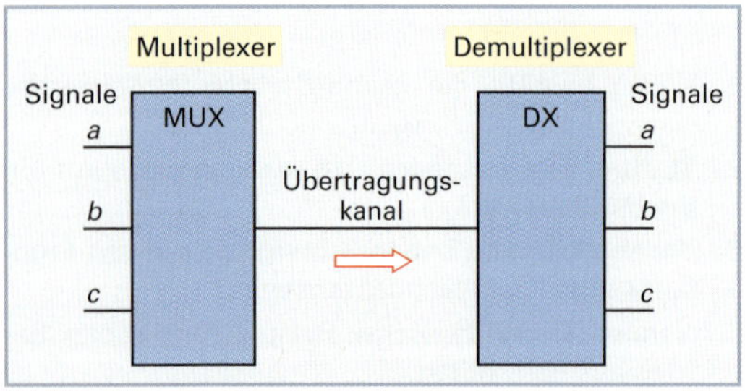

Bild 1: Prinzip des Multiplexverfahrens

Claude Elwood Shannon 1916-2001
- begründete die moderne Informationstheorie und
- „erfand" das Bit.

Abtasttheorem nach Shannon:

$$f_A > 2 \cdot f_s$$

Bei einem Signal: Bei n Signalen:

$T_A = \frac{1}{f_A}$ | $\tau_A < T_A$ | $\tau_{An} = \frac{\tau_A}{n}$

f_A Abtastfrequenz, Abtastrate
f_s höchste zu übertragende Frequenz des Signals
T_A Abtastperiodendauer
τ_A größtzulässige Abtastzeit
τ_{An} größtzulässige Abtastzeit bei n Signalen
n Anzahl der übertragbaren Signale

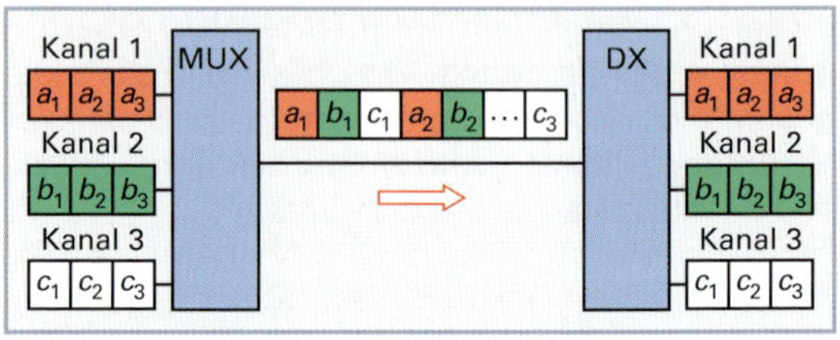

Bild 2: Zeitmultiplex mit binären Signalen

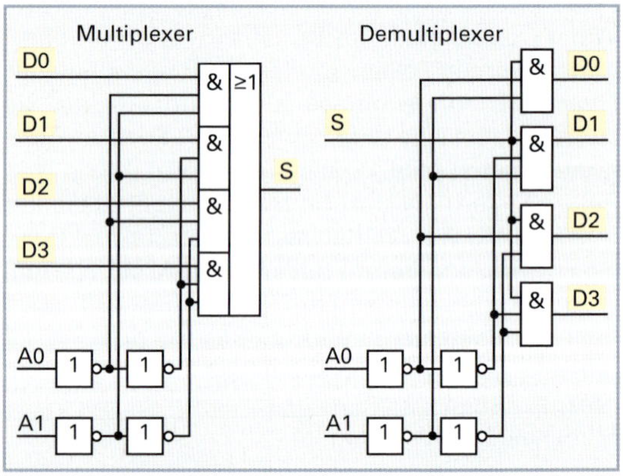

Bild 3: 1-aus-4-Multiplexer und 1-auf-4-Demultiplexer

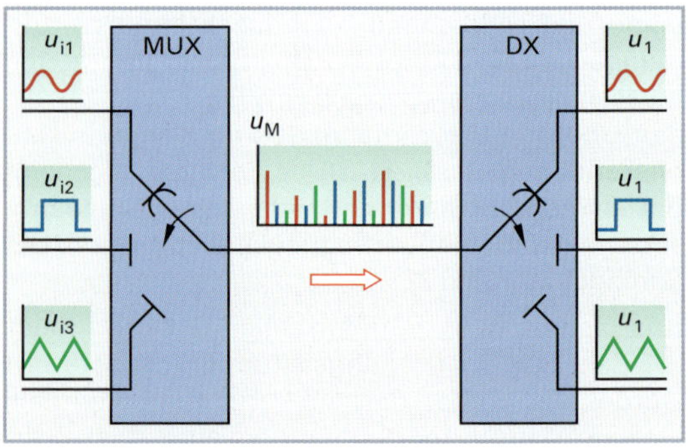

Bild 4: Zeitmultiplex mit analogen Signalen

Frequenzmultiplexverfahren

Beim Frequenzmultiplexverfahren (FDM, von Frequency Division Multiplex = Frequenzmultiplex) werden die Eingangssignale aus ihrer ursprünglichen gemeinsamen Frequenzlage in frequenzmäßig gestaffelte, nacheinander liegende Frequenzbereiche umgesetzt **(Bild 1)**. Damit kann die gesamte Bandbreite des Übertragungskanals ausgenutzt werden. Die Bandbreite der Eingangssignale muss hierbei jedoch beschränkt werden.

Die systematische Staffelung der Frequenzbereiche erreicht man durch Amplitudenmodulation der Eingangssignale mit unterschiedlichen Trägerfrequenzen. Bei der Amplitudenmodulation wird die Amplitude der höherfrequenten Trägerschwingung u_T im Multiplexer durch die Informationen des Eingangssignals u_i geändert. Die am Ausgang entstehende amplitudenmodulierte Schwingung u_{AM} enthält neben der Trägerschwingung das obere Seitenband und das untere Seitenband **(Bild 2)**.

Um die Anzahl der zu übertragenen Eingangssignale zu erhöhen, überträgt man beim Frequenzmultiplexverfahren nur die oberen Seitenbänder oder nur die unteren Seitenbänder. Sie werden frequenzmäßig nebeneinander gestaffelt. Die nicht benötigten Seitenbänder werden herausgefiltert. Der Demultiplexer setzt die Signale durch erneute Modulation in ihre ursprüngliche Frequenzlage zurück **(Bild 3)**.

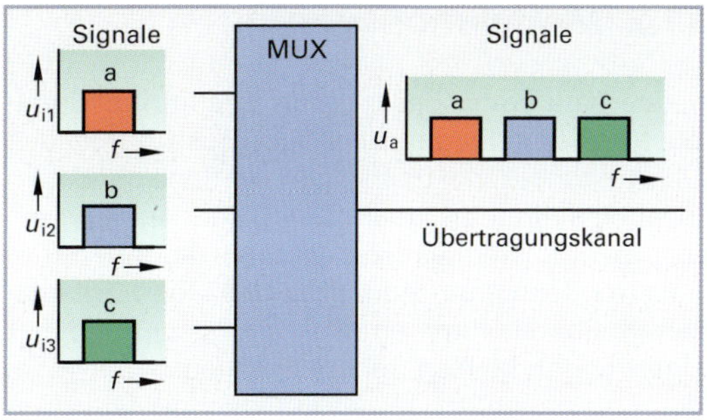

Bild 1: Prinzip des Frequenzmultiplexverfahrens

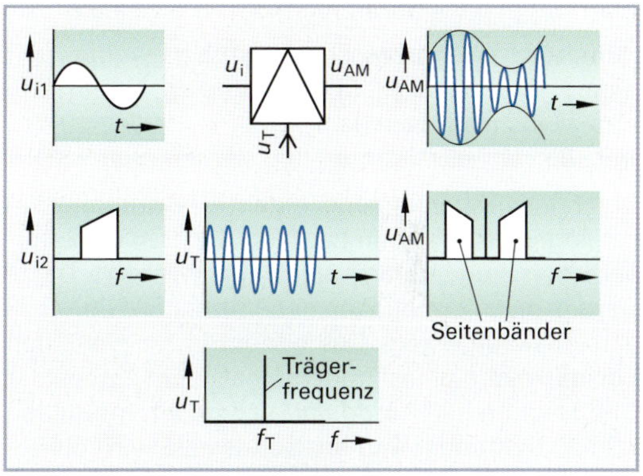

Bild 2: Amplitudenmodulation

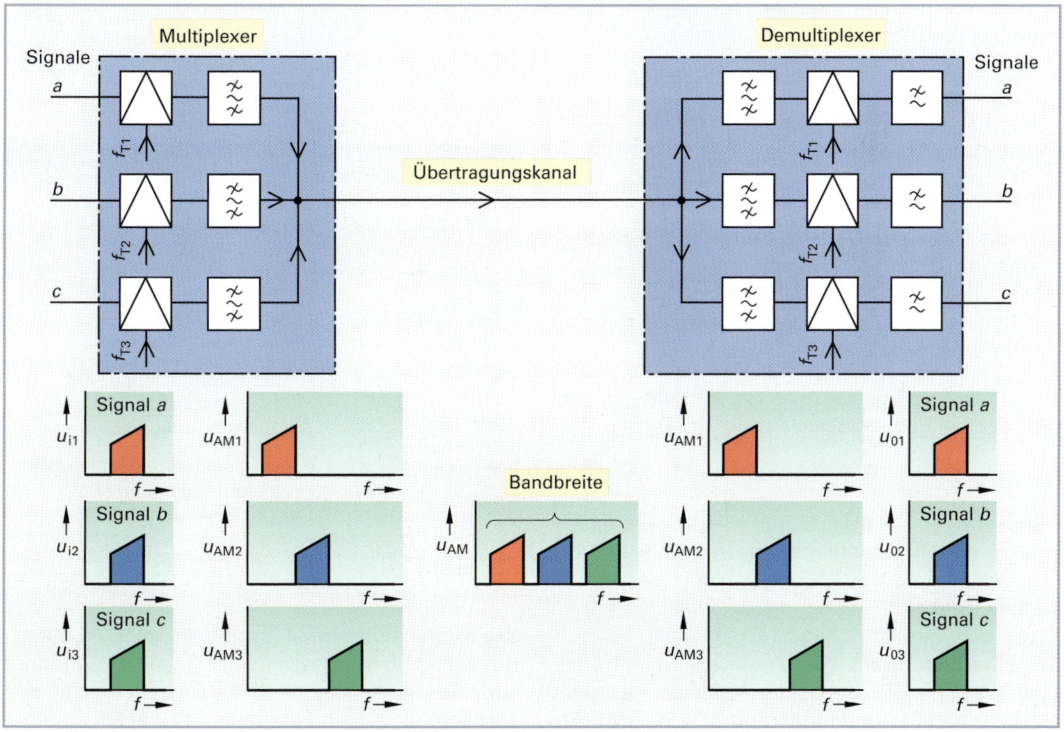

Bild 3: Frequenzmultiplexverfahren mit Multiplexer und Demultiplexer

11.2 Modulationsverfahren

Jedes Nutzsignal besitzt eine bestimmte Bandbreite. Dieser Frequenzbereich muss durch den Übertragungskanal übertragen werden können. Im Idealfall sollten die obere Grenzfrequenz und die untere Grenzfrequenz des zu übertragenden Signals mit den Grenzfrequenzen des Übertragungskanals übereinstimmen. Bei leitungsgebundener Übertragung bleiben höhere Frequenzbereiche jedoch oft ungenutzt. In der Funktechnik ist nur in hohen Frequenzlagen eine drahtlose Übertragung möglich.

> Eine Anpassung zwischen dem Übertragungskanal und dem zu übertragenden Signal ist meistens nicht gegeben.

Durch ein Trägersignal, das dem Übertragungskanal angepasst ist, kann das Nutzsignal in der erforderlichen Frequenzlage übertragen werden. Dabei werden die Informationen des Nutzsignals dem Trägersignal aufgeprägt. Das Verfahren zur gewollten Beeinflussung eines Trägersignals zum Zweck der Übertragung heißt *Modulation* (von lat. modulatio = Takt, Rhythmus). Auf der Sendeseite wird die zugehörige Schaltung Modulator genannt **(Bild 1)**. Nach der Übertragung erfolgt im Empfänger das Umsetzen in die ursprüngliche Frequenzlage durch einen *Demodulator* **(Bild 2)**.

> Die Rückwandlung des Modulationsvorganges heißt Demodulation.

Bei den Trägersignalen sind im Prinzip beliebige Formen möglich. Wird ein sinusförmiges Trägersignal verwendet, ergibt sich eine Schwingungsmodulation. Ein pulsförmiges Trägersignal führt zur Pulsmodulation **(Tabelle 1)**.

Eine kontinuierliche Sinusschwingung lässt sich durch folgende allgemeine Gleichung beschreiben:

$$x = x(t) = \hat{x} \cdot \cos(\omega t + \varphi).$$

Durch das Modulationssignal können bei einem sinusförmigen Trägersignal die Amplitude $\hat{x}$, die Frequenz ω und der Phasenwinkel φ beeinflusst werden **(Bild 3)**.

Bei einer Änderung der Amplitude der Trägerschwingung im Rhythmus des Modulationssignals ergibt sich eine Amplitudenmodulation (AM). Ändert sich die Frequenz der Trägerschwingung durch das Modulationssignal, ergibt sich eine Frequenzmodulation (FM). Phasenwinkeländerungen führen zur Phasenmodulation (PM). Gewollt beeinflusst wird jeweils nur ein Parameter, die beiden anderen Parameter bleiben konstant (Tabelle 1).

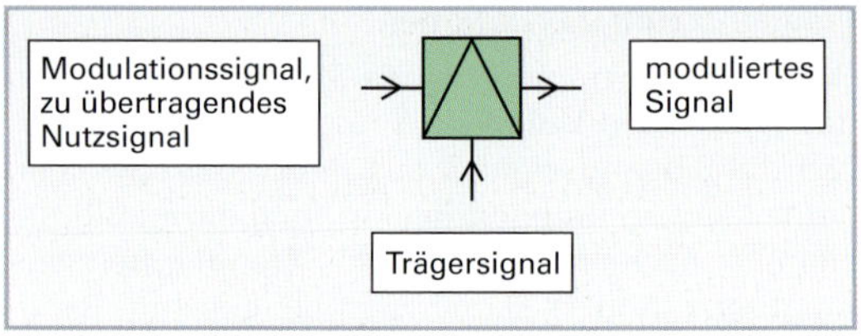

Bild 1: Schaltzeichen eines Modulators

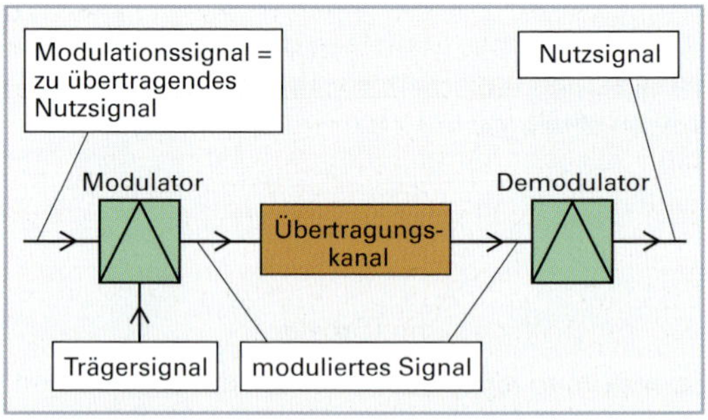

Bild 2: Modulation und Demodulation

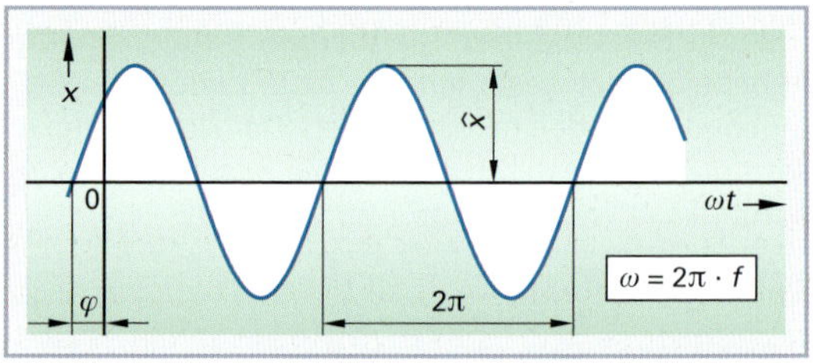

Bild 3: Kontinuierliche Sinusschwingung

Tabelle 1: Modulationsverfahren

Träger	Modulationssignal	Modulationsverfahren
Sinusschwingung	analog	Amplitudenmodulation AM Frequenzmodulation FM Phasenmodulation PM
	digital	Amplitudenumtastung ASK Frequenzumtastung FSK Phasenumtastung PSK
Pulsfolge	analog	Pulsamplitudenmodulation PAM Pulsdauermodulation PDM Pulsphasenmodulation PPM
	digital	Pulscodemodulation PCM

11.2.1 Analoge Modulation

11.2.1.1 Amplitudenmodulation

Die Amplitudenmodulation eines analogen Signals wird z. B. in der Rundfunktechnik im Kurz-, Mittel- und Langwellenbereich, in der Fernsehtechnik zur Bildübertragung sowie in der Trägerfrequenztechnik zur Mehrfachnutzung von Leitungen angewendet. Bei der Amplitudenmodulation wird die Amplitude der hochfrequenten Trägerschwingung durch die Signalschwingung geändert **(Bild 1)**. Dies erfolgt im Modulator durch eine Multiplikation der Trägerschwingung mit der Signalschwingung.

Die Lautstärke des zu übertragenden Signals bestimmt die Größe der Amplitudenänderungen der Trägerschwingung. Die Tonhöhe des Signals bestimmt die Häufigkeit der Amplitudenänderungen der Trägerschwingung **(Tabelle 1)**.

Zerlegt man eine amplitudenmodulierte Schwingung, die mit einem sinusförmigen Signal moduliert ist, in ihre Teilschwingungen, so erhält man außer der Trägerschwingung zwei weitere Schwingungen, die Seitenschwingungen genannt werden.

> Eine amplitudenmodulierte Schwingung besteht aus der Trägerschwingung und den Seitenschwingungen.

Bei der Amplitudenmodulation eines ganzen Frequenzbandes, z. B. eines Fernsprechkanals mit dem Frequenzband von 300 Hz bis 3400 Hz, entsteht ein oberes und unteres Seitenband.

> Bei der Amplitudenmodulation ist zur Übertragung der beiden Seitenbänder die doppelte Bandbreite des Signals erforderlich.

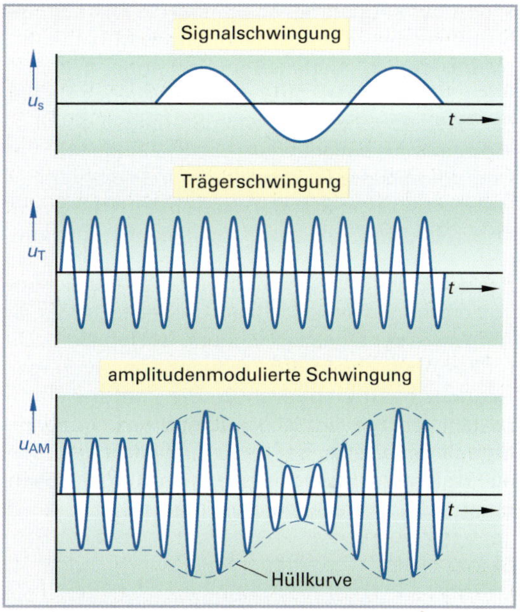

Bild 1: Amplitudenmodulierte Schwingung

Die Seitenschwingungen der Signale mit tiefen Frequenzen liegen zu beiden Seiten des Trägers in der Nähe der Trägerfrequenz, die Seitenschwingungen der Signale mit höheren Frequenzen liegen vom Träger weiter entfernt.

Tabelle 1: Amplitudenmodulation

Signalschwingung		amplitudenmodulierte Schwingung	
Zeitfunktion	Frequenzspektrum	Zeitfunktion	Frequenzspektrum
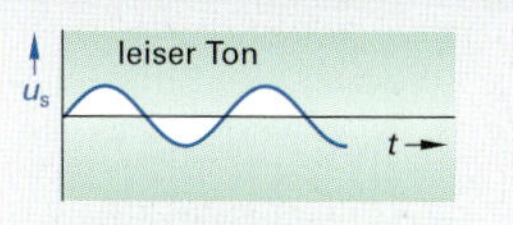		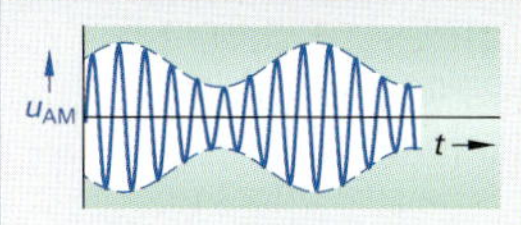	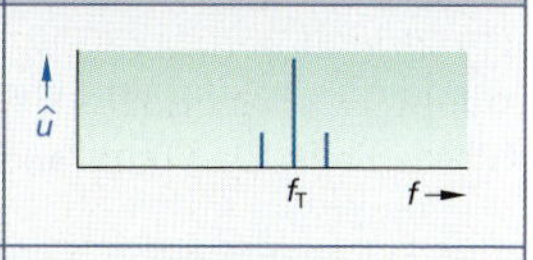
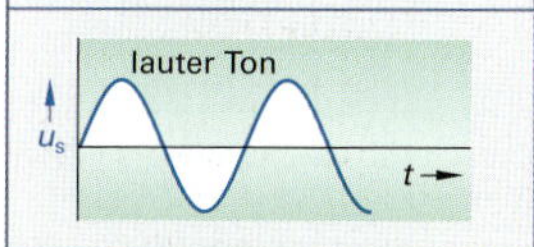	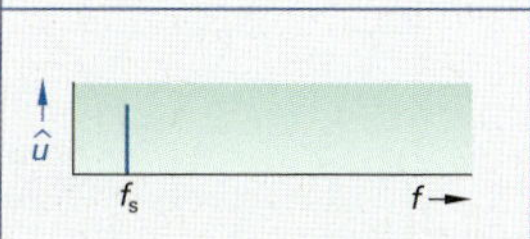	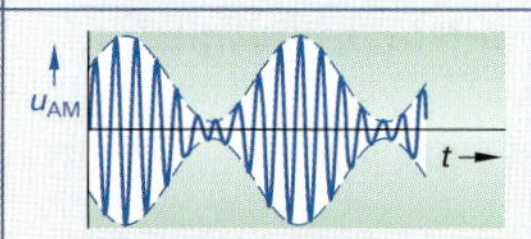	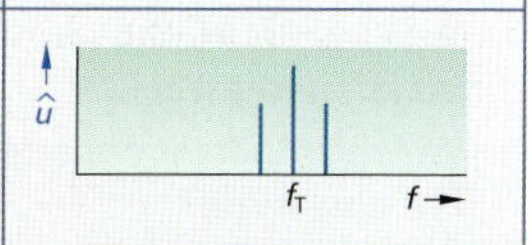
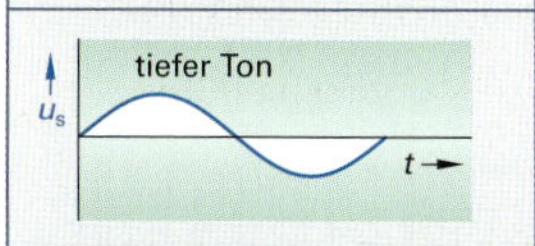	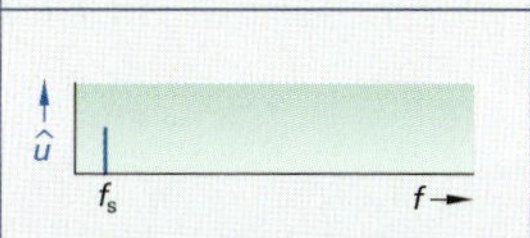	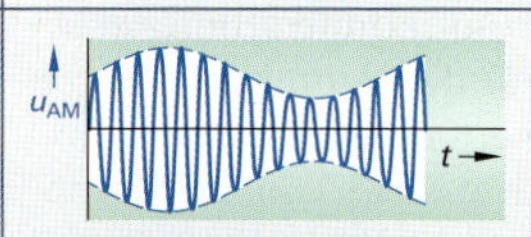	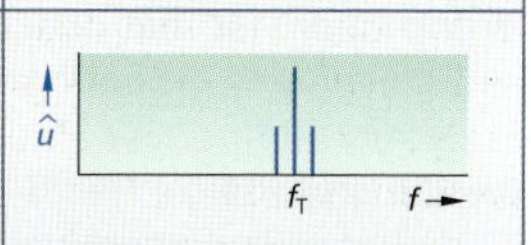
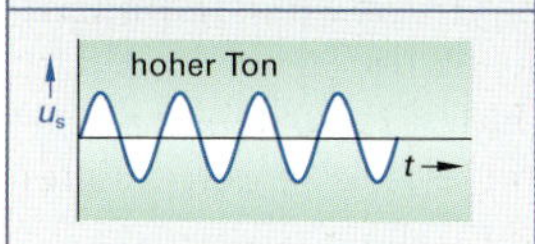	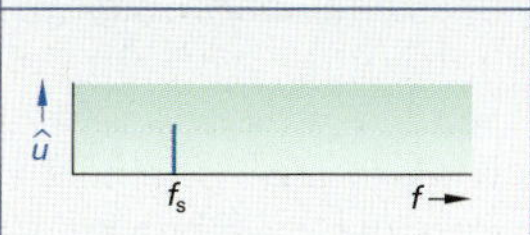	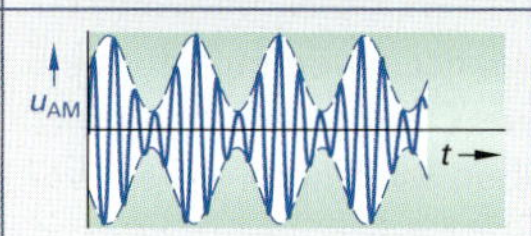	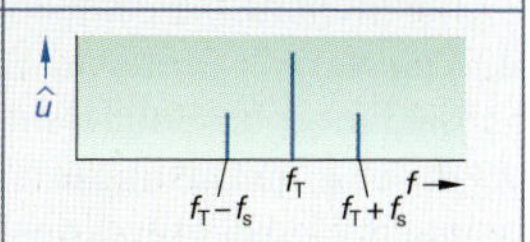

11.2.1.2 Frequenzmodulation

Die Frequenzmodulation wird z. B. in der Rundfunktechnik im UKW-Bereich und in der Fernsehtechnik zur Übertragung des Tonsignals verwendet. Dabei ändert das zu übertragende Signal die Frequenz der hochfrequenten Trägerschwingung **(Bild 1).** Die Amplitude der so modulierten Schwingung enthält keine Informationen über das niederfrequente Signal. Deshalb wirken sich auch Störungen durch atmosphärische Entladungen (Blitze), Zündfunken von Ottomotoren und Funkenbildung in Elektrogeräten wenig aus. Diese Störeinflüsse sind meist impulsförmig und bewirken eine Amplitudenmodulation.

Bei der Frequenzmodulation ist die Abweichung von der Trägerfrequenz um so größer, je größer die Amplitude der Signalschwingung ist **(Tabelle 1).** Die größte Abweichung der Frequenz von der Trägerfrequenz heißt Frequenzhub. Die Zahl der Änderungen der Frequenz ist um so größer, je höher die Signalfrequenz ist. Bei einer Signalfrequenz von 100 Hz ändert sich die Frequenz der Trägerschwingung z. B. 200-mal in der Sekunde.

> Bei der Frequenzmodulation ist die Lautstärke durch den Frequenzhub und die Tonhöhe durch die Zahl der Frequenzänderungen je Zeiteinheit bestimmt.

Die Bandbreite eines frequenzmodulierten Signals nimmt mit dem Frequenzhub und der Signalfrequenz zu. Sie ist immer größer als der doppelte Frequenzhub. In der UKW-Rundfunktechnik beträgt die erforderliche Bandbreite bei einem Frequenzhub von 76 kHz mindestens 180 kHz. Der übertragene Frequenzbereich beträgt dabei 14 kHz.

Wiederholung und Vertiefung

1. **Wie heißt die Rückwandlung des Modulationsvorganges?**
2. **Nennen Sie Modulationsverfahren für digitale Modulationssignale.**
3. **Welche Modulationsarten werden mit AM, FM und PM abgekürzt?**
4. **Wodurch ist bei einer amplitudenmodulierten Schwingung die Lautstärke, wodurch die Tonhöhe bestimmt?**
5. **Wie groß ist die Bandbreite eines amplitudenmodulierten Fernsprechkanals von 300 Hz bis 3400 Hz?**
6. **Von welcher Größe der Signalschwingung hängt bei der Frequenzmodulation die Frequenzänderung ab?**
7. **Welche Auswirkungen haben Störungen auf ein frequenzmoduliertes Signal?**

> Zur Übertragung von frequenzmodulierten Schwingungen benötigt man eine große Bandbreite.

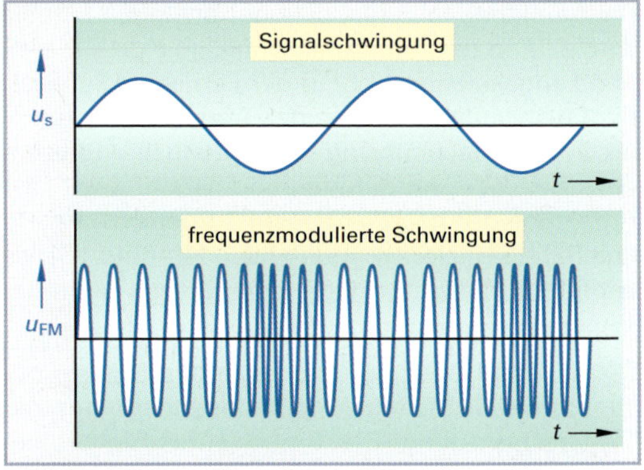

Bild 1: Frequenzmodulierte Schwingung

Tabelle 1: Frequenzmodulation

Signalschwingung	frequenzmodulierte Schwingung
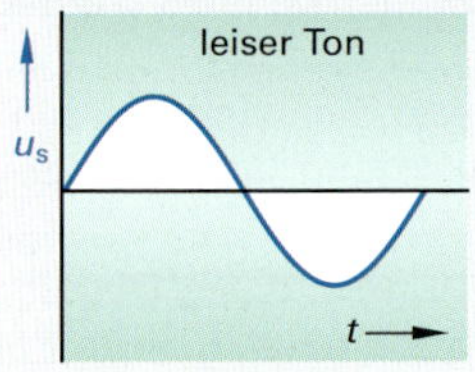	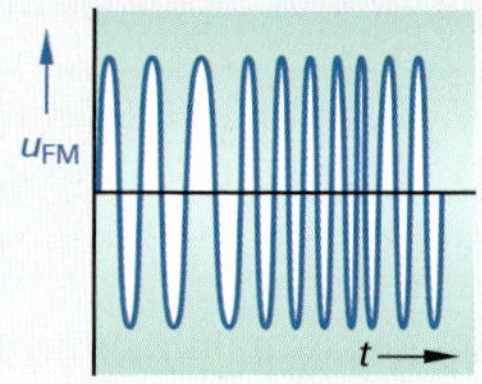
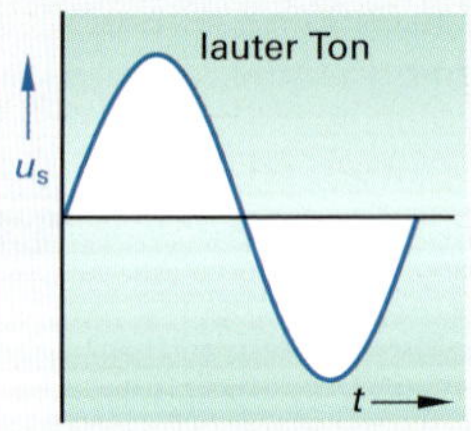	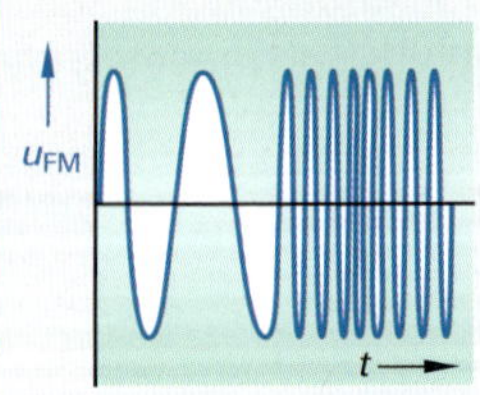
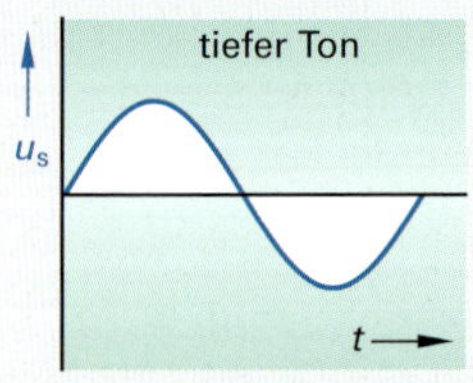	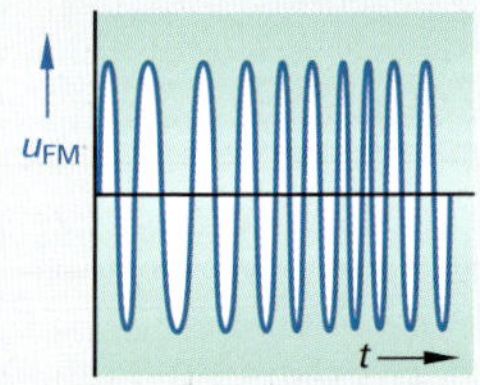
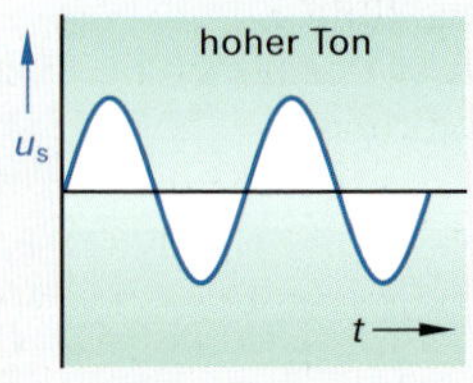	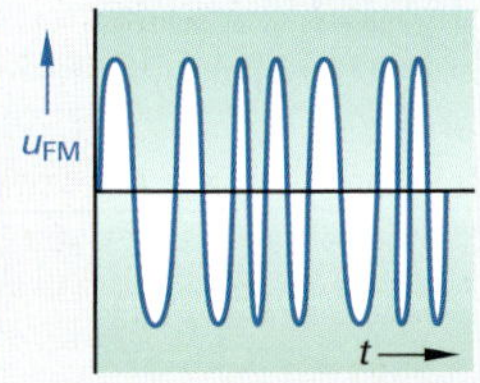

11.2.1.3 Modulation binärer Signale

Mit der Schwingungsmodulation können auch digitale Signale übertragen werden. Das Trägersignal ist dabei sinusförmig. Das zu übertragende Signal (Modulationssignal) hat diskrete Werte, wobei der Wechsel zwischen den Werten sprunghaft erfolgt. Bei diesem Verfahren der wertdiskreten Schwingungsmodulation kann die Amplitude, die Frequenz oder der Phasenwinkel der Trägerschwingung zwischen diskreten Werten verändert werden. Dieser sprunghafte Wechsel wird als Umtastung (shift keying = Umtastung) bezeichnet.

Die Modulation eines sinusförmigen Trägers mit einem rechteckförmigen Modulationssignal wird als wertdiskrete Schwingungsmodulation bezeichnet.

Amplitudenumtastung

Binäre Signale können mithilfe der Amplitudenmodulation übertragen werden. Beim Verfahren der Amplitudenumtastung (ASK von amplitude shift keying = Amplitudenumtastung) wird eine hochfrequente Trägerspannung getastet. So bedeutet z. B. eine niedrige Amplitude der Trägerspannung den Wert 0 und eine hohe Amplitude den Wert 1 **(Bild 1)**. An einem Ausbleiben der Trägerspannung erkennt der Empfänger, dass die Übertragung unterbrochen ist. Bei der Signalübertragung über Glasfaser (LWL = Lichtwellenleiter) wird ASK auch Intensitätsmodulation genannt.

Frequenzumtastung

Bei der Frequenzumtastung (FSK von frequency shift keying = Frequenzumtastung) wird beim Binärsignal 1 eine Wechselspannung oberhalb der Trägerfrequenz und beim Binärsignal 0 eine Wechselspannung unterhalb der Trägerfrequenz gesendet **(Bild 2)**.

Phasenumtastung

Mit Hilfe der Phasenmodulation lassen sich binäre Signale übertragen, wenn die Phasenlage in Abhängigkeit von der rechteckförmigen Modulationsspannung sprunghaft geändert wird. Bei der Phasenumtastung (PSK von phase shift keying = Phasenumtastung) mit Bezugsphase bezieht sich der Phasenwechsel auf die nicht modulierte Trägerspannung. Bei der Differenzphasenumtastung bezieht sich der Phasenwechsel auf den unmittelbar vorhergehenden Zustand **(Bild 3)**.

Es können auch mehr als zwei Positionen der Phasenlage zur Anwendung kommen.

Bei der Vierphasenumtastung (4-PSK) treten vier Phasenverschiebungen auf, z. B. mit den Winkeln 45°, 135°, 225° und 315° **(Bild 4)**. Jeder Winkel entspricht dann einem bestimmten Wort der Länge 2 bit, welches Dibit genannt wird.

Die drei Möglichkeiten der digitalen Modulation von Sinusträgerfrequenzen sind:

- ASK Amplitude Shift Keying (Amplitudenumtastung),
- FSK Phase Shift Keying (Frequenzumtastung),
- PSK Phase Shift Keying (Phasenumtastung).

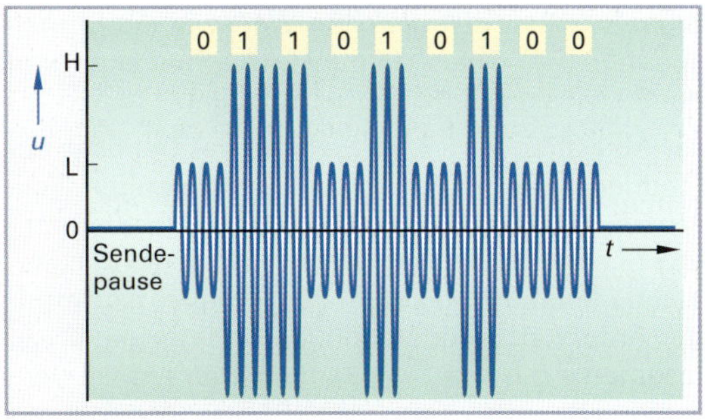

Bild 1: Amplitudenumtastung

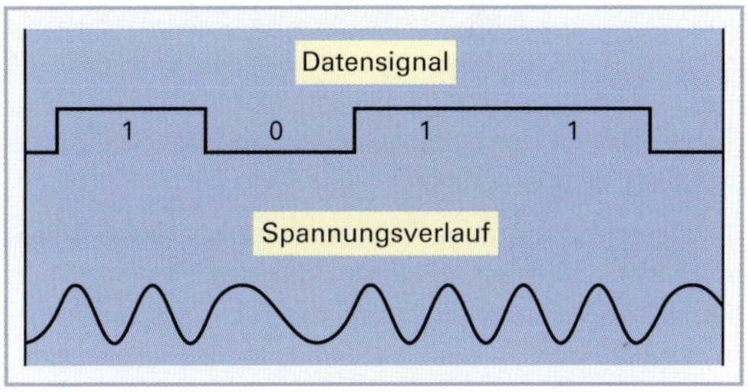

Bild 2: Spannungsverlauf bei Frequenzumtastung (FSK, Frequenz nicht maßstäblich dargestellt)

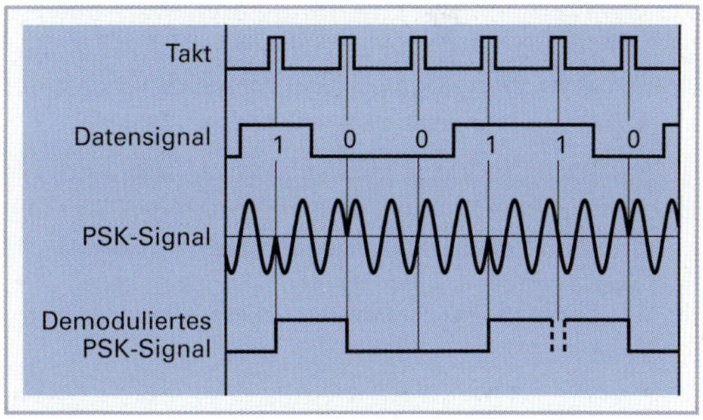

Bild 3: Differenzphasenumtastung

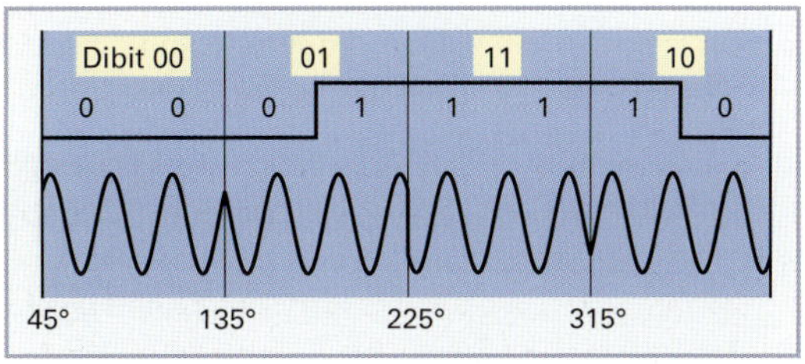

Bild 4: Vierphasenumtastung (4-PSK) mit Bezugsphase

11.2.2 Digitale Modulation

11.2.2.1 Pulsamplitudenmodulation PAM

Bei der Pulsamplitudenmodulation (PAM) werden der Signalspannung in regelmäßigen Abständen mit einem elektronischen Schalter Proben entnommen **(Bild 1)**. Dabei hat die Amplitude des PAM-Signals genau den gleichen Wert wie die Signalspannung im Abtastzeitpunkt. Die Pulsdauer und der Pulsabstand sind hierbei konstant.

Die Abtastfrequenz muss mehr als das Doppelte der Frequenz der höchsten zu übertragenden Teilschwingung des Signals betragen (Abtasttheorem von Shannon). Das Frequenzspektrum der Pulsamplitudenmodulation gleicht dem Frequenzspektrum der Amplitudenmodulation, da im Prinzip der Abtastimpuls mit den Signalamplituden amplitudenmoduliert wird. Das PAM-Signal enthält das ursprüngliche NF-Band (NF von Niederfrequenz) z. B. von 50 Hz bis 20 kHz in Originalfrequenzlage und dazu um jede Vielfache der Abtastfrequenz nochmals die umgesetzten NF-Bänder in Regellage und in Kehrlage **(Bild 2)**. Die gezeichneten Amplitudengrößen in der Darstellung lassen die Regellage und Kehrlage erkennen.

Die Demodulation der PAM kann auf einfache Weise mit einem Tiefpass erfolgen, der das NF-Band aus dem PAM-Spektrum herausfiltert. Wenn $f_A = 2 \cdot f_{s\,max}$ ist, müsste der Tiefpass eine sehr steile Flanke besitzen, um das NF-Band von dem unteren Seitenband in Kehrlage trennen zu können. Dies ist technisch nur sehr schwer zu verwirklichen.

Bei Oversampling (= Überabtastung) wird das Signal mit einer höheren Pulsfrequenz abgetastet. Zur Wiedergewinnung des NF-Signals genügt dann ein einfacher Tiefpass ohne steile Flanken **(Bild 3)**.

Ist die Abtastfrequenz kleiner als das Doppelte der Frequenz der höchsten Teilschwingung des Signals, so kann das Signal nicht formgetreu zurückgewonnen werden, weil eine tiefere Frequenz entsteht.

> Bei Unterabtastung (Subsampling) entsteht eine nicht korrigierbare Signalverfälschung.

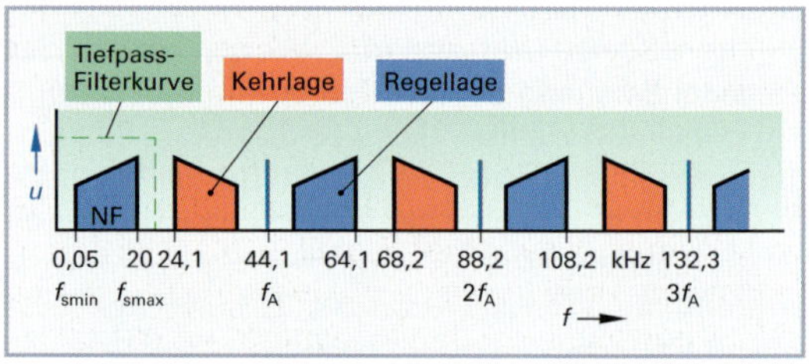

Bild 2: PAM-Frequenzspektrum eines Audiosignals bei Abtastung mit f_A = 44,1 kHz

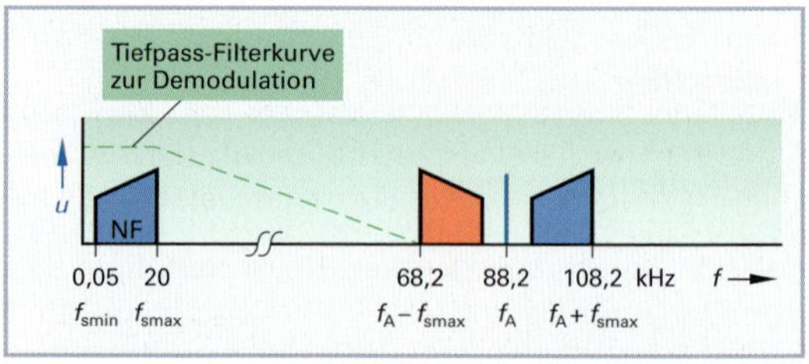

Bild 3: PAM-Frequenzspektrum bei Oversampling mit f_A = 88,2 kHz

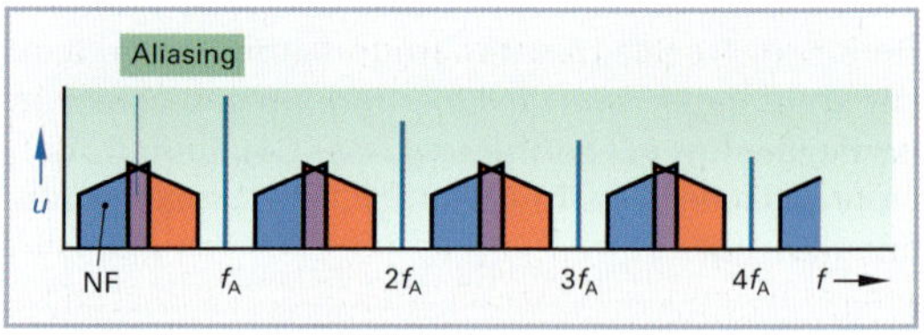

Bild 4: Aliasing durch Unterabtastung

Man bezeichnet dies als Aliasingeffekt (lat. alias = mit anderem Namen, engl. Aliasing). Durch die Nichteinhaltung des Abtasttheorems kommt es im Frequenzspektrum zu einer Überlappung des NF-Bandes mit dem unteren Seitenband **(Bild 4)**. Die entstehende Signalverfälschung kann nicht mehr rückgängig gemacht werden.

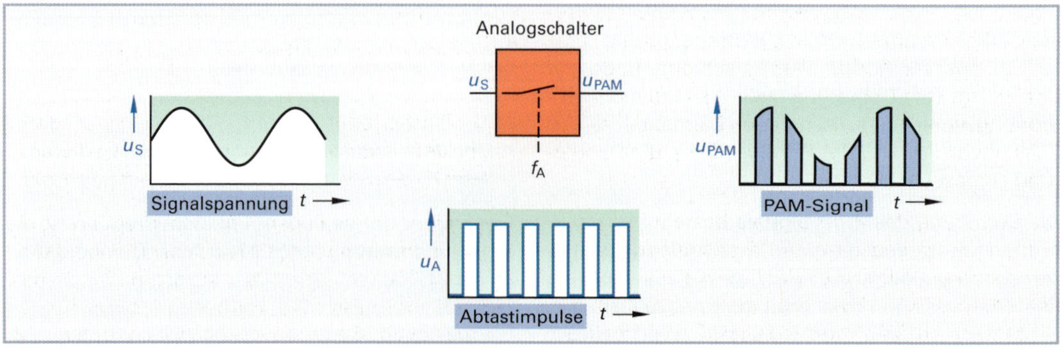

Bild 1: Prinzip der Pulsamplitudenmodulation (PAM)

11.2.2.2 Pulscodemodulation PCM

Das durch Abtastung entstandene PAM-Signal (samples) ist zeitdiskret (Pulssignale zu bestimmten Zeiten) und wertkontinuierlich **(Bild 1)**. Um es in ein digitales Signal umzusetzen, bedarf es zusätzlich der Quantisierung und der Codierung.

Unter *Quantisierung* versteht man die Beschränkung aller möglichen Signalwerte auf eine endliche Anzahl. Während das PAM-Signal jeden beliebigen Signalwert zwischen den Aussteuergrenzen des PAM-Modulators annehmen kann, erhält das quantisierte Signal grundsätzlich eine Stufenform. Deshalb wird der Aussteuerbereich des PCM-Modulators in eine festgelegte Anzahl von Intervallen zerlegt. Jedes Intervall ist nur durch einen einzigen zugeordneten Signalwert repräsentiert, der in der Mitte einer Quantisierungsstufe liegt **(Bild 2)**. Dieser Signalwert wird stellvertretend für alle kontinuierlichen Signalwerte gesetzt, die in das betreffende Intervall fallen.

Durch die Quantisierung wird die Vielzahl aller möglichen kontinuierlichen Signalwerte auf eine endliche Zahl reduziert.

Der Vorgang der Quantisierung schafft aber auch einen zusätzlichen Fehler, da empfangsseitig zwangsläufig eine Abweichung gegenüber den ursprünglichen Abtastwerten besteht. Dieser unvermeidliche Quantisierungsfehler, der sich als Rauschen bemerkbar macht, heißt Quantisierungsrauschen.

Mit steigender Stufenzahl wird die Quantisierung feiner und das Quantisierungsrauschen nimmt ab. Die kleiner werdenden Quantisierungsintervalle sind aber stärker störgefährdet durch äußere Rauschursachen. Besonders betroffen sind hierbei die Intervalle der kleinen Signalwerte. Deshalb ist eine Übertragung von abgetasteten, wertdiskreten Signalen über einen realen, rauschgestörten Übertragungskanal nicht sinnvoll. Das zu übertragende Signal, wie es am Ausgang des Quantisierers vorliegt, erhält darum eine dem Übertragungskanal besser angepasste Form. Dies geschieht durch die Codierung. Eine Codierung stellt die eindeutige Zuordnungsvorschrift zwischen den Elementen zweier Zeichenvorräte dar. Bei PCM wird die Binärcodierung eingesetzt (Bild 2).

Die Codierung des PCM-Signals besteht in der Zuordnung der quantisierten Abtastsignale zu den entsprechenden Codeworten der Quantisierungsstufen **(Bild 3)**. Das PCM-Signal wird durch anschließende Umsetzung auf TTL-Pegel (TTL von Transistor-Transistor-Logik) erzeugt.

Bei der Quantisierung werden die wertkontinuierlichen PAM-Signale in Amplitudenstufen eingeteilt, sodass wertdiskrete Signale erzeugt werden.

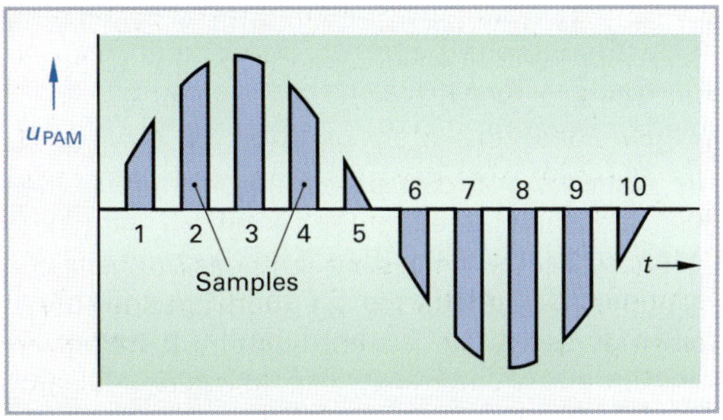

Bild 1: Zeitdiskretes und wertkontinuierliches PAM-Signal

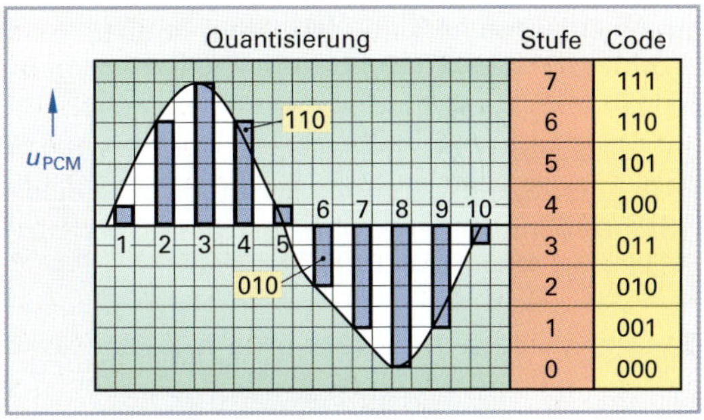

Bild 2: Quantisiertes PAM-Signal

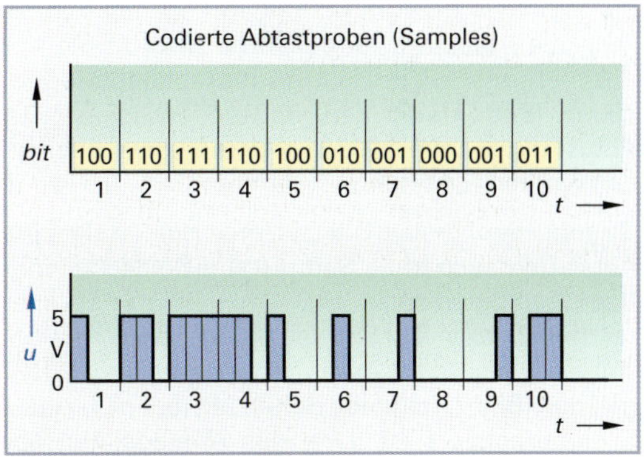

Bild 3: Codiertes PCM-Signal

Die Pulscodemodulation PCM erfolgt in den Schritten: Abtasten, Quantisieren und Codieren.

Gegenüber der analogen Signalübertragung ist die Signalübertragung mit PCM nach der Demodulation ärmer an Verzerrungen, da auftretende Verzerrungen der Impulse des Bitmusters ohne Folgen bleiben, wenn die Impulse regeneriert werden, z. B. durch Monoflops.

11.2.2.3 Baugruppen der Pulscodemodulation

Die elektrische Aufbereitung eines analogen Signals mit Pulscodemodulation erfolgt in verschiedenen Baugruppen **(Bild 1)**. Zuerst wird das zu übertragende analoge Signal durch einen Tiefpass in der Bandbreite begrenzt. Damit kann bei entsprechender Abtastfrequenz der Aliasing-Effekt vermieden werden.

Die Abtastung erfolgt anschließend durch einen elektronischen Schalter, der periodisch mit einem Tastgrad $g \ll 1$ schaltet **(Bild 2)**. Im Zustand EIN von Schaltung **Bild 3** liegt der Samplemodus (Samplemode, to sample = Probe nehmen, mode = betriebsbereit) vor, bei dem ein Kondensator auf den Augenblickswert der Signalspannung aufgeladen wird. Im Zustand AUS, dem Holdmodus (Holdmode, to hold = halten), hält der Kondensator die zuvor abgetastete Signalspannung und gibt sie an einen Verstärker mit hochohmigem Eingang ab (Bild 3).

> Mit einer Sample-and-Holdschaltung wird eine Signalspannung kurz abgetastet und bis zur nächsten Abtastung konstant gehalten.

Die Abtastrate (Zahl der Abtastungen je Sekunde) beträgt z. B. beim Verfahren PCM 30 (PCM-Übertragung für 30 Fernsprechkanäle) 8 kHz und kann je nach Anwendung bis zu 100 MHz betragen. Wenn die Signalverarbeitung genügend schnell erfolgt, kann die Abtastzeit (Samplemodus und Holdmodus) sehr viel kürzer sein als die Abtastperiodendauer **(Bild 4)**. In den Pausen zwischen den Abtastungen können dann andere Signale übertragen werden (Zeitmultiplexverfahren).

Bei manchen Analog-Digital-Umsetzern erfolgt eine Abtastung auch ohne Sample-and-Holdschaltung. Beim Parallelumsetzer (AD-Umsetzer mit Komparatoren) werden alle Bits des quantisierten Analogsignals gleichzeitig in ein Schieberegister (SRG) geladen **(Bild 1, folgende Seite)**. Mit jedem Takt des Schieberegisters ist dann das Analogsignal abgetastet und gleichzeitig in einen Binärcode umgesetzt. Derartige Flash-Converter = Umsetzer (flash = Blitz), haben eine sehr hohe Abtastfrequenz.

Bei der linearen Quantisierung sind die Amplitudenstufen gleich hoch. Bei einem 3-Bit-Umsetzer ergeben sich dann $2^3 = 8$ gleich hohe Amplitudenstufen. Das wird erreicht, wenn in der Schaltung des Parallelumsetzers die Widerstände R_2 bis R_7 gleich groß sind, z.B. bei $U_{ref} = 7$ V ergeben sich Spannungsstufen von 1 V.

Die lineare Quantisierung wird z. B. in der Messtechnik und bei der PCM-Übertragung von

> Digitale Systeme verwenden einen Tiefpass
> - am Eingang zur Frequenzbegrenzung,
> - am Ausgang zur Signalglättung.

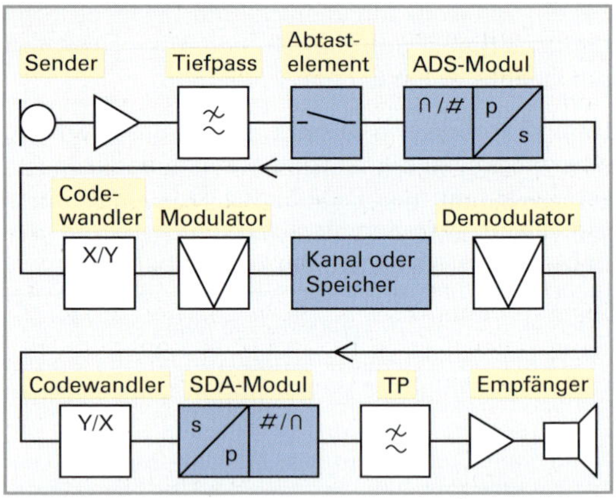

Bild 1: Funktionseinheiten einer digitalen Übertragung

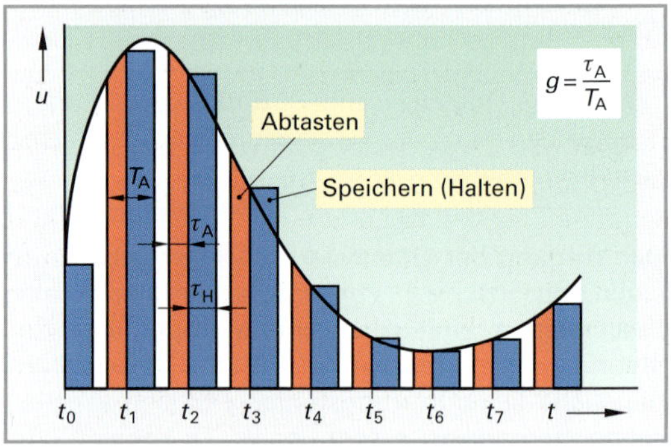

Bild 2: Abtasten und Halten

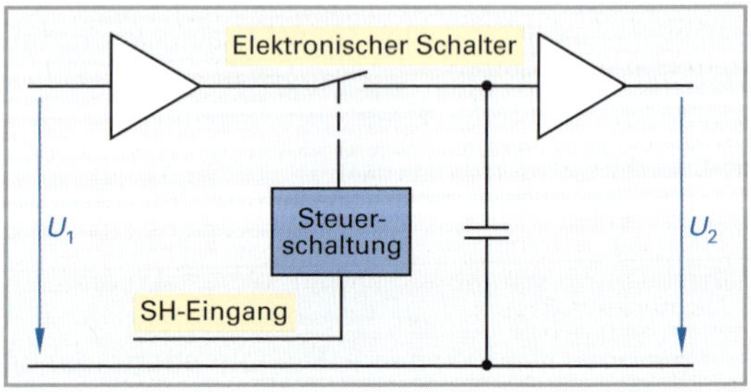

Bild 3: Prinzip der Sample-and-Holdschaltung

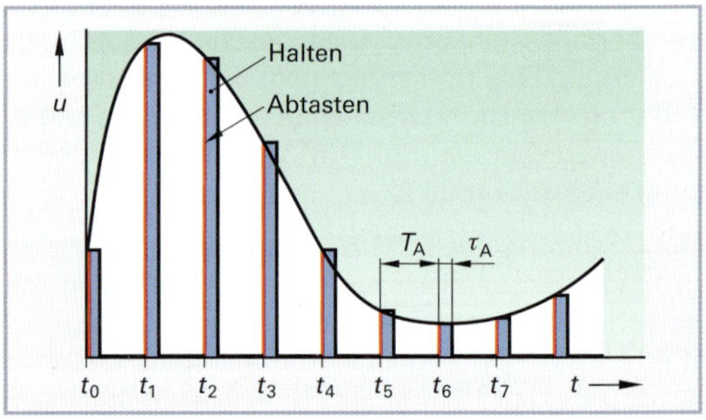

Bild 4: Abtastperiodendauer und Abtastzeit

Videosignalen durchgeführt. Dabei werden AD-Umsetzer mit bis zu 16 Binärausgängen (16-Bit-Umsetzer) eingesetzt, sodass 65 535 Amplitudenstufen möglich sind.

In der Fernsprechtechnik wird oft die nichtlineare Quantisierung angewendet. Hier sind die Amplitudenstufen verschieden hoch, damit die Unterteilung bei kleinen Signalspannungen feiner ist **(Bild 2)**. Das kann durch Umrechnung linear quantisierter Signale durch einen Mikrocomputer erfolgen oder durch einen Umsetzer nach Bild 1 mit verschieden großen Widerständen R_2 bis R_7.

Beim Verfahren PCM 30 (PCM-Übertragung für 30 Fernsprechkanäle) wird die 13-Segment-Kennlinie oder A-Kennlinie verwendet, die einen guten Kompromiss zwischen idealer logarithmischer Kennlinie und Wirtschaftlichkeit darstellt **(Bild 3)**. Sie besteht aus 13 geraden Teilstücken. Dort wo die meisten Sprachamplituden auftreten, nämlich um den Nullpunkt herum, sind viele und kleine Quantisierungsstufen vorhanden. Zu den großen Sprachamplituden hin wird die Anzahl der Stufen geringer und ihre Breite größer. Dadurch sind die Auswirkungen des Quantisierungsfehlers von der Aussteuerung unabhängig. Für positive und für negative Eingangsspannungen sind je acht Segmente (Hauptabschnitte) vorhanden, und zwar je sechs mit verschiedenen und je zwei (1a, 1b) mit gleichen Amplitudenstufen. Insgesamt ergeben sich 13 gerade Kennlinienstücke. Jedes Segment 1a bis 7 ist linear in 16 Stufen quantisiert.

> Bei der 13-Segment-Kennlinie (nichtlineare Quantisierung) ergibt sich über einen weiten Aussteuerungsbereich ein gleichbleibender Signal-Quantisierungsgeräuschabstand.

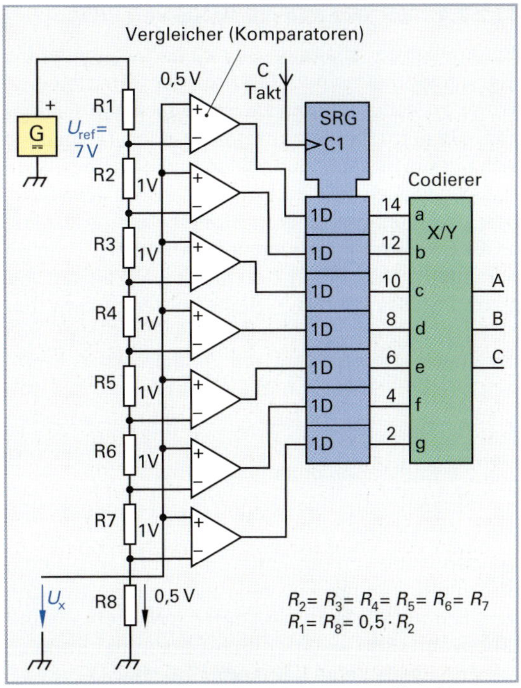

Bild 1: Abtasten mit Parallel-AD-Umsetzer für 3 bit

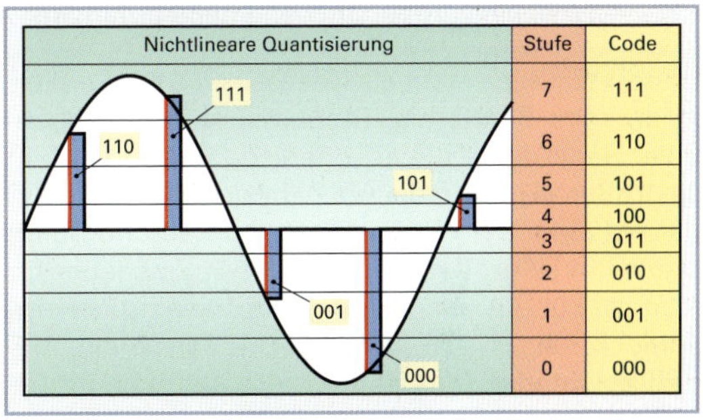

Bild 2: Nichtlineare Quantisierung

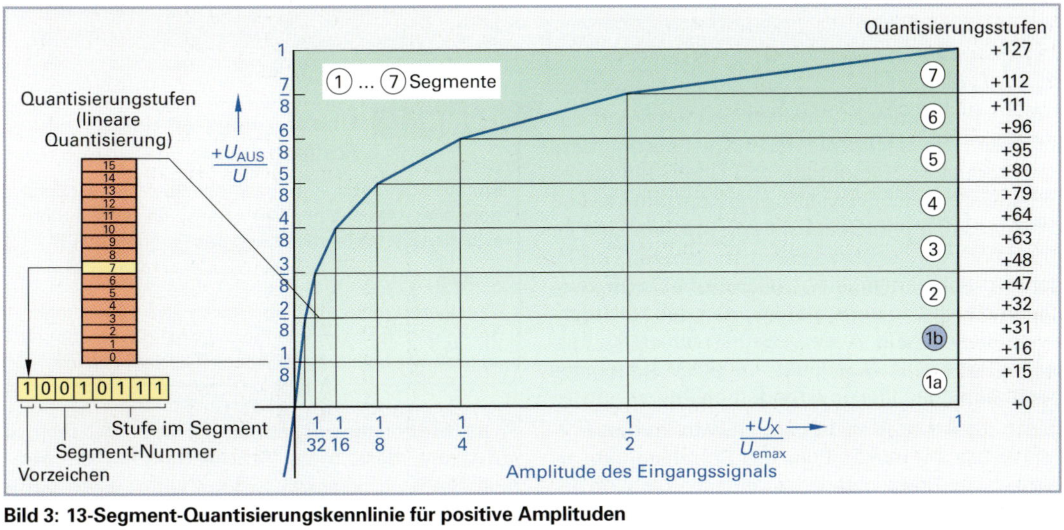

Bild 3: 13-Segment-Quantisierungskennlinie für positive Amplituden

11.2.2.4 Vorteile und Nachteile von PCM

Gegenüber der analogen Signalübertragung ist die Signalübertragung mit PCM nach der Demodulation ärmer an Verzerrungen. Da im einfachsten Fall nur zwei Signalzustände auftreten (0 oder 1), machen sich nur die Störspannungen bemerkbar, die sowohl zeitlich als auch amplitudenmäßig in den Auswertebereich fallen. Bei binären Signalen können selbst große Störspannungen zugelassen werden, wenn sie nur unterhalb der Entscheidungsschwelle liegen. Verzerrte Impulse können in digitalen Verstärkern (Regeneratoren) erneuert werden. An den Ausgängen der Regeneratoren liegt ein Signal, das aus störungsbefreiten Nullen und Einsen besteht. Die Störungen mehrerer verstärkter Abschnitte addieren sich dadurch nicht und die Übertragungsqualität ist von der Entfernung unabhängig **(Bild 1)**.

Bei der analogen Übertragung findet dagegen eine Geräuschaddition statt und damit ist die Übertragungsqualität von der Entfernung abhängig. Echte Störungen können sich bei digitaler Übertragung lediglich in Bitfehlern (aus einer 1 wird eine 0 und umgekehrt) und im Jitter (Schwanken der Impulse um ihre ideale Lage) bemerkbar machen.

> Bei PCM ist eine große Störsicherheit vorhanden.

Diesen Vorteilen steht als Nachteil eine größere erforderliche Bandbreite (Kanalbandbreite) gegenüber. Bei PAM ist die erforderliche Bandbreite um so größer, je größer die Abtastfrequenz und die Kanalzahl sind. Bei PCM ist die erforderliche Bandbreite um so größer, je kleiner die Impulsdauer für 1 bit ist. Für die Übertragung eines analogen Fernsprechkanals ist z. B. der 13-fache Bandbreitenbedarf notwendig. Dies ist der Preis, den man für die Umwandlung eines analogen Signals in das störungsfestere binäre Signal zahlen muss.

> Die PCM-Technik benötigt eine wesentlich größere Bandbreite als die analoge Technik.

Eine Erklärung dieser Zusammenhänge liefert das Zeitgesetz der Nachrichtentechnik. Es besagt, dass das Produkt aus Bandbreite und Übertragungszeit für jedes Nachrichtensystem eine Konstante ergibt. Die Abtastung und Quantisierung machen eine Information zu einer abzählbaren, messbaren Größe, der Nachrichtenmenge M. Üblich ist die Darstellung der Nachrichtenmenge als Volumen des Nachrichtenquaders **(Bild 2)**. Änderungen an seinen Abmessungen sind so lange erlaubt, wie das Volumen des Nachrichtenquaders unverändert bleibt.

Durch die Arbeiten von Shannon wurden diese Erkenntnisse um den Einfluss des Störabstandes erweitert. Der Nachrichtenfluss ist deshalb neben der Bandbreite auch vom Verhältnis der Signalleistung P_S zur Störleistung P_N abhängig. Die PCM-Technik nutzt aus, dass mehr Störleistung im Übertragungskanal zugelassen werden kann, wenn dafür die Bandbreite vergrößert wird.

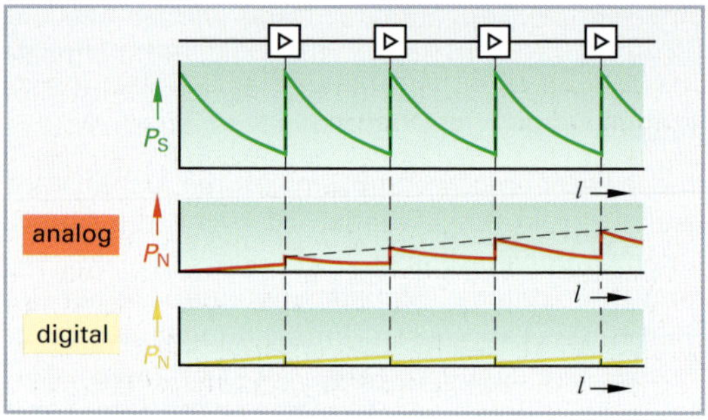

Bild 1: Signal-Geräusch-Verhalten auf einer Übertragungsstrecke

Bei PAM:	Bei PCM:
$B \geq 2\pi \cdot k \cdot f_A$	$B \geq \pi/\tau$
B Bandbreite	k Kanalzahl
f_A Abtastfrequenz	τ Impulsdauer

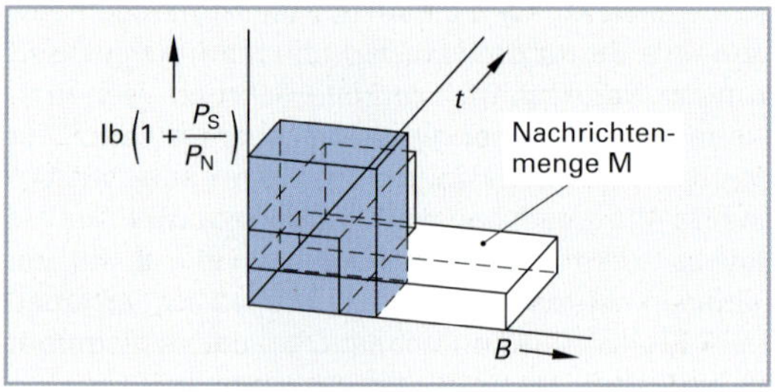

Bild 2: Nachrichtenquader

$$M = B \cdot t \cdot \text{lb}\,(1 + P_S/P_N)$$

M	Nachrichtenmenge	B	Bandbreite
t	Übertragungszeit	P_S	Signalleistung
P_N	Störleistung	$\text{lb}\,(1 + P_S/P_N)$	Störabstand

Beispiel 1 **Übertragungszeit und Frequenzband:**

Ein auf Magnetband aufgesprochener Text wird mit doppelter Geschwindigkeit abgespielt. Wie ändern sich die Übertragungszeit und das Frequenzband?

Lösung:

Die Übertragungszeit halbiert sich. Die Töne klingen höher, d.h. das benötigte Frequenzband wird doppelt so groß wie bei normaler Abspielgeschwindigkeit.

11.2.2.5 PCM-30-Grundsystem

Das von der ITU-T (von International Telecommunication Union – Telecommunication Sector = Internationale Union für Telekommunikation), standardisierte Grundsystem besteht aus 30 Sprachkanälen mit je einer Bitrate von b_r = 64 kbit/s und jeweils einem Kanal für Synchronisationszwecke und für Signalisierungszwecke ebenfalls mit jeweils 64 kbit/s **(Bild 1)**. Der Kanal 0 wird für Synchronisierungszwecke verwendet. Der Kanal 16 ist für die Zeichengabe, z. B. für Wahlinformationen, reserviert. Zusammen bilden die 32 Kanäle das PCM-Grundsystem mit b_r = 2,048 Mbit/s.

> Das PCM-30-Grundsystem besteht aus 32 Kanälen.

Jeder der 32 Kanäle hat eine Wortbreite von 8 bit. Die 30 Sprachkanäle enthalten die 8-Bit-Codeworte einzelner Amplitudenproben der 30 verschiedenen Fernsprechkanäle in einer Wort-für-Wort-Verschachtelung **(Bild 2)**. Alle 32 Kanäle werden zu einem sogenannten Rahmen (engl. frame) zusammengefasst. In einer Sekunde werden 8000 Rahmen gesendet. Die Rahmendauer eines PCM-30-Grundsystems ist damit 1 s / 8000 = 125 µs. Die Kanaldauer beträgt jeweils 125 µs / 32 = 3,906 µs. Das einzelne Bit hat jeweils eine Dauer von 3,906 µs / 8 = 0,488 µs. Daraus resultiert die Bitrate von b_r = 1 bit / 488 ns = 2,048 Mbit/s **(Tabelle 1)**. Diese Bitrate lässt sich über die vorhandenen Leitungen übertragen. Dabei hat man eine Leitungsdämpfung von 40 dB/km bei einer Frequenz von 1 MHz als obere Grenze festgelegt. Bei Betrieb eines PCM-Systems mit dieser Frequenz ist eine Bitfolgefrequenz, d.h. die Zahl der in einer Sekunde übertragbaren Binärelemente (1 oder 0), von 2 Millionen bit/s (2 Mbit/s) möglich.

Die PCM-30-Übertragung erfolgt vierdrahtig. Damit ist für jede Übertragungsrichtung ein eigenes PCM-30-System notwendig. Die Vierdrahtübertragung ermöglicht einen einfacheren Verstärkereinsatz ohne Gabelschaltungen (siehe Abschnitt 11.1.1, Analog-Telefon) und ist den höheren Netzebenen der Fernsprechnetze angepasst. Neben der Verwendung in Kupferleitungen kann ein PCM-30-System grundsätzlich auch für Richtfunkstrecken, Satellitenverbindungen und Glasfaserleitungen eingesetzt werden.

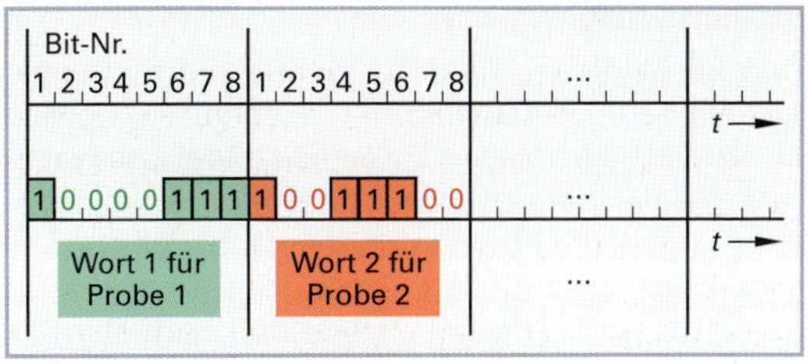

Bild 2: Wort-für-Wort-Verschachtelung

Tabelle1: PCM-30-Grundsystem

Merkmal	Kennwert
Kanalzahl	32
Anzahl der Fernsprechkanäle	30
Rahmendauer	125 µs
Kanaldauer	3,9 µs
Kanalbitzahl	8 Bit
Bitdauer	0,488 µs
Bitrate	2,048 Mbit/s

Die Sende- und Empfangseinrichtungen werden mithilfe des im Kanal 0 übertragenen Rahmenkennungswortes synchronisiert. Das Rahmenkennungswort hat eine festgelegte Bitkombination (10011011) und kennzeichnet zusätzlich den Anfang von jedem zweiten Rahmen (Bild 1). Das Meldewort wird abwechselnd mit dem Rahmenkennungswort im Kanal 0 übertragen und dient zur Übermittlung von Fehlermeldungen zur Gegenstelle.

Beispiel 1 Rahmenzahl:

Im Kanal 16 werden die Kennzeichen mit 4 bit pro Teilnehmer übertragen. Wie viel Rahmen sind zur Kennzeichenübertragung der 30 Teilnehmer notwendig?

Lösung:

Es sind 15 Rahmen notwendig.

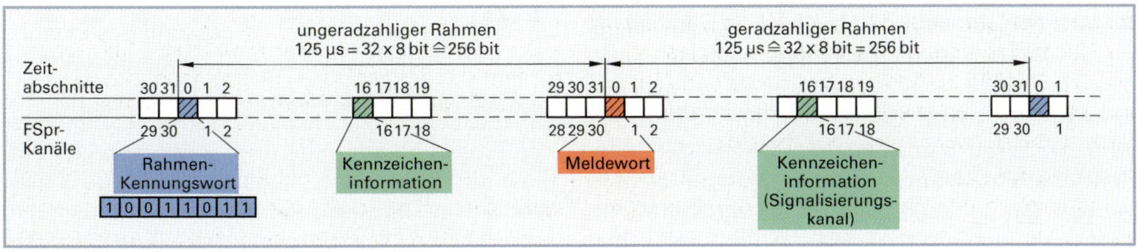

Bild 1: Rahmenaufbau des PCM-30-Grundsystems

Signalisierung

Den 30 Fernsprechkanälen werden vermittlungstechnische Informationen mitgegeben. Sie werden im Kanal 16 übertragen. Er enthält dabei über mehrere Rahmen hinweg jeweils zwei 4-Bit-Kombinationen, die den einzelnen Fernsprechkanälen fest zugeordnet sind **(Bild 1)**. Diese Technik wird auch als CAS (von Channel Associated Signalling = kanalgebundene Zeichengabe) bezeichnet. Zur Übertragung der Signalisierung aller 30 Fernsprechkanäle sind somit 15 Rahmen notwendig, die zusammen mit einer Rahmenkennung und einem Meldewort einen sogenannten Überrahmen bilden. Das Bitmuster im Rahmen 0 des Überrahmens dient zur Synchronisation des Überrahmens. Ein vollständiger Überrahmen dauert $16 \cdot 125\ \mu s = 2\ ms$.

Vermittlungstechnische Informationen werden im Kanal 16 übertragen.

Leitungscodierung

Ein binäres, unipolares Signal, wie es am Ausgang des PCM-Codierers zur Verfügung steht, ist für die Übertragung über ein Kabel nicht geeignet. Kabel werden im Betrieb aus Sicherheitsgründen beidseitig mit Übertragern abgeschlossen, sodass keine Gleichspannung übertragen werden kann. Man beseitigt nun die Gleichspannungskomponente des Signals, indem jeder zweite Impuls mit dem Signalzustand „1" umgepolt wird **(Bild 2)**. Dies wird als AMI-Codierung (von Alternate Mark Inversion = abwechselnde Umkehrung der Impulse) bezeichnet. In dieser bipolaren Form wird das Signal gleichstromfrei. Durch Wahl einer geeigneten Impulsform wird zusätzlich Frequenzband gespart, da sich die Energie derartiger Impulse nach tiefen Frequenzen hin verlagert. Am zweckmäßigsten für Kabel ist ein Halbsinusimpuls. Damit ergibt sich die im Bild 2 dargestellte Form des Sendesignals auf der Leitung.

Da bei Übertragung langer Nullfolgen überhaupt kein Leitungssignal auftritt, würde ohne besondere Maßnahmen der Gleichlauf zwischen Sender und Empfänger verloren gehen. Abhilfe geschieht durch das Verwenden von Scramblern (von to scramble = durchführen, verschlüsseln) oder durch eine zusätzliche Codierung. Beim PCM-30-Grundsystem wird der HDB-3-Code eingesetzt. Er vermeidet eine lange Folge von logischen Nullen dadurch, dass jedes vierte Nullbit als Spannungsimpuls mit der gleichen Polarität der zuletzt gesendeten Eins dargestellt wird. Da diese Signaldarstellung die AMI-Code-Regel verletzt, kann sie im Empfänger erkannt werden. Das so dargestellte Nullbit wird als Verletzungsbit V (von Violation = Verletzung) bezeichnet **(Bild 3)**.

Der HDB-3-Code, Third Order High Density Bipolar Code = bipolarer Code dritter Ordnung vermeidet lange Nullfolgen im Signal.

Rahmen \ Bit	1 2 3 4	5 6 7 8
0	Rahmenkennung	Meldewort
1	FSpr.-Kanal 1	FSpr.-Kanal 16
2	FSpr.-Kanal 2	FSpr.-Kanal 17
3	FSpr.-Kanal 3	FSpr.-Kanal 18
⋮	⋮	⋮
14	FSpr.-Kanal 14	FSpr.-Kanal 29
15	FSpr.-Kanal 15	FSpr.-Kanal 30

(Rahmen 0 bis 15: 2 ms)

Bild 1: Aufteilung der Signalisierungsinformationen im Kanal 16

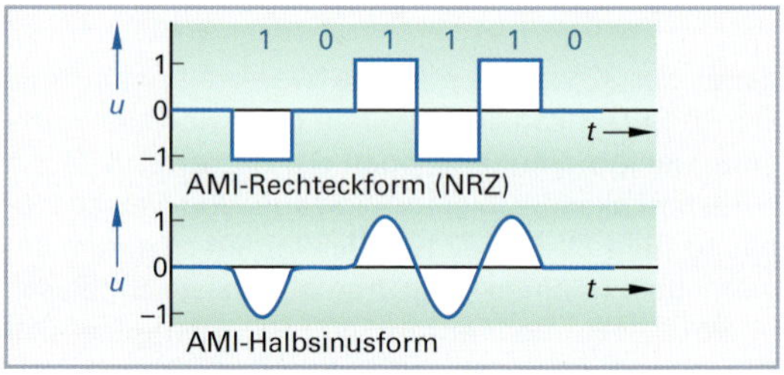

Bild 2: Leitungssignalformen

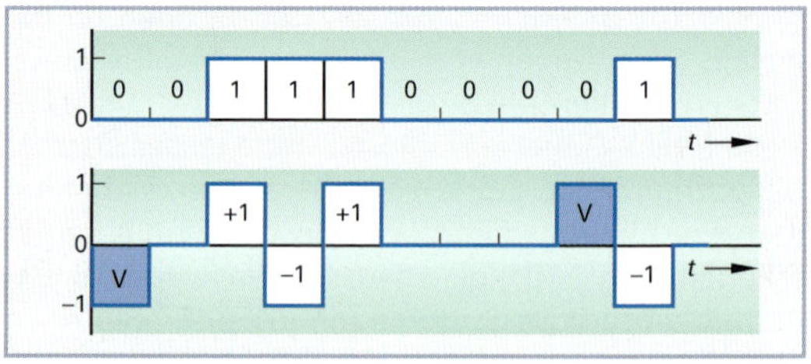

Bild 3: HDB-3-Codierung mit V-Bit

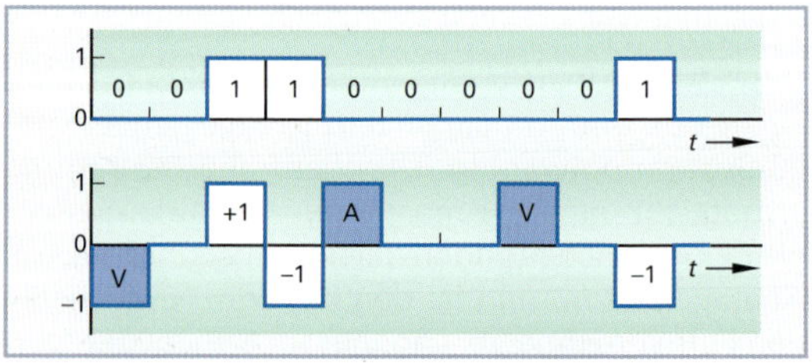

Bild 4: HDB-3-Codierung mit A-Bit und V-Bit

Ein Gleichstromanteil des Signals wird durch folgende Regel vermieden: Ist die Zahl der Einsbits seit dem letzten Verletzungsbit ungerade, wird die Bitfolge 0000 als 000V gesendet (Bild 3). War die Zahl der seit dem letzten Verletzungsbit aufgetretenen Einsen gerade oder null, so werden vier aufeinander folgende Nullbits als A00V gesendet. Wobei das A-Bit (Ausgleichbit) der AMI-Code-Regel entspricht und somit für eine Umpolung des V-Bits sorgt **(Bild 4)**.

Übertragungseinrichtungen

Die analogen Sprachkanäle werden durch die Anwendung der digitalen Modulation und der Codierung in die gewünschte Form gebracht, zusätzlich werden die Signalisierungssignale in digitaler Form in den Kanal 16 des Systems umgesetzt. Meist sind in den Endstellen eines PCM-30-Grundsystems die notwendigen Einrichtungen zusammengefasst. Sie bestehen aus den Kennzeichenumsetzern (KZU), dem Multiplexer (MUX) und dem Leitungsendgerät (LE) zur Anpassung der Signale an den Übertragungsweg **(Bild 1).**

Zwischenregeneratoren

PCM-30-Grundsysteme werden häufig über Kupferdoppeladern oder Koaxialleitungen übertragen. Um größere Reichweiten überbrücken zu können, müssen entsprechend den Dämpfungswerten und der Bandbreite der Übertragungsmedien nach bestimmten Entfernungen Zwischenregeneratoren (ZWR) vorgesehen werden. Die Regeneratoren entzerren und entdämpfen die Signale automatisch in einem Pegelbereich von etwa 0 dB bis 40 dB. Das Signal wird nach dem Entzerrer mit einer vorgegebenen Schwellspannung verglichen **(Bild 2).**

Da die amplitudenregenerierten Impulse noch in ihrer Dauer schwanken, müssen sie wieder auf die Impulsbreite des Sendeimpulses gebracht werden. Dazu wird der Sendetakt im Regenerator benötigt. Steht er nicht über eine Verteilerleitung zur Verfügung (Synchronbetrieb), muss er aus dem empfangenen Signal wiedergewonnen werden (Plesiochronbetrieb, von griech. plesios = nahe). Mit der wiedergewonnenen Taktfrequenz wird das in der Amplitude regenerierte Signal abgetastet. Ist die Taktspannung und die Signalspannung gleichzeitig vorhanden, wird ein Impuls abgegeben. Gespeist werden die Zwischenregeneratoren von den Endstellen des PCM-30-Systems über das Kabel.

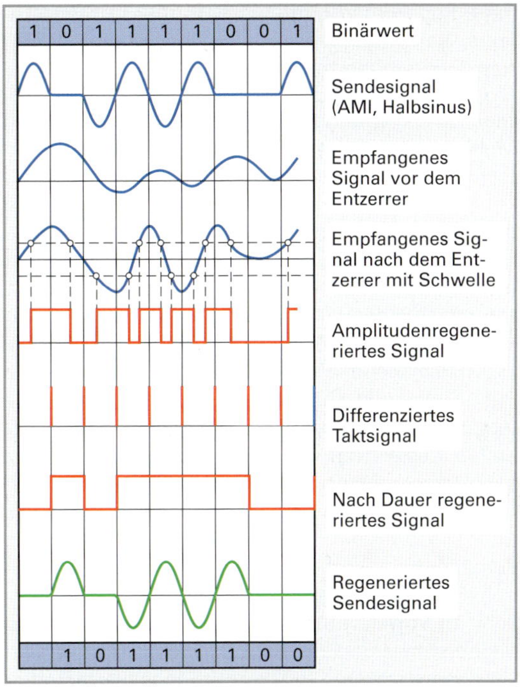

Bild 2: Regeneration von PCM-Signalen

10.2.2.6 Multiplexsysteme höherer Ordnung

Mehrere PCM-30-Grundsysteme können zu einem System höherer Ordnung zusammengefasst werden. Vier PCM-30-Grundsysteme ergeben nach der ITU-T-Multiplex-Hierarchie, auch Plesiochrone Digitale Hierarchie (PDH) bezeichnet, ein Sekundärsystem. Das Sekundärsystem hat eine Übertragungsrate von 8,448 Mbit/s, wobei die etwas höhere Geschwindigkeit als 4 x 2,048 Mbit/s in zusätzlichen Synchroninformationen und in Stopfbits zum Taktausgleich begründet ist. Durch weitere stufenweise Zusammenfassung können schließlich mit 564,992 Mbit/s 7680 Fernsprechkanäle übertragen werden **(Bild 1, folgende Seite).** Die PCM-Sys-

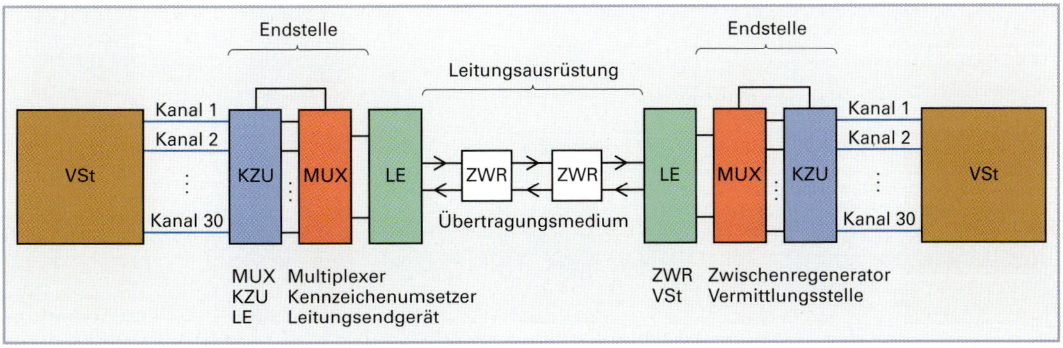

Bild 1: Aufbau eines PCM-Übertragungseinrichtung

teme höherer Ordnung werden über Lichtwellenleiter, Satellitenstrecken oder über digitale Richtfunkstrecken übertragen.

Die PCM-30-Grundsysteme müssen die einzelnen Multiplexhierarchiestufen durchlaufen, um in einem System höherer Ordnung übertragen werden zu können (Bild 1). In der Empfangsstelle werden die gleichen Hierarchiestufen in umgekehrter Reihenfolge durchlaufen. Diese eingeschränkte Flexibilität der Plesiochronen Digitalen Hierarchie (PDH) zusammen mit den Taktabweichungen führte verstärkt zur Einführung der Synchronen Digitalen Hierarchie (SDH). Sie erlaubt einen direkten Zugriff auf einzelne PCM-Systeme bis hinunter zu einzelnen Primärsystemen mit 2,048 Mbit/s. Die Synchrone Digitale Hierarchie basiert auf der synchronen Übertragung unter Verwendung von synchronen Transportmodulen mit einheitlicher Struktur (Grundbitrate 155,520 Mbit/s). Durch die SDH-Netzelemente können die Kanalbündel zwischen Vermittlungsstellen und Teilnehmern der Tageszeit oder dem erwarteten Verkehr im Vorfeld durch Managementeinstellungen angepasst werden. Die Basis für diese Systeme sind Glasfaserstrecken. Die Übermittlungsgeschwindigkeiten erreichen 2,5 Gbit/s, dies entspricht 30 720 Nutzkanälen zu 64 kbit/s.

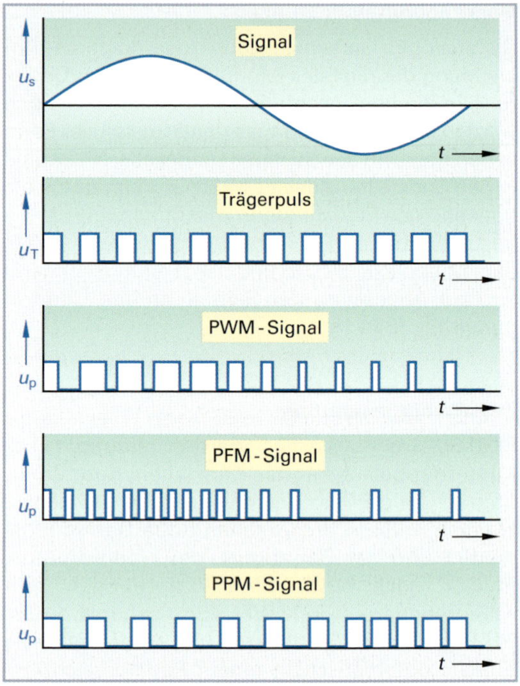

Bild 2: Modulationsarten PWM (PDM), PFM und PPM

11.2.2.7 Weitere Arten der Pulsmodulation

Durch Beeinflussung der Pulsdauer, der Pulsfrequenz oder der Pulsphasenlage lassen sich Informationen einer Pulsfolge aufprägen.

Bei der Pulsdauermodulation (PDM) oder Pulsweitenmodulation (PWM) wird die Dauer (Weite) einer Pulsfolge durch das Signal moduliert **(Bild 2)**. Die Pulsdauermodulation wird zur Drehzahlsteuerung von Servomotoren und zur Spannungssteuerung in Schaltnetzteilen verwendet.

Bei der Pulsfrequenzmodulation (PFM) ist die Zahl der Impulse je Zeit ein Maß für die Signalamplitude (Bild 2). Eine hohe Signalamplitude bedeutet also eine größere Impulszahl. Diese Modulationsart wird vor allem in der Fernmesstechnik angewendet.

Bei der Pulsphasenmodulation (PPM) ändert sich die zeitliche Lage der Einzelimpulse gegenüber dem nichtmodulierten Trägerpuls. Die Phasenlage der Impulse ist abhängig von der Signalamplitude.

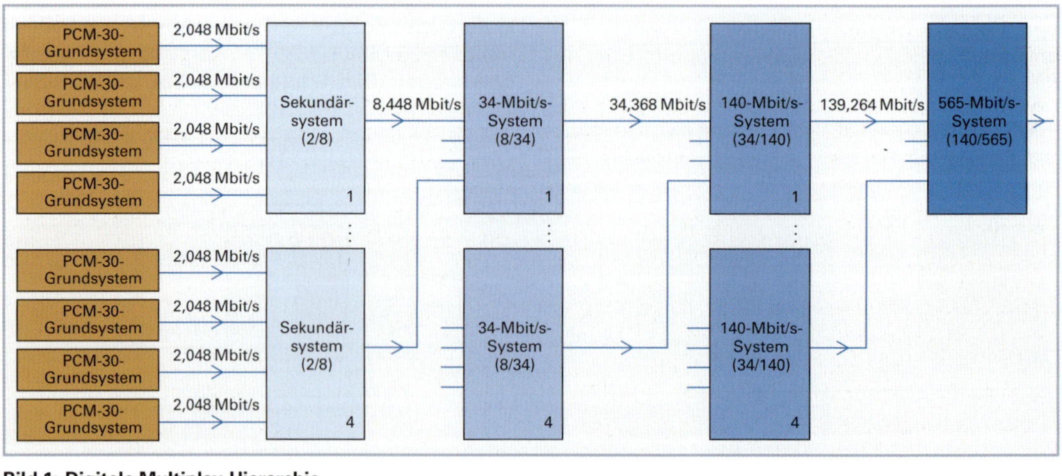

Bild 1: Digitale Multiplex-Hierarchie

11.3 Übertragungsmedien

11.3.1 Elektrische Leitungen

11.3.1.1 Leitungskenngrößen

Aufbau von Übertragungsleitungen
Die Übertragung von elektrischen Signalen erfolgt über einen geschlossenen Stromkreis mit Hinleiter und Rückleiter **(Bild 1)**. Der Stromfluss und die Spannung erzeugen dabei ein magnetisches bzw. elektrisches Feld.

Dämpfung
Die Amplitude eines Signals am Leitungsende ist immer kleiner als die Amplitude des am Leitungsanfang eingespeisten Signals. Dies wird als Dämpfung bezeichnet.

> Die Abnahme der Spannungs-, Strom- und Leistungswerte bei einer Übertragung bezeichnet man als Dämpfung.

Der Grund liegt in den stets vorhandenen Leitungsverlusten. Hinzu kommt, dass bei Wechselstrom die Stromdichte zur Leitermitte hin abnimmt. Die Stromverdrängung nimmt mit der Frequenz des Wechselstromes und mit dem Durchmesser des Leiters zu. Die Verluste des Leiters werden durch die Stromverdrängung stark vergrößert.

Dämpfungsfaktor und Dämpfungsmaß
Ein Maß für die Dämpfung ist der Dämpfungsfaktor D **(Bild 2)**. Meist verwendet man statt des Dämpfungsfaktors D das Dämpfungsmaß A in Bel[1] (B) bzw. in Dezibel (dB) **(Tabelle 1)**.

> Der Dämpfungswert einer Leitung wird in dB/100 m oder dB/km angegeben, da die Dämpfung mit der Leitungslänge zunimmt.

Beispiel 1 Leitungsdämpfung:

Auf einer angepassten Übertragungsleitung beträgt die Eingangsspannung 10 V, die Ausgangsspannung beträgt 200 mV. Wie groß ist das Dämpfungsmaß?

Lösung:

$$A = 20 \cdot \lg \frac{U_1}{U_2} = 20 \cdot \lg \frac{10\ \mathrm{V}}{200\ \mathrm{mV}} = \mathbf{34\ dB}$$

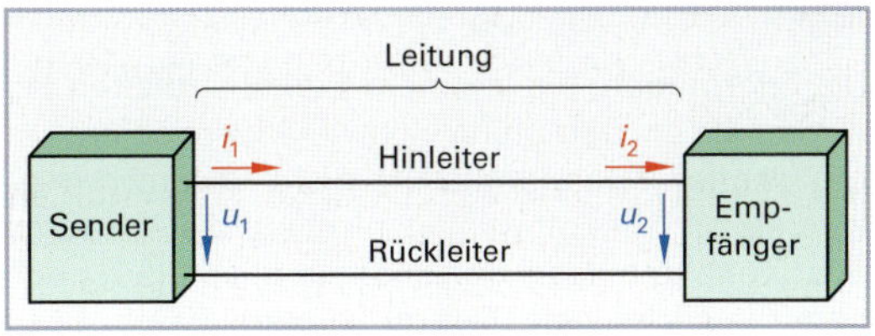

Bild 1: Übertragungsleitung im geschlossenen Stromkreis

$$D_P = \frac{P_1}{P_2} \qquad D_U = \frac{U_1}{U_2} \qquad D_I = \frac{I_1}{I_2}$$

D_P Leistungsdämpfungsfaktor;
P_1 Eingangsleistung;
P_2 Ausgangsleistung;
D_U Spannungsdämpfungsfaktor;
U_1 Eingangsspannung;
U_2 Ausgangsspannung
D_I Stromdämpfungsfaktor
I_1 Eingangsstrom
I_2 Ausgangsstrom

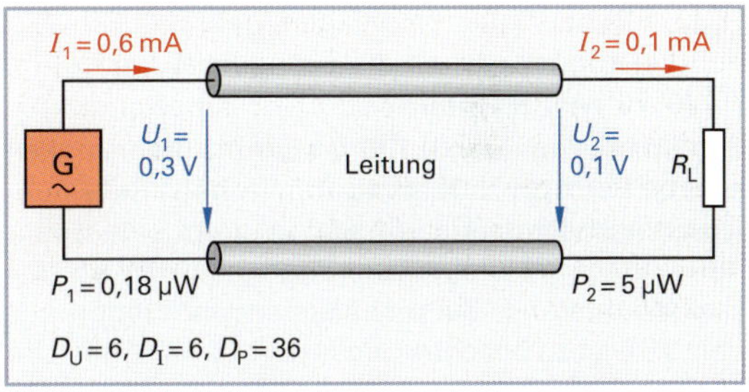

Bild 2: Dämpfungsfaktor bei einer Übertragungsleitung

$$A = 10 \cdot \lg \frac{P_1}{P_2} \qquad A = 10 \cdot \lg \frac{U_1^2 \cdot R_2}{U_2^2 \cdot R_1}$$

für $R_1 = R_2$ (Leitungsanpassung)

$$A = 20 \cdot \lg \frac{U_1}{U_2} \qquad A = A_1 + A_2 + \ldots$$

A Dämpfungsmaß in dB;
P_1 Eingangsleistung;
P_2 Ausgangsleistung;
U_1 Eingangsspannung;
U_2 Ausgangsspannung
R_1, R_2 Widerstand
A_1, A_2, ... Einzeldämpfungsmaße

Die Verwendung des logarithmischen Maßes bietet den Vorteil, sehr große Zahlenverhältnisse in überschaubaren Bereichen darzustellen.

> Das Gesamtdämpfungsmaß ist die Summe aller Einzeldämpfungsmaße.

Tabelle 1: Dämpfungsmaß und Dämpfungsfaktor

Dämpfungsmaß in dB	0	1	3	6	10	20	26	30	40
Spannungsdämpfungsfaktor	1	1,12	1,41	2	3,16	10	20	31,6	100
Leistungsdämpfungsfaktor	1	1,25	2	4	10	100	400	1 000	10 000

[1] Bel ist abgeleitet von Bell, amerikanischer Wissenschaftler, 1847 bis 1922

Pegel

Die Information, die in einem Signal enthalten ist, wird durch die Dämpfung nicht verändert, sofern ein bestimmter Spannungswert nicht unterschritten wird. Es ist daher oft wichtig, nicht nur die Abnahme oder Zunahme der Signalspannung, sondern auch deren tatsächlichen Wert zu kennen. Damit diese Spannungsangabe in das logarithmische System des Dämpfungsmaßes passt, bildet man das Verhältnis der Signalspannung zu einer Bezugsspannung. Den Logarithmus dieses Verhältnisses bezeichnet man als Pegel. Man unterscheidet Spannungspegel L_U und Leistungspegel L_P (L von Level = Stand, Niveau). Die Angabe erfolgt in dB.

Beim absoluten Pegel verwendet man einen genormten Standardwert als Bezugsgröße. Für den Spannungspegel sind als Bezugsspannungen sowohl U_0 = 0,775V an 600 Ω als auch U_0 = 1 μV an 75 Ω, z.B. bei Antennenanlagen, gebräuchlich. Für den Leistungspegel ist als Bezugsleistung häufig 1 mW verwendet **(Bild 1)**.

Der Spannungswert 0,775 V stammt ursprünglich aus der Fernsprechübertragungstechnik. Bei einem Abschlusswiderstand von 600 Ω ergibt eine Spannung von 0,775 V eine Leistung von 1 mW an diesem Widerstand. Bei technischen Unterlagen aus den USA ist zu beachten, dass dort U_0 = 1 V gilt. Um Missverständnisse auszuschließen, wird daher bei der Angabe des absoluten Pegels die Bezugsgröße zusätzlich zur Einheit angegeben **(Tabelle 1)**.

> Bei einem absoluten Pegel wird zusätzlich zur Einheit noch die Bezugsgröße angegeben.

Beim relativen Pegel wird als Bezugsgröße ein Spannungswert, bzw. Leistungswert an einem beliebigen Ort eines Übertragungssystems, z. B. am Anfang des Systems, verwendet.

Die Veränderung des Pegels auf einer Übertragungsstrecke zeigt das Pegeldiagramm **(Bild 2)**. Der Pegel nimmt infolge der Dämpfung auf der Übertragungsstrecke (positives Dämpfungsmaß) stetig ab und wird durch Verstärker (negatives Dämpfungsmaß) wieder angehoben. Ein negativer Pegel bedeutet, dass die Spannung unter die Bezugsspannung gesunken ist.

Beispiel 1 Absoluter Spannungspegel:

Wie groß ist der Spannungspegel in dBμV am Ende einer Leitung, wenn an 75 Ω eine Spannung von 0,5 mV gemessen wird?

Lösung:

$$L_U = 20 \cdot \lg \frac{U}{U_0} = 20 \cdot \lg \frac{0{,}5\ \text{mV}}{1\ \mu\text{V}} = 20 \cdot \lg 500$$

$$= \mathbf{54\ dB\mu V}$$

$$L_U = 20 \cdot \lg \frac{U}{U_0} \qquad L_P = 10 \cdot \lg \frac{P}{P_0}$$

L_U Spannungspegel in dB
U Signalspannung
U_0 Bezugsspannung
L_P Leistungspegel in dB
P Signalleistung
P_0 Bezugsleistung

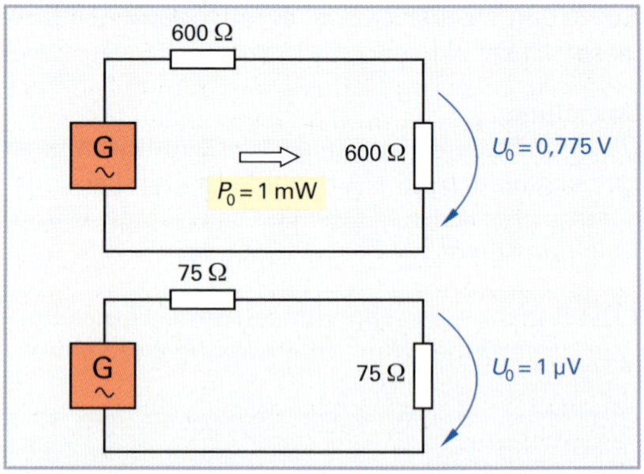

Bild 1: Bezugsgrößen bei Pegelangaben

Tabelle 1: Angaben beim absoluten Pegel

dBu	Spannungspegel, bezogen auf 0,775 V
dB (0,775 V)	Spannungspegel, bezogen auf 0,775 V
dBμV	Spannungspegel, bezogen auf 1 μV
dBV	Spannungspegel, bezogen auf 1 V
dBm, dBmW	Leistungspegel, bezogen auf 1 mW
dB (1 mW)	Leistungspegel, bezogen auf 1 mW
dBW	Leistungspegel, bezogen auf 1 W

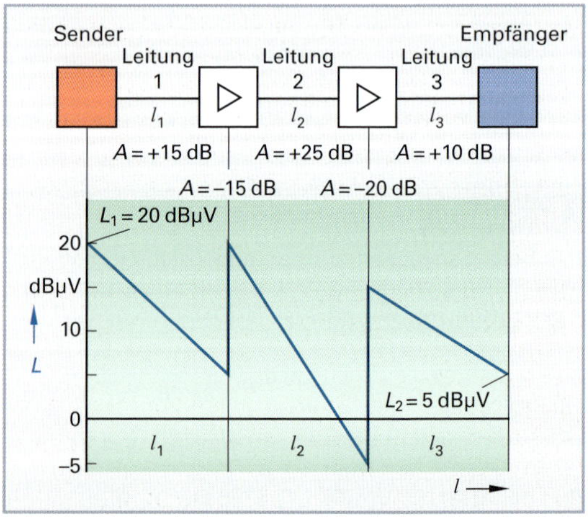

Bild 2: Pegeldiagramm einer Übertragungsstrecke

> Pegel und Dämpfungsmaß können innerhalb derselben Übertragungsstrecke addiert, bzw. subtrahiert werden.

Ersatzschaltung einer Leitung

Jede Leitung beeinflusst das zu übertragende Signal in der Signalform, der Amplitude und der Phasenlage. Durch den Vergleich der Messung des Signals u_1 am Leitungsanfang und der Messung des Signals u_2 am Leitungsende ist eine Veränderung erkennbar, die von der Signalfrequenz und der Leitungslänge abhängig ist **(Bild 1)**.

Um die Signalübertragung auch mathematisch erfassen zu können, verwendet man die Ersatzschaltung **Bild 2**. In Längsrichtung der Leitung kann der Leiterwiderstand *R* und die Leitungsinduktivität *L* gemessen werden, während zwischen dem Leiterpaar eine Kapazität *C* und der Isolationsleitwert *G* feststellbar sind. Der Isolationsleitwert ergibt sich durch den geringen Strom, der durch die Isolation von einer Ader der Leitung zur anderen fließt. Nimmt man nun die Leitung auf der ganzen Länge als homogen an, d. h. gleiches Leitermaterial, gleicher Leiterquerschnitt, gleicher Leiterabstand und gleichmäßige Isolation, können die gemessenen Leiterkenngrößen auf einen beliebigen Leitungsabschnitt Δl, in der Praxis 1 km, bezogen werden. Die Formelzeichen der so erhaltenen Leitungskennwerte werden durch einen Strich gekennzeichnet **(Tabelle 1)**.

> Eine Leitung ist durch die Leitungskennwerte *R'*, *L'*, *C'* und *G'* eindeutig charakterisiert.

Die Leitungskennwerte eines Kabels sind von den verwendeten Materialien und den geometrischen Abmessungen der Leitung abhängig. Bei einem Mehrleiterkabel beeinflusst auch die angewendete Verseilart die Werte der Leitungskennwerte. Die Leitungskennwerte sind frequenzabhängig. Mit zunehmender Frequenz steigen die Leitungsverluste an. Das bedeutet, dass die hohen Frequenzanteile eines Signals am Leitungsende nur noch mit geringer Amplitude vorhanden sind.

> Eine Leitung wirkt durch ihren physikalischen Aufbau als Tiefpass.

Nichtsinusförmige Signale bestehen aus einer Überlagerung zahlreicher Sinusschwingungen unterschiedlichster Frequenz. Durch die Leitung werden die höherfrequenten Teilschwingungen stärker gedämpft als die Grundschwingung. Dadurch ändert sich die Signalform, z. B. nimmt bei einem Rechteck die Flankensteilheit ab. Ist die Übertragungsleitung genügend lang, erhält man am Leitungsende ein Signal, das im Wesentlichen nur noch aus der Grundschwingung besteht.

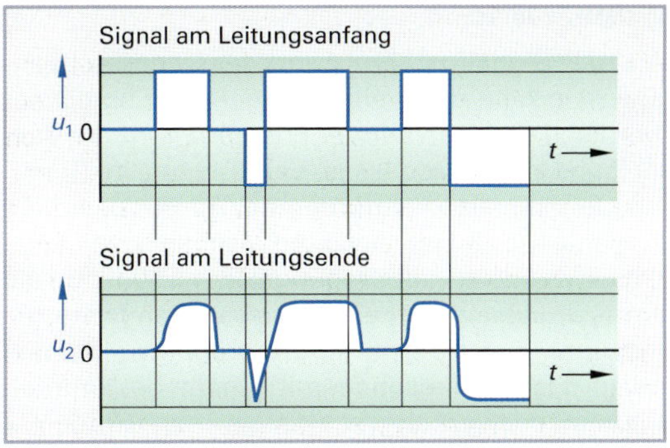

Bild 1: Signalbeeinflussung durch eine Leitung

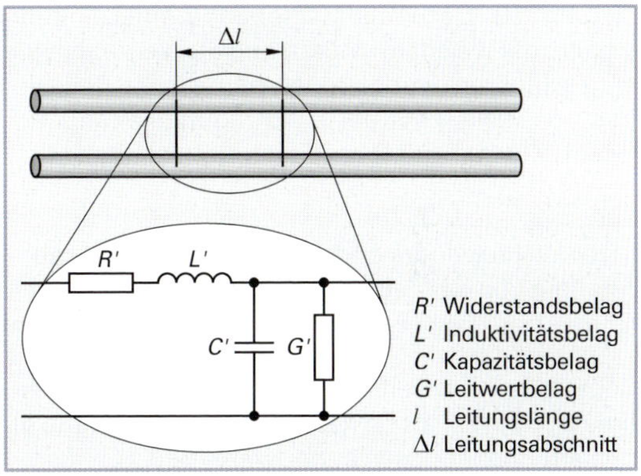

Bild 2: Ersatzschaltung einer Leitung

Tabelle 1: Leitungskennwerte

Art	Formel	Einheit	In der Praxis verwendete Einheit
Widerstands-kennwert	$R' = \frac{R}{l}$	$\frac{\Omega}{m}$	$\frac{\Omega}{km}$
Induktivitäts-kennwert	$L' = \frac{L}{l}$	$\frac{H}{m}$	$\frac{mH}{km}$
Kapazitäts-kennwert	$C' = \frac{C}{l}$	$\frac{F}{m}$	$\frac{nF}{km}$
Ableitungs-kennwet	$G' = \frac{G}{l}$	$\frac{S}{m}$	$\frac{\mu S}{km}$

Beispiel 1 **Leitungskennwerte:**

Bei einem zweiadrigen Kabel mit einer Länge von $l = 7{,}8$ km werden die folgenden Kenngrößen gemessen: $R = 1287\ \Omega$, $L = 5{,}85$ mH, $C = 327{,}6$ nF, $G = 0{,}95\ \mu$S.
Wie groß sind die Leitungskennwerte des Kabels?

Lösung:

$$R' = \frac{R}{l} = \frac{1287\ \Omega}{7{,}8\ \text{km}} = \mathbf{165\ \Omega/km},\quad L' = \mathbf{0{,}75\ mH/km}$$

$C' =$ **42 nF/km**, $G' =$ **0,12 µS/km**

Wellenwiderstand

Aus der Signalfrequenz *f* und der Lichtgeschwindigkeit *c* kann die Wellenlänge $\lambda = c/f$ berechnet werden. Mit zunehmender Frequenz wird die Wellenlänge kleiner, sodass es bei HF-Signalen (Hochfrequenzsignalen) vorkommen kann, dass die Wellenlänge kleiner ist als die mechanische Länge der verwendeten Übertragungsleitung. Um nun die am Leitungsanfang eingespeiste Sendeenergie maximal über die Leitung übertragen zu können, muss das Leitungsende mit einem bestimmten Widerstandswert abgeschlossen sein. Dieser Widerstandswert wird als Wellenwiderstand Z_w bezeichnet und stellt eine weitere Kenngröße einer Leitung dar. Der Wellenwiderstand einer Leitung gibt an, mit welchem Widerstand das Leitungsende abgeschlossen werden muss, damit keine Reflexionen von Wellen auf der Übertragungsleitung auftreten, z. B. mit 100 Ω bei Twisted-Pair-Leitungen.

> Der Wellenwiderstand einer Leitung ist unabhängig von der Leitungslänge.

Bei richtigem Abschluss verhält sich eine verlustfreie Leitung so, als ob der Abschlusswiderstand direkt am Spannungserzeuger wäre **(Bild 1)**.

> Der Abschlusswiderstand einer Übertragungsleitung ist ein Wirkwiderstand von der Größe ihres Wellenwiderstands.

Der Wellenwiderstand von Übertragungsleitungen ist stark von dem Aufbau der Leitung abhängig. Bei Koaxialleitungen liegt der Wellenwiderstand zwischen 50 Ω und 100 Ω, bei symmetrischen Leitungen für den Netzwerkbereich beträgt der Wellenwiderstand 100 Ω **(Tabelle 1)**.

Fehlanpassung und Reflexionen

Die Stromverteilung und die Spannungsverteilung entlang der Leitung hängen vom Abschlusswiderstand der Leitung ab. Für eine störungsfreie Signalübertragung muss am Ende der Leitung ein Widerstand angeschlossen sein, der dem Wellenwiderstand entspricht. Wird die Übertragungsleitung nicht mit Widerstandsanpassung betrieben, so wird ein Teil der Signalspannung am Leitungsende reflektiert **(Bild 2)**. Es tritt neben der fortschreitenden Welle noch eine zum Leitungsanfang rücklaufende Welle auf. Die rücklaufende Welle überlagert sich der fortlaufenden Welle und stört die Signalübertragung. Man spricht bei dieser Art des Leitungsabschlusses von Fehlanpassung.

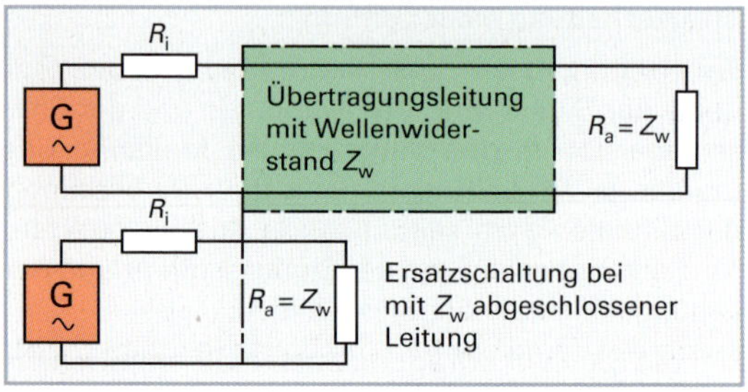

Bild 1: Leitung bei Abschluss mit Wellenwiderstand

Bei $f > 10$ kHz: $$Z_W = \sqrt{\frac{L'}{C'}}$$

f Frequenz; Z_W Wellenwiderstand; L' Induktivitätskennwert; C' Kapazitätskennwert

Koaxialleitung: $$Z_W = \frac{60\,\Omega}{\sqrt{\varepsilon_r}} \ln \frac{D}{d}$$

Z_W Wellenwiderstand
D Innendurchmesser des Außenleiters
d Außendurchmesser des Innenleiters
ε_r Dielektrizitätszahl des Isolators

Tabelle 1: Daten von Koaxialleitungen

Kabeltyp	*D*	*d*	Z_W
RG – 58 C/U	3,5 mm	0,9 mm	50 Ω
RG – 59 B/U	4,5 mm	0,6 mm	75 Ω
RG – 62 /U	5,2 mm	0,65 mm	93 Ω
RG – 218 /U	17,6 mm	5,0 mm	50 Ω

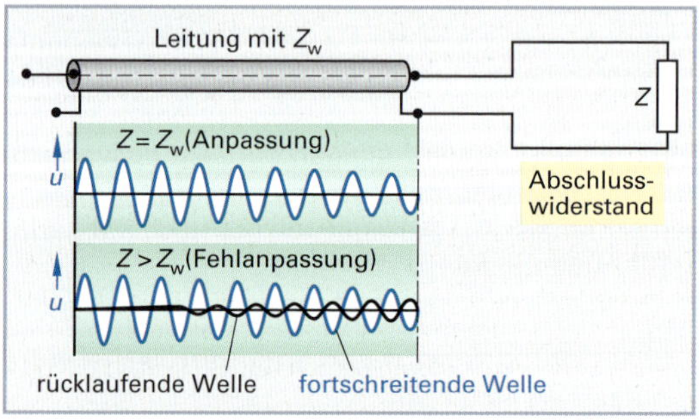

Bild 2: Augenblickswerte der Signalspannung bei Anpassung und bei Fehlanpassung

Beispiel 1 Wellenwiderstand:

Wie groß ist der Wellenwiderstand einer Leitung, die einen Kapazitätskennwert von 28 pF/m und einen Induktivitätskennwert von 1,6 µH/m hat?

Lösung:

$$Z_W = \sqrt{\frac{L'}{C'}} = \sqrt{\frac{1{,}6\ \mu\text{H/m}}{28\ \text{pF/m}}} = \mathbf{239\ \Omega}$$

> Fehlanpassung liegt vor, wenn eine Hochfrequenzleitung nicht mit Widerstandsanpassung betrieben wird.

Die bei Fehlanpassung auftretenden Reflexionen schwächen die Signalspannung und verfälschen die Signalübertragung. Ein Maß für die Reflexion ist der Reflexionsfaktor *r*, der das Verhältnis zwischen der fortschreitenden Spannungswelle und der rücklaufenden Spannungswelle angibt.

Extremfehlanpassungen liegen vor, wenn am Leitungsende ein Kurzschluss oder Leerlauf auftritt. Dies bedeutet, dass der Reflexionsfaktor *r* den Wert –1 (Kurzschluss) bzw. +1 (Leerlauf) annimmt und somit die Amplitude der rücklaufenden Welle gleich groß ist wie die Amplitude der fortschreitenden Welle.

$$r = \frac{R_a - Z_W}{R_a + Z_W}$$

$$U_r = r \cdot U_h$$

r Reflexionsfaktor
R_a Abschlusswiderstand
Z_W Wellenwiderstand der Leitung
U_r Spannungsamplitude der rücklaufenden Welle
U_h Spannungsamplitude der hinlaufenden Welle
r Reflexionsfaktor

Nebensprechen

Zwischen zwei benachbarten Leitungen, die über eine längere Strecke parallel verlaufen, kann es zu einer induktiven oder kapazitiven Beeinflussung kommen. Diese Kopplung führt dazu, dass eine Störung bei der Signalübertragung auftritt, die als Nebensprechen bezeichnet wird. Die Kopplungsbeiträge summieren sich über die gesamte Leitungslänge auf. Das Störsignal, das auf der Leitung 2 am nahen Ende ($x = 0$) eintrifft, wird als *Nah-Nebensprechen NEXT* (von Near end crosstalk) und das Signal am fernen Ende ($x = l$) als *Fernnebensprechen FEXT* (von Far end crosstalk) bezeichnet **(Bild 1)**. Das Nebensprechen sollte möglichst klein sein.

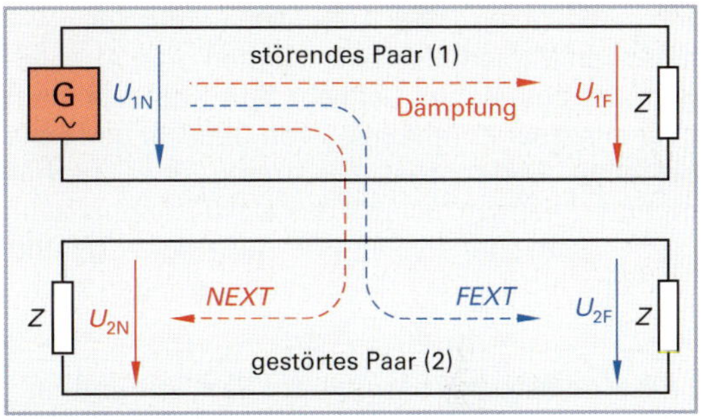

Bild 1: Einstreuung auf ein zweites Aderpaar

$$NEXT = 20 \cdot \log \frac{U_{Nutz}}{U_{Stör}}$$

NEXT Nah-Nebensprechdämpfung in dB
U_{Nutz} Nutz-Eingangsspannung auf Leitung 1
$U_{Stör}$ Eingekoppelte Störspannung auf Leitung 2

> Gute Übertragungsleitungen weisen hohe Nebensprechdämpfungswerte auf.

Ein weiterer Kennwert ist das Attenuation to Crosstalk Ratio ACR (Dämpfung-Übersprech-Verhältnis). Der ACR-Wert ist die Differenz von Nahnebensprechen und Dämpfung. Wenn die Dämpfung des Nutzsignals gleich oder größer der Nebensprechdämpfung ist, kann der Empfänger das Nutzsignal nicht mehr vom störenden Übersprechen unterscheiden.

$$ACR = NEXT - A$$

ACR Attenuation to Crosstalk Ratio in dB
NEXT Nahnebensprechdämpfung in dB
A Durchgangsdämpfungsmaß in dB

Um die unerwünschten Kopplungen zu vermeiden bzw. zu kompensieren, werden die Leitungen geschirmt und verseilt. Das bedeutet, dass die beiden Adern systematisch miteinander verdrillt werden. Diese Leitung wird als Twisted-Pair-Leitung (twisted pair = verdrilltes Paar) bezeichnet **(Bild 2)**. Dadurch heben sich die induktiven und kapazitiven Kopplungen größtenteils auf. Die Länge, die für eine volle Umdrehung der Verseilung nötig ist, wird als *Schlaglänge* bezeichnet und stellt ein Maß für die Verseilung dar.

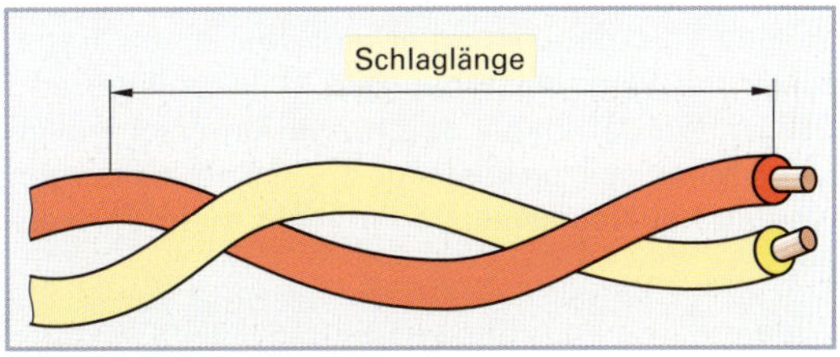

Bild 2: Verseilen eines Leiterpaares

Wiederholung und Vertiefung

WV

1. **Weshalb soll bei einer Übertragungsleitung am Leitungsende ein Abschlusswiderstand angeschlossen sein?**
2. **Wodurch kann das Nebensprechen verringert werden?**

11.3.1.2 Leitungstypen

Koaxialleitung

Eine Koaxialleitung besteht meist aus einem massiven Innenleiter (Seele) aus Kupferdraht, der genau in der Mitte des kreisförmig umhüllenden Außenleiters liegt **(Bild 1)**. Um den Innenleiter exakt in der Mitte zu halten, ist der Zwischenraum entweder komplett mit einer Kunststoffisolierung (Dielektrikum) ausgefüllt, oder als Isolierung wird Luft verwendet, wobei der Innenleiter durch Stützen gehalten wird. Der Außenleiter kann aus einer massiven Kupferhülse, einer Kupfer- oder Aluminiumfolie, aus einem Geflecht von Kupferdrähten oder aus einer Kombination von Geflecht und Folie bestehen. Dadurch ist gleichzeitig eine Abschirmung vorhanden, sodass das elektromagnetische Feld zwischen Innenleiter und Außenleiter geführt wird und nicht in den Außenraum gelangen kann.

Ein Koaxialkabel hat geringe Verluste und ist selbstabschirmend.

Koaxialleitungen sind asymmetrische Leitungen, da der Innenleiter und der Außenleiter unter-schiedlich aufgebaut sind. Dieser Leitungsaufbau hat den Vorteil, dass keine Abstrahlverluste und keine Störeinstrahlung durch elektromagnetische Wellen auftreten **(Bild 2)**.

Bei LANs werden in älteren Anlagen zwei Arten von Koaxialleitungen verwendet **(Tabelle 1)**.

Thicknet-Leitung: Dies ist eine dicke, schwer biegsame Leitung (Thick-Wire) mit einem Durchmesser von etwa 10 mm. Da der Außenmantel oft gelb eingefärbt ist, wird diese Leitung auch als Yellow Cable bezeichnet. Der Anschluss eines Computers an eine Thicknet-Leitung erfolgt über einen Transceiver mit Vampirklemme **(Bild 3)**. Innenleiter und Schirm werden dabei durch zwei unterschiedlich lange Metallspitzen kontaktiert. Thicknet-Leitungen werden bei Neuinstallationen nicht mehr verwendet.

Thinnet-Leitung: Diese Koaxialleitung hat oft einen litzenförmigen Innenleiter und einen Außendurchmesser von etwa 5 mm. Die Leitung ist biegsam, leicht zu verlegen und kostengünstig. Sie wird daher auch als Cheapernet (billigeres Netz) bezeichnet. Da die Dämpfung höher als bei der Thicknet-Leitung ist, sind nur Leitungslängen bis 185 m zulässig. Der Anschluss an den Computer erfolgt über BNC-Stecker **(Bild 4)**.

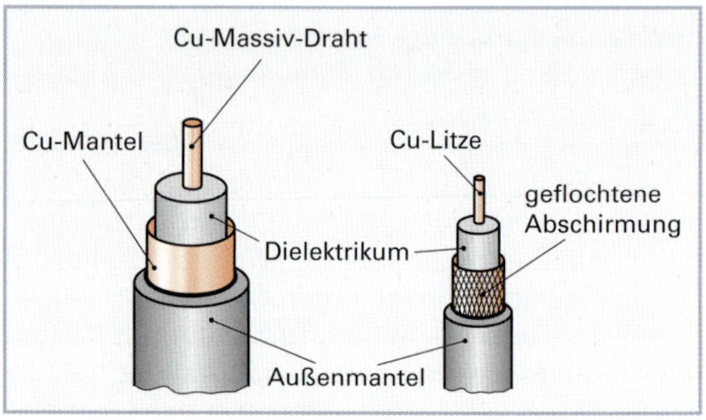

Bild 1: Aufbau von Koaxialleitungen

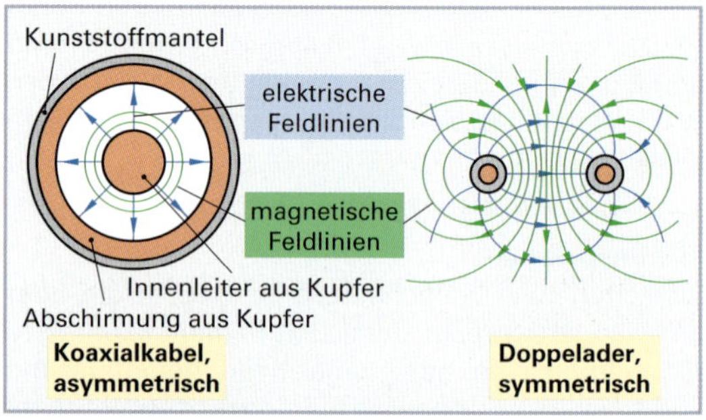

Bild 2: Abstrahlverhalten von Leitungen

Tabelle 1: Koaxialleitungen im Netzwerkeinsatz

Leitungstyp	Übertragungsrate	max. Leitungslänge	Verwendung (Netzwerk)
Thick Wire	10 Mbit/s	500 m	10 Base-5
Thin Wire	10 Mbit/s	185 m	10 Base-2

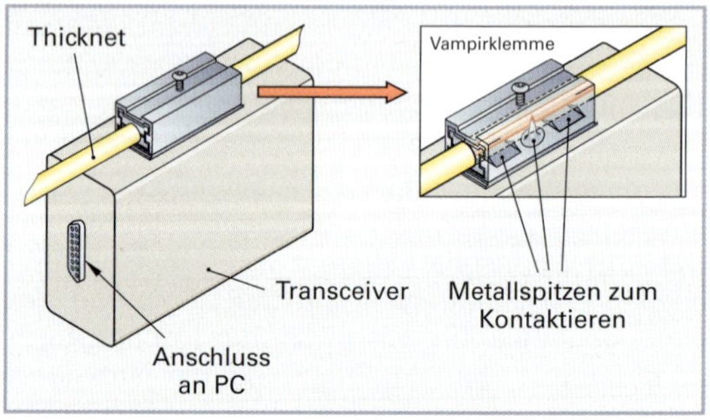

Bild 3: Anschluss von Thicknet-Leitungen

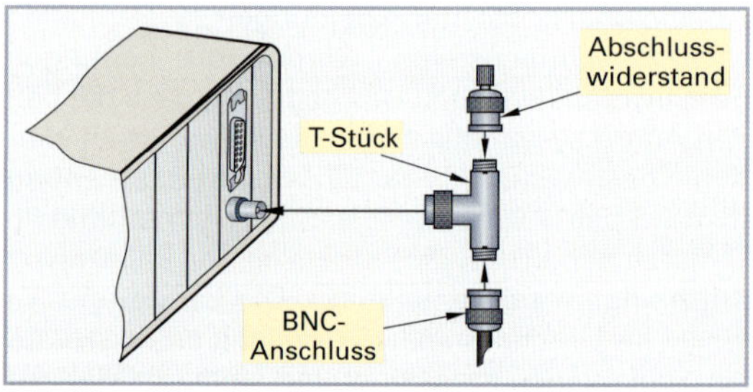

Bild 4: Anschluss von Thinnet-Leitungen

Twisted-Pair-Leitung

Diese Leitungen bestehen meist aus zwei oder mehreren isolierten Adern, die immer paarweise miteinander verdrillt (Twisted Pair) sind. Bei den im Netzwerkbereich verwendeten Twisted-Pair-Leitungen gibt es unterschiedliche Leitungsvarianten **(Bild 1)**. Sende- und Empfangskreise sind getrennt.

> Bei mehradrigen Twisted-Pair-Leitungen wird eine Doppelader zum Senden und eine Doppelader zum Empfangen der Daten verwendet.

UTP-Leitungen (von unshielded twisted pair = ungeschirmtes verdrilltes Paar) haben nur verdrillte Doppeladern ohne Abschirmung. *S/UTP-Leitungen* (von screened/unshielded twisted pair = geschirmtes/ungeschirmtes verdrilltes Paar) haben einen Gesamtschirm aus einem Kupfergeflecht zur Reduktion der äußeren Störeinflüsse. *FTP-Leitungen* (von foilshielded twisted pair) besitzen zur Abschirmung einen Gesamtschirm aus alukaschierter Kunststoff-Folie. *S/FTP-Leitungen* (von screened/foilshielded twisted pair) haben einen Gesamtschirm aus alukaschierter Polyesterfolie und ein darüber liegendes Kupfergeflecht. Bei *STP-Leitungen* (von shielded twisted pair) ist jedes Aderpaar für sich abgeschirmt. *S/STP-Leitungen* (screened/shielded twisted pair) besitzen eine Abschirmung für jedes Aderpaar sowie eine Gesamtschirmung.

Die maximale Leitungslänge variiert mit der Dämpfung und ist abhängig davon, ob die Drähte abgeschirmt sind oder nicht. Twisted-Pair-Leitungen haben einen Wellenwiderstand von 100 Ω und eignen sich für verschiedene Netzwerktypen wie Token- Ring und Ethernet.

> Bei einer Datenrate von 10 Mbit/s bis 100 Mbit/s kann eine Twisted-Pair-Leitung bis zu 100 m lang sein.

Leitungskategorien

Twisted-Pair-Leitungen sind entsprechend der Leitungskennwerte in die Kategorien *Cat 1* bis *Cat 7* eingeteilt **(Tabelle 1)**. In den einzelnen Kategorien ist vorgeschrieben, wie groß die Dämpfung in dB/100 m und das Nahnebensprechen (NEXT) bei unterschiedlichen Übertragungsgeschwindigkeiten sein darf **(Bild 2)**.

Für den Anschluss von Twisted-Pair-Leitungen an Netzwerkverteiler bzw. an die Netzwerkkarte im PC werden sogenannte RJ-45-Stecker verwendet **(Bild 3)**. Beim Anschließen der Leitung ist darauf zu

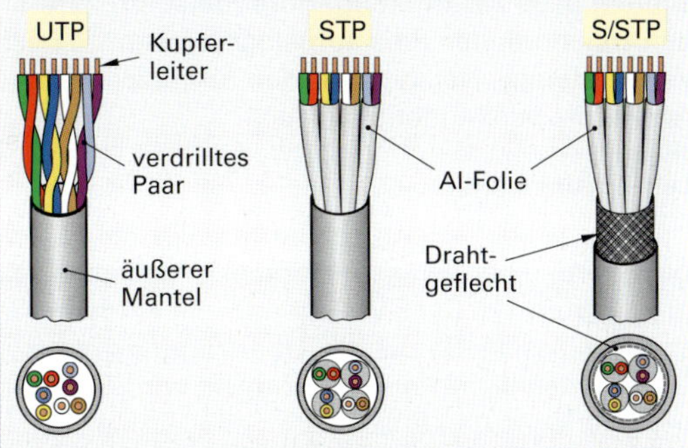

Bild 1: Aufbau von Twisted-Pair-Leitungen

Tabelle 1: Leitungskategorien

Kategorie	max. Übertragungsfrequenz	Anwendungsbereich
Cat 1	0,1 MHz	Für Alarmsysteme und analoge Sprachübertragung.
Cat 2	4 MHz	Für Sprache, für RS232-Schnittstellen und für ISDN.
Cat 3	16 MHz	Datenübertragung bis 16 Mbit/s, z. B. 10 BaseT.
Cat 4	20 MHz	Datenübertragung bis 20 Mbit/s, z. B. IBM Token-Ring.
Cat 5	100 MHz	Datenübertragung bis 100 Mbit/s z. B. 100 BaseT.
Cat 6	250 MHz	Datenübertragung bis 250 Mbit/s z. B. 155 Mbit ATM.
Cat 7	600 MHz	Datenübertragung bis 600 Mbit/s z. B. 622 Mbit ATM, 1000 BaseT.

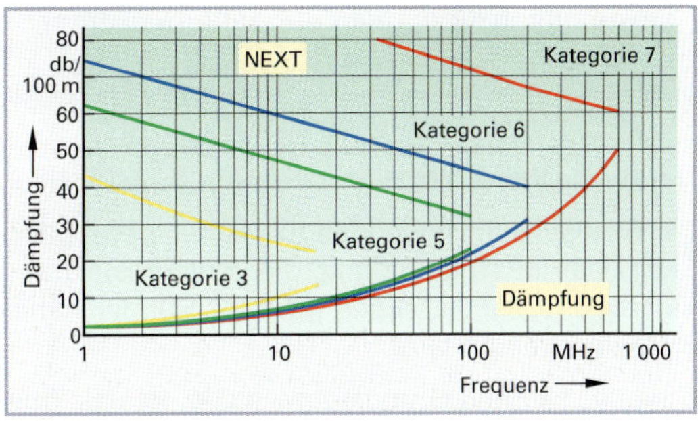

Bild 2: Grenzwertkurven für Leitungen

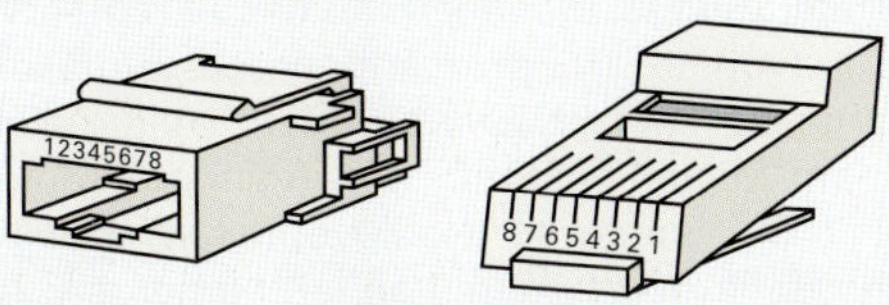

Steckerbelegung

Aderpaar	Pins	Aderpaar	Pins
1	1, 2	3	4, 5
2	3, 6	4	7, 8

Bild 3: RJ-45-Buchse und RJ-45-Stecker

achten, dass zusammengehörende Aderpaare an den zugehörenden Pins aufgelegt werden. Je nach verwendetem Netztyp werden unterschiedliche Aderpaare verwendet **(Tabelle 1)**.

Leitungsinstallation

Um für spätere Änderungen im Netz flexibel zu bleiben, werden bei Neuinstallationen mindestens Leitungen vom Typ Cat 5 verlegt und alle 4 Aderpaare angeschlossen. Damit die Übertragungsrate der Gesamtinstallation nicht verringert wird, müssen beim Verlegen und Anschließen der Leitung die folgenden Punkte berücksichtigt werden:
- Leitung nicht zu stark dehnen,
- Leitung nicht quetschen,
- Leitung nicht knicken (Biegeradius beachten),
- beim Anschließen die Abschirmung nicht zu weit auftrennen,
- beim Anschließen die Verdrillung der Aderpaare nicht zu weit öffnen.

Fertig installierte Verkabelungsstrukturen sind zu prüfen und die Qualität der Arbeit ist in einem Messprotokoll nachzuweisen. So muss jeder Link (= Bindeglied) bzw. Übertragungskanal mit den darin enthaltenen Leitungen, Steckern und Anschlussbuchsen in einem Messprotokoll enthalten sein **(Bild 1)**. Dem Kunden wird eine Funktionsgarantie für die geforderte Leistungsklasse übergeben **(Bild 2)**.

> Netzklassen beziehen sich auf das Leistungsvermögen der Gesamtinstallation, während sich die Einstufung in Kategorien nur auf Einzelkomponenten bezieht.

Lichtwellenleiter LWL

Lichtwellenleiter verwenden zur Signalübertragung Licht oder Infrarotstrahlung, die in einer Faser aus Quarzglas oder Acrylglas (PMMA, Handelsname Plexiglas) geführt wird.

Die physikalische Grundlage des LWL ist das Prinzip von Brechung und Reflexion. Zur Signalübertragung wird Licht bzw. IR-Stahlung auf den Kern gerichtet **(Bild 3)**. Die innerhalb des Akzeptanzwinkels α (von to accept = annehmen) einfallende Strahlung I (Intensity) wird im Kern weitergeleitet, weil am Mantel Totalreflexion (völlige Reflexion) eintritt. Der Sinuswert des Akzeptanzwinkels wird *numerische Apertur NA* (von lat. numerus = Zahl, apertura = Öffnung) genannt und für die LWL angegeben. Die NA liegt bei LWL im Bereich zwischen 0,1 und 0,25. Strahlen, die den selben Reflexionswinkel α haben, werden als Mode (= Erscheinungsform) bezeichnet.

Tabelle 1: Belegung der Leitungsadern

Netztyp	Verwendete Aderpaare
Token-Ring	1 und 3
10 BaseT	2 und 3
100 BaseT	2 und 3
1000 BaseT	1, 2, 3, und 4

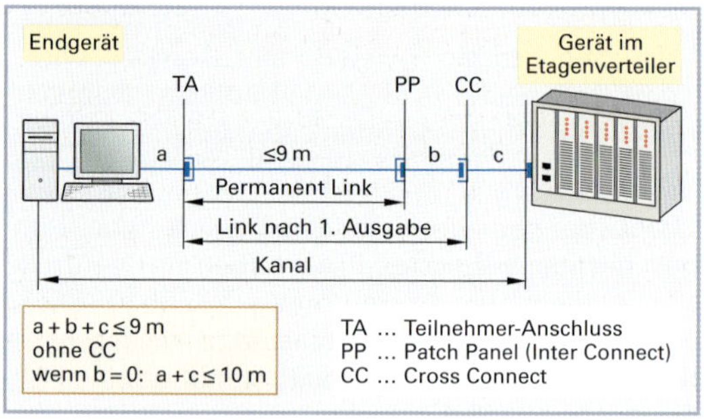

Bild 1: Übertragungskanal

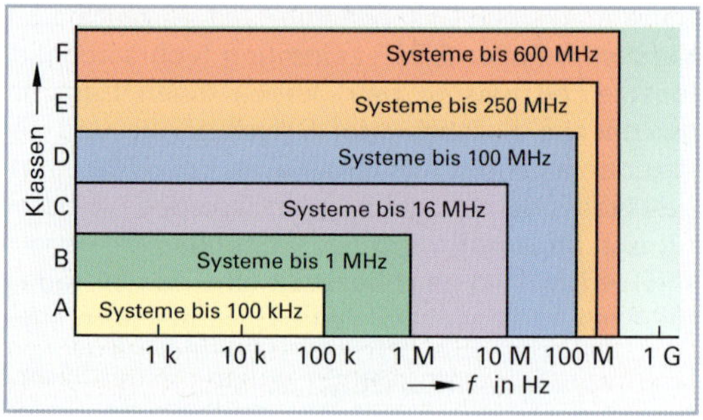

Bild 2: Leistungsklassen für Netzwerkinstallationen

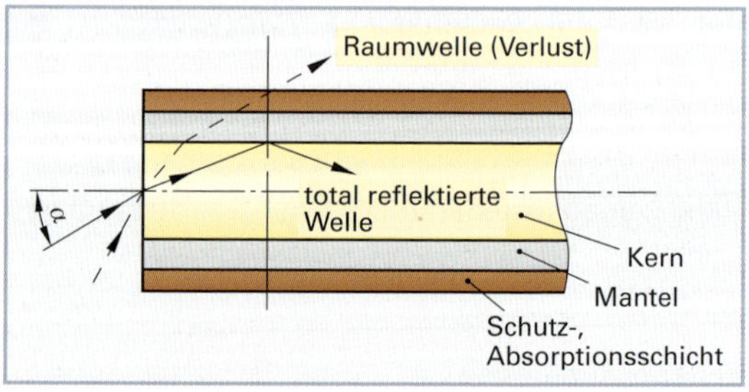

Bild 3: Akzeptanzwinkel α

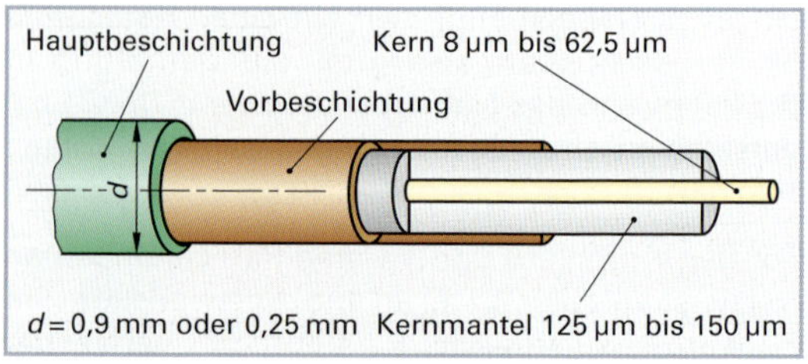

Bild 4: Aufbau einer LWL-Glasfaser

Aufbau eines LWL

Der Kern (Core) einer Glasfaser ist von dem Kernmantel (Cladding), der eine geringere optische Brechzahl besitzt, umgeben. Zum Schutz vor mechanischen Beschädigungen ist die Vorbeschichtung (Primary Coating) aufgebracht **(Bild 4, vorhergehende Seite)**. Mehrere so aufgebaute Fasern werden dann zu Bündeln zusammengefasst und mit weiteren Kunststoffummantelungen zu einem LWL-Kabel verarbeitet **(Bild 1)**.

> Die Signalübertragung in einer Glasfaser erfolgt nur in eine Richtung, daher besteht ein LWL-Kabel meist aus mehreren Fasern in getrennten Hüllen.

LWL-Adern gibt es in verschiedenen Formen **(Bild 2)**. Je nach Ausführung weisen die Adern dann bessere Druckbeständigkeit, Flexibilität oder Unempfindlichkeit gegenüber Temperaturschwankungen auf.
Bei den LWL entstehen wegen ihrer Zusammensetzung Bereiche mit hoher Dämpfung und Bereiche mit kleiner Dämpfung **(Bild 3)**. Letztere werden als Fenster bezeichnet. Bei Acrylfasern liegen die Fenster im sichtbaren Bereich, bei Quarzglasfasern liegen alle drei Fenster im IR-Bereich.

> Bei LWL aus Quarzglasfasern werden alle Signale durch IR-Strahlen übertragen.

Die eigentlichen Fasern (Kern und Mantel) können beim gleichen Werkstoff verschieden ausgeführt sein **(Tabelle 1)**. Je nach Kennlinie der Brechzahl

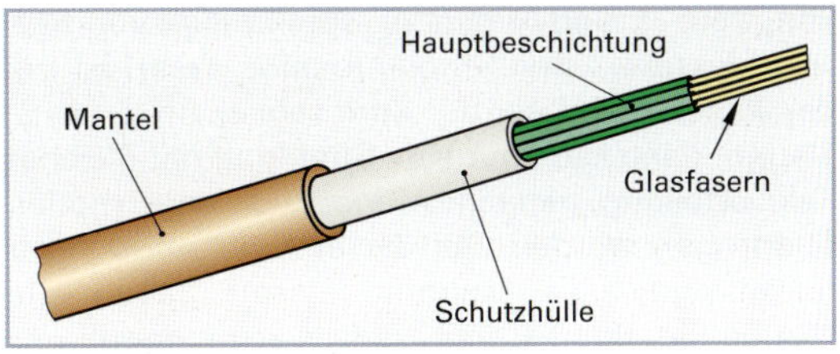

Bild 1: Aufbau eines LWL-Kabels

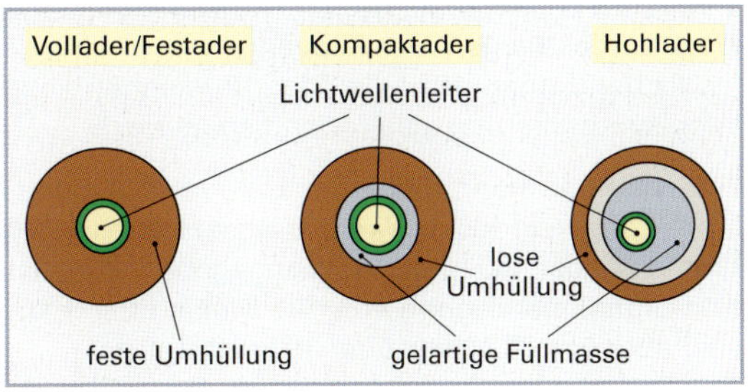

Bild 2: Aderarten von LWL-Kabeln

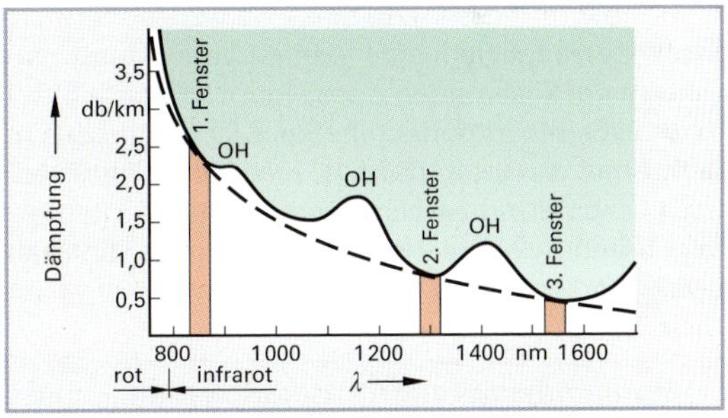

Bild 3: Dämpfung einer LWL-Quarzglasfaser

Tabelle 1: Mode-Arten von Glasfaserleitern

Faser	Wellenausbreitung, Impulsverbreitung	Brechzahlverlauf	Bemerkungen
Stufenindex, Singlemode	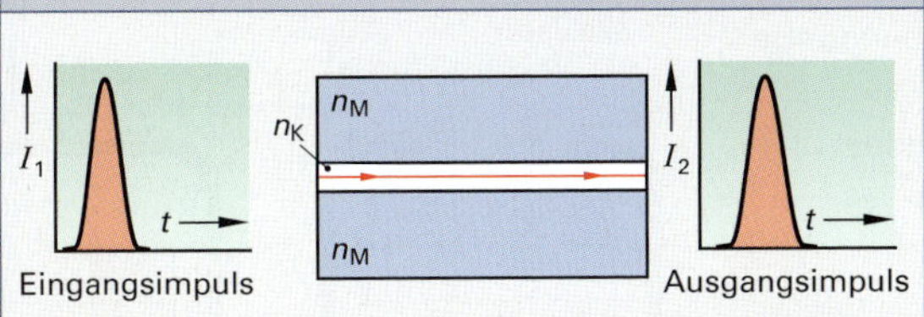	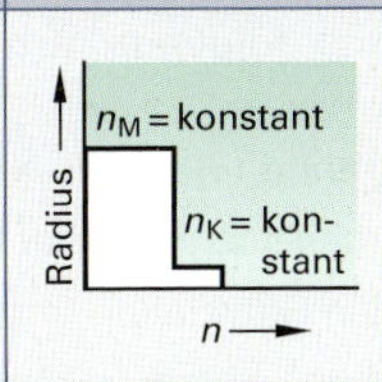	Für lange Strecken, kleine Dämpfung (< 1 dB/km), keine Impulsverbreiterung, Bandbreite-Länge-Produkt > 10 Gbit/s · km
Stufenindex, Multimode	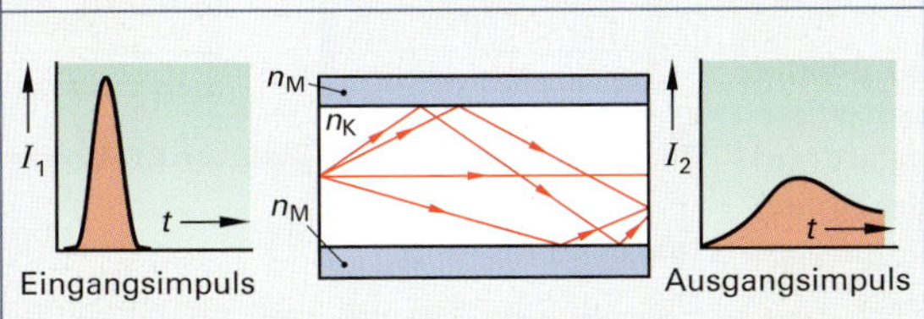	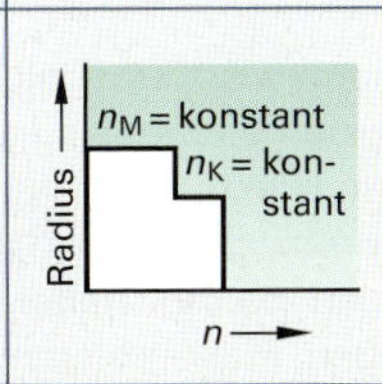	Für Strecken bis etwa 500 m, mittlere Dämpfung, große Impulsverbreiterung Bandbreite-Länge-Produkt < 100 Mbit/s · km
Gradienten-index, Multimode	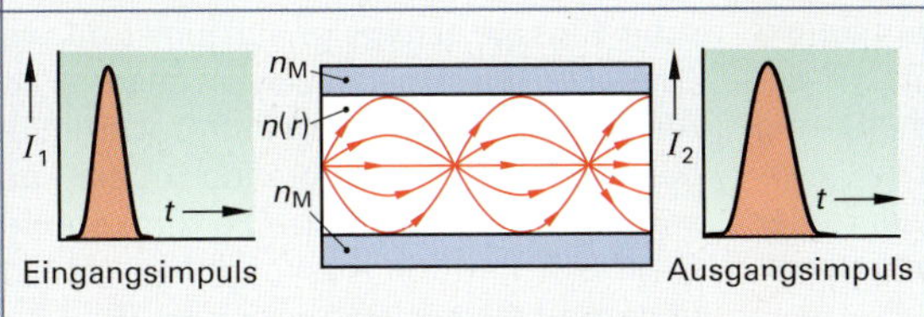	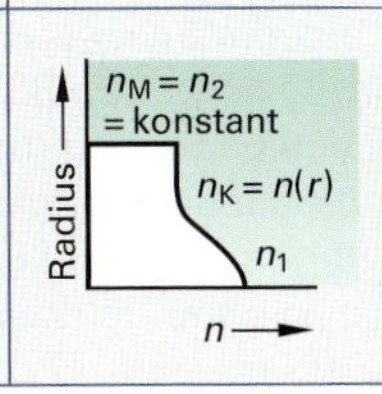	Für Strecken von 500 m bis 10 km, kleine Dämpfung, kleine Impulsverbreiterung, Bandbreite-Länge-Produkt < 1 Gbit/s · km

von Kern n_K und Mantel n_M spricht man von *Stufenindexfaser* oder *Gradientenindexfaser*. Ist bei der Stufenindexfaser der Kern sehr dünn (5 µm ... 10 µm), dann kann nur eine Strahlung mit gleicher Feldverteilung, genannt *Modus* (von engl. mode), übertragen werden. Bei dieser *Singlemodefaser* (Einzelmodefaser, Monomodefaser) haben alle Moden dieselbe Laufzeit, sodass keine Impulsverbreiterung auftritt. Bei der *Multimodefaser* (Vielmodenfaser) haben die Moden verschieden lange Wege zurückzulegen. Der Ausgangsimpuls ist breiter als der Eingangsimpuls. Man bezeichnet diese Impulsverbreiterung als *Modendispersion*.

Eine wichtige Kenngröße der LWL ist das Bandbreite-Längen-Produkt. Wird z. B. vom Hersteller 100 MHz · km oder 100 Mbit/s · km angegeben, dann ist eine Signalübertragung von 100 Mbit/s über 1 km oder aber von 10 Mbit/s über 10 km möglich.

LWL-Steckverbinder

Stecker ermöglichen eine lösbare Verbindung zwischen zwei Faserenden oder einem Faserende mit einer Systemkomponenten. Steckerarten gibt es in mehreren Varianten **(Bild 1)**. Eine nicht mehr lösbare Verbindung zwischen zwei Leiterstücken erfolgt durch Spleißen. Hier muss mit großer Sorgfalt gearbeitet werden.

> Aufgrund der geringen Faserabmessungen ist beim Spleißen eine optische Vergrößerungseinrichtung wie Lupe oder Mikroskop erforderlich.

Vor dem Spleißen sind folgende Arbeitsgänge durchzuführen:

- Abmanteln und Auftrennen des LWL-Kabels,
- Entfernen der Primärbeschichtung der Faser,
- Herstellen einer planen Stirnfläche und
- Reinigen der Fasern.

Das Spleißen selbst kann als Klebespleiß ausgeführt werden. Dazu werden die beiden Faserenden in einem eng tolerierten Glasröhrchen justiert und mit Kleber verklebt. Beim *geschweißten Spleiß* werden die beiden Enden in einer Halterung fixiert und mit einem Lichtbogen, Plasmabogen oder CO_2-Laser verschweißt. Für einen *mechanischen Spleiß* wird eine spezielle Spleißeinheit benötigt, bei der die beiden Faserenden in eine Präzisionshalterung gesteckt werden und anschließend verpresst werden. Bei LWL-Verbindungen können viele Fehler auftreten, die meist eine zu hohe Dämpfung verursachen **(Bild 2)**.

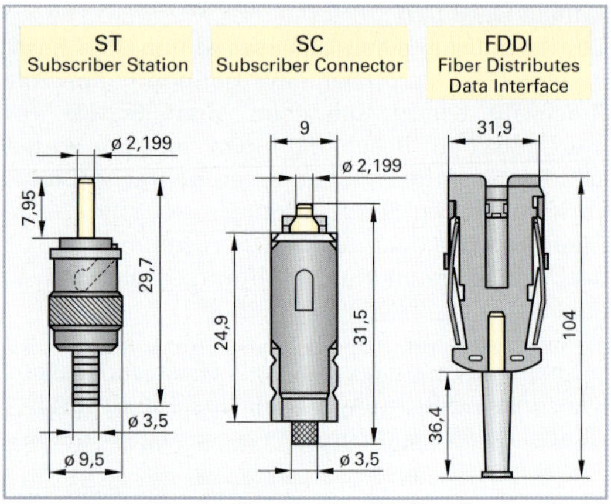

Bild 1: LWL-Steckverbinder

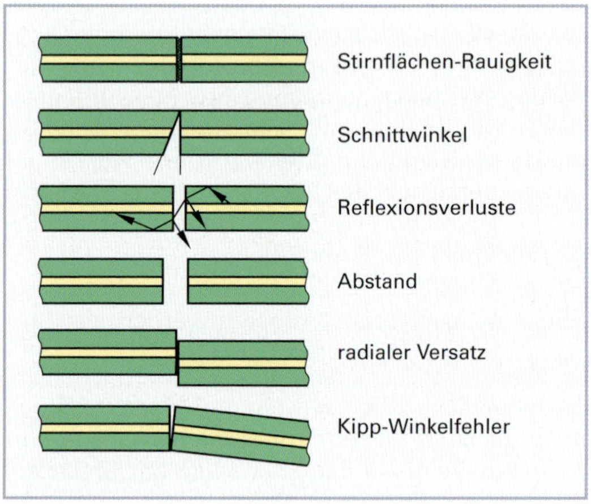

Bild 2: Fehlerquellen bei LWL-Verbindungen

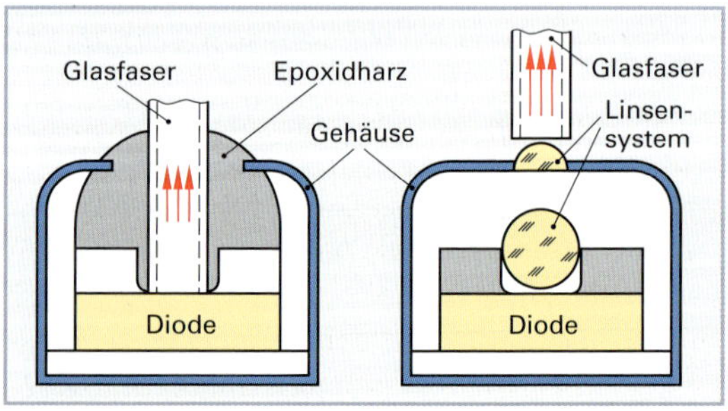

Bild 3: Auskoppeln der Signale am EO-Umsetzer

Sender, Empfänger

Der Sender setzt die elektrischen Signale in optische Signale (Lichtsignale) um und wird als *EO-Umsetzer* (Elektro-Optischer-Umsetzer) bezeichnet. Als Sender werden IRED (Infrarot emittierende Dioden), LED (Licht emittierende Dioden) oder LD (Laserdioden) verwendet. Die Einkopplung in die Glasfaser und die Auskopplung kann direkt oder über ein Linsensystem erfolgen **(Bild 3)**. Meist hat der EO-Umsetzer eine angebaute Steckerkupplung, oder besitzt ein kurzes Kabelstück. An diese Pigtail (von pig = Ferkel und tail = Schwanz) wird dann der längere LWL durch Spleißen angeschlossen.

Als Empfänger werden PIN-Fotodioden mit der Schichtfolge (P-Leiter, Eigenleiter, N-Leiter) verwendet. Der Übergang von der Glasfaser auf diesen OE-Umsetzer (Opto-Elektrischer-Umsetzer) erfolgt entsprechend wie bei den Sende-Dioden.

Obwohl die Dämpfung der LWL klein ist, sind bei größeren Entfernungen Verstärker erforderlich. Das kann durch OE-Umsetzung, elektrische Verstärkung und abschließende OE-Umsetzung erfolgen oder durch spezielle optische Verstärker.

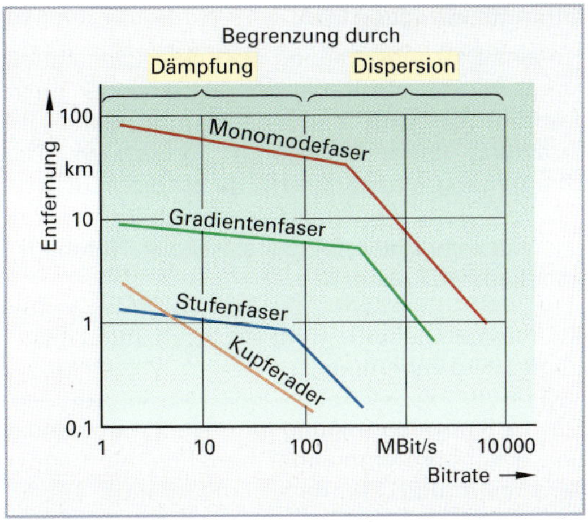

Bild 2: Verwendungsbereich von Kupferleitungen und LWL

Übertragungsstrecke

Bei der Übertragung werden die Signale in der Signalaufbereitung meist in Binärsignale mit Amplitudenumtastung aufbereitet, und zwar so, dass eine Folge von schwachen und von starken Signalen aus Licht bzw. IR-Strahlung einander folgen **(Bild 1)**.

Diese Intensitätsmodulation wird angewendet, weil IRED bzw. LED für andere Modulationsarten nicht geeignet sind und LD nur mit großem Aufwand.

> Die Signalübertragung über LWL erfolgt mit Intensitätsmodulation (Amplitudenumtastung).

Vom EO-Umsetzer gelangen die Signale über Steckverbinder, Pigtail und Spleiß zum eigentlichen Glasfaserleiter. Am anderen Ende des LWL erfolgt in umgekehrter Reihenfolge die Umsetzung. Für den Duplexbetrieb werden meist zwei LWL verwendet (Bild 1).

Ein einziger LWL kann auch in beiden Richtungen arbeiten, z. B. bei verschiedenen Wellenlängen (Wellenlängenmultiplex) oder durch Zeitmultiplex. Davon wird wegen der niedrigen Kosten der LWL selten Gebrauch gemacht.

Die Übertragungsstrecken unterscheiden sich je nach erforderlicher Länge durch die verwendeten Sendedioden und die LWL. Für Strecken bis 100 m werden bei rotem Licht Acrylglasfasern verwendet. Darüber wird mit IR-Strahlung und Multimode-Quarzglasfasern und bei Strecken über 20 km mit IR-Strahlung und Singlemode-Quarzglasfasern gearbeitet.

Tabelle 1: Vorteile der Leitungstypen

Art	LWL	Kupferleitungen
Vorteile	• höhere Bandbreiten • höhere Reichweiten • keine EMV-Probleme • keine Erdung notwendig • geringer Kabelumfang • weniger Kabelmasse	• höhere mechanische Festigkeit • leichtere Verarbeitung • Sprachsignale sofort integrierbar • strukturierte Verkabelung mit universeller Technik

Vergleich mit Kupferleitungen

LWL zeichnen sich durch hohe Übertragungsgeschwindigkeit und geringe Dämpfung aus **(Bild 2)**. Im Gegensatz zu Kupferleitungen muss bei LWL ein größerer Biegeradius beim Verlegen eingehalten werden und das Anbringen von Steckern und Spleißen ist aufwändig. So gibt es immer noch Einsatzbereiche, in denen die Vorteile der Kupferleitungen überwiegen **(Tabelle 1)**.

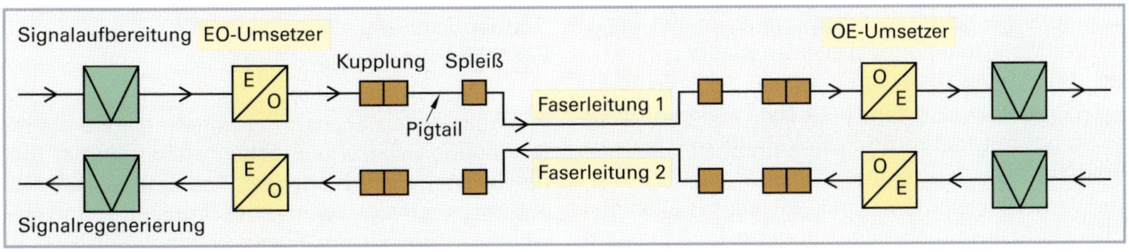

Bild 1: Kanal für Duplexbetrieb in LWL-Technik

Infrarotübertragung IrDA

Für eine Datenübertragung über eine kurze Entfernung, bei der ein Kabel unpraktisch oder unerwünscht ist, wird die Übertragung durch IR-Strahlung (Infrarotstrahlung) vorgezogen. Der Übertragungsstandard wird durch die IrDA (von Infrared Data Association) festgelegt. Anwendungsgebiete sind z. B. PDA's, Handys, Notebooks oder Fernbedienungen.

> Infrarotdatenübertragung erfolgt drahtlos über eine kurze Entfernung.

Für die Signalübertragung wird ein Infrarotsender und ein Infrarotempfänger benötigt. Als Sender wird eine IRED (Infrarot emittierende Diode) verwendet, die Strahlung mit einer Wellenlänge zwischen 850 nm und 900 nm abstrahlt. Der Abstrahlbereich ist keulenförmig und hat einen Winkel von etwa 30° **(Bild 1)**. Als IR-Empfänger werden PIN-Fotodioden oder Fototransistoren eingesetzt.

Die Datenübertragung kann im Normalfall über eine Entfernung von 1 m erfolgen. Manche batteriebetriebenen Geräte verwenden spezielle Niederstromvarianten, die ca. ein zehntel weniger Strom verbrauchen, damit aber nur eine Übertragung über 20 bis 30 cm ermöglichen. Wenn Entfernungen über 1 m zu überbrücken sind, werden in dem IR-Sender mehrere IRED in Reihe geschaltet. Durch gebündelte Infrarotstrahlung mit einer Linse im IR-Sender kann die Übertragungsentfernung weiter vergrößert werden.

Bei der IR-Datenübertragung stören die Infrarotanteile von fremden Strahlungsquellen wie Sonnenlicht oder Glühlampen **(Bild 2)**. Um diese Störungen zu verringern, wird vor die Fotodiode ein optisches Filter gebaut. Da dieses Filter sichtbares Licht vollständig absorbiert und daher schwarz aussieht, wird es auch als Schwarzfilter bezeichnet (Bild 2).

Die Übertragungsgeschwindigkeit ist abhängig vom verwendeten Übertragungsstandard **(Tabelle 1)**. Bei Geräten wie Tastatur oder Fernbedienung, die nur geringe Übertragungsgeschwindigkeiten benötigen, werden die *IrDA Control Protokolle* verwendet. Diese ermöglichen es, dass ein Host mit bis zu acht Client-Geräten gleichzeitig kommuniziert, z. B. mit einem IR-Empfänger am PC, der die Signale von der Tastatur, der Maus und dem Joystick empfängt.

Werden höhere Übertragungsraten benötigt, kommen Protokolle aus dem *IrDA Data Protocol Stack* (= Stapel mit mehreren Protokollen) zum Einsatz **(Bild 3)**.

Der Verbindungsaufbau kann von jedem beliebigen IrDA-Gerät ausgehen. Ist ein anderes IrDA-Gerät in der Nähe, kommt es zu einer Verbindung.

> Der Verbindungsaufbau zu einem RDA-Empfangsgerät erfolgt automatisch ohne extra Aktivierung des Empfängers.

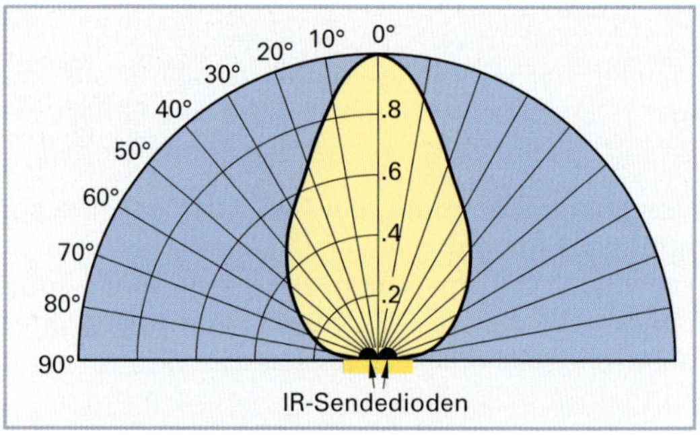

Bild 1: Abstrahlbereiche eines IR-Senders

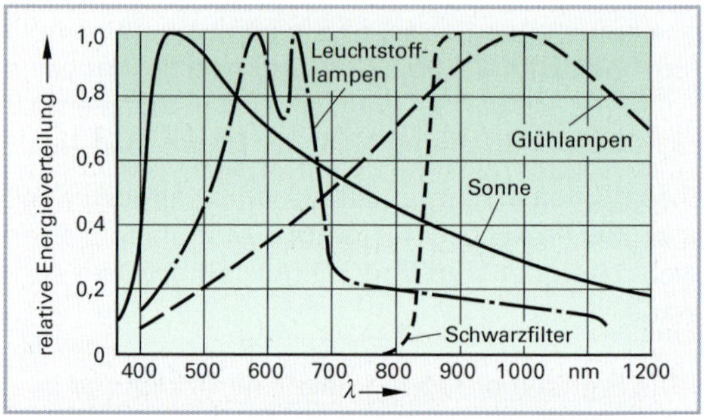

Bild 2: Spektrale Energieverteilungskurven

Tabelle 1: Übertragungsgeschwindigkeiten bei IR

Standard	Bitrate
SIR Standard-IR-Schnittstelle	115,2 kbit/s
FIR Fast Infrared Standard	4 Mbit/s
VFIR Very Fast Infrared Standard	16 Mbit/s

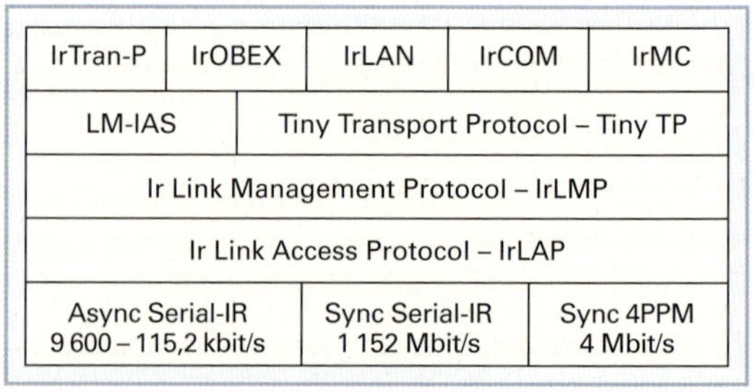

Bild 3: IrDA-Data-Protocol-Stacks

In einem ersten Schritt übermitteln die Geräte Informationen über ihre Eigenschaften. Dann erfolgt der Datenaustausch über das Tiny-Transport-Protokoll (tiny = winzig). Auf diesem Protokoll setzen drei weitere Protokolle auf. Für den Zugang zu einem lokalen Netzwerk wird das IrLAN verwendet.

11.3.2 Störungen durch elektromagnetische Felder

Bei der Signalübertragung muss sichergestellt sein, dass die Information während der Übertragung nicht verfälscht wird. Auf die Verkabelung eines Netzes wirken viele elektromagnetische Störquellen ein, z. B. elektrisch angetriebene Maschinen, Leuchtstofflampen, Computer, Kopierer und vieles andere. Die elektromagnetische Verträglichkeit (EMV) befasst sich mit der Beeinflussung durch elektromagnetische Störsignale.

Die elektromagnetische Verträglichkeit (EMV) ist definiert als die Fähigkeit eines Gerätes in seiner elektromagnetischen Umgebung störungsfrei zu arbeiten, ohne dabei andere Einrichtungen in ihrer Funktion zu beeinträchtigen.

Die hochfrequenten Schwingungen gelangen nach dem EMV-Störmodell von der Störquelle zur Störsenke **(Bild 1)**. Der Störweg kann aus einer galvanischen Kopplung, induktiven Kopplung, kapazitiven Kopplung oder der Einstrahlung zwischen Störquelle und Störsenke bestehen.

Elektromagnetische Aussendung

Hohe Taktfrequenzen in Computern oder Schaltnetzteilen, das Zünden von Thyristoren oder Schaltvorgänge im elektrischen Netz führen zu hochfrequenten elektromagnetischen Schwingungen. Die elektromagnetische Aussendung kann durch geeignete Entstörmaßnahmen reduziert werden. Hochfrequente Störspannungen werden durch Netzspannungsfilter, die Kondensatoren und Induktivitäten enthalten, gedämpft **(Bild 2)**. Bei einigen Signalleitungen, z. B. Monitorleitungen, ist außen ein Ringkern-Ferrit angebracht, der nur das Nutzsignal passieren lässt und hohe Frequenzen dämpft.

Elektromagnetische Beeinflussbarkeit

In lokalen Netzwerken erfolgt der Störeintrag hauptsächlich in der Tertiärverkabelung mit den Kabellängen bis 100 m. Hier werden die Nutzsignale um bis zu 25 dB geschwächt. Dies steigert die Auswirkung von Störgrößen umso mehr, je höher die Übertragungsraten sind. Während bei Ethernet nach 10 Base-T Signalhübe auf der Leitung von 1,7 V vorlagen, entscheiden bei 10 Gbase-T bereits 130 mV über den Wert eines Übertragungssymbols. Mit wachsender Übertragungsgeschwindigkeit reicht die Störfestigkeit von ungeschirmten UTP-Kabeln nicht mehr aus, um die Anforderung der EN 61000-4-3 für Büroanwendungen zu erfüllen.

Das CE-Zeichen auf elektrischen Geräten garantiert neben anderem die Einhaltung der EMV-Richtlinien.

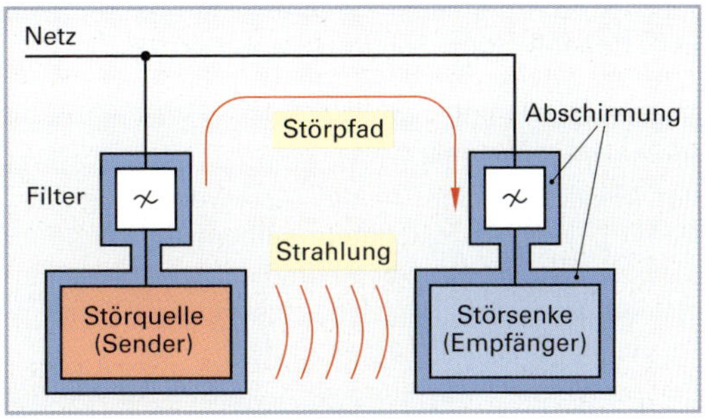

Bild 1: Ausbreitung von Störungen

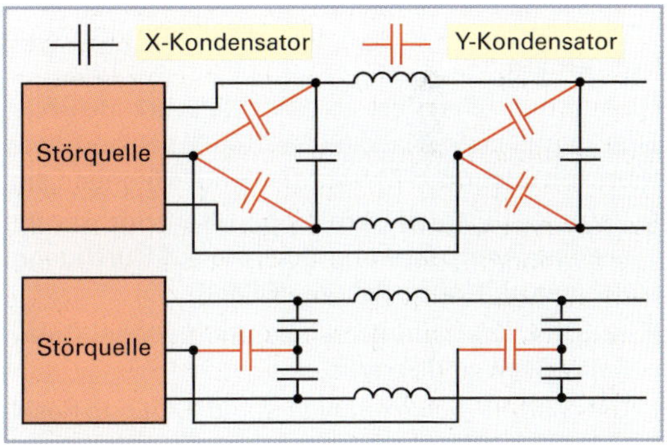

Bild 2: Entstörschaltungen mit Kondensatoren und Spulen

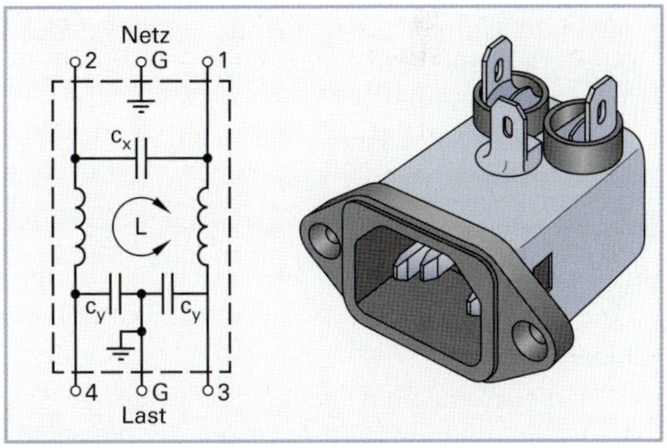

Bild 3: Netzfilter mit Kaltgerätestecker

Netzfilter

Netzfilter wurden dafür entwickelt, die Konformität von Geräten unterschiedlichster Art, auch solchen mit Schaltnetzteil, mit den strengen Anforderungen der internationalen EMV-Standards zu gewährleisten **(Bild 3)**. Neben Filtern mit geringen Ableitströmen für medizinische Geräte gibt es Ausführungen von 1 A bis 1200 A Stromstärke.

11.3.3 Messungen und Fehlersuche

In Netzwerken können viele Arten von Hardware-Fehlern auftreten. Eine schnelle Bestimmung der Ursache ist nur mit dem Einsatz von Messgeräten möglich. Büroverkabelungen erfolgen häufig nach dem Consolidation-Point Konzept **(Bild 1)**.

Messungen

Bei der *Permanent-Link-Messung* darf der Einfluss der Messkabel nicht in die Messwerte eingehen. Damit belegt der Installateur seinem Auftraggeber die korrekte Funktion genau für die Strecke, die er installiert hat, üblicherweise das fest verlegte Kabel inklusive der Dosen an beiden Enden.

Bei der *Channel-Messung* wird die Strecke von der Arbeitsplatzdose zum Verteilfeld im Etagenverteiler einschließlich der beweglichen Kabel gemessen **(Bild 2)**. Bei dieser Messung wird der gesamte Übertragungsweg, über den die Netzkommunikation läuft, erfasst.

Ein automatischer Test an einer Netzverkabelungs-Strecke mit einem Kabeltester **(Bild 3)** schließt nach Norm die folgenden Messungen und Prüfungen ein:

- *Verdrahtungsplan* (Wiremap): Überprüft werden alle vier Aderpaare und Schirme auf Durchgang, Schluss und Vertauschung **(Bild 4)**.
- *Laufzeit, Laufzeitunterschied und Längen* (Delay, Delay Skew und Length)
- *Gleichstrom-Schleifenwiderstand* (DC Loop Resistance)
- *Dämpfung bzw. Einfügedämpfung* (Attenuation/ Insertion Loss)
- *Nahnebensprechen* (Near End Crosstalk, *NEXT Signaldynamik ACR*)
- *Rückflussdämpfung* (RL Return Loss) *FEXT/ELFEXT* (Far End CrossTalk/Equal Level Far End CrossTalk)
- *Power Sum NEXT* (PSNEXT, PSACR, PSELFE für Gigabit-Ethernet-Übertragungen über Klasse D Verkabelungen)

Fehlersuche

Die Fehlersuche beginnt mit dem Betrachten der Status-, Activity und Collision-Anzeigen der eingesetzten Koppelelemente (Hubs, Repeater, Switches). In den meisten Fällen lässt sich damit das betroffene Netz-Teilstück ermitteln. In den Einzelsegmenten können Verbindungstests ausgeführt werden. Zu einem fehlerfreien Teilstück wird schrittweise ein Abschnitt eines anderen Segmentes hinzugefügt und der Verbindungstest erneut ausgeführt, bis der Fehler auftritt. Auch wenn dieses Verfahren nicht bei allen möglichen Hardwarefehlern zum Erfolg führt, können damit die häufigsten Probleme ermittelt werden.

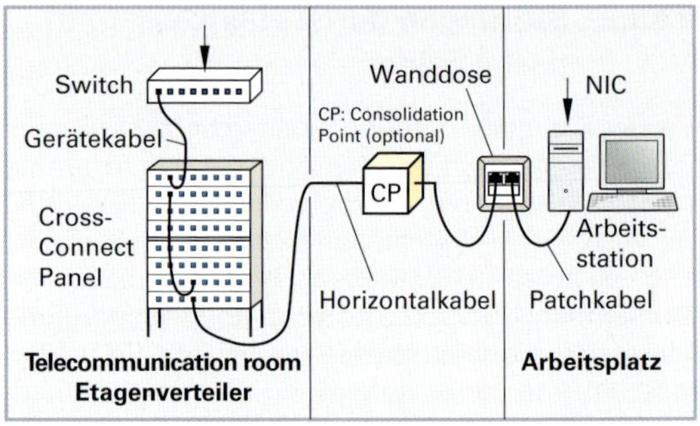

Bild 1: Netzwerkverkabelung nach dem CP-Konzept

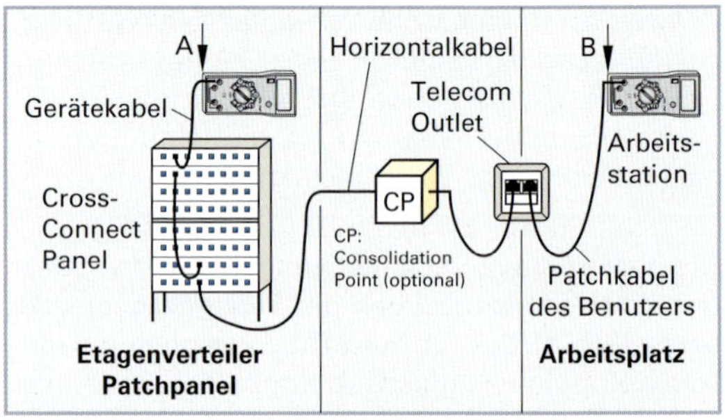

Bild 2: Messung des Übertragungskanals (Channel-Messung) von A nach B

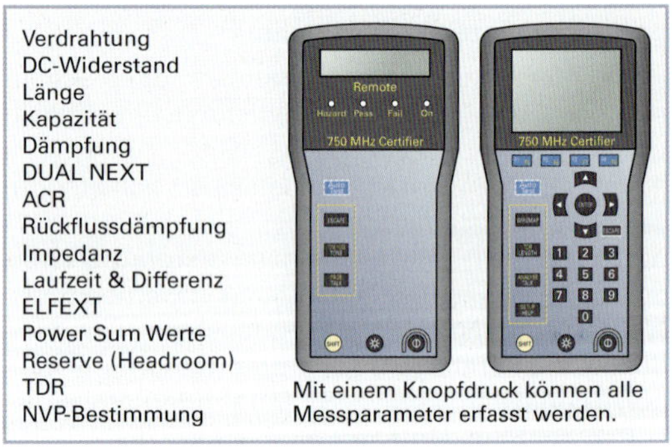

Bild 3: Kabeltester

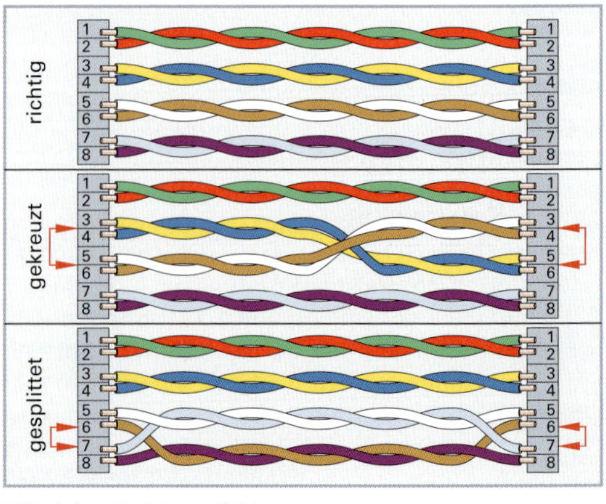

Bild 4: Verdrahtungsfehler

11.4 Netze und Netzverwaltung

11.4.1 Datennetze

Datennetze dienen dem Austausch von Daten, zumeist von ganzen Nachrichtenpaketen. Mit Datennetzen innerhalb von Fertigungsstätten kann man neben Daten auch Steuersignale, z. B. für Maschinen übertragen. Über ein Datennetz kann man auch auf die Dateien eines anderen Computers zugreifen und auch dessen Speicher wie einen eigenen Speicher nutzen.

Datennetze werden von vielen Teilnehmern, den *Datenendeinrichtungen* (DEE), gemeinsam genutzt und zwar jeweils nur für kurze Sendezeiten. Damit wird sichergestellt, dass alle DEE Gelegenheit zum Senden haben. Die zu übertragenden Daten werden seriell Bit für Bit je Datenkanal übertragen.

WAN

Bei der Kommunikation im Fernbereich spricht man von WAN (von Wide Area Network = weitflächiges Datennetz). Über das meist leitungsgebundene Telefon-Festnetz und über die in Zellen gegliederten mobilen Funknetze können neben Sprache auch Daten und Bilder übertragen werden. Für die Internetnutzung sind die DSL-Systeme (z. B. ADSL = Asymmetric Digital Subscriber Line = Asymmetrische digitale Teilnehmerverbindung) mit den hohen Übertragungsraten, z. B. 16 Mbit/s üblich geworden. Die Kontinente sind meist über mehrere Glasfaserkabel miteinander vernetzt.

Mit WAN erfolgt der weltweite Datenaustausch.

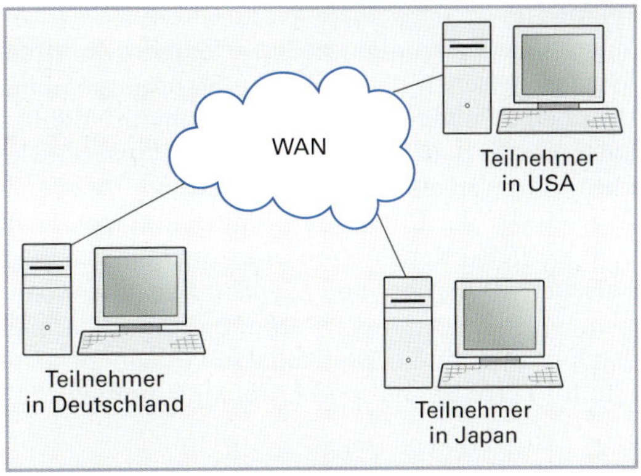

Bild 1: Weltweite Kommunikation mit WAN

LAN

Die Kommunikationssysteme innerhalb eines Unternehmens bezeichnet man als LAN (Local Area Network = lokales Netz). Sie werden von den Unternehmen selbst betrieben. Der Datenverkehr zwischen einzelnen Werken einer Firma oder den großen Abteilungen einer Firma werden über *Glasfaserdatennetze* abgewickelt.

Gleichartige Netze werden durch *Bridges* (Bridge = Brücke) miteinander verbunden. Eine Bridge prüft und erneuert die übertragenen Datensignale. Verschiedenartige Netze benötigen einen Kopplungscomputer, das *Gateway* (= Torweg). Bei großen miteinander gekoppelten gleichartigen Netzen werden die Datenwege über *Router* (= Wegfinder) festgelegt.

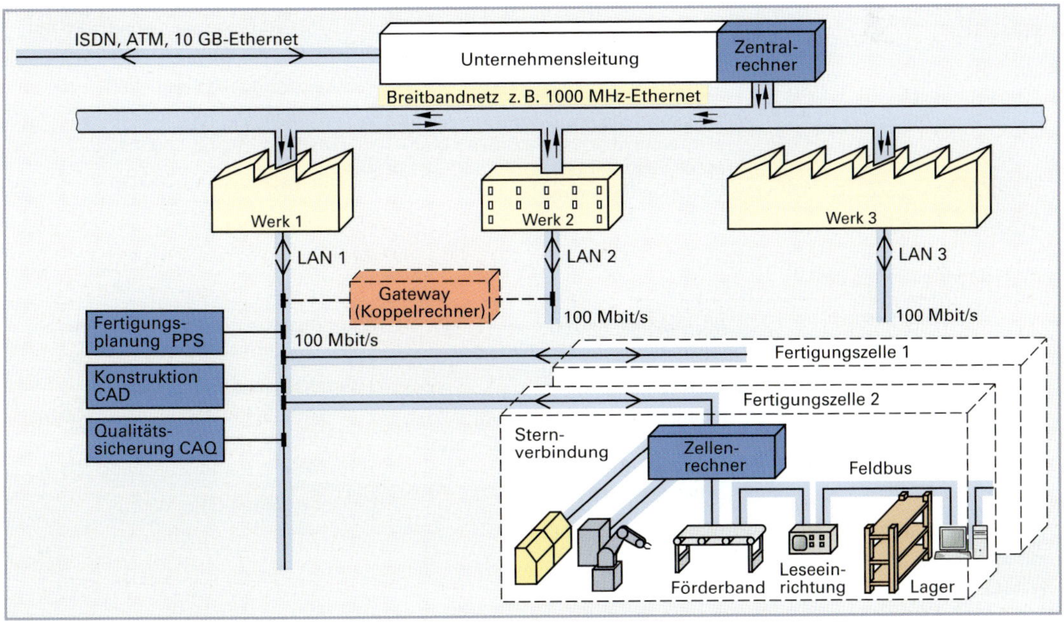

Bild 2: LANs und Feldbusse

Feldbusse

Innerhalb von Fertigungszellen erfolgt die Kommunikation zwischen den einzelnen Steuerungen und zwischen Steuerungen und Maschinen mit Feldbus-Systemen, z. B. dem PROFIBUS (von Process Field Bus = Prozess-Feldbus).

Je nach Art der Datenübertragung unterscheidet man zwischen Kabelnetzen und Funknetzen sowie zwischen synchroner und asynchroner Datenübertragung. Bei synchroner Datenübertragung erhält der Teilnehmer den Datenkanal mit maximaler Bitrate für kurze Sende- und Empfangsintervalle zugeteilt. Bei asynchroner Datenübertragung wird die volle Bitrate auf mehrere Teilnehmer bedarfsabhängig verteilt.

LANs sind meist Basisbandnetze mit einer Verkabelung oder auch Funknetze. Die Funk-LANs ermöglichen jedoch Bitraten z. B. von 11 Mbit/s. LAN-Kabelnetze sind bei neueren Anlagen mit Kupferadernpaaren (twisted pair) für kurze Signalwege und mit Lichtwellenleitern (fiber) für lange Signalwege realisiert. Bei älteren Anlagen sind Koaxialleitungen installiert **(Tabelle 1)**.

Tabelle 1: Basisband-Verkabelung

Art	Aufbau	Bemerkungen, Kennzeichnungen
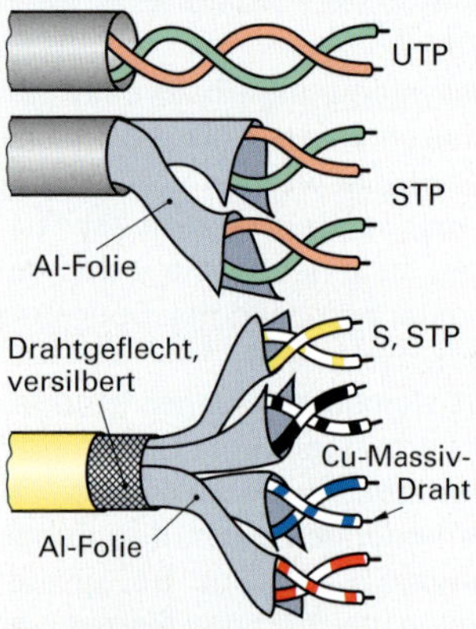 **Twisted-Pair-Leitung**	Die Leitung besteht meist aus zwei oder mehreren verdrillten Doppeladern. Diese sind • entweder ungeschirmt (UTP, von unshielded twisted pair = ungeschirmtes verdrilltes Paar), wie Telefonleitungen oder • paarweise mit einer Aluminiumfolie geschirmt (STP von shielded twisted pair = geschirmtes verdrilltes Paar) oder • paarweise geschirmt mit zusätzlichem Gesamtschirm (S, STP von screened shielded twisted pair = geschirmtes verdrilltes Paar mit Abschirmung).	Für Punkt-zu-Punkt-Verbindungen, z.B. vom Switch (Vermittlungsstation, von to switch = schalten) zu den Teilnehmern, für Halbduplex Datenübertragung die Doppelader. Bezeichnungen (Beispiele): 10 BASE-T, für 10 Mbit/s 100 BASE-T, für 100 Mbit/s 1000 BASE-T, für 1000 Mbit/s Leitungslängen: ≤ 25 m bis ≤ 100 m. 10 GBase-T, für 10 Gbit/s Der Datenstrom wird aufgeteilt auf vier mal 5 Gbit/s und auf vier Adernpaare verteilt. Man erhält damit 10 Gbit/s sendend und 10 Gbit/s empfangend.
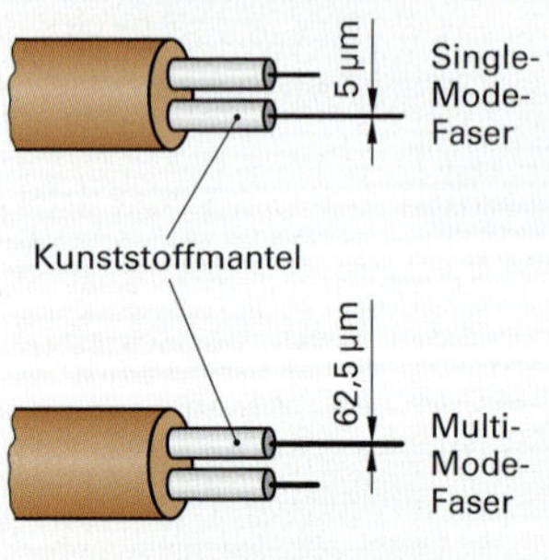 **Lichtwellenleitung (LWL)**	Man unterscheidet zwischen Singlemode-Fasern (von single mode = einfache Erscheinungsform) und Multimode-Fasern (von multi mode = mehrfache Erscheinungsformen). Bei der dünneren Singlemode-Faser wird die Lichtwelle ohne Reflexion am Fasermantel übertragen. Bei der Multimode-Faser gibt es Vielfachreflexionen.	Für Punkt-zu-Punkt-Verbindungen für Halbduplexübertragung je Faser, z.B. für Verbindungen von Switch zu Switch. Bezeichnungen (Beispiele): 100 BASE-FL, für 100 Mbit/s 1000 BASE-FX, für 1000 Mbit/s Leitungslängen: bis 3000 m
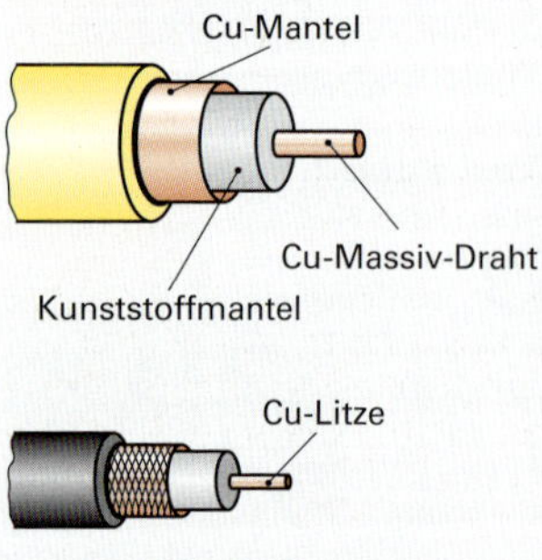 **Koaxialleitung**	Als Koaxialleiter verwendet man entweder die dicke gelbe Leitung (Thick-Wire-Ethernet) mit massivem Innendraht und Cu-Blechmantel oder die dünnere schwarze Leitung (Thin-Wire-Ethernet) mit Cu-Geflechtmantel und innerer Drahtlitze (cheapernet: billigeres Netz).	Für Busverbindungen mit mehreren Teilnehmern an einer Leitung. Bezeichnungen: 10 BASE-5, für 10 Mbit/s und 500 m Leitungslänge (Thick Wire) 10 BASE-2, für 10 Mbit/s und 185 m Leitungslänge (Thin Wire).

11.4.2 Netztopologien

Die wichtigsten Netztopologien[1] sind die Linienstruktur, die Sternstruktur, die Ringstruktur und die Baumstruktur.

Linienstruktur

Verwendet man eine *gemeinsame* Leitungen für alle Netzteilnehmer, nämlich einen Datenbus, dann erhält man eine Linienstruktur **(Bild 1)**.

Die Datenübertragung erfolgt direkt vom sendenden Teilnehmer zum Empfänger. Während dieser Datenübertragung können die anderen Teilnehmer keine Daten austauschen.

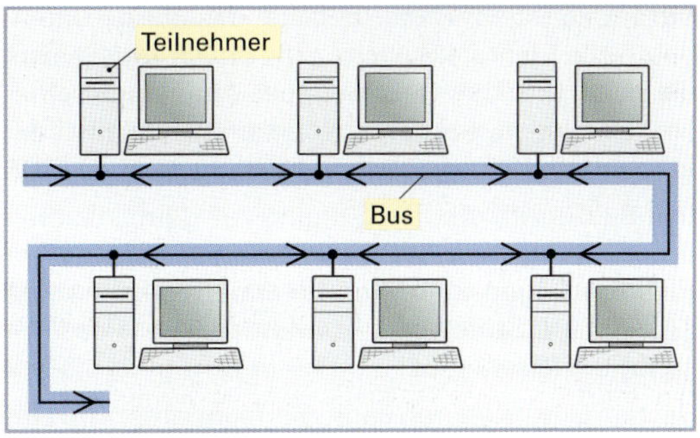

Bild 1: Linienstruktur

Sternstruktur

Die Busleitung wird bei Verwendung von Sternkopplern (Hub, sprich hab; von hub = Speichenrad) *sternförmig* sowohl zu den Teilnehmern als auch zu weiteren Sternkopplern verlegt **(Bild 2)**. Aktive Sternkoppler enthalten *Repeater* (von to repeat = wiederholen). Repeater empfangen das Datensignal und senden es regeneriert (erneuert) an die angeschlossenen Teilnehmer **(Tabelle 1)**. Passive Hubs teilen die ankommende Signalleistung auf die angeschlossenen Teilnehmer auf.

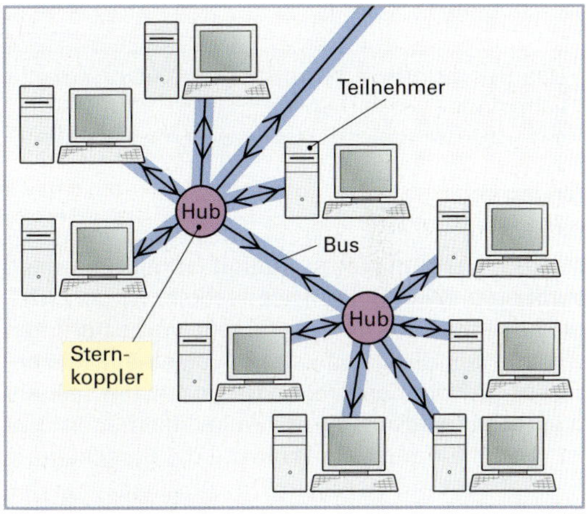

Bild 2: Sternstruktur

Entsprechend ist die Sternstruktur mit *Switches* **(Bild 3)**. Ein Switch (Schalter) ist ein elektronischer Schalter, der die Zieladressen in den einzelnen Nachrichtenpaketen erkennt und die Nachrichtenpakete zum Empfänger durchschaltet. Über einen Switch können gleichzeitig mehrere Teilnehmer, die an den Switch angeschlossen sind, untereinander Nachrichten austauschen. Einen Switch verwendet man, um mehrere örtlich zusammengehörende Computer sowie Dateneingabe- und Datenausgabegeräte miteinander zu vernetzen.

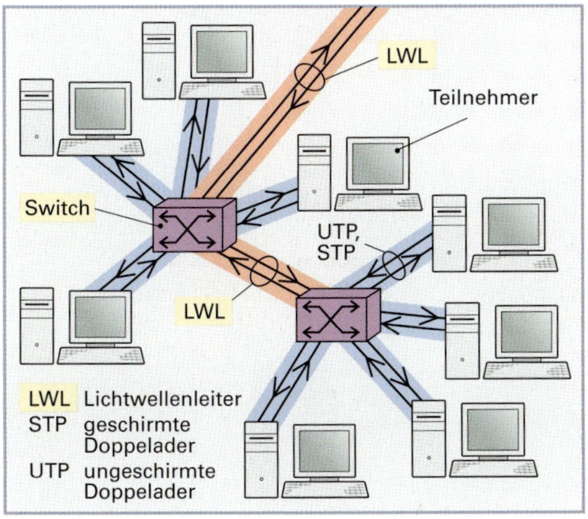

Bild 3: Sternstruktur mit Switches

Tabelle 1: Netzkomponenten

Begriff	Erklärung
Repeater (von to repeat = wiederholen)	Der Repeater ist ein Signalgenerator (Signalerneuerer) der mehrere, mindestens zwei Netzwerkanschlüsse hat.
Bridge (von bridge = Brücke)	Eine Bridge verbindet mehrere gleichartige Netze, Sie erhöht die Ausfallsicherheit, da Störungen von einem Netz nicht in die anderen gelangen.
Switch (von to switch = schalten)	Ein Switch ist eine Vermittlungsstation, die Signalleitungen entsprechend der Adressierung durchschaltet. Dabei werden auch mehrere Übertragungen gleichzeitig zwischen mehreren Teilnehmern geschaltet.
Router (von router = Wegfinder)	Router verbinden Netze mit unterschiedlichen Netztypen und Netzprotokollen, optimieren die Netzbelastungen und suchen Netzverkehrswege.

[1] Topologie = Lehre von der Lage im Raum, von griech. topos = Ort

Der lokale Datenverkehr belastet das übrige Datennetz nicht. Mehrere Switches, die örtlich verteilt sind, die sich z. B. in den verschiedenen Abteilungen einer Firma befinden, werden über einen Bus miteinander verbunden.

Der Buszugriff, d.h. der Zugang zur gemeinsamen Datenleitung, muss nach vereinbarten Regeln (Protokoll) erfolgen, damit es im Datenverkehr keine Kollisionen (Störungen, von lat. collisio = das Zusammenstoßen) gibt.

Bei den Busstrukturen kann die Teilnehmerzahl einfach erweitert werden, und das Einkoppeln und Abkoppeln von Teilnehmerstationen ist auch im laufenden Betrieb möglich.

Das Buszugriffsverfahren ist im Netzprotokoll festgelegt.

Ringstruktur

Beim Ring ist eine Station an die andere angeschlossen und die letzte Station ist mit der ersten verbunden (**Bild 1**). Der Datenverkehr ist gerichtet, er durchläuft den Ring in einem vorbestimmten Umlaufsinn. Die Daten werden von einem Teilnehmer aufgenommen und an den nächsten Teilnehmer weiter gereicht, bis der Zielteilnehmer erreicht ist. Auch hier muss ein Protokoll die Berechtigung des Sendens genau regeln. Das Anschalten an den Ring und das Abtrennen eines Teilnehmers vom Ring erfolgt durch ein Relais mit Öffner **(Bild 2)**. Damit bleibt der Ring immer geschlossen.

Baumstruktur

Die Baumstruktur entsteht aus der Linienstruktur, wenn am Bus Abzweige (Äste) eingebaut werden, von denen aus wieder abgezweigt wird **(Bild 3)**. Diese Baumstruktur ergibt sich vor allem bei geswitchten LANs, z. B. bei ATM-LANs. Die Datenübertragung ist in aufsteigender und in abfallender Richtung möglich, sodass jeder mit jedem Teilnehmer Daten austauschen kann.

Datennetze haben Linienstruktur, Sternstruktur, Ringstruktur oder Baumstruktur.

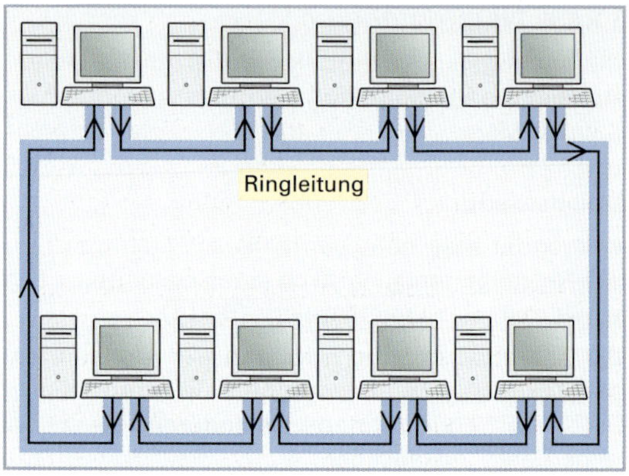

Bild 1: Ringstruktur

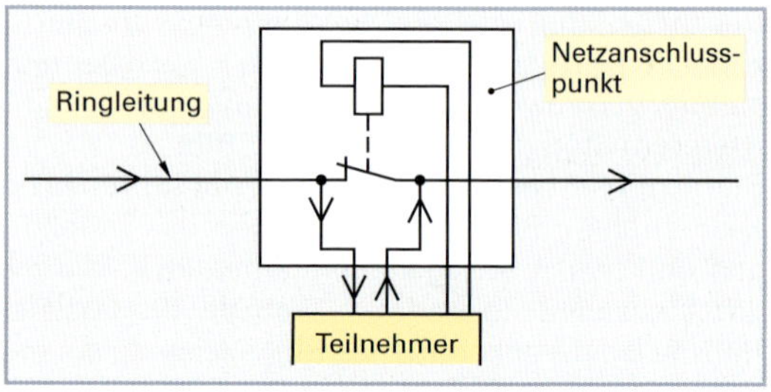

Bild 2: Anschlusspunkt bei einer Ringstruktur

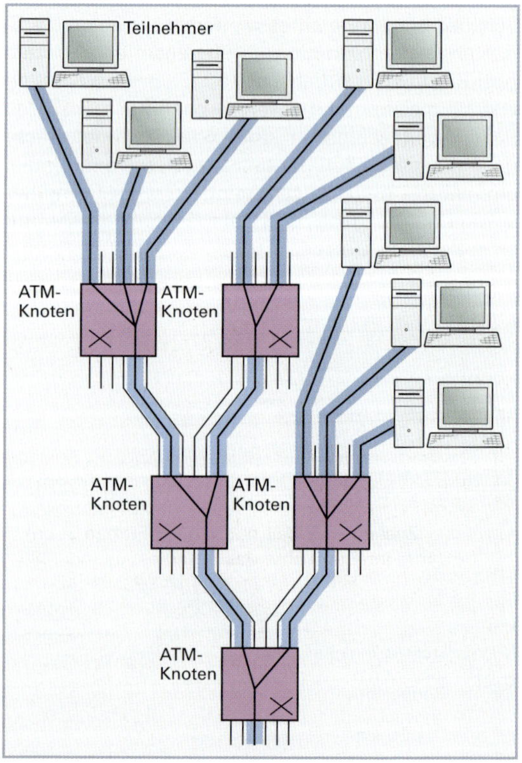

Bild 3: Baumstruktur bei einem ATM-Netz

Wiederholung und Vertiefung

1. **Wofür dienen WANs und wofür dienen LANs?**
2. **Welche Aufgabe haben Feldbusse?**
3. **Welches sind die wichtigsten Netztopologien?**
4. **Welche Aufgabe haben Switches?**
5. **Was versteht man unter dem Buszugriff?**
6. **Wofür benötigt man ein Busprotokoll?**

11.4.3 Lokale Netze (LAN)

Ethernet[1] ist das meist verbreitete LAN. Die Datenübertragungsrate beträgt 10 Mbit/s oder 100 Mbit/s *(Fast Ethernet)*, 1 Gbit/s *(Giga Ethernet)* oder 10 Gbit/s *(10 GB-Ethernet)*. Das Ethernet-LAN besteht aus einem oder mehreren Leitungssegmenten.

Mehrere Leitungssegmente werden über *Repeater, Hubs* oder *Switches* **(Bild 1)**, miteinander verbunden. Der Repeater liest das Datensignal ein und erzeugt ein neues Datensignal gleichen Inhalts. Meistens haben die Repeater auch die Fähigkeit, fehlerhafte Datenpakete zu erkennen. Fehlerhafte Datenpakete werden dann nicht auf das nächste Segment weitergegeben.

Die Verkabelung erfolgt zwischen den Switches meist mit Lichtwellenleitern (LWL) und von den Switches zu den PCs über verdrillte Adernpaare (Twisted Pair).

Als Steckverbindung für Kommunikationsendgeräte, also z. B. für PCs wie auch für ISDN-Telefone und Faxe verwendet man vorteilhaft Doppelport-Daten-Dosen mit RJ-45-Buchsen und Twisted-Pair-Leitungen mit Schirmung **(Bild 2)**.

Die Steckerbelegung ist dabei so, dass mehrere und unterschiedliche Kommunikationsverbindungen hergestellt werden können **(Tabelle 1)**. So sind z. B. für Ethernet die Pins 1, 2, 3, 6 belegt, während man für ISDN die Pins 3, 4, 5, 6 nutzt. Die Verkabelung erfolgt so, dass alle ankommenden bzw. abgehenden Leitungen zunächst zu einem Patch-Panel[1] mit RJ-45-Buchsen führen. Von diesem Patch-Panel werden dann mit kurzen, konfektionierten Leitungen die Verbindungen zu dem Switch bzw. Router rangiert.

Der *Ethernet-Frame* (= Rahmen, Block) setzt sich aus Kopfdaten (header, sprich: hedder, von head = Kopf), Nutzdaten und Abschlussdaten (trailer = Anhänger) zusammen **(Bild 3)**.

Ethernet, von ether = Himmel, Äther und net = Netz. Ethernet wurde als firmenspezifisches Produkt am Xerox Palo Alto Research Center (PARC) entwickelt. In der Zusammenarbeit mit den US-Firmen 3Com, DEC und Intel erreichte das Ethernet Anfang 1980 bereits eine weite Verbreitung. Das Ethernet wurde dann vom IEEE (Institute of Electrical and Electronics Engineers) aufgenommen und in der Arbeitsgruppe 802 als Standard definiert und weiterentwickelt.

[1] Ethernet von ether = Himmel und net = Netz, hier Firmenbezeichnung

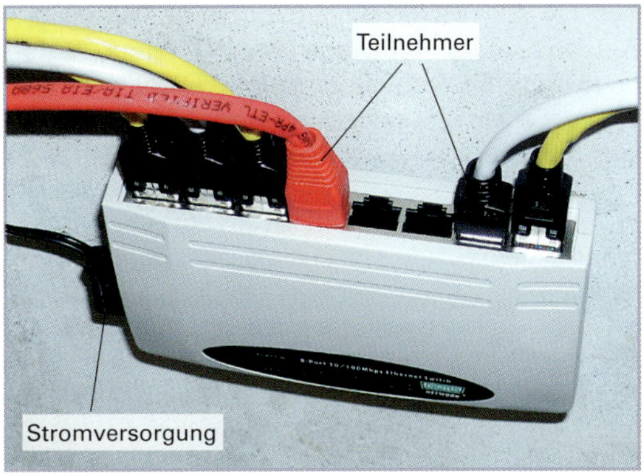

Bild 1: Hub

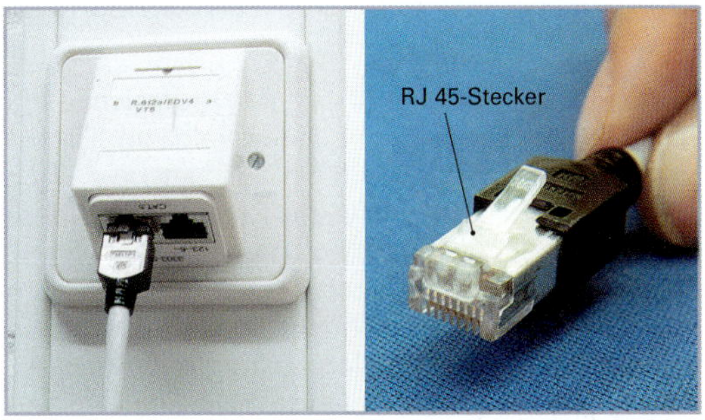

Bild 2: Doppelport Datendose

Tabelle 1: Anschlussbelegung für Kommunikations-Steckdosen

Pin-Nr. bei RJ 45	Farbcode der Leitung	Anwendung		
		Fast-Ethernet	ISDN-S_0	ATM
1	Weiß-Grün	×		×
2	Grün	×		×
3	Weiß-Ocker	×	×	
4	Blau		×	
5	Weiß-Blau		×	
6	Ocker	×	×	
7	Weiß-Braun			×
8	Braun			×

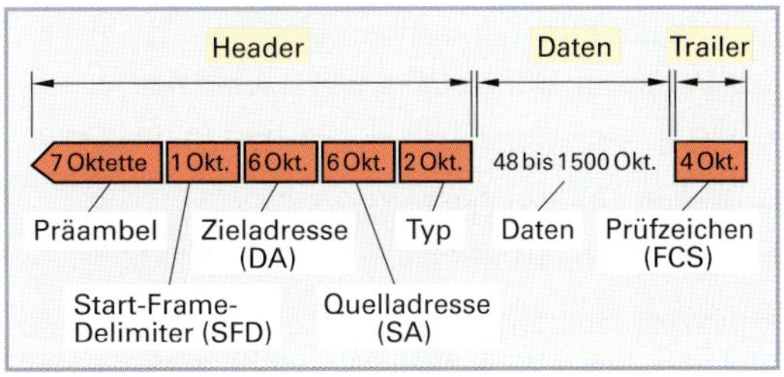

Bild 3: Ethernet-Frame

Das DA-Adressfeld (von Destination Address = Zieladresse) hat die Länge von 6 Oktetten (48 bit) und beschreibt das Ziel, zu dem die Daten gelangen sollen. Sollen alle angeschlossenen Geräte angesprochen werden (engl. Broadcast = Rundruf), dann sind alle Bits des Zieladressfeldes auf 1 gesetzt. Ein Broadcast wird z. B. ausgelöst, wenn ein Teilnehmer sich in das Netz einschaltet. Allen übrigen Teilnehmern wird dann seine Geräteadresse mitgeteilt. Nach der Zieladresse folgt mit 6 Oktetten die Quelladresse SA (von Source Address). Sie gibt an, von wem das Nachrichtenpaket ist. Der Quelladresse folgt eine Längenangabe des Datenfeldes, verschlüsselt mit zwei Oktetten. Schließlich folgen die eigentlichen Daten mit 46 Oktetten bis 1500 Oktetten. Im Datenfeld sind alle Bitmuster zulässig. Man bezeichnet ein solches Datenfeld als *transparentes* Datenfeld.

An das Datenfeld schließt sich das Prüfzeichenfeld FCS (von frame check sequence field) an. Dieses Feld enthält 4 Oktette mit Prüfzeichen, die nach dem CRC-Verfahren (von Cyclic Redundancy Check = zyklische Blockprüfung) berechnet werden. Stimmen gesendete und berechnete Prüfzeichen nicht überein, so wird die Nachricht verworfen, ebenso wenn die angegebene Nachrichtenlänge und die empfangene Nachrichtenlänge nicht übereinstimmen.

Datenzugriff

Die Datennetze unterscheiden sich in der Art der Zugriffsverfahren auf den Datenkanal, und zwar nach Vereinbarungen (Protokollen). Das Protokoll bestimmt, wann und wie lange ein Netzteilnehmer den Datenkanal benutzen darf. Es legt die Software und die Hardware fest.

Es müssen Vorkehrungen getroffen sein, wenn gleichzeitig mehrere Teilnehmer Daten senden wollen, damit es auf dem Datenkanal zu keiner Kollision kommt. Es muss aber auch sichergestellt sein, dass alle Teilnehmer in angemessener Zeit ein Senderecht erhalten.

CSMA/CD-Zugriffsverfahren

CSMA/CD wird bei Ethernet-Netzen, ausgenommen dem 10 GB-Ethernet, verwendet.

Das Verfahren CSMA/CD arbeitet wie folgt:

- Ein sendewilliger Teilnehmer hört in das Datennetz hinein, ob gerade ein anderer Teilnehmer sendet, also das Netz belegt ist (carrier sense = Abfrage der Leitung).
- Ist das Netz frei, so sendet der Teilnehmer für kurze Zeit (einige Millisekunden). Alle Netzteilnehmer können die Nachricht empfangen. Jedoch nur der adressierte Teilnehmer, z. B. Teilnehmer 5, nimmt die Nachricht auf **(Bild 1)**.
- Ist das Netz belegt, so wird abgewartet und ständig mitgehört, bis das Netz frei wird und sodann gesendet. Da dies auch andere Teilnehmer tun, ist die Wahrscheinlichkeit groß, dass mehrere Teilnehmer gleichzeitig mit Senden beginnen, also dass mehrere auf das Netz zugreifen (multiple access = Mehrfachzugriff).
- Greifen mehrere Teilnehmer gleichzeitig auf das Netz zu, dann führt dies zu einer Kollision **(Bild 2)**. Diese Kollision wird von jeder Station erkannt. Jede Station stoppt das Senden und beginnt mit einem erneuten Sendeversuch nach Ablauf einer von einem Zufallsgenerator bestimmten Zeit. Jeder Teilnehmer besitzt einen eigenen Zufallsgenerator und hat im Durchschnitt die gleichen Sendechancen.

Der Nachteil dieses Verfahrens ist, dass man nicht vorhersagen kann, wie groß die Wartezeiten zum Senden im Einzelfall sind.

Zur Verringerung der Kollisionen verwendet man im Ethernet statt einer Busverbindung meist Vollduplex-Verbindungen mit einem Switch. Die PCs sind hierbei mit einer Sendeleitung und einer Empfangsleitung mit dem Switch verbunden. Dieser stellt die Leitungsverbindung entsprechend der Adresse des Ethernet-Frames her.

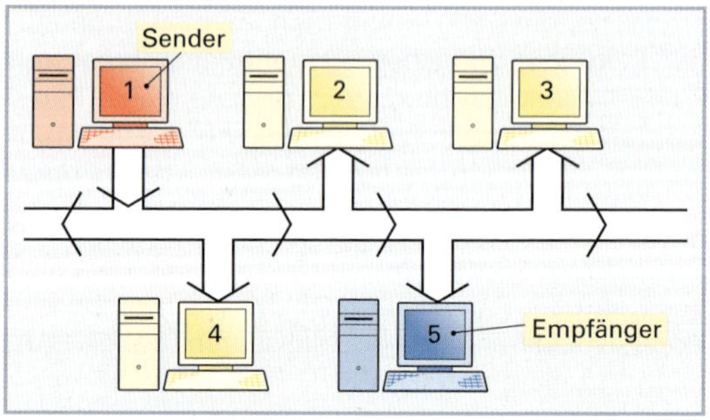

Bild 1: Senden bei freier Leitung

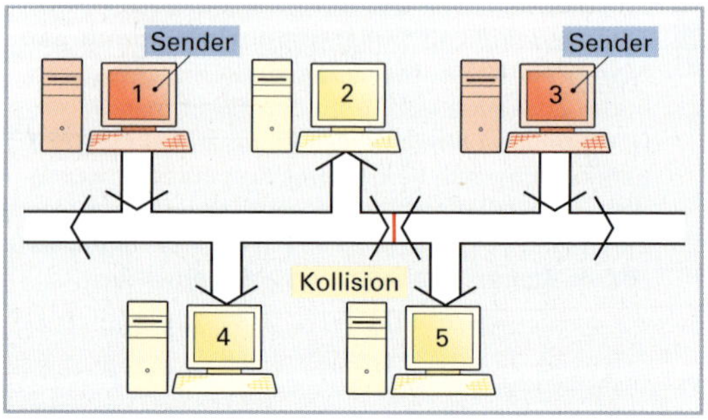

Bild 2: Kollision, wenn mehrere Teilnehmer senden

Struktur eines Ethernet-Netzes

Der Ethernet-LAN besteht aus *Computern*, Netzleitungen und Netzsteuerungssystemen.

Die Computer werden für eine effiziente Nutzung in *Cluster* (Gruppen) zusammengefasst und möglichst mit gleichen Betriebssystemen betrieben **(Bild 1)**. Zu einem solchen Cluster gehören dann meist ein oder mehrere Server mit *RAID* (von Redundant Array of Independent Disks = redundante Anordnung unabhängiger Laufwerke) sowie ein Datensicherungssystem.

Cluster teilen die Datenverarbeitung in überschaubare und absicherbare Teilsysteme ein. Eine Störung innerhalb eines Clusters beeinflusst andere Cluster nur wenig. Häufige Cluster sind Workstation-Cluster unter UNIX bzw. LINUX und PC-Cluster unter Windows.

Terminal-Server und Print-Server sind angeschlossen an Fast-Ethernet mit TCP/IP-Netzwerkprotokoll und betreiben eine Reihe von Terminals und Drucker über verschiedene Schnittstellen (z. B. V.24, USB). Diese Server gibt es auch in der Kombination Terminal-Print-Server.

Mit Terminal-Print-Servern können Eingabe-/Ausgabe-Geräte unterschiedlichster Art, z. B. elektronische Waagen, Klimaanlagen, Alarmsysteme, Codeleser, Messgeräte an ein Ethernet-Netz und über diesen Weg an das Internet angeschlossen und so über das Internet gesteuert werden.

Ein Switch (to switch = schalten) in einem Netzwerk ist ein Umschalter für Daten mit mehreren Ports (Anschlüsse) für mehrere Einzel-Computer oder Netzwerksegmente oder zu anderen Switches. Der Switch ist vor allem dann von Vorteil, wenn innerhalb eines Clusters häufig gleichzeitig mehrere Datenströme zwischen unterschiedlichen Teilnehmern anfallen, also z. B. zwischen Teilnehmer A und B und gleichzeitig zwischen C und D.

Switches können mit Repeatern, Bridges und mit Routern zu großen Netzen verbunden werden auch mit redundanten Übertragungswegen. Im Falle einer Störung können dann Daten einen Ausweichpfad durchlaufen.

Bei Mehrfachverbindungen zu einer Zieladresse darf aber nur ein Datenpfad aktiv sein. Switches und Bridges erkennen diese Mehrfachverbindungen mit dem sogenannten Spanning-Tree-Algorithmus (überspannter-Zweig-Algorithmus) und legen die Mehrfachverbindungen still.

> Für einen schnellen Datenverkehr verwendet man möglichst viele Duplex-Verbindungen.

Bei einer Duplex-Verbindung, z. B. beim 10 GB-Ethernet, gibt es für Sendedaten und für Empfangsdaten je eine Datenleitung.

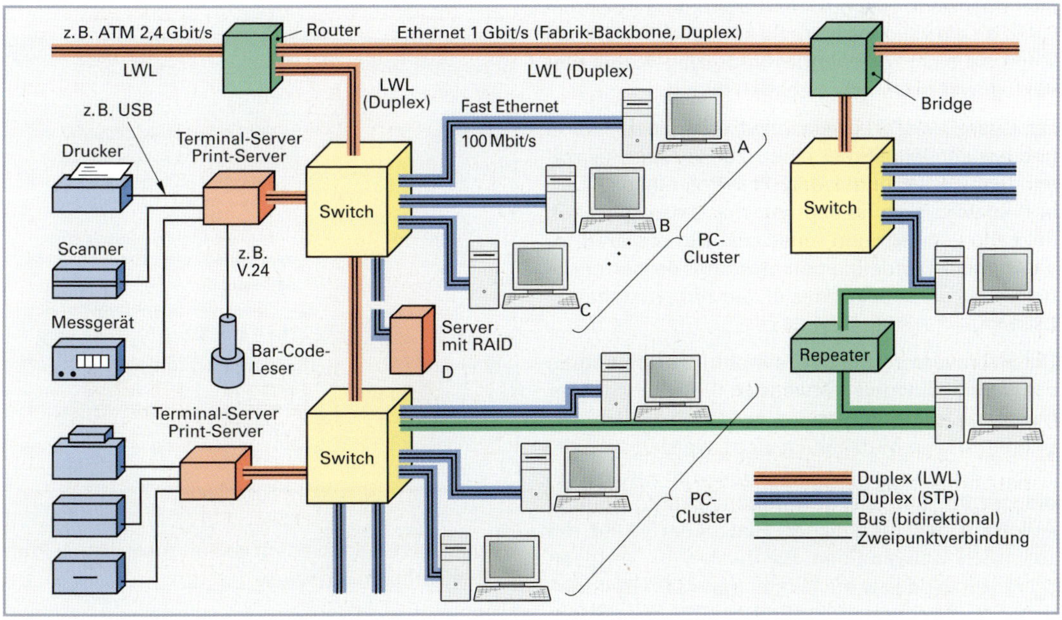

Bild 1: Aufbau eines Ethernet-Netzes (Beispiel)

11.4.3.2 Power over Ethernet (PoE)

Unter PoE versteht man die Ethernet-Erweiterung[1] zur Stromversorgung angeschlossener Ethernet-Teilnehmerstationen. Als Ethernet-Teilnehmerstationen kommen aber nur Geräte in Frage mit einer geringen Leistungsaufnahme. So können z. B. hiermit IP-Telefone, Kameras, WLAN-Router mit Strom versorgt werden.

Die Funktionseinheiten sind:

- Der mit Energie zu versorgende Teilnehmer (Power Device, PD),
- Die Energieversorgungseinheit (Power Sourcing Equipment, PSE, **Bild 1**) mit Energieanschlusseinheit (Power Interface, PI).

Die Versorgungsnennspannung beträgt minimal 44 V und maximal 57 V. Die maximale Stromabgabe für das Teilnehmergerät sind 350 mA. Kurzzeitig sind beim Einschalten bis 450 mA möglich. Nach Abzug von Leistungsverlusten im Ansteuerungsmodul stehen 12,95 W für einen Teilnehmer der Klasse 0 und 3 sicher zur Verfügung **(Tabelle 1)**. Teilnehmer der Klasse 1 werden mit 3,84 W und der Klasse 2 mit 6,49 W sicher versorgt.

Zur Energieübertragung werden meist die Ethernetsignalleiter (Alternative A) verwendet oder aber die von Ethernet nicht belegten Leiter (Alternative B), falls diese frei sind **(Tabelle 2)**. Die Nutzung der Leiter und der Teilnehmeranschlüsse zur Stromversorgung wird durch ein Test- und Freigabemanagement beim Einschalten ermittelt **(Tabelle 3)**.

Hierbei legt die Energieversorgungseinheit mehrfach wechselnd eine nur kleine Spannung (maximal 2,8 V) an die vier Adern an. So können Geräte, auch wenn sie nicht zur Energieversorgung vorbereitet sind, gewöhnlich nicht Schaden leiden.

Die Energieversorgungseinheit erkennt dabei, ob und wo der Teilnehmer einen 25-kΩ Abschlusswiderstand besitzt, und damit, ob er PoE-fähig ist. Daraufhin wird der Teilnehmer mit einer geringen Leistung versorgt und muss nun signalisieren, zu welcher der vier definierten Leistungsklassen er gehört. Erst dann bekommt er die ihm zustehende Leistung.

Die Stromversorgung der Teilnehmer erfolgt durch sogenannte Endspan-Devices (z. B. Switches) oder Midspan-Devices (Einheiten zwischen Switch und Endgerät). Als Midspan-Devices werden zumeist Hubs oder sogenannte PoE-Injektoren eingesetzt, die Strom auf die jeweiligen Drähte liefern. Aufgrund des zusätzlichen Platzbedarfs und der zusätzlich notwendigen Patchkabel in Verteilerschränken sind jetzt auch Patchpanels (Verteilerfelder, PoE-Patchpanel) verfügbar, die den Strom liefern. Diese ersetzen die herkömmlichen Patchpanels und belegen somit keinen zusätzlichen Platz in den Verteilerschränken.

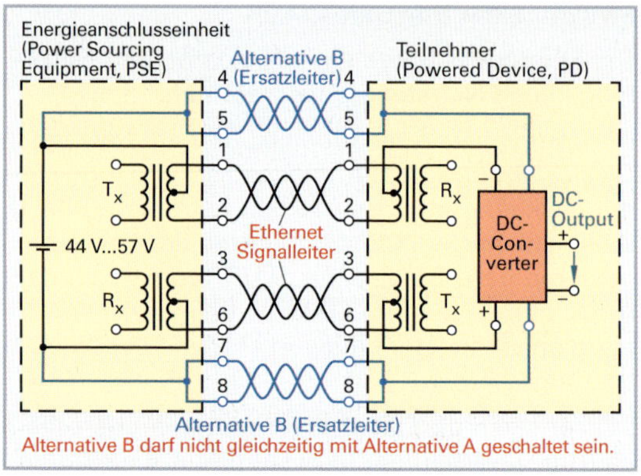

Bild 1: PoE-Energieversorgungseinheit

Tabelle 1: Leistungsklassen

Klasse	Verfügbare Leistung am versorgten Gerät
0	0,44 W bis 12.96 W
1	0,44 W bis 3,84 W
2	3,84 W bis 6,49 W
3	6,49 W bis 12,95 W
4	Reserviert

Tabelle 2: Pin-Belegung für PoE

RJ 45	Alternative A		Alternative B	
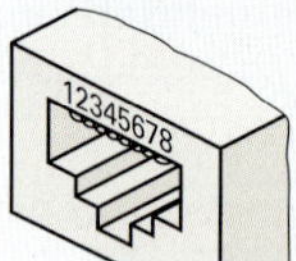	Pin	Polarität	Pin	Polarität
	1, 2	Negative Port (–)	4, 5	Positive Port (+)
	3, 6	Positive Port (+)	7, 8	Negative Port (–)

Tabelle 3: Ablauf der PoE-Aktivierung

Aktivierungsschritte	Funktion
Detektion	Ist der Endgerätewiderstand im Bereich von 15 kΩ bis 33 kΩ? ⇒ Zulässiger Spannungsbereich 2,7 V bis 10,0 V.
Klassifikation	Messungen des genauen Widerstandwertes um Leistungsklasse festzustellen ⇒ Zulässiger Spannungsbereich 14,5 V bis 20,5 V.
Startup	Eigentliche Stromversorgung aktivieren ⇒ Spannungs >42 V.
Normale Operation	Stromversorgung im Versorgungsmodus ⇒ Spannungs 36 V bis 57 V.

[1] spezifiziert in IEEE 802.3ae: Data Terminal Equipment (DTE) Power via Media Dependent Interface (MDI)

11.4.4 Feldbus-Systeme

Zur Vernetzung von Geräten im Maschinen- oder Anlagenfeld, z. B. von Sensoren mit Robotersteuerungen, sind einfache und kostengünstige Bussysteme notwendig. Neben Ethernet gibt es eine Reihe spezieller Bussysteme für die Vernetzung von Maschinen und Anlagen.

11.4.4.1 PROFIBUS

Der PROFIBUS[1] (von Process Field Bus = Prozess-Feld-Bus) ist in DIN 19 245 genormt. Man unterscheidet hier zwischen aktiven und passiven Teilnehmern **(Bild 1)**. Ein aktiver Teilnehmer kann von sich aus, also ohne Aufforderung Nachrichten senden. Die Sendeberechtigung wird über einen umlaufenden Token zyklisch erteilt. Der Token ist ein Bitmuster, das die Sendeberechtigung für eine kurze Zeit erteilt. Passive Teilnehmer dürfen empfangene Nachrichten nur quittieren oder auf Anforderung Daten senden. Häufig ist in einem PROFIBUS nur ein aktiver Teilnehmer, z. B. der Leitrechner, dann entfällt der Token.

Die Netzwerktopologie ist in Linienstruktur oder in Baumstruktur möglich. Damit ist eine flächendekkende Vernetzung möglich.

Das Übertragungsmedium ist eine abgeschirmte 2-adrige Leitung. Die maximale Zahl der aktiven Teilnehmer beträgt 32, die Übertragungsrate liegt zwischen 9,6 kbit/s und 500 kbit/s. Die größte Leitungslänge ist ohne Repeater (Wiederholer) 1200 m. Mit jeweils einem Repeater verlängert sich das Bussegment um weitere 1200 m.

Das System erkennt folgende Störungen und Betriebszustände:

- mehrere Token sind im Umlauf,
- kein Token ist vorhanden,
- fehlerhafte Tokenweitergabe,
- mehrere gleiche Teilnehmeradressen,
- defekter Empfänger,
- Zuschalten und Abschalten eines Teilnehmers.

Die Betriebsarten sind Tokenverwaltung, zyklischer Sende- und Anforderungsbetrieb sowie Teilnehmerverwaltung.

Die Nachrichten setzen sich aus UC-Zeichen zusammen, den sogenannten UART-Characters (UART von Universal Asynchronous Receiver/Transmitter = Universeller asynchroner Empfänger/Übertrager, Character = Zeichen). Ein UC-Zeichen besteht aus 11 Bits **(Bild 2)**.

Es gibt mehrere Frameformate, die der Nachrichtenart angepasst sind. So besteht eine Kurzquittung nur aus einem einzigen UC-Zeichen, während ein Nachrichtenpaket bis zu 261 UC-Zeichen umfassen kann **(Bild 3)**.

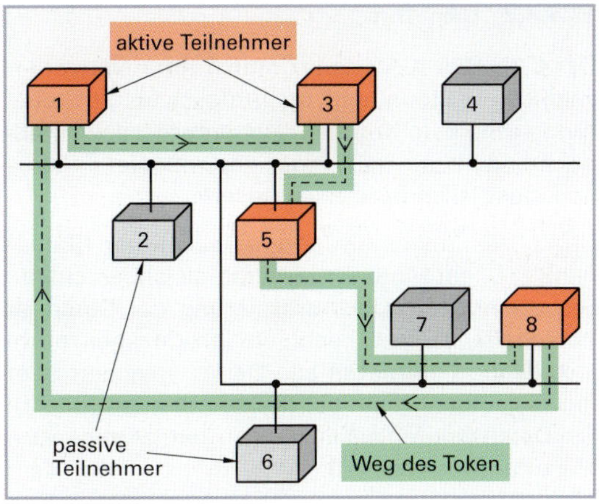

Bild 1: Struktur des PROFIBUS

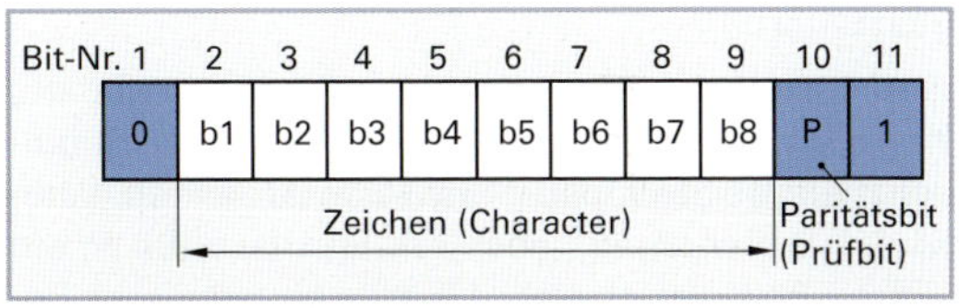

Bild 2: Aufbau eines UC-Zeichen

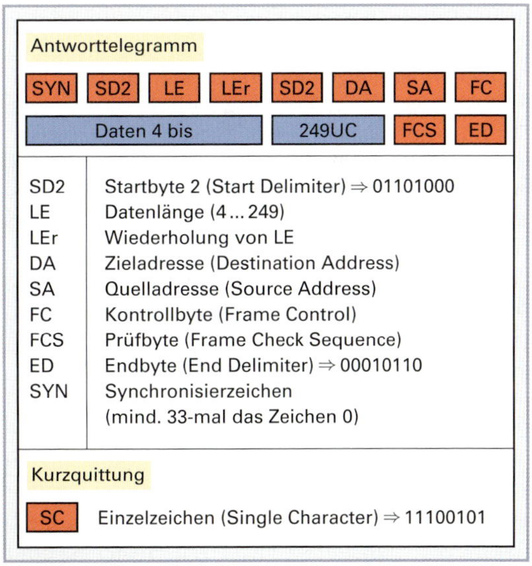

Bild 3: Frameformat

[1] Andere Bezeichnung sind Firmennamen, wie z.B. Sinec L2. Daneben gibt es den PROFIBUS-DP (Dezentrale Peripherie) mit Übertragungsraten bis zu 12 Mbit/s bei etwas eingeschränktem Funktionsumfang. Das Einsatzgebiet ist der schnelle Datenaustausch mit Sensoren und Aktoren.

11.4.4.2 CAN-Bus

Der CAN-Bus (CAN von Control Area Network = Feldnetz zur Steuerung), ursprünglich für die Steuerungstechnik im Kraftfahrzeug entwickelt, wird zunehmend als preisgünstiger und robuster Feldbus im industriellen Bereich eingesetzt.

Beim CAN-Bus sind mehrere Teilnehmer (Stationen), z. B. ein Motorsteuergerät, gleichberechtigte Steuereinheiten. Die Adressierung der Daten ist *botschaftsbezogen* (nicht stationsbezogen), d.h. jede Station empfängt alle Daten, speichert aber nur diejenigen Daten ab, die sie betreffen **(Bild 1)**. Die Daten werden also über den kennzeichnenden Identifier (Ausweis) z. B. „Motordrehzahl" von dem Motorsteuergerät als eine das Motorsteuergerät betreffende Botschaft selektiert (to select = auswählen) und angenommen (Bild 1).

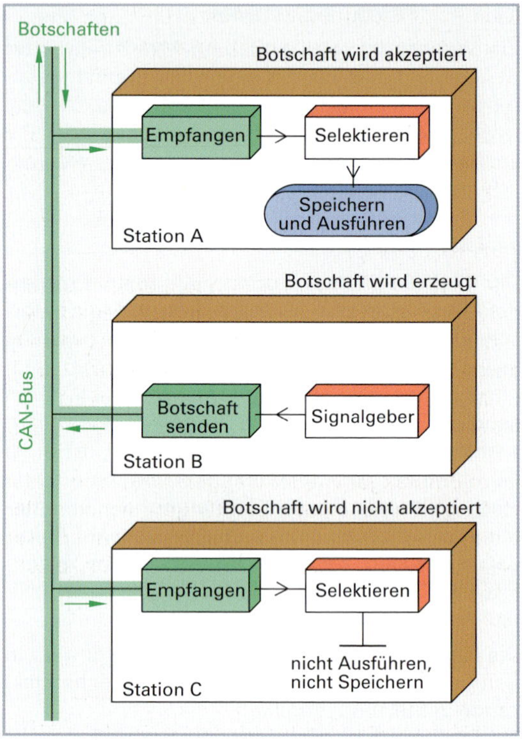

Bild 1: CAN-Bus

Bussteuerung

Wenn der Bus frei ist, kann jede Station beginnen, ihre wichtigsten Botschaften zu übertragen. Beginnen mehrere Stationen gleichzeitig zu senden, dann wird zur Behebung des Buszugriffskonflikts ein „Wired-AND-Verfahren", d.h. eine physikalische Beherrschung des Busses, mit der Botschaft der höchsten Priorität durchgesetzt, ohne dass ein Zeitverlust bzw. Bitverlust eintritt. Jeder Sender mit niederwertigerer Botschaft beendet das Senden und wird zum Empfänger. Sobald der Bus frei ist, kann diese Station einen neuen Sendeversuch starten. Das CAN-Protokoll besitzt zur Busvergabe zwei Bitzustände. Der Bitzustand ist entweder „rezessiv", d.h. zurückweichend, oder „dominant", d.h. beherrschend. Wird ein dominantes Bit gesendet, dann werden rezessive Bits, die andere Stationen senden, überschrieben.

Akzeptanzprüfung

Die Botschaft einer sendenden Station wird von allen Stationen empfangen. Ist der Identifier (von to identify = ausweisen) der Botschaft in der Identifierliste der Station vermerkt, so werden die Daten aufgenommen. Im CAN-Controller läuft hierzu schon während des Datenempfangs eine Entscheidungsprozedur ab.

Datenframe

Der Datenframe besteht aus 7 Kennfeldern **(Bild 2)**. Der Start of Frame (Startzeichen) markiert den Beginn einer Botschaft und synchronisiert alle Stationen. Das Arbitration Field[1] (Buszuteilungsfeld) besteht aus dem Identifier der Botschaft und einem zusätzlichen Steuerbit.

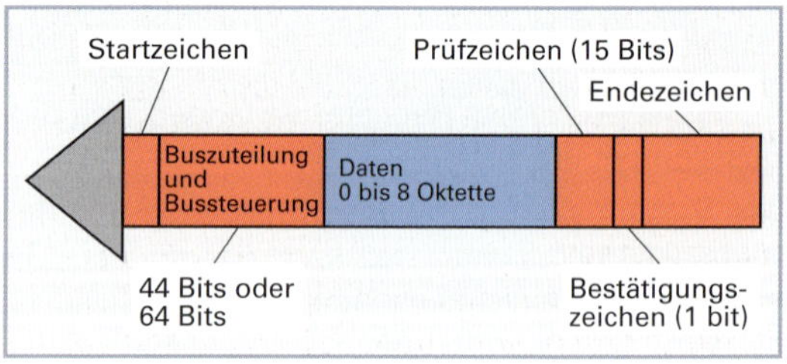

Bild 2: Nachrichtenformat

Während der Übertragung dieses Feldes prüft der Sender bei jedem Bit, ob er noch sendeberechtigt ist oder ob eine Botschaft höherer Priorität von einem anderen Sender gesendet wird. Das Control Field (Bussteuerung) liefert eine Angabe über die Anzahl der Datenbytes. Das Data Field (Daten) enthält zwischen 0 und 8 Bytes.

Das CRC Field (Prüfzeichen, von Cyclic Redundancy Check = zyklische Blockprüfung) liefert ein Codesicherungsbyte und das Ack Field (Bestätigungszeichen von to acknowledge = anerkennen) enthält ein Bestätigungssignal aller Empfänger, die die Botschaft fehlerfrei empfangen haben. Mit dem End of Frame (Endezeichen) wird das Ende der Botschaft markiert.

[1] arbitration = Schiedsspruch, Entscheidung. engl. field =Feld

Jede Station kann Daten senden aber auch andere Stationen zum Datensenden auffordern. Dies wird mit dem Steuerbit im Arbitration Field gesteuert.

Der CAN-Bus arbeitet botschaftsbezogen, nicht adressbezogen.

Fehlersicherung

Die Sicherung gegen Übertragungsfehler erfolgt durch das CRC-Byte (von Cyclic Redundancy Check = zyklische Prüfung mit zusätzlichem Datenwort) durch laufende Busspannungsprüfung und durch Bitstuffing (Bitstopfen). Beim Bitstuffing wird vom Sender nach fünf gleichen Bits (0-Bits oder 1-Bits) ein Bit der anderen Polarität hinzugefügt und beim Empfänger wieder weggenommen (von destuffing). Erreichen den Empfänger nacheinander mehr als fünf 0-Bits oder 1-Bits, so erkennt dieser sofort, dass ein Fehler vorliegt, z. B. ein Wackelkontakt.

Schichtenmodell

Der CAN-Bus hat abweichend von den anderen Bussystemen ein anders strukturiertes Schichtenmodell. Dieses besteht aus der Anwendungsschicht, der Objektschicht, der Übertragungsschicht und der physikalischen Schicht **(Bild 1)**. Die Anwendungsschicht verwaltet und interpretiert die Informationen. Die Objektschicht verwaltet die Datensätze, legt Prioritäten fest, bestimmt die Akzeptanz von Botschaften und organisiert eine Sendewiederholung im Fehlerfalle. Die Transferschicht steuert den Buszugriff, sichert die Übertragung und lokalisiert Fehler. Die physikalische Schicht bestimmt die Bitdarstellung, die Übertragungsrate und das Übertragungsmedium.

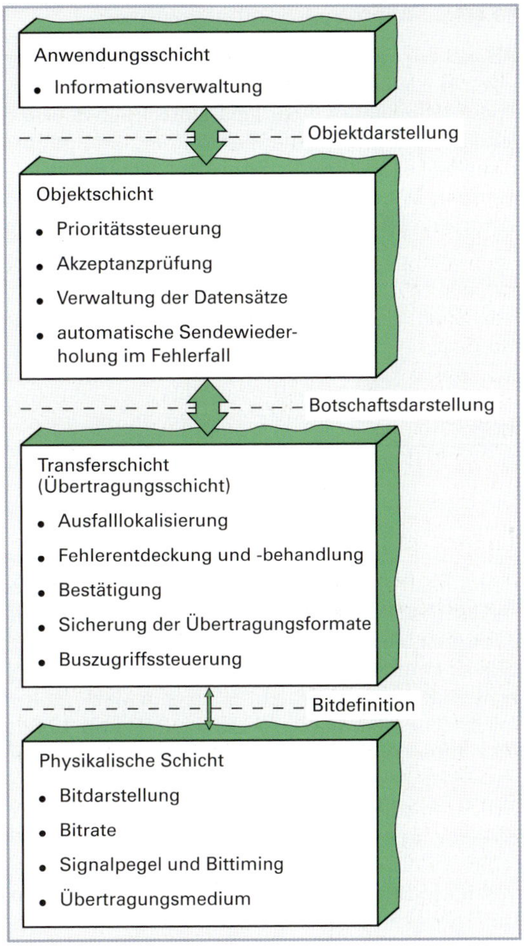

Bild 1: CAN-Schichtenmodell

Kenngrößen

Beim CAN-Bus können 2032 verschiedene Botschaftsnamen und Botschaftsprioritäten durch den Identifier definiert werden. Die Datenlänge beträgt bis zu 8 Bytes. Die Übertragungsrate ist programmierbar und reicht bis 1 Mbit/s bei 40 m Busleitungslänge **(Tabelle 1)**. Die Elektronikbausteine für den CAN-Bus gibt es als integrierte Schaltkreise und als Interfacekarten für den Betrieb mit PC. Die maximale Zahl der Busteilnehmer liegt je nach Art der Schnittstellenelektronik zwischen 30 und 200, ist aber prinzipiell unbegrenzt. Eine große Auswahl von CAN-Modulen, wie z.B. CAN-Module mit analogen Ein- und Ausgängen, mit binären Ein- und Ausgängen, Module mit PID-Reglern ermöglichen eine universelle und einfache Anwendung des CAN-Busses in der Automatisierungstechnik.

Tabelle 1: CAN-Bus

Benennung	Größe
max. Ausdehnung	40 m (1Mbit/s) 1000 m (50 kbit/s)
Bitrate	1 Mbit/s (40 m) 50 kbit/s (1000 m)
Adressierung	botschaftsbezogen, nicht stationsbezogen 2032 Botschaften
Buszuteilung	durch Prioritäten festgelegt, 2031 Prioritäten
Anzahl der Stationen	unbegrenzt
Übertragungssicherheit	sehr hoch, Hamming Distanz 6
Übertragungsmedium	Zweidrahtverbindung oder Lichtwellenleiter

11.4.4.3 Aktor-Sensor-Interface (AS-i)

AS-i ist ein Feldbus zum Anschluss von Sensoren, wie z. B. Lichtschranken und von Aktoren, wie z. B. Pneumatikzylinder, über eine einfache Zweidrahtleitung **(Bild 1)**. Die Datenübertragung erfolgt über dieselbe Leitung wie die Stromversorgung der Teilnehmer. Die maximale Bitrate beträgt 167 kbit/s. Der maximale Teilnehmerabstand ist ca. 100 m und es können 31 Teilnehmer angeschlossen werden. Mithilfe von Repeatern können Abstand und Teilnehmerzahl noch erweitert werden.

> Das Aktor-Sensor-Interface ist eine preisgünstige Vernetzung von binären Sensoren und Aktoren.

Die Bussteuerung erfolgt durch einen *Master*. Er steuert die Teilnehmer, d.h. er fragt die Sensoren der Reihe nach ab bzw. er überträgt an die Aktoren der Reihe nach Signale und wiederholt dies zyklisch (zyklisches Polling, von to poll = wählen). Die Zykluszeit hängt von der Zahl der angeschlossenen *Slaves* ab und beträgt maximal 5 ms. Eine Nachrichtenübertragung besteht aus einem Masteraufruf mit 14 Bits, einer Masterpause mit 3 Bits bis 10 Bits und einer Teilnehmernachricht mit 7 Bits sowie einer Teilnehmerpause mit einem Bit **(Bild 2)**. Die Synchronisation erfolgt über ein Startbit und ein Stoppbit. In den 14 Bits der Masternachricht gibt es 5 Bits für die Adressierung der 31 Teilnehmer (Slaves) und 5 Bits für Informationen an den Teilnehmer. Der Teilnehmer überträgt an den Master 4 Datenbits, z. B. den Schaltzustand des Sensors.

Über Kommandos kann der Master einen Teilnehmer in den Grundzustand bringen (Reset), seine Adresse löschen, eine neue Adresse eintragen sowie einen Status lesen oder löschen. Bei der Installation eines AS-i-Feldbusses muss ein Teilnehmer nach dem anderen adressiert werden. Es gibt Mastermodule, die diese Initialisierungsmaßnahme weitgehend automatisch vornehmen. Über den Master, der meist als PC-Karte oder als SPS-Modul realisiert ist, wird auch eine Nachrichtenübertragung zu übergeordneten Systemen, z. B. zu einem Ethernet-LAN möglich.

Die AS-i-Anschaltung besteht aus einem hochintegrierten Schaltkreis im Sensor bzw. Aktor. Zur Ankopplung sonstiger Teilnehmer gibt es Anwendermodule mit IC, in die die Busleitung nur eingelegt werden muss **(Bild 3)**. Über Kontaktspitzen wird ohne Leitungsunterbrechung der Kontakt hergestellt (Vampir-Kontakte).

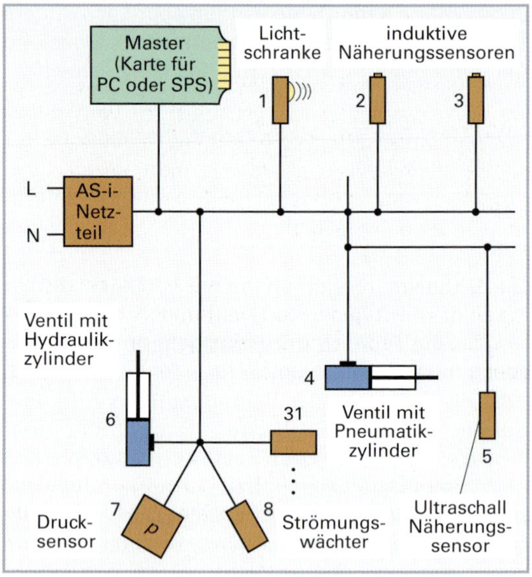

Bild 1: AS-i-Feldbus mit Beispielen von Sensoren und Aktoren

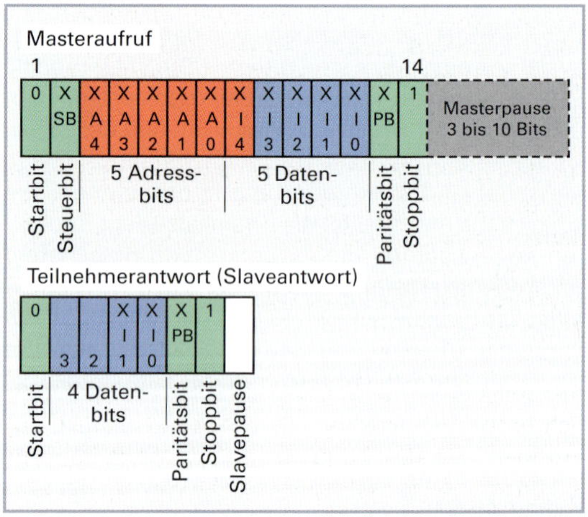

Bild 2: Aufbau des AS-i-Nachrichtenframes

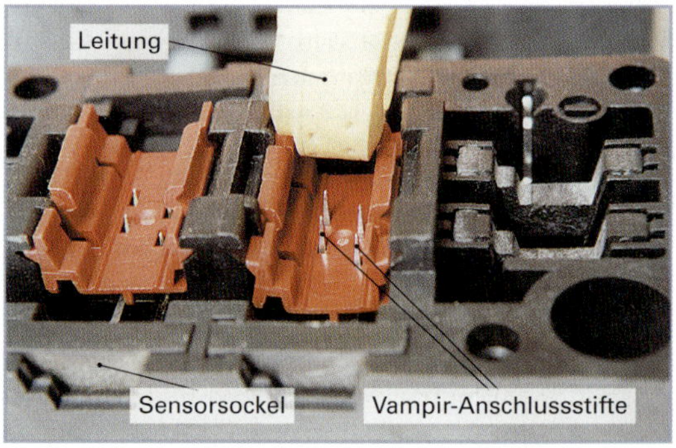

Bild 3: AS-i-Anschluss

11.4.4.4 Interbus-S

Der Interbus-S wird vor allem zur Anschaltung von Steuergeräten und Sensoren an SPS (Speicherprogrammierbaren Steuerungen) und zur Vernetzung von SPS verwendet. Er besteht aus einem *Fernbus* mit der Bussteuerkarte (Master) und mehreren Anschaltbaugruppen (Slaves) mit Ein-/Ausgabemodulen (E/A-Module) **(Bild 1)**.

Die Anschaltbaugruppen im Peripheriebus werden mit einer 14-adrigen Leitung verbunden, während im Fernbus entweder eine 5-adrige geschirmte Leitung oder aber ein Lichtwellenleiter zur Anwendung kommen.

Die maximale Netzlänge beträgt bei jedem Peripheriebus 10 m und beim Fernbus 400 m ohne Repeater und mehrere Kilometer mit Repeater. Die E/A-Module haben 8 Eingänge oder Ausgänge für Binärsignale.

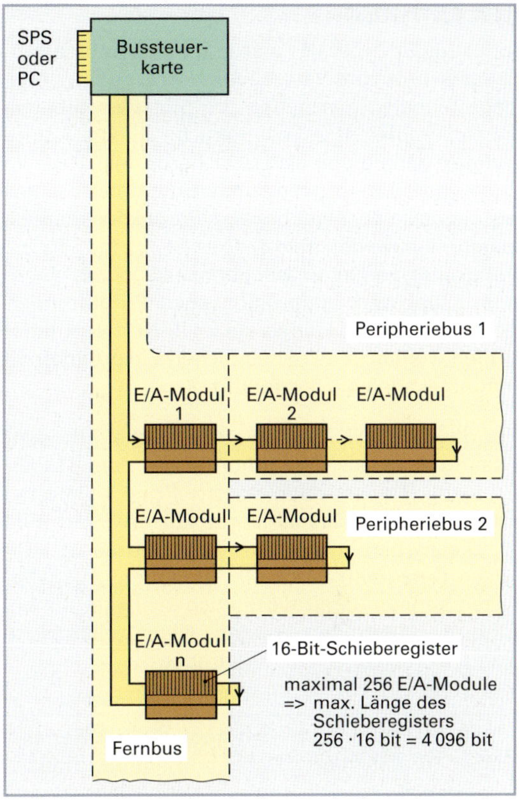

Bild 1: Struktur des Interbus-S

Funktionsweise

Das Netz arbeitet ähnlich wie ein *binäres Schieberegister*, wobei jede Anschaltbaugruppe durch ein 16-Bit-E/A-Wort oder mehrere 16-Bit-E/A-Worte einen Teil des Schieberegisters darstellen (Bild 1 und **Bild 2**).

Das Nachrichtenframe besteht aus den 16-Bit-E/A-Worten, einem CRC-Wort (CRC von Cyclic Redundancy Check = zyklischer Prüfcode) zur Codeprüfung, einem Error-Wort (von error = Fehler) sowie einem Loop-back-Wort (von loop back = Rückführung).

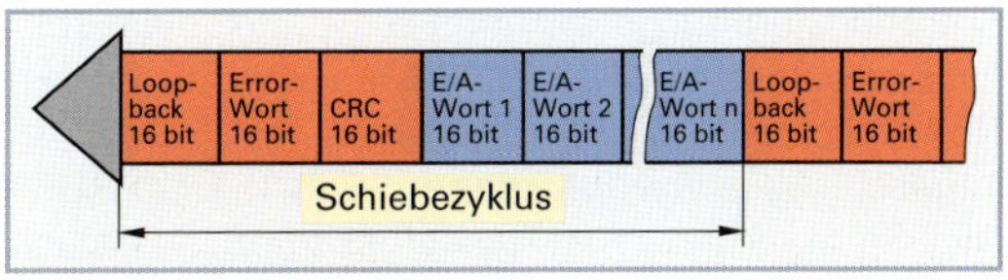

Bild 2: Nachrichtenframe

Die Bussteuerkarte schiebt nun dieses lange Nachrichtenframe taktweise durch alle Anschaltbaugruppen, bis das Loop-back-Wort wieder bei ihr ankommt. Jetzt steht jedes E/A-Wort in dem zu jedem Modul gehörenden Speicherplatz und kann übernommen werden bzw. neu beschrieben werden. Alle Daten laufen immer über die Bussteuerkarte. Diese kann in einem Zyklus Daten aufnehmen, z. B. vom E/A-Modul 5 und in einem zweiten Zyklus diese übergeben, z. B. an den E/A-Modul 1.

> Der Interbus-S arbeitet wie ein örtlich verteiltes Schieberegister.

Die Reihenfolge der E/A-Module ist zugleich die Reihenfolge der 16-Bit-E/A-Worte im Nachrichtenframe. Die Länge des Schieberegisters wird durch die Anzahl der E/A-Module bestimmt, ebenso die Dauer eines Schiebezyklusses.

Wiederholung und Vertiefung

WV

1. **Wofür setzt man Feldbussysteme ein?**
2. **Wie erfolgt die Buszuteilung beim PROFIBUS?**
3. **Wodurch unterscheiden sich passive Teilnehmer von aktiven Teilnehmern beim PROFIBUS?**
4. **Wofür verwendet man das ASI?**
5. **Wie erfolgt die Buszuteilung beim ASI?**
6. **Wie viele Teilnehmer können an das ASI angeschlossen werden?**
7. **Beschreiben Sie die Arbeitsweise des Interbus-S.**
8. **Welche Aufgaben hat die Bussteuerkarte beim Interbus-S?**

11.4.4.5 PROFINET

Industrial Ethernet (IE) wurde für die Automatisierungstechnik zum Verarbeiten von Eingabe-, Ausgabe-Signalen geschaffen. Es gibt verschiedene herstellerabhängige Lösungen für IE. Die Anbindung an den Bürobereich ist sichergestellt. Deshalb kann vom Büronetzwerk eines Unternehmens aus auf Geräte in der Feldebene im Produktionsbereich zugegriffen werden **(Bild 1)**. Dies ist z. B. für Service-Tätigkeiten von Interesse. Ebenso kann von einem ans IE-Netzwerk angeschlossenen Programmiergerät (PC) aus auf Feldgeräte im IE-Netzwerk zugegriffen werden. IE wird aus Sicherheitsgründen oft in Ringtechnologie ausgeführt.

Für das PROFINET wurde als Industrial-Ethernet-Lösung das klassische Ethernet mit dem TCP/IP-Protokoll (Transmission Control Protocol/Internet Protocol) um ein Industrieprotokoll erweitert **(Bild 2)**. Dieses beruht auf dem Transportdienst UDP (User Datagram Protocol). Eingabe-, Ausgabe-Daten können damit wesentlich schneller als bei Ethernet übertragen werden. Nicht zeitkritische Daten werden über TCP übertragen.

> Industrial Ethernet besitzt gegenüber Ethernet einen für zeitkritische Daten effizienteren Transportdienst.

PROFINET ist eine vollduplexe IE-Lösung, an die Automatisierungsgeräte und Feldgeräte sowie über ein Koppelgerät (PROFI-BUS-Manager mit PROFINET-Anschluss) die Geräte eines PROFIBUS DP angeschlossen werden können (Bild 1). Ein PROFINET-Gerät besitzt einen Anschluss für IE, zusätzlich oft auch einen Anschluss für den PROFIBUS. Es besteht aus Steckplätzen, in die Module mit Kanälen zum Einlesen und Ausgeben von Prozesssignalen gesteckt werden können. Man unterscheidet PROFINET IO und PROFINET CbA.

PROFINET IO (Input, Output) ermöglicht das Anschließen von Feldgeräten, also Baugruppen (Modulen) zum Anschluss von Sensoren und Aktoren, z.B. Motorstarter oder Frequenzumrichter, an Ethernet. Die Feldgeräte (IO-Device) sind einer Steuerung (SPS, IO-Controller) zugeordnet. Sie übertragen zyklisch ihre Nutzdaten als Prozessabbild zur Steuerung.

PROFINET CbA (Componet based Automation) findet Anwendung beim Anschluss von programmierbaren Feldgeräten und Automatisierungsgeräten. Hierbei handelt es sich um selbstständig arbeitende Einheiten von Maschinen oder Anlagen.

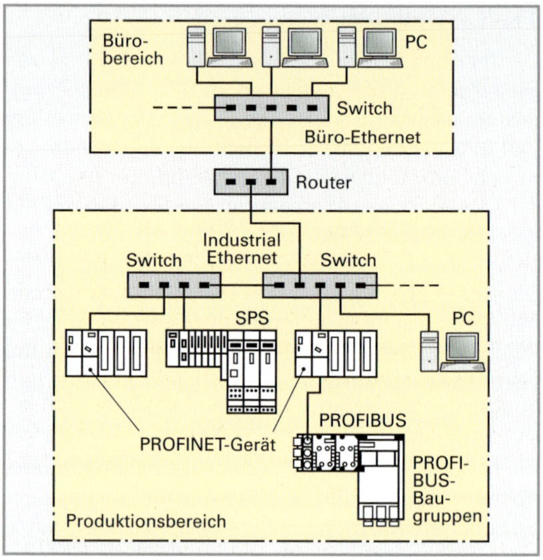

Bild 1: Beispiel für Profinet

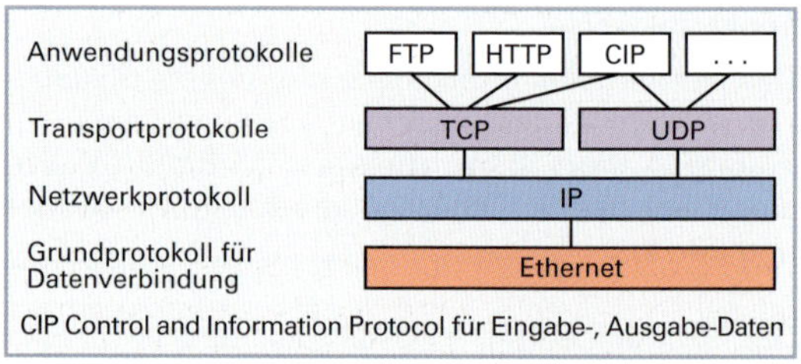

Bild 2: Übertragungsdienste bei Industrial-Ethernet

Baugruppen mit PROFINET-Schnittstellen dürfen nur in Netzwerken betrieben werden, in denen alle angeschlossenen Netzkomponenten mit SELV/PELV-Stromversorgungen oder integrierten Stromversorgungen mit gleichwertigem Schutz versorgt werden. Sollen Baugruppen mit PROFINET-Schnittstellen z.B. ans Internet angekoppelt werden, dann muss die Datenübergabestelle, z.B. der Router, diese Sicherheit gewährleisten.

> Auf Schutzmaßnahmen durch Schutzkleinspannung ist beim Betreiben von PROFINET-Baugruppen zu achten.

Die Projektierung einer Automatisierungsanlage erfolgt z.B. über SIMATIC/STEP 7. Dabei wird das Anwendungsprogramm erstellt und den Geräten werden z.B. Gerätename, IP-Adresse und Ethernet-Subnetz zugeordnet. Bei PROFINET IO müssen die Kommunikationsverbindungen der Geräte mit ihren MAC-Adressen (Media Access Control, Geräte-Indentifikation ab Werk) programmiert, bei PROFINET CbA hingegen können sie grafisch durch Verschaltungslinien markiert werden.

11.5 Netzwerkbetriebssystem Novell

11.5.1 Arbeiten mit dem Netzwerkbetriebssystem

Ein Netzwerk besteht aus Computern, die meist über Hubs oder Switches miteinander verbunden sind. Ist ein Computer der Mittelpunkt, auf den von allen anderen Computern zugegriffen werden kann, wird er als *Server* (von to serve = dienen) bezeichnet. Auf dem Server sind Daten abgelegt, auf welche die Benutzer des Netzwerkes zugreifen können. Zusätzlich bietet der Server *Dienste* an, wie das Speichern von Daten auf seiner Festplatte, sodass sie von allen Computern im Netzwerk abgerufen werden können, oder das Ausdrucken von Dokumenten auf einem entfernten Drucker.

Ein Server stellt Daten und Dienste in einem Netzwerk bereit.

Die an den Server angeschlossenen Computer werden als *Clients* (von client = Kunde) bezeichnet.

Ein Client ist eine Arbeitsstation, mit der Daten und Dienste vom Server abgerufen werden.

Verfügt ein Netzwerk über einen Server und angeschlossene Clients, wird es als *serverbasiertes* Netzwerk bezeichnet. In solchen Netzen findet der Datenaustausch zwischen den Clients nur über den Server statt.
Der Server benötigt ein Netzwerkbetriebssystem, wie Novell NetWare oder Windows. Novell NetWare wird dabei auf dem Server installiert, die Clients können über ihr eigenes Betriebssystem, z. B. Windows, verfügen.

11.5.1.1 Anmelden an das Netzwerk

Wird ein an ein Netzwerk angeschlossener Client gestartet, erscheint nach dem Hochfahren des Computers ein Anmeldefenster **(Bild 1)**. Dort muss der Benutzer sich durch Eingabe seines Anmeldenamens und seines persönlichen Passwortes ausweisen. Dabei wird nicht zwischen Groß- und Kleinbuchstaben unterschieden, denn Novell ist nicht keysensitiv. Erst nach erfolgter Anmeldung stehen dem Benutzer die Dienste des Servers zur Verfügung, falls für ihn eine entsprechende Zugriffsberechtigung eingetragen ist. Dass der Benutzer an einem Netzwerk angemeldet ist, wird z. B. im Windows-Explorer sichtbar **(Bild 2)**. Unter dem Punkt `Netzwerkumgebung` ist das Netzwerk aufgelistet. Im Ordner `Novell-Verbindungen` wird auf die Benutzerstruktur, d. h. die Verwaltung der Benutzer verwiesen. Im Server-Ordner sind alle

Bild 1: Anmelden an das Netz

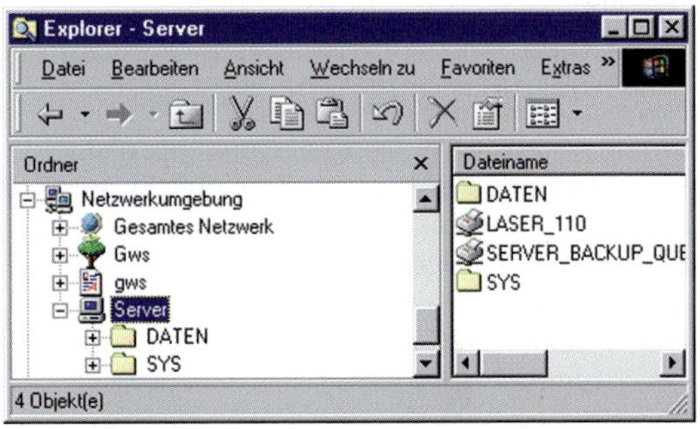

Bild 2: Netzwerkumgebung im Explorer

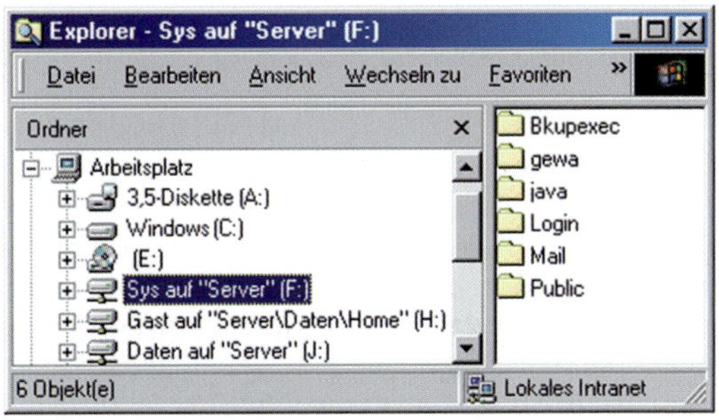

Bild 3: Netzlaufwerke im Explorer

verfügbaren *Volumes* (von volume = Volumen, Inhalt) angegeben (Bild 2).

Volumes sind Speicherbereiche auf Festplatten, DVDs oder CD-ROMs .

Ein Volume kann sich dabei über mehrere Festplatten oder nur über einen Teil einer Festplatte erstrecken. Jeder NetWare-Server weist ein Volume `SYS` auf. Auf diesem Volume `SYS` sollten nach Möglichkeit nur Daten von Novell abgespeichert sein. Weitere Volumes können z. B. Benutzerdaten, Programme und Datensicherungen enthalten.

11.5.1.2 Netzlaufwerke

Im Explorer ist zu erkennen, dass weitere Laufwerke vorhanden sind **(Bild 3)**. Diese werden als Netzlaufwerke bezeichnet. Das erste Netzlaufwerk ist meist das Laufwerk `F:`. Mit dem Laufwerk `F:` wird auf das erste Volume `SYS` des Servers verwiesen.

Die anderen Laufwerke können Teilbereiche dieses Volumes oder weitere Volumes abdecken **(Bild 1)**. Ein weiteres Netzlaufwerk, das jeder Benutzer besitzen sollte, ist das sogenannte Homelaufwerk `H:`, auf dem der Benutzer nach Belieben Daten abspeichern, löschen und bearbeiten kann.

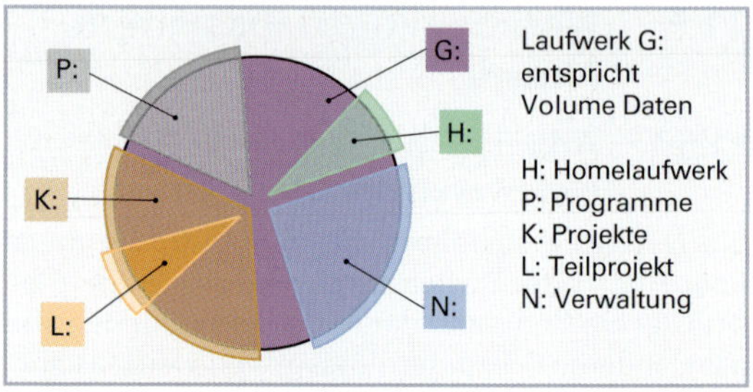

Bild 1: Zuordnung der Netzlaufwerke

> In seinem Homelaufwerk kann der Benutzer Dateien ablegen und Ordner erstellen.

Die Netzlaufwerke können auch auf den Clients vom Benutzer zugeordnet werden, indem im Windows-Explorer das Kontextmenü eines Verzeichnisses mit der rechten Maustaste aufgerufen wird **(Bild 2)**. Ab dem gewählten Verzeichnis wird das Netzlaufwerk dann zugeordnet.

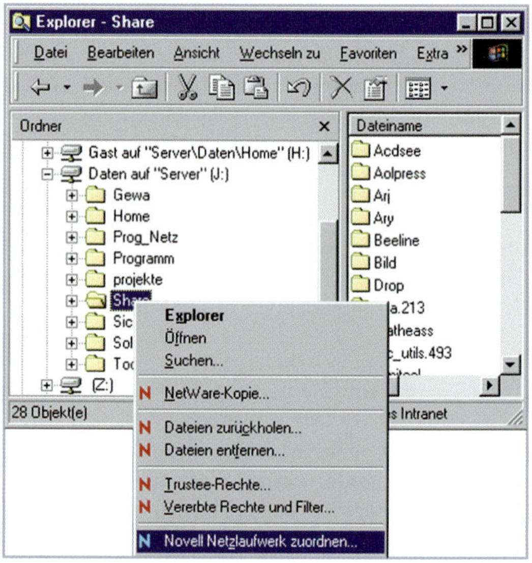

Bild 2: Netzlaufwerk verbinden

Übung 1

Weisen Sie einem Verzeichnis auf dem Volume `DATEN` des Servers `Server` den Laufwerksbuchstaben `M` zu.

Lösung: **Bild 2**. Das Verzeichnis lautet `share`.

Über den Eintrag `Novell Netzlaufwerk zuordnen...` des Kontextmenüs erscheint ein Fenster, in dem der Netzwerkpfad schon eingetragen ist **(Bild 3)**. Wurde der Punkt `Ordner auf oberster Ebene anzeigen` angeklickt, beginnt das Netzlaufwerk beim gewünschten Verzeichnis. Ansonsten wird das gesamte Volume als Netzlaufwerk verbunden, auf dem sich das gewünschte Verzeichnis befindet.

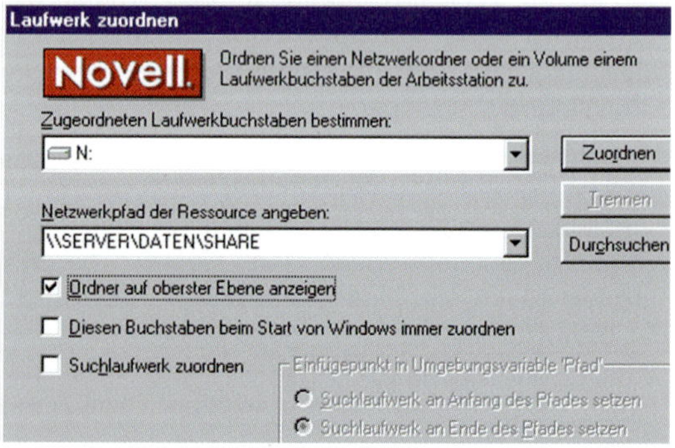

Bild 3: Fenster Netzlaufwerk zuordnen

11.5.1.3 Zugriff auf Daten im Netzwerk

Nicht jeder Benutzer darf die gesamten Daten auf einem Server einsehen und verändern. Vertrauliche Daten müssen geheim gehalten, Programme und Einstellungen sollten nur durch bestimmte Personen verändert werden. Aus diesem Grund ist der Zugriff auf die Daten eines Servers variabel zu gestalten. Für Dateien bzw. Verzeichnisse können verschiedene Benutzer unterschiedliche Rechte erhalten **(Tabelle 1, folgende Seite)**.

> Der Zugriff auf Daten im Netzwerk wird über Rechtevergabe gesteuert.

Die Rechte reichen vom ausschließlich Lesen (Read) einer Datei oder eines Verzeichnisses über Verändern (Modify) zu dem mächtigsten Recht, dem Supervisor-Recht (von supervisor = Aufseher). Mit dem Supervisor-Recht werden dem Benutzer auf das betreffende Verzeichnis oder die Datei alle nur möglichen Rechte vergeben. Für sein Homelaufwerk reichen einem Benutzer die Rechte Lesen, Schreiben, Erstellen, Löschen, Verändern und Dateiabfrage. Das Supervisor-Recht sollte nur vergeben werden, wenn ein Verändern der voreingestellten Rechte erwünscht ist.

Die Zugriffsrechte auf eine Datei, die auf dem Server gespeichert wurde, können z. B. über den Explorer angezeigt werden. Dazu muss über das Kontextmenü (rechte Maustaste) einer Datei oder eines Verzeichnisses das Eigenschaften-Fenster aufgerufen werden.

Übung 1

Lassen Sie sich die Zugriffsrechte einer Datei anzeigen.

Lösung: **Bild 1, Dateiname matheass.exe**

Die Karteikarte `NetWare-Rechte` gibt Aufschluss über die erhaltenen Rechte **(Bild 1)**.

11.5.1.4 Drucken im Netzwerk

Um Ressourcen in einem Netzwerk zu sparen, wird als weiterer Dienst eines Netzwerkbetriebssystems ein Drucker für viele Benutzer bereitgestellt. Hat der Benutzer das Recht, an dem Drucker Dokumente auszudrucken, so ist die Vorgehensweise entsprechend wie bei einem lokalen Drucker.
Zum Drucken über den Server sind drei Komponenten nötig: der Drucker, der Druckserver und die Druckerwarteschlange. Wird ein Druckauftrag an einer Arbeitsstation (Client) abgeschickt, gelangt er über das Netzwerkbetriebssystem zur Druckerwarteschlange. Die Druckerwarteschlange ist ein Unterverzeichnis des Verzeichnisses `QUEUES` auf dem Server. In der Druckerwarteschlange werden Druckaufträge solange gespeichert, bis der gewünschte Drucker als „bereit" erkannt wird. Dann leitet der Druckserver, der als Programm sowohl die Druckerwarteschlange als auch den Drucker überwacht, den Druckauftrag an den Drucker weiter. Der Druckserver kann auf dem Server installiert sein.

Drucker, Druckerwarteschlange und Druckserver werden zum Drucken im Netzwerk benötigt.

11.5.2 Verwalten von Benutzern

Um Benutzer einzurichten oder die Rechte für Benutzer auf vorhandene Ressourcen, z. B. die zugewiesene Speicherkapazität, zu verändern, muss die angemeldete Person dazu die Rechte haben. Der Benutzer, der seit der Installation alle Rechte besitzt, wird *Administrator* (= Verwalter) genannt und besitzt den Anmeldenamen `admin`.

11.5.2.1 NetWare Directory Services NDS

Die Verwaltung von Benutzern und Ressourcen wird bei Novell NetWare in den NetWare Directory Services (von directory = Verzeichnis, service = Dienst), der sogenannten NDS, vorgenommen. Die NDS wird über das Verwaltungsprogramm NetWare-Administrator `nwadmn32.exe` an einer Arbeitsstation angezeigt **(Bild 2)**.

Administrator = Benutzer mit den meisten Rechten. Er kann das Netz einrichten und konfigurieren.

Tabelle 1: Dateirechte

Dateirechte	Bedeutung
R Read	Lesen (Datei lesen)
W Write	Schreiben (vorhandene Datei verändern)
C Create	Erstellen (gelöschte Datei erstellen)
E Erase	Löschen (Datei löschen)
M Modify	Modifizieren (Datei umbenennen)
F File Scan	Dateiabfrage (Suchen und Auflisten der Datei, z. B. mit dem Explorer möglich)
A Access Control	Zugriffssteuerung (kann Rechte an dieser Datei an andere weitergeben)
S Supervisor	Alle Rechte vorhanden

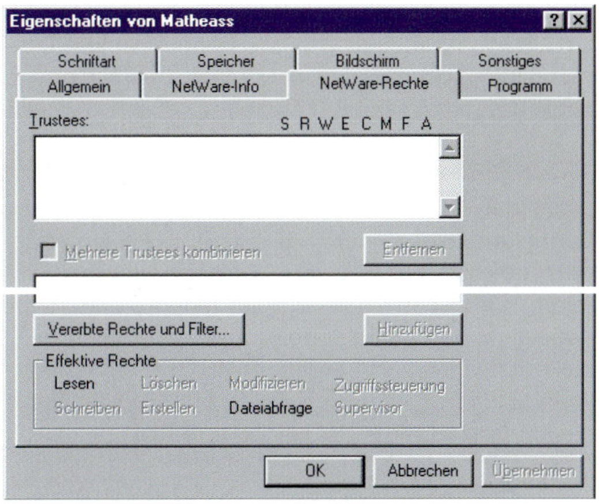

Bild 1: Anzeigen der Rechte auf eine Datei

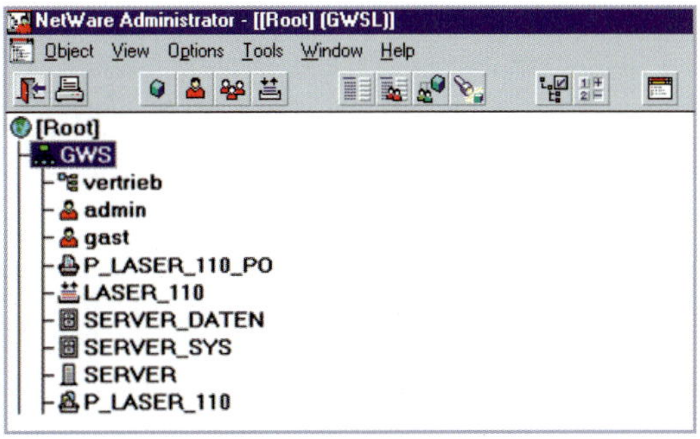

Bild 2: Kontextmenü des Server-Symbols

Bei der NDS handelt es sich um eine Datenbank, in der alle Einstellungen des Netzwerkes abgespeichert sind und über die alle Zugangsberechtigungen zu den einzelnen Ressourcen geregelt werden. Die NDS ist hierarchisch aufgebaut und in Form einer Baumstruktur angeordnet (Bild 2, vorhergehende Seite).

Die NDS ist die Grundlage zur Verwaltung von Benutzern und Ressourcen.

Die Einträge in der NDS, wie Benutzer, Server, Volumes und Drucker, werden als Objekte bezeichnet **(Tabelle 1)**. Es wird dabei zwischen Behälterobjekten, die zur Ordnung der Objekte dienen und andere Objekte enthalten können, und Blattobjekten, den eigentlichen Objekten, unterschieden.

Blattobjekte können keine weiteren Objekte enthalten. Das oberste Objekt im NDS-Baum ist das Wurzelobjekt, die sogenannte `Root` (= Wurzel). Dieses Objekt erhält ebenso wie das Behälterobjekt `Organisation` bei der Installation des Netzwerkbetriebssystems seinen Namen.

Tabelle 1: Objekte einer NDS

Symbol	Bedeutung	Erklärung
	Root	Wurzelobjekt des NDS-Baums, nicht veränderbar.
	Organisation	Behälter, der weitere Objekte enthalten kann, wird bei der Installation erstellt.
	Organisatorische Einheit	Behälter, der weitere Objekte enthalten kann.
	Benutzer	Blattobjekt, das Benutzer des Netzwerkes charakterisiert.
	Server	Blattobjekt, das Einstellungen des Servers repräsentiert.
	Volume	Blattobjekt, das Volume wiedergibt.
	Drucker	Blattobjekt für Hardwarekomponente Drucker.
	Druckserver	Blattobjekt für Steuerungsprogramm Druckserver.
	Druckerwarteschlange	Blattobjekt für die Druckerwarteschlange.

11.5.2.2 Einrichten und Löschen von Benutzern

Über den NetWare-Administrator können neue Benutzer (User) eingerichtet werden. Um einen Benutzer direkt unterhalb der Organisation einzurichten, muss dieses Objekt mit der rechten Maustaste angeklickt und der Menüeintrag `Create...` (Erstellen) ausgewählt werden. Im erscheinenden Fenster wird durch Anklicken das zu erstellende Objekt ausgewählt und mit OK bestätigt **(Bild 1)**.

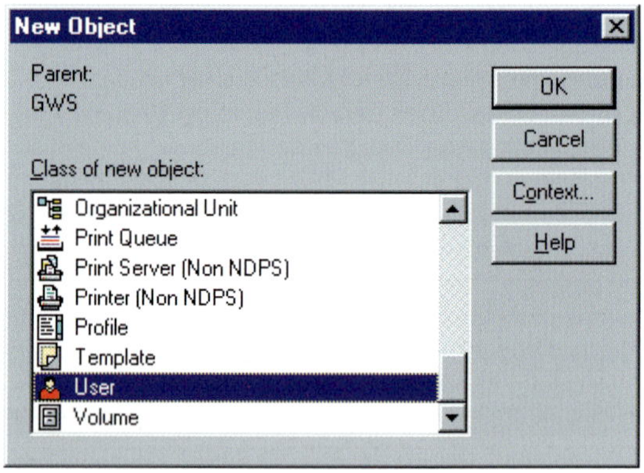

Bild 1: Neues Objekt erstellen

Im nächsten Fenster wird neben dem Anmeldenamen (Login Name) der vollständige Nachname (Last Name) eingetragen **(Bild 2)**. Der Anmeldename darf keine Umlaute enthalten.

Soll der neue Benutzer in der Lage sein, Dateien in ein eigenes Verzeichnis auf dem Server abzulegen, so kann dieses hier erstellt werden. Das Verzeichnis wird als *Stammverzeichnis* bezeichnet, und der Name des Stammverzeichnisses ist mit dem Anmeldenamen des Benutzers identisch.

In seinem Stammverzeichnis, auch Homeverzeichnis genannt, kann jeder Benutzer seine Daten ablegen.

Das Kontrollkästchen `Create Home Directory:` (Stammverzeichnis erstellen) muss dazu im Fenster `Create User` angeklickt werden. Anschließend wird über die Schaltfläche „Durchsuchen" der Speicherort für das Stammverzeichnis eingegeben. Es erscheint ein Fenster, in dem der Speicherort des Stammverzeichnisses ausgewählt

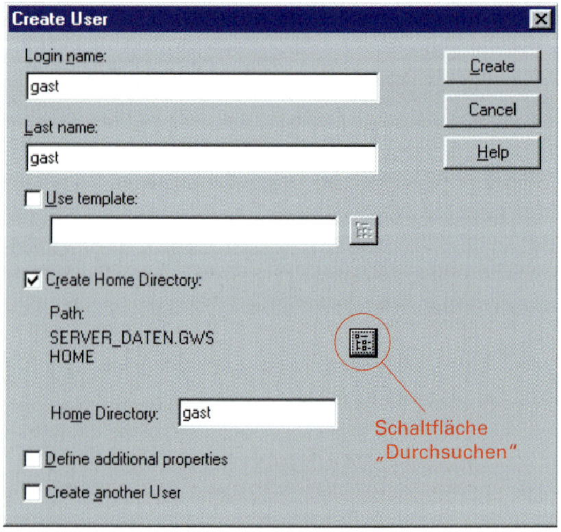

Bild 2: Erstellen eines neuen Benutzers

wird **(Bild 1)**. Das rechte Feld dient zum Durchsuchen der Verzeichnisse. Das dem Stammverzeichnis übergeordnete Verzeichnis wird dann in dem linken Feld bestätigt, z. B. wäre `\DATEN\home` denkbar. Die Einstellungen werden mit OK und Betätigen der Schaltfläche `Create` abgeschlossen.

Übung 1

Erstellen Sie einen Benutzer `gast` in der Organisation GWS mit eigenem Stammverzeichnis.

Lösung: **Bild 1, Bild 2, beide vorhergehende Seite.**

Um einen Benutzer zu löschen, muss das Kontextmenü für dieses Objekt aufgerufen werden. Über den Menüeintrag `Delete` wird das gewählte Objekt entfernt. Dieser Vorgang beseitigt allerdings nicht das für den Benutzer eingerichtete Stammverzeichnis. Das Stammverzeichnis des gelöschten Benutzers muss nachträglich, z. B. im Explorer, entfernt werden.

11.5.2.3 Einstellungen am Benutzer vornehmen

Einstellungen am Benutzer werden über das Kontextmenü des Benutzers und den Menüeintrag

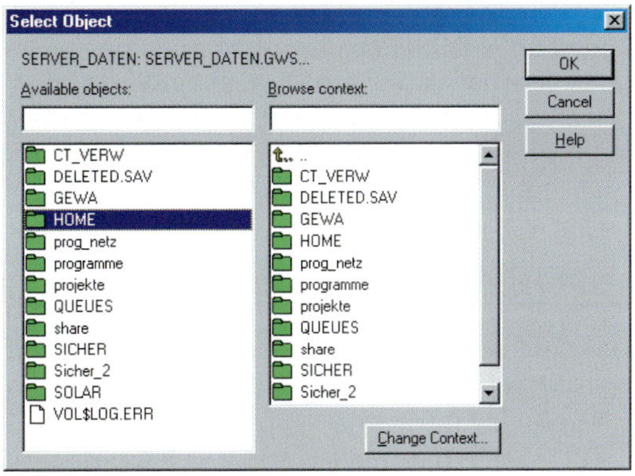

Bild 1: Auswahl des Verzeichnisses

`Details...` vorgenommen **(Bild 2)**. Über die Schaltfläche `Password Restrictions` (Passwortbeschränkungen) werden Beschränkungen für das Passwort festgelegt. Um ein Passwort zu erzwingen, wird das entsprechende Kontrollkästchen `Require a password` angeklickt. Zu kurze Passwörter werden über die Mindestlänge mit `Minimum password length` ausgeschlossen. Über `Allow user to change password`

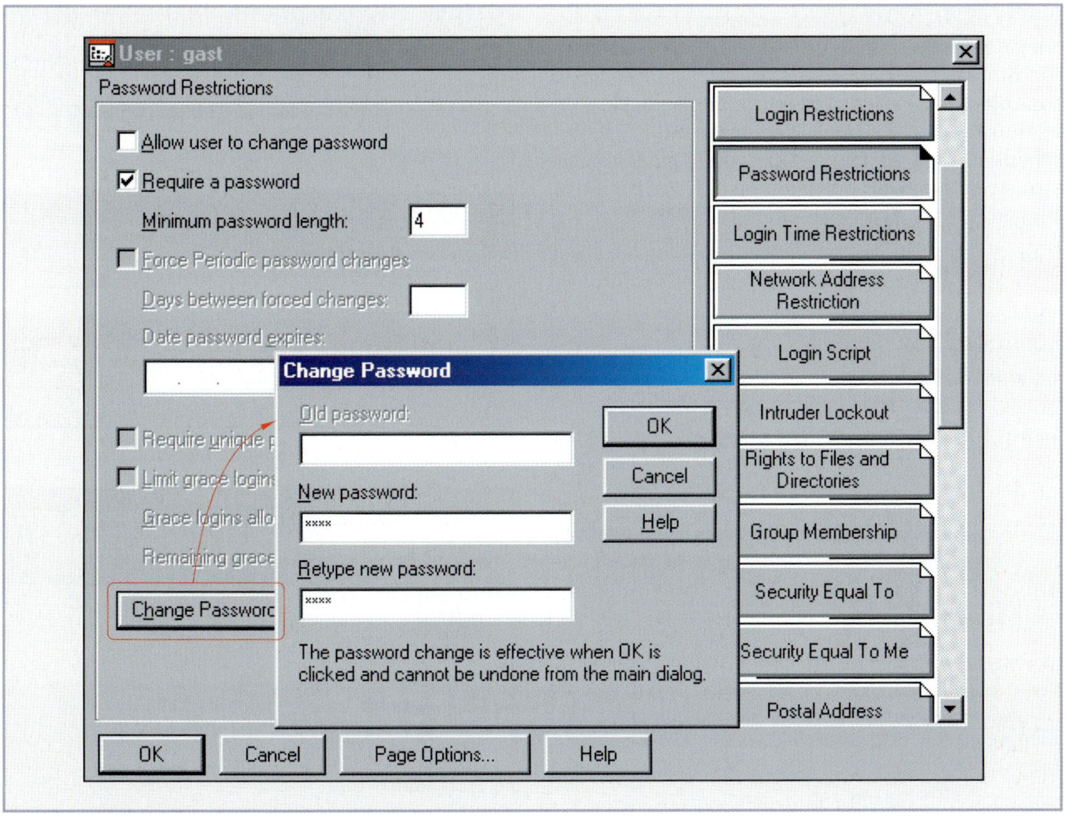

Bild 2: Eigenschaften-Fenster eines Benutzers

wird dem Benutzer ermöglicht, sein Passwort z. B. über die MS-DOS-Eingabeaufforderung durch Eingabe des Befehls `SETPASS` zu ändern.

Übung 1

Der Benutzer `gast` soll das nicht änderbare Passwort `gast` erhalten.

Lösung: **Bild 2, vorhergehende Seite**

Über die Schaltfläche `Login Restrictions` werden weitere Sicherheitseinstellungen für die Anmeldung an das Netzwerk vorgenommen (Bild 2, vorhergehende Seite). Ist `Limit concurrent connections` aktiviert, kann über das Editierfeld bei `Maximum connections:` die maximale Anzahl an Verbindungen angegeben werden, die ein Benutzer gleichzeitig nutzen darf **(Bild 1)**. Durch das Anklicken von `Account has expiration date` kann bei `Expiration date and time:` ein Datum festgelegt werden, ab dem der betreffende Benutzer keinen Zugang zum Netzwerk mehr erhält.

Übung 2

Der Benutzer `gast` soll maximal 5 Verbindungen gleichzeitig nutzen können.

Lösung: **Bild 1**

Die Anmeldezeit wird über die Schaltfläche `Login Time Restrictions` begrenzt (Bild 2, vorhergehende Seite). So können für jeden Tag Zeitbereiche angegeben werden, in denen sich der Benutzer anmelden bzw. nicht anmelden darf **(Bild 2)**.

Übung 3

Der Benutzer `gast` soll werktags von 7:00 bis 20:00 Uhr Zugang zum Netzwerk erhalten.

Lösung: **Bild 2**

11.5.2.4 Organisatorische Einheit

Benutzer mit gleichen Eigenschaften werden oft in einer organisatorischen Einheit zusammengefasst. Eine organisatorische Einheit (Organizational Unit) wird über das Menü `Object` durch Auswahl von `Create...` erzeugt **(Bild 3)**. Der Name muss eingetragen werden.

Übung 4

Erstellen Sie die organisatorische Einheit `vertrieb` unterhalb der Organisation GWS und die Benutzer `Anja`, `Emil`, `Lena` und `Paul` als Mitglieder von `vertrieb`.

Lösung: **Bild 3**, **Bild 4**

Folgende Anmeldebeschränkungen sind möglich:
- komplette Sperrung
- Anzahl der gleichzeitig möglichen Anmeldungen beschränken
- zeitliche Eingrenzung

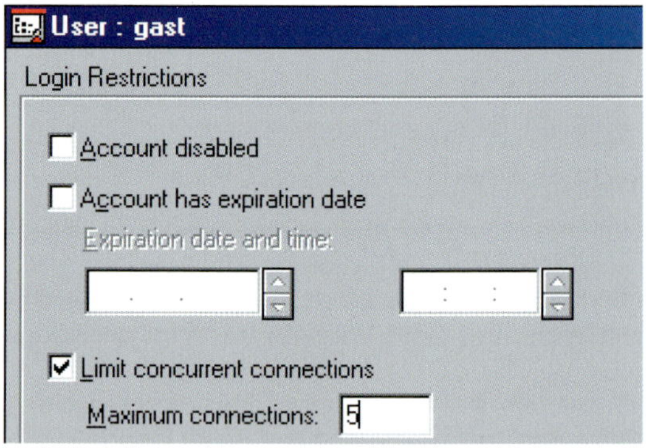

Bild 1: Anmeldebeschränkungen

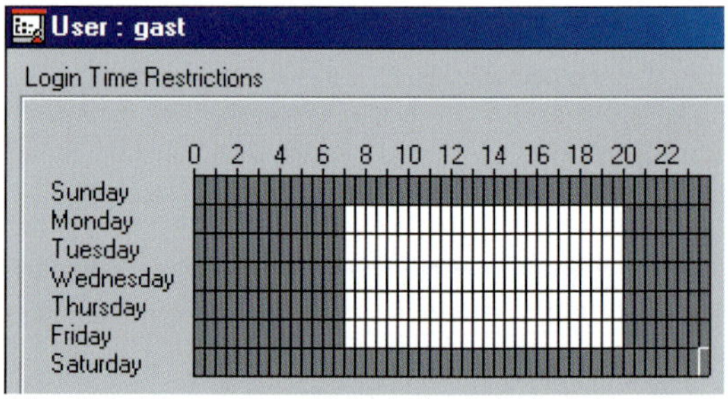

Bild 2: Anmeldezeitbeschränkungen

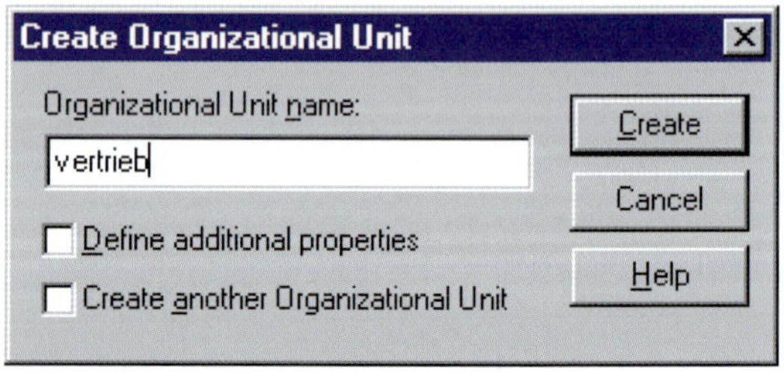

Bild 3: Organisatorische Einheit erstellen

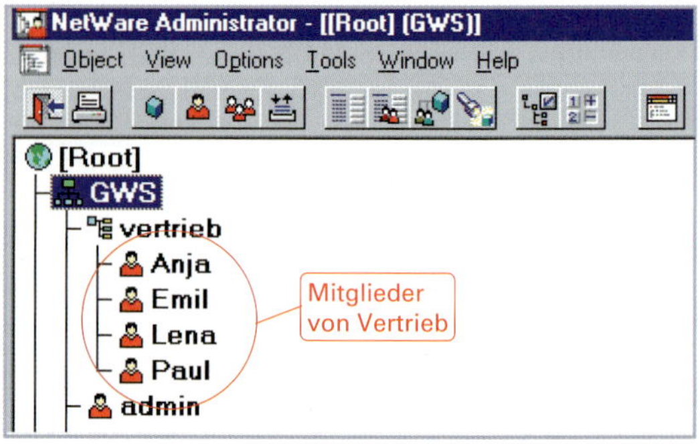

Bild 4: Benutzer in einer organisatorischen Einheit

Die gleichen Eigenschaften aller Benutzer werden in der organisatorischen Einheit eingetragen und auf die Mitglieder der Einheit vererbt. Dazu wird das Eigenschaften-Fenster der organisatorischen Einheit über den Menüeintrag `Details...` des Kontextmenüs aufgerufen **(Bild 1)**.

> Organisatorische Einheiten eignen sich zum Zusammenfassen von gleichartigen Benutzern zu einer Gruppe.

Rechte auf Verzeichnisse und Dateien

Rechte auf Verzeichnisse werden durch Anklicken von `Rights to Files and Directories` (Rechte für Dateien und Verzeichnisse) vergeben. Über `Add...` (Hinzufügen) wird die Auswahl vorgenommen (Bild 1). Im Fenster `Select Object` wird im rechten Feld die entsprechende Datei bzw. das Verzeichnis gesucht und im linken Feld durch Anklicken ausgewählt **(Bild 2)**. Die Auswahl wird über die Schaltfläche OK bestätigt. Die Rechte werden anschließend durch Anklicken der entsprechenden Kontrollkästchen hinzugefügt (Bild 1).

Übung 1

Alle Benutzer in `vertrieb` sollen ein Leserecht und File-Scan-Recht auf das Verzeichnis `vertrieb` auf dem Volume DATEN erhalten.

Lösung: **Bild 1** und **Bild 2**

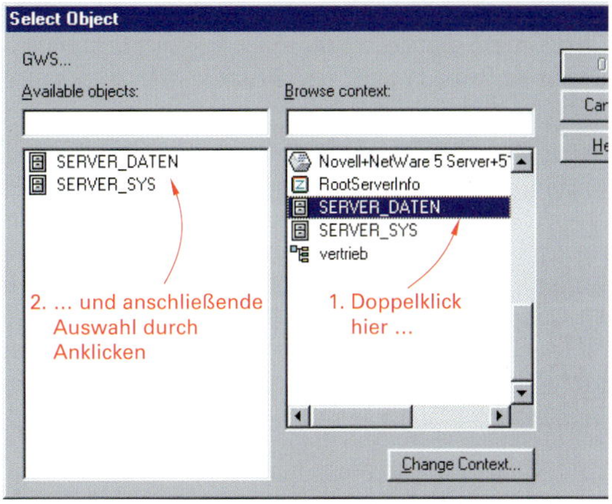

Bild 2: Verzeichnis für Dateirecht auswählen

Ein Klick auf OK bestätigt die Einstellungen.

Bereits vergebene Verzeichnisrechte und Dateirechte werden über die Schaltfläche `Show...` angezeigt. Im erscheinenden Fenster wird dazu das gewünschte Volume ausgewählt und mit OK bestätigt (Bild 2). Die Verzeichnisse und Dateien, für die Rechte vergeben wurden, erscheinen im Feld `Files and Directories:`. Nach Anklicken eines Eintrags können über die Kontrollkästchen die Rechte geändert werden (Bild 1).

Rechte auf Dateien und Verzeichnisse können auch für einzelne Benutzer vergeben werden.

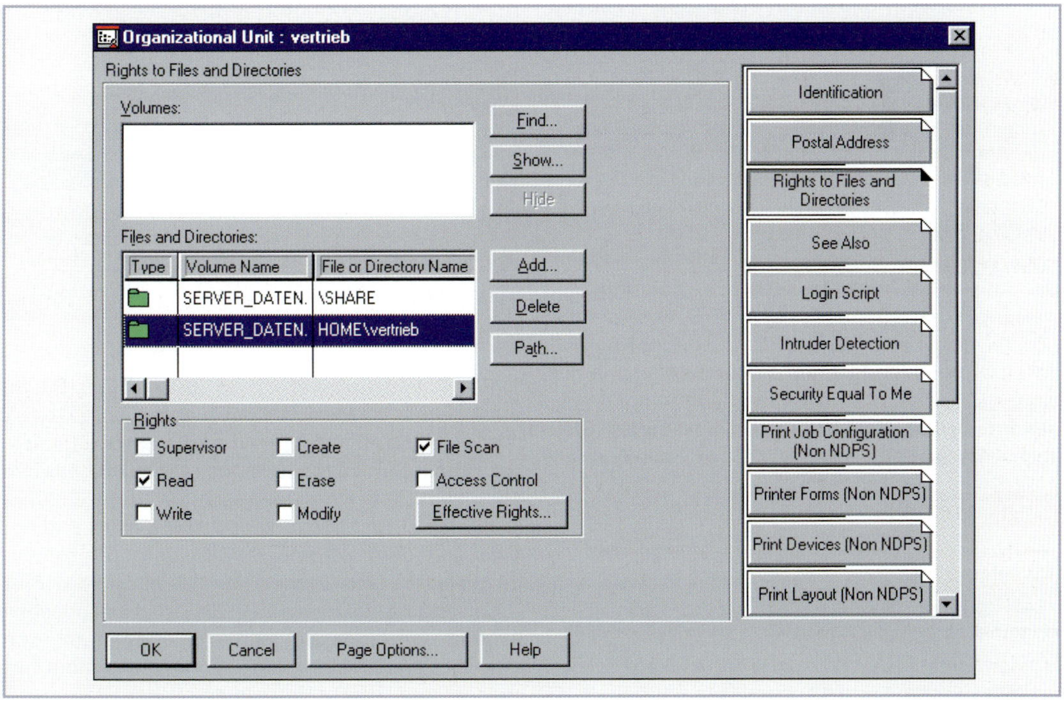

Bild 1: Dateirechte auf Verzeichnisse oder Dateien vergeben

Kontext

Der Kontext gibt die Position eines Objekts im NDS-Baum an. So ist z. B. der Kontext des Benutzers Emil: `vertrieb.GWS`.

Bei der Anmeldung ans Netzwerk muss der Kontext mit angegeben werden, um den Benutzer in der NDS zu lokalisieren. So meldet sich z. B. der Benutzer Emil nun über `.Emil.vertrieb.GWS` und Angabe des Passwortes an. Oft ist die Organisation im Client voreingestellt und es reicht bei der Anmeldung ins Netzwerk die Angabe des Benutzernamens und der organisatorischen Einheit, z. B. `Emil.vertrieb`.

11.5.3 Anmeldeskript

Bei der Anmeldung des Benutzers an ein Netzwerk kann ein Anmeldeskript abgearbeitet werden, um z. B. Netzlaufwerke zuzuordnen. Das Anmeldeskript wird für einzelne Benutzer aber auch für alle Benutzer in organisatorischen Einheiten im Eigenschaften-Fenster durch Auswahl von `Login Script` (Anmeldeskript) erstellt **(Bild 1)**.

Im Anmeldeskript kommen Befehle **(Tabelle 1)** und Variablen **(Tabelle 2)** zum Einsatz. Den Variablen wird bei der Ausgabe stets ein Prozentzeichen `%` vorangestellt. Über `%SERVER_NAME` wird der Name des Servers angesprochen, `%LAST_NAME` gibt den Nachnamen des Benutzers an. Mit dem Befehl `WRITE` wird ein in Anführungszeichen stehender Text auf dem Bildschirm ausgegeben, z. B. ist `WRITE „Hallo!"` möglich.

Übung 1

Geben Sie für alle Mitglieder von `vertrieb` über das Anmeldeskript Begrüßungszeilen für den sich anmeldenden Benutzer aus. Der Nachname des Benutzers und der Servername sollen darin erscheinen.

Lösung: **Bild 1**, Zeile 2 und Zeile 3

Das Anmeldeskript kann auch über bedingte Anweisungen verfügen (Tabelle 1). Z. B. wird mit `IF LOGIN_NAME = GAST THEN...` abgefragt, ob der sich anmeldende Benutzer der Gast ist und nur dann sich daran anschließende Bedingungen ausgeführt. Bedingte Anweisungen werden mit `END` abgeschlossen.

Übung 1

Geben Sie zu Wochenbeginn eine weitere Begrüßungszeile aus.

Lösung: **Bild 1**, Zeile 4 bis Zeile 7

Mit dem Befehl `MAP` (to map = Karte anlegen) können Netzwerklaufwerke zugewiesen werden. `MAP ROOT J:=DATEN` weist das gesamte Volume `DATEN` dem Laufwerk J: zu (Bild 1). Der Befehl `MAP ROOT H:=DATEN:home\vertrieb\%LOGIN_NAME` im Anmeldeskript einer organisatorischen Einheit weist allen darin enthaltenen Benutzern ein Homelaufwerk auf dem Volume `DATEN` zu. Der Laufwerksbuchstabe ist H, und der Pfad auf dem Volume `DATEN` zum Stammverzeichnis ist `home\vertrieb`. `%LOGIN_NAME` ist eine Variable, die für jeden in der organisatorischen Einheit vorhandenen Benutzer individuell den Anmeldenamen als weiteres Unterverzeichnis verwendet und so dem Homelaufwerk das Stammverzeichnis eines jeden Benutzers zuweist.

Anmeldeskripte
- werden beim Anmelden durchgeführt,
- weisen Benutzern Homelaufwerke zu,
- können individuell gestaltet werden.

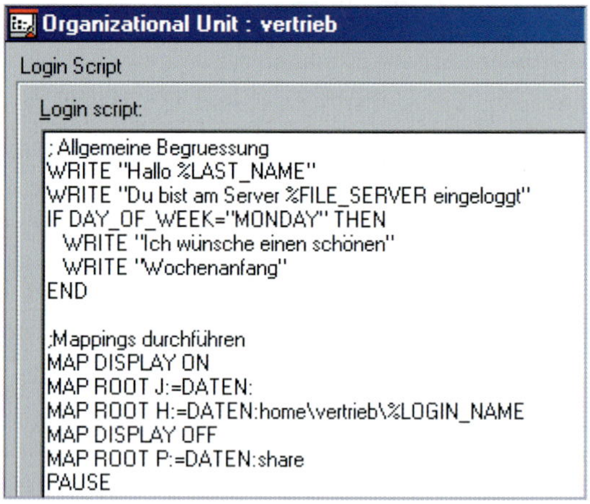

Bild 1: Anmeldeskript

Tabelle 1: Befehle im Anmeldeskript

Befehl	Bedeutung
;	Leitet einen Kommentar ein.
WRITE	Gibt den in Anführungszeichen stehenden Text auf dem Bildschirm aus.
MAP	Legt auszuführende Mappings fest.
PAUSE	Unterbricht die Abarbeitung des Anmeldeskripts bis zu einem beliebigen Tastendruck.
IF...THEN... [ELSE]...END	Bedingte Anweisung

Tabelle 2: Variablen im Anmeldeskript

Variable	Bedeutung
LOGIN_NAME	Anmeldenamen des Benutzers
LAST_NAME	Nachname des Benutzers
FILE_SERVER	Name des Servers
DAY_OF_WEEK	Wochentag (in englischer Sprache)

Übung 1

Weisen Sie allen Mitgliedern von `vertrieb` ein Laufwerk P: zu, in dem der Inhalt des Verzeichnisses `share` auf dem Volume DATEN erscheint.

Lösung: **Bild 1, vorhergehende Seite**, Zeile 14

Dem Netzlaufwerk, das über das Anmeldeskript zugewiesen werden soll, wird aber tatsächlich nur dann ein Laufwerksbuchstabe zugewiesen, wenn der betreffende Benutzer auf dem Verzeichnis, z. B. `share`, mindestens das Leserecht und das Dateiabfragerecht erhalten hat.

> Anmeldeskripte sorgen für die notwendige Arbeitsumgebung der Benutzer.

Beim Abarbeiten des Anmeldeskripts während der Anmeldung des Benutzers wird ein Ergebnisfenster ausgegeben **(Bild 1)**.

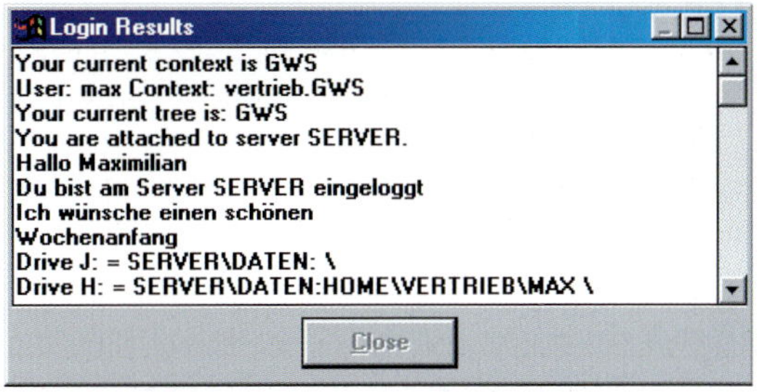

Bild 1: Abarbeiten des Anmeldeskriptes

11.5.4 Drucker in der NDS

Auch für den Druckserver kann im Kontextmenü über den Eintrag `Details` ein Eigenschaften-Fenster aufgerufen werden. Im Eigenschaften-Fenster des Druckservers wird der Zusammenhang von Drucker, Druckerwarteschlange und Druckserver sichtbar **(Bild 2)**. Das Ausrufezeichen neben dem Druckserver gibt an, dass beim Druckserver ein Problem existiert und z. B. dieser nicht geladen ist.

Im Eigenschaften-Fenster der Druckerwarteschlange können die Benutzer des Druckers über die Schaltfläche `Users` und die für den Drucker zuständigen Personen über die Schaltfläche `Operator` eingetragen werden **(Bild 3)**. Über die Schaltfläche `Job List` werden die noch nicht abgearbeiteten Druckaufträge angezeigt.

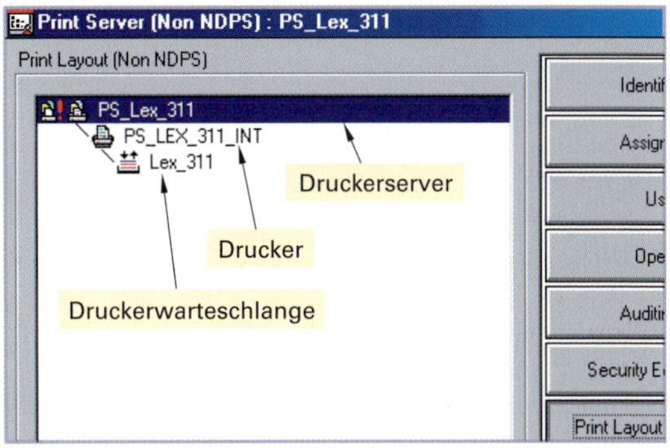

Bild 2: Druckserver

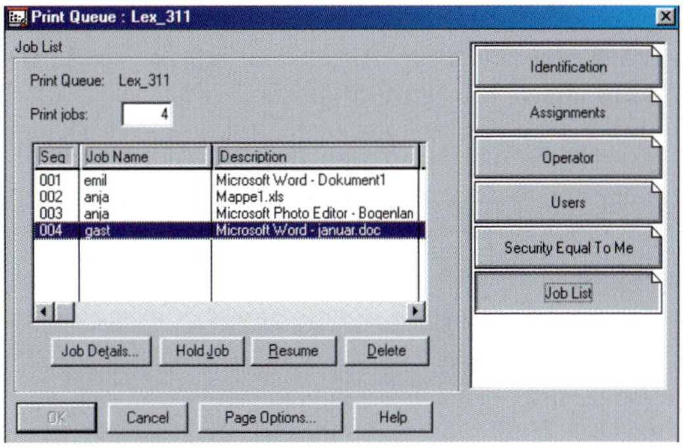

Bild 3: Druckerwarteschlange

Übung 2

Lassen Sie sich alle vorhandenen Druckaufträge anzeigen.

Lösung: **Bild 3**

Wird ein Druckauftrag markiert, kann er von einem dazu berechtigten Benutzer z. B. über die Schaltfläche `Delete` gelöscht werden. Dazu berechtigt ist jeder, der als Operator eingetragen ist. Über die Schaltfläche `Job Details...` können für die einzelnen Druckaufträge weitere Optionen eingesehen und auch verändert werden **(Bild 4)**. So wird z. B. bei `File size:` die Größe des Druckauftrages angezeigt, die Druckreihenfolge über `Service sequence:` beeinflusst und über die Aktivierung von `Notify when job is printed` der Benutzer benachrichtigt, der den Druckauftrag versandt hat.

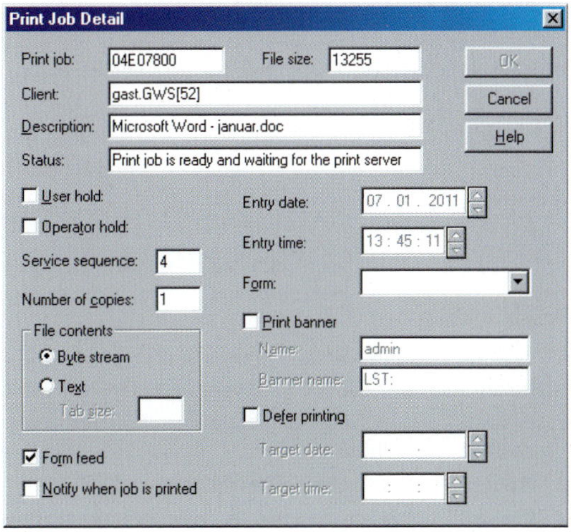

Bild 4: Eigenschaften des Druckauftrags

11.5.5 Arbeiten am Server

Der Novell NetWare Server ist auf MS-DOS aufgesetzt und wird über den Aufruf von SERVER im Verzeichnis `nwserver` gestartet. Die Datei `server.exe` bildet dabei das Kernstück des Servers, zu dem weitere Module hinzugeladen werden können.

NetWare Loadable Modules

Diese Module bzw. Treiber für benötigte Hardwarekomponenten liegen auf einem NetWare Server in Form von *NetWare Loadable Modules* (von to load = laden, module = Komponente), den sogenannten NLMs, vor.

> NetWare Loadable Modules (NLMs) sind Dienstprogramme und Treiber für Hardwarekomponenten.

Startdateien des Servers

Zu den Dateien, die während des Hochfahrens des Servers abgearbeitet werden, gehören die `startup.ncf` und die `autoexec.ncf`. In der `startup.ncf` sind die Festplattentreiber angegeben **(Bild 1)**. Die `autoexec.ncf` enthält Befehle für den weiteren Boot-Vorgang **(Bild 2)**. Hier werden benötigte NLMs automatisch geladen, der Servername zugewiesen und Volumes gemountet (von to mount = verbinden), d. h. verfügbar gemacht.

> Zu den Startdateien des Servers gehören die Dateien `startup.ncf` und `autoexec.ncf`.

Volumes

Volumes können am Server je nach Bedarf gemountet werden. So können selten genutzte Volumes wie diverse CD-ROMs erst bei Bedarf dazugebunden und so das System bis dahin entlastet werden.

Server-Konsole

Der Server selber besitzt eine befehlsorientierte Oberfläche **(Bild 3)**. Um Aktionen zu starten, müssen Kommandos eingegeben werden **(Tabelle 1)**. Nachrichten an alle angemeldeten Benutzer werden mit dem Befehl BROADCAST versandt. So kann den Benutzern mitgeteilt werden, dass Wartungsarbeiten anstehen und der Server heruntergefahren werden muss. Alle gerade verfügbaren Volumes werden mit dem Befehl VOLUMES aufgelistet (Bild 3).

WV

Wiederholung und Vertiefung

1. **Welche Dienste können in einem Netzwerk angeboten werden?**
2. **Erklären Sie die Begriffe Netzlaufwerk, Stammverzeichnis und Volume.**
3. **Geben Sie den Aufbau einer NDS an.**
4. **Welche Rechte können auf Netzwerkverzeichnisse und Daten vergeben werden?**

> Wartungsarbeiten müssen den Benutzern rechtzeitig angekündigt werden.

```
Load Keyb Germany
Load Charset CP850
LOAD IDECD.CDM
LOAD SCSIHD.CDM
LOAD IDEATA.HAM PORT=1F0 INT=E
LOAD IDEATA.HAM PORT=170 INT=F
LOAD ADPT160M.HAM SLOT=2
```

Bild 1: Datei startup.ncf

```
SET BINDERY CONTEXT = O=GWS
SET TIME ZONE = ECT-1ECTD
SET DAYLIGHT SAVINGS TIME OFFSET = 1:00:00
SET START OF DAYLIGHT SAVINGS TIME  = (APRIL SUNDAY
SET END OF DAYLIGHT SAVINGS TIME = (OCTOBER SUNDAY

# Hinweis: Die oben genannten Zeitzoneninformatione
# sollten dem Servernamen immer vorangestellt sein.
# ACHTUNG!!

FILE SERVER NAME SERVER
# ACHTUNG!!
```

Bild 2: Datei autoexec.ncf

```
SERVER:broadcast "Es werden Arbeiten am Server durchg
SERVER:broadcast "Bitte Abmelden"
SERVER:load monitor
Loading module MONITOR.NLM
  NetWare Console Monitor
  Version 5.22    11 April 2000
  Copyright 1989-1998  Novell, Inc.  All rights reser
SERVER:load nwconfig
Loading module NWCONFIG.NLM
  NetWare Configuration Utility
  Version 3.32     1 September 2000
  Copyright 2000 Novell, Inc.  All rights reserved.
SERVER:
```

Bild 3: Server-Konsole

Tabelle 1: Server-Befehle für Novell NetWare

Befehl	Bedeutung und Anwendung
BROADCAST	(to broadcast = senden, übertragen) Meldungen an angeschlossene Arbeitsstationen versenden, max. 55 Zeichen, z. B. broadcast „Server fährt herunter".
ADD NAME SPACE	Zur Unterstützung anderer Namenskonventionen, z. B. add name space long to sys für lange Dateinamen unter Windows.
LOAD	Laden von Modulen (NLMs), z. B. load monitor.
DOWN	Herunterfahren des Servers.
EXIT	Verlassen des Netzwerkbetriebssystems.
RESTART SERVER	Neu Starten des Servers.
MOUNT	(to mount = montieren) Mounten von Volumes.
DISMOUNT	Zum Aufheben des Mount-Befehls, z. B. dismount cdrom.
VOLUMES	Anzeigen gemounteter Volumes.

11.6 Datenschutz und Datensicherung

11.6.1 Gesetzlicher Datenschutz

Durch die elektronische Datenverarbeitung besteht technisch die Möglichkeit, die Daten der Bürger in einem so großen Umfang zu speichern und aus dem Datenspeicher bei passender Gelegenheit zu entnehmen, dass damit *Missbrauch* getrieben werden kann. So könnte z.B. nach einer Eheschließung ein Hochzeitspaar von aufdringlichen Verkäufern aufgesucht werden.

Deshalb wurden Gesetze und Einrichtungen geschaffen, die den Missbrauch von Daten verhindern sollen. Missbrauch liegt dabei vor, wenn zu dem Gebrauch der Daten keine gesetzliche Grundlage besteht.

> Der gesetzliche Datenschutz dient nicht dem Schutz der Daten, sondern dem Schutz des Bürgers vor missbräuchlicher Verwendung der über ihn gespeicherten Daten.

Der Gebrauch der gespeicherten Daten ist erlaubt, wenn dazu eine *gesetzliche Grundlage* besteht. So haben die Finanzämter Zugang zu fast allen Daten, die über die Einkommensverhältnisse der Bürger etwas aussagen, weil zur Besteuerung gesetzliche Grundlagen vorhanden sind. Dagegen haben z.B. Schulbehörden keinen Zugang zu den Daten des Finanzamtes, weil die gesetzlichen Aufgaben der Schulbehörden das nicht erfordern.

Während öffentliche Institutionen vielfachen Zugang zu gespeicherten Daten haben, da meist gesetzliche Grundlagen dazu bestehen, ist der Zugang von privaten Institutionen zu gespeicherten Daten anderer Institutionen im Prinzip sehr eingeschränkt. So ist es z.B. einer Bank nicht möglich, die Einkommensverhältnisse eines Kunden aus der Datei des Finanzamtes zu erfahren.

> Der Datenschutz ist gegenüber privaten Institutionen besonders wirksam.

Die Überwachung der Datenschutzgesetze erfolgt vor allem durch staatliche Datenschutzbeauftragte und deren Verwaltungen. Diese geben auch Informationen über den Datenschutz heraus **(Bild 1)**. Es gibt einen Bundesdatenschutzbeauftragten und in jedem Bundesland einen Landesdatenschutzbeauftragten.

Im BDSG (Bundesdatenschutzgesetz) sind Maßnahmen angeführt, die für Datenverarbeitungsanlagen von personenbezogenen Daten vorgeschrieben sind **(Tabelle 1)**.

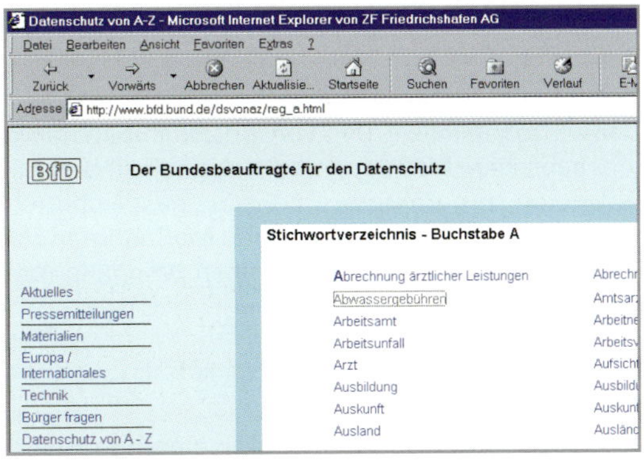

Bild 1: Auszug aus der Homepage des Bundesbeauftragten für den Datenschutz BfD

Tabelle 1: Maßnahmen zum Datenschutz

Maßnahme	Ziel
Zugangskontrolle	Kein Zugang für Unbefugte zu einem Computer.
Abgangskontrolle	Unterbinden des Entwendens von Datenträgern.
Speicherkontrolle	Kein unbefugtes Verändern von Speicherinhalten.
Benutzerkontrolle	Protokollierung der Benutzer des Computers.
Zugriffskontrolle	Kein Zugriff von Unbefugten auf Dateien und Programme.
Übermittlungskontrolle	Protokollierung der Datenweiterleitung.
Eingabekontrolle	Protokollierung, wer welche Daten wann eingegeben oder verändert hat.
Auftragskontrolle	Überprüfungsmöglichkeit im Auftrag erfolgter Datenverarbeitung gemäß Auftrag.
Transportkontroll	Kein unbefugtes Verändern von Daten bei der Datenübermittlung oder beim Datenträgertransport.
Organisationskontrolle	Aufbau der betrieblichen oder behördlichen Organisation entsprechend den Datenschutzbestimmungen.

Wiederholung und Vertiefung

WV

1. **In welchem Fall liegt Missbrauch von Daten vor?**
2. **Welche Aufgabe hat der gesetzliche Datenschutz?**
3. **Wer überwacht die Einhaltung der Datenschutzgesetze?**
4. **Nennen Sie die 10 für den Datenschutz vorgesehenen Kontrollen.**
5. **Nennen Sie Beispiele für personenbezogene Daten.**

11.6.2 Maßnahmen zur Datensicherung

Systeminterne Maßnahmen

Der wirtschaftliche Erfolg von Unternehmen hängt in erheblichem Maße von der Verfügbarkeit der verwendeten Programme und der gespeicherten Daten ab. Aus diesem Grund sind Maßnahmen zur Sicherung der Unternehmensdaten zwingend notwendig.

Daten in Computern und Netzen können verloren gehen durch

- eine nicht einwandfrei funktionierende Spannungsversorgung,
- Umwelteinflüsse, z. B. magnetische Felder oder zu hohe Temperaturen,
- Defekte in der Computeranlage,
- Fehlbedienungen oder durch
- virenbefallene Programme und Daten.

Die Spannungsversorgung kann sichergestellt werden, indem eine USV-Anlage (Unterbrechungsfreie Stromversorgung, Abschnitt 1.3.6) verwendet wird. Dieser Notbetrieb muss mindestens so lange aufrechterhalten werden, bis alle das aktuelle Computerabbild beschreibenden Daten auf einem nichtflüchtigen Datenspeicher gespeichert sind.

Zum Vermeiden von Datenverlusten aufgrund von Umwelteinflüssen müssen Computer in geeigneten Räumen aufgestellt werden. Oft sind Klimaanlagen vorzusehen. Auf ausreichende Abschirmung der Leitungen ist zu achten.

Zum Vorbeugen von Datenverlusten infolge von Defekten in einem Computer muss dieser mit einer Diagnosesoftware ausgestattet sein **(Bild 1)**.

- Bei einem Neustart des Computers werden z. B. über alle Speicherbereiche hinweg die Quersummen der Datenworte berechnet und aufaddiert. Die Endsumme wird mit der beim letzten Ausschalten des Computers ermittelten Endsumme verglichen.
- Die beschreibbaren Speicher (RAM) werden zyklisch mit bestimmten Daten beschrieben und durch anschließendes Lesen geprüft (walking pattern method = wandernde Mustermethode).
- Die Schnittstellen zu den Peripheriegeräten werden zyklisch mit Testdaten versorgt, die bei den Peripheriegeräten bekannte Echodaten hervorrufen.
- Der interne Computerbus wird mittels Sendedaten und zugehörigen Empfangsdaten der Busteilnehmer geprüft.

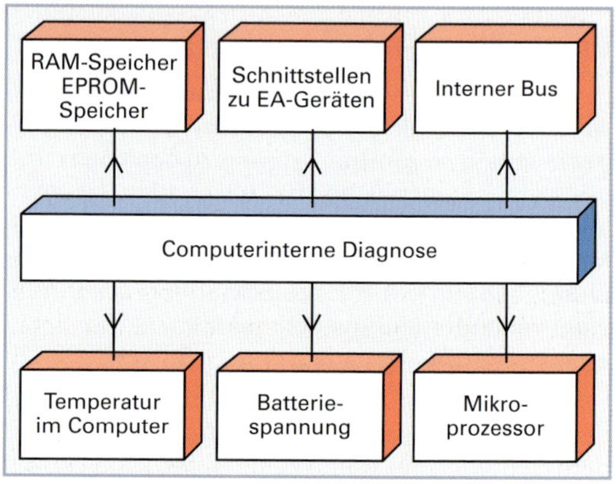

Bild 1: Online-Diagnose eines Computers

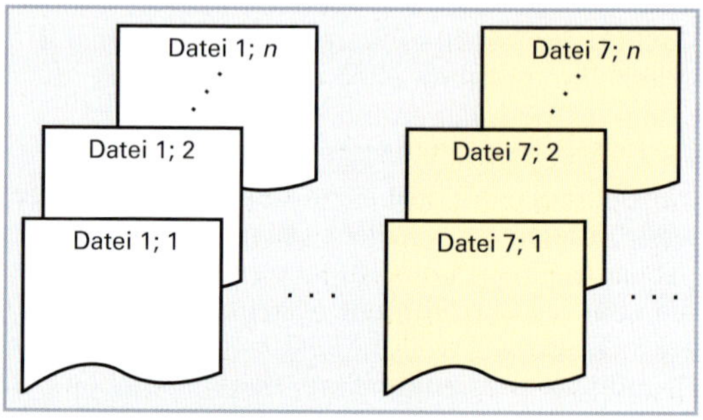

Bild 2: Dateien mit mehreren Versionen

- Mittels Sensoren wird die Temperatur des Computers ständig überprüft.
- Die für Batteriepufferung verwendeten Batterien werden zyklisch mit Belastungswiderständen auf ihren Ladungszustand geprüft.
- Die Mikroprozessoren oder Mikrocontroller eines Computers werden zusätzlich mittels Programmlaufzeitüberwachungen (Watch-Dog-Programme), angewendet auf Testprogramme, zyklisch geprüft.

> Mittels online ablaufender Diagnoseprogramme können manche Defekte eines Computers frühzeitig erkannt werden.

Schutz gegen Datenverlust infolge von Fehlbedienung erzielt man durch mehrfache Speicherung von Dateien in einem Computer **(Bild 2)**. Beim Abspeichern einer veränderten Datei wird nicht die ursprüngliche Datei überschrieben, sondern es wird eine neue Datei mit gleichem Namen angelegt, jedoch mit anderer Versionsnummer.

Weitere Schutzmöglichkeiten gegen Datenverlust sind z. B., alle 10 min die gerade in Bearbeitung befindliche Datei auf die Festplatte zu sichern oder vor dem Überschreiben einer Datei eine Sicherheitsabfrage an den Bediener abzusetzen **(Bild 1)**.

Der Einsatz von RAID-Systemen (von Redundant Array of Independent Disk = redundante Anordnung von unabhängigen Platten, statt Independent auch Inexpensive = billig) im Bereich der Festplatten von Computern erhöht die Datenverfügbarkeit wesentlich. Beim häufig angewendeten RAID-Level-5 sind die Nutzdaten und die Paritätsdaten blockbereichsweise auf mindestens vier Platten (Drives) verteilt **(Bild 2)**. Keine Platte enthält die Paritätsinformationen der Blöcke seiner eigenen Platte. Dadurch ist sichergestellt, dass bei Ausfall eines Laufwerks dessen Informationen rekonstruierbar sind. Die Datenredundanz beträgt etwa 20 %. Mehr Sicherheit bietet RAID-Level-1. Hier werden die Daten auf doppelten Laufwerken zweifach (gespiegelt) gespeichert.

Durchführung von Backups

Zur Vermeidung größerer finanzieller Schäden infolge verloren gegangener Daten müssen von Zeit zu Zeit Datensicherungen entweder manuell oder automatisch vom gesamten Datenbestand durchgeführt werden. Hierbei werden die Daten meist auf Magnetbandkassetten, CDs, DVDs, Wechselfestplatten oder auch auf einem anderen Computer gespeichert **(Bild 3)**. Solche Datensicherungen bezeichnet man als *Backup* (von back up = zurücklegen).

> Eine Datensicherung erfolgt als Backup von Programmen und Daten.

Ein optimaler Schutz besteht, wenn täglich alle Dateien aller Arbeitsfestplatten gesichert werden **(Bild 1, folgende Seite)**. Dies wird als *Voll-Backup* bezeichnet. Das zeitlich aufwendige Voll-Backup wird z. B. zu Monatsanfang einmal erstellt. Oft werden die neu erstellten Dateien datumsabhängig nach Arbeitsschluss gesichert. Diese Art der Sicherung wird als *Zuwachssicherung* (Zuwachs-Backup) bezeichnet und ist schnell durchgeführt. Eine weitere Möglichkeit besteht darin, alle geänderten Dateien zu speichern. Diese Art der Sicherung wird *Differential-Backup* bezeichnet. Geänderte Dateien können am *Archiv-Bit* erkannt werden.

Bei der oft verwendeten Großvater-Vater-Sohn-Methode werden von Januar bis Dezember Monatssicherungen, von Woche 1 bis Woche 5 eines Monats Wochensicherungen und von Montag bis Freitag Tagessicherungen durchgeführt.

> Bei RAID-Systemen sind die Daten z. T. redundant, also mehrfach gespeichert, sodass bei Datenverlust eine automatisierte Datenwiederherstellung möglich ist.

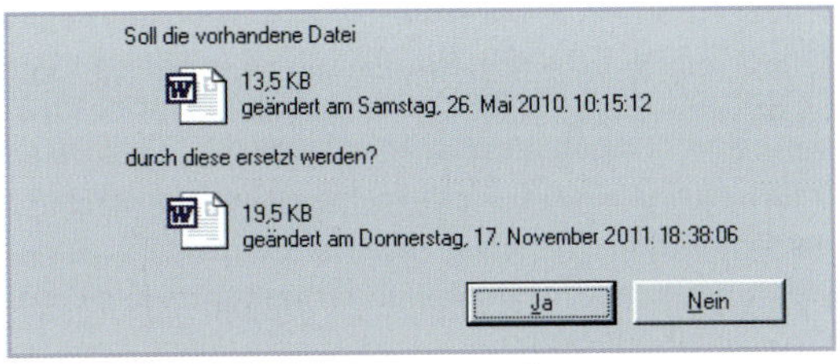

Bild 1: Sicherheitsabfrage vor dem Überschreiben

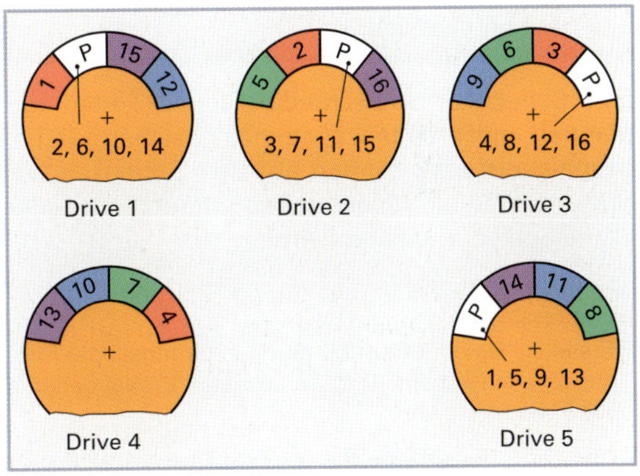

Bild 2: Verteilung der Daten bei RAID Level 5

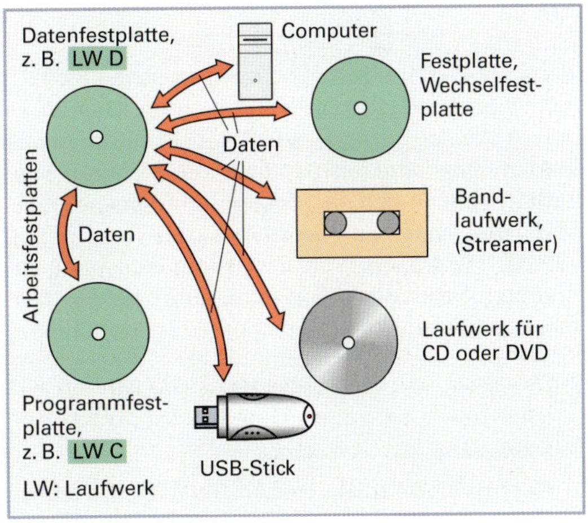

Bild 3: Prinzip und Medien der Datensicherung

> Bei Backup-Datensicherungen unterscheidet man Voll-Backup, Differential-Backup und Zuwachs-Backup.

Zur automatischen Sicherung des vollständigen Datenbestandes einer Firma werden teilweise Speichersysteme mit internen Roboterarmen eingesetzt **(Bild 2)**. Von allen dezentralen Servern werden nachts die Daten zu einem zentralen Backup-Server übertragen. An diesem ist z. B. ein Magnetband-Kassettenspeichersystem angeschlossen, in welchem Roboterarme Kassetten aus einem internen Kassettenlager einlegen und nach dem Beschreiben wieder zurücklegen.

Alternativ kann auch mit DVDs gearbeitet werden. Für die Datenträger ist sicherzustellen, dass ihre Aufbewahrung feuersicher, magnetfeldgeschützt und diebstahlsicher erfolgt.

> Wichtige Daten eines Computers können durch Einsatz eines Backup-Computers rasch und aktuell gesichert werden.

Zum Schutz vor Überschreiben von Disketten und Magnetbandkassetten, auf denen gesicherte Daten gespeichert sind, können auf den Gehäusen der Speichermedien Klebestreifen angebracht oder kleine Schieber betätigt werden.

Übung 1

Erstellen Sie auf Ihrem PC eine Sicherungskopie für Ihre Dateien auf eine DVD im Laufwerk E. Wie gehen Sie in Windows vor?

Lösung:
Nach Klicken auf Start werden angewählt Systemsteuerung, Klassische Ansicht, Sichern und Wiederherstellen. Anschließend erfolgt ein Benutzerdialog.

In folgenden Benutzerdialog kann zwischen Sichern und Wiederherstellen gewählt werden **(Bild 3)**. Es ist nun *Dateien sichern* anzuklicken. In einem neuen Dialogfenster wird nach dem Ort der Sicherung gefragt (Bild 3). In den nachfolgenden Dialogfenstern sind die zu sichernden Dateitypen, z. B. Dokumente, Videos, E-Mails sowie der Zyklus der Sicherung anzugeben. Schließlich sind noch auszuwählen zwischen täglicher, wöchentlicher oder monatlicher Sicherung sowie dem gewünschten Wochentag, z. B. Freitag und der gewünschten Uhrzeit.

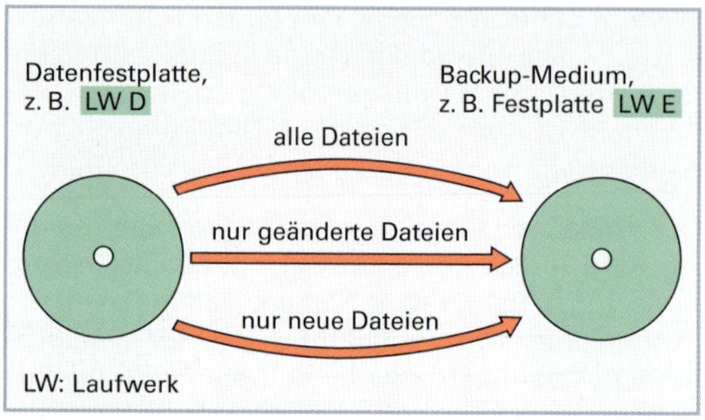

Bild 1: Arten der Datensicherung

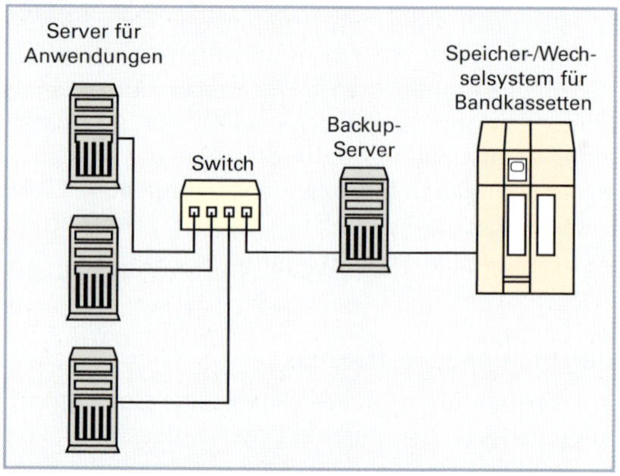

Bild 2: Automatische Datensicherung mit Speicher-/ Wechselsystem für Datenträger

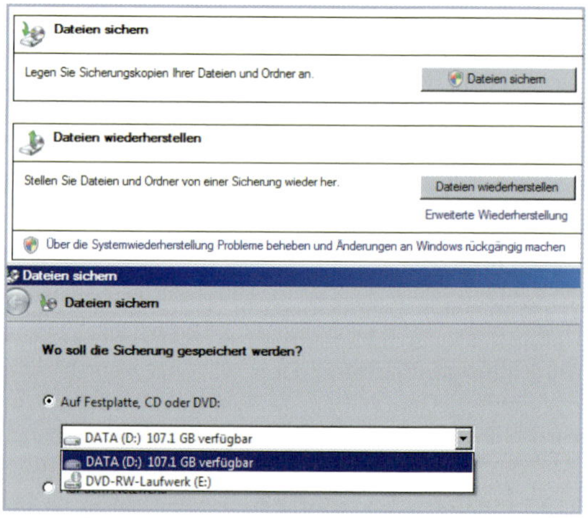

Bild 3: Auszug aus Benutzerdialog zum Sichern von Dateien

Wiederholung und Vertiefung

1. **Nennen Sie Beispiele, die zum Verlust von Daten in Computeranlagen führen können.**
2. **Welche Funktionen sollte eine Diagnosesoftware besitzen, um einem Datenverlust in einem Computer vorzubeugen?**
3. **Wie kann ein Schutz gegen Datenverlust infolge von Fehlbedienung erreicht werden?**
4. **Welchen Vorteil besitzen RAID-Systeme?**
5. **Was bedeutet RAID-Level 1?**
6. **Welche Arten von Backup-Datensicherungen werden unterschieden?**
7. **Was versteht man unter der Großvater-Vater-Sohn-Methode?**
8. **Erklären Sie die Wirkungsweise eines Speicher-Wechselsystems für Bandkassetten.**
9. **Wie sollten Datenträger, die gesicherte Daten besitzen, aufbewahrt werden?**

11.6.3 Maßnahmen gegen unbefugte Nutzung

Bei IT-Systemen ist es erforderlich, Daten gegen fremden Zugriff, insbesondere auch gegen Sabotage, und Programme gegen unzulässige Nutzung zu schützen.

Passworte

Die verbreitetste Methode zum Schutz vor unerlaubtem Zugriff auf einen Computer ist die Verwendung von Passworten. Jeder Benutzer einer Computeranlage besitzt ein eigenes Passwort, welches er zu Beginn seiner Sitzung dem Computer mitteilen muss. Kennt der Computer dieses Passwort, erlaubt er dem Benutzer den Zugang. Aus Sicherheitsgründen müssen Passworte

- oft mindestens 10 Zeichen lang sein,
- verschiedene, nicht aufeinander folgende Zeichen enthalten und
- in Einzelfällen täglich geändert werden.

Oft verweigert der Computer einem Benutzer sogar den Zugang, wenn drei aufeinander folgende Passworteingaben fehlerhaft waren.

Passworte sind oft an Benutzerrollen gebunden. Dies bedeutet, dass ein Benutzer aufgrund seines Passwortes nur mit ausgewählten Anwendungen (Programmen) arbeiten darf.

Dateigebundene Zugriffsrechte

Es ist möglich, auf Dateien gezielte Zugriffe für Lesen (read), Schreiben (write), Ausführen (execute) und/oder Löschen (delete) zu erlauben **(Bild 1)**. Neben diesen Zugriffsarten kann meist auch noch der zugriffsberechtigte Personenkreis ausgewählt werden. Es wird hierbei zwischen

- dem Eigner der Datei,
- einem Gruppenmitglied des Eigners,
- den übrigen Benutzern des Computers und/ oder
- dem Systemmanager des Computers

unterschieden.

> Dateien lassen sich hinsichtlich verschiedener Zugriffsarten schützen.

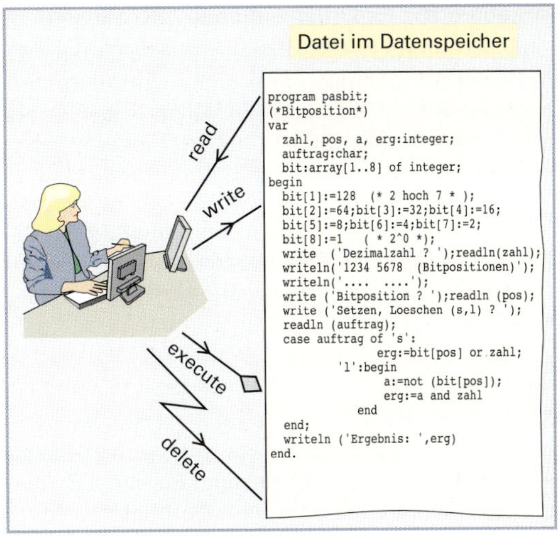

Bild 1: Zugriffsarten auf eine Datei

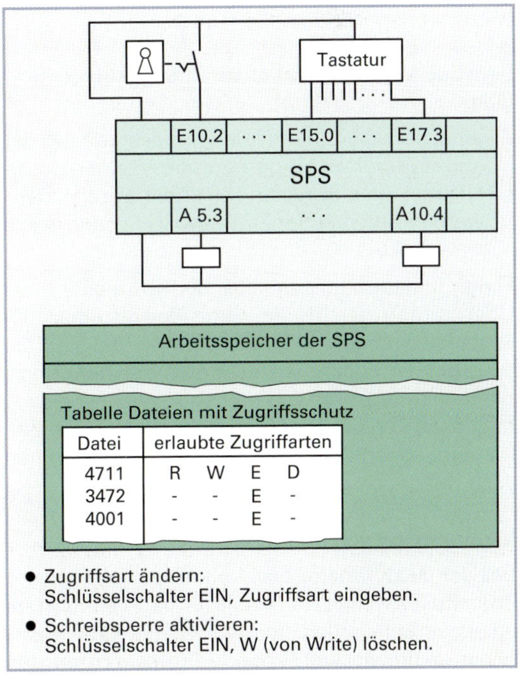

Datei	erlaubte Zugriffarten
4711	R W E D
3472	- - E -
4001	- - E -

- Zugriffsart ändern: Schlüsselschalter EIN, Zugriffsart eingeben.
- Schreibsperre aktivieren: Schlüsselschalter EIN, W (von Write) löschen.

Bild 2: Zugriffsschutz auf Dateien mittels Schlüsselschalter

Schlüsselschalter

Vom Einbau eines Schlüsselschalters in einen Computer wird sehr häufig bei numerischen Steuerungen (NC) und bei speicherprogrammierbaren Steuerungen (SPS) Gebrauch gemacht **(Bild 2)**. Es ist somit möglich, dass der Maschinenbediener nur ausgewählte Dateien ändern darf, aber z. B. der Meister alle Dateien der Steuerung. Die nur mit einem Schlüssel einzustellenden Schalterstellungen können über ein SPS-Eingangssignal erkannt werden. Ebenso sind die Betätigungen der Tasten der Bedienfeldtastatur über SPS-Eingangssignale auswertbar. Der Zugriffsschutz auf Dateien kann nun so realisiert sein, dass im Arbeitsspeicher der SPS eine Tabelle hinterlegt ist, welche die Zuordnung der Dateien zu den Zugriffsarten Lesen (read), Schreiben (write), Ausführen (execute) und Löschen (delete) enthält. Die Einstellung der erlaubten Zugriffsarten ist nur demjenigen möglich, der im Besitz des richtigen Schlüssels ist.

Zugriffsrechte für Organisationen oder Projekte

Oft wird gefordert, dass nur bestimmte Organisationseinheiten (Abteilungen) eines Unternehmens oder die Mitarbeiter eines speziellen Projektes auf festgelegte Dateien Zugriff haben. Hierzu müssen über Tabellen den Dateien die Organisationseinheiten oder die Projekte sowie die diesen zugeordneten Mitarbeiter zugewiesen werden **(Bild 1)**. Die Anwendungsprogramme müssen dann den Zugriff auf die Dateien über die genannten Tabellen steuern.

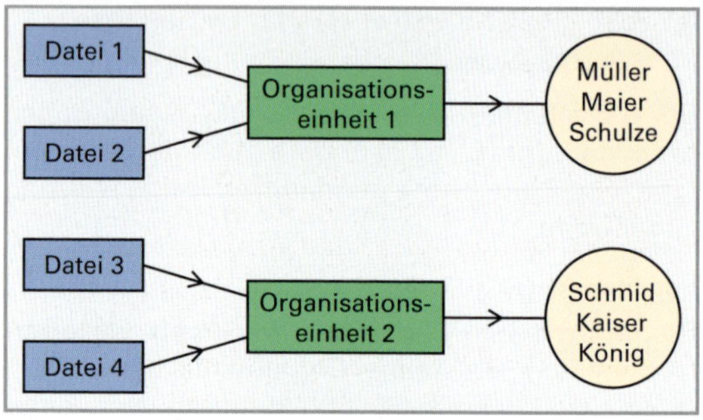

Bild 1: Steuerung von Zugriffsrechten

Smart Card

Smart Cards (Chipkarten) dienen als Software-Kopierschutz und zur Zutrittskontrolle von IT-Systemen **(Bild 2)**. Notwendige Lesegeräte sind z. B. über die USB-Schnittstelle mit dem Computer verbunden. Die Daten auf der Smart Card zur Identifizierung (Identifikationsprüfung) des Benutzers sind verschlüsselt. Zusätzlich können Passworte ausgewertet werden (Authentifizierung).

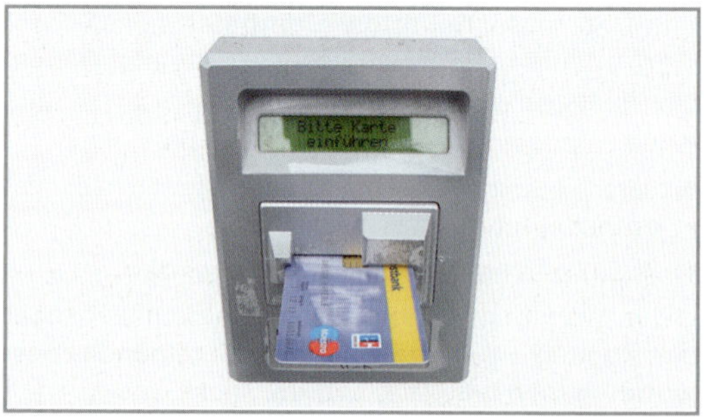

Bild 2: Zutrittskontrolle mittels Smart Card

Sonstige Maßnahmen bei der Zugangsberechtigung

Zugangsberechtigungen können auch anhand der Überprüfung eines Fingerabdruckes, einer Unterschrift oder einer Sprachprobe erteilt werden. Hierzu werden entsprechende Bitmuster erzeugt und ausgewertet.

Ferner findet mittels digitaler Bildverarbeitung die Überprüfung der Iris im Auge des zu einem IT-System Zugangssuchenden statt. Hierbei sind die Irisdaten der Zugangsberechtigten in einem Computer hinterlegt und werden beim Zugangswunsch mit denen von der am IT-System sich befindenden Kamera abgeglichen. In gleicher Weise können auch Handflächen ausgewertet werden.

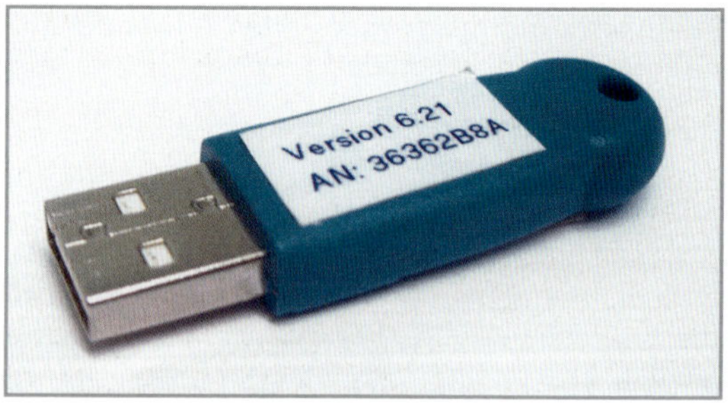

Bild 3: Dongle (Hardwarebox) für USB-Schnittstelle

Verdummung von Informationen

Bei der Zusammenarbeit von Unternehmen mit ihren Zulieferanten müssen Informationen (Daten) ausgetauscht werden. Im Rahmen des Know-How-Schutzes (Intellectual Property Protection) werden dazu in frühen Phasen der Zusammenarbeit Daten ausgetauscht, die bewusst verfälscht oder vereinfacht (verdummt) wurden. Beispiele sind falsche Maßangaben in Zeichnungen, das Weglassen von Zeichnungsangaben oder falsche Werkstoffangaben.

Dongle

Viele Lieferanten von Software für PC liefern ihre Produkte in Verbindung mit einer Hardwarebox *(Dongle,* Kopierschutzschaltung) aus **(Bild 3)**. Die Software ist meist zwar beliebig kopierbar, lauffähig ist sie jedoch nur zusammen mit dem Dongle. Dieser Dongle muss z. B. auf die parallele Schnittstelle oder eine USB-Schnittstelle der Computeranlage gesteckt werden. Während des Arbeitens mit der so geschützten Software wartet diese zeitweise auf ein Echosignal des Dongles. Erst bei dessen Eintreffen setzt sie ihren Ablauf weiter fort.

Die Schaltung eines Dongles kann z. B. aus einem Mikrocontroller mit integriertem RAM und EPROM sowie einem Schnittstellenbaustein bestehen. Der Zugriffsschutz beruht auf einer im Dongle als Software hinterlegten Verschlüsselung. Die zu schützende Software schickt mehrere Bytes an den Dongle, die dieser entsprechend seiner Verschlüsselungstabelle im EPROM überprüft. Wegen der bei acht Bytes möglichen $2^{8 \cdot 8} = 2^{64}$ Verschlüsselungsvarianten ist dieser Zugriffsschutz relativ sicher.

Software-Installationsschutz

Ein Schutz gegen unzulässige Nutzung kann auch dadurch verwirklicht werden, dass in einer Datei des Installationsprogramms verschlüsselt eine Seriennummer, z. B. des Computers, eingetragen wird und diese beim Installieren bzw. während der Programmnutzung geprüft wird. Häufig ist eine Nutzungslizenz auch zeitbegrenzt. Die Überprüfung erfolgt dann durch Abfrage des aktuellen Datums. Die Datumsangabe ist hierbei oft verschlüsselt.

Bei Client-Server-Anlagen müssen zur Installation der Anwendungssoftware, die hier teilweise auf dem Server und teilweise auf den Client-Computern betrieben wird, für die Client-Computer *Keys* (von key = Schlüssel) eingegeben werden. Dies sind computerspezifische Passworte, die vom Server und vom Client-Computer geprüft werden.

Firewall-Computer

Firmeninterne Netze werden durch Firewall-Computer (von firewall = Brandmauer) vom Internet getrennt **(Bild 1)**. Im Firewall-Computer wird eingetragen, wer von außen, also über das Internet, auf das firmeninterne Netz und somit auf die firmeninternen Computer zugreifen darf. Die eingehenden Daten werden dabei auf Zulässigkeit und Computerviren überprüft. Firewall-Computer arbeiten meist mit zwei Netzwerkskarten.

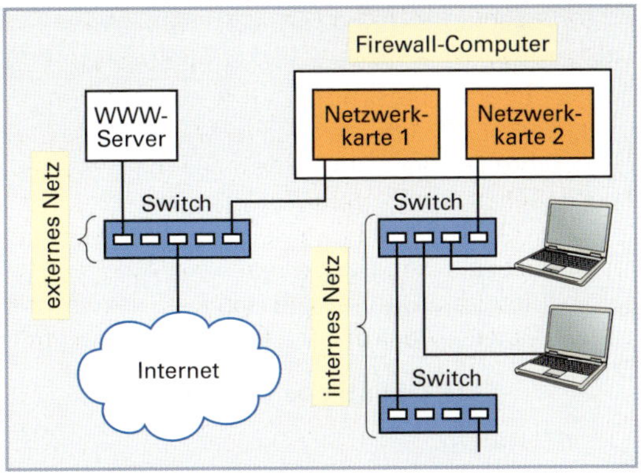

Bild 1: Firewall-Computer als Zugangsschleuse vom und ins Internet

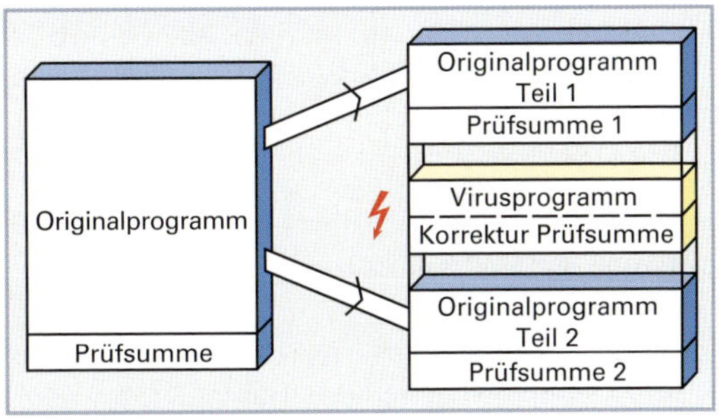

Bild 2: Virusprogramm eingepflanzt ins Originalprogramm

11.6.4 Schutz vor Computerviren

Ein Computervirus[1] ist ein Programm mit zerstörerischem Auftrag und ist in einem Programm, dem Wirtsprogramm, versteckt. Dieses infizierte[2] Programm steckt wiederum andere Programme bzw. Dateien an, indem das Virusprogramm dorthin Schadens verursachende Datensätze kopiert. Meist merkt man erst nach mehrfacher Vervielfachung des Schadensprogramms, dass der Computer fehlerhaft arbeitet. Manche Computerviren bewirken, dass z. B. der Speicher eines Computers mit Daten gefüllt wird, ohne dass der Benutzer dies bemerkt.

Das Aufspüren von Computerviren ist manchmal bereits durch Prüfung der gespeicherten Quersummen (Prüfsummen) der Speicherplätze der gespeicherten Dateien möglich.

Allerdings reicht eine Prüfsummenbildung allein zur Erkennung eines Computervirus meist noch nicht aus. Das Virus kann nämlich bei Kenntnis des Prüfsummenalgorithmus die durch ihn veränderte Prüfsumme entsprechend korrigieren **(Bild 2)**.

Mit *Antivirenprogrammen* kann man die diesen Programmen bekannten Computerviren (Codesequenzen) aufspüren und die befallenen Dateien meist auch reparieren (säubern). Da ständig neue Computerviren verbreitet werden, ist das Verwenden der aktuellsten Antiviren-Programmversion empfehlenswert.

Neben Bootsektor-Viren und Dateiviren gibt es auch noch Trojaner und Würmer. Ein *Trojaner* ist ein Virusprogramm, welches in einem erworbenen Programm enthalten ist, z. B. in einem Bildschirmschoner-Programm. Ein *Wurm* ist ein Virusprogramm, welches sich über das Netzwerk oder Internet weiterkopiert, ähnlich wie ein E-Mail-Virusprogramm anhand von Adresslisten.

Wiederholung und Vertiefung

WV

1. **Wie werden Dongles an Computeranlagen befestigt?**
2. **Nennen Sie vier Zugriffsarten auf Dateien.**
3. **Wozu dienen Passworte?**
4. **Erklären Sie die Funktionsweise von Passworten.**
5. **Erklären Sie die Wirkungsweise eines Firewall-Computers.**
6. **Was versteht man unter einem Computervirus?**

[1] das Virus = Krankheitserreger; [2] lat. inficere = anstecken

12 Öffentliche Netze

12 Öffentliche Netze

12.1 Telefonnetz

Das Fernsprechnetz bietet in analoger oder digitaler Technik die Dienste Telefonie, Faksimile, Datenübertragung, Übergänge zu Funknetzen, Zugang zum Internet und zu weiteren Diensteanbietern (Service Provider) an.

Die Rufnummernstruktur richtet sich nach dem Aufbau des Fernsprechnetzes. Als Verkehrsausscheidungsziffern werden in Deutschland der Rufnummer Nullen vorangestellt. In der ITU-Empfehlung E.164 wurde festgelegt, dass eine internationale Rufnummer aus maximal 15 Ziffern bestehen darf **(Bild 1)**. Wenn die nationale Rufnummer einen Netzübergang adressiert, z. B. in eine Telefonanlage, kann zusätzlich eine bis zu 40 Ziffern lange ISDN-Subadresse angehängt werden.

Das Fernsprechnetz stellt analoge und digitale Anschlüsse bereit.

12.1.1 Analoges Telefon

Das Telefonnetz hat weltweit eine Zweidrahtstruktur. Von jeder Vermittlungsstelle aus sind sternförmig je zwei verdrillte Leitungen zu den im Ortsnetzbereich liegenden Endgeräten verlegt. Die Vermittlungseinrichtungen versorgen die Telefone mit einer Gleichspannung von 60 V.

Moderne Telefone enthalten oft nur ein IC und wenige zusätzliche Bauelemente.

Beim Abheben des Hörers schließt ein Kontakt, der sogenannte Gabelumschalter, den Stromkreis und es fließt ein Gleichstrom von 40 mA bis 60 mA. Der Stromfluss wird von einem Indikator, z. B. einem Relais, in der Vermittlungseinrichtung erkannt. Damit ist der Verbindungswunsch signalisiert und es wird von der Vermittlungsstelle ein Wählton an das Telefon übertragen. Dies ist eine der Gleichspannung überlagerte Wechselspannung.

Bei abgehobenem Hörer sinkt die Spannung am Telefon von 60 V auf ungefähr 20 V.

Zum Hören und Sprechen sind elektroakustische Wandler eingesetzt. Sie wandeln akustische Signale in analoge elektrische Signale um und umgekehrt. Die Sprachsignale sind dem Gleichstrom überlagert. Eine Trennung von Sendekreis (Mikrofon) und Empfangskreis (Hörer) übernimmt die in der Nachrichtentechnik häufig verwendete Gabelschaltung.

Das Mehrfrequenzwahlverfahren ist durch seine Frequenzzuordnung sehr störsicher.

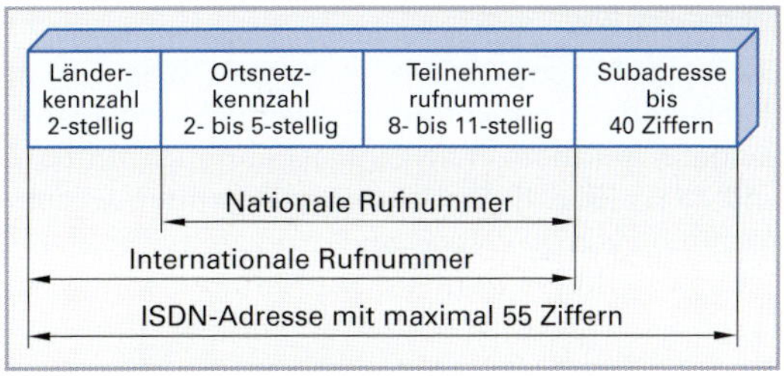

Bild 1: Rufnummernaufbau

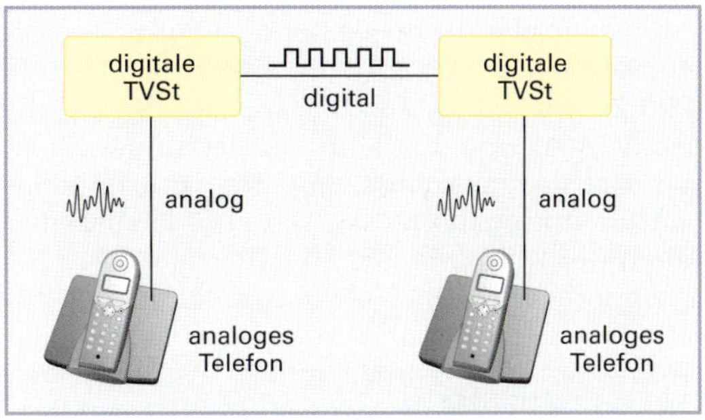

Bild 2: Analoge Telefone an digitalen Vermittlungsstellen

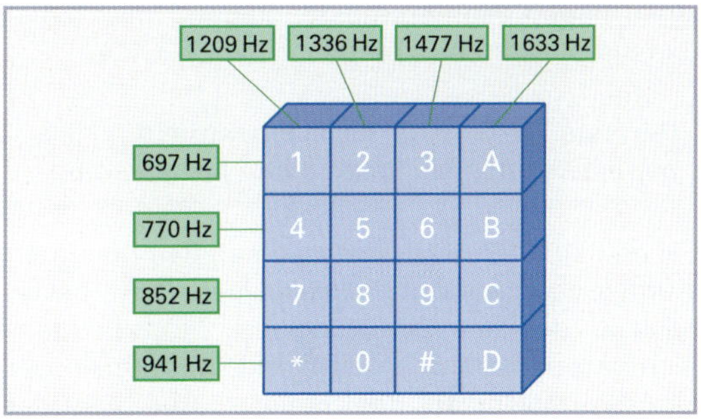

Bild 3: Frequenzen des Mehrfrequenzwahlverfahrens

Wahlverfahren

Alle großen Vermittlungsstellen arbeiten heute mit digitaler Technik. Die Sprach- und Wahlinformationen zu diesen Netzknoten erfolgen bei einem herkömmlichen Telefonanschluss jedoch weiterhin analog **(Bild 2)**. Das Fernsprechnetz arbeitet nach dem Prinzip der Leitungsvermittlung. Dabei bleibt der Nutzkanal während der ganzen Gesprächsdauer durchgeschaltet. Die Teilnehmer steuern durch ihre Ziffernwahl den Verbindungsaufbau.

Beim Mehrfrequenzwahlverfahren (MFV) werden durch Tastendruck jeweils zwei unterschiedliche Signalfrequenzen erzeugt, die innerhalb des Sprachfrequenzbandes liegen (Tonwahl). Die Frequenzzuordnung nach der ITU-Empfehlung Q.23 vermeidet die in Sprache und Musik vorkommenden geradzahligen Vielfachen der Frequenzen **(Bild 3)**.

Innerhalb des analogen Fernsprechnetzes wird das MFV auch zu Informationsübertragung von Endstelle zu Endstelle verwendet, z. B. zur codierten Fernabfrage von Anrufbeantwortern.

Signalisierung

Die Signalisierung des ankommenden Rufes erfolgt durch eine von der Vermittlungseinrichtung ausgesendete, getaktete Rufwechselspannung von 65 V und 25 Hz **(Bild 1)**. Sie ist der anliegenden Gleichspannung von 60 V überlagert, sodass auch ein Abheben des Hörers während des Rufes erkannt wird.

12.1.2 Telefonanschlusstechnik

Die Anschlussleitungen des Ortsnetzes enden in Verbindungsdosen von rechteckiger Form, die sich normalerweise im Keller der Gebäude befinden **(Bild 2)**. Sie heißen Abschlusspunkte des Liniennetzes (APL). Von dort führt ein vieradriges Kabel zum Netztrennabschluss NTA (Network Termination für Analogabschluss). Die angeschlossenen Adern werden mit La und Lb bezeichnet. Der NTA ist als normale Anschlussdose ausgeführt und stellt die erste Telekommunikations-Anschluss-Einheit (TAE) dar, die zwischen dem Netzbetreiber, z. B. der Deutschen Telekom AG (DTAG) und dem privaten Kundenbereich trennt. Gesetzliche Grundlagen bilden das Fernmeldeanlagengesetz (FAG) und die Telekommunikationsordnung (TKO).

> Die erste TAE-Dose ist meist Eigentum des Netzbetreibers und Schnittstelle zum Netzbetreiber.

Sie enthält für Prüfzwecke zwischen den Klemmen 1 und 2 den passiven Prüfabschluss (PPA), bestehend aus der Reihenschaltung einer Diode in Sperr-Richtung und einem Widerstand **(Bild 3)**. An der La-Ader (meist weiß oder hellere Farbe) liegt der Minuspol der Fernspeisung. Die Lb-Ader (meist braun oder die dunklere Farbe) besitzt Erdpotenzial. Zum Prüfen wird in der Vermittlungsstelle die Spannung umgepolt. Damit ergibt sich über die dann in Durchlassrichtung gepolte Diode eine niederohmige Netzschleife. Bei einer Leitungsunterbrechung lässt sich somit feststellen, ob die Störung im Bereich der DTAG oder im Bereich des Teilnehmers liegt.

> Der passive Prüfabschluss dient der Leitungsüberprüfung.

Codierungen bei TAE-Dosen

Für die verschiedenen Endgeräte werden unterschiedliche Codierungen für die Anschlussdosen verwendet **(Bild 4)**. Bei der F-Codierung (F steht für Fernsprechen) befindet sich eine Nut unten. Bei der N-Codierung für alle anderen Endgeräte, also die Nicht-Telefone wie z. B. Anrufbeantworter, Faxgerät und Modem, befindet sich die Nut in der Mitte. Die Stecker sind entsprechend geformt.

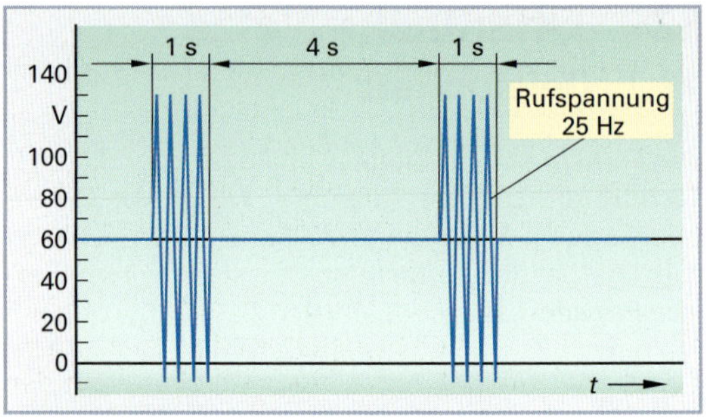

Bild 1: Rufwechselspannung mit 25 Hz

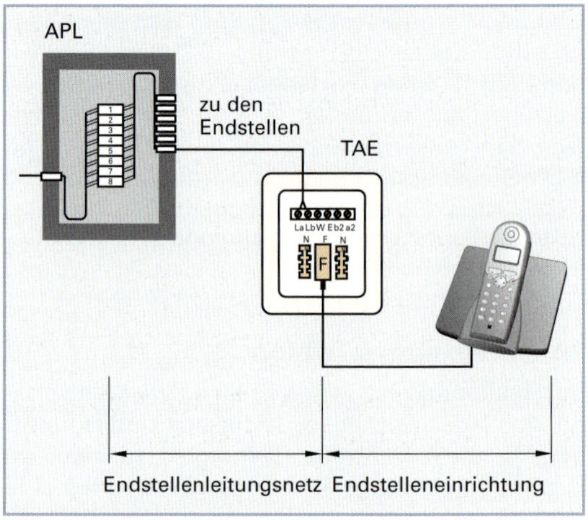

Bild 2: Abschlusspunkte im Liniennetz

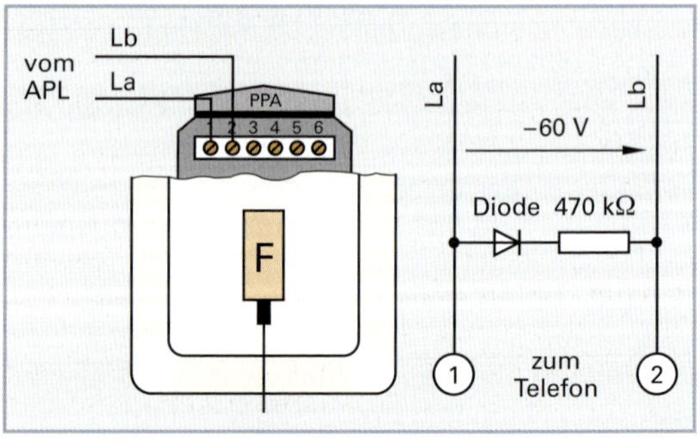

Bild 3: Passiver Prüfabschluss (PPA)

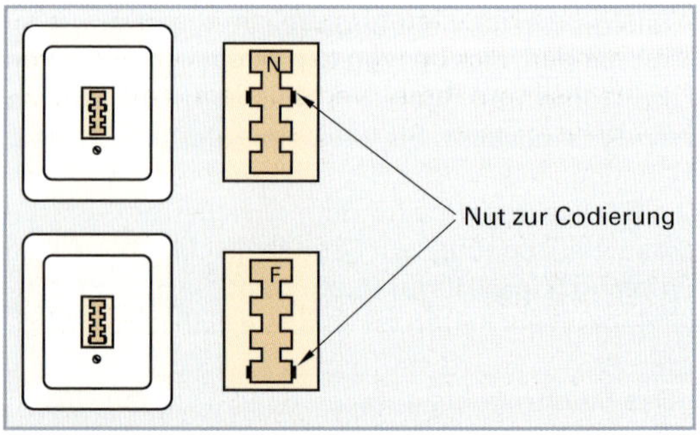

Bild 4: TAE-Dosen mit Vergrößerung der Anschlussbuchsen

Installation von TAE-Dosen

Die Doseninnenbeschaltung zeigt, dass N-codierte Geräte dem F-Anschluss vorgeschaltet sind **(Bild 1)**. Alle gesteckten N-codierten Endgeräte müssen deshalb die Leitungen La und Lb wieder zur TAE-Dose zurückführen, damit das Telefon noch funktionsfähig ist **(Bild 2)**.

Zusätzliche TAE-Dosen werden zu schon installierten Dosen in Reihe geschaltet **(Bild 3)**. Hierzu werden die Klemmen 5 und 6 der ersten Dose mit den Klemmen 1 und 2 der folgenden Dose verbunden. Es ist sinnvoll vieradrige Telefonkabel zu verwenden, da oft ein Leitungspaar zur nächsten TAE-Dose über eine Verteilerdose geführt werden muss (Bild 3). Auf Strich- oder Farbcodierung der Leitungen muss geachtet werden. Die Verdrillung der Adern verhindert Störungen. Die Leitungscodierung der einzelnen Hersteller unterscheidet sich **(Tabelle 1)**.

Anschluss von mehreren Endgeräten

Es können beliebig viele N-codierte Endgeräte an einem Fernsprechanschluss betrieben werden. Werden mehrere Telefone an installierten Dosen angesteckt, darf immer nur ein Telefon am Netz sein, um das Fernmeldegeheimnis zu wahren. Die Endgeräte nach dem ersten Telefon sind deshalb bei bestimmungsgemäßer Anschlusstechnik abgeschaltet.

Das Fernmeldegeheimnis muss auch beim Anschluss mehrerer Endgeräte gewahrt werden.

Bei automatischen Mehrfachschaltern (AMS) können bis zu vier sternförmig angeschlossene Telefone betrieben werden. Der Apparat, bei dem bei einem Anruf zuerst der Hörer abgenommen wird, bekommt das Gespräch. Ein automatischer Faxumschalter (AMS-Faxumschalter) nimmt Anrufe von Faxgeräten an, leitet aber normale Telefonanrufe an das angeschlossene Telefon oder den Anrufbeantworter weiter. Kleine Telekommunikationsanlagen (Nebenstellenanlagen) erlauben auch internes Telefonieren und bieten weitere Leistungsmerkmale wie z. B. Internkonferenzen, Rückfrage intern, Weiterverbinden, Pick up (von to pick up = im Sinne von Gesprächsübernahme), verschiedene Amtsberechtigungsarten und Kommunikation mit der Türsprechstelle **(Bild 4)**.

Tabelle 1: Leitungscodierung bei Telefonleitungen

Signal	Klemme	Telekomleitung	Siemensleitung
La	1	ohne Ring	rot
Lb	2	ein Ring	schwarz
a2	6	zwei Ringe, weit	weiß
b2	5	zwei Ringe, eng	gelb

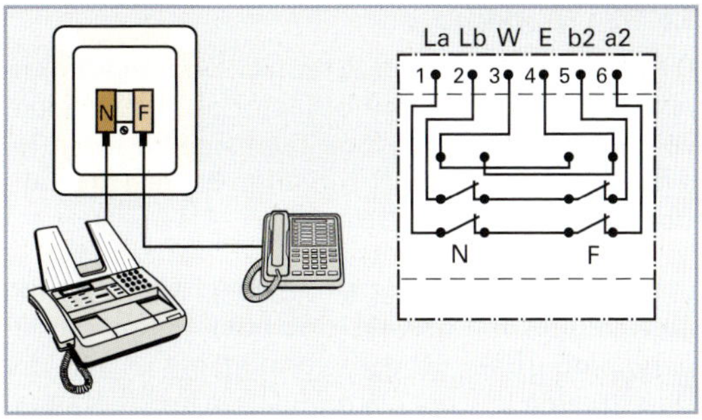

Bild 1: TAE-NF-Dose

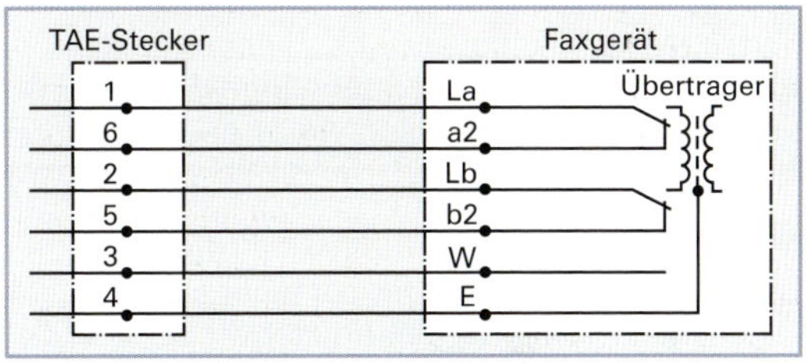

Bild 2: Anschluss eines Fax-Gerätes

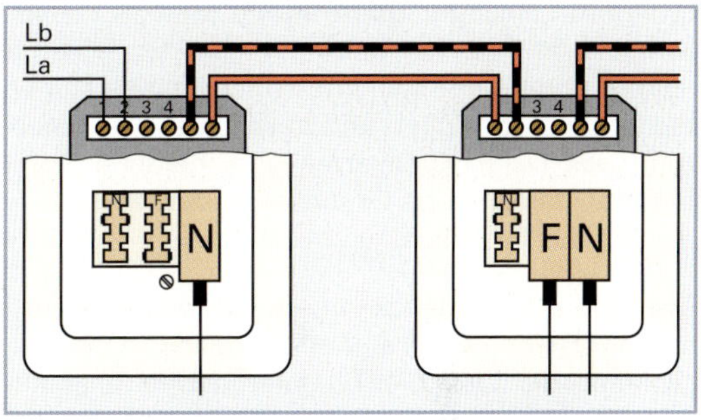

Bild 3: Hintereinanderschaltung von TAE-Dosen

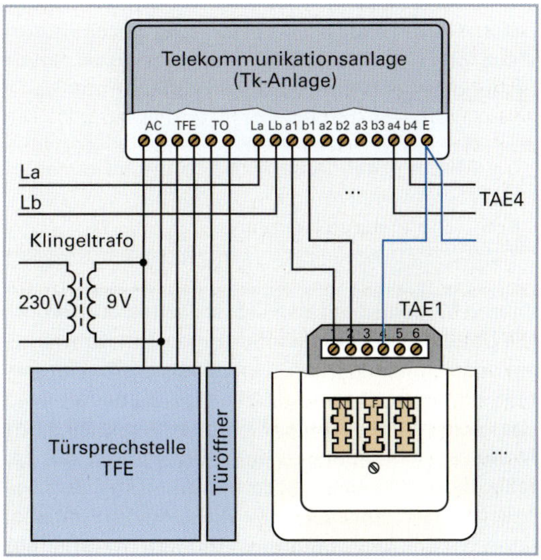

Bild 4: Anschlüsse an einer Tk-Anlage

12.1.3 Modem

Das Kunstwort Modem leitet sich von den Begriffen Modulator und Demodulator ab. Ein Modem verhält sich für das analoge Telefonnetz wie ein Telefon und wird mit der N-codierten Buchse der TAE-Dose verbunden **(Bild 1)**.

Die Modulation erzeugt ein für die Leitung geeignetes Signal und bewirkt eine hohe Datenübertragungsrate. Das Modem ermöglicht nach der Übertragung und der Demodulation im Empfänger wieder die eindeutige Rückgewinnung der binären Information **(Bild 2)**.

Das Modem passt die binären Signale eines PC an die analoge Fernsprechleitung an.

Modems unterstützen Duplexübertragungen mit Bitraten bis zu 56 kbit/s. Hierbei muss aber z. B. das Datensignal vom Internetanbieter digital ins Telefonnetz eingespeist und empfangen werden. Nur die Strecke zwischen Nutzer und Vermittlungsstelle erfolgt mit analoger Übertragung (Bild 2). Zusätzlich gestatten die meisten Modems einen fehlertoleranten Übertragungsbetrieb mit leistungsfähigen Sicherungsprotokollen und besitzen zur Verbesserung des Datendurchsatzes verschiedene Kompressionsfunktionen. Auf diese Weise sind Bitraten bis 336 kbit/s möglich.

Die historische Entwicklung der Modems hat sich in einer Reihe von Protokoll-Standards niedergeschlagen, die durch die ITU (International Telecommunications Union) herausgegeben und betreut werden. Die bekanntesten Standards sind die V-Protokolle **(Tabelle 1)**. Sie regeln die physikalische Datenschnittstelle, die automatische Verbindungssteuerung, das netzseitige Leitungssignal sowie Sicherungs- und Kompressionsverfahren.

Die Modem-Standards schaffen die Voraussetzung für die weltweite Kompatibilität der Datenübertragungseinrichtungen.

Interne Modems sind als PC-Steckkarten ausgeführt. Die Daten werden seriell übertragen. Ein Kommunikationsprogramm im PC (Terminalprogramm) enthält Konfigurationsmöglichkeiten. Gesteuert wird das Modem über eine allen Modems gemeinsame Modem-Befehlssprache, den AT-Befehlssatz. Alle Befehle dieser Steuersprache beginnen mit der Zeichenfolge AT (von attention = Achtung). Unmittelbar danach folgen die eigentlichen Modem-Kommandos **(Tabelle 2)**.

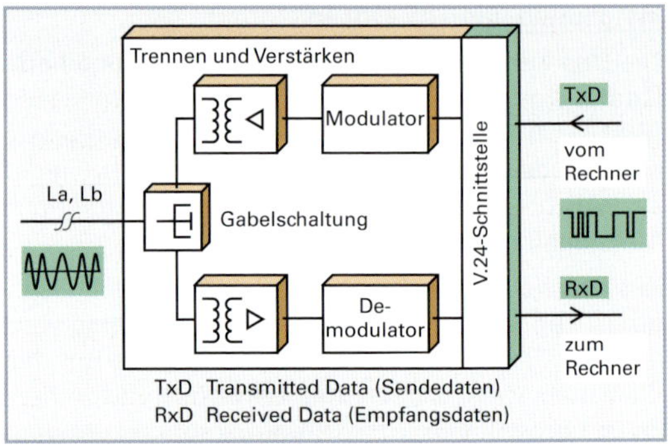

Bild 1: Prinzip eines Modems

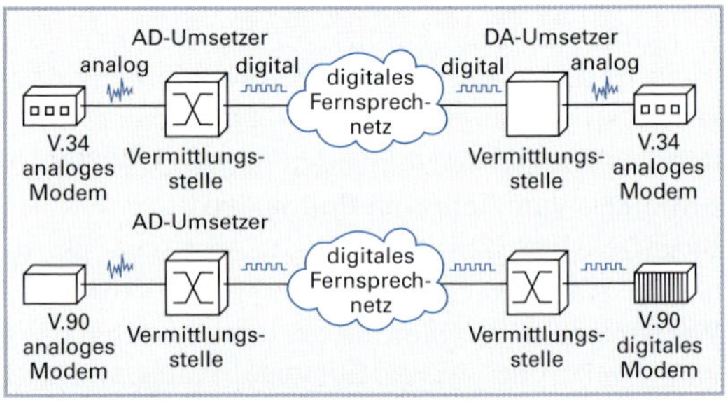

Bild 2: Datenübertragung mit Modem

Tabelle 1: ITU-T-Empfehlungen der V-Serie

Bezeichnung	Erklärung
V.24	Definition für Schnittstellenleitungen, vergleichbar mit RS-232C der EIA.
V.28	Signalpegel auf der V.28-Schnittstelle.
V.32	Vollduplexdatenübertragung mit 9 600 bit/s oder 4 800 bit/s.
V.32 bis	Erweiterung des V.32-Standards auf 7 200 bit/s, 12 000 bit/s und 14 400 bit/s.
V.34	Übertragungsstandard mit 28 800 bit/s.
V.42	Fehlerkorrekturprotokoll
V.42 bis	Datenkomprimierungsverfahren
V.90	Übertragungsstandard für 56 000 bit/s bei Empfang und 33 600 bit/s bei Sendung.

Tabelle 2: AT-Befehle

Befehl	Bedeutung
AT	Wird jedem Befehl vorangestellt.
A/	Wiederholung der letzten Befehlsfolge.
D	Wählen.
DP	Wählen im Impulswahlverfahren (IWV).
DT	Wählen im Mehrfrequenzverfahren (MFV).
H*n*	Modem legt auf (H0), Modem hebt ab (H1).
,	Pause (Warten auf Wählton).
X0	Wählen, ohne auf Wählton zu warten.
&F	Werkseitige Voreinstellung.
+++	Umschalten vom Datenmodus in den Befehlsmodus.

WV

Wiederholung und Vertiefung

1. **Wie ist eine internationale Rufnummer aufgebaut?**
2. **Welche Sonderbauform hat die erste TAE-Dose?**
3. **Wie werden mehrere TAE-Dosen zusammengeschaltet?**
4. **Welche Aufgaben hat ein Modem?**
5. **Nennen Sie die Merkmale der DSL-Technik.**

12.2 Aufbau und Stuktur von ISDN

Das diensteintegrierende digitale Nachrichtennetz ISDN (Integrated Services Digital Network) vereinigt die Übertragung aller Dienste wie Sprache, Texte, Daten und bewegte Bilder in einem System. Gegenüber der analogen Technik verbessert die Digitaltechnik die Übertragungsqualität und erhöht darüber hinaus die Übertragungsgeschwindigkeit. Durch ISDN sind viele Leistungsmerkmale möglich geworden, die zuvor undenkbar waren **(Tabelle 1)**.

Netzkonzept

Das bereits aus der analogen Übertragungstechnik vorhandene Kabelnetz wird bei ISDN weiterverwendet. Der Datentransfer zwischen der digitalen Vermittlungsstelle und den Teilnehmern erfolgt mit digitalen Signalen. Beim Teilnehmer werden die analogen Fernsprechsignale 8000 mal pro Sekunde abgetastet und jeder Abtastwert mit einem 8 bit langen Datenwort quantisiert. Die Datenworte werden dann mit einer Bitrate von b_r = 8 bit/s · 8000 = 64 000 bit/s im Zeitduplex-Betrieb übertragen. Jeder ISDN-Basisanschluss verfügt über zwei 64 kbit/s-Transportkanäle, die als B-Kanäle bezeichnet werden und einen 16 kbit/s Signalisierungskanal, den D-Kanal **(Bild 1)**. Für Synchronisation sind weitere 16 kbit/s vorgesehen.

> Über die B-Kanäle können zwei unabhängige Verbindungen zu unterschiedlichen Zielen aufgebaut werden.

Diese Nutzkanäle werden durchgehend zwischen den Endpunkten der Verbindung (end-to-end) digital durchgeschaltet. Es besteht also auch eine Verbindung, wenn gerade keine Daten übermittelt werden. Der D-Kanal dient zum Austausch der Steuerinformationen, mit denen die ISDN-Verbindungen aufgebaut und kontrolliert werden.

> Bei ISDN erfolgt im Gegensatz zum herkömmlichen Fernsprechnetz der Verbindungsaufbau über einen getrennten Steuerkanal.

Tabelle 1: Leistungsmerkmale von ISDN

Bezeichnung	Abkürzung	engl. Begriff
Anklopfen	CW	Call Waiting
Anrufweiterschaltung	CF	Call Forwarding
Dreierkonferenz	3PTY	Three Party Service
Durchwahl	DDI	Direct Dialling In
Mehrfachnummer	MSN	Multi Subscriber Number
Rückruf bei Besetzt	CCBS	Completion of Calls to Busy Subscriber
Übermitteln der Rufnummer	CLIP	Calling Line Identification Presentation
Umstecken am Bus	TP	Terminal Potability
Gebührenanzeige	OC	Advice of Charge
Feststellen böswilliger Anrufer	MCID	Malicious Call Identification

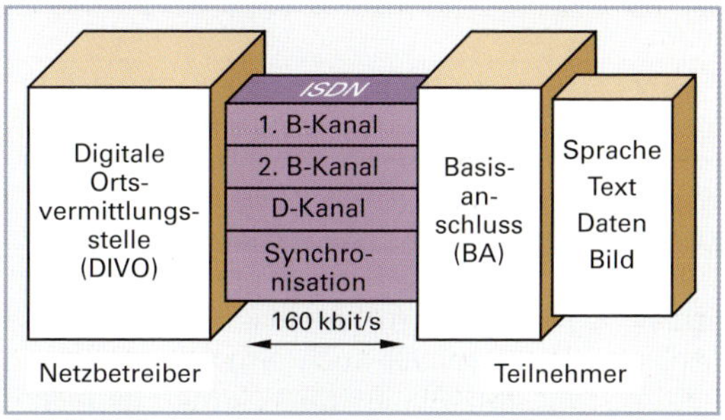

Bild 1: Struktur des ISDN-Basisanschlusses

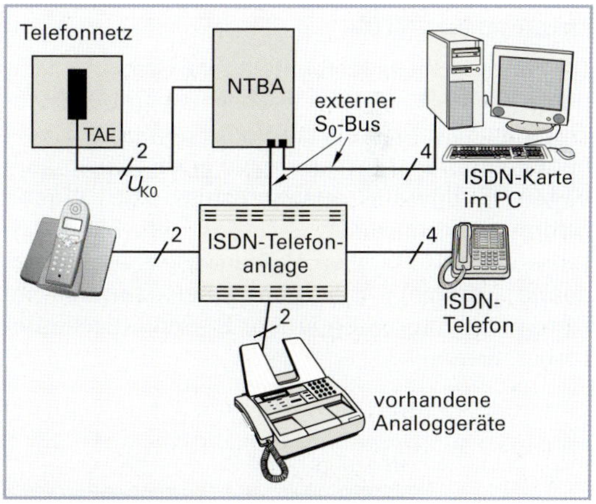

Bild 2: Beispielkonfiguration für ISDN

Dienste im ISDN

Das Leistungsangebot, das dem Teilnehmer in einem Nachrichtennetz zur Verfügung steht, wird als *Dienst* bezeichnet. Dieser wiederum ist durch seine Leistungsmerkmale gekennzeichnet. Zu diesen Diensten zählen beispielsweise das Fernsprechen oder der Faxdienst. Somit lassen sich die unterschiedlichsten Datenübertragungsgeräte mittels entsprechender Endgeräteanpassungen an der Standardschnittstelle des ISDN betreiben **(Bild 2)**.

Schnittstellen im ISDN

Beim Teilnehmer wird ein Netzabschlussgerät NT (Network Termination) installiert. Für den Basisanschluss ist dies der NTBA (Network Termination Basic Access), für den Primärmultiplexanschluss der NTPM (Network Termination Primary Multiplex). Der Anschlusspunkt der Kupferadern wird nach ITU beim NTBA als U_{K0}-Schnittstelle bezeichnet und entspricht der a/b-Schnittstelle des analogen Netzes **(Bild 1)**. Zur Übertragung der Daten zum Teilnehmer existieren verschiedene Leitungscodes, da die Schnittstelle mit ihrer Bruttobitrate von 160 kbit/s nicht international standardisiert ist. Ankommende Daten werden elektrisch durch Übertrager (Gabelschaltung) und softwaremäßig (Echokompensation) voneinander getrennt.

> Im NT erfolgt eine Richtungstrennung durch Gabelschaltung und Echokompensation.

Die Schnittstelle zum Teilnehmer hin heißt S_0-Schnittstelle. Diese international genormte Schnittstelle ist sowohl für den Anschluss einer TK-Anlage (Anlagenanschluss), als auch zum Anschluss von bis zu acht ISDN-Endgeräten, (Mehrgeräteanschluss) vorgesehen.

Netzabschluss NTBA

Der Netzabschluss NTBA stellt zwei Steckmöglichkeiten (RJ-45-Ports) und die Speisung für bis zu vier ISDN-fähige Endgeräte zur Verfügung (Bild 2, vorhergehende Seite). Weisen alle am S_0-Bus installierten Endgeräte ausnahmslos eine eigene Stromversorgung auf, so kann der 230-V-Anschluss des NT entfallen. Vorhandene analoge Endgeräte können weiterhin über sogenannte Terminaladaptoren TA an der S_0-Schnittstelle betrieben werden.

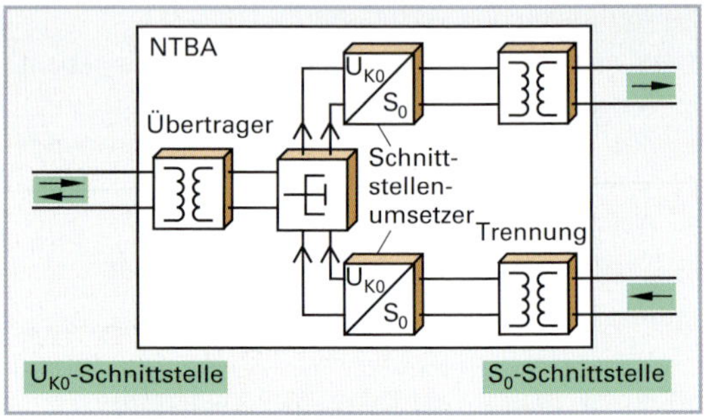

Bild 1: Blockschaltung des ISDN-Netzabschlussgeräts NTBA (vereinfacht)

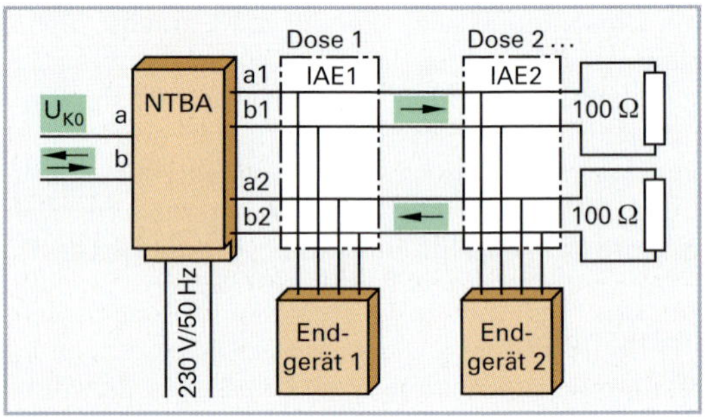

Bild 2: Vierdrahtübertragung an der S_0-Schnittstelle

ISDN-S_0-Bus

Die S_0-Schnittstelle des NTBA ist durch einen S_0-Bus erweiterbar **(Bild 2)**. Als Leitungscode wird ein veränderter AMI-Code (Alternate Mark Inversion Code) verwendet. Der logische Wert 0 wird hier alternierend durch +750 mV und –750 mV, der logische Wert 1 durch 0 V dargestellt. Die einzelnen Kanäle des Basisanschlusses werden an der S_0-Schnittstelle in einer festen Rahmenstruktur (Frame) übertragen **(Bild 3)**. Ein S_0-Rahmen besteht aus 48 bit und enthält neben den beiden Basiskanälen zu je acht Bit vier Bit des D-Kanals, sowie zwölf Bit mit Meldeinformationen und Synchronisierungsaufgaben.

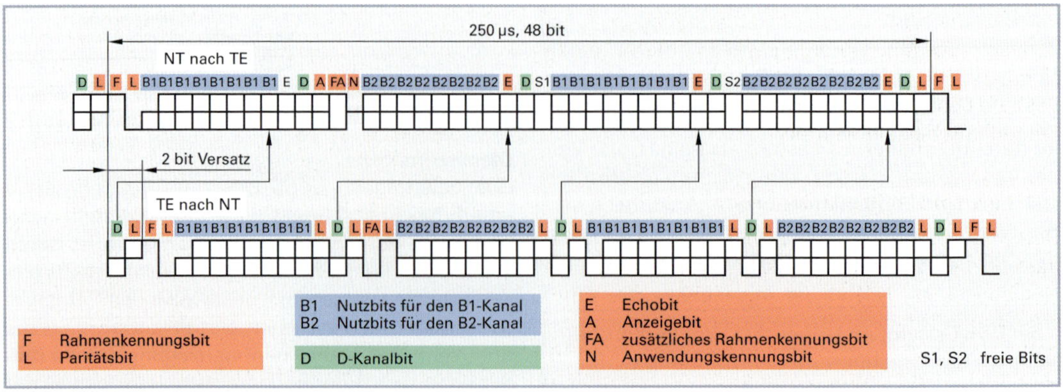

Bild 3: S_0-Rahmenstruktur für beide Übertragungsrichtungen

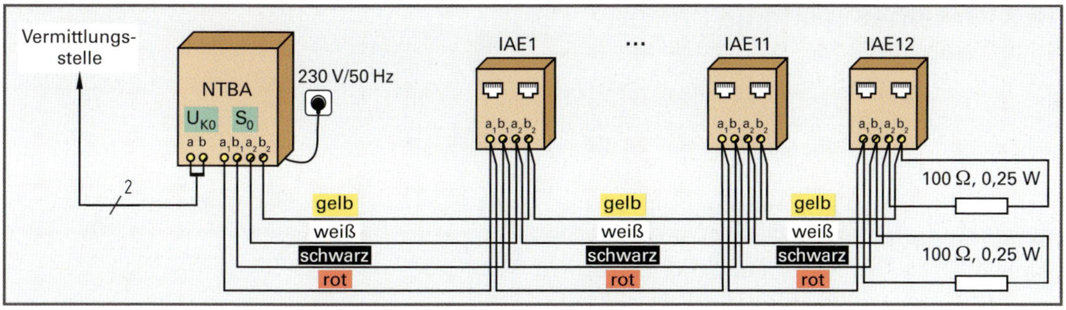

Bild 1: S_0-Busverschaltung als Mehrgeräteanschluss mit NTBA an einem Ende des S_0-Busses

ISDN-Basisanschluss

Die vieradrige S_0-Businstallation wird für die Senderichtung an den Anschlussklemmen 4 und 5 der IAE/UAE-Dosen (IAE von ISDN-Anschluss-Einheit, UAE von Universal-Anschluss-Einheit), und für die Empfangsrichtung an den Klemmen 3 und 6 angeschlossen. Die Enden der Businstallation müssen mit Abschlusswiderständen abgeschlossen sein, um Reflexionen zu vermeiden. Die Polarität der Leitungen ist in der gesamten Installation einzuhalten.

> Die Anschlussleitung der Endgeräte darf 10 m nicht überschreiten.

An einen ISDN-Basisanschluss, der als *Mehrgeräteanschluss* geschaltet ist, können bis zu 12 ISDN-Anschlussdosen installiert werden **(Bild 1)**. An diesen Anschlussdosen dürfen bis zu acht verschiedene Endgeräte TE (von Terminal Equipment) angesteckt werden, wovon aber nur zwei gleichzeitig betrieben werden können. Jedem angeschlossenen Endgerät lassen sich eine oder mehrere Mehrfachrufnummern (MSN = Multiple Subscriber Number) zuordnen. Ein ISDN-Basisanschluss kann installationstechnisch verschiedenartig ausgeführt werden **(Bild 2)**.

Der *Anlagenanschluss* dient der Anbindung durchwahlfähiger ISDN-Kommunikationsanlagen. Anlagen- und der Mehrgeräteanschluss unterscheiden sich geringfügig im D-Kanal-Protokoll und müssen deshalb besonders beim Netzbetreiber vor der Bereitstellung bestellt werden.

ISDN-Primärmultiplexanschluss

Der ISDN-Primärmultiplexanschluss stellt 30 B-Kanäle und eine Bitrate von 2048 kbit/s bereit. Sein Netzabschluss NTPM ist netzseitig mit einer vieradrigen U_{k2M}-Schnittstelle ausgerüstet. Die teilnehmerseitige S_{2M}-Schnittstelle ist vieradrig. Damit wird der Kommunikationsbedarf für mittlere und große Unternehmen abgedeckt.

> Eine sternartige Buskonfiguration ist bei ISDN nicht zulässig.

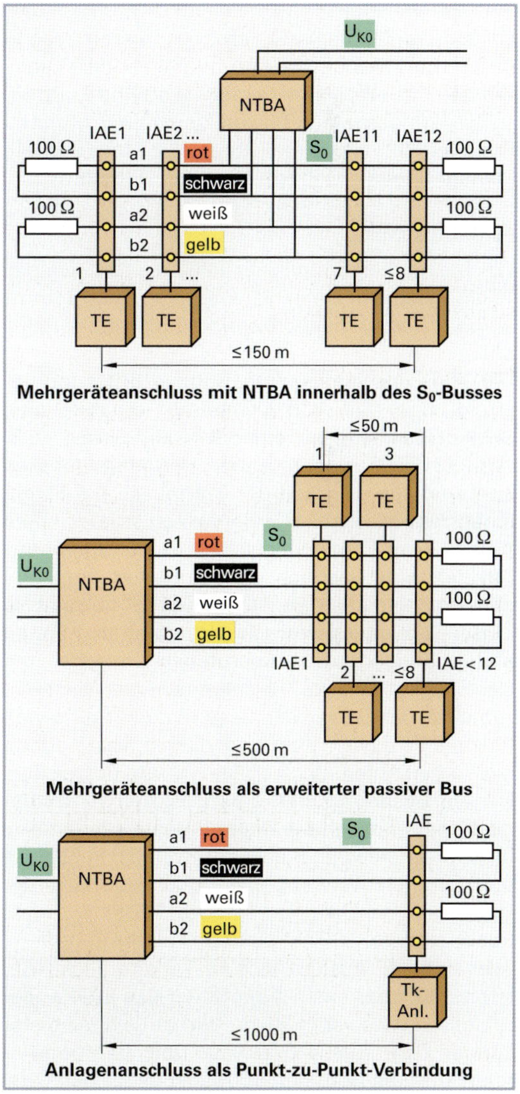

Mehrgeräteanschluss mit NTBA innerhalb des S_0-Busses

Mehrgeräteanschluss als erweiterter passiver Bus

Anlagenanschluss als Punkt-zu-Punkt-Verbindung

Bild 2: Weitere Installationsarten des S_0-Busses

12.3 Internet-Telefonie (Voice-over-IP)

Das Internet lässt sich als Alternative zum klassischen Festnetz oder Mobilfunknetz als sprachliches Kommunikationsmedium nutzen. Im Unterschied zur klassischen Telefonie werden bei Voice-over-IP (VoIP) keine Leitungskanäle durchgeschaltet, sondern die Sprache wird digitalisiert und in kleinen Daten-Paketen transportiert **(Bild 1)**. Diese sind mit Protokollheadern versehen. Über das paketorientierte Internetprotokoll lassen sich mehrere Verbindungen virtuell realisieren (siehe Abschnitt 13.2).

> Notruftelefone, z.B. in Aufzügen, für die der TÜV eine direkte Verbindung vorschreibt, dürfen VoIP nicht verwenden.

Für ein verständliches Telefongespräch muss ein bestimmtes Frequenzspektrum gewährleistet sein. Die engen Grenzen bei Verzögerung und Laufzeitschwankungen lassen sich mit dem reinen Internet-Protokoll (IP) nicht realisieren. Es sind deshalb Erweiterungen des Protokolls nötig **(Tabelle 1)**.

Funktionsprinzip

Wie bei der herkömmlichen Telefonie teilt sich das Telefongespräch ein in die Vorgänge *Verbindungsaufbau, Gesprächsübertragung* und *Verbindungsabbau.*

Der Auf- und Abbau von Rufen (Rufsteuerung) erfolgt über SIP. VoIP-Teilnehmer erhalten eine SIP-Adresse, ähnlich einer E-Mail-Adresse, z. B. „sip:12345@muster-server.de". Endgeräte müssen sich einmalig während der Startphase bei einem ihnen zugewiesenen SIP-Server registrieren. Zum Aufbau einer Verbindung schickt das Endgerät des Anrufers eine Nachricht an den Server, der unter dem Domainnamen „muster-server.de" bekannt ist. Dieser Verbindungswunsch wird durch den Server an das Endgerät des Angerufenen weitergeleitet. Das Endgerät schickt eine entsprechende Nachricht zurück an den Server, der diese an den Anrufer weiterleitet. Zu diesem Zeitpunkt klingelt das Endgerät des Angerufenen, der Anrufer hört ein Rufzeichen. Für die Gesprächsübertragung ist der SIP-Server nicht mehr notwendig. Die Endgeräte senden sich ihre Sprachdaten über das Protokoll RTP in Echtzeit direkt zu. RTP verwendet zur Übertragung in der Regel das User Datagram Protocol (UDP).

Realisiert wird VoIP mit einer Software auf dem PC oder einem IP-Telefon. Auch ein herkömmliches Telefon, das über einen Adapter an das LAN angeschlossen wird, ist möglich **(Bild 2)**. VoIP-Anbieter können über eigene Gateways freie Telefonnummern aus dem Nummernvorrat der deutschen Ortsnetze erhalten und an ihre Kunden vergeben.

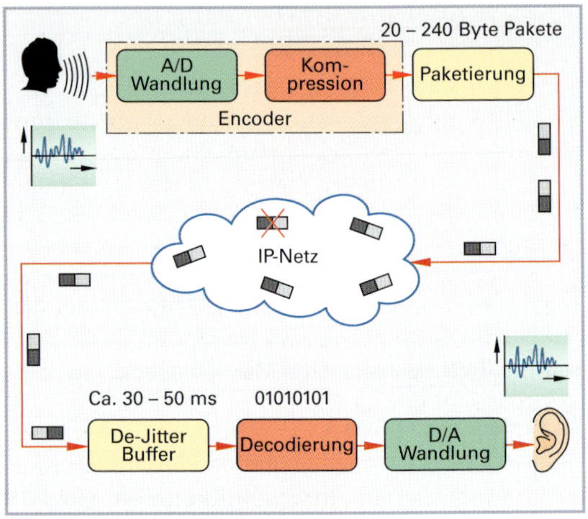

Bild 1: Prinzip der Internet-Telefonie

Tabelle 1: Protokolle für die Internet-Telefonie

Name	Erklärung
SIP	Session Initiation Protocol, von der Internet Engineering Task Force (IETF) entwickelt und dadurch nicht an einen bestimmten Hersteller gebunden
RTP	Real Time Transport Protocol
UDP	User Datagram Protocol, schnelles verbindungsloses Netzwerkprotokoll ohne Empfangsbestätigung
IP	Internet Protocol, Standardprotokoll zur paketorientierten Übertragung

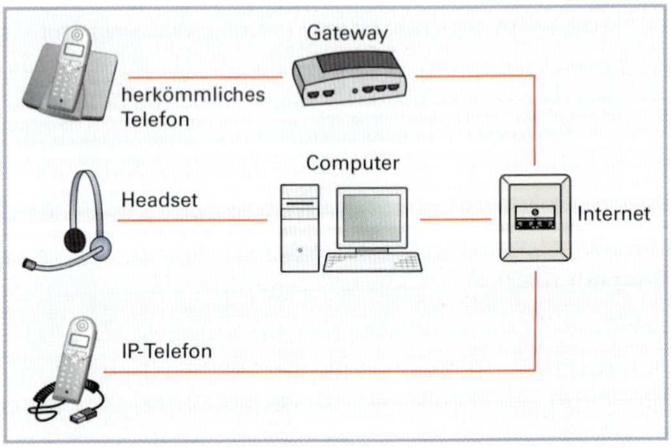

Bild 2: Endgerät für VoIP

Neben der erforderlichen Übertragungskapazität von 100-120 kbit/s für ein codiertes Gespräch haben insbesondere Qualitätsmerkmale wie Verzögerung, Schwankungen in der Übertragung (Jitter) und die Paketverlustrate erheblichen Einfluss auf die resultierende Sprachqualität. Durch Bevorzugung (Priorisierung) und geeignete Netzplanung ist es möglich, eine mit der herkömmlichen Telefonie vergleichbare Sprachqualität und Zuverlässigkeit unabhängig von der Verkehrslast zu erreichen.

12.4 Digital Subscriber Line (DSL)

12.4.1 DSL-Systeme

In den Zugangsnetzen der Teilnehmerebene herrschen noch Kupfer-Zweidrahtleitungen vor. Um die für den Breitbandbetrieb erforderliche LWL-Installation zu vermeiden, wurde die DSL-Technik (DSL von Digital Subscriber Line = Digitaler Teilnehmer Anschluss) entwickelt. Damit lassen sich die Daten mit einer Bitrate von 10 bit/s je Hertz Bandbreite über die vorhandenen Leitungen übertragen. DSL benutzt für die Übertragung eine flexible Multiträger-Modulation (DMT, von Discrete Multitone Technique). DMT teilt den Frequenzbereich zwischen 26 kHz und 1,1 MHz in 249 Kanäle mit je 4 KHz Bandbreite ein **(Bild 1)**. Jeder Kanal kann mit 10 bit bis 15 bit langen Datenworten moduliert werden. Vor der Übertragung werden gestaffelte Prüftöne in das Kabel eingespeist und die Informationsbits auf die Kanäle mit dem größten Nutz-Rauschsignal-Verhältnis verteilt.

Je kürzer die Kupferleitung zum Teilnehmer ist, desto größer ist die erzielbare Bitrate.

Ein sogenannter Splitter oder BBAE (Breitband-Anschlusseinheit) trennt den klassischen Telefonverkehr (POTS von Plain Old Telephone Service) bzw. den ISDN-Anschluss vom ADSL-Signal **(Bild 2)**. Der Anschluss eines oder mehrerer PCs an das DSL-Modem erfolgt über Ethernet oder ATM.

Damit wird auch das letzte Teilstück zum Teilnehmer in digitaler Breitbandtechnik kostengünstig überbrückt **(Bild 2)**.

Die inzwischen installierten und in der Entwicklung befindlichen Systeme werden als xDSL **(Tabelle 1)** bezeichnet und sind durch folgende Merkmale charakterisiert:

- Große Bandbreite und hohe Datenraten,
- unidirektional, nur in Richtung Teilnehmer (downstream) oder bidirektional verlaufende Datenströme (downstream und upstream),
- Anzahl der benötigten Doppeladern,
- Modulationsverfahren,
- Reichweitenbeschränkung,
- Anwendungsgebiete, z. B. Internetanwendungen und Video-on-demand.

Das ADSL-Verfahren eignet sich besonders zur Internetnutzung.

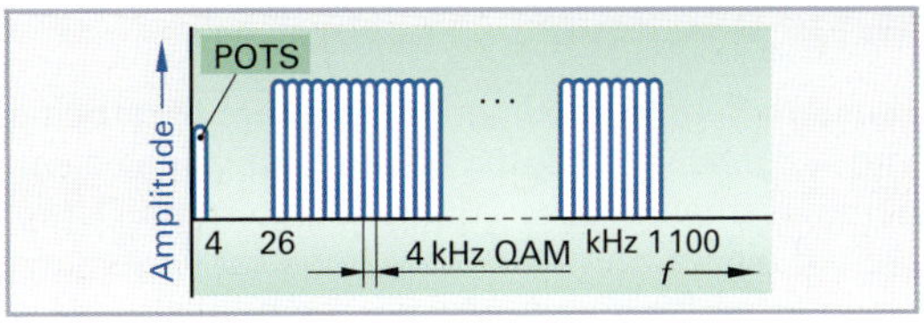

Bild 1: Kanalaufteilung beim digitalen Teilnehmeranschluss DSL

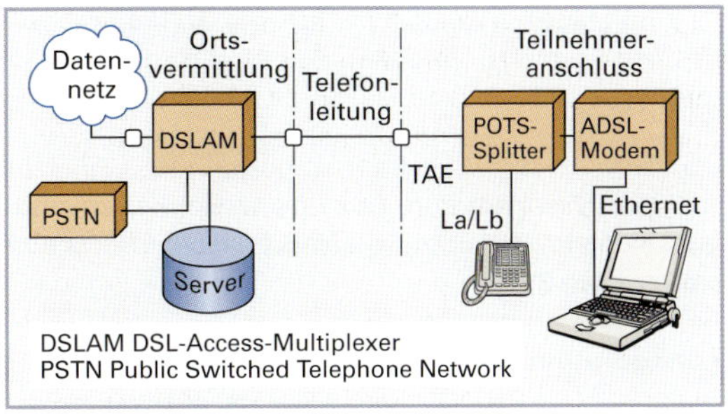

Bild 2: ADSL-Netzaufbau

Tabelle 1: DSL-Systeme

Bezeichnung	Bitrate in kbit/s	Anwendungen
Digital Subscriber Line (DSL)	160	ISDN-Anwendungen Sprache und Datenkommunikation
High Data Rate Digital Subscriber Line (HDSL)	2048	T1/E1[1]-Dienste Zubringernetze, WANs, LAN-Zugriff, Server-Zugriff
Single Line Digital Subscriber Line (SDSL)	2048	wie bei HDSL, zusätzlich bevorzugter Zugriff für symmetrische Dienste
Asymmetric Digital Subscriber Line (ADSL)	bis 25 000 vorwärts, bis 640 rückwärts	INTERNET-Zugriff, Video-on-Demand, Simplex-Video, LAN-Zugriff, Telefonie per Voice over IP (VoIP)
Very High Data Rate Digital Subscriber Line (VDSL)	bis 52 000 vorwärts, bis 2300 rückwärts	wie bei ASDL, zusätzlich HDTV
Very High Bitrate Digital Subscriber Line (VHDSL)	bis 200 000	Triple-Play-Dienste. Telefon, breitbandiges Internet und IPTV.

[1] T1 mit 1.544 Mbit/s, E1 mit 2,048 Mbit/s

Der ADSL-Standard ADSL2+ (ITU-Norm G.992.5) ermöglicht eine Datenrate im Downstream von bis zu 25 Mbit/s bei einer Reichweite von drei Kilometern zur Vermittlungsstelle. VDSL2 (ITU-TG 993.2) der DTAG bietet z. B. Fernsehprogramme (IPTV) in HDTV-Qualität.

12.4.2 DSL-Router

In einem Betrieb erledigen oft mehrere Mitarbeiter ihre Aufgaben am PC und haben häufig auch einen gemeinsamen Drucker. Beim Arbeiten mit Daten, die auf einem zentralen Speichergerät liegen und einen Internetzugang nutzen, ist ein lokales Netzwerk mit einem DSL-Router sinnvoll.

Ein DSL-Router ermöglicht den Aufbau eines kleinen lokalen Netzwerks (LAN) mit mehreren verkabelten PCs für den gleichzeitigen DSL-Zugang **(Bild 1)**.

DSL-Router verfügen über maximal vier LAN-Anschlüsse. Wenn weitere Geräte anzuschließen sind, lässt sich ein Switch mit zusätzlichen LAN-Ports einsetzen **(Bild 2)**.

Konfiguration der IP-Adressen

Wenn das Leuchten der Link-LED auf den Netzwerkkarten, dem Switch und dem Router das Funktionieren der elektrischen Verbindungen zeigt, beginnt die Konfiguration der IP-Adressen. Jedes Gerät im Netz muss eine IP-Adresse erhalten, dabei ist für jedes Gerät derselbe Netz-Anteil für die IP-Adresse aus den Adressbereichen für die Nutzung in Unternehmen zu vergeben (192.168.0.0/24 bis 192.168.255.0/24, siehe Abschnitt 13.2).

Freigabe für den Daten-PC einrichten

Ist die IP-Kommunikation aufgebaut, lassen sich beliebige Daten innerhalb des PC-Netzes austauschen. Der Zugriff auf den Daten-PC geschieht über Windows-Freigaben oder über einen zusätzlichen Intranet-Webserver, den die Arbeitsplatz-Betriebssysteme bereitstellen.

Netzwerk-PC für den Webzugang konfigurieren

Die Unternehmens-PC benötigen die DNS-Server-IP und die Standard-Gateway-IP. Die DNS-Server-IP zeigt auf den DLS-Router, der wiederum auf einen DNS-Server im Internet verweist. Der DNS-Server liefert auf Anfrage für eine gegebene Internetadresse die dazugehörige IP-Adresse. Gehört der Netzanteil einer IP-Adresse nicht zum eigenen Netz, sendet der Netz-PC die Anfrage zum Router, dessen IP-Adresse als Standard-Gateway auf dem PC konfiguriert ist. Für den weiteren Datentransport sind dieser Router und viele weitere Router im Internet zuständig.

Beim DSL-Router wird der Internetzugang mit der vom Internet-Provider erhaltenen Zugangsdaten konfiguriert.

Fast alle DSL-Router bieten einen konfigurierbaren Schutz vor Angriffen aus dem Internet (Firewall).

APIPA	Automatic Private IP Addressing, die PC vergeben selbst eine IP-ADRESSE aus dem Bereich 169.254.0.0/16, wenn kein DHCP-Server gefunden wird.
DHCP	Dynamic Host Configuration Protocol, automatische IP-Adressenvergabe beim Booten von netzwerkfähigen Geräten.
DNS	Domain Name System, damit werden die Domain-Namen in die IP-Adresse umgewandelt.
NAS	Network Address Translation, am Netzwerk angeschlossener Massenspeicher, auf den alle Netzwerkgeräte zugreifen können.
NAT	Network Address Translation, Umwandlung der Unternehmens-Quell-IP-Adressen in die vom Internet-Provider vergebene IP-Adresse beim Übergang in das Internet.

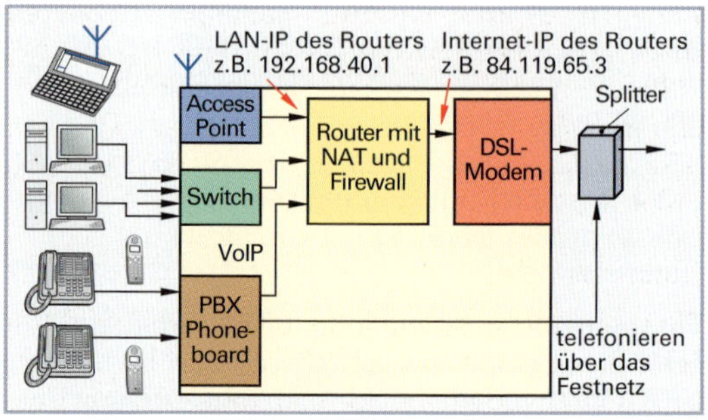

Bild 1: Aufbau eines DSL-Routers

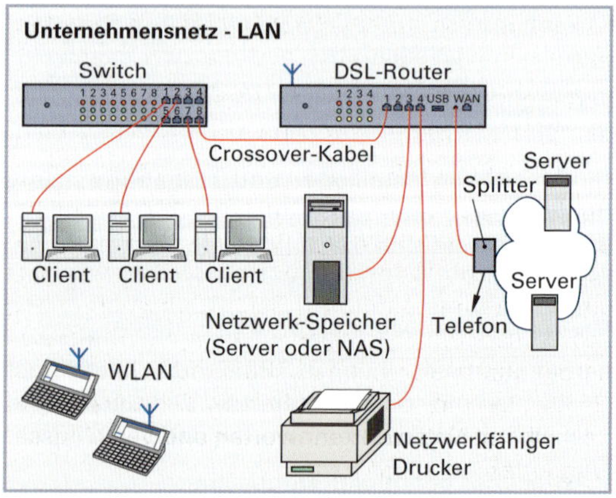

Bild 2: Netzwerk mit DSL-Router

DSL-Router können auch über eine eingebaute Telefon-Nebenstellenanlage verfügen (Bild 1). Analoge oder ISDN-Telefone lassen sich damit auch für Internet-Telefonie nutzen. Meist ist im Router auch ein DSL-Modem eingebaut, weshalb hier ein externes Gerät entfällt.

12.5 Powerline

Die Powerline-Technik ist eine Alternative zu den herkömmlichen Netzwerktechniken Ethernetverkabelung und WLAN (Wireless Local Area Network). Sie wird oft auch als Strom-LAN oder dLAN (direct LAN) bezeichnet. Die Datenübertragung findet bei Powerline als Hochgeschwindigkeits-Ethernet-Verbindung über das Stromnetz statt. Die Vorteile liegen in der einfachen Software-Installation (Plug&Play), der Vermeidung von Kabelneuverlegungen und in der höheren Reichweite gegenüber WLAN **(Bild 1)**.

Die Verbindung zwischen Stromnetz und PC erfolgt über einen Adapter mit Netzwerkanschluss **(Bild 2)**. Es werden mindestens zwei Adapter benötigt: Einen für die Verbindung von DSL-Modem oder Router mit der Steckdose und einen für die Verbindung zwischen PC und Stromnetz **(Bild 3)**. Mittlerweile ist es möglich mit manchen Produkten Übertragungsgeschwindigkeiten von bis zu 200 MBit zu erreichen. Sie nimmt jedoch mit steigender Entfernung und steigender Adapteranzahl stark ab. Maximal können 10 -15 Adapter in einem Netzwerk sinnvoll betrieben werden (Bild 1).

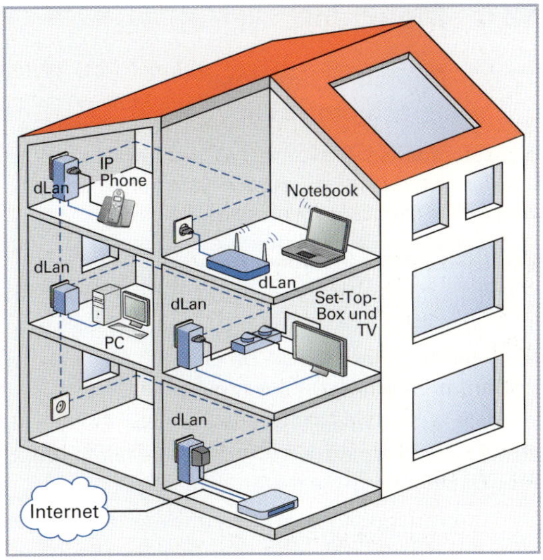

Bild 1: Inhouse-Powerline

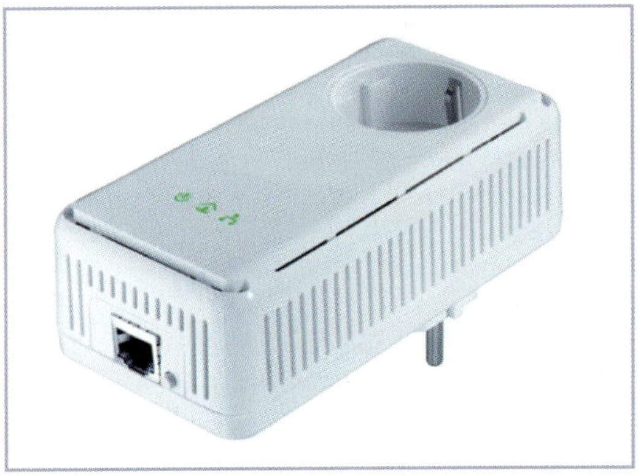
Bild 2: Netzwerkadapter

Funktionsweise

Die vorhandene Netzspannung von 230 V wird mit Trägerfrequenzen von 4,5 MHz bis 27 MHz überlagert, die mit dem Nutzsignal im Orthogonales-Frequenz-Divisions-Multiplex-Verfahren (OFDM) moduliert sind. Das Netz hat Busstruktur, d.h. alle Geräte sind an derselben Leitung angeschlossen. Es kann immer nur ein Gerät senden oder empfangen.

Verlängerungskabel und Mehrfachsteckdosen dämpfen das Signal stark und sollten deshalb nicht verwendet werden.

An ihre Grenzen stößt die Übertragungstechnik bei getrennten Stromkreisen, etwa im Büro oder in benachbarten Wohnungen, ebenso beim Einsatz eines Spannungsfilters. Die Abstrahlung von Powerline kann Störungen bis in den UHF-Bereich herbeiführen. Durch die Abstrahlungen besteht die Gefahr des unbefugten Abhörens. Die Geräte sind deshalb mit Netzwerkkennworten und Verschlüsselungserfahren ausgestattet.

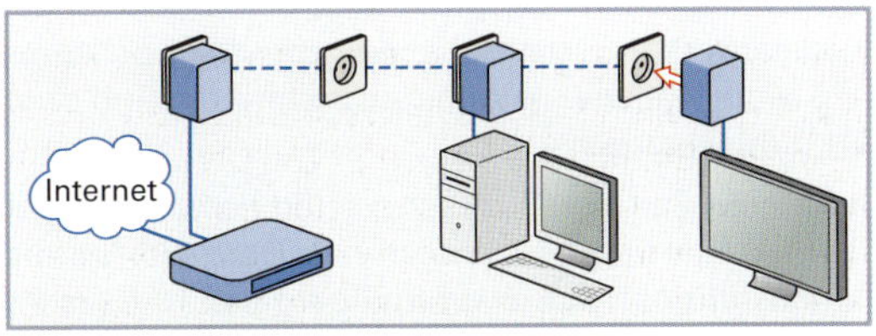

Bild 3: Powerline Mehrplatzlösung

Powerline vom Stromversorger

Die Versorgung von Haushalten mit Internetzugängen über die Stromleitung von außen erfolgt zur Zeit nur in Feldversuchen **(Bild 4)**. Der hier notwendige Einsatz größerer Signalpegel auf den ungeschirmten Leitungen führt derzeit noch zur Abstrahlung unerwünschter hochfrequenter elektromagnetischer Energie.

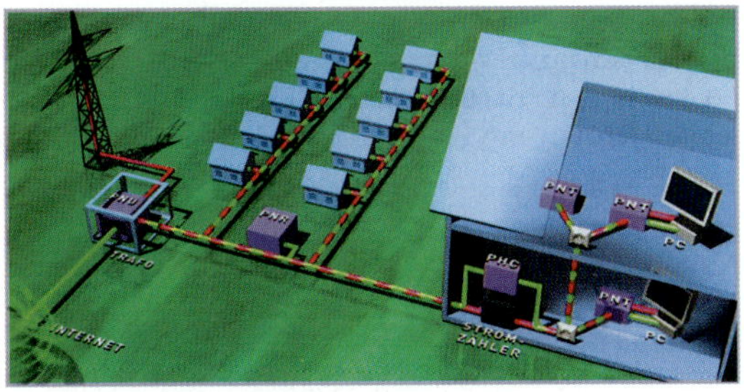

Bild 4: Powerline Hauszugang

12.6 Mobilfunk

12.6.1 Digitale schnurlose Telekommunikation

Für den mobilen Telefonverkehr innerhalb von Gebäuden werden schnurlose Telefonanlagen nach dem DECT-Standard verwendet **(Tabelle 1)**. Eine solche Telefonanlage besteht aus einer Feststation und Mobilstationen **(Bild 1)**. Die Verbindung zwischen der Feststation (FS) und den Mobilstationen (MS) wird über Funk hergestellt. Je nach Geräteausführung können zwischen sechs und 120 Mobilstationen an eine Feststation angeschlossen werden.

Als Zellgröße wird die Fläche bezeichnet, in der eine sichere Funkverbindung zwischen Feststation und Mobilstation hergestellt werden kann.

Die Funkverbindungen werden im Frequenzbereich 1880 MHz bis 1900 MHz auf 10 verschiedenen, gleichzeitig benutzbaren Trägerfrequenzen durchgeführt **(Bild 2)**. Die gleichzeitige Verwendung verschiedener Trägerfrequenzen nennt man Frequenzmultiplexverfahren. Die Bandbreite je Kanal (Kanalraster) beträgt 1278 kHz. Moduliert werden die Trägerfrequenzen mit PSK mit Bandbegrenzung. Jede der 10 Trägerfrequenzen überträgt zeitlich nacheinander 12 Kanäle im Zeitmultiplexverfahren. Die Zeit für die Übertragung eines Kanals wird auch Zeitschlitz genannt.

Schnurlose Telefonanlagen nach dem DECT-Standard verwenden ein kombiniertes Frequenz-Zeit-Multiplexverfahren.

Es stehen also insgesamt 120 Kanäle zur Verfügung. Jede Sprechverbindung benötigt einen Kanal. Eine Feststation kann somit Verbindungen mit höchstens 120 Mobilstationen je Anlage durchführen und zwar im Duplexbetrieb.

Im ersten Zeitabschnitt sendet die Feststation auf einer Trägerfrequenz zeitlich nacheinander an die Mobilstationen auf den Kanälen 1 bis 12 (Bild 2). Dann schaltet die Feststation auf Empfang und die Mobilstationen senden an die Feststation.

Beim Duplexbetrieb wird auf den Kanälen 1 bis 12 gesendet und auf den Kanälen 13 bis 24 empfangen.

Die Zeit für das Senden und Empfangen der 24 Kanäle wird Rahmenzeit genannt. Die Rahmenzeit beträgt 10 ms. In dieser Zeit werden in jedem Kanal 320 Bits an Informationen, z.B. Sprache, und 100 Bits an Steuerdaten übertragen **(Bild 3)**.

Tabelle 1: DECT-Standard

Begriff	Daten, Erklärungen
DECT	Digital European Cordless Telecommunication = digitale europäische schnurlose Telekommunikation
Frequenzbereich	1880 MHz bis 1900 MHz
Kanalzahl	120 Duplexkanäle
Modulation	PSK mit Bandbegrenzung, PSK von Phase Shift Keying = Phasenumtastung
Trägerfrequenzen	10
Sprachcodierung	32 kbit/s
Sendeleistung	≤ 250 mW, meist 10 mW je Station
Zellgröße (Radius)	$r_{max} \leq 300$ m

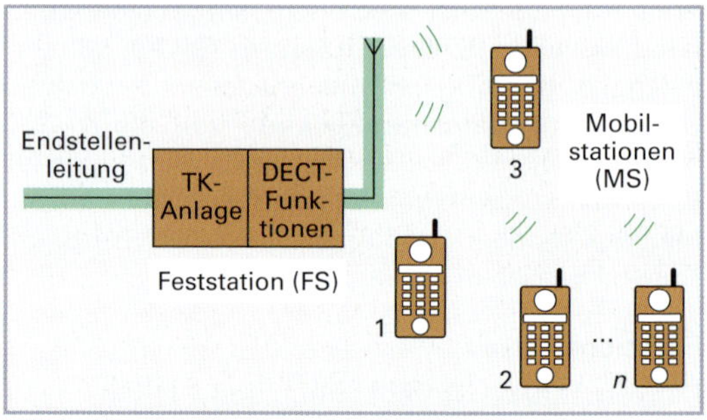

Bild 1: Telefonanlage mit Schnurlostelefonen

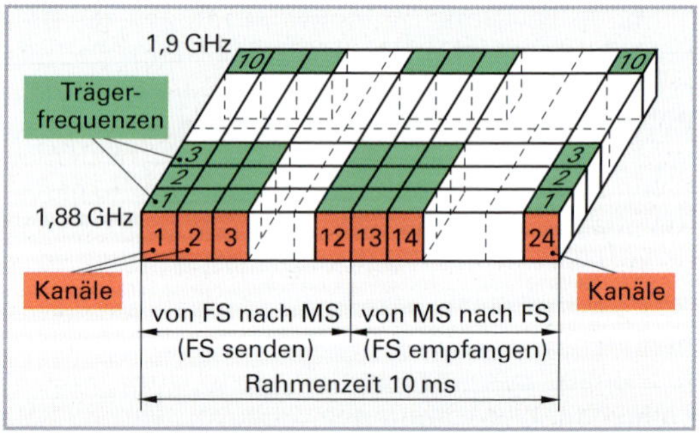

Bild 2: Frequenzmultiplex und Zeitmultiplex nach DECT

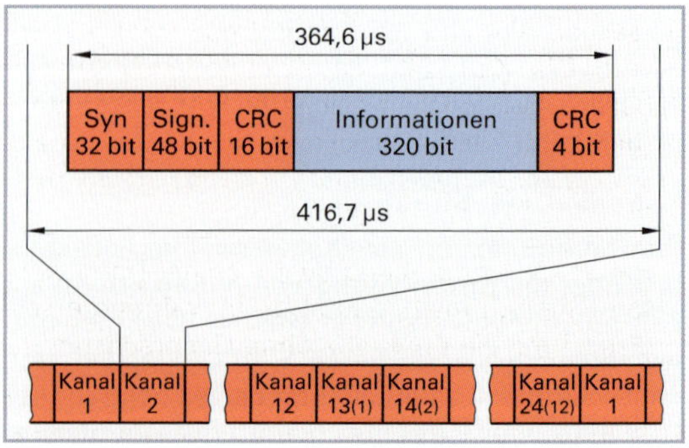

Bild 3: Aufbau des Zeitmultiplexsignals

12.6.2 Mobilfunknetze

Funknetze, bei denen die Teilnehmer über bewegliche Stationen miteinander telefonieren oder Daten übertragen können, heißen Mobilfunknetze.

Funknetze D1 und D2

D1 ist das digitale Funknetz von Telekom und D2 das digitale Funknetz von Vodafone. Beide Funknetze werden im Frequenzbereich 890 MHz bis 960 MHz betrieben **(Tabelle 1)**. Dieser Bereich ist in ein Oberband und ein Unterband eingeteilt. Im Oberband findet die Übertragung von der Sender-Empfängerstation BTS (von BTS = Base Tranceiver Station = Basis Sende-Empfänger-Station) zur Mobilstation (MS) statt. Der Bereich, den eine BTS räumlich abdeckt, wird Funkzelle genannt. Im Unterband wird von der Mobilstation zur BTS übertragen. Bei dem verwendeten Kanalraster stehen 124 Trägerfrequenzen zur Verfügung. Das Netz D1 verwendet die Trägerfrequenzen 13 bis 49 und 81 bis 103, das Netz D2 die Trägerfrequenzen 1 bis 12, 50 bis 80 und 104 bis 119. Die Trägerfrequenz 1 verwendet also im Unterband die Frequenz 890 MHz und im Oberband die Frequenz 935 MHz.

> Die Funknetze D1 und D2 benutzen den Frequenzbereich von 890 MHz bis 960 MHz gemeinsam.

Jede Funkzelle eines bestimmten Bereiches wird von einer BSC-Station (BSC von Basic Station Control = Basis-Stations-Kontrolle) gesteuert. Mehrere solcher Stationen sind mit einer MSC (MSC von Mobile Services Switching Center = Mobiles Dienste Schaltzentrum) verbunden. Die MSC sind über Richtfunk oder über das Leitungsnetz der Telekom miteinander verbunden. Jeder Träger wird mit PSK mit Bandbegrenzung moduliert. Mithilfe des Zeit-Multiplexverfahrens werden die Trägerfrequenzen mehrfach genutzt **(Bild 1)**.

Funknetz E-Plus

E-Plus verwendet den Frequenzbereich von 1710 MHz bis 1880 MHz. Da der Frequenzbereich größer ist, gibt es mehr Trägerfrequenzen als im D-Netz. Die Kanalzahl ist deshalb auch größer (Tabelle 1). Da Signale mit höheren Frequenzen stärker gedämpft werden, ist die Reichweite kleiner als 10 km. Wichtige Eigenschaften von Mobilfunknetzen sind:

- Handover (von to hand over = an der Hand weiterreichen). Dies bedeutet, dass während eines Gesprächs die Funkzelle ohne Gesprächsunterbrechung gewechselt werden kann **(Bild 2)**.
- Roaming (von to roam = herumstreifen). Dies bedeutet, dass jede Mobilstation anhand ihrer Nummer in einer Funkzelle lokalisiert werden kann. Damit ist der Teilnehmer ortsunabhängig im gesamten Funknetz erreichbar.

Tabelle 1: Mobilfunk mit D-Netzen und E-Netz

Netz	D1 und D2	E-Plus
Unterband	890 MHz bis 915 MHz	1710 MHz bis 1785 MHz
Oberband	935 MHz bis 960 MHz	1805 MHz bis 1880 MHz
Kanalzahl	1984	2976
Kanalraster	200 kHz	
Modulation	PSK mit Bandbegrenzung	
Sendeleistung der Feststation	15 W bis 50 W Sendeleistung	
Sendeleistung Mobilstation	0,8 W bis 8 W	bis 2 W
Zellgröße (Radius)	von $r_{min} \geq 250$ m bis $r_{max} \leq 35$ km	

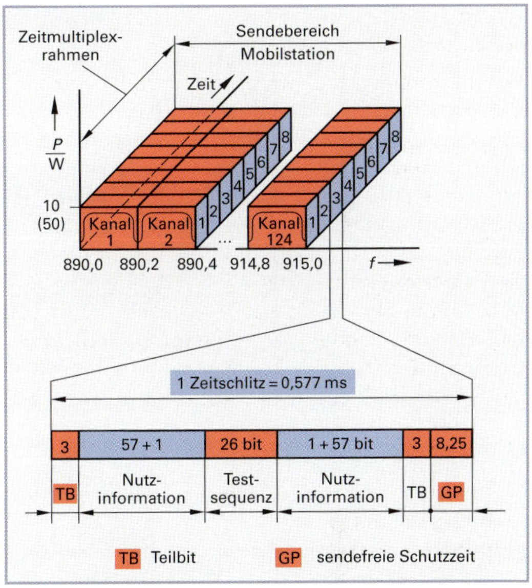

Bild 1: Frequenzmultiplex, Zeitmultiplex und Aufbau eines Zeitschlitzes

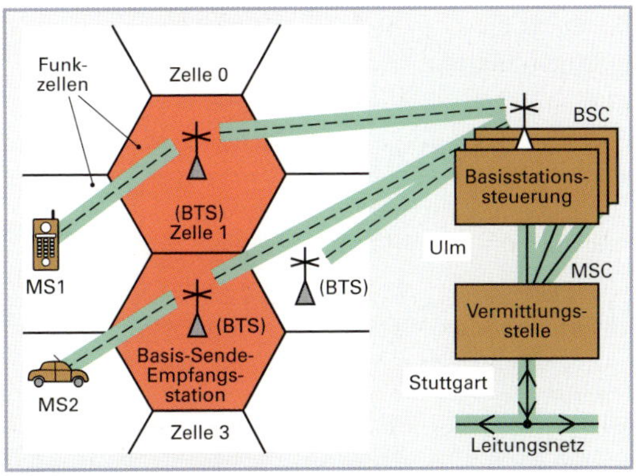

Bild 2: Aufbau von Mobilfunknetzen

13 Internet

13 Internet

13.1 Entstehung und Wachstum des Internet

Das Internet ist der größte, weltweite Zusammenschluss von Computernetzwerken. Es wurde ab 1969 in den USA entwickelt und sollte als militärisches Netzwerk auch noch Daten transportieren können, wenn Teile des Netzes zerstört wären. Durch den späteren freien Zusammenschluss mit anderen nationalen Netzen entstand ein internationaler Rechnerverbund. Dieser wird nicht zentral geplant oder verwaltet **(Bild 1)**. Das Internet wird auch als Information Highway (Datenautobahn) bezeichnet und hat einen großen Zuwachs erfahren. Neben einer riesigen Menge an Informationen bietet das Internet Datenverbindungen, deren Kosten unabhängig von der Entfernung sind.

Das Internet ist ein weltumspannender Verbund von einzelnen Computernetzen.

13.2 Technik des Internet

Das Internet gibt jedem angeschlossenen Computer die Möglichkeit, mit jedem anderen am Internet angeschlossenen Computer Verbindung aufzunehmen und Daten auszutauschen. Die dazu notwendigen Regeln und Vereinbarungen werden als TCP/IP-Protokolle bezeichnet (TCP von Transmission Control Protocol = Übertragungs-Steuerungs-Protokoll; IP von Internet Protocol = Internet Protokoll).

Das Internet-Schichtenmodell besteht im Gegensatz zum OSI-Referenzmodell nur aus vier Schichten.

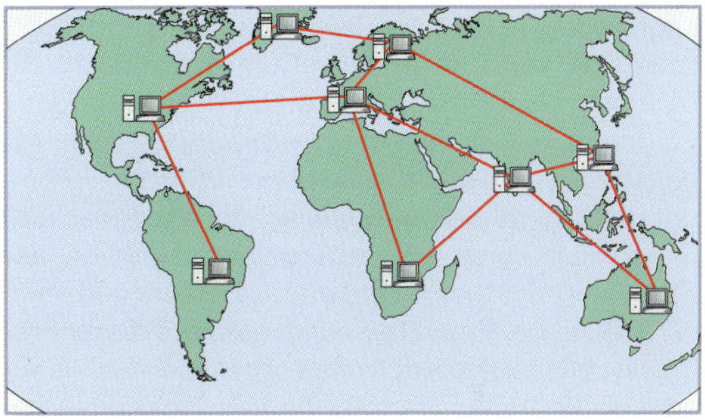

Bild 1: Dezentrales Internet

Internetschichtenmodell

Um den Aufbau einer Internetverbindung einfacher darzustellen, wurden verschiedene Protokollschichten definiert, die aufeinander aufbauen. Dabei übernimmt jede dieser Schichten bestimmte Teilaufgaben, die sich getrennt leichter verwirklichen lassen. In jeder Schicht sind mehrere Protokolle möglich, die jeweils bestimmte Aufgaben der Verbindung erfüllen können. Das Protokoll-Modell des Internet bildet ähnlich wie das OSI-Referentmodell eine Abfolge von Schichten **(Bild 2)**. Sie entstanden vor der Veröffentlichung des OSI- Referenzmodells und decken sich deshalb nicht vollständig.

Internet-Protokolle								
OSI-Schicht		Internet-Protokoll-Suite						Internet-Schicht
7	Anwendung	File Transfer	Electronic Mail	Terminal Emulation	Usenet News	Domain Name Service	World Wide Web	Art der Kommunikation
6	Darstellung	File Transfer Protocol (FTP) RFC 959	Simple Mail Transfer Protocol (SMTP) RFC 821	Telnet Protocol (Telnet) RFC 854	Usenet News Transfer Protocol (NNTP) RFC 977	Domain Name Service (DNS) RFC 1034	World Wide Web (WWW) RFC	Anwendung Applikation
5	Sitzung							
4	Transport	Transmission Control Protocol (TCP) RFC 793					User Datagram Protocol (UDP) RFC 768	Transport Host to Host Kommunikation
3	Netzwerk	Address Resolution Protocol (ARP) RFC 826	Internet Protocol (IP) RFC 791				Internet Control Message Protocol RFC 792	Internet
2	Sicherung	Ethernet		Token Ring	DQDB	FDDI	ATM	lokales Netzwerk
1	physikalische Übertragung	Twisted Pair	Lichtwellen-leiter	Coaxkabel		Funk	Laser	Netzzugriff

Bild 2: Kommunikationsprotokolle im Internet

Die Internetschicht

Das Internet-Protokoll (IP) ist das Standardprotokoll für Computerkommunikation und als erste Abstraktionsschicht über dem konkreten Netzwerk angesiedelt. IP dient als Träger der Transportprotokolle TCP (von Transmission Control Protocol) und UDP (von User Datagram Protocol). Diese Aufgabe verrichtet das IP in einer verbindungslosen Arbeitsweise und nicht garantiert **(Bild 1)**. Verbindungslos bedeutet, dass zwischen Absender und Empfänger keine Vereinbarung hinsichtlich der Steuerung des Kommunikationsverlaufs getroffen wird. Nicht garantiert bedeutet, dass auf dieser Protokollschicht keine Kontrolle vorgesehen ist, die für eine wiederholte Übertragung von verlorenen Paketen sorgt (Quittierungsmechanismus).

> Das Internet-Protokoll (IP) überträgt die Daten verbindungslos und nicht garantiert.

Die zu übertragenden Informationen werden paketiert, d. h. zerlegt und wie bei einem Briefumschlag mit Ziel- und Absenderadresse versehen. Da dies verbindungslos erfolgt, heißen IP-Pakete Datagramme. Die einzelnen IP-Pakete werden voneinander unabhängig abgeschickt. Sie können über unterschiedliche Trägernetze gehen und infolgedessen am Ziel in einer anderen Reihenfolge ankommen. Einzelne Datagramme können außerdem aufgrund von Hard- und Softwarefehlern oder bei sehr hohem Datenaufkommen im Netz verlorengehen. Daher ist das IP kein zuverlässiges Protokoll mit Empfangsgarantie.

Für die Einordnung der empfangenen IP-Pakete in ihre korrekte Reihenfolge und deren Zusammensetzung zu einer Nachricht sind die Protokolle TCP bzw. UDP verantwortlich.

> Das Internet-Protokoll überträgt die Daten paketorientiert.

Das Protokoll IP fügt den zu übertragenden Daten einen Protokollkopf (Header) hinzu **(Bild 2)**. Er enthält als wesentliche Information die logischen IP-Adressen des Quell- und des Zielcomputers. Damit wird das eigenständige Versenden der Pakete möglich. Hinzu kommen einige weitere Steuerungsinformationen. Die Integrität des IP-Headers wird durch Hinzufügen einer Prüfsumme sichergestellt.

> Die Funktionen des Protokolls IP sind im Header der IP-Pakete festgelegt.

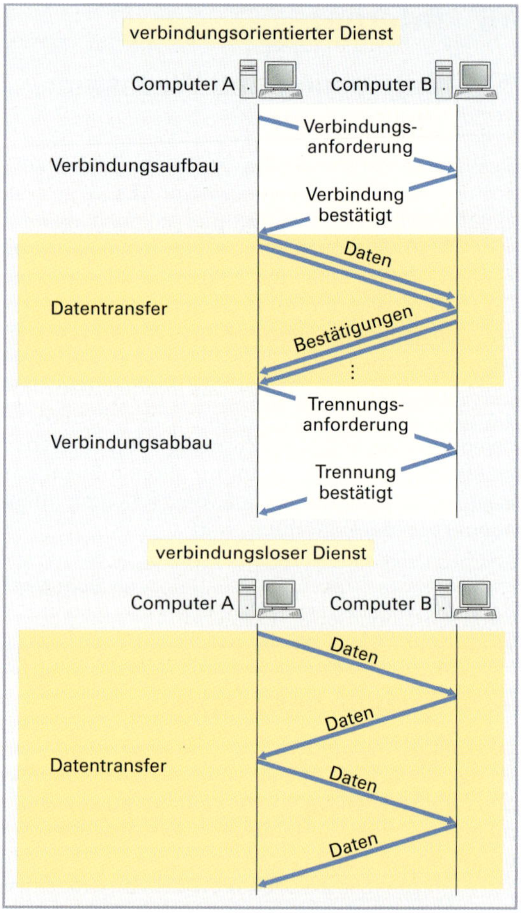

Bild 1: Kommunikationsphasen für verbindungsorientierte Dienste und verbindungslose Dienste

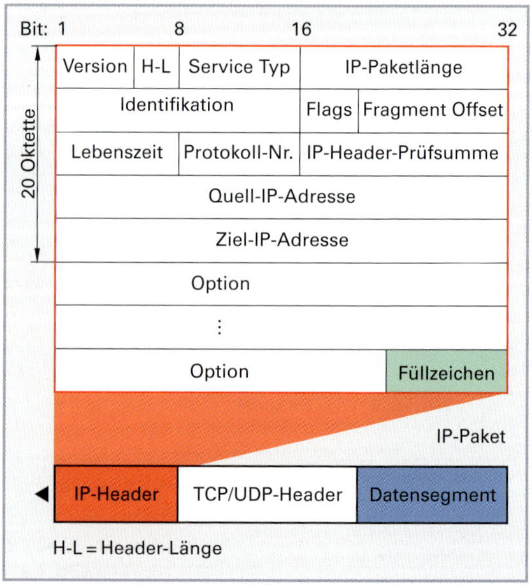

Bild 2: Aufbau des IP-Headers

Adressen und Klassen

Die Nutzung des Protokolls IP ist für den Anwender in erster Linie mit der Vergabe einer IP-Adresse für seinen Rechner verknüpft. Jedes IP-Paket enthält im IP-Header die Absenderadresse und die Empfängeradresse als 32-Bit-Binärzahl. Sie wird in Form von vier durch Punkte getrennte Bytes notiert. Jedes Byte kann der besseren Lesbarkeit wegen in dezimaler Schreibweise als eine Zahl von 0 bis 255 dargestellt werden, z. B. als 196.23.155.113.

IP-Adressen werden in vier durch Punkte getrennte Bytes in Dezimalnotation dargestellt.

Um die Zustellung von IP-Paketen zu vereinfachen, unterteilt man die Adressen in zwei Teile, den Netzwerkteil zur Netzwerkidentifikation und den Rechnerteil zur Benutzeridentifikation **(Bild 1)**. Ein Vermittlungsrechner (Router) muss nun, um ein Datenpaket zu vermitteln, nur den Netzwerkteil einer Adresse kennen. Den restlichen Teil, die Hostnummer (von Host = Wirt, Gastgeber, im Sinne von angerufenem Computer), wertet erst der Router im Zielnetzwerk des Paketes aus. Dies gleicht der Vorwahlnummer und der Durchwahlnummer beim Telefonnetz.

IP-Adressen sind in einen Netzanteil und in einen Hostanteil unterteilt.

Insgesamt gibt es fünf verschiedene Netzwerkklassen, von denen jedoch nur drei benutzt werden (Bild 1). Je länger der Netzwerkanteil einer Adresse ist, desto weniger lokale Computer können adressiert werden **(Tabelle 1)**.

Öffentliche und private Adressen

Für die Verwaltung von IP-Adressen ist IANA (Internet Assigned Numbers Authority) allgemein zuständig, für Europa heißt diese Organisation RIPE (Réseaux IP Européens). In der Praxis erfolgt die Reservierung der Adressen immer über einen Internet-Provider.

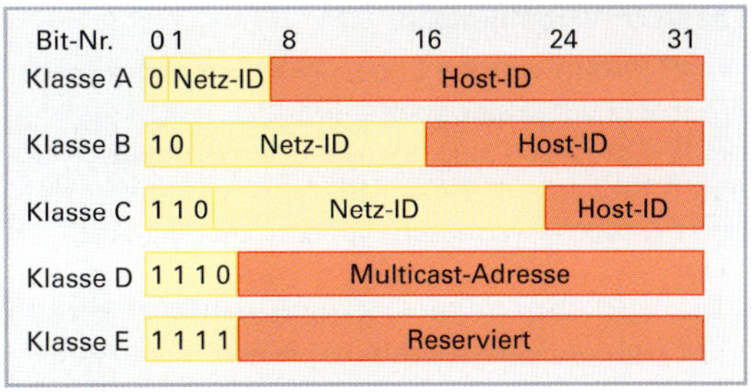

Bild 1: Klassen von IP-Adressen

Tabelle 2: Adressen ohne Internetanbindung

Klasse	Adressbereiche	Anzahl der Netze
A	10.0.0.0 – 10.255.255.255	1
B	172.16.0.0 – 172.31.255.255	16
C	192.168.0.0 – 192.168.255.255	255

Damit man lokale Netze ohne Internetanbindung betreiben kann, ohne IP-Nummern beantragen zu müssen und um auch einzelne Rechnerverbindungen testen zu können, sind drei Adressbereiche in den Netzwerkklassen A, B und C reserviert **(Tabelle 2)**. Diese „privaten" Adressen sind im RFC 1597 festgelegt.

IPv6

Durch das starke Wachstum des Internet wird das gegenwärtige Adressierungssystem des IPv4 (Internet Protocol Version 4) in naher Zukunft überlastet sein. Bei der jetzt schon vorhandene IP Version 6 (IPv6) werden die Adressen von 4 Byte auf 16 Byte erhöht. Damit ergibt sich ein riesiger Adressraum von $2^{128} = 3{,}4028 \cdot 10^{38}$ möglichen Adressen. Für jeden Menschen auf der Erde stehen dann $6{,}5 \cdot 10^{28}$ Adressen bereit! IPv4 teilt die 128 Bit in acht Viererblöcke mit Hexadezimalnotation, getrennt durch Doppelpunkte, wie z. B. 5012:0:0:0:0:6:EEB1:5007. Um eine schnellere Auswertung des Headers zu erreichen, wurden einige Header-Felder weggelassen. Außerdem enthält IPv6 Erweiterungen, mit denen die Qualität, die Verschlüsselung und die Sicherheit des Dienstes verbessert werden.

Tabelle 1: Merkmale der Adressklassen im Internet

Klasse	Kennzeichnung in den ersten Bit	Adressbereich des ersten Byte	Anzahl der Netzwerkadressen	Anzahl der Rechneradressen
A	0	0 – 127	126	16 387 064
B	10	128 – 191	16 384	64 516
C	110	192 – 223	2 097 152	254
D	1110	224 – ...	nicht verfügbar	reserviert
E	1111			reserviert

Lokale IP-Verbindungen

Die IP-Pakete werden in den Nutzdatenbereich der Ethernet-Pakete eingebettet **(Bild 1)**. Die Umsetzung der IP-Adresse in eine physikalische Adresse erfolgt durch Tabellen über das ARP (von Address Resolution Protocol = Adressen-Auflösungs-Protokoll).

> Die Vermittlung von Datenpaketen erfolgt auf der Netzwerkschicht durch das ARP-Protokoll.

Eine Ethernetadresse, auch MAC-Adresse (von Media Access Control = Medienzugriffskontrolle) genannt, ist ein 6-Byte-Wort, das vom Hersteller in die Netzwerkkarte fest „eingebrannt" wurde. Es wird üblicherweise in hexadezimaler Schreibweise angegeben.

> Jede Ethernet-Adresse ist weltweit einmalig.

Möchte z. B. die Station A über Ethernet Daten an eine Station B mit der Internetadresse 172.16.231.64 senden, deren MAC-Adresse sie noch nicht kennt, so sendet sie zuerst einen ARP-Request (Anfrage) an alle Stationen im lokalen Netzwerk **(Bild 2)**. Dazu gibt der IP-Treiber als Ethernet-Empfangsadresse FF FF FF FF FF FF an. Dieser Rundruf (Broadcast) enthält die eigene MAC-Adresse und die IP-Adresse der gesuchten Station B. Alle Stationen erhalten und überprüfen den ARP-Request. Station B erkennt die eigene IP-Adresse und antwortet, indem sie einen ARP-Reply (Antwort) mit ihrer eigenen Ethernet-Adresse an die Station A sendet **(Bild 3)**. Der IP-Treiber von Station A ordnet nun die dem ARP-Reply entnommene Ethernetadresse der IP-Adresse von Station B zu und trägt sie in seine ARP-Tabelle ein. Daten können nun direkt ausgetauscht werden und künftige Datenübertragungswünsche werden schneller erfüllt.

Netzübergreifende TCP/IP-Verbindungen

Der Absender eines IP-Datenpaketes kennt lediglich die Zieladresse, nicht aber die Verbindungen über die anderen Netze dorthin. Vermittlungsrechner (Router) treffen Entscheidungen über die Wahl des weiteren Weges.

Zunächst sucht ein Router, wenn das erhaltene Datenpaket nicht für das eigene Netz bestimmt ist, nach einem Eintrag in seiner Routing-Tabelle, ob die Zieladresse schon vorhanden ist. Trifft dies zu, wird das Paket an den entsprechenden nächsten Router zur direkten Übermittlung übergeben.

> Ein Router ist ein Vermittlungsrechner mit mindestens zwei Netzwerkverbindungen.

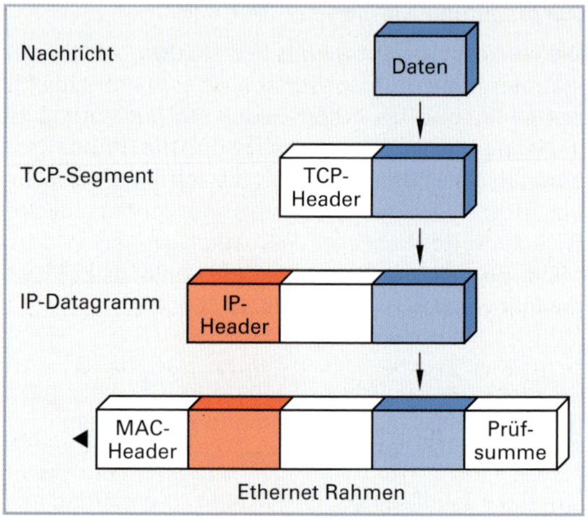

Bild 1: Einkapselung des Daten-Pakets

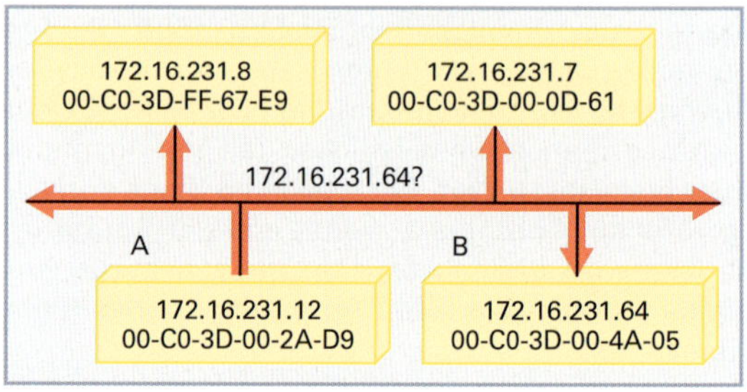

Bild 2: ARP-Anfrage (Request)

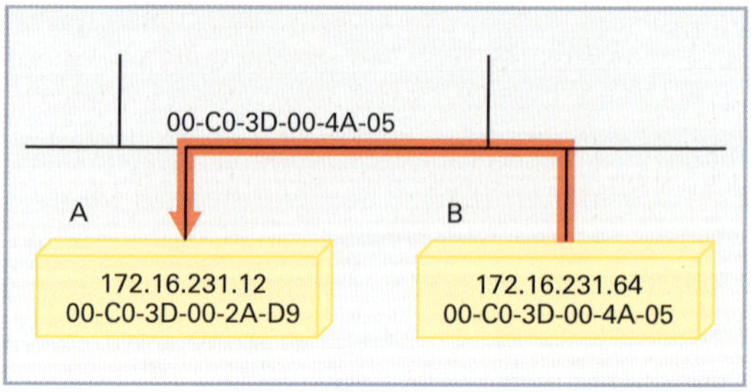

Bild 3: ARP-Antwort (Reply)

Ist die Zieladresse nicht vorhanden, wird lediglich nach der Netzwerk-Adresse gesucht. Gelingt auch dies nicht, wird der Standard-Router (Default-Router) gesucht und das Paket an diesen übergeben. Schlägt auch dieser Schritt fehl, ist das Paket nicht zustellbar.

Treten Fehler bei der Übertragung auf, wird das ICMP (von Internet Control Message Protocol = Protokoll für Kontrollfunktionen) eingesetzt. Auf diese Weise erhält eine anfragende Station die Nachricht, dass z. B. eine bestimmte Zielstation derzeit nicht erreichbar ist. Das Hilfsprogramm Ping (von Packet InterNet Gropher = wörtl. Internet Paket Grapscher) verwendet das Protokoll ICMP für Fehler- und Statusmeldungen.

TCP-Transmission Control Protocol

Dieses Protokoll baut einen verbindungsorientierten und sicheren Transportdienst auf (siehe Bild 1, Seite 448). Die Sicherheit wird durch positive Rückmeldungen (acknowledgements) und Wiederholung fehlerhafter Datensegmente erreicht **(Bild 1)**.

> Fast alle Standardanwendungen vieler Betriebssysteme nutzen TCP und das darunterliegende IP als Transportprotokoll.

Die TCP-Datenblöcke werden als Segment bezeichnet. Jedem TCP-Block ist ein umfangreicher Header vorangestellt **(Bild 2)**.

Zur Realisierung der Flusskontrolle wird ein Fenstermechanismus (sliding windows) verwendet. Die Fenstergröße gibt an, wie viele Bytes gesendet werden dürfen, bis die Übertragung quittiert werden muss. Erfolgt keine Quittung, werden die Daten nochmals gesendet. Die empfangene Quittung enthält die Nummer des Bytes, das als nächstes vom Empfänger erwartet wird. Mit ihm werden auch alle vorhergehenden Bytes quittiert.

Wie bei allen verbindungsorientierten Diensten muss zunächst eine virtuelle Verbindung aufgebaut und bei Beendigung der Kommunikation wieder abgebaut werden (Bild 1). Verbindungsaufbau bedeutet hier eine Vereinbarung beider Stationen über die Modalitäten der Übertragung z. B. Fenstergröße und Akzeptieren eines bestimmten Dienstes.

> TCP-Verbindungen sind vollduplex.

Ausgangs- und Endpunkte einer virtuellen Verbindung werden durch Port-Nummern identifiziert. Allgemein verfügbare Dienste werden über *well-known-Ports* (= feste zugeordnete Portnummern) erreichbar. Andere Portnummern werden beim Verbindungsaufbau vereinbart.

Beim Öffnen einer TCP-Verbindung tauschen beide Kommunikationspartner Kontrollinformationen aus. Dazu schickt der Client (Kunde) ein Segment mit der Aufforderung, die Folgenummern auf die Anfangsnummern zu synchronisieren (Bild 1). Der Empfänger (Server) bestätigt und legt seinerseits eine Folgenummer für Übertragungen in die Gegenrichtung fest. Auch beim Abbau einer Verbindung wird auf diese Weise festgestellt, dass beide Seiten alle Daten vollständig empfangen haben.

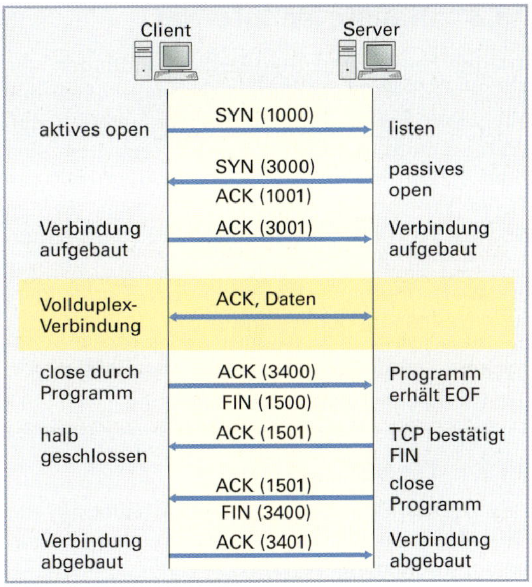

Bild 1: Ablauf einer TCP-Kommunikation

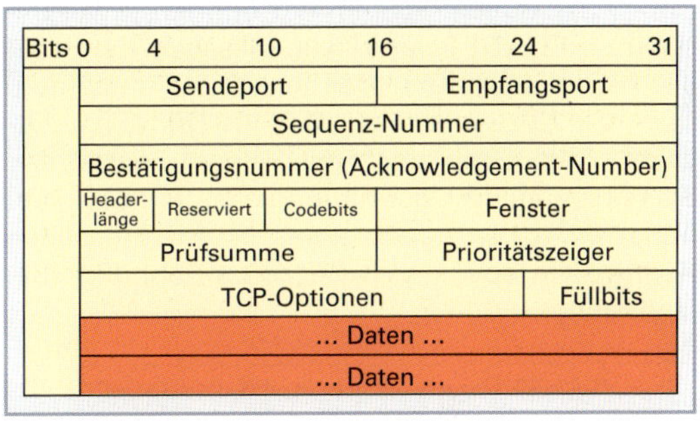

Bild 2: Format des TCP-Headers

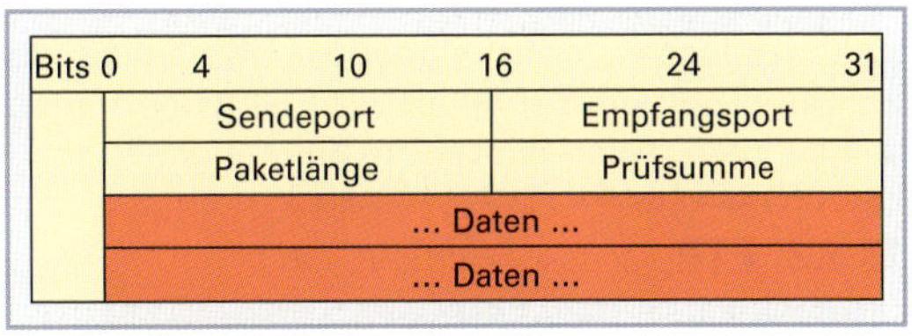

Bild 3: Format des UDP-Headers

UDP-User Datagram Protocol

UDP stellt als einfaches Protokoll einen nicht zuverlässigen, verbindungslosen Transportdienst ohne Flusskontolle zur Verfügung. Der UDP-Header ist nur 8 Byte lang. Dadurch werden die Daten schneller übertragen **(Bild 3)**.

> Die Bedeutung von UDP liegt in seinem schnellen Transportdienst für Internetanwendungen.

13.3 Dienste im Internet

Internetdienste sind Standardanwendungen, die auf den TCP/IP-Protokollen basieren und unter den allgemein bekannten und weltweit eindeutigen Portnummern in den Zielrechnern erreichbar sind **(Bild 1)**. Um mehr als eine Anwendung mit den TCP/IP-Protokollen benützen zu können, werden Sockets (von Fassung, Muffe) als Programmierschnittstelle festgelegt. Sie enthalten die IP-Adresse und die Portnummer des Senders bzw. Empfängers für die Zeitdauer der Verbindung.

Ein Socket enthält die IP-Adresse und die Portnummer von Sender und Empfänger.

13.3.1 TELNET

Das TELNET-Protokoll (RFC 854) arbeitet auf der Grundlage von TCP und erlaubt das Einloggen (Verbindung aufnehmen) und das zeichenorientierte, interaktive Arbeiten auf einem entfernten, über TCP/IP erreichbaren Zielsystem **(Bild 2)**.

Der TELNET-Client als Initiator nimmt die Verbindung zum TELNET-Server auf. Dies ist in der Regel ein Mehrplatzsystem. Der Server ist unter dem TCP-Port 23 zu erreichen (Bild 1). TELNET unterstützt das Einloggen auf einem entfernten System durch die Übermittlung einer Benutzerkennung, der Übertragung eines unverschlüsselten Kennwortes sowie einer Account-Kennung (Berechtigung).

Das TELNET-Protokoll arbeitet halbduplex.

Der Client gibt Kommandos ab, auf die der Server im Gegenzug mit zeilenweisen Änderungen der virtuellen Bildschirminhalte reagiert. Anschließend werden diese vom Server an den Client übertragen und auf dem realen Bildschirm angezeigt.

13.3.2 FTP

FTP (von File Transfer-Protocol = Dateien-Übertragungsprotokoll) ist ein Dateien-Übertragungsprotokoll (RFC 959). Es setzt auf dem verlässlichen, verbindungsorientierten Protokoll TCP auf und gewährleistet auch bei schlechten Übertragungsstrecken und unterschiedlichen Rechnerbetriebssystemen eine sichere Dateienübertragung. Die Arbeitsweise von FTP zeigt **Bild 3**. FTP nutzt jeweils getrennte TCP-Verbindungen für die Kommandoverbindung (Port 21) und die Datenübertragung (Port 20).

FTP-Verbindungen arbeiten vollduplex.

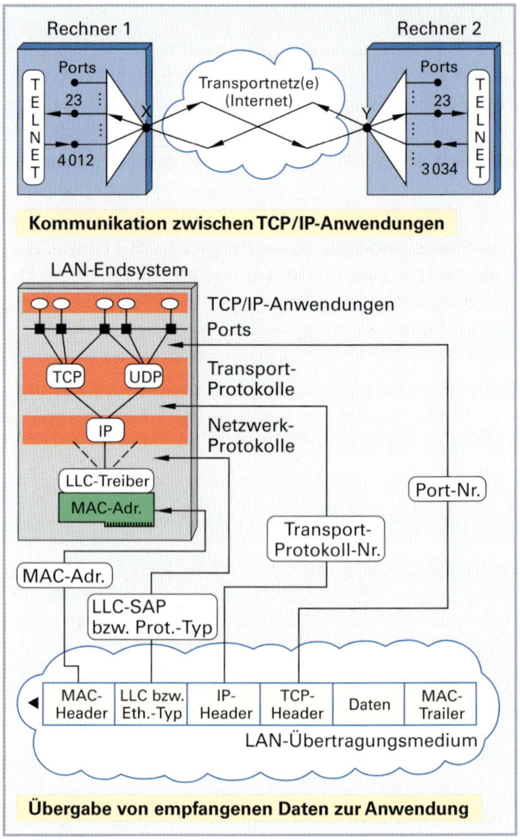

Bild 1: Adressierung von TCP/IP-Anwendungen

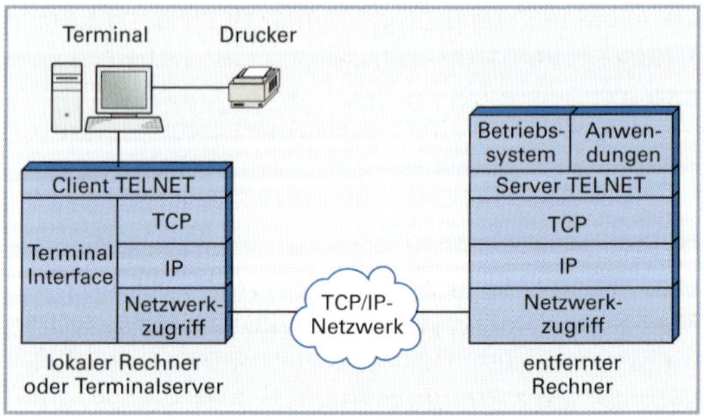

Bild 2: Arbeiten mit TELNET auf einem entfernten Rechner

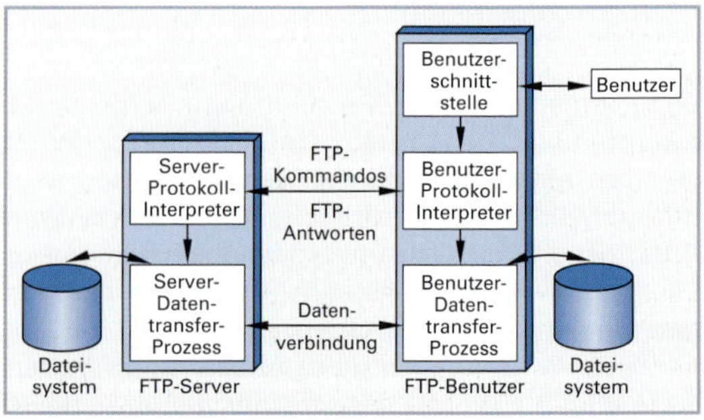

Bild 3: Arbeitsweise von FTP

13.3.3 SMTP

Der Übertragung elektronischer Post, also E-Mail, wird mithilfe des SMTP-Protokolls (von Simple Mail Transport Protocol = einfaches Nachrichtenprotokoll, RFC 821) auf Grundlage einer TCP-basierten Kommunikation durchgeführt. Dieser Dienst ermöglicht den personenbezogenen Mitteilungsaustausch über elektronische Postfächer, angefangen vom einfachen ASCII-Text bis hin zu multimedialen Dokumenten. Teilnehmer am E-Mail-Dienst benötigen eine entsprechend kompatible Client-Software. Im Bereich des Internets ist diese in der Regel integraler Bestandteil des verwendeten Browsers.

> Die E-Mail-Kommunikation beruht auf der speicherorientierten Übertragung von Postfach zu Postfach.

Hierzu braucht der Empfänger der Nachricht nicht dauernd online zu sein. Durch gelegentliches Leeren des Postfachs gelangt er an seine Mails. Jede E-Mail-Adresse muss auf der Welt einmalig sein. Sie beginnt mit dem Benutzernamen, es folgt das @-Zeichen (sprich engl. at) und endet mit der Hostbezeichnung: info@europa-lehrmittel.de

> E-Mail-Adressen erkennt man am @-Zeichen.

Der Kopfteil einer E-Mail enthält den Absender (From:), Empfänger (To:), Betreff (Subject:) und weitere Informationen wie z. B. die Routing-Information (Received:), die den Weg der E-Mail über die verschiedenen Mailserver angibt **(Bild 1)**.

Die zuzustellenden E-Mails werden im Message Store (MS) eines Mail Transport Agenten (MTA) im Mail-Server deponiert **(Bild 2)**. SMTP sieht zur Kommunikation der MTAs untereinander den Aufbau einer Sitzung vor, die an das TELNET-Protokoll angelehnt ist.

SMTP ist für Systeme ohne Direktanbindung nicht geeignet. Um E-Mail von einem Mail-Server abzuholen, ist ein besonderes Dienstprogramm (User Agent) notwendig. Hierzu gibt es zwei Protokolle. Das weitverbreitete Post Office Protocol, Version 3, (POP3) arbeitet lokal, d. h. alle E-Mails werden komplett auf den lokalen Rechner heruntergeladen und lokal weiterverarbeitet, z. B. sortiert und gefiltert **(Bild 3)**. Das Internet Message Access Protocol (IMAP) ermöglicht das Vorsortieren auf dem Server, sodass nicht alle E-Mails heruntergeladen werden müssen.

Thema: Vielen Dank für Ihre Bestellung
Datum: 18.03.11 14:24:42 (MEZ) Mitteleuropäische Zeit
From: Service@europa.de
To: maybaum@aol.com

Liebe Kundin, lieber Kunde,

vielen Dank für Ihre Bestellung.
Wir bestätigen Ihnen dazu folgende Angaben:
Auftragsnummer: 31421263
Versandart: Deutschland-Standard

Ihre Bestellung wird so schnell wie möglich von uns bearbeitet.

Mit freundlichen Grüßen,
Ihr Europa-Team

------------------------------ **Headers** ------------------------------
Return-Path: <Service@europa.de>
Received: from rly-zd05.mx.aol.com [172.31.33.229] by air-zd03.mail.aol.com with ESMTP; Fr, 18 Mar 2011 08:24:42 -0500
Received: ....
From: Service@europa.de
Message-Id: <2001024.OAA24340@debmu229.europa.de>
To: maybaum@aol.com
Subject: Vielen Dank für Ihre Bestellung
Date: Fr, 18 Mar 2011 14:24:19 +0100

Bild 1: Beispiel einer E-Mail-Nachricht

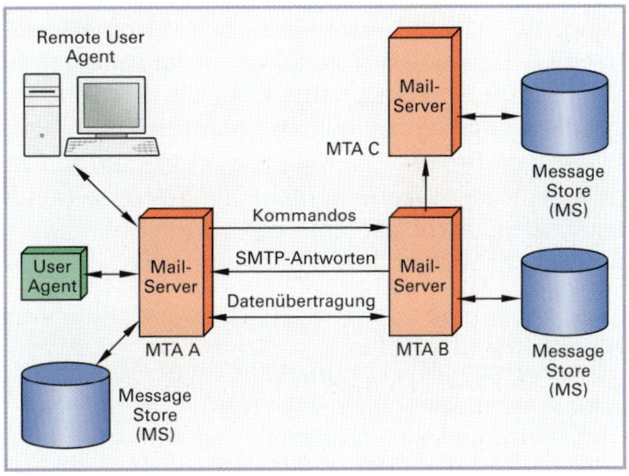

Bild 2: Aufbau eines SMTP-Transportsystems

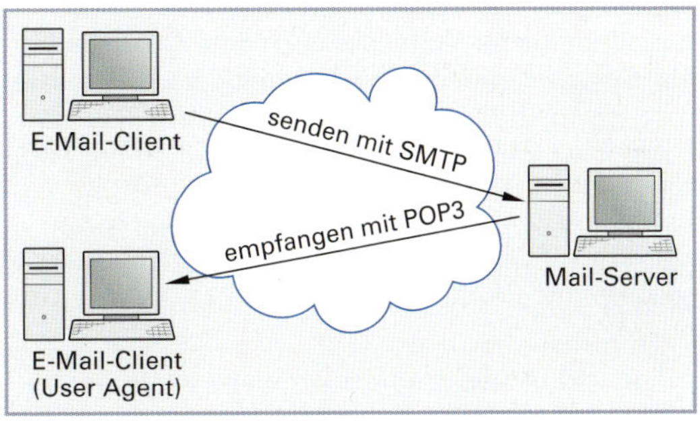

Bild 3: Verwendung von SMTP und POP3

13.3.4 DNS

Das DNS (von Domain Name System = Gebietsnamensystem) setzt die Adressierungsparameter (IP-Adressen) der weltweit vernetzten Computer in eine mnemotechnisch günstigere Form um. Damit kann z. B. ein Webserver statt mit der numerischen Adresse 149.219.195.51 mit dem Namen **www.wdr.de** angesprochen werden.

> Das Domain Name Service Protokoll ersetzt die numerischen Internet-Adressen durch logische Namen.

Der Namensraum des DNS verfügt über eine Baumstruktur mit hierarchischen Ebenen **(Bild 1)**. Die Knoten im Namensraum, die auf der höchsten Hierarchieebene liegen, werden Top Level Domains (TLD) genannt. Hierzu gehört auch der Country Code TLD als Kürzel aus zwei Buchstaben, die von nationalen Vergabestellen (Registries) verwaltet werden, wie .de (Deutschland) und .fr (Frankreich). Die eigentlichen Datenhaltungs- und Auskunftsysteme im DNS sind die Domain Name Server, die jeweils Informationen für einen Zweig des Netzes bereithalten.

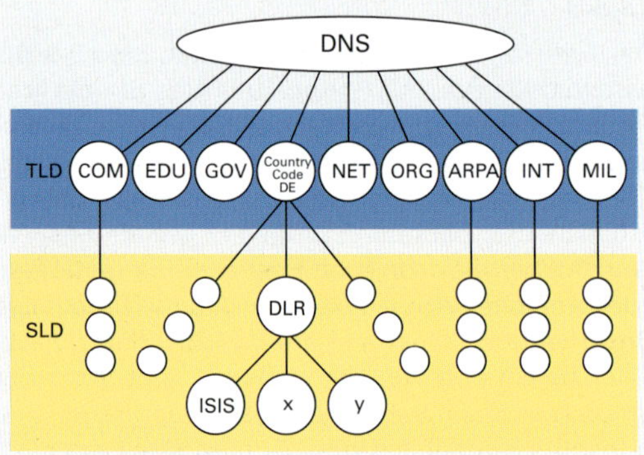

ARPA ...	Advanced Research Projects Agency	INT ...	International
COM ...	Commercial	ISIS ...	Intelligent Satellite Data Information System
DE ...	Deutschland	MIL ...	Military
EDU ...	Education	NET ...	Network Provider
DLR ...	Deutsches Zentrum für Luft- und Raumfahrt	ORG ...	Organization
DNS ...	Domain Name System	SLD ...	Second Level Domain
GOV ...	Government	TLD ...	Top Level Domain

Bild 1: Organigramm des DNS

13.3.5 HTTP

Das Protokoll HTTP (von Hypertext Transfer Protocol = Protokoll zum Austausch von Multimediadaten, RFC 1945 und RFC 2068) ist der entscheidende Übertragungsmechanismus, der es ermöglicht, im Internet durch einfache Interaktion mit Texten und Bildern im Browser zu anderen Informationen zu gelangen. Seine Hauptaufgabe auf Serverseite besteht darin, über Hyperlinks verknüpfte Dokumente für den Abruf durch HTTP-Clients zur Verfügung zu stellen.

> Das Protokoll HTTP ermöglicht heute die zentralen Anwendungen im Internet durchzuführen und wird von vielen Nutzern mit dem Internet gleichgesetzt.

Als zentrales Konzept verwendet der HTTP-Standard die einheitliche Adressierung von Dokumenten auf Servern mittels einer einheitlichen Adressierungsform, der URL-Adresse (Uniform Resource Locator = einheitliche Quellenadresse). In der URL-Adresse sind die Übertragungsart, der Computer, der die Information beinhaltet und der Pfad zu den Informationen auf dem Rechner angegeben **(Bild 2)**.

> Eine URL-Adresse adressiert weltweit eindeutig Informationsressourcen im Internet.

Aufbau: Protokoll://Domain:Port/Pfad

Beispiel:
http://www.wms-hn.de:9876/schule/index.html

Protokoll:	Übertragungsprotokoll (http = Hypertext Transfer Protokoll)
//Domain	Bezeichnung des Servercomputers im Internet
:Port	Kommunikationsport des Servers, i. d. R. nicht erforderlich, da Standardwert = 80
/Pfad	Ortsangabe im Dateisystem des Servers, bestehend aus Verzeichnispfad und Dateiname

Die Zeichen //, :, / sind syntaktische Kennzeichnungen für die verschiedenen Elemente der URL-Adresse.

Bild 2: Aufbau einer URL-Adresse

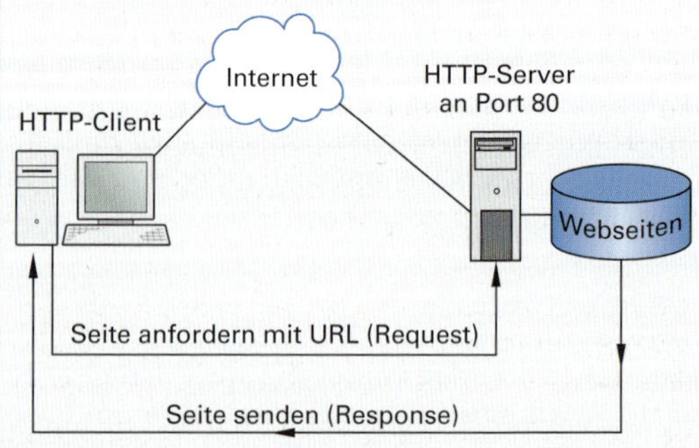

Bild 3: Ablauf einer vereinfachten HTTP-Sitzung

HTTP funktioniert nur zwischen einem HTTP-Client und einem HTTP-Server. Programme, die als Client arbeiten, werden Browser (von to browse = stöbern) genannt, die Server heißen Webserver (von Web = Netz). HTTP-Clients fordern Dokumente an, die der Webserver sendet **(Bild 3)**.

Web-Browser

Ein Web-Browser stellt im Grunde ein Betriebssystem (Virtuelle Maschine) im Betriebssystem dar und sollte durch geeignete Mechanismen beide voneinander isolieren. Ein Browser verfügt hinsichtlich der TCP/IP-Applikationen über mehrere Protokollstapel, z. B. HTTP, TELNET und FTP **(Bild 1)**. Weiterhin muss er mehrere Web-Sprachen, wie HTML und XML interpretieren können. Heute unterstützen viele Browser die Web-Programmiersprachen Java, Java Script und Active-X. Hierbei empfängt der Browser vom Server die Instruktionen, die er dann selbsttätig ausführt. Unterstützt wird er von Klassenbibliotheken, die die Regeln für die Interpretation der Instruktionen beinhalten. Die Verwendung einer graphischen Benutzeroberfläche erfordert die Unterstützung von Web-Grafikformaten wie JPEG und GIF, um sie dann der grafischen Benutzerschnittstelle (GUI) des Betriebssystems anbieten zu können. Die grafische Aufbereitung der Bilder, Schriften und Animationen wird als Rendering bezeichnet (von to render = übersetzen).

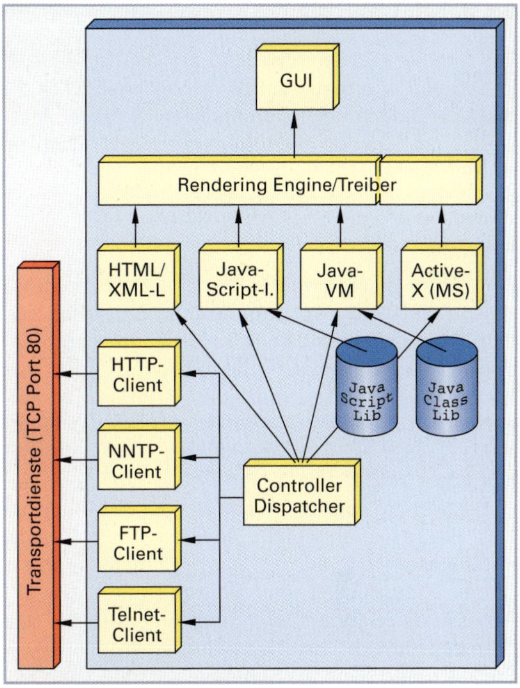

Bild 1: Aufbau eines Web-Browsers unter dem Betriebssystem Windows

Abwicklung der Client-Server-Interaktionen

HTTP-Kommandos werden in Textdateien transportiert, die zwischen Client und Server ausgetauscht werden. Jeder Informationsaustausch besteht aus bis zu drei Teilen:

- Anforderungszeile,
- Header-Teil und
- Body-Abschnitt.

In der Anforderungszeile teilt der Client z. B. mit dem GET-Befehl dem Server mit, welche Datei gewünscht wird, welche HTTP-Version er verwendet und welche Datenformate akzeptiert werden. Der Server sendet die entsprechende Datei im Body-Abschnitt der Antwort, der er eine Header-Information voranstellt. Sollte es zu Fehlern kommen, der häufigste Fehler ist der Error 404 (Dokument nicht vorhanden), erscheint diese Meldung im Browserfenster. Sie ist eine Originalinformation aus dem HTTP-Protokoll **(Tabelle 1)**.

Tabelle 1: Fehlermeldungen im HTTP-Protokoll

Fehlercodes	Bedeutung
100 - 199	Information
200 - 299	Client-Anfrage erfolgreich
300 - 399	Client-Anfrage umgeleitet
400 - 499	Fehlen des Dokuments
500 - 599	Serverfehler

Die Kommunikation zwischen Web-Client und Web-Server wird durch HTTP-Befehle gesteuert.

Mit dem HTTP-Header verfügt das Protokoll über einen umfangreichen Signalisierungsmechanismus. Damit werden die Eigenschaften der zu übertragenden Nachrichten den beteiligten Kommunikationspartnern mitgeteilt.

HTTP ist ein stark asymmetrisches Protokoll, da die Anfragen (Request) nur wenige hundert Bytes und die Antworten (Response) in der Regel mehrere Kilobytes umfassen.

Das HTTP-Protokoll unterstützt großzügig die Anpassung der Datenformate. Diese Toleranz ist für das Internet von besonderer Wichtigkeit, da hier verschiedene Zeichensätze und natürliche Sprachen, Hardware- und Softwareprodukte miteinander arbeiten sollen.

Wiederholung und Vertiefung

WV

1. **Welche Aufgaben haben die TCP/IP-Protokolle?**
2. **Warum ist 125.256.123.1 keine gültige IP-Adresse?**
3. **Welchen Dienst bietet TELNET?**
4. **Welcher Unterschied besteht zwischen einer E-Mail-Adresse und einer URL-Adresse?**
5. **Erklären Sie das FTP-Funktionsmodell.**
6. **Wie ist ein Web-Browser aufgebaut?**

13.4 Sicherheit im Internet

Das Internet wurde entwickelt, um den freien Austausch von Informationen zu ermöglichen. Dies ermöglicht jedoch auch Datenbanken, E-Mails, Passwörter und Scheckkartennummern auszuforschen. Es wurden deshalb Maßnahmen getroffen, um Transaktionen über das Internet möglichst sicher zu machen.

Firewalls

Eine Firewall (von firewall = Brandschutzwand) schützt Netzwerke vor unerlaubten Eingriffen aus dem Internet. Es handelt sich hierbei um Kombinationen von Hardware und Software, die aus Routern, Servern und speziellen Programmen aufgebaut sind. Firewalls werden z. B. an der Nahtstelle zwischen Firmennetzwerk und Internet eingebaut **(Bild 1)**. Ein Screen-Router (von to screen = abschirmen) kontrolliert alle Header der Datenpakete, die passieren wollen. So kann er z. B. E-Mails durchlassen und alle anderen Dienste sperren. Dabei entschlüsselt der Screen-Router die IP-Adresse des Senders und Empfängers sowie das Diensteprotokoll. Ein Proxy-Server (von proxy = Stellvertreter) dient als Schleuse zwischen den Firmencomputern und dem Internet. Er protokolliert den Datenverkehr und kann zudem noch Webseiten zwischenspeichern, die dann bei mehrmaligem Aufruf schneller zur Verfügung stehen **(Bild 2)**.

Virenschutz

Daten aus dem Internet können durch Virenprogramme infiziert sein. Computerviren können Dateien und Programme verändern und löschen. Computerviren sind kleine Programme, die ausführbare Dateien, das Dateisystem, den Bootbereich und Datendateien angreifen und verändern. Sie werden von einem Computer im Internet zum nächsten versendet und vermehren sich dabei. Schutz gegen Computerviren bietet eine Antiviren-Software, die stets auf dem neuesten Stand gehalten werden sollte.

Verschlüsselungsmethoden

Um vertrauliche Informationen sicher zu übertragen, werden sie so verändert, dass sie nur der Empfänger mit einem speziellen Entschlüsselungsprogramm (Schlüssel) entziffern kann. Bei der symmetrischen Verschlüsselung besitzen Sender und Empfänger den gleichen Schlüssel zur Codierung und Decodierung. Bei der asymmetrischen Verschlüsselung übermittelt der künftige Empfänger dem Sender zuerst seinen öffentlichen Schlüssel zur Verschlüsselung der Nachricht. Nur mit seinem geheimen persönlichen Schlüssel kann dann der Empfänger die übermittelten Nachrichten entschlüsseln und lesen. Zur sicheren Übertragung von Kreditkartennummern im Internet wird das SET-Protokoll (von Secure Electronic Transaction Protocol = sicheres elektronisches Übermittlungsprotokoll) verwendet.

> **Spam** von Send Phenomenal Amounts of Mail = unangemessene Mehrfachversendung von E-Mails

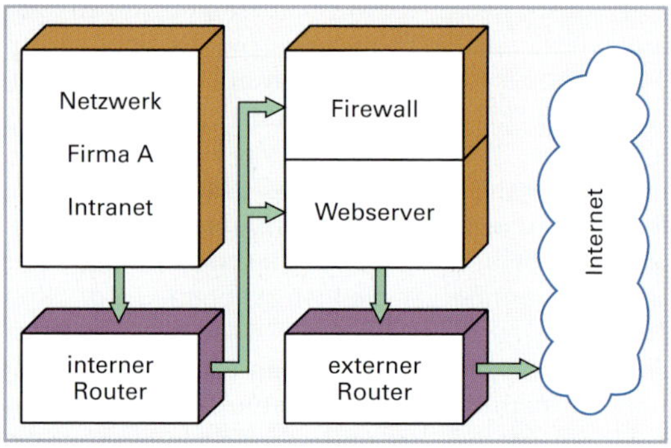

Bild 1: Anbindung eines Intranets an das Internet

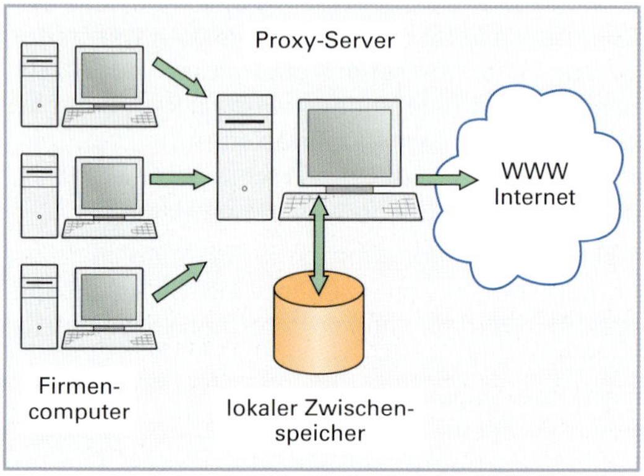

Bild 2: Funktionsprinzip eines Proxy-Servers

Kontrollprogramme

Eltern möchten bei ihren Kindern und Firmen bei ihren Mitarbeitern verhindern, dass diese auf ungeeignete Inhalte des Internets zugreifen. Kontrollprogramme vergleichen deshalb die Worte in Internetdokumenten mit Worten einer Datenbank und blockieren den Zugriff auf fragwürdige Daten.

> Schutzmaßnahmen zur Abwehr von schädlichen Dateien und Programmen aus dem Internet sind
> - Proxy-Server und Firewalls einrichten,
> - Antivirensoftware (Virenscanner) installieren und Virensignaturen aktualisieren,
> - Spam-Schutzsysteme aktualisieren
> - und kritische Prüfung von empfangenen Dateien mit den Endungen *.bat, *.com, *.exe, *.js, *.pif, *.shs, *.vbs, *.doc, *.xls.

Angriffe auf die Vertraulichkeit von Daten

Hacking

Hacking bezeichnet das unbefugte Eindringen in ein fremdes Computersystem. Der administrative Account (Zugang) ist stets das primäre Angriffsziel. Eine besondere Form des Hackings ist das Ausforschen vom Passwörtern. Der einzige wirksame Schutz vor einer Passwort-Attacke ist die Wahl eines guten Passwortes. Ein solches hat eine Mindestlänge von 8 Zeichen und besteht aus Groß- und Kleinbuchstaben, Zahlen und Sonderzeichen.

Malware

Trojaner, Viren, Würmer und Spyware werden oft unter dem Sammelbegriff Malware zusammengefasst. Trojaner sind nützlich anmutende Programme, die jedoch Spyware oder Backdoors (Hintertüren) für den Zugriff durch einen Angreifer mitinstallieren **(Bild 1)**. Viren sind sich selbst, meist über E-Mail, verbreitende Programme. Im Unterschied zu Würmern, die sich vollkommen selbstständig, durch das Ausnützen von Sicherheitslücken verbreiten, erfordert ein Virus immer ein gewisses Maß an menschlicher Interaktion, z. B. durch Anklicken von E-Mail-Anhängen **(Bild 2)**. Der Begriff Spyware beschreibt Software, welche die Tätigkeiten der auf dem Computersystem arbeitenden Personen „ausspioniert". Dies erfolgt z. B. durch Sniffing (schnüffeln) des Netzwerkverkehrs oder durch Key-Logging (Mitschreiben von Zugriffsdaten). Ist der Angriff mit Malware einmal erfolgreich, kann z. B. die Festplatte nach Kreditkartendaten und Passwörtern durchsucht werden oder es können alle auf dem System befindlichen *.doc und *.xls Dokumente auf einen Server des Virenautors kopiert werden.

Phishing

Der Begriff Phishing wurde von *Password* und *Fishing* abgeleitet. Ziel sind meist Kreditkarten- und Kontodaten oder Passwörter für Systeme, die eine Verfügbarkeit über Vermögenswerte der Opfer ermöglichen. Hierfür werden E-Mails versendet, die den Eindruck erwecken, von einer bestimmten Organisation zu stammen. Die E-Mails enthalten einen Link auf eine der echten Web-Site der Organisation täuschend ähnlich sehenden Site (Phishing Site), die zur Eingabe der persönlichen Daten auffordert.

Sniffing

Als Sniffing wird das Mitschneiden des Netzwerkverkehrs bezeichnet. Der bevorzugte Einsatzpunkt eines Sniffers ist der Router oder die Firewall eines Netzwerkes, da diese das Netzwerk mit anderen Netzen verbinden und daher der gesamte Netzwerkverkehr diese passieren muss. Eine Maßnahme gegen das Sniffen von Passwörtern besteht in der Verwendung von One-Time-Passwörtern, denn diese können nur für ein Login verwendet werden und sind daher für den Angreifer wertlos. One-Time-Passwörter schützen jedoch nicht den Inhalt der Kommunikation.

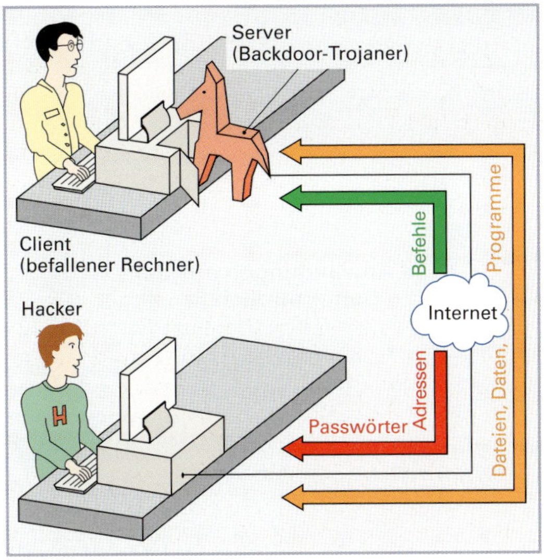

Bild 1: Arbeitsweise eines Backdoor-Trojaners

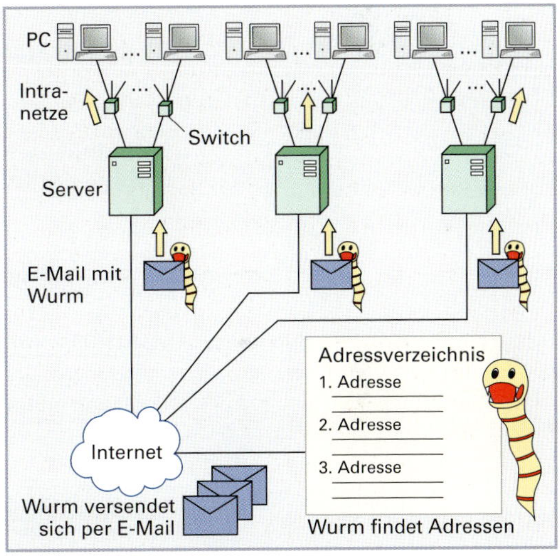

Bild 2: Vermehrung eines Wurmes

Restrisiko

Das Internet ist in den letzten Jahren wesentlich bedrohungsreicher geworden. Aber auch im Bereich der Gegenmaßnahmen findet ein stetiger Fortschritt statt. Viele Risiken können durch technische und organisatorische Maßnahmen beseitigt oder zumindest gemindert werden. Eine Kosten-Nutzen-Analsye ergibt, welche Aktionen durchgeführt werden sollten. Wie in anderen Lebensbereichen gilt auch hier, dass es eine hundertprozentige Sicherheit nicht gibt.

14 Anwendungen aus der Computertechnik

14 Anwendungen aus der Computertechnik

14.1 Bildverarbeitung

Mithilfe der Bildverarbeitung können Bilder eines Gegenstandes erfasst und mit dem zugehörigen Computer verarbeitet werden. Die Bildverarbeitung ermöglicht z. B. das automatische Erkennen von Werkstückfehlern. Da die *Bildinformation* im Rechner *digital* vorliegt, können durch Anwenden von Rechenoperationen die Bilder verändert und Fehler besonders deutlich herausgestellt und erkannt werden.

Bei der *Binärbildverarbeitung* wird das aufgenommene Bild in Schwarz/Weiß-Punkte zerlegt. Man erhält ein Bild entsprechend einem Scherenschnitt. Bei der *Grauwertbildverarbeitung* werden Bilder mit ihren Grauwertschattierungen und bei der *Farbbildverarbeitung* mit ihren Farben verarbeitet. Ziel der Bildverarbeitung ist es, durch mathematische Operationen bestimmte Merkmale eines Bildes bzw. einer Szene hervorzuheben oder die Bildinformation auf wenige Daten zu reduzieren **(Bild 1)**.

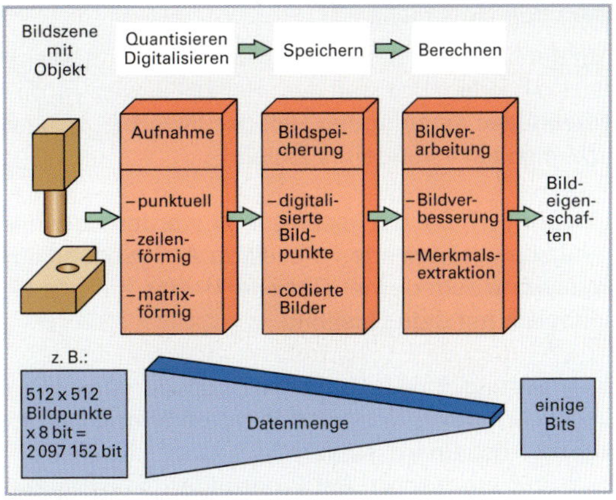

Bild 1: Prinzip der Bildverarbeitung

14.2 Grauwertbildverarbeitung

Über eine Videokamera wird fortlaufend, meist im Takt vom 40 ms, ein Bild nach dem anderen aufgenommen (Bild 1). Ein solches Fernsehbild zerlegt man durch *Quantisierung* in z.B. 512 x 512 = 262 144 *Bildpunkte* (Pixel[1]) und durch *Digitalisierung* in 256 *Grauwertstufen.* Der zugehörige Analog-Digital-Umsetzer (AD-Umsetzer) setzt z.B. in 40 ms oder 25 mal je Sekunde für 512 x 512 = 262 144 Bildpunkte das Videosignal in ein 8-Bit-Digitalsignal um. Man erhält ein 8-Bit-Grauwertbild **(Bild 2)**.

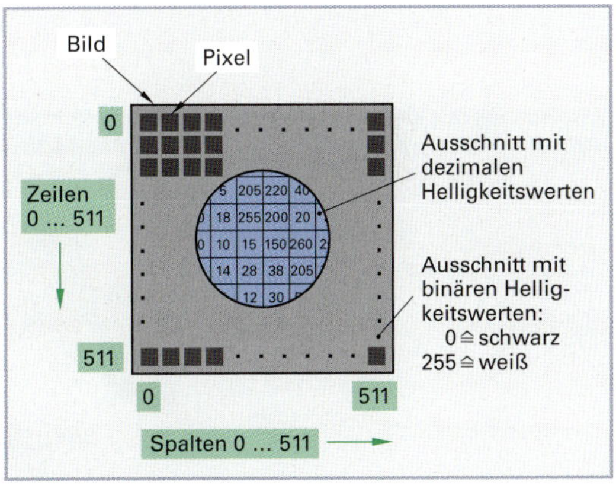

Bild 2: Digitale Bilddarstellung

Das so digitalisierte Videosignal kann in einer ersten Bildverarbeitungsoperation über Look-up-Tables (Bewertungstabellen) in der Weise verändert werden, dass bestimmte Helligkeitsstufen unterdrückt, andere besonders hervorgehoben oder z. B. auf 8 oder 4 unterschiedliche Werte begrenzt werden. Man kann auch ab einer bestimmten Helligkeit dem Bildpunkt die Farbe Weiß und unter dieser Helligkeit die Farbe Schwarz zuordnen, also ein Binärbild erzeugen **(Bild 3)**.

Durch mathematische Operationen können Bilder verändert werden und dabei Bildmerkmale hervorgehoben und bewertet werden.

Bild 3: Darstellung mit verschiedenen Graustufen

[1] Pixel, Kunstwort für picture element = Bildelement

Die Look-Up-Tabelle (LUT)

Mit der LUT ordnet man, entsprechend der gewählten LUT, jedem Pixel mit dem Helligkeitswert H_Q des **Quellbildes** einen neuen Helligkeitswert H_z zu und erhält so ein verändertes **Zielbild**.

Lineare LUT. Bei der linearen LUT werden den Eingangshelligkeitswerten dieselben Ausgangshelligkeitswerte zugeordnet **(Tabelle 1)**. Das Zielbild ist identisch mit dem Quellbild.

Invertierung. Eine fallende LUT-Funktion überführt helle Bildpunkte in dunkle Bildpunkte und umgekehrt. Aus einem Negativbild wird ein Positivbild und umgekehrt. Bei Binärbildern werden die schwarzen Pixel weiß und die weißen Pixel schwarz.

Kontrastspreizung. Soll ein relativ helles Bild mit geringem Kontrast, z. B. ein Bild bei dem sich alle Helligkeitswerte zwischen 160 und 255 befinden, kontrastreicher dargestellt werden, dann programmiert man eine lineare LUT, aber erst beginnend beim Eingangshelligkeitswert 160. Das Zielbild zeigt nun deutliche Kontraste. Die ansteigende Flanke der LUT-Funktion legt man in den interessierenden Helligkeitsbereich.

Binarisierung (Threshold). Hier hat die LUT-Funktion an der Binarisierungsschwelle (threshold = Schwelle) einen Sprung. Helligkeitswerte unterhalb dieser Schwelle werden auf 0 gesetzt und erscheinen schwarz, Helligkeitswerte oberhalb dieser Schwelle werden auf 255 gesetzt und erscheinen weiß. Aus dem Grauwertbild wird ein Binärbild.

<table>
<tr><th colspan="3">Tabelle 1: Bildverarbeitung mit Look-Up-Tabelle</th></tr>
<tr><th>LUT-Funktion</th><th>Quellbild</th><th>Zielbild</th></tr>
<tr><td>Helligkeitswerte des Zielbildes H_Z
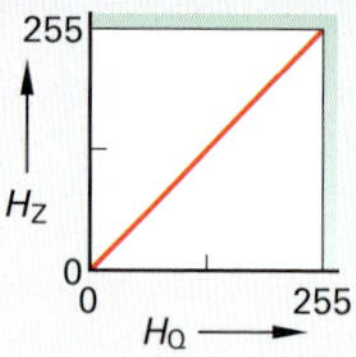

Lineare LUT</td><td></td><td></td></tr>
<tr><td>Invertierung von 0…255 auf 255…0
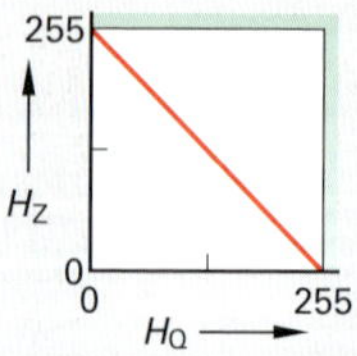

Invertierung</td><td></td><td></td></tr>
<tr><td>Spreizung von 200 … 255 auf 0 … 255
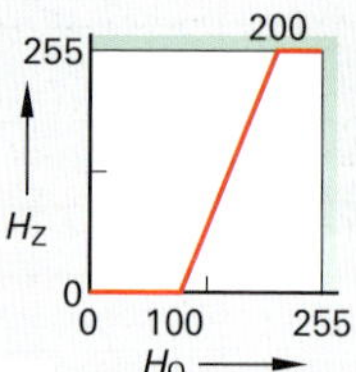

Kontrastspreizung</td><td></td><td></td></tr>
<tr><td>Binärschwelle ist H_{QB}
$H_Q < H_{QB} \Rightarrow 0$
$H_Q > H_{QB} \Rightarrow 255$
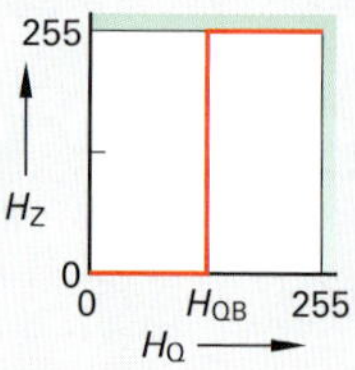

Binarisierung</td><td></td><td></td></tr>
</table>

Bei den lokalen Filtern berechnet man die neuen Helligkeitswerte des Zielbildpixels in Abhängigkeit von der lokalen Umgebung des Quellbildpixels **(Bild 1)**. Jedes Pixel e im Quellbild hat, abgesehen von den am Rand liegenden Pixeln, 8 Nachbarpixel a, b, c, d, f, g, h, i mit den Helligkeitswerten H_{Qa}, H_{Qb}, H_{Qc}, H_{Qd}, H_{Qf}, H_{Qg}, H_{Qh}, H_{Qi}. Der Helligkeitswert H_{Qe} gehört zum Quellbildpixel e. Der Helligkeitswert eines jeden Zielbildpixels H_{Ze} wird nun berechnet als Funktion der Helligkeitswerte H_{Qa} ... H_{Qi}. Die Filteroperationen können mehrfach angewendet werden. Hierzu wird das Zielbild erneut als Quellbild definiert.

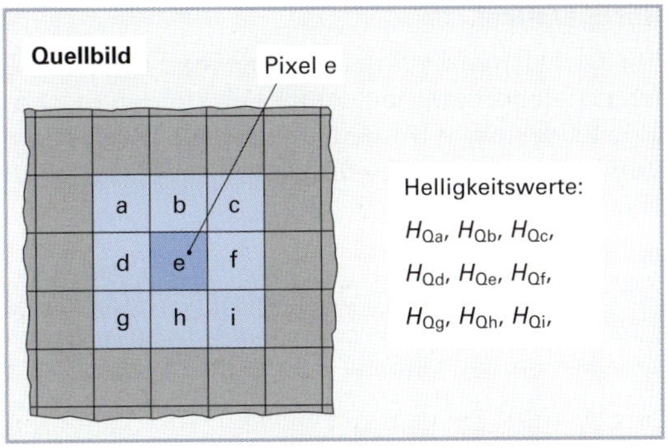

Bild 1: Die lokale Umgebung des Quellbildpixels

> Lokale Filter berechnen die Helligkeit eines jeden Bildpunktes neu, in Abhängigkeit von den Helligkeitswerten der Bildpunkte aus der ursprünglichen Umgebung.

Tiefpassfilter

Beim Tiefpassfilter errechnet man H_{Ze} als Mittelwert von H_{Qa} bis H_{Qi}, und dividiert durch 9 bzw. $2^3 = 8$. Die Division mit $2^3 = 8$ ist bei Integerzahlen eine Stellenverschiebung um 3 Binärstellen und somit weniger rechenintensiv. Das Zielbild wird dadurch geringfügig heller als das Quellbild. Zur vereinfachten Darstellung der Filterfunktion wird eine „lokale Maske" mit den Multiplikatoren für H_a ... H_i aufgestellt.

Wirkung: Durch die Tiefpassfilterung wird das Bild „weicher". Scharfe Kanten werden verschwommen. Helle oder dunkle Bildstörungen als Einzelpixel verschwinden. Sie werden der Umgebungshelligkeit angepasst **(Tabelle 1)**.

Tabelle 1: Tiefpassfilter

Filterfunktion/Maske

Tiefpass

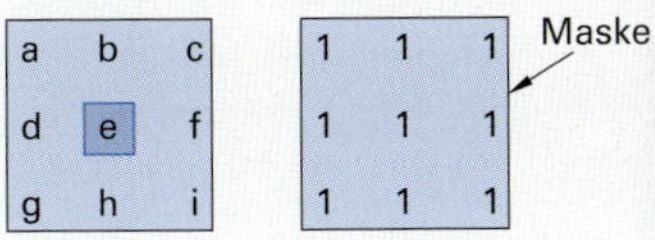

Rechenbeispiel für ☐:

$$H_{Ze} = (8 + 0 + 16 + 8 + 8 + 16 + 8 + 8 + 32) : 8 = 13$$

Quellbild

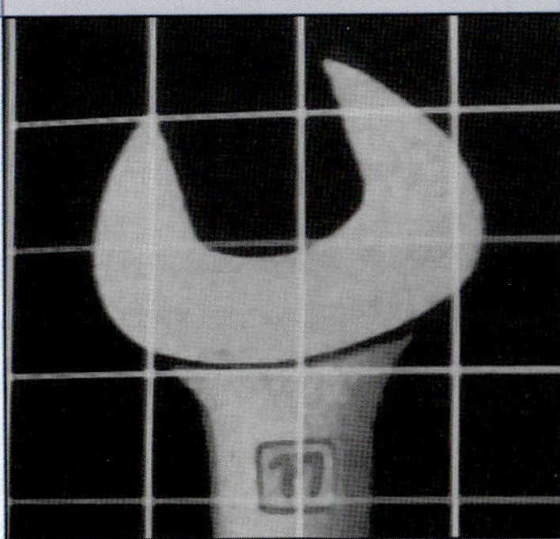

Ausschnitt im Quellbild

8	8	8	16	16	16
8	8	0	16	16	16
8	8	8	16	16	16
8	8	8	32	16	16
8	8	8	16	16	16

Zielbild

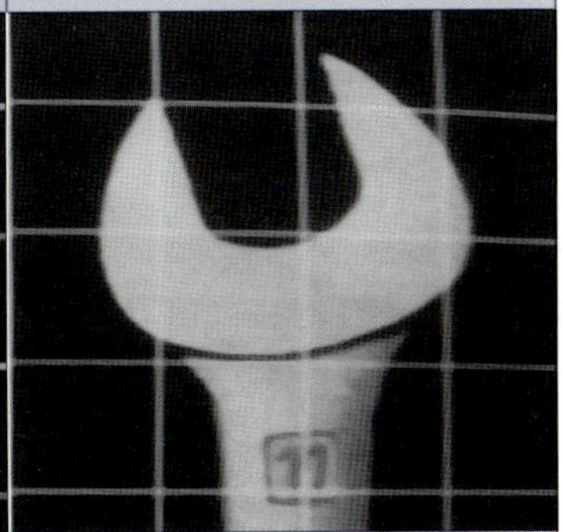

Ausschnitt im Zielbild

*	*	*	*	*	*
*	8	11	14	14	*
*	8	13	16	20	*
*	9	18	17	20	*
*	*	*	*	*	*

Hochpassfilter

Bei den Hochpassfiltern errechnet man H_{Ze} aus Differenzhelligkeitswerten der lokalen Umgebung von H_{Qe}. Ist die lokale Umgebung von H_{Qe} gleichermaßen hell, so wird $H_{Ze} = 0$. Der neue Pixelwert wird also schwarz.

Wirkung: Durch ein Hochpassfilter werden Helligkeitsveränderungen im Quellbild sehr stark hervorgehoben, während gleichermaßen helle Bereiche schwarz werden **(Tabelle 1, folgende Seite)**. Ergibt die Berechnung der Helligkeitswerte eine negative Zahl, so wird das Ergebnispixel auf den Wert Null gesetzt. Denn negative Helligkeiten gibt es nicht. Schwarz ist der dunkelste Wert.

Laplace-Filter

Das Laplace-Filter[1] erzeugt helle Punkte, wenn Helligkeitsdifferenzen von links nach rechts oder von oben nach unten vorhanden sind (Tabelle 1, folgende Seite). Man kann damit Kanten erkennen. Das Laplace-Filter bezeichnet man daher auch als Kantenfilter. Anstelle der Speicherung des Kantenverlaufs zur Erkennung von Objekten ermittelt man oft die Kantenlänge und bestimmt daraus das Objekt.

Sobel-Filter

Das Sobel-Filter[2] ist auch ein Kantenfilter. Im Unterschied zum Laplace-Filter erzeugt das Sobel-Filter eine sehr kräftige Umrisslinie der im Bild vorhandenen Objekte. Zur Objekterkennung wird meist eine Sobel-Filterung durchgeführt. Durch Analyse der Randlinie, z. B. über die Ermittlung von Art und Zahl der Ecken, sowie von Schnittpunkten der Randlinie mit Kreisen und Linien werden die Objekte identifiziert **(Bild 1)**.

> Mit dem Sobel-Filter erhält man weiße Objektkanten.

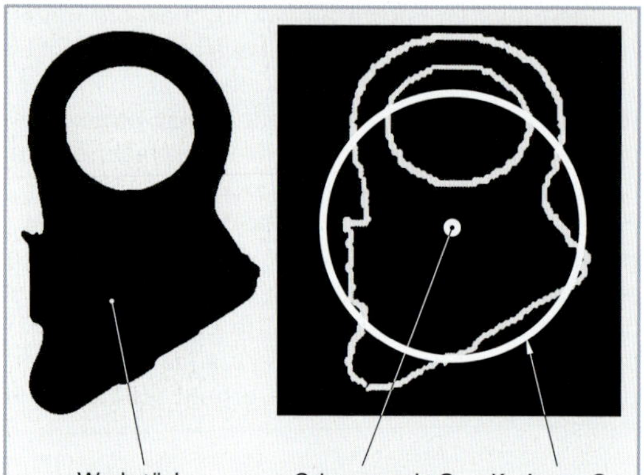

Bild 1: Objekterkennung durch Sobel-Filterung und Schnitt mit Kreis um Flächenschwerpunkt

Tabelle 1: Rangordnungsfilter

Quellbild	Zielbild

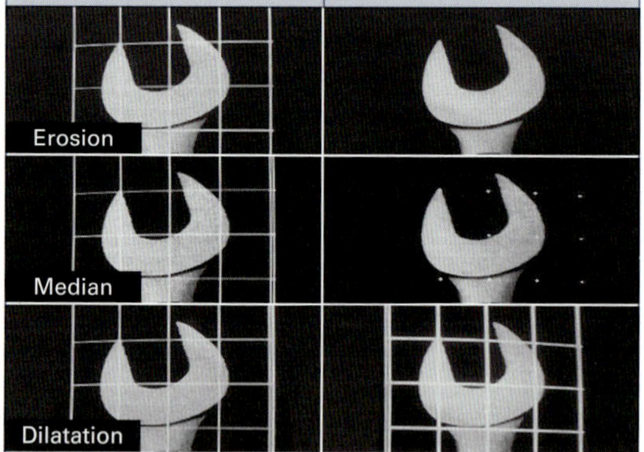

Man ordnet die Helligkeitswerte H_{Qa} ... H_{Qi} nach ihrer Größe

a	b	c
d	e	f
g	h	i

Erosion: $H_{Ze} = \min(H_{Qa} \ldots H_{Qi})$ (kleinster Wert)

Median: H_{Ze} = fünftgrößter Wert aus $(H_{Qa} \ldots H_{Qi})$ (mittlerer Wert)

Dilatation: $H_{Ze} = \max(H_{Qa} \ldots H_{Qi})$ (größter Wert)

Rangordnungsfilter

Bei den Rangordnungsfiltern ordnet man die Bildpunkte a ... i entsprechend ihrer Helligkeit **(Tabelle 1)**. Beim **Erosionsfilter**[3] erhält H_{Ze} den minimalen Wert von H_{Qa} ... H_{Qi}. Beim **Dilatationsfilter**[4] erhält H_{Ze} den maximalen Wert aus H_{Qa} ... H_{Qi} und beim **Medianfilter**[5] wird H_{Ze} der fünftgrößte Wert von H_{Qa} ... H_{Qi} zugewiesen. Bei Binärbildern bewirkt die Erosion eine Verkleinerung der hellen Objekte. Kleine helle Störungen fallen ganz weg. Die Dilatation vergrößert alle hellen Objekte. Kleine dunkle Störungen fallen ganz weg. Das Medianfilter wirkt ähnlich wie ein Tiefpassfilter, sowohl einzelne helle Bildpunkte als auch einzelne dunkle Bildpunkte verschwinden.

> Durch Erosion entfernt man kleine helle Störungen und durch Dilatation kleine dunkle Störungen.

[1] Pierre Simon, Marquis de Laplace (1749-1829), franz. Mathematiker und Physiker; [2] Sobel, Erfinder
[3] lat. erodere = wegnagen; [4] lat. dilatare = ausbreiten; [5] lat. medialis = in der Mitte

Tabelle 1: Hochpassfilter und Gradientenfilter

Filterfunktion/Maske	Quellbild	Zielbild

Hochpass

a	b	c
d	e	f
g	h	i

lokale Maske

−1	−1	−1
−1	+8	−1
−1	−1	−1

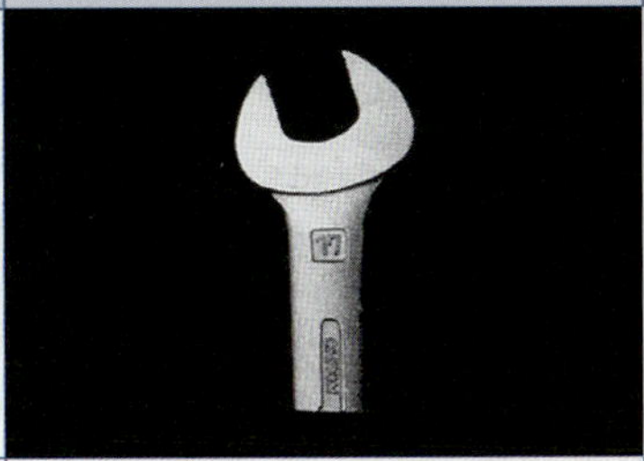

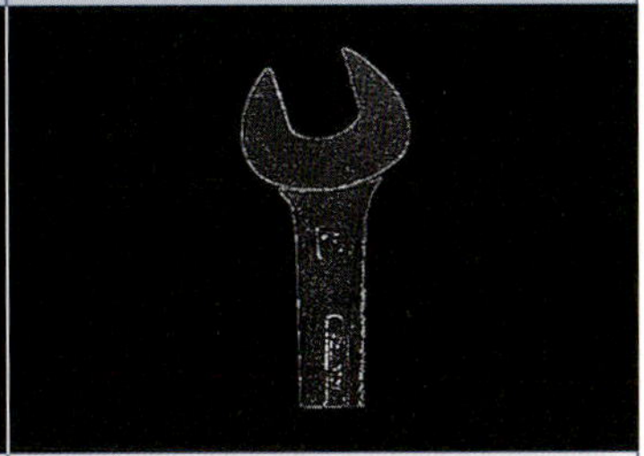

Rechenbeispiel für ☐:

$$H_{Ze} = (-8) + (-8) + (-16) + (-8) + (8 \cdot 8) + (-16) + (-8) + (-8) + (-16) = -24 \Rightarrow 0$$

Bemerkung:
H_{Ze}-Werte kleiner null werden auf null gesetzt.

Ausschnitt im Quellbild

8	8	8	16	16	16
8	8	8	16	16	16
8	8	8	16	16	16
8	8	8	16	16	16
8	8	8	16	16	16

Ausschnitt im Zielbild

*	*	*	*	*	*
*	0	0	24	0	*
*	0	0	24	0	*
*	0	0	24	0	*
*	*	*	*	*	*

Laplace-Filter

a	b	c
d	e	f
g	h	i

*	1	*
1	−4	1
*	1	*

$$H_{Ze} = +1 \cdot H_{Qd} - 4 \cdot H_{Qe} + 1 \cdot H_{Qf} + 1 \cdot H_{Qb} + 1 \cdot H_{Qh}$$

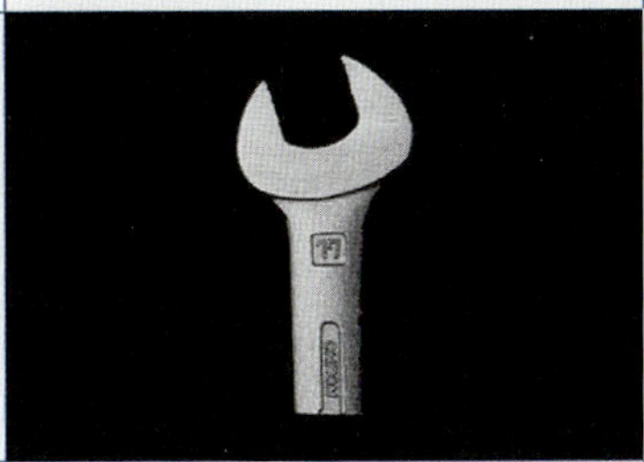

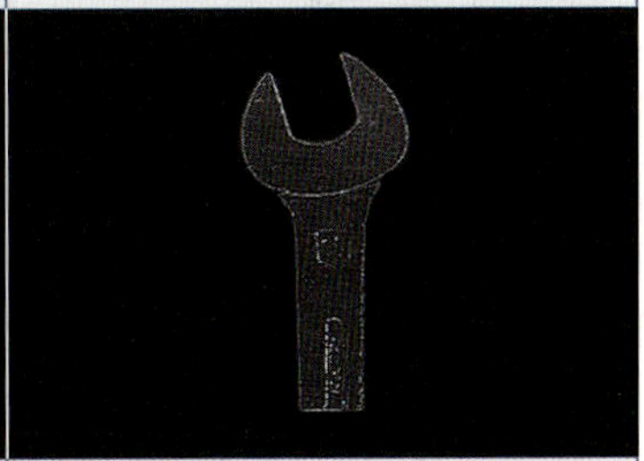

Rechenbeispiel für ☐:

$$H_{Ze} = +8 - 4 \cdot 8 + 16 + 8 + 8 = 8$$

Ausschnitt im Quellbild

8	8	8	8	8	8
8	8	8	8	8	8
8	8	8	16	16	16
8	8	8	16	16	16
8	8	8	16	16	16

Ausschnitt im Zielbild

*	*	*	*	*	*
*	0	0	8	8	*
*	0	8	0	0	*
*	0	8	0	0	*
*	*	*	*	*	*

Sobel-Filter

$$H_{Ze} = |(1 \cdot H_{Qa} + 2 \cdot H_{Qb} + 1 \cdot H_{Qc}) - (1 \cdot H_{Qg} + 2 \cdot H_{Qh} + 1 \cdot H_{Qi})| + |(1 \cdot H_{Qa} + 2 \cdot H_{Qd} + 1 \cdot H_{Qg}) - (1 \cdot H_{Qc} + 2 \cdot H_{Qf} + 1 \cdot H_{Qi})|$$

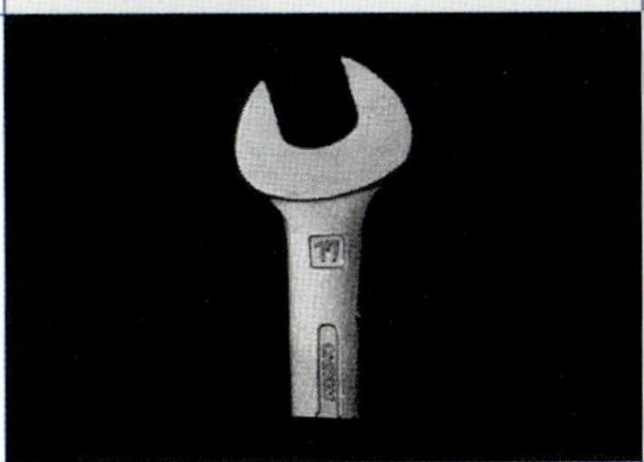

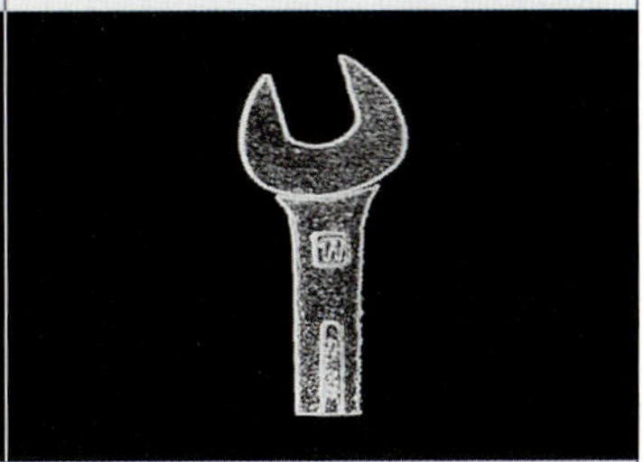

Rechenbeispiel für ☐:

$$H_{Ze} = |(8 + 16 + 8) - (8 + 16 + 16)| + |(8 + 16 + 8) - (8 + 16 + 16)| = 16$$

Ausschnitt im Quellbild

8	8	8	8	8	8
8	8	8	8	8	8
8	8	8	16	16	16
8	8	8	16	16	16
8	8	8	16	16	16

Ausschnitt im Zielbild

*	*	*	*	*	*
*	0	16	32	32	*
*	0	32	48	32	*
*	0	32	32	0	*
*	*	*	*	*	*

Etikettieren

Zur Ermittlung der Anzahl der Objekte in einem Bild und zur weiteren Untersuchung der Objekte, z. B. nach Flächeninhalt (Anzahl schwarzer bzw. weißer Pixel), ordnet man den einzelnen Objekten „Etiketten" zu, z. B. Zahlen oder Farben. Man durchsucht das Bild Zeile für Zeile von oben links nach unten und kennzeichnet den ersten weißen Bildpunkt **(Bild 1)** mit einer 1, den folgenden weißen Bildpunkt auch mit 1, sofern der linke oder obere Nachbarbildpunkt auch das Etikett 1 hat, sonst mit 2 usw. Wächst ein Objekt, das zunächst als getrennt ermittelt wurde, im Bild weiter unten zusammen, so wird auf die kleinere Nummer umnummeriert (Bild 1).

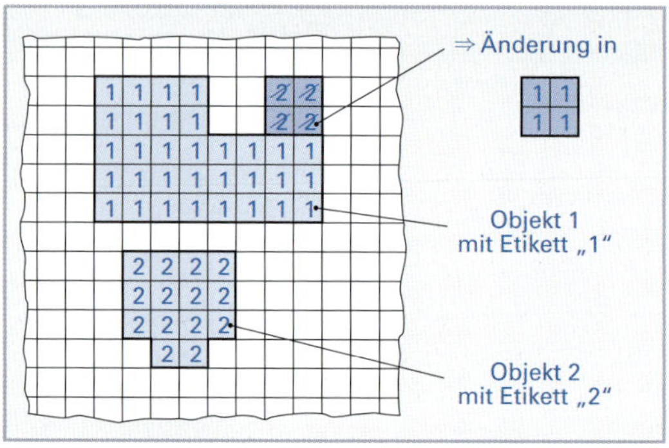

Bild 1: Etikettierung

14.3 Binärbildverarbeitung

Da die Bildverarbeitung sehr rechenintensiv ist, versucht man mit möglichst wenig Daten Bildszenen zu beschreiben. Die geringste Datenmenge haben Binärbilder. Die Bildpunkte sind bei Binärbildern entweder schwarz oder weiß und können somit durch ein Bit je Bildpunkt beschrieben werden. Zur weiteren Datenreduktion, aber auch zur Objekterkennung, werden insbesondere binärisierte Bilder nicht Punkt für Punkt, sondern in Bezug auf ihre Nachbarschaft beschrieben. Bei der Lauflängencodierung speichert man den Anfangspunkt eines Objektes und die sich anschließende Lauflänge **(Bild 2, oben)**. Bei der Codierung mit Richtungsketten beschreibt man den Objektrand durch die Richtung des jeweils nächsten Nachbarn, entsprechend der 8 möglichen Richtungen **(Bild 2, unten)**.

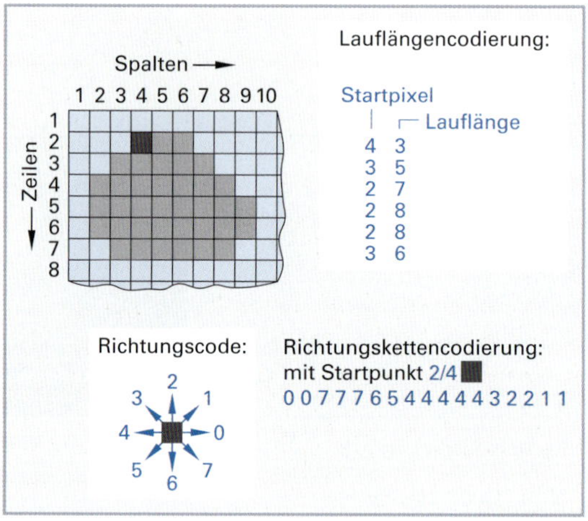

Bild 2: Lauflängencodierung und Richtungskettencodierung

Durch Subtraktion mit einem Referenzbild kann man z. B. Gussgrate erfassen. Von dem Binärbild des Werkstücks mit Gussgrat wird das Binärbild eines Werkstücks ohne Gussgrat subtrahiert. So erhält man ein Binärbild, welches nur den Gussgrat zeigt **(Bild 3)**.

In einer weiteren Rechenoperation kann die verbliebene weiße Fläche einfach durch Zählen der hellen Bildpunkte bestimmt werden.

> Mit der Bildsubtraktion stellt man die Unterschiede zu einem Referenzbild dar.

Zur Ermittlung von *Umrisslinien* setzt man bei jedem Hell-Dunkel-Übergang einen hellen Punkt. Die Länge der Umrisslinien wird dann durch Zählen der hellen Punkte bestimmt. Zur Mustererkennung verwendet man oft Fläche und Umrisslänge eines Werkstückbildes.

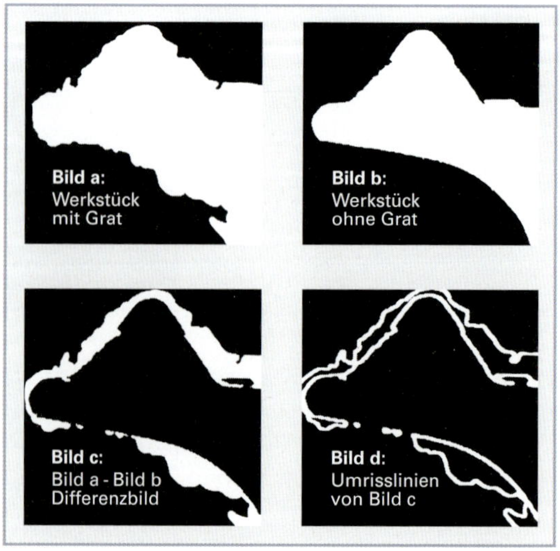

Bild 3: Bildsubtraktion und Erzeugen von Umrisslinien

14.4 Farbbildverarbeitung und Farbbildcodierung

Farbdarstellung

Das menschliche Auge empfindet elektromagnetische Strahlung mit der Wellenlänge zwischen 390 nm und 770 nm als *Licht* und zwar von Violettblau über Grün, Gelb, Orange bis Dunkelrot. Ein beleuchteter Körper reflektiert seine Körperfarbe. Ein *grüner* Körper *reflektiert grünes Licht* mit der Wellenlänge von 546 nm. Ein weißer Körper reflektiert das Licht aller Farben, ein schwarzer Körper absorbiert das Licht.

Durch *additive* Mischung von drei Lichtwellenlängen, z. B. rotem Licht, grünem Licht und blauem Licht, lassen sich je nach Leuchtdichte dieser drei Lichtquellen alle Lichtfarben darstellen[1]. So ergibt: Rot + Grün = Gelb **(Bild 1)**.

Durch Absorbieren von Licht lassen sich ebenfalls alle Lichtfarben darstellen *(subtraktive Lichtmischung)*. Dies geschieht beim Betrachten farbiger Körper (Körperfarben). Bei einem roten Körper werden alle Lichtfarben außer Rot absorbiert **(Bild 2)**.

Das menschliche Auge empfindet drei Farbeigenschaften:

- **Farbton,** abhängig von der dominierenden Lichtwellenlänge,
- **Leuchtdichte,** abhängig von der Lichtenergie (Helligkeit),
- **Farbsättigung,** abhängig von der Farbreinheit (Bei 100 % ist nur eine Lichtwellenlänge vorhanden).

Bei *Bildschirmen* werden mit roten, grünen und blauen Lichtpunkten die Farben *additiv* gemischt. Bei *Farbdruckern* erfolgt mit Cyan (C), Magenta (M), Gelb (Y, von Yellow) und Schwarz (K, von Keyplate[2]) eine *subtraktive* Farbmischung durch Lichtabsorption. In beiden Fällen sind die Farbanteile numerisch zu speichern, zu übertragen und je nach Ausgabemedium nämlich für den Bildschirm oder für den Drucker umzurechnen (zu konvertieren).

> Farben erzeugt man durch additive Farbmischung mit Licht oder durch subtraktive Farbmischung mit Lichtabsorption.

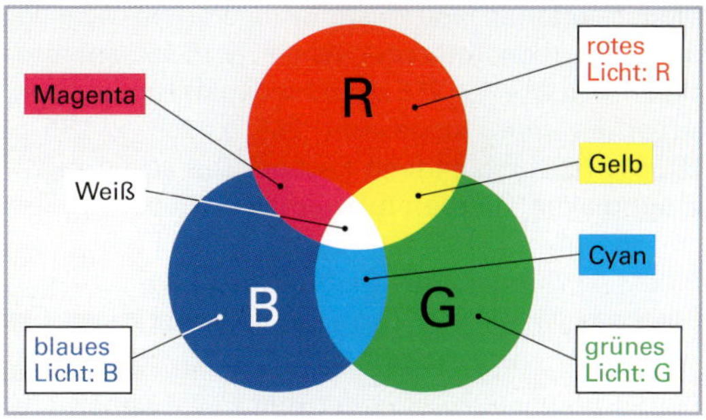

Bild 1: Additive Farbmischung

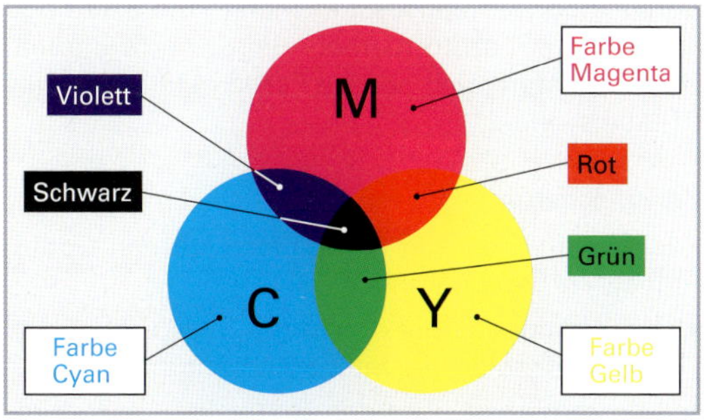

Bild 2: Subtraktive Farbmischung

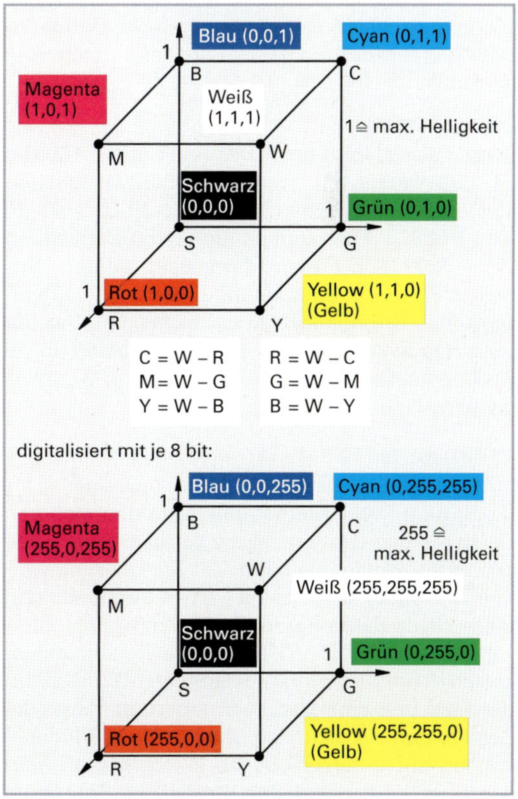

Bild 3: RGB- und CMYK-Farbwürfel

---

[1] Durch die ICL (International Commission of Lightning) wurden folgende Bezugsfarben (RGB) festgelegt: R (RED = Rot): 700 nm Wellenlänge, G (GREEN = Grün): 546,1 nm Wellenlänge, B (BLUE = Blau): 435,8 nm Wellenlänge.

[2] An der schwarzdruckenden Platte werden beim Vierfarbdruck die anderen Platten ausgerichtet.

Digitalisiert man jede dieser Bezugsfarben mit einer Helligkeit (Leuchtdichte) von z. B. 8 bit entsprechend von $2^8 - 1 = 255$ verschiedenen Helligkeiten, so erhält man insgesamt 255 x 255 x 255 = 16 581 375 verschiedene Farben. Die additive Mischung aller 3 Farben mit der jeweiligen (normierten) Helligkeit 1 (100 % ≙ 255) ergibt die Farbe *Weiß* **(Bild 3, vorhergehende Seite)**. *Rot* plus *Blau* ergibt *Magenta* (M = R + B). *Grün* + *Blau* ergibt *Cyan* (C = G + B), *Rot* + *Grün* ergibt *Gelb* (Y = R + G).

Die *Farbbildverarbeitung* erfolgt meist *separat* jeweils für die drei Farben Rot, Grün, Blau ganz entsprechend der Grauwertbildverarbeitung. Zur Darstellung fotorealistischer Bilder sind allerdings aufwendige Farbtonberechnungen erforderlich. Hierzu werden auch andere Farbdarstellungen als RGB verwendet.

Bildspeicherung

Zur Speicherung von Farbbildern werden Codierungen vorgenommen für die

- Informationen über die Art der Bildspeicherung, z. B. Bildcodierung, Bilddatenmenge,
- Informationen über das *Bild* selbst, z. B. Bildgröße, Zahl der Bildpunkte und die
- eigentlichen *Bilddaten*.

Die ersten beiden Informationspunkte stehen im Dateikopf (header). Folgende Bildspeichertechniken sind üblich:

Bitmap (BMP). Bei der *Farbbitmap-Darstellung* (map = Karte) wird jeder Bildpunkt mit 8, 16 oder 24 Bits dargestellt. Bei einer 8-Bit-Darstellung können $2^8 = 256$ Farben, bei der 16-Bit-Darstellung $2^{16} = 65\,536$ Farben und bei der 24-Bit-Darstellung $2^{24} = 16\,777\,216$ Farben dargestellt werden. Das menschliche Auge ist befähigt, etwa 400 000 verschiedene Farbnuancen zu unterscheiden. Der *Bitmap-Header* umfasst 54 Bytes, gegliedert in 15 Abschnitte. Die Farben werden mit *RGB-Signalen* dargestellt.

TIFF-Datei. Die TIFF-Datei (Tag Image File Format = etikettiertes Bild-Datei-Format) ist universeller als die Bitmap-Datei. Sie hat einen umfangreicheren Datenvorspann; in ihm ist die Art der vielen Speichermöglichkeiten definiert. Zur Speicherung werden die Bilder in einzelne Felder aufgeteilt und diese sowie deren Eigenschaften mit „Tags" (Etiketten) versehen. Die TIFF-Datei beginnt mit einem kurzen Header, es folgt eine Parameter-Directory für die *Tags* und eine Datenvereinbarung. Anschließend folgen die Bilddaten **(Bild 1)**. Diese Bilddaten können auf unterschiedliche Weise komprimiert sein. Für die Leuchtdichte der Farben Rot, Grün, Blau werden zur Interpretation der Daten Bewertungskurven in der TIFF-Datei festgelegt und übertragen. Dies ermöglicht Farbanpassungen an die Ausgabegeräte, sodass eine korrekte Farbwiedergabe möglich wird.

Header

Bedeutung
Definition für Byte-Anordnung
Versions-Nr.
Pointer für 1. Directory

Parameter-Directory

Parameter-Code
Datentyp
Länge
Wert oder Pointer

Parameter-Vereinbarung

z. B.: Binärdaten ⇒ 1 Byte
z. B.: ASCII-Zeichen ⇒ 1 Byte
z. B.: Integer 16 Bits ⇒ 2 Bytes
z. B.: Integer 32 Bits ⇒ 4 Bytes
z. B.: Gleitpunktzahl 64 Bits ⇒ 8 Bytes

Liste der Tags (Auswahl)

Tag Nr.	Bedeutung
256	Bildbreite in Pixel
257	Bildhöhe in Pixel
258	Zahl der Bits/Pixel
259	Kompressionsverfahren
262	Farbcodierung
263	Bildaufbau
264	Breite des Bildfeldes
⋮	
315	Bildautor
316	Computer-Typ
317	Vorhersage
318	Weißpunkt
319	Haupt-Farbsättigung
320	Farbtafel
⋮	

Bild 1: Struktur der TIFF-Datei und Bedeutung der Tags

GIF. GIF (Graphics Interchange Format) ist ähnlich der Bitmap-Datei. Die Datei beginnt mit den ASCII-Zeichen GIF und drei weiteren Zeichen für eine Versionsnummer. Es folgt eine Definition für den Bildschirm (Screen Descriptor) und die Farbskala der das Bild erzeugenden Hardware. Die Grafik selbst wird als Folge von komprimierten Pixeldaten mit RGB-Farbwertangaben aufgebaut. Jede der drei Farben wird mit einem Byte dargestellt. In einer GIF-Datei können mehrere Bilder abgelegt werden. Die Bildposition und Bildgröße wird festgelegt.

JPEG. Das JPEG-Verfahren (von Joint Photographic Expert Group = Vereinte Fotografie-Experten Gruppe) ist ein Verfahren um Bilder, insbesondere Fotografien, zu komprimieren. Die Bilder werden in Frequenzspektren zerlegt, und zwar mithilfe des *DCT-Verfahrens* (DCT von Digitaler Cosinus-Transformation).

PNG. PNG ist ein Rastergrafikformat mit verlustfreier Kompression (PNG von Portable Network Grafics = portable Netzwerkgrafik). PNG arbeitet ähnlich wie GIF mit 256 Farbwertangaben. PNG-Dateien können auch Informationen zur Transparenz enthalten. Der zusätzliche Alphakanal liefert für jedes Pixel Transparenzwerte, nämlich wie viel vom Hintergrund durchscheinen soll und zwar mit bis zu 16 bit = 65536 Abstufungen. Das ermöglicht z. B. eine Bildbearbeitung ohne Hintergrundeinfluss.

14.5 Sprachverarbeitung

14.5.1 Aufbau von Systemen zur Sprachverarbeitung

Die Verarbeitung gesprochener Sprache kann mit einem PC und einem Programm zur Sprachverarbeitung erfolgen **(Bild 1)**.

> Für die Sprachverarbeitung benötigt man einen PC mit großem RAM-Speicher, Prozessoren mit großer Taktfrequenz und Soundkarte.

Als Software wird ein Sprachverarbeitungsprogramm und ein Textverarbeitungsprogramm benötigt. Meist wird das Diktieren aus der Textverarbeitung heraus gestartet. Die gesprochenen Worte erscheinen dann nach kurzer Zeit direkt im Dokumentenfenster der Textverarbeitung. Zum Korrekturlesen erfolgt die Tonwiedergabe des geschriebenen Textes mit dem Stimmmodul der Software. Diese Wiedergabe klingt sehr unnatürlich.

Wirkungsweise der Spracherkennung

Die Spracherfassung erfolgt mit einem Mikrofon. Die Soundkarte digitalisiert das Sprachsignal **(Bild 2)**. Das digitale Signal wird in der akustischen Signalverarbeitung von Störsignalen, wie z. B. Rauschen, befreit, durch Filterung in der Datenmenge reduziert und an den Sprachdecoder weitergegeben. Der Sprachdecoder arbeitet dreistufig.

Stufe 1: Phonetische Transkription

Bei der phonetischen Transkription werden die vorhandenen Laute bekannten Wortformen zugeordnet **(Tabelle 1)**. So entsteht eine Anzahl gleichklingender Worte, z. B. „Feld", „fällt", „bellt".

Stufe 2: Sprachmodellerzeugung

Je nach Software wird eine Prüfung mit Bigrammen oder Trigrammen vorgenommen (Tabelle 1). Dabei wird überprüft, ob sich Wortkombinationen mit vorhandenen Worte bilden lassen. Entscheidend ist nicht der Sinn, sondern wie oft das in Stufe 1 erzeugte Wort zusammen mit anderen Worten aufgetreten ist.

Stufe 3: Vergleichen und Sortieren

In der Reihe ihrer Häufigkeit werden die Worte nun mit dem vorhandenen Wortvorrat verglichen. Zusätzlich wird eine Sinnprüfung durchgeführt. So ist z. B. die Wortfolge (Trigramm) „im Feld arbeiten" sinnvoll, „im fällt arbeiten" jedoch nicht. Die gefundenen Worte werden dem Wortdecoder ein zweites Mal zugeführt. Erst dann übergibt sie der Sprachdecoder nach Durchlaufen einer Rechtschreibprüfung in Wortfolgen an die Textverarbeitung.

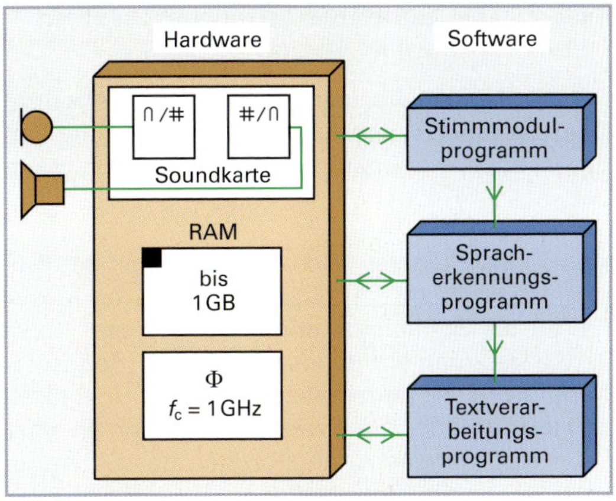

Bild 1: PC-System zur Sprachverarbeitung

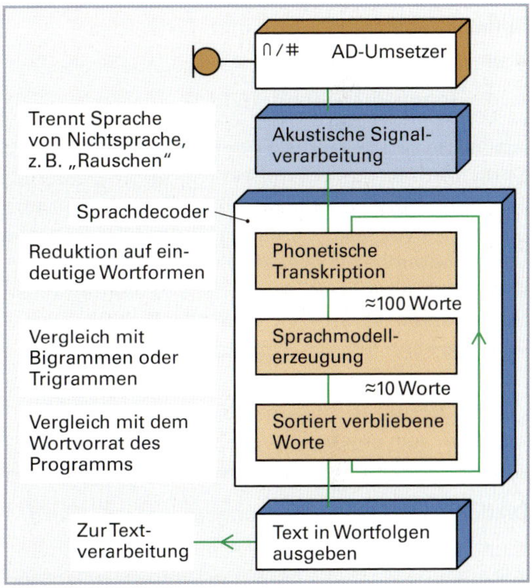

Bild 2: Sprachverarbeitung

Tabelle 1: Begriffe zur Spracherkennung

Begriff	Erklärung
Bigramm-Prüfung	Griech. Bigramm = Zwei-Zeichen. Prüft, ob Wortfolge sinnvoll, z. B. „ich bin" oder nicht sinnvoll, z. B. „ich du" ist.
Phonetische Transkription	Aussondern von Lautfolgen, die in bestimmten Wortkombinationen nicht möglich sind.
Trigramm-Prüfung	Griech. Trigramm = Drei-Zeichen. Prüft, ob die Folge von drei Wörtern sinnvoll ist.
Stimmmodul	Programm zur Erzeugung von Sprache aus Text.

14.5.2 Das Sprachverarbeitungssystem Dragon Naturally Speaking

Für die Sprachverarbeitung wird das Programm Dragon NaturallySpeaking (dragon = Drache, naturally speaking = natürliches Sprechen) verwendet.

Audio-Einstellungen. Nach der Installation des Programmes müssen die Lautsprecher und das Mikrofon an die Soundkarte angepasst werden. Meist verwendet man ein Headset-Mikrofon (Headset = Kopfhörer), um Raumnebengeräusche zu vermeiden **(Bild 1)**. Außerdem wird das Mikrofon an einer Seite des Mundes so angeordnet, dass Atemgeräusche es nicht direkt treffen.

Die Anpassung wird mit dem Benutzer-Assistenten des Programms Dragon NaturallySpeaking beim Benutzer einrichten ausgeführt. Es werden

- die Lautstärke für die Sprachausgabe eingestellt,
- die Tonqualität geprüft **(Bild 1)**.

Als nächstes wird zur Erstellung eines eigenen Sprachprofils das Trainingsprogramm gestartet. Man liest Texte mit normaler Geschwindigkeit und Lautstärke vor, wobei anfangs Worte oder Satzteile vom Programm zur Wiederholung angefordert werden. Nach dem Ende des Vorlesens werden diese Sprachdaten verarbeitet und gespeichert. Dieser Vorgang kann mehrere Minuten dauern.

> Jeder Benutzer muss mit einem Trainingsprogramm sein eigenes Sprachprofil erzeugen.

Diktieren im Textverarbeitungsprogramm Word.

Zum Diktieren öffnet man z. B. ein Word-Dokument. Anschließend startet man das Programm Dragon Naturally Speaking. Es erscheint die Dragon-Leiste zum Steuern der Sprachsoftware **(Bild 2)**. Das Laden der Sprachbibliothek dauert einige Momente. Nach Aufsetzen des Headsets und dem Abklicken der Mikrofon-Schaltfläche kann mit dem Diktieren begonnen werden.

Dies soll in natürlicher Weise ohne größere Pausen zwischen den Worten erfolgen. Jeweils nach kurzer Zeit erscheinen die gesprochenen Worte, Satzteile und Satzzeichen. Auch Formatierungsbefehle wie „neue Zeile" oder „neuer Absatz" können gesprochen werden. Beendet wird das Diktat durch erneutes Klicken auf das Steuerelement `Mikrofon`. Klickt man das Steuerelement `Diktatwiedergabe starten` an, so wird der Text vorgelesen. Vom Programm nicht verstandene Wörter können über das Steuerelement `Wörter trainieren` durch Vorsprechen geübt werden.

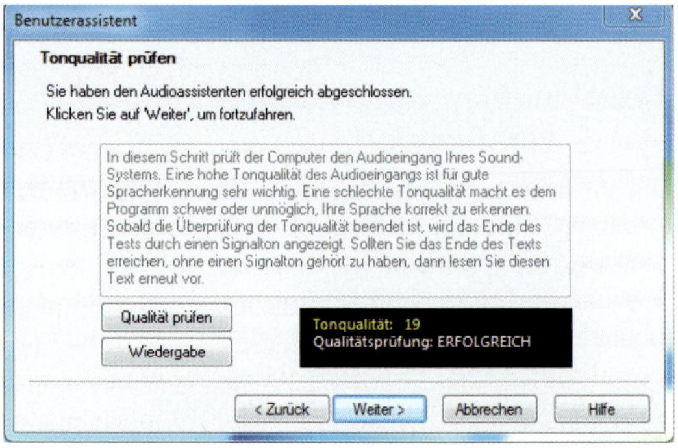

Bild 1: Ausschnitt aus dem Fenster des Setup-Assistenten

Bild 2: Ausschnitt aus der Menüleiste von Word

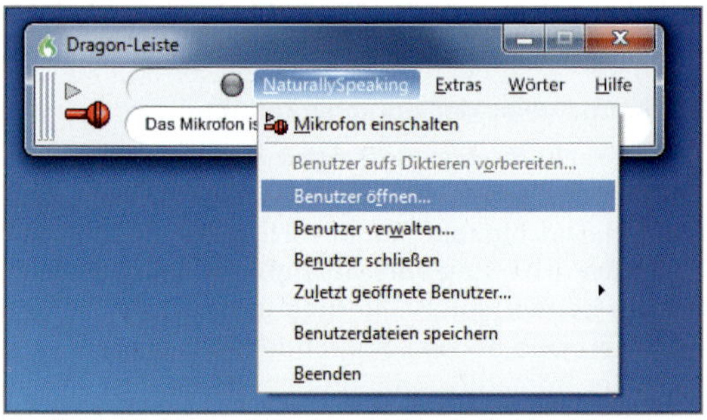

Bild 3: Steuerelemente der Spracherkennungssoftware

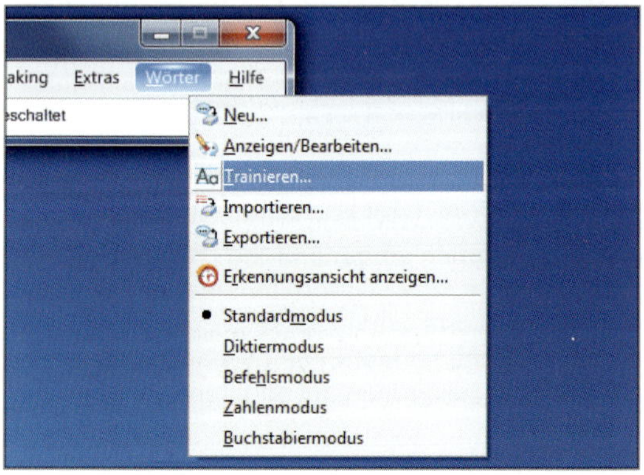

Bild 4:

Im Menü Naturally Speaking kann z. B. der Benutzerwechsel durchgeführt werden oder es kann ein neuer Benutzer angelegt werden **(Bild 3)**.

Im Menü Wörter können z. B. Worter durch Vorsprechen trainiert werden, in der Erkennungsansicht die zuletzt erkannten Wörter und Befehle angezeigt werden oder es kann im Buchstabiermodus diktiert werden **(Bild 4)**.

14.6 Teletätigkeiten

Teletätigkeiten sind Verrichtungen, die von der Ferne aus erledigt werden (griech. tele = fern, weit). Neben den weit verbreiteten Arten des Fernsprechens (Telefonie), des Fernsehens (Television) und der Fernübertragung von Abbildungen (Telefax von Telefaksimile[1]) gibt es mittlerweile durch Nutzung des *Telecomputings* eine Vielzahl neuer Teletätigkeiten u.a.:

- Teleservice,
- Telewartung,
- Telemarketing, (e-commerce)
- Telemedizin,
- Telelearning **(Bild 1)**,
- Teleshopping,
- Tele-Engineering.

Zum Verrichten dieser Tätigkeiten müssen Steuerungsinformationen bzw. Steuerungssignale, Tonsignale und Bildinformationen evtl. auch Bewegtbildinformationen übertragen werden. Man spricht allgemein von der multimedialen Kommunikation (von lat. multi = viel und medium = Mittler, Träger).

Über das Internet können von Server zu Server und damit von PC zu PC bzw. von Endgerät zu Endgerät weltweit Daten in beiden Richtungen und in relativ großen Mengen ausgetauscht werden. Für private Nutzer ist, im Unterschied zu Hochschulen und Firmen, meist eine Begrenzung der Bitrate auf einige kbit/s vorhanden und damit ist das Internet für die Bewegtbildübertragung zu langsam.

Der Hauptnachteil bei Verwendung des Internets für Telematikdienste ist aber der, dass eine bestimmte Bitrate von Endgerät zu Endgerät nicht garantiert wird. Bei Nutzung von ISDN sind dagegen pro Kanal 64 kbit/s garantiert. Im Rahmen der Bildtelefonie werden üblicherweise die beiden B-Kanäle gemeinsam genutzt (128 kbit/s). Bei regulären Videokonferenzen schaltet man 6 B-Kanäle parallel (384 kbit/s) und erhält damit eine hochauflösende Übertragung von Bildfolgen, ähnlich der Qualität des Fernsehens.

Für die Teletätigkeiten sind Informationen mit Steuerungssignalen und mit Datensignalen von einem PC zu einem anderen PC bzw. Datenendgerät zu übertragen und Computerprogramme auszuführen und mit Parametern zu besetzen.

> Für Teletätigkeiten müssen Computerprogramme ferngesteuert ausgeführt werden können.

Beim Internet wird die Telekommunikation mit den Verfahren des TCP/IP (Transmission Control Protocol/Internet Protocol) realisiert. Damit können von einem Client aus Prozesse in einem entfernten Server gesteuert und Daten rückgemeldet werden.

> Teletätigkeit, Telearbeit = Verrichtung aus der Ferne, griech. tele... = fern..., weit...

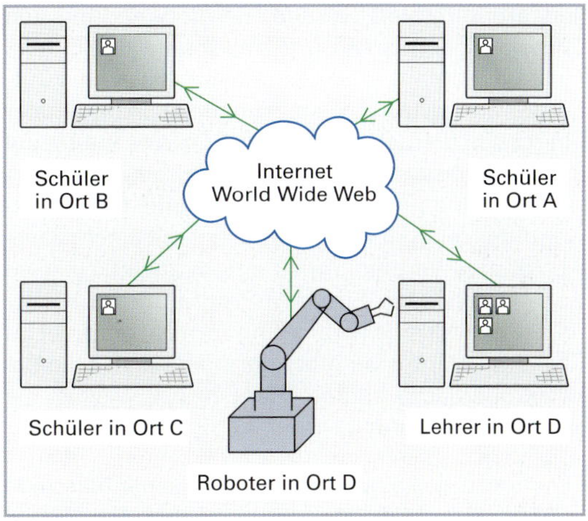

Bild 1: Telelearning

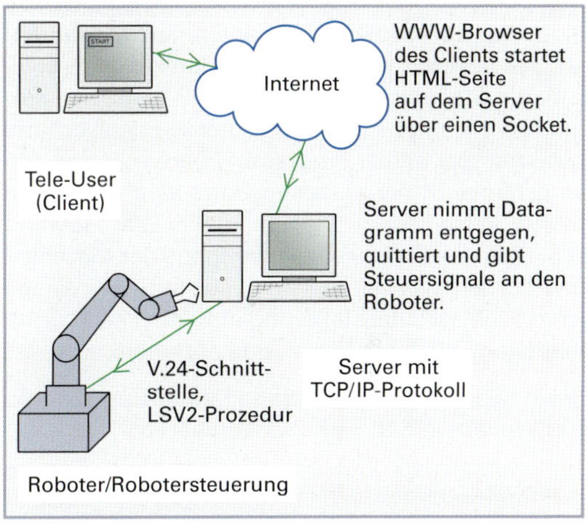

Bild 2: Telematische Steuerung eines Roboters mit TCP/IP und Sockets

Hierfür bedient man sich meist folgender Methoden:

- TCP/IP mit Steuerung der Sockets (virtuelle Stifte) oder
- TCP/IP mit CGI (von Common Gate Interface = gemeinsame Torschnittstelle) oder
- TCP/IP mit RMI (von Remote Method Invocation = Fernaufruf-Methode).

Die Steuerung über die Sockets ist am direktesten. Sie ist plattformabhängig. Es werden beim Empfänger-Server Daten in einem vorbestimmten Speicherbereich (Port) abgelegt und von diesem quittiert **(Bild 2)**.

[1] Faksimile von lat. fac simile = mache ähnlich)

Mit Socket (Stift, Stecker) bezeichnet man einen über eine IP-Adresse ansprechbaren Port (= Hafen). Die Steuerung der Ports, d.h. das, was mit den dort ankommenden Daten geschehen soll, muss detailliert programmiert werden. Bei Verwendung von CGI wird über den WWW-Browser eine HTML-Seite auf dem Empfänger-Server mit Verweis auf ein CGI-Programm gestartet. Dabei können auch Parameter übergeben werden. Die Server-Software startet auf ihrer Betriebssystemebene ein Programm und gibt Meldungen an den Client zurück **(Bild 1)**. Bei Verwendung von RMI wird beim Client mit einem Java-Applet eine Verbindung zu einem Java-Objekt im Server aufgebaut. Ein Java-Programm im Server baut über RMI eine Verbindung zum Java-Applet im Client auf. Der Server gibt Informationen für die Benutzeroberfläche an den Client zurück. Dies ist die Empfangsquittierung.

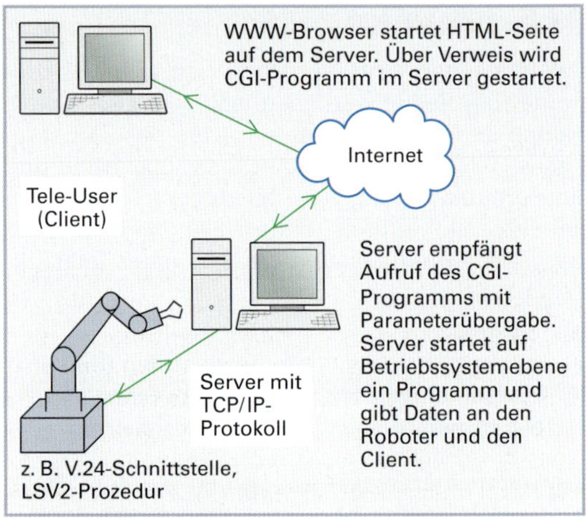

Bild 1: Telematische Steuerung eines Roboters mit TCP/IP und CGI

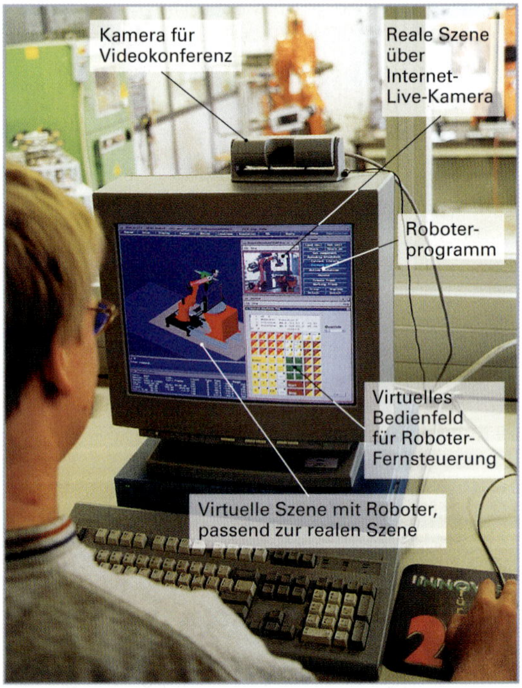

Bild 2: Videoconferencing und Telesteuerung

Funktionsweise einer Telesteuerung einer Maschine mit TCP/IP und Sockets

Moderne Maschinensteuerungen, z. B. einer Fräsmaschine, beinhalten Kommunikationsmodule, die eine Netzwerkverbindung oder einen Modemanschluss besitzen. In diesem Kommunikationsmodul, z. B. ein Steuerungs-PC, wird ein HTTP-Server-Programm mit einer eigenen IP-Adresse installiert und gestartet. Das Server-Programm überwacht nun entsprechende IP-Ports. Diesen Ports sind durch den Server verschiedene Dienste zugeordnet, so kann z. B. über den Port 80 eine Homepage der Maschine angefordert werden. In einer solchen Homepage kann die Maschinensteuerung die aktuellen Maschinendaten und Anlagenzustände anzeigen.

Eine telematische Maschinensteuerung könnte nach folgendem Schema funktionieren:

Der Internet-User (Client-PC) fordert durch Angabe der Internet-Adresse (URL) beim Server (Maschinensteuerung) eine Verbindung an. Der Server reagiert durch Senden einer HTML-Seite. Diese Seite enthält z. B. einen Start-Button als Icon. Bei Betätigung des Start-Buttons sendet der Browser ein formatiertes Telegramm an einen vorkonfigurierten Port des Servers, den dieser überwacht. Nach Auswertung dieses Telegramms startet der Server das betreffende Programm der Maschinensteuerung. Die Maschinensteuerung kann daraufhin die aktuellen Zustände als eine Internet-Seite zurücksenden.

Videoconferencing über den PC

Neben den Videokonferenzsystemen, die mit spezieller Hardware und Fernsehbildschirmen, auch Großleinwandprojektoren arbeiten, werden zunehmend multimediale PC-Arbeitsplätze auch für das Telefonieren, insbesondere auch für die Bildtelefonie benutzt **(Bild 2)**. Zum Anrufen klickt man in einem Kommunikationsverzeichnis, das z. B. über ein Telefon-Icon aktiviert wird, den Eintrag des Gesprächspartners mit der Maus an. Beim Gesprächspartner „klingelt" hörbar und auch sichtbar dann ein Telefon-Icon. Mit einem Mausklick wird das „Telefon abgenommen" und damit ist die Verbindung in beiden Richtungen hergestellt. Am Computerbildschirm gibt es für eine gemeinsame Kommunikatonssitzung ein reserviertes Feld, das sogenannte white board (weißes Feld). Auf dieses können die Kommunikationspartner gemeinsam zugreifen.

14.7 Virtual Environments (VE)

Virtual Environments (virtuelle Umgebungen), z. B. virtuelle Produktionsstätten kann man nicht nur betrachten, sondern auch begehen und damit intensiv erleben. Man sieht alles stereoskopisch[1], meist mithilfe polarisiert projizierter Bilder.

So wird zum räumlichen Sehen, z. B. für das rechte Auge mit *waagerecht* polarisiertem Licht und für das linke Auge mit *senkrecht* polarisiertem Licht projiziert **(Bild 1)**. Der Betrachter setzt eine (billige und leichte) Brille mit Polarisationsgläsern/Polarisationsfolien auf und sieht so mit dem jeweiligen Auge nur die dafür vorgesehene Szene. Er hat einen räumlichen Bildeindruck. Der Vorteil dieser Technik ist das vollfarbige Sehen und die nicht notwendige Synchronisierung zu einem günstigen Preis. Es können zur Projektion lichtstarke Beamer (z. B. DLP-Projektoren) in Rückwandprojektion verwendet werden. Die Rückwandprojektion ermöglicht für den Betrachter, dass er ohne Schattenbildung vor die Projektionswand treten kann. Die räumliche Szene tritt entsprechend der Leinwandgröße deutlich aus der Projektionsfläche heraus. Es entsteht dadurch vor der Projektionswand eine Bühne, in der die projizierten Objekte und Szenen lebensgroß, d. h. im 1:1-Maßstab, erscheinen.

14.7.1 Cave und Immersion

Die großflächige 3D-Projektion ermöglicht für Personen nicht nur ein Betrachten der räumlichen dargestellten Objekte, sondern auch ein „Eintauchen" (Immersion) in die virtuell dargestellte Welt. Man spricht von virtuellen Umgebungen (Virtual Environments, VE). Vor der Projektionswand kann man nämlich in einer Tiefe, die in etwa der Wandhöhe entspricht, sich hineinstellen mit dem Gefühl mit zur virtuellen Welt zu gehören **(Bild 2)**.

Fügt man einer Projektionswand im Halbrund oder rundum weitere Projektionswände hinzu, so entsteht eine sogenannte Cave[2], z. B. eine Drei-Wand-Cave **(Bild 3)**. Mit vier Wänden, plus Decke, plus Fußboden kann man sogar eine rundum geschlossene Cave realisieren. Hier ist der Eindruck der Virtualisierung total. Bei der Rückwandprojektion wird meist der Strahlengang für die Projektion mit einem Flachspiegel umgelenkt. So spart man Platz ein **(Bild 4)**.

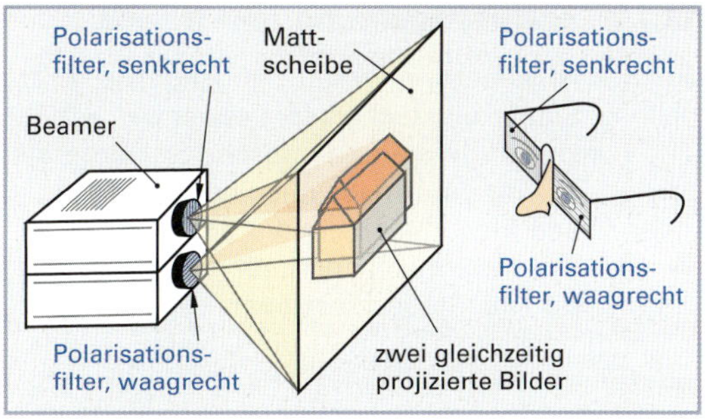

Bild 1: Stereoskopisches Sehen mit Polarisationsfilter und Rückwandprojektoren

Bild 2: Stereoskopisches Sehen

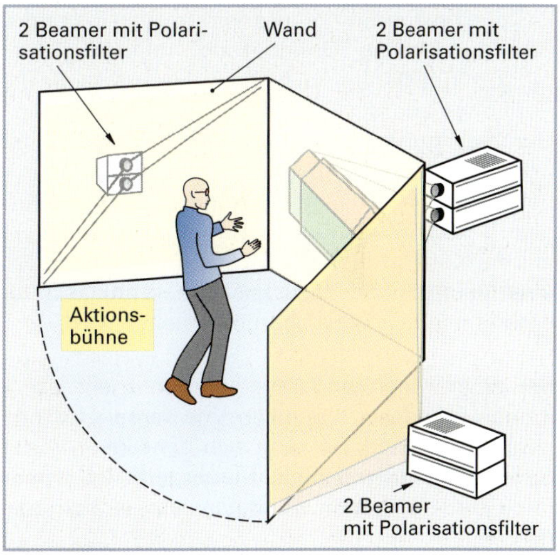

Bild 3: Drei-Wand-Cave

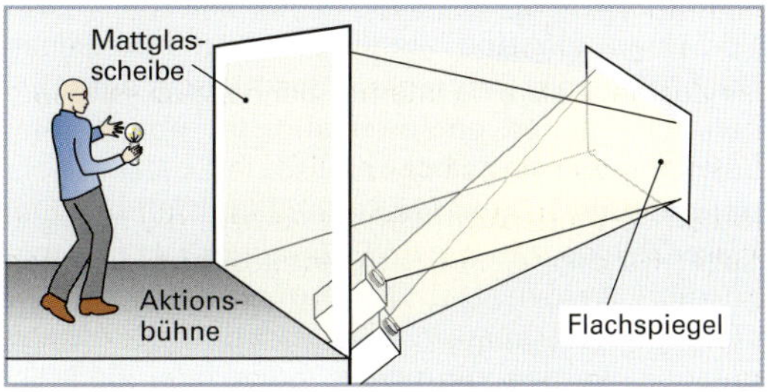

Bild 4: Strahlverkürzung durch Umlenkspiegel

---

[1] Stereoskopie = räumliche Betrachtung von griech. stereos = starr, räumlich und von griech. skopein = betrachten

[2] cave = Höhle

14.7.2 Szenensteuerung und Tracking

Zur Szenensteuerung werden günstigerweise kabellose Steuerungstechniken verwendet. Üblich sind Funksteuergeräte und optische Steuergeräte. Analog zur Computermaus mit einer Bewegung in einer Ebene für 2-dimensionale Signale, müssen hier mit einem räumlich operierenden Steuergerät 6-dimensionale Steuerfunktionen realisiert sein: 3 Ortsdimensionen (X, Y, Z) um Objekte räumlich verschieben zu können und 3 Richtungsdimensionen (A, B, C), damit man Objekte drehen, schwenken und neigen kann **(Bild 1)**. Bei den berührungslos optischen Steuergeräten werden die Positionen von 5 kleinen Kugeln **(Bild 2)**, welche im Infrarot-Blitzlicht hell leuchten, durch Triangulation **(Bild 3)** erfasst.

Durch die Abbildung der hellreflektierenden Kugel in den beiden CCD-Kameras lassen sich die Winkel α, β, γ, eines Vermessungsdreiecks bestimmen. Der Basisabstand l der Kameras ist bekannt und so ist das Dreieck A1, B1, C1 vollständig bestimmt und zwar auch in den räumlichen Neigungen.

Damit man von dem 6D-Steuergerät nicht nur die Position bestimmen kann, sondern auch die räumliche Ausrichtung (Orientierung), müssen gleichzeitig mindestens von zwei weiteren Kugeln die Positionen erfasst werden. Zur Identifizierung, welche Kugel nun welche ist, werden die Kugeln nicht in symmetrischem Abstand zu einander angeordnet und es werden statt der Mindestzahl von 3 Kugeln 5 Kugeln verwendet. Damit ist es möglich, aus der Konstellation der 5 Kugeln zueinander diese eindeutig zu identifizieren, auch wenn das Steuergerät z. B. „verkehrt" herum gehalten wird.

Bei einer Mehrwand-Cave werden mehr als 2 Kameras eingesetzt, nämlich eine Kamera für jede zusätzliche Wand. So kann sich der Akteur in der Cave frei bewegen. Sein Steuergerät ist immer im Sichtbereich von mindestens zwei Kameras **(Bild 4)**.

Mit dem Steuergerät kann man ähnlich wie mit einem Lichtzeiger Objekte „anklicken". Das VE-System projiziert hier virtuell einen räumlichen Strahl, der vom Steuergerät des Akteurs auszugehen scheint und entsprechend der Ausrichtung des Steuergeräts auf das anvisierte Objekt gerichtet wird **(Bild 1, folgende Seite)**. Damit können nun diese Objekte, z.B. wie im CAD, angeklickt und manipuliert werden. Das Steuergerät hat dafür wie eine Computermaus zwei Tastschalter. Zur Manipulation werden räumliche Icons oder Befehlskugeln in die räumliche Szene virtuell eingestellt

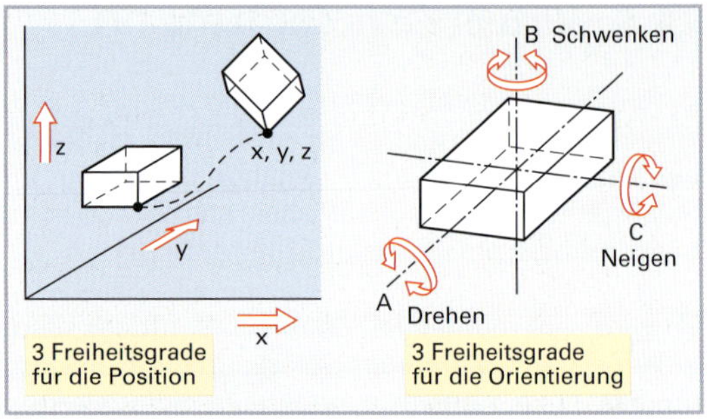

Bild 1: 6-Freiheitsgrade eines Objekts

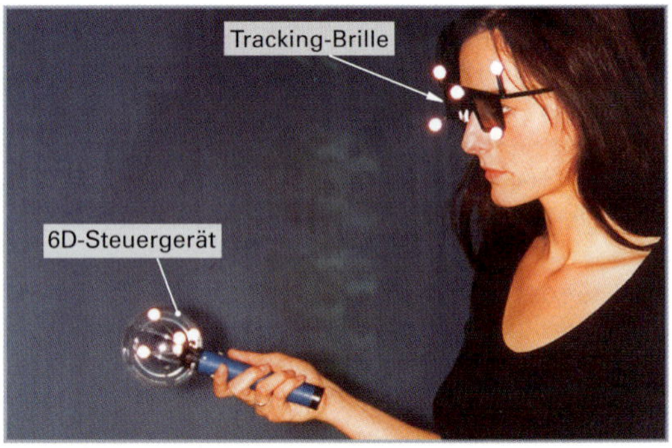

Bild 2: Steuergerät und Tracking-Brille mit Polarisationsgläsern

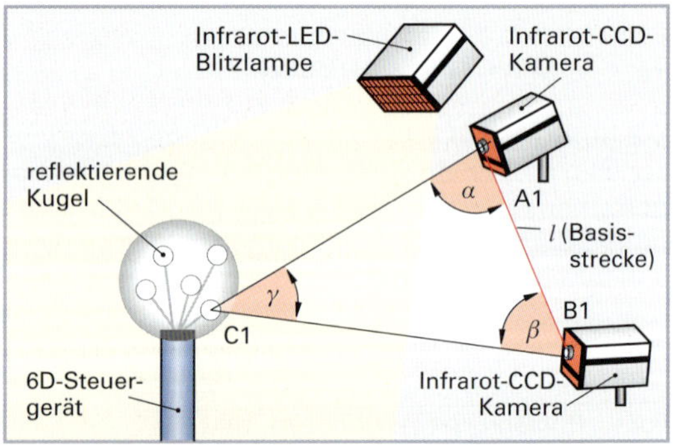

Bild 3: Triangulation mit Infrarotblitz und Infrarotkameras

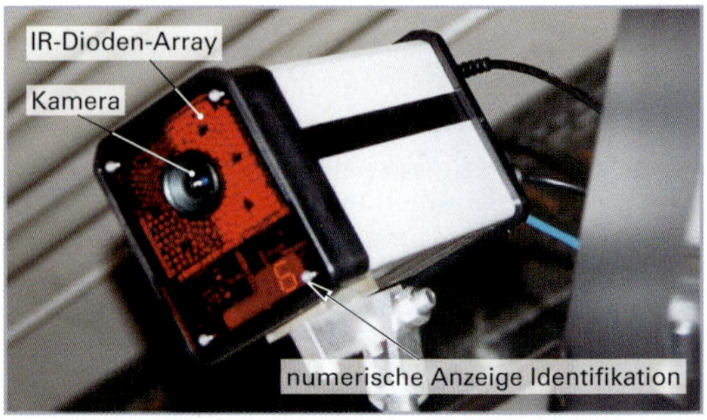

Bild 4: Kameras und Infrarotlampe für das Tracking

und können vom Akteur mit dem Steuergerät anvisiert und angeklickt werden (Bild 1).

Es gibt z.B. eine Funktion für das *Handling* von Baugruppen. Damit können Objekte entfernt, hinzugefügt, verschoben und verdreht werden **(Bild 2)**. Mit der *Schnittfunktion* kann man einen Fächerstrahl erzeugen und damit Objekte schneiden. Man sieht diese im aktuell geschnittenen Querschnitt.

Die *Messfunktion* ermöglicht das räumliche Vermessen zwischen anvisierten und angeklickten Raumpunkten.

Die *Annotationsfunktion* ermöglicht eine Art „Bekleckerung" . Man kann damit schreiben, markieren, füllen u.ä. Mit der *Animationsfunktion* kann man ein Szenario in Bewegung versetzten: die Roboter bewegen sich und die Avatare (künstliche virtuelle Menschen) laufen und arbeiten.

Tracking

Zur vollkommenen Szenensteuerung müssen die Objekte beim Wechsel des Standorts und der Blickrichtung des Akteurs sich jeweils danach ausrichten. Steht z.B. ein Objekt scheinbar mitten im virtuellen Raum und der Akteur wechselt von der rechten Seite auf die linke Seite seinen Standort, so muss er das Objekt zunächst von der rechten Seite projiziert bekommen und danach von der linken Seite. Wenn er sich bückt, erblickt er es von unten, und wenn er mit dem Kopf durch das Objekt hindurch geht, so sieht er es von innen **(Bild 3)**. Hierfür ist natürlich Voraussetzung, dass das Innere des Objekts digital dargestellt ist, z. B. in Form einer 3D-CAD-Konstruktion oder durch eine Computertomographie (CT).

Zur laufenden Anpassung der Szenenprojektion an den aktuellen Standort und die aktuelle Blickrichtung müssen Standort und Blickrichtung des Akteurs ständig erfasst werden, d.h., er muss in seiner (Kopf-)Bewegung messtechnisch verfolgt werden. Dies geschieht durch das Tracking (Verfolgen) mithilfe einer Tracking-Brille (Bild 2, vorhergehende Seite). Die Tracking-Brille hat auch 5 Kugeln und diese werden ebenfalls durch eine optische Triangulationsmesstechnik laufend in der Position vermessen, wie dies beim Steuergerät der Fall ist. Die Kugeln reflektieren hell im Infrarotlicht. Für den Akteur ist dieses nicht sichtbar und somit auch nicht störend. Die 5 Kugeln der Brille sind in anderer Anordnung als die 5 Kugeln des Steuergeräts und sind dadurch von diesen unterscheidbar.

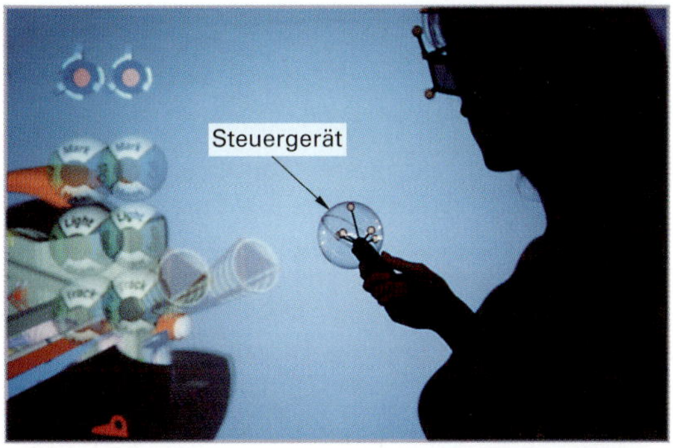

Bild 1: Anklicken von Steuermenüs auf Befehlskugeln

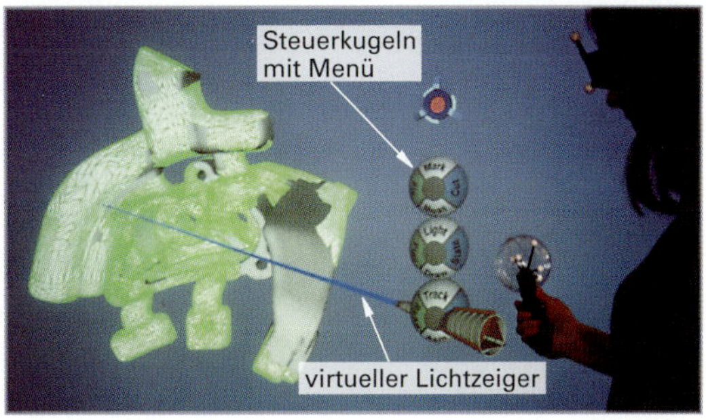

Bild 2: Virtueller Lichtzeiger zum Handling von Objekten

Bild 3: Das Tracking

14.8 Röntgen-Computertomographie (CT)

Die Röntgen-CT[1] ist in der Medizintechnik weit verbreitet und ermöglicht die räumliche Darstellung innere Organe, insbesondere des Knochengerüsts. Die Röntgen-CT wird aber auch in der zerstörungsfreien Bauteilprüfung verwendet sowie zur geometrischen Vermessung kleiner Bauteile. Sie ermöglicht die Ermittlung und räumliche Darstellung, z. B. von Lunkern (Hohlstellen) bei Gusswerkstücken, von Rissen und von inneren Verformungen bei Bauteilen. Der Werkstoff muss allerdings für Röntgenstrahlen durchstrahlbar sein. Für Leichtmetalle ist das bis zu etlichen Zentimeter-Dicke möglich. Ein weiteres wichtiges Anwendungsgebiet ist die Archäologie. Archäologische Funde können betrachtet werden, noch bevor sie freigelegt werden.

Funktionsweise

Mithilfe einer Röntgenröhre wird ein sich kegelförmig ausbreitender Röntgenstrahl erzeugt **(Bild 1)**. Dieser durchstrahlt den zu erfassenden Körper und bildet auf einem Szintillationssensor[2], ausgeführt als Flächendetektor, ein Röntgenbild, ähnlich einer üblichen Röntgenaufnahme. Dieses Röntgenbild wird mit einer im Sensor integrierten Zeilenkamera oder Flächenkamera digital aufgenommen und im Computer gespeichert. Szintillationselemente mit rückwandigem Bildsensor gibt es auch als kompakte Röntgenzeilendetektoren mit z. B. 2048 Bildpunkten oder als Röntgenflächendetektoren mit z. B. 1024 x 1024 Bildpunkten (Bild 1).

Die räumliche Darstellung innerer Organe und Strukturen erhält man durch vergleichende Berechnungen bei einer großen Folge von Röntgenbildern aus sich verändernden Durchstrahlungsrichtungen. Die Änderung der Durchstrahlungsrichtung wird beim medizinischen CT durch ein rotierendes Röntgenröhre-Röntgendetektorsystem erreicht **(Bild 2)**. Für Bauteiluntersuchungen dreht man meist das Bauteil (Bild 1).

Aus der Folge der aufgenommenen Röntgenbilder, es sind *Projektionsbilder*, keine Schnittbilder, ermittelt man durch aufwändige Computerberechnungen anhand der aufgenommenen und sich verändernden Schattierungen und unter Beachtung der geometrischen Aufnahmesituationen eine Folge von *Schnittbildern*. Diese können dann aneinandergefügt als *Volumenmodelle* dargestellt werden und in der weiteren Analyse wieder in beliebige Schnitt- und Betrachtungsebenen zerlegt werden **(Bild 3)**.

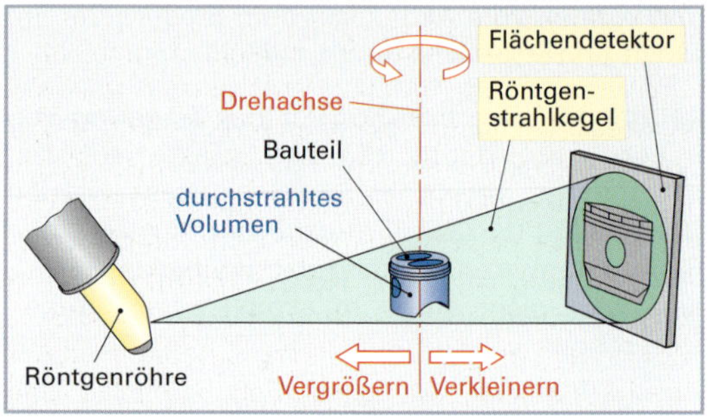

Bild 1: Prinzip der Kegelstrahl-Computertomographie

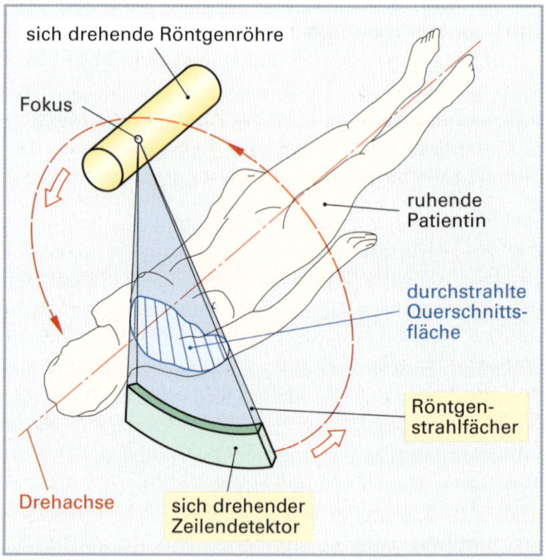

Bild 2: Prinzip der medizinischen CT

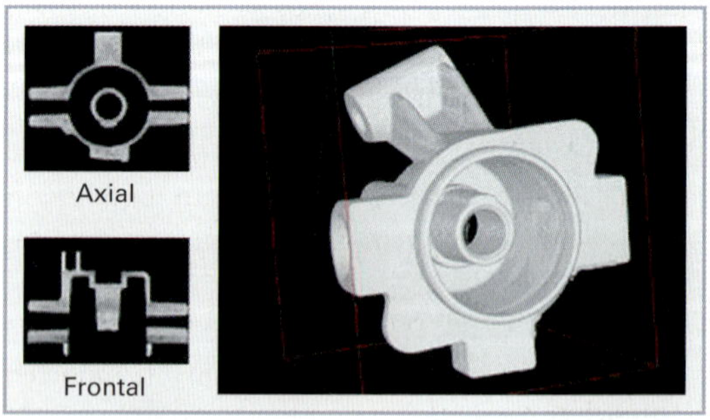

Bild 3: Visualisierung

[1] Wilhelm Conrad Röntgen (1845 bis 1923), dt. Physiker und Entdecker der Röntgenstrahlen (X-Rays)
CT von Computer-Tomographie = Computer-Schichtdarstellung, griech. tomos = Schnitt

[2] lat. scintillatio = Funkeln, beim Auftreffen von Röntgenstrahlung auf gewisse Kristalle oder Polymere entsteht ein Funkeln.

Mikrofokusröhre

Die Röntgenstrahlen werden in einer Vakuumröhre durch Beschuss der Metallatome einer Anode mit hochbeschleunigten Elektronen erzeugt **(Bild 1)**. Zur Elektronenbeschleunigung verwendet man Spannungen bis 500000 V. Für eine genaue Abbildung, d.h. für eine kleine Voxelgröße[1], z. B. von weniger als 10 µm, ist eine möglichst punktförmige Röntgenstrahlquelle erforderlich. Je kleiner der Brennfleck in der Röntgenröhre ist, desto geringer ist der Unschärfebereich der durchstrahlten Objekte **(Bild 2)**. Man erreicht bei der Mikrofokusröhre einen Brennfleck von weiniger als 0,1 mm. Die Objekte kann man umso größer abbilden, je näher sie an dem Brennfleck positioniert sind. So wird bei Anlagen zur Bauteilprüfung der sich drehende Objektträger abhängig von der Objektgröße positioniert (Bild 1, vorhergehende Seite). In der Medizintechnik mit rotierender Strahlquelle ist der Abstand von Mensch zu Brennfleck relativ groß und durch die Größe des Menschen vorgegeben. Dementsprechend ist die Auflösung der Aufnahmen gering.

Flachbett-Röntgensensor

Der Flachbett-Röntgensensor ist ein Flächensensor, z. B. mit einer Nutzfläche von 300 mm x 300 mm. Die auf den Sensor einfallenden Röntgenstrahlen werden durch Szintillation in Lichtblitze umgewandelt **(Bild 3)**. Ein hinter der Szintillationsschicht befindliches Diodenarray erzeugt elektrische Signale und so ein elektronisches Röntgenbild. In einer weiteren Schicht, einem TFT-Array (Thin Film Transistor Array) werden diese Signale aufgenommen und als Videosignale – wie bei einer Videokamera – an den CT-Computer übertragen.

Visualisierung und Rekonstruktion

Die Visualisierung der aus den Röntgenaufnahmen durch Berechnung rekonstruierten Objekte erfolgt als 3D-Darstellung und kann als solche z. B. auch in einer virtuellen Umgebung (Virtual Environment) stereoskopisch betrachtet und begangen werden **(Bild 4)**. Im Regelfall wählt man zur Beurteilung Schnittbilder. Sie können in beliebigen Schnittebenen, z. B. frontal oder axial dargestellt werden (Bild 3, vorhergehende Seite).

WV

Wiederholung und Vertiefung

1. **Mit welcher Anordnung können Objekte räumlich projiziert werden?**
2. **Welche technischen Hilfsmittel benötigt man zur Szenensteuerung für einen Betrachter in einer virtuellen Umgebung (VE)?**
3. **Beschreiben Sie die Szenenveränderung, wenn der Betrachter sich in der virtuellen Umgebung (VE) z. B. bückt oder wenn er in das virtuelle Objekt hineinläuft.**

[1] Voxel, Kunstwort für volume element = Volumenelement

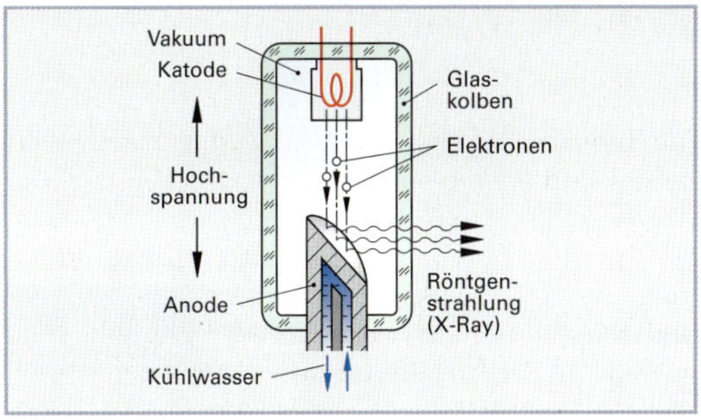

Bild 1: Röntgenröhre (Prinzip)

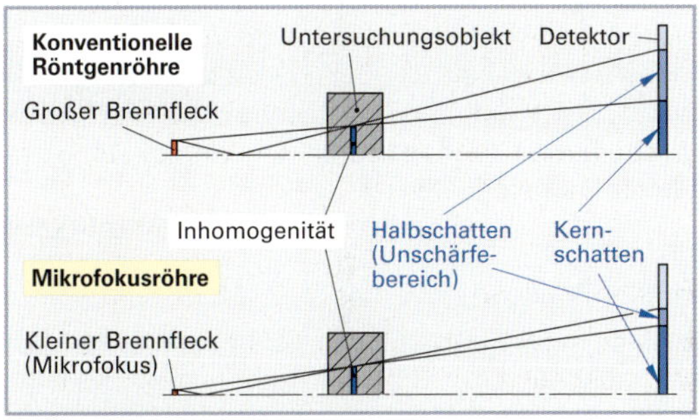

Bild 2: Abbildung und Unschärfe

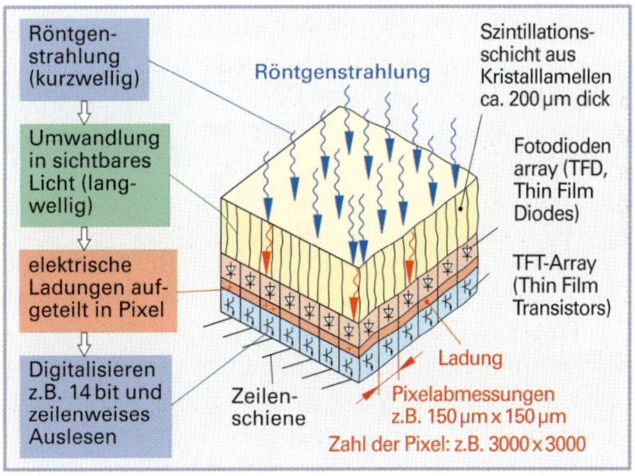

Bild 3: Aufbau des Detektors

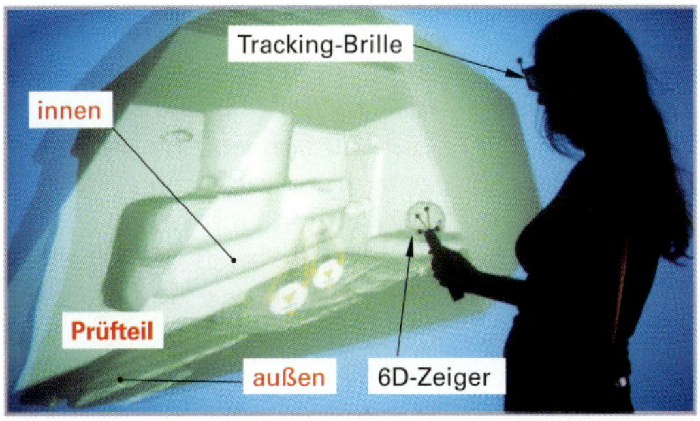

Bild 4: Stereoskopische Bauteilbetrachtung in VE

15 Geschäftsprozess

15.1 Forderungen an eine moderne Unternehmensstruktur

Die Produktion von hochwertigen Produkten verlangt individuell angepasste Einzelstücke. So wünscht ein Kunde eines Autohändlers in der Regel nicht ein Standardmodell, sondern er möchte Extrazubehör auswählen können **(Bild 1)**.

Diese Orientierung weg vom *Erzeugermarkt* hin zum *Verbrauchermarkt* **(Tabelle 1)** verlangt von den Unternehmen eine besondere *Kundenorientierung*, die sich auf die innere Organisation der Unternehmen auswirkt. Der einzelne Mitarbeiter darf nicht mehr nur seinen begrenzten Arbeitsbereich im Blickfeld haben. Vielmehr muss er im Idealfall den gesamten Ablauf überschauen, um das Produkt nach den Kundenwünschen zu fertigen.

Im Mittelpunkt der Unternehmensorganisation stehen somit die betrieblichen Abläufe. Die Organisation des Unternehmens orientiert sich deshalb nicht mehr primär an den betrieblichen Funktionen der einzelnen Arbeitsplätze, sondern an den Abläufen, die für eine erfolgreiche Produktion notwendig sind **(Bild 2)**.

Es gilt nicht mehr „Das Objekt folgt der Struktur des Betriebes", sondern: „Die Struktur des Betriebes folgt dem Objekt".

15.2 Beschreibung von Geschäftsprozessen

Zusammenhängende betriebliche Ablaufschritte, die z. B. durch die Bestellung eines Kunden veranlasst werden, werden als Geschäftsprozess bezeichnet. Um *Geschäftsprozesse* zu beschreiben, werden sie möglichst aussagefähig in Modellen grafisch abgebildet **(Bild 3)**. Dies dient dazu,

- die Prozesse besser zu verstehen,
- klarer und unmissverständlicher über sie sprechen zu können und
- die Darstellung der Prozesse zu vereinheitlichen.

Geschäftsprozesse können mit bestimmten Elementen strukturiert werden.

Ausgelöst wird ein Geschäftsprozess durch ein Ereignis, z. B. „Kundenauftrag ist eingetroffen" (Bild 3). Ein Ereignis veranlasst Vorgänge oder schließt Vorgänge ab.

Der Mitarbeiter, der für diesen Auftrag zuständig ist, wird nun die richtigen Schritte in die Wege leiten. Das Ereignis „Kundenauftrag ist eingetroffen"

Bild 1: Vom Erzeugermarkt zum Verbrauchermarkt

Tabelle 1: Marktformen

Marktform / Merkmal	Erzeugermarkt	Verbrauchermarkt
Verhältnis Angebot zu Nachfrage	Nachfrage > Angebot, Nachfrager aktiver als Anbieter	Angebot > Nachfrage, Anbieter aktiver als Nachfrager
Engpassbereich der Unternehmen	Beschaffung und / oder Produktion	Absatz
Langfristige Gewichtung der betrieblichen Aufgaben	Vorrang der Beschaffung und Produktion	Vorrang des Absatzes

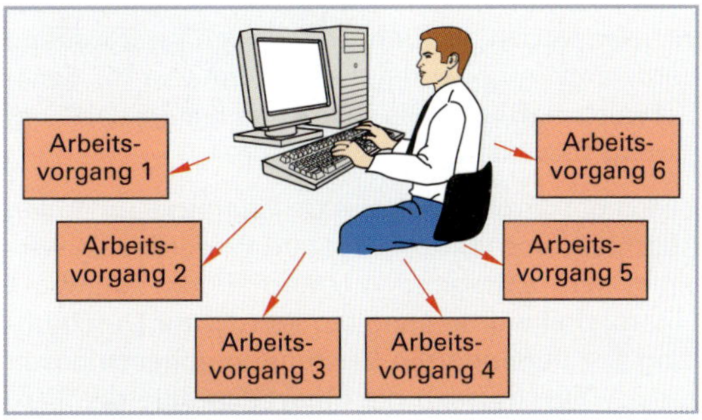

Bild 2: Objektorientierte Arbeitsgestaltung

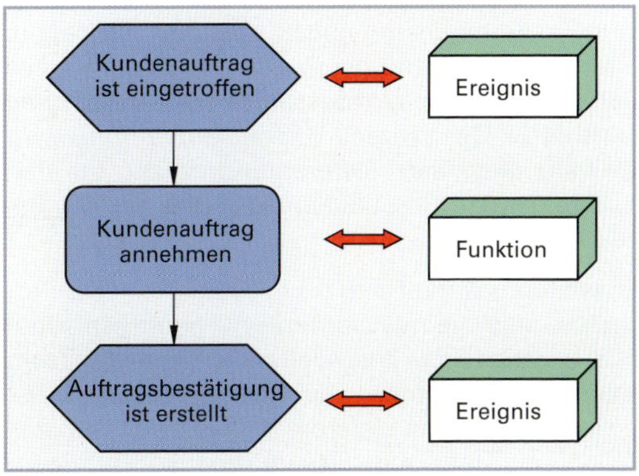

Bild 3: Modell eines Geschäftsprozesses

löst die Funktion „Kundenauftrag annehmen" aus.

Eine Funktion ist also ein Vorgang, der durch einen Arbeitsaufwand gekennzeichnet ist. Das Ergebnis dieser Funktion ist dann das Ereignis „Kundenauftrag ist angenommen – Auftragsbestätigung ist erstellt".

Das Ereignis „Kundenauftrag ist eingetroffen" löst die Funktion „Kundenauftrag annehmen" aus, die durch das Ereignis „Auftragsbestätigung ist erstellt" abgeschlossen wird.

> Ein Geschäftsprozess ist eine Kette aufeinander aufbauender *Wertschöpfungsschritte*.

In einem Wertschöpfungsschritt entsteht aus einem Input (von input = Eingabe) ein Output (von output = Ausgabe), der durch Verarbeitung einen höheren Marktwert besitzt als die Summe aller Inputs und der Bearbeitungskosten. Input und Output können Waren, Informationen und Dienstleistungen sein.

15.3 Beispiel eines Geschäftsprozesses

Ein Unternehmen der Konsumgüterindustrie beauftragt Ihr Unternehmen und damit z. B. Sie als Prozessbeauftragten mit der Erweiterung des hausinternen Netzwerks. Dazu sollen auch verschiedene Hardwarekomponenten, z. B. Multimedia-PC, geliefert werden **(Bild 1)**. Sie sollen nun die Beschaffung dieser PCs steuern und durchführen.

Ausgelöst wird der Prozess Beschaffung durch den Abschluss des vorhergehenden Prozesses, in welchem dem anfragenden Unternehmen Angebote unterbreitet wurden und ein Vertrag zur Durchführung der vereinbarten Leistungen abgeschlossen wurde. Nun müssen die Mitarbeiter, die den Prozess Beschaffung bearbeiten, die Informationen aus den vorhergehenden Prozessen auswerten. In diesem Zusammenhang spricht man deshalb davon, dass der Beschaffungsprozess der „Kunde" des vorausgegangenen Prozesses *Vertragsanbahnung* ist **(Bild 2)**. Der Prozess *Vertragsanbahnung* wird deshalb auch als „Lieferantenprozess" für den nachfolgenden Geschäftsprozess *Beschaffung* bezeichnet.

Im weiteren Verlauf sind die Ergebnisse dieses Prozesses, also die beschafften und bereitgestellten PCs, wichtig für die anschließende Installation beim Kundenunternehmen. Der Geschäftsprozess *Beschaffung* ist somit Lieferant für den Prozess *Installation*, er steht mit diesem ebenso in einem Kunden-Lieferantenverhältnis.

Diapart GmbH

Firma
Hardsoft DienstleistungsGmbH
Am unteren Feld 12
89... ....

Ihre Zeichen	Unser Zeichen	Telefon, Name	Datum
Tm/Si	Ruc3_3 26.4. ..	....-52, Müller	07.02.xx

Auftrag

Sehr geehrte Damen und Herren,

wie besprochen beauftragen wir Sie mit der Erweiterung unseres PC-Netzwerkes.

Die genauen Informationen und vereinbarten Bedingungen entnehmen Sie bitte den Anlagen.

Mit freundlichen Grüßen

Diapart GmbH
Abt. Haustechnik

gez. Müller

Anlagen

Bild 1: Auftrag eines externen Kunden

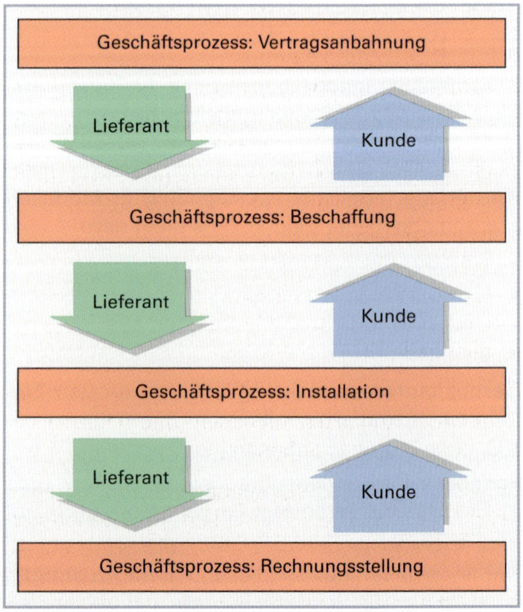

Bild 2: Beziehungen zwischen Geschäftsprozessen

Durch diese Beziehungen zwischen den einzelnen Geschäftsprozessen werden die Mitarbeiter nicht nur nach außen, sondern auch innerbetrieblich zu einer kundenorientierten Denkweise angeregt. Um das Kundenunternehmen zufriedenzustellen und den Vertrag ordnungsgemäß zu erfüllen, müssen alle damit befassten Mitarbeiter ihre Leistung auf Kunden hin ausrichten und somit auch die Verantwortung für die erforderliche Qualität übernehmen.

Schritte des Beschaffungsprozesses

Der Beschaffungsprozess im Beispiel lässt sich in sieben *Teilprozesse* (Schritte) aufteilen **(Bild 1)**.

Schritt 1: Bedarf ermitteln

Um den Kundenwünschen und den vereinbarten Bedingungen gerecht zu werden, muss zunächst der genaue Bedarf ermittelt werden. Dazu sind je nach Art der zu beschaffenden Waren verschiedene Informationsquellen heranzuziehen:

- Vertragsvereinbarungen,
- Stücklisten,
- Lagerlisten und
- Terminübersichten.

Notwendige Informationen dazu sind

- Art der zu beschaffenden Güter,
- Menge,
- Qualitätsanforderungen,
- Ausstattungsmerkmale und
- Zeitpunkt der geplanten Lieferung.

Diese Informationen können auch durch Rückfragen beim Kunden gewonnen werden. Der Bedarf ist nun in einer Liste zusammenzustellen.

Schritt 2: Angebote einholen

Für die benötigten Waren müssen mögliche Lieferanten gefunden werden. Viele Unternehmen führen zu diesem Zweck eigene Lieferantenverzeichnisse, die nach Produktgruppen gegliedert sind. Informationen dafür beschafft man sich aus

- früheren Bestellungen,
- Telefonverzeichnissen,
- Branchenverzeichnissen,
- Inseraten in Fachzeitschriften und aus
- dem Internet.

Die beiden letzten Möglichkeiten führen oft zu interessanten Kontakten mit neuen Unternehmen, die z. B. neue Produkte anbieten.

An die ermittelten Unternehmen werden Anfragen gerichtet, wobei die Merkmale der benötigten Waren, Mengen und die Lieferbedingungen, z. B. Termine, genau beschrieben sein müssen **(Bild 2)**. Auch muss ein Termin das Ende der Ausschreibungsfrist festlegen.

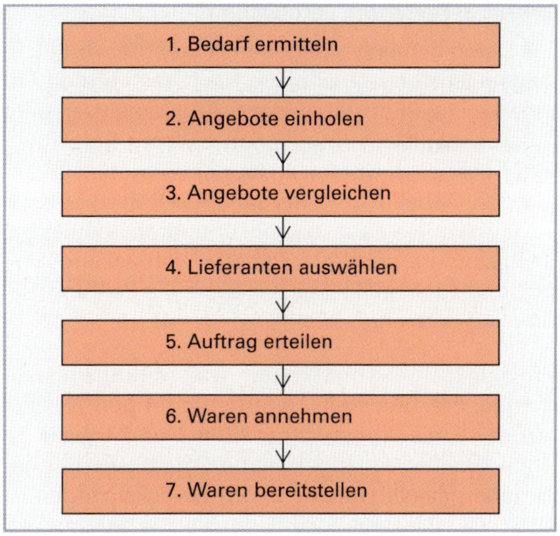

Bild 1: Teilprozesse eines Geschäftsprozesses zur Beschaffung

Anfrage mit der Bitte um Erstellen eines Angebots

⋮

Stück	Bezeichnung
25	Multimedia-PC
	Prozessortyp: Core i-2000 Arbeitsspeicher 4 GB Cache: 512 MB Festplatte: S-ATA 800 GB, 7,5 ms Grafikkarte: VGA AGP 1 GB Soundkarte: Soundblaster PCI 1 GB Netzwerkkarte: NE 2000 ...

⋮

Mit freundlichen Grüßen

...

Bild 2: Beispiel einer Anfrage

Tabelle 1: Kriterien des Angebotsvergleichs

Kriterium	Beispiel
Art und Qualität der Ware	Markenprodukt
Preis	Rabatte, Verpackungskosten
Lieferbare Menge	nur teilweise am Lager
Liefertermin, Lieferzeit	bestimmtes Datum
Erfüllungsort, Gerichtsstand	z.B. Ort des Lieferanten
Lieferbedingungen	„ab Werk", „frei Haus"
Zahlungsbedingungen	„Zahlung auf Ziel", Skonto
Transportkosten	20 € je Lieferung
Garantieregelung	2 Jahre vor Ort

Schritt 3: Angebote vergleichen

Die Daten der eingegangenen Angebote werden in Angebotslisten festgehalten. Nach bestimmten Kriterien aufbereitet, geben diese Angebotslisten dem Prozessbeauftragten und allen anderen Beteiligten einen schnellen Überblick über die Angebotsbedingungen **(Tabelle 1, vorhergehende Seite)**. Berücksichtigt werden dabei sowohl quantitative Kriterien, insbesondere der Preis, Rabatte, Verpackungskosten, und auch qualitative Kriterien wie Zahlungsbedingungen/Skonto.

Preiswirksame Konditionen wie Mindestbestellmenge, Frachtkosten, Lieferbedingungen werden auf den Preis umgerechnet **(Bild 1 und Tabelle 1)**. Auch qualitative Angebotsmerkmale werden gegenübergestellt **(Tabelle 2)**. Zu berücksichtigen ist auch, ob zwischen zwei Gütern ein *Angebotsverbund* besteht, also ob die Bestellung eines Produktes das Angebot eines anderen Produktes beim gleichen Lieferanten begünstigt.

Sind einzelne Bedingungen nicht genügend geklärt, so müssen Nachfragen und Nachverhandlungen durchgeführt werden.

Schritt 4: Lieferanten auswählen

Anhand der Angebotsliste werden nun die verschiedenen Angebote bewertet. Dabei sind die einzelnen Lieferanten hinsichtlich verschiedener Kriterien zu berücksichtigen **(Bild 1, folgende Seite)**. Wie hoch die Qualität von Produkten ist, zeigt sich in der Anzahl der auftretenden Fehler und Fehlfunktionen.

Wenn ein Lieferant bei vorangegangenen Geschäftsbeziehungen Beanstandungen bereitwillig verfolgt und korrigiert hat, so wird er auch größere Chancen bei späteren Folgeaufträgen haben.

> Entgegenkommendes Verhalten gegenüber berechtigten Kundenwünschen wirkt sich meist positiv auf die Geschäftsbeziehungen aus.

Liefertermine einzuhalten ist eine nahezu unabdingbare Forderung in der heutigen Geschäftswelt. Gerade bei *Just-in-Time*-Lieferverträgen (von just in time = zur rechten Zeit) verlässt sich der Kunde auf die termingenaue Lieferung. Just-in-Time bezeichnet ein Lieferprinzip, welches darauf abzielt, die Lager- und Kapitalbindungskosten möglichst gering zu halten. Die Lieferfirma wird dabei per Vertrag verpflichtet, genau zu einem bestimmten Zeitpunkt die Waren zu liefern. Wird der Liefertermin nicht eingehalten, so kommen die Produktion und Auslieferung ins Stocken, weil kein eigener Lagerbestand vorgehalten wird. Der Schaden kann erheblich sein.

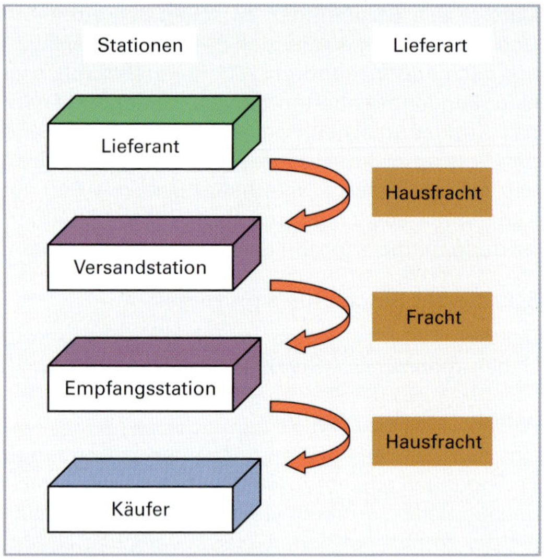

Bild 1: Frachtweg der Ware

Tabelle 1: Lieferbedingungen und ihre Auswirkungen

Liefer-bedingungen	Auswirkungen	
„ab Werk/Lager"	Käufer trägt sämtliche Transportkosten	
„unfrei", „ab hier", „ab Bahnhof (hier)"	Verkäufer trägt die Transportkosten bis zur Versandstation	Käufer trägt die Transportkosten ab der Versandstation
„frachtfrei", „frei dort", „frei Bahnhof (dort)"	Verkäufer trägt die Transportkosten bis zur Empfangsstation	Käufer trägt die Transportkosten aber der Empfangsstation
"frei Werk/ Haus/Lager"	Verkäufer trägt alle Transportkosten	

Tabelle 2: Angebotsvergleich

Bedarf: 25 Multimedia-PCs	**Angebote:**	
	Vidicom	**Terabyte**
Qualität	ausreichend	sehr gut
Preis pro Einheit (€)	1080,–	1240,–
Zahlungsbedingung	14 Tage 1 %, 30 Tage netto	30 Tage 2 %, 60 Tage netto
Lieferung	ab Werk (Fracht 4 %)	frei Haus
Mindestbestellmenge	25	1
Lieferzeit (in Wochen)	3	1
Besonderheiten	Festplatte 30 % größer	Bildschirmeigenschaften ungeklärt

Viele Industrie- und Dienstleistungsunternehmen verlangen von ihren Zulieferern Qualitätsstandards nach den internationalen Normen DIN EN ISO 9000 und folgende. Sie selbst werden ihrerseits nur dann als möglicher Lieferant akzeptiert, wenn sie diese Bedingungen ebenfalls erfüllen.

Trotz aller gesetzlichen und vertraglichen Regelungen ist ein Mindestmaß an vertrauensvoller Zusammenarbeit zwischen Geschäftspartnern notwendig.

Vertrauensvolle Zusammenarbeit zwischen Geschäftspartnern ist eine notwendige Voraussetzung für Erfolg.

Nur so ist es möglich, umfangreiche Geschäfte Zug um Zug abzuwickeln.

Aufgrund dieser Überlegungen muss nun eine Entscheidung zu Gunsten eines Lieferanten gefällt werden.

- Qualitätsfähigkeit des Unternehmens nach DIN EN ISO 9000 und folgende
- Prozess- und Produktqualität
- Verhalten bei Beanstandungen, Kommunikationsfähigkeit
- Liefertreue, Lieferflexibilität und Just-in-Time-Fähigkeit
- Kostendisziplin und ständige Kostenreduzierung
- Entwicklungsleistung und Entwicklungsfähigkeit
- Bereitschaft zur vertrauensvollen Zusammenarbeit

Bild 1: Mögliche Bewertungskriterien von Lieferanten

Schritt 5: Auftrag erteilen

Nach Auswerten der Angebote wird eine Lieferfirma mit einer verbindlichen Bestellung zur Lieferung beauftragt **(Bild 2)**.

Eine bereits erteilte Bestellung kann nur so lange widerrufen oder geändert werden, solange die Änderung oder der Widerruf (Stornierung) spätestens gleichzeitig mit der Bestellung beim Lieferanten eintreffen. So kann bei Bestellung per Brief die Stornierung per Fax oder telefonisch vor Eintreffen der Bestellung erfolgen. Spätere Änderungswünsche sind nur noch mit Einverständnis des Lieferanten möglich (Kulanz). In der Regel wird jedoch ein Unternehmen Änderungen im Interesse der Erhaltung der guten Geschäftsbeziehungen so lange akzeptieren, wie ihm keine zusätzlichen Kosten entstehen.

Die Regelungen für einen zweiseitigen Handelskauf, wenn also beide Beteiligten Gewerbetreibende sind, findet man z.B. im Handelsgesetzbuch **(Bild 1, folgende Seite)**.

Die Antwort des Lieferanten ist eine Auftragsbestätigung. Sie stellt den eigentlichen Abschluss des Kaufvertrages dar, sofern die Bestellung vom Angebot abweicht oder das Angebot freibleibend (für den Lieferanten unverbindlich) war. Bezieht sich die Bestellung ganz auf ein vorliegendes Angebot, so ist eine Auftragsbestätigung nicht notwendig. Sie ist aber zur Vermeidung von Irrtümern sinnvoll.

Durch die Bestellung und die Auftragsbestätigung ist die Ware noch nicht dort, wo sie gebraucht wird. Notwendig ist eine sorgfältige Überwachung der Lieferung sowie der vereinbarten Liefertermine.

Schuster GmbH

Schuster GmbH
Applestraße 130
79242 Stuttgart

Tel.: +49 (89) 7355555
Fax.: +49 (89) 8699999

ferrit.schuster@schuster.de

Schuster GmbH · Applestraße 130 · 79242 Stuttgart

Knabel Thorsten
Thomasstr. 123
44454 Kaarst Germany

Stuttgart, 12.07.20xx

Bestellung
Ihr Angebot vom 10.07.20xx xx

Sehr geehrter Herr Fassold,

Bezug nehmend auf unser Gespräch vom 10.07.20xx erhalten Sie nun den schriftlichen Auftrag zur Lieferung der 25 Multimedia-PCs.
Die genauen Spezifikationen sind der Ausschreibung in der Anlage zu entnehmen.

Für Rückfragen stehe ich Ihnen gern telefonisch zur Verfügung.

Mit freundlichen Grüßen,

gez. Michael Schuster

Bankname: Deutsche Bank	Amtsgericht Stuttgart	Applestraße 130	Geschäftsführung:
Konto: 213333245	HRB 83446	79242 Stuttgart	Schuster
BLZ: 7731554	Firmensitz: Stuttgart	Tel.:+49 (89) 7455555	
Steuernummer: 1244434		Fax.:+49 (89) 8699999	
USt-ID-Nr: 8655552			

Bild 2: Beispiel einer Bestellung

Verzögerungen des Lieferanten bedeuten Verzögerungen der Bereitstellung der Waren für den Kunden. Deshalb ist es im eigenen Interesse wichtig, bei einer Terminüberschreitung den Lieferanten zu mahnen, um nicht selber regresspflichtig (schadenersatzpflichtig) zu werden.

Schritt 6: Waren annehmen

Nach erfolgter Lieferung schreibt das Handelsgesetzbuch eine sofortige Wareneingangskontrolle vor, da der Kunde andernfalls Ansprüche aufgrund von Schäden verliert (Bild 1). Geprüft werden sollte

- die Warenbezeichnung,
- die Anzahl der Versandstücke und
- das Äußere der Verpackung und der Ware.

Festgestellte Mängel müssen unverzüglich dem Lieferanten mitgeteilt werden (Mängelrüge). Weiterhin muss die Rechnung überprüft und mit dem Lieferschein verglichen werden.

Schritt 7: Waren bereitstellen

Wenn die Ware vertragsgemäß angeliefert wurde, können nun die PC für die Installation beim Kunden bereitgestellt werden. Dazu müssen dem Prozessteam, also den zuständigen Mitarbeitern des Anschlussprozesses, sofort die Informationen zugehen über die Auftragsdaten und den Lagerort der PC. Gleichzeitig muss veranlasst werden, dass die Rechnung an den Lieferanten der PC beglichen wird. An dieser Stelle ist der Prozess Beschaffung der interne Lieferant für das Team „Installation" und die Abteilung „Finanzwesen". Erst wenn die Informationen über die bereitgestellten Waren vollständig an die nachfolgenden Stellen übermittelt wurden, ist der Beschaffungsprozess ausgeführt. Weiterhin bleibt die rückwirkende Verantwortung der Prozessmitarbeiter gegenüber den nachgelagerten Prozessen, wie z. B. für die Funktionstüchtigkeit der bereitgestellten PC.

Beispiel 1 Geschäftsprozess Beschaffung:

Stellen Sie den Geschäftsprozess „Beschaffung und Lieferung von Multimedia-PC" als Modell grafisch dar.

Lösung: **Bild 2**

Wiederholung und Vertiefung

1. **Worin unterscheidet sich ein Verbrauchermarkt von einem Erzeugermarkt?**
2. **Was wird als Geschäftsprozess bezeichnet?**
3. **Welches sind die Start-, Zwischen- und Endpunkte von Geschäftsprozessen?**
4. **Nennen Sie die einzelnen Schritte beim Geschäftsprozess „Beschaffung".**
5. **Stellen Sie grafisch den Geschäftsprozess Beschaffung mit den für Ereignisse und Funktionen üblichen Symbolen dar.**

§ 377 Die Untersuchungs- und Rügepflicht

(1) Ist der Kauf für beide Teile ein Handelsgeschäft, so hat der Käufer die Ware unverzüglich nach der Ablieferung durch den Verkäufer, soweit dies nach ordnungsmäßigem Geschäftsgange tunlich ist, zu untersuchen und, wenn sich ein Mangel zeigt, dem Verkäufer unverzüglich Anzeige zu machen.

(2) Unterlässt der Käufer die Anzeige, so gilt die Ware als genehmigt, es sei denn, dass es sich um einen Mangel handelt, der bei der Untersuchung nicht erkennbar war.

(3) Zeigt sich später ein solcher Mangel, so muss die Anzeige unverzüglich nach der Entdeckung gemacht werden; anderenfalls gilt die Ware auch in Ansehung dieses Mangels als genehmigt.

(4) Zur Erhaltung der Rechte des Käufers genügt die rechtzeitige Absendung der Anzeige.

(5) Hat der Verkäufer den Mangel arglistig verschwiegen, so kann er sich auf diese Vorschriften nicht berufen.

Bild 1: Auszug aus dem Handelsgesetzbuch

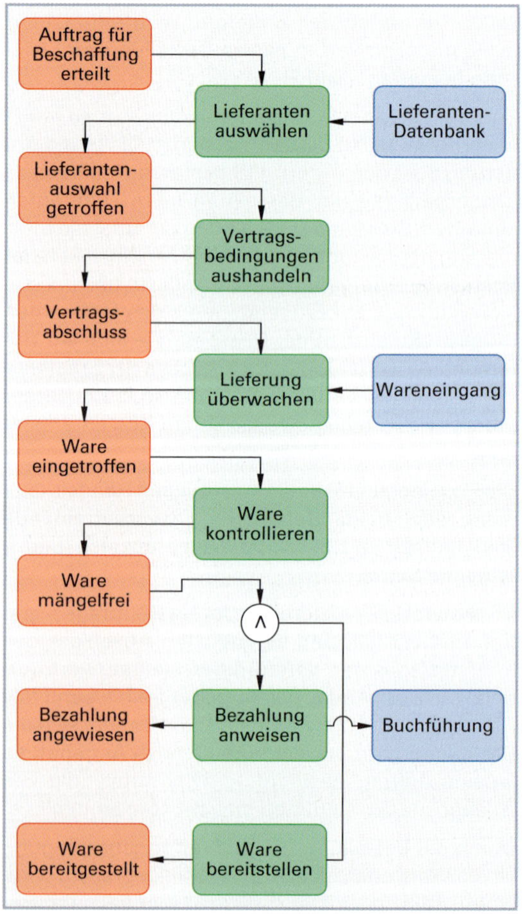

Bild 2: Darstellung des Geschäftsprozesses Beschaffung

15.4 Angebotserstellung

Angebote führen zu rechtlichen Verpflichtungen. Deshalb müssen sie sorgfältig ausgearbeitet werden.

Vor der Abgabe eines Angebots sind mehrere Fragen zu prüfen:

Ist die Kundenbeziehung solide, bestehen noch offene Posten gegenüber dem Kunden, sind also Rechnungen noch nicht bezahlt? Gilt der Kunde als liquide (zahlungsfähig)? Welche Aufträge wurden bisher an das Unternehmen erteilt?

Beispiel 1 Geschäftsprozessmodell:

Erstellen Sie ein Modell eines Geschäftsprozesses zur Erstellung von Angeboten.
Teilaufgaben sollen sein:

- Prüfen der Kundenbeziehung, der Kundenliquidität,
- Prüfen der bisherige Aufträge an den Kunden,
- Abgleich des Angebots mit den eigenen Lagerbeständen oder den Liefermöglichkeiten des Großhandels,
- Kalkulation des Angebots, Speicherung des Ergebnisses,
- Entscheidung über Abgabe des Angebots.

Lösung: **Bild 1**

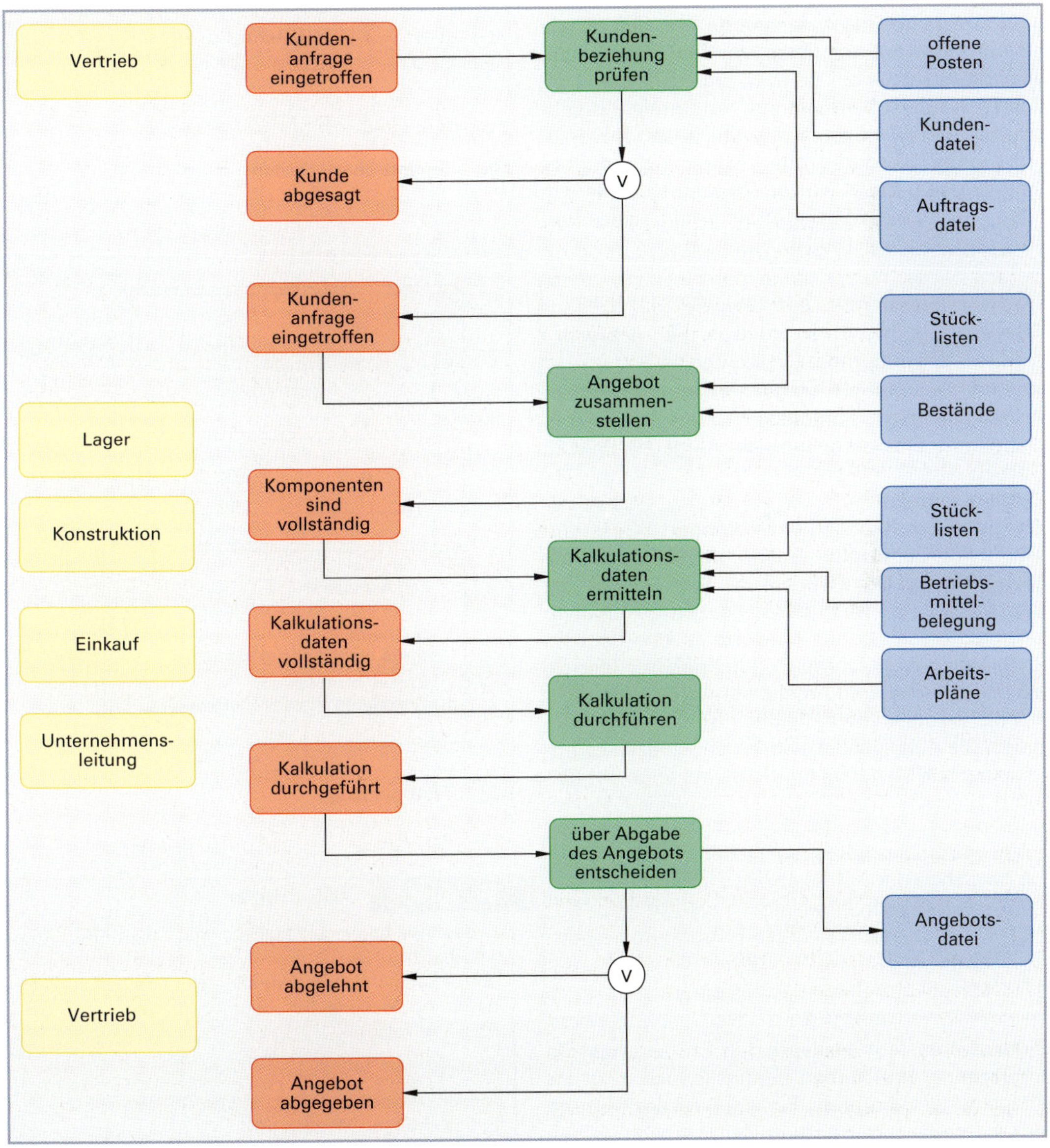

Bild 1: Modell des Geschäftsprozesses „Angebotserstellung"

16 Arbeitsmethoden und Präsentationstechnik

Arbeitsmethodik und Präsentationstechnik sind wichtige Schlüsselqualifikationen. Sie umfassen ein Bündel von Fähigkeiten, Kompetenzen und Handlungsmustern, die jeder braucht, um in der modernen Arbeitswelt erfolgreich zu sein.

16.1 Schlüsselqualifikation Arbeitsmethodik

Prioritäten setzen

Viele zu erledigende Aufgaben türmen sich oft wie ein unüberwindbarer Berg vor dem Bearbeiter. Wird die eigene Arbeit sinnvoll organisiert, sind die anstehenden Arbeitsaufträge erfolgreich durchführbar. Das wichtigste Kriterium für die Bevorzugung einer Handlung oder Tätigkeit gegenüber einer anderen ist der Nutzen. Zwei einfache Regeln bilden deshalb die Basis für ein erfolgreiches persönlichen Arbeiten **(Bild 1)**.

Regel 1: Es müssen Prioritäten gesetzt werden.
Regel 2: Die Prioritäten müssen planmäßig in die Tat umgesetzt werden.

An den gesetzten Prioritäten orientiert sich die Zeitplanung für die Bearbeitung der Aufgaben **(Bild 2)**.

Zeitmanagement

Ein gutes Zeitmanagement verringert Stress und schafft Freiräume. Nur jemand, der klare persönliche und berufliche Ziele hat, weiß mit seiner Zeit umzugehen und ist in der Lage, seine Aufgaben zielorientiert anzugehen. Eine erfolgreiche Ziel- und Zeitplanung wird schriftlich durchgeführt. Teilziele geben Sicherheit und Arbeitsantrieb. Eine Möglichkeit der Planung von Aktivitäten ist die ALPEN-Methode. Die Anfangsbuchstaben der Schlüsselbegriffe dienen als Merkhilfe für die Reihenfolge der Planung:

A ⇒ Aufgaben zusammenstellen
L ⇒ Länge der Aufgaben abschätzen
P ⇒ Pufferzeiten einplanen
E ⇒ Entscheidungen über Prioritäten treffen und
N ⇒ Nachkontrollieren, aktualisieren

Ein einfacher Terminkalender als Erinnerungshilfe für Termine und Namen genügt jedoch nicht als Zeitplanungsinstrument. Für eine bessere Nutzung der wertvollen Zeit sorgen Zeitplanbuch, PDAs, Organizer oder Handhelds.

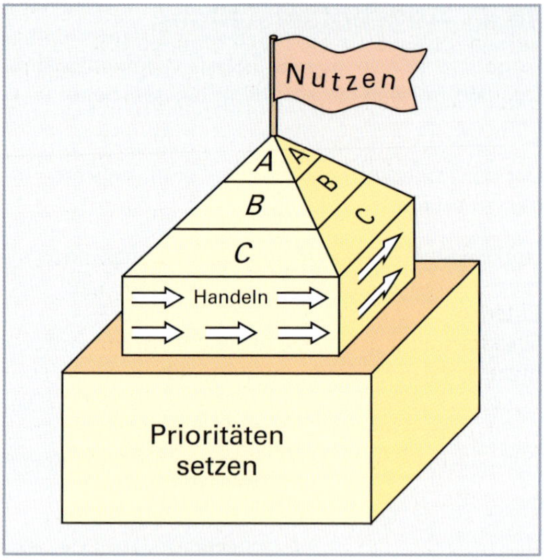

Bild 1: Erfolgreiches Arbeiten

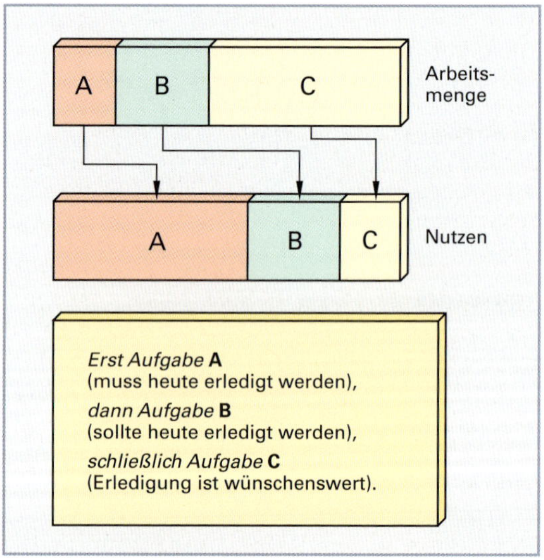

Bild 2: Tagesplanung

Beispiel 1 ABC-Prinzip:

Ordnen Sie folgende Tätigkeiten nach dem ABC-Prinzip (Bild 2):
Werbebudget planen, Akte Dr. Meier bearbeiten, Vorbereitung Meeting IHK, Blumen für Monika, M&S Preise kalkulieren.

Lösung:

A: M&S Preise kalkulieren, Blumen für Monika,
B: Vorbereitung Meeting IHK,
C: Akte Dr. Meier bearbeiten, Werbebudget planen.

Das Zeitplanbuch ist das Abbild der eigenen Aktivitäten im Regelkreis der Handlungen **(Bild 1)**. Tätigkeiten erhalten darin Prioritäten und persönliche Bedürfnisse fließen in die Planung mit ein.

- Wer sich nicht alles merken kann, ist menschlich
- wer die gleiche Frage dreimal stellt, ist unorganisiert.

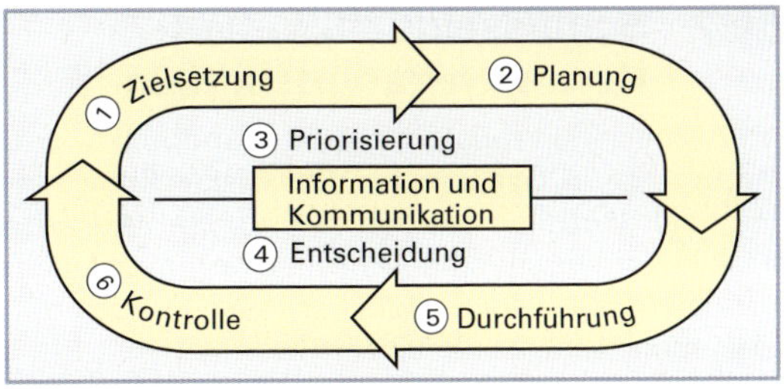

Bild 1: Regelkreis der Handlung

Entscheidungsfindung

Oft verschlingt Unwichtiges die meiste Zeit. Alle Tätigkeiten sind deshalb auf Dringlichkeit und Wichtigkeit hin zu überprüfen **(Bild 2)**. In der Praxis resultieren meist 80 % des zählenden Erfolgs aus nur 20 % der Aktivitäten (Paretos Gesetz). Wenn z. B. auf einer Liste mit zehn Aufgaben die beiden entscheidenden Aktivitäten erfüllt sind, ist der Erfolg bereits zu 80 % gesichert. Benötigt wurde dazu aber nur 20 % der Zeit, um diese Aufgaben zu erledigen **(Bild 3)**. Beachten sie bei Ihren Aktivitäten die 80 – zu – 20 – Regel.

Das Arbeitsergebnis muss die für eine Tätigkeit aufgewendete Zeit auch rechtfertigen.

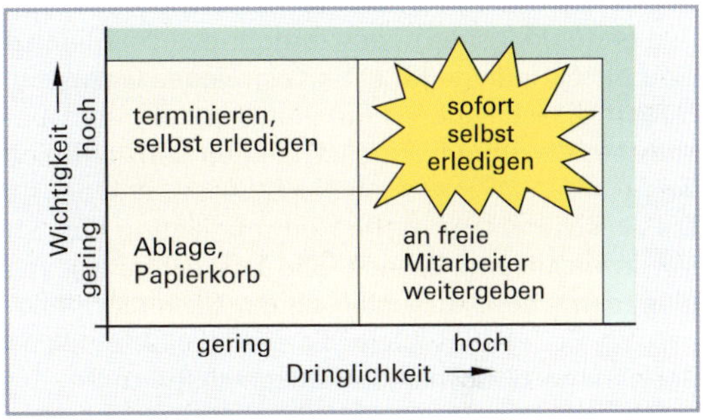

Bild 2: Entscheidungsfindung

Zielstrebiges und konzentriertes Arbeiten

Der Unfähigkeit sich auf eine Arbeit zu konzentrieren und tatsächlich zu beginnen, begegnet man am besten durch zeitlich genau festgelegte Arbeitsphasen.

Beherzigen Sie den Ausspruch: Mach es sofort!

Menschen, die mit ihrer Arbeit nicht zu Rande kommen, wollen immer zuviel auf einmal erledigen oder schieben viel vor sich her. Es kommt vielmehr immer darauf an, wie planvoll man an einer Aufgabe arbeitet.

Vermeiden Sie, zuviel Dinge auf einmal erledigen zu wollen.

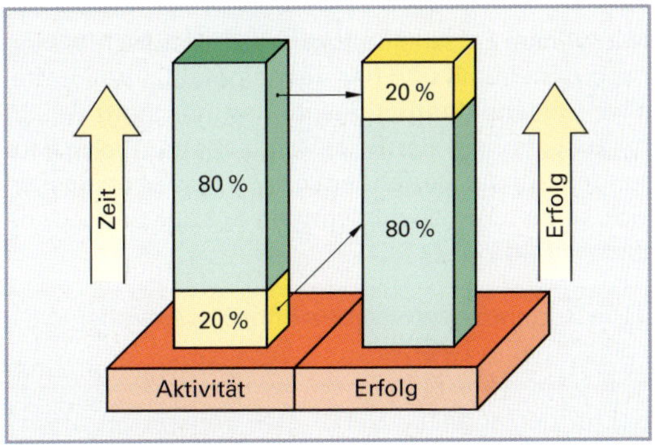

Bild 3: 80-zu-20-Regel

Ordnung am Arbeitsplatz

Unordnung ist der Konzentration abträglich. Ein Chaos am Arbeitsplatz erzeugt Nervosität und das Gefühl, von der Menge an Arbeit erschlagen zu werden. Befreien Sie Ihre Arbeitsfläche von allem, außer dem Projekt, an dem Sie gerade arbeiten. Die Ordnung auf dem Schreibtisch ist bereits der erste Weg zum effektiven Arbeiten **(Bild 4)**. Nehmen Sie jedes Papier nur einmal in die Hand und bearbeiten Sie es sofort abschließend. Benutzen Sie den Papierkorb und bauen Sie keine Sammlung von Unwichtigem auf.

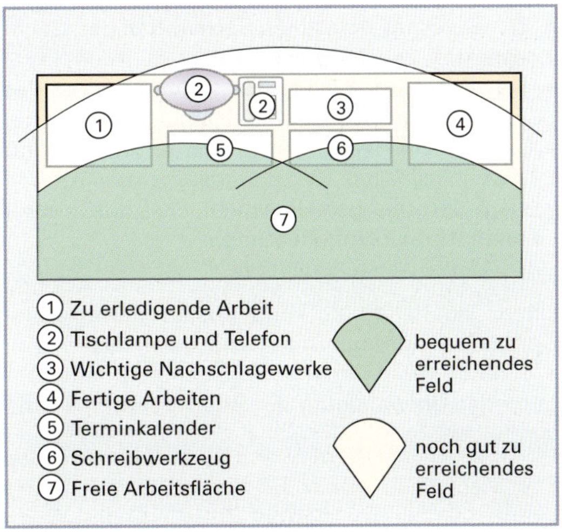

Bild 4: Ordnung am Schreibtisch

16.2 Schlüsselqualifikation Kommunikationsfähigkeit

Im Arbeitsleben müssen eigene Standpunkte und Argumente in Gesprächen und Diskussionen erfolgreich vertreten werden. Störungen und Konflikte in der zwischenmenschlichen Kommunikation können durch zielgerichtete Verhaltensweisen und Gesprächstechniken entschärft werden.

Erfolgreiche Gesprächsführung

Ein wertschätzendes, vorurteilfreies Menschenbild und Einfühlungsvermögen (emotionale Intelligenz) sind die Grundlage für ein erfolgreiches Gespräch. Neben diesen inneren Einstellungen können bestimmte Kommunikationsstrategien sehr hilfreich sein.

Die zwischenmenschliche Kommunikation bewegt sich immer in zwei Ebenen **(Bild 1)**. Die Inhaltsebene dient dem verbalen Austausch der Sachinformationen. Die Beziehungsebene überträgt die Gefühle und Beziehungen zwischen den Gesprächspartnern.

> Kommunikationsebenen bewusst wahrnehmen.

Nur wenige Entscheidungen werden ausschließlich nach dem Inhalt und der Sache gefällt, vier Fünftel aller Entscheidungen geschehen aus dem Bauch heraus, also auf der Beziehungsebene. Wenn Störungen auf der Beziehungsebene vorliegen, lassen sich keine optimalen Lösungen auf der Sachebene finden **(Bild 2)**.

> Die Beziehungsebene beeinflusst wesentlich die Sachebene.

Schon der einfache Satz: „Das Fenster ist offen" kann verschiedene Interpretationen zulassen **(Bild 3)**. Als Beispiel seien vier Möglichkeiten aufgeführt:

- Der Sprecher stellt einen Sachverhalt dar (Sachaspekt).
- Der Sprecher möchte, dass der Zuhörer das Fenster schließt (Appellfunktion).
- Der Sprecher will mitteilen, dass er den Hörer für rücksichtslos hält (Beziehungsaspekt).
- Dem Sprecher gefällt es nicht, dass das Fenster offen ist (Selbstoffenbarung).

Missverständnisse sind schlecht für das Arbeitsklima, sie halten auf und kosten damit Geld. Sprachliche Kommunikationsstörungen lassen sich z. B. durch veränderten Tonfall, nähere Erläuterungen oder Umwandlung der Aussage in eine Bitte vermeiden.

> Jeder Sprecher kann auch durch Mimik und Gestik seiner Aussage Kraft und Klarheit verleihen.

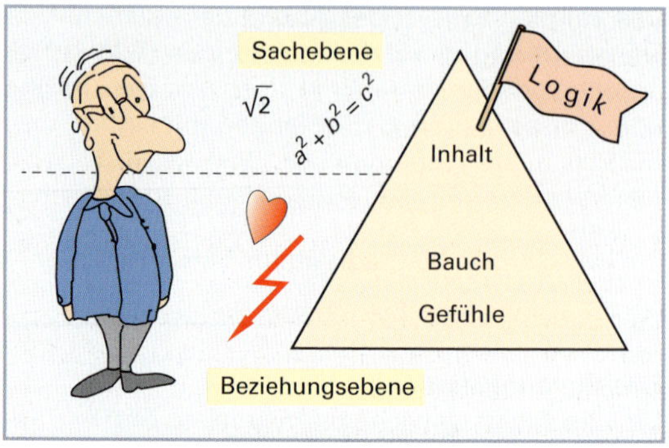

Bild 1: Kommunikationsebenen

Bild 2: Emotionale Störungen

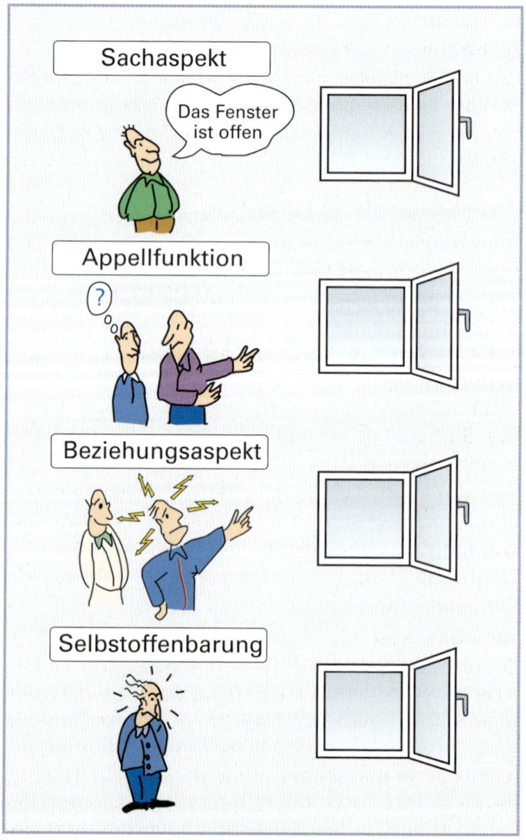

Bild 3: Interpretationsmöglichkeiten

Verbale Beziehungsverstärker einsetzen

Neben den sachlichen Inhalten entscheidet die Art und Weise wie etwas gesagt wird, über eine erfolgreiche Kommunikation.

Als Hilfe in Verhandlungen und Präsentationen dienen die sechs verbalen Beziehungsverstärker:

1. **Bedürfnisse und Interessen der Hörer ansprechen.**

Wer nur von sich selbst spricht, langweilt die anderen; wer von den Interessen seiner Partner spricht, der fasziniert sie.

2. **Verständlichkeit führt zum Ziel.**

Einfache Sätze, anschauliche Vergleiche und ein dosiertes Sprechtempo sorgen für Verständlichkeit.

3. **Fragen zeigen Wertschätzung.**

Fragetechnik hilft gegen Missverständnisse.

4. **Die Worte der Partner verwenden.**

Die Verwendung bereits geäußerter Fachausdrücke ist eine vertrauensbildende Vorgangsweise.

5. **Die Magie des Namens nützen.**

Alle Menschen lieben es, vor allem vor einer Gruppe, mit dem eigenen Namen angesprochen zu werden. Sprechen Sie Ihre Kommunikationspartner mit Namen an.

6. **Wer zitiert wird, ist wichtig.**

Aussagen von Gesprächspartnern sind wichtige Informationen. Sie bieten die Möglichkeit als Zitat die Person, von der die Aussage kommt, aufzuwerten.

> Das schönste Wort in jeder Sprache ist der eigene Name.

Kommunikationssperren

Das zwischenmenschliche Gespräch scheitert oft am Zusammenbruch der Kommunikationsbeziehungen. „Killerphrasen" erschweren oder blocken jedes weitere Gespräch ab **(Tabelle 1)**.

In der Körpersprache eines Menschen drückt sich viel über seine psychische Disposition aus . Negative Signale bestimmter Gebärden sollte man vermeiden **(Tabelle 2)**.

Kommunikationssperren sind in Ausnahmefällen angebracht, wenn ein Gespräch wirklich beendet werden muss. Sie sollten aber vermieden werden, wenn das Gespräch in freundlicher Atmosphäre verlaufen soll.

Teamfähigkeit

Die erfolgreiche Tätigkeit einer Arbeitsgruppe oder Abteilung ist stark von der Teamfähigkeit ihrer Mitglieder abhängig. Das Arbeiten in Teams ist heute eine der bevorzugten Arbeitsformen. Die Kundenaufträge in der IT-Branche haben einen solchen Komplexitätsgrad erreicht, dass sie in der Regel nur von einem Team als Projektarbeit bearbeitet werden können.

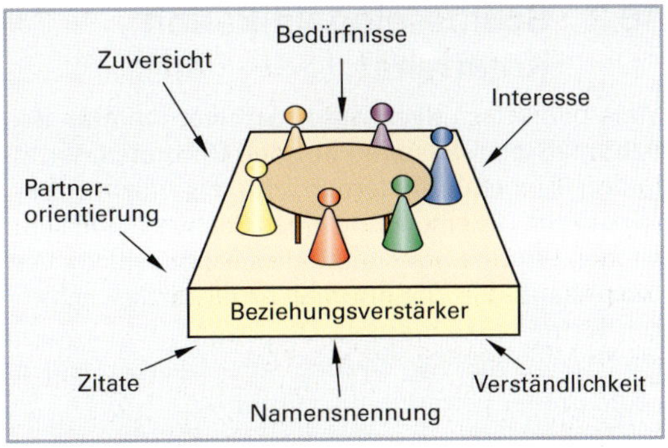

Bild 1: Beziehungsverstärker

Tabelle 1: Killerphrasen

Gesprächshemmer	Beispiele
Befehlen	Ich erwarte von Ihnen, ...
Drohen	Das sollten sie nicht tun!
Moralisieren	Sie sind verpflichtet ...
Lösungen liefern	Wenn sie mich fragen ...
Vorwürfe machen	Das war falsch ...
Verhören	Wie lange sind Sie schon ...
Endgültige Bemerkungen	Das ging noch nie! Haben wir schon probiert! Das ist nicht neu! Dafür haben wir kein Geld! Haben wir denn bisher alles falsch gemacht?

Tabelle 2: Killerfaces

Gebärde	Erläuterung
	Blick von oben herab, spöttisches Lächeln. Kritisch verengte Augen.
	Blick nach oben, gelangweiltes Aussehen. Ungeduldiges Klopfen mit den Fingern.
	Gerümpfte Nase, spöttisches Lächeln, Mundwinkel leicht herabgezogen.
	Augenlider fast geschlossen, Kopf geneigt und in die Hand gestützt.

[1] Voltaire franz Philosoph (1694-1778

16.3 Schlüsselqualifikation Kreativität

Viele Grundtechniken der Kreativität (von lat. das Schöpferische) basieren auf den Prinzipien der Intuition (Eingebung), dem Prinzip der Analyse (systematische Untersuchung eines Sachverhaltes) und auf den Prinzipien der Analogie (Gleichheit von Verhältnissen). Alle Ideen sollten grundsätzlich schriftlich festgehalten werden. Die Ideenerhebung und die Ideenbewertung sind bei den Kreativitätstechniken immer getrennt durchzuführen.

Brainstorming

Die Methode Brainstorming ist dadurch gekennzeichnet, dass innerhalb einer Gruppe die zwanglos vorgebrachten Ideen durch wechselseitige Verknüpfungen (Assoziationen) zu Problemlösungen führen.

Kartenabfrage (META-Plan)

Die Teilnehmer schreiben ihre Aussagen zu einem Problemkreis mit Filzschreibern auf Karten. Ein Moderator sammelt die Karten ein, liest sie vor und steckt sie in Gruppen geordnet an eine Pinwand. Anschließend erhalten die Teilnehmer zur Bewertung der Ideen eine Anzahl von Klebepunkten. Das Ergebnis der Gewichtung schafft Prioritäten (Rangfolgen) bei Problemfeldern und führt zu Lösungsvorschlägen aus der Sicht einer Gruppe oder eines Teams **(Bild 1)**.

Mindmap-Methode

Die Erstellung einer Gedächtniskarte (Mindmap) ist eine flexible, kreative und gehirngerechte Arbeitstechnik. In der Mitte eines Blattes oder einer Flipchart steht das Thema. Von da aus verzweigen sich alle Themenaspekte wie bei einem Spinnennetz **(Bild 2)**.

> Mind mapping ist ein Werkzeug zur Ideenfindung und Visualisierung.

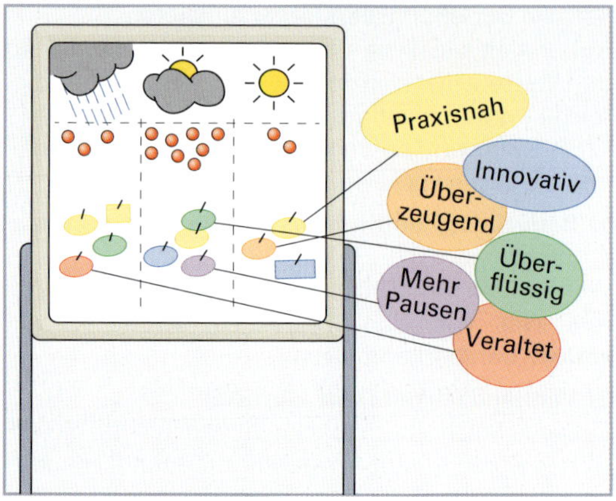

Bild 1: META-Plan Kartenabfrage

Der Vorteil von Mindmapping liegt in der Möglichkeit, viele Gesichtspunkte auf einen Blick einzusehen. Die Darstellung kann jederzeit erweitert werden. Eine Auswertung kann abschließend in einer Gruppendiskussion erfolgen.

Systematische Problemlösung

Bei der systematischen Problemlösung wird das Problem genau analysiert, in Teilprobleme aufgespalten und durch formale Vorgehensweise einer Lösung zugeführt.

Die wesentlichen Schritte bei der systematischen Problemlösung sind die Analyse der Ausgangssituation, die exakte Definition des Problems, das Aufzeigen von Lösungsvorschlägen in Teilbereichen, die Bewertung der Alternativen und die Entscheidungen.

> Durch die Kombination von Teillösungen erreicht man eine Gesamtlösung.

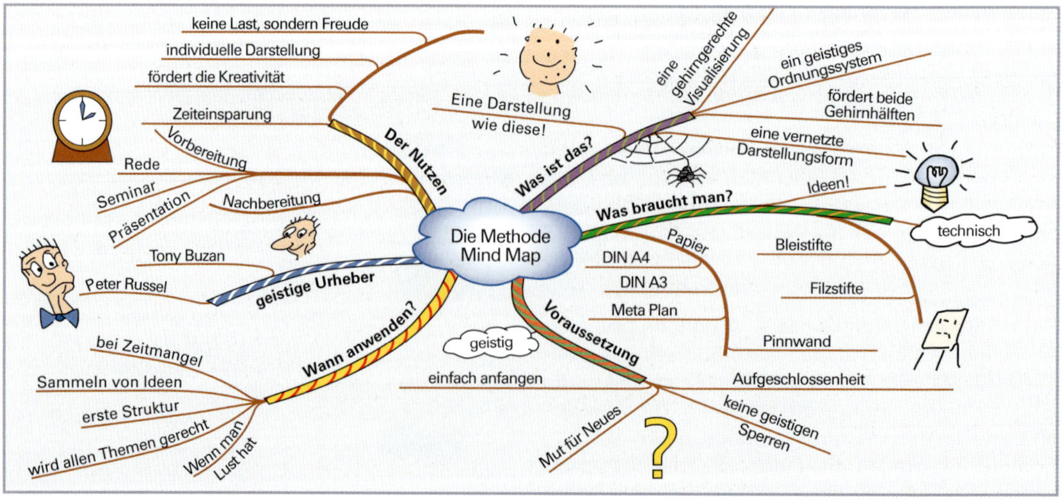

Bild 2: Die Mindmap-Methode

16.4 Schlüsselqualifikation Präsentationstechnik

Bei einer Präsentation stellen eine oder mehrere Personen für eine konkrete Zielgruppe ausgewählte Sachinhalte oder Produkte vor. Ziel ist es, die Zielgruppe zu informieren und zu überzeugen. Die Darstellung wird unterstützt durch bildhafte Mittel. Präsentationen erfolgen oft unter Zeitdruck und auf besonderen Wunsch von Vorgesetzten **(Bild 1)**.

Bild 1: Präsentationsauftrag

Planung einer Präsentation

Da eine Präsentation von der konkreten Situation lebt, gibt es keine den Erfolg garantierenden, allgemein gültige Regeln. Trotzdem ist es wahrscheinlich, dass mit

- einem ausgefeilten Aufbau,
- einer gelungenen Visualisierung und
- gekonntem Präsentationsverhalten

eine Präsentation zum Erfolg wird **(Bild 2)**.

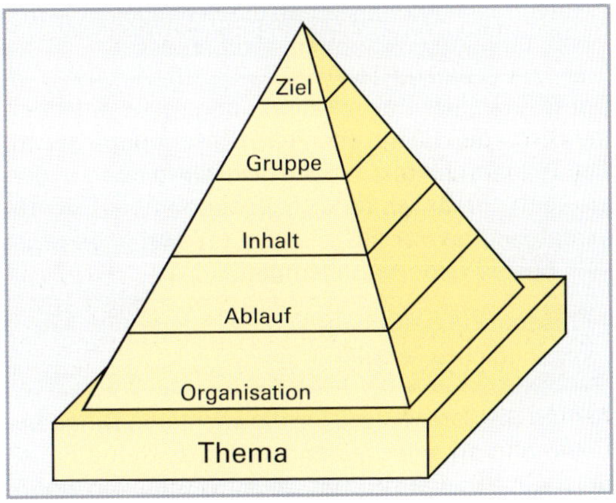

Bild 2: Planung einer Präsentation

Inhaltliche Vorbereitung

Ein gutes Gelingen hängt ganz entscheidend von der Vorbereitung ab, denn an keiner Stelle kann der Referent sonst so stark Einfluss auf das Gelingen nehmen. Thema, Ziel und Zielgruppe bilden die Grundlage für die inhaltliche Aufbereitung einer Präsentation. Zur Vorbereitung empfiehlt sich folgende Vorgehensweise **(Bild 3)**:

- Stoff sammeln und Wichtiges auswählen,
- Aufarbeiten des Stoffes und
- Visualisieren der ausgewählten Inhalte.

Wenige Kernaussagen müssen alle bedeutsamen Argumente in griffiger, leicht merkbarer Form enthalten. Kernaussagen bündeln die Energie und Aufmerksamkeit des Referenten schon während der Vorbereitung und später beim Vortrag. Werbeslogans sind nicht als Kernaussagen geeignet, da sie nicht authentisch (glaubwürdig) sind und nachgeplappert wirken. Die richtigen Kernaussagen zielen auf das, was man erreichen will. Für eine Präsentation braucht man drei oder vier Kernaussagen.

Bild 3: Inhaltliche Vorbereitung

Das Vier-W-Modell

Fast alle Präsentationen lassen sich nach dem Vier-W-Modell strukturieren und visualisieren. Natürlich brauchen die vier Fragen nicht ausdrücklich genannt zu werden. Sie helfen aber, um den Überblick über ein Thema zu schaffen und als Kontrolle, ob alle Bereiche berücksichtigt wurden **(Bild 4)**.

Bei einer Moderation (Gesprächsleitung) ist es besser, zunächst Antworten auf „Warum?“ und „Was?“ zu geben, anschließend lässt man das „Wozu?“ von den Teilnehmern erarbeiten und bringt zum Schluss das „Wie?“ als Aktivitätenplan ein.

Das Vier-W-Modell gibt Antwort auf die grundsätzlichen Fragen „Warum?“, „Was?“, „Wie?“ und „Wozu?“

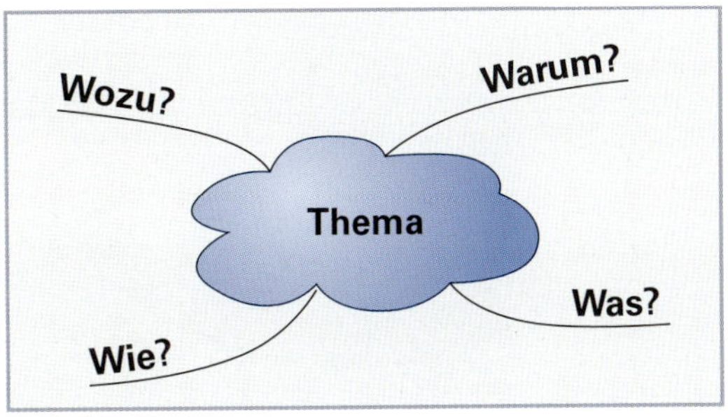

Bild 4: Kernaussagen einer Präsentation

16.5 Durchführung einer Präsentation

Vor einer Präsentation muss man sich mit den Räumlichkeiten vertraut machen, in denen die Präsentation stattfinden soll. Größe und Gestaltung eines Raumes beeinflussen die Medienwahl und die Sitzordnung der Zuhörer **(Bild 1)**.

Entscheidend für das Erreichen der Ziele ist die Beherrschung der Präsentationstechnik. Der Ablauf einer Präsentation muss nicht nur logisch, sondern auch psychologisch gegliedert sein. Ähnlich wie bei einem Schauspiel wird zuerst eine Ordnung vorgegeben, dann infrage gestellt und schließlich in neuer Form wieder hergestellt **(Bild 2)**.

Gute Präsentationen haben einen einfachen Aufbau: Einleitung, Hauptteil und Schluss.

Der Erfolg einer Präsentation hängt ganz entscheidend von den Fähigkeiten des Präsentierenden ab, den Teilnehmerkreis sowohl fachlich zu überzeugen als auch persönlich für sich einzunehmen. Ein Präsentator muss vor allem selbst präsent sein: er ist sein bestes visuelles Hilfsmittel.

Präsent sein heißt natürlich, kompetent und zuversichtlich auftreten.

Achten Sie darauf, dass Sie die wichtigen Dinge betonen und an entscheidenden Punkten eine Pause machen. Üben Sie vorher die schwierigen Zungenbrecher.

Lächeln Sie öfters bei Ihren Präsentationen. Lächeln ist eine vertrauensbildende Maßnahme, vermeiden Sie aber andauerndes Grinsen. Menschen, die selbstbewusst und positiv auftreten, haben mehr Erfolg.

Erzeugen Sie eine freundliche Grundstimmung.

Stehen Sie aufrecht und bewegen Sie sich frei, aber in Maßen **(Bild 3)**. Das äußere Erscheinungsbild sollte stets den Erwartungen des Publikums angepasst sein. Kleiden Sie sich dezent. Sie müssen in Ihrer Kleidung gepflegt und natürlich wirken – eher eine Spur eleganter als Ihr Publikum, auf keinen Fall im Niveau darunter **(Bild 4)**.

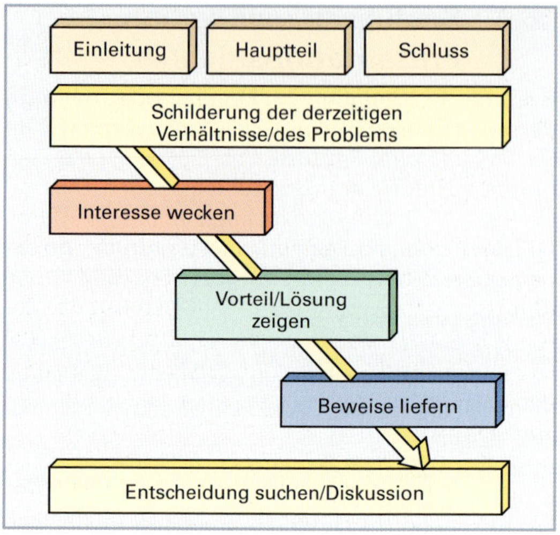

Bild 2: Gliederung einer Präsentation

Bild 3: Kontrollierte Ortsveränderung

Bild 4: Die Wahl der Bekleidung

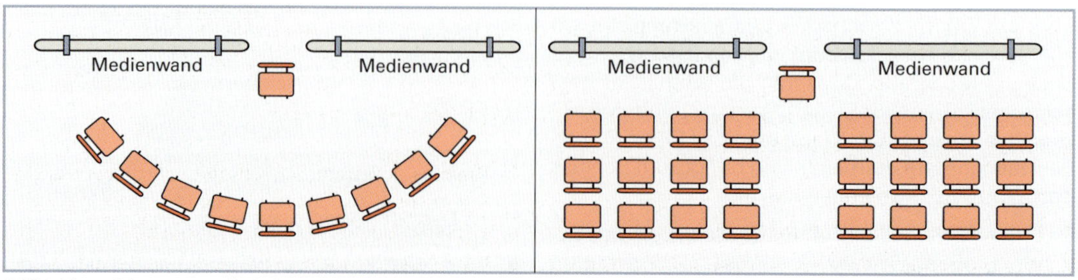

Bild 1: Bestuhlungsarten bei einer Präsentation

16.6 Medieneinsatz bei einer Präsentation

Professioneller Medieneinsatz beinhaltet immer zwei Teilaspekte:

- die Blickführung und
- die Erklärung selbst.

Für die Blickführung eignet sich die Touch-Turn-Talk-Regel bzw. die Berühren-Drehen-Sprechen-Methode **(Bild 1)**. Immer, wenn die Aufmerksamkeit der Zuhörer auf einen neuen Punkt geführt werden soll und Sie deshalb dorthin sehen müssen, zeigen Sie darauf (Touch), dann wenden Sie sich um (Turn) und sprechen wieder mit Blickrichtung auf das Auditorium. In diesem Element der Erklärung erläutern sie zuerst was man sieht und dann was es bedeutet.

Der Einsatz von unterschiedlichen Medien zum Vortrag wirkt aufmunternd und professionel. Üblich sind Präsentationen mit Flip-Chart, Pinwand, Overhead-Projektor und Beamer.

Nutzen Sie einen Medien-Mix!

Flip-Chart
Der Flip-Chart-Ständer ist eine transportable Haltevorrichtung für spezielles großformatiges Papier mit den Maßen 70 cm x 100 cm. Die Flip-Chart eignet sich besonders für die Arbeit in Kleingruppen. Die Darstellungen können vorbereitet sein oder situativ entwickelt werden. Sie bleiben während der gesamten Arbeit sichtbar.

PC-gestützte Präsentation
Werden Präsentationen am PC gestaltet, sind Sie frei in der Wahl des Layouts. Durch einen Mix von Standbildern, Ton und Videosequenzen kann eine lebendige und abwechslungsreiche Darstellung erzielt werden **(Bild 2)**. Als Handout kann die Präsentation entweder schnell ausgedruckt, auf Datenträger ausgegeben oder als E-Mail verschickt werden.

Dokumentenkamera
Dokumentenkameras, auch bekannt unter der Bezeichnung Visual Presenter oder Visualiser sind Kameras (3D-Scanner), die zur Aufnahme von Dokumenten und Objekten verwendet werden. Die Wiedergabe erfolgt über Beamer (Leinwand), Bildschirm (Datenmonitor PC), Fernseher/Video Monitor) oder während der Übertragung einer Videokonferenz. Die Dokumentenkamera ist die zeitgemäße Alternative zum Overheadprojektor mit deutlich mehr Möglichkeiten **(Bild 3)**.

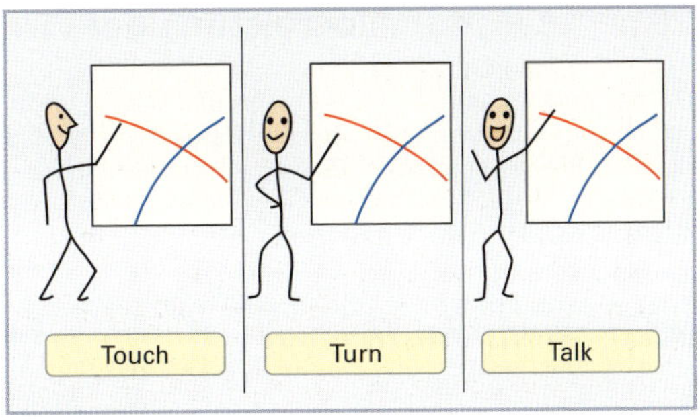

Bild 1: Berühren-, Drehen- und Sprechenmethode

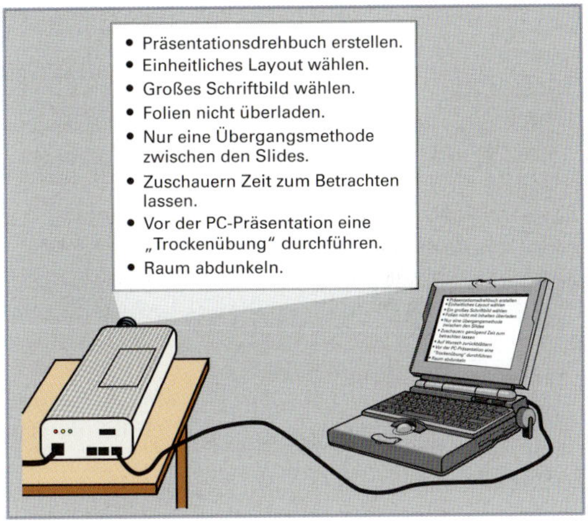

Bild 2: Regeln zur PC-Präsentation

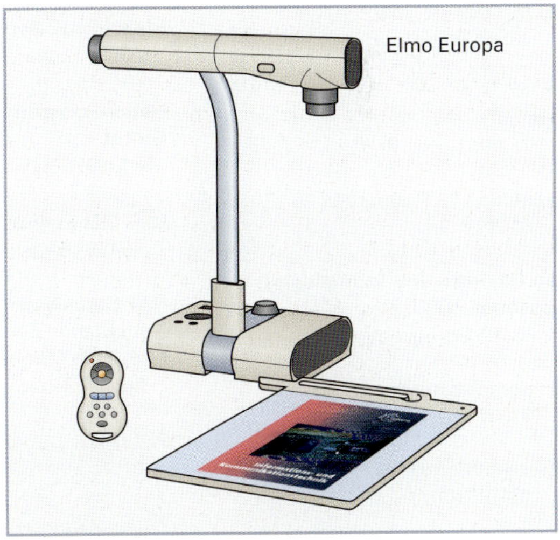

Bild 3: Dokumentenkamera

W V

Wiederholung und Vertiefung

1. **Nennen Sie die Vorteile der Mindmap-Methode.**
2. **Wie lassen sich Problemlösungen mit der META-Plan-Technik erreichen?**
3. **Welche Kreativitätsmethode wird verwendet, wenn viele Lösungsvorschläge erwünscht sind?**
4. **Welches Ziel haben Präsentationen?**
5. **Wozu werden für eine Präsentation Kernaussagen formuliert?**

Verzeichnis der Firmen und Dienststellen

Die nachfolgend aufgeführten Firmen und Dienststellen haben die Bearbeiter durch Beratung, durch Zurverfügungstellen von Druckschriften, Fotos und Retuschen sowohl bei der Textbearbeitung als auch bei der bildlichen Ausgestaltung des Buches unterstützt. Es wird ihnen hierfür herzlich gedankt.

ABB Asea Brown Boveri AG
68165 Mannheim

Agilent Technologies
71034 Böblingen

BASF AG
67069 Ludwigshafen

Braun AG
61476 Kronberg

Cherry Mikroschalter GmbH
91275 Auerbach

Deutsche Philips GmbH
20095 Hamburg

Deutsche Telekom Medien GmbH
60329 Frankfurt
http://www.t-online.de

develo AG
52068 Aachen
www.develo.de

ELMO Europe SAS
40549 Düsseldorf
www.elmo.de

Fanuc
J.-Jamanashi Prefecture 401-05

Felten & Guilleaume AG
51058 Köln

Forschungs- und Technologie-Zentrum FTZ
64295 Darmstadt

Fraunhofer-Institut
91058 Erlangen

Gossen-Metrawatt
90471 Nürnberg

HAMEG GmbH
60528 Frankfurt

Hartmann und Braun AG
60487 Frankfurt

Hewlett-Packard GmbH
71034 Böblingen
www.hewlett-packard.de

Hirschmann, Richard GmbH & Co.
73728 Esslingen

IBM Deutschland Informationssysteme
70511 Stuttgart
www.ibm.com

JENOPTIK GmbH
07739 Jena

Leitz Messtechnik GmbH
35578 Wetzlar

Leuze electronic GmbH & Co
73277 Owen-Teck

Matsushita Automation Controls
83607 Holzkirchen

Microsoft GmbH
85716 Unterschleißheim
www.microsoft.de

Mitsubishi Electric Europe GmbH
40880 Ratingen

National Instruments Germany GmbH
81369 München

NEC Electronics (Europe) GmbH
40472 Düsseldorf

NXP Semiconductors Netherlands B.V. High Tech Campus 60
5656 AG Eindhoven

Panasonic Deutschland GmbH
22525 Hamburg

Phoenix Contact GmbH
32819 Blomberg

RS Components GmbH
64546 Mörfelden-Walldorf
www.rs-components.de

Siemens AG
91050 Erlangen

SORCUS GmbH
69126 Heidelberg

Spectra Computersysteme GmbH
70771 Leinfelden-Echterdingen

Sun Microsystems, Inc.
Palo Alto
http://www.sun.com

Texas Instruments Deutschland GmbH
85350 Freising

Toshiba Electronics Europe GmbH
40549 Düsseldorf

Umweltbundesamt
14191 Berlin

Vacuumschmelze
63412 Hanau

VDE, Verband Deutscher Elektrotechniker e. V.
60596 Frankfurt
www.vde.de

Vicor Europe
85748 Garching

Wichmann WorkX AG
franz.rosenberger@wichmann-ag.de

Zeiss, Carl
73447 Oberkochen

Zentralverband der deutschen Elektro- und Informationstechnischen Handwerke, ZVEH
60596 Frankfurt

Zentralverband Elektrotechnik- und Elektronik-Industrie, ZVEI
60596 Frankfurt

Softwareverzeichnis

Im Buch werden Programme und Software-Pakete folgender Firmen verwendet.

Avira Antivir
Avira GmbH & Co. KG, 88069 Tettnang
www.avira.com

C51 Compiler und µVision
Microcontroller Development Tools
Keil Elektronik GmbH
www.keil.com/

EAGLE
CadSoft Computer GmbH, 84568 Pleiskirchen
www.cadsoft.de

Java Development Kit, My SQL
Sun Microsystems GmbH, 85551 Kirchheim
www.sun.de

Microsoft Betriebssysteme W7
Microsoft GmbH, 85716 Unterschleißheim
www.microsoft.com/germany/office

Microsoft Office 2010
Microsoft GmbH, 85716 Unterschleißheim
www.microsoft.com/germany/office

Microsoft Visual Basic, Visual C++, C#
Microsoft GmbH, 85716 Unterschleißheim
www.microsoft.com/germany/office

National Instruments
81369 München
www.ni.com

Novell Netware
Novell GmbH, 40549 Düsseldorf
www.novell.de

PSpice Schematic Student
Cadence PCB Systems Division,
Portland OR 97223
www.iee.et.tu-dresden.de

Zone Alarm
CheckPoint Software Technologies LTD.
Redwood City, Ca 94065
www.zonealarm.de

Wichtige Normen

Inhalt, gekürzter Titel	Nummer		Inhalt, gekürzter Titel	Nummer	
Aderkennzeichnung bei Nennspannungen bis 1000 V	DINVDE	0293	Kennzeichnung von Anschlüssen	DIN	42400
Akkumulatoren und Batterie-Anlagen	DINVDE	0510	Kennzeichnung von Widerständen und Kondensatoren	IEC	62
Allgemeine mathematische Zeichen und Begriffe	DIN	1302	Kennzeichungssystematik für technische Produkte	DIN	6779
Anschlussbezeichnung für Befehlsgeräte	DINEN	50013	Leitungen für Informationsverarbeitungsanlagen	DINVDE	0815
Anzeigende Messgeräte	DIN	43780	Leitungsschutzschalter	DINVDE	0641
Begriffe der Nachrichtenübertragung	DIN	40146	Magnetisches Feld	DIN	1325
Benennung und Einstellung von Reglern	DIN	19225	Maßnahmen zur Funktentstörung	DINVDE	0875
Bildschirmarbeitsplätze	DIN	66234	Nennwert, Bemessungswert u.ä. (Begriffe)	DIN	40200
Bildzeichen	DIN	40101	Nennwerte von Widerständen und Kondensatoren	DIN	41426
Code zur Farbkennzeichnung	IEC	757	Niederspannungssicherungen	DINVDE	0636
Datenübertragung	DIN	66021	Normspannungen	IEC	38
Dokumente der Elektrotechnik	DINEN	61082	Optoelektronische Halbleiterbauelemente	DIN	41855
Eigenschaften von Oszilloskopen	IEC	351	PASCAL	DIN	66256
Einheiten elektrischer Größen	DIN	1357	Physikalische Größen und Gleichungen	DIN	1313
Einheiten magnetischer Größen	DIN	1339	Primärbatterien	IEC	86
Einheiten (Einheitenname, Einheitenzeichen)	DIN	1301	Programmaufbau für NC-Maschinen	DIN	66025
Elektrisches Feld	DIN	1324	Qualitätssicherung	DINISO	9000
Elektromagnetische Beeinflussung	DINVDE	0870	Regelungstechnik und Steuerungstechnik	DIN	19226
Errichten von Starkstromanlagen	DINVDE	0100	Richtungssinn und Vorzeichen in der Elektrotechnik	DIN	5489
Farbkennzeichnung von Widerständen und Kondensatoren	DIN	41429	Schallpegelmesser	IEC	651
Formelschreibweise	DIN	1338	Schnittstellen in Fernsprechnetzen	DIN	66020
Formelzeichen	DIN	1304	Schutzmaßnahmen Teil 410	DINVDE	0110
Funkentstörung von Hochfrequenzgeräten	DINVDE	0871	Sicherheitstransformatoren	DINVDE	0551
Gas- und Wasserleitungen für Hauptpotenzialausgleich	DINVDE	0190	Sicherungsverfahren mit dem 7-Bit-Code	DIN	66019
Gehäuse für Halbleiterbauelemente	DIN	41868	Sinnbilder für Datenflusspläne und Programmablaufpläne	DIN	66001
Gehäuse für Halbleiterbauelemente	DIN	41869	Skalen von Messgeräten	DIN	43802
Gehäuse für Halbleiterbauelemente	DIN	41873	Spannungsmerkmale	DINEN	50160
Gehäuse für Halbleiterbauelemente	DIN	41876	Speicherprogrammierbare Steuerungen	DINEN	61131
Geräte zum Prüfen der Schutzmaßnahmen	DINVDE	0413	Steuerungstechnik (Begriffe)	DIN	19237
Geräte zur Messung von Funkstörungen	DINVDE	0876	Struktogramm nach Nassi-Shneiderman	DIN	66261
Grafische Symbole der Prozessleittechnik	DIN	19277	Temperaturabhängige Widerstände, Heißleiter	DIN	44070
Grafische Symbole für Schaltpläne	DINEN	60617	Temperaturabhängige Widerstände, Kaltleiter	DIN	44080
Handhabungssysteme	DIN	2860	Überspannungsschutzgeräte	DINVDE	0675
HF-Leitungstechnik	DIN	47301	Übertragungsfaktor, Pegel	DIN	40148
IEC-Bus	IEC	625	Umweltmanagement-Systeme	DINISO	14001
Informationsverarbeitung	DIN	44300	Varistoren	IEC	40
Informationsverarbeitung, 7-Bit-Code	DIN	66003	Vorzugsreihen für die Nennwerte von R und C	IEC	63
Innenraumbeleuchtung	DIN	5035	Wechselstromgrößen	DIN	40110
IP-Schutzarten	DINVDE	0470	Winkel	DIN	1315
Kennzeichnung der Anschlüsse	DINEN	60445	Zeichen der Schaltalgebra	DIN	66000
Kennzeichnung Fernmeldeschnüre	DIN	47100			
Kennzeichnung für Signale und Verbindungen	DINEN	61175			

Formelzeichen dieses Buches

Formelzeichen	Bedeutung	Formelzeichen	Bedeutung	Formelzeichen	Bedeutung
Kleinbuchstaben		**Großbuchstaben**		**Griech. Kleinbuchstaben**	
a	Beschleunigung	*A*	1. Fläche, Querschnitt 2. Ablenkkoeffizient 3. Dämpfungsmaß	α (alpha)	1. Winkel 2. Temperaturkoeffizient 3. Zündwinkel
b	1. Breite 2. Ladungsträger-beweglichkeit	*B*	1. magnetische Flussdichte 2. Blindleitwert 3. Gleichstromverhältnis 4. Bandbreite 5. Zahlenbasis	β (beta)	1. Winkel 2. Kurzschlussstrom-Verstärkungsfaktor
c	1. spez. Wärmekapazität 2. elektrochemisches Äquivalent 3. Ausbreitungsgeschwindigkeit von Wellen	*C*	1. Kapazität 2. Wärmekapazität 3. Taktanzahl	γ (gamma)	1. Winkel 2. Leitfähigkeit
d	1. Durchmesser 2. Abstand 3. Verlustfaktor 4. Differenztonfaktor 5. Klirrfaktor	*D*	1. elektr. Flussdichte 2. Dämpfungsfaktor 3. Dynamikbereich	δ (delta)	1. Verlustwinkel 2. Modulationsindex
e	Elementarladung	*E*	1. elektr. Feldstärke 2. Beleuchtungsstärke	ε_0	elektr. Feldkonstante
f	Frequenz	*F*	1. Kraft, 2. Faktor	ε (epsilon)	Permittivität
g	1. Fallbeschleunigung, Ortsfaktor 2. Tastgrad	*G*	1. Leitwert, Wirkleitwert 2. Verstärkungsmaß	ξ (zeta)	Arbeitsgrad, Nutzungsgrad
h	Höhe	*H*	magn. Feldstärke	η (eta)	Wirkungsgrad
i	zeitabhängige Stromstärke	*I*	Stromstärke	ϑ (theta)	Temperatur in °C
k	1. Verkürzungsfaktor 2. allgem. Konstante	*J*	1. Stromdichte 2. Trägheitsmoment	λ (lambda)	Wellenlänge
l	1. Länge 2. Abstand	*K*	1. Konstante 2. Kopplungsfaktor	μ (müh)	Permeabilität
m	1. Masse 2. Modulationsgrad 3. Strangzahl 4. Zahl der Stufen	*L*	1. Induktivität, 2. Pegel	μ_0	magn. Feldkonstante
n	1. Drehzahl, Umdrehungsfrequenz 2. Ganze Zahl 1, 2, 3 … 3. Brechzahl	*M*	Drehmoment	π (pi)	Zahl 3,141 592 6…
p	1. Polpaarzahl 2. Druck	*N*	1. Zahl, z. B. Windungszahl 2. Nachrichtenmenge	ϱ (rho)	1. spezif. Widerstand 2. Dichte
q	Querstromverhältnis	*P*	Leistung, Wirkleistung	σ (sigma)	1. Streufaktor 2. Rauschabstand
r	1. Radius, 2. Rate 3. differenzieller Widerstand	*Q*	1. Ladung 2. Wärme 3. Blindleistung 4. Gütefaktor, Güte	τ (tau)	1. Zeitkonstante
s	1. Strecke, Dicke 2. Siebfaktor 3. bezogener Schlupf 4. Korrektur 5. Welligkeitsfaktor	*R*	Wirkwiderstand	φ (phi)	Winkel, insbesondere Phasenverschiebungswinkel
t	Zeit	*S*	1. Scheinleistung 2. Steilheit 3. Schlupf (absolut) 4. Übertragungsgröße, Übertragungskoeffizient	ω (omega)	1. Winkelgeschwindigkeit 2. Kreisfrequenz
u	zeitabhängige Spannung	*T*	1. Periodendauer 2. Übertragungsfaktor 3. Temperatur in K	**Griech. Großbuchstaben**	
ü	1. Übersetzungsverhältnis 2. Übersteuerungsfaktor	*U*	Spannung	Δ (Delta)	Differenz z. B. $\hat{\Delta} f$ Frequenzhub $\hat{\Delta}\varphi$ Phasenhub
v	Geschwindigkeit	*V*	1. Volumen 2. Verstärkungsfaktor 3. Verlustleistung	Θ (Theta)	elektrische Durchflutung
w	Energiedichte	*W*	1. Arbeit, 2. Energie	Φ (Phi)	1. magnetischer Fluss 2. Lichtstrom
z	ganze Zahl, z. B. Lagenzahl	*X*	Blindwiderstand	Ψ (Psi)	elektrischer Fluss
		Y	Scheinleitwert	Ω (Omega)	Raumwinkel
		Z	1. Impedanz, Scheinwiderstand 2. Wellenwiderstand 3. Schwingungswiderstand		

Spezielle Formelzeichen werden gebildet, indem man an die Formelzeichen-Buchstaben einen Index oder mehrere Indizes anhängt oder sonstige Zeichen dazusetzt.

Indizes und Zeichen für Formelzeichen dieses Buches

Index, Zeichen	Bedeutung
Ziffern, Zeichen	
0	1. Leerlauf 2. im Vakuum 3. Bezugsgröße
1	1. Eingang, 2. Reihenfolge
2	1. Ausgang, 2. Reihenfolge
3, 4, …	Reihenfolge
^, z. B. $\hat{u}$	Maximalwert, Höchstwert
ˇ, z. B. $\check{u}$	Tiefstwert, Kleinstwert
^ˇ, z. B. $\hat{\check{u}}$	1. Spitze-Tal-Wert 2. Schwingungsbreite
', z. B. u'	1. bezogen auf 2. Hinweis, 3. Ableitung
△	in Dreieckschaltung
Y	in Sternschaltung
Kleinbuchstaben	
a	1. Abschalten 2. Ausgang 3. außen 4. Anker
ab	abgegeben
auf	aufgenommen
b	1. Betrieb 2. Bit- 3. Blindgröße
c	1. Grenz- (cut-off) 2. Form- (crest)
d	1. Gleichstrom betreffend 2. Dauer- 3. Dämpfung
e	1. Eingang 2. Empfang
eff	Effektivwert
f	1. Frequenz 2. Abfalls- (fall)
ges	Gesamt-
h	hoch, oben
i	1. innen 2. induziert 3. Strom- 4. ideell 5. Ist-
j	Sperrschicht (von junction)
k	1. Kurzschluss- 2. kinetisch
m	1. magnetisch 2. Mittelwert 3. Messwert 4. moduliert
max	maximal, höchstens
min	minimal, mindestens
n	1. Nenn- 2. Rausch- (noise)
o	Oszillator-

Index	Bedeutung
p	1. parallel 2. Pause 3. Puls 4. potenziell 5. Brumm- 6. Druck
r	1. in Reihe 2. relativ, bezogen auf 3. Anstiegs- (rise) 4. Resonanz 5. Remanenz
s	1. Sieb- 2. Signal 3. Serie 4. Störstrahlung 5. in Wegrichtung 6. Stoß- 7. Lautstärke 8. Soll-
sch	Schritt
t	tief, unten
th	thermisch, Wärme-
tot	total, gesamt
u	Spannungs-
v	1. Vor- 2. Verlust 3. visuell, Licht- 4. Vergleich
w	1. Wirk-, wirksam 2. Führungsgröße 3. Wellen-
x	1. unbekannte Größe 2. in x-Richtung
y	1. Stellgröße 2. in y-Richtung
z	Zwischen-
zu	zugeführt
Großbuchstaben	
A	1. Strommesser 2. Antenne 3. Abstimm- 4. Anode 5. Anzug, Anlauf 6. Anlagenerdung 7. Abtast-
B	1. Basis 2. Betriebserdung (Netz) 3. Bau- 4. Blau
C	1. Kollektor, 2. kapazitiv 3. Takt, 4. Cluster, 5. koerzitiv
D	1. Drain 2. Daten
E	1. Emitter 2. Entladen 3. Erde

Index	Bedeutung
F	1. Vorwärts- (forward) 2. Fläche 3. Fehler- 4. Farbe
G	1. Gate, 2. Gewicht 3. Glättung, 4. Grün
H	1. Hysterese 2. Hall-
K	1. Katode 2. Kopplung (Gegen-) 3. Kühlkörper 4. Kippen 5. Kanal, Strecke
L	1. induktiv 2. Last 3. links 4. Laden 5. höchstzulässige Berührungsspannung 6. Lorentz-
M	Mitkopplung
N	1. Bemessungs-, 2. Nutz-
Q	Quer-
R	1. Rückwärts- (reward) 2. Wirkwiderstand 3. rechts 4. Regel- 5. Rot
S	1. Source 2. Schleife- 3. Sattel 4. Schalt- 5. Schleusen- 6. Sektor
T	1. Transformator- 2. Träger- 3. Spur (track)
U	Umgebung
V	1. Spannungsmesser 2. Verstärkungs-
X	am X-Eingang
Y	1. am Y-Eingang 2. Luminanz-
Z	1. Zener- 2. Zeile
Griech. Kleinbuchstaben	
α (alpha)	in Richtung des Winkels α
σ (sigma)	Streu-
φ (phi)	Phasenverschiebung betreffend
Griech. Großbuchstaben	
Δ (Delta)	eine Differenz betreffend

Die Indizes können kombiniert werden, z. B. bei U_{CE} für Kollektor-Emitter-Spannung. Indizes, die aus mehreren Buchstaben bestehen, können bis auf den Anfangsbuchstaben gekürzt werden, wenn keine Missverständnisse zu befürchten sind. Zur Kennzeichnung von Werkstoffen können die Symbole für das Material verwendet werden, z. B. P_{vCu} oder V_{Cu} für Kupferverlustleistung.

Literaturverzeichnis

Automatisierungstechnik
A. Baumann u. a.
Verlag Europa-Lehrmittel, Haan-Gruiten

CAD/CAE/CAM/CIM Lexikon
G. Klause
expert Verlag, Ehningen

Digitale Filter
W. Hess
B. G. Teubner, Stuttgart

Digitale Modulationsverfahren mit Sinusträgern
H. Weidenfeller u. a.
Springer-Verlag, Berlin

Digitale Übertragungstechnik
P. Gerdsen
B. G. Teubner, Stuttgart

Elektrische Antriebe und Energieverteilung
G. Häberle u. a.
Verlag Europa-Lehrmittel, Haan-Gruiten

Handbuch Elektromagnetische Verträglichkeit
E. Habiger u. a.
VDE-Verlag GmbH, Berlin, Offenbach

Lexikon der Datenverarbeitung
Löbel-Müller-Schmid
Siemens AG, Berlin, München

Lexikon der Informatik und Datenverarbeitung
H.-J. Schneider
Oldenbourg Verlag, München

Messtechnik in der Nachrichtentechnik
U. Freyer
Carl Hanser Verlag, München

Moderne Leistungselektronik und Antriebe
K. Hofer
VDE-Verlag GmbH, Berlin

Nachrichtentechnik
H. Häberle u. a.
Verlag Europa-Lehrmittel, Haan-Gruiten

Professionelle Stromversorgung
U. Freyer
Franzis-Verlag GmbH, München

Sensoren Messaufnehmer
K.-W. Bonfig u. a.
expert Verlag, Ehningen

IT-Tabellenbuch
B. Grimm u. a.
Verlag Europa-Lehrmittel, Haan-Gruiten

Taschenbuch Elektrotechnik
E. Philippow u. a.
Carl Hanser Verlag, München

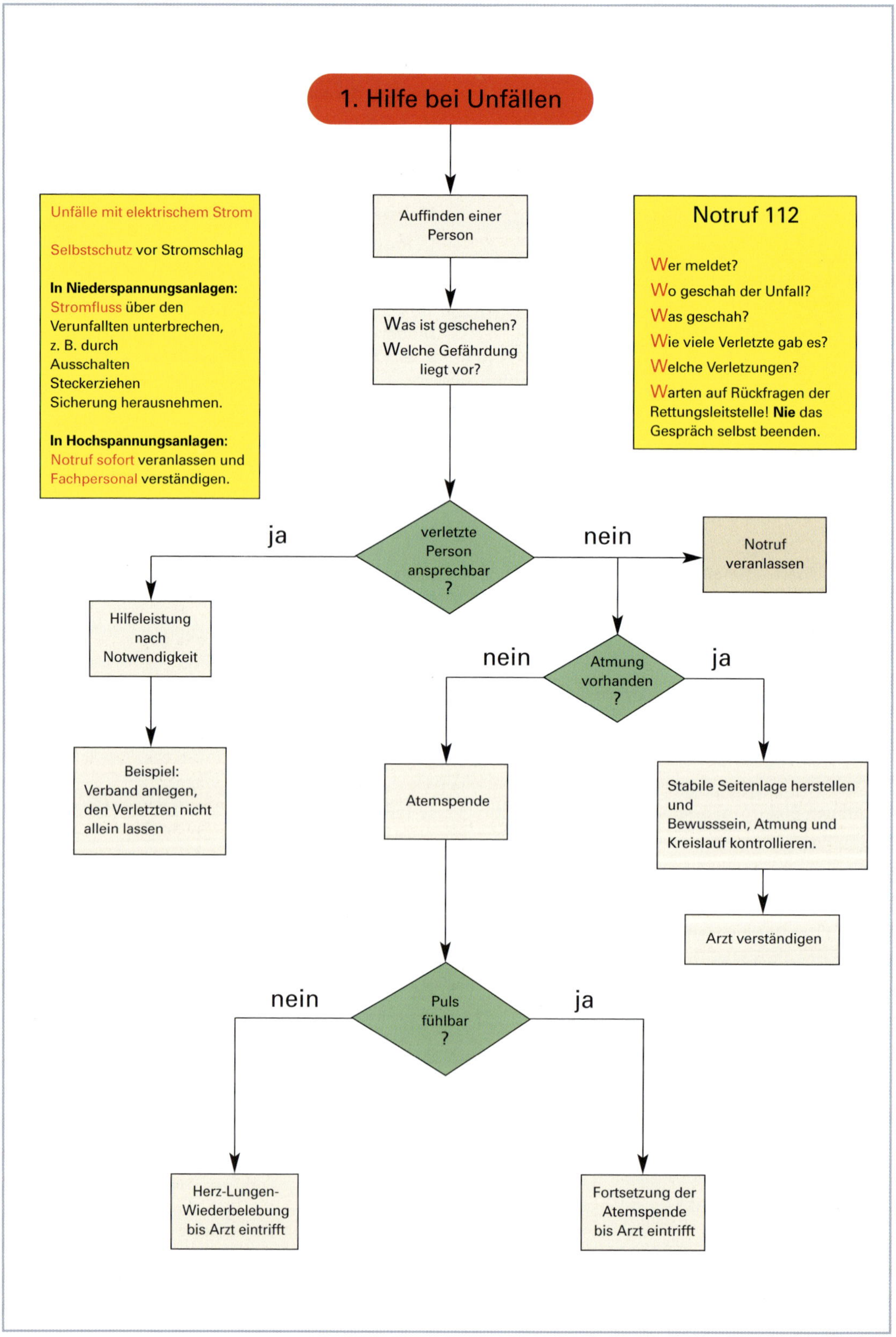
1. Hilfe bei Unfällen
Unfälle mit elektrischem Strom
Selbstschutz vor Stromschlag
In Niederspannungsanlagen: Stromfluss über den Verunfallten unterbrechen, z. B. durch Ausschalten Steckerziehen Sicherung herausnehmen.
In Hochspannungsanlagen: Notruf sofort veranlassen und Fachpersonal verständigen.
Auffinden einer Person
Was ist geschehen? Welche Gefährdung liegt vor?
Notruf 112
Wer meldet?
Wo geschah der Unfall?
Was geschah?
Wie viele Verletzte gab es?
Welche Verletzungen?
Warten auf Rückfragen der Rettungsleitstelle! Nie das Gespräch selbst beenden.
verletzte Person ansprechbar ?
ja
nein
Notruf veranlassen
Hilfeleistung nach Notwendigkeit
Beispiel: Verband anlegen, den Verletzten nicht allein lassen
Atmung vorhanden ?
nein
ja
Atemspende
Stabile Seitenlage herstellen und Bewusssein, Atmung und Kreislauf kontrollieren.
Arzt verständigen
Puls fühlbar ?
nein
ja
Herz-Lungen-Wiederbelebung bis Arzt eintrifft
Fortsetzung der Atemspende bis Arzt eintrifft

Sachwortverzeichnis

B

C

D

P

Q